JN219901

ヘーゲル全集 第8巻2
精神現象学　II

ヘーゲル全集　第8巻2

精神現象学 II

責任編集　山口誠一
訳・注解

知泉書館

責任編集総括

山口　誠一

凡　例

I　参照文献

本書は，訳文と訳注作成のさいにつぎの原典と翻訳書・研究書を参照した。

A　テキスト

1. Georg Wilhelm Friedrich Hegel,*Gesammelte Werke in Verbindung mit der Deutschen Forschungsgemeinschaft.* Hrsg. von der Rheinisch-Westfälischen Akademie der Wissenschaften, Bd. 9, Felix Meiner Verlag, Hamburg, 1980.（本書では，*GW* 9 と略記する。）
2. Georg Wilhelm Friedrich Hegel, *Phänomenologie des Geistes (1807).* Hrsg. von H.-F. Wessels und H. Clairmont, Felix Meiner Verlag, Hamburg, 1988.（本書では，*Phän.* と略記する。）
3. Georg Wilhelm Friedrich Hegel's *Phänomenologie des Geistes.* Hrsg von J. Schulze, Verlag von Dunker und Humblot, Berlin 1832.
4. Georg Wilhelm Friedrich Hegel's *Phänomenologie des Geistes.* Hrsg von J. Schulze, Verlag von Dunker und Humblot, Berlin 1841.
5. Georg Wilhelm Friedrich Hegel: *Phänomenologie des Geistes.* Hrsg von G. Lasson, Felix Meiner Verlag, Hamburg, 1928^3.
6. Georg Wilhelm Friedrich Hegel: *Werke in zwanzig Bänden.* Auf der Grundlage der Werke von 1832–1845 neu editierte Ausgabe. Redaktion: E. Moldenhauer und K. M. Michel, Bd. 3, Suhrkamp Verlag, Frankfurt am Main, 1970.
7. Georg Wilhelm Friedrich Hegel: *Phänomenologie des Geistes.* Hrsg. von J. Hoffmeister, Felix Meiner Verlag, Hamburg, 1952^6.
8. Georg Wilhelm Friedrich Hegel: *Phänomenologie des Geistes.* Hrsg von G. Göhler, Verlag Ulstein, 1973^2.
9. Georg Wilhelm Friedrich Hegel: *Phänomenologie des Geistes.* Nachwort von L. B. Puntel, Philipp Reclam jun., Stuttgart, 1987.

B　翻訳

1. G. W. F. ヘーゲル著『精神現象学』上・下，樫山欽四郎訳，平凡社ライブラリー，1997 年
2. G. W. F. ヘーゲル著『精神の現象学』上・下，金子武蔵訳，岩波書店，1973・1979 年
3. G. W. F. Hegel, *La Phénoménologie de l'Esprit.* t. I･II, tr. de J. Hyppolite, Aubier, éditions Montaigne, Paris, 1941.（イポリット訳と略記）
4. G. W.F. Hegel, *The Phenomenology of Mind.* tr. by Sir J. Baillie, London: George

Allen & Unwin LTD./New York: Humanities Press INC., 1971.（ベイリー訳と略記）

5. G. W.F. Hegel, *Phenomenology of Spirit.* tr. by A. V. Miller, Clarendon Press, Oxford, 1979.（ミラー訳と略記）
6. ヘーゲル小論文集「学の体系と関係の存在論」，加藤尚武編訳，ローベルト・ハイス『弁証法の本質と諸形態』所収，加藤尚武訳，未来社，1981 年

C　参照ヘーゲル全集・著作集

1. *Georg Wilhelm Friedrich Hegel's Werke.* Vollständige Ausgabe durch einen Verein von Freunden des Verewigten: Philipp Marheineke, Johannes Schulze, Eduard Gans, Leopold v. Henning, Heinrich Hotho, Karl Michelet, Friedrich Förster. 1. Auflage, Berlin (Leipzig): Düncker und Humblot, 1832–1845.（Hegel, *Werke* と略記し，ベルリン版『ヘーゲル著作集』と日本語表記する。）
2. *Georg Wilhelm Friedrich Hegel's Werke.* Vollständige Ausgabe durch einen Verein von Freunden des Verewigten: Philipp Marheineke, Johannes Schulze, Eduard Gans, Leopold v. Henning, Heinrich Hotho, Karl Michelet, Friedrich Förster. 2. Auflage, Berlin (Leipzig): Düncker und Humblot, 1840–1847.（Hegel, *Werke* と略記し，ベルリン版『ヘーゲル著作集』第 2 版と日本語表記する。）
3. Georg Wilhelm Friedrich Hegel: *Sämtliche Werke.* Jubiläumsausgabe in zwanzig Bänden. Neu Hrsg v. Hermann Glockner, Stuttgart, Frommann, 1927ff.（グロックナー版『ヘーゲル全集』と日本語表記する。）
4. Georg Wilhelm Friedrich Hegel: *Werke in zwanzig Bänden.* Auf der Grundlage der *Werke* von 1832–1845 neu editierte Ausgabe. Redaktion: E. Moldenhauer und K. Markus Michel, Frankfurt am Main, Suhrkamp Verlag, 1969–1979.（本書では，*W* と略記する。）
5. Georg Wilhelm Friedrich Hegel: *Gesammelte Werke.* Felix Meiner Verlag, Hamburg, 1968ff.（本書では，アカデミー版『ヘーゲル全集』あるいは *GW* と表記する。）
6. Georg Wilhelm Friedrich Hegel: *Vorlesungen über die Philosophie. Ausgewählte Nachrichten und Manuskripte.* Felix Meiner Verlag, Hamburg, 1983ff.（本書では，『ヘーゲル講義録原稿選集』あるいは *V* と表記する。）
7. *Briefe von und an Hegel.* 4 Bde., Hrsg. v. Johannes Hoffmeister, Felix Meiner Verlag, Hamburg, 1952ff.（本書では，『ヘーゲル往復書簡集』あるいは *Briefe* と表記し，書簡番号も当該書簡集による。）
8. *Dokmente zu Hegels Entwicklung.* Hrsg. v. Johannes Hoffmeister, Stuttgart, Frommann.（本書では，『ドクメンテ』と略記する。）
9. Johann Gottlieb Fichtes *sämmtliche Werke*. Walter de Gruyter & Co.Berlin 1971ff.（本書では，『フィヒテ全集』と表記する。）
10. F. W. J. Schelling *Werke*. Hrsg. v. H. Buchner, W. G. Jacobs und A. Pieper, Fromman-Holzboog, Stuttgart, 1975ff.（本書では，アカデミー版『シェリング著作集』あるいは *NSW* と表記する。）
11. *F. W. J. Schellings sämtliche Werke*. Hrsg. v. K. F. A. Schelling, J. G. Cotta, Stuttgart / Augsburg, 1856ff.（本書では，シュレーター版『シェリング全集』あるいは *SW*

と表記する。)
12. 山口誠一『ヘーゲル哲学の根源――〈精神現象学〉の問いの解明』法政大学出版局，2017 年（オンデマンド出版）

Ⅱ　表記について

A　記号表記

1）訳者による挿入は，亀甲括弧〔　〕で括る。
2）書名・誌名は，書名訳語を二重鈎括弧『　』で括る。
3）書名以外の論文名などの表記は，鈎括弧「　」で括る。
4）隔字体表記による強調は，傍点（例：あいうえお）で表記する。
5）文章の省略記号は〔…〕とする。
6）アカデミー版の改頁は，訳文中に半角算用数字の次頁数を【　】に入れて表記する。
7）オリジナル版の改頁は，訳文中に半角算用数字の次頁数を｜（　）に入れて表記する。
8）訳者が意味上のひと括りを示すために，当該箇所を山括弧〈　〉で括ることがある。

B　注・文献表記について

1）原注と訳注の注番号は，共通の通し番号で表記し，注番号は訳文中では上付きで [1), 2), 3)] と表記し，脚注とする。その際に脚注番号の後に（原注），（訳注）などの区別を表記する。
2）原注は，アカデミー版の Anmerkung の翻訳であり，訳注の一部分も Anmerkung を参照している。
3）『精神現象学』の参照箇所はおもにアカデミー版で指示し，本全集でもアカデミー版の頁数を記載しているので参照できる。たとえば *GW* 9, S. 100, Z.10f. と略記した場合には，アカデミー版『ヘーゲル全集』第 9 巻，100 頁，第 10–11 行目を指示する。また *GW* 9, S. 100, Z. 10ff. と略記した場合には，アカデミー版『ヘーゲル全集』第 9 巻，100 頁，第 10 行以下を指示する。また，*GW* 9, S. 100–101 と略記した場合には，アカデミー版『ヘーゲル全集』第 9 巻，100 頁から 101 頁を指示する。また，*GW* 9, S. 100, Z. 1–2 と略記した場合には，アカデミー版『ヘーゲル全集』第 9 巻，100 頁，1 行から 2 行目を指示する。
4）聖書の参照箇所は，たとえば「ヨハネによる福音書」3:2 と略記した場合には，「ヨハネによる福音書」第 3 章第 2 節を指示する。

C　原稿文表記について

1）校訂注内の「…」は，原典編集者によるテキスト省略を示す。
2）〈　〉は，原稿における削除箇所を示す。
3）《　》は，原稿における過剰削除箇所を示す。

目　次

凡　例 …… v

精神現象学　II

内容目次 …… 5

(B)　自己意識

Ⅳ　自己自身だという確信の真理 …… 16
〔1　意識の先行形態と自己意識〕 …… 17
〔2　生命〕 …… 18
〔3　自我と欲望〕 …… 22
A　自己意識の自立性と非自立性，主人であることと奴隷であること …… 25
〔1　承認の概念〕 …… 25
〔2　承認のために生か死かを賭ける争い〕 …… 28
〔3　主人と奴隷〕 …… 31
B　自己意識の自由，ストア主義と懐疑主義と不幸な意識 …… 36
〔1　ストア主義〕 …… 36
〔2　懐疑主義〕 …… 41
〔3　不幸な意識〕 …… 45

(C)(AA) 理 性

V 理性の確信と真理……62
〔1 観念論〕……63
〔2 カテゴリー〕……66
〔3 空虚な観念論すなわち絶対的経験論〕……68
A 観察する理性 ……71
a 自然の観察……73
〔1 自然物の観察〕……73
〔2〕有機体の観察……83
〔3 一つの有機的全体としての自然観察〕……107
b 自己意識をその純粋性と外的現実に対するその関係ということで観察すること，論理学的法則と心理学的法則……118
〔1 論理学的法則〕……118
〔2 心理学的法則〕……120
〔3 個体性の法則〕……122
c 自己意識が己れの直接的現実に対してもつ関係の観察，人相術と頭蓋論……125
〔1〕人相術……127
〔2〕頭蓋論……138
〔d 観察する理性の結論〕……154
B 理性的自己意識の自己自身による実現……160
〔1 目標としての人倫の国〕……162
〔2 道徳性の生成〕……165
〔3 行為的理性の諸段階〕……169
a 快楽と必然性……170
〔1 快楽〕……172
〔2 必然性〕……173
〔3 破滅〕……175
b 心の法則と自負の狂乱……176
〔1 心の法則と現実の法則〕……177

〔2　心の法則の実現〕……179
〔3　自負の狂乱〕……182
c　徳と世の中……187
〔1　行為的理性での徳の諸段階〕……187
〔2　徳の騎士と世の中との争い〕……189
〔3　徳の敗北〕……193
C　それ自体でそれだけで実在的であると思い込んでいる個体性……196
a　精神的動物の国と欺瞞，または事象そのもの……199
〔1　実在的なものとしての個体性の概念〕……200
〔2　事象そのものと個体性〕……206
〔3　相互的な欺瞞と精神的な本質体〕……213
b　立法的理性……220
c　査法的理性……226
〔立法と査法〕……230

（C）（BB）精　神

Ⅵ　精神……238
〔1　精神の生成（1）　直前の形態との関係〕……238
〔2　精神の生成（2）　すべての先行形態との関係〕……241
〔3　精神の諸形態〕……242
A　真の精神，人倫……243
a　人倫的世界，人間の掟と神々の掟，男と女……244
〔1　人倫世界の契機としての人間の掟と神々の掟〕……245
〔2　二つの掟の諸段階と二つの掟を実施するもの〕……253
〔3　二つの掟の相互移行，その中項〕……260
b　人倫的行為，人間の知と神々の知，罪責と運命……263
〔1　人倫的行為，人倫的意識と人倫的自己意識〕……263
〔2　人間の知と神々の知〕……266
〔3　罪責と運命，承認の成否〕……271
〔4　像による解明，若者と女，人倫の美と自然性〕……274

c 法状態 …… 280
〔1　人倫から人への移行〕 …… 280
〔2　ストア主義と懐疑主義への対応，法人格の形式性〕 …… 282
〔3　世界の主人とその臣民，不幸な意識への対応〕 …… 284
B　自己に疎遠な精神，形成陶冶 …… 288
〔1　自己に疎遠な精神〕 …… 288
〔2　形成陶冶〕 …… 290
I　自己に疎遠な精神の世界 …… 292
a 形成陶冶と現実の国 …… 294
〔1　個人を妥当させ，また実体を
実現するものとしての形成陶冶〕 …… 294
〔2　形成陶冶の現実の国，
また実体を実現するものとしての形成陶冶〕 …… 297
〔3　音楽家との語らい，形成陶冶から信仰への移行〕 …… 327
b 信仰と純粋洞察 …… 333
〔1　現実意識に対する純粋意識〕 …… 333
〔2　絶対的本質体の純粋意識としての信仰〕 …… 338
〔3　純粋自己意識としての純粋洞察〕 …… 341
II　啓蒙 …… 344
a 啓蒙の迷信との争い …… 346
〔1　純粋洞察の信仰への肯定的関係，
純粋洞察の普及（啓蒙）〕 …… 347
〔2　純粋洞察の信仰への否定的関係，
純粋洞察が己れに疎遠になること〕 …… 351
〔3　啓蒙の肯定的結論と権利〕 …… 364
b 啓蒙の真理 …… 381
〔1　純粋本質体と純粋物質との同一，純粋意識の場面〕 …… 384
〔2　有用性の世界，現実意識の場面〕 …… 387
〔3　自己に疎遠な精神という領域の回顧〕 …… 391
III　絶対的自由と恐怖 …… 393
〔1　絶対的自由，分割されていない実体〕 …… 394
〔2　普遍的自由の破壊と恐怖〕 …… 398

〔3　最高の形成陶冶〕……402
C　自己確信的精神，道徳性……408
a 道徳的世界観……410
〔1　道徳と自然あるいは幸福との調和の要請〕……412
〔2　理性と感性との調和の要請〕……415
〔3　神聖な立法者の要請〕……418
〔4　道徳的世界観の表象性〕……422
b 置き換え……426
〔1　第一要請再論〕……428
〔2　第二要請再論〕……432
〔3　第三要請再論〕……436
〔4　道徳的表象から良心への移行〕……438
c 良心，美しい魂，悪とその赦し……442
〔1　行為することとしての良心〕……443
〔2　美しい魂〕……466
〔3　悪とその赦し〕……473

(C)(CC)　宗　教

Ⅶ　宗教……492
〔1　絶対的本質体一般の意識としての宗教についての回顧〕……492
〔2　精神の自己意識としての宗教の表象性，
宗教での精神と世界での精神との区別〕……496
〔3　本来の宗教の生成と諸規定〕……498
〔4　自然宗教と芸術宗教と啓示宗教〕……502
A　自然宗教……506
a 光……508
〔1　純粋自我〕……508
〔2　存在〕……509
〔3　多くの名前をもった一者〕……510
b 植物と動物……511
c 工作職人……514

〔1 ピラミッドとオベリスク〕……514
〔2 神殿と神像，メムノンの像と黒い石〕……515
〔3 スフィンクスの謎〕……519
B 芸術宗教……520
〔1 芸術宗教の現実的精神〕……520
〔2 芸術宗教期〕……524
〔3 純粋活動としての純粋形式〕……524
a 抽象的芸術品……526
〔1 建築と彫刻〕……526
〔2 賛歌と神託〕……531
〔3 祭祀〕……536
b 生きた芸術作品……541
〔1 光の宗教での祭祀と芸術宗教での祭祀〕……541
〔2 パンと葡萄酒との密儀の顕れ〕……543
〔3 競技としての祭祀，美しい身体性，
精神的芸術作品への移行〕……546
c 精神的芸術作品……549
〔1 叙事詩〕……550
〔2 悲劇〕……556
〔3 喜劇〕……567
C 啓示宗教……572
〔1 啓示宗教出現の条件（法状態）〕……573
〔2 絶対的宗教の概念（原始キリスト教）〕……580
〔3 絶対的宗教の概念の展開（キリスト教全般）〕……591
〔4 自己意識の場面〕……610

（C）（DD） 絶対知

Ⅷ 絶対知……624
〔1 絶対知の成立〕……624
〔2 絶対知の本性と史的前提〕……638
〔3 体系の概観〕……649

付　録

Ⅰ　準備断片……………………………………………………………………656
　A　「絶対知が…」………………………………………………………………656
　B　「a）神的正義…」……………………………………………………………657
　C　「C　学」………………………………………………………………………658
Ⅱ　旧中間表題………………………………………………………………………664
Ⅲ　「思弁哲学」についての講義…………………………………………………668
Ⅳ　『精神現象学』自己広告………………………………………………………669
Ⅴ　『精神現象学』第2版仕上げをめぐるメモ……………………………………671

『精神現象学』総解説 2

第二部　『精神現象学』の各論 2

第5章　『精神現象学』の根源的問いへの転回（Ⅰ）
　　――「自己意識」の欲望……………………………………………………676
第6章　『精神現象学』の根源的問いへの転回（Ⅱ）
　　――「自己意識」の本質……………………………………………………682
第7章　『精神現象学』の根源的問いへの転回（Ⅲ）
　　――「自己意識」の不幸……………………………………………………687
第8章　『精神現象学』の根源的問いの定礎（Ⅰ）
　　――「理性」…………………………………………………………………697
第9章　『精神現象学』の根源的問いの定礎（Ⅱ）
　　――事象そのものについて…………………………………………………707
第10章『精神現象学』の根源的問いの遂行（Ⅰ）……………………………734
　（A）人倫……………………………………………………………………734
　（B）自己に疎遠な精神，形成陶冶………………………………………739
　（C）自己確信的精神（道徳性）…………………………………………748
　補論1　行為の否定性………………………………………………………751
　補論2　言語行為論とその源泉・展開……………………………………774

第 11 章『精神現象学』の根源的問いの遂行（Ⅱ）
——精神（霊）の表現としての宗教儀式 …………………………780
第 12 章『精神現象学』の根源的問いの遂行（Ⅲ）
——「不幸な意識の悲しい感情」…………………………………790
第 13 章 根源的問いに対する本来的応答への道
——絶対的概念の啓示 ………………………………………………804

責任編集者あとがき……………………………………………………819
第 8 巻『精神現象学』総索引 …………………………………………822
人名索引……………………………………………………………822
著作名索引…………………………………………………………827
地名索引……………………………………………………………833
事項索引……………………………………………………………834

ヘーゲル全集

第8巻2

精神現象学　II

精神現象学　Ⅱ

内 容 目 次

（B）　自己意識

Ⅳ　自己自身だという確信の真理
〔1　意識の先行形態と自己意識〕
〔2　生命〕
〔3　自我と欲望〕
A　自己意識の自立性と非自立性，主人であることと奴隷であること
〔1　承認の概念〕
〔2　承認のために生か死かを賭ける争い〕
〔3　主人と奴隷〕
〔α）主人であること〕
〔β）奴隷の恐怖と奉仕〕
〔γ）奴隷の形成の労苦〕
B　自己意識の自由，ストア主義と懐疑主義と不幸な意識
〔1　ストア主義〕
〔2　懐疑主義〕
〔3　不幸な意識〕
〔α）不変なものと変転するもの〕
〔β）不変なものの形態化〕
〔γ）不変なものと変転するものとの結合〕
〔αα）純粋な意識，思慕と心情と憧憬〕
〔ββ）欲望と労苦と享受と感謝〕
〔γγ）断念と赦免，理性への移行〕

（C）
（AA）理性

V　理性の確信と真理
〔1　観念論〕
〔2　カテゴリー〕
〔3　空虚な観念論すなわち絶対的経験論〕
A　観察する理性
a　自然の観察
〔1　自然物の観察〕
〔α)〕記述一般
〔β)〕諸標識
〔γ)〕諸法則
〔αα）法則の概念と経験〕
〔ββ）実験〕
〔γγ）物素〕
〔2〕有機体の観察
α）有機体と非有機体との関係
β）目的論
γ）内面と外面
αα）内面
〔1)〕内面の純粋な諸契機の法則，すなわち感受性などの法則
〔2)〕内面と内面自身の外面
ββ）内面と形態としての外面
〔法則の表象から思想的考えへ〕
γγ）それ自身，内面と外面から成り立つものとしての外面自身
〔3　一つの有機的全体としての自然観察〕
〔α)〕非有機体へ移された有機体の理念
〔β)〕有機体の理念を非有機体に移したという側面からみられた有機体，その類と種と個体性
〔γ）偶然的理性としての生命〕

b　自己意識をその純粋性と外的現実に対するその関係とで観察すること，論理学的法則と心理学的法則
〔1　論理学的法則〕
〔2　心理学的法則〕
〔3　個体性の法則〕
c　自己意識が己れの直接的現実に対してもつ関係の観察，人相術と頭蓋論
〔1　人相術〕
〔α〕器官〕
〔β〕反省としての外化〕
〔γ〕人相術の法則〕
〔2　頭蓋論〕
〔α〕精神と脳髄と頭蓋〕
〔β〕脳髄と頭蓋骨との関係，頭蓋骨の形態と自己意識との関係〕
〔γ〕素質と現実〕
〔d　観察する理性の結論〕
B　理性的自己意識の自己自身による実現
〔1　目標としての人倫の国〕
〔2　道徳性の生成〕
〔3　行為的理性の諸段階〕
a　快楽と必然性
〔1　快楽〕
〔2　必然性〕
〔3　破滅〕
b　心の法則と自負の狂乱
〔1　心の法則と現実の法則〕
〔2　心の法則の実現〕
〔3　自負の狂乱〕
c　徳と世の中
〔1　行為的理性での徳の諸段階〕
〔2　徳の騎士と世の中との争い〕
〔3　徳の敗北〕

C それ自体でそれだけで実在的であると思い込んでいる個体性
a 精神的動物の国と欺瞞，または事象そのもの
〔1 実在的なものとしての個体性の概念〕
〔2 事象そのものと個体性〕
〔3 相互的欺瞞と精神的本質体〕
b 立法的理性
c 査法的理性
〔立法と査法〕

（C）
（BB）精神

Ⅵ 精神
〔1 精神の生成（1） 直前の形態との関係〕
〔2 精神の生成（2） すべての先行形態との関係〕
〔3 精神の諸形態〕
A 真の精神，人倫
a 人倫的世界，人間の掟と神々の掟，男と女
〔1 人倫的世界の契機としての人間の掟と神々の掟〕
〔α）人間の掟〕
〔β）神々の掟，とくに埋葬の義務〕
〔2 二つの掟の諸段階と二つの掟を実施するもの〕
〔α）統治での拡散と収斂〕
〔β）家族での諸々の間柄，とくに兄と妹との間柄〕
〔γ）二つの掟を実施するもの，男と女，新しい意味づけ〕
〔3 二つの掟の相互移行，その中項〕
b 人倫的行為，人間の知と神々の知，罪責と運命
〔1 人倫的行為，人倫的意識と人倫的自己意識〕
〔2 人間の知と神々の知〕
〔3 罪責と運命，承認の成否〕
〔4 像による解明，若者と女，人倫の美と自然性〕
c 法状態

〔1　人倫から人への移行〕
〔2　ストア主義と懐疑主義への対応，法人格の形式性〕
〔3　世界の主人とその臣民，不幸な意識への対応〕
B　自己に疎遠な精神，形成陶冶
〔1　自己に疎遠な精神〕
〔2　形成陶冶〕
I　自己に疎遠な精神の世界
a　形成陶冶と現実の国
〔1　個人を妥当させまた実体を実現するものとしての形成陶冶〕
〔2　形成陶冶の現実の国また実体を実現するものとしての形成陶冶〕
〔α〕四元への対応，純粋意識の可と不可，現実意識の国家権力と富，概念の立揚〕
〔β〕純粋意識の現実意識への関係としての判断とその尺度，高貴な意識と下賎な意識〕
〔γ〕推理，高貴な意識の奉公と忠言と賛美の言葉，下賎な意識の分裂の言葉〕
〔αα〕推理，推理の中項としての言葉〕
〔ββ〕国家権力に対するへつらいないし賛美の言葉，国家権力は富，高貴は下賎〕
〔γγ〕分裂の言葉〕
〔3　音楽家との語らい，形成陶冶から信仰への移行〕
b　信仰と純粋洞察
〔1　現実意識に対する純粋意識〕
〔2　絶対的本質体の純粋意識としての信仰〕
〔3　純粋自己意識としての純粋洞察〕
II　啓蒙
a　啓蒙の迷信との争い
〔1　純粋洞察の信仰への肯定的関係，純粋洞察の普及（啓蒙）〕
〔2　純粋洞察の信仰への否定的関係，純粋洞察が己れに疎遠になること〕
〔α〕否定的関係一般，行いと存在すること〕

〔β〕信仰する意識の三契機による否定的関係の特殊化〕
〔3 啓蒙の肯定的結論と権利〕
〔α〕肯定的結論〕
〔β〕信仰の神的権利に対する啓蒙の自己意識の権利，両者の相互承認〕
〔γ〕啓蒙による信仰の追放〕
b 啓蒙の真理
〔1 純粋本質体と純粋物質との同一，純粋意識の場面〕
〔2 有用性の世界，現実意識の場面〕
〔3 自己に疎遠な精神という領域の回顧〕
III 絶対的自由と恐怖
〔1 絶対的自由，分割されていない実体〕
〔2 普遍的自由の破壊と恐怖〕
〔3 最高の形成陶冶〕
C 自己確信的精神，道徳性
a 道徳的世界観
〔1 道徳と自然あるいは幸福との調和の要請〕
〔2 理性と感性との調和の要請〕
〔3 神聖な立法者の要請〕
〔4 道徳的世界観の表象性〕
b 置き換え
〔1 第一要請再論〕
〔2 第二要請再論〕
〔3 第三要請再論〕
〔4 道徳的表象から良心への移行〕
c 良心，美しい魂，悪とその赦し
〔1 行為することとしての良心〕
〔α〕行為〕
〔β〕信念〕
〔αα〕無媒介の確信〕
〔ββ〕対他存在，精神的本質体性〕
〔γγ〕絶対的自主性の至上権〕

〔γ）断言の言葉〕
〔2　美しい魂〕
〔α）道徳上の天才〕
〔β）教団の礼拝〕
〔γ）憧憬〕
〔3　悪とその赦し〕
〔α）行為する良心の悪〕
〔β）判断批評する良心の悪，告白に対する頑なな心〕
〔γ）赦し〕

（C）
（CC）宗教

Ⅶ　宗教
〔1　絶対的本質体一般の意識としての宗教についての回顧〕
〔2　精神の自己意識としての宗教の表象性，宗教での精神と世界での精神との区別〕
〔3　本来の宗教の生成と諸現定〕
〔4　自然宗教と芸術宗教と啓示宗教〕
A　自然宗教
a　光
〔1　純粋自我〕
〔2　存在〕
〔3　多くの名前をもった一者〕
b　植物と動物
c　工作職人
〔1　ピラミッドとオベリスク〕
〔2　神殿と神像，メムノンの像と黒い石〕
〔3　スフィンクスの謎〕
B　芸術宗教
〔1　芸術宗教の現実的精神〕
〔2　芸術宗教期〕

〔3 純粋活動としての純粋形式〕
a 抽象的芸術品
〔1 建築と彫刻〕
〔2 賛歌と神託〕
〔3 祭祀〕
〔α〕祭祀の概念〕
〔β〕清め〕
〔γ〕行事〕
〔δ〕奉献〕
b 生きた芸術品
〔1 光の宗教での祭祀と芸術宗教での祭祀〕
〔2 パンと葡萄酒との密儀の顕れ〕
〔3 競技としての祭祀，美しい身体性，精神的芸術品への移行〕
c 精神的芸術品
〔1 叙事詩〕
〔α〕叙事詩の表象性〕
〔β〕神々と人間〕
〔γ〕神々の悲嘆〕
〔2 悲劇〕
〔α〕合唱団，観客と英雄たちと神々〕
〔β〕内容の対立としての家族と国家，形式の対立としての知と無知〕
〔γ〕悲劇の結末，和解としてのレーテー，喜劇への移行〕
〔3 喜劇〕
〔α〕自然の神々と人倫の神々〕
〔β〕理性的思考〕
〔γ〕芸術宗教の完成〕
C 啓示宗教
〔1 啓示宗教出現の条件（法状態）〕
〔2 絶対的宗教の概念（原始キリスト教）〕
〔α〕神の受肉〕
〔β〕神的本質体の啓示〕
〔γ〕死と蘇り〕

〔3　絶対的宗教の概念の展開（キリスト教全般）〕
〔α）純粋思考の場面〕
〔β）表象の場面〕
〔αα）世界の創造〕
〔ββ）善と悪との対立〕
〔γγ）和解〕
〔4　自己意識の場面〕
〔α）罪に死すること（洗礼）〕
〔β）表象をつかむこと（聖餐式）〕
〔γ）自己自身を知る精神〕
〔δ）啓示宗教の表象性，最後の転換点，仲介者による和らぎ〕

（C）
（DD）絶対知

Ⅷ　絶対知
〔1　絶対知の成立〕
〔α）意識とその対象との契機〕
〔β）三つの頂点〕
〔γ）良心での和解と啓示宗教での和解との統一〕
〔2　絶対知の本性と史的前提〕
〔α）個別的自我と普遍的自我〕
〔β）時間〕
〔γ）経験〕
〔δ）現実の歴史〕
〔3　体系の概観〕
〔α）論理学あるいは思弁哲学〕
〔β）絶対知の外化放棄〕
〔αα）自然〕
〔ββ）歴史〕

【103】

(B)　自己意識

Ⅳ　自己自身だという確信の真理

これまでの，確信の数々のあり方にあっては，真なるものは，意識からみて意識自身とは別のものである。しかし，この真なるものの概念は，真なるものについて経験してゆくことで消えてしまう。対象は無媒介に自体的であった。つまり，それは，感性的確信にとっての存在するもの，知覚にとっての具体的物，悟性にとっての力などであった。だが，それらは，むしろ真実にはそういうものではないことが判明している。むしろ，このような自体は，対象が他者に対するだけのあり方であることが判明している。自体についての概念は実際の対象に即して廃棄される。つまり，経験上の最初の無媒介な表象は廃棄される。そこでは確信が真実には消えてしまった。ところが，いまここに，これまでのいくつかの関係の中では起こらなかったことが，生じている。つまり，己れの真理と等しいという確信が生じている。すなわち，この確信は己れの対象であることを確信しており，意識が真なるものであることを確信しているのである。なるほどそこに他在もあることはある。つまり意識は区別を立てることは立てる。だが，それは，｜（102）意識にとっては同時に区別されていないような区別である。われわれが知の動きを概念と呼び，これに対し，静かな統一としての，すなわち自我としての知を対象と呼ぶとすれば，対象が概念に一致するのは，われわれにとってだけのことではなく，知にとってのことでもあることがわれわれに分かる。言い換えれば，それとは違った方法で，対象がそれ自体であるものを概念と呼び，これに対し，対象として，つまり，他者に対するものとしてあるものを対象と呼ぶ場合には，自体存在と対他存在とは同じものであることが明らかになる。というのも自体は意識だからである。だが，この意識は，同じように，一つの他者（自体）が相対している当のものなのである。意識にとっては，対象の自体と他者に対する対象の存在とが同じものであるということがある。自我は，関係[1]の内容であると同時に関係することそのものである。自我は，他者に対して自我自身であると同時に，やはり意識に対して自我自身であるにほかならないこの他者を包括している。

〔1　意識の先行形態と自己意識〕

こうしていまわれわれは，自己意識とともに真理の故郷の国にはいっているのである。そこでみなければならないことは，自己意識の形態が，さしあたり，どういうふうに現れるかということである。われわれが，自己自身についての知であるこの新しい知の形態を，他者についての知であるこれまでの知と関係させて考えるならば，なるほど後者の知は消えてしまってはいる。だが，同時にこの知の諸々の契機は消えていると同様に保存されてもいる。それで，失われている点は，知の諸契機がここではもともとあるがままに現にあることである。【104】思い込みにとっての存在，知覚にとっての個別性と，それと対立した｜(103) 知覚にとっての普遍，さらに悟性にとっての空虚な内面などは，もはや本質体としてあるのではない。むしろ，自己意識の契機として，すなわち抽象体または区別項としてあるだけであり，その抽象体ないし区別項は意識自身にとっては同時に空しいものでもある。つまり何ら区別項ではなく，ただ消えてゆくものでもある。だから，失われてしまったようにみえるのは，主要契機そのもの，つまり，意識にとっての単純で自立している存立体だけである。だが，実際には，自己意識は感性的世界や知覚された世界の存在からの還帰であり，本質的には他在からの還帰である。自己意識は，自己意識としての動きである。ところが，この自己意識は，もっぱら自己自身としての自己自身を自己から区別するにことによって，自己意識にとって，区別は，他在としては無媒介に揚棄されている。区別は存在しないのであって，自己意識は，「自我は自我であ

1) (訳注) 関係がカテゴリーでもあることについては，*GW* 9, S. 200, Z. 27 を参照されたい。また，イェーナ期には，関係が重要な役割を演じていることについては，たとえば，*GW*7, S. 126, Z. 22 以下を参照されたい。

る」[2]という動かない同語反復にすぎない。つまり，自己意識にとって，区別項には存在という形態すらないことによって，自己意識は自己意識ではない。このことによって，自己意識に対しては，存在あるいは区別された契機としての他在が存在する。例のはじめの契機からして，自己意識は意識としてあるのであって，自己意識に対しては，感性的世界の広がり全体が保たれている。だが同時に，それは，第二の契機すなわち自己意識の己れ自身との統一に関係しているものとしてあるにすぎない。また，そこで，感性的世界は自己意識に対して存立してはいるが，この存立は現象であるにほかならない。言い換えれば，｜（104）それ自体では存在しない区別であるにほかならない。しかし，自己意識の現象とその真理とのこの対立は，自己意識と自己自身との統一という真理だけを，その本質としている。この統一が，自己意識にとり本質的なものにならなければならない。すなわち，自己意識は，欲望一般[3]なのである。これからは意識には，自己意識なので，表裏一体の対象がある。その一つは直接的対象，つまり，感性的確信と知覚との対象であり，これは自己意識に対して否定的なものという性格を特徴とする。とはいえ，第二の対象つまり自己自身であり，真の本質であり，さしあたってやっと第一の対象に対立して現存している。そこで自己意識は動きとして現れるが，この動きで以上の対立は廃棄され，自己意識にとり自己自身と己れが等しいことが生じてくる。

〔2　生命〕

しかし，対象は，自己意識に対して否定的なものであり，対象は対象で，意識の場合と同様に，われわれに対して，あるいはそれ自体では自己に還帰している。対象は，このように自己に還帰して生命になっている。自己意識が存在するものとして己れと区別しているものも，存在するものとして設定されているかぎり，ただ感性的確信や知覚という姿を

2）（訳注）当該命題には，フィヒテ『全知識学の基礎』第 1 節の知識学の第一根本命題が反映している。この点については，『フィヒテ著作集』第 1 巻，94 頁を参照されたい。

3）（訳注）「欲望一般」については本書 691 頁を参照されたい。

己れのもとでとっているだけではない。むしろ，それは，自己に還帰した存在であって，直接的欲望[4]の対象は生命体である。なぜならば，自体，悟性にとっての｜（105）物の内面に対する関係の普遍的結果[5]は，【105】区別されえないものを区別することであり，言い換えれば，区別項の統一である。しかし，この統一は，われわれがながめわたしたように，統一であるのと同様に統一の自己からの突き離しである。そして，この概念は分裂して，自己意識と生命が対立し合う[6]。つまり，自己意識は，それに対して無限な統一が区別項である統一である。だが，生命は，無限な統一そのものにほかならないのである。それで，無限な統一は同時に自己自身に対してあることはない。こうして，意識が自立しているように，意識の対象もそれ自体では自立している。したがって，自己意識，それは，端的に自立していて，その対象の特徴を無媒介に否定的なものと性格づけ，言い換えれば欲望なのである。それで，この自己意識は，むしろ対象が自立していることを経験するであろう[7]。

生命の規定は，われわれが自己意識の領野に踏みいる所以たる概念あるいは普遍的結果から判明する。そして，その生命の規定は，生命の本性がその規定からさらに展開すべきではないというならば，生命の特徴として十分である。生命の本性の円環は，次の契機で完結する[8]。本質体は，無限性である。その本質体は，すべての区別項が廃棄された存在としてであり，純粋に軸回転する動きであり，絶対に不安定な無限性としての自己自身の安定である。つまり，動きの区別項を己れの中で解消させている自立性自身である。それは，時間の単純な本質であり，このように自己自身と等しいことのうちで，空間の充実した形態をとっている。だが，｜（106）区別項は，この単純で普遍的媒体にありながらも，区別項として存在する。というのは，この普遍的流動性に己れの否

4）（訳注）欲望が直接的であるということで真理に関わる欲望一般とは区別されている。

5）（訳注）より具体的には無限性のことである。

6）（訳注）*GW* 9, S. 99 以下を参照されたい。

7）（訳注）*GW* 9, S. 107, Z. 33 以下を参照されたい。

8）（訳注）「悟性と力」の章で普遍的結論とされた無限性がここでは，生命として現象する。「理性」の章では，「理性はまさに自己自身の無限性をたずねている」（*GW* 9, S. 137, Z. 32）とあるように理性として現象する。

定的本性があるのは，この区別項を廃棄するからこそだからである。だが，もし区別項が存立しないとすれば，それらを廃棄することはできない。この流動性こそは，自己自身に等しい自立性なので，みずから存立し，区別項の実体である。だから，そこでは区別項は区別された分肢として，自立している部分として存在する。だから，存在にはもはや存在という抽象体という意味はないし，分肢の純粋本質性にも普遍という抽象体という意味はない。むしろ，分肢があるということは，まさに自己自身の中での純粋な動きの例の単純な流動的実体である。だが，これら各分肢相互の区別は，もともと区別なので，無限性，すなわち純粋な動き自身の各契機が規定されているより以外のいかなる規定性という点でも存立しない。

自立的諸々の分肢は自立している。むしろ，この自立存在は分肢が統一に無媒介に還帰することでもあり，とはいえ，この統一は自立的な諸々の形態に分裂することでもある。統一は，絶対に否定的つまり無限な統一であるから分裂する。そしてこの統一は存立するから区別項も統一のもとでのみ自立している。形態のこの自立性は，特定のもの，他者に対するものとして現れる。というのもこの自立性は分裂したものの一つだからである。このかぎりで分裂の廃棄は他者によって起こる。｜(107) しかし，廃棄は自立性そのものにもある。なぜならば，例の流動性こそは自立的な形態の実体だからである。が，この実体は無限的である。【106】だから，形態は，その存続自身にありながらも分裂する，つまり，自立存在を廃棄する。

われわれが，ここに含まれた契機をもっと詳しく区別してみる。そうすると，われわれがながめわたすように，われわれは，自立している形態の存続を，つまりもともとは存在し，ないし存続しないという区別すること自体[9]である当のものを抑圧することを第一の契機としている。だが，第二の契機は，前の存続を区別の無限性に隷属させることである。第一の契機のうちには存続する形態がある。その形態は自立しているものとして，または規定されていながらも無限な実体として，普遍的実体に対抗して現れる。そして，この流動性とこの実体との連続とを否

9）（訳注）*GW* 9, S. 94, Z. 26 を参照されたい。

定して，この普遍者の中で解消しているのでもない。むしろ，己れのこの有機的でない自然から分かれ，これを食いつくすことによって，己れを支えるものだと主張する。普遍的で流動的媒体内の生命，すなわち，諸形態がばらばらになっていながら静止していることが，まさにそのことのために，形態の動きとなり，過程としての生命となる。単純で普遍的流動性は自体であり，形態という区別項は他者である。だが，この流動性はこの区別によってそれ自身他者となる。なぜならば，そうなったいま，流動性は区別に対しているからであり，この区別はそれ自体でそれだけであり，そのため｜(108) 無限の動きであり，この動きによって前の静かな媒体は食いつくされるからである。流動性は生きているものとしての生命だからである。――だが，それゆえにこそ，この逆転はまたしても逆転状態それ自体[10]である。つまり，食いつくされるものは本質体である。普遍者を犠牲にして自己を維持し，自己自身と統一しているという感情を得た個別性は，まさにそのおかげで自己が自立している〈他者との己れの対立〉を，廃棄する。個別性がみずからに与える自己自身との統一は，両方の区別項がただちに流動化することであり，すなわち，両方が普遍的に解体することである。だが逆に，個別的存続を廃棄することは，また，それを生み出すことでもある。なぜならば，個別形態の本質体，普遍的生命，それだけでの存在者はもともと単純な実体であるから，当該本質体が他者を己れのうちで設定すると，己れのこの単純性ないし本質体を廃棄する，すなわち，単純性を分裂させるからである。そして区別のない流動性をこのように分裂させることこそ，個別性を設定することである。だから，生命の単純な実体は，自己自身を二つの形態に分かつと同時に，これらの存続する区別項が解体することでもある。そして分裂が解体することはまた同じように分裂することである。つまり，項に分かれることである。そこで，区別された，動き全体の二つの側面，つまり，自立性の普遍的媒体の中で，静かに離されていた形態化と生命の過程とは，たがいに帰入し合う。後者つまり生命の過程は，形態を廃棄すると同じように，｜(109) 形態化の働きをする。前者つまり形態化こそは，【107】項に分けると同じように，項を廃棄

10) (訳注) *GW* 9, S. 99, Z. 5-6 を参照されたい。

する。流動する場面は，それ自身本質体の抽象にすぎない。言い換えれば，その場面は形態としてのみ現実的である。この場面が項に分かれることは，分けられた項をまた分けること，すなわち，分けられた項の解体である。この循環過程全体が生命をなしているのである[11]。すなわち，生命は，はじめに言われたこと[12]，つまり，生命の本質体の直接的連続と堅固さでも，存続する形態とそれだけである断絶的なものでもない。また，形態の純粋な過程でも，なおまたこれらの契機を単純にする総括でもない。むしろ，以下の動きのさなかで単純に自己を維持する全体でありみずから展開しながら，その展開を解体する全体，これこそは生命である。

〔3　自我と欲望〕

はじめの直接的統一から出て，形態化と過程の契機を経て，これら二つの契機の統一に，したがってまたはじめの単純な統一に立ち返ったとき，この還帰してきた統一ははじめの統一とは別のものである。例の直接的統一つまり存在といわれた[13]統一に対して，この第二の統一は普遍的統一であり，これには，これらの契機がすべて揚棄されたものとして，己れの中にある。この統一は単純な類である。この類は生命そのものの動きの中では，それだけでこの単純なものとして現存しているのではない。むしろ，この結果の中で生命は，生命が存在するのとは別の，ある他者を指示している，つまり，生命をこの統一と認めている，すなわち類と認めている意識を指示している。

｜（110）しかし，この別の生命――生命に対しては類自体が存在し，生命は自己自身に対して類である――は自己意識であり，それは，はじめはこの単純なものにすぎないと確信しているにすぎないし，純粋自

11）（訳注）*GW* 9, S. 107, Z. 4 を参照されたい。

12）（訳注）*GW* 9, S. 105, Z. 14 以下と Z. 31 以下および S. 106, Z. 3 以下と Z. 20 以下を参照されたい。

13）（訳注）*GW* 9, S. 105, Z. 25–28 を参照されたい。

我[14]としての自己を対象としている。この自己意識が，これから考察されるはずの経験を積むと，この抽象的対象は，自己意識にとりいっそう豊かになり，われわれが生命ということでみてきた[15]ように展開することになるであろう。

単純な自我は，形態となった自立的契機を否定する本質体であるからこそ，前にいった類である。すなわち，諸々の区別項を区別項とは認めないような，単純な普遍である。そこで自己意識は，己れに対し自立した生命として提示される他者を廃棄することによってのみ，自己自身を確信するにほかならない。だから，自己意識は欲望である。自己意識は，この他者が空しいことを確信して，この空しさを己れの真理であると己れだけで設定し，自立した対象を空しくする。そのおかげで，この確信を真の確信そのものとして，つまり自己意識自身からみると，対象的形で生じてきた確信として，己れのものとする。

だが，このようにして満足するさいに自己意識は，己れの対象が自立していることを経験する。この欲望とこれを満足させるさいに得られた自己確信とは，その対象により制限を受けている。というのも，この自己確信はこの他者を廃棄して得られたものであり，この廃棄が存在するためには，この他者は存在していなければならないからである。だから，自己意識は，己れの否定的関係によって他者を廃棄できない。それゆえに，自己意識は，欲望を生み出すように，むしろ他者をまたしても生み出す。｜（111）実際に存在するのは，自己意識とは別のものであり，欲望の本質体である。それで，こういう経験を経て，自己意識自身に【108】以上の真理が生じている。だが，同時に自己意識は，欲望であると同様に自立していて，対象の廃棄によってのみ自立しているのであって，自己意識にとって己れの満足が生じなければならない。なぜならば，自己意識は真理だからである。したがって，自己意識は，対象が自立しているので，満足に達することができるのは，対象自体が己れのもとで否定を遂行することによってだけである[16]。というのは，対象は，

14）（訳注）ここでの「純粋自我」は，反省としての自己意識の対象であるが，やがて行為する自己意識の欲望の対象であることが顕在化してくる。

15）（訳注）*GW* 9, S. 105, Z. 11 以下を参照されたい。

16）（訳注）このような対象は，自己意識であることが込められている。

それ自体で否定的なものであり，対象である当のものが他者に対して存在しなければならないからである。そして，対象が自己自身のもとでの否定であり，否定でありながら同時に自立していることによって，対象は意識である。欲望の対象である生命のもとでは否定が他者つまり欲望のもとにあるか，別の無関与な形態に対する規定性として，生命の有機的ではない普遍的自然[17]としてしか存在しない。しかし，この普遍的で自立した自然は，絶対的否定としての否定であるときには類そのもの，あるいは自己意識としての類である。自己意識は相手の自己意識でだけみずからが満足するに至る[18]。

これら三つの契機ということで，自己意識の概念がはじめて完結しているのである。a）純粋で区別されていない自我が自己意識にとって最初の直接対象である。b）だが，この直接性は，それ自身絶対媒介であり，自立した対象を廃棄することとしてのみある，つまり欲望である。｜（112）欲望の満足は，なるほど自己意識が自己自身に還帰することである，つまり，真理となった確信である。c）しかし，この確信の真理はむしろ表裏一体の反省還帰であり，自己意識が分裂しながらも表裏一体になることである。意識に対して対象が存在し，その対象は，自己自身のもとで自己意識の他在を，言い換えると，空しい区別である区別を立て，そうすることで自立している。区別されており，ただ生きているだけの形態は，生命そのものの過程で，己れの自立性をなるほど廃棄はする。そのとき形態の区別で，その形態そのものもなくなってしまう。だが，そういう形で自己自身を否定しながらも，やはり自己意識の対象は自立している。だから，この対象は己れ自身では類であり，類から分離されているという独自な姿でいながらも，普遍的流動性である。それは生命のある自己意識である。

一つの自己意識に対して一つの自己意識が存在する。このことによって，自己意識ははじめて実際に存在する。というのも，このとき，自己意識がその他在によって自己自身と一致するということは，自己意識にとってのこととはじめてなるからである。自我すなわち，自己意識の概念の対象であるものは，実際には，対象ではない。ところが，欲望の対

17）（訳注）有機化されていない環境を意味する。
18）（訳注）相手の自己意識への欲望としての自己意識は，満足という形で完結する。

象は，自立している。つまり，欲望の対象は，普遍的で亡ぼすことのできない実体であり，流動的で自己自身に等しい本質体である。いまここで対象となっているのは，自己意識であるから，対象は対象であるとともにおそらく自我であろう。そういうわけで，われわれにとっては，すでに精神の概念が現存していることになる。このうえ意識にとってさらに生じてくるのは，｜(113) 精神とは何かという経験である。すなわち，自立して存在する異なった自己意識という形での，二つの自己意識という対立項が，完全に自由で自立していながらも，両者が一つである，つまりわれわれであるわれとわれであるわれわれであるという，この絶対的実体が，何であるかという経験である。意識には，【109】精神の概念としての自己意識に至ってはじめて，その転回点があることになる。この転回点に立って意識は，感性的此岸の多彩な仮象と超感性的彼岸の空しい夜から出て，現在という精神的真昼に歩みいるのである。

｜(114)

A　自己意識の自立性と非自立性，主人であることと奴隷であること

〔1　承認の概念〕

自己意識は，それ自体でそれだけで他の自己意識に対しているときに，またそのことによって，それ自体でそれだけで存在する。すなわち，自己意識は，他の自己意識から承認されたものとしてのみ存在する。このように，みずから表裏一体になっていながら統一している概念，自己意識のうちで実現される無限性という概念には，多くの側面と多くの意味がありながら，それが自己意識にはあり，これらを交叉させている。そのためそれらの契機は，一方では厳密に分離して扱われなければならないが，他方ではこの区別にありながら，同時に区別されていないものとしても，またはいつも意味の上で対立したものと受けとられ，認められなければならない。区別されたものが表裏一体であるとい

う意味が，自己意識の本質のうちにある。つまり，その意味は，無限的である，すなわち，それが置かれている規定性と直接的には正反対であるという本質のうちにある。統一が裏表両面になりながら自己意識の精神的統一であるという概念を分析すると，われわれに対し，承認という動きが現れてくる。

自己意識に対しては別の自己意識がある。つまり自己意識は己れのそとに出てきている。｜（115）このことには裏表の意味がある。まず自己意識は自己自身を失っている。なぜならば，自己意識は，自己を他方の別の本質体として見出すからである。次に，そのため自己意識はその他者を廃棄している。なぜならば，他者をまた本質体であるともみないで，他者のうちに自己自身をみるからである。

自己意識はこの己れの他在を廃棄しなければならない。このことは最初の裏表両面の意味を廃棄することである。これには表裏一体の意味がある。第一に自己意識は自分自身を失ってしまう。なぜならば，自己を他の〔自立的〕存在者として見出すからである。第二に，こうして自己意識は他者を撤廃している。なぜならば，自己意識もまた他者を〔自立的〕存在者としてみず，他者のうちに自己自身をみるからである。

このように，自己意識の裏表の意味の他在を裏表の意味で廃棄することは，また，裏表両面一体の意味で自己自身に立ち返ることである。というのは，まず，廃棄することによって自己自身を取り返すからである。つまり，自己意識は，自己の他在を廃棄することによってまたしても自己と等しくなる。だが，次に，自己意識は，自己自身を取り戻すと同様に他方の自己意識をみずからに取り戻す。というのも，自己意識は他方のうちにあったと確信していたからである。つまり，他方のうちでのこの己れの存在を廃棄して，またしても他方を自由にしてやるからである。

【110】しかし，他方の自己意識に関係している自己意識のこの動きは，以上の次第で一方の行いと表象されている。とはいえ，一方のこの行いには，それ自身，裏表両面の意味があり，一方の行いであると同様に他方の行いでもある。なぜならば，他方も，一方と同じく自立しており，自己のうちで完結しており，自己自身によらないであるようなものは，他方の中では無だからである。最初の｜（116）自己意識は，さ

しあたり，欲望に対してあるにすぎないような対象を相手にしているのではない。むしろ，それ自身で存在し自立している対象を相手にしている。それゆえ，最初の自己意識がこの対象にしかけることを，この対象が己れ自身でもしかけない場合には，自己意識も己れではその対象に対し何もしかけることはできない。この動きは，端的にいって，両方の自己意識の裏表一体の動きなのである。各々は，己れが行うことと同じことを，**相手が**行うのをみる。各々は，己れが相手に求めることを己れで行う。それゆえに，それに加えて各々は，相手が同じことを行うかぎりでのみ，己れの行うことを行う。そうなれば，一方だけの行いは役に立たないであろう。なぜならば，起こるはずのことは，両者によってのみ成就しうるのであるから。

したがって，行いが表裏一体の意味のものであるのは，**己れに対するもの**でもあり，また**相手に対するもの**でもあるというかぎりでだけのことではない。むしろ，分かたれることなく，**一方の行い**であるとともにまた**他方の行い**でもあるかぎりでのことである。

この動きにわれわれがながめわたすのは，二つの力のたわむれとして提示された[19]過程が繰り返されていることである。ただし，ここでのこのたわむれは意識の中で行われる。前のたわむれで，われわれにとって行われたことが，ここでは両者の項自身にとって行われる。中項は，みずから分裂して両項となる自己意識である。各々の項は，その規定性を交換し，その対立項に完璧に移行する。各々は，意識なのでたしかに己れのそとに出るのではあるが，その自己外存在にいながら，同時に己れに戻されたままである。つまり，**それだけで**あるのであって，自己のそとであることが**意識に対して**ある。意識がそのまま相手の意識**であり**，かつ｜(117) **ない**ということが意識に対してある。また，それと同様に，この相手が，自己を自立して存在するものとしては廃棄することによってだけ，意識に対してあり，相手の相手が自立して存在するときにだけ自立して存在することも意識に対してある。各々の自己意識は相手にとって中項〔分身〕であり，この中項〔分身〕を通して，各々の自己意識は自己を自己自身と媒介し，結合する。また，自己と相手にとって

19)（訳注）*GW* 9, S. 86, Z. 12 以下を参照されたい。

そのまま自立して存在するものであると同時にこの媒介によってのみ以上のように自立している。自己と相手は，相互に承認し合うものとして承認し合っている。

承認の以上の純粋概念，自己意識が統一されていながら表裏一体となっていることを，その過程が自己意識に対していかに現象するかということでいまや考察しなければならない。この過程が，自己と相手が不等であるという側面をさしあたって提示し，中項〔分身〕が際立ち両項となり，両項として対立し合い，一方の項は承認されるものでしかなく，他方の項は承認するものでしかない[20]。

〔2 承認のために生か死かを賭ける争い〕

自己意識は，さしあたって，単一の自立存在であり，すべての他者を自己から排除することによって自己に等しい。自己意識の本質であり完璧な対象を自己意識は自我だと確信している。それで，自己意識は，この無媒介状態，言い換えれば，【111】みずからが自立しているという以上の存在にあって個別的なものである。自己意識に対して相手であるものは，非本質的対象として，否定的なものという性格をしるされた対象[21]として存在する。しかし，相手もまた自己意識である。一人の個人が一人の個人に相対して現れる。両者は，そのようにそのままで現れるが，たがいのあいだでは普通の対象のような態度をとっている。つまり，ともに自立的形態であり，生命という存在に｜(118) 沈められた意識である。それで，ここでは，存在する対象が生命として規定されている。そこで，これらの両意識は，〈すべての直接的存在を絶滅し，また自己自身に等しい意識という純粋に否定的存在であるにすぎない，絶対的抽象化の動き〉を，まだたがいに対し完遂してはいない。言い換えれば，たがいにまだ純粋な自立存在としては，すなわち自己意識としては提示されていない。各々はいかにも自己自身を確信してはいるが，相手を己れのものと確信してはいない。それゆえ，自己についての己れ自

20）（訳注）*GW* 9, S. 112, Z. 26 以下を参照されたい。
21）（訳注）*GW* 9, S. 104, Z. 27 以下を参照されたい。

身の自前の確信にはまだ真理はない。なぜならば，そうだとすれば，この真理というのは，己れ自身の自前の自立存在が，己れにとって自立的対象として，あるいは同じことであるが，対象が自己自身だという純粋確信として提示される，というような真理にほかならないであろうからである。しかし，いまいったことは，承認という概念からみて，不可能である。ただし，〈相手が己れに対するように，己れも相手に対し，各人が己れの行いにより，また相手の行いによって，己れ自身で，自立して存在するというまったくの抽象〉を完遂するのであれば可能である。

だが，自己を自己意識というまったくの抽象性であると提示することが成り立つのは，みずからを自己の対象的姿のまったくの否定として示す点によってである。言い換えれば，いかなる特定の生存にも結びついていないこと，生存の普遍的個別性にそもそも結びついていないこと，生命にも結びついていないことを示すことによってである。この提示は，相手の行いと自己自身による行いという表裏一体とされた行いである。だから，行いが相手の行いであるかぎり，各人は相手の死を｜(119) 目指している。だが，そこにまた，自己自身による行いという第二の行いも現にある。というのも，相手の死を目指すことは，自己の生命を賭けるということを自己のうちに含んでいるからである。そこで，二つの自己意識の関係は，生か死かを賭ける争いによって，己れ自身とたがいとを確証するというふうに規定されている[22]。――つまり，両者はこの争いにおもむかなければならない。なぜならば，ともに，自立しているという自己自身の確信を，他者でまた己れたち自身で，真理に高めなければならないからである。そこで自由を確証するのは，生命を賭けることである。自己意識にとって一本質は存在でもなければ，現れる通りのそのままの姿でもなく，また生命のひろがりの中に自己意識が沈められていることでもない。むしろ，自己意識には，己れにとって消え去らない契機であるようなものは，何も現にないということ，自己意識はまったくの自立存在にほかならないということ，これらのことを確証するのは，生命を賭けることなのである。あえて生命を賭けなかった個人は，なるほど人とは認められようけれども，自立的な自己意識として

22）（訳注）*GW* 9, S. 111, Z. 26 以下を参照されたい。

承認されているという真理に達してはいない。同じように，相手は各人にとってもはや各人自身ではないと考えられるから，各人は，己れの生命を賭けるとともに，相手の死を目指さざるをえない。各人にとって己れの本質は他方の者として現れるのである。己れの本質は己れのそとにある。そこで各人は己れの自己外存在を廃棄せざるをえない。相手は，さまざまに束縛されながらも【112】存在する意識である。各人は己れの他在を，まったくの自立存在つまり絶対的否定として直観しなければならない。

｜（120）だが，このように死によって真を確かめることは，そこから出てくるはずだった真理[23]をも，したがって自己自身だという確信一般をも，同じように廃棄してしまう。というのは，生命が意識の自然的肯定であり，絶対的な否定性のない自立性であるように，死は意識の自然的否定であり，自立性のない否定であるからである。だから，この自然的否定には，承認という求められた意味がないままだからである。死によって，両者が己れの生命を賭け，己れでも相手でも，生命を軽んじたという確信がなるほど生じてはいる。けれども，この確信は，この争いに堪えた人々にとって生じたのではない。両方の自己意識は，自然的この生存である，見知らぬ本質性のうちに置かれた己れたちの意識を廃棄する，つまりおたがいに廃棄し合う。そこで，自立しようとする項としては廃棄されてしまう。だが，それとともに，対立した規定性の項に分裂する本質的契機が，交替のたわむれから消え失せる。それで，中項は収斂して死んだ統一となり，その統一は，たんに存在するだけで対立し合わない死んだ両項に分裂している。両者は，意識によって，相対してたがいに与えかえされ受けかえされることなく，物としてたがいに無関心なままに放任し合っているだけである。両者の所為は抽象的否定であって，次のような意識の否定ではない。意識は，廃棄するにしても，廃棄されたものを保存し，維持し[24]，その結果みずからが廃棄されることに堪えて生きるのである。

｜（121）以上の経験でこの自己意識に明らかになるのは，自己意識にとっては純粋な自己意識と同様に生命も本質的なのだということであ

23）（訳注）*GW* 9, S. 111, Z. 5 を参照されたい。
24）（訳注）「廃棄する（aufheben）」が揚棄の意味に解釈され直している。

る。無媒介な自己意識では，単一の自我が絶対的対象である。だが，この対象はわれわれにとっては，言い換えれば，それ自体では，絶対的媒介であり，存続する自立性を本質的契機としている。前にいった単純な統一が解体するのは，最初の経験の結果である。この解体によって，純粋の自己意識と，〈純粋に己れだけであるのではなく，他方の自己意識に対してあるような意識〉とが，設定されている。この後者の意識は，存在する意識もしくは物性という形での意識である。両方の契機はともに本質的である。つまり，両者は，はじめは等しくなく，対立し合っており，統一に反省還帰することもまだ起こっていないので，意識の二つの対立した形態としてある。一方は独立した意識であって，自立存在を本質としており，他方は独立していない意識であって，生命つまり相手のための存在を本質としている。前者は主人であり，後者は奴隷である。

〔3　主人と奴隷〕

〔α〕主人であること〕

主人は自立している意識であるが，もはや意識の概念にとどまるものではない。むしろ，相手の意識によって自己と媒介されている意味で，自立している意識である。つまり自立している存在すなわち物性一般と【113】総合されていることを，その本質としているような意識によって媒介されているのである。主人はこれら二つの契機に関係しており，つまり，物そのもの，すなわち，欲望の対象と｜(122)，物性を本質的なものとしている意識とに関係している。主人は，a）自己意識の概念なので，自立存在という直接の関係であり，だが，b）今後同時に，媒介としてあり，言い換えれば，相手によって自立しているような自立存在としてある。そこで主人は，a）直接その両者に関係し，また，b）間接的に両者のうちの他方を通して，両者の各々に関係する。主人は自立存在〔物〕によって間接的に奴隷に関係する。というのも，奴隷はこの自立的存在にこそ固執しているからである。この自立存在は，奴隷が争って断ち切ることのできなかった己れの鎖であり，そのため，己れの自立[25]を物性のうちでもつような形で，自立していないことが分かるからである。だが，主人はこういう存在を支配する威力でもある。というのは，主人は争いで，この存在が己れにとり否定的なものとしかみなされないと考えていることを示すからである。主人は，この自立存在〔物〕を支配する威力であるが，この存在は相手〔奴隷〕を支配する威力であるため，この推理〔主人―物―奴隷〕ということでこの相手を己れに従属させるのである。同じように，主人は奴隷を介して間接的に物に関係する。奴隷は，自己意識一般として，物に対し否定的にも関係し，物を廃棄する。だが，物も同時に奴隷に対して自立しているから，奴隷は，物を否定するにしても，それを片づけて亡ぼしてしまうことはできない。言い換えれば，物を加工するにすぎない。それに対して，主人は奴隷の行うこの媒介を通じて，物をまったく否定するという直接の関係つまり享受となり，物を片づけ享受して満足する点で，｜（123）欲望の果たしえなかったことを果たす。欲望は，物が自立しているために，このことを果たしえなかった。ところが，主人は，物と己れのあいだに奴隷を押し込み，そのことによってもっぱら物の非自立性とだけ結びつき，物をひたすら享受する。が，主人は，物の自立性の面を，物を加工する奴隷にまかせてしまう。

これら二つの契機[26]で，主人にとっては，相手の意識によって己れが承認された存在となる。なぜならば，この相手の意識〔奴隷〕は，一方では物を加工する点で，他方では特定の生存に従属している点で，非本質的なものとされているからである。他方の意識はいずれの場合にも存在を支配できず，絶対的に否定し去ることができない。だから，この点では，承認という契機が現存している。それは，他方の意識が自立存在としての己れを廃棄し，そのため，はじめの意識〔主人〕が己れのために行うことを，自身で行う。同じように，第二の意識のこの行いが第一の意識自身の行いであるという，もう一つの契機がある。つまり，奴隷の行いは，もともと主人の行いである。主人にとっては自立存在のみが本質である。主人は，物が無でしかない純粋の否定的威力である。だか

25）（訳注）*GW* 9, S. 111, Z. 5 を参照されたい。

26）（訳注）「二つの契機」とは，主人による奴隷の支配と物の享受あるいは奴隷の労苦である。

ら主人はこの間柄では，純粋な本質的行いであるが，奴隷は，純粋ではなく本質的でもない行いである[27]。けれども，本来的承認となるためには，次の契機が足りない。それは，主人が，相手に対しての行いを，己れ自身に対しても行い，奴隷は，己れに対する行いを，相手〔主人〕に対しても行うことである。その｜(124) おかげで，一面的で不平等な承認が生じている。

【114】この点で本質的でない意識は，主人に対して己れ自身だという確信の真理となる対象ではある。だが，判明しているように，この対象はその概念に一致していないし，むしろ，主人にとっては，みずからを完遂したという点で，かえって自立的意識とはまったく別のものになってしまっている。主人にとっては，その別のものは，自立的な意識であるのではなく，むしろ非自立的意識である。だから，主人は，自立存在が真理だと確信しているのではなく，むしろその真理は非本質的意識であり，この意識の非本質的行いである。

それゆえ，自立的意識の真理は奴隷の意識である。なるほど，この奴隷の意識はさしあたっては己れのそとに出ていて，自己意識の真理としては現れない。だが，主人たることは，その本質が己れの求めるものとは逆であることを示したように，奴隷たることも，完遂されたときには，直接にある当のものとはむしろ反対のものとなるであろう。つまり，奴隷たることは，己れのうちに押し戻された意識なので自己のうちにはいって，真の自立性に反転するであろう。

〔β) 奴隷の恐怖と奉仕〕

われわれがまさしくながめわたしたように，奴隷であることは主人であることと関係すると何であるかということなのである。しかし，奴隷であることは自己意識である。それで，奴隷であることは，完璧には何であるかをいまや考察しなければならない。さしあたって，｜(125) 奴隷であることにとって，主人が本質である。したがって，己れに対して存在する自立した意識が奴隷であることにとって真理である。にもかかわらず，その真理は奴隷であることにとってまだ己れに即して存在していない。だが，奴隷であることからすれば，所為での純粋否定性と自

27) (訳注) ここには，知覚での「本質的」と「本質的ではないと」の区別がより高い段階で再登場していて，本質的ではない奴隷の意識が本質的になる。

立存在が己れ自身に即して真理なのである。というのは，奴隷であることは，この真理を己れに即して経験しているからである。つまり，奴隷の意識は，あれこれのことのためにでもなくて，あれこれの瞬間にでもない。むしろ己れの本質全体のために不安を抱いていた[28]。というのは，奴隷の意識は，死という絶対的主人[29]への恐れを感じているからである。この点で，奴隷の意識は内面で解体されていて，己れ自身のうちで震撼しきってしまっている。それで，一切の固定したものが，奴隷の意識の中では震撼してしまっている。しかし，一切の存続するものがまったく普遍的に動き，完璧に流動化することが自己意識の単純な本質なのであり，完璧な否定性であって，奴隷の意識に即して存在する純粋な自立存在である。純粋存在というこの契機は，奴隷の意識に対してもある。というのは，主人のうちで奴隷の意識は己れにとって己れの対象だからである。さらにこの奴隷の意識は，ただそういう普遍的解体一般であるだけでなくて，奉仕ということでその解体を現実に完遂してもいる。奴隷の意識は，奉仕ということで，すべての個々の契機で己れが自然的生存に依存している状態を廃棄し，この生存に働きかけ，その生存を取り除いてしまう。

〔γ）奴隷の形成の労苦〕

だが，絶対的威力を感ずることは，一般的にもまた奉仕の個々の場合にも，それ自体では解体することにほかならない。そして，たとえ主を恐れるのが知恵の始まりである[30]としても，この恐れをいだく意識は，この点で意識自身に対しているが，自立存在であるのではない。だが，労苦を通じてこの意識は己れ自身に達する。主人の意識ということでの欲望に対応するこの労苦という契機にあっては，｜（126）奉仕する意識には物に対する非本質的関係という側面があてがわれているようにみえはする。これは，この側面に物がその自立性を保持しているためである。欲望には，対象の【115】純粋な否定と，これによる混じり気のない自己感情とが己れの手に残されている。しかし，だからこそ，この満

28）（訳注）*GW* 9, S. 111, Z. 18–S. 112, Z. 2 を参照されたい。

29）（訳注）死を絶対的主人とする見方は，Ⅳ-A「人倫」やBの「絶対的自由」にもある。

30）（訳注）「詩篇」111:10 を参照されたい。

足はそれ自身消え去るにすぎない。すなわち，そこには対象的面つまり存続が欠けている。これに対し労苦は妨げられた欲望であり，保留された消失である。言い換えれば，労苦は形成陶冶する。ほかでもなく労苦している人には，対象に自立性があるのだから，対象に対する否定的関係は対象に形式を与えることになり，持続させるようになる。この否定的中項，言い換えれば形式を与える行いは，同時に個別性であり，意識の純粋な自立存在である。そこでこの意識はいまや労苦しながら已れのそとに出て持続の場面にはいる。だから，このため，労苦する意識は，自己自身としての自立的存在を自己自身だと直観するようになる。

しかし，形式を与えることには，奉仕する意識が，そのときみずからにとり自立存在のゆえに存在するものになるという，肯定的意味があるだけでない。むしろ，否定的意味もあって，それは，第一の契機すなわち恐れ[31)]に対抗することである。なぜならば，物を形成するとき，相対立して存在する形式を廃棄することによってのみ，奉仕する意識からすると自己の否定性，已れの自立存在が対象となるからである。だが，この対象的に否定的なものこそは，奴隷を｜（127）震えあがらせた疎遠なものにほかならないからである。ところが，そのとき，奴隷の意識は疎遠で否定的なものを破壊し，そういうものとしての自己を，持続するという場面に置き，こうして已れ自身に対することになり，已れに対して存在するものとなる。主人では，奴隷の自立存在は一つの他者であり，言い換えれば，奴隷に対しているにすぎない。恐れでは自立存在は奴隷自身のものであり，形成陶冶では自立存在は已れ自前のものとして已れに対してある。こうして奴隷の意識は，それ自体でそれだけであるという意識に達する。形式は，そとに置かれることによって，奴隷の意識にとり已れとは別のものとなるのではない。なぜならば，この形式こそは奴隷の意識自身の純粋な自立存在であり，この点で，この存在は奴隷の意識にとり真理となるからである。だから，自己を，自己自身で再発見するおかげで自前の意味がただちに労苦のうちに生まれる。――縁のない意味だけが存在しているようにみえていた労苦のうちに生まれるのである。――このように奴隷が自己に帰るためには，恐れと二つの契

31）（訳注）*GW* 9, S. 114, Z. 23 以下を参照されたい。

機つまり奉仕一般および形成陶冶が必要である。同時に両方とも一般的な仕方でそうなる。奉仕と服従の訓練がなければ，恐れはいつまでも形式的なものにとどまり，生きていると意識する現実性にはひろがらない。形成陶冶がなければ，恐れはうちにあるだけで沈黙しており，意識は意識自身だけのものとに対するものとはならない。意識は，はじめの絶対的恐れに出会うことなく，形成を行えば，自前の意味を得ても，それは空しいものにすぎない。というのは，意識の形式とか否定性とかいうのは，自体的否定性ではないからである。だから，意識が形成するといっても，自己が本質体だという意識が意識に得られるわけではない。もし意識が絶対の恐れでなく，わずかばかりの不安に堪えただけなら，否定的なものは意識にとって｜（128）いつまでもそとからのものである。つまり意識の実体は，否定的なものに徹底的に染まっているのではないことになる。そのとき，己れの自然的意識の中身が，どれもこれもみな動揺しているわけではないから，意識はまだそれ自体では特定の存在のものとなっている。自前の意味は利己心であり，【116】なお依然として奴隷たることの内部にとどまったままの一つの自由である。意識は純粋形式を本質とすることはありえず，個別的なものを超えてひろがると考えられている形式にしても，普遍的形成陶冶でも，絶対的概念でもない。むしろ，熟練である。この熟練は，少しばかりのものを支配するだけで，普遍的威力も対象的本質体も支配しない。

｜（129）

B　自己意識の自由，ストア主義と懐疑主義と不幸な意識

〔1　ストア主義〕

自立している自己意識〔主人〕にとって，一方では，自我という純粋抽象だけがその本質であり，他方では，この抽象がみずからを鍛錬し，みずからを区別するとき，このように区別することはその自己意識の対

象的，自体存在的本質となるのではない。だから，この自己意識は，みずからが単純でありながら真にみずからを区別する自我，このように絶対的区別作用でありながらみずからに等しいままの自我となるのでもない。これに対し，自己に押し戻された意識[32]は，形成するとき，形成された物の形式としてはみずからにとって対象となり，主人のもとで，自立存在を同時に意識として直観する。しかし，奉仕する意識自身にとっては，これら二つの契機，すなわち，自立している対象としての自己自身と，意識としてのこの対象つまり自己自前の本質というこの対象は離れ離れになっている。だが，われわれにとっては，すなわちそれ自体では，形式と自立存在とは同じであり，｜（130）自立している意識の概念では，自体存在は意識であることによって，労苦での形式を受けいれる自体存在，すなわち物性の側面は，意識以外のいかなる実体でもない。こうして，われわれには自己意識の新しい形態が生じてきたことになる。それは，無限性としてつまり意識の純粋な動きとして本質であると確信している意識である。それは，思考する意識であり，自由な自己意識であるような意識である。なぜならば，次のようなことが，思考するということであるからである。それは，抽象的自我としてではなく，同時に自体存在の意味をもつ自我として，対象であると確信していること，言い換えれば，対象的本質体が，己れの相対している意識の自立存在という意味をもっているというような態度を，対象的本質体に対してとるということである。――思考にとって対象は諸表象，または，諸形態の中で動くのではなく，諸概念の中で動く。すなわち，意識にとってはそのまま【117】己れと区別されていないような，区別された自体存在の中で対象が動いている。表象されたもの，形を与えられたもの，存在するものそのものには，そのままで，意識とは別のものであるという形式がある。だが，概念は同時に存在するものである。――そして，この区別は，意識自身のもとにあるかぎり，意識の特定の内容である。――だが，この内容が同時に概念把握された内容であるという点で，意識は依然としてみずからが規定されていて区別されて存在するものと一体であると直接に意識している。それは表象の場合とは違う。表象の場

32）（訳注）奴隷の意識のことである。

合には，意識は，この存在するものが己れの表象であることをやっとなおとくに思い起こさなければならないのである。むしろ，概念はわたしにとりそのままわたしの｜（131）概念である[33]。思考ではわたしは自由である。というのも，わたしは相手のうちにいるのではなく，端的にわたし自身のもとにいるままであって，わたしが本質とする対象は，わたしのわたしにとっての存在と一つであり，分かれてはいないからである。そこで概念内でのわたしの動きはわたし自身の中での動きだからである。――だが，自己意識の形態をこのように規定するということで，本質的に主張するべきことは，この形態が思考する意識一般[34]であり，その形態の対象が自体存在と自立存在との直接の統一であるということである。自己を自己自身から突き離す，自己と同名の意識は，みずからにとり自体存在する場面となる。だが，この意識が己れの場面であるのは，やっと普遍的本質体一般として確信しているのであって，みずからが多様な存在となって展開および動く対象的本質体として確信しているのではない。

自己意識のこの自由は，精神史ということで意識的形をとって現れている場合，よく知られているように，ストア主義と呼ばれてきた。その原理は，意識が思考するものであり，或るものには意識に対する本質体がある，言い換えれば，意識に対して真であり善であるのは，意識がその或るもので，思考するものとして振る舞う場合だけであるということである。

生命が，みずからを己れのうちで区別する多様なひろがり，個別化，錯綜などは，欲望や労苦が働きかける対象である。この多様な行いは，いまでは思考の純粋な動きの中に集約されて｜（132）単純な区別化になっている。もっと本質的であるのは，次のような区別項ではない。その区別項は，特定の物としてまた，特定の自然的生存についての意識として，感情として，あるいはそれらに対する欲望，また，目的が，自前の意識によってか，あるいは，他人の意識によってか設定されようと，欲望にとっての目的として掲げられている。むしろ，もっと本質的であるのは，思考されている区別項，言い換えれば，自我からは直接区別さ

33）（訳注）自我＝自我という抽象的自我の自由のことである。

34）（訳注）ここから思考も抽象的であることが分かる。

れていないような区別項だけである。したがって，この意識は主人と奴隷の関係に対しては否定的である。その意識の行いは，主人であるときに，その真理を奴隷にもつことでもないし，奴隷として，その真理を主人の意志や主人に対する奉仕のもとでもつことでもない。むしろ，その行いは，王座にいようと鎖につながれていようと，個々の生存に依存することのすべてでありながら自由であり[35]，生存の動きからも，能動および受動のいずれからも，たえず考えの単純な本質性に引きこもるという，生命のない姿を保持することである。利己心は，【118】自由であり，個別性にとらわれ，奴隷であることの内部にとどまるが，ストア主義も，自由であり，そのままいつも個別のそとに出て，考えのまったくの普遍性に帰ってゆく。その自由は，世界精神の普遍的形式なので普遍的恐怖と奴隷状態の時代だけに，だがまた普遍的形成陶冶の時代にだけ登場しえた。その形成陶冶は，形成する働きを思考にまで高めた。

｜(133) ところで，この自己意識にとって本質は，自己意識とは別物ではないし，自我の純粋抽象でもない。むしろ，自我であり，それは他在，ただし思考された他在を己れのもとにもつ。それで，自己意識は，己れの他在でありながら，そのまま自己に立ち返っている。そのようなわけで，この自己意識の本質は同時に抽象的本質にすぎない。自己意識の自由は，自然的生存に対して無関与である。それゆえに，自然的生存を同様に放免し，反省は裏表両面の反省還帰[36]である。考えでの自由は，純粋な考えだけを自由の真理としており，その真理は生の中身なしに存在している。それで，自由の概念ですらも，生き生きとした自由そのものではない。というのは，その自由にとってやっと思考一般が本質であり，形式そのものだからである。その形式は物の自立性を除去し自己に還帰している。しかし，個体性は，行為するものとして己れを生き生きと提示したり，思考するものとして生き生きとした世界を考えの体系としてつかんだりする。そのようになるということによって，個体性にとって善である当のこと，真である当のことの内容が例の広がりに対する考え (Gedanke) そのもののうちになければならないことになる。

---

35) (訳注) 平静の場面が暗示されている。

36) (訳注) これは，また自己意識の表裏一体化であることは，*GW* 9, S. 108, Z. 20-21. を参照されたい。

したがって，意識に対して存在するものには，本質である概念以外には何の成分もまったくないことになる。ところが，概念がここでは抽象なので物の多様性から分離され，それ自身には内容はなくて，所与の内容がある。意識は，内容を思考することによって，なるほど内容を縁なき存在として亡ぼしてしまう。だが，｜（134）概念は特定の概念であり，概念のこの特定性[37]は，概念が己れのもとでもっている見知らぬものである。それゆえ，ストア主義は，その当時の表現でいえば，真理一般の基準を問われると，すなわち，本来の形でいえば，考え自身の内容を問われると，当惑してしまう。ストア主義に対し，何が善であり真理であるかと問うならば，その答えとしてまたしても内容なき思考が与えられるだけである。つまり理性的であることの中に，真と善が存続するのだというわけである。だが，この思考の自己相等性は，またしても，何も特定されない形式であるにすぎない。だから，ストア主義がそこに立ちとどまらざるをえない真と善，英知と徳という一般的言葉[38]は，一般的にいって人の心を高めるものではある。だが，実際にはまったく内容のひろがりには達しえないから，やがて退屈だと感じさせ始めるものである。

したがって，抽象的自由だとして，これまでにはっきりさせられたような思考する意識は，他在を不完全に否定するにすぎない。この意識は，生存から己れの中に引き戻されているにすぎないから，この意識は生存の絶対的否定としてのみずからを【119】己れでは完遂したわけではない。この意識は内容をもっぱら考えとしてのみなるほどみてはいる。が，その場合，それは，特定の考えとしてもみられているわけであ

37）（訳注）この特定性を克服するのが，懐疑主義の課題である。

38）（訳注）ヘーゲルが説明しているのは，ストア主義者の把握表象であり，それが真理の基準を提示する。アカデミー派懐疑主義者はこの考えを批判した。このことについては，*Sexti Empirici opera graece et latine. Pyrrhoniarum institutionum libri III.* Cum Henr. Stephani verisione et notis. Contra mathematicos, sive discipnarum professors, libri IV. Contra philosophos libri V. Cum verisione Gentiani Herveti. Graeca ex mss. condicibus castigavit, verisiones emendavit supplevitique, et toti operi notas addidit Jo. Albertus Fabricius. Leipzig, 1718. I. Adversus logicos. 416–23, besonders 421(Buch 7, Abschnitt 170ff., 181ff.) を参照されたい。ストア主義倫理学については，前掲書，Adversus ethicos. 720f.; 722f.(Buch 11, Abschnitt 170ff.; 181ff.) を参照されたい。さらに *Diogenis Laerrtii de vitis, dogmatibus et apophthegmatibus clarorum philosophorum libri decem graece et latine.* Lepzig, 1759. 432f.; 452 (Buch 7, Abschnitt 54 u. 88) も参照されたい。

る。そこで同時にその考えは特定性そのものである。

〔2　懐疑主義〕

懐疑主義とは，ストア主義がただ概念としてもっていたにすぎないものを実現することであり，考えることの自由が何であるかを現実に経験することである。｜（135）この自由はもともとは否定的なものであるから，そういう形で提示されなければならない。自己意識が自己自身という単純な考えに還帰するのと一緒に，それに対立して実際には，その考えの無限性からは，自立的定在つまり持続する特定性が落ちこぼれてしまっている[39]。ところで，懐疑主義にあっては，意識にとってこの他者はまったく非本質的なものとなり，非自立的なものとなる。つまり，考えが，さまざまに特定の世界の存在を空しくする完全な思考となり，自由な自己意識の否定性が確信していることは，みずからにとって生命にそのように多様な形態を与えるとき，現実の否定性となることである。明らかに，ストア主義が，主人と奴隷の関係として現れて自立した自己意識の概念に一致していたように，懐疑主義は，この意識の実現に一致する。つまり他在を否定する方向に，すなわち，欲望と労苦という他在の否定に一致する。しかし，欲望と労苦は，自己意識に対して否定を実現することができたわけでもない。そのとき，この論争する方向は，物が多様に自立している状態に対しては成果をおさめるであろう。というのも，この方向は，みずからで前もって完成された自由な自己意識なので物の自立性に対向するからである。もっとはっきりいえば，その方向には思考あるいは無限性がみずから自身のもとであり，この点でその区別からみた諸々の自立性は，この方向にとっては消えてゆく大きさ[40]にすぎないからである。諸々の区別項は，自己意識自身の純粋な思考にあっては，｜（136）区別項を抽象することにすぎないから，ここでは，すべての区別項となり，すべての区別された存在は自己意識という一区別項となる。

39）（訳注）「落ちこぼれる（herausfallen）」は感性的確信や知覚の始まりでも出ていた。
40）（訳注）*GW* 9, S. 168, Z. 6–7 を参照されたい。

これまで述べたところで，懐疑主義一般の行いとその知恵[41]が特定された。懐疑主義は，感性的確信，知覚，悟性という弁証法的動きを指摘する。それとともに，懐疑主義は，支配と奉仕の関係で，また抽象的思考そのものにとって，特定のものであるとみなされたものが実在的でないことも指摘する。支配と奉仕の関係は，人倫的法則をもまた支配の命令として現存させているような特定の知恵を同時に含んでいる。だが，抽象的思考ということでの諸々の規定は，学の諸々の概念である。内容のない思考は，この概念の中へとひろがってゆき，概念の内容となってはいる。また，概念からは独立な存在に，実際には外的であるにすぎないやり方で，その概念を結びつけている。それで，この思考は，特定の概念だけを，それがまた純粋の抽象であるとしても，妥当するものとしている。

直接あるがままの否定的動きとしての弁証法的なものは，意識にとってはさしあたってそれにみずからが翻弄されて，意識自身によって存在するのではない何か或るもののようにみえる。これに反して，この否定的動きは，懐疑主義としては自己意識の契機である。【120】どうしてそうなるのかいっこうに分からないのに己れの真理と本質が消えてしまうというようなことが，自己意識にとって起こってくることではない。むしろ，自己意識が己れの自由を確信して，本質体であると｜(137)称するこの他者自身を消えさせてしまうのである[42]。ただ対象的なものそのものを消えさせてしまうだけでなく，対象的なものを対象的なものと認め，妥当させる自己意識自前の，対象に対する態度をも消えさせてしまう。したがって己れの知覚をも，また失われようとする危険にあるものを，みずから固定することをも，さらに詭弁[43]をも，みずから特定し固定した己れの真理をも消えさせてしまう。このようにみずから意識した否定によって，自己意識は己れが自由だという確信を己れ自身でつくり出し，その経験を生み出し，こうしてそれを真理に高める。消えるものは，特定のものである，言い換えれば，どういう仕方で，どこから来ようとも，固定されていて変化しないものとして掲げられる区別であ

41）（訳注）知恵とは「方式（トゥロポス）」と推察される。
42）（訳注）懐疑主義は，自己吟味という方法で意識して他者を否定する。
43）（訳注）*GW* 9, S. 79, Z. 35 以下を参照されたい。

る。この区別には己れのもとではまったく持続するものがないし，この区別は思考にとっては消えざるをえない。というのも，この区別されたものは，まさにそれ自身のもとで存在するようなものではなく，その真理をただ他者のうちでもっているようなものだからである。だが，思考は区別されたもののこの本質を洞察するものであり，単純なものとしての否定的なものである。

だから，懐疑主義的自己意識は，己れに対して固定しようとする一切のものの変転の中に，己れ自前の自由が，己れ自身で手に入れたものであり，支えているものであることを経験する。その自己意識は，己れ自身を思考する心の平静であり，己れ自身だという変転なき真実の確信であると思い込んでいる。この確信は，己れの多重な展開を自己内で崩す疎遠なものから，その生成を背後とする一つの結果として現出するのではない。むしろ，意識自身は，完璧な弁証法的不安定であり，｜(138) 感性的表象と思考された表象との以上の混合であり，その混合の区別が崩壊し，同じくその同等性も解体される。というのは，その不安定はそれ自身不同等なものに対する特定性だからである。しかし，この意識は，まさにこの点で実際には，自己に等しい意識である代わりにまったく偶然の混乱であるにすぎないのであり，たえず生み出される無秩序の目眩なのである。意識は，自己自身に対して以上のようなのである。すなわち，意識自身は，以上の己れを動かす混乱を保持し生み出す。それゆえに意識は，以上のことを認め，まったく偶然で個別の意識だと告白する。その意識――経験的であり，意識からすると何ら実在ではなく，意識にとっては何ら本質ではないものに服従する――は，意識には何ら真理ではないことを行い，現実にする。だが，意識は，こうして個別的で偶然的で実際には動物的生命にして喪失された自己意識としてみなされるのと同様に，それとは反対に己れをまたしても自己に等しい普遍的意識にする。というのは，意識は，一切の個別性と一切の区別については否定性だからである。意識は，以上の自己相等性から，また，その自己相等性でありながら，またしても例の偶然性と混乱とへ転落する。というのは，この自己運動する否定性こそは個別的なものにしか関わらないし，偶然なものを追いまわしているからである。だから，この意識は，己れでは意識しないで愚かなことをしており，【121】自己自

身に等しい自己意識の項から，|（139）偶然で混乱しており，混乱してゆく意識の他の項へと，行ったり来たりしている。意識は，己れ自身のこの二つの考えを結びつけない。つまり，意識は，己れの自由を一方では，生存のあらゆる混乱とあらゆる偶然とを超えて高めることと認識し，他方では同様にまた非本質性への転落であり，その中で右往左往すると認める。それによって，非本質的内容がその思考の中で消えるが，まさにその点で非本質的なものの意識なのである。つまり，それは，絶対的消失を言い表すが，この言表は存在する。それで，この意識は言い表された消失である。それはみたり，聞いたりすることなどの空しさを言い表しながら，みずから現にものをみたり，聞いたりなどしている。それは，人倫的本質体の空しさを言い表しながら，それらの本質体をみずから行為の諸々の威力としている。その行いとその言葉はいつも矛盾し合っている。同様に，それには，また不変と相等，完全な偶然と自己との不等という，表裏両面の矛盾した意識がある。だが，この意識はそういう自己自身の矛盾を別々にしておき，己れが，純粋の否定的動き一般の中にいるような態度で，それと関係する。意識に同等性が示されると，意識は不同等を示す。それで，この意識にたったいま己れの言い表したこの不同等がちょうど突きつけられることによって，それの同等を示すことに移ってしまう。意識の語らいは，実際には，強情な|（140）若者たちの口論であって，相手がBといえば，一方はAといい，また相手がAといえば，一方はBといい，この矛盾によって，たがいに矛盾したままであるという喜びをあがなっているのである。

意識は，ほんとうは，自己自身の中で矛盾する意識であることを懐疑主義で経験する。この経験から新たな形態が現出するが，これは，懐疑主義がばらばらにしてしまう二つの考えを結びつける。懐疑主義の己れ自身についての無思想的考えは消え去るよりほかない。というのも，実際には，いまいった二つの姿を己れにもっているのは，一つの意識だからである。こうして，この新たな形態は，自覚的に自己についての表裏一体の意識なのである。己れを解放した不動の自己同一的意識として自己を自覚するとともに，絶対的に混乱した逆転する意識としても自己を自覚する。このような自己矛盾の意識なのである——ストア主義では，自己意識は自己自身の単純な自由であり，懐疑主義では，この自由は実現され，特定の生存という他方の面をなくしてしまう。が，むしろ自己を表裏一体にし，そこで裏表一体だと確信している。このため，表裏一体化は，以前は[44]主人と奴隷という二つの個別のものに分け与えられていたのであるが，一つに帰っている。こうして，自己意識が己れ自身の中で表裏一体になることは，精神の概念にあっては本質的であり，それが現にあるわけであるが，まだ両者は統一していない。そこで不幸な意識とは，｜(141) 己れが，表裏に裂かれてただ矛盾しているだけの本質体であるという意識である。

【122】　〔3　不幸な意識〕

だから，この意識は，自己内分裂し不幸であり，己れの本質のこの矛盾が一つの意識であると確信しているので，一つの意識でありながらいつも相手の意識ももたなければならない。また，そのようにして各自の意識からそのまま追い出され，統一の勝利と安定に達していると思い込むことによって，またしても，そこからも追い出されている。しかし，不幸な意識の本当の自己自身への還帰，つまり不幸な意識の己れとの和解は，生き生きとして現存するようになる精神の概念を提示するであろう。なぜならば，意識は分割されない意識であるから，分裂しながら表裏一体となった意識であることが，意識に備わっているからである。意識自身は，自己意識が相手の自己意識を観ることであって，意識自身が両者であって，両者の統一が意識からすると本質でもある。だが，意識は，それだけでまだ以上の本質自体であることも，まだ両者の統一であることも確信していない。

〔α) 不変なものと変転するもの〕

不幸な意識は，さしあたって両者〔不変な意識と変転する意識〕の直接的統一にすぎない[45]が，意識に対して両者は同一ではなくて対立し合っている。そのことによって，意識にとって一方すなわち単純で不変の意識は，本質として存在するが，他方は，多重で変転する意識であ

44）（訳注）*GW* 9, S. 112, Z. 30 以下を参照されたい。
45）（訳注）ユダヤ教の段階を指す。

り，非本質的なものとして存在する。両者は，意識にとっては相互に疎遠な本質体なのである。意識自身は，それが以上のように矛盾している意識なので，変転する意識の側に立ち，非本質的なものであると確信している。しかし，意識は，不変である，あるいは単純な本質であるという意識としては，非本質的なもの，すなわち，｜（142）自己自身から解放されることを同時に目指さざるをえない。つまり，その意識は，自覚的には，変化するものにすぎず，不変なもの[46]は己れとは疎遠なものにすぎないとしても，意識自身は，単純であって不変な意識である。そのため，この意識を己れの本質として意識しておりながらも，意識自身は，自覚的にはまたしてもこの本質でないことを意識しているという具合なのである。だから，この不幸な意識が両方の意識に与える位置は，両者がたがいに無関与であることではありえない，すなわち，不変なものに対する己れ自身の無関与ではありえない。むしろ，その意識はみずからそのままそれら両者である。それで，その意識は，意識に対して，本質の非本質的なものに対する関係としての，両者の関係である。したがってこの非本質的なものは廃棄されるべきである。だが，不幸な意識からすると，両者が等しく本質的であり，矛盾しているので，不幸な意識は，矛盾した動きであるにほかならない。この動きにあっては，反対は己れの反対で安定するのではなく，己れのうちで己れを反対としてみずからにとって新たに生み出すだけである。

だから，〔ここには〕一つの敵に対する一つの争いが現にあり，この敵に対しては，勝利がむしろ敗北であり，いずれか一方に達することが，むしろその反対の中で，それを失うことである。生命，生命の定在および行いなどの意識は，この定在と行いに対する苦しみであるにすぎない。というのは，そこでは意識には，己れの反対が本質であり，己れ自身が空しいという意識があるにすぎないからである。意識はここから出て高まり，不変なものに移ってゆく。が，この高まり自体がこの空しい意識である[47]。つまりこの高まりはそのまま｜（143）反対の意識，【123】すなわち，己れ自身が個別であるという意識である。この意識の中に歩み入る不変なものは，ほかならぬこの理由で，同時に，個別性

46）（訳注）「不変なもの」については，「マラキ書」3:6，「詩篇」90:2 を参照されたい。
47）（訳注）「詩篇」90 を参照されたい。

に接触されており，もっぱらこの個別性とともにだけ現在している。この個別性は，不変なものの意識の中で亡ぼされてしまわないで，いつもそこにまさに立ち現れる。

〔β) 不変なものの形態化〕

しかし，この動きにあって，意識は不変なもののもとで個別性が出現するのを経験したり，個別性のもとで不変なものが現出するのを経験したりする。意識に対して，不変なもののもとで個別性一般が生じ，さしあたって同時に，不変なもののもとで己れの所有が生じる[48]。なぜならば，この動きの真理は，この裂かれた意識がまさに一つだからである。だが，この統一が意識に生ずるが，さしあたって，その統一は，両者の違いがなお支配してさえいるというような統一である。そのため，個別性と不変なものが結びついている，三重の仕方[49]がこの意識にとって，現にあることになる。一方で，意識自身が不変なもの〔神〕に対立したものとしてふたたび現れ，争いの始まりに投げ返され，この争いが依然として関係全体の場面なのである。だが，他方で，意識のもとでの不変なもの自身がみずからということでこの意識に対して個別性をもっている。したがって個別性は不変なものの形態であり，そのため，この不変なものに現存全体のありかた全体が移ってゆく。第三に，意識は，この個別的なものとしての己れ自身が不変なものであることを見出す。第一の不変なものは，意識からすると個別性を裁く疎遠な本質体にすぎない。｜(144) 第二の不変なものが意識自身と同様に個別性の姿であることによって，第二の不変なものは，第三に霊（精神）となり，自己自身を霊（精神）のうちにみつける喜びをもち，己れの個別性が普遍と和解していることを意識するようになる。

ここに，不変なものの姿および関係として提示されるものは，分裂した自己意識が，己れが不幸でありながら行う経験として生じたものである。さて，この経験は，なるほど，この意識の一面的動きではない。というのは，この意識自身は不変な意識であり，したがって同時にこの不変な意識はまた個別の意識でもあり，動きは不変なものの動きであるからである。また，それとともに，このように動いて他方と同じように登

48)（訳注）受肉のことを指している。
49)（訳注）「使徒信条」に示されている三位一体論を意味している。

場してくる意識の動きでもあるからである。すなわち，この動きは，以下の三つの契機を通って経過する。まず，不変なものが個別一般に対立し，次に個別さえもが，他方の個別に対立し，最後に不変なものがこの個別と一つになるのである。なるほどそうではあるが，この考察は，われわれのものであるかぎり，ここではまだ時宜を得ない。つまり，われわれにとって，いままでのところ，不変性は意識の不変性としての不変性であるにすぎないからであって，この不変性は真の不変性ではなく，なおも対立にまといつかれており，完壁には不変なものは生じていない。それゆえ，この不変なものが完壁にはどうなっているかを，われわれは知ってはいない。ここで判明しているのは，この場合われわれの対象となっている意識にとっては，これまで暗示されたように，不変なものにいくつかの規定が現れるということだけである。

｜（145）それゆえ，以上のような理由から，不変な意識にも，形そのものをとるときには，それ自身，個別の意識に対して分裂した存在，自立存在という性格と基礎とがあることになる。【124】そのため，そもそもこの意識にとっては，不変なものが個別性という形態をとっていることは，そもそもできごと〔突然起こること〕なのである。それと同じで，意識は不変なものに対立していることを見出すだけであり，したがって意識は自然を通して[50]この不変なものと対立関係にある。つまり，結局，この意識が己れにとっての不変なものであると見出すことは，その意識からみれば，部分的には意識自身が，この関係をつくり出したことにみえ，また，この意識自身が個別的であるために起こったことのようにもみえる。なるほどそうではあるが，その生成からも，現にあるかぎりからも，この統一の一部分は，不変なものに帰属しており，この対立は依然として統一自身の中にありつづける。事実，不変なものが形態を得ても，彼岸という契機が存続しているだけでなく，むしろ強化されている。つまり，不変なものは，個別的現実の形態のため，一面では，個別的意識により近づいているように思われるにしても，他面で，今度は不透明な感性的一物として，現実的なものの冷酷な状態全体をともなって個人的意識に対立するであろう。不変なものと一つになろうとす

50）（訳注）神の子としてのイエス・キリストの誕生が，処女懐胎という自然上の奇蹟を通して起こったことなどに対応する。

る希望は，希望にとどまらなければならない。すなわち，充たされもしないし現在することもないままであるよりほかない。なぜならば，希望と満足とのあいだには，まさに絶対の偶然つまり動かしがたい無関与があり，これは，この形態化自身の中に，つまり希望の基礎となっているものの中にあるからである。存在する一物という本性のために，不変なものが身にまとってきた現実のために｜(146)，不変なものが時間の中で消えてしまい，空間的にも彼方に行ってしまって，まったく遠く離れたままであるということが，必然に起こる。

〔γ）不変なものと変転するものとの結合〕

分裂した意識というただの概念は，個別的なものである己れを廃棄することに，不変な意識となることに向かってゆくような形ではじめは[51]特定された。が，これからは，分裂した意識は純粋で形態のない不変なものに関係することをやめて，形態のある不変なもの[52]に関係することだけに，身を捧げることを使命とする。なぜならば，個別的なものが不変なものと一つであることが，これからは，意識にとって本質であり対象であるからであり，それは，概念では，形態のない抽象的不変が，本質的対象であったのと同じであるからである。そこでこれからは，概念が絶対に分裂しているという関係は，個別者が抜け出さなければならないものである。さらに，疎遠な現実としての，形態をもった不変なものに対する，はじめのうち外面的なこの関係を，意識は高めて絶対に一つになることにしなければならない。

非本質的意識が，以上のように一つであることを達成しようと努める場合の動きは，この意識が形のある己れの彼岸に対してもつことになる三様の関係からいって，三重の動きである。それは，その動きが，第一に，純粋意識として，第二に，欲望および労苦として現実と関係する個別存在者であり，第三に，その存在者が自立しているという意識としてである。この意識の存在の三つのあり方が，いま述べた普遍的｜(147)関係の中に，どういうふうに現存し，また特定されているかということを，これからみなければならない。

〔αα）　純粋な意識，思慕と心情と憧憬〕

51）（訳注）*GW* 9, S. 122, Z. 12–30 を参照されたい。

52）（訳注）イエス・キリストに対応。

そこでまず，非本質的意識を純粋な意識と考えるならば，形を得た不変の人は，この純粋な意識にとってのものであるから，それ自体でそれだけであるように設定されていると思われる。【125】けれども，この不変の人がそれ自体でそれだけであるということは，すでに思い起こしたように[53]，まだ生じているわけではない。この人が，それ自体でそれだけである通りに，意識のうちであることになるためには，そのことが意識から出てくるというよりも，むしろその人から出てくるのでなければならない[54]。だが，その人がそのように現在するのは，まだやっと一面的に意識によるにすぎないから，まさにそのために完全ではないし，ほんとうでもない。むしろ，いつまでも不完全なままで，つまり，対立になやまされている。

しかし，不幸な意識は，その人の現在を手に入れていないとはいえ，同時に純粋思考からそとに出ている。それは，この純粋思考が，個別性を抽象的に度外視するストア主義の思考であり，懐疑主義のただたんに不安定であるにすぎない思考――実際，これは無意識な矛盾とその休みなき動きとしての個別性であるにすぎない――であるかぎりである。つまり，不幸な意識は，ストア主義と懐疑論を超えている。けれども，この意識は，純粋思考と個別性を結びつけ，まとめはするが，意識の個別性と純粋思考とが，この思考にとって十分和解しているような思考に，まだ高まっているわけでもない。むしろこの意識は，抽象的意識が個別性としての意識の個別性と接触しあう中項にいるのである。｜（148）この意識自身がこの接触である。その接触は純粋思考と個別性の統一である。この意識にとってもそれは思考する個別性，純粋思考であり，本質的にそれ自身個別性として，この意識にとり不変なものである。けれども，この意識の対象が，すなわち，この意識にとって本質的に個別性の形態をもっている不変なものが，意識自身であるということ，意識の個別性であるような意識自身であるということは，その意識にとってあるわけではない。

それゆえ，われわれはこの意識を純粋な意識とみたのである。だが，こういうはじめの姿では，この意識はその対象に関係するけれども，思

53）（訳注）*GW* 9, S. 123, Z. 31–34 を参照されたい。
54）（訳注）啓示に対応している。

考する態度で関係するのではない。むしろ，意識自身は，それ自体では純粋な思考する個別性であり，その対象もまさになるほどそういうものであるけれども，個別性相互の関係自身が純粋思考であるのではない。そのため意識は，いわば，思考へ向かってゆくだけであり，思慕であるにすぎない。この意識の思考そのものは，鐘の音がそこはかとなく鳴り響くことであり，おだやかな香がたちこめることであり，音楽的思考であるにとどまっている。こういう思考は，それだけが唯一内在的で対象的あり方だといえるであろう概念には，行きつかない。こういうふうに，かぎりなく純粋に内面的に感じているあいだは，その対象は歩みよってはくるだろうが，概念把握された対象としてではないから，疎遠なものとしてである。その結果，純粋な心情の内面の動きが現存してはいるけれども，この心情は自己自身を，ただし分裂としての自己自身を，にがく感じている。その心情はかぎりない憧憬[55]の動きである。が，この憧憬は，己れの本質そのものが純粋の心情であることを確信しており，己れを個別性だと思っている純粋思考である｜(149)。すなわち，この憧憬は，対象がみずからを個別性と考えているからこそ，この対象によって認められ，承認されることを確信している。だが，同時にこういう本質体は，捕えようとすれば逃げてしまう彼岸であって，むしろこの彼岸は，すでに【126】逃げてしまっていて，達しえない。それはすでに逃げてしまっているというのも，その本質体は，一方では，己れを個別性と考えている不変なものであるからである。それゆえ，意識は直接その本質体の中にいる己れ自身に到達してはいるものの不変なものに対立したものとしての自己自身に到達しているだけだからである。意識は本質体をつかまえる代わりに感じるだけで，自己に逆戻りしている。この意識は，到達するにあたり，対立しているものとしての自己を斥けることはできないから，本質体をつかむどころか，本質体でないものをつかんだにすぎない。この意識は，一面では，本質体ということで自己に到達しようとするが，ただ自前の分裂した現実性をつかむだけである。それと同じように，他面では，他者を個別的なものとして，つまり，現実的なものとしてつかむことはできない。そういう他者は，求め

55)（訳注）シュライアマッハーの敬虔主義などがペテロ的信仰にとどまることが示唆されている。

られるところには，みつけられえない。すなわち，それは，みつけられえないようなもの，まさに彼岸であるはずである[56]。それは個別者として求められるが，普遍的で思考された個別性でもなく，概念でもなく，対象としての個別的なもの，言い換えれば，現実的なものであり，直接の，感性的確信の対象であり，それゆえ，消えてしまっているものにすぎない。だから，意識には，己れの生命の墓だけが現存している。とはいえ，この墓自身も現実性であり，いつまでもそれをもち続けることは，現実の本性｜（150）に反することである。だから，墓が現にあるにしても，そこでは，努力しても敗れざるをえない争い[57]である。しかし，己れの現実的不変の本質体という墓にも，何ら現実性がないことを経験し，消えてしまった個別性は，消えてしまったものとしては，真の個別性ではないことを経験したとき，意識は，不変の個別性を現実のものとして求めることを，消えてしまったものとして確保することを断念する。そうなったときはじめて，意識は，個別性を真なるもの，つまり普遍的なもの[58]としてみつけることができるのである。

〔ββ）欲望と労苦と享受と感謝〕

しかし，さしあたり[59]，心情が自己自身に帰ることは，心情が個別的なものなので現実的だと確信していることと受けとるべきである。われわれにとって，または，それ自体で自己を見出し，自己に満足しているもの，それは，純粋の心情である。つまり，その感情にとって，本質体が自己から分離されているとしても，この感情はそれ自体では自己感情であるから，自己の純粋な感情の対象を感じたのであり，この対象は心情自身である。だから，心情は，自己感情としてつまり自立して存在する現実として，ここから歩み出るのである。こうして自己に帰るとき，われわれにとって，心情の第二の関係が生じているのであり，欲望と労苦の関係が生じている。この欲望と労苦は，心情がわれわれに対して求めた自己自身だという内面的確信を意識のために保証する，つまり疎

56）（訳注）イエス・キリストの墓に由来する。
57）（訳注）十字軍遠征に由来する。
58）（訳注）三位一体ないし教団の精神に由来する。
59）（訳注）還帰が第三段階には到達していないことを指す。

遠な本質体，すなわち，自立した物[60]という形をとった本質体を撤廃し享受することによって確信を保証する。だが，不幸な意識は，己れが｜(151) 欲望し労苦しているものであることだけを見出す。そういうふうに自己を見出すことが，その意識の内面の確信の基礎になっているということ，そして本質体についてのその感情が以上の自己感情である。このことは，意識にとって現にあるわけではない。この意識はこの確信を自己自身に対してもっているのではないことによって，その内面は，むしろなお自己自身の確信が破れたままである。【127】だから，労苦と享受によって得られることになる保証も，同じように破れている保証である。言い換えれば，不幸な意識はむしろみずからこの保証を無効にせざるをえない。それゆえ，この労苦と享受のうちでも保証がみつけられるにしても，その意識が自立しているものの保証が，つまり自己の分裂の保証がみつけられるにすぎない。

欲望と労苦が向かってゆく現実性は，この意識にとっては，もはやそれ自体で非力で意識によって廃棄されるべきだけでもないし食い尽くされるべきものでもない。むしろ，この意識自体と同じようなものである。つまり，それは，分裂し破られた現実性であり，一方ではそれ自体で非力なものにすぎないが，他方では神聖なものとされた世界でもあり，この現実性は不変なものの形態である。そのわけは，不変なものが，それ自体では，個別性を維持していたからであり，不変なものが不変なものとして普遍であるため，その個別性には，そもそもあらゆる現実性という意味があるからである。

もし，意識が自覚して自立している意識であり，意識にとって現実性が，完璧に非力であるならば，労苦し享受する場合，意識は，意識自身が現実性を｜(152) 廃棄するものであることになるおかげで，みずからが自立性しているという感情に達するであろう。しかし，現実性は意識にとって不変なものの形態であることによって，意識はそれを自身では廃棄することはできない。むしろ，意識は，なるほど現実性の非力と享受に達することによって，以上のことが意識に対して生じてくるのは，不変なものがみずからその形態を犠牲にし，意識の享受にまかす

60) (訳注) パンと葡萄酒に由来する。

ことによるのである。――この点で，意識は己れの側で意識であると同じように現実として現れてくる。そして，それと同様に内面的には破れたままである。現実性への関係または自立存在と自体存在とに割れるこの分裂は，意識が労苦し享受するということで現れる。そういう現実性への関係は，変化することあるいは行いであり，それらは，個別的意識そのものに帰属する自立存在である。だが，個別的意識はその点でそれ自体でも存在する。この自体存在の面は，不変の彼岸に属する。それらは，才能・能力，疎遠な天賦であり，それは，疎遠であると同様に，不変なものを意識に委ねて，天賦を使う。

それゆえ，意識はその行いということでまず二つの項の関係のうちにある。意識は能動的此岸として一方の側に立ち，この意識には受動的現実性が対立している。両方は相互に関係するが，ともに不変なものに帰って行ってもおり，またそれ自体で固定してもいる。それゆえ，この〔意識と現実性という〕二つの側面から，表面だけが交互に解体され，この表面が，一方から他方へと動きたわむれるようになるのである。現実性の項は能動的項〔意識〕によって廃棄される。しかし，現実性は，｜(153) 現実性の面で廃棄されうるのである。というのは，現実性の不変な本質体が現実性そのものを廃棄し，自己を自己から突き離し，突き離されたものをはたらくにまかせるからである。能動的力〔意識〕は，現実性を解体させる威力として現れる。だがそれゆえ，【128】自体すなわち本質体を，己れの他者とするこの意識にとっては，能動性となって現れるこの威力は，自己自身の彼岸である。だから，己れの行いから自己に帰り，自己を己れ自身に対して確証する代わりに，むしろ，行いのこの動きは他方の項に還帰反省する。このため他方の項は純粋に普遍的なものとして，絶対的威力として提示されている。その威力から，動きが各面に出て行ったのであり，その威力ははじめて登場した通り分裂する両項の本質であると同様に交替自体の本質である。

不変な意識は，その形態を断念し，それを犠牲にする。これに対し個々の意識が感謝する。すなわち，自己が自立していると意識して満足することが拒絶され，そして行いの本質はみずからを離れて彼岸にあるとする。このように，二つの部分がたがいに廃棄し合う両契機によって，たしかに，不変なものとの統一がこの個々の意識に生じてくる。しかし同時に，この統一は分離に触発されて，またしても己れの中で分裂しており，この統一からは，普遍的なものと個別的なものの対立がふたたび現れてくる。つまり，｜(154) なるほど，意識は，外見では，己れの自己感情に満足することを拒みはするが，この自己感情の現実的満足に達している。そのわけは，意識が現に欲望，労苦，享受であったのである。意識は意識として求め，行い，享受したのである。それと同様に〈意識が他方の項を本質体として承認し，みずからを廃棄してしまうという意識の感謝〉にしても，それ自身，意識自前の行いである。この行いは他方の項の行いをおぎない，みずからを犠牲にする好意に，それと等しい行いを対せしめる。他方の項が意識にその表面をまかすときには，意識はそれでもやはり感謝もし，その点で，己れの行いすなわち己れの本質そのものを廃棄するので，表面だけを己れから突き離す他方の項が行いより以上のことを，本来行う。だから，動き全体は現実の欲望，労苦，享受で個別性の項に帰るだけでなく，反対のことを突然引き起こすように思われる感謝ででさえ，そうする。意識はそのとき己れをこの個別者と感じ，己れを断念するという外観のために欺かれたりはしない。というのも，断念の真理は，自己を棄てなかったことだからである。そこに生じてきたことは，両項へ表裏一体に帰ること[61]であるにすぎない。その結果は，不変なものという対立した意識と，それに対立する意欲，実現，享受という意識，自己を断念すること自身の意識，もしくは，自立して存在する個別性一般の意識とに，繰り返し分裂することである。

｜(155)〔γγ) 断念と赦免，理性への移行〕

こうして，この意識の動きの第三の関係が出現した。これは，〔欲望と労苦と享受と感謝という〕第二の関係から出てくる。ほんとうは，己れの意欲と実現とのおかげでみずからを自立的なものであると見届けたものとして出てくる。第一の関係では，意識は，現実的意識の概念にすぎず，行いと享受では，まだ現実となっていない内面の心情にすぎなかった。第二の【129】関係は，それを外面的行いおよび享受として実現することである。だが，そこから帰ってきた意識は，現実的で，現実

61) (訳注) 自我の構造やストア主義が論じられたさいにも出てきた表現。

をひきおこす意識としてみずからを経験するようなもの，言い換えれば，完璧であること〔自体かつ対自存在〕を真とするようなものである。だが，そこにはいまや，もっとも自前の形をとった敵[62]が現れている。心情の争いでは，個々の意識は音楽的で抽象的契機としてあるにすぎない[63]。この本質なき存在を，実現することである労苦と享受では，意識はそのままで己れを忘れることができる。この現実性の中で意識的に自己であることは，感謝する承認によって打ちくだかれてしまう[64]。だが，このように打ちくだくのは，ほんとうは，意識が自己自身に帰ることであり，しかも，みずからにとって真の現実性である自己に帰ることである。

真の現実性を一方の項としているこの第三の関係は，空しい姿である真の現実性と，普遍的本質体との関係である。そこで，この関係の動きをさらに考察しなければならない。

｜（156）したがって，はじめて，意識にとり意識の実在性がそのまま非力なものとなっている意識の，対立する関係についていうならば，意識の現実の行いは無〔であるもの〕の行いとなり，意識の享受は意識の不幸だという感情となる。そのため，行いと享受はあらゆる普遍的内容と意味を失う。なぜならば，普遍的であれば，行いと享受は完璧な存在であったろうからである。とはいえ，この場合両者は，行いと享受を廃棄する意識が向けられているその個別性に帰ってゆくからである。意識は，この現実的個別者としての自己を，動物的機能ということで意識している。これらの機能は，それ自体でそれだけでは非力であり，精神にとり少しも重要なもの，本質的なことをなしえないようなものとして天衣無縫にはたらかされる代わりに，それらの機能ということで敵が自前の姿で現れるものであり，むしろそれらの機能はまじめな努力の対象となり，まさにもっとも大切なこととなる[65]。だが，この敵は打ちくだかれても生まれてくる。そのことによって，意識は，この敵を固着させるので，それから解放される代わりに，むしろいつも己れにとどまらせ

62）（訳注）「敵」については *GW* 9, S. 122, Z. 31 以下を参照されたい。
63）（訳注）*GW* 9, S. 125, Z. 28 を参照されたい。
64）（訳注）*GW* 9, S. 128, Z. 9 以下を参照されたい。
65）（訳注）宗教的禁欲を意味している。

ることになり，己れがいつも不純にされることをかいまみる。それと同時に，己れの努力のこの内容は，本質的なものではなく，もっともいやしいものであり，普遍的なものではなく，もっとも個別的なものである。それによって，われわれは，一人の人格[66]をみるにすぎず，その人格は，己れとその小さな行いに制限された，己れを思い煩らい，不幸でもあり貧しくもある。

しかし，自己の不幸という感情と自己の行いの貧しさとの両方に結びついているのは，｜(157) 同様に己れが不変なものと一つになっているという意識でもある。なぜならば，自己の現実的存在を，そのまま空しくしようと試みるのは，不変なものについての考えに媒介されてのことであり，このような関係のうちで起こることだからである。間接的関係ということは否定的動きの本質となっており，この否定的動きでは，意識は己れの個別性に向かっている。またその動きは，関係自体としては肯定的なものでもあり，意識自身のために，この意識の統一を生み出すことになる。

だから，この間接的関係は一つの推理である。この推理では，自体に対するものとしてはじめ固定している個別性が，その他方の【130】項と，第三項〔中項〕によってのみ連結されるのである。この中項によって，不変な意識という項は非本質的意識に対している。が同時にこの意識では，みずからが，この中項によってだけ，不変な意識に対しているということもある。したがって，中項は，両項をたがいに表象し，各一方の他方に対する相互的奉仕者であるようなものである。この中項はそれ自身意識されたものである。つまり，この中項は，意識そのものを媒介する行いであり，この行いの内容は，意識が己れの個別性とともに企てる絶滅化である。

こうして，この中項で意識は，意識のものとしての行いと享受とから解放される。意識は自立して存在する項としての己れから，己れの意志の本質を突き離し，決意の自己性と自由を，中項つまり奉仕者にまかせる。｜(158) したがって，己れの行いの罪責をもまかせる。この仲介者は，不変な本質体と直接関係するものとして，復讐に関する忠告を

66)（訳注）ここでは人格（Persönlichkeit）は，人間の面だけはもっている生き物として取り扱われることを意味している。

もって奉仕する。行為は，他人の決定に従うとき，行いないし意志の面で，自前の行為であることをやめる。だが，それでもなお非本質的な意識には，対象的側面が残る，つまり，己れの労苦と享受の報酬が残る。だから，意識はこの報酬をもやはり己れから突き離す。そして，己れの意志を，また，労苦と享受で保たれた現実性をもともに断念する。一方では，己れの自己意識的自立性が達した真理としての現実を断念する。――というのも，意識はそのときまったく疎遠なもの，己れには意味のないことを思い浮かべたり，語ったりしながら，動きまわるからである〔巡礼〕。また，他方では，外的財産としての現実を断念する。――というのも，意識は，労苦によって得た占有物のうち，或るものを喜捨するからである。さらに第三に，すでに味わった享受を断念するからである。――というのも，意識は断食をし禁欲をして，享受をまたしても己れからもまったく斥けるからである。

まず自前の決意を捨てるというこれらの契機によって，次には財産と享受を捨てるという契機によって，最後に己れにわからないことをするという積極的契機によって，ほんとうにそして完全に，意識は，内的におよび外的に自由だという意識，自立して存在しているのが現実であるという意識を己れから取り去る。つまり，意識には，ほんとうに自己の自我を放棄し，己れの直接の自己意識を物にしてしまい｜(159)，対象的存在にしてしまったという確信がある。――自己を断念することを，意識はこのような現実の犠牲によってだけ保証するかもしれない。というのは，この犠牲でだけ，心により，気構えにより，口によって感謝するときの，内面の承認のうちにあるいつわりが，消えるからである。この承認は，なるほど，自立存在しているというすべての威力を，己れからころがし落し，その威力を天上からの賜物[67]とすることはする。けれども，ころがし落すこと自身で，なおみずから捨てない占有物のうちで，外的自前さをもち続けている。また，意識は，己れ自身の下した決意を意識し，意識によって決められた内容を意識して，内的自前さをもち続ける。が，その内容を，疎遠で意味なく意識を充たす内容とは交換しなかった[68]。

67）（訳注）「天上からの賜物」については，*GW* 9, S. 127, Z. 26 も参照されたい。
68）（訳注）*GW* 9, S. 128, Z. 8–34 を参照されたい。

【131】しかし，現実に犠牲が完遂されたときには，意識が己れのものとしての行いを廃棄したように，それ自体では意識の不幸も意識から解き放たれている。とはいえ，この赦免〔解放〕がそれ自体で起こっているということは，推理の他方の項が，すなわち，それ自体で存在する本質体が行うのである。だが同時に，非本質的項の例の犠牲にしても，一方的行いではなく，他方の行いを自己内に含んでいる。なぜならば，自己の意志を捨てることは，もっぱら一面では否定的であるが，同時に，意志の概念からすれば，すなわち，それ自体では，肯定的だからである。つまり他者としての意志を設定しているのであり，はっきりいえば，個々のではなく，普遍的意志としての意志を設定しているのである。この意識にとっては｜(160)，否定的に設定された個々の意志の肯定的意味は，他方の項の意志である。この意志は，その意識にとってはまさに他者であるから，己れによってではなくて，第三者によってすなわち，仲介者〔僧侶〕によって忠告として生じるものである。それゆえ，意識に対してその意志は，なるほど普遍的でそれ自体で存在する意志となるが，意識自身は，それ自体ではそういう意志ではないと確信している。つまり，個々のものとしての己れのものの放棄は意識にとって概念上普遍的意志という肯定的なものであるわけではない。同じように，みずから占有と享受を捨てることには，同じような否定的意味があるだけである。そのため意識に対して生じてくる普遍的なもの[69]は，意識にとって意識自前の行いではない。対象的なものと自立存在との統一は，行いの概念のうちにあり，それゆえ，意識にとって本質体として，対象として生じるものである。それは，意識にとり意識の行いの概念ではないように，この統一が対象として意識に対して生ずるということも，意識にとって直接的ではなく，意識自身によってのことではない。むしろ，意識は，媒介する奉仕者によって，なお自身分裂しているという確信を表明するよう仕向けられたのである。その表明によれば，意識の不幸はもっぱらそれ自体では逆立ちしている。つまり，それは，己れの行いにみずから満足している行い[70]であり，祝福された享受である。同様に己れの貧しき行いも，それ自体では，逆立ちしたもので

69）（訳注）西欧史では，キリスト教団となる。
70）（訳注）この「行い」は，V 理性の C ではっきりと姿を現わす。

ある。つまり，己れの貧しき行いは，絶対的行いなのである。その絶対的行いは，概念からは，個人の行いとしてだけそもそも行いであるが，意識自身にとっては，行いそして己れの現実的行いは依然として貧しきものであり，己れの享受も依然として苦痛である。そして，その貧しいものと苦痛が廃棄されていることも，｜（160）肯定的意味では，依然として彼岸である。〈この個別的意識のものである己れの行いと存在が，それ自体で存在と行いである場であるこの対象〔彼岸〕〉では，意識にとり理性という表象が生じている。すなわち，己れの個別性として絶対に自体的であり，言い換えれば，全実在である[71]という，意識の確信の表象が生じているのである。

｜（161）

71）（訳注）アリストテレス『デ・アニマ』431b21 の「魂はある意味で全存在である」と重なる。

【132】｜（162）

（C）

（AA） 理性

V　理性の確信と真理

意識は，自己自身に立ち返っており，そのための考えは，個々の意識がそれ自体で絶対的本質体であるということであり，その考えを意識がつかんでいる。不幸な意識にとっては，自体存在は，己れ自身にとっての彼岸である。だが，不幸な意識の動きは，己れに即して次のことを遂行している。つまり，完全に展開される個別性，あるいは現実意識である個別性を，それで己れの自立存在を〔対象的に〕存在させることである。そして，それは，その個別性を己れ自身にとっての否定的なものとして，つまり対象的項として設定することとしてであり，つまり己れの自立存在を自己からそとに出すこととしてである[1]。その点では，意識にとっては己れと普遍との統一が生じており，その統一は，われわれにとって，意識のそとにはもはや落ちない。というのは，揚棄された個別が普遍だからである。また，その統一は，己れそのものに即して己れの本質でもある。というのは，意識が，このようにして己れが否定性でありながら，自己を保持しているからである。不幸な意識のこのような真理は，両項がまったくばらばらに登場する推理で中項として現象するのであり，その中項は，不変な意識に対しては，個別｜（163）が自己を断念したと表明し，個別には，不変なものがもはや何ら項ではなくて個別と和解していることを意識に対して表明する[2]。この中項は，両項をそのままに知り，そして，両項を関係づける統一であり，中項が統一だという意識であり，中項[3]は，その統一を意識にそして自己自身に全真理であるという確信ということで表明する。

1）（訳注）*GW* 9, S. 130, Z. 29–30 を参照されたい。
2）（訳注）*GW* 9, S. 129, Z. 34 以下を参照されたい。
3）（訳注）中項は歴史上はキリスト教会である。

〔1　観念論〕

自己意識が理性であることで，他在に対する自己意識の否定的態度は，肯定的態度に転換する。これまで，自己意識にとって己れの自立性と自由[4]が問題だったのであり，それは，自己意識にとって己れの本質を否定するものとして現象する両者，世界あるいは己れ自前の現実を犠牲にし，自立して自己を救済し維持するためである。しかし，自己意識は，理性なので，己れ自身を断言し，現実や世界に対する安らぎを受け入れるのであり，それに堪えうる。というのは，自己意識は，己れ自身を実在性として確信しているのであり，全現実が意識にほかならないことを確信しているからである。意識の思考はそのまま自身現実性である。したがって，意識は観念論として現実性に関わる。意識が自己をそのように捉えることによって，世界がいまやっと意識に生じたかのように，世界が意識にとって存在する。つまり，意識はまえもって世界を理解しているわけではない。意識は，世界を欲望し，加工する。意識は，世界から自己内へ自己を引き戻す。意識は世界を自己に対して滅ぼし，意識としての，世界が本質体だという意識としての，ならびに，世界が非力であるという意識としての自己自身を滅ぼす。この点で，意識の真理の墓が失われ[5]，意識の現実性自体を滅ぼすこと【133】が滅ぼされ｜(164)，意識の個別性が意識にとってそれ自体で絶対的本質体である。そのことによって，意識は，世界を己れの新たな現実世界として発見した[6]。その世界は，それが存続しながらも意識に対する関心をもっている。意識は，その関心をそれが消えることによってだけ依然関心をもち続けている。つまり，世界の存続は，意識にとって意識自前の真理・現在となる。意識はその真理・現在で己れだけを経験すると確信しているからである。

理性とは，意識の確信であり，全実在性だと確信している。こうし

4)（訳注）「自立性」は主人と奴隷の関係に対応し，「自由」はストア主義に対応する。
5)（訳注）*GW* 9, S. 126, Z. 14 以下を参照されたい。
6)（訳注）歴史上は，ルネサンス世界である。

て，観念論は，理性の概念を表明する。理性として登場する意識は，直接に例の確信を元来もつように，観念論またその確信を直接に表明する。自我は自我である[7]を，次のような意味で。つまり，わたしにとって対象である自我が，自己意識一般でのようにもっぱら空虚な対象一般ではなくて[8]，なお，自由な自己意識でのように自我と並んでなお妥当する他者から退いている対象でもないという意味で。すなわち，わたしの対象である自我は，何らか他のものが存在しないと意識する対象であり，唯一の対象，全実在・現在であるという意味で。しかし，自己意識は自覚的にも全実在であるのみではなく，自己意識が全実在となり，むしろみずからを全実在として示すことによってやっと，それ自体でも全実在なのである。最初，思い込み，知覚，悟性の弁証法的動きでは，それ自体としての他在が消え去り，次に，支配と隷従での意識の自立性をめぐる動きで，自由の考えをめぐる動きで，懐疑主義的解放と|(165)，自己の中で分裂した意識の絶対的解放の争いとをめぐる動きで，もっぱら意識に対してあるかぎりの他在が，意識自身に対して消えてゆく。以上の道で意識が己れを示している。二つの側面が次々に現れてきた。その一方は，意識にとっての本質ないし真理が存在と規定されていた場合であり，他方は，それが，意識に対してだけ存在すると規定されていた場合である[9]。だが，両者はともに一つの真理へ還元された。その真理とは，存在する当のもの，言い換えれば，自体は，意識に対してあるかぎりである，そして，意識に対してある当のものは，またそれ自体でもある，という真理である。この真理である意識は，以上の道に背を向け，その道を忘れる[10]。それは，意識が，理性として直接に登場することによってである。あるいは，直接に登場してくる理性が，例の真理の確信として登場する。そのようにして，理性は，全実在であると断言はするが，それだけで，このことをみずから概念把握しているのではない。すなわち，例の忘れられた道は，いま直接の形で表明された主張

7）（訳注）ここで，ヘーゲルはフィヒテの観念論を念頭に置いている。『フィヒテ著作集』第1巻，94, 99, 134 頁とりわけ 129 頁を参照されたい。

8）（訳注）*GW* 9, S. 110, Z. 35 以下および S. 118, Z. 7 以下を参照されたい。

9）（訳注）*GW* 9, S. 103, Z. 4 以下を参照されたい。

10）（訳注）*GW* 9, S. 69, Z. 1 を参照されたい。

を，概念把握することである。そして同じように，この道を通らなかった人は，もしこの主張をその純粋な形で聞くならば，――というのも，具体的形でならば，その人は多分己れでそう主張するだろうからであるが――それを概念把握することはできない。

それゆえ，観念論は，これまでの道を提示しないで，ただそれを主張することで始まるから，やはり純粋の断言である。これは自己自身を概念把握していないし，己れを他者に概念把握させることもできない。観念論は直接の確信を表明する。だが，この確信には別の諸々の直接の確信が対立する。ただこの後者の確信は【134】前者の道で失われてしまっているだけのことである。それゆえ，前者の確信の断言と並んで｜(166)，このもう一つの後者の諸々の確信の断言にも同じ権利があるかのように装う。理性はすべての意識の自己意識に訴えて，自我は自我である。つまり，わたしの対象・本質は自我である。そして，いかなるわたしも理性に対して以上の真理を拒否しないであろう。理性は，以上の真理を以上のことを引き合い出して基礎づける。そのことによって，理性は，わたしの対象・本質はわたしにとって他者であるという別の確信に同意する。自我としての他者は，わたしの対象・本質である。言い換えれば，自我はわたしの対象であり実在であるとき，わたしがそうあるのは，自我が他者一般から己れを引き戻し，現実性として他者と並んで現れるからにほかならない。――理性は反省還帰なので，己れに対立している確信のそとに出ると，自己についてのその主張は，確信および断言としてだけでなく，真理としても登場する。そして他の真理と並んではなく，唯一の真理として登場する。理性がこのように直接に登場するのは，理性が現にあることを捨象することである。この存在の本質・自体存在は絶対的概念である，すなわち，絶対的概念が生成してしまっている動きである。意識は，自己を意識するようになる世界精神のある段階に立つ度ごとに，他在つまり己れの対象に対する己れの関係を，異なった仕方で規定するであろう。どのようにして，意識が，その度ごとにみずからとその対象とを直接にみつけ，規定するか，あるいは，どのようにして自覚するかということは，世界精神みずからがすでにそうなってきたものに，すでにもともとあるものに依存することである。

｜（167）

〔2　カテゴリー〕

理性は，全実在性であるという確信である。だが，この自体またはこの実在性は，なおまったくの普遍・実在性というまったくの抽象体である。自体は，第一の肯定性であり，それは，自己自身に即して自覚的には，自己意識である。それゆえ，自我は存在するものの純粋な本質性であり，単純なカテゴリー[11]にほかならない。カテゴリー，それには，それ以外では存在するものの本質性であるという意義があり，未特定には，存在するもの一般の本質性あるいは意識に対する存在するものの本質性という意義があった[12]。がいまやカテゴリーは，存在するものの，思考上の現実性であるにすぎない本質性つまり単純な統一である。言い換えれば，カテゴリーは，自己意識と存在が同じものであるということである。比較でではなくて，むしろそれ自体でそれだけで同一であるということである。ただし，一面的で素朴な観念論だけは，この統一をまたふたたび意識とみなして一方の側に立たせ，これに対して自体というものを対立させるのである[13]。—ところがこのカテゴリー，言い換えれば，自己意識と存在との単純な統一には，もともとは区別がある。というのは，カテゴリーの本質は，他在でありながら，つまり，絶対的区別でありながら，そのまま自己自身と等しいということにあるからである。したがって，区別は存在するが，完全に見通しがきく，そして同時に区別でないような区別として存在する。区別はカテゴリーの多数性として現れる。観念論は，自己意識の単純な統一を，全実在性であると表明する。そして【135】絶対に否定的本質体[14]にだけ否定，特定性，つまり区別が己れ自身に即してあるのに｜（168），観念論は，この統一を絶対に否定的なものとして理解してしまわないで，そのままその統一を

11）（訳注）「カテゴリー」が単純な場合は，存在と自我との同一である。ここから，さまざまなカテゴリーが展開する。

12）（訳注）ここでヘーゲルはアリストテレスのカテゴリー論を指示している。アリストテレス『カテゴリー論』第1巻，第7節Eや『形而上学』Z巻第1節などを参照されたい。

13）（訳注）ここでの「観念論」はカントやフィヒテの超越的観念論と重なる。

14）（訳注）単純な否定性のこと。

本質体であるとする。それによって，カテゴリーには区別すなわち種があるというこの第二のことは，カテゴリーが統一であるという第一のことより，さらにもっと理解できなくなる。ともかく，この断言一般は，カテゴリーの種には特定数があるという断言と同じように，新しい断言である。が，こういう断言は，もはや断言と認められてはならないということが，その断言自身のうちに含まれている。なぜならば，純粋自我，純粋悟性自身のうちで区別が始まることになっているのだから，ここでは無媒介性，断言すること，発見などは，断念され，概念把握が始められることになっているからである。だが，カテゴリーの多数性をもう一度ひろい集めるようなやり方で，たとえばいくつかの判断から，受けいれ，それを承認するというようなことは，事実上，学知の恥辱とみられなければならない[15]。悟性は，もしこの多数性が必然であることを，自己自身で，つまり純粋必然性で明らかにしえないとしたら，どこでその必然性を一体明らかにすることはできようか。

そこでいまいったように，理性には，物と物との区別が，また諸物の純粋な本質性が備わっていることになるから，本来的にはもはやそもそも物は，すなわち，意識自身を否定するものであるにほかならないことになる物は，意識にとって問題となりえないことになろう。この場合，多くのカテゴリーが純粋カテゴリーの種であるからであり，すなわち，純粋カテゴリーがなお諸々のカテゴリーの類もしくは本質であり，それら諸々のカテゴリーに対立しているのではないからである。だが，多くのカテゴリーはすでにあいまいなものであって，純粋カテゴリーに対立する他在を｜（169）意識にとって，同時にその多数性自体のうちに含んでいる。多数のカテゴリーは，多数性であるために，事実上，純粋カテゴリーと矛盾しており，純粋統一はこの多数性をそれ自体では廃棄していなければならない。そのおかげで，純粋統一は，区別にとっての否定的統一として立てられる。だが，純粋統一は，否定的統一であるならば，区別そのものを，例の第一の直接的純粋統一そのものと同じように，自己から排除して，個別性である。この個別性は，一つの新しいカテゴリーであり，排除する意識である，つまり，これは，意識にとっ

15）（訳注）カントがカテゴリー表を判断表から導出したことを揶揄している。この点については，『純粋理性批判』第二版 105 頁以下を参照されたい。

て他者があるということである。個別性は，そのカテゴリーが，カテゴリーの概念から出て外的実在性に移ることであり，純粋図式である。その図式は，個別性であり排除する一であるために，ある他者を指示すると同様に，意識でもある。だが，この個別性のカテゴリーのこの他者は，それとは別の第一の諸カテゴリーにほかならない，つまり，純粋本質性と純粋区別とである。それで，個別性では，すなわち，他者が設定されているというちょうどそのことでは，言い換えれば，この他者そのものでも，意識はカテゴリーであると同様に意識自身である。これらのいろいろな契機の各々は他者を指示している。だが，同時に，それらの契機では，他在に達するわけにはいかない。純粋カテゴリーは諸々の種を指示し，これらは否定的カテゴリーすなわち個別性に移行するが，個別性は最初のカテゴリーを逆に指示する。個別性はそれ自身純粋意識である。この意識は，個別性の各々で，自己と明らかに統一したままであるが，この統一は他者を指示されており，この他者はあると同時に消えており，消えると同時に，またふたたび生まれているようなものである。

【136】｜（170）

〔3　空虚な観念論すなわち絶対的経験論〕

ここにわれわれは，純粋意識が表裏一体の姿で設定されていることをみる。まずそれは，不安定に行ったり-来たりすることとして，すべての契機を通りぬけるが，その契機の中には，つかまれながら廃棄される他在が思い浮かべられる。他方で，それは，己れの真理を確信する安定した統一として設定されている。この統一にとっては，前者の動きは他者であるが，この動きにとっては例の安定した統一が他者である。意識と対象は，これらの対立する規定で交替する。したがって，意識は，一方で行ったり，来たりして探すことであり，その対象は純粋の自体であり本質であることを認めている。他方で意識は単純なカテゴリーであり，対象は区別項の動きであることを認めている。だが，意識は，本質体として，この経過の全体そのものである。意識は，単純なカテゴリーとしての自己から出て個別と対象に移行し，この対象でこの経過を直観し，対象を区別されたものとして廃棄し，これをわがものとして，みずからをこの確信であると表明する，すなわち意識自身であり，かつ，その対象であるような全実在性であると表明する。

意識が最初に表明することは，すべてのものは己れのものであるという，この抽象的で空しい言葉にすぎない。というのも，すべての実在性であるという確信は，やっとまだ純粋カテゴリーであるにすぎないからである。対象のうちで自己を認めるこの最初の理性を表現しているのが，空しい観念論であるが，これは，理性をはじめて確信されている通りに把握しているにすぎないのであり，｜（171）全存在のうちで，意識のこの純粋なわたしのものを示し，物を感覚または表象だと表明する点で，わたしのものを完全な実在性として示したと妄想する。だから，この観念論は，同時に絶対的経験論でなければならない。なぜならば，この空しいわたしのものを充たすためには，すなわち，区別と区別の全展開および形態を得るためには，その理性は，疎遠な障碍を必要とするからであり，この障碍のうちでこそはじめて，感覚ないし表象の多様性があることになるからである。だから，この観念論には懐疑主義と同じように，たがいに矛盾する表裏の意味があることになる。ただ懐疑主義は否定的に自己を表現するのに対し，この観念論が肯定的に自己を表現するという違いはある。しかしこの観念論は純粋意識を，全実在性であるとしながらも，疎遠な障碍[16]または感性的感覚と表象も同じ実在性であるとする，たがいに矛盾した二つの考えを結びつけることはしない。逆にこの観念論は，一方から他方へと，己れを投げかけたり投げ返したりして，悪しき無限性つまり感性的無限性にはいってしまっている。理性は，抽象的わたしのものという意味での全実在性であり，他者は，このわたしのものにとってどうでもよい疎遠なものである。そこで，理性のうちで設定されているのは，他者についての理性の知である[17]。この知こそは，思い込み〔わたしのものとすること〕や知覚として，また，思い込まれたものと知覚されたものとを把握する悟性として現れるのと

16）（訳注）ここでヘーゲルは，フィヒテの障碍（Anstoss）を念頭に置いている。

17）（訳注）感性的確信―知覚―悟性が観察する理性では記述―標識―法則として現れる。

同じである。それと同時に，真の知ではないというこの知は，この観念論自身の概念によって｜（172）主張される。というのも，統覚の統一のみがこの知の真理だからである。だから，以上の観念論の純粋理性は，みずからにとり本質的なものである他者に，すなわち，理性が己れ自身の中にもってはいないけれども，自体である他者に達するために，真理の知でないような知に己れ自身で送り返される。【137】そこで，純粋理性は，ものを意志しながらも真ではない知であるとみずからを断罪する。そして，己れ自身にとって，まったく真理がない思い込みと知覚から，解放されえない。純粋理性は表裏の端的に対立したものを，本質体だと主張する直接の矛盾に陥っている。その対立したものは，統覚の統一と物とである。物は，たとえそれが疎遠な障碍とか，経験的存在者とか，感性とか物自体とか呼ばれようと，その概念ということでは，例の統一にとって同じように疎遠なものとどまる[18]。

この観念論が，以上の矛盾のうちにあるのは，理性の抽象的概念を真であると主張するからである。だから，この観念論にとっては，理性が同時に全実在性であるはずである一方，むしろ，理性にとって実在性でないようなものが，そのまま実在性として生じてくる。理性は不安定に探求し続けるだけであり，この探求は，探求そのものを続けてみても，発見によって満足することが絶対にできないと宣言している。――だが，そういうふうに｜（173）首尾一貫しないのが，その現実の理性なのではない。むしろ，理性は，やっと全実在性であるという確信にすぎないながらも，この概念で，確信であり，自我であるだけで，まだほんとうは実在性ではないと，みずから意識している。そこで理性は己れの確信を真理に高め，空しいわたしのものを充たすように，駆り立てられている。

18）（訳注）ヘーゲルが念頭に置いているのは，カントによる統覚の総合的統一論，物自体論，感性論である。それらとフィヒテの障碍論をヘーゲルは結びつけている。この点については，『フィヒテ著作集』第1巻，227頁以下および第3巻，33頁以下を参照されたい。また，フィヒテによるカントの物自体の解釈し直しについては，『フィヒテ著作集』第1巻，488頁以下を参照されたい。

｜（174）　A　観察する理性

この意識が，存在に意識自身のものという意味があると認め，ふたたび思い込みや知覚にはいってゆくのをわれわれがいまやなるほどながめわたしている。が，そのさい，意識は，他者にすぎないものを確信するようになったのではない。むしろ，みずからが他者自身であるという確信をもつようになった。前には，物をつてに多くのことを知覚し経験するということが，意識に起こってくるだけであった。だが，いまでは，意識は観察と経験を己れで行うようになった。思い込みや知覚は，かつては[19]われわれに対しみずからを廃棄したのである。だが，いまは，意識によって意識自身に対し廃棄される。理性が目指しているのは，真理を知ることであり，思い込みや知覚にとって物である当のものを，概念としてみつけることである。すなわち，理性は物性の中に，己れ自身についての意識だけを得ようとすることである。だから，理性は，世界のうちに現在をもち，現在が理性的であるという確信なのだから，いまは，世界に対し普遍的関心をもつことになる。理性は，物をつてに自己自身以外には何も所有していないと知った上で，己れの他者を求めている。理性はまさに自己自身の無限性をたずねている。

｜（175）はじめ，理性は，現実性のうちに自己を予感するだけであるか，あるいはその現実性をもっぱら己れのものとしてだけそもそも知るという意味で，理性に保証された所有物を普遍的に取得しようとする。そして，すべての高みとすべての深みに，【138】自己の権威のしるしを植えつける。だが，理性は，この表面上のわたしのものに，究極の関心を向けてはいない。このように普遍的取得の喜びは，理性の所有物に，なお疎遠な他者があることを見出す。抽象的理性には，この見知らぬ他者が己れ自身にはない。理性は，みずからが純粋自我がそうであるよりもいっそう深い本質体であることを予感している。それで，区

19）（訳注）*GW* 9, S. 71, Z. 8–9; S. 82, Z. 18–21 を参照されたい。

別，すなわち多様な存在が自我自身のものになることを求め，自我がみずからを現実性として直観し，形態と物としての己れが現在するのを見出すことを求めなければならない。だが，理性は物の全内臓を掘り返し，物の全血管を開いて，理性がそこから飛び出すかもしれないようにしてみても，そういう幸運に達するわけではない。むしろ，理性の完全性を経験しうるためには，前もって，理性が己れ自身ということでみずからを完成していなければならない[20)]。

意識は観察する。すなわち，理性は存在する対象として，現実的で，感性的に現在する姿として自己をみつけ，もとうと求めている。この観察する意識は，自己自身をではなく，反対に物としての物の本質を経験しようとしているのだと思い込んでいるし，語ってもいる。しかし，この意識がそう思い込みまた語る。その所以は，その意識が理性であると思い込みながら，｜（176）まだ理性が，そういう形で意識の対象ではないという点にある。意識は，もし，理性が物の本質であるとともに，意識の本質でもあると知るとすれば，理性が意識の中でだけ，理性の特有な形で現在しうることを知る。そうだとすれば，むしろ意識は，自己自前の深みにはいって行って，物のうちによりも，己れの深みのうちに理性を求めることになる。意識が，もし理性をそういう深みのうちにみつけるとすれば，理性はまたそこから出て現実性に向けられ，この現実性の中に己れの感性的表現を直観するであろう。が，この表現を〔直観するや〕すぐに本質的に概念として受けとるであろう。理性は，全実在性であるという意識の確信なので，そのまま登場する。だから，その実在性を存在の直接性という意味で受けとり，また，自我とこの対象的本質体との統一を，直接的統一の意味で受けとる。この統一では理性は，存在と自我の両契機を分離した上で再統一することをまだしていない。言い換えると，理性は，この統一をまだ認識したのではなかった。だから，理性は，観察する意識なので，物に向かってゆくが，実際には，物を，自我に対立した感性的物として受けとると思い込んでいる。しかし，理性が現実に働くと，この思い込みに矛盾することになる。なぜならば，理性は，物を認識し，己れの感性を概念に変えるからである。す

20）（訳注）観察する理性は，さしあたって理性の本能であるにすぎないにしても事実上は理性として完成していることが観察を可能にする。

なわち，それを，まさに同時に自我であるような存在に変えるからである。したがって，理性は，思考を存在する思考に，存在を思考された存在に変え，物には概念としてのみ真理があると，事実上主張する。この点でまさに生じてくることは，観察する意識にとっては，物である当のもの｜(177) である。だが，われわれにとっては，意識自身である当のものであるということである。だが，意識が動いた結果は，意識がそれ自体である通りのものが，意識自身にとってのものとなることであろう。

観察する理性の行いは，意識が動くときの諸々の契機ということで考察されなければならない。つまり，観察する理性は，自然と精神とを，そして最後に両者の関係を，どのように感性的存在として受けいれ，みずからを存在する現実性として求めるかということが，考察されなければならない。

【139】

a　自然の観察

〔1 自然物の観察〕

〔α)〕記述一般

思想のない意識が，観察と経験を真理の源であると表明するとき，おそらく次のように響くかもしれない。つまり，この言葉は，味わったり，嗅いだり，触れたり，聞いたり，みたりすることだけが問題であるかのように響く。が，そのとき意識は，味わったり，嗅いだりすることなどに躍起となっているため，次のことを語り忘れている。それは，実際には，そういうふうに感覚するときの対象を，やはり，本質的にはすでに規定してしまってもいることである。そして，このように規定することが意識にとって，そう感覚することと少なくとも同じくらい重要であることである。意識は，またすぐ告白して，意識にとっては，もともと知覚することだけが問題なのではないともいうであろう。たとえば，このペンナイフがこの煙草入れのそばにあるというような知覚は，観察とは認められないともいうであろう。知覚されたものは，少なくとも普遍という意味をもつはずであって，感性的このものという意味をもつはずがない。

｜(178) この普遍は，本当にやっと自己自身に等しく持続するものである。その動きは，同じ行いが同じ形でまた還帰することであるにすぎない。このかぎりで，意識は，対象ということで，普遍性または抽象的わたしのものだけしかみつけないのであって，対象本来の動きを己れ自身で引き受けなければならない。そして，そのとき意識は，まだ対象の悟性ではないから，少なくとも対象を記憶しているのでなければならず，この記憶は，現実には，個別的仕方でしか現存していないものを，普遍的仕方で表現している。このように個別性から普遍性を表面に取り出すことで，自己自身で普遍となったのではない。むしろ，感性的なものをただ受けいれるにすぎないような普遍性という表面的形式は，つまりそういう形で物を記述することは，まだ対象自身のうちで動いているとはいえない。そのとき動くのは，むしろ記述することの中でのことにすぎない。だから，記述されてしまえば，対象に対する関心は消えてしまっている。一つの対象が記述されると，別の対象にとりかからなければならず，記述がとだえないように，引き続き対象が求められなければならない。全体的形で新しい物をみつけることが，もはやあまりやさしいことではなくなると，すでにみつけられた物に帰ってゆかざるをえなくなる。そして，それらをさらに分けてみたり，別々に置いてみたり，新しい側面を，それらの物の物性の中にさらに嗅ぎ出したりすることになる。この休みなく不安定な本能が，材料に不足することはたえてありえない。新しくてくっきりとした類をみつけたり，個体であるとはいえ，なお普遍｜(179) という本性をもっている新しい惑星をみつけたりすることは，幸運な人だけにしかできないことである。だが，象，柏，【140】黄金などのようにくっきりとしたものの限界，類と種の限界は，多くの段階を通って，混沌とした動植物，岩石類，または，強制力や技術を通じてやっと現れてくる金属や土壌などを，かぎりなく特殊にすることに移ってゆく。普遍の中では，特殊化がまたしても個別化に近づいたり，あちこちで個別化に，またしてもまったく落ち込んだりする。こういうところでは，つまり普遍が未特定であるというこの領域では，観察と記述のために，つきることのない貯えが開かれている。とはいえ，ここでは，観察と記述には，見通すこともできないような分野が開かれているのだから，普遍の限界には，計りがたい富ではなく，むしろ自然の限界[21]だけが，観察や記述の行いの限界がみつけられえたにすぎない。観察と記述は，それ自体で存在するようにみえるものが，偶然ではないかどうかを，もはや知りえないのである。混乱した，あるいは未熟な，弱い形象，原初的で未規定な姿からほとんど進んでいない形象そのもの，という刻印をもともともっているものは，記述されるということすらも要求しえない。

〔β)〕諸標識

この探求と記述にとっては，物だけが問題であるように思われる。が，われわれのながめわたすところでは，その場合，探求と記述は，実際には感性的知覚をたどって進んでゆくのではない。むしろ，探求と記述にとっては，物が認識されるもとになるものの方が，それ以外の範囲の感性的諸々の性質よりも，ずっと大切なのである。｜（180）ところが物自身は，これらの性質を，なるほど欠くことはできないが，意識はそれらがなくてもかまわないのである。このように本質的なものと非本質的なものを区別すること[22]によって，感性的分散の中から概念が浮かびあがってくる。そこで認識作用は少なくとも己れ自身と物が同じように大切だと宣言する。このように本質が分裂していることに出会って，認識作用にとって本質的で必然的なものは，物でもそうであるかどうかという点で，決心がつかなくなってしまう。一方では，認識作用に物をたがいに区別させるもとだといわれている徴表は，認識作用にだけは役に立つことになっている。だが，他方では，物にとって非本質的なものは認識されるべきではなくて，物自身を存在一般の普遍的連続から引き裂いてしまうもの，他者から引き離され，それだけであるものが認識されることになってしまう。徴表は，認識作用に対し本質的に関係しているだけでなく，物の本質的規定性でもあるといわれ，この〔意識の〕人為的体系は，自然自身の体系に対応しており，これのみを表現している

21）（訳注）自然を記述するだけでは，自然を類—種—個に分類できず，例外が，この分類から漏れること。

22）（訳注）この区別は，知覚の段階の特徴である。この点については，*GW* 9, S. 78, Z. 5 以下を参照されたい。

といわれる。このことは，理性の概念からみて必然のことである。理性の本能は，理性というものは，この観察にあたって，本能的態度だけしかとらないのであるから，その諸々の体系でも，この統一に達する。つまり，この統一にあっては，理性の諸々の対象自身は，本質性をもっており，自立存在をもっており，この瞬間またはこのここという偶然にすぎないものではないというふうにできている。たとえば，動物を区別する徴表は，｜（181）爪や歯からとってこられる[23]。というのも，実際には，これらによって，認識作用がある動物を他の動物から区別するだけではなく，これらの爪や歯によってその動物自身が，己れを分離してしまうからである。これらの武器によって，動物は己れだけで己れを支え，【141】普遍から分けられている。これに対し植物は，自立存在に達するのではなく，個体性の限界に接触しているだけである。それゆえに，植物は，両性に分裂する外観をみせている場であるこの限界で記載され，区別されているのである[24]。だが，植物よりもっと低いものは，もはや己れを己れから区別することができない。むしろ，対立するに至って，消えてしまう。静止している存在と関係しながらの存在とはたがいに争い，物は，後者の関係では，前者の存在とは少し違っている。というのは，物との対比では，個体は，別の個体と関係し続けるからである。しかし，こうなることができないで，化学的仕方をとって，経験

23）（訳注）ヘーゲルは，アリストテレスとリンネとの動物種区分に言及している。この点については，アリストテレス『動物誌』第1書第1巻，444Λ–445Γ（『アリストテレス全集』，499b6–500b13）および C. リンネ『自然の体系』，ライデン，1735年，動物圏諸観察を参照されたい。また，ヘーゲルの知見は，十中八九ブルーメンバッハ（J. F. Blumenbach）に負っていて，「イェーナ自然哲学」でもはっきり言及している。この点については，*GW*6, S. 200 を参照されたい。さらにヘーゲルの蔵書にブルーメンバッハの『自然史便覧』があった。ブルーメンバッハはとりわけアリストテレスとリンネに言及している。この点については，ブルーメンバッハ『自然史便覧』，大幅増補第4版，ゲッティンゲン，1791年，48頁（J. F. Blumenbach, *Handbuch der Naturgeshichte*. 4. sehr verbesserte Auflage, Göttingen, 1791, S. 48）を参照されたい。

24）（訳注）ヘーゲルは，リンネの植物性体系に言及しており，その性体系では性別がなされている。この点については , Carolus a Linné, *Systema vegetabilium secundum classes ordines genera species cum caracteribus et diferentiis.* Editio decima quarta, Göttingen, 1784, S. 21 以下を参照されたい。リンネは，とりわけ単性と両性を区別している。単性とは，雄花と雌花があるが，植物の同じ幹である。両性では，雄花だけの植物と雌花だけの植物がある。この区別の解明に関しては，ブルーメンバッハ『自然史便覧』，大幅増補第4版，ゲッティンゲン，1791年，497頁以下を参照されたい。

的仕方とは違ったものになるものは，認識作用を混乱させる。そのため認識作用は，物が一方の側面に固執しているのか，それとも他方の側面に固執しているのかという争いに陥ってしまう。というのは，物自身がいつまでも等しいままにあるのでは絶対になく，いくつかの側面が物で分離しているからである。

だから，普遍的で自己に等しく持続するもの[25]の，以上の諸体系にあっては，自己に等しいというのには，認識作用と物自身とが同じように自己に等しいという意味がある。しかし，自己に等しく持続する規定性がこのように拡大されると，｜(182) その各々は，安定してその進行系列を記述し，それだけで自由であるための場を保持することになる。そして，この拡大はまた本質的にはその反対に移行し，規定性の混乱に移行する。なぜならば，標識，普遍的規定性は対立の統一であり，規定性とそれ自体で普遍的なものとの統一だからである。それで，統一はこのような対立に分かれてゆくよりほかない。そこで，一面では規定性が，己れの本質をもつ普遍的なものを押さえるとすれば，これに対し，別の面では，普遍的なものが同等に規定性を支配し，規定性をその限界まで駆り立て，区別項と本質性を混合させてしまう。観察は，これらのものを秩序正しく分離させ，そこにある固定したものが得られると信じていたのであるが，やがて，一つの原理を超えて別の原理が現れ，移行と混乱が形成されることをながめわたす。そこで，はじめは端的に分離していると考えたものが結合され，結合されていると思ったものが，分離されていることをながめわたす。そのため，安定して自己に等しく持続する存在を固持すると，この場合，まさしくそのもっとも普遍的規定という点では，たとえば動物や植物は，いかなる本質的標識をもっているかと実例で愚弄されることをながめわたさざるをえなくなる。その実例によって，その存在からすべての規定が奪い取られ，観察が高まって行った果ての普遍性が沈黙させられて，その固持は，思想のない[26]観察と記述に押し返されてしまうのである。

25) (訳注) *GW* 9, S. 139, Z. 14 を参照されたい。
26) (訳注) *GW* 9, S. 139, Z. 3 を参照されたい。

〔γ)〕諸法則

〔αα) 法則の概念と経験〕

だから，以上のように単純なものに局限される観察，言い換えれば，感性的分散を普遍で｜(183) 制限する観察は，その対象のもとで己れの原理が混乱に陥ることをみつける。というのは，特定のものは，その本性のため，その反対のものの中で消えざるをえないからである。だから，理性は，むしろ，持続の外観をもっていた惰性的規定性から出て，ほんとうにある通りの規定，つまり，己れの反対に【142】関係する規定性の観察に進んでゆくよりほかない。本質的標識と呼ばれるものは，静止している規定性である。が，これらは単純な規定性として現れ，つかまれるけれども，それらの本性を，つまり自己に取り返される動きの消え去る契機であるという本性を提示しているわけではない。そこでいま，理性本能は，本質的にそれだけであるのではなく，反対のものに移ってゆくという本性に応じて，規定性を求めるに至った。それで，法則と法則の概念を求める。この法則や概念が，存在する現実性として求められるにしても，この現実性は，理性本能にとっては実際には消えてしまう。そして，法則の両側面は，純粋契機もしくは抽象体となってしまうであろう。そこで，法則は概念の本性となって現れるが，その概念は，感性的現実性自体の〔もつ〕〔法則と概念とに〕無関与な存続をそれ自体で亡ぼしてしまっている。

観察する意識からみると，法則の真理は，経験のうちで感性的存在がこの意識にとってあるようなしかたで存在しているのであって，それ自体でそれだけであるのではない。だが，法則には，概念に己れの真理がないとすれば，法則は偶然なものであって，｜(184) 必然性ではない。言い換えれば，実際には法則ではない。しかし，法則が本質的には概念としてあるということは，法則が観察にとって現にあるということに矛盾するものではないだけではない。むしろそれゆえにこそ，法則は必然的に定在して，観察に対してある。理性的普遍性という意味での普遍は，概念が自己に即してもっている意味からいっても，普遍的である。すなわち，普遍は意識に対して，現在するもの，現実的なものとして提示され，概念は物性および感性的存在という相で提示される。だが，そのために，概念の本性が失われ，惰性の存続もしくはどうでもいい継起に落ち込んでしまうわけでもない。普遍的に妥当しているものは，やはり普遍的に通用しているものでもある。あるべきものは，実際にもある。あるべきであるだけで，あるのでないものには，いかなる真理もない。この点を，理性の本能が己れで依然として固く守っているのは，正当である。また，いかなる経験でも出会ったこともないのに，ただあるべきであり，当為として真理をもつべきであるにすぎないような，想念上のものによっても理性の本能は，迷わされない。すなわち，仮定によっても，目にみえない，そのほかすべての永遠の当為[27]によっても，理性の本能は，迷わされない。なぜならば，理性は，ほかでもなく，実在しているという確信だからであり，意識にとって自己存在でないようなものは，すなわち，現象しないものは，意識にとってはまったく何物でもないからである。

これまで述べたような法則の真理が，本質的には実在しているということは，なるほど観察にとどまっている｜(185) 意識からみれば，また，概念と対立し，自体的普遍と対立することになる。言い換えれば，意識自身の法則であるようなものは，意識からみれば理性の本質ではない。意識は，そのとき疎遠なものを受け取るのだと思い込んでいる。なるほどそうではあるが，次の事実の上で，意識はそういう己れの思い込みに反対する。【143】つまり，法則の普遍性の真理を主張しうるためには，すべての個別的感性的物が，法則の現象をすでに意識に示してしまっているのでなければならないという意味で，意識のいう普遍性を受けとっているわけではない。石は，地上から持ち上げられ，放り出されると落下することをめぐって，意識は，あらゆる石についてこの実験をせよとけっして要求するわけではない。意識は，おそらくいう。そのためにはひじょうに多くの石を使って実験をしなければならない。そうすれば，類比推理により，最大の蓋然性で，または，完全な権利で，ほかの石に対し推理をしてもかまわないと。なるほどそうではあるが，類比推理は完全に正しいとはいえないばかりか，その本性からいって，自己矛盾に陥っている。そのため，類比推理そのものによって推理する結果，むしろ，類比推理は，まったく推理を許さないということになりが

27)（訳注）当為が悪無限に陥るので「永遠の」と形容したのであろう。

ちである。類比推理の結果が蓋然性に帰着するわけであるが，この蓋然性がより小さいとか，より大きいとかいう区別を立てるにしても，真理と比べれば，その区別は失われる。蓋然性はどれほど大きかろうとも，真理に比べれば何物でもない。だが，理性の本能は，実際には，そういう法則を真理と受けとっている。この本能は，みずからが認識していない法則の必然性と関係するときになってやっと，いまいった｜(186) 区別の中にはいり込み，事象そのものの真理を蓋然性に引きおろしてしまう。その結果，まだ純粋概念への洞察に達していない意識に対し，真理が現存している不完全な様子を示すことになる。というのも，普遍性は，単純で無媒介な普遍性としてだけ，現存しているからである。だが同時に，この普遍性のゆえに，法則には意識に対し真理がある。石の落下することが，意識にとって真理であるのは，石が意識にとって重いからである。すなわち，石は重さのうちに，それ自体でそれだけで〔自体的かつ対自的に〕地球と本質的に関係しており，この関係が落下として現れるからである。だから，意識には経験の中で法則が存在しているが，同じようにその法則が概念としてある。そこでこの二つの事情が一つになるからこそ，法則は意識にとり真理なのである。法則は，現象の中に提示されると同時に，己れ自身のもとで概念であるからこそ，法則として妥当するのである。

〔ββ）実験〕

法則はそれ自体では法則であると同時に概念である。だから，この意識の理性本能が，法則とその契機を純化して概念とすることに自身で向かってゆくのは，必然である。だが，この本能はこのことを志しているとは知っていない。この本能は法則について実験しようとする。法則は，はじめ現れるときには，個々の感性的存在に覆われて，不純な形で提示され，法則の本性となっている概念は，経験的素材に沈められたままで提示される。理性本能は，その実験にあたって，あれこれの事情のもとで何が起こってくるかをみつけようとする。このおかげで法則は，｜(187) ますます感性的存在に沈められるにすぎないように思われる。だが，むしろ，この感性的存在はその実験の行われるあいだに消えてゆく。実験によるこの探求には，法則の純粋な諸条件をみつけるという内面的意味がある。が，その際，語ろうとしていることは，法則をまったく概念の形態に高めることにほかならない。そして，法則の諸々の契機が特定の存在にしばられることをすべて抹殺することにほかならない。たとい，そういう形で表現される意識が，その場合に，別のことを語っていると思い込むことになっているとしてもである。たとえば，陰電気は，【144】はじめ樹脂電気として，ガラスの電気である陽電気と並んで起こるものである。が，実験の結果，そのことはまったく意味を失ってしまい，純粋に陰電気と陽電気になってしまう。だから，もはやその各々は，特殊の物に付属しているのではなくなる。そこで，一方には陽電気的であるような，他方には陰電気的であるような物体が存在するとは，いわれえなくなってしまう[28]。同じように，酸と塩基の関係および両者相互の動きも法則をつくるが，そこでは〔酸と塩基との〕対立は物体として現象する。しかし，この分離されている二つの物は現実的ではまったくない。両者を引きはなす強制力にしても，両方がたちまちまたしても一つの過程にはいり込むのを妨げることはできない。というのも，両者はこの関係であるにすぎないからである。両者は，歯や爪がそれだけで存続し，そういう形で指摘されるようにはありえない。そのまま中性的所産に移行することが，両者の本質であるということが両者の存在をそれ自体では揚棄された存在・普遍的｜（188）存在にしてしまう。酸と塩基は普遍的なものとしてのみ真理である。だから，ガラスと樹脂が陰電気であると同様に陽電気であるように，酸と塩基は性質としてこれやあれやの現実性に結びつけられているのではなく，各々の現実性が酸性でもあり塩基性でもある。遊離された塩基もしくは酸であるようにみえるものには，いわば合体して[29]他方に対立した意味がある。こういうふうに，実験の結果，特定の物の特質としての両契機つまり精気は廃棄され，その述語は主語から解放されてしまう[30]。これらの述語は，

28）（訳注）ヘーゲルが念頭に置いているのはB. Franklinによる以前の電気理論の克服である。この点については，Des Herrn Benjamin Franklins Esq. *Brief von Elektricität*. Aus dem Engländischen übersetzt, nebst Anmerkungen von J. C. Wilcke, Leipzig, 1758, Vorrede; Anmerkungen §41を参照されたい。

29）（訳注）「合体（Synsomatien）」とはWinterlの用語で，相違するものがそのまま行う化学過程である。

30）（訳注）ヘーゲルは，J. J. Winterlによる酸と塩基の概念に言及している。この点については，*Jakob Joseph, Winterl's Darstellung der vier Bestandtheile der anorganischen Natur. Eine Umarbeitung des ersten Theiles seiner Prolusionen und Accessionen von dem Verfasser.* Aus

実際にある通り普遍的なものとしてみつけられるにすぎない。だから，こういうふうに自立しているため，述語は，物体でもなければ性質でもないような，物素という名前をもつことになり，酸素とか，陰陽の電気，熱などを物体と呼ぶことは警戒されるようになるのである。

〔γγ）物素〕

これに対し，物素は，存在する物ではなくて，普遍としての存在であるか，概念という仕方で存在するかである。さらに本能でもある理性は，正しく区別をしながら，すべての感性的存在のもとで法則の実験をするちょうどそのときに，たんに感性的であるにすぎないような存在を廃棄していることを意識していない。理性は，感性的存在の諸々の契機を物素（Materie）[31]としてつかむとき，それらの契機の本質が，普遍となり，この物素という表現で，それらが感性的でない感性的なものとして，物体的ではないが対象的である存在として語られていることを意識していない。

｜（189）さてそこで，ながめわたされるべきは，理性本能にとってその結果がどういうふうに転回するか，そのため，その観察がどんな新たな形態をとって登場するかである。この実験する意識の真理としてわれわれがながめわたすのは，感性的存在から解放された純粋法則である。つまり，われわれがながめわたすのは，感性的存在の中に現存する概念としての法則である。が，この概念は，この感性的存在の中で，自立して制限を受けないで動いていて，その存在の中に沈められていながら，それから解放されており，単純な概念であるということである。本当は結果であり本質である当のこれは，意識に対してはいまや自身で登場し，対象としてである。しかも，【145】対象は，まさに意識に対して結果ではなく，先行する動きとは関係がなく格別の種類の対象とし

dem Lateinischen übersetzt von Dr. Johann Schuster, Jena, 1804, S. 22 以下を参照されたい。物体を非物体化する酸原理と塩基原理とは非物質的である。物質基体とその非物体化には，直接に引き合う関係はない。総合体（synsomatie）という概念については，前掲書 33 頁以下を参照されたい。

31）（訳注）当時の化学や物理学で使われていた物素の概念をめぐっては，F. A. C. Gren（かれの自然論はヘーゲルの蔵書にもあった）の詳述を参照されたい。この点については，Friedrich Arbrecht u. Carl Gren, *Grundriß der Naturlehre.* 4. verbesserte Ausgabe. Halle, 1801, §530（熱素），§639（光素），§839（諸物素からなる酸素の合成），§1229 以下（電気物素），§1420 以下（磁気物素），§1534（雷雨物素）を参照されたい。

て，また，別の観察としての，対象への意識の関係としてであることによってである。

〔2〕有機体の観察

概念の単純性でありながら過程を己れのもとでもっているそのような対象は，有機体である。有機体は，絶対的流動性であり，そこでは，有機体が他者に対してのみ存在する手段である規定性は，解体してしまっている。非有機的物は，規定性をその本質としているため，別の物とともにだけ，概念の諸契機を完成させる。したがって動きにはいり込みながら消えてしまっている。それに対して，有機体にあってはこれを他者に対し開いている規定性は，すべて有機的で単純な統一のもとに結ばれている。ここでは，みずから自由に|(190)他者と関係するようなものは，本質的なものとしては現れない。だから，有機体は己れの関係自身の中で維持されている。

α)有機体と非有機体との関係

ここで理性本能が観察しようとする法則の両面は，有機体の規定から当然出てくることであり，さしあたり[32)]，相互に関係し合っている有機的自然と非有機的自然とである。後者の非有機的自然は有機的自然に対するとき，解き放たれた規定性の〈有機的自然の単純な概念に対立した自由〉にほかならない。この規定性にあるとき，個体的自然は，解体されていると同時に，この規定性の連続からは分離して，自立している。空気，水，大地，地帯，気候が，普遍的環境であり，この環境は，諸々の個体の不特定で単純な本質をなしており，そこでは個体は同時に自己に帰ってきている。個体も環境となるものも，ただ端的にそれ自体でそれだけであるわけではない。むしろ，観察にとっては相互に別々に現れるような自立した自由のうちにありながらも，同時に本質的関係としてたがいに関係し合う。そうはいっても個体と環境とはたがいに自立的であり，無関与であるのが主であるため抽象体に移されるにしても，ほん

32)(訳注)「さしあたり」というのは，γ)で法則の両面が内面と外面との相互関係にすでになっているからである。

の一部分のことにすぎない。だから，ここでは，法則は有機体の形成と一つの環境の関係として現存することになり，有機体は環境となる存在を，ある場合には己れに対立させている。が，他の場合には，それを己れの有機的反省還帰のもとで提示している。しかし，これらの法則は有機的多様性とは一致しない乏しさを顕わにする。それらの法則とは，空中にいる動物には鳥類という性質があり，｜（191）水中にいる動物には魚類という性質があり，北方の動物は，厚い毛皮におおわれているなどである。有機体の自由は，以上の規定から自由になり己れの諸形態をまたしても引き離すことも心得ていて，法則と呼ぼうと【146】規則と呼ぼうと必然的にそれらの例外を表している。その上，以上のことは，法則なり規則なりが適用される動物そのものでは依然として以上のように表面的関係であり，法則なり規則なりの必然性さえも表面的関係でしかありえないし，法則が大きな影響[33]をもたらすという域を越えないことである[34]。その際にもこの影響に属することと属さないことはわからない。したがって，有機体と環境となるものとの関係は，実際には法則と呼ぶことはできない。というのは，その関係は，一方では，思い起こされたように，その内容からみても有機体の範囲をまったくくみつくしていないからであり，他方でも，関係自身の諸契機も相互に依然として無関与であり，何ら必然性を表現しないからである。陽電気の概念に陰電気があるように，酸の概念には塩基の概念がある。だが，厚い毛皮と北方とが，あるいは魚の骨格と水とが，鳥の骨格と空気とがたとえどんなに一緒に見出されるにしても，北方の概念に厚い毛皮の概念が，海の概念に魚の骨格の概念が，｜（192）空気の概念に鳥の骨格の概念があるわけではない。両側面の以上の自由のゆえに，陸棲動物も存在し，陸棲動物には，鳥や魚の本質的性格がある等である。必然性といっても，本質の内的必然性として把握されうるわけではないから，感性的に定在していることをやめてしまい，現実性のもとでもはや観察されない

33）（訳注）*GW* 9, S. 166, Z. 24 を参照されたい。

34）（訳注）ヘーゲルが言及しているのは，トゥレビラヌスの自然哲学である。この点については，Gottfried Reinhold Treviranus, *Biologie, oder Philosophie der lebenden Natur für Naturforscher und Aerzte*. Bd. 2, Göttingen, 1803, S. 168 を参照されたい。トゥレビラヌスがよく語っているのは，法則や規則の例外であり，大きな影響である。この点については，前掲書，S. 40; S. 141; S. 160; S. 171; S. 200; S. 205; S. 417 を参照されたい。

で，むしろ現実性のそとに出てしまっている。だから，必然性は，現実の本質体そのもののもとではみつけられないので，目的論的関係[35]と呼ばれる当のものであり，関係させられたものにとってはそとにあり，したがって，むしろ法則の反対であるような関係となる。必然性は，必然的自然からはまったく遊離した考えであり，この考えは必然性を捨て去り，必然性を超えてそれだけで動いている。

β）目的論

これまでに言及したように，有機体と環境的自然との関係は，有機体の本質を表現していない。ところが，この本質は目的概念には含まれている。なるほど，観察する意識からすれば，目的概念は有機体自身の本質ではなく，この本質のそとにあり，したがって，例の外面的で目的論的な関係であるにすぎない[36]。けれども，有機体は，前に[37]規定した通り，実際には，実在的目的そのものである。なぜならば，有機体は，他者と関係しながら自己を維持するものであるため，その本性が概念に還帰する自然的本質体にほかならないからである。また，有機体は，原因｜（193）と結果，能動と受動というような，必然性では分離された契機を一つにまとめているからである。それゆえ，ここでは或るものは，必然性の結果として立ち現れるだけではなく，自己に帰ってきている。そのため，最後のものつまり結果は，動きを始める第一のものでもあり，また，それが実現する目的だと確信している。有機体は，何かを生み出すのではなく，もっぱら自己を保存する。言い換えれば，生み出されるものは，生み出されると同じように，すでに現存してもいる。

以上のような規定は，それ自体ではどうなっているか，また理性本能にとってはどうなって【147】いるかと詳しく述べられなければならない。これは，理性本能が，そういう規定のうちで己れをみつけながらも，己れがみずからみつけたものでないことをみるためである。だか

35）（訳注）ヘーゲルが言及しているのは，外的で相対的合目的性というカントの概念である。それは，カントが外面的目的表象と批判的に対決しながら主張した。この点については，『判断力批判』，275–80 頁（第 63 節）を参照されたい。

36）（訳注）ヘーゲルが言及しているのは，カントが有機体を自然目的と理解していることである。その理解には，反省的判断力にとっての統制的概念の意義がありうる。この点については，『判断力批判』，285–91 頁（第 65 節）を参照されたい。

37）（訳注）*GW* 9, S. 145, Z. 4–13 を参照されたい。

ら，観察する理性が到達した目的概念は，観察する理性が自覚した概念であると同様に現実的なものとしても現存している。それで，その概念は，現実的なものの外的関係であるだけでなく，その本質でもある。自身で目的であるような，この現実的なものが，合目的的に他者と関係するということは，その概念の関係が偶然的関係であり，両者が無媒介に存在する当のものに従っていることである。つまり，両者は，無媒介に自立していて，相互に無関与である。だが，両方の関係の本質は，両方が外見でそうみえるのとは別である。そして，両方の働きには，感性的知覚にとって無媒介にあるのとは別の意味がある。必然性は，起こってくるもののもとでは隠されており，終わりに至ってやっと明らかになる。とはいえ，それは，まさにこの終わりこそが明らかにしていることは，必然性が最初のものでもあったことである。｜(194) だが，終わりが自己自身の優位であることを明らかにするのは，次のことによってである。すなわち，働きの結果おこる変更のおかげで，すでにあったものよりほかのものが何も出てこないためである。言い換えれば，われわれが最初のものから始めるとき，この最初のものはその終わりに至って，または，その働きの結果で，ただ自己自身に帰るだけである。まさにこのことによって判明するのは，はじめのものが自己自身を自己の終わりとしているようなものであること，したがってはじめのものとしてすでに自己に帰ってきているような，すなわち，それ自体でそれだけで存在するようなものであることである。こうして，はじめのものが己れの働きが動くことによって，到達したものは，はじめのもの自身である。はじめのものが自己自身にしか到達しないということを，そのものは己れで感じるのである。このため，なるほど，はじめのものが現にあるものとはじめのものが求めているものという区別は現にあるとしても，それは区別のみせかけにすぎない。それゆえ，はじめのものはそれ自身のもとで概念なのである。

だが，有機体と同じように，自己意識の性状も自己を自己から区別しながらも，同時に区別を生まないという仕方なのである。だから，自己意識は，有機的自然を観察するときにも，このような本質以外のものをみつけはしない。つまり，自己意識は自己を物として，生命としてみつけはする。が，自己自身である当のものと自己がみつけたものとのあいだに区別をなお立てるにもかかわらず，その区別はまったく区別ではないのである。動物の本能は食物を求めてこれを食べる。が，そのために自己以外を生み出さないように，理性本能も己れの探究の中でそれ自身だけをみつける。動物は自己感情で終わる。それに対して理性本能は｜(195) 同時に自己意識である。とはいっても，理性本能は本能にすぎないから，意識に対しては一方の側に置かれ，意識のもとでみずからに対立するものをもっている。だから，理性本能の満足はこの対立によって二分される。なるほど，理性本能は自己自身を，つまり目的をみつけ，それと同様に目的を物としてみつける。だが，この本能にとっては，目的はまず，目的として提示される物のそとに生ずる。次に，目的としてのこの目的は同時に対象的である。それゆえ，目的は本能にとっては意識としての自己のうちで生ずるのではなく，別の悟性[38]のうちで生ずることになる。

もっと詳しく考えるならば，以上の規定は，物はそれ自身のもとで目的[39]であるという物の概念のうちにもある。つまり，物はみずからを維持する。ということは，同時に，必然性を隠して，偶然的関係という形を提示するということが，物の本性であるということである。【148】つまり，物の自由，言い換えれば物の自立存在は，物の必然的なものに対し無関与な態度をとる，ということにほかならない。だから，物は，己れの概念が己れの存在のそとにあるようなものとして提示される。自己自前の概念を自己のそとに落ちるものとして，したがって物として直観するという必然性が，有機体と同じように理性にはある。つまり，その必然性は，理性がその物に対し無関与であり，またその物も逆に理性に対し，物の概念に対し無関与であるようなものとして，直観される。本能としては，理性はこの存在のうちでも，または無関与のうちに依然としてある。そこで概念を表現している物は，本能からみると依然としてこの概念とは別のものであり，概念も｜(196) 物とは別のものである。そこで，有機的物は，理性からみると次のような意味でのみ，その物自身のもとで目的である。すなわち，働くものは働くときには，無関与な自立存在という態度をとるから物の働きの中では隠れたものとして

38) （訳注）カント『判断力批判』第 77 節の「直観的悟性」を示唆している。
39) （訳注）カント『判断力批判』の自然目的に関するヘーゲル解釈である。

提示される必然性は，有機体のそとに生ずるという意味でだけである。――しかし，有機体は，それ自身のもとで目的であるから，そういう形以外の態度をとることができない。そこで有機体がそれ自身で目的であり，またそうであると観察されるということも，現象からして感性的に現在しているのである。有機体は自己自身を維持しているものとして，自己に帰ってゆくものとして，また帰ってきたものとして現れる。けれども，観察する意識は，目的概念がこのような存在であると認識するわけではない。言い換えると，目的概念がそれ以外のどこかにある悟性にあるのではなく，まさにここに現存し，物としてあるというようなことを認識するわけではない。観察する意識は，目的概念と自立存在ないし自己維持とのあいだに区別を立てるが，この区別はまったく区別などではない。この区別がそもそも区別などではないということは，意識にとってのことではない。働きによって生ずるものに対し偶然で無関与に現れる働きであり，また，なお働きおよびその結果との両者とを結びつける統一があるのに――前者の働きと，この〔統一たる〕目的は観察する意識にとってばらばらになっている。

以上の見解にあって有機体自身に帰せられるものは，最初のものと最後のものの中間に内在する働きである。それは，有機体に個別性という性格がそれ自身のもとであるかぎりでのことである。だが，普遍性という性格があるかぎりでの働き，そして，この働きによって生み出されたものと，｜(197) 働くものとが等しいとされるかぎりでの働き，つまり，合目的働きそのものは，有機体に帰せられない。ただ手段でしかない個別的働きは，その個別性のおかげで，まったく個別的つまり偶然な必然性という規定をもつようになる。だから，有機体が個体としてのあるいは類としての自己を支えるために行いは，以上の直接的内容からみればまったく無法則である。というのは，普遍的なものや概念は有機体〔直接的内容〕のそとに生ずるからである。したがって，そうなれば，有機体の働きは，それ自身のもとで内容のない空しい働きとなろう。つまり，そういう空しい働きは，けっして機械の働きのようなものでさえないであろう。なぜならば，機械には或る目的があり，このため，その働きには特定の内容があるからである。だから，普遍的なものから見捨てられた場合には，その有機体の働きは，存在するものとしての存在するものにすぎないものの働きとなるであろう。すなわち，同時にみずからに還帰することのない働き，酸あるいは塩基の働き[40]と同じものになるであろう。こういう働きは，己れの直接的定在から【149】離れることも，また，己れの対立者と関係しながら失われてしまう定在を棄てることもできないであろう。けれども，みずからを維持することはできるであろう。だが，いまここではその働きが考察対象である存在は，己れの対立者と関係しながら自己を維持する物として設定されている。働きそのものは，そういう物の自立存在という純粋で本質なき形式にほかならない。とはいえ特定の存在にとどまらないで，普遍的なものでもあるような，働きの実体は，つまり働きの目的は，働きのそとに生ずるものではない。つまり，この働きは，それ自身のもとで自己に帰る働きであって，｜（198）ある疎遠なものによって自己に向けかえされた働きではない。

しかし，普遍性と働きとのこの統一が，観察する意識に対しているわけでないのは，その統一が，本質的には，有機体の内的動きであり，概念としてのみ把握されうるものだからである。だが，観察することは，存在と持続という形式での契機を求めているのである。有機的全体は，それらの固定した契機を己れでもっているものでも，また，己れのもとでそれらの契機をみつけさせるものでもないから，観察する意識は，みずから考えて，対立を，己れの考えに一致するような対立に，変えてしまうのである[41]。

γ）内面と外面

そういうふうに，観察する意識にとっては，有機体は存在し固定した二つの契機の関係として生ずる。この意識にとって，対立の両面が，一方では観察のうちで与えられているようにみえ，他方では，その内容からいって，有機的目的概念と現実性の対立を表現している対立の関係として生ずることになる。とはいっても，そこでは概念そのものは抹殺されているから，考えが表象に沈んでしまっているような，はっきりとしない表面的仕方で表現されているのである。そこでわれわれがながめわ

40）（訳注）*GW* 9, S. 144, Z. 5 以下を参照されたい。

41）（訳注）現象の法則を，実体的世界観の持続に従う第一次法則での内面と外面との対立に変えてしまう。

たすのは，内面というときは，ほぼ目的概念という意味であり，外面というときは，ほぼ現実性という意味である。両者の関係は，外面は内面の表現であるという法則を生むことになる。

その対立項をともなう内面と両者の関係とをもっと詳しく考えてみると，｜（199）まず第一に法則の両面は，前の法則の場合のように自立した物として，各々が特殊な物体として現れるというのではないし，また第二に，普遍的なものがどこか他で存在するもののそとに現存しているなどというのでもない[42]。むしろ，有機体は内面と外面の内容として，両者に対し同一のものとして，そもそも分かたれることなく根底にある。そのおかげで，対立はかろうじて純粋に形式的なものにすぎないし，その現実の両側面は，同一の自体をそれらの本質としている。それと同時に，内面と外面は，対立した実在性でもあり，観察することに対して異なった存在でもあるから，各側面が意識からすると固有の内容をもっているようにみえる。だが，この自前の内容も，同一の実体であり，また有機的な統一であるから，実際には実体の異なった形式でしかありえない。このことは，観察する意識によって，【150】外面は内面の表現にほかならない点で暗示されている。――この関係の同じ規定を，つまり，異なった〔二つの〕ものが相互に無関与に自立していることと，このように自立的でありながら，両者がその中で消滅しているこの両者の統一とを，われわれは目的概念のもとでながめわたしてきたのである[43]。

$\alpha\alpha$）内面

いまや，内面と外面が，その存在のさいにどんな形態をとるかということをながめわたす必要がある。内面そのものは，外面そのものと同じように，或る外的存在と或る形態とをもたざるをえない[44]。なぜならば，｜（200）内面は対象であり，つまり，それ自身存在するものとして，観察に対して現存するものとして設定されているからである。

内面的実体としての有機的実体は単純な魂であり，純粋の目的概念で

42）（訳注）*GW* 9, S. 143, Z. 27–S. 144, Z. 24 および *GW* 9, S. 145, Z. 14–S. 146, Z. 23 を参照されたい。

43）（訳注）*GW* 9, S. 147, Z. 2–S. 149, Z. 8 を参照されたい。

44）（訳注）「内面」とは，感受性―反応性―再生産である。

あり，つまり普遍的なものである。この普遍的なものは，それが分かたれてもやはり普遍的流動性のままである。したがって，それが存在しながらも，消えてゆく現実性の働きとしてつまり動きとして現れる。これと違い，存在する内面に対立している外面は，有機体の静止した存在ということで存続する[45]。したがって，内面と外面の関係である法則は，その内容を，一方では普遍的契機つまり単純な本質性を提示しながら表現し，他方では現実の本質性つまり形態を提示しながら表現する。前者の単純な有機的性質は，感受性，反応性，再生産と呼んでもよい[46]。これらの性質，少なくともはじめの二つは，なるほど有機組織一般に関係するものではなく，動物的有機組織に関係するにすぎないように思われる。植物的有機組織も実際にはただ有機組織という単純な概念を表現するだけであって，その概念は，その諸々の契機を展開させてはいない。それゆえ，観察に対して存在しているといわれるかぎりでの，これらの契機に関しては，われわれは，それらの契機を現に展開させている定在を提示する有機体に頼らざるをえない。

いまや，それらの契機そのものはどうかといえば，これらは自己目的という概念から直接判明する。というのは，感受性は，そもそも有機的

45)（訳注）外面としての「静止した存在」とは，神経組織―筋組織―内臓組織である。

46)（訳注）ヘーゲルは，シェリングの用語に言及している。シェリングは，自然哲学では，動物体の根源的性質から始めている。この点については，シェリング『世界霊について。普遍的有機体を説明する高次の物理学の仮説』，ハンブルク，1798 年，225 頁を参照されたい。シェリングが感受性，反応性，再生産を動物自然の性質として把握していたことについては同書 240 –241 頁と 290 頁以下を参照されたい。ハラーが主張した刺激性，反応性，再生産の三者間に『有機的諸力相互の関係について』で数的関係を認めたのは，キールマイヤーである。キールマイヤーのこの説はシェリングに多大の影響を及ぼした。シェリングもまた『自然哲学の体系の第一草案』で上記の三能力間の比例的関係を論じ，とりわけ感受性と反応性との反比例的関係を力説している（シュレーター版『シェリング全集』第 2 巻 196 頁 –205 頁）。生物の基本的機能を感受性―反応性―再生にあるとするハラー，キールマイヤー，シェリングの説をヘーゲル自身も受けいれていることはイェーナ期の草案によって明らかである。『精神現象学』の場合にはとくにキールマイヤーとシェリングの唱えた三機能間の正比例的および反比例的関係を批判することが主題となっている。このさいの要点は次の二つである。第一にはヘーゲルが内面にも内面の自身の立場での外面があるというのは，三機能間に比例的関係が成立しているのである以上，一が他の外面として，その表現となるからである。第二には三機能間に数的関係を立てるのは，ヘーゲルからみれば，元来三にして一，一にして三であるべき三機能のおのおのを固定的に分離するⅢ 悟性の段階でいわれた第一次法則の立場からであり，そうしたときにのみ三機能の関係は外面的関係である数的関係となるとヘーゲルは批判する。

自己反省還帰という単純な概念｜(201) を，言い換えればこの概念の普遍的流動性を表現しているからである。だが，反応性は反省還帰しながら同時に反作用の態度をとる有機的弾力性を表現し，はじめの静止している自己内存在に対立した実現を提示している。そこでは例の抽象的自立存在は他者に対する存在となっている。だが，再生産は，自己に帰った有機体全体の働きであり，目的自体もしくは類としての有機体の働きである。だから，そこでは，個体は自己自身を自己から突き離し，その有機的部分または個体全体を繰り返し生み出している。自己保存一般という意味では，再生産は有機体の形式的概念を，つまり感受性を表現している。だが，再生産は，本来からいえば有機体の現実的概念あるいは全体である。この全体は，個体としては自己自身の個々の部分を【151】生産することによる個体としてか，類として諸個体をみずからの内で生産するかによって，自己に還帰する。

有機体のこれらの要素の別の意味つまり外面としての意味は，それらが形を得た姿である。この形によればこれらの要素は現実的要素として，だが同時にまた普遍的部分つまり有機的組織としても現存している。感受性は，たとえば神経組織として，反応性は筋組織として，再生産は個体および類を保存するための内臓として現存している。

｜(202) だから，有機体本来の法則は，諸々の有機体的契機の一つの関係に関わっているのである。それは，表裏一体の意味でであって，一方では，有機体形成の部分であり，他方では，例の組織のすべてを貫いている，普遍的で流動する規定性であるという意味でである。以上の法則を提示するさい，たとえば，特定の感受性は全有機組織の契機として，はっきりと形成された神経組織として表現されるか，それとも，感受性が個体の有機的部分の特定の再生産ないし全体の繁殖に結びついているとされる等々のことであろう[47]。このような法則の両面は観察されうる。外面はその概念からいって対他存在であり，感受性は，たとえば，感受性の組織のうちで直接実現されたあり方をとっている。普遍的性質としては，感受性は，外化されるとき，これと同じように一つの対象的なものである。内面と呼ばれる側面には，それ自身の外的側面があ

47) (訳注) 感受性が組織との関係を表現した法則と諸組織相互の関係を表現した法則とがありうることになる。

るが，これは，全体的に外面と呼ばれるものとは区別されている。

したがって，なるほど有機体法則の両側面は，観察されうるであろう。が，両側面の関係の法則は観察されえないであろう。観察が十分でないのは，観察としては近視眼的でありすぎるためではないし，また経験的に扱われないで，理念からはじめられることになっているからでもない。というのは，そういう法則は，それが何か実在的なものであるとするのならば，実際上現実に現に存在しなければならないし，したがって観察されなければならないであろうからである。｜（203）だから，〔法則の〕観察が十分でないのは，この種の法則についての考えがまったく真理でないことが，証示されるからである[48]。

〔1)〕内面の純粋な諸契機の法則，すなわち感受性などの法則

こうして法則に対して判明した関係[49]は，普遍的で有機的性質が有機体組織で自己を物として，有機体組織をつてに己れの性質に形態の刻印を与え，そのため，性質と組織の両者が同じものとなることであろう。つまり，一方では普遍的契機として，他方では物として現存することであろう。なおその上，内面の側面もそれだけで，いくつかの側面の関係である。したがってまず，法則という考えは，普遍的で有機的働きまたは性質相互の関係として生ずる。そのような法則が可能であるかどうかは，そういう性質の本性から決められなければならない。だが，性質は，一方では，普遍的流動性であるから，物のあり方の上から【152】制限を受けたり，物の形態をなすはずの，定在の区別のうちでじっとしているものではない。むしろ，感受性は神経組織を超え出て，有機体の全組織を貫いているようなものである。また他方では，感受性は普遍的契機であり，これは反作用または反応や再生産から本質上分離されるか，あるいは不可分である。つまり，感受性には，自己内還帰なので己れのもとには反作用は端的にある。自己に還帰しているというだけでは，受動性であり，死んだ存在であって，感受性ではない。感受性は，作用としても，これは反作用と同じものだが，自己に還帰しているのでなければ，反応性ではない。作用または反作用｜（204）での反省還帰，反省還帰での作用または反作用は，統一されてまさしく有機体をなして

48）（訳注）法則ということそのものが悟性の考えで理性にはふさわしくないのである。
49）（訳注）*GW* 9, S. 151, Z. 22 以下を参照されたい。

いる。この統一は有機的再生産と同義である。このことから次のような帰結が出てくる。まず[50]感受性と反応性相互の関係を考えてみるとき，現実性のあらゆるあり方の中には，感受性と反応性の同じ大きさが現存しなければならない。そこで，有機的現象は両者の一方からも他方からも同じように把握され，規定されうるという，よく使われる言い方をすれば，説明されうるという結果が出てくる。ある人が高い感受性とか受けとるものを，別の人が同程度に高い反応性とうまく受けとることができる。そして同じ高さの反応性と考えることができる。感受性と反応性が動因[51]と呼ばれ，このことが無意味な言葉ではないとすれば，そこで表明されていることは，両者が概念の契機であり，この概念が本質となっている実在的対象には，両者[52]が同じ仕方で己れのもとにあることである。また対象が，一方では，たいへん感受的であると規定されるならば，他方では，同じ程度に反応的であるといわれることができる。

両者は，これは当然のことながら区別される。その場合には，両者は概念上からのことであり，その対立は質的である。だが，このような真の区別のほかになお，法則の両面であるとされる場合のように，存在するものとしてまでも表象にとって異なっているとされるならば，両者は量的相違[53]となって現れることになる。そこで両者に自前の質的｜(205) 対立は，大きさに移ってゆく。そして，たとえば，感受性と反応性とは，両者の大きさの点では反比例する。したがって，一方が増大すると他方が減少することになる[54]。もっとよくいえば，大きさそのもの

---

50) （訳注）「まず」というのは，感受性と再生産がとりあつかわれるのは次だからである。

51) （訳注）シェリングは，『自然哲学体系の第一草案』で感受性と反応性とを動因（Faktoren）と呼んでいる。この点については，*SW* 2, S. 223 および S. 230 以下を参照されたい。

52) （訳注）両者の動因については，シェリング『自然哲学体系の第一草案』，250 頁および 265 頁を参照されたい。

53) （訳注）キールマイヤー–シェリングの法則を示唆している。

54) （訳注）ヘーゲルは，キールマイヤーが唱えた法則に言及している。この点については，Dr. Carl Friedrich Kielmeiyer, *Ueber die Verhältniße der organischen Kräfte unter einander in der Reihe der verschiedenen Organisationen, die Geseze und Folgen dieser Verhältni Verhältniße. Eine Rede den 11ten Februar*. 1793 am Geburtstage des regierenden Herzogs Carl von Wirtemberg, im großen akademischen Hörsale gehalten. S. 23 を参照されたい。シェリングも，前掲『自然哲学体系の第一草案』で最初にキールマイヤーの法則について詳述している。こ

を内容と考えるならば，或るものの小ささが減ずるにつれて，その大きさが増すということになる。だが，この法則に特定の内容が与えられる場合には，たとえば，穴の大きさは，その穴を充たすものが減るに従って増すとするならば，この反比例はまた正比例に変えられて，穴の大きさは，取り去られたものの量〔大きさ〕に正比例して増大すると言い表すこともできる。これは同語反復的命題であって，正比例と表現されようと反比例と表現されようと，【153】それを自前に表現すると，この大きさが増すに従って，ある大きさが増すといっているにすぎない。穴と，穴を充たし穴から取り去られるものとは質的に対立している。けれども両者の実在とその特定の大きさは，両者での同一であり，また大きさが増すのも小ささが減るのも同じことであり，両者の意味のない対立は同語反復に帰着してしまう。それと同じで，有機体の両契機はその実在でも大きさでも分離できないものであり，大きさは実在の大きさなのである。一方は他方と一緒になってだけ減少し，他方と一緒になってだけ増す。なぜならば，一方には，他方が現存しているかぎりでだけ，そのまま直ちに意味があるからである。｜（206）あるいは，むしろ或る有機的現象[55]が反応性と考えられようと，感受性と考えられようと，そのことはすでにそもそもどうでもいいことである。また大きさについて語られる場合も同じである。また穴が大きくなるのは，空になった穴が大きくなることといおうと，穴から取り出したものが増すことだと語ろうと，どちらでもよい。あるいは次のようにいってもよい。たとえば，三という数は，わたしがそれを正と考えようと負と考えようと，依然として同じ大きさである。わたしがこの三を増して四にするならば，正も負もともに四になっている。磁石の南極は磁石の北極とちょうど同じ強さである。または陽電気あるいは酸は，この陽電気あるいは酸の働きかける陰電気あるいは塩基とちょうど同じ強さである。ある有機体の定在も，そういう三または磁石と同じような大きさである。この定在は，増されたり減らされたりするものであって，増されたときには，その両方

の点については，シェリング『世界霊について。普遍的有機体を説明する高次の物理学の仮説』，ハンブルク，1798年，293頁および『自然哲学体系の第一草案』，222頁以下および231頁を参照されたい。

55）（訳注）*GW* 9, S. 152, Z. 14 にも同じ表現がある。

の構成因も増される。同じように磁石の両極または陰陽の電気も，磁石その他が強められれば，増す。両方が内包からいっても外延からいっても，違ったものではない。一方の契機は外延では減るのに対し，内包では増しうる。ところが，他方の契機は逆にその内包が減るのに対し，外延は増すことになっているというようなことはない。このことは空しい対立という同じ概念に帰せられる。同じく現実の内包は外延とまったく同じ｜（207）大きさであり，またその逆でもある。

明らかなことであるが，以上の法則を立てる場合，本来起こってくることは，はじめは反応性と感受性が特定の形で有機的に対立していることである。しかし，やがて対立の内容は失われ，形式的対立となり，対立が大きさの増減もしくは異なった内包および外延の増減になってしまうことである。つまり，この対立は，感受性と反応性の本性にはもはや何の関わりもなく，その本性をもはや表現していない。したがって，法則設定というこの空しいたわむれは，有機体の契機にしばられているのではなく，至るところですべてのものについて行われうる。このことは，これらの対立の論理的本性を結局，よく知っていないことによる。

【154】最後に，感受性や反応性の代わりに，再生産をこの一方または他方の契機と関係させるとすれば，以上の法則を立てる機縁もなくなってしまう。なぜならば，再生産は，これら二つの契機がたがいに対立していたような形で，これらの契機と対立しているのではないからである。法則設定はこの対立に基づいているのだから，ここでは，そういう法則が存在するという仮象もなくなってしまう。

〔2)〕内面と内面自身の外面

たったいま考えられた法則設定は，有機体概念の諸々の契機だという意味で，有機体の区別項を含んでおり，本来は経験に先立つ法則設定であるはずであった。だが，｜（208）この法則設定そのものに本質的に含まれているのは，区別項の意味は現存するものであるという考えであり，ただ観察するだけの意識は，もともとこの区別項の定在にだけ支えられていなければならないことである。有機体の現実性には，その概念が表現するのと同じ対立が必然的に己れにある。この対立は反応性および感受性として規定されうるが，またしても両者はともに再生産とは異なったものとして現れる。ここで外面性ということで有機体の概念の契機が観察されるわけであるが，この外面性は，その内面自前の直接の外面性であって，〈全体としての外面である外面，形態である外面，したがって，内面が後から[56]それと関係して考察される外面〉ではない。

しかし諸々の契機の対立を，定在ということであるようにつかむならば，感受性，反応性，再生産は普通の性質になりさがってしまう。それらは比重，色，硬度などのような，たがいに無関与な普遍性になってしまう。この意味でもたしかに，有機体が他のものよりも感受性ないし反応性に富み，より大きな再生産力をもつといったようなことは観察されうるであろう。また，或るものにある感受性などは，他のものにある感受性とは種類の上からいって異なっているとか，或るものは特定の刺戟に対し他のものとは異なった態度をとる。たとえば，馬は，燕麦に対しては，干し草に対するのとは異なった態度をとり，また，犬は，その両者に対し馬とは異なった態度をとるとかいうようなことが，たしかに観察されうるであろう。それは，ある物体は｜（209）他の物体よりも硬いなどというようなことが観察されうるのと同じようにである。しかし，これらの感性的性質，硬さ，色など，また燕麦の刺戟に対する感受性，重さに対する反応性など，あるいは生まれる仔の数や種類などという現象は，たがいに関係させられ，たがいに比較される。だが，それらの現象は本質的に合法則性に反する。なぜならば，そういう感性的存在の規定性は，たがいのあいだではまったく関係なく存在しているという点にあり，また，関係の統一を表しているというよりは，概念から解き放たれた自由な自然を表しているという点にあるからである。また，概念の契機そのものを表すというよりは，契機のあいだの偶然な大きさの階梯を，非理性的に上がり下がりするたわむれを提示しているという点にあるからである。

ββ）内面と形態としての外面

しかし，これとは別の側面に従って，有機体概念の単純な諸々の契機は，形態化の諸々の契機と比較されることになる[57]。この別の側面が，はじめて【155】本来の法則をもたらし，内面の刻印である真の外面を表明する。ところで，例の単純な契機は，流動的で浸透する性質である

56）（訳注）*GW* 9, S. 159, Z. 1 以下を参照されたい。
57）（訳注）*GW* 9, S. 151, Z. 29–35 を参照されたい。

から有機的物のもとでは，別々に離れた形で実在的に表現されるわけではない。つまり，形態のある個々の組織と呼ばれるもののように表現されるわけではない。あるいは，それに対して，逆に有機組織は，形態をとる場合にも解剖学が離ればなれにしておくような三つの限定された組織に閉じ込められているのではない。｜（210）それは，有機組織という抽象的考えが，例の三つの契機ということで真に提示されているときである。また，それは，これらの契機が固定したものではなく，概念および動きの契機にほかならないという，ただそれだけの理由による。そういう組織は，その現実状態でみつけられ，それがみつけられれば，正当と認められることになっている。そのかぎりでは，解剖学はそういう三つの組織だけでなく，もっと数多くの組織を示してくれるということも想い起こされなければならない。そこで，いまいったことを度外視しても，もともと感受性の組織は，神経組織と呼ばれるものとはまったく別のものを意味しなければならないのであれば，反応性の組織は筋肉組織とは別のものを，再生産の組織は，再生産の働きをする内臓とは別のものを意味しなければならない[58]。形態そのもののいくつかの組織のうちで，有機体は死んだ存在という抽象的側面からつかまれている。つまり，そういうふうにつかまれた場合には，有機体の契機は解剖学や屍体のものであって，認識[59]や生きた有機体のものではない。そういう部分とされるとき，有機体の諸契機は，過程であることをやめるから，むしろ存在することをやめてしまっている。有機体の存在は本質的には普遍性であり，自己自身への反省還帰であるから，有機体という全体の存在はその諸々の契機と同じように，解剖学的組織の中に存続するのではない。むしろ，現実の表現と契機の外面性とは一つの動きとしてのみ現存している。この動きは形態化のいろいろな部分を貫いており，動く場合には，個々の組織として取り出され，固定されるものは，本質的に流れ

58）（訳注）ヘーゲルは，シェリングを批判しており，シェリングは，有機体の諸体系の区別を詳論している。この点については，Schelling, *Erster Entwurf einens Systems der Naturphilosophie.* S. 223–24 および S. 232 を参照されたい。また，Kilian, *Entwurf eines Systems der Gesammelten Medizin*. S. 54 以下も参照されたい。ヘーゲルの批判は，シェリングよりはキリアンに的中していいる。この点については，Schelling, *Vorlesungen über die Methode des academischen Studium*. S. 298 以下を参照されたい。

59）（訳注）ここでの認識は第二次法則の認識である。

る契機として提示される。そのため，解剖学がみつける現実性は，契機の実在性と考えられてはならないのである。むしろ過程としての現実性だけが実在性と考えられなければならない。｜(211) そういう過程のうちにあるときだけ，解剖学上の部分にも意味がある。

そこで，判明することは，有機的内面の諸契機は，それだけ受けとられるならば，存在[60]の法則の諸側面を務めることはできないことである。というのも，有機的内面の諸契機は，そういった存在の法則ということで，或る定在によって表明され，それらがたがいに区別されることはできるとはいえ，各々を同じ仕方で他方の代わりに取りあげることはできないことになっているからである。また，それらの有機的内面の諸契機は，固定した組織の一方の側に置かれたとき，他方の側のうちで，或る固定した組織のもとで実現されるというわけでもない。なぜならば，この後者の固定した組織に，もともと有機体の真理があろうのでもないし，前者の内面の契機を表現してもいないからである。むしろ，有機体は，それ自体では普遍なので，その本質となるものは，もともとは，むしろ，現実性では普遍の契機を普遍的なものとして，すなわち〔全体を〕貫通する過程としてもつことであり，遊離した物に普遍という像を与えることではないからである。

〔法則の表象から思想的考えへ〕

【156】そういうわけで，有機体ではそもそも[61]法則の表象[62]は消えていく。法則は対立を静止した側面として把握し表現しようとし，そして両側面のもとで両者相互の関係である規定性を把握し表現しようとする。現象する普遍性が属する内面と，静止した形態の部分が属する外面とは，法則のたがいに対応する両側面をなすといわれ，両側面が別々にされる場合には，有機的という意味を失ってしまう。｜(212) その両側面がそれだけで存在したがいに関係なく存続しており，関係が，たがいに対応し合う両面規定性として，両側面に割り当てられることになってしまうことが，法則という表象の根底にはある。むしろ，有機体の各側面は，それら自身のもとでの単純普遍性であり，そこでは，すべての

60)（訳注）ここでの存在とは，定在のように相互に区別される思考規定である。
61)（訳注）*GW* 9, S. 151, Z. 8–21 を参照されたい。
62)（訳注）「法則の表象」とは，「悟性と力」の章での第一次法則のことである。

規定を解消させていて，その普遍性は，そのように解消させる動きでもあることである。

この法則設定と以前のいくつかの形式[63]との違いを見抜くならば，この法則の本性はまったく明らかになる。すなわち，知覚の動きと，この知覚で自己に反省還帰する悟性とを，つまりそうすることで己れの対象を規定する悟性の動きとをわれわれが振り返ってながめわたす。そうすると，悟性は，そのさい，己れの対象のもとで，これらの抽象的規定の関係を，つまり普遍と個別の関係を，本質的なものと外面の関係を己れの前にもっているのではなく，むしろ悟性自身が移行なのである。が，この移行は悟性の対象となってはいないのである[64]。ところが，ここでは，有機的統一すなわち例の対立の関係こそ，それ自身対象となっており，この関係は純粋の移行である。この移行はその単純状態[65]ではそのまま普遍性である。そして，この普遍性が区別となって現れ，その区別されたものの関係が，法則を表現することになっているから，その法則の契機はこの意識の普遍的対象としてあることになる。また，法則とは，外面は内面の表現であることである。ここで，悟性は法則そのものの思想的考えをつかんだのである。すなわち，悟性は以前には[66] | (213) ただとにかく法則を求め，法則の契機を，みずから特定の内容として思い浮かべたのであるが，法則の思想的考えとしては思い浮かべなかったのである。したがって，この場合，内容に関していうならば，ただ存在するだけの区別を，普遍性という形式に静かに受けいれるにすぎないような法則が，維持されてはならない。むしろ，維持されるべき法則には，このような区別にありながら，そのままでまた概念の不安定を，したがって同時に，両側面の関係の必然性がある。とはいえ，ほかでもなく，対象，有機的統一が存在の際限のない廃棄，つまり絶対的否定と安定した存在とを統一させるから，そして諸々の契機は本質的には純粋の移行であるから，法則に対して普通求められているような，存在するという側面はまったく出てこないのである。

63）（訳注）第一次法則と実験的法則を指す。
64）（訳注）*GW* 9, S. 80, Z. 5 以下を参照されたい。
65）（訳注）単純な内面あるいは規定的力を指す。
66）（訳注）*GW* 9, S. 91, Z. 17 以下を参照されたい。

【157】以上のような両側面を維持するためには，悟性は，有機的関係のそれとは別の契機に頼らなければならない。つまり，有機的定在が自己自身に反省還帰している存在に頼らなければならない。しかし，この存在は，完全に自己に帰ってきているから，他者に対する規定性を悟性にまったく残していない。直接的で感性的存在はそのままで規定性そのものと一つであり，したがって己れで一つの質的区別を表現している。たとえば，赤に対する青，アルカリに対する酸のようなものである。しかし，自己に還帰した有機的存在は，他の存在に対しまったく関係しないのであり，その定在は単純普遍性であり，|(214)持続的で感性的区別項を観察に対しこばむ。同じことであるが，この定在は，その本質的規定性を，存在する規定性の交替としてのみ明らかにしている。それゆえ，区別が，存在するものとして，いかように表現されるかは，区別が無関与な区別であるという，すなわち，大きさとしてあるという，このことである。だが，そのとき概念は亡ぼされ，その必然性は消えてしまっている。だが，その内容であり以上の無関与な存在を充たすことである感性的諸規定の変転が，有機的諸規定の単純性に統合される場合には，同時に次のことを表現している。すなわち，内容には直接的性質という例の規定性すらないが，質的なものは，前に[67]いったように，ただ大きさに落ち込んでしまうのである。

それゆえ，有機的規定性としてつかまれる対象的なものには，すでに概念が自己自身のもとにあり，このため悟性に対してあるもの，己れの法則の内容を把握するさい，純粋に知覚する態度をとる悟性に対してあるものからは，区別されている。とはいえ，やはりそういう把握，ただ知覚するだけの悟性の原理および様式に，まったく落ち込んでしまう。なぜならば，把握されるものは，法則の諸契機に使われるからである。というのは，このために把握されるものは，固定した規定性という姿をとり，直接的性質，つまり静止した現象という形式をとり，さらに把握されるものは，大きさという規定にとりいれられ，概念の本性は抑圧されているからである。――したがって，ただ知覚されるだけのものと，自己に反省還帰するものを交換すること，ただ感性的であるだけの規定

67)（訳注）*GW* 9, S. 152, Z. 27 以下を参照されたい。

性と｜(215) 有機的規定性を交換することは，その価値をまたしても失う。しかも，この喪失は，悟性が法則を立てることをまだ廃棄していないために起こるのである。

この交換ということについては，二,三の例をつてに比較してみる。そのためには，たとえば，知覚からみて強い筋肉をもった動物のようなものは，高い反応性をもった動物有機体と規定される。あるいは，知覚からみて大きい弱さの状態にあるものは，高い感受性の状態にあるものと規定される。あるいは，そういいたければ，異常な情動，しかも情動の冪乗化[68]と規定される（情動 Affektion や冪乗化 Potenzierung という表現は感性的なものを，概念に翻訳しないで，ドイツ語化されたラテン語に翻訳したものであり，しかもそのうえ粗悪な言葉に翻訳したものである[69]）。動物に【158】強い筋肉があることは，動物に大きな筋力があるというようにも，また力が小さいとき弱さが大きいというようにも悟性によって表現されうる。反応性による規定は，力としての規定よりもすぐれている。それは，力というものが不定の自己内反省還帰を表現しているのに対し，反応性が特定の反省還帰を表現しているためである。というのも筋肉自前の力はまさに反応性だからである。また反応性という概念による規定は，力の場合とすでに同じように，自己内反省還帰が同時にその中に含まれているという点で，強い筋肉による規定よりもすぐれている。同じように，弱さとか小さい力，つまり，有機的受動性は，感受性によって表現される。けれども，この感受性がそのようにそれだけで受けとられ，固定され，そのうえ，｜(216) 大きさという規定と結びつけられ，より大きいまたはより小さい感受性として，より大きいまたはより小さい反応性と対立させられるならば，感受性と反応性の各々は感性的場面に，性質というありきたりの形式にまったくおとしめられる。そして，両者の関係は概念ではなく，反対に大きさになって

68）（訳注）C. I. キリアンの用語を念頭に置いている。この点については，Kilian, *Entwurf einens Systems der Gesammelten Medizin*. S. 155（innormale Affektionen）; S. 257（Potenzierung）を参照されたい。冪乗化（Potenzierung）という表現はシェリングの自然哲学にもある。この点については，Shellimg, Allgemeine Deduktion der dynamischen Proceßes oder Categorieen der Physik. In: *Zeitschrift für speculative Physik.* Hrsg. v. Schelling, Bd. 1, H. 2, Jena und Leipzig, 1800, S. 13 ; S. 68 を参照されたい。

69）（訳注）ヘーゲルの 1805 年 5 月付フォス宛書簡を参照されたい。

しまう。そこで対立は大きさに落ち込み，思想のない区別になってしまう。このさい，力，強さ，弱さなどという不定な表現はなるほど遠ざけられているけれども，より高いまたより低い感受性，反応性という対立の中を，両者が相互にそれ自体で対立して上がったり下がったりしながら，いまや同じく空しく限定されることなく右往左往する[70]。強さや弱さがまったく感性的で思想的考えのない規定であると同じように，より大きい，またはより小さい感受性や反応性も，思想的考えもなくつかまれ，表明された感性的現象である。例の概念のない表現の代わりが，概念なのではない。むしろ，強さと弱さは或る規定によって充たされてはいるものの，この規定はなるほどそれだけで受けとれば，概念に基づいており，概念を内容としている。けれども，内容の根源と性格をまったく失っている。したがって，この内容を法則の側面としている単純性や直接性という形式によって，また，そういう規定を区別する場面となっている大きさによって，概念として存在し設定された根源的本質は，｜（217）感性的知覚作用というありかたを維持しており，力の強さや弱さ

70）（訳注）ヘーゲルが言及しているのは，刺激とその受容に関するJ・ブラウンによる学説である。それは，シェリングとその後継者による改変説でもある。注意すべきは，シェリングがのちに感受性上昇説と反応性下降説とをたんに形式的に構築したにすぎないと非難していることである。第一に強さ，弱さ，力といった概念は，ブラウン説の基本概念に属する。この点については，*Johann Browns Grundsätze der Arzeneylehre aus Lateinischen übersetzt von M. A. Weikard*. Frankfurt am Main, 1975, S. 6 以下および Anm. zu S. 37, Z. 9–10 を参照されたい。第二に，シェリングの理解によれば，ブラウンは，刺激可能性概念を唱えたが，当該概念自体を導出することはできなかった。この点については F. W. J. Schelling, *Erster Entwurf eines Systems der Naturphilosophie*. S. 168 を参照されたい。シェリングは，感受性，反応性，再生産という有機力相互の関係を研究することによって，刺激可能性という概念を構築しようとした。シェリングがのちにブラウン説から離反したことをめぐっては，F. W. J. Shelling, Vorläufige Bezeichnung des Standpunktes der Medicin nach Grundsätzen der Naturphilosophie. In: *Jahrbücher der Medicin als Wissenschaft*. Verfaßt von einer Gesellschaft von Gelehrten und Hrsg. durch A. F. Marcus und F. W. J. Schelling. Bd. 1, H. 1, Tübingen, 1805, S. 189 を参照されたい。シェリングは，『精神現象学』序説のヘーゲルと同じく Stenie と Astenie とういう概念が生命現象との関係ではその全体が空虚であると語っている（前掲書 176 頁参照）。とはいえ，ヘーゲルがシェリングの当該論文を知っていたことはほぼ確実であり，シェリングは，ヘーゲルを，『医学年報』を共同編集すべく招いている。この点については，ホフマイスター編『ヘーゲル往復書簡集』，第 1 巻，ハンブルク，1952 年，81 頁および 130 頁を参照されたい。第三に，シェリングが自分の立場を変えたので，ヘーゲルは，ホフマンやキリアンを批判しており，両人は，シェリングが刺激可能性という概念を構築しようとしたのを前進とさえ考えている。この点については，Hoffmann, *Ideen zur Konstrakzion der Krankheit*. S. 71 以下および S. 79 以下および Kilian, *Entwurf eines Systems der Gesammten Medizin*. S. 38–43 を参照されたい。

による，あるいは直接的で感性的性質による規定の場合と同じように，認識からは離れたままである。

γγ）それ自身，内面と外面から成り立つものとしての外面

そこでいま，まだ残っているのは，それ自身だけで考えてみるという仕事であり，【159】それは，有機体の外面とは何であるか，また，有機体にとってその内面と外面の対立はどのように規定されているか，ということである[71]。これは，はじめて[72]，全体の内面が，全体自前の外面とどのように関係するか，ということが考えられたのと同じことである。

外面は，それだけで考えるならば，もともと形態をとること[73]である。存在という場面の中で分節される生命の組織であり，本質的には同時に他者に対してあるような，有機的本質体の存在である。——つまり己れの自立存在としてある対象的存在である。この他者はさしあたり，有機体の外的非有機的自然として現れる。有機体と非有機的自然という両者を法則との関係で考えてみるとき，前にみたように[74]，非有機的自然は，有機体に対する法則の側面とはなりえない。なぜならば，有機体は同時に自立して存在し，そういう非有機的自然に対し一般的で自由に関係しているからである。

だが，この内外両面の関係を，有機的形態自身をつてにもっと詳しく規定してみよう。すると，この形態は，一面からいえば，非有機的自然の方に帰っているが，他面では自立して自己のうちに反省還帰している。現実の有機体は中項であり，この中項が生命の自立存在を外面一般，つまり，自体存在と｜（218）結びつけている[75]。——だが，自立存

71）（訳注）外面自身の内面と外面とのうち，前者はやがて「単純な内面」などと規定され，これに対して後者は個体がもつ現実の形態と考えられる。次いで問題が外面にあるところから，考察は非有機体の場合に移り，シュテフェンス-シェリング説（脚注 91 参照）に従って，その内面が比重，その外面を代表するものが凝集力であると一応規定され，そして内面の観点から有機体と非有機体とを比較して，有機体の場合の内面を類として規定することになってゆく。

72）（訳注）*GW* 9, S. 151, Z. 20 以下を参照されたい。

73）（訳注）たとえば，色彩などである。

74）（訳注）*GW* 9, S. 145, Z. 14–S.146, Z. 23 を参照されたい。

75）（訳注）全般的にいってこの段落で述べられていることは，*GW* 9, S. 160 の〔α)〕，*GW* 9, S. 163 の〔β)〕でなされている論と比較して理解されるべきである。とくに *GW* 9, S. 164 の二段目でもやはり推理的連結について語られている。二つの推理的連結が比較される

在という項は，無限な一であるような内面であり，これは，形態そのもののの諸契機をその存続から，また外面との連関から，自己に取り返している。この項は内容なきものであり，これは形態のもとで内容を与えられ，形態のもとで形態の過程として現れる。この項は単純な否定性であり純粋な個別性であり，この項にいるとき，有機体は絶対に自由である。この自由のために有機体は対他存在に対しまた形態のいくつかの契機の規定性に対し関係しないで，そういうものからは護られている。この自由は，同時に契機自身の自由であり，契機が現存するものとして現れ，把握される可能性である。そして，外面に対すると同じように，この自由にいるとき契機はたがいにも解放されており，関係し合わない。なぜならば，この自由の単純性は存在である，言い換えれば，諸契機の単純な実体だからである。この概念つまり純粋自由は同一の生命であるが，形態つまり対他存在は，まだきわめて多様なたわむれのうちにさまよっているとしても，同一の生命である。生命は，生命の流れの動かす水車がどういうものであるにしろ，そういう流れには関係しない。そこで，第一に注意すべきは，前に[76]本来の内面を考えたときとは違い，概念がこの場合，概念の過程という形で，つまり概念の諸契機の展開という形で，つかまえられてはならないことである。むしろ，現実の生命あるものに対し，純粋に普遍的側面となっている単純な内面としての概念ということで，言い換えれば，形態の｜(219) 存在する分節が存続するための場面としてあるということで，つかまれなければならないことである。なぜならば，ここでわれわれが考察するのは形態であり，この形態のもとでは生命の本質が存続の単純性としてあるからである。第二に，対他存在は，言い換えれば，現実的形態をとる規定性は，その本質となっている単純な普遍性に受けいれられるときには，同じように単純

べきである。この推理の一方の項は類としての普遍的生命であり，他方の項は普遍的個体あるいは地（脚注105参照）という個体化の原理であり，中項は両項からなっているものであって，類の側からこれをみれば種であり，地の側からこれをみれば個である。したがって当面の本文に自立存在の項というのは類―種―個の類のことであり，ここで中項であるとされている「現実の有機体」は類の側からみれば種であるが，地の側からみれば個体である。だから当該箇所では地にあたる環境の影響は取り立てていわれていないけれども，実際にはこれがあるのであり，類から種差―数的限定によって種にまでは至りえても個にまでは至りえないのはこのためである。

76)（訳注）*GW* 9, S. 150 以下を参照されたい。

で普遍的で非感性的規定性である。そして数[77]として表現されているような，規定性でしかありえない。——数は，【160】形態の中項であり，規定されていない生命を，現実の生命と結びつけ，規定されていない生命と同じように単純であり，現実の生命と同じように規定されている。そうなれば，規定されていない生命，つまり内面ということで数としてあるものを，外面がそのあり方からいって，生態，色などのような，多くの形をもった現実性として表現するよりほかないであろうし，現象のうちで展開する諸々の区別項の集まり全体[78]としてそもそも表現するよりほかないであろう。

有機体全体の両側面——その一方は内面であるが他方は外面であるから各々にはまたそれ自身で内面と外面とがある[79]——は，両者がともにもっている内面から比較するならば，第一の側面の内面は，抽象という不安定な形での概念であった。が，第二の側面には，それについている内面として安定した普遍性があり，その点でまた，安定した規定性つまり数がある[80]。そこで，第一の側面では，概念がその契機を展開させている。そのためこの側面は，関係に必然性があるかのような仮象のおかげで，錯覚で法則を与えると約束する。そうだとすれば，第二の側面は，その法則の一つの側面の規定として数が示されるため，法則を与えることをすぐに断念する。｜（220）というのは，数はまったく安定していて死んでいて関係しない規定性であり，その規定性ではすべての動きも関係も消されており，衝動，生態，その他感性的定在というような，生命的なものにかける橋はこわされてしまっているからである。

77）（訳注）たとえば，有足獣を二足獣と四足獣に区分する二と四という数である。

78）（訳注）ここで外面自身の立場での内面が類であるのに対して，外面のほうは生態，色彩などの区別の全群，ないしこれからなる現実の形態であることが明らかとなっている。だが，やがてシュテフェンス-シェリング説を取上げつつ，前者は非有機体の場合には比重，後者は凝集力によって代表される性質の群と考えられている。

79）（訳注）*GW* 9, S. 150, Z. 8 以下および S. 159, Z. 4 以下を参照されたい。

80）（訳注）*GW* 9, S. 150, Z. 24–S. 151, Z. 2 および S. 151, Z. 32–S. 154, Z. 35 および S. 159, Z. 16 以下を参照されたい。

〔3　一つの有機的全体としての自然観察〕

〔α)〕非有機体へ移された有機体の理念

しかし，有機体そのものの形態と，ただの形態の内面であるような内面とを，以上のように考えるのは，実際にはもはや有機体を考えることではない。なぜならば，関係させせられるはずだった両側面〔内面と外面〕は，たがいに関係のないものとしてしか設定されていないし，そのことによって，有機体の本質となっている自己内反省還帰[81)]は，廃棄されているからである。むしろ，ここでは，内面と外面について試みられた比較は，非有機的自然に移されている。つまり，ここでは無限な概念は，まさに本質であり，内面的に隠されている[82)]。あるいは，外面的には自己意識に落ち込み，有機体の場合のように，もはや己れの対象的現在をもたないようなものにすぎない。だから，内面と外面とのこの関係は，なお，その本来の領域で考えられるべきである。

まず，非有機的物の単純な個別性[83)]であるような，形態の前者の内面は，比重である。比重は，単純な存在であるから，己れのもちうる数という唯一の規定性とまったく同じように観察されうる。あるいは，本来，いくつかの観察を比較することによってみつけられうるものであって，そういう仕方で法則の一つの側面を｜（221）与えているように思われる。形，色，硬さ，粘性，その他の無数の性質が集まって外面的側面となることになり，内面の規定性，つまり数を表現すべきだということになろう。その結果，一方は他方のもとで己れの対照形象をもつことになろう[84)]。

81）（訳注）*GW* 9, S. 159, Z. 12 以下を参照されたい。

82）（訳注）「イェーナ論理学」には「自然の精神は隠された精神である」とある（本全集第 6 巻，364 頁）。

83）（訳注）*GW* 9, S. 159, Z. 20–21 を参照されたい。

84）（訳注）有機体の外面である形態の場合での類（ただし明確に類と規定されるのは *GW* 9, S. 163, Z. 19 からのこと）―種差としての数―生態，色彩などからなる現実の形態という系列に，非有機体の比重―数―形，色，硬さなどという系列が対応するとされているわけである。所論に対しては史的背景がある。シェリングは『わたしの哲学体系の叙述』の第 72 節で「凝集力の増減は比重のそれに対して特定の反比例に立つ」という命題をかかげており，

そこでここでは否定性は，過程の動きとしてではなく，安定した統一または単純な自立存在としてつかまれているから，【161】むしろ否定性は，物を過程に対抗させ，己れのうちで，過程に対し無関係な態度をとったままにさせるようなものとして現象する[85]。けれども，この単純な自立存在は他のものに対して安定した無関与な態度をとるため，比重は一つの性質[86]になってしまい，他の性質と並ぶ。それによって比重と多数の性質との必然的なすべての関係，言い換えれば，すべての合法則性[87]がなくなる。このような単純で内面としての比重には，それ自身では区別がない。つまり本質的でない区別しかない。というのも，ほかな

その理由はこうである。重力はたんに存在の根底であって存在ではない。しかしそれは存在するに至らなくてはならないが，存在するには差別（Differenz）を備えなくてはならない。この差別は凝集力によって設定される。こうして凝集力が差別であるのに対して，重力は差別での無差別（Indifferenz）であるからして，比重となり，そして比重と凝集力との両者は相対立し相抗争している。こうして比重が無差別に関わるのに対して凝集力は差別に関わっているから，両者が反比例をなすというのがシェリングの考えである。そして，この考え方がヘーゲルの所論を規定しているのである。すなわち比重が物体の自己自身への関係での統一の側面を指すのに対して，凝集力は物体が他者との関係で雑多な性質をもつという多様の側面を指すとヘーゲルが考えているという意味でである。さらにシェリングの考えはシュテフェンスに負うところが多い。シェリングは『地球の内的自然史考』で凝集力の見地から立てられた金属の系列がその比重の系列と比例的関係をもつことを説いている。ここからしてわれわれは本文で「物体の系列」（*GW* 9, S. 162, Z. 9）（本書 110 頁）といわれているものが本来は金属の系列であることを知ることができる。ヘーゲルも「イェーナ期体系構想」で次のような意味のことをいっている。或る金属の自己内存在の側面を形づくるものはその比重である。しかしなおこの金属が他物との過程的関係で示す多様の側面があり，この側面もそれが自己内存在の側面に対立するものであるためには，多様が一つの統一にまでまとめられなくてはならない。この統一をシュテフェンスは凝集力にみようとするのであるけれども，かれが考慮したのは力学的過程のみであるにすぎず，なお他の過程が考慮されなくてはならない，と。この文章は本文と符合する点をもっている。

85）（訳注）否定性には静的と動的との区別がある。静的意味では，否定性は「すべての限定は否定である」の否定として定在の限定と同じものであるが，動的意味では区別や対立におちいりながら，そのさいの他在を揚棄するものであって主体と同じである。しかるに非有機体の場合には否定性は静的なものであり，これがここでは「単純な自立存在（個別存在）」と規定されている。この規定はさきに *GW* 9, S. 159 で有機体の形態という外面自身の内面（類）に与えられた規定に対応するものである。ただし内面に関して非有機体が有機体とまったく同じであるのではない。むしろ，有機体の場合には，その形態自身の内面がもつ否定性は主体や自我の場合に比すると，まだ不十分ではあっても，非有機体の場合に比すると，やはり動的なものである。

86）（訳注）知覚の段階での物がもつ性質のことであるが，すでに *GW* 9, S. 154, Z. 20 に色，硬さとともに比重がこのような性質の一つとしてあげられていたことに注意されたい。

87）（訳注）*GW* 9, S. 154, Z. 31 にも同一の表現があって，有機体の場合との比較で論が進められていることが示されている。

らぬこの比重の純粋な単純性は，本質的区別をすべて廃棄するからである[88]。だから，この非本質的区別，つまり大きさには，多数の性質である他の側面のもとで己れの対照形象つまり他者があるのは，その結果ともかくもこの非本質的区別がはじめて区別となるからである。この多数性そのものが総括されて対立の単純性となり，凝集力とかと規定され，その結果，比重が純粋自立存在であるように，凝集力が他在でありながら自立であるとすれば，この｜(222) 凝集力は，まず，比重の規定性と比べて，概念のうちで設定された純粋規定性である。そうなれば法則を立てるこういう手法は，前に[89]感受性と反応性の関係の場合に考察されたのと同じ手法であることになる。そうなると，さらに凝集力は他在でありながら自立存在の概念として，比重に対立する側面の抽象[90]にすぎないことになり，そのままでは現に存在しない[91]。なぜならば，他在にありながら自立存在は，次のような過程だからである。すなわち，その過程では，非有機体が己れの自立存在を，自己保存として表現するはずであろうし，この自己保存は，他在に対して非有機体が，一つの所産の契機として，この過程からはみ出ないように防いでくれるからであ

88)（訳注）比重のもつ「純粋な単純性」は有機体の外面自身の内面（類）が純粋な個別性（*GW* 9, S. 159, Z. 20–21）であったことに，またそういうものとして類が多様な対他存在に対して無関与であるのは，あたかも水流がどんな水車（*GW* 9, S. 159, Z. 29）をも動かすのと同じであることに対応している。

89)（訳注）*GW* 9, S. 152, Z. 23–S. 153, Z. 37 を参照されたい。

90)（訳注）*GW* 9, S. 160, Z. 9–10 を参照されたい。

91)（訳注）ヘーゲルが念頭に置いているのは，凝集力と比重との関係についてのシュテフェンスによる規定である。比重の違いは，金属の或る凝集力系列とより小さい凝集力系列とのあいだにある。この両系列の各々では，凝集力が増大すると比重は減少する。この点については，H. Steffens, *Beyträge zur innern Naturgeschichte der Erde*. S. 129 を参照されたい。シェリングもこの把握に同調しており，『わたしの哲学体系の叙述』，51 頁（第 72 節と注 1）を参照されたい。シェリングは，シュテフェンスの法則の限界にも論考「四つの貴金属」で注記しており，*Neue Zeitschrift für speculative Physik.* Hrsg. v. F. W. J. Schelling, Bd. 1, Stück 3, Tübingen, 1802, S. 94 を参照されたい。あとでシュテフェンスは，自説を変えており，Henrich Steffens, *Grundzüge der philosophischen Naturwissenschaft. Zum Behuf seiner Vorlesungen*. Berlin, 1806, S. 88 を参照されたい。ヘーゲルの用語はシェリングに近く，凝集力を他在にありながら自立していると規定している。この点については，『わたしの哲学体系の叙述』，別部門，93 頁を参照されたい。シェリングが強調しているのは，凝集力と比重とはもっぱら相互に関係し合っているとだけ考えられることである。この点については，前掲書 96 頁を参照されたい。ヘーゲルは，さきんじて「イェーナ期体系構想Ⅱ」でシュテフェンス説と対決している（*GW*6, S. 122ff.）。

る。しかし，このことこそは，非有機体の本性，己れ自身では目的とか普遍性とかをもっていないその本性に反することである。非有機体の過程は，むしろ，その非有機体の自立存在，比重のように廃棄される特定の関係にすぎない。だが，非有機体の凝集力をその真の概念のうちで存続させている，この特定の関係それ自身と，非有機体の比重の特定の大きさとは，たがいにまったく無関与な概念である。関係の仕方がまったく問題外とされ，大きさという表象に問題が限定されるならば，次のような規定が考えられうるであろう。たとえば，より大きな比重は，より高い自己内存在であるため，より小さい比重よりも，過程の中に侵入することをいっそうさまたげられる[92]。けれども逆に，自立存在の自由は，次のような軽快さでだけ確証される。それは，すべてのものと関わりながら，｜(223) その多様さの中で自己を維持する。関係の外延をもたない例の内包は，実質のない抽象である。つまり，外延は内包の定在となる。だが，非有機体には動きの原理がそれ自身のもとにはない，言い換えると，非有機体の存在は絶対的否定性でもないし，概念でもない。そのため，前にいったように，非有機体が，その関係の中で自己保存を行うとしても，それは関係の本性のそとに出てしまう。

ところが，非有機体の別の側面は，過程としてではなく，静止した存在と考えたとき，通俗の凝集力であり，単純で感性的【162】性質であって，それは，他在という解放された契機に対し一方の側に立つ。この他在は，多くの無関与な性質の中に分散し，また比重のように，それらの性質の一つにもなる。そして，性質群は集まって，比重に対して別の側面となる。だが，他の諸々の性質の場合と同じように，この側面では，数が唯一の規定性であり，この規定性は，諸々の性質の関係や移行を表現していないだけではない。むしろ必然的関係などはまったくもっていないような，すべての合法則性をなくすことを本質的に提示する。というのは，数は，非本質的なものとしての規定性を表現するからである。そのようなわけで，物体の比重の数による区別として区別を表している物体の系列[93]は，それとは別の諸性質の区別の系列と，｜(224) けっして並行に進むものではまったくない。このことは，たとえ問題を

92）（訳注）シュテフェンス-シェリングの法則のこと。
93）（訳注）「物体」とは，金属ないし鉱物であり，遊星である。

やさしくするために，これらの性質のうちからただ一つだけ，または若干をとりあげるにしても，そうである[94]。すなわち，この並行で別の側面をなすことになるものも，実際には，それらの性質を束ねたものの全体でしかありえないことになる。この束に自己内で秩序を与え，それらを結びつけて全体とするためには，観察からみて，一方には，これら多くの性質の量規定が現存するにしても，他方では，それらの区別は質的なものとして現れて来もする。そこでこの堆積の中で，肯定的または否定的なものと表記せざるをえないもの[95]，たがいに廃棄し合うかもしれないものは，つまり，〈きわめて複雑であるはずの公式に内的姿を与え，開陳する仕事〉は，諸概念に帰せられた。ところがこの概念こそは，それらの性質が存在するものとして現にあり，受けいれられるはずのこのあり方では，排除されている[96]。この存在では，いかなる性質も別の性質に対し，否定的なものという性格を示しているものではなく，一方は他方と同じようにいっぱしに存在している。また，それらの性質は，全体という秩序の中では，それ以外に己れの位置を示しはしない。並行しながら区別して進んでゆく系列の場合，その関係が，両側面で同時に昇ってゆくと思い込まれようと[97]，一方でだけ増して他方では減ってゆくと思い込まれようと，問題は，この総括的全体を単純に最後に表現することである。この全体こそは，比重に対して，法則の一方の側面をなすはずである。しかし，この一方の側面こそは，存在する結果としては，すでに[98]言及したもの｜(225)つまり個別的性質にほかならない。いってみれば普通の凝集力であり，この凝集力と並んで，比重をも含めて他の性質がたがいに無関与に現存している。そして，それらの各々は

94)（訳注）ヘーゲルが言及しているのは，シュテフェンス説で，それは，金属系列のうち，或る部分は並行し，或る部分は対立し合っているという説である。並行であるのが存立しているのには，両系列の各々で凝集力増大と比重減少が帰結となっている。凝集力がより大きくなると各々の系列でも金属の酸化が激しくなる。だが，金属の酸化がますます激しくなると，両系列でまったく違う結果になる。この点については，H. Steffens, *Beyträge zur inneren Naturgeschichte der Erde*. S. 161 を参照されたい。

95)（訳注）この点については，H. Steffens, *Beyträge zur inneren Naturgeschichte der Erde*. S. 176 を参照されたい。

96)（訳注）シュレーター版『シェリング全集』第2巻，675頁以下「力学的過程もしくは物理学のカテゴリーの一般的演繹」第40節を参照されたい。

97)（訳注）前注を参照されたい。

98)（訳注）*GW* 9, S. 161, Z. 12 を参照されたい。

同じように正しく，また同じように正しくなく，他の側面全体を代表するものとして選ばれうるのである。一方は，他方と同じように，本質体をただ代表するだけであって，ドイツ語でいえば表象するだけであって，事象そのものではないであろう[99]。それゆえ，その試みは，〈二つの側面の単純な並行をたどって進み，物体の本質的本性をこれらの側面の一つの法則によって【163】表現するような物体系列をみつけようとする。その試みは，己れの課題と，この課題を実現すべき手段とを，わかっていない考えであるとみなされるよりほかない[100]。

〔β)〕有機体の理念を非有機体に移したという側面からみられた有機体，その類と種と個体性

外面と内面の関係は，観察に提示されるはずの形態のもとで，すぐそのまま，非有機体の領域に以前[101]移されたのである。この関係を，ここに引きいれる規定[102]は，いまここでもっと詳しく[103]示されうるし，そこからこの事態の，もっと別の形式や関係も判明する。つまり，非有機体の場合に，内面と外面との，以上の比較の可能性を示すと思われるものが，有機体の場合には，脱落している。非有機的内面は単純な内面であり，これは，知覚に対し存在する性質として現れる。したがってその規定性は｜（226）本質的には大きさである。それは存在する性質と

99）（訳注）ヘーゲルが念頭に置いているのは，H. Steffens, *Verwandlung der Wörter Repräsentant, repräsentiren* である。シュテフェンスが推しているのは，窒素は陽極を表示し，炭素は陰極を表示することである。この点については，H. Steffens, *Beyträge zur inneren Naturgeschichte der Erde*. S. 195–96 を参照されたい。

100）（訳注）*GW* 9, S. 160, Z. 18–27 を参照されたい。

101）（訳注）*GW* 9, S. 160, Z. 123–24 を参照されたい。

102）（訳注）この規定とは有機体の外面自身のもつ内面が非有機体の内面と同じように「単純な内面」などであるということである。

103）（訳注）これまでは有機体の外面（形態）自身の内面とその外面である現実の形態との関係が非有機体の内面（比重）と外面との関係に類似していることを指摘するのがおもであったのに対して，この段落では二つの関係の相違点をあげることがおもになっている。すなわち非有機体の場合には，その内面は外面に対立するにすぎなかった。それに対して，有機的形態の場合にはその内面は現実の形態を内含しているから，内面は外面に対して自由ではあっても，この自由は外面を自分のうちに包む自由である。したがってこの自由は普遍的であり，この内面は類である。ただし外面を内面が包むといっても，包み方はまだ抽象的であり，動的意味での否定性を備えていても，まだ徹底したものではない。これが否定性の「単純な否定性」あるいは「純粋否定性」と呼ばれる所以である。そこで次の段落では行論はふたたび非有機体に類似した側面を述べることに帰っている。

して外面に対し，つまりそれ以外の多くの感性的性質に対し無関与なものとして現象する。だが，有機的生命体の自立存在は，己れの外面に対し，一方の側に立つのではなく，他在の原理を己れ自身のもとにもっている。われわれが，自立存在を，自己自身に自己を保存しながら単純に関係することと規定するならば，その他在は単純な否定性である。そして有機的統一とは，自己相等的自己関係と純粋否定性との統一である。この統一は，統一なので有機体の内面のである。そのためこの有機体は，もともとは普遍的である，つまり類である。しかし，類のその現実性に対する自由は，形態に対する比重の自由とは違っている。比重の自由は存在する自由である，言い換えれば，それは特殊な性質として一方の側に現れるということである。けれども，その比重は存在する自由であるから，この形態に本質的に帰属するほんの一つの規定性でさえある。言い換えれば，形態を本質として特定のものとする，一つの規定性にすぎないまでである。だが，類の自由は，普遍的自由であり，このような形態に対し，つまり類の現実性に対し無関与である。それゆえ，非有機体そのものの自立存在に帰属する規定性は，有機体のもとでは，その〔有機体の〕自立存在のもとに従属する。それは，規定性が，非有機体では，それの存在のもとにだけ従属するのと同じである。だから，規定性は，非有機体のもとでは同時に性質としてだけ | (227) 存在するとはいえ，その規定性には本質の尊厳が属する。なぜならば，その規定性は，単純で否定的なものなので対他存在としての定在に対立するからである。それで，この単純で否定的なものは，その最終的個別的規定性ということでは，数である。だが，有機体は個別性であり，この個別性はそれ自身純粋の否定性であって，どうでもよい存在に帰属する数という固定した規定性を，己れの中で消し去っている。だから，有機体に，どうでもよい存在という契機があり，その点で数という契機が己れのもとにあるかぎり，数は，有機体でのたわむれにほかならないが，有機体の生命体の本質とは受けとれない。

【164】ところが，純粋の否定性つまり過程の原理がすでに有機体のそとに生ずるわけではない。したがって有機体には，否定性が一つの規定性として己れの本質内であるのでもない。しかも，個別性そのものが，それ自体で普遍的であるとき，有機体のもとでは，この純粋個別性

は，それ自身抽象的もしくは普遍的な契機としての，己れの諸々の契機で展開しているのでもないし現実的であるのでもない。むしろ，以上の現れは，内面性に逆戻りする普遍性のそとに出ている。そして現実もしくは形態，すなわちみずから展開する個別性と，有機的普遍もしくは類とのあいだには，特定の普遍すなわち種がはいる。普遍すなわち類がゆきついた現実存在は，存在する形態の部分をつてに過ぎゆく一つの過程の，展開された動きにほかならない。もし｜（228）静止した単純性としての類のもとで，区別された部分が類にあるとすれば，また，類の単純な否定性そのものが，同時に動きであるとすれば，そしてこの動きが，それらの部分で，直接普遍的であると同様に単純な部分を通って過ぎゆき，この部分が，そのような契機としてここで現実的であるとすれば，有機的類は意識であることになろう。だが，単純な規定性は，種という規定性として，精神のない仕方で類ということで現存している。つまり，現実は種から始まる，言い換えれば，現実内へと現れるものは，類そのものではない。すなわち思想的考えでは全然ない。類は，現実の有機体であるとき，ある一つの代表物によって代表されているにすぎない。しかし，この代表は数であり，数は，類が個別形態化に移行することを表しているようにみえる。数は，観察に対して必然性の二つの側面，すなわち，一方では単純な規定性という側面を，他方では多様性となって生み出され，展開された形態という側面を与えるようにみえる。むしろこの数は，普遍と個別がたがいに無関与で自由であることを示している。個別は，類によって，大きさという本質なき区別の犠牲にされるが，自身生あるものとして，そういう区別からも同様に自由であることを示している。これまでに特定されたような[104]真の普遍は，ここでは内なる本質体であるにすぎない。それは，種の規定性なので形式的普遍である。この形式的普遍に対立して，例の真の普遍は，個別の側に立ち，そのため個別が生き生きとしたものとなり，己れの内面によって，｜（229）種としての己れの規定性を超え出ている。だが，この個別性は，同時に普遍的個体[105]ではない。つまり，普遍に同様に外的現実が

104）（訳注）*GW* 9, S. 160, Z. 24–25 を参照されたい。

105）（訳注）「普遍的個体」とは地（Erde）のことである。「地」は一方では地水火風の四元素の一つであるにすぎないけれども，他方では自余の三元素を自己の内に含んで自立し

ある場面である個体ではない。むしろ，普遍的個体は有機的-生命体のそとに出ている。しかし，この普遍的個体は，そのままで自然的な諸々の形態にとっての個体ではあるが，意識そのものではない。つまり，普遍的個体の定在は，個別的で有機的で生命ある個体であるから，もし意識であるべきだとすれば，己れのそとに出てはいけないであろう。

それゆえ，われわれは，そこに次のような推理が成り立つことをながめわたす。つまり，一方の項は，普遍すなわち類としての普遍的生命であるが，他方の項は，個別としてのすなわち普遍的個体としての普遍的生命である。ただし中項はこれら両者から組成される。はじめの項は，特定の普遍性としてすなわち【165】種として，だが他方の項は，本来のすなわち個別的個別性として媒介に適合するようにみえる[106]。――そして，この推理は，もともと形態化という側面のものであるから，非有機的自然として区別されるものをも，やはり，包括している。

〔γ）偶然的理性としての生命〕

さて，類という単純な本質である普遍的生命は，自分の側から概念の区別項を展開させ，この区別項を，単純な規定性の系列として提示しなければならない。それで，この系列は，相互に無関与に設定された諸々の区別項の一体系であり，いっぱしの数系列である。前に[107]個別性という形式をもった有機体は，この本質のない区別，つまり己れの｜(230) 生きた自然を表現していないし，含んでもいない区別〔数系列〕に対置された。また非有機体についても，その諸々の性質群の中で展開された定在全体からいって，同様に同じことが語られなければならない[108]。そうだとすれば，類の各分肢からの自由であるだけでなく，類

自存する個体である。そしてこの個体はすべての個別的個体を自己の内に含み，これらの根底をなすものとして普遍的個体である。それで「地」はヘーゲル哲学での個別化の原理であって，「自然の無力」も，またそこでの偶然性も，普遍的個体である「地」に原因をもつと考えてよい。

106）（訳注）この推理によると，生命の個的形態は一方では類的生命の規定性であり，他方では普遍的個体としての「地」によって規定されたものである。「地」はまた生命の環境でもあるから，有機体の観察に移ってすぐヘーゲルが環境の有機体への影響について論じたのも（*GW* 9, S. 145），この推理によることである。

107）（訳注）*GW* 9, S. 164, Z. 1–35 を参照されたい。

108）（訳注）見出し〔3〕の〔α)〕でいわれたことであって，内面としての比重が凝集力に代表されるその他の諸性質群に対して，また凝集力がこれらの諸性質群に対して無関与であることを意味する。

の威力であるとも当然考えられてよいのは，いまや普遍的個体である。類は，数という普遍的規定性によって種に分かれ，あるいはまたその定在の個々の規定性，たとえば姿，色などを，その分類原理とすることもできよう。だが，類は，〔分けるという〕静止的仕事をしているとき，普遍的個体すなわち地[109]の側から，強制力を被る。この普遍的個体は，普遍的否定性であるため，地にそれ自体である区別項と，その区別項の帰属する実体のゆえに，類の本性とは違ったものである区別項の本性とを，類の体系化に対抗させ妥当させる。類のこの働きは，まったく制限された仕事となる。類は，この仕事を例の支配的場面の内部でのみ行うといってよい。その仕事は，その諸元素の無拘束な強制力によって，至るところで中断され，隙間だらけのものとされ，損われる。

以上のことから出てくる結論は，次のことである。すなわち，形態を得た定在の観察には理性のみが生命一般として生じてきて，この生命一般は，区別するとき，己れ自身では，理性的系列と区分化とを実際に全然もっていないし，己れのうちで根拠をもった形態の体系ではない。｜（231）有機的形態化の推理が行われるときの中項は，種と，個別的個別性としての種の現実とを含んでいる。そして，この中項が，そのもの自身のもとで内面的普遍と普遍的個別性という両項をもっているとするならば，己れの現実が動くとき，普遍性という表現と本性とをもつことになり，自己自身を体系化する展開であることになろう。そこで，意識は，普遍的精神と意識の個別・感性的意識とのあいだで意識の形態化という体系を中項とする。この体系は，精神の生が秩序づけられて全体となったものであり，ここで考察されている体系であり，世界史となって己れが対象的に定在する。だが，有機的自然にはまったく歴史がない。つまり，有機的自然は，その普遍つまり生命から，【166】そのまますぐに定在という個別に落ち込んでしまう。この定在という現実の中では，単純な規定性と個々の生命体という契機は，統合されている。だが，この両契機は，生成を偶然な動きとしてもたらすだけである。この動きのうちでは，各々の契機は契機の部分ということで働いており，全体は保たれてはいる。だが，この活発さは，己れ自身だけで己れの点に

109）（訳注）*GW* 9, S. 165 を参照されたい。

制限されているにすぎない。それは，全体がその点のうちで現存していないからである。そして全体が点のうちで現存していないのは，ここでは，全体が全体として，自覚していないからである。

こうして，有機的自然の場合，観察する理性は，普遍的生命一般として自己自身をまさに直観することに至る。｜(232) が，それ以外に，理性が自己に対して普遍的生命の展開と実現を直観するようになるのは，まったく普遍的に区別された諸々の体系によってである。これらの体系の規定のもとではそれらの本質は，有機体そのもののうちにあるのではなく，普遍的個体のうちにある。さらに理性が直観するのは，類が試みる系列によって，地という普遍的個体の区別のもとに従属しながらである。

こうして，有機的生命の普遍性は，生命が現実となるとき，真の自立的媒介をもっていないので，すぐそのまま個別という項に落ち込んでしまう。それによって，観察する意識は，物という形でのまさに思い込みを相手にしている。それで，理性は，そういう思い込みを観察するということに，ひまな関心をよせうるにしても，自然についての思い込みや思いつきを記述したり，数えあげたりすることより以上には出られない。この，思い込みという，精神なき自由が，なるほど至るところに法則の端緒や，必然性の痕跡や，秩序と系列の暗示や，気のきいたみせかけの関係やを，述べることはあろう。けれども，非有機体の存在する区別に対し，生活圏や地帯や気候に対して，有機体がもつ関係という点では，この観察は，法則と必然に関するかぎり，大きな影響より以上に出るということはない[110]。そこで他面では，個体性には，地という意味がなくて有機的生命に内在する一という意味がある。だが，この一は，普遍と直接的に統一されて，なるほど類を｜(233) なすことはあっても，まさにそのために，数として規定されるにすぎないので，質的現象を放り出す。――そういう場合，観察のすることは，お行儀のいい注記とか，興味をよぶ関係とか，概念を親しく迎えるとか，いうことより以上

110)（訳注）ヘーゲルがここで言及しているのは，Treviranus, *Naturphilosphie*. である。この点については，*GW* 9, S. 145, Z. 32–S. 146, Z. 138 を参照されたい。環境，圏域，気候をめぐっては，Gottfriede Reinhold, *Treviranus, Biologie, oder Philosophie der lebenden Natur für Naturforscher und Aerzte*. Bd. 2, Göttingen, 1803, S. 47; S. 81; S.138. を参照されたい。

に出ることはできない。とはいえ，お行儀のいい注記は必然性の知ではないし，興味をよぶ関係は興味にとどまる。が，興味というものは，かろうじて理性についての思い込みにすぎない。さらに個体的なものに概念を暗示させる親しさは，無邪気な親しさではある。だが，それが，絶対的意味で何か意味あるものであろうとしたり，そうであるというのだとしたとするならば，馬鹿気たことである。

【167】｜（234）

b 自己意識をその純粋性と外的現実性に対するその関係ということで観察すること，論理学的法則と心理学的法則

自然観察は，概念が非有機的自然ということで実現されていることをみつけ，諸法則をみつける。この諸法則の契機は，物であると同時に，この物は，抽象体として振る舞う[111)]。だが，この概念は自己に反省還帰した単純性ではない。これと比して有機的自然の生命は，自己に反省還帰した単純性にほかならない。普遍と個別という生命自身の対立は，この生命自身の本質の中では別々になっているのではない。つまり，この本質は，類ではないのであって，その類は，区別なき環境場面の中で分裂し，動き，対立のうちにありながらも同時に己れ自身では区別されていないことになる[112)]。観察は，この自由な概念が概念として現存する概念自身にほかならず，言い換えれば自己意識であることをみつける。展開された個別性が，この自由な概念の普遍性には，その普遍性と同様に絶対的にみずから自身のうちにある。

｜（235）

〔1 論理学的法則〕

さて，観察が自己自身に帰り，自由な概念として現実的である概念に

111）（訳注）*GW* 9, S. 143, Z. 27–S. 145, Z. 3 を参照されたい。
112）（訳注）*GW* 9, S. 160, Z. 18–27 を参照されたい。

向かうことによって，まずはじめてみつけるのは，思考法則[113)]である。思考がそれ自身のもとにある個別性は，否定的なものの抽象的で，まったく単純性に取り返された動きである。そこで，諸々の法則は実在性のそとにある。――それらの法則に実在性がないというのは，そもそも，それらが真理なしにあるということにほかならない。だが，なるほどそれらは，全真理ではないにしても，形式的真理ではあるともいわれる。しかしながら，実在性のない純粋に形式的なものは，思考のうえでの物である。言い換えればみずからに分裂をもたない空しい抽象であるが，この分裂こそは内容にほかならないであろう。――だが，他面からいえば，それらの法則は純粋思考法則であり，ただしこの純粋思考はそれ自体で普遍であって，知である。その知は，そのままで己れのもとで存在し，その存在のうちで全面的に実在している。だから，この思考法則は絶対的概念であり，それと不可分に，形式の本質性であるとともに，物の本質性である。己れの中で動く普遍性は，二分された単純概念であるから，そういう仕方で，この概念にはそれ自体で内容があり，感性的存在ではまったくないにしても，すべての内容であるような内容がある。その内容は，形式と矛盾してもいないし，もともと形式から分離してもいないで，むしろ本質的には形式そのものであるような内容である。なぜならば，この形式とは，己れの純粋な諸契機のうちへ分裂してゆく普遍にほかならないからである。

とはいえ，この形式ないし内容は，観察としての観察にとってのものであるかぎり，｜(236) 発見されて，与えられて，すなわちただ存在するだけの内容という規定をもっている。この内容は，諸々の関係の静止的存在となり，ばらばらでいくつかの【168】必然性の集まりとなる。この必然性は，固定した内容として，完璧にその規定性でありながら，真理であるといわれる。それで実際には，それは形式を免れている。だが，固定したいくつかの規定性，または多くの違った法則が，このように絶対的真理であるというのは，自己意識の統一あるいは思考と形式一般との統一に矛盾する。依然として自体的である固定した法則といわれるものは，自己に反省還帰した統一の契機でしかありえないし，消えて

113)（訳注）とりわけ同一律―矛盾律―根拠律を意味している。

ゆく大きさ〔量〕[114]としてしか現れえない。観察のために，このような，動きの連関から引きさかれ，個々別々にかかげられる場合に，それらの法則に欠けているのは内容ではない。なぜならば，むしろそれらには特定の内容があるからである。むしろそれらに欠けているのは，それらの法則の本質となる形式である。実際には，それらの法則がただ形式的であって，何ら内容をもたないということからではなく，むしろ，規定されていながらも，言い換えれば，形式をうばわれた内容としてこそ，何か絶対的なものとみられているという，反対の理由で，これらの法則は思考の真理ではないのである。その真実の姿からいえば，それらは，思考が統一してゆく中で消えてゆく契機であるから，知もしくは思考する動きと考えられなければならないのであり，知の法則[115]と考えられてはならないのである。だが，観察は知そのものではないし，知を知ってもいない。むしろ，知の本性を存在という形に｜(237) 逆転させてしまう。すなわち，知の否定性を知の法則としてしかつかまない。――ここでは，いわゆる思考法則が妥当しないことを，事象の普遍的本性から示しただけで十分である。これ以上詳しい展開は，思弁哲学〔論理学〕の仕事である。思弁哲学では，それらの法則は，真にある通りのものとして，つまり消えてゆく個々の契機として示される。これらの契機の真理となるものは，思考する動きの全体，知そのものだけである。

〔2　心理学的法則〕

思考のこのような否定的統一は，それ自身だけで存在する。あるいはむしろこの統一は，それ自身だけでの存在であり，個体性の原理であり，その実現された姿では行為する意識である。だから，例の数多の諸法則の現実性であるこの意識へと，観察する意識が連れてゆかれるのは，事象の本性によってなのである。だが，この関連は，観察する意識に対してあるのではないことによって，思考は，その法則のうちにいる

114）（訳注）*GW* 9, S. 119, Z. 22 を参照されたい。

115）（訳注）知と知の法則とが区別されている。ここでは，知は動的であるが，知の法則は静止的である。

とき，一方の側にとどまったままであり，他方の側で意識にとって対象であるものということで，法則とは別の存在，つまり，行為的意識を，観察する意識の思い込みから得る。行為的意識というものは，自立していて，他在を廃棄し，己れ自身を否定的なものと直観しながら己れの現実をもつ。

こうして観察にとっては，意識の行為する現実ということで新しい分野が開かれる。心理学は法則群を含んでいる。この法則群によれば，精神[116]は，己れの現実，己れの前に見出された｜(238) 他在としてのいろいろな姿に対し，それぞれ違った態度をとる。つまり精神は，あるときは，この違ったいろいろな姿を己れに受けとり己れの前に見出された習慣，【169】習俗，考え方のゆえに，精神が対象を現実として確信する場として適合しようとする態度をとる。――が，またあるときは，それらのものに対抗して，自己活動するものと思い知ろうとする態度をとる。ゆえに傾向や情熱によって，自覚して特殊なものだけをそれらの中からつかみ出し，対象的なものを己れに適合させようとする態度をとる。前の場合には，個別性としての自己自身に対し，後の場合には，普遍的存在としての自己に対し否定的態度をとる。――前の側からいえば，自立性は，見出されたものに意識的個体性一般という形式だけを与え，内容については，見出された普遍的現実の内部にとどまっている。だが後の側面からいえば，自立性は，この現実を，その本質的内容と矛盾しないように，少なくとも己れ独自で変えてしまうか，あるいは，個人を特殊な現実として，自前の内容として，その現実に対抗させるように，現実を変えてしまう。――この場合個人は，現実を，個別的であるにすぎないような仕方で廃棄してしまうために罪を犯す。あるいはまた個人は，普遍的仕方であって，すべての現実に対し廃棄を行い，別の世界，別の法権利，法律，習俗を，現にあるそれらのものの代わりにもってくるために，罪を犯す[117]。

観察心理学は，その知覚を表明する場合，はじめ，行為する意識のもとで己れに現れる普遍的仕方について，そうするのである。そのことによって，心理学はいろいろな能力，傾向，情熱などを見出す。そして，

116)（訳注）精神といっても主観的で客観的ではないのである。
117)（訳注）ここで「罪」が個々人の犯罪と革命とに大別されている。

これらの働きを集めて数えあげるとしても，それによって，自己意識の統一を思い起こすことが，｜(239) 押さえつけられるわけではない。そのため，心理学は，そんなにも多様でたがいに異質で偶然なものが一つの袋[118]にあるような形で，精神の中に共存しうるのだろうかと気がついて，とくにそこには，その偶然なものが，死んで静止したものとしてではなくて，不安定な動きとして示されて少なくとも驚くほどには前進しなければならない。

それらのいろいろ違った能力を数えあげるときには，観察は，普遍的側面に立っている。それらの多様な能力の統一は，この普遍性には対立した側面で現実的個体性である。――けれども，また，違いのある現実の個体性を把握し数えあげる場合に，或る人間はこのことに対し，また別の人間はあのことに対し，より多くの傾向をもつとか，或る人間には他の人間よりもより多く悟性があるとかいうやり方を重ねてするのは，昆虫や苔などの種を数えあげることよりもちょっと興味があるわけではないことである。なぜならば，それらの種のものは，本質的には，偶然な個別化の場面にあるから，これらの種のものは，それらをそのまま個別的に概念なき形で受けとめる権利を観察に与えたからである。これに対し，意識がある個体性を，精神なきやり方で，個々に存在する現象とするには，矛盾があり，それは，個体性の本質は精神の普遍であることである。だが，把握することによって，その個体性は，同時に普遍形式に歩み入り，その個体性の法則を見出し，いまや理性的目的をもち，必然的仕事をしているようにみえる。

｜(240)

〔3 個体性の法則〕

法則の内容となるいくつかの契機は，一方では個体性そのものであり，他方では個体性の普遍的非有機的自然[119]である。つまり，そこでみつけられた環境，境遇，慣習，習俗，宗教などである。これらのもの

118) (訳注) ヘーゲルは，「懐疑主義論文」でシュルツェの経験心理学では，精神が，諸能力を入れた袋になっていると譬えている。

119) (訳注) ここでは，直後の例示のように文化的環境を意味している。

から【170】特定の個体性を理解すべきだということになる。個体性は，普遍と同じように，特定のものを含んでおり，同時に現存するものである。この現存するものは，観察に対して現れるが，他面では，個体性という形式で表現される[120]。

さて，そうなれば，二つの側面のこういう関係の法則が，含んでいるに違いないのは，特定の環境が個体性にどんな作用と影響を及ぼすかということであろう。だが，個体性はまさしく次のようなものである。個体性は，同様に普遍であって，静かにそのままで，現存する普遍つまり習俗，慣習などと合流し，これらに適合しようとするが，また一方ではそれらに対立した態度をとり，むしろ，それらを逆転させたりもする。また，それらに対抗し個別性の中にいるままで，それらのものにまったく無関与な態度をとり，それらが己れに影響を及ぼさないようにし，それらに対抗して働きかけないようにもする。だから，何が個体性に影響を及ぼすことになるか，またいかなる影響を及ぼすことになるか，これはもともと同じことを意味しており，それは個体性そのものにだけかかっている。この個体性がこのような影響によって，このような特定の個体性になったということは，個体性がすでにそういうものであったということにほかならない。環境，境遇，習俗などは，一方では｜(241)現存するものとして示されるが，他方ではこの特定の個体性ということで示される。そういう環境，境遇，習俗などは，ただ個体性の不定の本質を表現しているにすぎず，この不定の本質は，実はここでは大切な問題ではない。もしこれらの環境，考え方，習俗，世情が，まったくなかったとすれば，たしかに個人は，現にあるものとはならなかったであろう。というのは，この場合，普遍的実体となっているのは，こういう世情のうちで存在するすべてのものだからである。ここで概念把握さるべきものはこの個人なのだが，この個人のうちで，世情が特殊化されているとするならば，そのためには，世情自身も完璧に己れを特殊化し，世情がみずから示す規定性で個人に影響を与えたのでなければならないであろう。そうなれば，そういうふうにしてのみ，世情は個人を，現にあるような特定のものとしたのであろう。外的なものは，もし完璧に，

120)（訳注）ここでも個体性の法則は，外面は内面の表現であるという理性の法則の一つなのである。

個体性で現れる通りの性質のものであるとすれば，個体性は外的なものから理解されることになろう。そうすると，われわれには，一方が他方の反映であるような画像の，表裏一体になった画廊があることになろう。一方は，外的環境が，完全に規定された画廊であり，他方は，外的環境を，意識あるものにある通りの姿に，移し入れている画廊である。前者は球面であり，後者は，球面を己れのうちに映し浮かべている中心点である。

しかし，球面，すなわち個人の世界には，そのまま表裏一体の意味がある。つまり，それ自体でそれだけで存在する世界ならびに状況という意味と，個人の世界という意味とがある。つまり，個人は，個人がこの世界とただ合流しているだけであり，個人がある通りの世界を｜(242)己れの中にはいらせ，世界に対し形式的[121]意識としてだけ態度をとる。そのかぎりで，個人の世界であるのか，それとも，しかし，現存するものが，個人によって逆転されてしまったという意味で，個人の世界であるのか，そのいずれかである。——このような【171】自由のゆえに，現実には表裏一体の意味がありうる。それゆえ，個人の世界は，個人自身からだけ理解されるべきであり，それ自体でそれだけで存在すると表象される現実の，個人に対する影響は，個人によって反対の意味を，完璧に与えられる。すなわち，個人は，流れ込む現実の流れを，己れのもとでそのまま放任するか，それともそれを断ち切って，逆転させるか，そのいずれかである。だが，このために，心理学的必然性は，まったく空しい言葉となって，この影響を受けたはずのものについては，影響を受けないこともできたのだというまったくの可能性が現存することになる。

こうして，それ自体でそれだけで〔自体的かつ対自的に〕あることになる存在は崩れ去ってしまい，また，法則という一方の側面，しかも普遍的側面となろうはずの存在は，崩れ去ってしまう[122]。個体性は，己れのものとして己れの世界である当のものである。個体性自身は己れの行いの円環[123]であって，そこでは，個体性は，みずから現実として提示

121）（訳注）*GW* 9, S, 169, Z. 6 を参照されたい。
122）（訳注）*GW* 9, S.169, Z. 37–S. 170, Z. 3 を参照されたい。
123）（訳注）「円環」については *GW* 9, S.218, Z.14 を参照されたい。

されたのであり，端的に，現前する存在とつくられた存在との統一[124]であるにほかならない。この統一の両側面は，心理学的法則の表象のうちで，それ自体で現前する世界として，また，自立して存在する個体性として別々になっているのではない。言い換えれば，心理学的表象が各々それでだけで考察されるとき，両側面相互の関係には何ら必然性も法則も現前しない。

|(243)

c　自己意識が己れの直接的現実に対してもつ関係の観察，人相術と頭蓋論

心理学的観察は，自己意識と現実との関係の法則ないしは自己意識と自己意識に対立する世界との関係の法則をけっして見出しはしない。それで，自己意識と現実とが相互に無関与であることから実在的個体性[125]の自前の規定性へ押し戻されており，この個体性は，それ自体でそれだけで存在し，対自存在と自体存在との対立を，絶対的に媒介し抹消して含んでいる。この個体性が，ちょうど観察に生じている対象であり，つまり，この対象に観察は移る。

個人は，それ自体でそれだけで存在する。つまり，個人は，自立して存在する，ないしは，個人は，自由な行いである。だが，個人は，それ自体でも存在する。言い換えれば，個人そのものには，本源的に特定の存在[126]がある。――それは，概念の上からは，心理学が，個人のそとに見出そうとしたものと同じなのである。したがって個人自体には対立【172】が現れるのであり，それは，このように表裏一体化されていて，意識の|(244)動きであり，現象する現実の固定した存在でもある。その現実は，個人のもとでそのままその人のものである。このよう

124)(訳注)身体が生得的に与えられていると同時に行いによってつくられていることが意味されている。

125)(訳注)自体存在と対自存在の統一であるが，観察する理性の対象なので無自覚的である。

126)(訳注)「理性」の章のCの「本源的に特定の本性」と同義である。

な存在，つまり，特定の個体性の身体は，個体性の本源性であり，個体性が行いによってもつものではない。しかし同時に，個人はみずからが行ったことにほかならないのだから，その身体は，個人によってつくり出された，個人自身の表現でもある。同時に身体は，直接的事象にはとどまらず，個人が己れの本源的性質を実現するという意味で，個人が現にあるものを，まさに認識させるためのしるし[127]でもある。

ここに現前する契機を，前に述べた見解[128]と関係させて考察すると，前には一般的習俗や教養などがあったように，ここには一般的人間形態[129]，あるいは少なくとも気候や世界の部分や民などという，一般的形態がある。一般的習俗や教養に加えて前の[130]場合には，一般的現実内での特殊な環境と状況があったが，ここでは，この特殊な現実が，個人の形態には特殊な格好があることとしてある。――他面では，前の[131]場合には，個人の自由な行いと己れのものとしての現実[132]が，現前している現実に対抗して，立てられた。ここでは形態は，個人自身によって設定された個人自身の実現の表れとして，みずから活動する個人自身の存在の相貌や形態としてあることになる。しかし，前の[133]場合には観察が個人のそとに見出した一般的ならびに特殊的現実は，ここでは個人の現実であり，個人生得の身体であり，｜（245）個人の行いに帰せられる表現は，ほかならぬこの身体で生じる。心理学的考察では，それ自体でそれだけで〔自体的かつ対自的に〕存在する現実[134]と，特定の個体性とは，たがいに関係させられることになっていた[135]。だが，ここで観察の対象となるのは，特定の個体性の全体なのであり，その対立の個々の側面は，みなそれ自身この全体である。だから，外面的全体に帰せられるのは，本源的存在，生得の身体であるだけでなく，またこの身体に形を与えることでもあり，このように形を与えることは内面の働き

127）（訳注）前の「表現」を「しるし」といっている。
128）（訳注）心理学の観察のことである。
129）（訳注）*GW* 9, S. 168, Z. 33 以下を参照されたい。
130）（訳注）*GW* 9, S. 169, Z. 39 を参照されたい。
131）（訳注）*GW* 9, S. 170, Z. 4 以下を参照されたい。
132）（訳注）*GW* 9, S. 171, Z. 11 を参照されたい。
133）（訳注）*GW* 9, S. 170, Z. 1–3 を参照されたい。
134）（訳注）*GW* 9, S. 170, Z. 33 以下を参照されたい。
135）（訳注）*GW* 9, S. 169, Z. 37–S. 170, Z. 3 を参照されたい。

に帰せられる。身体は，形成されない存在と，形成された存在との統一であり，自立存在によって浸透された，個人の現実である。この全体は，本源的で固定されて特定の部分と，行いを通してのみ発生する特徴とを，己れのうちで含んでいる。この全体にして存在は，内面の表現であり，意識および動きとして設定された個人の表現である。――同じように，この内面は，もはや形式的で内容のないつまり特定されていない自立性ではないし，その内容や規定性にしても，前の[136]場合のように，外的環境のうちにあるのではない。むしろ，この内面は，それ自体で特定の本源的性格であり，その形式は活動にほかならない。だから，ここでは，この二つの側面のあいだにある関係が，いかに規定されるべきか，また外面での内面のこの表現は，何と理解されるべきか，が考察される。

〔1　人相術〕

〔α）器官〕

【173】まず，この外面は，はじめは，ただ器官としてだけ内面をみえるようにするか，もしくはそもそも対他存在にするだけである。というのは，内面は，器官のうちであるかぎり｜（246），働きそのものだからである。話をしている口，仕事をしている手，なおそれに脚を加えてもよいが，これらは実現し遂行している器官であり，これらの器官は，行いとしての行い，言い換えれば，内面そのものを，みずからのうちでもっている。だが，内面が，これらの器官を通じてもつようになる外面性は，個人から分離された現実としての所為である。言葉や労苦は，外化ではあるが，これらの外化のうちでは，個人は，もはやみずからを自己自身のもとで保ち所有しているのではなく，内面をまったく己れのそとに出してしまい，それを他者に委ねている。それゆえ，この外化は，内面を表現しすぎているともいえるし表現しなさすぎるともいえる。しすぎるというのは，内面そのものが，外化のうちではき出されているた

136）（訳注）*GW* 9, S. 169, Z. 37 以下を参照されたい。

め，外化と内面とのあいだに対立がまったく残っていないからである。外化が，内面を表現するだけではなく，そのまま内面自身であるからである。しなさすぎるというのは，内面が，語られたり行われたりするとき，みずから他者となってしまうため，内面は変化という場面に委ねられてしまい，その結果語られた言葉や遂行された所為は，逆転され，この特定の個人の行為として，それ自体に自立してあるのとは違った何かが，その行為からつくられることになるからである。この外面性のために，他人の影響による行いの所業は，他人の個体性に対抗して持続するものであるという性格を失うだけではない。むしろ，それらの所業は，己れの含む内面に対し，これとは分離して関係のない外面として関係していることによって，｜(247) 内面としては，個人自身を通じて，結果がそうみえるのとは別のものでありうる。このことは，個人が故意にそれらの結果を，実際にあるのとは違ったものにみせるようにしてしまうか，それとも，個人が，本来求めていた通りの外面を，己れに与えるのにふさわしくなく，他人によって己れの仕事が逆転されえないように，その仕事を確保する能力をもたないか，そのいずれかの仕方で起こる。それゆえ，行いには，遂行された結果としては，両面の対立した意味がある。つまり，行いは，内的個体性であってその表現ではないか，もしくは，外面として，内面から自由な現実であり，この現実は内面とはまったく別のものであるか，そのいずれかである。このようにあいまいであるため，われわれは，目にみえながらも，つまり外的でありながらも，しかもなお個人自身のもとにある通りの内面を，なおさがしてみなければならない。だが，器官では，内面は，直接の行い自体としてあるだけで，この行いは，その所為のもとで己れの外面性に達しはしても，この所為は，内面を明示することもあれば，しないこともある。だから，このような対立から考えてみると，器官は，求められている表現を保証するものではない。

　ところで，そうなると，外的形態は，器官でもなく行いでもないかぎりで，したがって静止した全体としてあるかぎりで，内なる個体性を表現しうるにすぎないことになろう。もしそうだとすれば，外的形態は，存続する物という状態にあることになり，内面を見知らぬものとして【174】己れの受動的定在のうちで静かに受けとることになり，そのため，内面のしるしとなるであろう。――つまり，内面の外的で偶然の表現となってしまい，この表現の現実的側面は，それだけでは意味の｜(248) ないものとなってしまう。それは言葉ではあるけれども，その諸音や音の結合とは，事象そのものではなくなり，むしろ勝手な恣意によってその事象と結びついているだけで，その事象にとっては偶然である。

たがいに外的であるようなものを，このように恣意的に結びつけてみても，それで法則が与えられるわけではない。しかし，人相術が，別の劣悪な技術や，救いがたい研究などから区別されるのは，特定の個体性を内面と外面との必然的対立，意識あるものとしての性格と，存在する形態としての性格との必然的対立ということで考慮するからである。さらに人相術はこれらの契機を，それらの概念によって相互に関係づけられている通りに，関係づけて，そのため法則の内容とするに違いないようにたがいに関係させるからである。それに対し，占星術や手相術やその他そういう類の術では，外的なものが外的なものに，或るものがそれと無縁のものに関係させられるにすぎないように思われる。誕生時のこの星座や，こういった外的なものが身体自身に近づけられると，手のこれこれの特徴が，長い人生ないし短い人生や個々の人間の運命にとっての外的諸契機なのである。それらは，外面性なので相互に無関与で，外面と内面との関係にあるべき必然性がない。

もちろん，手は，運命に対し，それほどまでに外的なものではなくて，むしろ｜(249) 内的なものとして運命に関係するように思える。なぜならば，運命も，特定の個体性が内的本源的規定性として元来ある当のものの現れにまたしてもすぎないからである。――ところで，個体性が元来何であるかを知るために，手相見も人相見も，たとえばソロンよりもかんたんな方法をとる。ソロンは全人生が経過する中から始めて，また経過してはじめて，運命を知ることができる考えた[137]。ソロンは現象を考察し，内的本源的個体性を自体と考えた。だが，手が個体性の自体を，その個体性の運命を考慮して提示することは，次のことから

137）（訳注）ソロンがリュディアの王クロイソスに関して「だれも死ぬ以前には幸福であるとたたえられえない」といった。ソロンのこの言葉はヘシオドス『神統記』第1巻の第32章に，またアリストテレス『ニコマコス倫理学』第1巻の第10章に出ている。

容易にみることができる。人間が自己を現象させ実現する道である言語器官に手がもっとも近いことである。手は，人間の幸運にとって魂をもった工作職人である。手についていえることは，手が人間の行う当のことである[138]。なぜならば，人間は，己れの自己を完遂する能動的器官としての手で，みずから魂を与えるものとなって現在しているからである。それで，人間は本来自己自身の運命であることによって，手はそのように自体を表現するであろう。

能動性の器官は，みずからということで存在であると同じように行いでもある。言い換えれば，内なる自体存在自体が器官のもとで現在しており，他者に対して存在している。このような規定から，器官について前の場合とは別の見方が判明する。【175】器官では，行いとしての行いが現在してはいるが，｜（250）行いの結果としての行いは，外面であるにすぎないし，そういうふうに，内面と外面は別々になり，たがいに縁のないものであり，ありうる。それゆえに器官は，そもそも内面の表現とは考えられえないことが明らかにされたのである。その場合，いま考察された規定からまたしても器官は内面と外面の中項とも考えられなければならない。というのも，行いが器官に現在しているというまさにこのことが，同時に，行いの外面性をなしており，しかも行いの結果とは別のものだからである。つまりその場合の外面性は，個人にとどまっており，個人のもとに存続したままだからである[139]。そこで，内面と外面との中項と統一は，まず第一に，それ自身また外面的でもある。だが，次に，この外面性はそのまま内面にとりいれられている。この外面性は，単一な外面性であるから，ばらばらになった外面性とは対立している。この後者の外面性は，個体性全体にとっては偶然な個別的所業または状態であるか，またはしかし全体的外面性であるため，多数の所為や状態に分裂した運命であるか，そのいずれかである。そこで，単純な手相や，同じように言葉の個人的規定性である声の響きと声量や，

138）（訳注）「人間はその行うものである」というのはヘーゲルの基本思想の一つを表現した命題である。『法哲学要綱』第 14 節にも「主体が何であるかといえば，それはかれの行為の系列である」とある。

139）（訳注）個体自身である外面が求められていたことは *GW* 9, S. 173, Z. 29f. によって明らかである。

──もっともこの言葉というものは，手による場合の方が，声による場合よりも，いっそうかたまった形で規定性を得る。筆跡，しかも手書というその特殊な形での筆跡などにしても──すべてこれらは内面の表現である。そのため，この表現は，やはり単純な外面性として，手とか運命とかいう，いくつかの外面性に対立して関係し，内面としていくつかの外面性に対して関係する。──それゆえ，まず，個人の特定の本性や生得の特質などは，｜(251) それらが形成陶冶によってできあがったものと一緒になるとき，行為や運命の内面つまり本質と考えられる。そうだとすれば，個人には己れの現象や外面性がまず己れの口，手，声，手書などのもとに，またそれ以外の器官と，その持続する規定性のもとにあることになり，その次に個人ははじめてさらに進んでそとに出て，世の中での己れの現実のもとで己れを表現することになる。

〔β〕反省としての外化〕

さて，この中項は，同時に内面に取り戻されている外化として，規定されるので，定在するにしても，行いの直接的器官にかぎられているわけではない。むしろ，中項は，顔つきや姿一般の動きであり形式であって，何ものをも完遂しはしない。そういう相とその動きとは，中項の概念からいえば，個人に依然として即したまま[140]の引きとめられた行いである。そして，個人と現実の行いの関係からいえば，個人が自身で己れの行いを監督し，観察することである。つまり，現実の外化について反省するときの表情なのである[141]。──それゆえ，個人は己れのそとの行いに向かって，またその折には，同時に自己内反省還帰しているのだからといって，沈黙しているわけではない。個人は自己に反省還帰したこの存在を外化しているのである。こういう理論[142]上の行いは，つまり，個人がこの行為についてかわす自己自身との語らいは，また他人に聞きとれもする。なぜならば，この語らいそれ自身が外化であるからである。

---

140)（訳注）前注を参照されたい。

141)（訳注）ここで「外化」と呼ばれているものは *GW* 9, S.184, Z. 16 に至ってはじめて表情，身ぶりと呼ばれている。

142)（訳注）やがて本書 133 頁（*GW* 9, S. 176, Z. 38-39）でも理論と実践との対立について語られているが，この場合は「理論」の意味に解せらるべきである。

【176】このように内面は外化しながらも，依然として内面である。だから，この内面では，個人がその現実から自己に反省還帰している存在が｜（252）観察される。そこで，このような統一のうちで設定されている必然性が，どうなっているのかをながめわたす必要がある。——自己に反省還帰している存在は，まず行いの結果そのものとは違っている。したがって，行いの結果とは別のものでありうるし，別のものとみなされうる。だれかが己れのいったり行ったりすることに対し，まじめであるかどうかを，その人の顔つきからみてとる。だが，逆に自己に帰っている姿は，内面の表現であるといわれるにしても，同時に存在する表現であるから，それ自身存在という規定に落ち込む。つまり，自己意識的なものにとっては，絶対的に偶然なものに落ち込む。だから，それはなるほど表現ではあるだろうが，同時にしるし[143)]にすらすぎない。そのため表現された内容には，しるしが表現するものの性質は，まったくどうでもよいことになる。内面はこのように現象するとき，たしかに目にみえるみえないものであるが，現象に結びつけられてはいないのである。内面は，同様に別の形でも現れうるし，また別の内面が同じ形でも現れうる。——したがって，「かりに人相見が人間をひっ捉えたとしても，永久に二度と己れをわからないようにしようとあえて決心することが肝心である」[144)]とリヒテンベルクがいっているのは，正当である。——前に述べた関係[145)]の場合には，現存する環境は存在するものであったのであり，そこから個体性は，己れにできること，己れの欲することを，それに身を委ねるかそれに背くかのいずれかの態度で，取り出したのであった。そこからして，その存在するものは，個体性の必然性をも本質をも｜（253）含んではいなかった[146)]。——それと同じで，いまこの場合にも個体性の現れ出る直接の存在は，個体性が現実から自己に反省還帰している存在と，その自己内存在とを表現しているか，それともその存在は，個体性に対してしるしにすぎず，しるしをつけられたものに

143）（訳注）ここでも表現としるしが区別されていて，内的意味にとって外的なのである。

144）（訳注）リヒテンベルク『人相術論』35 頁を参照されたい。

145）（訳注）「前に述べた関係」とは心理学的観察の立てようとする個体性の法則の場合のこと。

146）（訳注）*GW* 9, S. 170, Z. 4–S. 171, Z. 8 を参照されたい。

対し，無関与であるしるしにすぎないため，ほんとうは何もしるしてはいないか，そのいずれかである。つまりその存在は，個体性にとっては己れの顔でもあり，また外すことのできる仮面でもある。――個体性は己れの姿のうちで浸透し，そこで動き，語る[147]。だが，この姿の定在全体は，意志や行為に対してどうでもよい存在として，それらを踏み超えている。個体性は，これまで定在のもっていた意味，個体性が自己に反省還帰している存在，つまりこの定在で個体性の真の本質をもつという意味を，この定在ではなくしてしまい，逆にむしろその本質を，意志や行いの結果に入れてしまう[148]。

個体性は，〈いくつかの相貌のうちで表現されていて自己に反省還帰したその存在〉を捨ててしまい，己れの本質を所業の中に置く。この点で個体性は，自己意識的個体性の観察をしている理性本能[149]が，その内面と外面であるべき当のものに関して固定させる関係に，矛盾していることになる。その内面と外面のこの関係についての視点が，人相術お望みならば人相学と呼んでもよいが，その学の根底にある特有の考えへと，われわれを導く。この観察が出会う対立とは，形式のうえからいえば，実践的なものと理論的なものの対立である。もっともこの両者は，実践的なもの自体の内面に立てられたものではある。――【177】さらに｜（254）もっとも一般的意味にとった場合の行為によって実現される個体性と，このように行為しながら同時にそれを超えて自己に反省還帰し，行為を自己の対象としている個体性との対立である。観察は，この対立を，ほかならぬこの逆転した関係のうえから受けいれ，この関係のうちで，対立は現象となって規定されるのである。観察からみて非本質的外面とされるのは，行いの結果それ自体であり，所業である。この所業が言葉の場合であろうと，固定された現実の場合であろうと，そうである。だが，本質的内面とされるのは，個体性の自己内存在である。実践的意識[150]が，みずからにもっている二つの側面のうちで，つまり，

147）（訳注）*GW* 9, S. 175, Z. 35f. を参照されたい。

148）（訳注）本章注 138 を参照されたい。

149）（訳注）観察する理性は理性本能であった。

150）（訳注）「実践的意識」という表現はあとに B でも現れてくるが，これはまた行為的理性と同じである。それで，この段落で理論と実践との対立がもち出されているのは，ヘーゲルが観察する理性すなわち理論理性から実践理性に移って行こうとしていることを示して

意図されたものと行いの結果のうちで，己れの行為についての思い込みと行為自身のうちで観察が真の内面として選ぶのは，前者の側面である。この真の内面は，行いの結果では，多少とも非本質的に外化して現れるが，己れの姿のもとでは真実に外化して現れるという。この後者の外化は，個人的精神の直接の感性的現在である。真実の内面といわれる内面性は，意図の独自な姿であり，自立存在の個別的姿である。つまり，両方ともに思い込まれた精神[151]である。だから，観察が自己の対象とするものは，思い込まれた定在であり，観察は，そういうもののあいだに，法則を求めているのである。

精神の現在について思い込んだことを，そのまま思い込むのが自然人相術である。つまり，それは，最初人相術が一瞥したときに，人相術による姿の内的本性と性格を，早まって判断することである。こういう思い込みの対象は，｜(255) もっぱら感性的で直接的存在とは別の何かが，実際にはあるのだということを，己れの本質のうちにもっているような類のものである。なるほど，現にあるのは，〈感性的なもののうちにありながら，それを出て自己に反省還帰しているという，まさにこういう存在〉でもあり，観察の対象となる存在は，みえないものがみえるものになるという意味で，みえることではある。しかし，ほかならぬこの感性的直接的現在こそは，思い込みの対象にすぎない場合の，精神の現実なのである。そこで観察はこの側面から，人相，手書，声の調子[152]などのような，思い込まれた定在を追いまわす。観察は，こういう定在を，いまいったような思い込まれた内面と関係させる。認識されるはずのものは，人殺しや盗人ではなく，そうでありうる能力である[153]。このおかげで，固定した抽象的規定性は，個々の個人という，具体的でかぎりない規定性のうちで，消えて行ってしまい，この個人的規定性は，いまいった形で性質を決めるよりも，手のこんだ描写を必要

いる。

151）（訳注）観察する理性と思い込みとの内的関係については，「a 自然の観察」の終わりでも述べられていた。

152）（訳注）*GW* 9, S. 179, Z. 13–19 を参照されたい。

153）（訳注）当該行文と関係しているラヴァーターの素質論については『人相術断簡』第 4 試論，110 頁を参照されたい。能力や可能性が問題にされるのは頭蓋論の場合も同じである。

とする。こういう手のこんだ描写は，人殺し，盗人とかあるいはお人好し，堕落していないとかいう形で，性質をきめる場合よりも，おそらく多くのことを語るではあろう。だが，思い込まれた存在，つまり個々の個体性を語るという目的からみれば，まだまだ十分とはいえない。この点で，平たい額とか長い鼻などという以上に出ていないような姿の抽象と同じことである。なぜならば，個々の姿は，個々の自己意識と同じように，思い込まれた存在なので，言い表せないからである。だから，思い込まれた人間を目指す人間知の学も，〈その人間の思い込まれた現実を目指し，自然的人相術という無意識的判断を高めて，知にしようとする人相術｜（256）なる学[154]〉も，【178】ともに終わりがなく土台のないものであって，みずから思い込んでいるものを，言い表すところまでは至りうることもない。つまり，そういう知は，ただ思い込んでいるだけで，その内容は，思い込まれたものにすぎない。

〔γ〕人相術の法則〕

この学がみつけようとする法則は，これらの思い込まれた側面の関係であるから，それ自身，空しい思い込みでしかありえない。また，精神の現実を問題にしようとしている，この思い込まれた知が，その対象としているのは，精神が己れの感性的定在のそとに出て，みずからに反省還帰しており，特定の定在をみずからにとってどうでもいい偶然とみること，そのことにほかならない。そのため，この知は己れのみつけた法則にもかかわらず，この法則によっては何もいわれていないことを，むしろもともとそんな法則をいってみても，ただ無内容なおしゃべりをしているだけであるか，または，己れについての一つの思い込みを与えるにすぎないことを，そのまま知るよりほかない。この「己れについての一つの思い込み」という表現には，以下の二つのことを同一のことと言明するという真理がある。つまり，己れの思い込みをいうことと，そのことによって，事象をではなく，もっぱら己れについての一つの思い込みを提供するということとである。だが，内容からいえば，これらの

154）（訳注）ヘーゲルは，ラヴァーターの自然人相術と学的人相術の区別に言及している。この点については，C. Lavater, *Von der Physiognomik. Zwei Stück, welches einen in allen Absichten sehr unvollkommenen Entwurf zu einem Werke von dieser Art enthält.* Leipzig, 1772, S. 19 を参照されたい。

観察は，小売商人が「俺たちの歳の市にはいつでも雨が降る」といったり，主婦が「わたしが洗濯物を干すときも，いつだってそうなんです」といったりするのとは違うことはないのである。

リヒテンベルクは，人相術の観察を，そのような性格のものとしている。が，なお次のようにもいっている。「だれかが，お前は正直者のようにふるまっているが，｜（257）無理にそうしているだけで，心底ではごろつきなんだ。それはお前の顔つきから分かるといったとする。こう話しかけられれば，世界中どこへ行ったって，勇気のある奴なら横面をなぐりとばして，それに答えるのがほんとうだろう」[155]。——それで，この応えは，思い込みという学知の第一前提つまり人間の現実性はその顔などである[156]などという前提を反駁しているのだから当を得ている。——むしろ人間の本当の存在は，その人の行いの結果である[157]。行いの結果ということで個体性は現実である。それで，行いの結果は，思い込まれたことを，その人の両側面で廃棄してしまう。まず，静止した身体存在としての思い込まれたことを。むしろ，個体性は，行為にあって，否定[158]的なものとして提示される。それは，静止した存在を廃棄するかぎりでのみ，存在する。次に，行いの結果は，自己意識的個体性からいっても，やはり思い込みの言い表しがたさを廃棄する。自己意識的個体性は，思い込みでは，無限に規定されたものであり，また規定されうる。行いの結果が完遂されたとき，悪無限は無効になる。行いの結果は，把握されるべきことを捨象することで単純に規定されていることであり，普遍である。それは，殺人，盗みであり，あるいは善行，勇気ある行為などである。それで，行いの結果については，それが何であるかを語ることができる。行いの結果は，かくかくのことであって，その存在は，しるしであるだけでなく，事象そのもの[159]である。事象そのものは，かくかくのことであって，個体的人間は，事象そのものである当

155）（訳注）Lichtenberg, *Ueber Physiognomik*. S. 72 を参照されたい。

156）（訳注）頭蓋論でこの命題に応ずるものは，一歩進んだ「精神の存在は骨である」（*GW* 9, S. 190, Z. 29–30）という命題であって，絶対知の段階で多大の意義が与えられている．

157）（訳注）本章注 138 を参照されたい。

158）（訳注）この場合のは「否定」は限定としての否定ではなく，限定を立てながら，これをなくする働きあるいは主体としての否定である。

159）（訳注）事象そのものについては後の C-a を参照されたい。

のものである。つまり，このようにあるという単純さにいるとき，個々人は，相手の存在する普遍的なものに対して存在するのであって，ただ思い込まれただけのものであることをやめる。|(258)個々人は，行いの結果にあっては，なるほど精神として設定されているのではない。けれども，個々人の存在が存在として問題となるときには，一方では，姿と行いの結果という表裏一体の存在が，対立し合っており，姿も行いの結果もともに，【179】個々人の現実であるというであろう。それによって，むしろ，行いの結果だけが，本物の存在であると主張されるべきである。本物の存在は，――その人の姿ではないのであって，それは，個々人が己れの行いの結果と思い込んでいるもの，またはその個人が行いうるとだけ思い込まれていたものを表現するはずなのである。他方では，同じように，個々人の所業とその内的可能性つまり能力もしくは意図が対置されているために，所業だけが個々人の真の現実であるとみられるのは当然である。たとい，個々人自身は，その現実を思い違え，己れの行為から自己に帰り，己れの内面では，行いの結果でのとは違ったものであると思い込むことがあるにしても，そうである。個体性は，所業となるとき，対象的場面に身を委ねる。そのため己れが変えられたり，曲げられたりするままにしておく[160]。だが，行いの結果の性格を定めるのは，行いの結果が，一つの持続する現実的存在であるか，それとも，行いの結果が自己内で空しく滅びるような，ただ思い込まれただけの一つの所業であるかである。対象であることによって，行いの結果そのものが変わるのではなく，行いの結果が何であるかが，すなわち，行いの結果が現にあるか，それとも無であるかがまさに明らかになる。――この存在を分析して，意図あるいは，それと同じような微細な点とすることによって，現実的人間すなわちその人の行いの結果は，たといその人間が己れの現実性についてどんな特別の意図をつくり出すにしても，ふたたび，思い込まれた存在に返って説明されるということになる。が，そういう微細な点は，|(259)思い込みという怠惰に委ねておくよりほかに仕方がない。その人が，行いの結果を欠いた己れの知恵を働かせると，そういう怠惰のため，行為するものから，理性という

160)（訳注）所業が他の人々によって変更される可能性をもつことについては，C-aを参照されたい。

性格が否定し去られてしまう。そして，行いの結果ではなく，むしろ姿や人相が，その人の存在であると宣言するというやり方で，その人は虐待されようとする。だがその結果，前に述べたように[161]返答に乗り入れなければならず，その返答は，姿は自体ではなくて，むしろ個人をそういうふう取り扱う対象でありうることを，その人に示す。

〔2 頭蓋論〕

さて，われわれは，自己意識的個体性が，その外面に対してとっていると観察されうる相互関係の範囲をながめわたすことにしよう。そうすると，観察がその対象としなければならない一つのことが戻されることになろう[162]。心理学では，精神ということで己れの自己意識的対像[163]をもち，精神を理解しうるようにするのは，物の外的現実である。それに対して人相術では，精神は，己れ自身の外面ということで，つまり言葉[164]——己れの本質のみえるみえないものであるような——という存在ということで，認識されうるという。なお，現実性という側面の規定が残っている。それは，個体性がその直接的で固定した，純粋に定在する現実のもとで己れの本質を表明するということである。——だから，最後の関係は，次の点で人相術的な関係とは違う。つまり，人相術的関係は，個人がものを語るときの現在であり，この個人は行為しながら外化するとき，同時に自己に反省還帰し考察する[165]個体性を提示することである。だから，外化といっても｜（260）それ自身動きでありながら，静止している相貌であり，みずから本質的には媒介された存在である。しかし，なおこれから観察されるはずの規定では，結局外面は，【180】まったく静止している現実性である。この現実性は，それ自身で語っているしるしではなく，むしろ自己意識的動きから分かれて，そ

161）（訳注）*GW* 9, S. 178, Z. 20f. を参照されたい。

162）（訳注）*GW* 9, S. 168, Z. 33 以下を参照されたい。

163）（訳注）「対像」の原語は Gegenbild であるが，この Bild は「表裏一体の画廊」（*GW* 9, S. 170, Z. 27）のうちの反映としての画像にあたる。

164）（訳注）原語は Sprache で表情や身振りをここでは意味している。

165）（訳注）この「考察」がいわば理論として実践に対立している。

れだけで提示されるのであり，ただの物[166]としてある。

〔α）精神と脳髄と頭蓋〕

まず，内部と，その外部との関係について，明らかなことは，その関係が，因果関係という関係として理解されなければならないと思われることである。というのも，ある自体存在するものと他の自体存在するものとの関係は，必然なものであるとき因果関係であるからである。

さて精神的個体性は，身体に影響を与えるためには，それ自身が原因として身体的でなければならない。だが，この個体性を，原因として含んでいる身体的なものは，器官ではあるが，この器官は，外的現実に対する行いの器官ではなく，自己意識的なものが，自己自身のうちで行うという器官であり，そとに向かってもっぱら己れの肉体に向かうだけのことである。何がそういう器官でありうるかは，すぐに見通せるものではない。ただ器官一般というようなものが考えられるとすれば，労苦の器官一般，また生殖衝動の器官などが，手っ取り早くあげられるであろう。しかし，こういう器官は，道具または部分と考えられるべきで[167]あって，これらの器官は，一方の項である精神が，外的対象である他方の項に対して，中項としているものである。｜（261）だがここでは，器官と理解されているものにあっては，一方の項である自己意識的個人は，己れ自身でありながら己れに対立している現実に対し，みずからを自覚的に保持しており，それは，同時にそとに向けられた個人ではなく，自己の行為ということで自己に反省還帰した個人である。それらの器官のもとで存在の側面といっても，他者に対する存在ではない。人相術的関係でも，器官は，たしかに自己に反省還帰した定在，行いを物語る[168]定在として考えられる。けれども，この場合の存在は一つの対象的存在なのである。そこで，人相術による観察の結果は，自己意識がまさしくこの自己の現実に対して現れ，この何か現実に対して無関与に対立する。この無関与は，自己に反省還帰しているこの存在自身が働きかけることで消えてしまう。このため，行いを物語る定在は，自己に反省

166）（訳注）この「物」が頭蓋骨である。

167）（訳注）*GW* 9, S. 175, Z. 27 以下を参照されたい。

168）（訳注）「自己に反省還帰し考察する個体性」（*GW* 9, S. 179, Z. 34–35）を参照されたい。

還帰した存在に必然的に関係する。が，この存在自身は，定在に結果をもたらすためには，本来対象的存在をもつ必要はないけれども，そこで存在が，このような器官として示されるべきである。

さて日常生活で，怒りは，そのような内的行い[169]の事例であるとされ，肝臓に位置を占めるとされる。そればかりでなく，プラトンは肝臓にもっと高い働きを認めている。いなそれどころではなく，或る人々[170]は最高の働き，つまり，予言を認めており，或る場合には聖なるものや永遠なものを，非理性的方法で表明する天賦の才を認めている[171]。しかし，個人が肝臓や心臓などでもっている動きは，まったく自己に反省還帰した個人の動きとは｜（262）みられえない。むしろ，その動きは，その個人からみれば，すでに個人の身体にしみ込んでおり，その動きには，そとに向かっている動物的定在がある。

これに比べると，神経系組織は有機体が動くとき，直接的には静止している。なるほど，神経自身は，すでにまたしてもまったくそとに向けられきった意識の器官でもある。けれども，脳や脊髄は，【181】自己意識の直接的現在と考察されて差し支えないのであり，その現在は，自己の中にとどまっており，――対象的でもなく，そとに向かうのでもない。こういう器官にある存在の契機は，他者に対する存在であり，定在であるかぎりで，死んだ存在であって，もはや自己意識の現在ではない[172]。だが，このように自己意識が自己自身のうちにあることは，その概念からいって流動性であり，ここでは，そこに投げこまれる円環は，いずれも直ちに解かれてしまい，いかなる区別も，存在する区別として

169）（訳注）たとえば，ドイツ語で frei von der Leber weg sprechen は「腹蔵なくものをいう」ことを意味する。

170）（訳注）シェリング，ヤコービ，シュライアマッハーなどのロマン主義者のこと

171）（訳注）プラトン『ティマイス』71c–e を参照されたい。プラトンへの言及は，エッシェンマイヤーとゲレスとに関係している。また，ヘーゲルは，前者の永遠と神聖や，後者の予言する話に『精神現象学』序説で批判をしている。エッシェンマイヤーはプラトンを引き合いに出してプラトン哲学でみずからを再発見したと思っている。ゲレスは神的プラトンのことを語っている。これらの点については，Eschenmayer, *Die Philosophie in ihrem Uebergang zur Nichtphilosophie*. Bd. 5, S. 17 と Görres, *Glauben und Wissen*. S. 96 を参照されたい。ローゼンクランツによれば，ヘーゲルは，イェーナ期に哲学上の熱狂主義を批判し，プラトンそのものに遡及している。この点については，Rosenkaranz, *Hegel's Leben*. S. 186 を参照されたい。

172）（訳注）*GW* 9, S. 192, Z. 1 以下に脳繊維について同様のことが記されている。

は，表現されない。ところで精神自身は抽象的-単一なものではなく，諸々の動きの一組織であり，この組織では，精神は，区別されていくつかの契機となるが，そのように区別されることそのことのうちでありながらも依然として自由である。また，精神は，その身体一般をいろいろな機能に分け，身体の個々の部分には，ただ一つの機能しか与えない。それと同じで，精神の自己内存在という流動的存在は，分肢されたものであるとも表象されうる。また，そういうふうに表象されなければならないようにも思われる。なぜならば，精神という自己に反省還帰した存在は，｜（263）脳髄自身では，また精神の純粋本質と精神の身体的分肢との中項にすぎないからである。それゆえ，この中項は，純粋本質と身体的分肢という両者の本性からいって，したがってまた，身体的分肢の側からいって，やはり存在する分肢[173]を己れのもとでも備えていなければならないからである。

精神的-有機的存在には，同時に静止的で存立的定在という側面が必然にある。前者すなわち精神的-有機的存在という側面は，自立存在という項として引き下がり，後者すなわち定在を，他方の項としてそれに対立させなければならない。それから，この他方の項は，精神が原因[174]として働きかける対象である。そこで脳髄と脊髄とは，精神が，例の身体的に自立したものだとすれば，頭蓋と脊柱が，この自立存在から分離された，もう一つの項としてさらにつけ加わり，つまり固定し静止した物としてつけ加わる。だが，精神が定在するときの，本来の場所のことを考える人が思いつくのは，背中ではなく，頭蓋だけである[175]。そのため，われわれは，いま問題になっている知識〔頭蓋論〕を研究するにあたっては，いまいった理由，頭蓋論からみればそれほど悪いものでもない理由で，精神の定在を頭蓋にかぎることができる。いかにも背

173）（訳注）ガルの大脳定位説のこと指している。

174）（訳注）「原因」という表現に関しては本書139頁（*GW* 9, S. 180, Z. 5）の「因果関係」を参照されたい。

175）（訳注）ここで，ヘーゲルは，脳髄は脊髄から成立したとするガル説に言及している。この点については，August Blöde, *D. F. J. Galls Lehre über die Verrichtungen des Gehirns, nach dessen zu Dresden gehaltenen Vorlesungen in einer faßlichen Ordnung mit gewissenhafter Treue dargestellt von einem unbefangenen Zuhörer.* Dresden, 1805, S. 4およびBischoff, *Darstellung der Gallschen Gehirn- und Schädel-Lehre*. S. 6ff. を参照されたい。

中によって知識と行いが，一方ではうちに引き入れられるが，他方ではそとに引き出されることも時にあるというかぎりで，だれかが，精神のあり場所を，背中と思いつくこともあろう。けれども，一体そうであるならば，このことは，脳髄とともに脊髄が精神の内在する場所であり，また，脊髄の脊柱が精神の対像となる定在である，と考えられなければならないということの証明にはならないであろう。というのも，それは余りにも多くのことを証明しすぎているからである。なぜならば，精神の働きを呼びさましたり，抑えたりするために，｜(264) その活動に近よる別の外面的方途が，なおこれとは別にも好んで用いられることを同様に想い起こしてみればよいからである。――だから，脊柱は当然捨てられるのだと，いいたければ正当である。頭蓋だけが，精神の諸々の器官を含むものではない，という説は，その他の多くの自然哲学の教説と同じように，うまく虚構されている。というのも，このことは，精神の関係という概念からは，以前に[176]除外されており，そのため，頭蓋が精神の定在する側面だ，とされてしまっているからである。言い換えれば，事象の概念を想い起こしてはならないというのならば，経験でさえも，器官としての眼がみるのと同じ形で，【182】頭蓋が人殺しをしたり，盗みをしたり，詩をつくったりするなどではないということを教えてくれる[177]。――だから，これからさらに表明されなければならない頭蓋の意義に対しては，器官という表現さえもさしひかえなければならない[178]。なぜならば，理性的な人には，言葉ではなく事象が肝心であると普通いわれるとはいえ，だからといって，事象を事象にふさわしくない言葉で特徴づけてもよいとは考えられないからである。というのは，こういうやり方は，拙劣なやり方であると同時に，欺瞞であるからである。つまり，ただ正しい言葉をもっていないだけだと思い込み，またそうみせかけるだけで，実際には，事象あるいは概念がないことを隠している。もし概念が手もとにあるならば，その概念には正しい言葉もある

176）（訳注）*GW* 9, S. 180, Z. 37–S. 181, Z. 16 を参照されたい。

177）（訳注）ヘーゲルは，ガルが行った比較に十中八九言及している。この点については，Gall, *Schreiben über seinen bereits geendigten Prodroms*. S. 321 および *Verteidigungsschrift*. S. 29. を参照されたい。

178）（訳注）*GW* 9, S. 183, Z. 11 以下を参照されたい。

だろう。だから，さしあたりここで定められることは，脳髄が生きた頭であるように，頭蓋は死ンダ頭（caput mortum）であるということだけである。

| （265）〔β）脳髄と頭蓋骨との関係，頭蓋骨の形態と自己意識との関係〕

そういうわけで，この死んだ存在では，脳髄の精神的動きや特定のあり方は，もっと外的現実となって提示される。とはいっても，個人そのもののもとに[179]あるような現実となって，提示される。精神を己れ自身のうちで内在させていない，死んだ存在としての頭蓋骨に対するこれらの動きやあり方の関係の代わりに現れるのは，まず，すでにいったように[180]固定した関係であり，外的で機械的な関係である。そのため，本来の器官――そしてこれらの器官は脳髄にある――が，頭蓋骨をここでは円い形で表し，そこでは広くうち出したり，平たくつき出したりすることになる。あるいはそのほか好きなように，この結果を提示するだろう[181]。頭蓋骨とても有機体の一部であるから，各々の骨でと同じように頭蓋骨でも，生きた自己形成があると考えられなければならない。そのため，頭蓋骨の方から考察すると，脳髄を圧迫して，これをそとから制限しているのは，頭蓋骨だとも考えられる。頭蓋骨は，脳髄よりも硬くもあるのだから，むしろそうする能力があることになる。だが，そうすると，やはりいまいった関係は，両者相互の働きをどう定めるかという点に依然としてなおある。なぜならば，頭蓋骨が規定するものであるか，規定されるものであるか，ということは，因果関係一般に何も変化を与えないからである。その場合，ただ，原因である頭蓋骨には，自立存在という側面があるため，頭蓋骨は，自己意識の直接の器官とされることになるだけのことである。とはいえ，自立存在は有機的生命体であるため，その両者のうちで同じように帰せられるので，実際には，両者間の因果関係はなくなる[182]。だが，両者が引き続き形成されるとき，そ

179）（訳注）人相術の場合と同じく，頭蓋論の場合にも，求められている表現は個体性自身でである表現である。

180）（訳注）*GW* 9, S. 180, Z. 4–6 を参照されたい。

181）（訳注）ガルの頭蓋論も暗示されている。

182）（訳注）予定調和の内部での相互作用へ行論が移行しつつあることが示されている。

の形成は，内面では関連し合っており，｜(266) 有機的な予定調和になるであろう。この調和のために，たがいに関係し合っている両側面は，たがいに自由な関係に置かれ，一方が他方の形態に対応する必要もないように，各々が己れ自身の形態をもつままにしておくことになる。なおそのうえ，形と性質とは，――葡萄の実の形と葡萄酒の味とがたがいに関係がないように――たがいに関係がない。しかし，脳髄の側には自立存在という規定が帰せられるのに，頭蓋骨の側には定在という規定が帰せられるため，有機的統一の内部には，両者の因果関係も立てられなければならない。【183】だが，それは，両者のたがいに外的関係であるような必然的関係である。すなわち，両者のたがいの形態を定めるような，それ自身外的関係であろう。

しかし，自己意識の器官は，対立する側〔頭蓋〕に働きかける原因であろう。が，それを原因としている規定に関していえば，いろいろな仕方であれこれのことが語られうる。なぜならば，問題は原因なるものの性状であるが，これは，そのどうでもいい定在，つまりその形や大きさ[183]から考察されているからである。つまり，その内面と自立存在とが，直接的定在と何の関係もないような，そういう原因の性状が問題だからである。頭蓋が有機的に自己形成するにしても，それは，まず機械的な影響には無関与であり，自己形成と影響相互の関係は，前者が自己自身に対する自己の関係であるため，不定なもの，限界のないもの｜(267) そのものにほかならない。次に，かりに脳髄は，存在する諸々の区別に対する精神の諸々の区別をみずから受けいれており，それぞれ異なった一空間を占めている[184]，内的諸器官内部の多数状態であるとしよう。だが，このことは，自然に矛盾する。その自然は，概念の諸々の契機に独自の定在を与え，その結果，まったく一方の側に，有機的生命の流動的単純性を置き，他方の側には，この生命の分節や区分を生命の異なった形で置くことになり[185]，そうなるとそれらのものは，この場合当然考えられるように，特殊な解剖学的物となって現れる。――そうだと

183）（訳注）形態と大きさとがどのようかは，次の頁で明らかである。

184）（訳注）ガルの定位説をさす。

185）（訳注）一方の側面は，脳髄の区別項の流動的統一で，他方の側面は，その他の身体組織である。

すると，かりに脳と精神の関係が以上の通りであるとしても，精神的契機は，元来より強いかより弱いかに応じて，前の場合にはより広がった脳器官をもち，後の場合にはより縮まった脳器官をもつか，それともまったく反対になるかは，定まらないであろう。――同じように，精神の発達が，器官を大きくするかまたは小さくするか，それとも不格好で厚ぼったいもの，または上品なものにするかも定まらないであろう。原因がどういう性状のものかは，不定のままなのだから，頭蓋に対する影響がどういうふうに起こるか，つまり拡げることになるのか，それとも縮めて，そして両者を一つにすることになるのかも，不定のままである[186)]。この影響を，もっと上品に刺戟[187)]とか規定してみても，それが，発泡膏のようなやり方で，ふくらますことになるか，それとも酢のようなやり方で，縮まらせることになるのかは，不定である。――すべてこういう見解に対しては，あれこれともっともらしい理由をもち出すことができよう。つまり，どの場合にも同じように関与している有機的関係は，｜(268) あれやこれやの理由をどれも不問に付してしまい，そういうすべての悟性[188)]に対し無関与である。

だが，観察する意識からすれば，そういう関係を規定しようとすることが問題なのではない。なぜならば，いずれにしても，ここでいう脳髄は，動物的部分として一方の側にあるものではなくて，自己意識的個体性の存在としての脳髄だからである。――存続する性格であり自己運動する意識作用としての個体性は自立していて自己内で存在する。つまり，この自立存在と自己内存在には，個体性の現実性と対他定在とが対立する。自立存在と自己内存在とは，本質体であり，主体であり，脳髄に存在し，脳髄に包摂されており，内在する意味によってだけその価値がある。しかし，【184】自己意識的個体性の別の側面，自己意識的個体性が定在するという側面は，自立していて主体であるという存在であり，あるいは，物つまり骨としての存在である。人間の現実性と定在は

186）（訳注）この点については，Gall, *Schreiben über seinen bereits geendigten Prodromus.* S. 318–S. 323, Kapitel III., IV. を参照されたい。

187）（訳注）たとえば，ブラウンの刺激説などを指すのであろう。

188）（訳注）悟性の立てる機械的関係や化学的関係との区別。

人間の頭蓋骨である[189]。上記の関係の両側面が，両側面を意識が観察するさいにもつ相互関係であり意味なのである。

ところで，観察する意識からして問題となるのは，これら両側面のもっとはっきりした関係なのである。もちろん一般的にいって頭蓋は，精神の直接的現実性を意味している。だが，精神が多面的であるため，精神の定在も同様に多義的なのである。つまり，得られるべき当のことは，｜(269) 精神の定在が部分へ分割される個々の位置の意味の規定である。そして，これらの位置は，己れのもとでどのように精神の定在を指示しているかということが，ながめわたされなければならない。

頭蓋骨は，行いの器官でもなければ，話をする動きでもない。つまり，頭蓋で窃盗や人殺しなどをするわけではないし，そういう行いをしてしまったさいに頭蓋が，少しでも顔をゆがめて，話すような身ぶりをするわけでもない。――なおまた，頭蓋が存在することには，しるしという価値があるのでもない。表情や身ぶり，語音，また，荒れはてた島に打ちこまれている柱や杭などは，ただそのままあるにすぎないものとは何か別のものがそれによってなお意味されていることを，すぐそのまま告げている。それらのものは，自身でしるしであることをすぐに示している。というのも，それらのものは，ある規定性が本来それらのものには帰属しないことによって，何か別のものを指示しているある規定性を己れのもとにもっているからである。もちろん，ハムレットがヨリックの頭蓋をみたとき[190]のように，ある頭蓋骨をみて，多くのことを思いつくことはできる。だが，頭蓋はそれだけではまったくどうでもいい，無心な物であるから，頭蓋のもとではただの頭蓋自身とは別のものが，みられるわけではないし，考えられるわけでもない。なるほど頭蓋は脳髄やその規定性を，また別の形の頭蓋を思い出させることはある。だが，意識的行いを思い出させるのではない。すなわち，頭蓋には，顔つきや身振りがあって，それには，意識的行いに由来するということで告げる何かをなおみずからに記されているのではない。なぜならば，頭蓋骨は，もはや自己に反省還帰している存在ではなく，まったく〈無媒

189）（訳注）この種の命題に絶対知の段階で大きな意義が与えられている。

190）（訳注）シェイクスピア『ハムレット』（*Shakspeare's dramatische Werke*, übersetzt von August Wilhelm Schlegel. T. 3. Berlin, 1798）第5幕第5場を参照されたい。

介な存在である，精神とは｜(270) 別の側面を個体性のもとで提示するといわれる現実性〉だからである[191]。

さらにまた頭蓋骨は，みずから感ずるのではないために，いままで述べたよりいっそうはっきりした頭蓋骨の意味が，なお判明してくるようにも思われる。それは，何か特定の感覚があって，それらが頭蓋骨に近接しているところにあることから，頭蓋骨によって何かが意味されていることを，認識するというようにしてである。そうなると，精神の意識的なあり方は，頭蓋骨のある特定の位置で，己れの感情をもつことになるから，この場所は，頭蓋骨の形でそのあり方とその特殊性を暗示していることになろう。たとえば，多くの人々は，緊張して考えるとき，否(いな)，一般に考えるときすでに，頭の中のどこかに苦しい緊張感を覚えると訴えるものである。それと同じで，盗みをしたり，人殺しをしたり，詩作をしたりなどするときは，【185】いつもそれ特有の感覚にともなわれていて，なおそのうえ，それぞれ特別の位置をもたなければならないことになろう。そうなれば，脳髄のそういう位置は，そういう仕方で動かされはたらかされればされるほど，それと隣り合わせの頭蓋骨の位置を，おそらくは，いっそう開発形成することになるでもあろう。つまり，そうなれば，そういう位置は，同情したり同意したりする結果，怠惰になるのでもなく，むしろ大きくなったり小さくなったり，その他いろいろな仕方で，自己形成が行われよう。——けれども，この仮説を真実らしくするのは，この感情が，もともと不定なものであるということであり，中枢としての頭の中の感情は，すべての受苦の一般的共感であるかもしれないということである。その結果，泥棒–人殺し–詩人の–頭の｜(271) かゆみないし痛みは，ほかの感情と混合しており，ただ身体的だと呼ばれるかゆみないし痛みと区別されないように，おたがいのあいだでも区別されないであろう。このことは，わたしたちが頭痛の意味を身体的なものにだけかぎる場合には，頭痛の兆候からは，その病気が決められないのと同じである[192]。

191）（訳注）*GW* 9, S. 179, Z. 37–S. 180, Z. 3 を参照されたい。

192）（訳注）ヘーゲルは明らかにガルの頭蓋論に対するフーフェランドの批判に言及している。この点については，Bischoff, *Darstellung der Gallschen Gehirn- und Schädel-Lehre*. S. 134 を参照されたい。

実際には，事態をどの側面から考えてみても，頭蓋骨と脳髄相互の必然的関係も，両者がたがいに語り出る関係の暗示も，ともにすべて崩れ去ってしまう。それでもやはり関係は生じるはずだという場合に，なお残っており，必然的であるのは，両側面の規定が一致するという，概念がなくて勝手な予定調和であろう。つまり，一方の側面は，精神のない現実性，空虚な物であるはずである。こうして，ほかでもなく一方の側には，静止的頭蓋骨のいくつかの位置があり，他方の側にはいくつかの精神の性質がある。それが多数であり，規定をもっているなどのことは，心理学の状態に依存することになる。精神についての表象が貧しければ貧しいだけ，この〔精神の〕側面によって，事象はいっそう軽いものになる。すなわち，性質は，一方で少なくなれば，それだけ他方では，いっそう孤立して固定されて骨のことになり，そのため骨の規定にいっそう似たものとなり，この規定と比較されやすいものとなる。とはいえ，精神についての表象の貧しさによって，多くのことが軽くなるにしても，やはり両側面ともに非常に多くのものが残る。観察にとっては，両側面の関係がまったくの偶然であることに変わりはない。イスラエルの子孫は，｜（272）その人たちが面している海辺の砂のように多くなるといわれているが，その子孫の一人一人が，己れのしるしとなっている砂粒をとりあげたとする[193]。その場合，〈一人一人にその人自身の砂粒を頒け与えるということの，この無関係と恣意〉が，各人の魂の能力とか情熱とか，この場合同様に考えられなければならないようなもの，すなわち，〈精妙な心理学や人間知が，普通語っているような，諸々の性格の陰影など〉に，頭蓋骨の位置と骨の形とを示す無関心と恣意よりも，強いということはない。殺人者の頭蓋にはこれ，つまり器官でもしるしでもなく，〔頭蓋の〕このもりあがりがある。が，この殺人者には，まだほかのいくつかの性質とほかのもりあがりとがある。そして，もりあがりと一緒にくぼみもある。いくつかのもりあがりとくぼみの中から選び出すわけである。そこで，またしても殺人者の心根が，どういうもりあがりやくぼみに関係していようと，またこのもりあがりやくぼみが，どういう性質と関係していようと，その心ともりあがりまた

193）（訳注）「創世記」22:17 等を参照されたい。

はくぼみとは，関係させられうることになる。【186】つまり，殺人者は殺人者という抽象物にすぎないのではないし，また一つのもりあがりと一つのくぼみだけをもっているのではないのである。だから，この点について行われる観察は，歳の市のときの小売商人や，洗濯するときの主婦の，雨の観察と，ちょうど同じ程度のものであるに違いない[194]。小売商人や主婦は，この隣の人が通りすぎると，また豚の焼肉をたべると，いつでも雨が降るという観察をするともいうことができる。雨がこの状況に対し関係がないように，観察にとっては，|(273)精神のこの規定性が，頭蓋のこの特定の存在と関係はないのである。観察の両方の対象のうちで，一方はひからびた自立存在，精神の骨化した性質であるが，他方も同じようにひからびた自体存在である。両者と同じように骨化した物は，たがいにすべての他方に対しては完璧に関係がない。高いもりあがりからみれば，人殺しという性質がその近くなのかどうかは，関係のない。それは，人殺しにとって，平たいところが，人殺しという性質の近くにあるかどうかが，無関係であるのと同じである。

たしかに，ある性質や情念などが，ある場所で頭蓋と結びついているという可能性は，依然としてある。殺人者は，ここのこの頭蓋の位置でもりあがっている頭蓋で表象できるし，盗人は，あそこの頭蓋の位置で表象することができる。この面からは，頭蓋学は，なお大きく拡張しうる。つまり，はじめ頭蓋学は，同一の個人のもとで骨と性質との結合だけに制限しているようにみえ，そのため，その個人が両方をも所有している。だが，自然頭蓋学は，——自然的人相術[195]が存在するのと同じように自然的頭蓋学も存在しなければならないのだから，——上記の制限を超えてしまっている。この頭蓋学は，ずるい人には，こぶしほどのもりあがりが耳の後部位置にあると判断するだけではない。頭蓋論は，不貞の妻自身にではなくて，その結婚相手である個人に，額のもりあがりがあると表象したりもするのである。——それと同じように|(274)，殺人者と同じ家に住んでいる人に，またその隣人にも，さらにその同じ市の人たちなどに，頭蓋のある位置に，高いもりあがりがあると表象することもできる。これは，驢馬に乗った蟹に，はじめあやされて牝牛が

194)（訳注）本章注154を参照されたい。
195)（訳注）*GW* 9, S. 177, Z.23を参照されたい。

走り出し，それから，というようなことを考えるのと同じである。――しかし可能性が，表象する可能性という意味にではなく，内的可能性または概念という意味で，受けとられるならば，その対象は，ただの物であって，いまいったような意味をもたないし，もつはずもないような現実性である。したがってその意味が，表象のうちでしかありえないような現実性である。

〔γ）素質と現実〕

これら〔内的可能性と頭蓋という〕両側面が無関係であるにもかかわらず，しかもなお観察者は，両者の関係を決める仕事にとりかかる。その場合，観察者は，一方では「外面は内面の表現である」という普遍的理性根拠[196]によって，生き生きと支えられており，他方では，動物の頭蓋との類推によって支えられている[197]。――【187】なるほどまったく動物には人間よりも単純な性格があるかもしれない。けれども，同時に動物にどんな性格があるかをいうことは，それだけにいっそう困難なことになる。というのも，動物の本性に正面からはいり込んで思いめぐらすことは，どんな人間の表象からしてもやさしいことではありえないからである。――そういうわけで，観察者は仕事にとりかかるとしても，己れがみつけたとしようとする法則を断言する場合には，ここでわれわれが，やはり当然思いつきもするに違いないような区別に選り抜きの助けを求める。――精神の存在は，｜（275）少なくとも絶対に動かぬもの，動かしえないものとは考えられえない。人間は自由である。本源の存在[198]は素質にすぎないから，それを超えて多くのことをなしうるし，またそれを展開させるには都合のいい環境も必要であろうということは認められる。言い換えれば，精神の本源の存在は，存在といわれなければならないが，また存在として実際に存在してはいないようなものである。だから，だれかが法則だと断言することを思いついたものと，観察が，かりに矛盾するならば，――つまり歳の市または洗濯日が

196）（訳注）*GW* 9, S. 149, Z. 23f で法則となっていたことが，ここでは，普遍的理性根拠となっている。

197）（訳注）ヘーゲルは動物頭蓋と人間頭蓋との類似性によるガル説に言及している。この点については，Gall, *Schreiben über seinen bereits geendigten Prodromus.* S. 317f.; S. 325 および Bischoff, *Darstellung der Gallschen Gehirn- und Schädel-Lehre*. S. 67 を参照されたい。

198）（訳注）C-a では，本源的に規定された自然とされる。

晴天であるならば，商人や主婦は，もともとは雨が降るはずだったのだともいえるし，でもそのための素因が現にあるのだともいえる。同じように，頭蓋の観察によれば，――この個人は，もともとは頭蓋が法則のうえでいっている通りに，あるはずであったといい，本源の素質はあるのだけれども形には現れなかったのだということになる。つまり，そういう性質は現にあるのではないが，現に存在すべきだったというのである。――法則と当為は，現実の雨の観察に，また，頭蓋がこのように規定されているときの，現実の感官の観察に基づいている。だが，その現実は存在していない。そこで，その空虚な可能性が，現実と同じ程度に認められることになる[199]。――この可能性すなわちかかげられた法則の非現実性と，したがって法則に矛盾する観察とがはいり込んでこなければならないのは，個人の自由と展開してゆく環境とが，存在｜(276) 一般に対しても本源の内的ならびに外的骨としての存在に対しても同じように無関与であるおかげである。また個人が，内面的に本源的にあるのとは異なったものでもありうるし，そのうえ，骨がある以上にありうるおかげである。

こうして，われわれの手に入れる可能性は，頭蓋のこのもりあがりもしくはくぼみが，現実的なものでもあれば，素質でさえもある。そして，しかも，その可能性は，不定な形で，何かあるもののための素質であるということ，頭蓋が何か非現実的なもののしるしであるということである。われわれがながめわたすように，下手な逃げ口上は，いつでもそうなるのだが，己れが助けるはずのものに逆らった形で自身使われる。われわれがながめわたすように，思い込みが，事象の本性のおかげで己れの固執することの反対を，しかも軽率なやり方で，みずから語ることになるということである。つまり，この骨によって何かが暗示され

199)（訳注）素質に関するガル説についてはGall, *Schreiben über seinen bereits geendigten Prodromus.* S. 315を参照されたい。ガルは，弁護文書でこの箇所を関連で引用し，考えを敷衍し詳述している。この点については，Gall, *Verteidigungschrift.* S. 36およびGall, *Vorlesung über Verrichtungen des Gehirns und Möglichkeit die Anlagen mehrerer Geistes- und Gemüthseigenshaften aus dem Baue des Schädels der Mensch und Thiere zu erkennen.* Hrsg von H. G. C. v. Selpert, Berlin, 1805, S. 1およびBischoff, *Darstellung der Gallschen Gehirn- und Schädel-Lehre.* S. 25を参照されたい。ヘーゲルによるリヒテンベルクからの引用をめぐっては，本章注144を参照されたい。リヒテンベルクもガルの素質論を批判している。この点については，Lichtenberg, *Ueber Physiognomik.* S. 39を参照されたい。

るけれども，同じ程度に，暗示されないこともまたあると語ることになる。

こういう逃げ口上をする場合，思い込み自身が思い浮かべることは，まさに思い込みを抹消する考えであり，それは，存在そのものがけっして精神の真理ではないということである[200)]。すでに素質が，精神の働きに少しも関与しない本源的存在であるように，骨もまたやはり己れの側でそういうものである。【188】精神的働きをともなわずに存在しているものは，意識からみれば物[201)]であって，およそ意識の本質ではない。だから，そういう存在は，むしろ意識の反対である。意識は，そういう存在を否定し滅ぼすことによってのみ，現実的であると確信している[202)]。──｜（277）この面からいえば，骨を意識の現実的定在だというのは，理性をまったく否定すること[203)]だとみなされてよい。骨がそういうものだといわれるのは，骨が精神の外面だと考えられるからである。なぜならば，外面はまさしく存在する現実性だからである。この外面からは，それとは何か別である内面へだけの推理がなされ，外面は内面そのものではなく，内面の表現であるにすぎないといっても少しも助けにはならない。というのは，両者相互の関係のうちには，ほかでもなく，内面の側には，みずからを思考し，また思考された現実性という規定[204)]が，しかし，外面の側には，存在する現実性という規定が帰せられるからである。──だから，ある人に向かって，君の骨がそういうふうな性質なのだから，君（君の内面）もそういうものだといったとする。その場合，わたしは，骨を君の現実性だと考えているといっているにほかならない。人相術の場合には，そういう判断に対し，横面をはりとばして答えた[205)]のであるが，その場合，まず，柔かな部分を，その外見や配置から外しておいて，その部分が真の自体でもなければ精神の現実でもないことを示すにとどまった。ここ頭蓋論の場合には，答えは

200）（訳注）存在は，観察する理性としての頭蓋論にとってもカテゴリーではあるが，存在そのものは，もともと自己意識とは関係がないという点で精神の真理ではないのである。

201）（訳注）「物」は，知覚段階の意識対象である。

202）（訳注）ここでの「意識」は，目的実現を目指して行為する行為的理性である。

203）（訳注）*GW* 9, S. 179, Z.18–19 にも同様の文言が人相術に関してある。

204）（訳注）*GW* 9, S. 183, Z. 36–37 と重なる。

205）（訳注）*GW* 9, S. 178, Z. 18–19 および本書脚注 155 を参照されたい。

本来ずっと進んで，そういう判断をする者の頭蓋骨を打ち砕いて，その人の知恵と同じ程度に粗雑に，人間にとって骨は，まったく自体[206]ではなく，ましてその人間の真の現実性などではないと明らかにしなければならないであろう。

｜（278）自己意識的理性の粗野な本能は，頭蓋学といったようなものをよくみもしないで否認するであろう。――この頭蓋学は，認識作用の予感にまで高まって，この認識作用を外面は内面の表現であるという精神を欠いた仕方で把握して，頭蓋学のもう一つ別の観察する本能をも非難するであろう。けれども，考えがまずいものであればあるだけ，そのまずさが明確にどこにあるかはいっそう気づかれにくいこともしばしばであり，そのまずさを分析することは，いっそう困難である。なぜならば，考えというものは，みずから本質だとみなす抽象が，より純粋で空しいものであればあるほど，いっそうまずいからである。だが，ここで肝心となる対立は，みずからを意識している個体性と，まったく物になり下っている外面性とを，その分肢としている。精神という前者の内的存在は，精神のない固定した存在としてつかまれながらも，まさしくこういう存在に対立させられている。――だが，そのために，観察する理性も事実頂点に達している[207]ようにみえ，この頂点をふり捨てて，逆転せざるをえないようにみえる。というのは，まずさが極まったときはじめて，逆転するという直接的な必然性を，それ自体でもつことになるからである。――ユダヤの民については，救いの門のすぐ前にいるという，まさにその理由で，もっとも済度しがたいもの[208]であり，またそうであったということができる。この民は完璧であるべきであった当のもの，【189】つまり，自己本質性を，己れと確信しないで，それを己れの彼方[209]へずらしてしまった。この民は，この外化放棄によって，｜（279）もし己れの対象をもう一度己れの中にとり戻すことができるかもしれないならば，存在の無媒介性の中にとどまり続けている場合よりも，いっそう高い生存を己れのものとすることができよう。というの

206）（訳注）*GW* 9, S. 179, Z. 22–23 にもある。

207）（訳注）*GW* 9, S. 423, Z. 19 以下を参照されたい。

208）（訳注）「もっとも済度しがたい民」という表現が「自然法講義原稿」にもある。

209）（訳注）ユダヤの民の超越神のこと。

も精神は，自己に帰るときの対立が大きければ大きいだけ，いっそう偉大であるからである。精神がこの対立をみずからつくるのは，己れの直接的統一を廃棄するときであり，己れの自立存在を外化放棄するときである。とはいえ，こういう意識が，自己に反省還帰しないときには，この意識の惹かれている中項は，救いなき空しさである。というのも，この空しさを充たした方がよいものが，固定した項になってしまっているからである。そこで観察する理性のこの最後の段階は，もっともまずい段階であり，だからこそ，その理性の反転も必然的なのである。

〔d　観察する理性の結論〕

〈観察の内容および対象となっていて，これまで考察されてきた，一連の関係〉を概観するとき明らかになるのは，次のことである。つまり，その最初の仕方で，つまり，非有機的自然の関係を観察するときに，すでに感性的存在が，その観察から消えていることが，観察に分かるのである。非有機的自然の関係の諸契機は，純粋の抽象として，また単純概念として提示される。だが，これらは，物の定在にしっかりと結びつけられるといわれるのに，この定在は消えてしまう。そのため契機は，純粋な動きであり，また普遍であることが分かる[210]。この自由で自己完結的過程は，対象的なものという意味を保ってはいるが，いまの場合は，一[211]として登場する。非有機体の過程では，一は現存しない内面であるが，一として現存するとき，その過程は｜（280）有機体である[212]。一は，自立存在または否定的本質体であるときは，普遍に対立しており，この普遍をのがれて，それだけで自由に自立し続ける。そのため，概念は，絶対的個別化という場面[213]でだけ実現されて，有機的現存のうちでは，普遍として定在するという，己れの真の表現をみつけるものではない。有機的自然の外面，もしくは同じことであるが，自然の

210）（訳注）*GW* 9, S. 143, Z. 27–S. 144, Z. 32 を参照されたい。
211）（訳注）*GW* 9, S. 166, Z. 25–26 からこの一は類である。
212）（訳注）*GW* 9, S. 144, Z. 33–S. 145, Z. 13 を参照されたい。
213）（訳注）普遍的個体としての地のこと。

内面にとどまっている[214]。――有機的過程は，それ自体で自由であるだけであるがそれだけで自由であるのではない。目的のうちでは，有機的過程の自由の自立存在が現れており，その過程とは別のものとして，その過程のそとにあって，自己自身を意識している知恵として現存している[215]。こうして，観察的理性は向きを変えて，この知恵となり，精神となり，普遍性として現存する概念となる。つまり，目的として現存する目的となる。そして理性自前の本質が，今後の対象となる[216]。

まず[217]，観察する理性は精神の純粋な状態に向かう。けれども，この理性は，精神の区別のうちで自己運動する対象を存在するものとして把握するから，その思考法則は，持続するものと持続するものとが関係し合うことである。といっても，思考法則の内容は，諸契機にすぎないから，それらの契機も，自己意識の一に流れ込む。――この新しい対象は，また同様に存在するものと受けとられ，個別的で偶然な自己意識である。それゆえ，観察は，思い込まれた精神の範囲内や，意識的現実と無意識的現実との偶然な関係の範囲内にいるわけである。【190】精神自体そのものは，｜（281）関係の必然であるにすぎない[218]。それゆえ，観察は，精神に肉迫して，精神が意欲し行う現実を，精神が自己に反省還帰し省察をめぐらすその現実と，比較する。が，この現実は，それ自身対象的である。この外面は，個人が自己自身にもっている己れの言葉ではあるが，同時にしるしであるから，これが表示するといわれる内容に対しては無関与のものである。それと同じようしるしを己れのしるしとしている当のものも，このしるしに対し無関与である[219]。

それゆえ，このように変わりやすい言葉から，観察は，結局確固とした存在に帰って行く。そして，その概念からいって語ることは，外形が器官としてでも，言葉やしるしとしてでもなく死んだ物として精神の外的で直接的現実であることである[220]。非有機的自然の一番はじめの観

214）（訳注）*GW* 9, S. 145, Z. 14–S. 146, Z. 23 を参照されたい。
215）（訳注）*GW* 9, S. 146, Z. 24–S. 147, Z. 36 を参照されたい。
216）（訳注）*GW* 9, S. 167, Z. 12–Z. 15 を参照されたい。
217）（訳注）*GW* 9, S. 167, Z. 16–S. 168, Z. 32 を参照されたい。
218）（訳注）*GW* 9, S. 168, Z. 33–S. 179, Z. 22; S. 176, Z. 1–Z. 30 を参照されたい。
219）（訳注）*GW* 9, S. 171, Z. 23–S. 171, Z. 17 を参照されたい。
220）（訳注）*GW* 9, S. 179, Z. 23–S. 188, Z. 21; S. 184, Z. 12–Z. 29 を参照されたい。

察によって廃棄されたものが，つまり，概念が物として現存するはずだということ[221]が，ここに知恵によって精神の現実そのものは物となる。そして，逆に表現すれば，死んだ存在に，精神という意味が与えられるというようにしてこの知恵が回復される。――その結果，観察についてのわれわれの概念であったことを，つまり，理性の確信が，己れ自身を対象的現実として求めていることを，観察が語る結果になったのである[222]。――その場合，なるほど，頭蓋によって表象されている精神が物だと表明されているとは考えられていない。つまり，この考えでは，いわゆる唯物論 |（282）があるのではない。むしろ，精神は，この骨とはなお別のものであるといわれるべきである。けれども，精神があるということは，精神が物であるということにほかならないのである[223]。存在そのものもしくは物存在が，精神の述語となるときには，そのことによって真に表現されているのは，精神がいっぱしの骨のようなものであるということである。それゆえきわめて重要であるとみなければならないことは，精神について，精神が存在すると純粋に[224]いわれることの，真の表現がみつかったことである。元来，精神について，それは存在するとか，存在をもっているとか，物であるとか，個別的現実性という場合には，精神がみたり，手にとったり，突いたりなどできるものだと意味されることはないけれども，そこでいわれているのは，そういうことである。ほんとうにいわれていることは，精神の存在が骨であるという形で表現されることになる。

さて，これまでの結果には表裏一体の意味がある。まず第一に，その結果は，自己意識のこれまでの動きの結果を補うかぎりで，それにはみずから真の意味がある。不幸な自己意識は，己れの自立性を外化放棄し

221）（訳注）*GW* 9, S. 143, Z. 27–S. 144, Z. 32 を参照されたい。

222）（訳注）*GW* 9, S. 137, Z. 31 以下を参照されたい。

223）（訳注）ヘーゲルは，頭蓋論は唯物論になるという非難へのガルの弁明に言及している。この点については，D. F. J. Gall, *Verteidigungschrift* を参照されたい。ガルはとりわけ C. W. フーフェランドと K. A. ブレーデを弁護している。この点については，Bischoff, *Darstellung der Gallschen Gehirn- und Schädel-Lehre*. S. 25 さらに August Blöde, *D. F. J. Galls Lehre über die Verrichtungen des Gehirns, nach dessen zu Dresden gehaltenen Vorlesungen in einer faßlichen Ordnung mit gewissenhafter Treue dargestellt von einem unbefangenen Zuhörer.* Dresden, 1805, S. 142 を参照されたい。

224）（訳注）*GW* 9, S.188, Z. 28 の「より純粋で（reiner）」を参照されたい。

て，苦闘の結果，己れの自立存在を物にした[225]。そのおかげでこの意識は，自己意識から意識に，すなわち，存在や物を対象とみる意識に帰ってしまった。しかし，物である当のものは【191】自己意識なのである。だから，それは，自我と存在の統一であり，カテゴリーである[226]。対象が，意識に対してそのように｜（283）規定されるので，意識は理性をもつ。意識も自己意識も，本来それ自体では，理性である。けれども，対象をカテゴリーと規定した意識については，意識は理性をもつとしかいわれえない。――だが，理性をもつということは，理性が何であるかという知とはなお別である。存在と己れ〔意識〕に属するものとの直接的統一であるカテゴリーは，これら二つの形式を経巡らなければならない。そして，観察する意識とは，カテゴリーが存在という形式をとって提示されるものにほかならない。その結果，この意識は，みずからが無意識的に確信していることを，命題として，理性の概念[227]のうちにある命題として表明する。この命題は，自己は物であるという無限判断であり，――自己自身を揚棄する判断である。――したがって，この結果のおかげで，カテゴリーが自己を揚棄する対立であることが明確にカテゴリーに付け加わる。存在ないし無媒介性という形式を意識に対してとる純粋カテゴリーは，まだ媒介されていなくて眼前にあるだけの対象であり，意識も対象と同じく媒介されていない関係である。例の無限判断という契機は，無媒介性が媒介もしくは否定性に移行することである。それゆえ現存する対象は，否定的対象として特定されているが，意識は，この対象に対する自己意識として特定されている。言い換えれば，観察することで存在の形式を通りぬけてきたカテゴリーは，いまや設定されて｜（284）対自存在である。つまり，意識は，もはや直接的に自己をみつけようとするのではなく，むしろ意識の行いによって自己をつくろうとする。意識自身は己れの行いが目的であると確信し，行いにとって観察ということでは諸物が問題である。

この結果の第二の意味は，概念なき観察だとすでに考察された意味である。この観察は，次のようなこと以外で自己をつかみ表明することを

225）（訳注）*GW* 9, S. 130, Z. 25–31 を参照されたい。

226）（訳注）*GW* 9, S. 134, Z. 22 以下を参照されたい。

227）（訳注）理性はすべての実在であるという確信のこと。

心得ていない。つまり，意識に対しその対象であるという状態を，同時に失わない感性的物として見出される骨を自己意識の現実性だと無邪気に述べるのである[228]。だが，また，この観察には，みずからそういっていることについて，少しもはっきりした意識がないし，その命題を，主語と述語および両者の関係という規定性でつかんでいるのでもない。ましてや，自己自身を解消する無限判断という意味でも概念という意味でもつかんでいるのでもない。――むしろ，この観察は，精神の深みにある自己意識から，ここでは自然的な無邪気として現れる自己意識から，骨を自己意識の現実と考えるという，概念なき裸の考えの恥ずかしい姿を隠してしまい，考えを考えなき姿自体によって，白く塗りつぶす[229]。つまり，原因と結果とか，しるし，器官などという，ここでは何の意味もないような，いろいろな関係を混ぜ込んだり[230]，そういう関係からとってきたいくつかの区別によって，命題のどぎつさを隠したりする。

【192】｜(285) 脳繊維，その他そういうたぐいのものは，精神の存在と考えられる場合[231]には，すでにある考えられいて仮説にすぎない現実である。それで，そこにあるのでもなく，感じられるのでもみられるのでもない現実，真実ならぬ現実である[232]。それらは，そこにあるとき，みられるときは，死んだ対象であり，そしてもはや精神の存在とはみなされない。だが，本来の対象性は，直接的で感性的でなければならないから，精神は，死んだものとしてのそういう対象性での――なぜならば骨は生きたものそのものに備わっているかぎりでの死んだものだから――現実的だとされる。――以上の表象の概念は，理性は，全物性であり，また純粋に対象的物性そのものであると確信していることであ

228) (訳注) *GW* 9, S. 184, Z. 2–3 を参照されたい。

229) (訳注) 構想の元となっているのは，『新約聖書』「マタイによる福音書」23:27 以下「律法学者たちとパリサイ派の人々，あなたたち偽善者は不幸だ。白く塗った墓に似ているからだ。外側は美しくみえるが，内側は死者の骨やあらゆる汚れで満ちている。」であろう。

230) (訳注) *GW* 9, S. 181, Z. 17–S. 183, Z. 31; S. 184, Z. 12–29 を参照されたい。

231) (訳注) ヘーゲルは，ボネの繊維理論をおそらく念頭に置いている。この点については，Karl Bonnet, *Analytischer Versuch über die Seelenkräfte*. Aus dem Französischen übersetzt und mit einigen Zusätzen vermehrt von M. Christian Gottfried Schütz. Bd. 1, Bremen und Leipzig, 1770, S. XVII; S. 68, S. 108, S. 287f.; S. 290–91 を参照されたい。

232) (訳注) *GW* 9, 190, Z. 24 以下を参照されたい。

る。だが，理性が，こういうものになるのは，概念となるときである。つまり，概念が理性の真理にほかならない。概念そのものは，その内容が概念ではなく，表象であるときに，純粋であればあるほど[233]，愚かな表象に落ち込んでしまう。そうなるのは，自己自身を揚棄する判断が，みずからがこの無限性だという意識によっては受けとられないで，持続する命題であると受けとられるとき，その主語と述語を，それぞれそれだけで妥当させ，自己を自己として，物を物として固定しながら，しかも一方が他方である，と主張する命題だとされる。——本質的にいえば，概念である理性は，そのまま自己自身とその反対とに分裂しているが，その対立はまさにそのために，そのまま廃棄されてもいるような対立である。しかし，理念は，〈自己自身としてまた自己の反対として現れ，別々に現れるような，まったく個別的な契機〉のうちで｜(286) 固定される場合には，理性的に把握されているのではない。また，この別々に現れる契機が，純粋であればあるだけ，内容の表れは鋭い。ひとりこの内容のみが，意識に対してあるか，それとも，意識によってとらわれない形で表明されるか，そのいずれかである。——この深さは，精神が内面からそとに出ることで，それを追って表象する意識にまさに至り，この意識にとどまらせる。——そして，この意識は，みずからが己れのいっているようなものであることを，知っていない。この深さとこの無知の結びつきは，高いものと低いものの結びつきと同じである。つまり，自然が生命体でその最高の完成の器宮，すなわち，生殖の器官と，排尿の器官とを結びつける形で素朴に表現しているような結びつきである。——そうなれば，無限判断は無限判断であるかぎり，自己自身を把捉する生命を完結させるであろう。けれども，その生命の意識は，表象のうちでとどまったままならば，排尿の役割を果たすだけである。

233)（訳注）本書注224を参照されたい。

【193】｜（287）

B 理性的自己意識の自己自身による実現

自己意識は，物を自己として，また，自己を物としてみつけた[234)]。すなわち，自己意識がそれ自体で対象的現実であるということが，自己意識に対してある〔自覚されている〕のである。自己意識は，もはや，全実在であるという直接的確信[235)]ではなくて，むしろ直接的なもの一般には，廃棄されたものという形式があることが，みずからに対してあるような確信である。そのため直接的なものの対象性は，かろうじて表面的なものとしてしか認められていないのであって，この表面の内面と本質は，自己意識自身なのである[236)]。——したがって，自己意識が積極的に関係する対象は，自己意識である[237)]。対象は物性という形式をとっている[238)]。すなわち，対象は自立している。しかし，自己意識は，この自立した対象が，みずからにとって疎遠なものではないと確信しており，こうして，みずからがもともとこの対象によって承認されていると心得ている。この自己意識は精神であり，精神は，精神の自己意識が表裏一体になり，表裏一体の両者が自立しながらも，みずからは自己自身と一つであると確信している。そこでこの確信は，己れを真理に高めなければならない[239)]。自己意識にあてはまること，すなわち，自己意識がそ

234）（訳注）ここでの「自己意識」とは，無限判断成立時の自己意識としての意識である。

235）（訳注）「自己意識」の章の最後に成立をみた当時の「全実在であるという，意識の確信」（*GW* 9, S. 131）のことである。

236）（訳注）*GW* 9, S. 190, Z. 31–S. 191, Z. 24 を参照されたい。対象が自己意識であるのは，自己意識は真実にはただ他の自己意識に対してある場合にのみ自己意識であるからである。

237）（訳注）たとえばa「快楽」でも，b「心の法則」でも対象は本質的には他人という自己意識である。

238）（訳注）「物性」は知覚の基本概念であるが，ここでは身体をもつかぎり，他人も一種の物であるというほどのことを意味している。

239）（訳注）今後の動きが確信を真理にまで高めることを目指す点でのⅣの段階と対応している

れ自体で存在し，|(288)内的に確信しながら存在することが，自己意識に意識されるはずであり，自己意識に対してのこととなるはずである。

この実現の一般的宿駅が何であるかの特徴は，これまで通ってきた道とすでに比較するとき，およそ明らかになる。つまり，観察的理性がカテゴリーという場面で，意識の動きを，すなわち感性的確信，知覚，悟性を，繰り返した[240]。それと同じように，行為的理性も，自己意識の表裏一体の動きをふたたび経めぐり，自立性から自己意識の自由へ移ってゆくであろう。まず[241]，この行為的理性は，自己自身をただ個人として意識し，そういう個人として他者のうちで自己の現実を求め，つくり出さないではいられない[242]。——だが，その次には[243]，個人の意識が己れを普遍性に高めることによって，個人は普遍的理性となり，自己が理性であることを，絶対的に[244]すでに承認されたものであることを意識することになる。そして，この承認が，その純粋意識[245]のうちですべての人々の自己意識を統合する。個人は単純な精神的本質体[246]であるが，これは，同時に意識されるとき，実在的な実体[247]であり，これまでの

240)(訳注)カテゴリーについては *GW* 9, S. 134 を参照されたい。自我である存在，存在である自我にほかならないカテゴリーの存在面で成立するものが観察する理性である。このA観察する理性で，記述は感性的確信に，標識は知覚に，法則は悟性にそれぞれあたる。そして実験によって法則が設定せられてから後，有機体についての観察，論理学の観察，心理学の観察，人相術の観察，頭蓋論の観察がなされたのは要するに「外面は内面の表現である」という基本法則の具体化のためであった。

241)(訳注)*GW* 9, S. 198, Z. 19–S. 214, Z. 5 を参照されたい。

242)(訳注)このことのもっとも顕著なのはB-aである快楽でである。

243)(訳注)*GW* 9, S. 215 以下 ; S. 223, Z. 19 以下 ; S. 228, Z. 31 以下 ; S. 239, Z. 2 以下を参照されたい。

244)(訳注)この「絶対的に」はCの「それ自体でそれだけで実在的であると思い込んでいる個体性」の場合にあたる。したがってBの別名が行為的理性であるのと同じようにCの別名は普遍的理性である。

245)(訳注)「純粋意識」という表現はすでに不幸な意識で出ていたが，Vでは当面の箇所を除くと，はじめて現れてくるのはC-b立法的理性のはじめ(*GW* 9, S. 228, Z. 20)ででである。このことは，前注でいったようにBをもって行為的理性と呼ぶとすれば，Cは普遍的理性であるが，この普遍的理性もb立法的理性で純粋意識の段階にはいることが示されている。

246)(訳注)*GW* 9, S. 227, Z. 39 では「事象そのもの」が一応こう呼ばれている。

247)(訳注)Ⅵ-A人倫の段階での主題である人倫的実体のことであるが，このことはすでにここで人倫の問題にはいっていることを意味しており，本巻構想の変化とも関連する。

諸々の形式は，己れの根拠であるこの実体へ帰ってゆく。そのため，それらの形式は，この根拠と対比すると根拠が生成してゆくにあたっての個々の契機にすぎない。これらの契機は，相互に分離し，自前の諸形態として現れるにしても，実際には，この根拠によって担われた，定在と現実であるにすぎない。だが，それが真実性をまさにもつのは，根拠自身のうちでであり，そこにとどまるかぎりでだけのことである[248]。

｜(289)　〔1　目標としての人倫の国〕

【194】この目標は，われわれにとってはすでに生じている概念である。つまり，この目標は，他人の自由な自己意識のうちにありながら自己自身を確信しており，〈まさにこの点に，己れの真理をもっている承認ずみの自己意識である〉[249]。――そこでわれわれは，この目標を，その実在性ということで取りあげる。言い換えれば，このまだ内なる精神を，すでに定在して実体となったものとして取り出す。そのときこの概念のうちには，人倫の国[250]が開けてくる。なぜならば，人倫の国とは，諸々の個人が自立した現実にありながら諸個人の本質としての絶対的精神的統一にほかならないからである。これは，それ自体で普遍的自己意識であるこの自己意識が，他人の意識のうちにありながら現実と確信していることである。が，その現実のあり方は，他人の意識に完全な自立性がありながらも，つまり，自己意識にとって物でありながらも，まさにこの点で，この物との統一が意識され，自己意識は，こうして，対象的なものと統一することではじめて自己意識であることである。この人倫的実体は，その普遍性を抽象するときには，考えられた法則にすぎない[251]。けれども，同時に直接現実的自己意識でもある。言い換えれば，この実体は習俗である。反対に個々の意識は，個別性でありながら，普

248）（訳注）Ⅵ 精神という段階の序説部分にも同様の記述がある。

249）（訳注）*GW* 9, S. 193, Z. 10–17 を参照されたい。

250）（訳注）Ⅵ-a 人倫的世界にあたる。

251）（訳注）画一的で固定的法則ないし法律に対するヘーゲルの反感はV-C-b である「立法的理性」にも現れており，そうかといって，実践での普遍的客観規定をかれが無視するわけでもない。これがかれの習俗を重んずる所以である。

遍的意識を己れの存在として意識することによって，つまり己れの行為と生存が普遍的習俗であることによって，この存在するこの一人にほかならない。

自己意識的理性の実現という概念が，すなわち他の人が自立していながら，この他の人と完全に統一していると直観すること，言い換えれば，この実現の概念とは，わたし自身を否定するものでありながら，｜(290) わたしによって眼前にみつけられた，他の人のこの自由な物性を，わたしがわたしに対してあることとして対象とするという概念が，一つの民〔ギリシア〕[252]の生活では，実際に完全な実在性を得ている。理性は，流動的普遍的実体として，不変で単純な物性として現存している。また，その物性は，同様に光が自立して輝く無数の点である星に分散するように，完全に独立した多くの存在者に分散し，これらの存在者は，みずから絶対的に自立した存在でありながらも，自立した単純な実体のうちでは，それ自体だけではなくて自覚しても溶け込んでいる。これらの存在者たちは，みずから個別的で自立した存在者であると意識している。が，そうなるのは，己れの個別性を犠牲にし，この普遍的実体を，己れの魂とし本質とすることによってなのである。それと同じように，この普遍も，やはり，個別者としてのそれら存在者の行いであり，それらの存在者によって生み出された所業なのである。

個人の純粋に個別的営為は，諸々の欲求[253]に関係している。この欲求というのは，個人には自然存在として，つまり存在する個別性としてある。個人のこのもっとも普通の機能でさえもが，滅ぼされることもなく，むしろ現実であるのは，それを支える普遍的媒体のおかげであり，民全体の威力のおかげなのである。――だが，個人は，普遍的で保っている実体のうちに己れの行い一般のこの存続形式をもっているだけでなく，己れの内容をももっている。個人が行うことは，すべての人々があまねく熟達していることであり，すべての人々の習俗である。この内容

252)（訳注）原語は ein Volk であり，そしてこれはまた ein freies Volk のことであり，以下の叙述によっても明らかであるように，ギリシア人を指している。したがって，その生活とはポリスでの生活のことである。しかし，やがて注意されるように，ギリシア人は多数の都市国家に分散していて統一的民族国家を形づくったわけではない。

253)（訳注）原語は Bedürfnisse であり，これは Begierden とまぎらわしい。後者が個人的であるのに対して，前者は社会生活の上でのものである。

は，完全に個別化しているかぎり，｜（291）その現実性ということでは，【195】すべての人々の行いに組み込まれている。同様に己れの欲求のためにする個人の労苦は，みずから自前の欲求を満足させるのと同じく，また他の人の欲求を満足させることでもある。個人がみずからの欲求を満足させるのは，ただ他人の労苦のおかげである。――個別者は，みずから個別的に労苦するとき，すでに意識せずに，普遍的労苦を果たしているように，個別者もまたしても普遍的労苦を己れの意識的対象として果たしてもいる。全体は，全体として個別者の所業となり，この所業のために個別者は己れを犠牲とし，まさにこの犠牲によって全体の方から己れ自身を逆に取り戻す。――ここには，相互的で[254]ないようなものは何もない。個人の自立性が，それだけでの存在〔対自存在〕を解体しながらも，みずから自身を否定しながらも，なおみずからだけで存在するという肯定的意味を，みずから手に入れないようなものは何もない。他の人に対する存在すなわち自己を物にすることと，自立存在とのこの統一，この普遍的実体は，己れの民の習俗と法のうちで，普遍的言葉となって語られている。だが，この存在する不変の本質体は，普遍的言葉に反対しているように思われる個別的個人自身を表しているのにほかならない。法が表現しているのは，各個人が存在し行う当のことである。個人は，法を，己れの普遍的で対象的物性として認めるだけではなく，同様にこの物性の中にみずからを認める。言い換えれば，法を己れ自身の個体性に，同じ国民の各々に個別化された形で認める。だから，普遍的精神にいるとき，各人は｜（292）己れ自身だと確信しているだけである。つまり各人は，存在する現実に自己自身よりほかには何もみつけないと確信しているだけである。各人は，己れと同じように他の人を確信している。――わたしは，わたしもそうであるように，すべての人々が，己れ自身だけでは自立的存在であるにほかならないことを，すべての人々のうちで直観する。つまり，わたしは，すべての人々がわたしによって，また他の人自身によって存在するという形で，すべての人々のうちで，他の人との自由な[255]統一を直観する。わたしは他

254）（訳注）この相互性でⅣ 自己意識の段階で説かれた「承認の概念」が実現されていることが注意されるべきである。

255）（訳注）この「自由」は『差異論文』でフィヒテを批判するにさいして「最高の共

の人をわたしとして，わたしを他の人として直観する。

それゆえ，一つの自由な民では，ほんとうに理性[256]が実現されている。この理性は現在する生きた精神である。この精神では個人は己れの使命が，すなわち，己れの普遍的で個別的本質が言い表され，物性として現存していることを見出すだけではない。むしろ個人自身がこの本質であり，己れの使命を果たしてもいる。だから，古代のもっとも賢い人々[257]は格言を語って，知恵と徳は己れの民の風習に従って生きることにある[258]といっている。

〔2　道徳性の生成〕

とはいえ，自己意識は，はじめのうちやっと直接的に，概念のうえから精神であるにすぎず，己れの使命を果たし，その使命に生きるという，幸福のそとに出てしまっている。言い換えれば，また，――自己意識はまだ幸福に達してもいない。なぜならば，幸福から出てきたことと，自己意識がまだ〔自覚的に〕幸福に達していないこととのどちらも同じようにいえることだからである。

理性はこの幸福のそとに出るよりほかはないというのは，一つの自由な民の生活が，もっぱらそれ自体でつまり直接に実在的人倫だからであり，【196】言い換えれば，その人倫が存在する人倫だからであって，この普遍的精神自体も個別的精神だからであり，習俗や法の全体は｜(293) 或る特定の人倫的実体だからである[259]。この特定の実体は，いっ

同は最高の自由である」とヘーゲルがいった場合の「自由」である。

256）（訳注）正確にいえば理性的自己意識の理性あるいは行為的理性。

257）（訳注）「自然法論文」にはディオゲネス・ラエルティオス『哲学者列伝』第8書第16篇からの引用であるとして或る人が自分の息子に対する最善の教育は何であるかと質問したのに対して，或るピュタゴラスの徒は「息子をよく治められた国家の国民となすとき」と答えたといわれている。『法哲学要綱』第3節にもほとんど同様のことが記されている。なお本文の「風習に従って生きる」の「生きる」については，VI-A 人倫的世界の段階では普遍に引き入れ，普遍のために生きさせる（*GW* 9, 243）ことが高調されている。

258）（訳注）たとえば，ディオゲネス・ラエルティオス『哲学者列伝』，530頁（第8書第16篇）を参照されたい。同様にヘーゲルはソクラテスを十中八九念頭に置いている。ソクラテスは，逃亡よりも死を優先したほどに国家の法をたいへん尊重した。

259）（訳注）VI 精神の A-b である人倫的行為では，ギリシア的人倫の基本的制限はそ

そう高い契機に至って，つまり，実体の本質について意識する[260]に至ってやっと制限を脱け出せるのである。このことを認識するときにだけ，己れの絶対的真理を得るのである。だが，その存在そのままで，そうなるのではない。存在しているさいには，実体は，一方では制限された実体であり，他方では，絶対的制限とは，精神が存在という形式をとっているという，まさにこのことである。

それゆえさらに，実在する人倫に，つまり民に直接現存している場合の個別的意識は，純粋無雑な信頼[261]をいだいている。この信頼からみれば，精神はその抽象的契機に解体してしまっているわけではない。したがって，この信頼は，また純粋の個別性として，自立して存在すると心得ているわけでもない。だが，もし，当然そうなることであるが，意識がこのことを考えるようになると，精神との直接的統一は，すなわち意識ということでの精神の存在，己れの信頼は失われてしまう。そこで，本質体は，自立して孤立した意識であって，もはや普遍的精神ではない。自己意識のこの個別性という契機は，普遍的精神自身のうちにあることはあるが，ただ消えてゆく大きさとしてあるにすぎない。この大きさは，その精神の中では自立して現れると同時に，そのままその精神に溶解してしまう。そこでこの大きさは，ただ信頼という形で意識されるだけのことである。――ところで，各々の契機は，本質体の契機であるから，本質体として提示されるようにみずからならなければならな

こでは精神がまだ自然的であることをまぬがれえない点にあるとされる。人倫が普遍と個別との統一であるといっても，そのさいの個別は国家の一員，家族の一員としてのものにとどまって，こういう団体の枠のそとに出た真実の個人ではなく，また人倫を全体としてみても，ギリシアの民自身としてのものではなく，それぞれの都市国家のものであり，また，たとえ真の個別と真の普遍との統一であるとしても，自然的に恵まれた天賦によることであるといわれている。したがってこういう人倫はただ束の間の青春のような過ぎ去らざるをえないものであるといわれている。

260）（訳注）「意識する」のは道徳性によることである。『法哲学要綱』で少なくとも表現の上では道徳性よりも人倫の方が高次のものであるのとは違って，『精神現象学』では人倫がⅥ-A であるのに，道徳性はⅥ-C であって，一段と高次のものとなっている。こういう見方は「イェーナ期体系構想」でプラトン的–ギリシア的国家観をもってまだ個人の独立には徹しないものであるとみて，現代的国家を構想したときに，すでに現れていた。

261）（訳注）原語は Vertarauen であるが，Zutrauen である場合もある。Ⅵ-A-b 人倫的行為の段階で明らかなように，個別者に真の独立がまだ認められていないギリシア的人倫の特徴とされており，「人倫の体系」および「イェーナ実在哲学」では農民あるいは兵士の人倫とされ，そうして『法哲学要綱』第 163 節では家族の人倫ともされている。

い。——契機をそういうふうに固定するときには，個人は，法や習俗に対抗していることになる。そのとき法や習俗は，絶対的本質性のない考えにすぎないし，現実味を欠いた抽象的|(294)理論にすぎない。それに対して個人の方は，このわたしとしてみずから生ける真理であると確信している。

あるいは，自己意識は，人倫的実体であり，民の精神であるというこの幸福にまだ達してはいない。なぜならば，観察から帰ってきたままでは，精神は，さしあたりまだ，自己自身によって精神として実現されてはいないからである。精神は内的本質として，つまり抽象として設定されているにすぎない。——言い換えれば，精神はやっと直接的〔無媒介〕である。だが直接的であるとき，精神は個別的である。精神は，目的をいだいて現にある世界[262)]に踏み込んだ実践的意識である。その目的とは，個々人というこの規定性のうちでみずから表裏一体になることであり，この人として，己れの存在する対像としてみずからを生むことであり，己れの現実と対象的本質体とのこの統一を意識するようになることである。実践的意識はこの統一を確信している。この意識にとっては，統一がそれ自体では現存していることになる，言い換えれば自己と物性[263)]の一致が，すでに現存していることになる。ただ，その場合，己れを通じて，なお己れにとってそうなるべきだということになる。言い換えれば，この統一をみずからつくり出すことが，そのまま統一を見出すことになる。この統一は幸福[264)]と呼ばれるから，この個人は己れ

---

262)（訳注）「世界」はV 理性という段階にはいってはじめて成立をみ，そしてAでまず観察の対象となったものであり，Bの行為的理性ないし実践的意識も世界と交渉をもつものである。しかし，この実践的意識がまだ世界に対して否定的に対立するにすぎないのに対して，Cという段階を通じて，理性と世界との対立がなくなったとき，V 精神に移り，ここでは以前には意識の諸形態であったものが世界の諸形態となる。しかし，すでに行為的理性の段階でも，「経験」は世界経験であり，また「目的」は世界目的である。

263)（訳注）ここで「物性」といっても，じつは他人が自分から独立的であることを指すにすぎない。このことは「a 快楽」が本来は男女間の愛情に関するものであることによっても示しえている。

264)（訳注）このように幸福をもって，たんなる欲望や傾向（Neigung）の充足とみるよりも，社会生活での調和とみるのがヘーゲルの特徴である。幸福と不幸とは青年期原稿でそれぞれギリシアの民とユダヤの民の特徴とされたが，この場合にもかれは幸福の核心を社会関係の調和にみている。「信仰と知」という論文でもカントが道徳と幸福とを分離するのに急であったのに，最高善の論に至って一転して道徳と幸福との一致を要求するようになり，

の幸福を探すために，己れの精神によって世間へ送り出されるわけである。

【197】それゆえ，この理性的自己意識の真理は，われわれにとっては，人倫的実体であるとき，ここで自己意識にとって己れの人倫的世界経験[265]が始まる。自己意識が，まだ人倫的実体になっていないという側面からいえば，この経験という動きは，この人倫的世界経験に迫っているのである。そして，この動きで廃棄されるものは，自己意識にとっては，孤立しているとみなされる個々の｜(295) 契機である。これらの契機には，直接的意欲，つまり自然衝動という形式があり，この衝動は満足に達しながらも，その満足は新しい衝動の内容である。――しかし，自己意識が，実体のうちにある[266]という幸福を失っている側面からみれば，自然衝動は，己れの目的が真の使命すなわち本質性であるという意識と結びついている。そのとき人倫的実体は，自己なき述語に落ち込んでいる。そして，その生き生きとした主語は，個々人となっている。この個々人はこの実体の普遍性を己れ自身で充たし，己れの使命にみずから気を配らなければならない。――だから，前に人倫的実体になっていないといった意味では，個々の契機の形態は，人倫的実体の生成過程であり，実体に先立つことになる。が，いま自己意識が幸福をなくしたという意味からいえば，自己意識に対して己れの使命が何であるかを解明する。前の側面からいえば，何がその側面の真理であるかが経験される動きのうちで，衝動の直接性つまり粗野な性状やその内容は，より高い衝動へと移行するが，後の側面からいえば，衝動に己れの使命を置くという意識の誤った表象が出てくる。前の側面からいえば，諸々の衝動が達成する目標は，直接的人倫的実体であるが，後の側面からいえば，人倫的実体の意識である。しかも，この実体が自己自前の本質であると知っているような意識である。そのかぎりでは，この動きは〈道徳性の，人倫よりは高い形態の生成〉[267]である。しかし，これらの形態

そのさいの幸福が無反省に欲望や傾向の満足と考えられていることをヘーゲルが難じているのも，やはり同様の考え方に基づく。

265）（訳注）『精神現象学』緒論で立てられた経験に従って快楽と心と徳とのいずれでも経験が叙述せられている。

266）（訳注）「実体のうちにある」とは，実体に対して信頼をいだくこと。

267）（訳注）ここで道徳性というのは，*GW* 9, S. 196, Z. 3–4 にあった「人倫的実体の

は，同時に，道徳性の生成の一つの側面をなすにすぎない。｜(296)つまり，己れだけでの存在に帰属する側面，言い換えれば意識が己れの目的を廃棄する側面をなすにすぎないのであって，道徳性が実体そのものから生まれ出るような側面をなすものではない。これらの契機は，失われた人倫に反対して，目的とされるほどの意味を，まだもつわけにはゆかないので，この場合，なるほど，その捉われない内容のうえでは認められ，向かってゆく目標が人倫的実体であるとはいえる。けれども，意識がその人倫的生活を失って，それを求めながら，例の形式を繰り返した後で，現代では，それらの契機の現れる例の形式の方が人倫的実体に近いために，それらの契機は，むしろそういう仕方の表現で表象されるかもしれない。

〔3　行為的理性の諸段階〕

やっと精神という概念である自己意識は，個別的精神として本質体であると確信している規定性をとって，この道を踏み出す。そこで，その目的は，個別者として自己を実現しようとすることであり，個別者としてこのように実現しながら，みずからで享受しようとすることであることになる。

自立して存在するものとして本質体であることを確信している自己意識は他人を否定することになる。それゆえ，自己意識は，このように意識している場合には，なるほどありはするけれども，自己意識からみればそれ自体では存在しないものという意味をもっているようなものに対して，肯定的なものとして対立することになる。意識は二つに分裂して現れる。つまり眼の前の現実と，意識がこの現実を廃棄して実現しようとし，【198】むしろその現実の代わりに実現しようとしている目的との二つに分裂して現れる。しかし，意識の｜(297)最初の目的は，直接的で抽象的己れの自立存在である。言い換えれば，この個別者としてのみずからを，他の人に直観し，あるいは，他の人の自己意識を，みず

本質についての意識」のことであるから，C-bの立法的理性とC-cの査法的理性のことであろう。

からとして直観することである[268]。この目的の真理が何であるかが経験されると，自己意識はもっと高いところに立つ。そこで自己意識にとっては，同時に自己意識が普遍的であり法則を直接己れのもとでもつかぎり，自己意識が，今後目的である[269]。だが，己れの心のこの法則を成就するとき，自己意識が経験するのは，個々の者がこのさいに保持されるのではなくて，善は個々の者を犠牲にすることによってのみ実現されうるということである。つまり，自己意識は徳となるのである。徳がつむ経験は，その目的がそれ自体ではすでに実現されており，幸福が直接的には行いそのもので見出され，行い自身が善であるということ以外ではありえない[270]。この領域全体の概念は，物性が精神そのものの自立存在であるということであり，この概念は，ここでの動きが進むにつれて自己意識に対して生ずる。こうして自己意識は，この概念を見出したときには，みずからが自己を直接表明する個体性[271]としての，実在であることを確信している。この個体性は，対立する現実に出会っても，もはやまったく抵抗感がないし，この表明そのものだけを対象とし，また目的としているのである。

| (298)

a　快楽と必然性

自己意識は，もともと己れが実在であると確信しており，己れの対象をみずから自身のもとでもっている。けれどもこの対象を，自己意識はやっと自己に対してもっているにすぎず，まだ存在するものとなっ

268）（訳注）「a 快楽」の段階のことであって，個別的であることでは対象意識での感性的確信の段階にあたる。

269）（訳注）「b 心の法則と自負の狂乱」の段階のことであって，心と法則で個別と普遍とが相互に矛盾することでは，知覚の段階にある。

270）（訳注）「c 徳と世の中」の段階のことである。そして，世の中では善がそれ自体では実現されており，その内面であることで，この段階は悟性の段階にあたる。なお徳の経験が終了して，c の段階に移って行い自身のうちに幸福が見出されるようになるという点では不幸な意識が赦免を得たのちにも，まだまぬがれなかった不幸がここに克服されたことになる。

271）（訳注）この「個体性」が「C 絶対的に実在的であると思い込んでいる個体性」である。

てはいない。存在は，自己意識の現実とは別の現実として，自己意識に対立している。そこで自己意識は，己れの自立存在を実現することによって，自己を，自己とは別の自立的存在者であると直観することを目指す[272)]。この最初の目的は，個別的存在者としての自己を，相手の自己意識のうちに意識しようとすることである。言い換えれば，この相手を自己自身としようとすることである。自己意識は，この相手の人が，それ自体ではすでにみずから自身であると確信している[273)]。――自己意識は，人倫的実体[274)]から，また思考の静かな存在から，己れの自立存在に高まっている。そのかぎり，習俗や生存の法則，観察の知見や理論などを灰色[275)]のまさに消えかかっている影として，己れの背後としている。なぜならば，むしろそういうものは，その自立存在や現実が自己意識の自立存在や現実とは，別ものであるようなものについての知であるからである。個別者の感覚や享受が沈黙する場である知と行いとの普遍性という，天上に輝く霊の代わりに，個々の意識の現実であるような存在だけを真の現実と考える地霊が，突然自己意識にはいり込んできたのである。

【199】｜（299）人にはいと高き贈り物なる
悟性と学問を軽蔑し―
悪魔に身をゆだねてしまい
そして滅びゆくのほかはない[276)]。

こうして，自己意識は生命に落ち込んで，みずから登場する場である

272）（訳注）題名中の Lust は，男女間の愛欲を意味しているので，本来は恋愛のことに関している。

273）（訳注）*GW* 9, S. 196, Z. 32 以下にも，それ自体ではすでに成立している自他の統一を行うことがそれを見出すことであると書かれていた。

274）（訳注）人倫にひとたび到達したあとにこれを回復するという道程すなわち道徳性生成の道程がとらえらえている。

275）（訳注）『法哲学要綱』序説には「哲学が灰色一色に描くとき，生の形態はもう老いている。灰色一色では哲学は若返ることはできず，ただ理解されるだけである。ミネルヴァのフクロウは迫りつつある夕暮れとともにはじめて羽ばたきを始める」とある。この場合に対しても，本文の場合に対しても，「灰色」という観念のもとをなしているのは，ゲーテの『ファウスト』（1 の 1830–1834）にある「すべての理論は灰色，緑なすはただ生命の黄金なす木のみ」という意味の句であろう。

276）（訳注）『ファウスト断簡』，『ゲーテ著作集』第 7 巻，ライプツィヒ，1790 年，24 頁を参照されたい。

純粋個体性を実現する。自己意識は己れの幸福をみずからきずくというよりは，むしろそれをいきなり受けとって享受する。己れと己れ自前の現実とのあいだにのみあるような，学問，法則，原則などの影は，生気のない霧のように消えてしまう。この霧は，自己意識の実在するという確信とは，張り合うべくもない。自己意識は，熟れた果実をつみとるような態度で，人生を受けとる。この果実の方も手にとられる[277]ともう歓んでさえいる。

〔1　快楽〕

自己意識の行いが，欲望の行いであるのは，ただ一つの契機からいってのことにすぎない。つまり，自己意識は，対象となる本質体全体の滅亡を目指しているのではない。むしろ，己れの他在という形式，あるいは本質なき仮象である己れの自立性という形式を，目指しているにすぎない。なぜならば，自己意識は，対象的本質体を，自己と同一の本質体とそれ自体でみなし，己れの自己性とみなしているからである。欲望とその対象を，たがいに無関与に自立したままにしておく場面は，生命のある生存である。欲望が享受するときには，その生存は，欲望の対象に帰属するかぎり廃棄される。しかし，ここでは，自己意識と対象の両方に，別々の現実を与える場面は，むしろカテゴリー[278]であり｜(300)，本質的には，表象される存在である。――だから，諸々の個人を，それぞれ己れであるように支えるものは，いまや自然的意識であろうと，諸々の法則の体系に修練された意識であろうと，とにかく自立性という意識である。このように分離しているといっても，それは，相手の人を，自己自前の自己性であると心得ている自己意識にとっては，自体的なことではない。だから，自己意識は快楽を受けることに，自立的であるようにみえる或る意識内で，自己の実現を意識することに，言い換

277）（訳注）ベイリー訳はエドマンド・スペンサーの『仙女王』2 の 12 の 54 を挙げているが，ヘーゲル自身にとっては Christinia Charlotte Johanna Burkhardt がモデルであったかも知れない。

278）（訳注）カテゴリーは自我と存在との統一であった。

えれば，自立している二つの自己意識の統一を，直観することに到達する。こうして自己意識は己れの目的を達するし，まさにそのとき，目的の真相が何であるかを経験する。自己意識は，己れを，この個別的で自立存在する本質体として理解するけれども，この目的の実現は，それ自身，目的の廃棄である。というのは，自己意識が己れにとって対象となるのは，この個別者としてではなくて，むしろ，自己自身と相手の人の自己意識との統一としてであり，したがって，廃棄された個別者，つまり，普遍としてであるからである[279]。

〔2　必然性〕

享受された快楽には，対象的自己意識としての己れ自身になったという肯定的な意味がなるほどあるけれども，また同時に，己れ自身を廃棄したという否定的意味もある。それで，自己意識は，己れの実現を肯定的意味でのみ理解することによって，己れの経験は矛盾となって意識される。【200】そのとき自己意識は，己れの個別性が実現されても，否定的本質体によって空しくされることに気がつく。この否定的本質体は，自己意識の現実喪失｜（301）に対し空しく対立するが，やはり自己意識を食いつくす威力である。この否定的本質体こそは，この個体性がそれ自体で何であるかについての概念にほかならない。だが，個体性は，まだ自己を実現する精神のもっとも貧しい形態である。なぜならば，個体性は，理性という抽象体，つまり自立存在と自体存在の統一の直接性だとやっと確信しているからである。したがって，その本質は，抽象的カテゴリーにすぎないからである。とはいえ，カテゴリーには，観察的精神からみた場合のような，直接的で単純な存在の形式はもはや，ない。観察的精神の場合には，カテゴリーは抽象的存在であり，言い換えると疎遠なものとされた物性一般である。ここでは，この物性に，自立存在と媒介とがはいり込んでいる[280]。したがって，カテゴリー

279）（訳注）子供が生まれ，男女一体としてのきずなが生ずるようなことを指している。

280）（訳注）*GW* 9, S. 191, Z. 11 での無限判断の成立が想起されるべきである。

は円環として登場し，その内容は，単純本質性が展開して純粋な関係となったものである。したがって，この個体性が実現されたということは，個体性が諸々の抽象の円環を，単純な自己意識に閉じこめられた性状から，自己意識に対する存在という場面に，言い換えると，対象的ひろがりという場面に投げ出したという点にあるのにほかならない。こうして，快楽を享受している自己意識にとって，己れの本質として対象となるのは，例の空しい本質性，つまり純粋統一，純粋区別および両者の関係がひろがること[281]であり，個体性が己れの本質として経験する対象には，これ以上の内容がない。この対象は必然性と呼ばれるものである。というのも，必然性とか運命とかいうものなどは，｜（302）それが何を行うか，その特定の法則や積極的内容が何であるかをいうすべのないものにほかならないからである。それというのも，運命とは，存在として直観されている絶対的で純粋な概念自体だからであり，単純で空しくはあるが，止めがたく壊しがたい関係であり，その所業は，個別性の無にほかならないからである。必然性は，関連するものが，純粋の本質性もしくは空しい抽象であるために，以上のような固定した関連である。統一，区別，関係はカテゴリーである。そして，それらの各々は，それ自体でそれだけでは何物でもなく，ただ己れの反対と関係していて，したがって，別々になりえないようなものである。これらのカテゴリーは，純粋概念であるから，己れの概念によってたがいに関係させられている。というのは，それらのカテゴリーは純粋概念そのものだからである。そして，このような絶対的関係と抽象的動きとが必然性をなしている。したがって，やっと理性という純粋概念を己れの内容としているにすぎないような，ただの個別的個体性は，死んだ理論から生命そのもののうちに落ち込んでゆく[282]代わりに，むしろ自己の生命なき性状を意識して，そこに落ち込んだにすぎない。そして空しくて疎遠な必然性という形で死んだ現実という形でしか己れを手に入れない。

281）（訳注）すでに *GW* 9, S. 134, Z. 20 以降でカテゴリーの区分に関して，本文の統一と区別と両者の関係にあたる統一（単一）と数多と個別（総体）との円環が展開せられていた。

282）（訳注）*GW* 9, S. 199, Z. 5–6 に同様の表現がある。

〔3　破滅〕

この移行は，一という形式から普遍性という形式に，一方の絶対的抽象から他方の絶対的抽象にと起こる。他の人との協同を投げ捨てた純粋自立存在という目的から，【201】純粋の反対に，したがってまた，|（303）抽象的自体存在に向かって起こる。こうして個人は破滅してしまったにすぎないように，個人の絶対的はかなさは，やはり，酷薄ではあるが連続している現実に出会って粉々になってしまったように思われる。――だが，意識としての個人は，自己自身とその反対との統一であることによって，この破滅はまだ意識に対してある。そして，個人の目的とその実現をも己れにとって本質であると確信したことと，それ自体で本質であるものとの矛盾をも意識に対してある。――個人は己れが行ったこと，つまり，己れの生命を受けとった[283]ということの中にある表裏一体の意味を経験する。すなわち，生命を受けとりはしたが，それでむしろ死をつかんだのである。

だから，このように，生命ある存在から生命のない必然性へと，移行することは，個人にとっては，何物によっても媒介されていない逆転であるように思われる。媒介するものといえば，両側面を一つにするようなものでなければならないであろう。したがって，意識が，一方の契機を他方の契機に認め，己れの目的と行いとを運命のうちで認め，己れ自前の本質をこの必然性に認めるようなものでなければならないであろう。しかし，この統一は，この場合の意識に対しては，まさに快楽そのものであり，言い換えれば，単純な個人的感情であり，この己れの目的という契機から，己れの真の本質という契機に移行するのは，この意識からみれば対立するものにただ飛躍するだけである。なぜならば，これらの契機が含まれており，結合されているという感情ということでではなく，普遍ないし|（304）思考である純粋自己ということでだけだからである。それゆえ，意識は，己れの真理を，己れにとって生成させて

283）（訳注）*GW* 9, S. 199, Z. 10 に同様の表現がある。

くれる場面のはずである経験によって，むしろ謎となっている。己れの所為は意識にとって己れの所為そのものではない。意識に起こることは，意識に対しては，意識がそれ自体である当のものことではない。移行は，同一内容・本質がただ形式を変えるということではない。一方で，意識の内容・本質として表象され，他方で，己れ自身の対象ないし直観された本質として表象される。したがって，抽象的必然性は，普遍性のもっぱら否定的で概念把握されない威力に対して妥当する。その普遍性で個体性は打ち砕かれる。

これまでに自己意識の以上の形態が現象している。諸形態が現実存在する最後の契機は，諸形態が必然で失われているという考えである。言い換えれば，諸形態自身が完璧に己れには疎遠な存在者であるという考えである。しかし，自己意識は，この喪失を越えてそれ自体では生きている。というのは，この必然性あるいは普遍性が自己意識自前の本質だからである。必然性を己れとして知るという意識の己れへの反省還帰が自己意識の新しい形態なのである。

【202】｜（305）　b　心の法則と自負の狂乱

自己意識のもとで真に必然性である当のものが，自己意識のこの新しい形態にとっての必然性である。自己意識は，普遍ないし法則を，直接に己れにもっていると心得ている。この法則は，意識の自立存在ということで直接に存在しているという規定をもっているゆえ，心の法則と呼ばれる。この形態は，前節に述べた形態のように，自覚的には個別性として本質体であるけれども，この自立存在が，必然的であり，普遍的であると当該形態に妥当している規定のため，より豊かになっている。

こうして，直接に自己意識の自前のものであるような法則が，言い換えれば，心でありながらも，法則を己れにもっているものが，自己意識の実現しようとしている目的[284]である。ながめわたされるべきことは，自己意識の実現が，その概念に一致するかどうか，また，この実現で，

284）（訳注）目的の第二段階であり，本章注262を参照されたい。

自己意識が，この己れの法則を本質として経験するかどうかということである。

〔1　心の法則と現実の法則〕

この心には，一つの現実が対立している。というのは，心では，法則は，やっと自覚されているだけで，まだ実現されてはいないのであって，同時に，概念とは別のものであるからである。このため，この法則という他者は，実現されるべきものにとっての対立項であって，法則と｜(306) 個別性の矛盾である現実として規定される。だから，この現実は，一方では，個別の個体性が抑圧される法則であり，心の法則に矛盾する世間という暴力的秩序[285]である。——が他方では，この秩序のもとで悩んでいる人間性である。そのとき人間は，心の法則に従っているのではなく，疎遠な必然性に従属している。——すでに明らかなように，意識の目下の形態に対立しているようにみえるこの現実は，個体性とその真実性が分裂しているという前節の関係に，すなわち個体性を抑圧している残酷な必然性の関係にほかならない[286]。だから，われわれにとっては，前の動きは，この新しい形態と対照をなしている。というのも，この新しい形態は，それ自体では前の動きから発したものであり，新しい形態の由来である契機は，この形態からみれば，必然でもあるからである。けれども，この契機は，この形態にとっては，眼前に見出されたものとして現れる。というのは，この形態は，己れの由来の根源については，何も意識をもっていないし，この形態が本質だと思っているのは，むしろ己れ自身に対してであること，言い換えると，肯定的自体に対する否定であることだからである。

だから，心の法則に矛盾するこの必然性を，また，この必然性のために現にある悩みを，廃棄すること，これがこの場合の個体性の目指して

285) (訳注) この秩序については後の *GW* 9, S. 203 および S. 206 に詳しく述べられており，S. 203 の箇所によって「神的秩序や人間的秩序」であること，すなわち家族および国家に関する法制であることが分かる。

286) (訳注) *GW* 9, S. 200, Z. 31 以下を参照されたい。

いることである。したがって，この個体性は，個別的快楽を求めていた前の形態のように，軽率な態度をもはやとるものではなく[287]，【203】まじめな態度で，高い目的を求めるのである。そのまじめな態度は，個体性のすぐれた自前の本質を提示することに，また人類の幸せ[288]をつくり出すことに，己れの快楽を求めている。｜（307）個体性が実現するものは，法則ですらあり，したがってその快楽は，同時に，すべての心にとっての快楽である。快楽と法則は，個体性にとっては不可分である。個体性の快楽は法則にかなっている。普遍的人類の法則を実現することは，個体性の個別的快楽を準備することである。なぜならば，個体性自身の内部では，個体性と必然なこととはそのまま一つであり，法則とは，心の法則のことであるからである。個体性はまだ己れの立場を脱していないし，個体性と必然性を媒介する動きのおかげでさらにまた修練[289]のおかげで両者の統一が成しとげられるのでもない[290]。直接的で不作法な訓練を受けていない本質を実現することが，あるすぐれたことを提示することだとみなされ，人類の幸せをもたらすことだとみなされている。

ところが，心の法則に対立するような法則は，心から分離しており，みずからだけで自由である。この法則に従う人類は，法則と心とが幸福に統一されているということで生きているのではない。むしろ戦慄するような分裂と悩みということとで生きているか，もしくは，法則を遵守するさいには，少なくとも己れ自身の喜びを欠き，そして，この法則に背くさいには己れがすぐれたものだという意識をもてずに生きているかである。例の支配する神的秩序や人間的秩序[291]は，心とは離れたものであるから，心からみれば一つの仮象であり，その仮象は，その法則

287）（訳注）*GW* 9, S. 199, Z. 24 以下を参照されたい。

288）（訳注）*GW* 9, S. 199, Z. 33 以下を参照されたい。

289）（訳注）修練を要すると考えられるとき，B-c の徳という段階に移ることになる。

290）（訳注）*GW* 9, S. 208, Z. 12–16 を参照されたい。

291）（訳注）「神的秩序や人間的秩序」というのは，あとにVI-A 人倫の段階での神々の掟および人間の掟にあたるが，前者は家族の掟，後者は国家の掟である。家族の掟は人間の自然な愛情に基づくものであり，国家の掟は人間の分別によって設定せられたものだからである。だから当面の本文でも「神的秩序や人間的秩序」というのは家族の制度と私有財産制度と国家の制度，またこれらを支える宗教上の制度というほどのことを意味していると考えられる。

になおまだくっついているもの，つまり支配力と現実とを失うべきなのである。なるほど秩序が｜(308) その内容の点で，たまたま心の法則と一致することは，あるかもしれない。そして，心がその秩序にかなうようにされるかもしれない。だが，心にとって本質的なものは，純粋にそのものとして合法則的なことなのではない。むしろ，心がそこで，己れ自身を意識することであり，そこで，みずから満足したつもりでいるということである。だが，普遍的必然性の内容が心と一致しない場合には，秩序は，その内容からいっても，それ自体何物でもなく，心の法則に，席を譲らなければならないことになる。

〔2　心の法則の実現〕

こうして，個人は心の法則を完遂する。つまり，心が普遍的秩序となり，快楽が，一つの絶対的に合法則的現実となる。だが，こうして実現されるとき，実際には，心のこの法則は，個人から逃げ去ってしまっており，それはそのまま，本来ならば，廃棄されるべきであったような関連になっているにすぎない。心の法則は，実現されるというまさにそのことによって，心の法則であることをやめる。つまり，そのとき法則は，存在という形式をとり，そこで普遍的支配力にはなるが，この威力に対し，この心は無関与であるため，個人は，己れ自前の秩序をかかげながらも，もはやそれが己れのものであるとは見出さない。それゆえ己れの法則を実現することによって個人は，己れの法則をもたらすのではない。むしろ，秩序は，それ自体では，個人自身のものであるけれども，自覚的には個人から疎遠なものであることによって，そこに起こってくることは，現実の秩序にまきこまれること，しかも己れにとって疎遠なものであるだけでなく，敵対的でもあり圧倒的威力でさえあるような秩序に，まきこまれることにほかならない。――個人は，己れの行いの結果によって，【204】存在する現実という普遍的場面に，あるいはむしろ｜(309) 当該場面として登場してくる。そこで個人の行いの結果には，それ自身，個人の気持からすれば，普遍的秩序という価値があるはずである。だがこのために，個人は己れを己れ自身から解放してしまったことになり，自覚して普遍性として成長し，個別性からは純化される。個人は，普遍性を，己れの直接的自立存在という形でしか，認めようとしない。だからこの個人は，普遍性が己れの行いであるため，同時に己れが普遍性のものであるのに，この個人から放たれた普遍性に己れを認めはしない。それゆえ，個人の行いには，普遍的秩序に矛盾するという，逆の意味がある。つまり，個人の行いの結果は，己れの個別的心の行いの結果であるはずであって，自由で普遍的現実であるはずではない。しかも，それと同時に，行いは実際には現実を承認してしまってもいる。なぜならば，行いには，己れの本質を，自由な現実として立てるという意味があるからであり，すなわち，現実をみずからの本質として承認するという意味があるからである。

個人は，みずからを帰属させた現実の普遍性が，己れに背くというあり方を，己れの行いの概念によって，いっそう詳しく規定したことになる。個人の行いの結果は，現実としては，普遍のものであるけれども，その内容からいえば，自前の個体性であり，この個体性は，普遍に対立したこの個々の個体性としてみずからを保とうとしている。いま話題となっているのは，何らかの或る特定の法則をかかげることではない。むしろ個々の心と普遍性とが，そのままで一つになることは，高まって法則となり，妥当すべきであるという考えなのである。つまり，法則であるものに，｜（310）各々の心が自己自身を認めなければならないという考えなのである。とはいえ，この個人の心だけが，その現実を己れの行いの結果ということで立てたのであるから，その行いの結果は，個人からみれば，己れの自立存在，つまり己れの快楽を表現している。この行いの結果は，そのままで普遍として通用すべきだという。すなわち，ほんとうのことをいえば，行いの結果は特殊なものであり，ただ普遍性という形式をもっているにすぎない。つまり，その特殊な内容が，そのものとして普遍的なものと認められるべきであるというのである。だから，この内容に，他人たちは，己れたちの心の法則をみつけはしない。むしろ，別の人の心が，実現されていることに気がつく。法則である当のものに，各人は己れの心をみつけるべきである，という普遍法則に従って，相手の人たちは，その個人のかかげた現実を，己れたちのものとは逆であるといい，また個人は，相手の人たちの現実を，己れのとは逆だというのである。だから，個人は，はじめは[292]硬直した法則だけが，己れのすぐれた意図とは逆のもので，いとうべきものだと気がついたのだが，いまとなっては，人間たちそのものの諸々の心も逆のものだと気がついたのである[293]。

これまで述べた意識は，普遍性がやっと直接的なものであり，必然性が心の必然性であると知っているにすぎない。そのため，この意識には，そういうものの実現と効果の本性がよくわからない。つまり，普遍性や必然性が存在者であって，その真の姿はむしろ自体的普遍であり，そこでは，普遍性や必然性に信頼を置いている個別的意識が，この直接的個別性であるためには，むしろ亡びるものだということを，この意識は分っていない。この意識が直接的個別性という存在で手に入れるのは，この己れの存在ではなくて，自己自身からの疎遠化なのである。だが，意識に己れを認めさせないのは，【205】｜（311）もはや死んだ必然性ではなく[294]，普遍的個体性によって命を与えられた必然性である[295]。意識は，神々の秩序と人間の秩序[296]を，妥当なものではあるが，一つの死んだ現実と考えた。意識はそれだけで対自的に存在し，普遍には対立する心として己れを固定する[297]のである。そして，いまいった現実にあっては，この意識自身も，この現実のものである人々も，ともに己れ自身を意識していなかったことになる。だが，いま意識は，この秩序がむしろ万人の意識によって命を与えられており，万人の心の法則であることに気がつく。意識は，現実が命のある秩序であることを，経験する[298]と同時に実際には，意識が己れの心の法則を実現することによってこそ，そうなるのだと経験する。なぜならば，このことは，個体

292）（訳注）*GW* 9, S. 202, Z. 15 以下を参照されたい。

293）（訳注）最初は心の法則に逆行するものは現行の客観的秩序ないし法則のみであったが，いまや人心も同様のものとなった。この点について，イポリット訳は着想の材料としてシラー『群盗』の主人公カールムーアが人間をワニのような偽善者の族と罵倒したことを挙げている。

294）（訳注）*GW* 9, S. 200, Z. 19–35 を参照されたい。

295）（訳注）死せる必然性は「a 快楽」の場合のものであり，命を与えられた必然性ないし秩序はやがて c で世の中となってゆくものである。

296）（訳注）本章注 291 を参照されたい。

297）（訳注）たとえばシラー『群盗』の主人公の場合。

298）（訳注）*GW* 9, S. 202, Z. 14 の「経験」に対応していることに注意されたい。

性が，普遍として対象となりながらも，己れを認識しないということにほかならないからである。

〔3 自負の狂乱〕

こうして，自己意識のこの形態に，その経験の結果，真なるものとして現出するものは，この形態が自覚してそうあるものとは矛盾している。だが，この形態が自覚してそうあるものは，それ自身，この形態からみれば絶対的普遍性という形式をもっており，それは，自己意識と無媒介〔直接的に，そのまま〕に一つである心の法則である。それと同時に，存続し生きている秩序は，やはり自己意識自前の本質であり所業である。自己意識の生み出すものは，この秩序にほかならない。だから，秩序もやはり，自己意識と無媒介に統一されている。こういうわけで，自己意識は，表裏一体の対立した本質体に帰属するため，自己自身で矛盾しており，もっとも内面的なところで，狂乱に陥っている。｜（312）この心の法則は，自己意識に己れ自身を認識させるものにほかならない。だが，普遍的で妥当する秩序は，例の法則を実現した結果，同様に自己意識にとっては己れ自前の本質となり，己れ自前の現実となったのである。だから，己れの意識のうちでは矛盾し合っている両者も，意識にとっての本質であり，己れ自前の現実であるという形式ということである。

自己意識[299]は，己れの自覚した破滅というこの契機を語り，そこに，己れの経験の結果があることを表明する。そのとき自己意識は，己れ自身の内的逆立ちであり，意識の狂乱[300]であることを明らかにする。この意識にとっては，その本質はそのまま非本質であり，その現実はその

299）（訳注）たとえば『群盗』の主人公のようないわゆる義賊の場合。

300）（訳注）「狂乱」の原語は Verrücktheit である。これについては，すでに「心理学と超越論哲学とへの資料」で取扱われており（*GW*1, S. 167 以下），そのさいの文章がほとんどそのまま哲学予備学の「エンツュクロペディー」第 153 節に採用されている。なお「狂乱」にとっては，本質的なものが非本質的，非本質的なものが本質的である点では，それは知覚での錯覚に似ているけれども，錯覚が対象意識としての「錯誤」であるのに対して，ここでの「狂乱」は自己意識としてのものである。以下この段落ではこの区別が説かれている。

まま非現実である。——狂乱は次のように考えられてはならない。つまり，一般的にいって，本質のないものが本質的だと考えられ，現実的でないものが現実だと考えられ，その結果，或る人にとっては，本質的または現実的であるものが，他人にとっては，そうではないとか，現実の意識と非現実の意識，本質と非本質の意識がばらばらになってしまうとかいうふうであってはならない。——つまり，或ることが実際に意識一般にとっては，現実的であり本質的であるが，わたしにとってはそうではないとき，わたしは，みずから意識一般なのであるから，己れの空しさを意識すると同時に，己れが現実であることをも意識している。——しかも両者がともに固定されていることによって，これは，一般に狂乱といわれるような統一である。しかし，この狂乱で｜(313) 狂っているのは，意識にとっての一つの対象だけであって，それ自身での，またそれ自身だけでの，意識そのものではない。だが，ここで判明してきた経験の結果からいえば，意識は，己れの法則で己れ自身がこの現実的なものだと意識している。【206】そして同時に，意識にとっては，この同じ本質，この現実こそは，疎遠となったものなのであるから，意識は，自己意識として，絶対的現実として，己れの非現実を意識している。言い換えれば，両側面は，その矛盾によって，そのままに意識の本質とみなされ，この本質は，そのもっとも内面で狂っていることになる。

だから，人類の幸せを願って脈うつ心は，狂った自負の狂暴へと，自己の破滅に逆らって，身を保とうとする意識の狂熱へと移ってゆく。そうなるのは，意識が己れ自身である逆転状態を，己れのそとに投げ出して，この逆転状態をどこまでも己れとは別のものとみなし，言い張るためである。だから，普遍的秩序は，心と心の幸福との法則を逆さまにすると意識は表明し，その逆転は，狂信的僧侶や飽食した暴君や，この両方から受けた屈辱を，己れより下のものを辱しめ抑圧することによって，つぐなっている両者の僕によって捏造されたものであり，騙された人類の，名づけようもない不幸のために使われたと意識は表明する[301]。

---

301)（訳注）ヘーゲル自身の若き日の感慨を反映している点ではⅥ-B に属する啓蒙の場合と同じであって，書簡第 11 番ではヴュルテンベルク公国の政治家と宗教家との結託，したがって具体的にいえば，君公と宗務局との結託を非難していること，またフランス革命勃

――意識は，このような狂乱状態にいながら，個体性がこの狂いをひき起こし，逆さまになってさえいるのだと表明はするものの，その個体性は疎遠であり，偶然であるとする。しかし，心，言い換えれば，そのままで普遍的で｜(314) あろうとする意識の個別状態は，このように，狂いをひき起こし逆転したものそのものであり，その行いが生み出すものは，この矛盾が己れの意識になるということにほかならない。なぜならば，この心にとって真なるものは，心の法則であり，この法則は，――ただ思い込まれただけのものであるが，これは存続している秩序のように日の光に堪えたものではなく，むしろ日の光に出会うときには，むしろ亡びるからである。心のこの法則は，現実となるはずであった。この点からいえば，心にとって法則は，現実であり，妥当する秩序であるため，同時に目的であり本質である。だが，心にとっては，現実すなわち，ほかならぬ妥当する秩序としての法則は，むしろそのまま空しいものである。――これと同じように，意識自前の現実は，つまり意識の個別性である心自身が本質であると思い込まれている。けれども，この個別性を存在するものとして立てることが，心の目的である。だから，心にとっては，直接には，むしろ個別的ならぬものである心の自己が本質である，つまり法則としての目的である。まさにこの点で，心がその意識自身に対してあるような普遍性としてである。――このような心の概念は，己れの行いによって己れの対象となる。それで，心は己れの自己を，むしろ非現実的なものとして経験する，そして，非現実を，己れの現実として経験する。だから，偶然の見知らぬ個体性がではなく，まさにこの心こそが，あらゆる側面から，己れのうちで逆転したものであり，逆転してゆくものである。

しかし，直接に〔無媒介に〕普遍的個体性は，逆転したものであり，逆転してゆくものであるから，この普遍的秩序もそれ自体では逆転したものである。というのも，普遍的秩序は万人の心の，すなわち逆転したものの法則だからである。｜(315) 以上のことは，荒れ狂う狂乱が表明したことである[302]。一方では，或る心の法則が別の個人たちに出会

発当時でのヘーゲル自身の言動が行文の背景をなしている。この言動については『ヘーゲル書簡集』第4巻159頁に収められているテュービンゲン期についての報告を参照されたい。

302)（訳注）*GW* 9, S. 206, Z. 5–13 を参照されたい。

い，抵抗[303)]を受けることに気がつくとき，普遍的秩序は，万人の心の法則であることが判明する。【207】現に存続している[304)]法則が，或る個人の法則に対して擁護されるのは，それらの法則が，意識されず空しい，死んだ必然性であるからではなく，精神的普遍性であり，実体[305)]だからである。この実体では，この普遍性を己れの現実としている人々が，個人として生きており，自己自身を意識している。そのため，この人々は，この秩序が，己れたちの内面法則に，背くかのようにいって歎き，心の思い込みを，秩序に対抗させることがあっても，実際には，己れたちの本質としての秩序に，己れの心からよりかかっており，この秩序が，己れたちから取り去られたり，己れたち自身が，秩序のそとに出たりする場合には，すべてを失ってしまう。この点にこそ公の秩序の現実と支配力があるのだから，この秩序は，自己相等的であり遍く命を与えられた本質として，また個体性は，その秩序の形式として，現れる。――しかしながら，この秩序とても，やはり逆転したものである。

すなわち，この秩序が万人の心の法則であり，すべての個人が，そのままでこの普遍であるという点で，秩序は一つの現実ではあるが，ただこの現実は，それだけで〔対自的に〕存在する個体性の，つまり，心の現実であるにとどまるのである。だから，己れの心の法則をかかげる意識は，他人から抵抗される。というのも，この法則は，他人たちの心の，やはり個々の｜(316) 諸々の法則に矛盾するからである。そして，他人たちが抵抗する場合に行うことは，その人たちが己れの法則をかかげ，それを認めさせることにほかならないからである。だから，現存する普遍は，普遍的抵抗であり，万人相互の争いであるにすぎない。この場合，各人は，己れ自前の個別性を主張するが，また同時に，それを主張しおおせるところまでは行かない。というのは，個別性は，同じように抵抗に出会い，他人によってたがいに消されてしまうからである。だから，公の秩序とみえるものは，遍き争いである。このとき各人は，己

303)（訳注）*GW* 9, S, 204, Z. 12 以下にあったように，或る個人が自分の心の法則を客観的法則として設定したとき，他の人々が，これは自分の心の法則に反するとして刃向かうこと。なお「抵抗」については次の段落で詳論されている。

304)（訳注）*GW* 9, S. 205, Z. 1 を参照されたい。

305)（訳注）実体であることはやがて明らかになるように，「内面」であることを意味し，そしてこのことが徳の段階に導いてゆく。

れのできることを独占し，他人の個別性に正義を行使して，己れの正義を固定するが，それと同時に，この正義は，他人から消されてしまう。この秩序は世の中[306]〔の習い〕であり，持続する行程のようにみえる。ただしそれは思い込まれた普遍性にすぎないし，その内容は，むしろ個別性を固定するとともに，解消するような，本質なきたわむれ[307]であるにすぎない。

普遍的秩序のこのような両面を，たがいに比較して考えてみると，後の普遍性は，不安定な個体性をその内容としていることになる。この個体性にとっては，思い込みないし個別性が法則であり，現実的なものが非現実的であり，非現実的なものが現実的なものである。しかし，この普遍性は同時に秩序の現実性の側面である。というのは，個体性の自立存在が，その普遍性のものだからである。――これとは，別の側面は，安定した本質としての普遍である。が，そうだからこそ，これは内面としての普遍[308]であるにすぎない。この内面は，全然存在しないというのではないが，現実とはなっていないのである。そして，｜（317）己れを現実だと勝手に思い込んでいる個体性を，廃棄することによってのみ，自身現実となりうるようなものである。このような法則では，つまり，それ自体で真なるものであり善なるものでは，〈個別性としてではなく，本質としてのみ自己となるという意識〉，〈だが個人は逆転したもの，逆転してゆくものであると知り，そのため，意識の個別性を犠牲にしなければならないとする意識〉，この意識形態が徳である。

306）（訳注）原語は Weltlauf であり，カントの『人倫の形而上学の基礎づけ』（カッシーラー版 260 頁）にも Weltlauf について同様の用法がある。

307）（訳注）III 悟性の段階で出現した「二つの力のたわむれ」にあたる。この「二つの力のたわむれ」が物の内面に導いたが，当面の箇所でこの「内面」にあたるのは，徳が原理とする善にして真なるものである。

308）（訳注）ここに徳の段階が物の内面を捉える悟性の段階に対応していることが示されている。

【208】

c　徳と世の中

〔1　行為的理性での徳の諸段階〕

行為的理性の第一の形態では，自己意識は純粋個体性だと思い込んでいた。それに対立しているのは，空しい普遍性であった[309]。第二の形態では，この対立する二つの部分には，各々が，法則と個体性という両方の契機を備えていた。が，この対立する部分の一方，心は両契機の直接的〔無媒介の〕統一であり，他方は両契機の対立であった。ここでこの徳と世の中との関係にあっては，両分肢の各々が，両方の契機の統一であるとともに対立である。言い換えれば，法則と個体性相互間の動きであるが，両者の動きは相互に反対方向の動きである。徳の意識にとっては，法則が本質的なものであって，個体性は廃棄されるべきものである。したがって，｜（318）徳の意識自身のもとでも，世の中のもとでも[310]，個体性は廃棄されるべきものである。徳の意識では，自身の個体性は，それ自体で真にして善なる普遍[311]に従うように訓練[312]されなければならない。だが，そこにはなお個人的意識が依然としてある[313]。ところが，真の訓練は，まさにこの個々の犠牲[314]であり，事実，もはや個別性に依然として執着するところはないという保証である。このように一人一人が犠牲となるとき，同時に，世の中のもとでの個体性も亡ぼされる。というのは，個体性が，両者に共通の単純な契機でもあるから

309）（訳注）*GW* 9, S. 199, Z. 33 以下を参照されたい。

310）（訳注）「個体性」が有徳な意識でのみならず，世の中でも廃棄されるべきであるというところから，徳の騎士と世の中との争いが始まる。

311）（訳注）「真にして善なる普遍」とは法則にあたる（*GW* 9, S. 207, Z. 36–37）。

312）（訳注）心の法則の立場が自分の無訓練の卓越さを発揮しようとしたこと（*GW* 9, S. 203, Z. 13 以下）に対応する。

313）（訳注）ここではベイリー訳が解するように，訓練に二つの段階が設けられている。第一の段階では個々の衝動や感情や意志が普遍（個々の徳）の支配のもとにもたらされるのであり，第二の段階ではこれらの衝動や感情や意志をもっている個人そのものが普遍支配のもとにもたらされるのである。

314）（訳注）原語は diese einzelne Aufopferung であるが，前注でいった第二段階の訓練がすべての個々人で行われるべきことを指しているであろう。

である。――世の中にいるとき，個体性は，有徳な意識におかれているときとは，逆の態度をとる。つまり己れを本質とし，それ自体で善にして真なるものを，己れに従属させる。――さらに世の中は，徳にとってもやはり，個体性によって逆転された普遍であるというだけではない。むしろ，絶対的秩序も，やはり共通の契機ではあるが，ただ世の中にあっては，意識に対し存在する現実として，現存しているのではなく，世の中に内在する本質体であるというだけのことである。だから秩序は，徳によってはじめて元来つくり出されるはずのものではない。なぜならば，つくり出すということは，行いなので，個体性の意識でありながら，むしろ，この個体性が，廃棄されるべきものだからである。だが，この廃棄によってこそ，世の中の自体には，その場所でいわば，完全な形でみずから現に存在するのである。

現実的世の中の普遍的秩序はすでに判明している[315]。もっとよく考えると，｜(319) この内容は，この場合も，自己意識のこれまでに述べた二つの動きにほかならない。これらの動きから出てきたのは，徳という形態であった。つまり，それらは徳の起源であるから，徳にそれらが眼前にあるわけである。だが，徳は，己れの起源を廃棄し，みずからを実現しようとし，つまり自覚的になろうとする。それで，世の中は，一方では，己れの快楽と享受を求める個別的個体性であり，そのため破滅することになって，普遍を満足させはする。だが，この満足そのものは，この関係の他の諸々の契機[316]と同じように，【209】普遍の形態と動きが逆転したものである。現実性は快楽と享受という個別性であるにすぎないが，普遍は，それらに対立しており，必然性ではあるが，これは，普遍の空しい形態にすぎないし，ただの否定的反動であり，内容なき行いにすぎない。――世の中の他方の契機は，個体性ではあるが，これは絶対的に法則であろうとして，このことを自負しながら，現存の秩序を破壊する。普遍法則は，なるほどこのうぬぼれに対抗しており，もはや意識に対立したもの，空しいものとして，また死せる必然性として，立ち現れるのではなく，意識自身に或る必然性として立ち現れるのではある。だが，この普遍法則は，絶対に矛盾する現実の意識的関係と

315) （訳注）*GW* 9, S. 207, Z. 24–27 を参照されたい。
316) （訳注）*GW* 9, S. 200, Z. 18 を参照されたい。

して立ち現れるときは，狂乱であり，対象的現実であるときは逆転状態一般である[317]。それゆえ，普遍は，｜(320) なるほど両側面では，それら側面の支配力として現れはするが，この支配力の現存は，普遍的逆転にほかならない。

〔2　徳の騎士と世の中との争い〕

普遍が，個体性という逆転の原理を廃棄して，己れの本当の現実を受けとるのは徳からであるということになるはずである。そういうわけで，徳の目的は，逆転した世の中を再度逆転させて，世の中の真の本質をつくり出すことである。だが，この真の本質は，世の中のもとではやっと自体であるにすぎず，つまり，まだ現実にはなっていない。そのため徳は，真の本質を信じているにすぎない。徳はこの信を観ることに高まろうとするが，それだけでは，その労苦と犠牲との果実を受けることにはならない。なぜならば，徳は，個体性であるかぎり，世の中とのあいだで争いを行うからである。が，徳の目的と真の本質は，世の中の現実に打ち克つことであり，そのため，そのおかげで善が実現され現に存在するならば，そのとき徳の行いあるいは個体性という意識はなくなる。――どのようにしてこの争いそのものに耐え抜くか，徳はこの争いで何を経験するか，徳がみずから引きうける犠牲の結果，世の中は敗北し，徳が勝利するかどうか。こういうことは，戦士のとる生ける武器の性質によって，決められるよりほかない。というのは，武器は，戦士の本質にほかならず，これは，戦士両者相互に対してのみ現れてくるからである。したがって，両者の武器は，争いにそれ自体で現存しているものからしてすでに判明している。

｜(321) 普遍は，徳の意識に対して，その信ということである。つまりそれ自体で本当であるがまだ現実的普遍性ではなく，抽象的普遍性である。普遍は，この意識そのもののもとでは目的としてあり，世の中のもとで内面としてある。普遍が，徳のもとでも世の中に対して提示さ

---

317)（訳注）*GW* 9, S. 205, Z. 1 以下 , Z. 24 以下 ; S. 206, Z. 5 以下を参照されたい。

れるのは，ほかならぬこういう規定をもつからである。つまり，徳は善をまず実現しようとしてはいるが，まだみずから善を現実だといっているわけではない。だから，この規定は，【210】次のように考えてもよい。つまり，善は，世の中に対する争いのうちで登場するのだから，他の人に対して存在するという形で，つまり，みずからそれ自体でまたそれだけであるのではないような形で提示されるのだと。つまり，そうでなかったら，善は，己れの反対を強圧することによってはじめて，己れの真理を与えようとはしないであろう。善は，やっと他の人に対してあるにすぎない。このことは，前のこれとは反対の考察で，善について示されたことと同じである。つまり，善はまだやっと一つの抽象であり，この抽象は，絶対的にではなく，相関関係でだけ実在するにすぎないのである[318)]。

それゆえ，ここで現れているような善ないし普遍は，天賦，才能，能力と呼ばれるものである。そういうものは，精神的なものの一つのあり方である。このあり方では，精神的なものは，普遍と表象されるが，みずから生命を得て原理が動くためには，個体性を必要とし，個体性でみずから現実となる。普遍は，徳の意識のもとにあるかぎりでこの原理によっては，善用されるが，世間のもとにあるかぎりのこの原理によっては悪用されうる。――それゆえ，普遍は受動的道具である。｜(322) この道具は，自由な個体性の手に支配され，個体性がどのように使うかについて無関与であり，普遍を破壊するような現実をつくり出すためにさえ悪用されることもありうる。それは自前の自立性をもたなくて命のない素材であり，このようにも別のようにもなり，それどころか己れ自身の亡びにつながるようにさえなるかもしれない。

普遍は，徳の意識からも世の中からも，同じように命令されることによって，普遍で装備したからといって，徳が悪徳に勝つかどうかはみきわめられない。武器はいずれの場合にも同じものである。つまり，武器とはいまいったような才能であり能力である。なるほど，徳は，己れの目的と世の中の本質とが本来統一しているものという信念を背後にもっ

---

318)（訳注）善かつ真なるものは，信の対象として，はじめて実現されるべきものであるときには，自体的であり，また世の中との争いを開くものとしては対他的であり，いずれにしても抽象であるから，二つの規定はこの意味で一つである。

ており，この統一が，争いのあいだに敵の背後をつくはずであり，元来目的を完遂するはずであると信じている。そのため，実際には，徳の騎士[319)]にとっては，己れ自前の行いや争いは，もともと八百長であって，真剣には考えることができないものなのである。なぜならば，徳の騎士が己れの本当の強みとしているのは，善が絶対的なもの[320)]であるということだからである。すなわち，善が，己れ自身を完遂するということだからである。——つまり，これは，徳の騎士が，真剣な態度をとってはいけないような八百長でもある。そのわけは，徳の騎士が敵にぶっつけて行き，また己れにも向けられていると気がつくもの，また，その騎士が，己れ自身のもとでも敵のもとでもあえて消耗したり傷つけたりしているもの，それは，騎士が善を保存し実現するために，争っている以上は，善そのものであるはずでないということである。むしろ，この争いで｜(323) 賭けられているのは，どうでもいい天賦であり才能であるにすぎない。しかし，天賦や才能は，実際には，まさに争いを通して維持され実現されるべき個人的ならぬ普遍そのものにほかならない。——しかしながら，同時に，普遍は，争いそのものの概念によってそのままですでに実現されている。自体であり，普遍が存在するのであって，それを実現するということは，同時に，それが他の人に対してあるということにほかならない。これまでに[321)]述べた二つの側面の各々によれば，普遍は抽象となったわけであるが，この両側面は，【211】もはや分かれ分かれになっているのではなく争いのあいだにまた争いによって，善は二つの様式で同時に設定されている。——だが，有徳の意識は，善に対立した世の中と争って登場する。それゆえ，有徳の意識にとってこの点で表すものは，普遍であり，それは，抽象的普遍であるだけではなくて，むしろ個体性が生気づけ相手の存在するものに対し現実的な善でもある。したがって，徳が世の中をつかむ場合，徳はいつも善そのものが現実に存在する位置に現れる。そして，善は，世の中の自体

319)（訳注）たとえばセルバンテスの『ドン・キホーテ』や『カルデロン』の悲劇の主人公。

320)（訳注）*GW* 9, S. 209, Z. 33 以下で考えられたところでは，善なるものはそれ自体であるにすぎないから，徳の騎士によって実現される必要があったのであり，絶対的であるのなら，もはやその必要はない。

321)（訳注）*GW* 9, S. 209, Z. 32–S. 210, Z. 7 を参照されたい。

として世の中の一切の現象に不可分に飲み込まれており，世の中の現実ということでみずから現存もしている。したがって，世の中は，徳に対して驚嘆すべきものではない。同様に善の現実存在，したがって傷つけられていない諸関連は一切の契機であり，それを，徳そのものが己れをつてに賭け，犠牲にするといわれる。したがって，争いは，武器の保全と犠牲のあいだでの｜(324) 動揺でしかありえないし，むしろ，自前のものの犠牲も疎遠なものを傷つけることも生じえない。徳は，例の戦士に等しく，争いで己れの刀剣を血塗らさないことだけを心がけているだけではなくて，武器を確かめるために争い始めた。ここで徳は，己れの武器を使うことができないだけでなく，敵の武器をも，損われぬままにしておかなければならないだけではない。むしろ，敵の武器を己れ自身の攻撃から，防いでやらなければならない。そのわけは，どれもこれもがみな善の高貴な部分であり，この善のために，徳が争いにはいるようになったのだからである。

ところが，この敵にとっては本質が，自体ではなく個体性である。だから，敵の力は否定的原理であり，この原理からすると，何物も存続せず絶対に神聖なのではない。むしろ，この原理は，ありとあらゆるものをあえてなくならせることができるし，またそのことに堪えることもできる。このために，この敵にとっては，己れ自身をつてにしても，己れの相手がまきこまれる矛盾のおかげでも，勝利は確実である。徳にとって自体的である当のものは，世の中にとっては己れに対してであるにすぎない。徳からみて固定しており，徳を拘束しているいかなる契機からも，世の中は自由である。世の中が，これらの契機を，思うままに支配しているのは，この契機が，世の中からみて，廃棄することもできれば，存続させることもできるようなものとみなされているからこそである。したがって，世の中は，この契機に拘束されている有徳の騎士をも同じように扱う。けれども，有徳の騎士はといえば，そとから被せられた外套を脱ぐように，そういう契機を脱ぐことも，それを棄てて｜(325) 自由になることもできない。というのも，この契機は，騎士にとっては，棄てることのできない本質だからである。

最後に，待ち伏せ場所に関しては，そこから善なる自体が狡猾にも世の中の背後を襲うことになるのであり[322]，そういう希望それ自体が空しい。世の中は，自己自身を確信し，目覚めた意識であり，背後から襲われるようなことはなくて，面をあげて八方をにらんでいる。つまり，世の中は，一切のものが己れに対してあり，一切のものが己れの前にあるというようなものである。ところが，善なる自体はどうか。それは己れの敵に対しており，そのため，これまでわれわれがながめわたしてきたような争いのうちにある。【212】だが，この自体は，敵に対しているのではなく，自体的であるかぎりは，天賦や才能などという受動的道具であり，現実のない素材である。そうなれば，自体は，定在であると表象されるとしても，眠った意識であり，どことも知れぬ背後にとどまったままの意識であろう。

〔3　徳の敗北〕

そういうわけで，徳は世の中に敗北する。それは，実際には，抽象的で非現実的本質が，己れの目的であるためであり，現実に関していえば，徳の行いは〔自体と存在という〕区別[323]に基づいているとしても，その区別がただ言葉の上だけのことにとどまるためである。徳は，個体性を犠牲にして善を現実とする点で，存続しようとしたけれども，現実という側面は，それ自身個体性という側面にほかならない。善は，それ自体である当のものであり，現に存在する当のものに対立したものであるはずであった。[324]自体は，その実在性と真理から考えると，むしろ存在そのものなのである。さしあたり自体は｜（326）本質という抽象[325]であって，現実に対している。けれども，抽象は本当はあるのではなく，意識に対してのみあるようなものにほかならない。しかし，自体とは，それ自身，現実的と呼ばれるようなものであるということである。

322）（訳注）*GW* 9, S. 210, Z. 22–25 を参照されたい。

323）（訳注）やがて明らかになるように，個体性と現実性との区別，対自と対他との区別。

324）（訳注）*GW* 9, S. 209, Z. 32 以下を参照されたい。

325）（訳注）この「抽象」については *GW* 9, S. 210, Z. 6 を参照されたい。

というのも，現実的なものとは，本質的には他者に対してあるようなものであり，言い換えると，現実的なものとは，存在であるからである。だが，徳の意識は自体と存在というこの区別に基づいていて，この区別にはまったく真実味がない。世の中は，個体性をその原理としていたため[326]，善の逆転であるはずであった。だが，個体性は，現実の原理である。なぜならば，まさに個体性こそは，意識であり，そのおかげでそれ自体で存在するものは同様に他者に対してあるからである。世の中は，不変なものを逆転させ，実際には，それを抽象の無から実在性の存在へと逆転させる。

こうして，世の中は，世の中に対立して徳がなす当のものに打ち克つ。つまり，本質なき抽象を本質としている徳に打ち克つ。だが，世の中が克つのは，実在的なものに対してではなく，区別でもないような区別[327]を捏造することに対してであり，また人類の福祉[328]や人類に対する抑圧について，善のための犠牲や天賦のものの悪用やについて行われる派手な演説に対してである。――このような理想的なものや目的は，空しい言葉となって崩壊してしまう。それらの言葉は，心を高揚させるが，理性を空しくしてしまい，信心深くはあるが，何かを建設することはしない。それは，雄弁ではあるけれども，|（327）そのような高貴な目的のために行為すると自称し，このすぐれた空語をもてあそぶ個人が，自身をすぐれた人物であると考えているという内実を，はっきり言い表しているにすぎないようなおしゃべりである。――それは，己れの頭と相手の頭を膨れ上がらせはするけれども，空疎な尊大によつて膨れ上がらせているような，思い上がりである。――古代の徳には，はっきりとした堅固な意義があった。というのは，民の実体のもとで，その内容豊かな土台，そしてすでに実際に存在している善を徳の目的としていたためである。それゆえ，古代の徳[329]は，現実に普遍的逆転状態だとして刃向かったり，世の中に逆らったりはしなかった。ところが，考察されている徳は，実体のそとに出ており，本質のない徳である。ただ表

326）（訳注）*GW* 9, S. 210, Z. 13 以下を参照されたい。
327）（訳注）前々注参照
328）（訳注）*GW* 9, S. 206, Z. 5–6 を参照されたい。
329）（訳注）*GW* 9, S. 195, Z. 29–30 を参照されたい。

象の上の，【213】言葉の上の徳であって，古代の徳のような内容を欠いている[330]。——そうなれば，世の中と争っている雄弁のこの空しさは，その美辞麗句が何を意味しているかを語れといわれるならば，すぐばれてしまうであろう。——だから，これらの美辞麗句は，熟知されていると前提されているのである。そうなれば，この熟知されているものを語れという要求は，美辞麗句の新たな大波に充たされるか，それとも，その要求に，心を引き合いに出して対置するかである。その心の内側では，心は，美辞麗句が意味している当のこと語る，つまり，心を実際に語ることができないことが告白される。——そういう美辞麗句が無効であることは，没意識的流儀でわれわれの同時代の形成陶冶する人に対して確信を獲得したとみえる。そういうおびただしい美辞麗句や，それら知恵からは，人々の関心が，まったく失われてしまったことによって。失われてしまったといったが，この喪失は，美辞麗句などが，｜(328) 退屈しか呼び起こさないという点に現れている。

それで，以上の対立[331]から出てくる結果は，意識が，まだ現実味がない自体的善の表象を空虚な上着[332]として運ばせることである。意識が，己れの争いで経験することは，世の中は，そうみえたほど悪くはないということである。というのは，世の中が現実的だということは，普遍が現実的だということだからである。この経験とともに，個体性を犠牲にして善をつくり出すという手段も，崩れ去ってしまう。そのわけは，個体性が，ほかでもなく自体存在するものを現実とするからである。そこで，逆転は善の逆転とはみられなくなる。というのも，逆転は，たんなる目的としての善を，現実にむしろ逆転することにほかならないからである。つまり個体性の〔行う〕動きは，普遍が実在的だということなのである。

だがそのために，実際には，世の中として自体存在するものの意識に対立していたものも，やはり克服され消えてしまったのである。その点

330）（訳注）「古代の徳」とは人倫のことであるから，「惑星に軌道に関する哲学的論文前提とするテーゼ」XII にみられると同じような，「徳」に反対するヘーゲルの態度が示されている。

331）（訳注）*GW* 9, S. 212, Z. 23 を参照されたい。

332）（訳注）*GW* 9, S. 211, Z.29 を参照されたい。

で，個体性の自立存在は，本質つまり普遍に対立しており，自体存在から分離された現実であるとみえた。しかし，現実は，普遍と分離せずに統一していることが示されたので，世の中の自立存在も徳の自体[333]も，一つの｜（329）見解にすぎず，もはや存在すらしないことが明らかである。おそらく世の中の個体性は，それだけで，つまり利己的に行動するにすぎないと思い込んでいるかもしれない。が，個体性は，みずから思い込んでいるよりは，善いものであり，その行いは，同時に自体存在する普遍的行い[334]である。個人は，利己的に行為するときには己れが何を行っているかを知らないだけのことである。また，すべての人間は利己的に行為すると断言するときには，すべての人間は行いとは何であるかについて意識していないと主張しているにすぎない。——個人が自立して行為するときには，やっとそれ自体で存在するにすぎないものをもち出して現実としているのにほかならない。だから，自体に対立していると思い込んでいる自立存在の目的，——その空しいずるさや，至るところに利己心を指摘することを，心得ている巧みな説明などは，自体の目的や自体についての雄弁と同じように消えてしまっている。

【214】こうして，個体性の営為は目的自体そのものである。能力[335]の使用，能力表現のたわむれは，そうでなければ死んだ自体であるものどもに生命を与えるものである。そして自体というのは，実行されていない，立ち現れていない抽象的普遍ではなく，それ自身でそのまま，個体性の過程の現在であり，現実である。

｜（330）

C　それ自体でそれだけで実在的であると思い込んでいる個体性

自己意識の概念は，やっと，それについてのわれわれの概念にすぎな

333）（訳注）*GW* 9, S. 209, Z. 32 以下で善なるものは自体なので抽象であることが述べられている。

334）（訳注）同じ考えは，Ⅵ-B の富にも示されている。

335）（訳注）「能力」については，*GW* 9, S. 210, Z. 8 以下を参照されたい。

かったのであり，いまや，その自己意識が，自己についての概念をつかんだ。つまり，己れ自身について全実在であると確信するようになった[336)]。そこで自己意識にとって，いま目的[337)]および本質となるのは，普遍つまり天賦や才能などと，個体性とが相互に動かし合いながら浸透し合うことである[338)]。普遍と個体性が合流して統一するよりさきに，このように充実し浸透する個々の契機は，これまで考察してきた諸目的である。それらの目的は，抽象や影[339)]として消え去って行った。それらの目的は，精神的自己意識の，例の気のぬけた最初の形態に帰属していて，その真実を，心や自負や演説[340)]というような，思い込まれた存在にだけもつことであったにすぎず，理性にもつのではない。ところが，ここにいま理性[341)]は，絶対的に己れの実在性を確信しており，もはや，直接存在する現実に対立している目的として，まずはじめて己れをつくり出そうとするのではなく，むしろ，カテゴリーそのもの[342)]を己れの意識の対象としている。――つまり，自己意識は，理性が現れたときの，自立して存在する｜(331)自己意識つまり否定的自己意識という規定を廃棄してしまっている[343)]。自己意識は，己れを否定する現実を見出して，それを廃棄し，ここにはじめて自己の目的を実現したのである。ところが，目的と自体存在は，他者に対する存在であり，見出された現実であるものと同じものだと判明したのであるから，真理は，もはや確信から分離してはいないことになる。そうなると，立てられた目的が，自己自身に対する確信と考えられ，目的の実現が真理と考えられようと，あるいは逆に，目的が真理と考えられ，現実が確信と考えられようと，どちらでもよいことになる。だから，真理と確信は，分離してい

---

336)（訳注）*GW* 9, S. 132, Z. 21 以下を参照されたい。

337)（訳注）これまでの目的とは，快楽と心の法則と徳であった。

338)（訳注）相互浸透は，C あるいは普遍的理性の基本概念であって，とりわけ C-a で顕著である。

339)（訳注）*GW* 9, S. 199, Z. 7 の影に対応する。

340)（訳注）「演説」については，*GW* 9, S. 212, Z. 23 以下を参照されたい。演説は徳を代表している。

341)（訳注）*GW* 9, S. 193, Z. 27 の普遍的理性のこと。

342)（訳注）「カテゴリー」については *GW* 9, S. 200 を参照されたい。カテゴリーの構造が自己意識によって経験され，自己意識の構造となっている。

343)（訳注）*GW* 9, S. 197, Z. 35–S. 198, Z. 1 を参照されたい。

るのではなく，本質と目的は，絶対的に己れで，そのまま実在そのものであると確信している。つまり，それは，自体存在と自立存在の，普遍と個体性の浸透である。行いは，それ自身で己れの真理であり現実である。【215】個体性を提示するあるいは表明することが，行いにとり絶対的に目的そのものである[344]。

こうして上記の概念のゆえに，自己意識は，みずからに対立する諸々の規定から，つまりみずからに対してのカテゴリーが，また観察する自己意識としての，次には行為する自己意識としての，己れとカテゴリーとの関係がもっていた諸々の規定から脱け出して自己に帰ってきたのである[345]。自己意識は，純粋カテゴリーそのものを己れの対象としている。言い換えれば，それは，自己自身を意識するようになったカテゴリーである。このようにして自己意識は，これまでの己れの諸々の形態を清算し終えたのである。それらの形態は，自己意識の背後に忘れ去られている。｜（332）自己意識が眼前に見出した世界としてそれに対立しているのではなく，透明な契機[346]として自己意識自身の中で展開するにすぎない。とはいっても，これらの契機は，意識されているかぎり，区別された契機の動きとしてなおばらばらに現れるだけであって，まだそれらは実体的に統一されて総合されたわけではない。だが，これらすべての契機に自己意識は，存在と自己との単純な統一を確保しているが，この統一はそれら契機の類[347]である。――

このゆえに，意識は，己れの行いのあらゆる対立と，あらゆる制約を投げすてたのである。意識は，新たに自己から出発し，他人にではなく自己自身に向かってゆく。個体性が，それ自身のもとで現実であるから，働きかけの素材[348]と行いの目的は，行いそれ自身に即している。

344）（訳注）*GW* 9, S. 198, Z. 13–14 で予示されていた個体性がここで出現した。

345）（訳注）ここでは観察する理性と行為的理性とを統一づけるものが普遍的理性（*GW* 9, S. 193, Z. 27）と考えられていて，これは理論理性と実践理性との統一である。

346）（訳注）「契機」とは，内容的には目的―手段―結果（現実）のことであって，これらが本源的に規定された本性（特定の天賦）ということで統一づけられているのである。

347）（訳注）やがて明らかになるように，この類というのは内容のうえでは目的―手段―結果，形式のうえでは対自と対他という諸契機を類として包含する「事象そのもの」であり，そしてこれには「人倫的実体」の意味があるようになってゆく。

348）（訳注）「素材」については *GW* 9, S. 217, Z. 33 を参照されたい。

それゆえ，行いは，外見からすれば円環の動き[349]であり，自由に空虚のうちにありながら自己自身のうちで動き，妨げられずに，あるときは拡がり，またあるときは狭まり，しかもただ自己自身のうちで，また自己自身とたわむれながら，満足し切っている。個体性が己れの形態を提示する場面[350]には，この形態を純粋に受けいれるという意味がある。もともとこの場面は，意識がみずから現れようとする日の明るみである。行いは，何物をも変えないし，何物にも逆らわない。行いは，みられていない〔状態〕から，みられている〔状態〕へと運んでゆく純粋の形式である。日の明るみにさらされ，提示される内容は，この行いがそれ自体ですでにあったもの[351]以外のものではない。行いが自体的である――このことは，――行いの形式が考えられた統一の形式であるということであり，行いが現実的であるということ，このことは，行いの形式が，｜（333）存在する統一の形式であるということである。行い自身が内容であるのは，みずからが移行し動くという規定に対立して単純性という規定をとる場合だけである。

【216】

a　精神的動物の国と欺瞞，または事象そのもの

それ自体で実在的なこの個体性は，さしあたっては，またしても個別的で特定の個体性である。それゆえ，個体性が，みずからそうと知っている絶対的実在性は，個体性にそう意識されている程度では，抽象的で普遍的である。つまり，それは，充たされていないし，内容をもっていない，そういうカテゴリーについての空しい考えである[352]。――そこでながめわたさなければならないのは，己れ自身のもとで実在的な個体性

349）（訳注）やがて *GW* 9, S. 218 で目的―手段―結果の円環として現れてくる。

350）（訳注）「場面」とは要するに本源的で特定の本性が展開されるときの場面のことであり，またこの本源的本性がこの場面自身でもある。

351）（訳注）本源的で特定の本性のこと。

352）（訳注）この「空しい考え」が内容の側面からいって，目的―手段―結果という諸契機に，形式の側面からいって対自―対他の諸契機に展開されてゆき，そしてこれらが自己意識と同一のものとなるところにこの段階の動きがある。

というこの概念が，その諸々の契機[353]でどのように規定されるか，また個体性の自己自身についての概念が，どのように個体性に意識されるようになるかということである。

〔1　実在的なものとしての個体性の概念〕

個体性が，そのものとして自己自身にとって全実在であるというこの個体性の概念とても，さしあたっては結果である。個体性は，その動きと実在をまだ提示していないし，ここでは，単純な自体存在として媒介を経ないままで設定されている。だが，否定性[354]は，動きという形で現れるものと同一のものであって，規定性としての単純な自体に即したものである。そこで，存在すなわち単純な自体は，特定の｜（334）範囲となる。だから，個体性は，本源的でありながらも特定の本性として立ち現れる。本源的本性だというのは，個体性が自体的であるからである，そして，本源的に規定されているというのは，否定的なものがこの自体に即しているからであり，そのため否定的なものが，ある質となっているからである。にもかかわらず，このように存在を制限しても，意識の行いを制限することはできない。なぜならば，ここでは，意識の行いは，自己の自己自身に関係する完結した関係だからである。他の人に対する関係つまり，行いを制限するようなものは廃棄されてしまっているからである。だから，本性が本源的に規定されていることは，単純な原理である，つまり，透明で普遍的場面であるにほかならない。ここでは，個体性は，個体性であると同様に自由であり，自己自身と等しいままであるとともに，妨げられもしないで己れの区別を展開させ，自己を実現しながら，自己と純粋に交互に作用している。不定の動物生命が，いわば水，空気もしくは〔大〕地というような場面とかに，またこれらの内部で，さらにいっそう特定のいくつかの原理に，己れの息吹を吹き込み，己れの契機のすべてを，それらの場面にひたすにしても，それら

353）（訳注）心の法則の場合も，世の中の場合も同様であった。

354）（訳注）否定性に二義があって，一方では動きあるいは主体としてのものであるが，他方では規定ないし質としてのものである。

の契機を，場面のそういう制限があるにもかかわらず，己れで支配し，みずから一つのままでおり，この特殊な有機組織として，同一の普遍的動物生命そのままを続けている。それと個体性はちょうど同じである。

意識は，このように特定の本源的本性〔自然〕にいながら，いつまでも自由であり，まったくそのままでいる。この本性は，個人が目的とするものの，直接的でまた唯一本来の内容として現れる[355)]。この内容は，特定の内容ではあるけれども，もとはといえば，われわれが，自体存在を遊離させて考えるかぎりでのみ内容である。だが，｜（335）本当は，この内容は，個体性によって浸透された実在性である。つまり，【217】その実在性は，個別的である意識が，己れ自身にもっている現実性，はじめは設定されているにしても，存在するものとしてであって，まだ行うものとしてではないかぎりの現実性である。しかし，行いからみると，例の規定性は，一方では，存在する性質と考えられるため，行いの動く場面という単純な色であるから，行いが乗り越えようとする制限ではない。だが，他方では，否定性が規定性であるのは，存在のもとでのことにほかならない。が，行いはそれ自身否定性[356)]にほかならない。だから，行為する個体性にあっては，規定性は否定性一般のうちで解体している。言い換えれば，解体して全規定性の総体[357)]になっている。

さて単純な本源的本性は，行いや行いの意識となるとき行いにつきものの区別となってゆく。はじめは，行いは，対象として，しかもなお意識についている対象として，つまり，目的として現存しており，したがって眼前の現実と対立している。その次の契機は，静止するものと表象された目的が，動くことである。まったく形式的現実に，目的を関係させることとしての実現である。したがって，移行という表象つまり手段である。最後に，第三の契機は，行う者が，もはや直接己れのものと意識している目的である場合の対象ではなく，行う者のそとに出てかつ一つの他の人として行う者に対している場合の対象である[358)]。——と

355）（訳注）やがて次の段落で「特定の本源的本性」が目的であるのみならず，手段であり結果でもあることが説かれる。

356）（訳注）これは規定性としてのではなく動きとしての否定性である。

357）（訳注）目的と手段と結果とを，また対自と対他とを総括した概念であって，やがて「事象そのもの」と規定される。

358）（訳注）以上は，目的—手段—結果のいずれもが本源的で特定の本性であって，区

ころが，これらいろいろな側面は，｜(336) その分野の概念からみて，次のように定められなければならない。つまり，それらの区別をとりながらも，内容はいつまでも同じであり，区別ははいり込んでこない。個体性と存在一般の区別も，目的と本源的本性としての個体性もしくは眼前の現実との区別も，また手段と絶対的目的としての現実との区別も，実現された現実と，目的または本源的自然，または手段との区別もはいり込んでこない。

それゆえ，まず第一に，個体性が本源的に特定の本性，その直接的本質は，まだ行う者として立てられてはいないので，特殊な能力，才能，性格などと呼ばれるのである。精神に特有なこの色合いは，目的そのものの唯一の内容と考えられ，まったくこれだけが実在性と考えられるべきだということになる。もし，意識が，この内容を超えてそのそとに出て，それとは別の或る内容を実現しようとしているのだと考えるならば，意識は無が無に働きかけていると考えることになるであろう。――さらに本源的本質は，目的の内容であるばかりか，それ自体で現実でもある。普通ならば，この現実は，行いに与えられた素材と，眼前にみつけられた現実，行いということで形成されるべき現実と思われている。つまり行いは，まだ提示されていない存在という形式から，提示された存在という形式へと，純粋にただ移行することにすぎない。だから，意識に対立しているという例の現実が自体で存在するというのは，ただの空しい仮象に落ち込んでしまっている。｜(337) だから，この意識は，行為すると決意するからには，【218】現存する現実という仮象に迷わされはしないし，また空しい考えや目的を追い回すことをやめて，己れの本質の本源的内容を大切にしておかなければならない。――なるほど，この本源的内容は，意識が内容を実現したときはじめて，意識に対している。だが，意識の内部でだけ意識に対しているようなものと，意識のそとにそれ自体で存在する現実との区別は，なくなってしまっている。――ただもう意識がそれ自体である当のものが意識に対してあるためには，意識は行為しなければならない。言い換えれば，行為することは，精神が意識として生成することにほかならない。だから，意識は，

別はただこの内容の形式のうえでのものにすぎないことが主張されようとしている。

みずからがそれ自体である当のものを，己れの現実から知るのである。それゆえ，個人は，行いを通じ現実化しないうちは，己れが何であるかを知りえない。——そのため，個人が行ってしまわないうちは，己れの行いの目的を決めることはできないように思われる。だが，同時に，個人は，意識であるのだから，行為を前もってまったく己れの行為として，すなわち目的として現前させているのでなければならない。だから，行為することに向かう個人は，円環の中にいるように，そしてこの円環では各々の契機が，他の契機をすでに前提していて，始まりはまったく見出されえないように思われる。というのも，己れの本源的本質は，己れの目的でなければならず，個人は，己れの本源的本質を，行いの結果はじめて知るわけであり，行うためには，前もって目的をもっていなければならないからである。だが，だからこそ，個人は，媒介なしで始めなければならないし，事情がどうあろうとも，｜（338）はじまり，手段および終端について，それ以上気を配らずに，活動に進まなければならない。なぜならば，個人の本質と自体存在する本性は，一挙にして，はじまり，手段，終端ということでの一切であるからである。はじまりとしては，本性は，行為することの諸々の環境に現前している。個人があることに接して見出す関心は，ここで行うべきであるかどうか，また，何を行うべきか，という問いに対し，すでに与えられた答えである。なぜならば，眼前にある現実であるようにみえる当のものは，それ自体で個人の本源的本性であり，ただ存在だと仮象しているにすぎないからである。——この仮象は，分裂してゆく行いの概念にあるのだが，個人が現実でみつける関心に，己れの本源的本性として表明されている。——いかに行うかということつまり手段も完璧に定まっている。同じように才能も特定の本源的個体性にほかならず，これは，内的手段つまり目的から現実への移行と考えられたものである。だが，現実的手段あるいは現実の移行は，才能と関心に現前している事象の本性である。才能は，手段では行いの側面を表し，関心は，内容の側面を表す。両者は，存在と行いの相互浸透[359]であるから，個体性そのものである。だから，現前している当のものは，まずそれ自体で個人の本源的本性で

359）（訳注）*GW* 9, S. 214, Z. 11 を参照されたい。

ある，眼前にみつけられた環境であり，次には，本性がまさに己れのものあるいは目的として立てる関心であり，最後には，手段のうちでこの対立を結びそして廃棄することである。この結合は，｜（339）それ自身，なお【219】意識の内部で生ずるのであり，たったいま考察した全体も，対立の一方の側面である。このように，対立がなお残っているようにみえるが，これも，移行そのものによって，つまり手段によって廃棄される。――というのは，この手段は，そととうちの統一だからであり，手段が，うちなる手段である場合に，もっていた規定性とは反対だからである。だから，手段は，この規定性を廃棄し，己れを，つまり行いと存在の統一を，また外的なものとして，現実となった個体性そのものとして設定する。すなわちこの個体性は，存在するものとして，己れ自身に対して設定されているのである。こういうふうにして，行為全体は，環境としても，目的としても，手段としても，また所業としても，己れのそとに歩み出ることはない。

だが，所業と一緒に，本源的本性の区別が出てくるように思われる[360)]。所業は，それの表す本源的本性と同じように特定のものである。なぜならば，所業は，行いから解放されて，存在する現実となったものであるため，質としての否定性を己れでもっているからである。だが，意識は，否定性一般としての，行いとしての規定性を，己れにもっているようなものであるから，所業に対立したものと規定される。だから，意識は，所業がそのように規定されているのに比べると，普遍である。したがって，所業を他のものと比較することができ，この点から諸々の個体性そのものを，いろいろ異なったものとして理解しうる。つまり，己れの所業ということでさらに包括する個人を，意志のより強い力としてか，あるいは，より豊かな本性として，すなわち，その本源的規定性がより制限されていないようなものとしてつかむことができる。――これと違い，別の本性の個人は，より弱い，｜（340）より貧しい本性としてつかむことができる。大きさというこの非本質的区別に対して，善

360）（訳注）人相術の段階以来しばしば触れられてきた所業がここではじめて本格的に取りあげられる。それぞれ特殊的個体性の所産である所業が示す区別がとりあげられるのは，最初には量的という非本質的区別の立場からであるにすぎず，本質的区別が問題になるのは，*GW* 9, S. 220, Z. 19 からのことである。

と劣悪は絶対的区別を表すものかもしれない。だが，ここでは，この区別は成り立たない。善いと受けとられ，また劣悪と受けとられるものも，同じように個体性の営みであり，自己提示と自己表明[361]である。だから，すべては善いことになる。そうなれば，何が劣悪であるというのかは，本来いわれえない。劣悪な所業と呼ばれるものは，〈その所業に実現される，特定の本性をもった個的生命〉のことである。それが劣悪な所業になり下ってしまうのは，比較を行う考えのためにほかならないであろうが，この考えは，個体性が自己を表明しようとする所業の本質を超えており，そのうえ，何だかはわからないものを，そこに探し求めているのだから，空しいものである。――この考えは，前に引用した区別にしか関わりえないであろうけれども，この区別は，大きさの区別として，本来本質的なものではないし，この場合きめ手となるのは，たがいに比較されるものが，いろいろの所業つまり個体性であるだろうからである。しかし，そういういろいろな所業や個体性などはたがいに何の関わりもない。各々は，ただ自己に関わるだけである。本源的本性だけが自体的なものである。言い換えれば所業を評価する尺度として根底に置かれるが，逆に所業は，また，本性を評価する尺度でもありうる。だが，本性と所業は相応ずる。個体性にとっては，個体性によらないようなものは何もない。言い換えれば，【220】個体性の本性でもその｜（341）行いでもないような現実は存在しないし，現実的でないような，個体性の行いも自体も，存在しはしない。そこで比較さるべきものは，これら両契機だけである。

だから，もともと，高揚も歎きも悔いもあるわけではない[362]。なぜならば，こういうものはみな，個人の本源的本性や，現実の中にある本性の実現とは違った内容と違った自体とを想像する考えから生まれるからである。個人が行い出会うものが何であるにしろ，それは，個人の行ったことであり，個人自身である。個人は，自己自身を可能の夜から現在の昼へ，抽象的自体を現実存在という意味へただ置き換えているのだと意識しうるだけであり，昼のあいだに己れに現れ来るものが，夜のあい

361）（訳注）「自己表明」については，*GW* 9, S. 214, Z. 1 以下を参照されたい。

362）（訳注）精神的であるにしても動物の国たる所以。

だに眠っていたものにほかならないと確信しうるだけである[363]。なるほど，この統一の意識もやはり比較ではあるが，比較されるものには，ほかでもなく，対立という仮象[364]があるにすぎない。形式上の仮象といったが，これは，個体性がそれ自身のもとで現実であるという理性の自己意識[365]からみれば，仮象以外の何物でももはやない。だから，個人は，己れの現実で，自己と現実との統一以外のものをみつけはしないことを知っているし，この現実に自己自身であるという確信しかみつけないことを，したがってまた，いつでも己れの目的を達していることを知っている。だから個人は，喜びだけをもともと体験しうることになる。

| (342)

〔2　事象そのものと個体性〕

以上が，自己を，個体性と存在の絶対的相互浸透であると確信している意識が，自己についてなす概念である。そこで，われわれがながめわたすのは，この概念が，経験を通じて，この意識の確証するところとなるかどうか，また意識の実在性が，この概念と一致するかどうかである。所業は，意識がみずからに与える実在性であり，個人がそれ自体であるものを，自覚的なものとする。だから，個人を所業ということで自覚するようになることからみて，意識は，特殊意識ではなく，普遍意識である。個人は，本来所業ということで普遍性という場面に，存在という無規定の空間に，己れを押し出し据えた。己れの所業から退いている意識は，規定されたものである己れの所業[366]と比べて，実際には，普遍的なものである。――そのわけは，意識は，対立にありながらも，絶対的否定性[367]となり，行いとなるからである。こうして意識は，所業

363）（訳注）*GW* 9, S. 215, Z. 25 を参照されたい。

364）（訳注）*GW* 9, S. 217, Z. 37 を参照されたい。

365）（訳注）「理性の自己意識」の「理性」とは行為的理性に対する普遍的理性であり，「自己意識」とは「己れ自身だと自覚するようになったカテゴリー」に関する。

366）（訳注）所業が「規定されたもの」であることについては，*GW* 9, S. 219, Z.11–12 を参照されたい。

367）（訳注）「絶対的否定性」とは規定ないし質としての否定性ではなく，働きとしての，また「主体」としての否定性である。したがってまた個体性自身でもある。

としての自己を超え出ており，無規定的空間でさえある。つまりこの空間は，意識の所業によっては充たされないことが分かる。とはいうものの，以前には[368]概念のうちでは，意識と所業は統一されていたのである。このことは，所業が，存在する所業としては廃棄されることによって起こった。それにしても所業は存在すべきである。そこで，ながめわたされるべきは，個体性が所業の存在で，どのようにして己れの普遍性を得て，自己満足を知るようになるかということである[369]。――まずはじめて，出来あがった所業を，それだけで考察しなければならない。所業は個体性の全本性をともに受けとっているから，その存在は，すべての区別されたもの[370]をその中に浸透させ|(343)溶かし込んでいるような行いでさえある。こうして所業は，存続するように【221】投げ出されている。その場合，本源的本性の規定性は，実際にはそれ以外の規定的本性に逆らって外側に向けられるのであり，そういう他の本性が本源的本性を侵すように，後者も前者を侵す。そこで規定性は，こういう普遍的動き[371]をしながら消え去る契機となって失われる。完璧に実在的な個体性の概念内部にあって環境，目的，手段，実現など，すべての契機はたがいに同等であり[372]，本源的で特定の本性は，普遍的場面としてのみ妥当する。が，これとは違い，この場面が対象的存在となるときには，その規定性そのものは，所業ということで明るみに出て，その真理を維持するが，みずから崩れ去ってしまう。もっと詳しくいえば，こ

368)（訳注）*GW* 9, S. 220, Z. 3–18 を参照されたい。

369)（訳注）テキストは , und es ist zu sehen, wie in seinem S e y n die Individualität seine Allgemeinheit erhalten, und sich zu befriedigen wissen wird. である。ベイリー訳もイポリット訳も seine Allgemeinheit の sein を個体性を意味するものと解しているが，金子武蔵によれば，これは意味のうえでは正解であるとしても，文法的には不可能である。なぜならば，sein は in seinem Sein の sein と同じであり，所業を指すべきだからである。しかし，sich zu befriedigen wissen というのは，やがて明らかになるように，所業での目的―手段―結果が分離をきたしても，これらに形式的に通ずる類概念である「事象そのもの」を自己意識がもち出すことによって所業での消失をまぬがれることを意味している。だから，テキストに普遍性というのは事象そのものがもつこれらの契機に通ずる普遍性のことである。したがってこの普遍性を備えているものは個体性でもあることになる。以上のような次第で ihre と書くべきであるのに，ヘーゲルが誤って seine と書いたのか，それとも Individualität と書いておきながら，Individiuum と書いたつもりであったかのいずれかであろうと解される。

370)（訳注）「区別されたもの」とは目的―手段―結果など。

371)（訳注）「普遍的動き」というのは，すべての人々がお互いに抵抗しあうこと。

372)（訳注）*GW* 9, S. 218, Z. 34–S. 219, Z. 9 を参照されたい。

の崩壊は，個人がそのような規定性をとるとき，このものとして，みずから現実となっているという形で提示される。だが，規定されているのは，現実の内容だけでなく，現実の形式[373)]でもある。言い換えれば，もともと現実そのものとは，自己意識に対立しているというまさにこのような規定性なのである。この側面からいえば，現実は，概念のそとに消え失せており，ただ眼前に見出されるだけの疎遠な現実として現れる。所業は存在する，すなわち，他の諸々の個体性にとって存在しているといえども，これらの人々にとっては疎遠な現実である。この所業の代わりに己れたちの所業を立て，己れたちの行いによって現実と己れたちとの統一を，みずから意識するようにせざるをえなくなる。言い換えれば，その人たちの本源的本性によって立てられた，例の所業へのその人たちの関心は，｜（344）この所業自前の関心とは別のものであり，このために，この所業は，別のものにされてしまっている。だから，一般に所業は，移ろいゆくものであり，他の力や関心の反対に出会って消される。所業は，個体性の実在性を，完遂された形でというよりは，むしろ消えてゆくものという形で提示する。

そういうわけで所業ということで意識に生じるのは，行いと存在の対立であるが，この対立は，前に述べたいくつかの意識の諸々の形態[374)]にあっては，同時に行いのはじまりであったが，ここでは結果であるにすぎない[375)]。だが，実際にはこの対立は，意識がそれ自体で実在的個体性として行為することを始めたときには，いわばその根底に置かれていたのである。なぜならば，その行為には，特定の本源的本性が自体として前提されており，その本性の内容[376)]となっていたのは，完遂のための純粋完遂であったからである[377)]。だが，純粋な行いは自己自身に等しい形式であり，したがって本源的本性の規定性は，この形式とは等し

373）（訳注）対自存在と対他存在のこと。

374）（訳注）行為的理性の諸段階のことであり，たとえば，心の法則の立場に対してある現実は快楽での必然性から発生したのに心の法則の立場は，これを自覚しないで，その廃棄に向かったこと。

375）（訳注）*GW* 9, S. 198, Z. 21 以下 ; S. 202, Z. 15 以下 ; S. 209, Z. 15 以下を参照されたい。

376）（訳注）*GW* 9. S. 217, Z. 19–20 を参照されたい。

377）（訳注）*GW* 9, S. 216, Z. 10 以下を参照されたい。

くはない。この場合，本性と行いのうちどちらが概念と呼ばれ，どちらが実在と呼ばれるかは，他の場合と同じようにどうでもよいことである[378]。つまり，本源的本性は，行いに対立して考えられたもの，すなわち自体であり，この行いにあってはじめて本性が実在することになるのである。すなわち，本源的本性は，個体性そのもの，ならびに，所業としての個体性の存在であるが，行いは，絶対的移行，つまり，生成としての本源的概念である。このように，概念と概念の本質のうちである実在とが，一致しないことを｜（345）意識はその所業で経験する。だから，この所業で，意識は，みずからが真にある通りのものとなり，自己自身についての空しい概念も消え去る。

【222】したがって，所業は，それ自体で実在すると確信している個体性の真理であるが，この所業の根底にある矛盾の中では個体性のあらゆる側面が，やはり矛盾するものとして現れてくる。言い換えれば，否定的統一であって，全契機を拘束している行いから出て，個体性全体の内容としての所業が存在の中に立てられるとき，いまその所業はそれらの全契機を解放する。そこでそれらの契機は，存続という場面に立つときたがいに交渉をなくしてしまう。だから，概念と実在性は，目的と本源的本質性であるものという形でたがいに分離してしまう。目的に真の本質があるかどうか，つまり，自体が目的とされるかどうかは偶然である。同じように，概念と実在性は，現実への移行と目的という形でもまたしてもたがいに離れてしまう。つまり目的を表現している手段が選ばれるかどうかは，偶然である。そして最後に，これらうちにある諸々の契機が合しても，それらがたがいのあいだで統一しているかいないかには関わりなく，個人の行いは，やはり現実一般に対し偶然である。幸運は，劣悪に規定された目的と，劣悪に選ばれた手段の，ためになることもあれば，それらに逆らうこともある。

こうしていま意識は，その所業をつてに意欲と遂行，目的と手段，さらにこの内面的なもの全体と現実そのものという対立に気がつく。｜（346）このことは，意識の行いの偶然性が自己内で含んでいるものである。だが，この場合，行いの統一と必然性が現存しているのである。こ

378）（訳注）*GW* 9, S. 59, Z. 13–20; S. 103, Z. 16–22 を参照されたい。

の必然性の側面は，偶然性の側面を超えて包括している。それで，行いが偶然であるという経験がそれ自身偶然的経験にすぎない。行いが必然であるのは，目的が端的に現実に関係していることにある。この統一が行いの概念である。つまり，行いが行為となるのは，行いがそれ自体でそれだけで現実の本質だからである。なるほど意欲と完遂に対し，完遂される存在が偶然であるということも所業で判明する。そして真理とみられなければならないように思われる経験[379)]が，行為の例の概念に矛盾する。だが，われわれが，この経験の内容をその完全な状態で考察するならば，この内容は消えてゆく所業である。維持されるものは消えることではなく，消えることがそれ自身現実で所業に結びついており，それ自身所業とともに消える[380)]。つまり，否定的なものは，肯定的なものとともに没落し，肯定的なものの否定は否定的なものである[381)]。

このように，消えることが消えることは，それ自体で実在する個体性自身の概念のうちにあることである[382)]。というのは，所業を消えさせるもの，所業で消えるもの，また経験と呼ばれたものに，個体性が自己自身についてもっている概念を超える威力を与えるはずのもの，それは対象的現実だからである。だが，｜（347）この現実は，それだけでは，この場合の意識自身では，もはや真理ではないような契機である。真理は，この契機と行いの統一にだけある。真の所業は，行いと存在，意欲と完遂の例の統一にほかならない。それゆえ，意識にとっては，【223】己れの行為することの根底にある確信のために，その確信に対立している現実そのものは，ただ意識に対するにすぎないものである。自己に帰っており，あらゆる対立を消している自己意識[383)]としての意識からすれば，もはや対立は，現実に対する意識の自立存在〔対自存在〕とい

379）（訳注）*GW* 9, S. 221, Z. 37 以下を参照されたい。

380）（訳注）所業や現実を消える契機として含んでいる概念とは，やがて「事象そのもの」と規定される。

381）（訳注）ここにはすでにしばしばあった「規定せられた否定」という考えが働いており，こういう否定は特定の肯定と特定の否定とを両者の根底にあるものによって総合するが，本文の場合には，至るべき根底というのは「事象そのもの」のことである。

382）（訳注）概念は，一度は空しい概念として消え失せたが，この段落ではふたたびその意義が回復されている。

383）（訳注）この「自己意識」は「理性の自己意識」であり，また普遍的理性であろう。

う形式では生じてこない。むしろ，対立と，所業をつてに表に現れる否定性とは，こうして所業または意識の内容に関わるだけではなく，現実そのものにも関わる。そのため，現実によりまた現実をつてにのみ現存する対立と所業の消失とに関わる。だから，このようにして意識は，移ろいゆく所業から自己のうちに反省還帰して，行いが偶然だという経験に対して，己れの概念と確信を存在し持続するものと主張する。つまり，意識は，実際には己れの概念を経験するが，この概念では，現実は契機にすぎない，つまり意識に対してある何かであって，それ自体でそれだけであるものではない。意識は現実を消えてゆく契機として経験する。それゆえ，現実は，意識にとっては，もっぱら存在一般とは考えられるが，この存在の普遍性は，行いと同じものである。行いと存在のこの統一こそ，真の所業であり，これが事象そのものである。これは，どこまでも自己を主張し，｜(348) 持続するものとして経験される。つまり，個別的行いそのもの，状況，手段，現実などという偶然性であることからは，独立なのである。

だが，事象そのものが，これらの契機〔状況，手段，現実など〕に対立しているのは，これらが，遊離したものとみられるかぎりのことである。事象そのものは本質的には，現実と個体性の浸透として，両者の統一である。それと同じように，また行いであり，行いなので純粋の行い一般[384]であり，したがってまたこの個人の行いでもある。そして，この行いは，現実と対立してなお個人のものであり，目的としてあるものである。さらに事象そのものは，この規定性から対立した規定性への移行[385]であり，結局は，意識に対して現存する一つの現実である。したがって，事象そのものは，精神的本質性を表しており，ここでは，これらすべての契機は，それだけで妥当するものとしては，廃棄されている。したがって，普遍的契機としてのみ妥当することになる。また，そこでは，意識にとっては，自己自身についての意識の確信が，対象的本質体であり，一つの事象である。これは，自己意識から，自己自身のも

384)（訳注）*GW* 9, S. 225, Z. 9–10 によって明らかであるように，「純粋な行い」とは結局は「なにも為さない行い」のことである。

385)（訳注）ここで「移行」とは *GW* 9, S. 217, Z. 15–16 によって明らかなように手段のこと。

のとして生み出された対象[386]でありながらも，自由で本来的な対象であることをやめない。――ところで，感性的確信と知覚にとっての物には，自己意識に対し自己意識によってのみ，その意義がある。この点に物と事象の区別が基づいている。――そういうわけで，感性的確信と知覚に対応する一つの動きが，いまこのことでも経巡ることになろう。

|（349）それゆえ，事象そのものとは，個体性と対象が浸透して対象的になったものである。その事象そのものにあって自己意識にとってはみずからについての己れの真の概念が生じているのであり，自己の実体の意識に至りついたのである。同時に，ここにあるような自己意識は，たったいま実体となった意識であって，実体を無媒介に意識している。これが，この場合の特定の姿であり，【224】ここでは，精神的本質体は，ここに現存しているけれども，まだ真に実在的実体に達してはいない[387]。事象そのものは，このように無媒介に意識されている場合には，単純な本質体という形をとっている。この本質体は，普遍として，そのすべての異なった契機をみずから含んでおり，これらの契機に帰属してはいるが，特定の契機としてのそれらに対しまた無関与でもあり，それだけで自由であり，この自由で単純で抽象的事象そのものとして，本質体として妥当している。本源的規定性言い換えれば，この個人の事象の諸契機，すなわちその目的，手段，行いそのもの，現実などといういろいろな契機は，この意識からみれば，一方では個別的契機であり，意識は，これらの契機を，事象そのもののために棄ててしまい，断念することもできる。だが，他方では，これらの契機一切は，事象そのものがそれら契機の抽象的普遍として，いろいろな契機のいずれでも見出され，それらの述語でありうるというような形でのみ，事象そのものを本質としている。事象そのもの自身は，まだ主語[388]ではなく，むしろ，主語として妥当するのは，例の諸契機である[389]。そのわけは，これらの契機が，個別性一般という側面に立っているのに，事象そのもの

386）（訳注）自己意識によって生み出された対象である点に，「事象」の「物」に対する相違がある。

387）（訳注）*GW* 9, S. 238 以下を参照されたい。

388）（訳注）主語となれば事象そのものは人倫的実体となり，さらにこれを通じて実体は主体となる。

389）（訳注）*GW* 9, S. 341 以下 ; S. 345, Z. 26–27 を参照されたい。

は，やっと｜（350）単純な普遍であるにすぎないからである。事象そのものは，類であるが，この類は，その種であるこれらすべての契機に見出されるが，またそれらから自由でもある。

〔3　相互的欺瞞と精神的本質体〕

意識が誠実である[390)]といわれるのは，一方では，事象そのものが表現している観念論[391)]に達しており，他方では，このような形式的普遍としての事象そのものに即して，真なるものをもっているからである。この誠実な意識は，いつでも事象そのものだけに関わっているため，事象そのものの異なった契機や種の中を，あれこれと追いまわしている。そこで，契機のうちの一つまたは一つの意味のうちで，事象そのものに行きつかない場合には，まさにそのために，別の契機のうちで，事象そのものを手に入れる。だから，この意識が，その概念からいって分有するはずの満足を，実際にいつも得ている[392)]。どういうふうになるにしても，意識は，事象そのものを遂行し，達成している。なぜならば，事象そのものは，それら契機の，普遍的類として，すべての契機の述語だからである。

誠実な意識は，ある目的が現実とならない場合でも，やはりそれを意欲したのである。つまり目的としての目的を，何事をも為さない純粋な行いを事象そのものとしたのである。したがって，それでもいつもやはり何かが為されたのであり，追い求められたのだというように表現され，慰められうる。普遍自身は，否定的なものつまり消失を，己れのもとに含んでいるのだから，所業がなくなってしまうことでさえも，己れの行いである。この意識は，そうするように他人をけしかけたのであ

390）（訳注）原語は ehrlich である。感性的確信，またとくに物の知覚がただひたすら真なるものを捉えようとするという意味で Wahres-nehmung であったのに対応して，事象そのものという真なるものだけを捉えようとする意識が ehrlich である。

391）（訳注）観念論についてはⅤのはじめを参照されたい。ただし，A 観察する理性をもって理論的観念論，B 行為的理性をもって実践的観念論であるとすれば，事象そのものでは到達せられた観念論はこれら両者の総合である絶対的観念論である。

392）（訳注）*GW* 9, S. 220, Z. 15–18 を参照されたい。

り，己れの現実が消えてしまっても，なお満足しているのである。それは，ちょうど，悪童たちが｜（351）横面をなぐられても，己れ自身を，つまりその原因となっている己れ自身を楽しんでいるのと同じである。あるいは，この意識は，事象そのものを実現しようと，一度だって試みたことはないし，まったく何もしなかった。つまり，そうすることを願わなかったのである。この意識にとっては，事象そのものは，まさしく己れの決意と実在性の統一であるから，現実は，己れの願いにほかならないと主張する。――最後に何か己れの関心をひくことが，己れの働きかけもないのに生じてきたときには，己れによってつくり出されたものでもないのに，この現実は，己れがいだいていた関心のためにこそ，事象そのものなのだということになる。【225】もしそれが，己れの身の上に親しく起こってくるような，幸運であるとすれば，それは，己れの行いの結果であり，手柄であると考える。そのほかもしそれが世界的事件であり，そうであるという以上に何も関係のないようなことであるとしても，己れに関係のある事件だとする。そこで行いのともなわない関心でも，己れにとっては，〈己れが味方をしたり反対したり，また争ったり支持したりする党派〉のことだと考えるのである。

こういう意識の誠実さは，また，その意識がどこででも体験する満足は，すでに明らかなように，実際には，意識が事象そのものについてもっている考えを総合していない点にある。事象そのものは，この意識にとっては，己れのことではあるが，所業ではない，言い換えれば，純粋な行いであり，空しい目的である。さらに言い換えれば，行いの結果のともなわない現実でもある。意識は，ある意味を，後からこの述語の主語とし，それを次々に忘れる。いま，ただ欲しただけであり，またそう願わなかったのだという場合には，事象そのものには，空しい目的という意味｜（352）があり，意識と遂行との考えられた統一という意味がある。目的は，空しくなったけれども，でもやっぱり欲したのであり，純粋に行ったのだという慰め，また他人に何か行いを与えたのだという満足は，純粋な行いを，またはまったく劣悪な所業を本質体としている。なぜならば，まったく所業でもないようなものが，劣悪な所業と呼ばれるからである。最後に，現実を眼の前にみつけるという幸運な場合には，行いの結果のないこの存在が，事象そのものとなる。

だが，この誠実さの真実は，外見ほど誠実であるはずがない[393]。というのは，この誠実さは，異なった契機を，実際にそういうふうにばらばらに放っておくほど，無思慮ではありえないからである。むしろ，これらの契機がたがいに端的に関係し合っているため，これらの契機相互の対立を直接意識せざるをえないからである。純粋な行いは，本質的にはこの個人の行いであり，またこの行いは，同様に本質的に一つの現実であり，一つの事象である。反対に現実は，本質的には，この個人の行いとしてあるとともに，また行い一般としてもあるにすぎない。それで，この個人の行いは，行い一般でもあり，現実もまた同様である。だから，この個人にとっては，抽象的現実としての事象そのものだけが，問題であるように思われるのだが，それと同時に，己れの行いとしての事象そのものが，問題であるということも現にある。しかしまた，この個人にとっては，営為すべてが，問題なのである。だから，それをまじめに受けとっているのではなく，一つの事象が，また己れのものとしての事象が，問題なのである。結局，個人は，己れの｜(353)事象と己れの行いを求めているにすぎないようにみえるときでも，やはり，事象一般またはそれ自体でそれだけで持続する現実を問題にしている[394]。

ここで，事象そのものとその契機は，内容〔目的，行為，現実〕として現れるが，また当然意識のもとでの諸形式〔対自存在と対他存在〕[395]としても現れる。それらは，内容として現れるが，それは消えるためにすぎない。そこで各々は他のために席を譲る。だから，それらは，廃棄されたものという規定性をとって現存するほかない。だが，そのとき，それらは意識そのものの側面である。事象そのものは，自体として，もしくは意識の自己内還帰として【226】存在する。諸々の契機が意識のもとでたがいに押し除け合うのは，それらが意識ではそれ自体で設定さ

393)（訳注）ここでは「誠実さ」の誠実でないことだけが説かれているけれども，*GW* 9, S. 234, Z. 29–30 では「誠実さ」には人倫の意識にとって不可欠の契機であるという意義が回復されている。

394)（訳注）以上で事象そのものの内容上の或る契機——要するに目的—手段—現実——の説明は終わり，自体あるいは対自と対他という形式上での説明に移っている。なお，(Sache) 事象は物と違って，「自己意識から自己のそとに生み出された対象」であるが，以下で対自とともに契機とするのは，Sache が同じく係争事件を意味していることから当然である。

395)（訳注）前注を参照されたい。

れているのではなく，ある別のものに対してのみ設定されていることを表している。内容の一方の契機は意識によって明るみに出され，諸々の他の人に対して表象される。だが，意識は，同時にこの契機から出て自己に反省還帰している，しかも，やはり，反対の契機は意識のうちで現存している。つまり意識は，この反対の契機を己れのものとして，対自的に維持している。それと同時に，それらの契機のうちどれか一つは，ただそとに取り出されるだけで，他の一つはうちにしまっておかれるというのでもない。むしろ意識は，それら両者を交替させるのである。なぜならば，意識は，一方をも他方をも，ともに己れに対しまた他の人々に対して，本質的なもの[396]としなければならないからである。全体とは，個体性と普遍がみずから動いて浸透し合うこと[397]である。だが，この全体は，この意識にとっては，単純な本質体[398]としてのみ存在して，事象そのものという抽象として存在するから意識の両契機は分離したものとして，事象そのもののそとに，ころがり出て｜（354）ばらばらになってしまう。全体は，全体としては，そとに置くことと自己保存することが，分離しながら交替することによってのみ汲みつくされ，提示される。このように交替するとき，意識は，一方の契機をそれだけで，本質的なものとして，己れの反省還帰にもっている。また，他方の契機をただ外的なものとして意識のもとでつまり他方に対してもっている。そのため，個体性相互のたわむれ[399]がはいり込む。その場合，両契機は，己れ自身をも，またたがいに相手をも，だましたりだまされたりする[400]のを見出す。

こうして，或る一人の個体性は何かを実現しようとする。そのときこの個体性は，その何かを事象としたようにみえる。個体性は行為し，そのとき他の〔諸々の〕個体性に対するものとなって個体性にとっては，

396）（訳注）内容上での或る契機を己れに対して本質的であるとするときには，この契機は他人に対しては非本質的ではある。しかし他人に対する関係からいえば，かえってこの非本質的契機が本質的であり，さきに本質的であった契機は非本質的である。だから，知覚の段階での本質的なものと非本質的なものとの弁証法にあたるものがあることになる。

397）（訳注）相互浸透は当面の個体性の基本規定である。

398）（訳注）*GW* 9, S. 224, Z. 3 で「事象そのものは，このように無媒介に意識されている場合には，単純な本質体という形をとっている」とあるように事象そのもののことである。

399）（訳注）III 悟性の段階での「二つの力のたわむれ」に対応する。

400）（訳注）I 感性的確信の段階での思い込み，II 知覚の段階における錯覚にあたる。

現実が問題であるようにみえる。だから，他の〔諸々の〕個体性は，その個体性の行いを，事象そのものに対する一つの関心であると受けとめ，事象自体が実現されるという目的からすれば，それがはじめの一人の個体性によって為されるか，己れたちによって為されるかは，どうでもよいことだと考える。そこで他の〔諸々の〕個体性は，この事象が，すでに己れたちによってもたらされたと示すか，そうでない場合には，己れたちの助力を申し出て実行するかする。だから，はじめの意識は，その意識のいるところだと，他方が思い込んでいる[401]ところからは，むしろそとに出ている。その意識が事象ということで関心を向けているのは，己れの営為である。そこで他の〔諸々の〕個体性は，これが事象そのものであったのだと知るとき，だまされたことに気がつくのである。――けれども，実際には，他方が助けるために急いでやってくるのは，事象そのものをではなく，己れたちの行いをみたり示したりするつもりなのにほかならなかったのである。すなわち，他の〔諸々の〕個体性は，己れたちがだまされていたと訴えるのと，まったく同じやり方で相手をだまそうとしていたのである。｜(355)――そこでいま，自前の営為が，つまり，己れの諸能力のたわむれが，裏がえしになって，事象そのものであると考えられている。そのため意識は，己れの本質を己れのために追っているのであって，他の〔諸々の〕個体性のためではないように思われる。そこで気にかけているのは，己れのものとしての行いであって，他の〔諸々の〕個体性の行いとしての行いではない。したがって，他の〔諸々の〕個体性もやはり己れたちの事象の中に放任されているように思われる。けれども，他の〔諸々の〕個体性もまたしても間違っている。つまり，己れたちがそうだと思い込んでいたところをすでにぬけ出している。【227】この意識にとって問題となるのは，この己れの個別的なものとしての事象ではなく，すべての人々のためにあるような普遍としての，つまり事象としての事象である。そこで意識は，他の〔諸々の〕個体性の行いと所業に干渉する。そして，他の〔諸々の〕個体性から，その行いと所業をうばうことが，もはやできないとすれば，批評して，それに関わることにより，少なくともそのこ

401)（訳注）感性的確信との対応が示されている。

とに関心をもつ。意識が行いと所業を是認し賞賛して，その刻印をおすならば，このことは，この所業ということで，所業だけをほめていることではなく，同時に己れ自前の寛大と節度をほめていることなのである。つまり，所業を所業としてけなし，所業を，己れの非難によっていためたのではないという己れ自身の寛大と節度をほめていることなのである。意識は，所業に関心を示すことによって，その点で己れ自身を享受する。それと同じように意識は，己れの非難した所業を非難することによって得られた己れ自前の行いを享受するという，まさにこのことのために歓迎する。だが，この干渉によって，己れがだまされていると考えたり，そう述べたりする人々は，むしろ己れでも，同じように，だまそうとしていたのである。その人たちは，己れたちの営為を，己れたち自身のためだけのものであるというが，そのさい｜（356）己れたちと己れたち自身の本質だけを目指していたのである。しかし，その人たちが何かを行い，それによって己れを提示し，明るみに出そうとしているのだから，その行いの結果によって，そのまま己れたちの口実と矛盾している。つまり明るみそのもの，普遍意識，すべての人々の関与を排除しようとするという口実と矛盾している。つまり実現することは，むしろ，己れのものを普遍的場面にさらすことであり，これによって，己れのものがすべての人々の事象となり，またなるべきなのである。

だから，これと同じように，純粋な事象だけが問題なのだといっても，己れ自身と他人をだましていることがある。ある意識がある事象を始めるとき，むしろ経験することは，しぼりたてのミルクにたかる蠅のように，他の人たちが急いでかけつけてきて，その事象には己れたちも用事があるのだと思いたがるということである。そのときこの人たちがこの意識に出会って経験することは，この意識が問題にしているのもやはり，対象としての事象ではなくて，この己れ自身の事象なのだということである。これに対し，行いそのものだけが，能力と才能を使うこと，言い換えれば，この個体性を表明することだけが，本質的なことである場合にも，両方がたがいに経験することは，両方ともみな接触し合い，招かれているのだということである。つまり，純粋な行いまたは個々の自前の行いをする代わりに，むしろ，他の人に対してある何か，つまり事象そのものが開かれたのだということである。どちらの場合にも，起こってくることは同じであるが，そのさい受けとられ認められるのとは異なった意味がある。意識は，二つの側面が等しく本質的な｜(357) 契機であることを経験する。そのとき，事象そのものの本性が何であるかを経験する。つまり，行い一般と個々の行いとに対立しているような事象だけを経験するのでもなければ，存続に対立している事象でもなければ，事象という種としてそれらの契機から独立な類であるような行いを経験するのでもない。むしろ個々の個人とすべての個人の行いを存在としている本質体，行いをそのまま他人のためのものとし，または事象としている本質体，事象をすべての人々および各人の行いとのみしているような本質体を経験するのである。この本質体はすべての本質体の本質体であり精神的本質体である。【228】意識が経験することは，それらの契機のどれもが主語[402]ではなく，むしろ，解消の末，普遍的事象そのものになることである。個体性の諸々の契機は，この意識の考えなき姿からは，次々に，主語だとみなされて，そういう契機は，総括されて，この個体性でありながらも，そのまま普遍的でもある単純な個体性となる。このおかげで，事象そのものは，述語という地位と，生命のない抽象的普遍性という規定性とを失う。むしろ，事象そのものは，個体性によって浸透された実体なのである。言い換えれば，事象そのものは，個体性を，個体性自身ないしはこの個体性とし，また同時にすべての個人ともしているような，そういう主語[403]であり，また，すべての人および各人のこの行いとしてのみ，一つの存在であるという普遍である。また，この意識が，その個別的現実であるとともに，すべての人々の現実であると心得ているという意味での現実である。純粋の事象そのものは，さきに[404]カテゴリーとして規定されたものである。つまり，自我であるような存在，または存在であるような自我である。だが，それは，現実の自己意識からは，なお区別されている思考である。とはいえ，ここで，現実的｜(358) 自己意識の諸々の契機は，自己意識の内容つまり目的，行いおよび現実と呼ばれるかぎりで，また自己意識の形式つまり対自存在および対他存在と呼ばれるかぎりでは，単純な

402)（訳注）ここでは，事象そのものは主語なのである。
403)（訳注）*GW* 9, S. 224
404)（訳注）*GW* 9, S. 134, Z. 24 以下を参照されたい。

カテゴリーそのものと一体のものとして設定されている。このおかげでカテゴリーは同時にすべての内容である。

b 立法的理性

精神的本質体は，己れが単純な存在でありながら純粋意識[405]でありまたこの自己意識でもある[406]。個人の本源的で-特定の本性は，それ自体では個人の活動の場面であり目的であるという，積極的意味を失ってしまっている[407]。つまり，その本性は廃棄された契機にすぎないし，個人は，自己であり，すなわち普遍的自己としての自己[408]である。反対に，形式的事象そのものは，自己の中で自己を区別する行なう個体性で充たされる[409]。というのは，個人性の諸区別項は，事象そのものという普遍の内容となっているからである。カテゴリーは，純粋意識にとっての普遍としてそれ自体で存在する。がまたそれだけでも存在する。というのも，意識の自己は，またカテゴリーの契機でもあるからである。カテゴリーは絶対的存在である。なぜならば，例の普遍性は存在の単純な自己相等性であるからである[410]。

こうして意識にとって対象であるものには，真なるものであるという意味がある。それは，それ自体でそれだけで〔自体的かつ対自的に〕存

405）（訳注）純粋意識は受肉のあったのちの不幸な意識の第一段階（*GW* 9, S. 124, Z. 38 以下）をなすものであったが，普遍的理性の段階に関しても出現していた（*GW* 9, S. 195, Z. 28 以下）。すなわちそこでは承認されたものがすべての自己意識を統一づけるのは，純粋意識によることであるとされていた。

406）（訳注）精神的本質体が純粋意識と「この」自己意識との統一ではあっても，この統一が「単純な存在」ということで成立するということは，精神的本質体がまだ存在する無媒介性をまぬがれないことを指している。言い換えると，事象そのものと自己との統一として精神的本質体は生じたのであり，またここで立法的理性もまた成立をみるのである。けれども，いずれもまだ存在する無媒介性をまぬがれないのである。立法的理性が「人倫に関する無媒介の確信」として感性的確信とのあいだにもつ類似が今後しばしば指摘される所以がここにある。

407）（訳注）*GW* 9, S. 216, Z. 15 以下を参照されたい。

408）（訳注）*GW* 9, S. 193, Z. 27 の「普遍的理性」にあたる。

409）（訳注）目的―行為―現実と対自-対他で充たされる。

410）（訳注）カテゴリーが絶対的存在であり，単純な自己相等性であるということは，このカテゴリーの立場をとる立法的理性に感性的確信に類似したものの生ずる所以である。

在しまた妥当する｜（359）という意味で，現にありまた妥当する。それは，確信とその真理，普遍と個別，目的とその実在性というような対立にもはや【229】煩わされることなく，その定在が自己意識の現実であり行いである絶対的事象である。それゆえ，この事象は人倫的実体であり，この実体の意識は道徳的意識[411]である。意識の対象は，意識にとっては，真なるものともみなされる。そのわけは，意識が自己意識と存在を一つに統一しているからである。真なるものは，自己意識が，もはやこの対象を超えて，そのそとに出ることはないから，絶対的なものとみなされる。つまり，自己意識は，対象にいるとき自己自身のもとにいる。対象を超え出られないのは，対象が全存在であり，全威力であるからである。――また，超え出ようとしないのは，対象が自己つまりこの自己の意志[412]であるからである。この対象は，対象としてそれ自身で実在的な対象である。つまり，対象には意識の区別が已れにある。対象は，絶対的本質体の特定の法則であるような諸々の群[413]に分かれてゆく。だがこれらの群は，概念をかき乱すわけではない。なぜならば，存在と純粋意識と自己というような契機が，概念に含まれたままになっているからである。つまり，概念が，この群の本質をなし，これらの区別にありながらも，それらの契機を，もはや，ばらばらにしてはおかないような統一である。

人倫的実体のこれらの諸法則，つまり諸群は，そのままで承認されている。そういうものの起源や権限は，問われえないし，それ以外のものが求められうるわけでもない。というのは，それ自体でそれだけで〔自体的かつ対自的に〕｜（360）存在する本質体以外のものは，自己意識そのものにすぎないだろうからである。だが，この自己意識自身にしても，この本質体の対自存在であるのだから，この本質体以外のものではない。この本質体が真理であるのは，それが意識の自己であり，また意

411）（訳注）「人倫的実体」はすでに *GW* 9, S. 194, Z. 11 に出ていたものである。だが，それが一度喪失されてここで回復されたことになる。だからこの実体の意識である「道徳的意識」というのは *GW* 9, S. 197 にあった道徳性，すなわち人倫であるだけでなく，人倫の何であるかについての意識である道徳性のことである。

412）（訳注）立法的理性が意志であることは，*GW* 9, S. 235, Z. 8 以下で明らかにされている。

413）（訳注）*GW* 9, S. 236, Z. 3 を参照されたい。

識の自体つまり純粋意識だからこそである。

自己意識は，己れがこの実体の対自存在という契機であると知っているから，己れに或る法則の定在を表現して，健全な理性は，何が正しく，何が善いかを無媒介に知っているというようにいう。理性はそういうふうに直接に法則を知っているし，そういうふうに直接に法則は理性に妥当しもする。そこで，理性はそのままで，これ[414]が正しく善であるという。しかも，こういうのである。つまり特定の法則が存在し，充実し内容豊かな事象そのものが存在するというのである。

このように直接的に与えられる当のものは，それと同様に直接的に受けとられ，考察されなければならない。感性的確信が，存在するものだと直接に表明する当のものについては，同じように，この人倫的直接的確信が表明する存在についても，すなわち，人倫的本質体にとっての直接に存在する群についても，それがどういう性質をもっているか，ということをながめわたさなければならない。そういう法則を，二，三実例で考察してみれば，このことは明らかになるだろう。そこで，われわれは，法則を，心得のある健全な理性の格言で受けとるのであるから，それらの法則が，直接的人倫的法則であると考えられている以上は，それらの法則のもとで妥当すべきであるとするような契機を，われわれが，最初からもち込む必要はない

「各人は真実を語るべきである」。これは，無条件的なものとして表明された義務である[415]。｜（361）この義務に対しては，【230】「もし各人が真実を知っているとき」という条件が，すぐさまつけられるであろう。したがって，この場合，命令は，「各人は，真実についての己れの知見と真実に従ってそのつど，各人は真実を語るべきである」ということになる。健全な理性，何が正しく善いかを直接知っているこの人倫的意識こそは，己れがその命令を，そういうつもりでいったのだから，この条件はその普遍的格言にすでに結びついたのだと説明するでもあろ

414）（訳注）原語は dies であり，立法的理性が次の段落に出てくる直接的確信であることを指している。

415）（訳注）ヘーゲルがここでカントとフィヒテを念頭に置いていることは明らかである。両人は，当該命令は無条件的義務であることを表明している。この点については，I. Kant, Über ein vermeintes Recht aus Menschenliebe zu lügen. In: *Berliner Blätter.* 1. Jg., September 1797, S. 307 および Fichte, *System der Sittenlehre*. S. 380 を参照されたい。

う。だが，そういうことによって理性は，実際には，その命令の表明そのもので，すでにそのまま命令を傷つけていると自白していることになる。理性は，各人は真実を語るべきであると語ったが，各人は，真実についての己れの知見と真実に従ってそのつど，各人は真実を語るべきである，と思い込んでいた。すなわち，理性は，己れの思い込みとは違ったふうに語ったのである。己れの思い込みとは別様に語るということは，真実を語らないということである。ところで，この不真と不適切を改善して表現すれば，各人は真実について語るとき，真実についての，そのつどの己れの知見と確信に従って語るべきであるとなる。――けれども，こういうと，命題が表明しようとしていた普遍的に必然的でそれ自体で妥当するものは，むしろ完全な偶然に逆転してしまっている。なぜならば，真実が語られるのは，わたしが真実について知り，確信することができるかどうかという偶然に委ねられているからである。これでは，真実と虚偽は，だれかが知り，思い込み，理解するということになるにつれて，たがいに入り乱れた形で語られるべきだ，といっているのにほかならない。内容がこのように偶然であるため，普遍性は，ただ，｜(362) それを表現している命題形式にあるにすぎない。しかし，命題は，人倫的命題であるとき，ある普遍的で必然的内容を約束している。だから，そういうふうにいう場合には，内容は偶然となるため，自己自身に矛盾する。――最後に，もし命題が改善されて，真実についての知見や確信の偶然性が脱落すべきであり，真実は知られるべきでもあるのだ，という形になったとすれば，このことは，はじめて出発したところとただちに矛盾する命令となるであろう。はじめには[416]，健全な理性には，真実を表明する能力が直接あるというのであった。が，いまは，理性は真実を知るべきである，すなわち，真実を表明することを直接には知らない，といわれている。内容の側面から考えると，真実を知るべきであるという要求で内容は脱落してしまっている。というのは，この要求は，人々は真理を知るべきであるという，知一般に関係しているからである。したがって，要求されているものは，むしろ，すべての特定の内容から解放されたものである。だが，この場合に問題であった

416）（訳注）*GW* 9, S. 229, Z. 22–26 を参照されたい。

のは，特定の内容であり，人倫的実体のもとでの或る区別である[417)]。しかしながら，人倫的実体の直接的規定は，むしろ，完全に偶然性であることが明らかにされた内容であり，普遍性や必然性に高められ，そのため，知が法則だと表明されるときには，むしろ消えてしまうような内容である。

もう一つの有名な命令は，「汝の隣人を汝自身の如く愛せよ」[418)]というのである。これは，他の個々人と関係するときの個々人に向けられており，その関係を，個々人の個々人に対する関係であると主張している。｜（363）つまり，感覚の【231】関係[419)]であると主張している。それは能動的愛である。——というのも，能動的ではない愛は何ら存在しないからであって，ここでは，そういうものはおそらく意味されていないだろう[420)]からである。——この愛は，或る人から邪悪を拒け，その人に善を与えることを目指している。このためには，その人では邪悪であるもの，この邪悪に対し合目的的善であるもの，一般に，その人の幸せとなるものを区分けしなければならない。すなわち，わたしは，その人を悟性で愛さなければならない。悟性のない愛は，その人を傷つけるであろう，おそらく憎しみ以上に傷つけるであろう。しかし，悟性をもって本質的に慈善をほどこすということは，もっとも豊かでもっとも重要な形では，国家[421)]が，悟性的で普遍的行いをするということになる。——この行いと比べれば，個々人としての個々人の行いなどは，もともときわめて小さなものとなる。だから，個々人の行いについて語るなどは，ほとんど労して益ないことである。この場合，国家の行いには，きわめて大きな威力がある。だから，もし個々人の行為が，国家の行為に対立するならば，また，それ自身でそのまま犯罪であるか，もしくは普遍が個人にもっている正義や持ち分を，他人の愛のために，普遍

417）（訳注）*GW* 9, S. 229, Z. 25–26 を参照されたい。

418）（訳注）「レビ記」19:18,「マタイによる福音書」22:39 などおよび Kant, *Critik der praktischen Vernunft*. S. 147–48 を参照されたい。

419）（訳注）*GW* 9, S. 243, Z. 13 を参照されたい。

420）（訳注）一般的議論であると同時に，カントでは愛の義務が Wohltun,Wohltat の義務であることを暗に指している。たとえば『人倫の形而上学』のうちの徳論第 29 節 – 第 31 節を参照されたい。

421）（訳注）国家がたとえば救貧税を徴収などして貧民の救済政策をとることなどが考慮されているであろう。なお市民社会がヘーゲルでは悟性国家である。

からだましとろうとするならば，個々人の行為は，そもそも役に立たないばかりか，抗らいえないほどに，いためつけられるであろう。感覚であるような慈善には，偶然でもあり一時的でもあるような，救貧というまったく個別的行いという意味しか残されていない。慈善を行う機縁を決めるのは，偶然であるばかりか，そういう慈善がそもそも所業[422]であるか，それがすぐまた消えてなくなり，むしろみずから邪悪に転じはしないかどうかを決するのも偶然である。|(364)だから，他人の幸せのためにするこの行いは必然的であると言明されるにしても，ことによると存在しうるかもしれないが，そうでないかもしれない，また，偶然そういうことが起こるにしても，ことによると所業であり，ことによると善であるかもしれないが，またそうでないかもしれない，というような性質のものである。したがって[423]，この法則は，すでに考察された第一の法則と同じで，普遍的内容をもってはいないし，絶対的人倫の法則がそうであるといわれているような，絶対的もの〔自体的かつ対自的なもの〕[424]を表現してもいない。言い換えれば，この法則は，当為[425]にとどまるだけであって，何ら現実性をもっていない。それは，法則ではなくて，命令であるにすぎない。

だが，実際には，事象そのものの本性から判明することであるが，普遍的で絶対的内容は，断念されなければならない。なぜならば，単純な実体，そして実体の本質は単純であるというこのことであるが，この実体のもとで設定されるどの規定性も，この単純な実体には不相応だからである。命令は，その単純で絶対的な姿をとるときは，それ自身，直接的人倫的存在を表明している。つまり，この命令で現れる区別は，一つ

422)（訳注）所業であるためには他の人々よりの抵抗に耐えて持続することが必要であることは前段階で説かれたことである。

423)（訳注）カントが『実践理性批判』の分析論第4節の注解で寄託品を例にとって，寄託品を返還しないという格率（主観的方針）がもし法則となるならば，世にはおよそ寄託品なるものはありえないことになる。だから，法則としたときに自己矛盾を含む格率は道徳的であることはできず，そしてこのことは自己相等性命題であるといったことが暗に意味されている。

424)（訳注）この「自体的かつ対自的に」については，*GW* 9, S. 228, Z. 32 を参照されたい。

425)（訳注）原語は Sollen であるが，これはしばしばカント–フィヒテの立場を特徴づけるためヘーゲルが用いる表現。

の規定性をとる。だから一つの内容である。この内容は，この単純な存在の絶対的普遍性に，従属している。したがって，絶対的内容は，断念されなければならないのだから，その命令に帰せられうるのは，形式的普遍性，つまりそれが自己矛盾でないという，このことだけである。なぜならば，内容のない普遍性とは，形式的普遍性[426]のことであり，絶対的内容とは，それ自身何の区別でもないような区別と同じであり，言い換えれば，内容がないのと同じだからである。

｜（365）こうして立法のために残っていることは，普遍性という純粋形式である。言い換えれば，実際には意識の同語反復である。これは，内容に【232】対立しており，存在する内容，すなわち本来の内容についての知ではなく，本質についての，すなわち，本質の自己相等性についての知[427]である。

したがって，人倫的本質体は，無媒介に[428]自身内容であるわけではない。むしろ，内容が自己矛盾でない場合，法則でありうるかありえないかということの尺度にすぎない。立法的理性はただ査法する理性になりさがっているのである。

c　査法的理性

単純な人倫的実体にある一つの区別は，この実体にとっては一つの偶然である。この偶然な状態は，特定の命令では，知と現実と行いとの偶然な形となって現れてくることが分かった[429]。その単純な存在と，これに対応しない規定性を比較するのは，われわれに属する。そして，比較するときに単純な実体は形式的普遍性であること，言い換えれば，内容から自由なものとして，内容に対抗するものであり，特定のものとし

426）（訳注）ヘーゲルはここでカントの定言命法の本質的徴表を自分の定式のうちへ受け入れている。この点については，Immanuel Kant, *Grundlegung zur Metaphysik der Sitten.* Riga, 1785, S. 57 および *Critik der praktischen Vernunft.* S. 48 以下 ; S. 55 を参照されたい。

427）（訳注）ここに査法が知であることが明示されている。

428）（訳注）立法と査法が相互媒介になっているときには内容がある。

429）（訳注）*GW* 9, S. 230, Z. 13–22 および S. 231, Z. 16–22 を参照されたい。

ての内容についての知であるような純粋意識[430]であることが明らかになった。この普遍性は，そういうわけで，これまで事象そのものであったものと同じものである[431]。だが，この普遍性は，意識のうちにあるときには，それとは別のものである。つまり，それは，もはや思想がなくて活動性のない類ではなく，｜（366）特殊に関係し，特殊の威力と真理にあてはまるものとしてある。――この意識もはじめは，以前にそうであったと同じような吟味であるようにみえ，その働きもすでに前節で起こった普遍的なものと特定のものとの比較と別のものではありえず，そこからは，前の場合と同じように，両者の不適合[432]が出てくるようにみえる。けれども，ここでは，内容と普遍の関係は，普遍が前とは別の意味を得たのだから，違ったものになっている。この普遍は，特定の内容が，それをもちうるような，形式的普遍性である。というのは，この普遍性にあっては，特定の内容は自己自身に関係してだけ考察されるからである。われわれが吟味するにあたって，普遍的で充実した実体は，規定性に対立していたが，この規定性は，実体がはいり込んだ意識の偶然性として展開された。ここでは，比較の一方の項は消えてしまっており，普遍は，もはや存在し妥当する[433]実体，もしくは絶対的正義ではなく，単純な知つまり形式[434]である。これは，或る内容を己れ自身とだけ比較し，この内容が同語反復であるかどうかを考察する。諸々の法則がもはや与えられるのではなく，吟味されるのであり，諸々の法則は，吟味する意識にはすでに与えられているのである。この意識は，諸々の法則の内容を，単純にある通りに受けとる。そして，その内容の現実に着いている個別性や偶然性の考察にわれわれがやったように立ち入ることはしない。むしろ，命令としての命令に立ちとどまり，【233】それに単純な態度で関係すると同じように，またその尺度ともなる。

｜（367）だが，この吟味は，以上のような理由から，広い範囲には及ばない。尺度は，同語反復であり，内容に対し無関与であるというま

430）（訳注）「純粋意識」については *GW* 9, S. 228, Z. 20 を参照されたい。
431）（訳注）*GW* 9, S. 224, Z. 2–16 を参照されたい。
432）（訳注）*GW* 9, S. 231, Z. 30 を参照されたい。
433）（訳注）「妥当する」については，*GW* 9, S. 228, Z. 32 を参照されたい。
434）（訳注）知と形式との関係については *GW* 9, S. 231, Z. 38 以下参照されたい。

さにそのために，この内容もそれに対立する内容も同じように自己に受けいれる。――私有財産があるということは，絶対的に法則であるべきかという問題がある[435]。絶対的にというのは，他の目的に役立つからではない。人倫的本質性は，法則が自己自身にのみ等しく，自己とのこの相等性によって，したがって自己自身の本質に基づいており，制約されたものではないという，まさにこの点にある。私有財産は，それ自体でそれだけでは自己矛盾ではない。それは他から遊離した規定性である。つまり，自己自身にだけ等しいものと設定された規定性である。が，私有財産の否定，つまり物に所有主がないこと[436]，または財物が共有であることも，まったく同じように自己矛盾ではない。或るものがだれのものでもないとか，それを手に入れる最初の人のものであるとか，すべての人に共通のものであるとか，だれもが己れの必要に応じて，または，同じ分け前でもらうとかいうことは，その反対つまり私有財産と同じように，単純な規定性であり，形式的考えである。――無論持主のない物が，欲求の当然の対象だと考えられるとすれば，或る個人の所有に帰するのも当然である。そうなれば，むしろ物が解放されているのに，それを法則にするのは，矛盾しているといえよう。とはいえ，物に持主がないということは，持主が絶対にないということを意味しているのではなく，個人の必要によっては，所有されるようになるといっているのである。しかも，その場合，物は保存されるためではなく，ただちに｜(368) 使われるために所有されるのである。けれども，そういうふうに欲求のことを配慮するとき．まったく偶然に委せるのは，ここでは，意識をもっているものだけが問題となっているのだから，そのもの〔人〕の本性に，矛盾する。なぜならば，その人は，己れの欲求を普遍性という形式で思い浮かべ，己れの全生活のことを配慮し，己れのために持続する財物を手に入れなければならないからである。そういうわけで，物は，それを最初に欲求する自己意識的生命に，偶然与えられるのだという考えは，自己自身と一致していないことになる。――財物を共有するときには，普遍的で持続的方法で生命のことが配慮されるのである。こ

435）（訳注）「自然法論文」も私有財産とその否定を実例としてカント倫理学の形式主義を批判している。

436）（訳注）いわゆる res nullius のことである。

の共有では，各人は，己れが必要とするだけ与えられる。その結果，この不平等と，個々人の平等を原理とする意識の本質とはたがいに矛盾するか，それとも，この後の原理に従って平等に分けられ，そのために，分け前が〔各人の〕欲求と関係がなくなるかする。じつはこの関係だけが，分け前の概念であるのに，そのように分け前と欲求とに関係がなくなってしまうか，そのいずれかである[437]。

しかしながら，こういうわけで私有財産の否定は矛盾したものとなって現れる。とすれば，このことは，この否定が単純な規定性のままに放っておかれなかったからこそ，起こってきた。私有財産とても，その契機に解体される場合には，同じようになる。個々の物は，わたしの財産となることによって，普遍的なもの[438]，確定されたもの，持続的なものとみなされる。だが，このことは，使われるとか消えてなくなるとかいう点にある物の本性に矛盾する。同時に物は，わたしの財産とみなされ，【234】すべての他の人々がそれを承認し，またすべての人々が｜(369) そこから排除されるものである。しかし，むしろわたしが承認されているということには，わたしがすべての人々と等しいということ，つまり，排除とは反対のことが含まれている。――わたしが所有するのは物である。すなわち，他の人一般にとっての存在であり，まったく普遍的であり，わたしにとってのみ存在すると決まっているわけではない。つまり，わたしが物を所有するということは，物が普遍的物性であることに矛盾する。だから，私有は非私有と同じように，あらゆる面で自己矛盾である。各々の物には，個別性と普遍性という対立し矛盾する二つの契機が己れのもとにある。しかし，この規定性の各々は，私有または非私有という形で単純に表象されて，それ以上に展開されない場合には，一方も他方も同じように単純である。すなわち，たがいに矛盾し合うことはない。――それゆえ，理性が己れ自身にもっている法則の尺度は，すべてのものに等しく適合する。だから，実際には尺度などでは

437）（訳注）ヘーゲルは，ここでルソーによる所有概念の熟察に立ち返っている。ルソーは，所有権と第一占有者の権利を区別した。

438）（訳注）たんなる占有だけでは本来の所有権は成立せず，そのためには，何らかの手続きを踏んで物が「自分のもの」であることが他の人々によって承認され，公共的となることを必要とする。

ない。――同語反復，矛盾律は，理論的真理の認識にとっては，形式的規準にすぎないもの[439]，すなわち，真および不真に対してはまったく無関与なものと認められている。それなのに，実践的真理の認識にとっては，それ以上のものであるといわれるのも，奇妙なことといわなければなるまい。

〔立法と査法〕

以前には[440]空しかった精神的本質体[441]を，充実する二つの契機について，たったいま考察したのである。それら二つのうちで，人倫的実体での直接的規定性を設定することと，次には，それら規定性が法則であるかどうかについて知ることとは，廃棄された。したがって，その結果は，｜（370）特定の法則も，この法則についての知も，ともに成立しえないということであるように思われる。しかし，実体は，絶対的本質性としての自己についての意識[442]であるから，この意識は，みずからでの区別項[443]をも，また区別項についての知をも捨てることはできない。立法と査法が空しいものと判明したということのもつ意味は，両者が，個別的に別々に受けとられるときには，人倫的意識の支えなき二つの契機にすぎないというこのことである。両者が登場するときの動きには，そのために，人倫的実体が意識として提示されるという形式的意義がある[444]。

これら両契機は，事象そのものの意識をさらに規定したものであるか

439）（訳注）ヘーゲルがここで言及しているのは，カントであり，『純粋理性批判』B84 を参照されたい。

440）（訳注）「精神的動物の国」の結論を参照されたい。

441）（訳注）*GW* 9, S. 228, Z. 20 以下を参照されたい。

442）（訳注）*GW* 9, S. 193 の第 2 段落にも精神的本質体が本質体であると同時に意識をもったものになると，現実的実体となるとある。したがって本文の「意識」は *GW* 9, S. 229, Z. 3 の「人倫の意識」である。

443）（訳注）「区別項」とは *GW* 9, S. 229, Z.10 の「諸群」である。

444）（訳注）言い換えると，個別者の自己意識が人倫的実体にまで高まることになる。

ぎり，誠実さ[445)]の〔二つの〕形式とみなされうる[446)]。この誠実さは，前の場合には，その形式的諸契機のあいだを，いまの場合は，善と正義のあるべき内容や，そういう固定した真理の吟味やのあいだを浮動しているのであり，健全な理性[447)]と悟性的洞察[448)]の中に命令の力と妥当性があると思い込んでいるのである。

だが，こういう誠実さがなければ，諸々の法則は意識の本質とはみられないし，吟味にしても，やはり意識内部での働きとはみられない。むしろこれらの契機が表現していることは，各々が直接それだけで〔対自的に〕現実として現れてくるときには，一方は，現実の法則を妥当しない形で掲げ存在させ，他方もやはり，妥当しない形でその法則から離れるということである。法則には，特定の法則であるとき，｜（371）偶然な内容がある。――この場合，このことには，【235】その法則が恣意的内容について個別的意識のもつ法則である，という意味がある。だから，例の直接的立法は暴君による悪事[449)]であり，この悪事は，恣意を法とし，人倫を，この恣意に対する従順とするものである。――つまり，ただ法である法で，同時に命令であるのではないような法に対する従順である。それと同じで，第二の契機は，遊離されるかぎりでは，法の査法を意味し，動かしがたいものを動かすことを意味し，知の悪事を意味する。これは，絶対的法から離れて理屈をこね，それらの法を己れには縁のない恣意と受けとるのである。

上記の形式のうちで，これら両契機は，実体つまり実在的精神的本質体に対し，否定する関係をとる[450)]。言い換えれば，それらの契機では，実体はまだみずから実在になってはいない。むしろ意識は，実体をまだ意識自前の直接性の形で含んでいるのである。そこで，実体はやっとこ

445）（訳注）*GW* 9, S. 224, Z. 17 以下を参照されたい。

446）（訳注）*GW* 9, S. 224, Z. 17 以下を参照されたい。

447）（訳注）*GW* 9, S. 229, Z. 23–24 を参照されたい。

448）（訳注）査法が悟性的洞察によって行われるというのは，それが同一律・矛盾律に固執するからである。

449）（訳注）ここで引用されるソフォクレスの『アンティゴネー』でいえば，この暴君はクレオンであるが，このことはⅥ-A で示されるように，「諸群」が家族の掟と国家の掟であることを暗示している。

450）（訳注）この「否定する関係」に対立する肯定的関係は，*GW* 9, S. 236, Z. 6 に「単純で明瞭な関係」として出ている。

の個人が意志し，知ることであるにすぎない。言い換えれば，或る非現実的命令の当為であり，形式的普遍性の知であるにすぎない。しかし，これらの仕方が廃棄されたとき，意識は普遍に帰ってきており，例の諸々の対立は消えてしまっている。精神的本質体は，これらいくつかの仕方が個々にではなく，ただ廃棄されたものとしてのみ妥当することによって，現実の実体である。つまり，それらを契機としてのみ含んでいる統一は，意識の自己[451]である。これは，今後は，精神的本質体ということで｜（372）設定されており，この本質体を，現実的で充実した自己意識的なものとする[452]。

したがって，精神的本質体は，まず，自己意識にとって，それ自体で存在する掟としてある。つまり，形式であってそれ自体では存在しなかった査法の普遍性は，廃棄されている。それとともに，精神的本質体はまた永遠の掟[453]でもあるが，この掟は，個人の意志にその根拠をもっているものではない。むしろ，それ自体でそれだけで〔自体的かつ対自的に〕存在し，万人の絶対的純粋意志であり，この意志には直接的存在という形式がある。またこの意志は，ただ存在すべきであるというような命令ではなく，存在し，妥当している[454]。この精神的本質体は，カテゴリーの普遍的自我[455]であり，この自我はそのまま現実である。そして世界[456]は，この現実にほかならない。しかし，この存在する掟が端的に妥当することによって，自己意識の従順[457]は，主人に対する奉仕ではない。つまり，主人は，主人の命令が勝手であり，その命令ということで自己意識は己れが命令であると認めることはない。むしろ，それらの掟は，自己意識が己れで直接もっている，己れ自前の絶対的意

451）（訳注）この「自己」は *GW* 9, S. 228, Z. 21 の「この」自己意識が一段と高まって，精神的本質体ももはや「単純な存在」ではなくなったときの自己である。

452）（訳注）行為的理性のはじめで設定せられた人倫の回復あるいは道徳性の生成という目標はここに到達され，「精神」が顕現した。

453）（訳注）*GW* 9, S. 236, Z. 10 の詩句を参照されたい。

454）（訳注）*GW* 9, S. 228, Z. 32 を参照されたい。

455）（訳注）*GW* 9, S. 228, 11 以下を参照されたい。

456）（訳注）世界はⅤに至って観察の対象として生じ，ⅤのＢで人倫的「世界経験」の世界となったが，いまや世界は自我と同一のものとなった。こういう自我がⅥ 精神である。

457）（訳注）*GW* 9, S. 235, Z. 3 を参照されたい。

識[458]の考えである。自己意識は，それらの掟が存在することを信じているのではない[459]。というのは，信ずるということは，なるほど本質をも直観してはいるが，その本質は疎遠なものだからである。人倫的自己意識は，みずからの自己の普遍性によって直接に本質体と一体となっている。これと違い信ずることは，個別的意識から始まるが，いつもこの統一に向かってゆきながらも，意識の本質の現在にはゆきつかないような意識の動きである。——これと違い人倫的意識は，個別的意識としては廃棄されており，この媒介は｜(373) 完遂されている。そこでこの媒介が完遂されていることによってのみ意識は人倫的実体についての直接の自己意識なのである。

だから，自己意識と本質体の区別は完全に透明である。そのため，本質そのもののもとでの諸々の区別は，それ自身【236】偶然の規定性ではない。むしろ，不等があるとすれば，それはもっぱら自己意識からだけ生まれうるものであり，いま，本質体と自己意識は統一されているので，諸々の区別項は，己れの生命のしみ込んだ分肢化の群[460]であり，自己自身を分裂させることのない明らかな精神であり，汚れなき天上的姿をしている。これらの形姿は，己れの本質の区別をもちながらも聖なる無垢と調和を維持している。——そして，自己意識も，やはりこれらの区別項と単純で明瞭な関係にある。掟のもつ区別は存在するが，それ以上のものではなく，それは，自己意識が関係するときの意識となっている。こうしてこれら掟の区別は，ソフォクレスのｓアンティゴネー』には，神々の，書かれてはいないが誤りなき正義と認められる[461]。

この掟は昨日や今日のものならで永遠に生命のあるものを
いつから世に出たか知る人もなし[462]

458）（訳注）1805年5月の『精神現象学』準備断片A.〉絶対知は，…〈では立法的理性の段階ですぐに絶対知に至るが，この「絶対知」はまた絶対意識でもある。

459）（訳注）「信じている」は徳の段階にも出ていた。*GW* 9, S. 209, Z. 19–20を参照されたい。

460）（訳注）「群」とはⅦ-A-aによって明らかであるように，家族の掟と国家の掟のことであって，そこでは両者が対立しながら，相互にほかに転換して調和的全体を形づくることが説かれている。

461）（訳注）次の詩句はソフォクレスの『アンティゴネー』456–57行から引用されている。

462）（訳注）ヘーゲルは，ソフォクレス『アンティゴネー』456行以下を引用している。

諸々の掟は存在する。わたしが，その発生を問うてみるとき，またその起点[463]をかぎってみるとき，それを超えてしまっている。というのも，〔そのようなことをするとき〕わたしはいまとなっては普遍となっているのに，それらは制約を受けたもの，制限されたものとなっているからである。それらがわたしの洞察に対し身の証を立てるべきだとすると，そのときすでに，わたしは，その揺ぎなき自体存在を動かしてしまっているのであり，わたしにとってはそれらは真であるかもしれないが，真でないかもしれないものと考えた。｜（374）人倫的心構え[464]は，正しいものに動揺することなく確固としてとどまり，正しいものを動かしたり揺るがしたり，また元に戻したりすることにないようにいささかでも慎むということにある。――この正しいものは，いわばわたしに供託される[465]わけである。だからそれは他人の所有物であり，わたしは，それがそうあるという理由で，承認し，この託された関係で，動揺もせず已れを保つのである。もしわたしがこの供託物を已れのためにとっておいたとしても，わたしの吟味の同語反復原理からすれば，わたしは全然矛盾を犯したことにはならない。なぜならば，そのときわたしは，その供託物をもはや他人の所有物とは思わないからである。つまり，他人の所有物とは考えられないものを，わたしがとっておくのは，まったく理の当然だからである。見解を変えることは，少しも矛盾ではない。というのも，問題になっているのは，見解としての見解ではなく，自己矛盾に陥ってはならないのが，問題内容だからである。わたしは，――わたしが何かを贈与するときやることであるが，――何かがわたしの所有物であるという見解を，それが他人の所有物であるという見解に，変えうるわけであるが，そのために矛盾の責を負うことにはならない。それと同じで，わたしはその逆の途をとることもできるわけであ

ドイツ語詩行と当時の翻訳との一致は確定することができない。ローゼンクランツによれば，引用は，おそらくヘーゲル由来で，かつてヘーゲルは翻訳をしていた。この点については，ローゼンクランツ『ヘーゲル伝』11 頁を参照されたい。

463）（訳注）*GW* 9, S. 229, Z. 16 を参照されたい。

464）（訳注）これがⅥ-A-a の主題である。

465）（訳注）カントの「供託品」の例については本章注 423 を参照。なおやはり寄託品のことを実例とした同様の論は「自然法論文」にも出ている。

る[466]。——だから，或ることが矛盾していないと，わたしに分かったからといって，そのことが正しいわけではなく，それは正しいから正しいのである。或るものが他人の所有物であるということ，このことが根底にある。この点について理屈をこねたり，さまざまな考え，関連，観点を尋ねまわったり，または，わたしの思いつきに委せたりすることは許されない。またそのことについて｜（375）立法や査法を念頭に置くことも許されない。こういうふうにわたしの考えを動揺させたため，わたしは，例の関係[467]を狂わせることになったのである。というのも，わたしは，実際には，思うままに反対の考えを己れの不定な同語反復的知識にうまく一致させ，そのため，これを【237】掟とすることもできるからである。むしろ，この規定が正しいか，反対の規定が正しいかは，それ自体でそれだけで〔自体的かつ対自的に，絶対的に〕定まっている[468]。わたしは，己れのために己れの欲するところを，掟とすることもできれば，またいずれをも掟としないこともできよう。そして，わたしは，吟味し始めているときには，すでに人倫的ならぬ途を歩いているのである。わたしにとって正義が絶対的に〔自体的かつ対自的に〕であるということ，このことによって，わたしは人倫的実体のうちにいるのであり，そのとき，この実体は自己意識の本質となっている。だが，自己意識は，この実体の現実および定在であり，その自己および意志である[469]。

466）（訳注）ヘーゲルはここでカントが示した事例の本質規定を自分の定式にして受けいれている。この点については，Kant, *Critik der praktischen Vernunft.* S. 49 以下を参照されたい。

467）（訳注）この「関係」については，*GW* 9, S. 236, Z. 6 の「関係」を参照されたい。

468）（訳注）*GW* 9, S. 228, Z. 32 を参照されたい。

469）（訳注）「理性」の章の前文にあたるところで，観念論やそのカテゴリー論が批判された。それと同じやり方で立法，査法を批判しているが，これは同話反復的矛盾律への批判であり，いつも行われることである。

（C）

（BB）　精神

【238】｜（376）

Ⅵ　精神

〔1　精神の生成（1）　直前の形態との関係〕

全実在であるという確信が高まって真理となり，理性が己れ自身を己れの世界として，また世界を己れ自身として意識することによって，理性は，精神である[1)]。——精神の生成を明らかにするのは，すぐ前の章の動きであり，そこでは，意識の対象である純粋カテゴリー[2)]は理性という概念に高まっていた。観察する理性では，自我と存在，対自存在と自体存在のこの純粋統一は，自体としてつまり存在として規定されており，理性の意識はこの統一をみつける。だが，観察は直接的でみつけることを本能[3)]とする。この本能を，つまり理性のこの無意識的定在をむしろ廃棄することが，観察の真実である。直観されたカテゴリーであ

1）（訳注）「全実在であるという確信」というのは，*GW* 9, S. 131, Z. 31の「己れの個別性ということで絶対的に自体的であり，言い換えれば，全実在であるという意識の確信」や，*GW* 9, S. 133, Z. 6の「理性とは，意識の確信であり，全実在であると確信している」に対応している。ただし，この場合の理性が目次での（C）の（AA）としての理性であることは，やがて次の次の段落でⅥ以前の諸段階が意識と自己意識と理性と呼ばれており，またⅦ宗教の前文の場合も同様であることによって明らかである。なおテキスト4行目でのund sieは文法的にはsieに先立つdie Gewißheitを指すが，ベイリー訳はこれをits certaintyと，すなわち「理性の確信」と訳し，sieを理性と解しており，イポリット訳も，これに従っている。訳文でも，この方が妥当であると考えた。また「理性」が相即する世界は，*GW* 9, S. 240, Z. 1以下の〔3 精神の諸形態〕で人倫の世界，形成陶冶の世界，道徳性の世界と特殊化されるが，さしあたっては人倫の世界である。

2）（訳注）*GW* 9, S. 215以下を参照されたい。ヘーゲルがカテゴリーに与えた基本規定は，「自己意識と存在とが同一であること」であるが，「純粋カテゴリー」というのは，この統一そのもののことである。したがって自体存在的なものであって，やがて「直観されたカテゴリー」とも呼ばれてV-Aの観察する理性の立場を形づくるものである。これに対してBは対自のカテゴリーをもって，Cはそれ自体でそれだけで自体的かつ対自的カテゴリーをもって，それぞれの立場とする。

3）（訳注）*GW* 9, S. 143, Z. 27以下を参照されたい。

るみつけられた物は，自我の対自存在となって，意識にはいってくる。そこでこの自我の対自存在は，対象的なものということで己れを自己として知る[4]。けれども，カテゴリーを，自体存在に対立した対自存在として規定するのは，やはり一面的であり，この規定は自己自身を廃棄する契機である。だから，カテゴリーは，その普遍的真実である通りに，｜（377）それ自体でそれだけで〔自体的かつ対自的に〕存在するものとして規定されることになる[5]。事象そのもの[6]をなす規定，まだなお抽象的であるこの規定は，やっと精神的本質体[7]にすぎない。そこでこのものの意識は，己れについての或る形式的知[8]であって，己れのさまざまな内容のあいだをあれこれとさまよっている[9]。つまり意識は，実際には，なお個別的なものとして実体から区別されている。そして，勝手な法を与えるか，それとも絶対的なものである掟を己れの知そのもののうちでもっていると思い込み，己れが掟を評価する支配力であると考えるか，そのどちらかである[10]。――言い換えれば，実体の側から考えるならば[11]，これは，それ自体でそれだけで存在する精神的本質体ではあるが，まだ己れ自身の意識にはなっていない。――だが，それ自体でそれだけで存在する本質体は，同時に意識としての己れにとり現実的とな

4）（訳注）*GW* 9, S. 191, Z. 6–24; S. 193, Z. 5–10 を参照されたい。

5）（訳注）*GW* 9, S. 214, Z. 20 以下を参照されたい。

6）（訳注）「事象そのもの」は V-C-a の表題のうちにある。なお「事象そのもの」についての論が本文の段階で終わったわけではなく，その後も続いているのであって，人倫の事象そのものに対する寄与が実体性を与える点にあることは，Ⅵ-C-c によって明らかである。

7）（訳注）「精神的本質体」の原語は die geistige Wesen である。これは実質的にはすでに精神であっても，なお対象性の形式をまぬがれていないもののことであって，それが本文のうちではじめて登場するのは，*GW* 9, S. 224, Z. 17 以下の〔3〕でである。なお Wesen が realitas でもあるので，das geistige Wesen は die geistige Realität と同じものであって，種々の様態をもつが，ここでは形式的にすぎない事象そのものの意味に用いられている。

8）（訳注）事象そのものの意識というのは，「誠実な意識」と呼ばれたものであるが，この意識は実は内容での区別である目的―手段―現実のいずれにも通ずる類的普遍を捉えるものである。したがって対自的にはたとえば目的にすぎないものを対他的には現実とするという欺瞞であることをまぬがれないものである。この意味で事象そのものの意識は形式的なのである。

9）（訳注）*GW* 9, S. 223, Z. 19 以下を参照されたい。

10）（訳注）*GW* 9, S. 229ff. を参照されたい。

11）（訳注）「実体の側から考える」というのは，一般に『精神現象学』で実体を主体とすることであっても，このことはただ自己の「行うこと」であるにはとどまらず，実体自身が主体となることでもある。

り，また自己自身を表象する[12]ようになったとき，精神である。

精神の精神的本質体が人倫的実体であることは，すでに[13]示されている。が，いま精神は人倫的現実である。精神は，現実的意識の自己[14]であり，この意識に対立している，あるいはむしろ，この意識が対象的現実的世界として己れ自身に対立している。けれども，この世界は，同様に自己にとっては疎遠なもののもつ，あらゆる意味を失っており，【239】また自己は，世界から分離された非独立的自立存在または独立的自立存在[15]のもつ，あらゆる意味を失ってもいる。――〔この精神的本質体は〕実体であり，普遍的，自己相等的，持続する本質体であり，つまり精神は，すべての人の行いの根拠，および出発点として，狂わすことも解体することもできないものである。――そして精神は，すべての自己意識の考えられた自体[16]であるときは，すべての人の目的であり目標である。この実体は，｜（378）すべての人々の行い，各々の人の行いによって，みんなが統一しており，等しいこととして生み出された普遍的所業である。つまり，実体は，自立存在であり，自己であり，行いである。精神は，実体としては，動揺せぬ正しい自己相等性[17]であり，実体は自立存在としては，己れを犠牲にする親切で解体された本質体[18]である。ここでは，各人は，己れ自身の所業を遂行し，普遍的存在を引き裂き，そこ

12）（訳注）「表象する」の原語はもちろん vorstellen である。ヘーゲルが概念を重んずるところから，この語のあるのは，奇異に感じられはするけれども，『精神現象学』ではⅧに至るまでは，表象は多大の意義をもっている。このことはとくにⅥ-A-b の〔4 像による解明〕で顕著である。

13）（訳注）*GW* 9, S. 229, Z. 2 を参照されたい。

14）（訳注）純粋意識がフィヒテ哲学で「自我は自我である」を成立させるものにあたるのに対して，「現実的意識」の方は自我に非我を対立させるものにあたる。ただし本文がこの現実意識の「自己」と呼んでいるものは，家族および国家の，またその身分の一員としての自己であって，そうではない「この」自己にまでは至っていないものであることは，やがて a とくに b で明らかになってくる。この意味で人倫はなお没自己的である。

15）（訳注）「非独立的自立在」と「独立的自立存在」というのは，やがて a で明らかになるように，ヘーゲルは人倫的世界にも身分の区別があることを認めているから，「対自存在」のうちで「非独立的」というのは身分の場合のことであり，「独立的」というのは身分を構成する成員の場合のことである。

16）（訳注）「考えられた自体」というのは，a での「神々の掟」と「人間の掟」とのことである。

17）（訳注）「正しい」については，*GW* 9, S. 249, Z. 33 を参照されたい。

18）（訳注）「親切で解体された本質体」というのは，*GW* 9, S. 194, Z. 33 の「普遍的で保っている媒体」にあたるものである。

から己れの分け前を奪う。本質体がこのように解体し個別化することこそまさに，すべての行いが自己となる契機である。この契機は，実体の動きであり，魂であって，活動から生まれた普遍的本質体である。実体は，自己の中で解体した存在であるという，まさにこの点で，死んだ本質体ではなく，現実的であり，生きている。

〔2　精神の生成（2）　すべての先行形態との関係〕

そのために，精神は，みずから自己を担う絶対的で実在的本質体である。意識のこれまでの形態はみな精神の抽象体である。それらの形態は，精神がみずからを分析し，己れの契機を区別しながら，それら個々の契機に足を止める[19]とき，生ずるものである。これらの契機を遊離させることは，精神自身を前提し，存続させていることになる。言い換えれば，そのことは，現存する精神のうちでのみ現存するからである。それらの契機には，遊離されるとき，それぞれそのものとして存在したかのようなみかけがあるけれども，それらがただ契機であり，消えてゆく大きさ[20]にすぎないことは，己れの根拠や本質体に進みまた帰ったことから明らかである。ほかでもなくこの本質体こそは，これらの契機が動き解体することなのである。精神が，すなわち，それら契機の自己自身への還帰が設定されているここでは，われわれの反省は，この側面から，それらの契機を簡単に想い起こすことができる。｜（379）つまりそれらは意識，自己意識および理性であった。こうして，精神は，自己自身を分析するとき，みずからが対象的で存在する現実であるという契機は固執するにしても，この現実が精神自身の自立存在であることは捨象してしまう。そのかぎりで精神は，感性的確信，知覚および悟性を，己れのうちで含む意識一般である。これとは反対に，分析のもう一つの契機，つまり，己れの対象が己れの自立存在であるという契機をしっかりとつかむ場合には，精神は自己意識である。しかし，それ自体的でそ

19）（訳注）「足を止める」の原語は bei…verweilen であり，この語は世界精神の各段階で「足を止める」ことに関して用いられていた。

20）（訳注）*GW* 9, S. 119, Z. 22 を参照されたい。

れだけである〔自体的かつ対自的存在〕という直接的意識であるとき，つまり意識と自己意識の統一であるとき，精神は意識である。この意識は，理性をもっており，もつということが示しているように，対象をもっている。この対象は，それ自体で理性的であると規定されている，つまりカテゴリーという価値によって規定されてはいる。けれどもこの対象は，対象の意識に対しては，まだカテゴリーという価値をもってはいないようなものである。精神は，たったいまわれわれが考察を終わって，そこから出てきたばかりの意識である。精神のもっているこの理性が，最後に，現に理性であるようなものとして，言い換えれば，精神の中で現実的であり，精神の世界であるような理性として，直観されるようになったときには，精神は己れの真理にいることになる。つまり精神は，精神であり，現実の人倫的本質体である。

【240】

〔3　精神の諸形態〕

精神は，直接的[21]真実であるかぎり，一つの民の人倫的生活である。つまり一つの世界であるような個体である。が，精神は，己れが直接ある当のものについての意識[22]に進んで行かなければならない。つまり，美しい人倫的生活を廃棄して，｜（380）一連の形態を通り，自己自身の知に至らなければならない。これらの形態がこれまでの形態と異なるのは，それらが実在する精神であり，本来の現実であり，ただの意識の形態である代わりに，一つの世界の諸形態であるおかげである。

生き生きとした人倫的世界は，己れの真実性状での精神である。まず，精神が己れの本質を抽象的に知るようになると，人倫は没落して法の形式的普遍性になる。今後自己自身のうちで分裂した精神は，きびしい現実である己れの対象的場面で己れの世界の一方を形成陶冶の国として，それに対して，思想的考えの場面に信仰の世界を本質の国として記述する。だが，この二つの世界は，自己自身を喪失した性状から自己に進む精神，つまり概念によってつかまれるとき，洞察とその普及たる啓

21）（訳注）*GW* 9, S. 248, Z.24–25 を参照されたい。
22）（訳注）「道徳性の生成」を意味している。

蒙によって混乱に陥れられ，革命に行きつく。そこで此岸と彼岸に分けられ，ひろげられた国は，自己意識に帰ってゆく。この自己意識は，いまや道徳性となってみずからを本質として，本質を現実的自己として把握することになり，己れの世界とその根拠を，もはや己れのそとに置くことをしない。むしろすべてを己れの中で消えさせ[23]，良心として自己自身を確信する精神となる

｜(381) こうして，人倫的世界，あるいは此岸世界と彼岸世界に引き裂かれている世界と道徳的世界とは，精神である。そして，それらの動きと，精神の単純な自立存在する自己[24]への還帰とが，展開されて行き，これらのものの目標および結果として，絶対的精神の現実的自己意識〔宗教〕が現出させられる。

｜(382)　A　真の精神，人倫

精神は，その単純な真実性状では意識であり，その契機を分解する[25]。行為は，精神を実体と実体の意識に分ける。とはいえ，精神は実体をも意識をも分ける[26]。実体は，普遍的本質および目的として個別化された現実である自己に対立する。無限的中項は自己意識[27]である。【241】この自己意識は，それ自体では己れと実体の統一であるが，このことがいまや，それだけで〔己れだけで，自立的に，自覚的に〕そうなるのであり，普遍的本質とその個別化された現実を統合する。そして，現実を本質体に高めて人倫的行為をするが，――また本質体を現実におとしめて，ただ考えられただけの実体つまり目的を完遂しようとす

23)（訳注）原文は，alles in sich verglimmen läßt であり verglimmen という語は，VI-C-c（*GW* 9, S. 355, Z. 5）でも用いられているから，Ⅵ-C-c のことを指している。

24)（訳注）この自己とは，良心のことである。

25)（訳注）この場合の「意識」は意識一般であり，「契機」とは，対象と自己とである。

26)（訳注）「人間の掟」と「神々の掟」，家族と国家，知と無知。

27)（訳注）*GW* 9, S. 250, Z. 20 以下を参照されたい。

る。つまり自己意識は，己れの自己と実体との統一[28]を，己れの所業として，それで現実としてつくり出す。

意識が別々の形をとって現れる場合，単純な実体は，一方では，自己意識に対する形で対立している。が，他方では，そのためにまた，｜（383）自己自身のうちで己れを区別するという意識の本性を，群[29]に分けられた世界という形で提示する。こうして，実体は区別ある人倫的本質体，つまり人間の掟と神々の掟に分かれる。同じように，実体に対立してくる自己意識も，その本質体に応じて，これら両威力の一方に割り当てられる。そして，自己意識が知となるときには，己れの行うことについての無知と知とに分かれるが，この知とても，そういうわけだから，だまされた知なのである。こうして自己意識は行いの結果，実体を分裂させる両威力の矛盾と，両者相互の崩壊とを経験し，また己れの行為の人倫性についての己れの知と，絶対的に〔自体的かつ対自的に〕人倫的であることとの矛盾を経験する。その結果，己れ自身が没落することに気がつく。だが，実際には人倫的実体はこの動きによって現実的自己意識となっている。つまりこの自己はそれ自体でそれだけで〔自体的かつ対自的に〕存在するものとなっている〔法状態〕。だがこのことでまさに人倫は没落してしまっているのである。

a　人倫的世界，人間の掟と神々の掟，男と女

精神の単純な実体は意識となって分裂する。言い換えれば，抽象的で感性的存在の意識が，知覚に移行したようなことが，｜（384）実在的で人倫的な存在の直接的確信でも起こる。また，感性的知覚にとっては，単純な存在が，多くの性質をもった物になったと同じように，人倫的知覚にとっても，行為の場合[30]には，多くの人倫的関係をもった現実

28）（訳注）「己れの自己と実体との統一」というのは，IIIからIVへの移行に関することであろう。すなわちこの移行は諸物の内面が意識されるようになって内面と内面とが相対するようになって行われたのであり，このさいの「諸物の内面」を実体とみたのであろう。

29）（訳注）群とは，家族とポリスのことである。

30）（訳注）「場合」の原語はFallである。これはKasuistikのcasus（case, chance）の訳である。行為することは具体的状況のもとに行われるものであるから，カントの定言命法

が存在するのである。だが，感性的知覚の場合には，どうでもいい多くの性質が，個別と普遍という本質的対立に集約されたのだから[31]，純化された実体的意識である人倫的知覚の場合には，いっそうそれが進んで，多くの人倫的契機は，個別性の法と普遍性の法[32]という表裏一体のものになる。だが，これら実体群の各々は〔二つでありながらも〕依然として全体としての精神なのである。感性的知覚では，物には【242】個別と普遍という二つの規定以外には実体がないのである。いま人倫でも，二つの側面が相互に対立を表しているにしても，それはただ表面上のことにすぎないのである。

〔1　人倫世界の契機としての人間の掟と神々の掟〕

〔α）人間の掟〕

われわれが，ここで考察している存在者では個別性には，自己意識一般[33]という意味があるが，個別的で偶然的な意識という意味はない。だから，このように規定されるときには，人倫的実体は現実的実体であり，絶対的精神[34]が多くの定在する意識に実現されている。この精神

のような形式的な一律の法則によっては律し切れないもののあることを示すために，ヘーゲルは「場合」という表現を今後しばしば用いる。これはとくにCの道徳性で顕著であり，このことの起原は，1798年にフランクフルトでカントの『人倫の形而上学』（1797年）について行なった研究にあるようである。すなわち『人倫の形而上学』はむろん定言命法の倫理学ではある。しかしカントも自殺，嘘言，食欲，愛などの問題にさいしては，附録として kasuistische Fragen について論じている。ところでヘーゲルは『差異論文』でフィヒテの倫理学を批判するにさいして，カントのこの点を捉えて，kasuistische Fragen について論じざるをえなくなったのは，カントが自分の形式主義の不十分であることを自分で告白したものであるといっている。これがまた「場合」の概念の起原と考えられる。

31）（訳注）*GW* 9, S. 79, Z. 11 以下を参照されたい。

32）（訳注）「個別性」と「普遍性」というのは，Ⅱの知覚での一と多，対自と対他とにあたり，人倫では個別性の法は家族の掟，普遍性の法は国家の掟である。だが両者は制約されない普遍で相互にほかに転換することがいわれようとしている。ただし「法」はⅢの悟性ではじめて出現するものであるから，立場はすでにここで人倫的知覚から人倫的悟性へと移っているというべきである。

33）（訳注）「自己意識一般」というのは，「この」個別的自己意識が現れてくるのは，bを通じてcでだからであり，またこの「自己意識一般」は普遍的理性にあたるものである。

34）（訳注）「絶対的精神」はⅧ宗教の精神であるが，そう呼ばれるには人倫的精神があまりにも現実的で現在的であることを，本文は意味しているであろう。

は，共同体であり，この共同体は，さきに[35]理性一般に実践的形態化を与えようとしたときには，われわれにとって絶対的本質体であった[36]。とはいえ，いまここでは，この精神はその真実性状をとり，自己自身で意識的人倫的本質体として，また｜（385）われわれの対象となっている意識に対する本質体として現れ出ているのである。この共同体は精神である。この精神は，個々人がたがいに反映し合うこと[37]で自己を保っているのであるから，それだけで〔対自的〕であり，また個々人を自己のうちに保っているのであるからそれ自体である，つまり実体である。この精神は，現実的実体としては民であり，現実的意識としては民の公民である。この意識が己れの本質をもっているのは，単純な精神のもとでであり，自己自身を確信しているのは，民全体というこの精神の現実でである。しかも己れの真実性状をもっているのは，直接この現実でである，したがって，現実でないような或るものにでではなく，現に存在し妥当している精神でである。

この精神は，本質的には，己れ自身を意識した現実という形をとるので，人間の掟[38]と呼んでもよい。それは普遍性という形をとるときは，よく知られた掟であり，現存する習俗であり，個別性という形をとるときは，個人一般での，己れ自身の現実的確信であり，統治の形をとるときは，単純な個体性〔王〕としての自己確信である。この精神の真実は，公開の明るみで妥当すること[39]であり，現実に存在することである。これは，直接的確信にとっては，自由に解放された定在という形をとることになる[40]。

35）（訳注）*GW* 9, S. 193, Z. 18 以下を参照されたい。

36）（訳注）*GW* 9, S. 194–95 を参照されたい。

37）（訳注）反映（Gegenschein）というのは，たがいに光を受けて輝いている「諸星」でのものにあたる。

38）（訳注）「人間の掟」というのは，〔β)〕に出てくる「神々の掟」と同じく，ソフォクレスの『アンティゴネー』の 450–59 行から得られたものである。この作品でテーバイの王クレオンが来襲軍の総帥であった甥ポリュネイケスの死骸の埋葬を禁止する旨の布告を出した。だが，この禁令を犯してあえて埋葬しようとした妹のアンティゴネーがクレオンの尋問に対して，かかる布告はゼウスやディケーの与え給うた掟ではなく，人為的な掟であるにすぎないと答えたことが，これらの「掟」の出所である。

39）（訳注）「妥当する」というのは，公事が太陽神アポロンのつかさどるところであるのを指している。

40）（訳注）国家の法を与えたのは人間である（アンティゴネー）。

〔β)神々の掟，とくに埋葬の義務〕

しかし，この人倫的威力と公開的であることとに対立しているのが，もう一つの威力である神々の掟である。なぜならば，人倫的国家権力は，自己意識的行いの動き[41]としては，人倫の単純な存在者と直接的存在者ということで己れの対立項をもっており，現実的普遍性としては，個人的でそれだけでの存在〔対自存在，自立存在〕に対抗する権力であり，現実一般 |(386)としては，己れとは違ったものを内的本質のもとでもっているからである。

すでに思い起こしておいたように[42]，人倫的実体が相対して現存する仕方は，いずれにも実体全体を含み，また実体の内容の全契機を含んでいる[43]。だから，共同体が，自己意識的で現実的行いとしての実体であるとすれば，実体の，それとは別の側面は，直接的つまり存在する実体という形式をとることになる。そこでこのあとの実体は，一方では，実体一般の内的概念つまり普遍的可能性であるが，他方では，自己意識の契機をやはり己れでもっている。この契機は，直接性つまり存在という場面で，人倫を表すとき，言い換えれば本質としてのならびにこの自己としての己れを，他の人のうちで無媒介に意識する[44]とき，【243】すなわち自然的な人倫的共同体であるときには，――家族である。家族は，無意識的でなお内的概念としては自己意識的現実に，民の現実場面としては民そのものに，直接的人倫存在としては普遍のための労苦を通して

41)(訳注)「動き」というのは統治のことであろう。なぜならば，a人倫的世界の〔2〕-〔α)〕によって明らかであるように，統治とは収斂と拡散との交替であり，しかもこの交替は自覚をもって行われるものだからである。したがって統治のことが展開されるのは，この〔1〕-〔α)〕でである。

42)(訳注)*GW* 9, S. 241, Z. 25 以下を参照されたい。

43)(訳注)*GW* 9, S. 241, Z. 34–35 を参照されたい。

44)(訳注)他の人のうちで己れを意識するというのは，相互承認のことである。他の人のうちでこの自己としての己れを無媒介に意識するというのは，本来の承認が各自に独立した自己意識のあいだに与えかつ受けることが交互になされるのを媒介として成立する。それに対して，家族での承認が成員間に情緒的で無媒介に成立することを指している。そして，これがために家族には本来の意味の承認はないことになる。この承認を問題として取りあげることはa人倫的世界の〔1〕-〔β)〕に譲られている。そこでは，兄(弟)と妹(姉)との間柄では例外として承認の成立することが高調されている。しかし厳密にいえば「この」個別的自己は人倫では死者の霊であるにすぎないのに，承認は本来的には個的自己相互間のものであるから，人倫には本来の承認はやはりないことになる。

自己を形成し[45]維持する人倫に対立している。——つまり家族の神[46]が普遍的精神に対立しているのである。

だが，家族という人倫存在は，直接的なものと規定されるけれども，その内部で人倫的本質体であるのは，それがその成員の自然という関係であるかぎりでのことではなく，または，その相互関係が，個々の現実的人々の直接的構成員であるかぎりのことではない。なぜならば，｜(387) 人倫的なものはもともと普遍的であり，自然のこの関係も，本質的にはやはり精神であって，精神的本質体としてのみ人倫的だからである。そこで，この自然的関係の本来の人倫がどこにあるのかをながめわたさなければならない。——まず，人倫的なものは，それ自体で普遍的なものであるから，家族構成員の人倫関係は感情の関係[47]でもないし，愛情の間柄でもない。そこで人倫的なものは，実体としての家族全体に対する個々の家族成員の関係に置かれているようにみえる。そのため，家族成員の行いと現実は，家族だけを目的とし内容としている。けれども，この全体の行いがもっている意識的目的にしても，全体そのものだけに向かっているかぎりでは，それ自身個別的なものである。権力や富を得てそれを維持することは，一方では，欲求に関係し，欲望に帰属しているにすぎない。他方では，もっと高い使命に立つときでも，間接的なものとなるにすぎない。この使命は，家族そのものに帰するのではなく，真に普遍的なもの，国家共同体に向かっている。この使命は，家族に対してはむしろ否定的であり，個々人を家族のそとに引き出して，その自然性や個別性をおさえつけ，普遍に引き入れ，普遍のために生きさせるという意味で，その個々人をして徳をもつものたらしめるのであ

45）（訳注）「普遍のための労苦」とは次の段落で「普遍に引き入れ，普遍のために生きさせる」といわれている。かかる「労苦」が形成すること（Bilden）と呼ばれているのは，やがてCで明らかになるように，それにも「奴隷の形成の労苦」という意味の認められていることを示している。

46）（訳注）「家族の神々」の原語はPenatenである。Penatenはpenatgesに由来し，deities of the inside of dwellingのことであってLaresとも呼ばれる。いずれもローマのgens（氏族）の祖神であり，gensにギリシアであたるものはgenosである。しかしこのことはヘーゲルが「家族」といっているものがむしろ氏族であることを示している。

47）（訳注）「感情の関係ないし愛情の間柄」の原語はdie Beziehung der Enpfindung oder Verhältnis der Liebeである。このことはEmpfindungという語がヘーゲルでは感覚よりも感情ないし情緒を意味することの多いのを示している。*GW* 9, S. 230, Z. 39–40を参照されたい。

る[48]。家族に自前の積極的目的は，個別者そのものである。そこでこの関係が人倫的であるためには，個別者は，行為する個別者の場合でも，行為が相手と関係を結ぶ個別者の場合でも，何か助けをしたり，奉仕をしたりするときに起こるような形で，｜（388）偶然に出てくることはできない。人倫的行為の内容は，実体的でなければならない。つまり全体的で普遍的でなければならない。だから，その行為は，全体としての個々人[49]に，つまり普遍としての個々人にだけ関係しうるのである。このことにしてもやはり，奉仕ということが，直接的行為であり現実的行為であって，ただ個別的なことを個々人で行っているにすぎないのに，奉仕をすることが，個々人の幸福全体を促進するかのように思われるにすぎないという，それだけのことではない。さらにまた行為が現に教育という形で一連の努力で全体としての個々人を対象としており，個々人を教育上の成果としてつくり出すのだというのでもない。その場合，目的が家族に対し否定的であるという以外に，現実の行為もただ制限された内容しかもっていないのだということでもない。そして最後に，行為は困ったときの助けであり，これによって，全体としての個々人が，ほんとうに救われるというのでもない。【244】なぜならば，この助けは，それ自身まったく偶然な所為であり，たまたま，その機会が卑俗な意味の現実であるにしても，それは存在することもできれば，存在しないこともできるようなものであるにすぎないからである。それゆえ，この行為は，血のつながる現実存在〔人〕全体を包括している。そして，またそれは，この血のつながる者を公民というものが家族に帰せられるものではない。だから，公民をではなく，また公民とはなっても，この個別者と認められることをやめるはずの公民をでもない。――むしろ，家族の一員であるこの個人を，行為の対象とし内容とするものである。そのときこの個人を，感性的現実つまり個別的現実を離れた普遍的存在者として行為の対象とし内容とするのである。そういう行為は，もはや生き

48）（訳注）「徳」はⅣ-B のほか，V-B-c の主題であったが，そこでは個人の立場のものであったのに対して，ここでは国家共同体の立場のものにまで高められている。なお「育成する」の原語は ziehen であるが，これには erziehen の，したがってまた bilden の意味がこもっている。

49）（訳注）やがて明らかとなるように，「全体としての個々人」とは要するに死者のことである。

ている人間に関わるのではなく，死者に関わるのである。この死者は，長い間に，己れの生存はちりぢりにされてしまったのだが，そこから出て，｜（389）一つの完結したいっぱしの形に集約されているわけである。偶然な生命の不安から出て，単純な普遍性という平安に高まっているわけである。――個人は，公民としてのみ現実的であり実体的であるのだから，公民ではなく家族の一員である場合には，非現実的で無力な影[50)]にすぎない。

個々人そのものが到達するこの普遍性は，純粋存在であり，死である。それは，直接的に自然にそうなった存在であって，意識しての行いではない。それゆえ，家族の一員の義務は，それに意識しての行いの側面をつけ加えてやり，その結果，個々人の死という最後の存在，この普遍的存在を，ただ自然にだけ帰属させるのではなく，また非理性的なもののままに放っておくのでもない。むしろ，その行いが為されたものであり，そこに意識の権利が主張されているようにする。言い換えれば，自己自身を意識した存在者の平安と，普遍性とは，ほんとうは，自然のものではないのだから，この行為の意味は，むしろ自然が僭称しているこの行いの仮象をはらいおとし，真実を回復することである。――自然が個人のもとで為したことは，個人が普遍になることを，存在するものの動きとして提示するという側面である。この動きは，なるほど，それ自身人倫的共同体の内部で起こっており，共同体を目的としている。つまり，死は，個人がそのままで共同体のために引き受けた完成であり，最高の労苦〔エテオクレス〕ではある。けれども，個人が本質的に個別者であるかぎりは，その死がそのまま｜（390）普遍のための労苦と結びついており，その労苦の結果であったということは，偶然である〔ポリュネイケスの死〕。そうだとすれば，一方では，死は自然的否定性であり，存在者としての個々人の動きであり，その場合，意識は，己れに帰って自己意識となってはいない。また，他方では，存在者の動きは，存在者が廃棄され，自立存在に達するということであるから，死は分裂の側面である。そこでは，達成される自立存在は，動きへはいって

50）（訳注）「影」というのは，Daimon または Lares のことである。なお，テキストが家族の人倫の義務のうちの最高のものが近親の埋葬であるとしたのは，アイスキュロスの『テーバイに向かう七人』やソフォクレスの『アンティゴネー』に即しすぎたからである。

いった存在者とは，別のものであることになる[51)]。——人倫というものは，精神が，その直接的真理にいることであるから，その意識が分かれてはいってゆく二つの側面〔個別性と普遍性〕も，やはり直接性というこの形式に落ち込んでゆく。そこで，個別性の方は死というこの抽象的否定性に移ってくる。この否定性は，それ自体では慰めもなく和解もないから，慰めや和解を現実的でそとからの行為を本質的に通じて受けとるよりほかないのである。——そういうわけで，血族は，【245】意識した動きをつけ加え，自然の所業を中断させ，血のつながる死者を破壊から奪いかえし，もっとよくいえば，血のつながる家族の遺骸が，どうしても純粋存在となって破壊されてしまうので，破壊の所為[52)]を自身で引き受けるのである。そのおかげで血族〔アンティゴネー〕は，抽象的自然的動き〔死〕を補うのである。——その結果起こってくることは，死んだ存在，普遍的存在が，自己に帰ったもの，自立存在となることである。つまり力もなくただの個別的であるだけの個別性が，普遍的個体性〔大地〕[53)]に高められることである。死者は，己れの存在を己れの｜(391)行いから，つまり否定的一[54)]から解放するゆえ，空しい個別性であり，他の人にとっての受動的存在にすぎない。また，理性をもたない，いっそう低い，あらゆる個別性と抽象的素材からなる諸力とにさらされている[55)]。そのうち前者は，己れのもつ生命のゆえに，後者は，その否定的自然のゆえに，いまでは死者よりも力をもっている。意識をも

---

51)（訳注）否定には二種ある。一つは存在の秩序に属するものであって，抽象的自然的なものであるが，これは要するに死である。もう一つは意識の秩序に属するものであって，否定を越えて生きる（überleben）ことのできるもの，すなわちいわゆる揚棄（Aufheben）としてのものであって，相互承認で実現するものである。本文はこのさいの否定が第二のものでなく，第一のものであることを説いているが，この場合には存在するものあるいは自体存在が移って行った対自存在はB-Ⅱ-bでの有用なものの諸契機が行なう「自分のうちへ還帰しない交替」の場合と同じく，もとの自体存在には還帰しないものである。したがって単独存在である。

52)（訳注）「破壊の所為」とは，火葬のこと。

53)（訳注）*GW* 9, S. 164, Z. 32 を参照されたい。

54)（訳注）「否定的一」とは，多様ないし対立を否定的に統一づける自我ないし主体のことである。

55)（訳注）死者が自然の力によって腐敗し鳥獣の餌食になることを指している。『アンティゴネー』を参照されたい。

たぬ欲望[56]や抽象的存在者が，死者を汚すこの行いを，家族は死者からとりのけてやる。そして，その代わりに己れの行為〔埋葬〕を置いて，血のつながる死者を大地の懐と結婚させてやり，原本的で不滅の[57]個体性にかえしてやる。こうして，家族は，死者を一共同体[58]の仲間にしてやる。つまりこの共同体は，死者に対し自由となり，死者を破壊しようとした個々の資材の諸力や，いっそう低い生物たちに，むしろ打ち克ち，これらを拘束するのである。

こうして，この〔埋葬という〕最後の義務は，完成した神々の掟となり，個々人に対する積極的人倫的行為となるのである。愛の中にとどまっているのではなくて，人倫的であるような，これ以外のすべての関係は，個々人に対するとき，人間の掟に帰属してしまう。その関係は否定的意味をもっており，個々人が，現実の個人として，帰属している自然的共同体を超えて出て，それに閉じこめられることのないようにしてしまう[59]。ところが，人間の正義は，自己を意識した現実的人倫的実体を，民全体を，その内容とし威力としているが，神々の正義と掟と，現実の彼岸にある個々人とを内容としている。が，そうだとしても，個々人には威力がないわけではない。｜（392）個々人の威力は抽象的でまったく普遍的なもの[60]であり，原本的個体である。この原本的個体は，己れの場面を離れた個体性を，また，民の自覚的現実となっている個体

56）（訳注）『アンティゴネー』の鳥獣たちの欲望のこと。

57）（訳注）「不滅の」というのは『アンティゴネー』での人間賛歌が大地についていっていることである。

58）（訳注）大地が「共同体」であるのは，そこに祖霊が住んでいるからである。『アンティゴネー』891–94 行でも，すでに死を覚悟したアンティゴネーは父オイディプス，母イオカステ，兄ポリュネイケスの喜び迎えてくれる所へゆくといっている。

59）（訳注）「閉じ込められること」の原語は Einschließung であるが，家族の神が「籬（まがき）のゼウス」と呼ばれることを含意しているであろう。『アンティゴネー』487 行でも，クレオンは姪のアンティゴネーが自分と同じゼウス・ヘルケイオスに属するものであるといっている。

60）（訳注）Ⅶ-B-c の悲劇論でも同じような「普遍的なもの」に言及されているが，このときには「隠れたるに住まう内面」すなわち復讐の女神エリニュエスたちとも呼ばれている。

性[61]を，その本質であるまったくの抽象[62]に引き戻すとともに，個体性の根拠〔大地〕[63]となってもいるのである。この威力が民そのものの中で，どのように提示されるかは，これからさらに展開されるであろう[64]。

〔2　二つの掟の諸段階と二つの掟を実施するもの〕

さて，一方の掟にも他方の掟にも，いろいろ区別があり段階がある。というのも，二つのものは，それぞれに意識という契機をもっているので，それ自身のうちで区別を展開させるからである。このことが両者の動きと〔それぞれ〕自前の生命とをなしている。これらの区別を考察してみれば，人倫的世界の二つの普遍的本質体の活動と，この世界の自己意識[65]とのあり方，さらには，両者相互の関連や移行も明らかとなる。

〔α〕統治での拡散と収斂〕

国家共同体は明らかに白日のもとに妥当する上位の掟である。これはその現実の生命を統治にもっていて，この統治ということでこの共同体[66]は個体となる。【246】統治は，自己に反省還帰した現実的精神であり，人倫的実体全体が単純となった自己である。なるほど，この単純な力は，国家共同体の本質体がその分肢にひろまり，その各部分が存続し自前の自立存在になることを許してやる。ここに精神は，実在し定在しており，家族はこの実在性の場面である。けれども，精神は同時に全体の力であり，この力はまた部分を｜(393) 否定的一に総括し，部分に

61)（訳注）この「個体性」をギリシア悲劇で代表しているのは，風がなくて軍船が出航できないためにアウリスで娘イフィゲネイアをアルテミスの神殿でいけにえに捧げたアガメムノンや，来襲軍の総帥であった甥ポリュネイケスの埋葬を禁止したテーバイの王クレオンである。

62)（訳注）「まったくの抽象」とは死のことである。したがって「神々の掟」の神々とは『アンティゴネー』1070 行の冥界の神々のことである。

63)（訳注）『コロノスのオイディプス』を参照。

64)（訳注）*GW* 9, S. 250, Z. 5–19; S. 257. Z. 37–S. 258, Z. 18 を参照されたい。

65)（訳注）「自己意識」とは，やがて明らかとなるように，男女両性のことである。

66)（訳注）「個体」としての国家共同体とは，統治を行なう主権者としての国家のことであり，そしてこのさいの統治はとくに対外主権のものである。

己れが自立的ではないという感情をもたせ，己れたちの生命が，ただ全体の中にのみあるのだと意識させる。だから，この共同体は，一方では個人の自立や財産を，個人や物の権利をいくつかの制度[67]に組織し，また，獲得と享受という，さしあたっては個人的目的のための労苦の様式を，共同体自身のいくつかの集まり[68]に分節化しそれらに自立性を与えるかもしれない。が，普遍的共同群の精神は，単純であるから自立して遊離する諸々の制度を，否定するものでもある。そこで，これらの制度が遊離して根をはやし固定され，そのために，全体がばらばらになり，精神が飛び散ってしまわないようにするためには，政府は，制度を戦争によって，ときどきそれらを内奥からゆり動かさなければならない。こうして，自立性という，権利となった秩序と正義を侵害し，混乱に陥れ

67）（訳注）「制度」というのは，ソロンがアテナイ市民を所有地の広さに従ってペンタコシオメディムノイ，ヒッペイス（以上は騎士），ゼウギタイ（農民階層＝重甲歩兵），テーテス（賃金労働者＝水兵）などという 43 のクラスに区分し，上級の 3 つのクラスには官職につく権利を認め，また各自の義務を定めた区分のこと（アリストテレスの『アテナイの国制』第 7 章）。その後アテナイで盛んに行なわれた植民都市の土地所有に関するクレープーキアの制度などのことを，そしてとくにソロンの場合のようなことを意味しているであろう。アテナイにもアレイオスパゴス（最高裁），ヘーリアイア（ソロン），ディカステーリオン（クライステネス）という裁判所制度が発達していたから，テキストが「個人や物の権利をいくつかの制度」と呼ぶものがあったに相違ないが，c の「法状態」のものから区別するためには，この「制度」はなお多分に慣習法の立場のものにとどまったと解すべきであろう。

68）（訳注）この「集まり」が労苦の仕方のいかんによって編成されたものであるとすると，それは職業組合（ツンフト）であることになる。古代のギリシアにも芸術家，建築家，医者，羊毛業者，織物業者などの組合がシュノドスという名のもとにあったのは事実である。しかし成員はポリスに居住するだけで正式の参政権をもたない者すなわちメトイコイにかぎられ，また超ポリス的なものであったようである。もっとも詩人ソフォクレスは富裕な武器製造人の息子であり，ペリクレスのあとにいわゆるデマゴーグとなったクレオンも同様な皮革製造人の息子であり，2 人の父親は 2，30 人の奴隷を使うヘルガステーリオンという小工場をもっていたようであり，また毎月の議会の第 2 日には企業上のことが論議された由である。だから，職業組合がポリスでは意義をもたなかったとは断定できないとしても，それに入籍している者でなくては参政権をもちえなかったフィレンツェのような中世都市とはポリスは類を異にするものであった。しかるにヘーゲルが職業組合に多大の意義を認めようとしたのは，そもそも「自然法論文」で，プラトンの『国家』に従ってポリスを，支配階級（アルコンテス）と防衛階級（ヒュラケス）と栄養階級（トロフェース）とからなるものと考え，こうして「自然法論文」でなんとかして栄養階級を，言い換えると，「市民社会」の「欲求の体系」をもポリスに編入しようとして，アイスキュロスの『オレステイア』から人倫での悲劇の上演という見地によって家族をもポリスの構成要素として認めたことがその衣食住に深い関係のある職業団体にも同様の意義を認めるようになった原因であろう（なおテキストの「普遍的共同群」は知覚の普遍的媒体にあたるものである）。

なければならない。が,個人は,自立性の中に沈んで全体から離れ,侵しがたい自立存在と個人の安全に向かって努力している。そこで,この個人に例の労苦を課してその主人たる死[69]を感じとらされなければならない。精神は,存続している形を解体して,個人が,人倫的生存から出て,自然的生存に沈んでしまうのを防ぐ,そして精神の意識ある自己を保ち,それを高めて自由[70]を得させ精神の力を顕わさせる。――この否定的なものは,国家共同体本来の威力として,この共同体が自己を維持する力として現れる|(394)。だから,この共同体は,己れの威力の真実性とその保証を,神々の掟という本質体のもとで,地下の国のもとでもっている[71]。

〔β〕家族での諸々の間柄,とくに兄と妹との間柄〕

家族を司る神々の掟の側では,やはりいくつかの区別を自己内に含んでいる。また,それらの関係が,この掟の現実を,生きた形で動かしている。が,夫と妻,両親と子供,兄妹という兄弟[72],これら三つの家族関係のうちで,まず,夫と妻の関係は,一方の意識が他方の意識に,己れを無媒介に認めることであり,たがいに承認し合うという認識の関係である[73]。この関係は,相互認識であっても自然的であり,人倫的認識ではないから,精神の表象であり形象であるにとどまり,現実の精神そのものではない。――しかし,それは精神を表象しその像をもちはするが,それらの関係は,己れとは別のものの中で現実となる。だから,この関係はみずから自身をつてにしてではなく,子供という他の人をつてに現実となる。――この関係は,この他の人が生長すること[74]であり,この他の人のうちでみずから消えてゆくことである。そして,世

69)(訳注)*GW* 9, S. 114, Z. 23 で死を「絶対的主人」と呼んでいる。

70)(訳注)この場合の「自由」は,承認のための生か死かを賭ける争いが示していたように,自己意識が「意識」とは違い一切を捨象しうるものとしてもっている自由のことである。

71)(訳注)「地下の国」の神は家族の神であるから,ここで国家は家族へと移行する。

72)(訳注)兄弟関係と姉妹関係とへの言及のないのは,所論が『アンティゴネー』に即しているからであろう。

73)(訳注)一方の意識が他方の意識のうちに己れを認識するのは相互承認であるが,夫婦の場合にはこの認識が無媒介であるために本来の相互承認ではない。

74)(訳注)夫婦関係が人倫的であるのは,共同して愛情をそそぐ子供によってであることになる。

代から世代へ進むこの交替は，民ということで存立している。――したがって，夫と妻相互の敬愛は，自然的【247】関係と感情を混えていて，その関係が自己還帰するのはそれ自身のもとでではない。また，両親と子供相互の敬愛という第二の関係も，それと同じである。我が子に｜（395）対する両親の敬愛も，己れの現実の意識を他の人のうちにもっており，他の人のうちに自立存在〔対自存在，自立存在〕が生長してゆくのをみるだけで，それを取り戻しえない[75]という感慨に影響されている。むしろ，子供は，自前の現実を得てよそよそしいものになったままである。――だが，これとは逆に，子供の両親に対する敬愛は，己れ自身の生長，つまり自体を相手の消えてゆく両親にもっており，自立存在や自前の自己意識は，その本源たる両親から分かれることによってのみ得られるという感慨にともなわれているが，――この分離のうちでその源は枯れてゆくのである[76]。

これら〔両親と子供とのあいだの〕二つの関係は，両者に分け与えられている両側面の移行と不等の内側にとどまっている。――だが，混じり気のない関係は兄と妹のあいだに生じる[77]。両者は同じ血縁であるが，この血縁は両者では安定し均衡に達している。だから，両者はたがいに情欲をもち合うこともないし，一方が相手にその自立存在を与えたのでもないし，一方が他方からそれを受け取ったのでもない。むしろ，たがいに自由な個人性である。それゆえ，女性は，妹〔姉〕であるとき，人倫的本質体をもっとも高く予感している。といっても，女性が人倫的本質体を意識し，それを現実とするようになるというのではない。というのも，家族の掟はそれ自体で存在し内在的本質体であるから。それは，意識の明るみにあるわけではなく，うちなる感情のまま，現実を離れ

75）（訳注）取り戻すの原語は zurückerhalten であり，この語は，相互承認の概念の説明で用いられていた。一方の自己意識が相手に何かを与えたとき，これに応ずるものを相手から受け取ることが相互承認の成立には必要であり，親は子に自立存在を与えるだけで，これに応ずるものを取り戻すことがないから，この間柄には本来の承認はないという見解が取られている。

76）（訳注）子は親から自立存在を受け取るだけで，これを与え戻さないからこの間柄にも本来の承認はない。

77）（訳注）女性のもつ間柄のうち，兄（弟）との間柄が要するにこの段落の主題であるが，これは暗に『アンティゴネー』でのアンティゴネーとポリュネイケスとの間柄を念頭に置いてのことである。

た神々しいもののままである。この家の神々に女性は結びつけられており，｜（396）一方ではこの神々のもとで己れの普遍的実体を直観している。しかし，他方では，己れの個別性を直観してはいる。けれども，この個別性の関係が，同時に快楽という自然的関係であるというわけでもない。――さて女は，娘としては，両親が消えてゆくとき自然的には感動するが，人倫的には諦めて，それをみているよりほかない。というのは，この関係を代償としてのみ，娘は己れにできる自立存在を得るからである。だから，娘は，両親のうちで己れの自立存在〔対自存在〕を直観するにしても肯定的形でするのではない。――だが，母と妻という関係は，個別性をもってはいるけれども，一方では，これは快楽に帰せられる自然的なものであり，他方では，この関係で己れが消えゆくにすぎないことを認めるような否定的なもの[78)]である。そういうわけだからこそ，さらに他方では，偶然なものであり別のものに取って代わられうる。人倫の家に住んでいるとき，女のこれらの関係が根拠を置いているのは，この夫でも，この子供でもなく，夫一般，子供一般であり，感情ではなく普遍である。女の人倫と男の人倫を区別するのは次のような点にある。女が，個別者を使命とするときにも，快楽をうるときにも，そのまま普遍であり，欲望の個別性に対しては無縁であるのに対し，男では，これら両側面が分離しており，男が，公民としては，普遍性であるという自覚的力をもっているため，これによって欲望の権利を買いとり，同時に欲望から自由である。だから，【248】妻のそういう関係には，個別性が｜（397）混じっているので，その関係の人倫は純粋ではない。だが，妻がそういうものであるかぎり，個別性はどうでもいいものであり，妻には，この自己としての自己が他の人であることを認めるという契機はないことになる。――だが，兄弟は，姉妹にとってはもともと安定したもの，たがいに等しいものであり，兄弟のうちに姉妹が己れを承認するときも純粋であり，自然的関係を混じえていない。だから，個別がどうでもいいものだとか，人倫的に偶然だとかいうことは，この関係の中には存在しない。むしろ，相手を承認し，ほかに承認される個別的自己という契機は，この場合にはその権利を主張して差し支え

78）（訳注）夫ないし子供が死ぬことを指している。

ない。というのも，この関係は血縁の均衡と欲望のない関係とに，結びついているからである。だから，兄弟を失うことは，姉妹にとり償いえないことであり，兄弟に対する姉妹の義務は最高のものである[79]。

〔γ）二つの掟を実施するもの，男と女，新しい意味づけ〕

同時に以上の関係は，自己のうちで閉鎖的家族が解体し，己れのそとに出てゆく限界点である。兄弟は，家族の精神が個人性に移ってゆき，他の人に向かい普遍的だという意識に移ってゆく側面である。兄弟は，この直接的で原本的な，それゆえ本来否定的な，家族という人倫[80]を捨て去って，自己意識的な現実的人倫を得て，またつくり出すのである。

兄弟は，己れの生活圏であった神々の掟のそとに出て，人間の掟に移ってゆく。だが，姉妹が生ずる，あるいは妻は家を司るもの，依然として神々の掟を護るものである。｜（398）こういうふうに両性は，その自然的存在を超え，人倫的意味ということで現れてくるが，両者のあいだに差異があり，人倫的実体に与えられた両者の区別をたがいに分かちあう。人倫的世界のこれら二つの普遍的本質体が，その特定の個体性を自然的に区別された自己意識のもとでもっているのは，人倫的精神が実体と自己意識の直接的な〔無媒介な〕統一だからである。つまり，実在性と区別の側面の上から，同時に，自然的区別の定在として現れるような，直接性だからである。その定在は，己れ自身にとって実在的個体性という形をとって，精神的本質体という概念ということで本源的に特定の本性[81]として示された側面である。この契機は，そのときなお，もっているような不定な姿を失い，素質とか能力とかいう偶然の違い[82]を失う。ちょうど両性の対立は決定的となり，両者の自然的姿には，同

79）（訳注）以上『アンティゴネー』910 行。

80）（訳注）「本来否定的な，家族という人倫」は，人倫にとっての本来の使命は国家という「普遍に引き入れ，普遍的なものに生かされる」からである。このことのもっとも顕著なのは「自然法論文」であって，そこでヘーゲルは人倫が国家のほかに家族を承認するのは，たしかにそれをして「無限性」の立場のものとする所以ではあっても，同時に人倫を犠牲に供する意味をももつこととして，「人倫的なものでの悲劇の上演」であるといっている。

81）（訳注）*GW* 9, S. 216, Z. 10 以下を参照されたい。この「本性」は *GW* 9, S. 216 の〔1 実在的なものとしての個体性の概念〕という項に出ていたもので，個体が生得的にもつ特定の素質ないし性格のことである。「事象そのもの」がもつ目的―手段―現実は，いずれもこの素質の表現と考えられていた。

82）（訳注）*GW* 9, S. 217, Z. 25–27 を参照されたい。「偶然の違い」というのは，*GW* 9, S. 219, Z. 31 の「大きさの区別」のことである。

時に人倫的使命という意味がある。

けれども，両性とその人倫的内容との区別は，なお実体の統一にあるままであり，その区別が動くということは，実体がたえず生成するということである。男は，家族精神から出て国家共同体に送り込まれ，ここで己れの自己意識的本質をみつける。このため家族は，この共同体のうちで，己れの普遍的実体を得て存続する。これとは反対に，この共同体は，｜（399）家族にその現実性の形式的場面を得て，神々の掟に己れの力を得て，確証されるのである[83]。両方のいずれもが単独では完璧〔自体的かつ対自的〕ではない。**【249】**人間の掟が生きて動くときには，神々の掟から，地上で妥当するものは地下のものから，意識あるものは無意識のものから，媒介は無媒介からそとに出てゆく。また，それと同様に己れの出てきたところへ帰ってゆく。これに対し地下の威力[84]には地上にその現実がある。つまりそれは，意識を通じて定在となり活動する。

だから，普遍的人倫的本質体は，普遍的なものとしての実体であり，また個別的意識としての実体である。それは民と家族をその普遍的現実としている。また，男と女を己れの自然的自己としており，活動する個人性としている。こういう人倫的世界の内容に，われわれは，これまでの実体なき意識諸形態のかかげた目的が達せられていることをながめわたす。理性がもっぱら対象としてつかんだにすぎないものは，自己意識となっており，自己意識が己れ自身のうちにもっていたにすぎなかったものは，真の現実として存在している[85]。――観察が見つけ出したものとして知りはしたが，そこに自己というものが，少しも関与しなかっただろうものは，ここでは習俗として見出されている。この習俗は同時にそれをみつけるものの所為であり所業である現実である。――個人は，

83）（訳注）「確証される」というのは，*GW* 9, S. 246, Z. 25–26 に述べられていたように，家族の神々である地下の神々から来る死の恐怖が防衛を可能にする力であり，また自己意識の「自由」へまで高まる所以のものであることを意味しているであろう。

84）（訳注）「地上」と「地下」というのは，ギリシア悲劇に現れてくるものである。たとえばアイスキュロスの『コエフォロイ』の 124 行。

85）（訳注）以下では V-A-B-C に人倫の立場から新しい意味が与えられている。ただし前文で「目的が達成されている」とあるけれども，厳密にいえば，「目的」をもつのが実践的である B のみであったことは，*GW* 9, S. 197, Z. 35 以下に快楽と心の法則と徳とが目的とされていたことによって明らかである。

己れの個別性を楽しむという快楽を求めたのであり，いまはその喜びを家族に見出す。そして，この喜びを亡ぼす必然性〔運命〕は，個人が民の公民としてもつ，自己自身の自己意識なのである。｜(400) 言い換えれば，それは，心の法則[86]を万人の心の法則として知り，自己という意識を，承認された普遍的秩序[87]として知ること，これである。さらに，それは，己れの犠牲の実りを楽しむ徳[88]である。徳は，目指すことを成しとげている。つまり本質をとり出して，実際に目のあたりにあるものとしている。徳を楽しむことは，このように普遍的に生きることなのである。最後に，事象そのもの[89]の意識は，実在する実体のうちで満足するのである。この実体は，例の空しいカテゴリーの抽象的諸契機[90]を肯定的形で含んでおり，保っているのである。事象そのものは，二つの人倫的威力では真の内容を得たのであり，この内容は，健全な理性[91]がもたらし知ろうとした，実体なき命令に代わって出てきたものである。またこのため，事象そのものは，査法〔査法的理性〕にとってのそれ自身で特定の内容豊かな尺度を，法則の尺度ではなく行われたものの尺度を得たのである。

〔3　二つの掟の相互移行，その中項〕

全体とは，すべての部分が均衡[92]を得て安定していることであって，各部分とは，本来の所を得た精神である。これは，自己の満足を自己の彼岸に求めているのではなく，部分自身が全体と均衡を得ているのだか

86) （訳注）*GW* 9, S. 202 以下を参照されたい。

87) （訳注）この「秩序」は *GW* 9, S. 203, Z. 19 の「神的秩序や人間的秩序」に応じている。

88) （訳注）*GW* 9, S. 208 以下を参照されたい。

89) （訳注）*GW* 9, S. 224, Z. 17 以下を参照されたい。

90) （訳注）抽象的契機とは，内容的には目的と手段と現実とであり，形式的には対自存在と対他存在とである。

91) （訳注）*GW* 9, S. 229, Z. 22–23 を参照されたい。

92) （訳注）均衡は，*GW* 9, S. 260, Z. 12 以下にも「美しい調和や安定した均衡」とあるところからすると，人倫的世界あるいはポリスが善き秩序（エウタクシア）をもつものとして，コスモスであることを意味している。

ら，満足を自己自身のうちでもっているのである。この均衡は，そこに不平等が生まれ，正義によって平等につれ戻されることによってのみ，生きたものでありうるのではある。しかし，正義というのは，自己の彼岸にある疎遠な実在ではなく，また，たがいの策謀，裏切り，忘恩[93)]|（401）などという，現実の名に価しない現実でもない。こういう現実は，無思慮な偶然というやり方でその関連がわからないとか，無意識に行われたとか，中止されたとかいって，裁きをする。【250】むしろ，正義は，人間的権利の正義として，均衡のそとに出る自立存在〔対自存在〕，独立した身分や個人を普遍[94)]につれ戻すものである。だから，正義は民衆の政府[95)]であり，これは，普遍的本質が個体性を経てみずから現在となったものであり，すべての人自身の自己意識的意志である。――だが，正義は，個々人に対し度を超えて威力をふるう普遍を均衡につれもどすものでもあるのと同様に不正を受けた人[96)]の単一の精神である。つまり，この精神は，不正を受けた人と彼岸のものとに分裂するわけではない。この精神自身は地下の威力であり，復讐をするのは，己れ〔オレステス〕のエリニュエス[97)]である。なぜならば，かれの個体性，かれの血は，家に生き続けているからである。つまり，その実体は，永続する現実なのである。人倫の国で個々人に対し行われうる不正は，或ることがまったく突然起こってくるということ[98)]，実にこのことである。意識をまったくの物にしてしまうという，この不正を意識のもとで犯す威力

93）（訳注）法廷闘争のことともに，アイスキュロスの『アガメムノン』でアガメムノンが娘イフィゲネイアをアウリスでいけにえに捧げて妻を，また家族を侮辱したこと，遠征から帰還したときプリアモスの娘カッサンドラを妾として従えていたこと，夫の不在中に妻のクリュタイメストラがアイギストスを情夫としていたこと，二人が入浴中のアガメムノンを殺害したことなどを指している。

94）（訳注）この「普遍」を代表するのは，アガメムノンとクレオンである。

95）（訳注）この場合の「政府」は「人倫の体系」では「正義（司法）・制度」が行なうものである。なおこれを実施するものが同時に民でもある「個体性」というのは主権者のことである。

96）（訳注）「不正を受けた人」とはたとえば娘を夫に殺され，また夫に裏切られたクリュタイメストラ，妻に殺されたアガメムノンなど。

97）（訳注）エリュニエスたちはもとは殺害されたものの亡霊，これが加害者を追跡するところから復讐の霊，復讐を実施するものが血族であるところからその祖霊，ヘシオドスの『神統記』などでは地と，またデメテールと同一視されるところからは地霊であり女神である。

98）（訳注）*GW* 9, S. 124, Z. 2 を参照されたい。

は自然である。それは共同体という普遍ではなく，存在という抽象的普遍である。個別性[99]は，前者の共同体から不正を受けたのではないから，受けた不正を解消するということで前者の共同体に向かうのではなくて，後者の存在に向かう。すでに[100]ながめわたしたように，個人の血脈の意識は不正を｜(402) 解消し，起こったことがむしろ所業となり，そのためこの存在，最後のもの〔死〕が求められたものでもあり，したがって喜ばしいものであるようにするためである[101]。

こうして，人倫の国は，汚れなき世界，いかなる分裂によっても不純とはならない世界[102]として存続している。また，この国の動きも，その国の一方の威力が，静かに他方の威力になってゆくことである。したがって，各々の威力は，他方の威力そのものを維持し生み出してゆく。われわれがながめわたすように，その威力は二つの存在とその現実に分かれる。だが，その対立は，むしろ，一方が他方によって証明されることであり，そこでは，両者は現実的なものとして無媒介に接触し合い，その媒介と場面は，両者が直接たがいに浸透し合うことである。一方の項，普遍的で自覚した精神は，その力であり場面である他方の項と，つまり没意識的精神と，男の個体性によって推理連結されるのである。これに対して，神々の掟が個体化されるのは，言い換えれば個々人の意識なき精神が定在化されるのは，女のもとでである。中項としてのこの女によって，個々人はその非現実から現実へ，無知と無意識から，意識的国へ歩み出るのである。男と女の結びつきは，全体がはたらく中項であり場面である。これは，神々の掟と人間の掟というこれら両項に分裂するが，同様に両者を直接的に結びつけもする。この結びつきが，例のはじめの二つの推理を同じ推理｜(403) とする[103]。そしてこの直接の統一は，現実から下って非現実に至る動き，【251】つまり，自立的成員に組織されている人間の掟から下って死の危険と試煉に至る動きと，地下

99）（訳注）「個別性」の語が用いられたのは，埋葬が個別者としての個別者（ダイモン）に個別性である家族の成員が行なうものだからである。

100）（訳注）*GW* 9, S. 244, Z. 14 以下を参照されたい。

101）（訳注）*GW* 9, S. 244, Z. 14–S. 245, Z. 17 を参照されたい。

102）（訳注）*GW* 9, S. 236, Z. 3 以下を参照されたい。

103）（訳注）二つの推理ないし動きが同一に帰するというのは，国家→男→家族の下降推理と家族→女→国家の上昇推理とが男女の婚姻によって同一の推理となることを意味する。

の掟からのぼって白日の現実と意識的生存に至る動き，つまり，前者は男のものであり，後者は女のものである。この二つの相対立する動きを一つに合一するのである。

b　人倫的行為，人間の知と神々の知，罪責と運命

〔1　人倫的行為，人倫的意識と人倫的自己意識〕

だが，この人倫の国では，対立は以上のようになっており，自己意識は，まだその権利を得て，個別的個体性となって登場しているのではない。ここでは個体性は，一方では普遍意志として，他方では家族という血縁として妥当するにすぎない。つまり，この個別者[104]は，非現実的影として妥当するにすぎない。――そのとき，まだ所為[105]は何もなされてはいないのであるが，所為は現実的自己である。――つまり，この所為は，人倫的世界の安定した組織と動きとをかきみだす[106]。この人倫的世界では，二つの存在者は秩序を得て一致しており，二つの存在の一方は，他方を保証し補うのであるとはいえ，所為によって対立したものに移行する[107]。そのとき各々は，自己と他方を保証し合うよりも，むし

104）（訳注）「この」個別者が現実に妥当するようになるのは，c の法状態でのことである。

105）（訳注）所為（Tat）と行為（Handlung）と行い（Tun）とは，区別されている。まず，行いは性格を起点とし，行いの結果は，所為である。行為は，意図を中心に捉えられた行いである。

106）（訳注）Ⅶ-B-c の叙事詩論にも，前注と同じ語法で「行為すること」について同様の見解が示されており，そしてこの「行為すること」がそれと悲劇論との結合点となっている。

107）（訳注）「対立したものに移行する」というのは，アリストテレスが『詩学』の悲劇論で重視した peripeteia の訳であろう。このように悲劇の概念が活用されること，いなすでに運命の概念を取りあげるということは，b をできあがった『精神現象学』の全体からみるときには，それがⅦ-B の悲劇論との重複を含むのでないかという疑惑を惹起する。むろん *GW* 9, S. 363 冒頭の〔1〕によると，Ⅵ-A-a-b にあった冥界に対する信仰と運命に対する信仰とは広義の宗教に属するものであって，Ⅶ-B の悲劇論のような狭義の宗教のものではないと弁解することもできる。また *GW* 9, S. 376 冒頭の〔1〕によってⅥ-A-b の悲劇が人倫的組織のうちでの生活の立場のものであるのに，Ⅶ-B の悲劇はこの生活が喪失されたあとに「自己の純粋性からつくり出されたもの」と弁解することもできる。しかしⅥ-A-b の運命とⅦ-B の

ろ，たがいの空しさを｜（404）証明することになる。それは恐るべき運命の否定的動きに，言い換えれば永遠の必然になる。そして，この必然は，神々の掟と人間の掟を，この二つの威力の定在の場面である二つの自己意識を運命の単純性の深淵に呑み込む。しかも，われわれからながめわたせば，両者は純粋に個別的自己意識という絶対的自立存在〔法状態〕に移ってゆくことになる[108]。

この動きの出発点となり，この動きを支える地盤[109]は，人倫の国であるが，この動きをはたらかせるのは，自己意識[110]である。この自己意識は，人倫的意識であるので人倫的本質性を単純に純粋に目指している，つまりそれは義務である。そのときは，立法することも査法することも断念されるゆえ，自己意識には恣意もなければ，争いも不決断もなく，人倫的本質性は，自己意識にとって直接的なもの，動揺なきもの，矛盾なきものである。だから，そこには，激情と義務の衝突のうちにある愚かしい劇が演じられるわけではないし，義務と義務の衝突のうちで喜劇が，演じられるのでもない。この喜劇は，内容のうえからいえば，激情と義務のあいだの衝突と同じものである。【252】なぜならば，意識が，その直接的な実体的本質性から自己にひきかえしているように，義務は，形式的一般者[111]となっており，これには，前に[112]判明したように，どんな内容でも等しくうまくあてはまるため，激情はまた義務とも表象されうるからである。だが，喜劇的であるのは，義務相互

それとのあいだに明確な区別が立てられうるかどうかは疑問として残ることである。このような問題が生じたのは，VI-A-b を執筆している当時には，VIIの詳細な構成はまだ立てられてはいなかったためであろう。

108）（訳注）*GW* 9, S. 256, Z. 31–34; S. 258, Z. 19 以下を参照されたい。

109）（訳注）「地盤」の原語は Grund であり，これは *GW* 9, 392, Z. 35 の「普遍的地盤」に応じている。すなわちこの箇所では合唱団のいる場所が演技の行なわれる舞台よりも一段と低い場所であるのは，悲劇に先立つ叙事詩や賛歌がその地盤であることを象徴するといわれているのである。そして合唱団を構成するものは年寄りであり長老たちであり，かれらの意識は民の意識代表であるのに，舞台にのぼるものは，クレオンやアンティゴネーのような統治の要衝にある家柄の人物すなわちヒーローであり，ヒロインである。本文の地盤はこの地盤にあたる人倫の国であり，すなわち a である。この点からすれば，b の行為が舞台の演技（筋）にあたるのに対して，a の精神は合唱団のものである。

110）（訳注）「自己意識」は b で「この」自己となってゆくものではあるが，この段落でのように人倫的自己意識と考えられた場合には，それは要するに男女の性格である。

111）（訳注）*GW* 9, S. 231, Z. 34 を参照されたい。

112）（訳注）*GW* 9, S. 233, Z. 3–S. 234, Z. 16 を参照されたい。

の｜(405) 衝突[113]である。というのも，この衝突は，矛盾を，つまり相対立する絶対的なものが，矛盾しているという絶対的なことを表しており，そのままで，いうところの絶対ないし義務が空しいことを表しているからである。だが，人倫的意識は，己れの行うべきことを知っており，それが神々の掟のものであるか，人間の掟のものであるかは，すでに決まっている。このように，この意識は，そのままで決まっているから，それ自体で存在なのであり，したがって，われわれがながめわたしてきたように[114]，同時に自然的存在という意味をもっている。この自然は，観察の場合のように，環境ないし選択の偶然ではないから，一方の性に一方の掟を，他方の性に他方の掟を割り当てる。逆にいえば，両方の人倫的威力自身は，両方の性ではみずから個的に定在し，実現されるのである。

ところで，こうして，一方では，人倫は，本質的にはこの直接的決定ということで存続しており，したがって意識にとっては，一方の掟だけが本質であるが，他方では，二つの人倫的威力は，ともに意識の自己[115]ということで現実にある。このため二つの威力にはたがいに排斥し合い，たがいに対立し合うという意味がある。両威力は，人倫の国にいるときは，それ自体でしかないが，意識されるようになると己れだけになる。人倫的意識は，両威力のどちらか一方に決められているため，本質的には性格[116]である。意識からみれば，両者が同じように本質性であるわけではない。だから，対立が現れるときには，義務は，ただ不

113）（訳注）義務相互の衝突はｂの主題の一つであるが，カントは『人倫の形而上学』の緒論のⅣで「義務の，また責務の衝突というものはまったく思考されえない」といっている。この点からすると，ｂで展開される行為の悲劇性についての論はカントへの反論であることになる。

114）（訳注）*GW* 9, S. 248, Z. 17–32 を参照されたい。

115）（訳注）自己に対して両方の掟が現にあるのは，そもそもⅢからⅣに移って自己意識が生じたのは第二次の法則を認識して対立するものの同一を認めたとことによっていたとことからしても，また *GW* 9, S. 240, Z. 30 以下ではこの同一を実体とみ，自己を実体との統一を得たものとみていたことからしても当然である。さら *GW* 9, S. 395, Z. 35 以下でも人倫的意識の一方の掟のみに従って罪責に陥るけれども，両方の掟がともに公共に妥当していたのだから一方にだけ従うことに対する警戒は当然あったはずであるといわれている。

116）（訳注）この「性格」でアリストテレスが『詩学』の悲劇論で重視したエートスが生かされているが，所論が『アンティゴネー』に即しているところからしては，要するに男女の性格である。

正な現実とだけ衝突して，不幸になる。人倫的意識｜(406) は自己意識となるとき，このように対立する。そして，そういうものとして，同時に，対立する現実を，己れの帰属する掟に強制的に従属させるか，あるいはその現実をだますかする[117)]。意識は，一方の側にだけ正義を，だが他方の側には不正をみるのだから，両方のうちで，神々の掟に帰属する意識〔アンティゴネー〕は，他方の側に人間〔クレオン〕の偶然な強制をみてとることになる。だが，人間の掟に割り当てられた意識は，他方の側に，うちにこもった自立存在の利己心と不従順をみてとる[118)]。すなわち，政府の命令は，白日のもとにある公開の一般的気質であるのに，もう一つの掟の意志は，うちに閉じこもった地下の気質であり，これは，定在となるとき，個別者の意志として現れ，前者の心と矛盾に陥り，傲慢となる。

〔2　人間の知と神々の知〕

こうして，意識的なものと無意識的なものの対立が実体にあったように，意識には知られたものと知られていないものとの対立[119)]が生じる。【253】そして人倫的自己意識の絶対的正義は，本質たる神々の正義[120)]

---

117)（訳注）「従属させる」と「だます」とは，それぞれクレオンとアンティゴネーによって代表される。

118)（訳注）「強制」を認めるのは，アンティゴネー，「不従順」をみてとるのは，クレオンである。

119)（訳注）a での神々の掟と人間の掟，家族と国家とが内容・対立をなすのに対して，この「知ること」と「知らないこと」との対立は形式的である。したがって二つの対立は重なり合うことになる。たとえば，神々の掟に従って行為する場合は，この掟が本質体であるのを知ることはもちろんであるが，同時にこの掟が本質体では人間の掟につながっているのを知らないこともふくまれている。この表裏一体の対立はすでにⅡでの諸性質の数多性と統一という内容の対立と物の対自存在と対他存在という形式と対立し，Ⅲでの力と外化という内容の対立と能動と受動という形式の対立，Ｖ-C-a での目的 - 手段 - 現実という内容の区別と対自存在と対他存在という形式の区別に胚胎していたことである。

120)（訳注）「神々の正義」という語は，付録「Ⅰ　準備断片」B でも用いられており，またそこでは人倫的実体の方が絶対意識のものと呼ばれている。そこからするとこの断片が執筆された当時は前注にいった知と無知との対立を克服することによって「絶対知」に至らんとしていたのであろうと考えられる（絶対意識という表現は『精神現象学』でも，その名残りをとどめている）。

と争うことになる。意識としての自己意識にとっては，対象的現実にはそのままで本質があるが，その実体からいえば，この自己意識は，自己とこの対立者の統一であり，人倫的自己意識は実体の意識である[121]。それゆえ，対象は，自己意識に対立するとき，みずから本質をもつという意味を｜（407）まったく失っている。対象が，ただ物にすぎないような領域〔知覚や観察など〕も，意識が何かを己れから固定させ，個々の契機を本質としているような領域〔心，徳，誠実な意識〕もともに以前に消えてしまっている。このような一面性に対抗して，現実には自前の力があり，真実[122]と結んで意識に対抗し，意識に対して真実が何であるかをいまはじめて提示する。だが，人倫的意識は，絶対的実体の盃をのみほして自立存在やその目的や，それに自前の概念[123]などの一面性を，忘れてしまっている。そのため同時に対象的現実自身の全本質や自立的意味[124]を，このステュクスという地下の川[125]で溺れさせてしまっている[126]。それゆえ，人倫的意識の絶対的正義は，人倫の掟に従って行為するとき，この実現で，この掟そのものの遂行だけをみつけ，所為は人倫的行い以外のものを明らかにしない。——人倫的なものは，絶対的本質であると同時に，絶対的威力である[127]から，己れの内容が逆転することには，どうしても堪えられない。それは，もし，絶対的本質で

121）（訳注）自己意識が対象との統一であるのは，そもそもⅣの自己意識が成立をみたのが，第二次法則の認識を通じて諸物の内面を自己として意識することによっていたからである。なお以下ではさらに自己意識が実体の自己意識であることを明らかにするために，Ⅳまでの経過が回顧されている。しかしこの段落および次の段落では人倫的意識と人倫的自己意識とが用語の上では区別されていない憾みがある。

122）（訳注）このさいの「真実」はⅤの「理性の確信と真理」の「真理」としてⅤで到達されたものである。

123）（訳注）「自立存在」が立てる「目的や，それに自前の概念」というのは，Ⅴ-Bの快楽と心の法則と徳とのことであろう。

124）（訳注）「対象的現実自身の全本質や自立的意味」というのは，Ⅴ-Aの「観察する理性」のものであろう。

125）（訳注）「ステュクスという地下の川」は，死者が黄泉の国にはいるに先立ってこの川の水を飲んで生前のことをすべて忘れると伝えられている。

126）（訳注）ステュクスはもとはアルカディアにある川の名であるが，また冥界にある川の一つの名でもあり，「怖ろしいもの」を意味するところから，宣誓にさいして引合いに出されたものである。

127）（訳注）「本質」であることはⅤ-Aで，「威力」であることはⅤ-Bで達成されたことである。人倫的実体の意識はⅤ-Cを通じて到達されたものであるから，AとBとの両者を兼備していることがいわれようとしている。

あるだけで権力をもたないとすれば，個体性によって逆転されるのを経験するかもしれない。けれども，人倫的意識としての個体性は，一面的自立存在を捨てて逆転を断念してしまっている。それは，空虚な権力がなお自立存在であるとするならば，空虚な権力は反対に本質によって逆転されるのと同様である。この統一のゆえに｜（408）個体性は，内容である実体の純粋形式であり，行いは考えから現実への移行[128]であり，本質のない対立の動きとしてだけ，つまり，その両契機には，たがいに異なった特殊内容と本質性が何もない対立の動きとしてだけあるにすぎない。それゆえ，人倫的意識の絶対的正義は，所為〔行いの結果としての行い〕，つまり己れの現実の形態が，己れの知っているものにほかならないということである。

しかしながら，人倫的本質体は，みずから二つの掟に分裂してしまっており，意識は掟に対し分裂のない態度をとるから，一つの掟にだけ割りあてられている。この単純な意識が絶対的正義を断乎として主張し，人倫的意識としての己れには，この本質体がそれ自体であるがままに現象しているという場合には，この本質体は，己れが実在であると，つまり表裏一体のものであると，断乎として主張していることになる。だが，同時に，本質体のこの正義は，どこか別のところにあるかもしれないという形で自己意識に対立しているのではなく，自己意識自前の本質体なのである。【254】この本質体にはこの自己意識でだけ，己れの定在と権力があり，本質体が対立するようになるのは，自己意識の所為である。なぜならば，自己意識は，自己であると確信して所為に進んでゆく，まさにそのときに，単純な無媒介性のそとに出て，みずから分裂を設定するからである。自己意識は，所為の結果，直接的真理を単純に確信している人倫という規定性を捨てて，自己自身を，為す者としての自己と，自己にとって否定的対立する現実｜（409）とに分裂させる。こうして，自己意識は，所為のおかげで罪責を負うことになる。というのは，罪責は自己意識の行いであり，この行いは，自己意識のもっとも自前の本質だからである。しかもこの罪責には，また犯罪という意味がある。なぜならば，この自己意識は，単純な人倫的意識なので一方の掟に

128）（訳注）この意味での「移行」が出現するのは，V-C 以後のことである。

は向かうが，他方の掟は拒絶し，これを，己れの所為によって侵害するからである。――この罪責は，現実に白日のもとにある所為が，罪責の自己の行いでもありうるし，そうでなくもある，というような，どちらともとれる曖昧なものではない。あたかも，行いが，行いのものではないような外的なものや，偶然のものに結びついており，この面からいって，罪責がないかもしれないというようなものでもない。むしろ，行いは，それ自身分裂であり，己れを己れで立て，これに対立して疎遠で外的現実を立てる。つまり，このような現実があるということは，行い自身に備わっており，行いによってある。だから，罪責を負うていないのは，石が存在しているように行わないことだけである。子供の存在などではけっしてない。――だが，内容からいえば[129]，人倫的行為には，己れのもとで犯罪という契機がある。そのわけは，人倫的行為が，両性への二つの掟の自然的配分を揚棄しないからである。むしろ，人倫的行為は，自然的直接性内部で掟を分裂させないで目指すことにとどまって，行うときには，本質体の両側面の一方だけをつかみ，他方に対しては否定的態度をとる，つまりそれを侵害するという一面的なことをやって，罪責を負うからである。普遍的人倫生活では，|(410)罪責と犯罪，行いと行為がどこに帰するかは，のちに[130]はっきりと表現される。行為によって罪責を負うのが，この個別者ではないことも同じくそのまま判明する。なぜならば，この自己としての個別者は，非現実的影にすぎないからであり，言い換えれば，この個人は，普遍的自己[131]としてのみ存在し，個体性は，行い一般の純粋に形式的契機にすぎず，また内容は掟であり習俗であるからあり，個別者にとってははっきりとその身分の掟であり習俗であるからである。内容は類としての実体であり，類はその規定性を通してなるほど種になるが，種は同時にそのまま類という普遍にとどまる。民内部で自己意識は，普遍から特殊性までしか下ら

129)(訳注)内容での対立は次の段落での知と無知との対立という形式上の対立と対をなすものである。

130)(訳注)「のちに」というのは，*GW* 9, S. 256, Z. 35 以下の〔4 像による解明 若者と女性 人倫の美しさと自然性〕のことである。

131)(訳注)「普遍的自己」とは，国家の一員として，身分の一員として，家族の一員としての自己のことである。

ず，この個体性へ下って行かない[132)]。この個体性は，己れが行うということで己れを否定する現実を設定する。むしろ，自己意識の行為の基礎に，全体に対する確かな信頼[133)]があり縁なきものは何もなく，恐れも敵対関係も混じってはいない。

【255】さて，現実的行為の本性が展開するとどうなるかは，人倫的自己意識が行ってみて経験する。それは，神々の掟に帰順した場合でも，人間の掟に帰順した場合でも同じである。人倫的自己意識に明らかな掟は，本質的には，対立した掟と結びついている。本質は両者の統一である。だが，所為は，他方に対して一方だけを実現する。一方を充たすと他方と本質で結びついているので，他方を呼び起こす。その他方は，人倫的自己意識が，所為を侵害し｜(411) 敵対し復讐を求めるものとした当のもの[134)]である。行為では，もともと，決意の側面だけが明るみに出る。だが，この決意とても，もともと否定的なものであり，それは，己れにとっての他の人と，知である己れとは無縁なものを対立させる。だから，現実は，知に無縁な他方の側面を己れに隠したままである。現実がそれ自体でそれだけである通りのものを意識に示さないし，息子に対しては，息子を侮辱したもの，己れが殺したものが父親であることを示さないし[135)]，――己れが妻として娶った女王が母親であることを示さない。こうして，人倫的自己意識のあとをつけるのが，光を嫌う威力である。この威力は，所為が起こったときにはじめて噴出して所為で自己意識をつかむ。というのは，所為が完遂されると知っている自己とこれに対立する現実との対立は廃棄されているからである。行為する者は，犯罪とその罪責を否認することはできない。――所為は，動かないものを動くようにして，やっと可能性にとじこめられていたにす

132）（訳注）自然的生命では類が自分を限定して種にまでも至らなかったのに対して，人倫的生命は種にまで至っても，個にまでは至らないわけである。

133）（訳注）信頼の原語は，Zutrauen であるとともに，人倫の特徴とされたものである。しかしやがてⅥ-B では純粋洞察に対立する信仰も絶対的本質体への信頼であるとされる。

134）（訳注）これは復讐の女神エリニュエスたちのことであり，これに対して「明るみに出る」とかいうのは，太陽神アポロンに関している。このことは，Ⅶ-B-c の悲劇論では「知ること」と「知らないこと」との対立がアポロンとエリニュエスたちとによって象徴されていることによって明らかである。

135）（訳注）ここには，ソフォクレス『オイディプス王』457–60 行，791 行以降，1478 行以降が反映されている。

ぎないことが現れるようにして，そのため，無意識的なことを意識的なことと[136]，存在しないことを存在と結びつけることである。だから，こういう真実態に，所為が白日に照らされて出てきたのである。――意識的なことが無意識的なことに，己れのことが見知らぬことに結びついた形で，また，その他方の側を意識が経験する分裂した本質体として，また，意識は他方の側を同時に己れのものとしても経験する[137]。そして，この他のものによって侵害され，敵対的態度をとって起こってきた威力として経験するのである。

| (412)

〔3　罪責と運命，承認の成否〕

待ち伏せをしていた正義が，それ独特の形をとって行為する意識に対して存在しているのではない。むしろその正義は，それ自体でだけ，決意と行為の内面的罪責ということで存在しているということもありうる。だが，その人倫的意識はいっそう完全であり，その罪責もいっそう純粋であるのは，人倫的意識が，掟と己れが対抗する威力とを前もって知っており，その威力を，暴力であり不正であり人倫的偶然であると考え[138]，アンティゴネーのように[139]，それと知って罪を犯す場合である。だが，所為が完遂されると己れの見解を逆にしてしまう。つまり完遂することがそれ自身表明することは，人倫的であるものが，現実的であらざるをえないことである。というのも，目的の現実性が行為の目的だからである。行為は，実に現実と実体の統一を表明しているのであり，現実が本質にとって偶然なのではなく，現実が本質と結びついていれば，真の正義でないようなものには，現実性が与えられないと表明してい

136）（訳注）正確には「知られているもの」と「知られていないもの」とである。

137）（訳注）すでにここで一方の自己意識は他方の自己意識を，したがって相互を承認せざるをえなくなっている。しかし承認が成立するには否定を「越えて生きること」が必要であるが，まだ無媒介性に，すなわち存在に属している人倫にはこれが可能ではないのである。

138）（訳注）兄ポリュネイケスの埋葬を決行する前にアンティゴネーが妹イスメネに語った言葉のことが考えられている。とくに『アンティゴネー』69–77 行。

139）（訳注）ソフォクレス『アンティゴネー』446–448 行を参照されたい。

る。人倫的意識は，己れに対立しているものを，いまいった現実ゆえに，また己れの行いのゆえに，己れの現実であると認め，己れの罪責であると認めざるをえない[140]。

【256】 われら負い目あるにより，とがめあるをうけがう[141]。

この承認は，人倫的目的と現実との分裂が廃棄されていることを言い表し，正義以外には，何ごとも認められないのだと知っている人倫的心構え[142]に帰っていることを表現している。だが，これと同時に，行為するものは，己れの性格と己れの自己の現実とを断念し，破滅して|(413) しまっているのである[143]。行為者の存在[144]は，己れの実体である人倫的掟に帰属しているということである。だが，対立者を承認するようになった以上，このことは己れの実体ではなくなっている。そこで，行為者は，己れの現実を得る代わりに心構えという非現実に達したことになる。――なるほど実体は個体性では，そのパトス[145]として現れ，個体性は実体を生かし，それゆえ実体を超え出るものとして現れはする。が，実体は，同時に個人の性格であるようなパトスである。つまり人倫的個体性は，そのままでそれ自体的では己れのこの普遍と一つであり，その現実存在を，この普遍にのみもっており，この人倫的威力が対

140) （訳注）a によって事象そのものは実体性を与えられたが，このような実体としての事象そのものが二つに分割され，それぞれの分肢に両性が割り当てられたときにあたって，目的→行い→所為（現実）の動きで対自存在と対他存在とのあいだの欺瞞がなくなって，承認が成立するかどうかが以下では問われている。

141) （訳注）ソフォクレス『アンティゴネー』926 行をヘーゲルは引用している。独訳はおそらくヘーゲルによる。

142) （訳注）「人倫的心構え」のことは *GW* 9, S. 236, Z. 16f. に説かれていた。そして，b が舞台の演技にあたるのに対して，a は合唱団にあたるとすると，人倫的心構えは恐怖（フォボス），同情（エレオス），諦念などにあたることになる。

143) （訳注）法状態への移行を意味している。

144) （訳注）この「存在」が同時に「信頼」であることは，*GW* 9, S. 196, Z. 12–13 に「精神との直接的統一は，すなわち意識ということでの精神の存在，己れの信頼は失われてしまう」とあったことによって明らかである。

145) （訳注）パトスはヘーゲルでも熱情ではあっても，このさいの「熱情」は個体が国家や家族という普遍的なものを背負うていることから来るものであるから，実質では普遍的なものである。なおパトスもエートスと同じくアリストテレスの「悲劇論」が重視するものである。

立する威力に出会って受ける没落を超えて生きのびる[146]ことはできない。

だが，その際，この個体性が確信していることは，己れと反対の威力をパトスとしている個体性〔クレオン〕は，与えた禍より以上の禍を受けることはないことである[147]。人倫的な二つの威力相互の，またこの威力を命として行為に移す個体性相互の動きは，両方が同じように破滅を経験するときに至ってはじめて真の終局に達する。つまり，両方の威力のどちらも，実体のより本質的契機であるために他方に優先して何かをもっているわけではない。だが両方が等しく本質であり，相並んで無関係に存続しているとすれば，両方とも自己のない存在である。つまり，実際に自己存在として両威力は存在しているが，異なったものとしてであり，そのため自己という統一に矛盾するもの，自己が正義を失って｜(414) 当然破滅してゆく。また性格にしても，一面では，そのパトスまたは実体からいって，一方だけのものであるが，また他面では，知という側面からすれば，一方も他方もともに意識と無意識に分裂している。また，各々自身は，みずからこの対立を呼び起こすから，そして所為のおかげで知らなかったものでも己れの所業になるのだから，各人を食らい尽くす罪責に落ち込む。だから，一方の威力とその性格が勝って，他方が負けるのでは，所業は部分にすぎず，完成されたことにはならない。所業は，両方が均衡を得るまで進んで行き，とどまることがない。両側面がともに屈服したときやっと絶対的正義が完遂されたのであり，

146）（訳注）「越えて生きのびる」は，*GW* 9, S. 112, Z. 20 に出ていた。否定には存在の立場での否定すなわち死と意識の立場での否定すなわち揚棄との二つがあり，後者は否定を越えて生きることである。この揚棄すること，越えて生きることを可能にするものが承認することであって，この段落の最初に「承認」とあるのは，これを指示している。しかしここには本来の承認はない。アンティゴネーは死んで，クレオンは死するも同然の状態に陥る。これはアンティゴネーが家族と，クレオンが国家と一体化しているからであり，いずれも普遍的自己だからである。しかし国家と家族とによって制約されない個別的自己には承認が可能であり，これが法状態へと移行せざるをえない理由である。

147）（訳注）両方の「個体性」を代表するものはアンティゴネーとクレオンとである。アンティゴネーは洞窟に監禁されて自害して果てる。これをみて許嫁のハイモンもまた自害するが，かれはクレオンにただ一人残っていた息子である。そしてハイモンの死を知ってクレオンの妻エウリュディケも自害する。だからクレオンも死するも同然の境涯に陥るのである。

両側面を呑み込む[148]否定的威力としての，言い換えれば全能で公正な運命としての人倫的実体が登場しているのである。

〔4 像による解明，若者と女，人倫の美と自然性〕

両威力は，その特定の内容とその個体化の上から考えるならば，形を得て対抗像[149]が現れる。この像は，【257】その形式的面からみるとき，人倫および自己意識と，無意識的自然およびこれによって存在する偶然とが，対抗しているという形をとって現れる。——この無意識的自然が，自己意識に対抗して権利を主張するのは，この場合の自己意識〔無意識的自然〕が，〈その実体と無媒介に一つになっている，真の精神〔真であるがまだ自然的で無媒介であるの意〕〉であるからにほかならない。——また内容の面からみるとき，その像は，神々の掟と人間の掟に分裂したものとなって現れる。——それは，さて若者は無意識的なものから，家族の精神からそとに出て，国家共同体にとっての個体性〔主権者〕となる。｜（415）だが，この若者が，己れのふり離してきた自然になお帰属していることは，二人の兄弟〔エテオクレスとポリュネイケス〕という偶然な形をとって現れ，同等の権利[150]で，同じもの〔国家〕をわがものとしようとすることから証明される。さきに生まれたとか後で生まれたとかいう違いは，自然の区別であるから，人倫的なものにはいってきた二人にとっては，少しも意味がない。だが，民の精神の単純な魂ないし自己[151]としての政府は，個体性が二つであることではすまされない。そこで，政府は，一つであることが人倫的に当然なのだから，偶然にも複数である自然は，そのことに対立して現れることに

148）（訳注）この「呑み込む」は *GW* 9, S. 251, Z. 21–22 の「運命の単純性の深淵に呑み込む」に応じている。

149）（訳注）この「対抗像」はアイスキュロスの『テーバイに向かう七人』とソフォクレスの『アンティゴネー』とにみられる物語から得られたものである。

150）（訳注）「同等の権利」というのは，オイディプスの子エテオクレスとポリュネイケスとのあいだに一年交替で王としてテーバイのポリスを支配する協定の成立したことを指している。しかし期間が過ぎても，エテオクレスが位を譲らないために二人は不和に陥り，追放されたポリュネイケスはアルゴスの軍勢を率いてテーバイに来襲する。

151）（訳注）*GW* 9, S. 241 を参照されたい。

なる。だから，この二人は一つにはならない。国家権力に対する二人の同等の権利は，二人を破壊することになり，二人はともに不正を犯すことになる。人間の掟からみると，相手が先頭に立っていて，己れには所有権のない国家共同体を攻撃する方は，犯罪を犯したことになる。これに対し，相手を，国家共同体から離れた個別者にすぎないものと，受けとることを心得ており，そういう無力な状態に追放した方には，己れの側に正義がある。つまり，こちらは，個人そのものを侵しただけであって，相手方を，つまり人間的正義[152]の本質を侵したのではない。国家共同体は，空しい個別性から攻撃を受けたり，護られたりすることがあるにしても，己れでは存続する。そこで兄弟は，ともにたがいの手でたがいの破滅に出会うことになる[153]。なぜならば，己れの自立存在に全体の危険をかけているような個人は，己れを国家共同体から突き離し，己れの中で解決するからである。｜(416) だが，己れの味方をしてくれた一方には，国家共同体は名誉を与えるであろう。が反対に，すでに城壁にのぼって，共同体が荒廃に帰すといった[154]他方に対しては，国家共同体という自己を回復して単純になった政府[155]は，最後の栄誉〔埋葬〕を剥奪して，罰を与えるであろう。共同体という意識の最高精神に対し暴力をふるった者は，己れの存在がまったく終わりをつげるときの栄誉を，死にゆく霊が受ける栄誉を奪われざるをえない[156]。

しかし，普遍は，そのピラミッドの頂点だけをたやすく削りとって個別性の反抗的原理つまり家族に対し，なるほど勝利を得はするものの，このためにそれは，神々の掟との争いに，自己意識的精神は，無意識的精神との争いにまきこまれたにすぎない。というのは，無意識的精神とても，他方の本質的威力であり，そのため意識的精神によって破壊され

152）（訳注）「人間的正義」は「人間の掟」を指している。

153）（訳注）テーバイにとってもっとも重要な第７城門に来襲したのはポリュネイケスであるが，その防衛にあたったのはエテオクレスであって，二人は相討ちで果てる。

154）（訳注）ここは，『テーバイに向かう七人』の 631–638 行によっている。

155）（訳注）兄弟の死後，亡母イオカステの弟クレオンがテーバイの支配者となったことを指している。

156）（訳注）ヘーゲルは，都市国家テーバイをめぐるエテオクレスとポリュネイケスとのあいだの争いに言及している。ヘーゲルは，ポリュネイケスによる都市国家テーバイ冒瀆に言及している。この点については，アイスキュロス『テーバイに向かう７人』631–652 行を参照されたい。

たのではなく，ただ侮辱を受けたにすぎないからである。だが，この無意識的精神は，白日のもとにある強制力のある掟に対抗して，血の気のない影のもとでその助けを現実に実現するだけのことである。それは弱くて暗い掟であるから，さしあたっては，白日と力の掟に勝てない[157]。【258】すなわち，その強制力は地下では通用するが，地上では通用しない。けれども，内々のものからその栄誉と威力を奪いとった現実は，そのために己れの本質を喰いつくしてしまった。公開の精神にはその力の根が下界にある。民のみずから信じみずから断言する確信には，すべての人々を一つに結ぶ誓いの真理があるにしても，それはすべての人々の，｜（417）無意識的沈黙の実体のうちでのこと，忘却〔レーテー〕の流れのうちでのことにすぎない[158]。このおかげで公開の精神を完遂しようとしても，その反対に変わって行き，その精神は，己れの最高の正義が最高の不正であり，己れの勝利が，むしろ，己れの破滅であることを経験する。それゆえ，己れの正義が傷つけられた死者は，復讐するために己れを侵す威力と等しい現実，等しい権力をもった道具を，見つけ出すことを心得ている。そういう権力をもっているのは，別の国家共同体〔アルゴスの国〕である。この国の祭壇は，死屍を喰った犬や鳥たちのまき散らす悪臭で汚されている[159]。そういう形で死屍は，それにふさわしく元素的個体〔大地〕に送り帰されて，意識なき普遍性に高められているのではない。むしろ，現実の国で地上にとどまっており，そこでいま神々の掟の力となって，自覚的で現実的普遍性を得る。死屍は，己

157）（訳注）*GW* 9, S. 393, Z. 33 以下からすると，知と無知との，アポロンとエリニュエスたちとの対立に関している。

158）（訳注）忘却の川には宣誓と深い関係がある。ヘロドトスによると，スパルタから追放されたクレオネノスはアルカディアの人々をスパルタに反抗させるために，この川のほとりで宣誓を行なわせたことになっている。そしてホメロスでも，忘却の川は宣誓にさいして引合いに出される名であり，この川が「怖ろしいもの」という意味をもっているのも違約が祟りを招くからであろう。そして宣誓にさいして呼びかけられる神が宣誓のゼウスであり，Ⅶ-B-c の悲劇論にある Zeus des Eides はこれを指しているであろう。このステユクスが当面の本文で「忘却の川」と呼ばれているのは，それが，冥界にある 9 つの川の 1 つであることよりも，また氏族間や部族閥の連盟としてポリスが結成されるにあたり，既往のことを忘れて生死をともにすることが宣誓されるとみたからであろう。

159）（訳注）ソフォクレス『アンティゴネー』1064–90 行でアルゴスでの諸都市の軍勢が復讐のために，テーバイにふたたび来襲することがテイレシアスによってクレオンに対して予言されるのを指している。

れの国家共同体に敵対の態度をとって，立ちあがり，それを亡ぼす。つまり家族の敬愛という共同体の力をもっていないで，これを破壊してしまった国家共同体を亡ぼすのである[160]。

表象の上では以上のような形をとるが，そこでは，人間の掟と神々の掟が動く必然の姿は，諸々の個人[161]のもとで表現されている。これらの個人のもとでは，普遍はパトスとして，動いてゆく働きは個人的行いとして現れ，この個人的行いのために，動きの必然は，偶然であるかのように思われるのである。だが，個体性と行いとは，個別性一般[162]という原理となっており，この原理は，その純粋な普遍的姿では，内々の｜（418）神々の掟と呼ばれた[163]。その原理は，公開の国家共同体の契機としては，例の地下の活動――あるいは定在するときには外的活動[164]であり[165]，それだけではなく，やはり，現実の民のもとで現実的公開の定在であり，またそういう形で動いている。こういう形で受けとるならば，個体化されたパトスの単純な動きと表象されるものも，別の姿をもつことになり，犯罪やこれに基づく国家共同体の破壊にしても，定在するときの本来の形をもっていることになる。――だから，人間の掟は，普遍的定在ということでは，国家共同体であり，それが活動一般ということでは，男であり，それが現実にはたらくときには統治である。が，この掟が存在し，動き，継持されるのは，家の神々を分離し，女が司る家族を自立的に個別化させながら，それを自己内で喰いつくしてしまい，この掟が流動して持続する中で，家族を解体させて，家族を維持するからである。だが，それと同時に，家族はもともと国家共同体の成り立つ基本であり，個々の意識は国家をはたらかす普遍的地盤である。国家共同体は，【259】家族の幸福を破壊し去り，自己意識を普遍に解体してしまうことによってだけみずから存続している。だから，みずから

160）（訳注）ソフォクレス『アンティゴネー』26 行以降 , 1016 行以降 , 1064 行以降を参照されたい。

161）（訳注）「諸々の個人」とは，「像」としてはエテオクレス，ポリュネイケス，クレオン，アンティゴネーである。

162）（訳注）「個別性一般」の「一般」は「この」個別者ではないことを意味する。

163）（訳注）*GW* 9, S. 242, Z. 26 以下を参照されたい。

164）（訳注）この「活動」とは，冥界の霊エリニュエスたちの活動のことである。

165）（訳注）*GW* 9, S. 256, Z. 33 を参照されたい。

が抑圧しながらも同時にみずからにとって本質的なものでもあるものによってつまり女一般のもとで本来，己れの内面の敵をつくり出している。この女一般――国家共同体の永遠の皮肉[166]は，たくらみによって，統治という普遍的目的を｜（419）私的目的に変え，その普遍的活動をこの特定の個人の所業に転換し，国家の普遍財産を，家族の私有物や装飾品に逆転させてしまう。こうして女は，〈快楽を求め享受することやまた現実に活動することなど個別的なことには，もはや冷淡になっており，ただ普遍的なことだけを考え，配慮している老練な年寄り〉のまじめな知恵を，気ままな態度をとる未熟な若者の嘲笑にさらし，若者の感激に価しないものとして冷笑してしまい，もともと役に立つのは，若者の力であるといってこれをもちあげる[167]。母親たちは，己れの主人として生んだ息子を，姉妹は，己れと対等の男である兄弟を，娘は，己れの依存状態をとりのけてくれ，妻となる喜びと権威を得させてくれる若者を，ほめもちあげる。――だが，国家共同体は，個別性であるこの精神を抑圧することによってのみ，維持されるものである。しかも，この精神は，〔国家の〕本質的契機であるから，またその精神を生み出すのではある。しかも，それを国家に敵対する原理として抑圧することによってこそ維持される。とはいえ，この原理は普遍的目的から離れてしまえば，ただの悪にすぎないし，自身では無力であるから，もし国家共同体自身が若者の力を，未熟でまだ個別性のうちにいる男を，全体の力と承認しないならば，何事をもなしえないであろう。なぜならば，国家共同体は一つの民であり，個体性ですらあり，本質的には自立して存在し，このことは，他の諸々の個体性が｜（420）それに対しており，これらの個体性を己れのそとに排除し，それらから独立であると知る形でこそ，そうだからである。国家共同体は，うちに向かっては，諸々の個人

166）（訳注）Ⅶ-B-c の喜劇論でも個別性の原理は国家共同体の geheimer Schaden（獅子中の虫）であるといわれており，このさいの個別性はまた家族である。したがってまた女でもあるから，本文と酷似していることになる。

167）（訳注）「年寄り」というのは，一方では上院の議員のことを意味している。これらの議員は 60 歳以上の老人であったから，もはや兵役を解除されていた。また「まじめな知恵」というのは，かれらがブーレー（council）の成員であったことに関している（なお悲劇で合唱団を形成するものは，しばしば長老である）。他方ではソクラテスのことが考えられている。そして年寄りがソクラテスであるかぎり，「若者」を代表するのは，無謀なシチリア遠征を行なった弟子のアルキビアデスであろう。

が個別化するのを抑えるが，そとに向かってはみずから活動する[168]。この共同体の否定的側面には，個体性のもとでその武器がある。戦争は，人倫的実体の本質的契機を，人倫的自己存在の全定在からの絶対的自由を，現実に存在させ保証する精神であり，形式である[169]。戦争は，一面では私有財産や個人的自立の個々の制度にも，また個々の人格性そのものにも，否定的なものの力を感じさせる。だが，それとともに，他面では戦争では否定的なものこそは，全体を支えるものとして顕われてくる。つまり，女が快感を抱くような勇敢な若者が，つまり抑圧された破滅の原理が，白日のもとに現れ，妥当するものとなる。そこで，人倫的本質体の定在とその精神的必然を，決定するのは，自然的力であり，偶然な幸運として現れる。強さとか幸運とかに基づいているのが，【260】人倫的なものの定在であるから，それが破滅したのも前もってすでに決まっていたことなのである[170]。——前には[171]，家の神々が民の精神の中で亡びたが，いまは，生きている民の精神がその個体性を通して，いま普遍的国家共同体[172]の中で亡びる。が，その単純な普遍性は，精神がなく死んでおり，その生命体は，個別者であるような個々の個人である。精神の人倫的形態は｜(421)消え去っており，これに代わって別の形態が現れてくるのである。

だから，このように人倫的実体が亡びて，別の形態に移ってゆくのは，人倫的意識が，本質的にそのまま法に向かうように定められていたからである。直接性がそのように定まっているために，人倫の行為[173]にはもともと自然がはいり込んでいる。人倫の現実は，もっぱら矛盾と破滅の芽を露呈するのである。人倫的精神の美しい調和や安定した均

168)(訳注)歴史のうえでは古代のギリシア人が民族国家を形成せず，都市国家の段階にとどまり，都市国家間の戦乱のうちに明け暮れたことが意味されている。

169)(訳注)「全定在からの絶対的自由」というのは，*GW* 9, S. 110, Z. 35 以下の〔2 承認のための生か死かを賭ける争い〕に説かれていたことであり，この自由が戦争にさいして発揮される。

170)(訳注)「すでに決まっていた」のは，喜劇の出現したペロポネソス戦争の時期のことである。

171)(訳注)*GW* 9, S. 258, Z. 33–35 を参照されたい。

172)(訳注)ギリシアに次いで来るヘレニズム帝国やローマ帝国など。

173)(訳注)「行為」は b の主題の一つである。

衡[174]が，この破滅を宿していたのは，ほかならぬこの安定と美〔ギリシア的人倫は同時に芸術宗教なのである〕そのもののもとでのことなのである。というのも，その直接性は矛盾した意味を宿しており，自然の無意識的安定であるとともに，精神の自〔己〕意識的で不安定な安定であるからである。――こういう自然性のゆえに，一般に，この人倫的民は，自然によって規定され，そのため制限された[175]個体性であり〔ギリシアが諸々の都市国家に分裂していたことを指す〕，したがって別の個体性に出会って廃棄されてゆく。この規定性が，定在に設定されるとき，制限ではある。だが，同様に否定的なもの一般であり，個体性の自己[176]であり，その規定性が消えるとき，精神の生と，すべての人々のうちで自己自身を意識した実体とは，失われているのである。実体は，**形式的普遍性**となって，人々のそとに出てしまい，もはや生きた精神として人々にあるのではなく，人々の個体性がたがいに保っていた単純な緊密性は多くの点に分散してしまっている。

| (422)

c　法状態

〔1　人倫から人への移行〕

個体性と実体の生きた直接統一は，共通という均一に帰ってゆく。この共通という均一は精神のない国家共同体[177]であり，これは，諸々の個人が已れでは自己意識のない実体ではなくなっている。そして，そこ

174）（訳注）「均衡」のことは *GW* 9, S. 249, Z. 29 以下に述べられていた。なお「調和」の原語は Einmütigkeit であり，*GW* 9, S. 251, Z. 15 で秩序と対になっているときに Übereinstimmung なので，これによる。

175）（訳注）「制限された」ということは，すでに *GW* 9, S. 196, Z. 2 にも出ていた。

176）（訳注）「否定的なもの」に二種類ある。一つは定在という存在の秩序でのものであって，この場合にはそれは性質であり規定性であり制限である。いま一つは規定性や制限が指示している他者を揚棄する働きでもある場合であり，この場合には「否定的なもの」は自我であり自己であり主体である。

177）（訳注）この「国家共同体」は *GW* 9, S. 260, Z. 3 の「普遍的国家共同体」である。したがって歴史的にはローマ帝国である。

では，いま，個人は己れの個々の自立存在に応じて，自己存在[178]であり，実体であると認められている。共通なるものは絶対多数の個人というアトムに分散しており，この死せる精神は平等であり，この平等ではすべての人々は各人として，人々として認められる[179]。――つまり，これは，人倫の世界で隠れた神々の掟と呼ばれたものが，【261】所為では，その内面から現実へと出てきたものである。人倫では個々人は家族の普遍的血縁としてのみ現に認められ，またそういうものであった。個々人は，この個々人となるときには，死んでしまった自己なき精神であった[180]。ところが，個々人は，その非現実性からそとに出てきたのである。人倫的実体は真の精神にほかならないから，個々人は自己自身だという確信へと帰ってゆく。個々人は肯定的普遍としては人倫的実体であり，その現実は否定的で普遍的な自己である。――われわれがながめわたしたのは，人倫的世界の諸威力と諸形態[181]が，空しい運命の単純な必然性の中に沈むことであった[182]。人倫的世界のこの威力は，その単純性に反省還帰してゆく実体であり，自己に反省還帰してゆく絶対的なもの，空しい運命の例の必然性こそは，｜（423）自己意識の自我にほかならない[183]。

そこで，これからは，この自我がそれ自体でそれだけで存在する本質体と認められる。つまり，このように承認されていること[184]が，自我の実体性なのである。だが，これは，その実体性の内容がこのかたくな

178）（訳注）「自己存在」の原語は Selbstwesen であり，*GW* 9, S. 256, Z. 15 以下では自己をもたなかったものが自己をもつに至ったことを示している。

179）（訳注）*GW* 9, S. 242, Z. 26 以下を参照されたい。

180）（訳注）*GW* 9, S. 243, Z. 6–S. 245, Z. 17 を参照されたい。

181）（訳注）「諸威力」とは神々の掟と人間の掟，あるいは家族と国家とであり，「諸形態」とはアンティゴネーとクレオンとに形象化されるような女型と男型とである。

182）（訳注）*GW* 9, S. 256, Z. 33 を参照されたい。

183）（訳注）運命の必然性が自我にほかならないというのは，この必然性は家族の正義も国家の正義をも没落させるものとして両者の統一だからである。この没落を現実面でみるならば，この没落を「越えて生きる」ものが何であるかといえば，家族の一員でも国家の一員でもない自我であることを指している。ただしⅦ-B によると，悲劇からいきなり法状態にはいるのではなくて，なお喜劇の媒介が必要である。

184）（訳注）「自己意識」の章によって明らかであるように，理想的には，承認とは各自に自立的な両方の自己意識のあいだに成立する統一のことであるから，承認されて存在することはそれ自体でそれだけでの存在である。ただし，この承認は「この」個別的自己の承認ではあっても，法状態での「この」個別的自己は「この」個別的自己一般である。

な自己であって，実体の中で解体した自己ではないから，抽象的普遍性である。

〔2 ストア主義と懐疑主義への対応，法人格の形式性〕

したがって，ここでは人格[185]は，人倫的実体という生活のそとに出てきたのであり，意識が現実に妥当する自立性[186]である。この自立性は，現実を断念することによって生ずる非現実的考えであるが，これは，前にはストアの自己意識として現れた。この自己意識は，自己意識の直接的生存としての，支配と従属から出てきたのであるが，この人格は，直接的精神から出てきた[187]。その精神は，すべての人々をあまねく支配する意志であり，またすべての人々の奉仕的従順でもある。ストア主義にとって抽象ということでのみ自体であったものが，いま現実の世界[188]である。ストア主義とは，法状態の原理，精神なき自立性を，抽象的形に変える意識にほかならない。つまりこの意識は現実から逃れることによって，自立性という考えに行きついたにすぎない。それが，絶

185）（訳注）「人格」への言及はⅣ-A でなされていたが，ストア主義での自己意識の自由あるいは思考することのストア的自立性も人格を意味していると考えられる。そこで以下では法的人が，ストア主義の自由が，法状態で実現されているとされているのである。なお法的人は自己としては第一の自己であり，これに対して第二の自己は純粋洞察ないし絶対的自由であり，そして第三の自己は良心である。

186）（訳注）この「自立性」とはⅣ-A の表題のもの，また B の表題の「自由」でもある。なお「意識」は正確には自己意識である。

187）（訳注）ストア主義がⅣ-B である「自己意識の自由」に属するものとして，A での主人と奴隷の関係から生じたのと同じように，Ⅵ-A-c の法状態も a, b という人倫から生じたというのである。このことは人倫にも奴隷を形成して形成陶冶を与える意義のあることを意味している。このようにすでに人倫的生活にも形成陶冶の意義を認めうることは，それが「普遍に引き入れられ，普遍的なもののために生かされていること」としての徳の養成を目指すものであったことからして当然である。

188）（訳注）「現実の世界」とは，ローマ法の世界のことであるが，ローマ法学はユスティニアヌス帝の『ローマ法大全』に先立って，すでにアウグストゥス帝の時代からアレクサンデル・セヴェルス帝（在位 222–235 年）の時代までの期間にストア哲学の指導のもとに実質的にはできあがっていた。なお「世界」というのは，Ⅵに論ぜられるものが意識の諸形態であると同時に世界の諸形態だからである。

対的にそれだけで〔対自的に〕あるのは，己れの本質を何らかの生存に結びつけるのではなく[189]，生存をすべて断念してしまって，己れの本質をただ純粋思考と一つにする。同じように，この場合の人の権利は，個人そのものの，｜（424）いっそう豊かなまたはいっそう力強い生存に，結びついているのでもなければ，普遍的で生きた精神に結びついているのでもない。むしろ，自己の抽象的現実という純粋の一に，つまり，自己意識一般としての一に結びついている。

さて，ストア主義の抽象的自立性が現実となるとき辿ったのと同じ動きを，いまこの場合の自立性も繰り返すことになろう。前者は意識の懐疑的混乱に，否定的なもののたわごと[190]に移ってゆき，このたわごとは形態を失って，存在と考えの一方の偶然から他方の偶然へと迷い歩いたのである。【262】それは絶対的自立性[191]の中で解体はしてしまったが，またふたたび生み出されもしたのであり，実際には意識の自立性と非自立性の矛盾にすぎないのである[192]。これと同じように，法の人的自立性は，〔この自立性の実現どころか〕むしろ，〔懐疑主義の場合と〕同様のあまねき混乱であり，相互の解体[193]である。というのは，絶対的本質体[194]とみなされるものは，人という純粋な空しい一としての自己意識だからである。こういう空しい普遍性に対し，実体は充実と内容の形式であるが，いまでは，この内容はまったく解放され，秩序を失っている。なぜならば，その内容を抑えつけて，統一に集約していた精神は，もはや現存していないからである。——だから，この人の空しい一は，実在するときには偶然の生存となり，本質を失って動き行なうことになるが，まったく存続には至らない。だから，懐疑主義と同じよう

189）（訳注）「結びつけるのではなく」というのは，ストア主義の自由が王座のうえにも桎梏のもとにもある自由であり，現実的なものへの繋縛を断ち切ることで得られるものであること，言い換えると，アパテイアで得られるものであることを意味している。

190）（訳注）*GW* 9, S. 120, Z. 39 を参照されたい。「たわごと」の原語は Faserei であり，この語は懐疑主義の特徴づけに用いられる語であった。

191）（訳注）「絶対的自立性」というのは，懐疑主義ではアタラクシアが与えるものである。

192）（訳注）*GW* 9, S. 120, Z. 39–S. 121, Z. 22 を参照されたい。

193）（訳注）「相互の解体」とは，設定と反設定とのいずれをも否定することである。

194）（訳注）「絶対的本質体」とは，Ⅳ-B で懐疑主義に続く不幸な意識での「不変な本質」にあたるものである。

に，法の形式主義[195]は，｜（425）その概念が自前の内容をもたないために，所有物という多様な形で存続するものに出会い，懐疑主義の場合と同じような，抽象的普遍という印をこの所有物に押しつける。が，その結果，所有物は，概念と同じように財産と呼ばれる。だが，そういうふうに特定の現実は，懐疑主義では一般に仮象と呼ばれ，消極的価値しかもっていなかったが，法では積極的価値をもっている。前者の消極的価値は，現実的なものが，思考としてのそれ自体で普遍としての自己という意味をもっている点に，だが後者の積極的価値は，現実的なものが，承認されて現実的に妥当するものとしてのカテゴリーであるという意味で，わたしのもの[196]であるという点に存在している。――だが，両方とも同じ抽象的普遍である。つまり，現実の内容とか特定の形をとったわたしのものとかは，外的所有物の場合にせよ，また，精神や性格という，内面的豊かさもしくは貧しさの場合にせよ，この空しい形式には含まれていないし，この形式には何の関係もない[197]。こうして現実の内容は，形式的に普遍的なものとは別のものであり，偶然や恣意である，固有の威力[198]に帰してしまう。――それゆえ，法の意識が経験する[199]ことは，現に妥当しているそのときでさえも，むしろ実在性を失っており，完全に本質性を失っているということである。そこである個人を人とするのは，軽蔑の表現なのである。

〔3　世界の主人とその臣民，不幸な意識への対応〕

内容の自由な威力は次のように規定される。この規定性の本性のため，人的アトムは絶対的多数に分散していながら，このとき同時にそれ

195）（訳注）「法の形式主義」というのは，所有権の獲得が「形式行為」であることを意味するほか，承認されるのが所有権そのものという形式にすぎないことをも意味する。

196）（訳注）カテゴリーが「自分のもの」であるのは，自己意識と存在との同一だからであり，事実それは *GW* 9, S. 136, Z. 19 では「わたしのもの」（自分のもの）と呼ばれていた。

197）（訳注）たとえばあばら家の所有権も豪壮な邸宅の所有権も所有権としては同一である。

198）（訳注）「固有の威力」とは，ローマ皇帝のことである。

199）（訳注）この「経験」は，Bでは形成陶冶が，Ⅶ-Cでは啓示宗教が必要となる理由である。

らは，己れたちには縁もないが｜(426) 己れたちと同じように精神のない一つの点[200]〔ローマ皇帝〕に集約されている。この点は，一方では，それらの人格がかたくななものであると同じように，まったく個別的現実であるが，他方では，それら人の空しい個別性とは反対であって，個々のアトム的人からみれば，個別であると同時に全内容であり，現実的本質であるという意味をもっている。そしてアトム的人は，己れでは絶対的現実であると思い込んでいるのに，それ自体ではまったく本質のない現実であるのに比べると，その一つの点は普遍的威力であり，絶対的現実である。こうして，この世界の主人[201]は，絶対的人であると同時に，全定在を自己に包括する人であると思っている。また，その意識からみれば，己れ以上に高い精神は現存しないことになる。この主は人ではあるが，孤独な人であって，すべての人々と対立している。【263】が，このすべての人々が，人格という普遍性として妥当することになっているのは，個別者そのものが個別性という普遍的多数としてのみ真実だからである。この多数から分離するとき，この孤独な自己〔主〕は，実際には非現実的で無力な自己[202]である。またそれと同時に，この自己は，普遍的人格に対立している内容の意識でもある。だが，この内容は，否定的威力から解放された場合には，精神的諸力[203]の混沌であり，その威力は，枷をはずされて元素的本質体になり，野性的放恣に陥って，気狂いじみた破壊的態度で，たがいにゆれ動く。その自己意識は，力をなくしているから，諸々の力を包んでいるにしても，それらをおさえる力を失っており，その諸力の暴動の地盤である。この世界の主人は，そのようにしてすべての現実的威力の総括と自認することで途方も

200)（訳注）絶対に多数のアトム的個人への分散のあるときには，これに応じて統一づける統制も強力なものとならざるをえない。この場合には統一は個々人にとって外在的なものであるという見解がとられている。

201)（訳注）「世界の主人」というのが皇帝のことであるのは明らかである。本文はローマ皇帝が神とあがめられるべきであったことを意味している。そして，「世界の主人」という表現は「世の支配者」として，すでに『新約聖書』にあるものである。たとえば「ヨハネによる福音書」14:30 を参照。

202)（訳注）支配権が人民の支持に依存することを指している。

203)（訳注）「精神的諸力」はB-Ⅰ-a の主題の一つであって，この場合には国家権力と富とである。しかし当面の本文の場合は，ローマ帝国に関しているから，元老院，護民官，軍隊，地方長官などのことであろう。

ない自己意識であり，己れが現実の神であると心得ている。だが，世界の主人は，諸々の威力を制御しえないような形式的｜（427）自己にすぎないから，みずから動くときも享受するときも，それとともに途方もない形で脱線してしまうことになる[204]。

そこで，この世界の主人は，主人である当のもの，現実の普遍的威力であると，破壊する強制力であるということで現実に意識するのである。その強制力を，世界の主人は，己れの配下の己れに対抗する自己に対して行使する。なぜならば，その威力は，諸々の人に己れの自己意識を認めさせるような，精神の団結[205]ではないからである。むしろ諸々の人はそれだけで存在しており，点という形をもった絶対にかたくななものであるために，他の人との連続性[206]を払いのけるからである。そこで，諸々の人は，たがいにはただ否定し合う関係をとっているだけなので，己れたちを関係させ，連絡させる主人に対しても，そういう態度をとる。主人は，この種の連続性であるから，諸々の人格の形式主義の本質であり内容であり，それらの人格には無縁の内容であり，敵対する本質でもある。この本質は，それらの人格が己れの本質と認めるまさにそのものを，つまり，内容なき自立存在〔対自存在〕をむしろ廃棄する。そして，これら人格の連続でありながら，ほかならぬこの連続をぶちこわす。こうして法的人格は，己れに無縁の内容を己れのうちで妥当させ，しかもこの内容が己れの実在性であるため，己れのうちで妥当させるのである。このとき法的人は，むしろ己れが実体のないものであることを経験する[207]。これに対し，主人の方は，こういう本質のない地盤で，破壊的撹乱をひきおこし，すべてを支配する[208]意識とはなるけれ

204）（訳注）「脱線」の顕著な実例は皇帝ネロ（在位 54 年 –68 年）の場合である。

205）（訳注）団結は *GW* 9, S. 260, Z. 12 の「人倫的精神の美しい調和」の調和に相応するものであって，コンセンサスのことである。

206）（訳注）連続と点のような冷酷さとしての断絶との弁証法はすでにⅡの物およびⅣの生命に関して説かれていた。Ⅳ-B-Ⅲの絶対自由およびC-cの良心でも取りあげられており，両者の統一づけは承認成立の一つの条件である。

207）（訳注）この「経験する」も，後半部に移ってからも，意識経験の立場が守られていることを示しており，また形成陶冶の必要をも示している

208）（訳注）「すべてを支配する」の原語は Allherrschaft であるが，その Herr は「主人と奴隷」との関係がⅣ-A で解決されてしまったのではなく，法状態でも新たな場面で継続していることを示している。なおⅣ-B-Ⅰ-a での君主と封臣，富めるものと分裂した意識，C-c の判断批評する良心と行為的良心などの場合も同様である。

ども，この自己はただ荒廃を呼び起こすだけである。そのため己れでも自己を失い，むしろみずから自己意識を投げ捨てることになるだけである。

｜（428）以上のような性質をもっているのが，絶対的本質体としての自己意識が現実にある側面[209]である。だが，この現実から自己に追いかえされた意識[210]は，己れが本質体ではないと考える[211]ようになる。前にわれわれがながめわたしたところでは，純粋思考のストア的自立性は懐疑主義を通りぬけ，不幸な意識ということに己れの真理をみつけた。つまり，思考の絶対的自立存在[212]がいかなるものであるか，という真理をみつけたのであった。そのときにはこの知は，意識そのものの一面的見解としてだけ現れたが，いまここでは，この見解の現実的真理[213]が歩み入っている。この真理は，このように自己意識が普遍的に妥当しながらも，【264】自己から疎遠となる実在性であるという点にある。この妥当は自己の普遍的現実ではあるが，この現実はまたそのまま逆転している。つまり，この現実は，自己がその本質体を失うことである。——人倫的世界には存在していなかったような，自己のこの現実は，この世界が人格に帰ることによって得られたのである。人倫的世界では全一的であったものは，いまさらに展開してはいるものの，自己に疎遠となって現れている。

209）（訳注）宗教は広義で絶対的本質体の意識であり，狭義では絶対的本質体の自己意識であるから，ここで「絶対的本質体」というのは，普通に「神」と呼ばれているもののことである。したがって「絶対的本質体としての自己意識が現実にある」側面というのは，「世界の主人」の側のことである。

210）（訳注）「自己に追いかえされた意識」というのは，奴隷が「己れのうちへ押し戻された意識」と呼ばれていたのに応じているから，奴隷のことである。そしてこの奴隷が「考える」。

211）（訳注）「考える」はBの形成陶冶への移行をなすのほか，Ⅵ-B-Ⅰ-bの形成陶冶の世界の信仰への移行をもなしていることになる。

212）（訳注）この「絶対的自立存在」というのは，ストア主義による人の自立性のことであるが，法状態では，「承認されて存在すること」である。

213）（訳注）「現実的真理」というのは，Ⅳ-Bの場合とは違い，その諸形態が意識の諸形態であると同様に世界の諸形態でもあることによっている。

｜(429) B 自己に疎遠な精神，形成陶冶

〔1 自己に疎遠な精神〕

人倫的実体は対立項[214]を得てはいたが，それを人倫的実体の単純な意識の中に包んでいたのであり[215]，この意識を己れの本質体と直接に一つにして得ていた。だから，本質体には，意識にとっての存在[216]という単純な規定性があり，この意識は直接この本質体に向かっており，この意識の習俗が本質体なのである。したがって，意識は他人を排除するこの自己と認められるのでもなければ，実体に，この意識のそとに排除された定在という意味があるのでもない。そうなれば，意識は自己自身から疎遠となることによってのみ，排除された定在と一つにならなければならないと同時に，疎遠化を生み出さなければならないであろう。しかし，自己が絶対に非連続[217]である場合の精神〔法状態〕は，その内容を，やはりきびしい現実である自己に対立させており，ここでは世界には，〈自己意識にとって外面的なものであり，否定的なものであるという規定〉がある。だが，この世界とても，精神的本質体[218]であり，もともとは存在と個人性とがたがいに浸透し合っているものである。この世界が定在となるときには，自己意識の所業となっている。また，自

214）（訳注）「対立項」とは基本的には神々の掟と人間の掟，すなわち家族と国家とのことである。

215）（訳注）*GW* 9, S. 248, Z. 33 以下を参照されたい。

216）（訳注）この「存在」は「信頼」でもあるが，同時にAとしての意識に関するものでもあり，これが *GW* 9, S. 241, Z. 29 に「人倫的知覚」とあった所以である。さらに「存在」が感性的確信に対するものであることに重きを置くと，A意識の感性的確信—知覚—悟性のうち，感性的確信にあたるものがⅣのA（人倫）であり，知覚にあたるものがB（形成陶冶）であり，悟性の内面にあたるものがC（道徳性）であることになる。

217）（訳注）非連続の自己はアトムとしての自己のことである。

218）（訳注）この「精神的本質体」は法状態では何よりもまず法であり，また「諸々の精神的威力」と呼ばれたものであって，やがてaの「形成陶冶の現実の国」では国家権力と富とによって代表されるものとなる。

己意識にとっては疎遠でそのまま現前する現実である。この現実にはそれ自前の存在があり，意識が，己れをその現実だと認めることはない。この世界は，外面的な｜(430) ものであって，法という自由な内容[219)]である。が，このそとからの現実は，法の世界の主人が己れの中にもっているものであるから，自己にとっては偶然に現前した原初的なこの本質であるだけでなく[220)]，また自己の所業でもあるようなものである。が，その所業は自己意識の肯定的労苦ではなく，むしろ自己意識の否定的労苦[221)]である。この世界は，定在するにしても，自己意識が己れを外化放棄し本質を失うことによってであり，この外化放棄は，法の世界で支配している荒廃の中にいる自己意識に枷のゆるんだ諸々の元素がそとから暴力を加えることであるように思われる。これらの場面は，それだけでは，ただのまったくの荒廃にすぎず，それら自身の解体であるにすぎず，この解体という，これらの場面を否定するものこそは自己である。つまり，その自己は，それらの場面の主体であり，行いであり生成である。だが，この行いと生成とは，実体を現実的にする[222)]ものであって，人格による疎遠化である〔形成陶冶〕。なぜならば，直接的にすなわち【265】疎遠化なしに，それ自体でそれだけで〔自体的かつ対自的に〕妥当するような自己[223)]には実体がないからであり，例の荒れ狂う諸元素のたわむれだからである。それゆえ自己の実体は自己の外化放棄そのものであり，外化放棄が実体である。言い換えれば秩序を得て一つの世界となることによって，みずからを支える精神的威力〔国家権力と富〕である。

こうして実体は精神であり，自己と本質体を自己意識によって統一す

219)（訳注）「自由な内容」というのは，法状態のうちでは人に承認されているのが，所有権自身という形式だけであって，その内容のいかんを決めるものは「世界の主人」であり皇帝であることを指している。

220)（訳注）*GW* 9, S. 263, Z. 5–7 を参照されたい。

221)（訳注）このさいの「労苦」というのは，富を得るための労苦でもあり，『法哲学要綱』の市民社会ほどには富が国家権力から独立していない『精神現象学』の場合には，むしろ権力を得るためのものでもある。いずれの場合でも自己が己れ自身から疎遠になることとしての「形成陶冶」が必要であることを指している。このように己れから疎遠になることが要求されるために，「否定的」と呼ばれるのである。

222)（訳注）いったい『精神現象学』の課題の要衝は真なるものを主体化することであり，「有機化されていない自然」を有機化することである。

223)（訳注）法的人のこと。

ることであり，この両者にはたがいに疎遠になり合うという意味がある。精神は，それだけで〔対自的に〕自由で対象的現実であると意識している。けれどもこの意識には，自己と本質体の例の統一が｜(431) 対立している。つまり現実的意識には純粋意識[224]が対立している。一方では，現実の自己意識は，その疎遠化を通じて現実の世界に移行し，この世界はその自己意識に帰ってゆく。しかし，他方では，人でもあり対象性でもあるこの現実こそは，廃棄されている。人と世界という両者は，純粋に普遍的なものである[225]。現実の，このような疎遠化が，純粋意識もしくは本質体〔信仰の対象〕である。現在には，己れの思考であり，また思考されたものでもある己れの彼岸のもとで，そのまま対立項がある。彼岸にもまた，己れに疎遠となった己れの現実である此岸での対立がある。

〔2　形成陶冶〕

それゆえ，この精神はただ一つの世界をつくりあげているのではなく，表裏一体の，分裂し対立し合っている世界をつくりあげている。――人倫的精神の世界は，それ〔精神〕自身の現在であるから，その威力はどちらも現在の統一にある。そして二つの威力〔神々の掟と人間の掟〕は区別されているにしても，全体と均衡を保っている。そこには，自己意識を否定するようなものはまったくない。死んだ精神でさえも，親族という血縁のうちで，家族の自己のうちで現在しており，政府という普遍的威力にしても民の意志であり，自己である[226]。だが，ここでは現在するものは，対象的現実を意味するにすぎないし，この現実は己れの意識[227]を彼岸にもっているようなものである。個々の契機はど

224）（訳注）純粋意識は，自我＝自我についての意識で信仰の世界を成立させる。

225）（訳注）人と現実が相互にほかに転換して一に帰することである。

226）（訳注）この「自己」とは民の代表者としての為政者のことである。*GW* 9, S. 242, Z. 3–25; S. 243, Z. 6–S. 245, Z. 17 を参照されたい。

227）（訳注）「己れの意識」では，このさい「対象的現実」というのはやがて明らかとなるように国家権力であり，また富である。両者はいずれも相互にほかに転換するので，それぞれが何であるかという意識は両者を越えて彼岸にある絶対的本質体でのみ与えられるの

れも，本質としては，この現在的なものを受けとり，そのため，他方からその現実を受けとる。そこで各々が現実であるかぎりは，その本質はその現実とは別のものであることになる。何物にも己れ自身に基づいた内在的精神がなくて，｜(432) 自己のそとに出て見知らぬもののうちにいる。全体〔自己に疎遠な精神の世界〕の均衡にしても，自己自身にとどまっている統一ではなく，対立するものの疎遠化に基づいている。だから，全体は，個々の契機の各々と同じように自己に疎遠な実在性である。全体は分裂して，自己意識が現実に己れでありながら己れの対象となっている国と，純粋意識の国とになる。純粋意識は，前者の彼岸に現実に現在するのではなくて，信仰にある[228]。ところで，人倫的世界は，神々の掟と人間の掟，ならびにその両者の形態[229]に分かれることから出て，その世界の意識は知と無意識に分かれることから出て，その運命へ，【266】この対立を否定する威力としての自己へ帰ってゆく[230]。そのように自己に疎遠な精神のこの二つの国も，自己に帰ってくるであろう。だが第一の国が，直接妥当する最初の自己，個別の人であったとすれば，その外化放棄から自己に帰るこの第二の国は，普遍的自己であり，概念を把捉する意識であろう[231]。これら二つの精神的世界の契機は，みな己れについて固定した現実と非精神的存続を主張するのであり，そういう二つの世界は純粋洞察へと解体してゆく。この純粋洞察は，自己自身を把捉する自己として形成陶冶を完成する。洞察は自己以外には何物をも把捉しないですべてを自己としてつかむ。すなわち，洞察はすべてを概念把握するが，すべての対象性を抹殺し[232]，｜(433) すべての自体存在を対自存在に換える。本質という，彼岸にある見知らぬ国であ

である。したがってまたいずれも他方から本質体と現実とを「受けとる」ことになる。

228）（訳注）ここまでがⅣ-B-Ⅰのaとbとの概観である。

229）（訳注）「諸形態」とはアンティゴネーとクレオンに代表される類型のことである。

230）（訳注）*GW* 9, S. 256, Z. 33; S. 261, Z. 7–11 を参照されたい。

231）（訳注）*GW* 9, S. 316 以下を参照されたい。

232）（訳注）「抹殺する」の原語は tilgen であるが，この語は『エンツュクロペディー』の第 42 節ではカントの統覚に関して用いられ，そこでも本文とほぼ同じことが説かれている。純粋洞察と観察する理性とはさほど異なったものではなく，両者とも近代の理性であり，ただ前者が理論的なものであるのに対して，後者は実践的なものであるのに相違があると解されうる。

る信仰に立ち向かうとき，洞察は啓蒙である[233]。啓蒙は，この信仰の国のもとでも疎遠化を完結するが[234]，自己に疎遠な精神は，自己自身に等しい安定の意識としての信仰の国へ救いを求めてゆくのである。啓蒙は，此岸の世界の家具を信仰の国にもち込んで，精神がそこで営んでいる家計を混乱させる。そのときこの精神は，己れの意識がこの世のものでいわばあるため[235]，これらの家具が己れの財産であることを，否定することはできない。このように否定的仕事[236]をしているあいだに，同時に，純粋洞察は，自己自身を実現し，認識不可能の絶対的本質体と有用なもの[237]という，己れ自身の対象をつくり出すのである。こうして現実はすべての実体性を失い，もはや現実にそれ自体では何物もなくなるので，信仰の国も実在的世界の国もともに崩壊してしまう。そこでこの革命が絶対的自由をつくり出し，この自由によって，これまで疎遠になっていた精神は，完全に自己に帰っており，形成陶冶のこの国〔フランス〕を去って，別の国，つまり道徳的意識の国〔ドイツ〕に移ってゆく。

| (434)

I　自己に疎遠な精神の世界

この精神の世界は，分裂して両面の世界となる。その一面は，現実の世界ないし精神の疎遠化そのものの世界であるが，他面は，精神が第一

233）（訳注）*GW* 9, S. 291 以下を参照されたい。

234）（訳注）「疎遠化を完結する」とは疎遠になること自身から疎遠になること，すなわち信仰の国は現実の国から疎遠になることによって生じたが，この疎遠になること自身を疎遠にして信仰の国を現実の国へと戻すことを意味する。

235）（訳注）ここまでがIV-B-IIのaの概観である。なお啓蒙が此岸の家具を信仰の国にもち込むというのは，たとえば畠でとれた小麦から造ったパンをもってキリストの肉であるとして聖餐式にさいして頒つようにである。

236）（訳注）「否定的仕事」というのは，*GW* 9, S. 293, Z. 24 以下で啓蒙ないし純粋洞察が否定的態度のうちに数えられていることにあたる。なお以上はVI-B-IIのbの概観であるが，「認識不可能な絶対的本質体」というのは，啓蒙時代の理神論で空虚ないし至高存在とか呼ばれていたものである。

237）（訳注）*GW* 9, S. 312, Z. 13 以下 ; S. 314, Z. 8–S. 316, Z. 8 を参照されたい。

の世界を超えて高まり[238)]，純粋意識という透明の気[239)]の中で建てる世界である。この第二の世界は，第一の世界の疎遠化に対立しており，それゆえにこそ疎遠化から自由ではなく，むしろ疎遠化のもう一つの形式であるにすぎない。この形式は，二つの世界のうちで意識をもつ[240)]点にこそ存在し，両者を包括している。ここで考察されるのは，それ自体でそれだけで存在する絶対的本質体の自己意識，すなわち，宗教[241)]ではなく，現実的世界からの逃避であり，それ自体でそれだけではないかぎりでの信仰である。だから，【267】現在の国からのこの逃避は，それ自身そのまま表裏一体の世界である。純粋意識は，精神が高められてゆく場面であり，ただ信仰という場面にとどまるものではなく，概念[242)]

238）（訳注）「高まること」には二つの段階がある。これには思想的考えへのものと概念へのものとがある。このさい現実から思想的考えにまで高まることは，Ⅵ-B-Ⅰ-bの第一段落に論ぜられているように表象性をまだ克服したものでないとすると，事態の全体は次のようである。すなわち直接に与えられている現実からまず表象ないし思想的考えにまで高まり，次にはさらに概念にまで高まるということになる。この原理的事態が適用をみているのは，Ⅲの悟性でである。ここでは現実とは「二つの力のたわむれ」と呼ばれた現象のことであるが，これから超感性的世界へと高まることによって得られるのが第一次法則である。しかるに第二次法則では対立は相互にほかに転換する。すなわちそれは「交替と変転との原理」によるものであり，この原理が「概念」である。したがって第二次法則に至ることが高まりの第二段階である。しかし概念とは「交替と変転との原理」であるから，概念の立場では自体と現象の区別もなくなり，逆転自身がその逆転であって，この意味で第二次の高まりは同時にくだることでもある。当面の段階でも事態は同様である。Ⅲが「二つの力のたわむれ」と呼んだ現象にここであたるものは形成陶冶の現実の国である。これは権力と富，高貴と下賤，可と不可が相互にほかに転換するという「二つの力のたわむれ」が行われる面である。そして超感性的世界の第一次法則にあたるものが純粋意識ないし信仰の対象であり絶対的本質体であり，これに至ることが第一次の高まりである。第二次法則にあたるものはここでは概念と呼ばれているが，Ⅵ-B-Ⅰ-bでの展開からすると，むしろ純粋洞察であり，純粋自己意識であり，この純粋自已意識にまで高まることが第二次の高まりである。しかし概念は「交替と変転との原理」であるから，第二次の高まりは同時にくだることでもある。高まることの上記のような意味での二段階はⅥ-B-1-bのほか，Ⅶ-A-c，Ⅲ-Cなどでも出現してくるものである。

239）（訳注）「透明の気」のことは *GW* 9, S. 22, Z. 21に出ていた。ただし「絶対の他在のうちに純粋に自己を認識すること」が真に実現するのは，前注にいった「高まり」の第二段階でのことである。

240）（訳注）「二つの世界のうちで意識をもつこと」は信仰が「表裏一体の家計」を営むことにあたる。

241）（訳注）広義の宗教のうちには，当面の信仰も「形成陶冶の世界の信仰」として含まれる。

242）（訳注）この「概念」はⅥ-B-1-bでは，純粋洞察ないし純粋自己意識と呼ばれている。

の場面でもある。それで，両方は一緒に同時に現れてくる。そして，そうなれば，信仰がもっぱら考察されるにしても，概念との対立でのことにほかならない[243]。

| (435) a 形成陶冶と現実の国

〔1 個人を妥当させ，また実体を実現するものとしての形成陶冶〕

この世界の精神は，自己意識によって貫かれた精神的本質体である。この本質体は，己れが自立して存在するこのものとして，そのままで現在するとともに，この本質体を自己に対立する現実としても知っている。だが，この世界の定在にしても，自己意識の現実性にしても，ともに基づいているのは，次のような動きである。この動きは，この自己意識が自己の人格を外化放棄し，このことによって己れの世界をつくり出し，しかもこの世界を見知らぬものであるように扱い，そのため今後，この世界をわがものにしなければならない。だが，己れの自立存在を断念することは，それ自身，現実性を生み出すことであり，このように生み出すことを通して，そのまま自己意識はこの現実をわがものとする。——言い換えれば，自己意識は，自己自身に疎遠になるかぎりでのみ，何物かであり，そのかぎりでのみ実在的である。こうして，自己意識は，己れを普遍として設定し[244]，この己れの普遍性を己れで妥当させ，己れの現実とする。したがって，すべてのものとのこの平等は，例の法の平等ではないし，前に述べたように，自己意識が存在するというだけの理由で，そのまま承認されており，妥当するというのでもない[245]。むしろ，自己意識が妥当するのは，己れを普遍に一致するようにしたとい

243）（訳注）Ⅵ-B-Ⅰ-b およびⅥ-B-Ⅱ-a でも，信仰は純粋洞察との関係で考察されている。

244）（訳注）為すこと（machen）の自己にとっての意義については，*GW* 9, S. 171, Z. 13 にある「為された存在」の思想的考えを参照のこと。

245）（訳注）*GW* 9, S. 261, Z. 12 以下を参照されたい。

う疎遠化する媒介を通じてのことである。法という精神なき普遍性は，性格や定在の自然の姿[246]を自己内にそれぞれ受けいれて｜（436），それに権利を与えるのである[247]。が，いまここで妥当する普遍性は，結果として生成したものであるから，現実的なのである。

だから，ここでは，個人を妥当させ，現実的にさせるのは，形成陶冶である。その〔個体の〕真の本源的本性・実体は，自然的存在を疎遠にする精神である[248]。だから，この外化放棄は，外化放棄であると同様に自然存在の定在としての目的である。同時に外化放棄は，考えられた実体の手段あるいは現実への移行であるとともに反対に特定の個体性の手段あるいは本質性への移行である[249]。この個体性は，自己を形成陶冶してそれ自体である当のものにするのであり，そうすることによってはじめて，個体性はそれ自体であるのであり，現実に定在となるのである。個体性が形成陶冶をすればするだけ，現実性と威力とをもつのである。ここでこのものとしての自己は己れを現実として知るにもかかわらず，この現実は自然的自己を廃棄するということで存続する。だから，本源的に特定の本性は，大いさという非本質的区別に，意志力の多い少ないに還元されてしまうのである。だが，意志の目的と内容は，【268】普遍的実体そのものにのみ帰属するものであって[250]，普遍的なものでしかありえない。目的および内容となるある本性〔自然〕の特殊性は，威力と現実性を欠いているものである。この特殊性は，仕事をして骨を折ってみても無駄であり，お笑い草になってしまうような種類のものである[251]。つまり，それは，そのままで普遍的なものである現実を，特殊

246）（訳注）この「自然の姿」が無媒介的と同じであるところからすると，本文ではA-c の法が B の形成陶冶から区別されている。

247）（訳注）*GW* 9, S. 262, Z. 9 以下を参照されたい。

248）（訳注）「本源的本性」というのは，V-C-c の基本概念の一つであって，個体の行為は目的→手段あるいは目的を現実へ移行させる才能など→現実ないし所業という系列を形づくる。これら三つのいずれもが本源的に特定の本性ないし個体性の表現であるとされていた。しかるにここでは，目的—手段—所業（定在する目的）のいずれもが妥当性を得るのは，直接的で本性的自己を外化し，さらに普遍化する形成陶冶にのみよるという立場から V-C-a でのこの「本性」という基本概念に新たなる解釈がほどこされている。

249）（訳注）*GW* 9, S. 216 以下を参照されたい。

250）（訳注）現実の国で目的となるものは，要するに権力と富とである。

251）（訳注）「種類」の原語は，eine Art であり，この Art はやがて出てくる in seiner Art gut という一語法の場合のものである。

なものに与えようとする矛盾である。それゆえ，誤って個体性というものが，本性や性格の特殊性に｜(437) あるのだとされるけれども，現実の世界には個体性だの性格だのというものはなく，個人個人にはそれぞれ等しい定在がある。例の誤って考えられた個体性なるものは，ほかでもなく定在すると思い込まれているにすぎないのであり――この定在は，自己自身を外化放棄するものだけが，したがって普遍だけが現実的たりうる世界では存続しえない。――だから，思い込まれたものは，それがある通りのもの，つまり種類として妥当するのである。ドイツ語の種類 (Art) というのは，フランス語の Espèce〔エスペース〕とまったく同じというわけではない。エスペースというのは「あらゆるあだ名で一番恐るべきものである。なぜならば，それは軽蔑の最高段階を表しているからである」[252]。だが，一種とかそれなりによい (eine Art und in seiner Art gut sein) とかいうドイツ語は，いまいった意味のほかにそれほど悪い意味ではないかのようなそれ相応の格好をつけた表現である。言い換えれば，種類とは何であり，形成陶冶とか現実とかは何であるかという意識を実際にはまだ含んでいないような表現である。

個々の個人との関係で，その形成陶冶として現れるものは，実体そのものの本質的契機である[253]。つまり，実体の考えられた普遍性が現実にそのまま移行することである。言い換えれば，実体の単純な魂であり，自体を，承認されたものおよび定在にする単純な魂である。だから，自己を形成陶冶する個体性の動きとは，普遍的で対象的なものである個体性がそのまま生成することであり，すなわち現実的世界が生成することである。この世界は，個体性を通じて生成したものではあるけれども，自己意識にとっては，そのまま疎遠となったものであり，｜(438) 動かしがたい現実という形式をもっている。だが，同時に，この動かしがたい現実が己れの実体であると確信して，自己意識はそれを己れのもの

252) (訳注) ディドロ『ラモーの甥』310頁を参照されたい。ゲーテの原稿 (1805年) による。エスペースに関する論は実際にはディドロの『ラモーの甥』からの引用を含んでいる。この作品はⅥ-B-Ⅰ-a に対して，あたかも A-a-b に対する『アンティゴネー』のような意義をもつものである。

253) (訳注) この段落でいわれようとしていることは，個人ないし自己意識が形成陶冶によって実体を主体化することは実体自身に即してなされるのであるから，同時に実体自身が己れを主体化することに帰するということである。

にしようとする。自己意識は形成陶冶を通じて現実を支配しようとする。この形成陶冶は，この面からいえば，自己意識が己れを現実に一致させることのように思われ，これは，本源的性格と才能の力が，自己意識に許す程度でそうなる。ここでは実体を従属させ，したがって実体を廃棄する個人の強制力と思われるものは，実体を現実化する当のものと同じである。なぜならば，個人の威力は，個人が実体に己れを合わせること，すなわち，個人が己れの自己を外化放棄し，したがって己れを対象的で存在する実体として設定することにあるからである。それゆえ，個人の形成陶冶と個人自前の現実とは，実体そのものを現実化することである。

〔2　形成陶冶の現実の国，
また実体を実現するものとしての形成陶冶〕

自己は廃棄されたものであるときだけ現実的であると確信する。だから，自己は自己にとっては自己自身の意識と対象の統一をなしているのではない。むしろ，対象は自己からみれば，自己を否定するものである。――魂である自己によって，実体はそのいくつかの契機という形で形成される。つまり，対立したものが他方に【269】精神を与え，各々が己れを疎遠化することによって，他方を存立させ，また同様に他方によって存立させられるというふうに形成される。だが，同時に各々の契機[254]は，己れの規定性を超えがたいものと認めており，他方に対し固定した現実であるとしている。思考は，可と不可[255]を絶対的に対立させるというもっとも普遍的｜（439）やり方でこの区別を固定させる。

254）（訳注）「各々の契機」というのは，やがて明らかになるように，国家権力と富とであり，またさらに高貴な意識と下賤な意識とである。

255）（訳注）「可と不可」の原語は Gut und Schlecht である。この対立は善悪の対立とほとんど区別されがたいものではあるが，厳密にいえば，道徳的宗教的であって，その成立には「自分のうちにゆくこと」と自分のうちに存在することとが必要であって，Ⅵ-C-c とこれに相応するⅢ-C ではじめて論ぜられているものである。それで Gut und Schlecht はかかる善悪にまでは深刻化していないもの，言い換えると，会議体が可と不可とするというほどのことを意味しているのである。

つまり可と不可は逃れ合って，どうしても同じものにはなりえないというのである。しかし，この固定した存在は，対立者への直接的移行ということを，その魂としている。つまり，定在するということは，むしろその各規定性がその対立者に逆転することであり，この疎遠化こそは，全体の本質であり，全体の維持である。そこで，諸々の契機を現実化する動きと，それに精神を与えることとが考察されなければならない。つまり，疎遠化は自己自身に疎遠となり，全体は，疎遠化によって己れをその概念[256]に取り戻すであろう。

〔α〕四元への対応，純粋意識の可と不可，現実意識の国家権力と富，概念の立場〕

まず第一に[257]，単純な実体自身が，まだ精神を吹き込まれないで定在している契機の，直接の組織ということで考察されなければならない。——自然[258]は普遍的元素[259]に拡げられ並べて置かれる。その元素のうちで，空気は純粋に普遍的で透明で永続的本質体であるが，水はいつも犠牲になる本質体であり，——火は空気と水に魂を吹き込んで統一するが，この統一はそれらの対立をいつも解体するとともに，その統一の単純性を分裂させて対立にし，——最後に地はこれらの分肢を固く結び，それらのものおよびそれらの過程の主体であり，それらのものが，出て

256）（訳注）この「概念」はⅥ-B-Ⅰ-b で信仰の対象としての絶対的本質体となり，そしてⅥ-B-Ⅱ-a で本来の概念へと近づいてゆくものである。この頁の〔α〕の見出しにあるものは，その直接な姿である。

257）（訳注）「まず第一に」というのは，次の段落からのような，実体を意識との関係で取りあげるのではなく，それ自身として取りあげることを指す。この場合には実体は多分に自然的な所与の意義を帯びてくるので，四元への対応で実体の分肢が説明されることになる。

258）（訳注）『エンツュクロペディー』第 3 版，第 281–85 節

259）（訳注）透明であり自己同一的である空気は規定の適用で例外を認めない国家権力にあてられ，いわゆる「方円の器に従う」。水は絶えず自分を犠牲にしほかに委ねる富にあてられている（国家権力に対立するものであるところからすると，富は『法哲学要綱』の市民社会にあたる）。Ⅵ-Ⅰ-b での信仰の説明によると，三位一体の三位格のうち，空気は父の位格あるいは永遠の絶対本質体そのものに，水は子の位格に，またその「受肉」と「贖い」とにあてられている。そして火は空気と水とを結合し，また分離するものとして精神に，したがってまた霊という位格にあてられているが，これは「ルカによる福音書」3:16 に「その方〔キリスト〕は，聖霊と火であなたたちに洗礼（バプテスマ）をお授けになる」とあるような表象に影響されたからであろう。そして地は空気水火の結びとされているが，これは形成陶冶の「現実の国」が地上の国であって，信仰の国のような天上の国ではないことを意味している。

行きまた帰ってくるところである，――それと同じで，内的本質体つまり自己意識的現実[260]の単純な精神も，自然と同じように普遍的ではあるが，精神的群に分けられ，世界として拡げられる。――第一の群は，それ自体で普遍的なもので自己自身に等しい精神的本質体である。第二の群は自立して存在し，｜（440）自己内で不等になり自己を犠牲にし委ねる本質体であり，――第三の群は，自己意識として主体であり，火の力を直接己れ自身のもとでもっている。第一の本質体では，それは己れを自体存在として意識しているが，第二の本質体では，普遍の犠牲によって自立存在〔対自存在〕が生成している。だが，精神自身は，全体というそれ自体でそれだけで〔自体的かつ対自的に〕存在するものであり，持続的実体と自己犠牲的実体とに分裂し，また分裂を己れの統一に取り戻し，そしてまた破れ出てそれらを喰いつくす焔でもあり，それらを持続させる形態でもある[261]。――われわれのながめわたすところでは，それらの本質体〔国家権力と富〕は，人倫的世界の国家共同体や家族に対応している[262]が，これらのものに居ついた精神をもってはいない[263]。他方では，人倫的精神にとって，運命は，よそからのものであるが，この場合の自己意識は，それら本質体の現実的威力であり，またみずからそうだと心得ている。

これらの分肢が，まず思想的考え[264]とかそれ自体で存在するものとかとして純粋意識の内部で表象されるのを，次に対象的なものとして現実的意識で表象されるのも，われわれは考察しなければならない。例の

260）（訳注）「自己意識的現実」というのは形成陶冶の「現実の国」が国家権力と富とからなり，また高貴な意識や下賤な意識を含んでいるからであろう。

261）（訳注）*GW* 9, S. 242, Z. 3–S. 243, Z. 5 を参照されたい。「持続させる形態」というのは，「かたく結び」といわれた「地」のことであろう。

262）（訳注）いったい「形成陶冶の現実の国」で家族がいかなる位置を占めるかは問題となりうることである。ここでは「人倫」の家族が富にあたるとみられていると解すべきである。ところで富に自前の地盤としては帝国直轄都市のようなものが表象されているであろうから，富をもって市民社会であるとすると，『法哲学要綱』第 239 節に市民社会が「普遍的家族」と規定されているというような見解がとられていることになる。

263）（訳注）*GW* 9, S. 256, Z. 31–34 を参照されたい。

264）（訳注）純粋意識と現実意識との区別のことは *GW* 9, S. 265, Z. 9 に出ていたが，この段落では四元に相応する分肢のうち第一と第二とが可と不可という思想的考えに関するものとして取りあげられていて，対象的本質体として，すなわち明確に国家権力と富として取りあげることは次の段落に譲られている。

単純性の形式では，第一の分肢は，あらゆる意識の自己自身に等しい直接的で不変の本質体として，可である。――すなわち自体という独立した精神的【270】威力であり，自立して存在する意識の動きは，その威力の傍らにたわむれているだけである。これに対し他方の分肢は，|（441）受動的精神的本質体であり，言い換えれば自己を犠牲にし，諸々の個人にその個別的だという意識を己れで引き受けさせるかぎりでの普遍である。それは無力な本質体，つまり不可である。――このように本質体が絶対的に解体されることがそれ自身持続する。第一の本質体が諸々の個人の基礎であり，出発点であり，結果であり，この点で個人が純粋に普遍的であるように，第二の本質体は，一方では他の人のために自己を犠牲にする存在であるが，他方では，それゆえにこそ，個人が，個別者として，またそれが持続して対自的になるものなので，自己自身に絶えず帰ることでもある。

しかし，可と不可というこれら単純な考えにしても，やはりそのまま自己に疎遠となっている。それらは，現実的であり，現実的意識では対象的契機としてある。そこで第一の本質体は国家権力であり，第二の本質体は富である。――国家権力は，単純な思想的実体であり，普遍的所業でもある。つまり，絶対的事象そのもの[265]であって，個々人にとって己れの本質を表明しており，その個別性を，そのまま普遍性であるにほかならないと意識させる。――国家権力は，また所業でもあり，単純な結果でもあるけれども，この結果からは，それが個々の行いから出て来たものであるというこのことは，消えている。つまり，結果は，個々人のすべての行いの絶対的基礎となり，それを存立させ続ける。個々人の生命のこの単純なエーテル的実体は，個々人が不変の自己相等性であるという規定によって存在しており，その結果，この他の人のために存在するにすぎない。だから，それは，それ自体でそのまま自己自身と対立している|（442）富である[266]。富は，たとえ受動的なものまたは空し

265）（訳注）「事象そのもの」はV-C-aの基本概念の一つであり，「絶対的事象」もV-C-bの人倫的意識の内容である人倫的実体として出ていたものである。したがって，人倫で国家であったものが国家権力，家族であったものが富となっている。

266）（訳注）無限性三角形の頂点Aにあたる自己同一が自己同一の「存在」として対他存在となって，底辺でのBとCとの対立に転落すること（二つに分裂すること）はC-cにも出ており，そして国家権力の富への転換は君主権の成立を媒介とする。

いものであるにしても，やはり普遍的な精神的本質体であり，すべての人々の労苦・行いが，絶えず生成する結果であり，さらにまた，すべての人々の享受となって解体してゆく。享受するときには，個人はなるほど己れだけとなり個々人となりはするが，この享受そのものは，普遍的行いの結果であり，また万人の普遍的労苦と享受とを相互につくり出すのである。現実的なものには，そのまま普遍的であるという精神的意味が端的にある。おそらく，現実的というこの契機では，個別者は，だれも利己的に[267]行為すると思い込んでいよう。というのも，この契機は，個別者がそれだけでいるという意識を己れでもつようになる契機であって，個別者は，それを精神的なものとは受けとらないからである。しかし，またそとからだけでみても，明らかになることは，享受しているときには，各人はすべての人々を享受させており，己れが労苦するときには，己れのためにも，またすべての人々のためにも労苦しており，すべての人々は，各人のために労苦していることである。だから，個別者の自立存在は，それ自体で普遍的であり，利己心というのは，ただそう思い込まれたものにすぎない。この利己心は，つまりすべての人々のためになるとはかぎらないことをしようと思い込んでいるものの，その利己心を現実に果たすには至りえない。

〔β）純粋意識の現実意識への関係としての判断とその尺度，高貴な意識と下賤な意識〕

それゆえ，国家権力と富という二つの精神的威力に，自己意識が認識するのは，己れの実体，内容および目的である。自己意識はそこに己れの表裏一体の本質体を，つまり一方には【271】己れの自体存在を，他方には自立存在を直観する。——だが，同時に自己意識は，精神[268]としては，それら二つの存立と分離[269]，つまり個体性と普遍，言い換えれ

267）「利己的」に関しては，利己と利他とが矛盾しないことを説く本文は，イェーナ期にヘーゲルがアダム・スミスの『国富論』を研究し，その影響を受けていたことを示している。したがって，富とは国富にあてられたものとして Staatsreichtum のことであって，『法哲学要綱』での市民社会ほどには国家に対する自立性をもっていないが，ここに形成陶冶の国に関しては，富獲得のための経済的労苦が手職—手工業—機械制工業のようなものとして特別に取りあげられない一つの理由があるとは考えられる。

268）（訳注）ここに「精神」という語が現れてくるのは，四元への対応からいえば，空気と水を結合したり分離したりする火が現れてくることを意味している。

269）（訳注）「存立」は現実意識に，「分離」の方は純粋意識に相応すると解した。

ば|(443)現実と自己とを否定的に統一する。だから，支配と富とは，個人にとっては対象として現にあるわけである。が，個人は，二つの対象のどちらからも自由であると知っており，両者のうちどちらかを選びうるし，そのどちらをも選ばないことだってできると思い込んでいる。意識は，このように自由で純粋な意識として，ただ意識にとってだけ存在するにすぎない本質体そのものに対立している。そこで意識は，その本質体を，自己内本質としてつかんでいることになる。――この純粋意識では，個人からみるとき，実体の契機となるのは，国家権力と富ではなく，可と不可という思想的考えなのである。――だがさらに，自己意識は，その純粋意識からその現実意識へ，考えられたものから対象的本質体へ関係してゆく。それは本質的には判断[270]である。――なるほど，現実にあるものの両側面にとっては，どちらが可であり，どちらが不可であるかということは，両者の直接的規定のおかげで，すでに判明している[271]。つまり，前者は国家権力であり，後者は富である，というふうにである。しかし，この第一の判断は精神的判断[272]とはみられえない。というのは，この判断では，一方の側面は自体存在者としてまたは肯定的なものとしてだけ規定されており，他方は自立して存在するものとして，または否定的なものとして規定されているからである[273]。しかし，

270）（訳注）「判断」に関しては，『エンツュクロペディー』第3版，第166節がそれを根源分割としていることとこの分割によって生じた主語と述語との統一が繋辞のデアルによって表明されるために存在的無媒介的であることが重要であって，それが推理へと進まざるをえないのは，このためである。

271）（訳注）*GW* 9, S. 270, Z. 10–13 を参照されたい。

272）（訳注）*GW* 9, S. 271, Z. 23 以下を参照されたい。「精神的判断」というのは，絶対に対立するものが同であると同時に不同であるとする判断，肯定判断であるとともに否定判断であるもののことである。したがって，それは思弁的命題および無限判断と同じものである（ただし思弁的命題の場合には同の方に重点があり，この意味でそれは同一性命題または同一性判断（*GW* 9, S. 282, Z. 20）であるが，これに対して無限判断の方では重点は不同にあり，言い換えると前者では肯定判断が，後者では否定判断が主である。しかし無限判断の方はⅢの「無限性」の立場のものとしては肯否の総合と考えられる）。当面の箇所での第一の判断はやがて第二の判断に移るが，これで自己意識の対自存在をもって尺度とするか，それとも自体存在をもって尺度とするかで国家権力についても富についても相反した結論が得られる。だが，*GW* 9, S. 272, Z. 21 では両者を総合したものが精神的判断であるとされており，またこの総合を成立させる第三の判断である推理が精神的判断とも考えられている。しかしこれは一応のことであって，精神的判断がその本性を十分に実現するのは，*GW* 9, S. 271, Z. 23 以下の同一性判断および無限判断ででである。

273）（訳注）*GW* 9, S. 269, Z. 37–S. 270, Z. 9 を参照されたい。

両方は，精神的本質体として，各々が両契機の相互浸透であるから，善悪という例の規定では尽されていないし，両規定に関係する自己意識はそれ自体であるとともにそれだけである。それゆえ，自己意識はその各々に表裏一体の仕方で関係し，そのため，たがいに疎遠となっている規定であるという両者の本性は，裏返しにされる。

｜(444) そこで自己意識にとっては，己れ自身がその中に現にいる対象は，可であり自体的であるが，己れの反対が現にある対象は，不可である。可とは，対象的本質体と自己意識が等しいことである。しかし，不可は両者が等しくないことである。それと同時に自己意識にとって可であり不可である当のものは，それ自体でも可であり不可である。というのは，自己意識は，自体存在と自己〔意識〕にとっての存在という二つの契機を同じものとするものだからである[274)]。自己意識は，対象的本質体〔国家権力と富〕の現実的精神[275)]であり，その判断は，両者をそれ自体である通りのものにする，自己意識の，両者に対する威力を証明しているのである。両方の規準となり真実となるのは，それらが自己意識の媒介なしにそれ自体にそれだけでたがいに等しかったり，等しくなかったりすることではない。すなわち両方が抽象的自体存在，または，対自存在であることではなく，むしろ精神が両者に関係するときに，両者が何であるかということ，つまり両者が精神と等しいか等しくないかということである。はじめて対象として設定され，次に精神によって自体となる両方に，精神が関係するときには，同時に両方は自己自身に反省還帰する[276)]。このことによって両者は，現実的な精神的存在をもつことになり，両者の精神となるものが現れてくる。けれども，はじめの無媒介〔直接的〕な規定が，両者と精神の関係から区別さ

274)（訳注）ⅢからⅣへの移行が対象での内面すなわち自体的内面と自己としての内面すなわち対自的内面との同一によっていたことを，本文は前提している。

275)（訳注）「現実的精神」というのは，Ⅴの理性自身が世界であり，世界の己れ自身であることを意識するようになったときに成立をみたⅣ 精神のことである。しかし「現実的精神」という表現はⅦ 宗教の前文ではじめて顕著となる表現であるのに，ここにすでにそれが出現しているのは，当面の行論のこの前文への推移を示す所以である。

276)（訳注）「反省還帰」というのは，国家権力と富，高貴と下賤，可と不可という対立は相互にほかに転換するから，やがて明らかになるように，たとえば国家権力といっても，実は富と別のものではなく，そこにかえって国家権力の精神があるが，還帰というのは，この精神へのものである。

れると，両者自身の精神である第三のものも，第二のものとは区別される[277]。——次に，精神が両方に関係することによって現れる，両者の第二の自体は【272】，無媒介的自体とはすでに違ったものとならなければならない[278]。というのも，このように精神が媒介となるときは，無媒介の規定性はむしろ動かされているのであり別のものとされているからである。

|（445）そこで，こうして，それ自体でそれだけで存在する意識が，国家権力にみつけるものは，単純な本質体と存続一般ではなるほどあろうが，己れの個体性そのものではあるまい。また己れの自体ではあろうが，自立存在ではあるまい。むしろ意識が国家権力にみつけるものは，個別的行いとしての行いが拒否され，おさえつけられて従順にされることであろう。だから，個人は，この威力を恐れて，自己自身に反省還帰する。つまり，この威力は，個人にとっては，抑圧する本質体であり，不可である。なぜならば，この威力は，等しいものではなく，端的に等しくないものだからである。——これと反対に，富は可である。富は普遍的享受を目指し，〔万人の〕犠牲に供され，すべての人々に己れの自己を意識させるからである。富はそれ自体ではあまねく恩恵を施すものである。富が何らかの恩恵を拒み，すべての要求の気にいるわけではない場合，それは一つの偶然である。だがこの偶然は，すべての個別者に伝わってゆき，かぎりなく多くの手を使って，人々に与えるものとなるという富の普遍的な必然的本質には，何の被害も及ぼさない。

これら二つの判断は，可と不可とについての考えの思想的内容となるが，この内容は，両者がわれわれに対しもっていたのとは，反対である[279]。——しかし，自己意識は，やっと不完全な形で，その対象に関係したにすぎない。つまり対自存在という尺度で関係したにすぎない。だ

277）（訳注）*GW* 9, S. 274, Z. 12 以下 ; S. 280, Z. 12 以下 ; S. 282, Z. 29 以下を参照されたい。

278）（訳注）「違ったものとならなければならない」と訳したのは，原文では anders ausfallen müssen である。やがて明らかになるように，自己意識がたとえば己れの自体存在をもって尺度として第一次判断を行うならば，国家権力は可，富は不可であるが，自己意識は自体存在のほかに対自存在を備えているので，これを尺度とすれば，両者の可と不可は逆になるという結果がみられることを意味している。

279）（訳注）*GW* 9, S. 269, Z. 37–S. 270, Z. 9 を参照されたい。

が，意識は，同様に自体存在するものであり，この面をも同じく尺度にしなければならないのであり，この面によってはじめて精神的判断が完成する。この面からいうと，国家権力は，｜（446）意識にとって意識の本質を表明する。つまり，国家権力は，一方では動かぬ法律であるが，他方では統治であり，普遍的行いの一つ一つの動きを律する政令である。つまり，その一方は，単純な実体そのものであり，他方は，この実体自身および万人に生命を与え，それらを支える行いである。だから，個人は，国家権力に己れの根拠と本質が表現され，組織され，活動していることを見出す。――これに対し富を享受することによって，個人が経験するのは，己れの普遍的本質ではなく，自立存在する個別性であり，己れの本質と等しくない自己自身を，束の間意識し享受することだけを得る。――こうして，可と不可についての概念には，この場合，これまでとは反対の内容がある。

これら二つの判断の仕方は，それぞれが同等でありまた不等であることに気づく。第一の判断する意識は，国家権力が己れと不等であり，富の享受が己れと等しいことに気がつく。これに対して，第二の意識は，国家権力が己れと等しく，富が己れと不等であることに気がつく。同等と分かるのに，表裏一体の仕方があれば，不等と分かるのにも，表裏一体の仕方があり，二つの実在する本質性に対し，対立し合う関係がある。――そこで，われわれは，この異なった判断作用そのものを判定しなければならない。そのためには，われわれは，前に掲げた尺度をあてがってみなければならない。この尺度によれば，意識が等しいとみた関係は可であり，【273】不等とみた関係は不可であった。そこで，これら二つの関係の仕方は，いまとなっては，それ自身，意識の異なった形態[280]として固定されなければならない。｜（447）意識が可であるとか不可であるとかいう相違を決めるようになるのは，意識が異なった態度で関係するおかげであって対自存在か，純粋自体存在かのいずれかを，原理とするからではない。つまり，これら両存在は等しく本質的契機である。考察された表裏一体の判断には，二つの原理を分離したものと考えたため，判断の抽象的様式だけを含んでいる。現実の意識には両方の

280）（訳注）「形態」とはやがて明らかとなるように，高貴な意識と下賤な意識とのこと。

原理が己れのもとにあり，違いはただ意識の本質内で，つまり，自己自身が実在するものに関係することのうちでだけである。

この関係の仕方は対立している。一方は，国家権力と富に対しそれぞれ同等のものとして関係している。他方は，不等のものとして関係している。——同等とみる関係の意識は，高貴である。公の権力では，意識は己れと同等のものを考察し，その権力には己れの単純な本質があり，その活動があるとし，この本質に対する現実的従順と内的尊敬とで奉仕している[281]。意識は，富でも同じであって，己れのもう一方の本質的側面，つまり自立存在の意識を己れに調達してくれるものとしている。それゆえ，意識は富を，やはり，己れとの関係で本質体であると考えており，己れの享受のもとになる人を恩人と認め，その人に感謝する[282]義務があるとする。

それに対して，もう一方の関係の意識は，二つの本質性との不等を固執する下賤な意識である。｜(448) だから，この意識は，支配権力に自立存在にとっての枷と抑圧とをみてとり，そのため支配者を憎み，従うにしても，背信を秘めてのことにすぎないし，いつでも反乱を引き起そうとしている。——己れの自立存在に享受を得させてくれる富でも，同じく意識は不等だけを考える。つまり，持続的本質体との不等を考える。意識は，富によって個別であるという意識，また享受が移ろいやすいものであるという意識をもつようになるので，富を愛しながらも軽蔑する。本来消え去るものである富，富裕者に対する己れの関係も消え去ったものだとみている[283]。

さて，これらの関係が表現しているのは，最初は判断であって国家権力と富という二つの本質体が意識に対する諸対象である当のものを規定しているだけであって，まだ，それ自体でそれだけでそのものを規定

281）（訳注）この「奉仕」は，*GW* 9, S. 274, Z. 12 以下の〔γ〕で封臣がとる態度であるが，*GW* 9, S. 114, Z. 15 以下の〔奴隷の畏怖と奉仕〕の「奉仕」にあたるものであり，また信仰が一種の主人である絶対的本質体に対してとる態度にも，不幸な意識にとってもやはり一種の主人である不変な本質体に対する態度にも同様のことがある。

282）（訳注）この「感謝」も，一種の奴隷である不幸な意識が不変な本質体に対していだいていた感謝（*GW* 9, 128, Z. 9）に，また信仰が絶対的本質体に対して為す「神を祭祀し，神をたたえること」（*GW* 9, S. 290, Z. 24f.）にも応じている。

283）（訳注）この「下賤な意識」のモデルともいうべきものは，B-I-a に対して大きな意義をもつ『ラモーの甥』の主人公である。

してはいないことである。一方では，判断で表象されている反省還帰は，一方ならびに他方の規定を設定し，したがって両方を等しく廃棄してはいるけれども，それは，まだやっとわれわれに対してのことであって，まだ意識そのものに対して両方が反省還帰しているということはない[284]。他方では，国家権力も富もまだやっと無媒介の本質体であって，この本質体になっているのでもなければ，己れで自覚しているわけでもない[285]。両者が対象としている意識は，まだ両者に生命を与えたわけでもない。【274】両者は，己れ自身では，まだ主語になっていないような述語である[286]。このように分かれているために，精神的判断の全体にしてもなおも二つの意識に分かれて生じており，その各々は一面的規定に従っている[287]。――｜（449）ところで，疎遠化の二つの側面――すなわち，一方では，純粋意識の自体つまり可と不可についての定まった考え――他方では国家権力と富という両者の定在，この両側面は，はじめ[288]無関係であったが，いま両者の関係に，つまり判断に高まっている[289]。が，それと同じように，この外的関係は内的統一に，言い換えれば思考の現実への関係としての内的統一に高まり，判断の両形態の精神が現れてこなければならない。このことが起こるのは，判断が推理となり，媒介の動きとなって，そこに判断の両側面の必然性と中項[290]が現れてきたときのことである。

284）（訳注）「反省還帰しているということはない」というのは，判断である述語を立て，さらに別の述語を立てるというように進んでゆくことは，相反する述語を総合して，主語を実体であるだけではない主体とすることであっても，このことはまだ自体的であって対自的でないことを意味しているであろう。

285）（訳注）ここには *GW* 9, S. 18, Z. 26 の「真なるものは己れ自身となる生成である」という原理が適用されているのであって，たとえば国家権力も真に国家権力となるには，封臣のそれへの奉公とそれをたたえる言葉とが必要なのであり，こうして国家権力は君主で自己意識となるのである。

286）（訳注）「主語になっていないような述語」というのは，判断の主語は表象された実体ないし基体であるから，述語は認識主観がそとからの反省によって設定するものであり，主語に「くっつける」ものであり，主語が主体として自己内反省的に設定するものではないことを指している。

287）（訳注）高貴な意識と下賤な意識とを統一づけることが今後の課題である。

288）（訳注）*GW* 9, S. 272, Z. 32 以下を参照されたい。

289）（訳注）高まることには第一段階の判断と第二段階の推理とがある。

290）（訳注）「中項」にはたとえば封臣の奉公のような身体行為によるものと，忠言や賛美の言葉のような言語行為によるものとがある

〔γ〕推理，高貴な意識の奉公と忠言と賛美の言葉，下賤な意識の分裂の言葉〕

だから，高貴な意識は，判断にいるとき国家権力に対していることに気づいている。それは，この国家権力がなるほどまだ自己[291)]ではなく，やっと普遍的実体にすぎないのであり，〔だが〕意識は，この実体を己れの本質として，目的および絶対的内容[292)]として意識しているという形でである。このように，この意識は，国家権力には肯定的に関係しながら，己れ自前の目的，その特殊な内容や定在に対しては，否定的態度をとり，それを消えるに委せる。この意識は奉公のヒロイズムであり[293)]，――すなわち，徳である。個々の存在を普遍のために犠牲にし，そうすることによって，普遍を定在させようとし[294)]，――人[295)]である。それは，占有や享受を己れから拒み，現前する権力のために行為し，現実的である[296)]。

このように奉公に動くおかげで普遍は，定在一般と推理的に結ばれ，また定在する意識は，この外化放棄によって，本質性へと形成陶冶される[297)]。意識が，この奉公にあたって，｜（450）自己に疎遠にするもの

291）（訳注）「自己」というのは，国事についての紛争があるときに裁決を下す「自己」のことであり，賛美の言葉によって生ずる君主のことである。

292）（訳注）「絶対的内容」というのは，「絶対的事象」のことであり，いわゆる「国の大事」である。

293）（訳注）「奉公」の原語は Dienst であり，これを「ヒロイズム」と呼ぶのは，一つにはこのさいの奉仕がたんなる奴隷のものではなく，高貴な意識のものであり，封臣のものであるからである。そして「奉公」の内容としては，年ごとに領主に 40 日間は兵力を提供すること，敗戦にさいしては領主に代わって人質となること，評議会に出席すること，裁判所で判事の役をつとめることなどからなるいわゆる Feudal Aids のことが考えられているであろう。もう一つの理由は封臣の奉公がストア主義にあたるものということである。Ⅳ-B のうちにストア主義があり，Ⅵ-A-c ではストア主義は法状態の反映とされたが，ここではこのストア主義が封臣のものにまで具体化されているのである。

294）（訳注）「徳」はⅣ-B のほか，Ⅴ-B-c の基本概念であるが，この場合には自分を犠牲にしても，所期の目的をいつまでたっても実現しえないものであったのに対して，ここでは人倫の場合のように目的を実現しうるものとなっている。

295）（訳注）人は，Ⅵ-A-c の法状態のものとして，所有権主体であって，ここに執着するものでありながら，所有権そのものという形式を承認されているだけであって，現実的ではなかったのに対して，ここでは現実的になっている。

296）（訳注）高貴な意識の対象には国家権力のほかに富もあり，これへの関係にも享受のほかに，これを獲得するために要求される労苦もあるはずであるが，一般に富への関係のことは国家権力が富に転換したあとに譲られている。

297）（訳注）*GW* 9, S. 240, Z. 30 以下で人倫的行為が実体を現実にまで引きおろすこと

は，定在に沈められた己れの意識である。そして，自己に疎遠となった存在は自体である。意識の形成陶冶のおかげで自己自身を尊敬する[298]ようになり，他人のあいだでも尊敬される。——だが，やっと思考されている普遍であり，自体であった国家権力は，まさにこの動きのおかげで普遍，現実的権力となる。国家権力がこのような権力となるのは，国家権力が本質であるとする自己意識の判断によって，また自己意識の自由な犠牲によって獲得した現実的従順でのことにほかならない。本質を自己と推理連結する行いは，真の現実をもつものとしての己れ[299]と，妥当する真なるものとしての国家権力という，表裏一体の現実をつくり出す。

だが，国家権力は，以上のような疎遠化によっては，まだ，己れを国家権力として知る自己意識〔君主〕ではない。妥当しているのは，国家の法律[300]であり，その自体であるにすぎない。国家権力には，まだ，特殊意志がまったくない。というのは，奉公する自己意識は，まだその純粋自己を外化放棄したのではないし，国家権力がその純粋自己によって精神を与えられたのでもなく，まず自己意識の存在によってそうしたにすぎないからである。自己意識は，国家権力のために，己れの定在を犠牲にしただけであり，その自体存在をそうしたのではないからである。【275】——この自己意識は，本質体に合致したものとみなされる。それは，その自体存在のゆえに，承認されている。他の人々は，その自己意識に，自分たちの本質が活動しているのをみはするが，自分たちの自立存在〔対自存在〕をみはしない。——その人たちの思考または純粋意識は，充たされても，その人たちの個体性は，充たされはしない。だから，この自己意識は，その人たちの考えでは，認められており，｜

であるとともに現実を実体にまで高めることであり，*GW* 9, S. 267, Z. 9 以下で個体を普遍的実体にまで高める形成陶冶が同時にこの実体の実現であったのと同じである。

298）（訳注）「自己自身を尊敬する」のは，カントで道徳を実践することが，道徳法則への尊敬の感情により，この尊敬がまた本来的自己への尊敬であるのと同じである。

299）（訳注）この「己れ」はやがて単独支配者（モナルク）すなわち君主と呼ばれるものである。

300）（訳注）この「法律」は *GW* 9, S. 272, Z. 22 の「静止している法則」にあたるものであり，いわゆる国家権力である。しかし，そこで国家権力には「静止している法則」のほかに，その動きである政府統治があるとされていたが，この統治が行なわれるためには，まだ君主の存在が確立されていないことが本文ではいわれようとしているのである。

(451) 名誉を受ける。この意識は誇り高き臣下である。この臣下は，国家権力が自前の意志ではなく，本質的意志であるかぎりで，そのためにはたらいている。そしてこの名誉でのみ，世論[301]という本質的表象でのみ己れを認めているにすぎないのであって，個体性〔君主〕が感謝していると考えるからではない。なぜならば，臣下は，この個体性が自立存在〔対自存在〕となるために，その個体性を助けてやったわけではないからである。自己意識が，まだ生成していない国家権力の自前の意志に関わる場合には，その発言は，意志が公共の福祉のために分け与える忠言[302]であろう。

それゆえ，国家権力は，まだこの忠言に反対する意志をもっていないし，公共の福祉についてのいろいろな意見のあいだを決裁しかねている。国家権力はまだ統治ではなく，したがって，真に現実的な国家権力にはなっていない。——自立存在は，つまり，意志としてまだ犠牲に供されていない意志は，いくつかの身分の内々のばらばらの精神[303]であり，その意志は，公共の福祉についての精神の語ることに対してその精神の特殊な福祉を保留するのであり，公共の福祉について多弁を弄するけれども，この多弁を行為の代わりとしかねない。奉公の際に起こる，定在の犠牲は，なるほど進んで死に至る場合には完全であろう。だが，死の危険とても，それに耐えて生き残ったときには，特定の定在を，したがって特殊な自立を生きながらえさせることになる。これは，公共の

301）（訳注）「世論」の原語は die allgemeine Meinung で公共的でありながら，思い込みでもある。

302）（訳注）「忠言」の原語は Rat で，不幸な意識の段階でも媒介者（祭司）のものとして用いられていたが，テキストで，seine Sprache からこの Rat までが接続法をとっているのは，ここでは言葉については *GW* 9, S. 276, Z. 5 以下の〔i 推理〕で表明される見解がとられているからである。すなわち「この」自己をそうであるがままに「そこ」に存在させ，ほかによって聞きとられうるようにし，したがって理解されうる普遍的なものにするものこそは本来の言葉であるという見解がとられている。ところで「忠言」はむろん言葉であり，またその他の「封建的援助」も言葉なくして為されえないにしても，この場合の言葉は人倫での政令と同じく，むしろ客観的な普遍的事柄に関するものであるから，本来の言葉ではないとされているのである。なおここで Rat というのは，諸身分の代表者の会議での評議に関するものであろうと考えられる。

303）（訳注）ここでの「身分」は僧侶，貴族，町人のことであると同時に，これらの身分の代表者会議のことも意味されているであろう。なぜならば，ヘーゲルはドイツ憲法論で，封建制度が諸身分の代表からなる議会をもっていたことを一種の代議制度として高く評価しているからである。

福祉のための忠言をあいまいな，疑わしいものとし，実際には，自己の思い込みと自己の特殊な自立を，｜（452）国家の強制力に対し保留する。それゆえ，定在の国家権力に対する関係は，まだ不等のものとなり，いつなりとも，反乱に飛躍しようとする，下賤な意識の規定になりさがる。

自立存在が当然廃棄すべきこの矛盾は，国家権力の普遍に対し自立存在が不等であるという形式ということで同時に次のような形式を含んでいる。つまり，定在の例の疎遠化は，死で完結はするものの，それ自身存在する疎遠化であって，意識に帰ってゆく疎遠化ではなく，定在は，疎遠化に耐えて生きたのではないし，それ自体でそれだけであるのでなく，ただ和解なき反対に移行しただけのことである，という形式をも含んでいる。だから，自立存在の真の犠牲とは，死の場合のように完全に献身することではあるけれども，こういう外化放棄を行うと同様に己れを維持するようなものだけである。これによって自立存在は，それ自体である通りのものとしての，自己自身と対立者としての自己との同一性であるような統一[304]を実現する。ばらばらの内的精神，自己そのものが表に出てきて，自己に疎遠となることによって，同時に国家権力も，自前の自己〔君主〕に高められる。【276】こういう疎遠化がなければ，高貴な意識の名誉ある行為〔封建的援助〕も，その洞察[305]からする忠言も，依然として，特殊な意図と利己的意志を例のばらばらの背後になお隠したままのあいまいなものにとどまるであろう。

〔$\alpha\alpha$〕推理，推理の中項としての言葉〕

だが，この疎遠化は，もっぱら言葉となって生じ，この言葉は独特な意味｜（453）をおびてここで登場する。言葉は，人倫の世界では掟であり命令[306]であり，――現実〔形成陶冶〕の世界では最初忠言であっ

304）（訳注）たがいに対立するものの同一性のことである。

305）（訳注）これはⅤ-B-Ⅰ-bおよびⅡでは独自の意味で用いられるが，ここでは普通の意味で用いられていると考えられる。

306）（訳注）*GW* 9, S. 252, Z. 29–Z. 32; S. 275, Z. 9 以下を参照されたい。人倫の場合については，*GW* 9, S. 195, Z. 12 に実体の普遍的言葉として習俗と掟（法）とがあげられており，そして *GW* 9, S. 242, Z. 18 以下では「掟」と「統治」とが対をなしていたが，*GW* 9, S. 272, Z. 22 以下では形成陶冶の国に関して一方の静止せる法と他方の統治と政令とがあげられていたから，本文の「命令」は *GW* 9, S. 195, Z. 12 の「統治」にあたると解されるべきである。

たが，ともに本質体を内容としており，内容の形式であった。だが，ここでは言葉は，ある通りの形式自身を内容としており，言葉[307]として認められ，実現すべきものを実現するのは，言表そのものの力である。というのも言葉は，自己としての純粋自己の定在であり，言葉では，自己意識そのものの自立して存在する個別性が，現実存在となり，そのため言葉が他の人々にとってあるからである。言葉以外の仕方では，この純粋自我としての自我が，そこにあるということはない。それ以外のどの表現でも，自我は現実の中に沈められており，自我が己れを取り戻しうるような形の中に，沈められている。自我は，己れの行為からも人相術的表情からも自己に帰っており，いつでも表現しすぎるか，表現したらないかする。そういう不完全な定在を魂のぬけたものとして放置する[308]。だが，言葉は，自我をその純粋な姿で含んでおり，言葉だけが，自我を，自我そのものを表現している。自我のこの定在は，定在としては，己れの真の本性を己れのもとにもっている一つの対象性である。自我はこの自我である。——しかし同様に普遍的自我でもある。だから，それが現れることは，同様にそのまま，この自我の外化放棄であり消失である。そのため，己れの普遍性にとどまることになる。自己を表明する自我は，聴きとられてしまった。つまり自我は，伝染[309]してゆくのであり，そのとき，己れを定在と認める人々とそのまま一つになってしまっており，普遍的自己意識[310]となっている。——聴きとられるということで自我の｜（454）定在自身は，そのまま響きを止める。この他在は自己に取り返されている。そこで，自己意識的いまとして現にあるとき，現にあるのではなく，消失によって現にあるという，このことこそ，自我の定在なのである。だから，このように消え去ること自身がそのまま自我が持続することである。これが，自我自身の知である，つま

307）（訳注）ここでいわれている言葉論が，VI-C-c，VII-B-a，VII-C にもある。なお，『精神現象学』以前で，この見解にもっとも近いものは，「人倫の体系」では，理性的叡知的存在者相互のあいだの中項であるのは Rede であるとなっている。ここからすると，本文の Sprache はまた Rede でもあることになる。

308）（訳注）*GW* 9, S. 173 以下を参照されたい。

309）（訳注）「伝染」の原語は Ansteckung であるが，ヘーゲルがこの語を点火（Anzündung）の意味にも用いていることは，VII-B-a の賛歌の場合でもっとも顕著である。

310）（訳注）「普遍的自己意識」は承認を通じて成立するものと解されるべきであるが，賛歌の場合には，アポロンやデメテールをあがめる教団あるいはポリスのことを指している。

り，他の自己に移っており，聴きとられており，普遍的なものとなっているものとしての自己についての自我の知[311]である。

ここで精神がこのように現実であるのは，精神によって統一されている両項が，またそのまま己れ自身だけでの現実性[312]であるという規定をもっているからである。両項の統一は冷厳な[313]両側面に分解する[314]が，その各々は他方に対し現実的で他方から排除された対象である。それゆえ，統一は，両側面の分かれた現実から排除され，区別されている中項[315]として現れる。この統一には，両側面から区別された現実的対象性があり，両者に対しており，すなわち統一は定在している。精神的実体が，そのままで現実存在になるのは，二つの自己意識を，その両側に得させることによってはじめて起こる。これらの自己意識は，この純粋な自己が，直接【277】妥当する現実性であると知り，そうなるのは，疎遠化的媒介にのみによるのだと同様に直接知っている。純粋自己によって両契機は，自己自身を知るカテゴリー[316]に純化され[317]，その

311）（訳注）この場合の「知」は，「絶対の他在のうちに純粋に自己を認識すること」の意味を帯びているが（VIII以前にも絶対知の意味を帯びるものがあることの一例），言葉の問題との関連で，この点がもっとも顕著であるのは，VII-C のロゴス論の場合である。

312）（訳注）「己れ自身だけでの現実性」というのは，やがて貴族と君主となるべき二つの自己意識のことである。

313）（訳注）「冷厳な」は自他の関係が人倫では一体であったのに対して，法状態の場合に関して用いられ始めた語である。

314）（訳注）「分解する」の原語は zersetzen であり，この語はすでに *GW* 9, S. 85, Z.4 などで用いられている。これらの箇所で「二つの力のたわむれ」なるものが成立するのは，その「二つの力」が両者を越える統一が「解体（分解）」して生じたものであるのによることが説かれていた。なお zersetzen はとくに統一に関して用いられるときには「分解」を意味する。

315）（訳注）この「中項」は承認の純粋な概念に関して用いられていたものである。つまり二つの自己意識の相互承認とはIIIでの「二つの力のたわむれ」を自己意識の場面でそれだけで実践するものである。そして，二つの力が両項として各自独立的であっても，実は両者の統一が解体し分解することによって生じたものとしてこの統一を中項として，それぞれの規定を交換するのと同様のことを自己意識の場面で自覚的に実践するものが相互承認であるという。当面の本文では，承認のこのような純粋な概念が実現をみて中項は言語行為にまで現実化されているのである。

316）（訳注）*GW* 9, S. 215, Z. 6 では，V-C の個体性がこのようなカテゴリーの意義をもつとされた。

317）（訳注）「純化され」の原語は geläutert であり，現実的規定が論理的で純粋な規定に転ずるときに用いられる。たとえば，封臣と領主とのそれぞれが対自と自体となるようにである。

結果，精神の両契機であるというところまで純化される。このことによって，精神は，精神性を得て｜（455）定在となる。——そこで，精神は，中項であり，それは，両項を前提し，両項の定在によって生み出される。——だが，同様に精神は，両者のあいだに噴出する精神的全体であり，これは両者に分裂してゆきながら，その各々を全体に接触させる[318]ことによってはじめて各々が己れの原理ということで生み出す。——両項はすでにそれ自体的では廃棄されており，分解されているということが，両者の統一を生み出すのである。また，この統一は，両項を推理連結し，両規定を交換し，両項を，しかもそれぞれ項にあるままで推理連結する動きである[319]。この媒介は，このために，両項の各々の概念を現実化する。言い換えれば，この媒介は，各々の項がそれ自体である通りのものを，その精神とする。

〔ββ）国家権力に対するへつらいないし賛美の言葉，国家権力は富，高貴は下賤〕

国家権力と高貴な意識という両項は，後者によって分解されている。つまり前者は，奉仕を受ける抽象的普遍と，まだこの普遍自身のものとはなっていない自立存在する意志とに分かれ，——後者は，定在を廃棄された従順，言い換えれば，みずからを尊敬することからは名誉を受けるという自体存在と，——まだ廃棄されていない純粋自立存在，つまり，背後になお己れを残している意志とに分解される。これら二つの契機は，両側面が純化されてゆくものであり，このため言葉という契機になるものである。この両契機は，公共の福祉と呼ばれる抽象的普遍であり，また，奉仕の際に多面的定在に沈められてしまう意識を捨ててしまう純粋自己である。両者は概念ということでは同じものである。なぜならば，純粋自己｜（456）というのは，ほかならぬ抽象的に普遍であり，したがって，両者の統一といっても両者の中項として設定されたものだからである。しかし，自己は，やっと意識という項では現実的であるにすぎない。——それなのに自体は，やっとまだ国家権力という項では現実である。だから，意識の方に欠けているのは，国家権力が名誉として

318）（訳注）「接触させる」の原語はBerührungであり，推理の両項に対して，中項は両項が無媒介に接触し合う中間地帯であり緩衝地帯であることを示すために用いられていた。

319）（訳注）たとえば普遍性の項も個別性の項と連結することにより君主となる。

受けとられるだけでなく，現実に意識に移行しているということである[320]。――また，国家権力の方に欠けているのは，いわゆる公共の福祉に従うという形で服従を受けるだけではなく，意志として，つまり福祉を決裁する自己であるようなものとして，服従を受けるということである。国家権力にしてもなおまだそこにとどまっており，意識が己れを純化してゆく概念の統一は，この媒介する動きで現実となる。その単純な定在が，中項として言葉である。――けれども，この統一が両項としているのは，自己として現存する二つの自己ではない。なぜならば，国家権力は，やっと精神を得て自己になっただけだからである。

したがって，この言葉は，完全に自己を知り，自己を表明するような精神には，まだなっていないからである。

高貴な意識は，自己という一方の項であるから，言葉を発するもの[321]として現れ，この言葉によって関係の両面が形を与えられ，魂を得た全体[322]となる。――こうして沈黙の奉公というヒロイズムは，【278】へつらいというヒロイズムになる[323]。このように，奉公が言葉を通じて反省還帰するとき，自己を分解する精神的中項をなし，そこでその反省の項が，己れ自身に還帰するだけでなく，普遍的強制力という項も自己自身に帰る。そして，|（457）最初は自体的であるにすぎない強制力が，自立存在に，自己意識の個別性に復帰する。――こうして，

320）（訳注）ここは，君主が名誉を与えるべきであることを意味している。

321）（訳注）「発する」というのは，言葉を最初に発するものが自己意識の項ではあっても，語るのはこの項だけでなく，国家権力の項も君主としてはやはりそうであることを意味しているであろう。なぜならば，次の段落によって明らかなように，両項のあいだには相互承認があって，国家権力の項からも君主として賛美の言葉があり，また名誉が授けられるからである。

322）（訳注）「魂を得た全体」というのは，両項とも個別と普遍のいずれをも備えたものとなることを指す。

323）（訳注）「沈黙の」といっても，封臣の忠言はこれを呈しているのであるから，本来の言葉の見地からすることであり，ついまた「へつらいのヒロイズム」という表現は「奉公のヒロイズム」と対をなすものである。したがってへつらいの言葉がこれ自身にとどまるのではなく，賛美の言葉でもあることは，次の段落によって明らかである。しかるに強いて「へつらい」といったのは，「形成陶冶の国」は「現実の国」であるので，V-C-aの「精神的動物の国」の「欺瞞」を多分にとどめていて騙し合いが行われるからである。なおへつらいの言葉にも国家権力に対するもののほか富に対するものもある。また「賛美の言葉」というときの「賛美」には，信仰の「奉仕と賛美との服従」の「賛美」に応ずるもののほか，不幸な意識が不変な本質体に対して行う感謝に応ずるものもある。

無制限の独裁者という，この権力の精神が生まれる。――無制限であるというのは，へつらいの言葉が，権力を高めて，それの純化された普遍としているからであり，言葉という，精神に純化された定在が生み出した契機は，純化されて自己自身に等しくなっているからである。――独裁者であるというのは，へつらいの言葉が個別性を独裁者の頂点にまで高めているからである。また，高貴な意識が，単純な精神的統一という面から外化放棄したものは，その思考の純粋自体であり，その自我自身だからである。もっと明白には，へつらいは，元来ならば，思い込まれたもの[324]にすぎない個別性を高めて，独裁者にそれ特有の名前[325]を与えることによって，それを定在する純粋性にしたのである。というのは，その個別者が，他のすべての人々から区別されていると思い込ませるのではなく，むしろすべての人々から現実に区別されるのは，ただ名前だけだからである。名前を得るときには，純粋な個別者としての個別者は，己れの意識ということでだけではなく，すべての人々の意識ということで妥当することになる。こうして，名前によって，独裁者は，端的に万人から分離され，例外とされ，孤独になる。この名前にいるとき，独裁者はアトムであり，己れの本質からは，何物をも分与することができないし，己れと等しいものをもってもいない。――したがって，この名前は自己還帰である。すなわち，普遍的権力を己れ自身に備えている現実である。名前によって権力は独裁者になる〔ルイ 14 世の言葉「朕は国家なり」想起〕。この個別者たる独裁者は，貴族たちが国家権力に奉公しようと，心構えをしているからというだけではなく，装飾品として王座のまわりに居並び，王座に坐っているものに向かって，その人が何者であるかを，繰り返しいうからというそのことによっても，逆にこの個別人たる己れが，｜（458）普遍的権力であることを知るのである。

貴族たちの〔独裁者を〕たたえる言葉は，こういうふうにして，国家権力自身ということで両項を推理連結する精神である[326]。言葉は抽象的

324）（訳注）*GW* 9, S. 65, Z. 20 以下を参照されたい。朕は国家なりと自分でいい，また「太陽王」と謳われたルイ 14 世（在位 1643–1715 年）の場合が本文によくあてはまるとは，ベイリーやイポリットのいう通りである。また次の段落から推察される史的背景からしてもそうではあるが，ただ事柄からすれば，たとえばフィリップ王の場合でもよいと考えられる。

325）（訳注）イポリットによればルイ 14 世。

326）（訳注）両項を各項自身で推理的に連結することは，〔i 推理〕の終わりで約束され

権力を自己に還帰させる。そしてこの権力に，もう他方の項の契機を，つまり意欲し決定する自立存在を，したがって，自己意識的現実存在を与える。言い換えれば，その言葉のおかげで個別的で現実的自己意識は，己れを権力として確信して心得るようになる。この権力は，自己という点[327]であり，そこへは内的確信を外化放棄することによって多くの点が合流している。——だが，国家権力自身のこの精神は，高貴な意識の行いと思考を犠牲にして己れの現実と栄養を得る点に存在するのだから，自己から疎遠となった自立性である。高貴な意識，自立存在という項は，現実的普遍性という項を，意識が自己外化放棄して行った思考の普遍性の代わりに取り戻す[328]。つまり，【279】国家の権力は，高貴な意識に移行してしまっている[329]。国家強制力は，この意識のもとではじめて，真に実行に移される。この意識の自立存在では，国家権力は，抽象的自体存在という項としてそうみえたときのような，不活溌な本質体たることをやめる[330]。——それ自体で考察するならば，自己に反省還帰した国家権力というのは，言い換えれば，国家権力が精神になったということは，｜（459）それが自己意識という契機になったこと，すなわち，揚棄されたものになったことにほかならない。こうして，このため国家権力は，いま犠牲にされ遺棄されていることを，その精神としているようなものとして本質体である。言い換えれば，国家権力は富として現存することになる[331]。——この権力は，概念の上からいつも富となる

ていたことである。

327）（訳注）統治は収斂と拡散とによるという見解が基礎をなしている。すなわち絶対君主制の成立は収斂によるから，ダッシュ以下に説かれるように，それはまた拡散へと転ずるのである。

328）（訳注）*GW* 9, S. 278, Z. 10–12 を参照されたい。「取り戻す」は，*GW* 9, S. 109, Z. 32–33 で「承認の概念」に不可欠の契機として用いられていたものである。すなわち自己意識と自己意識とのあいだに承認が成立するには，一方が何かを与えたときには，必ずこれに相応するものを受け取ることが必要であるという見解が本文の基礎をなしている。そして当面の本文では封臣たちが内的自己を捧げた代わりに「現実的普遍性」を受け取ることになっており，これは要するに名誉を受け取ることであろう。

329）（訳注）歴史的にいえば，実権が貴族に移ったルイ 15 世（在位 1715–74 年）の時期を指す。

330）（訳注）*GW* 9, S. 274, Z. 33 以下 ; S. 277, Z. 14 以下を参照されたい。

331）（訳注）ここでは国家権力と富とが同一実在の自体存在と対他存在という両側面であるとする見解がとられている。したがって『精神現象学』の「富」は『法哲学要綱』の市民社会ほどには国家に対する独自性をもっていない。これは富がアダム・スミスの「国富」

のではあるが，同時にこの富に対し，同時に一つの現実としては対立したままである。けれども，この現実の概念は，動きであって，国家権力を生成させる奉公と尊敬によって，その反対につまり権力の外化放棄に移行する。それゆえ，権力の意志である自前な自己は，高貴な意識が自己を投げ出すために，外化放棄する普遍性となり，完全な個別性，偶然性となる。そしてこの偶然性は，すべてのより支配力ある意志の犠牲にされる。あまねく承認されてはいるが，心の通わなくなった自立性のもとでこの意志に残されているものは，空しい名前である。

こうして，このように高貴な意識は，公共的支配力に対し等しい態度で関係するように定められてはいる[332]。その真理は，むしろ己れが奉公していながらも，己れ自身の自立存在を保っており，本来己れの人格を拒んでいながらも，普遍的実体を現に廃棄し，破壊するということである。その精神は，まったく不等の状態をとっている。つまり一方では，奉公の名誉に浴しながらも，己れの意志を保留し，他方では，己れの意志を廃棄しながらも，あるときは，己れの内面に疎遠となり，｜(460) 自己自身とまったく不等になり，またあるときは，普遍的実体を己れに従属させ，実体を自己自身とまったく不等にしてしまう。——ここで判明するのは，高貴な意識が下賤な意識と呼ばれたものに対して，判断ということでそなえていた規定性も，したがってまた，下賤な意識も，消え去っていることである[333]。下賤な意識は，公共的権力を自立存在に従属させるという己れの目的を達したわけである[334]。

このように，公共的権力によって豊かにされたために，自己意識は普遍的慈善として現存している。言い換えれば，公共的権力は富である

にあてられたStaatreichtumであること，また富豪といえば貴族であり高官であることの多かったフランスの場合を念頭に置いたことによるであろう。このように富が国家権力に対して独自性を欠いていることが高貴な意識と下賤な意識との富への関係で経済的労苦が特別に取りあげられなかった理由であろう。

332）（訳注）*GW* 9, S. 273, Z. 13–14 を参照されたい。

333）（訳注）*GW* 9, S. 273, Z. 21–22 を参照されたい。正確にいえば，次の二つの段落によって明らかとなるように，まだ対象の方が国家権力から富へと移っただけであり，そしてこの富に対して感謝するという等しい態度だけをとっている。だから，意識はまだ下賤ではない。具体的にいえば，まだ貴族に対抗して町人が出現しているのではない。厳密な意味で意識が下賤となるには，意識が国家権力に対してと同じく富に対しても反抗する態度をとることが必要である。

334）（訳注）主人と奴隷の関係を想起されたい。

が，この富自身は，またしても意識にとっての対象ではある。というのは，この対象は自己意識にとってはなるほど従属させられた普遍ではあるが，この普遍は，はじめの廃棄[335]によっては，自己に帰っているにしても，まだ絶対的にではないからである。——自己は，己れを対象としてはいるものの，まだ自己としてではなく[336]，廃棄された普遍的本質体としてである。この対象は，やっとまだ生まれた[337]ばかりであるから，それに対する意識の無媒介の関係は，設定されているが，意識はまだ対象と己れの不等を提示してはいない。つまり，非本質的となった普遍のもとで己れの自立存在を取得しており，したがって対象を承認し，〔慈善を施す〕恩人に対し感謝しているのは，高貴な意識である。

【280】富には，己れ自身のもとにすでに自立存在の契機がある。富は，国家権力という自己なき普遍でもないし，精神の素朴な非有機的本性でもない。むしろ，｜（461）富は，国家権力をほしいままにして，享受しようとする人に対抗し，意志によって己れ自身に執着するときの国家権力である。しかし，富には形式上の本質があるにすぎないから，自体的ではなく，むしろ，自体を廃棄されたものであり，個人が享受するにあたって，本質を失い自己自身に還帰することである。だから，富には，生命を与える必要がある。そこで富が反省還帰する動きは，ただそれだけで〔対自的に〕ある富が，それ自体でそれだけでの存在〔自体かつ対自的存在〕[338]となり，廃棄された本質が，本質となる点にある。そうなったとき，富は，己れ自身の精神を，己れ自身で支えることになる。——だが，この反省還帰の形式については，前に[339]論じておいた

335）（訳注）この「最初の廃棄」に対して「第二の廃棄」というべきは，*GW* 9, S. 281, Z. 5 の分裂した意識によってなされる「ふたたび廃棄する」である。

336）（訳注）このことが成立をみるのは，*GW* 9, S. 281, Z. 8 以下の〔γγ）分裂の言葉〕でのことである。

337）（訳注）国家権力および富という対象を対象として受けとるだけでなく，自己意識の参加によって対象がどうして生まれたかを把握することが課題である。当面の「第一次的生成」に対して「第二次的生成」といわれるべきものは，富も，これを広く「頒ち与えること」によって自体（権力）となることである。

338）（訳注）対自であるにすぎない富が同時に自体となるのは，ただたんにそれを私有し消費するだけではなく，多くの人々に頒って享受させることによるのである。

339）（訳注）*GW* 9, S. 274, Z. 12 以下を参照されたい。

から，ここでは，その還帰の内容[340]を定めるだけで十分である[341]。

それゆえここでは，高貴な意識は，本質体一般としての対象に，関係するのではない。己れにとって無縁のものであるのは，自立存在そのものである。この意識は，己れの自己そのものが，己れ以外の固定した自立存在から受けとらなければならないような対象的で固定した現実として疎遠になっていることを眼前に見出す。この意識の対象は，対自存在である，つまり意識自身のもの[342]である。しかしそれは，対象であることによって，同時に，そのまま，己れ自身の対自存在であり，己れ自身の意志でありながら或る無縁の現実である。すなわち，この意識は己れの自己が或る縁なきものの意志に左右されていることを知る，つまりこの対自存在を己れに許してくれようとしているかどうかは，或る縁なき意志の権限による。

｜（462）自己意識は，個別的側面をみな，捨象[343]しうるものであるから，個別的なものに関し拘束される場合にも，自立的に存在する本質体として，承認されており[344]，それ自体で妥当するものである。だが，ここで自己意識みてとることは，己れの純粋でもっとも自前な現実，つまり己れの自我の側面からいって，己れが己れのそとにあり，他の人に依存している[345]ことである。つまり己れの人そのものがあるひとりの他の人という偶然な人に，瞬間や恣意や，その他，まったくどうでもいいような事情などの偶然に依存している[346]ことである。——法状態では，対象的本質体の権限[347]による当のものは，捨象されうる偶然の内

340）（訳注）これは富が自分の精神を獲得することの場合と同じく，要するに富める者との関係で富を取りあげることである。

341）（訳注）以上『ラモーの甥』を参照。

342）（訳注）「意識自身のもの」とは，富めるものの意志が所有している富のこと。

343）（訳注）このような「捨象」が自己意識には可能であるのは，VI-Aの「承認のための生か死かを賭ける争い」で述べられていたことである。

344）（訳注）「承認されており」の原語はAnerkanntseinであり，「それ自体で妥当すること」の原語はAnsichgeltenである。このような語法についてはVI-A-cの第二段落，VI-B-I-aの第一段落を参照のこと。

345）（訳注）「依存」が富めるものに対立する自己意識が僑り，このようなものと呼ばれる所以である。

346）（訳注）「偶然に依存すること」はとくに『ラモーの甥』の主人公とそのパトロンとのあいだにみられることである。

347）（訳注）この「権限」は「世界の主」のものである。

容として現れ，権限は自己そのものに関わるのではない。むしろ，自己そのものは承認されているのである[348]。しかしながら，ここでは自己がみることは，自己確信そのものが，もっとも本質なきものであること，つまり純粋人格が絶対的非人格であることである。だから，自己が感謝する[349]という精神は，最深の卑劣の感情でもあれば，最深の反抗の感情でもある。純粋自我自身は，己れが己れのそとにおり，引き裂かれているのをみるから，この引き裂かれた状態にあるときには，すべて連続的[350]で普遍的であるもの，掟とか可とか正義とか呼ばれるものは，同時にばらばらであり，破滅してしまっていることになる。すべての純粋な等しいものは解体している。なぜならば，もっとも純粋な不等性，つまり，絶対に本質的なものの絶対的非本質性が，己れで存在するものが己れのそとにあることが現前するからである。言い換えれば，純粋自我自身が絶対的に分解しているのである[351]。

｜(463) したがって，富から自立存在の対象性を取り戻し[352]，それをなるほど廃棄するにしても，意識は，【281】さきの反省還帰[353]と同じように，この意識の概念からいって完全でないばかりか[354]意識自身にとっても不満足である。反省還帰は，自己が自己を対象的なものとして受けいれるから，直接の矛盾であり純粋自我のうちで設定されている。しかし，意識は，自己であるから，同時にそのままこの矛盾を超えており，自己がこのように廃棄されていることを，ふたたび廃棄する絶対的

348）（訳注）*GW* 9, S. 262, Z. 11 以下を参照されたい。

349）（訳注）ここに高貴な意識は下賤な意識に転換しているが，「感謝」という語のあるのは，下賤な意識もやはり富とのあいだに不等性とともに「等しさ」をも見出すものとして分裂した意識であることを示している。

350）（訳注）「連続」が共同（Gemeinschaft）と対をなすものであるのは，Ⅱ以来のことである。

351）（訳注）原語は ist absolut zersetzt であるが，これは懐疑主義のほか，V-B-b の「もっとも深いところで錯乱している」の「錯乱」に似ている。

352）（訳注）「取り戻す」の原語は zurückerhalten である。「取り戻す」ことは，相互承認成立の一つの条件であるから，高貴な意識が国家権力に対して奉公に励み，また賛美ないしへつらいの言葉を呈するような，下賤な意識も富ないし富めるものに対して何らかの奉仕をなすこと，そしてこのうちには富に対するへつらいの言葉も含まれていることは明らかである。

353）（訳注）「さきの反省還帰」のことは，本章注 335 に「最初の廃棄」として出ているものである。

354）（訳注）*GW* 9, S. 278, Z. 26–S. 279, Z. 16 を参照されたい。

弾力性[355]である。己れの自立存在が，己れにとって疎遠なものとなるという，投げられた状態を拒否し〔投げ返し〕て，己れ自身を受けとることに反抗し，受けとること〔迎え入れること〕そのことで，己れに対している。

〔γγ）分裂の言葉〕

この意識の状態は，このような絶対的分裂と結びついていることによって，高貴な意識として下賤な意識に対立しているという，この意識のもつ区別は，その精神では崩壊し，二つの意識は同じものである。――さらに恩を施す富の精神は，恩を受ける意識の精神とは，区別されうるし，特に考察されるべきである[356]。――富の精神は本質のない自立存在であり，犠牲にされた本質であった。だが富は分与されることによって，自体となる。つまり富は，己れを犠牲にするという己れの使命を果たすとき，己れだけで享受するだけという個別性を捨て，個別性を捨てるとき普遍性であり，本質体である[357]。――富が分与するもの，他の人に与えるものは自立存在である。だが，富は，｜（464）自己なき自然として，無造作に手渡される生活手段として，施されるのではなく，己れで己れを維持する自己意識的なものとして施されるのである。富は，環境の非有機的威力――それを受けとる側の意識が，それ自体では消えてなくなるものと知っている――ではなくて自己を支配する威力である。この威力は，独立していて恣意的であると知られており，また同時に，与えてくれるものが，他の人の自己であることを知っている。――だから，富は，保護を受ける者と下賤を共有するが，慢心が反抗の代わりになる。なぜならば，富は一方からは，保護を受ける者と同じように，自立存在が偶然な物にすぎないことを知っているが，富自身もこの偶然性であり，相手の人格はこの権限内であるからである。富は，食事を施して，他の人の自我そのものを支えてやって，その最内奥から屈服させたかのように，思い込むという，傲慢な態度をとりながらも相

355）（訳注）この「絶対的弾力性」のことは，*GW* 9, S. 295, Z. 12 にも「単一性」として述べられている。

356）（訳注）*GW* 9, S. 280, Z. 4–7 を参照されたい。

357）（訳注）富のこのような規定は，*GW* 9, S. 270, Z. 21 以下に与えられていたものである。

手の内面的反抗を見落としている。つまり，相手があらゆる枷を完全に投げ捨てており，まったく分裂していることを見落している。この分裂した相手にとっては，自立存在の自己相等性は，まったく不等になっており，すべての同等なものの存続は引き裂かれており，したがって，恩人の思い込みや見解も，極度に引き裂かれてしまっているのである。富は，極度に深い深淵に直面しており，あらゆる支えと実体の消えうせた底なしの深みとに直面している。それは，この深みの中に己れの気まぐれのたわむれ，｜(465) 恣意の偶然というような，ありきたりの物事以外には，何物もみつけない。その精神は，精神を失った表面にすぎないようなまったく本質のない思い込み[358]である。

【282】自己意識には国家権力に対し己れの言葉があり，精神は，それら二つの項のあいだにあって現実的中項として現れた[359]。そのように自己意識には富に対する言葉がある[360]が，そのように反抗の側にも，それに劣らず己れの言葉がある。富にその本質性を意識させて，これを意のままにする言葉[361]も，同様にへつらいの言葉[362]であるが，高貴な〔貴族的〕言葉ではない。——というのも，この言葉が本質だと表明しているのは，もともとは存在しないような他の意志に委されたものであることを知っているからである。だが，へつらいの言葉は，すでに前にいったように[363]，一面的精神である。というのは，この精神の契機は，なるほど奉公が形成陶冶されるために純化されて，純粋現実存在となった自己と，威力の自体存在とであるけれども，単純な自己と自体，前者の純粋自我と，後者の純粋本質つまり思考とが同一であるような純粋概念は，——つまり，相互のあいだで交替し合っている[364]これら両側面

358)（訳注）富の普遍性ないし本質体へのこのような転換からすれば富も国家権力たりうるのであるが，ただ本文では富を主体的実践的にとらえるため，また『ラモーの甥』との関連で富は富める者として描かれている。

359)（訳注）*GW* 9, S.276, Z. 5 以下を参照されたい。

360)（訳注）ここにへつらいないし賛美の言葉には，国家権力に対するもののほか，富に対するものもあることが明らかである。

361)（訳注）「意のままにする」の語が用いられているのは，「形成陶冶の現実の国」がV-C-a の「精神的動物の国」の名残りをとどめているからである。

362)（訳注）*GW* 9, S. 278, Z. 1 以下を参照されたい。

363)（訳注）*GW* 9, S. 278, Z. 26–S. 279, Z. 16; S. 281, Z. 1 を参照されたい。

364)（訳注）「相互のあいだで交替し合っている」というのは，君主と貴族との相互承認の立場で相互に与え，また受けることであろう。

の統一は，この言葉の意識のうちにあるのではないからである。この意識にとっては，対象はまだ自己と対立している自体である。言い換えれば，この意識にとって，対象は，同時に，己れ自身の自己そのものなのではない。――これに対し，分裂の言葉は，形成陶冶の世界全体を完全に表明しており[365]，その全体が現存する真の精神である。｜（466）己れの卑劣〔投げ出されている状態〕を投げかえす反抗をもっているこの自己意識は，そのまま，絶対的に分裂しながらの絶対的自己相等性[366]であり，純粋自己意識の，己れ自身との純粋な媒介である。それは，まったく同一の人格を主語とし，また述語としている同一判断の同等性[367]である。しかし，この同一判断は，同時に無限判断[368]である。つまり，この人格は端的に分裂しており，主語と述語は，まったく無関与な存在するものであるから，相互には何の関係もなく，必然的統一もなく，そのうえ，その各々が自前の人格であるという威力すらもっている。自立存在は，己れの自立存在を対象としており，それは，端的に他の人であると同時に，無媒介に自己自身であるような存在である。――それは，己れにとって他の人であるけれども，この他の人に別の内容があるのではなく，内容が絶対的対立の形をとりながらも，同じ自己であり，完全に自前で無関係な生存であるということで他の人である。――だから，ここに現存しているのは，形成陶冶のこの現実的世界の精神であり，この精神はみずからをその真の姿で意識し，己れの概念を意識している。

この精神は，このように現実と思想的考え[369]が絶対で普遍的に逆転し疎遠となった状態である。すなわち，純粋な形成陶冶である。この世界で経験されることは，権力や富の現実的本質にも，この権力と富と

365）（訳注）いきなり「分裂の言葉」とあるのみで，高貴な意識のものか下賤な意識のものか，また国家権力に対するものか富に対するものかが規定されてはいないのは，高貴と下賤とのあいだにも，国家権力と富とのあいだにも相互転換があって，いずれとも限定することはできないからである。したがって「完全に表明している」のは，相等とともに不等をも含んでいるほか，富とともに国家権力にも関しているからである。「分裂の言葉」が直接に関係しているのは富ではあるが，これは国家権力から転化してきたものである。

366）（訳注）この「自己相等性」はⅢの悟性で得られた「無限性」の立場のもので，この立場からすれば「分裂」とは対立のこと。

367）（訳注）「同一性判断」とは，*GW* 9, S. 43, Z. 32 の同一性命題と同じものである。

368）（訳注）*GW* 9, S. 191, Z. 11 その他を参照されたい。

369）（訳注）「現実」とは国家権力と富とのことであり，「思想的考え」とは可と不可とのことである。

いう特定の概念である可と不可にも，あるいはまたこの可の意識と不可の意識，すなわち高貴な意識も下賤な意識にもともに真理があるのではないということである。むしろ，これらの契機はすべて，｜(467) 一方が他方ということで逆転し，どれもこれもが自己自身の反対であるということである。――実体である普遍的権力は，個体性の原理[370]によって自前の精神性に達するのであるから，自前の自己を名前としてだけ己れで受けとるのであり，【283】また現実の権力であるから，むしろ，己れ自身を犠牲にする無力な本質体である[371]。――しかし，自己を遺棄し自己のない本質体は，言い換えれば，物となった自己[372]は，むしろ，本質体が自己自身に反省還帰したものである。それは，それだけである自立存在であり，精神の現実存在である。――可と不可という二つの本質体の思想的考えも，やはりこの動きで逆転し合う。可と規定されたものは不可であり，不可と規定されたものは可である。これら両契機の各々の意識は，高貴な意識とか，下賤な意識とかで評価されるが，その真実の姿では，むしろ，またそういう規定であるはずのものの逆のものであり，また高貴な意識は下賤で卑劣な意識である。それと同じで，〔自己意識の〕卑劣さも，もっとも形成陶冶された自由の気品[373]に転換するのである。――形式的に考えるならば[374]，すべては，それ自身であるものとは外面上逆であり，まだほんとうはそれ自身である通りのものではなく，そうありたいのとは別のものであり，自立存在はむしろ

370）（訳注）「個体性の原理」とは，*GW* 9, S. 213, Z. 21 の「個体性の〔行う〕動きは普遍が実在的だということなのである」のことである。この原理は人倫の場合には *GW* 9, S. 258, Z. 22 で「個別性一般の原理」と呼ばれていた。

371）（訳注）*GW* 9, S. 278, Z. 14–S. 279, Z. 7 を参照されたい。

372）（訳注）「物となった自己」としての富を設定する点では，V-A の「観察する理性」の頂点である頭蓋論にあたるものがあることになるが，ここにすでに啓蒙の唯物論ないし感覚論がある。そしてこれがⅥ-B-Ⅱ-b で有用性の原理を惹き起こすことになる。

373）（訳注）「もっとも形成陶冶された自由の気品」は gebildesten の Bildung で *GW* 9, S. 114, Z. 33 以下の〔γ 奴隷の形成の労苦〕への対応を示しており，町人の「分裂した意識」も労苦にはげむことを暗に含んでいるであろう。が，歴史的にいえば，貴族に対して町人が台頭して，フランス革命の間近いことを意味する。絶対自由の段階では，以前はかぎられた領域にとじ込められていた個人がそこから立ちあがることいわれているが，これは本文の形成陶冶によることであろう。

374）（訳注）「形式的に考えるならば」というのは，事象そのものには内容と形式とがあり，内容での区別が目的―手段―現実（所業）であるのに対して，形式での区別は対自存在と対他存在とであった。このさいの「形式」の側面からみることを指している。

自己自身を失うことであり，自己を疎遠化することは，むしろ自己を維持することである。――こうして，現存しているものは，すべての契機が普遍的正義をたがいに｜（468）行使し合い[375)]，各々が，それ自身自体で疎遠になっているとともに，己れをその反対にしみこませ，同じようにしてこれを逆転させるということ，それである。――だが，真の精神は，絶対に分離したものを統一することにほかならない。しかもこの精神は，これら自己なき両項そのものの自由な現実[376)]が，この両者の中項となることによってのみ現存する。その定在は，あまねく語ることであり，分裂しながら判断すること[377)]である。この判断作用にとっては，全体の本質として，また現実的分肢として妥当するはずの例のすべての契機は，みな解体されてしまう。そして，同様にこの判断作用は，自己自身との自己を解体するたわむれ[378)]である。それゆえ，かく判断し語ることは，真であり，すべてに打ち克つ一方で，打ち克たれないものである。つまり，すべてのものとは，この現実の世界では，それだけが真に問題である。この世界の各部分は，かく判断し語ることのうちで，その精神が表明され，それについての精神によって語られ，それが何であるかということが精神によって表明される。――誠実な意識〔『ラモーの甥』に出てくる「哲学者」〕は，すべての契機が，持続する本質性だと受けとり，その意識は同様に逆のことを行いながら，そのことを知っていないのだから，形成陶冶なき無思慮である。だが，分裂した意識は，逆転の，しかも絶対的逆転の意識である。この意識を支配している

375）（訳注）「普遍的正義をたがいに行使し合い」は，ここでは心の法則の場合との類比が考えられている，すなわち或る人が自分の心の法則を現実のうちへと設定しても，他の人々はこれをもって現実の法則とは認めず，自分の心の法則を設定するために，交互否定が行われるのと同じような事態が形成陶冶の国の諸契機間にもあることが説かれている。

376）（訳注）自由な現実というのは，*GW* 9, S. 276, Z. 31 以下で述べられた二つの知のうちの第一にあたる。

377）（訳注）ドイツ語で判断するとは根源分割するの意。「判断し語ること」というのは，とくに革命前のフランスでのサロンのエスプリに富んだ談論のことを指しているのであろう。だが，判断することが「引き裂いて分裂する」ことであるのには，判断が根源分割であることが生かされている。

378）（訳注）「自己自身との自己を解体するたわむれ」はIIIの悟性での「二つの力のたわむれ」にあたる。そして二つの力のたわむれが超感性的世界に移ったのと同じように，形成陶冶の国での諸契機間の交互転換もVI-B-I-bの信仰と純粋洞察で信仰の国へと移ってゆく。

のは概念であるが，これは，誠実な人が離れたものとして，別々にしておくいくつかの考えを，総合[379)]して，その言葉は機知に富んでいる[380)]。

〔3　音楽家との語らい，形成陶冶から信仰への移行〕

こうして，精神が自己自身によって語られ，自己自身について語るときの内容は，あらゆる概念と｜(469) 実在を逆転させ，自己自身と他の人をあまねくだます[381)]。だから，恥らいもなく，だますことこそ最大の真理である。この語らいは「音楽家の錯乱であり，イタリア語やフランス語の，悲劇のまた喜劇の，あらゆる種類の三十もの歌曲を，積み重ねたり混ぜ合せたりしている。【284】あるときは最低音で，地獄のはてまで歌いあげ，またあるときは，喉をすぼめ，裏声を出して高く空気を引き裂き，物狂おしく物静かに強いるように嘲けるように代わる代わるに歌う」[382)]。――正直に考える平静な意識は善くてまた本当の旋律は，諸々の音声が同律になっていること，つまり軌一つにまとまって作曲されていることだと考える。そのような平静な意識からみれば，この語らいは「賢さと愚かさの入り交ったたわごとであり，老練と低劣が，また正しい考えと間違った考えが，まったく逆さになった感覚が，完全な醜悪が，底ぬけの率直な態度と真実が同じ程度に混じり合ったものと思われる。それなのに，この意識は，これらすべての調べにはいり込み，どこまでも軽蔑し拒む気持ち，極度に感動し感嘆する気持に至るまでの，感情の目盛りすべてを昇ったり降りたりすることを拒みえないのである。この感嘆と感動には何となく馬鹿馬鹿しさが溶け込んで，そのため

379) (訳注)「総合する」に対して Synthesis が「ごっちゃまぜにすること」を意味するのは，やがてⅥ-C-b の「ずらかし」，Ⅶ-B-c の叙事詩で明らかとなる。

380) (訳注)「機知に富む」の原語は geistreich であり，このさいの Geist は機知 esprit である。ヘーゲルは機知に富むことをもってフランス精神の特徴であるとした。

381) (訳注)「だます」の原語は Betrug であるが，これは，Ⅴ-C-a の精神的動物の国という段階の基本概念の一つであり，そしてこの段階は「誠実の意識」の段階でもある。したがって，本文は前段落の「誠実な意識」のことを受けている。

382) (訳注) ディドロ『ラモーの甥』286 頁を参照されたい。「音楽家」というのは，『ラモーの甥』の主人公のことである。わざわざ「音楽家」ということのうちには，ヘーゲルのいわゆる弁証法的思考には音楽的なもののあることが暗示されているといえる。

それらの感嘆感動のもとの気持ちがなくなってしまう」〔ディドロ『ラモーの甥』〕[383]。軽蔑や拒否の気持は，その率直な態度そのもののために，和らげるような調子をもち，その心をゆり動かす深さのために，すべてに打ち克つ調子をもっており，これがそれ自身にエスプリを与えることになろう。

[384] |（470）このように己れ自身では，はっきりと〔理解している〕混乱の語らいと，真と善についての単純な意識の語らいとを比べて考えるならば，形成陶冶の精神の開け放しで自己意識的語らいと比べて，単調なものでしかありえない。というのも，それは，形成陶冶の精神が己れで知っておらず，またいわないようなことは，何一つこの精神に向かっていいえないからである。だから，単純な意識は，その単調を超えて出るとしても，この精神が表明するのと同じことをいうことになる。がそのさい，何か新しいことと別のことをいうつもりでいるという，愚かなことをなおすることになる。その意識が，醜悪で下賤だというその言葉でさえも，すでにこの愚かさである。つまり，精神は，己れ自身から，愚かだといっている。この精神は，この自己相等なものが一つの抽象にすぎず，現実的にもそれ自体で逆転しているという理由で，みずから語るときすべて単調なものを逆転させてしまう。これに対し，性急な意識は，可と高貴を，すなわち表現される場合に自己同一を保つものを，この場合可能な唯一の仕方で弁護する。――このことは，つまり，この意識が不可に結びつけられ，不可と混じったからといってそのためにその価値を失うわけではないということである。なぜならば，このことは，不可が可で高貴なものの条件であり，要件[385]であること，こ

383）（訳注）ディドロ『ラモーの甥』77 頁以下を参照されたい。当該引用文最終部をめぐっては前掲書 290 頁を参照されたい。残りの引用文は，ヘーゲルのアレンジである。引用文冒頭の eine Faseley von Weisheit und Tollheit については，前掲書 6 頁，106 頁，288 頁を参照されたい。引用文中間部は，*GW* 9, S. 284–85 を多少総括している。

384）（訳注）これから出てくる細かい行論は，この『ラモーの甥』を念頭に置いたものであるが，同時に，たとえば「樽のディオゲネス」の例なども暗示している。

385）（訳注）可なるものが不可なるものに結びついているにしても，これはそれが成立するための必然的条件というまでのことである。したがって両者の区別はやはり厳然として成立しているというのが「単純な意識」の見解であるが，必然的条件であることは，可なるものも本質的必然的に同時に不可なるものでもあって両者間には相互転換があるとするのが形成陶冶の精神であり，またヘーゲルの見解でもある。本文とほとんど同じようにIIと関係づけた行論はVI-C-b の「ずらかし」の終わりにもあり，またたがいに対立しているものに

の点に自然の知恵[386]があることをいうことになろうからである[387]。――もし両者のいうことが，以上の通りだとすれば，この意識〔「哲学者」〕は，抗議をしたつもりでいながら，そのことによって精神は，この語らいの内容を些末なやり方で総括した。このやり方は，高貴と可の反対が，高貴と可の条件であり，要件であるとしているのだから，高貴とか｜(471) 可とか名づけられたものが，その本質では，己れ自身の逆であること，したがって，不可なるものは反対にすぐれたものであるというこのこととは，別のことをいったつもりでいるのであるが，これは無思慮というものである。

単純な意識が，虚構の場合とか，または実際の逸話とかを実例として，すぐれたものをとりあげ，すぐれたものが現実にあって，精神なき無思慮の代わりになるのだといい，【285】すぐれたものが空しい名前ではなく，現前しているのだと明らかにする。その場合には，実世間全体が逆転したことをやっているという普遍的現実が対抗することになる。だから，この世間では例の実例などはまったく孤立したもの，つまらないもの[388]にすぎない。虚構であるにせよ真実であるにせよ，善いものや高貴なものの定在を，個々の逸話として提示するのは，その定在についていわれうるもっとも苦々しいことである。――最後に，単純な意識は，逆転した世の中全体が解体することを望んだとしても，この世の中から離れることを個人に望むことはできない。なぜならば，樽のディオゲネスも，この世間の制約を受けていたし，個々人に対する要求にしても，個々人としての己れのことだけを配慮する悪と認められるようなことにほかならないからである。しかし，世間から遠ざかれとい

本質的と非本質的との区別を設けることによって矛盾ではないとする見解への反対はたとえばVI-C-cの良心にも，VII-Cの「啓示宗教」にも示されていて，ヘーゲルのいわゆる弁証法にとって基本的意義をもつことである。

386)（訳注）「自然の知恵」というのは，音楽家と対談する哲学者にはストア主義があることを意味している。

387)（訳注）ヘーゲルはここでディドロ『ラモーの甥』の特定の概念や文脈に言及しているのではない。むしろ，可と不可の均衡をめぐるロビネの考察をおそらく念頭に置いている。この点については，J. B. Robinet, *De la nature. Nouvelle edition revue, corrigée égale la somme des combinaisons par l'Autre.* t. 1, Amsterdam, 1763. pp. 67–68; p. 138 を参照されたい。

388)（訳注）ディドロ『ラモーの甥』310頁を参照されたい。

う要求は，普遍的個体性に向けられた場合には，理性[389]が，己れの行きついた精神的で形成陶冶された意識をふたたび捨て，個体性のいくつかの契機の富が拡まったのを，自然的心の単純状態にふたたび沈め，｜(472) 自然とも無垢とも呼ばれる，粗野で狭い動物的意識に逆戻りする，という意味をもちうるものではない[390]。むしろ，この解体の要求は，形成陶冶自身の精神にのみ向かいうるものであり，これは，その精神がその混乱から，精神として己れに帰り，もっと高い意識[391]を得ることである。

だが，実際には，精神は，すでにそれ自体では，この要求を完遂している。意識が分裂しているのを，己れ自身で意識し，己れで表明しているのは，生存や全体の混乱を，また己れ自身を嘲笑しているからである。同時にそれは，この混乱全体の響きが止むのを，なお聞きとっているのである。——あらゆる現実と，あらゆる特定の概念との空しさ[392]を，己れ自身で聞きとるというのは，現実の世界が表裏一体で己れ自身に反省還帰するということである。このことは，まず，この自己としての意識のこの自己にあって，次には，意識の純粋普遍性もしくは思考[393]で起こる。前の側面からいえば，己れに行きついた精神は，現実の世界に眼指しを向け，さらに，この世界を己れの目的[394]とし，直接

389）（訳注）「理性」とあるのは，Ⅵの精神も，(C)（AA）理性から（C）（BB）精神への展開を意味しているからである。

390）（訳注）ヘーゲルがここで念頭に置いているのは，人類の自然状態に現存する単純で歪んでない習俗へ戻れというルソーの要求であり，おそらくヴォルテールによる当該要求への遡及である。この点については，J. J. Rousseau, Discours qui a remporté le prix à l'académie de Dijon, en l'année 1750. Sur cette question propose par la même Académie: Si le rétablissement des Sciences & des Arts a contribué à épurer les mœurs. In: *Colection complete des œuvres de J. J. Rousseau, Citoyen de Genève*. t. 13, Zweibrücken, 1782, p. 33, pp. 37–38, p. 50, pp. 59–60 およびヴォルテールの 1755 年 8 月 30 日づけルソー宛公開書簡（*Oeuvres completes de Voltaire*. t. 55, o. O.,1784, Recueil des lettres de M. de Voltaire. 1753–1757, p. 238）を参照されたい。

391）（訳注）「もっと高い意識」とは信仰のことである。

392）（訳注）「空しさ」の原語は Eitelkeit であるが，すべてを空しいとする点では『ラモーの甥』とも，懐疑主義とも同じである。したがってまた「コヘレトの言葉（伝道の書）」1:2 の「空の空，空の空，一切は空である」にも，その意義が認められているであろう。

393）（訳注）この「思考」は *GW* 9, S. 289, Z. 6 で信仰にとっての「主要契機」とされているものである。

394）（訳注）この「目的」は次の段落によって明らかであるように，要するに権力と富とであり，すべてを空しいとしながら，かかる目的，かかる直接的内容を意識が必要とするのは，論理的には否定をもって「限定的否定」とせずに端的な否定と解するために，絶えず

の内容としている。が，後の側面からいえば，その眼指しは，一方では己れにだけ向けられ，世界に対しては否定的であり〔純粋洞察〕，他方では，その眼指しはこの世界から離れて天上[395]に向けられ，世界の彼岸をその対象としている〔信仰〕。

自己復帰の前者の面では，あらゆる事物の空しさは，自己自前の空しさである，つまり自己は空しいのである[396]。すべてを評価し喋りまくるだけでなく，現実の固定した本質体〔国家権力と富〕や，｜(473) 判断の立てる固定した規定〔可と不可，高貴と下賤〕やが矛盾していることを，機知のある態度で語るすべを心得ているのは，自立存在する自己である。この矛盾こそは，それらの本質体や規定の真理なのである。——形式上から考えれば[397]，自己は，すべてのものが，己れ自身に疎遠になっていることを知っている。つまり，対自存在〔自立存在〕は自体存在から，思い込んだことと目的は真理から，さらに対他存在が両者から，示されたものは本来の思い込みや真の事柄や意図から離れているのである。——こうして自己が知っているすべとは，【286】各契機が他方の契機に対立していることを，一般にすべてのものが逆転していることを正しく表明することである。自己は，各々のものが何であるかを，それが望むようにどのように規定されようとしていようと，そのものがある以上によく知っている。自己が実体的なもの[398]を知っているのは，実体的なものが己れで統一している不調和と，対抗との面からであって，調和しているという面からではないから，自己は，実体的なものを，ひじょうにうまく評価することを理解してはいるが，それを把握す

否定すべきものがそとから与えられることを必要とする懐疑主義に当面の意識が似ているからである。

395)（訳注）*GW* 9, S. 269, Z.12 以下の〔α〕によって明らかであるように，形成陶冶の世界は四元への対応をもつものとして国家権力にあたる空気と富にあたる水と両者を結合し分離する精神にあたる火とからなり，そしてこれら三者の結びにあたるものが地であったが，本文の天上はこの地に対立するものである。

396)（訳注）ここの自己復帰は『ラモーの甥』の主人公で典型的に体現されている態度であり，また懐疑主義の態度でもある。

397)（訳注）ここでは事象そのものの内容的契機である目的—手段—現実のうち，目的が対自存在，現実が自体存在ないし真理と呼ばれている。

398)（訳注）この「実体的なもの」は一方では人倫的実体であり，他方では形成陶冶の世界の諸対立が相互転換を介して帰入してゆく絶対的本質体であり，そしてこれが信仰の対象である。

る能力は失っている。――そのさい，この空しさは，すべての事物のそとに出て，自己を意識させるために，すべての事物の空しさを必要とする。それゆえ，この空しさは，この空しさを己れで生み出すとともに，この空しさを支える魂である。権力と富は，自己の努力の最高目的[399]である。自己が知っているのは，断念し犠牲となることによって，己れを形成陶冶して普遍となり，普遍の占有に達し，この占有で普遍的に妥当することである。つまり国家権力と富は，現実的で承認された威力である。だが，自己は己れが妥当することも，それ自身空しい。そして自己は，国家権力と富を思うままにするときにこそ，その二つが自己存在ではないことを，かえって，己れがそれらを支配する威力であるが，それらが空しいことを知る。こうして，自己は，｜（474）それらを手に入れることそのことで，それらのそとに出ているということを，機知のある言葉で提示する。だから，この言葉は，自己の最高の関心であり，全体の真理である。この言葉でこの自己は，現実的規定〔国家，富〕にも，考えられた規定〔可と不可，高貴と下賤〕にも，帰属していない純粋自己として，精神的なもの，真に普遍妥当のものにみずからなる。自己は，あらゆる関係が自己自身を分裂させる本性であり，関係を意識的に分裂させることである。だが，反抗する自己意識[400]である場合だけ，自己は，己れ自身が分裂していることを知る。そしてかく分裂を知るとき，自己は，そのまま分裂を超えて高まっている。例の空しさではすべての内容は，もはや肯定的には把握されえない否定的なものとなる。肯定的対象は，純粋自我自身[401]だけである。そして，引き裂かれた意識は，それ自体的では己れに帰ってきた自己意識の純粋自己相等性[402]である。

399）（訳注）権力と富とについては，*GW* 9, S. 322, Z. 9 以下（ただし名誉と富となっている）にも同じことが述べられている。

400）（訳注）この「自己意識」とは，*GW* 9, S. 281, Z. 8 以下の〔γγ）分裂の言葉〕を語る自己意識のことである。

401）（訳注）この「純粋自我」は絶対的本質体の純粋意識であり，まず信仰を，ついで純粋自己意識として純粋洞察をもつものである。

402）（訳注）この「自己相等性」は信仰の対象である絶対的本質体のものでもある。

b　信仰と純粋洞察

〔1　現実意識に対する純粋意識〕

自己自身に疎遠な精神には，形成陶冶の世界に己れの定在がある。だが，この全体が己れ自身に疎遠となっているために，この世界の彼岸には，純粋意識もしくは，思考の非現実的世界がある。この彼岸世界の内容は，純粋に考えられたものであり，思考こそはその絶対的場面である。だが，さしあたっては，思考はこの世界の場面[403]であるから，意識にはこの考えられたものがあるだけで，それが考えであることを，｜(475) 意識はまだ考えていないし，知ってもいない。むしろ，それらの考えは，意識にとっては表象という形式をとっている[404]。なぜならば，意識は，現実から出て純粋意識に踏み込んではいるが，一般的にいえば，それ自身ではまだ現実という領域と規定性にいるからである[405]。分裂した意識は，それ自体ではじめて【287】純粋意識の自己相等性[406]であるにすぎない。つまりそれはわれわれにとってのことであって，自己自身にとってのことではない。だから，意識は，高まってはいるが，直接的であるにすぎず，まだ自己内で完成してはいないし，己れが制約を受けている対立の原理を，まだ己れの中にもっており[407]，媒介された動

403）（訳注）「絶対的場面」というのは，「透明の気（アイテール）」のことであり，これには絶対的本質体の純粋意識としてのものすなわち信仰としてのものと純粋自己意識としてのものすなわち純粋洞察としてのものとがあるが，ここではまだ前者であって後者ではない。

404）（訳注）表象の形式を免れえないのは，実は当面の信仰だけではなく，Ⅶ-C の啓示宗教もやはり同様であって，とくに本文と酷似しているのは，*GW* 9, S. 408, Z. 17 以下である。ここでは啓示宗教でも感覚的内容が思考の場面へと浸されただけであって，この場面のうちにあるにしても，感覚的内容がそのまま保持されているとされている。

405）（訳注）「現実という領域と規定性にいるからである」というのは，すべてを空しいとする意識も権力や富のような空しいものを目的とし内容とすることを指すであろう。

406）（訳注）「自己相等性」のことは前頁に出ていたが，*GW* 9, S. 305, Z. 36f. にも信仰の権利は絶対自己相等性の権利であるとされている。

407）（訳注）「対立の原理」というのは，ここでは現実であるけれども，実はさらに信仰の絶対自己相等性の権利に対して絶対〔自己〕不同の権利（*GW* 9, S. 306, Z. 4）をもつ純

きによって，この原理を支配してしまってはいない。それゆえこの意識にとっては，その考えの本質が妥当するのは，もっぱら，抽象的自体の形式ということでしかない本質体としてではなく，普通の意味での現実形式[408]でであり，この現実というのは，ただ別の場面でだけ高められており，この場面では，考えられていない現実は失われてしまってはいない。——この意識は，ストア的意識の本質である自体とは，本質的に区別されなければならない。ストア的意識[409]が認めるのは，考えの形式そのものであるから，この考えは，現実からとってきた，己れの見知らぬ或る内容をもっている[410]。が，いま例の意識が認めているのは，考えの形式ではない。——また，この意識が認めているものは，徳の意識[411]の自体とも本質的に異なっている。徳の意識にとっての本質体は，なるほど現実に関係しており，現実そのものの本質体ではあるけれども，まだやっと非現実的本質体であるにすぎない[412]。が，ここでの意識が認める本質体は，現実の彼岸ではあるけれども，｜（476）やはり現実的本質であるようなものである。また，同じように立法的理性の，元来正しく善なるもの[413]には，また，査法的意識[414]の普遍[415]には，現実という規定がない。——それゆえ，形成陶冶の世界自身の内部では，純粋思考は疎遠化の一面[416]として生じた。つまり判断での抽象的可不可の尺度[417]として生じた。その場合，純粋思考は，全体の動き[418]を貫くことによって，現実の契機したがって内容の契機だけ，より豊かになっ

粋洞察でもあることは，次の次の段落で説かれている。

408）（訳注）「普通の意味での現実形式」というのは，たとえば三位一体の第一位格の父，第二位格の子のようなものである。

409）（訳注）*GW* 9, S. 117, Z. 19 以下を参照されたい。

410）（訳注）*GW* 9, S. 118, Z. 15 以下を参照されたい。

411）（訳注）*GW* 9, S. 208 以下を参照されたい。

412）（訳注）*GW* 9, S. 209, Z. 32–S. 210, Z. 7 を参照されたい。

413）（訳注）「元来正しく善なるもの」を立法的理性が当為として与える規定である。

414）（訳注）*GW* 9, S. 229, Z. 15–Z. 26; S. 232, Z. 24 以下を参照されたい。

415）（訳注）この普遍は形式的で内容がない。

416）（訳注）「一面」に応じているのは，*GW* 9, S. 274, Z. 4 にある「疎遠化の両面」の一方である可と不可である。

417）（訳注）*GW* 9, S. 271, Z. 8 以下を参照されたい。

418）（訳注）「全体の動き」というのは，国家権力と富，高貴と下賤，可と不可とのあいだの動きのこと。

ている。だが，本質のこの現実は，同時に純粋意識の現実にすぎないのであって，現実的意識の現実ではない[419]。思考の場面に高められてはいるが，この意識は，現実を認めるとしても，まだ考えとしてではない。むしろ現実は，この意識には己れ自身の現実の彼岸である。なぜならば，前者の現実は，己れ自身の現実から逃避したものだからである。

さて，明らかに問題となっているのは宗教であるから，ここに登場するのは，形成陶冶の世界にとっての信仰としての，宗教ではあるけれども，こういう姿で登場してくるときには，宗教はまだそれ自体的でそれだけであるような姿で[420]登場してきているのではない。――宗教はわれわれにはすでに別の規定性で現れてきていた。すなわち不幸な意識として，言い換えると意識そのものの実体なき動きという形態として現れてきていた。――それからまた人倫的実体に即しては，宗教は，地下の世界に対する信仰として現れてきていた〔エリニュエス，エウメニデス〕。しかし死別した精神〔霊〕を意識するということは，厳密にいえば信仰ではなく，現実的なものの彼岸にあって純粋意識の場面のうちで設定せられた本質体ではなく，この信仰それ自身が無媒介の｜(477)現在をもっており，この信仰の成立する場面は家族[421]である。しかるにここでは，宗教は一方では実体から現れ出てきていて，この実体の純粋意識であるとともに，他方ではこの純粋意識がその現実意識から，本質体〔実在〕はその定在から疎遠になっている。したがって，ここでの宗教は，たしかにもはや意識の実体なき動きではないけれども，この現実一般としての現実に対立するという，そして【288】自己意識の現実と対立しているという規定性をまだ負っている。したがって，宗教とはいっても，本質的には信仰であるにすぎない[422]。

419）（訳注）現実的意識の現実となることが実現するのは，純粋自己意識としての純粋洞察に至る「第二次の向上」がなされたときのことである。

420）（訳注）宗教の広狭二義については，それ自体的でそれだけでの宗教とは，Ⅶの，そしてとくにそのCの啓示宗教のことであり，それ自体であるにすぎないのは信仰，すなわち正確にいえば形成陶冶の世界の信仰のことであり，そしてそれだけであるにすぎない宗教は不幸な意識である。なお不幸な意識と形成陶冶の世界の信仰とはいずれも三位一体を骨子とするものなので，啓示宗教と同じくキリスト教であるが，「形成陶冶の世界の信仰」の方は歴史的には啓蒙されるべきキリスト教であり，「天上に対する信仰」とも呼ばれる。

421）（訳注）*GW* 9, S. 243, Z. 6–S. 245, Z. 17; S. 258, Z. 3–6 を参照されたい。

422）（訳注）「信仰」というのは，当面の信仰は形成陶冶の世界の信仰であるにすぎな

この，絶対的本質体の純粋意識[423]は，疎遠になったものである。この意識の他者となっているものが，どのように規定されるかをもっと詳しくながめわたさなければならない。その意識は，この他者との結びつきでのみ[424]考察されなければならない。つまりこの純粋意識は，さしあたっては，現実の世界と対立しているだけのように思われる。が，この現実からの逃避であり，したがって対立という規定性であるのだから，この現実が己れ自身のもとにある。だから，純粋意識は，本質的には，己れ自身のもとで自己自身に疎遠になっており，信仰は，ただその一側面をなすだけのことである。これと同時に，別の側面は，われわれにとっては，すでに[425]生じている。つまり，純粋意識は，形成陶冶の世界からの反省還帰であるから，この世界の実体も，この実体を編み込んでいる諸々の群[426]も，元来ある通りのものとして精神的本質性として，そのまますぐ己れの反対に廃棄されてゆく絶対に不安定な動きとして，また規定として現れた。それゆえこの世界の本質つまり単純な｜(478) 意識は，絶対的区別項の単純性[427]であり，この区別はそのまま何の区別でもない。そこで，この意識は，純粋な自立存在ではあるが，こ

いのであって，信仰の場合にはたとえば徳の場合のものもあるからである。

423）（訳注）「絶対的本質体の自己意識」ということが狭義の宗教の規定であるのに対して，「絶対的本質体についての純粋意識」ということが広義の宗教の規定である。ここからすると，純粋意識の「意識」は対象意識であり，ここに信仰が純粋自己意識である純粋洞察に対置される所以がある。ただし「意識」が自己意識をも含むかぎりでは信仰と純粋洞察とがともに「純粋意識」と呼ばれることもある。

424）（訳注）信仰（純粋対象意識）と純粋洞察（純粋自己意識）とが対をなすものであるので，両者は相互関係でのみ考察されるべきであることは，すでに *GW* 9, S. 266, Z. 26 以下に約束されていたことであるが（ただしこの場合には純粋洞察は概念と呼ばれていた），この約束がここのVI-B-1-bで果たされようとしているのであり，またVI-B-II-aで純粋洞察の普及である啓蒙と信仰との争いが論ぜられるのも，やはりこの相互関係で論ずる態度によることである。

425）（訳注）*GW* 9, S. 282, Z. 31 以下を参照されたい。「われわれにとってはすでに生じている」というのは『精神現象学』で一般に段階Aが段階Bに移行したとき，B自身はAから発生してきたことを知らず，知っているのは「われわれ」哲学的考察者のみであるという，緒論の終わりにある移行の原理によることである。

426）（訳注）「諸々の群」のことはVI-B-I-a-〔2〕-〔α〕で，四元との類比で形成陶冶の世界の構成が論ぜられたさいに出ていたが，要するに国家権力と富とのことである。

427）（訳注）「絶対的区別」はまた「自体的区別」として，区別であって区別でないもののことであって，両者ともIIIの悟性以来の基本概念の一つである。

の個別者としてではなく，自己内で普遍的自己[428]，不安定な動きとしての自己であり，この動きは，事象の安定した本質を攻撃し，それに浸透する。それゆえこの意識には，己れ自身をそのまま真理であると，知っている確信が現存しており，絶対的概念としての純粋思考が，己れの否定性の威力ということで現前している。この威力は，意識に対立して存在するはずの対象的本質体すべてを亡ぼし[429]，それを意識の存在にしてしまう。――この純粋意識は，否定的なものであると同時に，ほかでもなく，区別を区別としないために，また単純でもある。しかし，このように単純な自己内反省還帰の形式として，この意識は，信仰の場面であり，ここでは，肯定的普遍性という規定，自己意識の例の自立存在に対して自体存在という規定が，精神にある。――みずからを解体するだけで，本質のない世界から己れに押し戻されたとき，精神は，真理からみてその現象の絶対的動きおよび否定性であるとともに己れのうちで充たされた否定の本質，および否定の肯定的安定でもあり，両者を不可分に統一している。しかし，これら両契機は，もともと疎遠化という規定性に従うから，表裏の意識となって分裂する。前者は，自己意識のうちで総括される，精神的過程としての純粋洞察である〔カント〕。この過程は，肯定的なものの意識を，対象性｜（479）すなわち表象の形式を己れに対立させており，みずからはこれに向かっている。が，洞察自身の対象は，純粋自我[430]にほかならない。――これに対して，肯定的なものまたは安定した自己相等だという単純な意識は，本質としての内的本質体を対象としている。それゆえ，否定的自立存在であるから，さしあたり己れ自身のもとでは純粋洞察に何も内容がない[431]。【289】これと違い，信仰には，洞察がなくても内容がある。洞察は，自己意識のそとに

428）（訳注）純粋洞察が「普遍的自己」であることはすでに *GW* 9, S. 266, Z. 4–5 に出ていた。

429）（訳注）「亡ぼす」の原語は vertilgen であるが，その tilgen がカントの「統覚」に関して用いられるものである。したがって純粋洞察が実践面での統覚である。

430）（訳注）純粋洞察自身が自分から疎遠になることを免れないので，対立が自我に帰するのは，Ⅵ-B-Ⅲの「絶対自由」でのことである。

431）（訳注）純粋洞察の内容はすべて信仰から与えられることは，Ⅵ-B-Ⅱ-a でその意義を得ているのであって，Ⅵ-B-a-〔2〕-〔β〕によって明らかであるように，絶対的本質体とは何か，なぜ信仰を抱くか，絶対的本質体に対して信仰がいかなる奉仕をなすかという内容はすべて信仰によって与えられ，純粋洞察は批判によってこの内容をわがものとするのである。

出ることはないが，信仰にも，やはり，純粋自己意識の場面でその内容があるものの，思考でのことであって，概念でのことではなく，純粋意識でのことであって，純粋自己意識でのことではない。したがって，なるほど信仰は，本質，すなわち，単純な内面[432]の純粋意識であり，それゆえ思考である。――これは普通見落されていることであるが，思考が信仰の本性での主要契機である。思考での本質がともなっている直接性は，その対象が本質，すなわち，純粋な考えである点にある。が，この直接性には，思考が意識に，純粋意識が自己意識にはいってゆくかぎりで，対象的存在という意味があり，この存在は自己の意識の彼岸にある。意識で純粋思考の直接性と単純性とが得ている意味のために，信仰の本質は，思考から脱落して表象になり，本質的には自己意識の他者であるとされるような超感性的世界[433]となることになる。｜（480）――これに対し，純粋洞察では，純粋思考の意識への移行には，信仰とは反対の規定がある。つまり，洞察では，対象であることには，ただ否定的で自己を廃棄し自己へ還帰する内容という意味がある。すなわち，自己だけが本来己れの対象である，言い換えれば，対象には，自己の形式[434]をもつかぎりでのみ，真理があると確信している。

〔2　絶対的本質体の純粋意識としての信仰〕

信仰と純粋洞察に共通のことは，純粋意識という場面にあることである。それと同じで，両者は，また，ともに形成陶冶の現実世界から還帰したものである。それゆえ，両者には三つの側面が現れている。まず，両者は，ともにあらゆる関係のそとにあり，それ自体でそれだけであり，次に，ともに，純粋意識に対立した現実の世界と関係し，第三に，ともに，純粋意識内部で一方が他方に関係する。

432）（訳注）「単純な内面」はⅢの悟性で「二つの力のたわむれ」を介して設定された「諸物の内面」にあたる。

433）（訳注）Ⅲで「諸物の内面」が超感性的世界のものであったのに応じている。

434）（訳注）「自己の形式」というのは，Ⅵ-B-Ⅱ-b の啓蒙の真理によって明らかであるように，自体―対他―対自からなる有用性のことであろう。

信仰する意識[435]では，それ自体でそれだけである側面は，その絶対的対象[436]であり，この対象の内容と規定は，すでにこれまでに判明している[437]。なぜならば，この対象は，信仰の概念からいって，純粋意識の普遍性に高められた現実的世界にほかならない[438]からである。したがって，この世界の分肢は，また信仰の内容および規定の組織をなしてもいる。ただし，この組織での部分は，その精神を与えられるとき，自己に疎遠となるものではなく，それ自体でそれだけで存在する本質体であり，自己に還帰した精神，自己自身のもとにとどまる精神である。——それゆえ，これらの精神が移行する動きは，｜(481) ただわれわれにとってのみ，それらが区別される根拠となる規定性の疎遠化であり，われわれにとってのみ必然的系列である。だが，信仰にとっては，その区別も静止的差異であり，それらが動くのはできごとなのである。

これらの部分の名称を，その形式の外的規定によって手短に挙げるとすれば，形成陶冶の世界では国家権力ないし可が第一のものであったように，ここでも第一のものは[439]，【290】絶対的本質体である，すなわち，単純で永遠な実体[440]であるかぎりの，それ自体的でそれだけで存在する精神である。だが，精神であるという，実体の概念を実現するにあたっては，実体は，対他存在に移って行き，その自己相等性は，現実的で自己を犠牲にする[441]絶対的本質体となる。つまり，本質体は自己とはなるが，これは移ろいやすい自己[442]である。それゆえ，第三のも

435)（訳注）「信仰する意識」は，Ⅵ-B-Ⅱ-a の「啓蒙と迷信との争い」でも，Ⅶ-C の啓示宗教でもかなりしばしば用いられている。その基本的意味では，「世界での精神」に対する「宗教での精神」である。したがって，具体的には教団ないし教会というのとほとんど同じであることが多い。「信仰する意識」が「形成陶冶の世界の信仰」である場合には，「世界での精神」は a の現実の国で述べられた世界精神あるいは現実的精神である。

436)（訳注）「絶対的対象」というのは，「使徒信条」の第一条の「天地の創造者で万能の父なる神」というようなものである。

437)（訳注）*GW* 9, S. 288, Z. 21 以下を参照されたい。

438)（訳注）「現実の国」で国家権力が富となり，富が国家権力に帰り，両者が統一に帰入するというのが同時に信仰の世界の構造でもあることを本文は意味している。

439)（訳注）*GW* 9, S. 270, Z. 10–12 を参照されたい。

440)（訳注）「永遠な実体」とは，*GW* 9, S. 405, Z. 37 では，「恵み深いもの，義しいもの，聖なるもの，天上と地上の創造者」と呼ばれている。

441)（訳注）形成陶冶の世界での富のこと。

442)（訳注）イエスでの「受肉」のこと。

のは，この疎遠になった自己，おとしめられた実体がそのはじめの単純性に還帰したもの〔聖霊〕である。こういうふうにしてはじめて，実体は精神として表象されている。——

これら区別された三つの本質体は，思考を通じて，現実の世界の遍歴から自己に帰ってきているとき遍歴を終わった永遠の精神〔霊〕であり，それらが存在するのは，それらがつくっている統一を考えるということである。このように自己意識から離れていながらも，これらの本質体は自己意識に食い込んでゆく。もし本質体そのものは，はじめの単純な実体の形式をとってゆるがぬとすれば，自己意識にとっては，いつまでも疎遠のものであろう。だが，この実体が外化放棄されると，その精神には，己れのもとで現実[443]という契機があることになり，そのため信仰する｜（482）自己意識に関与するようになる。言い換えれば，信仰する意識は，現実の世界のものとなるのである。

この第二の関係からいえば，信仰する意識には，一方では，みずから形成陶冶の現実的世界でその現実があることになり，信仰する意識は，考察したような形成陶冶の世界の精神と定在とになる。が他方では，この意識は，空しいものとしての，この己れの現実に対抗して，これを廃棄するように動く。この動きは，その意識にその現実の逆転について機知のある意識がある点にあるのではない。なぜならば，この意識は，単純な意識であり，これは機知のあるということが，なお現実の世界を目的[444]としているという理由で，空しいものであると数え立てるからである。むしろ，この意識が思考する静かな国には，現実が機知なき定在として対立しており，そのためこの定在は，外的仕方で[445]超えられるべきである。この意識が神を祭祀し，神をたたえる従順な態度は，感性的知識と行いを廃棄することによって，それ自体でそれだけで存在する本質体と一つであるという意識をつくり出すけれども，これは直観[446]された現実的統一ではない。むしろ，この祭祀は，現在の世界ではそ

443）（訳注）ここも受肉のこと。

444）（訳注）この目的は権力と富に帰する。

445）（訳注）「外的仕方」というのは不幸な意識が行った断食や喜捨の禁欲にあたることである。

446）（訳注）この「直観」が成就されるのは，*GW* 9, S. 419, Z. 32 以下でのことである。

の目標を完全には達しえないものを継続してつくり出しているにすぎない。なるほど，教団は，普遍的自己意識[447]であるから，そこへ達するにしても，個々の自己意識にとっては，純粋思考の国は当然いつまでも己れの現実の彼岸[448]である。言い換えれば，この純粋思考の国は，永遠の本質体を外化放棄することによって現実にはいってきたのであるから，現実は，概念把握されていない｜（483）感性的現実[449]である。けれども，一つの感性的現実が，他方の感性的現実に無関与なままでいる。そして，彼岸は空間的にも時間的にも遠く隔たっているという規定が，得られたにとどまる〔「不幸な意識」想起〕。――しかし，概念[450]は，すなわち，精神が己れ自身に現在しているという現実は，信仰している意識では，いつまでも内面[451]にとどまっているが，この内面は一切であり，一切を動かすのに，己れでは現れてこない。

〔3　純粋自己意識としての純粋洞察〕

だが，純粋洞察では，概念がもっぱら現実的なものである。純粋洞察にとって対象であるという，信仰の第三の側面が，【291】ここで信仰が現れてくる本来の関係[452]である。純粋洞察自身は，同様に一方で

447）（訳注）教団をもって「普遍的自己意識」とすることは，*GW* 9, S. 381, Z. 2–3 にあり，とくにⅦ-C の第 3 段階で顕著である。不幸な意識と形成陶冶の世界の信仰と啓示宗教との比較からすると，不幸な意識と同じく形成陶冶の世界の信仰も教団の立場を重んじたときには啓示宗教となるという感が深い。

448）（訳注）形成陶冶の世界の信仰による「純粋思考の国」は啓示宗教の「純粋思考の場面」での「純粋意識の国」に酷似しており，また宗教の対象が所詮は「彼岸」にとどまることは，不幸な意識でも，Ⅶ-C の啓示宗教でも説かれている。

449）（訳注）感性的現実というのは，イエスでの神の受肉のことである。

450）（訳注）この場合の「概念」に酷似しているのは，やはり「内面」と結びつけられている *GW* 9, S. 411, Z. 16–17 の「概念」である。この「概念」は啓示宗教の第一の場面である「純粋思考の場面」に関して説かれているものである。概念の世界の信仰も純粋思考の立場をとるから，両者に共通点のあるのは，当然である。

451）（訳注）この内面は，『新約聖書』「使徒言行録」17:28 に「われらは神の中に生き，動き，存在する」という場合の神にあたるであろう。

452）（訳注）信仰を純粋洞察との関連で考察するのは，Ⅵ-B-Ⅱ-a の「啓蒙と迷信との争い」の課題であり，しかも信仰自身の内容がより明らかになるのも，この a でのことである。

はそれ自体で自立していて，他方では，なお肯定的であり，すなわち，空しい意識として現前している。そのかぎりで，現実的世界との関係で[453]，さらに最後には，信仰に対する例の関係で考察されなければならない。

純粋洞察がそれ自体でそれだけで何であるかについて，すでにわれわれがながめわたしたこと[454]は，信仰が，本質体としての精神の静かで純粋な意識であるように，純粋洞察は本質体としての精神の自己意識であることである。それゆえ，純粋洞察は，本質体を本質体としてではなく絶対的自己[455]として知るのである。こうして洞察は，それが現実的なもの[456]のであろうと，自体存在するもののであろうと，自己意識にとって他なるすべての自立性を廃棄し，それを概念とすることに向かってゆく[457]。それは，全真理であるという，自己意識的理性の確信[458]であるだけでなく，みずからがそういうものであることを知っている。

|（484）だが，純粋洞察の概念は，現れてきたばかりであって，まだ実現されてはいない。こうして，この概念の意識は，なお偶然なもの，個別的なものとして現れ，その意識にとって本質である当のものは，意識が実現すべき目的として現れる。この意識は，まずこの意図を，すなわち純粋洞察を普遍的なものにしなければならない，つまり現実的であるすべてを概念に，しかも，あらゆる自己意識での一つの概念にしなければならない。この意図は，純粋洞察を内容としているから，純粋である。またこの洞察も同様に純粋である。というのは，その内容は，絶対的概念であり，対象ということで対立をもっているのでもな

453）（訳注）純粋洞察を世界との関係で考察することは，次の次の段落とIIの啓蒙の前文とでなされている。

454）（訳注）*GW* 9, S. 288, Z. 31 以下を参照されたい。

455）（訳注）法的人が第一の自己，純粋洞察ないし純粋自由が第二の自己であり，良心が第三の自己であるのに対して，宗教の主体が「絶対的自己」と呼ばれているけれども，純粋洞察はむしろ宗教的なものではないから「絶対的自己」というのは，自己であることを強調していったまでのことであって，「第二の自己」と別のものではないであろう。

456）（訳注）「現実的なもの」とは，国家権力と富のこと。

457）（訳注）あくまでも「向かう」のみであって，実現するのはVI-B-IIIの絶対的自由でのこと。

458）（訳注）ここに純粋洞察が理性として出てくるのは，IVの精神も（C）（BB）としてやはり（AA）理性でもあるからである。このさい，全真理であるという確信と理性を規定するのは，「理性とは全実在であるという意識の確信である」に応じている。

く[459]，それ自身で制限されているのでもないからである。概念が制限を受けていないということには，そのままで二つの側面がある。つまり，すべて対象的なものには，自己意識という自立存在の意味だけがあるべきであるという側面と，この自己意識には普遍という意味があり，純粋洞察はすべての自己意識の所有となるという側面とがある。この意図の第二の側面は，形成陶冶の結果であり，これは，対象的精神の諸々の区別や，精神の世界のいくつかの部分や判断規定[460]と同じように，本源的に特定の本性として現れる諸々の区別もまた，そこで没落しているかぎりでのことである。天才，才能，特殊な能力一般は，現実の世界のものである。それは，現実の世界が，精神的動物の国であるという側面を，つまり，現実的世界の本質をめぐって，たがいに権力を争い混乱に陥りながら，争い合い，だまし合っている精神的動物の国であるという側面を，まだ己れのもとでもっているかぎりである[461]。なるほど，これらの区別は，｜（485）誠実な種類のものとして，形成陶冶の世界に場所を占めているわけではない。個体性は，非現実的事象そのもの[462]で，満足しているわけでもなければ，またこの世界が，特殊な内容と自己自前の目的とをもっているのでもない[463]。むしろ，この世界は，普遍妥当なもの，つまり形成陶冶されたものとしてのみ認められるのであり，この区別にしても，より小さいかより大きいかの力[464]に，つまり大きさの区別に，非本質的な区別に還元される。しかし，この究極の相違にし

459）（訳注）「対象での対立をもっているのでもない」というのは，純粋洞察が全真理であることを知っている理性だからである。この理性の実現されるのは，Ⅵ-B-Ⅱ-aでの信仰との争いを通じてのことである。

460）（訳注）「諸部分」とは国家権力と富，「諸規定」とは高貴と下賤，可と不可のこと。

461）（訳注）国家権力と富とに対して「へつらいの言葉」を呈するのは，両者をだましとるという意義をもつことを指している。このさい Betrug はⅤ-C-aの表題にあるもの。

462）（訳注）「事象そのもの」が「非現実的」というのは，それが目的―手段―現実（所業）の区別に形式的に共通な本質であり類であることを意味している。

463）（訳注）「自己自前の目的をもっているのでもない」というのは，V-Bの快楽―心の法則―徳の場合とは違って個々人が目的とすることがかれら自身からではなく，かれらの普遍的実体から決まるからである。したがって目的が要するに国家権力と富とであるのは，すでに述べられていたことである。

464）（訳注）*GW* 9, S. 267, Z. 26–S. 268, Z. 17; S. 217, Z. 25 以下；S. 223, Z. 19 以下；S. 225, 20 以下を参照されたい。

ても，区別が意識の完全な分裂の中で，絶対的に質的区別に反転してしまったときには亡びてしまっていた。ここでは，自我の他者であるものは，自我自身にほかならない。【292】この無限判断にあっては，本源的自立存在の一面的姿と，自前の姿はすべて亡ぼされている。つまり，自己は，純粋な自己[465]としての己れが，己れの対象であることを知っている。そこで，両側面が，このように絶対的に等しいことこそ，純粋洞察の場面なのである。――それゆえ，この洞察は，己れの中に区別をもたない単純な本質体であり，また，普遍的所業であり，普遍的所有物である。この単純な精神的実体[466]では，自己意識は，すべての対象でこの己れの個別性ないし行いであるという意識を得て維持するのである。がまたそれとは逆に，自己意識の個別性は，そこでは自己自身に等しいとともに，普遍的である。――したがって，この純粋洞察は，すべての意識に向かってこう呼びかける精神である。お前たちすべては，お前たち自身が元来ある通りのものにお前たち自身に対してなれ，すなわち理性的であれ，と呼びかける。

| (486)　　II　啓蒙

純粋洞察が，概念の力を向けている自前の対象は，信仰である。これは，同じ場面で，洞察と対立している純粋意識[467]の形式である。が，洞察は現実の世界にも関係している。というのも，それは，信仰と同じで，現実の世の中から純粋意識に立ち返ったものだからである。まずはじめて[468]ながめわたさなければならないのは，洞察の働きが，現実の世の中の不純な意図と逆立ちした洞察に対してどんな性質をもっている

465）（訳注）「純粋な自己」の「純粋な」とは，他者があっても，これとの区別がないことを意味する。

466）（訳注）ここに「精神的実体」と呼ばれているものは，*GW* 9, S. 276, Z. 37 のように各契機が各自に「直接妥当する現実性」であるところに成立するとされた実体のことであろう。

467）（訳注）正確にいえば，信仰は純粋対象意識として，純粋自己意識である純粋洞察には対立する。

468）（訳注）「まずはじめて」に対しているのは，*GW* 9, S. 293, Z. 18 の「しかしそれでもなお，本質体についての知は，空しい知を超えてしっかり立っている」である。

か，ということである。

己れを自己内で解体したりまた生み出したりする当該渦巻に対抗する，静かな意識については，すでにこれまで[469]言及された。この意識は，純粋洞察と意図との側面をなす。だが前にながめわたしたように，この静かな意識に帰するのは，形成陶冶の世界についての特別な見解〔洞察〕ではない。むしろ形成陶冶の世界自身には己れ自身について，もっとも痛ましい感情と，もっとも真実な洞察がある。――すべて固定するものが解体するというこの感情は，この世界の定在する全契機が引き裂かれ，骨という骨がみな粉々にされた，ということである。――またこの世界は，この感情を言葉に表し，己れの状態のあらゆる面について，機知のある｜（487）語らいで評価を下している。だからここでは，純粋洞察は，自己の働きや内容をもちえないで，この世界とその言葉を，己れの機知のある洞察で，形式的に忠実に把握することしかできないのである。この言葉は支離滅裂で，その評価は，すぐまた忘れられてしまうような，瞬間のたわごとであり，全体は第三の意識のためにだけある。だから，この全体は，例の〔支離滅裂に〕崩れ去る諸々の相を一般的像[470]にまとめあげ，すべての人々の洞察につくりあげたおかげで純粋洞察としての意識が区別されうる。

【293】純粋洞察は，以上の単純な手段でこの世界の混乱を解消するであろう。というのも，これまで判明したところでは，以上の現実の本質となっているのは，群〔国家権力と富〕や特定の概念〔可，不可〕や個体性〔君主，貴族，富める者，市民〕などではないからである。むしろ，現実がその実体と支えとをもっているのは，判断し批評する者として現存する精神ということでだけのことであり，また，理屈をこねたり，お喋りをしたりするために内容がほしいという関心だけが，全体とその分節の集まりを支えるのだからである[471]。洞察のこの言葉にあっては，その自己意識はみずからにとりまだ自立存在〔対自存在〕でありこ

469）（訳注）*GW* 9, S. 288, Z. 26 以下を参照されたい。

470）（訳注）「一般的像」というのは，次の段落の集成（Sammlung）と同じく，ディドロ，ダランベール，ヴォルテールなどアンシクロペディストの事業のことを指している。イポリットは注釈および解説でモンテスキューの『ペルシア人の手紙』（1721 年）からヴォルテールの『哲学辞典』（1764 年）への移行にも同様の意義を認めている。

471）（訳注）*GW* 9, S. 282, Z. 31 以下 ; S. 285, Z. 31 以下を参照されたい。

の個別者[472]である。だが，内容の空しさは，同時に，内容を空しいと知る自己の空しさでもある[473]。さて，機知のあるやり方で空しくお喋りすること全体を静かに把握する意識が，事柄を決着させるもっとも適切な把握をひとまとめにするならば，全体をなお支える魂，機知のある評価の空しさは，｜（488）定在のその他の空しさに没落してゆく。ひとまとめにすると，大部分の人には己れたちの機知よりもよい機知が，すべての人々には少なくともより多面的機知が明らかにされる。知ったかぶりをして評価するというのは，普通のことであり，だれにでもよく知られたことである。このために，まだ残っていた唯一の関心がなくなって，個々の洞察の働きは普遍的洞察に解体してゆく。

しかしそれでもなお，本質体についての知は，空しい知を超えてしっかり立っている。そして，純粋洞察は，信仰に対抗して登場するかぎりで，はじめて本来の活動となって現れる。

a 啓蒙と迷信の争い

意識の否定的態度には，いろいろな相がある。一方では懐疑主義の場合，他方では理論的観念論[474]ならびに実践的[475]観念論の場合であり，いずれも純粋洞察とその普及，つまり啓蒙の場合よりは，その序列からいって低い形態である。なぜならば，純粋洞察は，実体から生まれたものであり，意識の純粋自己が絶対的なものであると知っており，あらゆる現実の絶対的本質体についての純粋意識[476]に比肩するからである。

472）（訳注）「この個別者」であるのは，*GW* 9, S. 285, Z. 25 の「この自己としての意識のこの自己」に応じている。

473）（訳注）この「空しさ」は *GW* 9, S. 285, Z. 31 では，「あらゆる事物の空しさは，自己自前の空しさである」のに応じている。

474）（訳注）「理論的観念論」とは，V-A の「観察する理性」のことである。というのは，この理性は法則を発見するが，法則とはそれ自体では自己だからである。したがってこの理性は自己をみつけるものだからである。

475）（訳注）「実践的観念論」とは，V-B の「理性的自己意識の自己自身による実現」のことである。なぜならば，「理性的自己意識」とは「行為的理性」であり，また「実践的意識」だからである。

476）（訳注）絶対的本質体の純粋意識であることが信仰の規定であることは，*GW* 9, S. 286, Z. 27 以下によって明らかである。

――信仰と｜(489) 洞察は，同じ純粋意識である[477)]が，形式的には対立している。信仰にとっては，本質体は概念としてあるのではなく，考えとしてある。それゆえ，その本質体は，自己意識に端的に対立している。――だが，純粋洞察にとっては，本質体は自己である。――そこで両者はたがいに，一方が他方を端的に否定するものとなる。――両方が相対して出てくるとき，信仰にはすべての内容[478)]が帰せられる。つまり，思考という，信仰の静かな場面にあっては，すべての契機[479)]が存続することになる。――【294】だが，純粋洞察には，はじめ何も内容がなくて，むしろこの内容のまったくの消失である。ところが，己れにとり否定的なものに対して否定的に動くことによって，純粋洞察は実現され，内容[480)]を与えられる。

〔1　純粋洞察の信仰への肯定的関係，純粋洞察の普及（啓蒙）〕

純粋洞察は，信仰が己れにつまり理性と真理[481)]に対立したものであると知っている。信仰は，純粋洞察からみると，おしなべて，迷信，偏見，誤りが織りまぜられたものであり，さらにこの内容の意識は，組織されて誤りの国[482)]となる。ここでは，誤りの洞察は，一方では，一般大衆の意識として，直接的で無邪気[483)]で，自己自身への反省還帰がな

477）（訳注）正確にいえば，純粋洞察の方は純粋自己意識である。

478）（訳注）信仰が内容をもっているのに，純粋洞察の方は無内容である。

479）（訳注）信仰の「すべての契機」とは要するに三位一体の三位格のこと。

480）（訳注）純粋洞察が得る「内容」とは，Ⅵ-B-Ⅱ-b が肯定的結論として与える理神論と唯物論と有用なものとのことである。

481）（訳注）純粋洞察はそれ自体では理性であり，真理である。

482）（訳注）「誤りの国」の原語は Reich des Irrtums である。歴史的には Pragmatic Sanction of Burges（1518）などに支えられて，王権神授説がもっとも強力に実践されていたフランスのアンシャン・レジームのことであり，またその他のアンシャン・レジームである。大衆と祭司と暴君とからなるというこの「誤りの国」の構想に寄与したものとして，イポリットは注釈ならびに解説で，ヴォルテールの悲劇『エディプ』（1718 年）と悲劇『マホメット』（1741 年），レッシングの『賢人ナータン』（1779 年），シラーの『群盗』（1781 年）をあげている。しかしこの国は大衆と祭司と専制君主とからなるものとして，V-B-b の心の法則で「現行の秩序」と呼ばれたものと，論旨でほとんど同じである。

483）（訳注）無邪気の原語は unbefangen であるが，この語はこれから信仰に関してしばしば用いられるものであり，このことは Glaube が本質的には Volksglaube であることを示

い。〔他方で〕そういう無邪気な性状を離れて[484]，自己反省と自己意識の契機を己れのもとでももっている。これは背後にそれだけで隠れている洞察であり，意識をあざむく悪い意図である。そういう大衆は，僧侶階級の欺瞞の犠牲である。この僧侶階級は，洞察を己れたちで依然として独占する嫉妬深い虚栄心と，｜（490）その他の利己心とを実現すると同時に，専制政治と結託する。専制政治は現実の国とこの理想の国を，概念のないやり方で総合統一し，――これが首尾一貫することはまずないが，――大衆の悪しき洞察と僧侶たちの悪しき意図のうえに立って両者を己れの中に合一しようともする。つまり欺瞞的僧侶を手段に使って，大衆の愚昧と混乱を利用し，両方を軽蔑しながら，支配を安定させ，情欲と恣意を充たして利益を得る。だが，同時に洞察と同じように愚かであり，同じように迷信であり，誤っている[485]。

〔大衆，僧侶，専制政治という〕これら三つの側面の敵に対し，啓蒙は区別なく関わり合うわけではない。なぜならば，啓蒙の本質は純粋洞察であり，完璧に普遍的なものであるため，己れと別の項に真に関係する場合には相手と己れに共通で等しいものを目指すからである。無邪気な普遍意識から孤立する個別性の側面は，啓蒙とは反対のもので，啓蒙が直接触れることのできないものである。だから，人をあざむく僧侶階級と，抑圧を行う専制君主との意志は，そのままでは，啓蒙活動の対象にならない。むしろその対象となるのは，洞察であり，それは自立存在〔対自存在〕となって孤立することがない。また，それは，理性的自己意識の概念[486]であり，それは，意志のない大衆のあいだに定在してはいるが，まだ概念となって，大衆の中に現前するに至っていない。｜

している。

484）（訳注）「離れて」というのは，祭司のものとしてということ。

485）（訳注）宗教批判という啓蒙文学で広まった形式は，とりわけドルバックを代表とする。この点については，Pail Heinrich Dietrich Baron von Holbach, *Le christianisme dévoilé, ou examen des principes et des effets de la religion chréstienne.* Par feu Mr. Boulanger, London, 1767, pp. 4–5; pp. 56–57; pp. 156–163; p. 188 を参照されたい。また，続く箇所でも当該宗教批判を念頭に置いていたことはまず間違いない。ドルバックによれば，神に全関連を超えて偉大にされた人間を人間はみている。神学者はいつも擬人論者にとどまる。ドルバックはキリスト教道徳が役に立たないと批判している。この点については，前掲書，pp. 119–120; pp. 133–134; pp. 147–148; p. 167 以下 ; p. 195 以下を参照されたい。心の法則想起。

486）（訳注）この場合の概念は現実性に対する可能性としてのものである。そして洞察のこの概念が自己意識のものである。

(491) しかし，純粋洞察は，誠実な洞察とその無邪気な本質を，偏見と誤謬から引き離すので，悪しき意図の手[487]から，それの欺瞞の実在さとその威力をもぎとる。この悪しき意図の国は，一般大衆の概念なき意識に，地盤と素材をもっており，――その自立存在は，もともと単純な意識にその実体をもっている。

さて，純粋洞察と，絶対的本質体の無邪気な意識[488]との関係には，裏表の面がある。一方では，洞察は，無邪気な意識とそれ自体では【295】同じものである。他方では，この意識は，その考えの単純な場面に，絶対的本質体ならびにその部分[489]を認め，それらを存立させ，それらを意識の自体としてだけ，またそれゆえ対象的仕方で妥当させ，この自体のうちで己れの自立存在[490]を否定してしまう。――第一の側面[491]からいえば，この信仰は，純粋洞察にとってそれ自体では純粋自己意職であり，ただそれだけで自己意識になるべきであるかぎり，純粋洞察には，純粋自己意識のこの概念のもとで場面があり，そこでは純粋洞察が偽りの洞察の代わりに実現される。

両者が本質的には同じものであり，純粋洞察の信仰に対する関係も同じ場面によって，同じ場面で起こるというこの側面からは，洞察の伝達は直接的なものであり，洞察が与えたり受けとったりすることも邪魔されずに流入し合う。さらにそのほか意識にどんな杙が打ちこまれようとも，意識はそれ自体では単純なもの[492]であり，｜(492) ここではすべてのものが解体され，忘れられ，拘束されないので，概念が端的に受けとられる。それゆえ，純粋洞察の伝達は，抵抗のない雰囲気で靄が静かに拡がり流れてゆくのと比較できよう。この伝達は，浸透し伝染してゆくもので，この無関与な場面にこっそりと伝染していっても，これまでは，反対のものだとは気づかれなかったので，防ぐこともできなかった。伝染が拡まったときになってはじめて，それを気にも止めない

487）（訳注）「手」とは，祭司と専制君主との手のこと。
488）（訳注）民の信仰のこと。
489）（訳注）*GW* 9, S. 289, Z. 27 を参照されたい。
490）（訳注）「自立存在」は純粋洞察の基本的規定である。
491）（訳注）*GW* 9, S. 296, Z. 9 を参照されたい。次の段落ではこの「第一の側面」が展開されている。
492）（訳注）この「単純なもの」は *GW* 9, S. 281, Z. 4 の「絶対的弾力性」にあたる。

で放っておいた意識に対してである。なぜならば，意識が己れに受けいれたものは，なるほどそれ自身でも意識にとっても，同等で単純なものであったけれども，同時に，自己に反省還帰した否定性のもつ単純性[493]であったからである。これは，のちになると，その本性から対立したものとしても展開し，そのため意識に以前の姿を想い起こさせるからである。この単純性は，単純な知である概念であり，この知は自己自身と己れの反対とを同時に知っているが，この反対が，己れの中で廃棄されたものであることも知っているからである[494]。したがって，意識に対して純粋洞察があるときには，もう洞察は拡がってしまっている。それゆえ，洞察と争うことは，伝染がすでに起こってしまっていることをもらしている。争いは遅すぎるのだ。それで，どんな薬もこの病気を悪くするだけである。なぜならば，この病気は，精神（霊）的生命の骨の髄[495]を，つまりその概念での意識を，その純粋本質そのものを侵襲してしまっているからである。だからまた意識には，病気に打ち克つことになる力が何もない。病気は，本質そのものにあるのだから，病気が｜
（493）一つ一つばらばらに現れてくるのは耐えられるし，表に出た徴候はぼかされもする[496]。これは，純粋洞察にとってもっとも都合がよい。というのは，そのとき洞察は，必要もないのに力をいま浪費するわけでもないし，己れの本質にふさわしくないとするわけでもないからである。つまりその本質は，洞察が徴候や個々の発疹ということで信仰の内容にさからい，信仰の外面的現実[497]の関連にさからって噴き出てくる場合のことである。むしろ，洞察は，眼にはみえないし，気づかれない精神であるから，意識されていない偶像の急所，急所をことごとくそっ

493）（訳注）「単純性」でありながら否定性を備えているものは概念である。

494）（訳注）ここでの「知っている」には，「絶対の他在のうちで純粋に自己を認識すること」の意義が認められているが，純粋洞察がただちにこの意義を発揮できないのは，それにはさらに第二の側面があるからである。

495）（訳注）「精神的生命の骨の髄」とは Mark des geistigen Lebens である。「精神的生命」という語はⅦ-C およびⅧでも，しばしば三位一体の諸位格間の動きを指すものとして用いられているところからすると，「骨の髄」というのは自体と対自と自体かつ対自の弁証法的動きのことであろう。

496）（訳注）イポリットは注で百科全書の発禁を実例としてあげている。

497）（訳注）純粋洞察が信仰の内容にまで反対するものではないことはやがて〔2〕によっても明らかにされることであるが，「外面的現実」というのは，教会の組織や祭祀の仕方のことであろう。

と通りぬけ，やがて内臓や四肢のどれもこれもを根本から占領してしまう。そして【296】「よく晴れた朝，洞察はその仲間を肱でおしのける。するとがらがらと音をたてて，偶像は地に倒れてしまう」[498]。——よく晴れた朝というのは，昼になれば，伝染が精神的生命の全器官に浸透してしまうので，血は流れない。そのときには，思い出だけが，どういうふうにしてかはわからないが，一つの過去の歴史として，精神のかつての形態の，死んでしまった姿を記憶にとどめる。そして，こういうふうに，皺のよった皮だけを，痛みを感じもしないでぬぎ捨てて，知恵の蛇が崇拝の新しい対象に昇せられることになる[499]。

〔2　純粋洞察の信仰への否定的関係，純粋洞察が己れに疎遠になること〕

だが，こうして精神は，その実体の単純な内面でその行いを隠したままで，沈黙して機を織り続ける[500]が，これは，純粋洞察を実現する一

498）（訳注）ディドロ『ラモーの甥』282–83頁を参照されたい。引用文に関連して『ラモーの甥』のゲーテ訳で本文と関係のある主人公の言葉を邦文に移すと，次のようなである。「真なるものは父であるが，この父が善きものを生み出す。この善きものが息子であり，息子から美しいものが現れてくる。この美しいものが聖霊である。この異邦の神が祭壇のうえでその国の偶像のそばに控え目にすわる。しかし異邦の神は次第次第に場所を占め，そしてよく晴れた朝，この神がその仲間を肱でおしのける。するとがらがらと音をたてて，偶像は地に倒れてしまう。こうしてイエス社の人々がシナやインドでキリスト教を植えつけたのだそうだ。あなたがたヤンセニストたちはいいたいことをいうがよい。騒ぎもなく，流血もなく，殉教者もなく，頭の髪を引き抜くこともなしに，目的へと導いてゆくこの政治的な遣りかたがわたしには最善のものと思える」（ワイマール版『ゲーテ全集』第45巻117頁）。したがって『ラモーの甥』では，イエス社の人々が中国やインドで宣教に成功したことを，主人公が哲学者に向かって語っているのに，本文は啓蒙にキリスト教の位置を，信仰に中国やインドの宗教の位置を与えているのであって，まったくの換骨奪胎である。

499）（訳注）「民数記」21:8以下を参照されたい。ここでは『ラモーの甥』でのイエス社の勝利が革命の勝利となっている。このさい念頭に置かれているのは，ロベスピエールが1793年11月10日に宣言した「理性の崇拝」と1794年5月7日にやはりかれが宣言した「至高存在の崇拝」とである。したがって歴史的には所論はすでにⅥ-B-Ⅲの絶対自由へと進んでいるのである。これは以上この段落が啓蒙運動をもって「区別」の手記にいわゆる「都かな秘めやかな革命」とみて語っていることを意味する。

500）（訳注）「…その実体の単純な内面でその行いを隠したままで，沈黙して機を織り続ける」の原語は，dieses stumme Fortweben des Geistes im einfachen Innern seiner Substanz である。Fortweben の Weben を，ベイリーもイポリットもミラーも「織ること」という意味に

つの側面にすぎない。洞察の普及は，等しいものが等しいものと一緒になる点にだけあるのではない。また，それを実現することは，ただたんに対立もなしに拡がることだけではない。むしろ，否定的｜（494）存在[501)]の行いも，やはり本質的には，己れの中で己れを区別する動き[502)]が展開したものであり，この動きは，意識的行いであるから，そのいくつかの契機を現れた特定の定在ということで掲げ，かしましい音をたて，対立したものそのものと暴力的争い[503)]を挑まざるをえないのである。

それゆえ，ながめわたさなければならないのは，純粋洞察と意図とが，己れの前にあって己れに対立する他者に対し，どういう否定的態度をとるかである。——だが，純粋洞察と意図は，その概念が全本質性[504)]であり，そのそとには何もないのであるから，否定的態度をとるにしても，自己自身を否定するものでしかありえない。だから，それは洞察として，純粋洞察を否定するものとなる。純粋洞察は，非真理となり非理性となる。洞察が意図となるときには，純粋意図を否定することになり，いつわりとなり，不純な目的となる。

純粋洞察がこういう矛盾に捲きこまれるのは，争いに関わり合って，何か別のものを争いとろうとしているのだと，思い込むためである。——そう思い込むのは，純粋洞察の本質が絶対的否定性であるため，他在が己れ自身のもとにあるからである。絶対的概念はカテゴリー[505)]である。それは，知と知の対象が同じであるということである。したがっ

解しているようにみえる。

501）（訳注）信仰の肯定的普遍性に対する純粋洞察の特徴が絶対的否定性である。

502）（訳注）「区別する動き」というのは，純粋洞察は理性であり，理性は己れに対立するもののうちにも己れを見出す。純粋洞察が現実的にこういう理性であるのではない。だから，純粋洞察は信仰で己れに対立するものに出会ったとき，これを己れから区別して否定することを指すのであり，すなわちやがて明らかになるように，「己れから疎遠になること」を指すのである。

503）（訳注）「争い」というのは，信仰がたとえば木や石に刻まれた像を崇めるとき，純粋洞察はその像をもって眼があってもみえないもの，耳があっても聞こえないものと罵倒するようなことを指している。

504）（訳注）「全本質性」であるというのは，純粋洞察が理性であることを意味している。

505）（訳注）「カテゴリー」の基本規定が自己と存在との同一であることについては，*GW* 9, S. 134, Z. 20 以下の〔2〕を参照のこと。

て，純粋洞察が，己れの他者であると表明するもの，誤謬ないし偽りと表明するものは，己れ自身以外のものではありえない。洞察がなしうることは，己れがある当のことを弾劾することでしかない。理性的でないものに真理はない。言い換えれば，概念把握されていないものは，存在しない[506]。だから，理性が，己れとは別のものについて｜(495) 語るとき，実際には，己れ自身についてだけ語っている。そのとき理性は，己れのそとに出てはいないのである。――したがって，反対のものと以上のように争うことは，理性を実現するという意義を自己内で合一する。つまりこの実現は，諸々の契機を展開させ，それらを己れに取り返すという動きということであり続ける。この動きの一部は，区別を立てるが，これは，概念把握する洞察が，自己自身を対象として己れに対立させることである。洞察が，この契機に停滞しているかぎり，自己に疎遠となっている[507]。純粋である[508]ので【297】洞察にはあらゆる内容がない。その実現の動きは，洞察自身が己れの内容となる点にある。なぜならば，洞察は，カテゴリーの自己意識[509]であるから，それ以外の内容は，そこには生じえないからである。だが，洞察は，はじめ対立している内容を，ただ内容として知っているだけで，まだ自己自身としては，知っていないので，その内容の中で己れを見失っているのである。したがって，純粋洞察が完結するということには，はじめそれの対象であった内容を，己れ自身のものであると認識するようになるという意味がある。だが，このためその結果[510]は，洞察の争う誤謬が回復されることでも，もっぱらはじめの概念になることでもない。むしろ，自己自身の絶対的否定を，自己自身の現実であり，自己自身であると認識する洞

506)（訳注）本文は『法哲学要綱』の序説での「理性的なものは現実的，現実的なものは理性的」という有名な命題に酷似している。この立場からすると，純粋洞察が弾劾しうるのは，己れ自身だけであるということとなるのは，当面の〔2〕の所論にとって基本的意義をもつことである。

507)（訳注）「疎遠」というのは，純粋洞察もなおⅥ-Bの「己れから疎遠な精神」の領域に属することを示している。

508)（訳注）純粋洞察の「純粋」が「抽象的」をも意味しうることを示している。

509)（訳注）「カテゴリーの自己意識」ということについては，*GW* 9, S. 277の「自己自身を知るカテゴリー」を参照。

510)（訳注）この「結果」は，*GW* 9, S. 302, Z. 29以下の〔α 肯定的結論〕で示されている。

察[511)]となる，つまり己れ自身を認識していて洞察の概念となる。――啓蒙が，誤謬と争うことの本性は，この誤謬の中で自己自身と争いながら，己れが主張することを弾劾することである。が，この本性は，われわれにとってのものである，言い換えれば，洞察とその争いがそれ自体である通りの当のものである。だが，この争いの第一の面は，｜(496)啓蒙が，己れの自己自身に等しいという純粋さに否定的態度を受けいれる結果，みずから不純になることである。これは，啓蒙が信仰にとって対象であることと同じであり，したがって信仰は，啓蒙が偽りであり，非理性，悪しき意図であることを経験し，信仰も，啓蒙からみれば，誤謬であり，偏見である。――その内容を勘案すれば，啓蒙ははじめ，己れの内容が他者であるかのように思われる空しい洞察である。それゆえ，啓蒙は，内容がまだ己れの内容ではない形態だとみつけ，己れからまったく独立した定在としての内容が信仰だとみつける。

〔α）否定的関係一般，行いと存在すること〕

こうして，まずはじめて[512)]そして一般的に[513)]，啓蒙はその対象を把握するのであり，それは，この対象を純粋洞察[514)]として受けとるが，その対象が自己自身であることを，認識しないので，それを誤謬だと宣言するというようにである。洞察そのもの[515)]で意識はある対象をつかむが，その仕方は，対象が意識の本質体となり，対象となるというようにしてである。このとき意識は，この対象を貫いており，その対象で自己を維持し，自己自身にとどまり，自己に現在し続けて，対象の動きであることによって対象を生み出す。このようなものとしてこそ，啓蒙が信仰の絶対的本質体だとするものが，信仰自身の意識の存在であり，それ

511）（訳注）洞察に関するこの表現は，絶対的精神が「己れが精神であることを知っている精神」であるのに酷似している。

512）（訳注）「まずはじめて」というのは，次の段落のはじめにある「他面からは」に対することであるが，絶対的本質体に行うことと存在することという両方の契機を認めて，この段落では前者が，次の段落では後者が取りあげられているのである。

513）（訳注）「一般的に」というのは，*GW* 9, S. 299, Z. 16 の〔β〕で信仰する意識の諸契機を，絶対的本質体と信仰の根拠と信仰の行う奉仕（勤行）との三つに特殊化して，各契機について論ぜられるのに対している。

514）（訳注）この場合の「純粋」は「抽象的」ということである。

515）（訳注）「洞察そのもの」とは，それ自体でそれだけである純粋洞察のこと。

自身の考えであり，意識によって生み出されたものだと信仰についていうことによって[516]啓蒙は信仰を正しく語っている。それゆえに，啓蒙は信仰を誤謬であり，啓蒙の本質を虚構する[517]と宣言する。――啓蒙は，信仰に新しい知恵を教えようとするが，それによって何も新しいことを信仰に語るのではない。なぜならば，信仰の対象もまさに｜（497）そういうもの，つまり，自己自身の意識の純粋本質だからである。だから意識は，この対象で己れを失い否定されているのではなく，むしろその対象を信頼している[518]。すなわち，この意識としての，つまり自己意識としての己れがその対象だとみつける。わたしの信頼をよせる人が，その人自身を確信しているのは，わたしにとってわたしがわたし自身を確信していることである。わたしはその人にわたしの自立存在を認識する，つまり，その人がわたしの自立存在を承認し，それをその人の目的とし本質としていることを，認識する。だが，信頼することは信ずることである。なぜならば，そのとき意識は，直接その対象に関係していて，【298】意識は対象と一つであり，対象の中にある[519]ことをも直観しているからである。――さらに，わたしがわたし自身を認識する場面は，わたしの対象であるのだから，とにかくわたしはそのとき同時に別の自己意識としてある。すなわち，そのときその別の自己意識は，己れの個別性につまりその自然性と偶然性から疎遠になって[520]いながら，一方では，同時に自己意識にとどまり，また他方では，まさにそれと同

516）（訳注）本章注485を参照されたい。

517）（訳注）「虚構する」の原語はErdichtungであるが，*GW* 9, S. 307, Z. 36ではFiktion（フィクション）となっている。フォイエルバッハのキリスト教論での創造神観はこの「虚構」ないしフィクションから示唆を得たものであろう。

518）（訳注）「信頼」の原語はVertrauenである。この語はすでに人倫的実体に対するものとして用いられていた。ここでキリスト教の信仰に関して用いられるのは，ルターがたとえばVon der Kaufhandlung und Wucher（1524）で「或る人が信頼し頼りとするもの，それがかれの神である」といっていることに示される伝統に従ったことであろう。しかしこの語を用いて，信仰とは信頼することであるというのは，取りあげられている信仰が民の信仰であることにもよるであろう。

519）（訳注）この「ある」は信仰の絶対的本質体への関係が無媒介であることを意味している。

520）（訳注）ここでも信仰にとっても断食や喜捨など禁欲が必要であることが認められている。

時に，純粋洞察のような本質的意識[521]である。――洞察という概念にあるのは，意識が己れの見通した[522]対象が自己自身だと認識しているということ，そして，考えられたことを捨てるのではなく，考えられたことからはじめて己れに帰ったばかりだというのでもなく，そこにそのまま己れをもっているということだけでもないことである。むしろ，それだけではなく，そのとき意識は，自己自身を媒介する動きとしても，また行い[523]もしくは生み出すこととしても意識している。このために，考えということで自己としての自己と対象との統一が，意識にとって存在する。――ほかならぬこの意識こそは，また信仰でもある。服従と｜(498) 勤行は，絶対的本質体内にいるのだという確信が成就するために，必要な契機である。信仰上の勤行とても，そのおかげで絶対的本質体が生み出されるように現象するわけではない。けれども，信仰上の絶対的本質体は，本質的には信仰する意識の彼岸にある抽象的なものではなくて，教団の精神[524]でもあり，抽象的本質体と自己意織との統一である。この本質体が教団の精神であるためには，教団の行いは一つの本質的契機である。絶対的本質体が教団の精神[525]であるのは，意識が生み出すからにほかならない。――あるいはむしろ，意識によって生み出されなかったわけではない。なぜならば，生み出すということは，本質的なことではあるが，本質的であるといっても，それが本質体の唯一の根拠であるからではなく，本質体の一つの契機であるにすぎないからである。本質体はそれ自体であると同時にそれだけである。

他面からは，純粋洞察の概念は，その対象とは別のものであると確信している。なぜならば，対象を形成しているのは，まさに〔別のものという〕この消極的規定だからである。そういうわけで，他面からは，こ

521）（訳注）「本質的意識」とは祭司のことであるから，本文はいわゆる普遍的祭司の立場から，民の信仰には必ずしも祭司が必要でない場合があるという見解をこめている。

522）（訳注）「見通した」の原語は eingesehen であるが，この場合の einsehen には durchschauen の意味がこめられており，したがって対象があっても，それは自己に対するものにすぎないという意味がこめられている。

523）（訳注）行うことは祭祀のことであり，洗礼と聖餐のことであり，邦語では勤行にあたる。

524）（訳注）「教団の精神」はⅦ-C の「啓示宗教」では「普遍的自己意識」のものとされている。

525）（訳注）*GW* 9, S. 417, Z. 6 を参照されたい。

の規定は，信仰上の本質体が自己意識にとっては疎遠なもの[526)]であり，己れの本質体ではなくて悪魔のとり替え児[527)]のように自己意識に押しつけられたものである。しかし，啓蒙は，ここではまったく馬鹿げている。信仰は，啓蒙が何かを語ることを経験するが，その語らいは，僧侶がだますとか，民をいつわるとかいうのだが，その場合，己れのいうことが何であるかを知らないし，事態を理解してもいない。｜（499）啓蒙は，この点について，手品師のような僧侶の呪文[528)]によって，何か絶対に疎遠なものが，つまり他者が，本質体の代わりに意識に押しつけられたかのようにいいながら同時にそれが意識の一本質体であるとか意識がその存在を信じているとか，信頼をよせているとか，それに愛着するようになろうとしているとかいうのである。――すなわち，意識は，その絶対に疎遠なものに，己れの純粋本質体ならびに己れの個別的，および普遍的個体性[529)]を直観し，己れの勤行によって自己自身とその本質体とのそういう統一をつくり出す，といったりする。啓蒙は，意識にとって疎遠なものだと己れが語っているものを，そのまま，意識にとってもっとも自前のものだと述べる。――【299】これでは，啓蒙は，いかにして欺瞞や錯誤について語りえようか。啓蒙は，己れが信仰について主張していることの反対を，そのまま，みずから信仰について語るのだから，むしろ己れこそ意識的ないつわり[530)]であると信仰に向かっ

526）（訳注）「疎遠なもの」の代表的なものは木や石に刻んだ偶像であり，キリストの肉であり，血であるとして聖餐式で配られるパンと葡萄酒とである。。

527）（訳注）「悪魔のとり替え児」の原語の Balg は皮膚から転じて児を意味し，Wechselbalg は首の太い児，盲目の児などが悪魔によってとり替えられた児であるという北欧伝説に基づく。

528）（訳注）「呪文」の原語は，hokuspokus であるが，hokus-pokus は，手品師が唱えたラテン語まがいの句の最初の二語であって，「あーら不思議」というほどの意味である。手品師がこのような句を唱えるようになったのは，1624 年のイギリスに始まりオランダを経てドイツにも及んだといわれる。この句は聖餐式にさいして祭司が唱えた句と関係があるようである。すなわち聖餐式にさいしては，ユスティニアヌスが聖書に従って法式化した「これがわたしのからだである。これがわたしの血である」という句を祭司が唱えるが，これの前半は，ラテン語では hoc est corpusmeum. であり，hocus-pocus の hocus は hoc est のなまりであろう。本文が意味しているのは，右のような句を祭司が唱えることによって，パンと葡萄酒とに trans-sub-stantiation の起こるのは手品のようなものだということである。

529）（訳注）「普遍的個体性」とは「普遍的自己意識」と同じものである。したがって教団のことであり，教会のことである。

530）（訳注）啓蒙が「いつわり」をいうことは，すでに *GW* 9, S. 296, Z. 21 にいわれて

て示している。意識が，己れの真実態では，そのまま己れ自身を確信している[531]場合に，意識が対象に己れをみつけ，またそこに己れをつくり出していることによって己れの対象ということで自己自身を所有している場合に，どうして錯誤や欺瞞が起こるのか。そのうえ，実在と自己との区別は，言葉にも[532]，もはや現前していない。――民を騙すことが許されるかという一般的問題がかつて出された[533]が，いまいっている問題で，民をあざむくことは不可能なのだから，実際には，そういう問いは何の役にも立たない，と答えるよりほかないであろう。――おそらく，黄金の代わりに真鍮を，ほんとうの手形の代わりに偽の手形を個々人に売りつけることはなるほどできよう，また何人かの人たちに，負けいくさを勝ちいくさ｜（500）のように，真に受けさせることもなるほどできよう。そのほか，感性的事物や個々のできごとについて，嘘をいい，しばらくのあいだ慣用させることもなるほどできるだろう。だが，意識が直接自己自身だと確信する本質体の知の場合には，錯誤の考えなどは全然成り立たない。

〔β〕信仰する意識の三契機による否定的関係の特殊化〕

これまでに示した見解は，やっと一般的に信仰の意識[534]に向けられたにすぎない。そこでさらに，信仰がその意識のいろいろな契機ということで啓蒙をどのように経験するかを，われわれはながめわたそう。だが，これらの契機は，まず純粋思考である，言い換えれば対象としての，それ自体でそれだけである絶対的本質体であり，その本質体への，知としての，意識の関係であり，意識の信仰の根拠であり，最後に意識の行いということでの本質体への意識の関係であり，あるいは意識の奉

いたことである。

531）（訳注）この「確信」は，前段落で信頼に関していわれていたことである。

532）（訳注）当の区別が言葉でさえ成り立たないという語法は，*GW* 9, S. 339, Z. 32 にもある。

533）（訳注）ヘーゲルは，ベルリン科学アカデミーの賞課題に言及している。それは，ダランベールから発議され，フリードリッヒ大王が公示させた。これについては，*Nouveaux Mémoires de l'Académie Royale des Sciences et Belles-Lettres*. Année 1778 et 1780, Berlin 1780 et 1782, p. 14; p. 30 を参照されたい。

534）（訳注）「信仰の意識」は，*GW* 9, S. 364, Z. 17 の〔2〕で「世界での精神」から区別される「宗教での精神」にあたるものであって，教団や教会の意味でⅦ-C の「啓示宗教」で用いられている。

仕[535]である。純粋洞察は，信仰一般で誤認され否定されてしまったように，これらの契機でも，やはり逆の態度をとるであろう。

純粋洞察は，信仰する意識の絶対的本質体に対し否定的態度をとる。この本質体は純粋思考であって，己れ自身の内部で対象として，つまり本質体として設定された純粋思考である。信仰する意識ということでは，思考の自体は，同時に，自立して存在する意識に対し，形式をもってはいるが，これは，また対象であるという空しい形式にすぎない。だから，思考の自体は，表象されたもの[536]という規定をとっている。だが，純粋洞察は，自立して存在する自己[537]という側面からは純粋意識であるから他者は，洞察からは｜（501）自己意識を否定するものとして，現れる。この他者を，さらに思考の純粋自体と受けとりうるか，それともまた，感性的確信[538]の存在と考えうるか，そのいずれかであろう。だが同時に，それは自己に対してあり，また，この自己は，ある対象をもっている自己として，現実的意識であるから，洞察に自前の対象そのものは，感性的確信にとっての存在する普通の事物である。洞察のこの対象は洞察からみれば，信仰の表象ということで現れる。洞察はこの表象を弾劾するわけだが，この表象ということで己れ自身の対象[539]を弾劾することになる。【300】だが，洞察は，信仰の対象が洞察自身の対象であるかのように把握するのだから，すでにその点で信仰に対して不正を犯している。そこで洞察が，信仰についていうところによれば，信仰の絶対的本質体は，眼があってもみない[540]一片の石，一片の木であったり，また，畠で成長し，人間によって変えられ，畠に送りか

535）（訳注）ここに区別されている諸契機のうち，第二のものはやがて明らかになるようにキリストでの受肉，その説教，「贖い」の死，復活昇天などであり，第三のものは「教団の精神」を躍動させるものであるから，三契機とは要するに三位一体の三位格にあたる。

536）（訳注）ここで「表象されたもの」というのは，父ないし主，あるいは子という表象のことである。

537）（訳注）「自己」というのは絶対的本質体の純粋意識であるのに対して，純粋洞察の方はその純粋自己意識であるからである。

538）（訳注）すでにここに，*GW* 9, S. 302, Z. 29 以下の〔α）肯定的結論〕のうちの感覚論への言及がある。

539）（訳注）純粋洞察が弾劾しているのは，己れの感覚論である。

540）（訳注）偶像へのこのような反論については「詩篇」115:4 以下などを参照されたい。

えされるパン粉[541]であったり，——そのほかどんな仕方にせよ，信仰はその本質体を擬人化し，己れの対象とし，表象化してしまう。

啓蒙は，純粋であると自称するが，精神（霊）にとり永遠の生命であり，聖霊である当のものを，現実の消え去ってゆく物にしてしまい，感性的確信という，それ自体では空しい見解によって，現に崇拝している信仰には，まったく現前しないような見解によって汚す。それで，啓蒙は，そういうことで，信仰をただ中傷しているだけである。信仰が崇めているのは，信仰にとって，断じて石でも木でもパン粉でもなく，またその他，時々の感性的事物でもない。啓蒙が，信仰の対象は，｜(502) 何といってもそういう事物でも〔もまた〕あるとか，それ自体では，そしてほんとうは，まさにそういうものだとか，そういう思いつきをいうかもしれない。その場合には，一方では，信仰はやはり例のもまたを心得ているが，これは，信仰の崇拝には，関係がないと知っているのである。また他方では，そもそも信仰にとっては，石その他のようなものがそれ自体であるのではなく，自体であるのは，純粋思考の本質体だけだと知っている。

第二の契機は，知る意識としての信仰の，この本質体への関係である。考える純粋意識としては，この本質体は，意識にとって無媒介に[542]存在する。だが，純粋意識は，直接的であると同様に，真理への確信の媒介された関係でもある。この関係が信仰の根拠をなす。この根拠は啓蒙にとっては，同様に偶然のできごと[543]についての偶然の知である。しかし，知の根拠は，知る普遍[544]であり，真実には絶対的精神である。この精神は，抽象的純粋意識では，すなわち思考そのものでは，絶対的本質体にほかならないのであり，自己意識としては，自己についての知[545]である。純粋洞察は，この知る普遍，自己自身を知

541）（訳注）キリスト教聖餐式に関係。

542）（訳注）「無媒介に」というのは「信頼」としてのことである。

543）（訳注）「偶然のできごと」は，イエスの誕生，説教，十字架での贖いの死，復活昇天などのことである。

544）（訳注）この普遍は，個別と普遍を含む自体的普遍である。

545）（訳注）信仰する意識が絶対的精神であり，「自己について知ること」であるというのは，成立史的にはフランクフルト期の「キリスト教の精神」で，信仰はただ精神（霊）と精神（霊）とのあいだでのみ成立するのであり，「精神はただ精神のみを認識する」といっていることに由来する。これは上記の「自己についての知」が「無媒介な知」となっている

る単純な精神を，同様に自己意識を否定するもの[546]とする。この洞察は，それ自身，媒介された純粋思考，すなわち，己れを己れと媒介する思考ではあり，なるほど純粋知である。しかし，洞察が，まだ自己自身を知っていないような，すなわち，己れが純粋の媒介の動きであることを，まだ自覚していないような，純粋洞察，純粋知であるため，この媒介の動きも，洞察自身のものであるすべてのものと同じように，洞察からみれば，他者として現れるのである[547]。こうして純粋洞察を実現するということで概念把握すると，洞察は，己れにとり本質的なこの契機を，｜（503）展開させることになる。が，それでもこの契機は，洞察にとって信仰に帰属するものであり，洞察にとり外的なものであるという，その規定からは，そういうありふれた現実的物語[548]についての偶然な知であるように思われる。純粋洞察が，捏造によって宗教的信仰になすりつけるところによれば，【301】信仰の確実さは，若干の個別的記述証拠に基づいている。これは，記述証拠とみられた場合でも，もちろん，新聞報道が或る事件についてもたらす程度の確実ささえもその内容について保証しない[549]。――さらにその確実さは，証拠を保存するという偶然に基づいており，この保存にしても，一方では紙を介してのものであり，他方では，一枚の紙から別の紙に書き移すときの熟練や誠実を介してのものである。そこで，結局は，死んだ言葉や文字の意味を正しく把握することに基づいている。しかし，実際には，この種の証拠や偶然に信仰の確かさを結びつけるというようなことは，信仰が思いついたことではない。信仰は，その確かさでは，その絶対的対象に無邪気な[550]関係を保っており，その対象の純粋知である。そして，これは，

のに応じている。だが，無媒介な知というのは，また祭司の媒介を必要としないと考えているかというと「民の信仰」であるという本質からすれば必要とはしないが，それ以外の点ではやはり必要とすると考えていることは，信仰をもって「非本質的意識」としていることによって明らかである。

546）（訳注）「否定するもの」というのは，「純粋」洞察にとっては内容はすべて否定するものとなり，また他者となるからである。

547）（訳注）「他者」とは「否定するもの」である。

548）（訳注）「現実的物語」の原語は Geschichten である。

549）（訳注）ヘーゲルが当時からすでに新聞に，とくにイギリスの新聞に格別な関心をいだいていたことは，ローゼンクランツの『ヘーゲル伝』や本全集第 19 巻第 2 部の抜粋によって明らかである。

550）（訳注）「無邪気な」というのは，信仰が民の信仰だからである。

絶対的本質体についての己れの意識に，文字や紙や筆耕などを混じえてはいないし，そういうもので，本質体を媒介したりなどはしない。むしろ，信仰の意識は，己れの知を己れ自身で媒介する根拠である。その意識は，精神（霊）自身であり，この精神（霊）は，個々の意識の内面でも，精神（霊）に対する万人の信仰が，あまねく現在している[551]おかげとしての，自己のあかしである。信仰は，もし啓蒙が語っているようなやり方で，歴史的なものから，己れの内容の基礎づけをしようとしたり，｜（504）少なくともそれを確証しようとしたり，またまじめに，そういうことが大切であるかのように思い込んだり，行ったりする[552]ならば，すでに啓蒙の誘惑に陥っている。こういうやり方で，己れの基礎づけをしたり，固めたりしようと努めるのは，己れが啓蒙に感染していることを，己れであかししている[553]。

551）（訳注）「あまねく現在している」というのは聖餐式のような行事にさいして，一同にとって主キリストがいるように感じられるのを指す。

552）（訳注）この「行ったりする」の代表的場合としてイポリットは J. Storr の *Doctorinae Chritianae pars theoretica ex sacris litteris repetita*（『聖書によって再現されたキリスト教の教義の理論的部分』），1793 をあげている。シュトル（1746–1805）はルター派に属し，当時のテュービンゲン学派の代表者の一人で，1797 年までテュービンゲン神学校の教授である。したがってヘーゲルの主要な教師である。かれが当時の高名な神学者であったことは，カントがその『宗教論』（1793 年）の再版序説（1794 年）で『神学の若干の覚書』（1794 年）というシュトルの批判に対して敬意をもって言及していることで分かる。そしてシュトルに対してヘーゲルがここでとっている態度はVII-C-c の「啓示宗教」の場合と同じく，『精神現象学』が聖書など原典の文献学的研究にも，またこれを創始した宗教改革にも特別の意義を認めていないことを象徴している。なおシュトルについては H. S. Harris, *Hegel's Development*. pp. 91–93 を参照。

553）（訳注）ここでヘーゲルは，レッシングの熟察に言及しており，その熟察を，レッシングは，H. S. ライマルスの聖書批判と対決しながら展開している。その諸著作をレッシングは，匿名断簡として公刊している。レッシングのみるところ，偶然の歴史真理は，必然的理性真理を証明しえない。聖書の文字と精神，聖書と宗教とが区別されなければならない。聖書論難は，聖書の精神である宗教を論難しえない。一つの命題の内的真理は，内的真理が講じられている本という外貌に依存しない。内的真理はそとからの認証を必要とすることなく，それ自身から受け取られなければならない。ライマルスの聖書批判は，学識ある神学者にうまく出会っていない。しかし，感じるキリスト，個別の人間，心の内的宗教はそのような対決の一つに成長する。ライマルスの論敵，Johann Melchior Goez に対して，レッシングは，Goez は自分の神学的争いでは敵の異論に染められていないままであるわけではないと非難している。レッシングは，教会の口伝の意義に想到している。聖書が，キリスト教の真理についての歴史的知見の唯一の源泉を提示しない場合，聖書の起草と翻訳の流布に依存しない。以上については，Ueber den Beweis des Geistes und der Kraft(1777). In: *Gotthold Ephraim Lessings vermischte Schriften*. T. 5, Leipzig, 1791, S. 121 以下および Axiomata, wenn es deren in

なお残っているのは，第三の面で，意識が絶対的本質体へ行い[554]として関係することである。この行いは，個人の特殊性や，その自立存在〔対自存在〕の自然的相などを，廃棄することである。そこから，行いによって，純粋自己意識であるという確信，すなわち，自立存在する個別的意識でありながら，本質体と一つであるという確信が出てくる。――行いでは合目的性と目的は区別される，そして純粋洞察は，この行いに関係するときにも，否定的態度をとり，他の諸々の契機の場合と同じように，自己自身を否定する。それによって，洞察は，合目的性ということからは無理解を露呈せざるをえない。なぜならば，洞察と意図が結びつき，目的と手段が一致しているのを，己れとは別のもの，むしろ反対だと思われるからである。――だが，洞察は，目的を考えると，悪，享受，所有を目的とせざるをえず，みずからがもっとも不純な意図であることを実証せざるをえない。というのも，純粋な意図は，他のものであるときは，不純な意図だからである。

このことから，われわれがながめわたすのは，合目的性ということでは，信仰する個人は，【302】｜（505）自然的享受や満足を現実に拒むことによって，そういうことに拘束されていないという，いっそう高い意識を得るし，またそういうものを軽んずることが，いつわりではなく，真実であることを所為によって証明していることである。――同様に，個人は，すべて他人を排斥するものであり，私有物の所有者であるという，己れの規定性から，絶対的個別者から解放され，己れの私有物を己れで捨てる[555]ことが愚かなことであると気がつく。その結果，真実に示されることは，個人が，己れの孤立化を重大なことと受けとってはいなくて，むしろ個人が，自然的必然性を超えている，すなわち，自己を孤立化し，自立存在という，この絶対的個別化にいながら，他者を自己と同じものとして否定するという自然的必然性を超えていることで

---

dergleichen Dingen giebt. Wider den Herrn Pastor Goeze, in Hamburg(1778). In: *Gotthold Ephraim Lessings vermischte Schriften.* T. 6, Leipzig, 1791, S. 94–99, S. 105 以下 , S. 112–22, S. 125 以下，とりわけ S. 140–43 を参照されたい。

554）（訳注）この行いは勤行である。

555）（訳注）「捨てる」といっても，放棄され喜捨されるのは，所有物の全部ではなく，ごく一部である。

ある[556]。――純粋洞察は，いまいった二つの態度[557]を，合目的的でもなく，正しくもないとみる。――合目的的ではないというのは，満足や所有から自由であることを証明するために，満足を拒み，所有を手放すからだというのである。したがって，洞察は，反対に，食べるために，現に食べる手段をつかむ人を，愚か者であると主張する。――また，正しくないというのは，食を断つからだというのである。また，お金のために，バターや卵を手放すのでもなく，バターや卵のために，お金を手放すのでもない。むしろ，その代わりになるものをとっておかないで，それらのものを無造作に手放すからだと主張する。が，これでは，洞察は，食事とか，そういうものを手に入れることとかを，自己目的であると主張するとはいえ，そのために実際には，そういう享受や所有を，きわめて重要なこととするのだから，きわめて不純な意図をもっているとみずから主張する。洞察は，純粋意図であるから自然的生存や，このための手段に対し貪欲であることやを超え高まることがまたしても必要だと主張する。｜（506）この高まりを所為が証明すべきであるというのは，愚かであり，正しくないと考える。あるいは本当は，この純粋意図は，欺瞞である。そして，その欺瞞は，内面的に高まることを申し立て，これを現に実行しようとすることに真剣になったり，その真実を示すことは，余計なことで愚かで，正しくないととさえ称したりする。――だから，洞察は，そのままで合目的的行いを否定するのだから，純粋洞察としての自己を，否定しているのである。それと同じように，個別性の諸々の目的から，解放されることを証示しようとする意図を，否定するのだから，純粋意図としての自己をも否定するわけである。

〔3　啓蒙の肯定的結論と権利〕

〔α〕肯定的結論〕

そのようにして啓蒙は，己れを，信仰に経験させてやる。啓蒙がこう

556）（訳注）本章注485を参照されたい。

557）（訳注）「二つの態度」とは，断食ないし苦行と喜捨とのことで不幸な意識の場合に相応しており，前者の方はそこでは断食と苦行と呼ばれていた。

いうまずい姿をとって現れるのは，他者に関係することによって，否定的実在性であることを示すからである。言い換えれば，己れを己れ自身の反対として提示するからである。しかし，純粋洞察と意図は，こういう関係を示さざるをえない。なぜならば，そうすることがみずからを実現することだからである[558]。――この実現も，はじめは，否定的実在性となって現れた。啓蒙の肯定的実在性は，ことによるともっと性質のいいものかもしれない。われわれがながめわたすのは，それがどういう性状かである。――ところで，すべての偏見と迷信が追放されると，次は何か。例のことの代わりに啓蒙が普及させた真理とはどんなものかという問題が歩み入ってくる。――啓蒙は，誤謬を根こそぎにしたということですでにこの肯定的な内容を【303】表明していた[559]。つまり，啓蒙が自己自身に疎遠となることは，同様に己れの肯定的実在性でもある。――信仰が絶対的｜(507)精神[560]だとするもののもとで，啓蒙は，この精神の規定に関して発見するものを，木，石など，個々の現実の事物であると把握する。すなわち啓蒙は，もともとこういうやり方で，すべての規定性すなわちすべての内容とその実質を，有限性として，人間的なものにして表象として概念把握するので，啓蒙にとって絶対本質体は空虚[561]となってしまい，どんな規定もどんな述語も付加[562]されえないようなものになる。そのように絶対的本質体に何かを付加するのは，それ自体許しがたいことであり，これこそ迷信の奇怪な姿を生み出したものである。理性すなわち純粋洞察は，己れ自身を否定するものが己れに対しており，その内容となっていることによって，いかにも空しいものではなく，むしろ豊かなものではある。けれどもこれは，個別性と制

558)（訳注）*GW* 9, S. 296, Z. 9 を参照されたい。

559)（訳注）*GW* 9, S. 299, Z. 24 以下を参照されたい。

560)（訳注）信仰が「絶対的精神」であることは，ここでは絶対的本質体として考えられている。

561)（訳注）「空虚」の原語は Vakuum であるが，*GW* 9, S. 266, Z. 17 以下の「不可知的絶対的本質体」と同じものである。ロビネ，ヴォルテールやルソーにも，またその他のアンシクロペディストにもある啓蒙期の理神論が絶対的本質体と考えたもののことである。なおハリスによると，テュービンゲン神学校では 1793 年の夏学期には「理神論者と反理神論者との歴史」という題目の講義があった。

562)（訳注）「付加する」の原語は beilegen であるが，これは偶有性を述語付けることを意味する。

限でのことにほかならない。絶対的本質体にそのような個別性や制限などを帰属させたり付加したりしないことは，洞察の見識ある生き方であり，このために，洞察と有限性の富とは適当な場所に置かれ，絶対者をそれにふさわしく扱うことを心得ている。

この空しい本質体には啓蒙の肯定的真理の第二の契機として，絶対的本質体のそとに排除された，意識やすべての存在やの個別性一般が，絶対的でそれ自体でそれだけで〔自体的かつ対自的に〕存在するものとして対抗する。意識は，その一番はじめの現実[563]では，感性的確信であり，思い込みであるが，いまここにその経験の全道程[564]を終わってまたはじめのところに帰ってきており，己れ自身を純粋に否定するものの知であり，感性的物の知であり，存在する物の知であり，それらは，己れの対自存在には無関心な態度で相対している。しかし，ここでは，意識は｜（508）直接的で自然的意識であるのではなく，そういう意識にみずからなったのである。意識は，みずから展開することによって，あらゆる錯綜に崩れ込み[565]，いま純粋洞察によって，己れのはじめの形態につれ戻されたのであり，意識は，この形態が結果であることを経験した。それ以外の意識の全形態が，したがって感性的確信の全彼岸が空しいものだ[566]という洞察には十分根拠があるという事実によって，この感性的確信はもはや思い込みではなく，むしろ絶対的真理[567]である。

563）（訳注）「一番はじめの現実」とはこの感覚論のことである。

564）（訳注）「経験の全道程」ということで，後半部に移ってからも，緒論の「意識経験の学」の立場が依然として守られていることが示されており，とくにやがて出てくる「諸意識形態」という表現でそうである。

565）（訳注）「あらゆる錯綜へ崩れ込み」というのと同様の記述が，*GW* 9, S. 120, Z. 21「生成を背後とする一つの結果」および *GW* 9,S.202,Z. 31 の「この形態が本質だと思っているのは，むしろ己れ自身に対してであること，言い換えると，肯定的自体に対する否定であることである」にもあった。

566）（訳注）「全彼岸が空しいものだ」で，また有用性の立場が第三の契機である点で，啓蒙はVI-B の芸術宗教の結論である喜劇に酷似している。

567）（訳注）第二の契機である感覚論が「絶対的真理」とされる点で，啓蒙は啓示宗教の場合および絶対知の場合に酷似している。またこの感覚論も先行のものからの還帰ないし生成によって出現したものであるにしても，これまでの生成が緒論に示される移行の原理によるものとして，それぞれの意識としては無自覚的であった。それに対して（たとえば人倫的感覚の場合），啓蒙の感覚論の場合の還帰ないし生成は純粋洞察によって根拠づけられたものとして自覚的であることが絶対的真理とされる所以である点でも，上記二つの箇所と酷似している。

このように，感性的確信を超えて出るものがすべて空しいことは，なるほどこの確信の真理を否定的に証明しているにすぎない。けれども，この真理は，これ以外のことはできないのである。というのは，感性的確信の肯定的真理は，ほかでもなく，それ自身で対象としての概念自身が媒介されていない対自存在〔自立存在〕であり，他在の形式にある対自存在〔自立存在〕であるからである。——以下のことを意識すべてが端的に確信しているというのが，感性的確信の肯定的真理[568]である。そのその肯定的真理は，すべての意識が存在すること，意識のそとには他の現実的物があること，その自然的存在のうちにある意識が，また同じように，それらの事物が，それ自体でそれだけで〔自体的かつ対自的に〕あり，すなわち絶対的であることである[569]。

【304】最後に，啓蒙の真理の第三の契機は，個々のものと絶対的本質体との関連であり，はじめの二つの契機の関係である。洞察は，同等なもの[570]あるいは無制限なものの純粋洞察として，不等なものつまり有限な現実あるいはただの他在としての自己をも超えて，そのそとに出てゆく。洞察は，空しいもの[571]をこの他在の彼岸としている。したがって，この空しいものに感性的現実を｜(509) 関係させる。この関連を規定することへ，二つの側面が内容としてはいり込むのではない。というのは，一方が空しいものであるので，内容は，他方によって，つまり感性的現実によって現前しているからである。だが，関係の形式を規定するときには，自体の側面が手伝うが，関係の形式は任意につくられうる。なぜならば，形式は[572]自体では否定的なものであるので，己

568)（訳注）*GW* 9, S. 303, Z. 34 での Andersseins と daß とのあいだにダッシュがあるのは，ここで文体が崩れているからであり，daß 以下が何の説明であるかが問題である。このさい考慮にのぼるのは，先立つ denn に始まる文章の主語と述語とであるが，述語には客体面のことしか含まれていないのに daß 以下はそうではないと解されるから，主語の方，すなわち die positive Wahrheit の説明と解し，そしてこの daß に続く es は二度目の daß にかかるものと解する。

569)（訳注）啓蒙期の感覚的唯物論哲学批判。

570)（訳注）「同等なもの」の原語は das Gleiche であるが，ここでは「空虚」のことであり，至高存在のことである。なお das Gleiche が das Ungleiche と対をなして，可および不可とともに用いられるのには，プラトンの『ソピステス』の影響がある。

571)（訳注）「空しいもの」とは「真空」のことであり，また「至高存在」のことである。

572)（訳注）「形式」に関しては，本文と同様の見解が *GW* 9, S. 83, Z. 4 以下などにも

れに対立したものだからである。つまり存在でもあれば無でもあり，自体でもあればその反対でもある。あるいは同じことであるが，彼岸としての自体を現実と関係させることは，まさしく現実を否定することでもあれば設定することでもある。したがって，有限な現実は，本来，人々がちょうど必要とする通りに，受けとられうる。それで，感性的なものは，いまは，自体としての絶対的なものに，肯定的に関係させられ，感性的現実がそれ自身で自体的であり，絶対的なものをその現実がつくり，育て，世話する[573]。またしてもそれに続いて感性的現実は，反対であり，己れの非存在としての絶対者に関係させられているものとして存在する。この関連からは，現実は自体的ではなく，対他的であるにすぎない。これまでの意識形態[574]では，対立の概念は可と不可という形で規定されたが[575]，これと違い，純粋洞察にとっては，対立の概念は，自体存在と対他存在という，もっと純粋な抽象[576]になっている。

したがって，有限なものの自体に対する関係が，肯定的でもあれば否定的でもあるという，この二つの考え方は，実際には同じように必然的である。したがって，すべてのものは自体的でもあれば，対他的でもある。それですべてのものは有用｜（510）である。――すべてのものは，他のものに己れを委ね[577]，いま他者によって使われ，他者のためにあるかと思えば，次にはまたいわば後脚で立ちあがって抵抗し，他者に対し冷厳な態度をとる。つまりそれだけで〔対自的に〕存在し，他者を己れの側から使う。――この場合，人間は，この関係を意識している物であ

述べられていた。

573）（訳注）絶対者が「つくり，育て，世話する」は，旧新約の聖書で神が「創るもの」であり，創るものがまたとくに農夫にたとえられるという表象が活用されている。たとえば「ヨハネによる福音書」15:1 には「わたしはまことの葡萄の木，わたしの父は農夫である」とあるようにである。そして垣で囲むことについては，たとえば「ヨブ記」1:10 を参照。

574）（訳注）「これまでの意識形態」とは，Ⅵ-B-Ⅰ-a（現実の国）のこと。

575）（訳注）*GW* 9, S. 269, Z. 35 以下を参照されたい。

576）（訳注）「もっと純粋な」というのは，すべて論理的に純粋な，したがってまた抽象的規定の出現するのは，頂点でのことであることによっており，ここで頂点というのは，次の段落で論ぜられる有用性が，第二の頂点であるということである。

577）（訳注）或るものが「己れを委ねる」は，この点で有用であるとの説明は富の規定に酷似している。このことは，この段落で説かれている人間が市民社会の人間であり，「人倫の体系」での「相対人倫」のものであるのを示している。

るが，そういう人間[578)]にとっては，そこから人間の本質と地位が判明する。人間は，そのままある通りの，自然的意識としては，自体的であり，善[579)]であり，個別者として絶対的であり，他者は己れのためにある。しかも自己自身を意識している動物としての人間にとっては，諸々の契機には，普遍性という意味があるので，すべては己れの満足と喜びのために存在する。そこで人間は，神の手からやってきたように，世の中を，己れのためにしつらえられた花園のように歩きまわる[580)]。——人間は，また，善悪を認識する樹から果実をつみとって【305】しまわなければならない。そのとき人間は，己れを，己れ以外の他のものから区別する利益を占有する。というのは，偶然にも，もともと善なる人間の本性には，悦楽が度を超えると害を受けるようになるという性状さえもあるし，あるいはむしろ，人間の個別性には，その彼岸も具わっていて，その個別性は己れ自身を超えてそとに出ることも，己れを破壊することもできるからである。これに対しては，そとへ超え出ることを適度に制限するとか，あるいはむしろ限定されたものを超えてそとに出ながらも己れ自身を維持するには，理性[581)]は人間にとって有用な手段である。なぜならば，これが意識の力だからである。もともと普遍的存在者の享受は，多様であり持続すること[582)]からも，それ自身かぎられたものではなく，普遍的でなければならない。したがって，尺度には，満足が多様になり，いつまでも続きながらも中断されるべきであるというようなことにしない，｜(511)という使命がある。すなわち，尺度の使命は尺度を守らないことなのである[583)]。——人間にはすべてのものが

578)(訳注)アンシクロペディスト，唯物論者

579)(訳注)「善」とはいっても，道徳的宗教的なものではなく，むしろ可と不可の可である。

580)(訳注)「出エジプト記」1:8 を参照されたい。

581)(訳注)この「理性」は実用主義的理性である。

582)(訳注)享受をして，多様性と持続性とを得させるのは，有用性の立場が市民社会のものであることを示している。

583)(訳注)ヘーゲルがここで念頭に置いているのは，十中八九，ラメトリによる哲学でのエピクロス主義革新である。ラメトリの見方によれば，自然は，幸福を目処に全人間を創造した。すべての人間は自分相応の幸福を獲得できる。それを安定化するためには，享受の技芸が必要とされ，その技芸が，正しい分際を決めることを心得ている。道徳の課題は，すべての徳を教える節度である。ラメトリは，人間と動物の基本的違いを知らない唯物論に賛成している。人間は動物であるが，みずからの表象力を格別に修練することができるよう

有用であるように，人間も同様に有用である。ここで，やはり人間の使命は，共同の役に立ち，一般的で使われうるような成員になることである。人間は己れのために気を配ると同じだけ，他人のために力を貸さなければならないし，他人のために力を貸すと同じだけ，己れ自身のために気を配る。一方の手が他方の手を洗う[584]。人間は，どこにいようとも，そこにふさわしい[585]。

異なったものは異なった仕方でたがいに有用である。しかし，すべての物がたがいに有用なのは，その本質による。すなわち，絶対的なものに，〔肯定的と否定的という〕表裏一体の仕方で関係するという本質によることである。つまり肯定的仕方によっては，**それ自体でそれだけで**〔自体的かつ対自的に〕存在し，否定的仕方によっては，**他者に対して**存在するのである。したがって，絶対的本質体に対する関係，すなわち宗教は，あらゆる有用性の中では，もっとも有用なのである。なぜならば，宗教[586]は，**純粋な御利益そのもの**であり，あらゆる事物を持続さ

になっている。これらの点については，「反セネカ論，あるいは幸福についての対話」，『ラメトリ著作集』第 2 巻，223 頁；「人間機械論」，『ラメトリ著作集』第 3 巻，145 頁以降，149 頁，159 頁，178 頁；「音楽技芸論」，『ラメトリ著作集』第 3 巻，225 頁以降を参照されたい。

584）（訳注）「一方の手が他方の手を洗う」というのは，諺である。

585）（訳注）ヘーゲルがここで念頭に置いているのは，エルヴェシウスとドルバックである。両人は，個人と社会との関係を相互有用の視点から考察した。エルヴェシウスは，有徳者の行為はその人自身にも社会にも有用であると教えた。さらに，共同人に相対する福祉意欲は，個々人のために他人が有用であることに依存する。一切の行為は，利害と自前の有用のゆえに生ずるので，自分の幸福を他の人のために犠牲にすることはだれもしない。したがって，賢明な立法の課題は，私的利害を国家利害と結合することであり，個々人の長所のうえに徳を据えることである。この点については，M. Helvétius, D*e l'esprit. Nouvelle Edition, corrigée et augmentée sur les Manuscrits de l'Auteur, avec sa vie et son portrait.* T. 1, Zweibrücken, 1784, p. 67; M. Helvétius, *De l'homme, de ses facultés intellectuelles et de son education. Ouvrage posthume*. T. 2, Zweibrücken, 1784, p. 120; T. 3, Zweibrücken, 1784, p. 104, p. 109 を参照されたい。ドルバックの詳述は，エルヴェシウスの熟察とさらに一致する。この点については，Paul Heinrich Dietrich *Baron von Holbach, Systême social. Ou principes naturels de la morale et de la politique. Avec un examen de l'influence du gouvernement sur lés moeures*. T. 1, London, 1773, pp. 64–65, p. 67, pp. 97–98, p. 200; T. 2, London, 1773, p. 4 を参照されたい。エルヴェシウスとドルバックの立場は，すでに本質的にラメトリを代表している。この点については，「反セネカ論，あるいは幸福についての対話」，『ラメトリ著作集』第 2 巻，162 頁，165 頁，171 頁，208 頁，221 頁を参照されたい。

586）（訳注）ここに「宗教」が出てくるのは，それが広義で絶対的本質体の純粋意識だからであり，そして当面の宗教はVIの宗教の前文では「啓蒙の宗教」と呼ばれているものである。

せ，あらゆる事物をそれ自体でそれだけで存在させ，あらゆる事物を堕落[587]させ，他者のための存在とするからである。

もちろん信仰にとっては，啓蒙の肯定的結果は，信仰に対する啓蒙の否定的態度[588]と同じように，戦慄すべきことである。信仰に絶対本質体，至高存在[589]つまり空虚以外には何もみないという，絶対的本質体に対するこの洞察は，すべてのものが，その直接的定在ということで自体的である，｜(512) すなわち善であるというこの意図は，結局，個々の意識的存在の絶対的本質体に対する関係，つまり宗教を，有用性の概念が表現して余すところがないというこの意図は，信仰にとってはただもうあさましくもおぞましいことである[590]。同時に，啓蒙自身のこの知恵は，信仰からは当然愚論そのものであり，愚論の告白であるように思われる。なぜならば，絶対的本質体については何も知らないということ，同じことであるが，それについては，絶対的本質体がまさに絶対的本質体にほかならないという，このまったく平板な真理を知っていること

---

587)（訳注）「堕落」の原語は Fallen であるが，これをもたらすものは，神の審判ないし威力と呼ばれているものである。したがってまた「存立」させるのは神の慈愛と呼ばれているものであろう。

588)（訳注）「否定的態度」というのは，*GW* 9, S. 296, Z. 8 以下の〔2〕の場合のことである。

589)（訳注）「至高存在」はここでも空虚（Vakuum）と同一視されている。

590)（訳注）ヘーゲルがここで十中八九間違いなく念頭に置いているのは，エルヴェシウスであり，かれの見方によれば，すべての宗教は，普遍的有用性の原則に従って設立されなければならない。この永遠不変の原理のうえに築かれる宗教は，全人間のために宗教であることになる。そのような宗教では，人類にとっての慈善者以外に神聖なものはないし，人類にとっての禍根者以外に非難される者はいない。この宗教の神は善くて正しい。その神が意欲するのは，人間が公共的福祉と結合されているすべての喜びを享受することである。この点については，M. Helvétius, *De l'esprit. Nouvelle Edition, corrigée et augmentée sur les Manuscrits de l'Auteur, avec sa vie et son portrait*. T. 1, Zweibrücken, 1784, p. 192; M. Helvétius, *De l'homme, de ses facultés intellectuelles et de son education. Ouvrage posthume*. T. 2, Zweibrücken, 1784, p. 120; T. 3, Zweibrücken, 1784, p. 60 以下を参照されたい。そのうえ，ここでヘーゲルは，カスティーヨンによるベルリン学士院が立てた問題の一つへの回答を念頭に置いているかもしれない。ヘーゲルは別の箇所（本章注 533 を参照）でこの問題に言及している。カスティーヨンは，欺されることがある民には有用であるかどうかという問題にそうだとしている。かれの見解によれば，神が現に存在しているという信仰，魂の不死の信仰，死後の応報や罰の信仰は，真理に立脚していようといまいと，いづれにせよ民にはとても有用なのである。この点については，Dissertation sur la question extraordinaire propose par *l'Académie Royale des Sciences et Belles-Lettres qui a partagé le prix adiugé le 1.* Juin 1780. Berlin 1780 を参照されたい。

と，これに反し有限性についてだけ知っていること，しかも有限性が真理であることが，真なるものとしての有限性についてのこの知が，最高のものであると知ること，この点に啓蒙の本質があるからである。

〔β〕信仰の神的権利に対する啓蒙の自己意識の権利，両者の相互承認〕

信仰には啓蒙に対し，神の正義，絶対的自己相等性[591]の，純粋思考の権利があり，信仰は，啓蒙からはただただ不正な扱いを受けている。【306】なぜならば，啓蒙はあらゆるその契機[592]にわたって信仰をゆがめ，それらの契機を，信仰のうちであるのとは違ったものにするからである。しかし，啓蒙には，信仰に逆らうただ人間的正義[593]だけがあり，啓蒙は，それを己れの真理としている。なぜならば，啓蒙が犯す不正は，不平等の権利であり，逆転させること，変化させることにあるからである。この権利たるや，単純なものつまり思考とは反対に，自己意識の本性に帰する。だが，啓蒙の正義は，自己意識の正義[594]であることによって，啓蒙は，精神の二つの等しい正義が相互に相反したままで，そのどちらも，他方を満足させえず[595]，己れの権利をも保つだけではなく，むしろ絶対的正義を主張するであろう。なぜならば，自己意識は概念の否定性｜（513）であり，これは，ただそれだけで〔対自的に〕あるのではなく，己れの反対をも包括する[596]からである。そこで信仰自身も，意識であるからには，啓蒙に対しその正義を拒むことはできない。

なぜならば，啓蒙が信仰する意識に反対する態度をとるのは，自身の諸原理のゆえにではなくて，信仰する意識自身が己れのもとにもつ諸

591）（訳注）「自己相等性」とは「無限性」の立場のものである。これを三角形ABCによって象徴するとすれば，「自己相等性」は頂点Aにあたるものであるが，本文は「神的権利」をこのAと解しているのであろう。

592）（訳注）「あらゆるその契機」とは，信仰する意識の絶対的本質体と信仰の根拠と祭祀とのことである。

593）（訳注）「人間的正義」は，Ⅵ-B-Ⅱの啓蒙がB-Ⅲの絶対自由，すなわちフランス革命をもたらすところからすれば，「人権」のことであろう。

594）（訳注）「自己意識の正義」というのは，ここでは本章注591の無限性三角形の底辺のBとCとの相互転換で成立するものと考えられているであろう。

595）（訳注）「満足する」というのは，*GW* 9, S. 310, Z. 35–36の「満足している啓蒙」を予示している。

596）（訳注）「包括する」は，この語が対立を越えて包むことを意味する。

原理のゆえにだからである。啓蒙は，信仰が意識しないままでばらばらにしておく，信仰自身の考えだけを，信仰のために総括する[597]。啓蒙は，信仰する意識に，信仰のいくつかのありかたの一つでだけ他方を思い出させるだけであり，信仰する意識もまた，それをもってはいるものの，いつも他方にかまけて，一方があることを忘れているのである。啓蒙は，そうすることによってこそ，信仰する意識に対し純粋洞察であることを示す。すなわち啓蒙は，特定の契機ということで全体をみるから，そういう契機に関係する対立者を惹起する。そして一方を他方のうちで逆転させながら，両方の考えの否定的本質を，すなわち，概念を明らかに示す。啓蒙は，信仰からは信仰のいくつかの契機の他在を示すのだから，真実をゆがめ，いつわりをいっているように思われる。したがって，啓蒙は，それらの契機がそれらの個別性ということであるのとは違ったものを，そのままそれらの契機からつくり出すように，信仰には思われる。しかし，この違った別のものは，やはり本質的なものであり，本当は，信仰する意識自身に現前する。ただこの意識は，それを念頭に置かないで，どこかほかのところでそれをもっているのである。それゆえ，そのものは信仰する意識に無縁のものでも，その意識によって拒否されるものでもない。

だが，啓蒙自身は，信仰のばらばらな契機が対立していることを，信仰に｜（514）想い起こさせ，自己自身について啓蒙されていない点では，信仰と同じである。啓蒙は，己れの内容を己れの純粋さ[598]から排除し，この内容が，啓蒙自身を否定するものと受けとめているかぎり，信仰に対しまったく否定的態度をとる。したがって，啓蒙は，己れ自身がこの否定的なもので，信仰の内容であるとは認識しないし，またそのために，二つの考え，つまり啓蒙がもたらしたのと，啓蒙がそれに逆らってもたらしたのとの，二つの考えを結びつけることもしない。啓蒙

597）（訳注）信仰する意識にとっては没意識的に離れ離れになっている両方の思想的考えというのは，やがて明らかになるように，たとえば絶対的本質体をもって「行うこと」とする思想的考えと「存在すること」とする思想的考えとのことである。そして「総括」は，一見すると，これを行なうものが純粋洞察であり啓蒙であるようであるけれども，啓蒙自身も啓蒙されていないから，信仰が意識しているのとは反対の契機に対する注意を促すだけであり，総括に寄与するだけである。

598）（訳注）「純粋さ」については，*GW* 9,S. 297, Z. 14 を参照。

は，信仰のもとで啓蒙の弾劾する[599]ものが，そのまま啓蒙自身の考えであることを認めないことで，啓蒙自身は，二つの契機——啓蒙は，その一方を，つまり，いつでも信仰に対立した方を承認するだけで，【307】他方をそこから分離してしまう[600]——が対立するということで存在する。したがって，啓蒙は，両契機の統一を両契機の統一として，すなわち概念を出現させるのではない。が，概念は啓蒙にとってそれだけで生じる。つまり，啓蒙は，概念が眼前に存在しているとだけ気がつく。というのは，概念を己れの本質とする純粋洞察は，まず絶対的他者としての自己自身となり，自己を否定するからである。というのも概念の対立は絶対的対立であるから，この他在から自己自身に，つまり，己れの概念に至りつくからである。——だが，啓蒙はこの動きであるにすぎない。それは，純粋概念をまだ意識してはいない働きである。それは，対象としての自己自身になるほど至るが，この対象を他者と受け取り，概念の本性を知ってはいない。つまり絶対的に分離するものが，区別されたものなのではないことを知ってはいない。——したがって，信仰に対するとき，洞察は，｜（515）信仰する意識のうちで，ばらばらになっている契機を動かし，関係させるかぎり，この関係が，それらの契機の矛盾を明るみに出すものであるかぎり，概念の威力なのである。この威力に，洞察が信仰に行使する強制力の絶対的権利がある。だが，洞察がこの強制力を行使する現実は，信仰する意識自身が概念であり，洞察が信仰にもたらすのとは反対のものを，己れで承認するという，この点にこそある。したがって，洞察が信仰する意識に対し権利をもつのは，〈その意識にとり必然的であり，その意識がその意識自身でもっているもの〉を，その意識に妥当させるからである。

第一に[601]啓蒙は，意識の行いであるという，概念の契機を主張する。

599）（訳注）弾劾に関することは，*GW* 9, S. 297, Z. 11 で洞察は己れ自身であるものを弾劾しうるだけであるといわれていた。

600）（訳注）「分離してしまう」というのは，たとえば信仰が石像や木像をあがめ，また聖餐式にさいして頒たれるパンをもってキリストの肉，葡萄酒をもって血とするときには，啓蒙は絶対的本質体の「意識的存在」であることに注意を促し，逆に信仰が絶対的本質体を意識的存在として，これに「信頼」を寄せるときには，石像，木像などに注意を促すようにである。

601）（訳注）*GW* 9, S. 297, Z. 20 以下を参照されたい。「第一に」というのは，次の段落の「さらに」に対している。懐疑主義というものは，二人の頑童のうち，一方が A といえば

洞察は，信仰に逆らってこのことを主張する。――つまり，信仰のいう絶対的本質体が，一つの自己としての，信ずる意識の本質体[602]であること，言い換えれば，その本質体は意識によって生み出されたこと，これである。信仰する意識からは，その絶対的本質体は，意識にとり自体であると同様に，どういうふうに，またどこからかは，わからないが，意識の中に立っているというような疎遠なものではない。むしろ，その意識の信頼は，この個人的意識として，そこに己れをみつけることに置かれている。そこで意識の服従と奉仕は，この本質体を己れの絶対的本質体として，己れの行いを通じて生み出す点にある。信仰が，絶対的本質体の自体を意識の行いの彼方にあると，ただ主張する場合には，啓蒙は本来ただ信仰にいまいったことを想い起こさせることしかしない。――そうはいっても，啓蒙は，信仰の一面性に対しては，存在に対立する行いの契機を，｜(516) つまり信仰がここではもっぱらそれだけしか念頭にない存在に対立する信仰の行いの契機をもち出してはくるけれども，やはりそれらの考えをまとめはしない。それで啓蒙は，行いの純粋契機を切り離し，信仰の自体について語って，それが意識によって生み出されたものにすぎないとする。だが，自体に対立していて孤立した行いは，偶然な行いであり，表象する行いとして，虚構[603]を生み出すことになる。これは，それ自体では存在しないような表象である。以上のようなのが，啓蒙の考える信仰の内容である。――しかし，反対に【308】純粋洞察は，同じく反対のこともいう。啓蒙は，概念が己れのもとにもっている他在という契機を主張するのだから，信仰上の本質体もそういうものであり，それは意識には何の関係もなく，意識の彼方に，意識とは疎遠で認識されてはいないもの[604]と表明している。信仰にとっては，一方で，本質体に信頼をよせ，そこで自己自身だと確信し

他方はBといいい，一方がBといえば他方はAというようなことを繰り返して，いつまでも相互の矛盾に，また己れ自身との矛盾にとどまるものであった。同様のことが啓蒙と信仰とのあいだにもあることが以下で説かれようとしている。

602) (訳注) 絶対的本質体が「意識の本質体」であり，意識的存在であるのは，信仰が信頼である場合のことであり，また勤行によってつくり出されるという意味をもつ「教団の精神」対する信仰である場合のことである。

603) (訳注)「虚構」は *GW* 9, S. 297, Z. 29 の「つくりごと」に応じている。

604) (訳注) *GW* 9, S. 298, Z. 25 以下を参照されたい。「認識されていないもの」とは，理神論での「至高存在」と同じものである。

ているが，他方で，その道は究め難く[605]，その存在には到達しえない[606]のである。

さらに[607]啓蒙は，信仰する意識に反対して，その意識のあがめる対象は石であり，木[608]であり，あるいはそうでなければ有限な擬人観的規定性と考察したとき，意識自身が認容している正義を主張する。つまり，信仰する意識は，現実の彼岸とその彼岸の純粋此岸とをもつという分裂した意識であるから，事実，その中には，感性的物をそれ自体でそれだけで〔自体かつ対自的に〕妥当させるという見方さえ現前している。｜(517) だが，一方では純粋本質体であり，他方では普通の感性的物であるという，それ自体でそれだけで〔自体かつ対自的に〕存在するものについての二つの考えをまとめていない。――信仰の純粋意識でさえも，いまいった見方に冒されている。なぜならば，その意識の超感性的国の区別項[609]は，その意識に概念がないために，一連の自立的形態とその動きもできごと[610]であり，すなわち，それらの区別は表象されているだけで感性的存在の姿を己れのもとでもっているからである。――啓蒙は啓蒙で，同様に現実を，精神から捨てられたものとして規定性を，動かしえない有限性として遊離させてしまう。この規定性は，本質体自身の精神的動きでの契機ではないかのように，扱われはする。だが，無ではなく，そうかといって，それ自体でそれだけで〔自体的かつ対自的に〕存在する何かでもなく，消えてゆくものである。

明らかなことであるが，同じことが知の根拠の場合にもいえる[611]。信仰する意識は，みずから偶然な知であることを認めている。なぜならば，この意識は，偶然なものに関係しており，絶対的本質体自身が，こ

605）（訳注）「ローマの信徒への手紙」11:33。

606）（訳注）たとえば「ローマの信徒への手紙」11:33 の「ああ，神の富と知恵と知識のなんと深いことか。だれが，神の定めを究め尽くし，神の道を理解し尽くせよう」というようなことが考えられているであろう。

607）（訳注）*GW* 9, S. 299, Z. 24 以下を参照されたい。

608）（訳注）「石であり木である」については，*GW* 9, S. 300, Z. 3 を参照。

609）（訳注）三位一体の三位格。

610）（訳注）信仰の「超感性的国」については，*GW* 9, S. 289, Z. 14 の「超感性的世界」を参照。「諸形態」とは三位格のことであり，これらのあいだの動きが「できごと」にすぎない。

611）（訳注）*GW* 9, S. 300, Z. 19ff. を参照されたい。

の意識にとって表象された普通の現実という形式ということで存在するからである。だから，信仰する意識には，それ自身での真理がないと確信してもいる。そこで，この意識は，自己自身を確信し，真理だとする精神[612)]の此岸で，いまいったような非本質的意識[613)]であることを告白する。――しかし，この意識は，絶対的本質体について精神的に直接的に知るときには，以上の偶然の契機を忘れてしまう。｜（518）――ところが，啓蒙は，この点を信仰する意識に想い起こさせるのだから，やはり偶然な知のことだけを念頭に置いて，他方の知を忘れる。――疎遠な第三者[614)]によってひき起こされる媒介だけを念頭に置いて，直接的〔無媒介〕なもの自身が第三者である媒介，己れを他者と，つまり己れ自身と媒介している第三者を念頭に置かない。

最後に[615)]啓蒙は，信仰の行いをよくみているうちに【309】享受や所有を投げ出すことが正しいことでなく合目的的でないことに気がつく。――不正についていえば，啓蒙は，信仰する意識自身が私有物を専有し，確保し楽しむというこの現実を承認している点で，信仰する意識の同意を得ている。この意識は，宗教的――所有と享受を断念する――行いが，この現実の彼岸のものであり，現実面のための自由を，その意識から贖いとるものである。だから，いっそう排他的に，いっそうかたくなに所有を主張し，いっそう粗野な形で，享受に身を委せる態度をとる。自然的営みや享受を犠牲にするこの奉仕は，このような対立のために，実際には少しも真実ではない。〔所有や享受を〕捨てないことと，〔それを捨てて〕犠牲にすることとが，並んで行われている。この犠牲はしるし[616)]にすぎず，現実の犠牲をただ細部で遂行するにすぎず，実

612）（訳注）この「精神」とは，「絶対的精神」のことであるが，このことの実現しているかぎり，信仰もすでに「己れ自身を知る精神」である。

613）（訳注）「非本質的意識」は，祭司の忠言，そのもとでの断食，苦行，喜捨などを介して不変的本質体と結合するもの，すなわち一般信徒のことであった。ここに形成陶冶の世界の信仰が本質的には民の信仰であっても，やはり祭司を必要とすることが明示されている。

614）（訳注）「疎遠な第三者」とは，仲介者のことであり，またその代表としての祭司のことである。

615）（訳注）*GW* 9, S. 301, Z. 22 以下を参照されたい。

616）（訳注）「しるし」の原語は Zeichen であるが，この語はⅤ-A の観察する理性にとっての「外面は内面の表現である」という基本命題での「表現」の最下級のものである頭蓋骨の形態に関して用いられていたものである。

際にはその犠牲を表象するだけである。

合目的性を鑑みると，啓蒙は，所有から解放されることを，知りまた証明するために，ただ一つの所有を投げ出したり，｜（519）享受から解放されることを，知りまた証明するために，一つの享受を断念したりすることがしっくりしないことだと考える。信仰する意識自身は，絶対的行い[617]を普遍的行い[618]と理解する。信仰する意識は，己れが対象とする絶対的本質体の行いは，己れにとって普遍的行いであるだけでなく，個々の意識も，感性的己れの本質体から解放されて，全体的で普遍的であることが示されなければならないとする。しかし，個々の所有物を棄てたり，個々の享受を断念したりすることは，普遍的行為ではない。そこで行為では，普遍的なものである目的と，個別的なものである実行とは，本質的には一致しないと意識されているに違いない。そのため，その場合の行為は，意識が少しも関与しないような行為することであることが示されることになる。したがって，そういう行為をすることは，行為であるというのには，本来，あまりにも素朴である。食事の楽しみから解放されていることを示すために，断食するというのでは，あまりにも素朴である。オリゲネスのように[619]その他の楽しみを断ち切ったことを示すため，それを身体から取りのけるというのでは，あまりにも素朴である。行為自身は，外面的で個別的行いとして現れるものであるが，欲望はうちに根をおろしており，普遍的なものである。快というものは，道具をなくしたり，一つ一つの快を止めたからといって，消えてなくなるものではない。

しかし，この点で，啓蒙の方はどうかといえば，現実に対して内面

617）（訳注）「絶対的行い」いうのは，*GW* 9, S. 131 で禁欲に関して，これは惨めな行いであると同時に絶対的行いでもあるといわれていたのに関しはするが，ここでの「絶対的行い」というのは禁欲にかぎらず，一般に祭祀としての行いのことである。

618）（訳注）「普遍的行い」の「普遍的」は，不変的本質体がキリストで「受肉」したとき，不変的なものは同時に普遍的なものでもあるから，「受肉」の形態化はキリストでのものにはかぎらず，それによって世界全体が聖なるものとなったことを意味するといわれているところから解されるべきでもあろう。ここではむしろキリストの十字架での「贖い」の死での愛（アガペー）の実践にあやかるいわゆる「キリストのまねび」が徹底的で全面的に実施されるべきことが意味されている。

619）（訳注）「オリゲネスのように」というのは，エウセビオス（260 年頃–340 年頃）の『教会史』によれば，オリゲネスが情欲を断つためにみずから去勢したことを意味している。

的なもの，非現実的なものを切り離してとり出すが，信仰が，その直観や思慕の点で，内面的であるのに対抗するときには，物性の外面に｜(520) 固執する[620]。啓蒙は，本質的なものを意図や考えに置いており，そのため，自然的目的からの解放を，現に実現することは止めにする。反対に，この内面自身は，形式的なものであり，自然的衝動では実現されるものである。しかもそれが是認されるのは，ほかでもなく，内面的であるからという理由によるのであり，普遍的存在つまり自然[621]のものであるという理由によるのである。

〔γ）啓蒙による信仰の追放〕

【310】こうして，啓蒙には，信仰に対し抵抗できないほどの強制力があるが，これは，啓蒙を妥当させるような，いくつかの契機が信仰する意識自身に見出されるからである。この力の影響をもっと詳しく考えると，信仰に対する啓蒙の態度は，信頼と直接的確信との美しい統一を引き裂き，信仰の精神的意識を，感性的現実という低い考えによって，不純にし，信仰に帰順して平静になり安定している心情を，空しい悟性[622]と利己的意志と実行とによって破壊するように思われる[623]。だが，実際には，啓蒙は，信仰に現前している，思慮なき，あるいはむしろ概念なき分裂を揚棄している。信仰する意識には，表裏一体化された尺度・分銅を導き，二つの目，二つの耳，二つの舌と言葉があり，すべての表象を表裏一体にしてしまっているが，この表裏一体の意味を比較したりはしない。言い換えると，信仰は表裏一体に知覚しながら生きている，一方は眠れる意識の知覚で，まったく｜(521) 概念なき考えにあり，他方は目覚めた意識の知覚で感性的現実に生きているだけの意識の

620）（訳注）*GW* 9, S. 308, Z. 19–24 を参照されたい。信仰の「内面的」とは絶対的本質体への信頼のこと，「物性」というのは，石像，木像，聖餐式のパン，葡萄酒などのこと。

621）（訳注）「自然」ということで，音楽家と対談する啓蒙哲学者が唱えた「自然の知恵」への対応がある。

622）（訳注）啓蒙が可能的に理性であり，純粋洞察であるのは『精神現象学』にかぎられている。

623）（訳注）啓蒙の信仰に対する破壊的結果に関しては，本文とほとんど同じことが「信仰と知」のうちにもあるが，ただこの場合には破壊は啓蒙のものであると同時にプロテスタンティズムのものであるともされ，そしてプロテスタンティズムの哲学ともいうべきカント—ヤコービ—フィヒテのいわゆるドイツ古典哲学も基本的には啓蒙の悟性の立場を継承したものとされている。

知覚である。信仰はその両者のいずれにあっても，それぞれ独自の差引勘定をしている。――啓蒙は，感性的世界の表象を使って，例の天上の世界に光をあてたし〔啓蒙とは光をあてること〕，信仰とても否定しえないこの有限性を，天上の世界に示した。なぜならば，信仰は自己意識であって，二つの表象の仕方をもっており，それらを分離しておかない統一だからである。その理由は，両方とも分裂のない単純な自己に帰属しており，そこへ信仰は移ってしまっているからである。

こうして信仰は，その場面を充たしていた内容を失い，精神のくすんだ織物ということで信仰自身のうちで崩れてゆく〔ロマン主義的，敬虔主義的信仰に変ってゆくことを暗示〕。信仰はその国から追い払われ，この国は掠奪されている。それは，目覚めた意識が，その国のあらゆる区別と拡がりをそれ自体でひったくり，その国の部分すべてを地上の所有物として，地上のために要求し，地上に取り戻したためである。しかし，信仰が満足しないのは，そのためではない。というのは，このように啓蒙の光をあてられたために，いたるところで，個別的なもの[624]だけが頭をもたげ，その結果，精神に語りかけているのは，本質のない現実と，精神によって捨てられた有限性だけだからである。――信仰には内容がないけれどもこの空しさにとどまっていることはできないことによって，言い換えれば，唯一の内容である有限なものを超えて，そのそとに出ても，みつかるのは空しいもの[625]だけなので，信仰は純粋憧憬であり，その真理は空しい彼岸となるが，彼岸にふさわしい内容は，もはやみつからない。｜（522）というのも，すべてのものは，それとは別のものに変わるからである。――このために信仰は，実際には，啓蒙と同じものになっている。つまり，それ自体で存在する有限なものと，述定もなく，認識もされず，認識することもできない絶対者との関係の意識となっている[626]。ただし，啓蒙は充たされた啓蒙であるが，信仰は充たされていない啓蒙である。とはいえ，啓蒙がその満足にとどまりう

624）（訳注）「個別的なもの」というのは，啓蒙の感覚論のことを指している。

625）（訳注）この「空しいもの」は理神論の「空虚」のことであり，「至高存在」のことであり，また「述語をもたない，知られていない，認識されていない絶対者」のことである。

626）（訳注）*GW* 9, S. 304, Z. 1–22 を参照されたい。

——だが，自己に疎遠となっている｜（524）概念——それはここ[635]では疎遠化の段階にあるのだから——は自己意識の動きとその絶対的本質体という二つの面がこのように等しい本質体であることを認識しない，——つまり，両者の等しい本質体で実際には両者の実体で両者を存立させているのに，そのことを認識しない。この概念は，この統一を認めないことによって，本質体をただ対象的彼岸という形だけで認めており，【312】そういうふうに自体を己れのそとにもっており，区別の働きをする意識を，有限な意識であると認めているのである。

啓蒙は，前には[636]信仰と争っていたのであるが，いま例の絶対的本質体について己れと争っており，それで，二つの党派に分かれる。一つの党派は，二つの党派[637]に分裂することによってはじめて勝利党派として確認されるのである。というのは，その党派が明らかにすることは，争いとった原理を己れ自身のもとで所有して，その結果以前に己れが陥っていた一面性を廃棄したことだからである。ところで，一方の党派と他方の党派に分割されていた利害は，完全に一方の党派にあり，他方を忘れる。すなわち，利害は，一方の党派自身に，利害に従事している対立をみつける。しかし，同時に対立は，より高い勝利の場面に高められており，そこでは，対立が純化[638]された形で提示される。そのために，一つの党派のうちで分裂が発生するのは，不幸なことのように思われるが，その党派にとっては，むしろ幸運であることが分かる。

が代表されていると思われる。しかし「純粋」であるかぎりでは具体的には何ものをも感覚するのでないから，das reine Fühlen は純粋な思考することと同じであり，また帰依や思慕（Andacht），憧憬というような宗教的情操をも意味するとされることになる。そしてこの純粋な触れ感ずること，純粋な感覚することが同時に純粋に思考することであるとされる点では，一方ではアリストテレスが思考することを触れることと規定していること（『形而上学』1051b25, 1072b21）が想起されるとともに，他方では啓蒙時代のフランス哲学で penser が同時に sentir であって両者が微妙に相通じたことが念頭に置かれていたとみてよいようである。。

635）（訳注）「ここ」とはⅥ-B-Ⅱ-b のことである。したがってⅥ-B に属している。

636）（訳注）*GW* 9, S. 297, Z. 20 以下 ; S. 307, Z. 20 以下を参照されたい。

637）（訳注）「二つの党派」とは理神論と感覚論ないし唯物論のことである。なおこの段落で説かれている党派論は「哲学的批評」の論文のものとも，「イギリス選挙法改正」の論文のものとも基本的には同じである。

638）（訳注）「対立が純化された形」については，対立とは自体と対他とであり，そして前者は理神論の規定，後者は感覚論ないし唯物論の規定である。

〔1 純粋本質体と純粋物質との同一，純粋意識の場面〕

したがって，純粋本質体自身には，己れでは何の区別もないので，区別がそこに生ずるのは，意識に対しそういう二つの純粋本質体が生じ，|（525）純粋本質体が，表裏一体の意識[639]となって現れる，という形でのことである。――純粋絶対的本質体は純粋思考にのみある。言い換えれば，むしろそれは純粋思考自身であるから，ただ，有限なもの，自己意識の彼岸にあり，否定的なものにほかならない。しかし，こういう形で絶対的本質体はまさしく存在であり，自己意識を否定するものである。自己意識を否定するものとして，それはまた自己意識にも関係している。すなわち，それは外的存在であり，これは，諸々の区別項や規定が落ち込んでゆく自己意識に関係するとき，己れのもとに区別項をもつことになり，味わわれ，みられなどする。それでこの関係は感性的確信[640]であり，知覚である。

例の否定的彼岸は，当然感性的存在に移行してゆくが，この感性的存在から出発して，さらに意識関係のこの特定の形を捨象するならば，そこに残るのは，己れ自身の中でくすんだ織りなしにして動く純粋物質である。ここで本質的なことは，純粋物質なるものが，みたり感じたり味わったりすることなどを捨象したときに，のちに残っているものにすぎないということ，すなわち，純粋物質がみられたものでも，味わわれたものでも，感じられたものでもないということ，このことをよく考えてみることである。むしろ，みられ感じられ味わわれるもの[641]は，物質ではなくて，色であり石であり塩等である。物質というのはむしろ純粋

639）（訳注）「表裏一体の意識」とは，*GW* 9, S. 313, Z. 34 で「考察の仕方の二つの種類」と呼ばれているもののことであって，一般的にいえば，純粋意識と現実意識とのことであるが，ここでは啓蒙の理神論と唯物論とのことであり，そして両者を媒介するものが感覚論である。

640）（訳注）「感性的確信」については，*GW* 9, S. 303, Z. 20 以下での啓蒙の感覚論を参照。

641）（訳注）「物質」あるいは「純粋物質」については，唯物論の「物質」とは「人がみたり，手に取ったり突いたりなどするものではない」といわれており，また物質とは普遍的なものであり，感覚的でないものであるといわれていた。

抽象である。そのため現にあるのは，思考という純粋本質体，つまり純粋思考自身である。それは，絶対者ではあるが，こういうものとして，己れの中に区別をもたないし，規定もされず述語ももたない[642]。

｜(526) 絶対的本質体を，一方の啓蒙[643]は例の述語なき絶対者と呼ぶが，これは，現実的意識の彼岸にある思考のうちにあり，これを出発点としている。――他方の啓蒙は絶対的本質体を物質と呼ぶ[644]。両方の絶対的本質体が，自然と精神または神としてかりに区別されるならば[645]，己れ自身のうちで意識なき活動には，自然であるために必要な，展開された生命の富[646]が欠けることになり，精神または神には，己れのうちで己れを区別する[647]意識が欠けることになるであろう。両者は，すでにながめわたしたように[648]，【313】直ちに同一の概念であるが，区別があるとすれば，事象にではなく，ただまったく両方の構想[649]の出発点の違いにあるのであり，各々が，思考を働かすとき，己れの立場に依然として立ちどまっていることにあるにすぎない。両方は，この点を超え出るときには，一致するであろうし，一方がおぞましいと称するも

642）（訳注）この「絶対者」とは，理神論の「空虚」ないし「至高存在」のことである。

643）（訳注）「一方の啓蒙」とは理神論，「他方の啓蒙」とは唯物論のことである。

644）（訳注）唯物論は，ラメトリとドルバック，有神論でもっとも先鋭になり，ロビネを代表とする。有神論では，神は不可知の絶対者を提示する。ロビネは，神の命名にも反対したのは，その命名が有限存在の性質を無限存在に移し替えて擬人論になるからである。神はあらゆる存在の原因であることだけが神について認識されうるのである。この点については，J. B. Robinet, *De la nature*. Nouvelle edition revue, corrigée & augmentee par l'Auteur, T. 1, Amsterdam, 1763, pp. 10–16; T. 2, Amsterdam, 1763, pp. 179–180, p. 364, p. 377 を参照されたい。ラメトリの見解によれば，物質は自己自身で自己自身を動かす。この動きの本性は物質の本性と同様に未知である。この点については，Traité de l'âme. In: *La Mettrie, Œuvres*. T. 1, pp. 68–84; L'homme machine. In; *La Mettrie, Œuvres*. T. 3, p. 183 以下および *System der Natur, oder von der Gesetzen der Physischen und Moralischen Welt*. Aus dem Französischen des Herrn von Mirabaud. T. 2. 2, verbesserte Aufl. Frankfurt und Leipzig, 1791, S. 200–01 を参照されたい。

645）（訳注）本文の「自然」の実例としてはドルバックの『自然の体系』の場合を，「神」の実例としてはロビネの『自然について』の場合をあげることができる。

646）（訳注）「展開された生命の富」というのは，「有機体の観察」で述べられた感受性—反応性—再生のことであろう。

647）（訳注）区別された己れとは，三位一体の三位格のことである。

648）（訳注）*GW* 9, S. 311, Z. 9 以下を参照されたい。

649）（訳注）「構想」の原語は Bildungen であるが，『差異論文』が当の段落とほぼ同じように観念論と唯物論とが同一に帰することを論じた場合でもやはり同じ Bildung という語が用いられている。

のと他方が愚かだとするもの[650]とが，同じものであることを認めるであろう。というのも，一方にとっては，絶対的本質体はその純粋思考にあり，純粋意識に直接対しており，有限な意識のそとにあってこれを否定する彼岸だからである。もし，一方では，思考の例の単純な直接性が，純粋存在にほかならず，他方では，意識を否定する当のものが，同時に意識に関係していること，すなわち，否定判断では「である」（繋辞）が，分離した二つのものを同様に結んでもいるのだということ，——〔以上のことを一方が反省すれば，〕外的に存在するものを規定するにあたり，この彼岸は意識と関係することが判明するであろう。｜(527) したがって，純粋物質と呼ばれるものと，同じであることが分かるであろう。つまり，現在という欠如した契機[651]が得られるであろう。——他方の啓蒙は感性的存在から出発し，次いで，味わうとかみるとかいう感性的関係を捨象し，それを純粋自体とする，つまり，感じられないものでも味わわれないものでもある絶対物質にしてしまう。こうしてこの存在は，述語のない単純なものと，純粋意識の本質となったのである。つまり，それは，それ自体で存在するものとしての純粋概念である，言い換えれば，自己自身での純粋思考である。この洞察は，純粋存在者である存在者から，その純粋存在者と同一のものである思考されたものへ，言い換えれば，純粋に肯定的なものから純粋に否定的なものへ，意識的に対立を超えて進んでゆくのではない[652]。それは，何と

650）（訳注）「おぞましいと称するもの」の原語は Greuel であり，「愚かだとするもの」の方は Torheit であり，前者は，信仰が啓蒙に向かって，後者は，啓蒙が信仰に向かって用いる語。

651）（訳注）この「現在」という契機は b の「啓蒙の真理」の終わりでその意義を得ている。

652）（訳注）肯定と否定とが相互に転換することには，純粋に肯定的なものがまた純粋に否定的なものであり，純粋に否定的なものがまた純粋に肯定的なものであり，純粋な存在と純粋な無とは同一であるというのは，美しい魂に関していわれていることである。そして，これは『論理学』の有名な Sein-Nichts-Werden の弁証法を想起せしめるものである。しかしそれだけにこの Werden が Dasein を経て Endlichkeit に至るのと同様のことが生じてくる。なお今日「イェーナ論理学」として伝えられているものには欠落があり，とくに最初の部分に欠落があるために，それが果たして Sein-Nichts-Werden の弁証法から始まっていたかどうかは定かではない。けれども，反省をもって哲学的思索のインストルメントとすることで，ヘーゲル論理学の誕生を告げるものと解されるべき『差異論文』が哲学の課題をもって，存在を非存在のうちへと生成として設定することと分裂を絶対者のうちへとその現象として設定することと有限なものを無限なもののうちへと生命として設定することとの三つをあげている

しても肯定的なものは，端的に否定によってのみ純粋であることによってである。だが，純粋に否定的なものは，純粋である以上，自己自身では己れに等しく，まさに肯定的である。――言い換えれば，両方の考えは，それ自体で存在と思考が同一であるという，デカルト形而上学[653]の考えに到達していない。また，存在すなわち純粋存在は，具体的現実ではなく，純粋抽象であるという考えには到達していない。反対に純粋思考，自己相等性もしくは本質体は，一方では，自己意識を否定するもの，したがって存在であるが，他方では，直接的単純性として，同様に存在にほかならない。思考は物性であり，物性は思考である。

| (528)　〔2　有用性の世界，現実意識の場面〕

ここで，本質体は，二種類の考え方[654]に帰属するという形ではじめてそれのもとで分裂する。一方では，本質体には，それ自身では区別がなければならないが，他方では，この点でこそ，二つの考え方は一つに帰着する。なぜならば，そのとき，純粋存在と否定的なものという抽象的な二つの契機，それらをたがいに区別する契機は，この二つの考え方の対象の中では統合されて一つになっているからである。――両方に共通の普遍は，自己自身のうちでただ震える[655]という，つまりただ己れ自身を思考する[656]という抽象作用である。自軸回転する単純なこの

のは，『論理学』での存在論―本質論―概念論への区分にほぼあたるものであるから，この「イェーナ論理学」も Sein-Nichts-Werden の弁証法に始まるものであったとみて大過ないであろう。

653）（訳注）「デカルト形而上学」については，存在することと思考することとが同一であっても，この同一はそれ自体で成立するものである。だから，純粋に思考することの場面あるいは純粋意識でのものであって現実意識でのものではないとされており，この形而上学に関しては，同様なことが *GW* 9, S. 430, Z. 18 以下にも述べられている。

654）（訳注）「二種類の考え方」とは，理神論と唯物論とのこと。

655）（訳注）「自己自身のうちでただ震える」というのは，「無限性」に関連して，「己れのうちで震動しながら不安定であることもない」に応じている。

656）（訳注）「ただ己れ自身を思考する」は，「絶対の他的存在のうちに純粋に自己を認識すること」に応じているが，これもここではⅢでの「無限性」に関連づけられているであろう。

動き[657)]は，その両契機を区別することによってのみ，みずから動くのであるから，みずから分解せざるをえない。【314】このように両契機を区別することによって，動かないもの[658)]がもはや現実の思考でもなく，自己自身での生命でもない純粋存在という空の莢として捨て去られる[659)]。というのは，この区別することは，すべての内容を区別することだからである。しかし，区別することは，例の統一のそとに己れを設定し，こうして，諸契機が交替し合うだけで，自己自身には帰らない動きである。その諸契機は，存在であるが，自体的でもあり，対他的でもあり，対自的でもある。——現実は純粋洞察の現実的意識にとっての対象である。すなわち，これが有用性である[660)]。

有用性というのは，信仰だの感傷主義[661)]だのからは，あるいはまた思弁と自称し，自体を己れのために固定させる抽象[662)]からは，きわめてまずいもののよう思われるかもしれない。それにしても有用性は，純

657）（訳注）「自軸回転する単純なこの動き」というのは，やはり「無限性」の立場から生命の現象が解明されるにあたっての時間のように「動きではあっても」，また空間のように静止でもある「純粋な自軸回転の動きである」ものに応じている。

658）（訳注）「動かないもの」の「動かない」というのは，「自軸回転の動き」はむろん動きではあっても，運動体としての位置の移動をもたないことにあたる。

659）（訳注）「捨て去られる」の原語は zurücklassen であるが，この語が何を意味しているかというと，一体，この段落は晦渋を極めているので次の段落のことをも顧慮しつつ，この語のことを中心に推察すると，次のようであろう。純粋な存在と純粋な否定的なもの——後者の場合も「純粋」が補われるべきである——とのあいだに無限性の原理，言い換えると「交替と変転との原理」が貫かれているとすると，対立は相互に交替して円環の動きを形づくるが，これが「自軸回転の動き」であり，また『論理学』での純粋な存在と純粋な無とのあいだの生成である。しかしこのようなことは純粋洞察の純粋意識で成立することであって，これから疎遠になっている現実意識あるいは表象で成立することではない。言い換えると「純粋思考の場面」でのことであって，「表象の場面」でのことではない。前段落でデカルト形而上学に言及されたさいにも，存在と思考とはそれ自体では同一であるというのも，この同一が純粋意識で成立するものであるのを指している。しかし円環の動きが成立するには，両項を区別することが必要である。が，事が現実意識に関することとなると，区別はあらゆる内容にわたらなくてはならないことになるので，「交替と変転との原理」は覆えされないことになる。このときに円環は「空の莢」のようなものとなるのである。この莢も「存在」ではあるにしても，もはや現実に「自己内思考」でも，現実に「己れ自身のうちに生きること」でもない。

660）（訳注）*GW* 9, S. 304, Z. 23 以下を参照されたい。

661）（訳注）「感傷主義」の原語は Empfindungsamkeit であるが，カントの『人間学』第 21 節に従って感傷主義と訳した。

662）（訳注）この「抽象」は理神論のことである。

粋洞察が己れを完全に実現[663]し，己れの対象を確信するものであるが，|(529) この対象は，洞察がもはや否定しないものであり，洞察からみて空のものとか純粋の彼岸[664]とかの価値をももっていない。というのも，われわれがすでにながめわたしたように，純粋洞察は存在する概念[665]そのもの，もしくは，自己自身に等しい純粋人格であり，己れの中で区別はされるが，区別されたもののどれもが，それ自身純粋概念であるという形に，すなわち，直接区別されていないという形になっているからである。純粋洞察は単純な純粋自己意識であり，これはそれ自体的でもそれだけでも直接に統一されている[666]。だから，この自己意識の自体存在は，持続する存在ではなく，むしろその区別の中で何かであることをすぐやめる。しかし，直接支えをもっていないこのような存在は，それ自体であるのではなく，本質的には他者に対して存在するが，この他者は，それを吸収してしまう威力である。だが，第一の契機，つまり，自体存在に対立しているこの第二の契機は，第一の契機と同じように，すぐ消えてしまう，もしくは他者に対してのみ存在するものとして，むしろ，消失そのもの[667]である。それで，自己に帰った存在，己れだけでの存在が設定されている。しかし，この単純な自立存在〔対自存在〕は，自己相等性として，むしろ一つの存在，したがって他者にとっての存在である[668]。――純粋洞察のこの本性は，その契機に展開するとき，言い換えれば，対象であるとき[669]，有用なものを表現する。有

663）（訳注）この「実現」は，「現実化」というのと同じである。

664）（訳注）「彼岸」というのは，理神論の空虚，至高存在のことである。

665）（訳注）「われわれがすでにながめわたしたように」とは，Ⅵ-B-Ⅱ-b の「啓蒙の真理」の最初の段落で，純粋洞察の立てる区別の諸項はいずれも純粋概念であるといわれていたことを指し，この概念が「存在する概念」というのは，b が「疎遠になること」の段階に属しているからである。言い換えると，三角形 ABC の頂点 A が唯物論を成立させる肯定的なものであると同時に理神論をも成立させる否定的なものであるという矛盾の処理は前段落の自軸回転の動きとしての純粋な思考することあるいは純粋意識によって終わり，この段落では頂点から疎遠になっている底辺 BC すなわち現実意識の立場での純粋洞察の自己意識へと移っている。

666）（訳注）*GW* 9, S. 291, Z. 5– S. 292, Z. 10 を参照されたい。

667）（訳注）「消失そのもの」とは契機と同じである。

668）（訳注）対自そのものが一つの存在であって，他者に対するという点に対自そのものをそれ自身一つの自体として自体―対他―対自の交替が休みなく繰り返される所以がある。

669）（訳注）純粋洞察が「対象」であるのは，b も「疎遠となることの段階」に属しているからである。

用なものは，自体で存続するものすなわち物[670]であるが，この自体存在は同時に純粋な契機にすぎない。それゆえに，それは，絶対的に他者にとってのものであり，それ自体で存在すると同様に他者にとってだけ存在するのである。この対立する両契機は，自立存在という分裂なき統一に｜（530）帰っている。だが，有用なものは，なるほど純粋洞察の概念を表現するにしても，洞察そのものではなく，表象としての，あるいは表象の対象としての洞察である。有用なものは，両契機が休むことなく交替すること[671]にすぎない。その契機の一方は，なるほど自己自身に帰った存在そのものではあるが，自立存在としてのみそうなのである，すなわち，他方の契機に対して一方の側に現れる抽象的契機としてのみそうである。有用なものそのものは否定的なものではない。つまり，有用なものは，対立しているこれらの契機を，同時に同一の観点で[672]分離していないままにしておくような，あるいは，それらの契機が純粋洞察としてある場合の思考自体[673]としてのこれらの契機をもっている否定的なもの[674]ではない。【315】自立存在の契機が有用なもののもとにあることはあるが，自体とか対他存在とかいうもう一方の契機を覆うような形でではない。それで，自己であるような形でではない。したがって，有用なもののもとで純粋洞察は，己れの純粋な契機での自己の概念を対象としているのではない。純粋洞察は，対象の形而上学を意識してはいる[675]が，まだそれを概念把握することではない。その意識は，存在と概念自身の統一にはまだ達していない。有用なものは，洞察にとってはまだ対象という形式を脱してはいないので，洞察にはいかにももはやそれ自体でそれだけで〔自体的かつ対自的に〕あるような世

670）（訳注）「物」であるというのは，啓蒙にとっては人間といえども物であることを示している。

671）（訳注）「休むことなく交替すること」とは，*GW* 9, S. 314, Z. 5 の「諸契機が交替し合うだけで，自己自身には帰らない動き」と同じである。

672）（訳注）「同一の観点で」は，*GW* 9, S. 79, Z. 4 の場合と同じである。

673）（訳注）この「思考自体」は，*GW* 9, S. 313, Z. 38–39 の「自軸回転の動き」としてのものである。

674）（訳注）否定的なものは，自己であり，主体である。

675）（訳注）「形而上学」とは，デカルト形而上学のことであり，そして「意識」とはAとしてのものである。

界はない。それでもなお己れとは区別された一つの世界[676]がある。しかしながら，対立は，概念の頂点[677]に出てきているので，次の段階では，これらの対立は崩れ，啓蒙は，その行いの結果の実が結ぶことを経験するであろう。

|（531）〔3　自己に疎遠な精神という領域の回顧〕

以上の全領域[678]と関係させて，ここに達せられた対象〔有用性〕を考えてみるならば，形成陶冶の現実的世界は，自己意識の空しさへ包まれている。――つまり，なおその内容が紛糾しており[679]，個々の概念であって，まだ，それだけで普遍的概念になっていない自立存在に包まれている。だが，その概念は，己れに帰ったときには，純粋洞察である。――これは，純粋自己ないし否定性としての純粋意識であり，このことは，信仰が，純粋思考つまり実定性としての純粋意識であるのと，まさに同じである[680]。信仰には，そういう自己のうちに，己れを完成してくれる契機がある。――が，この補完によって没落する。そこで，純粋に思考されたものないし否定的なもの[681]である絶対的本質体と，肯定的存在者である物質という，二つの契機をわれわれがながめわたすのは，純粋洞察のもとでのことである。――純粋洞察がこのように完全である

676）（訳注）この「世界」は人倫の世界，法の世界，形成陶冶の世界，信仰の世界に続くものであり，道徳性の世界に先立つものである。

677）（訳注）「頂点」というのは，頭蓋論が第一の頂点とすれば，有用性が第二の頂点であることを意味している。

678）（訳注）「領域」は，自己から疎遠な精神である。

679）（訳注）「内容が紛糾している」というのは，すべてを空しいとしながら，なお，富と権力を主要目的として追求することである。

680）（訳注）*GW* 9, S. 285, Z. 31– S.286, Z. 24; S. 288, Z. 9–34 を参照されたい。

681）（訳注）「己れを完成してくれる契機がある。――が，この補完によって没落する」ことによってかえって信仰が「没落する」というのは，信仰と純粋洞察とのあいだに，信仰の代表者である祭司と啓蒙の代表者である「哲学者」とのあいだに相互承認が成立することにあたる。このさい「否定的なもの」とは，理神論の空虚ないし至高存在のことであるが，絶対的本質体が一方では空虚あるいは至高存在として否定的なものであり，他方では物質として肯定的なものであることは，Ⅲでも「絶対的自由」が経験する「恐怖」を解明するうえで意義を得ることになる。

としても，そこには，空しい意識のものである自己意識の例の現実が，なお欠けている。つまり思考が自己に高まるために出て来た世界が欠けている。――この欠けたものが充たされるのは，純粋洞察が，有用性ということで肯定的対象性を得たかぎりでのことである。これによって純粋洞察は，みずから満足した[682]現実の意識となる。そこでこの対象性は，純粋洞察の世界をつくることになり，観念的ならびに実在的なこれまでの全世界の真理となっている。精神の最初の世界は，広汎な国であり，そこで精神が定在に分散してゆき，また精神自身が個別に己れ自身を確信している。これは自然と同じで，その生命を｜（532）無限に多様な形に分散させるけれども，それらの類は現存しない[683]。第二の世界は類を含んでおり，自体存在ないし真理の国で，その前の世界の確信に対立している[684]。だが第三の国は，有用なものであるが，やはり自己自身を確信している真理[685]である。信仰の真理の国に欠けているのは，現実という原理である，言い換えれば，この個別者としての自己自身を確信する原理である。しかし，現実とか，この個別者としての自己自身の確信とかには，自体が欠けている。純粋洞察の対象ということでは，二つの世界は統合されている。有用なものが対象となるのは，自己意識が対象を通覧し，【316】自己自身だという個別的確信，己れの享受（己れの自立存在）を対象にもっていることによってである。つまり，自己意識は，対象をこういう仕方で見通す[686]。それで，洞察は対象の本当の

682）（訳注）「満足した」というのは，*GW* 9, S. 310, Z. 26 以下で啓蒙が果たして満足のうちにとどまりうるかどうかが問われたのに，いまやこれが肯定されたことになる。この肯定は前段落まででは分離されていた純粋意識と現実意識とがこの段落では統合されて絶対自由へと移ることを意味している。この統合の完全でないことが絶対的自由の与える「最高の形成陶冶」で示されることによって，Ⅵ-C の道徳性へと移ることになる。

683）（訳注）自然には類がないというのは，有機的自然には実は類がないとされていたこと，自然は「偶然的個別化の場面」とされていたことに応じている。そしてこのような自然に「形成陶冶の現実の国」が対応しているのは，その「国家権力」と「富」とのいずれもが VI-B-I-a の現実の国が示しているような簡単なものでなく，むしろ複雑多岐にわたるものであることを意味しており，これは VI-B-III の絶対自由から推察されうることである。

684）（訳注）*GW* 9, S.267 以下；S. 287 以下を参照されたい。

685）（訳注）「真理」と「確信」とが対とされているのは，ⅥおよびⅤの表題の示すように，両者の一致が（C）の成立に不可欠だからである。

686）（訳注）「見通す」の原語は durchschauen である。これは或るものがそのもの自身ではなく，ある他のものに対して存在するとみるものであるという点では，「洞察」の場合と同じである。しかし「他のもの」には対象の秩序でのものの場合と自己ないし主体の場合と

本質（通覧されたものあるいは他者に対するものであること）を含んでいる。だから，洞察は，それ自身本当の知[687]であって，同様に自己意識は，そのまま自己自身を普遍的に確信しており，己れを次の関係で純粋に意識している。したがって，そこでは，真理と現在[688]ならびに現実とが統合されている。二つの世界は和解しており，天上は，地上に引き下げられて移植されている。

|(533)　Ⅲ　絶対的自由と恐怖

意識は，己れの概念[689]が有用であることをみつけた。しかし，この概念は，一方ではなお対象であり，他方では，そうであるがゆえになお目的であり，意識はまだ直ちにはその目的を手に入れていない状態である。有用性は，なお対象[690]の述語であって，主語自身とはなっていない，または，主語の直接的で唯一の現実性となっていない。このことは，自立存在が，まだその他の契機[691]の実体として証示されていないという形で，そのために有用なものが，そのまま意識の自己にほかならず，その結果，この自己を手に入れるようにはなっていないという形で，以前現れたのと同じである。――しかし，このように，有用性が，対象的であるという形式を，取り消すことは，もともとすでに起こっている[692]。それで，この内的変革[693]から，現実を現実的に変革し，意識の新たな形態，絶対的自由が現れ出てくる。

があり，享受ないし対自存在を得ているというときには後者である。ここに曖昧な点のあることは否定できない。

687）（訳注）本当の知には，絶対知の意味がこもっている。

688）（訳注）*GW* 9, S. 313, Z. 13–14 で絶対的本質体も物質であることで「現在」という契機を得るといわれていたことがここに意義を得る。

689）（訳注）このさいの意識は純粋洞察であるから「己れの概念」というのは，前段落にあった「見通すこと」としての「本当の知」であろう。

690）（訳注）有用なものは純粋洞察自身ではなく，その「対象」であり，表象である。

691）（訳注）「契機」とは，自体存在と対他存在と対自存在のこと。

692）（訳注）もともとすでに起こっているというのは，前段落で有用なもので自己意識がすでに己れの享受ないし自立存在に到達していたことを指す。

693）（訳注）「内的変革」が「現実の現実的変革」に先立つことはヘーゲルの革命論にとって基本的意義をもつことである。。

〔1 絶対的自由，分割されていない実体〕

すなわち，意識は，実際には対象性の空虚な仮象としては現前せず，その仮象は，｜（534）自己意識と占有を分離する。というのは，一方では，一般に，現実的世界と信仰的世界の組織[694]に属する特定の分肢[695]が存続し妥当する場合，そのすべてが，その根拠と霊というこの単純な規定〔有用性〕に帰ってはいるが，他方では，この規定はそれだけで〔対自的に〕己れのものになっているのではなく，むしろ純粋形而上学[696]，純粋概念，自己意識の知[697]となっているからである。つまり，対象である有用なもののそれ自体でそれだけでの存在から，意識が認識することは，有用なものの自体存在が，本質的には対他存在である，ということである。自己なきものとしての自体存在は，本当は受動的なものである，言い換えれば，他の自己に対するもの[698]である。だが，対象は，意識に対しては，【317】純粋自体存在というこの抽象的形式を

694）（訳注）現実の国に関して「組織」という語の用いられたのは *GW* 9, S. 269, Z. 12 でであり，信仰の国の場合は *GW* 9, S. 289, Z. 31 でである。前者の分肢は国家権力と富とに大別されたが，国家権力の方にはⅥ-B-Ⅲの絶対的自由で述べられていることを考慮すると，国家権力，王権，立法権，司法権，行政権，軍隊があり，また立法権ないし議会に関連して三身分があり，富の方は，これを市民社会とみると，「労苦するにさいしての諸々の特殊的群」すなわちさまざまの職業団体からなっている。そして信仰の国の分肢は一方の教義では三位一体の諸位格であり，他方では教会の組織である。

695）（訳注）国家権力と富，父・子・聖霊。*GW* 9, S. 315, Z. 1 以下を参照されたい。

696）（訳注）「純粋形而上学」というのは，デカルト形而上学のことであり，言い換えると，存在することと思考することとの同一である。

697）（訳注）この「知」は，「見透すこと」としての「本当の知」である。

698）（訳注）「本当は受動的なものである，言い換えれば，他の自己に対するものである」という点で，本文は *GW* 9, S. 412, Z. 9 の「受動的であり，対他存在である」に酷似している。このことは純粋思考から対象ないし表象としての有用性の世界に転換するのは，啓示宗教がその「純粋思考の場面」から「表象の場面」へ，したがって世界の「創造」へと転換するのに相応しており，また有用性の世界が絶対的自由へと転換するのは，啓示宗教で世界が「創造」されたものとしてこれを意識する自己へと転換するのに相応している。そしてやがて明らかになるように，絶対的自由は普遍的自己のものではあっても，「分割されていない実体」として個別的自己とまだ無媒介の統一を得ているにすぎないから，普遍的自己と個別的自己とへ分裂してゆくのである。この点でも，右の創造された世界を意識する自己が善と悪，あるいは「神の子」と「人の子」とへと分裂してゆくのに相応している。

とっている。なぜならば，意識とは，純粋に洞察することであり，その区別項は，概念という純粋形式をとるからである。――しかし，対他存在が帰ってゆく自立存在すなわち自己は，自我とは区別された自前の自己，対象と呼ばれるものの自前の自己[699]ではない。なぜならば，純粋洞察としての意識は，対象にも自前の自己にも，ともに対立しているような個々の自己ではない[700]。むしろ，純粋概念であり，自己が自己のうちを観ることであり，絶対的視であり，自己自身を表裏一体に視ること[701]だからである。己れだという確信は，普遍的主体であり，それが知る概念は，あらゆる現実の本質である。だから，有用なものが契機の交替であって，己れ自身の統一には帰らないものにすぎないとすれば，したがって，知にとってのなお対象であったとすれば[702]，対象は有用なものではない。なぜならば，知｜（535）は，それ自身例の抽象的契機の動きであり，普遍的自己であり，自己の自己でもあれば，対象の自己でもあり，普遍的なものとして，この動きが自己に帰ってゆく統一だからである。

こうして，精神は，絶対的自由として現前する。精神は自己意識[703]である。これは，精神の自己自身だという確信が，実在的ならびに超感性的世界の，全精神的群の本質体であり反対に本質体と現実は，自己についての意識であることを，己れでつかみとる。――この意識は，己れの純粋人格[704]を意識しており，そこに精神的全実在性を意識している。全実在性はもっぱら精神的なものである。この意識にとり，世界はただちに己れの意志であり，この意志は一般意志である。しかもこの意志

699）（訳注）「自前の自己」というのは，*GW* 9, S. 42, Z. 34–35 で「対象自身の自己」と呼ばれていたものである。

700）（訳注）純粋洞察は普遍的自己である。

701）（訳注）自己が自己のうちを観ることであり，絶対的視であり，自己自身を表裏一体に観ることは，もしも不幸な意識が本質体――ただし受肉した――との和解を得ているとすれば，「一方の自己意識が他方の自己意識のふところのうちを観ること」が成立することに相応している。

702）（訳注）*GW* 9, S. 314, Z. 4–7, Z. 30–35 を参照されたい。

703）（訳注）ここの自己意識は，世界を受け止める主体の秩序のものである。

704）（訳注）ここの人格というのは，法的人格から区別して己れのうちに区別をもっていて純粋に自同的であることを保つとされた人格にあたるが，主体の秩序に属するものとなっており，具体的には「人権宣言」の「人間」でもある。

は，沈黙のあいだに，言い換えれば，代理によって表された同意[705]に置かれる，意志についての空しい考えではなく，現実的に一般的意志，全個人そのものの意志である[706]。なぜならば，意志は，それ自体では人格の意識であり，各人の意識であり，真の現実的なこの意志として，あるべきであり，すべての人格と各々の人格の，自己意識的本質としてあるべきだからである。そのため各人は，分業することなく[707]，すべてを為し，全体の行いとして現れるものは，各人が直接行う意識的行いである。

絶対的自由のこの未分の実体は，世界の王座にのぼる[708]が，いかなる威力も，それに対抗することはできなかった。というのは，精神的本質体[709]や｜（536）威力がその実体をもつ場面は，ほんとうは意識のみであるため，群に分割されることによって，組織され維持された，実体の全制度は崩壊しているからである。そのため，個々の意識は，対象が自己意識そのもの以外の本質体をもたず，絶対に概念[710]であるような形で，対象をつかむからである。概念を存在する対象としたのは，意識が概念を分離され存続する群に区別したことであった。しかし，対象が概念になることによって，対象には，存続するようなものはもはや何もない。つまり，否定性が対象の全契機に浸透した。対象は現存することになる。だが，それは，個々の意識が，みな己れに割り当てられて

705）（訳注）「代理によって表された同意」を否認するのは，ルソーが唱えた直接民主制の立場を意味している。

706）（訳注）ヘーゲルは明らかにここでシイエスの定式を受容している。この点については，Emmanuel Sieyés, *Politische Schriften vollständig gesammelt von dem deutschen Uebersetzer nebst zwei Vorreden über Sieyés Lebengeschichte, seine politische Rolle, seinen Charakter, seine Schriften etc.*. Bd. 1, o. O., 1796, S. 207. また *GW*8, S. 257, Z. 6–9 も参照されたい。

707）（訳注）「分業することなく」といわれているのは，本文はこのことでルソーが『社会契約論』の第二部第二章の「不可分の主権について」で説いたことから結論されるとしているのである。そして分業を認めないのは，絶対的自由が破壊を事とするだけで何一つ建設しえない所以である。

708）（訳注）歴史的には，1798 年に憲法制定会議が成立をみたことを指す。

709）（訳注）この「精神的本質体」は精神的「群」に同じ。

710）（訳注）ここに「概念」と呼ばれているものは，*GW* 9, S. 318, Z. 9 以下の〔2〕での恐怖を実感する以前に絶対的自由が己れ自身についてもっている概念あるいは理解のことであり，言い換えると，普遍意志と全体意志とが無媒介に一体である概念である。

いた領域を出て立ちあがり[711]，もはや，この特殊群に己れの本質と所業をみつけるのではない。むしろ，己れの自己を意志の概念として，全群を【318】この意志の本質としてつかみ，したがって，仕事全体であるような一つの仕事だけでさえ実現されうる。したがって，このような絶対的自由にあっては，全体を分節に組織してゆく精神的本質体たる身分[712]は，すべて亡ぼされている[713]。すなわち，この分節に所属しており，その中で意志し完遂していた個々の意識は，己れの制限を廃棄したのである。つまり，個人意識の目的は，普遍的目的であり，その言葉は普遍法であり，その所業は普遍的所業である[714]。

対象や区別項は，ここではすべての現実的存在の述語であった有用性[715]という意義を失ってしまった。つまり，意識は，己れにはじめて帰ってくるもとであったみものとしての己れのもとで己れの動きを始めるのではなく，｜（537）むしろ，その意識にとって対象が意識自身なのである。したがって，対立は，個別意識と普遍意識という区別の中にだけある。しかし，個別的意識は，みずからが対立の仮象だけをもっている当のものだと，直接己れで確信している。すなわち，意識は，普遍的意識であり意志[716]である。この意識の現実にとっての彼岸は，独立性を失ってしまった現実存在ないし信仰上の存在の屍[717]の上に漂っているにすぎない。それは空しい至高存在[718]が，気のぬけたガスとなっ

711）（訳注）「立ちあがる」は分裂した意識の「立ちあがって反抗すること」が「極度に形成され陶冶された自由の気高さ」となったことを意味するであろう。

712）（訳注）農，工，商，官，軍などの身分

713）（訳注）「亡ぼす」の原語は tilgen であるが，この語は純粋洞察に，また統覚や時間に用いられるものである。

714）（訳注）個人の所業がそのまま普遍的所業であるところに，絶対的自由が破壊とテロとに移らざるをえない所以がある。

715）（訳注）「有用性」が「述語」であったというのは，それが純粋洞察そのものではなく，その対象であり表象であったことを指す。述語であるという意義を喪失してしまったというのは，対自存在の享受としての見通すことによって「疎遠であること」がもはや克服されてしまったと信じられるからである。

716）（訳注）個別的意識が無媒介に普遍的意識であることは，やがてテロの「恐怖」をもたらし，両者はただ否定を介してのみ同一であることとなって道徳性へと移ってゆく。

717）（訳注）「屍」というのは，歴史的にはバスティーユの陥落（1789 年 7 月 14 日），封建的特権の廃止（8 月 4 日），教会財産の没収（11 月 2 日），祭司の市民制（1790 年 7 月 12 日），ルイ 16 世の処刑（1793 年 1 月 21 日）などのことである。

718）（訳注）*GW* 9, S. 30, Z. 26–27 を参照されたい。

て発散するものである[719]。

〔2　普遍的自由の破壊と恐怖〕

こうして，いろいろな区別をもった精神的群も，個々人の制限された生活も，両方にわたるこの生活の世界もともに廃棄されたのちには[720]，普遍的自己意識の自己自身の中での動きだけが現前する。が，これは，この自己意識が普遍性と人格意識という形で相互に作用し合うことである。普遍意志は，己れに進み[721]，普遍法と所業に対立する個人意志である。しかし，この個別意識は，普遍的意志と同じように直接的に己れ自身を意識している。個別意識は，己れの対象が己れによって与えられた法であり，己れが実現した所業であると意識している。したがって，活動に移り対象をつくるとき，個人的意識は，個別的なことを行っているのではなく，法をつくり，国家行動を行っているのにほかならない[722]。

それで，この動きは，意識が己れ自身と作用し合うことであるが，そこでは，意識に対立する｜（538）自由な対象という形をとるものは，すべて認められないのである。その結果，意識は，何も積極的所業はしえない，つまり，言論の上での普遍的所業もしえないし，現実の上の所業もしえない，また意識的自由の法にも普遍的制度にも達しえないし，──意欲する自由の所為にも，所業にも達しえない。──意識[723]してみずから自由となるとき，自由が果たしうる所業は，普遍的実体として

719）（訳注）「発散」の原語は Ausdünstung であるが，その Dünst という語は本文と同様の関連で霜，霞でも用いられている。これはたとえば「ホセア書」13:3 に「かれらは朝の霧／すぐに消えうせる露のようだ。／麦打ち場から舞いあがるもみ殻のように／煙出しから消えてゆく煙のようになる」とあるように，『旧約聖書』以来，霧，霞，露，煙などが消え失せるもの，言い換えると，「コヘレトの言葉（伝道の書）」にいわゆる空しいものの代表とされていた表象に従ったものと考えられる。

720）（訳注）「のちには」というのは，歴史的にいえば，建設的なことをほとんど為しえなかった立法会議を経て国民公会の段階となってからということを意味するであろう。

721）（訳注）「己れに進み」の原語は in sich geht であるが，この Insichgehen は *GW* 9, S. 412, Z.36 の「己れに進むこと」に応ずるものである。

722）（訳注）「絶対的自由」は，恣意であるが，「ドイツ憲法論」の「ドイツ的自由」に似ている。

723）（訳注）この意識は対象や存在と対になっているので A としての意識である。

の自由がみずから対象となり持続する存在となる点にあることになろう。この他在は，自由のもつ区別であろうが，この区別によって，自由は存続する諸々の群に，いろいろな強制力の分節に分かれることになろう。つまり，この群は，一方では，立法，司法，行政という強制力[724]に分かれるが，これは考えのうえのこと[725]にすぎないであろう。【319】が，また他方では，形成陶冶の現実的世界で起こったような，現実的本質体〔国家権力と富〕であろうし，また普遍的行いの内容をもっと詳しく注意してみれば，労苦という特別な群であろうが，これは，さらに特殊な身分[726]に分かれてゆくことになろう。――普遍的自由は，こういうふうにいくつかに分化して行き，まさにそのために存在する実体となったのであるが，このことのおかげで個々の個人からは離れてしまい，数多くの個人を，いろいろな分節に分けてしまうことになろう。だが，そのおかげで人格の行いと存在とは，全体の一分肢につまり行いと存在との一つのあり方に制限された状態であることになろう。存在という場面に置かれるとき，人格は，特定の人格という意義を得るだろうし，本当は普遍的自己意識であることをやめるであろう。その場合このことは，｜(539) みずから制定する法[727]，己れで一部分にたずさわった法に従うと表象するおかげで，立法と普遍的行いをするさいに普遍的自己意識の代表をしているおかげだとしてもその現実をいつわることはできない。――それは，この現実が法を定めるという場合でも，また，個々の所業を自身で完遂するのではなくて，普遍的所業を自身で完遂し実現するという場合でも変わりはない。というのは，そのさい自己は，代表でいるだけであり，表象されている[728]だけで，現実に存在してい

724)（訳注）モンテスキューの三権分立への示唆。『法の精神』第11書第6章。

725)（訳注）「考えのうえのこと」の原語は Gedankending である。Ⅱの知覚は本質的なものと非本質的なものとを区別し，それぞれを独立の物とするけれども，これらは無制約普遍の両契機であって，独立の物ではないことを示すためにこの語が用いられたのである。当面の箇所ではイポリットが注でいっているように，モンテスキューの三権分立説をルソーが主権不可分論の立場から論駁したことがこの語の用いられた理由であるが，三権の有機的連関を高調するヘーゲル自身の見解もルソーのものに近い。

726)（訳注）本文の「特殊な身分」の「身分」も職業というのとほとんど同義である。

727)（訳注）「みずから制定する法」の語法では，カントの道徳法則の「自己立法」と代議制議会の立法との類比を論じた論文の影響があるかもしれない。

728)（訳注）「代表でいるだけであり，表象されている」では，表象にも代表の意味が認められている。

るわけではないからである。代表されている[729]ところに己れがいるわけではないからである。

個々の自己意識は，定在する実体としての絶対的自由の普遍的所業にも，自由意志の本来の所為のうちでも，その個人的行為[730]にも存在していない。普遍が所為に達するために，個体性という一〔君主〕に集約されなければならないし，個別的自己意識を頂点[731]に置かなければならない。なぜならば，一般意志は，一である自己では現実的意志だからである。しかし，そのおかげで，すべての他の個別者は，この所為の全体からは締め出され，ほんのかぎられた範囲でそれに関与するだけである。そこで所為は，現実の普遍的自己意識の所為ではないことになろう。――こうしていかなる積極的所業も所為も，普遍的自由をもたらすことはできない。この自由に残されたことは，消極的行いにすぎない。つまり絶対的自由は消えゆく狂暴にほかならない。

けれども，普遍的自由にこの上なく対立した最高の現実は，あるいはむしろこの自由が認める唯一の対象は，｜（540）現実的自己意識自身の自由であり，個別性である。というのは，例の普遍は，有機組織の実在性には到達されえないし，不可分の連続の中にとどまることを，目的としなければならないけれども，もともと動きであり意識[732]であるのだから，同時に己れの中で区別を立てるからである。しかも，この普遍自前の抽象であるために，やはり抽象的両項に分かれる。つまり，単純で不屈で冷酷な普遍と，非連続で[733]絶対的で頑固な冷厳な態度および利己的点のような態度をとる現実の自己意識とに分かれるからである。

729）（訳注）本文はルソーが直接民主制を唱えたことを叙述したものである。しかしヘーゲル自身が代議制度の熱心な支持者であることは，「ドイツ憲法論」によって明らかである。

730）（訳注）「普遍的所業」というのが立法，司法，行政である。それに対して，本来の実行と「個人的行為」というのは，主権的意志が直接に発動することを要する宣戦，講和などのこと。

731）（訳注）「個体性という一」とは，「単一支配者」のこと，これを「ピラミッドの頂点」に立てることも *GW* 9, S. 257, Z. 32 に述べられていた。

732）（訳注）「意識」は感性的確信―知覚―悟性からなるＡとしての意識のことであるが，これは対象意識である。だから，対象とのあいだに区別と動きとをもつわけである。

733）（訳注）連続と断絶とはIIの知覚以来共同体の基本概念である。この点で本文はとくにVI-C-c の良心の終わりとの対応を示している。ただしこの場合には非断絶の連続が成立をみるのに，当面の本文ではただ断絶があるだけである。

【320】普遍性は，現実の組織を亡ぼし終わり，いまそれだけで存続しているのだから，この現実的自己意識こそは，その唯一の対象である。——この対象といえば，所有，定在，外的ひろがりというような，己れ以外のいかなる内容をももはやもっていない[734]。それで，自己が絶対に純粋で自由で個別的自己であるという，この知[735]にすぎないような対象である。対象が捉えられる所には，どこでも，その抽象的定在一般があるだけである。だから，この両者が分割できず絶対にそれだけであり，両者を結びつけるような中項にかなう部分もありえない。それなので，この両項の関係は，まったく媒介されないただの否定であり，しかも，普遍ということで存在するものとしての個別者を否定する[736]ことである。だから普遍的自由の唯一の所業および所為は，死であり，内面的ひろがりや成果がまったくないような死である。なぜならば，否定されるのは，絶対に自由な自己という充たされない点だからである。だからそれは，｜（541）きわめて冷たい平板な死であり，キャベツの頭を割るとか，水をひとのみするとかいう以上の意味をもっていない[737]。

〔死という〕綴りの平板性に統治の知恵があり，みずからを完遂する一般意志の分別[738]がある。統治というのは，みずからを固定する点にほかならず，その一般意志の個体性にほかならない。統治は一つの点から発する意欲であり完遂であり，それは同時に，特定の指令と行為を欲しまた完遂する。だから，それは，一方では，己れ以外の個人をその

734）（訳注）個別的自己の無内容についての叙述は，Ⅵ-A-c の法状態で法的人についていわれたことに酷似している。

735）（訳注）両項で或るものがいずれも「知」であり，自己意識である点で，叙述はⅥ-C-c の終わりに似ている。

736）（訳注）存在するものを「否定する」というのは，存在の秩序での否定は死であり，意識の秩序での否定は揚棄であり，越えて生きることであり，また相互承認であることに関している。したがって「絶対的自由」ではⅥ-C-c の良心の場合と違って承認が成立しないのである。

737）（訳注）恐怖政治。

738）（訳注）「統治の知恵があり，みずからを完遂する一般意志の分別」については「統治の知恵」という表現については当面の本文の場合の「統治の知恵」は同時に「一般意志の分別」でもあるから，上記の場合とはむしろ正反対のことが意味されているであろう。すなわち「ドイツ憲法」のうちに，たとえば或る年齢の男子の何パーセントが徴兵されるべきであると決定したさい，この規定を例外なく一貫して実施するところに統一的主権の発動としての国家活動の国家活動たる所以があるといわれている。本文が「統治の知恵」と呼んでいるものも，このようなものであろう。

所為から排除し，他方では，そのために，ある特定の意志であることによって，一般意志に対立するようなものとして構成される。それゆえ，それは何としても，一つの党派として提示されるよりほか仕方がない。勝った方の党派が，政府[739]と呼ばれるだけで，党派であるというまさにこの点で，そのまま当然みずから没落するのである。また反対に政府であるというこのことが，それを党派とし，罪あるものとするのである。一般意志が，政府の現実の行為を，己れに反抗する犯罪だと狙いをつけるとしても，政府の方では，己れに反対する意志の罪を証拠だてるような，特定の外的なものを何ももっていない。なぜならば，現実の一般意志は政府であるが，これに対抗するのは，非現実的なただの意志，つまり意図にすぎないからである。したがって，嫌疑をかけろということが代わりになる[740]。つまり，うたがいをかけることには，｜（542）責めがあることの意義と結果がある。それで，この現実に対する外面上の反動，意図という単純な内面にある反動は，この存在する自己を，そっけなく亡ぼすことにある。この自己にはその存在そのものより外には，取り除くべき何ものもない。

〔3　最高の形成陶冶〕

こういう絶対的自由自前の所業ということでは，絶対的自由の対象となるのはみずからである。それで，自己意識[741]は，絶対的自由が何であるかを経験する。それ自体では，絶対的自由は，まさしくこの抽象的自己意識であり，これは，すべての区別と区別の全存続とを，己れの中

739）（訳注）「党派」というのは，歴史的にはジロンダンやジャコバンのことであり，「勝利」というのは，前者から後者への移行に関することである。なお本文が同時に党派である政府といっているものは，政府には相違ないとしても，革命的政府のことであろう。

740）（訳注）嫌疑のあることがすなわち有罪であることと同じであるというのがロベスピエールの態度を指している。ただしヘーゲルはロベスピエールに対して否認をのみ行なったのではなく，かれを，ギリシアのテセウス，ペイシストラトスと同じように一般意志を体現していた偉大な政治家であって，その没落は使命が終わったことによるとみている。

741）（訳注）絶対的自由が「自己意識」であり，また「人格」である。ここで絶対的自由の自己意識であることが強調されるのは，一般にVIでは自己意識も世界の現実的精神であることによっている。

で亡ぼしてしまう。このようなものとして絶対的自由は対象であることを確信している。【321】死の恐怖は，絶対的自由がこのように否定的なものであることを直観することである。しかし，絶対に自由な自己意識は，己れの実在する姿が，実在自身の概念[742]とはまったく別のものであったことに気がつく。つまり，一般意志は，人格の肯定的本質であり，したがって人格は，一般意志では肯定されるか保たれるものとばかり思っていたのである[743]が，それとは違うことに気がついたのである。むしろ，自己意識は，純粋洞察なので，その肯定的本質と否定的本質とに，――すなわち純粋思考としての述語なき絶対者と，純粋物質としての，述語なき絶対者とにまったく分かれていた[744]。――この自己意識にとって現前するのは，その現実の姿ということで一方から他方への絶対的移行である。――自己意識は純粋思考もしくは抽象的物質へ高められた自己意識的現実であるから絶対に肯定的で現実的な自己意識としての一般意志は否定的本質体に転換するのと同様に自己自身を思考すること[745]あるいは自己意識を揚棄することであることが判明する。

｜（543）こうして絶対的自由には，一般意志が純粋自己相等性[746]なので，否定があって，しかし，否定のもとでの区別一般がある。それで，この自由は，この区別を現実的区別としてまたしても展開する。というのは，純粋否定性には，己れ自身に同等な一般意志のもとで存続の場面[747]ないし実体があるからであり，その実体で否定性の諸契機が実現されるのであり，純粋否定性には，みずからをその規定性ということで役立てうる物質があるからである。したがって，この実体が，個別的

742）（訳注）この「概念」とは，絶対的自由が普遍意志であると同時に無媒介に個別意志であると考えられていたこと，言い換えると，「分割されていない実体」であったことを指す。

743）（訳注）*GW* 9, S. 317, Z. 17–26 を参照されたい。

744）（訳注）*GW* 9, S. 312, Z. 34 以下を参照されたい。

745）（訳注）この「自己自身を思考すること」は，テロの恐怖によって現実意識の立場でのものとなっている。

746）（訳注）この「純粋自己相等性」は三角形の頂点にあたるものであるから，底辺BC の両端への分裂で否定性をもっており，また自己同一という点では「存在」でもあり存立でもある。

747）（訳注）この「場面」は *GW* 9, S. 317, Z. 29 の第二段落では意識にほかならないことになっていたが，この「意識」が実は対象意識であるべきことが説かれていたので，ここではその本来の姿で存立の場面となっている。

意識にとって否定的なものとして明らかにされたかぎりでふたたび精神的群の組織として明らかにされ，その組織には多くの個人的意識が配属される。己れたちの絶対的主人たる死への恐れ[748]を感じたこれらの個人意識〔主人と奴隷の関係を想起されたい〕は，また否定と区別を受けいれて，群の秩序に服し，分け与えられ制限された所業にかえるが，その結果，その実体的現実性にかえる[749]。

そうなれば，精神は，この騒擾からその出発点に，人倫的世界と陶冶形成の現実的世界とに投げかえされよう。この世界は，ふたたび[750]心にはいり込んできた主人への恐れのため，まさに元気を新たにし，若がえった。以上の結果が，自己意識と実体の完全な浸透にほかならないとすれば，精神は必然性のこの循環[751]を新たに経めぐり，いつも繰り返さなければならないでもあろう。――浸透といったが，そこでは自己意識は，｜（544）その普遍的本質が，己れを否定する力であることを経験した。であるが，そのとき，己れがこの特殊なものではなくて，普遍的なものにほかならないことを知り，そのことに気づこうとし，そのため，普遍的精神が，特殊なものとしての己れを締め出す対象的現実であることにも堪ええたかもしれない。――だが絶対的自由では，そうならなかった。つまり，多様な生存に沈み込んだり，己れにとって特殊の目的[752]と考えを固定したりしている意識と，現実の，にせよ思考上の，にせよ，一つの外的で妥当する世界とはたがいに交互作用をするわけではない。【322】むしろ，一般意志[753]として，端的に意識の形式をとる

748）（訳注）「死」が「絶対的主人」であることからすると，テロの恐怖も奴隷が主人に対して感ずる恐れにあたることになる。「恐れ」は奉仕および労苦とともに奴隷の形成陶冶にとっての不可欠の契機であった。これがやがて絶対的自由の受ける「最高の形成陶冶」について語られる所以である。

749）（訳注）ナポレオンの君主政治，立憲君主政治。「かえる」というのは，歴史的にはナポレオンによる1799年のブリュメールのクーデタを通じて執政政府が成立し，さらに1804年にはナポレオンが皇帝として即位したことである。こうしてドイツ帝国の滅亡したことが「ドイツ憲法論」の公表中止を決定的にした原因である。

750）（訳注）「ふたたび」というのは，防衛の義務が死という主人を実感させた場合に対してのことであろう。

751）（訳注）「循環」とは，人倫→形成陶冶→絶対的自由の循環のことである。

752）（訳注）「特殊の目的」とは，要するに国家権力と富，「特殊の考え」とは可と不可のこと。

753）（訳注）この「一般意志」というのは，カントの道徳的意志ないし純粋実践理性の

世界と，ひろがりのある全生存または多様な目的および判断から引き出されて，ともに単純な自己[754]に引き入れられてしまった自己意識とが，交互作用をするのである。それで自己意識が例の本質体[755]と交互に交って得た形成陶冶は，もっとも崇高で究極のものでありながら，自己意識の純粋で単純な現実がそのまま消えてしまい空しい無に移ってゆくのをみることである。形成陶冶の世界では，自己意識は己れの否定ないし疎遠化を，純粋抽象という形式で直観することにはならない。むしろ自己意識の否定も充実したものである。つまり，それは，自己意識が己れを疎遠にした自己の代わりに得る名誉や富であるか，――分裂した意識が得る精神の言葉と洞察の言葉であるか，その否定が，信仰にとっての天上あるいは啓蒙にとっての有用なものであるかである[756]。すべてのそれらの規定も，自己が絶対的｜（545）自由で経験した喪失に消えてしまった。自己意識の否定は，意義なき死であり，肯定的な何ものも，充実した何ものもない，否定的なものという純粋な恐怖である。――しかし，同時にこの否定は，その現実では疎遠なものではない。否定は，人倫的世界が没落して行った，彼岸にある普遍的**必然性**〔運命〕[757]でもなく，また，個々の偶然な自己の占有でもなければ，分裂した意識が依存していると気づいた気まぐれな占有者の個々の偶然でもない[758]。――むしろ，その否定は**一般意志**である。この意志は，最後に抽象されたときには，肯定的なものを何ももっておらず，そのため，犠牲に対し報いるものを何ももちえないのである。――だが，だからこそ，一般意志は，自己意識と無媒介的〔直接的〕に一つなのである[759]。言い換えれば，一

方向に解されたルソーの一般意志のこと。

754）（訳注）*GW* 9, S. 314, Z. 14 以下を参照されたい。

755）（訳注）「例の本質体」とは，一方では肯定的であって他方では否定的な絶対的本質体，言い換えると，一方では純粋物質，他方では至高存在である絶対的本質体のこと。

756）（訳注）*GW* 9, S. 275, Z. 4–9; S. 280–81; S. 282; S. 304, Z. 23 以下 ; S. 314, Z. 8–S. 316, Z. 8 を参照されたい。

757）（訳注）ここで「普遍的」というのは，運命が家族をも国家をも没落させるものだからである。

758）（訳注）*GW* 9, S. 256, Z. 31–34; S. 261, Z. 7–8; S. 281. Z. 23–37 を参照されたい。

759）（訳注）一般意志には自己意識に戻し与えるものがないにしても，これを己れと一とするというときの「一」が *GW* 9, 360, Z. 31 以下の**自己を意識しつつ，そこに存在しつつ**行なわれる同一化であるとすれば，一般意志と個別意志とのあいだにもやはり承認が成立することが可能であり，この可能性の実現するのは *GW* 9, S. 360, Z.31 以下の〔γ 赦し〕でのこ

般意志は，純粋に否定的なものであるから，純粋に肯定的なものなのである。そして，意義なき死，自己の充たされない否定性は，その内面の概念[760]では，絶対的肯定性に転ずる。意識にとっては，一般意志と自己との直接の統一は，つまり，一般的意志での，この特定の点として，己れを知ろうとする要求は，それとまったく対立した経験に転ずる。そのとき意識にとって消えるものは，抽象的存在または実体なき点の直接〔無媒介〕性であり，この消え去った直接性こそは，一般意志自身である。いま意識は，みずからが廃棄された直接性であり，純粋知[761]もしくは純粋意志であるかぎり，己れが一般意志であることを知る。このために意識は，一般意志が自己自身であることを，己れが本質体であることを知るが，己れが直接存在する本質だと知るの｜（546）ではない。つまり，一般意志を革命的政府[762]として，また無政府状態をつくろうとする無政府主義として知るのでもなければ，己れが，この党派の，そしてそれに対立する党派[763]の，中心点であると知るのでもない。むしろ，一般意志は，己れの純粋知であり純粋意欲である。つまりそれは，【323】この純粋知および純粋意欲であるような一般意志である。意識は，その場合，意識のアトム的点であるよりは，むしろ純粋知であり，純粋意欲であるから，自己自身を失いはしない。したがって，意識は，純粋知と己れ自身の交互作用である。本質としての純粋知は，一般意志であるが，この本質はまったく純粋知にほかならない。だから，自己意識[764]は，純粋知である本質についての純粋知である。さらに，自

とである。

760）（訳注）この「内面の概念」の「内面」は *GW* 9, S. 423, Z. 17 以下の〔β 三つの頂点〕のうちで道徳性の与えるものが「内面」であることにあたっている。

761）（訳注）この段落で両項の位置に立つものがいずれも自己意識であり，さらに純粋知，純粋意欲することであるのは，「己れ自身を確信している精神」すなわち道徳性への移行のためであり，そして何れも「純粋知」である両項間の相互承認が成立するのは，C-c（良心）の終わりでである。

762）（訳注）「革命的政府」は同時に党派である政府のことであり，そしてロベスピエールに対する肯定的評価はこの政府に関する。

763）（訳注）「党派」とはジロンダンやジャコバンのことである。

764）（訳注）両項はいずれも最初には意識であるが，やがて自己意識となるのは，*GW* 9, S. Z. 26 以下でと同じである。したがって本文に述べられていることが完成するのは，C-c の終わりでのことである。

己意識は，個別的自己として，主体ないし現実的行いの形式[765]にすぎないが，この形式は，自己意識が形式だと心得ている。同様に自己意識にとっては，対象的現実性，存在は，まったく自己のない形式である。とすれば，自己のない形式は，知られていないものであるだろうか。だが，この知は，知が本質体であることを知っている。

したがって，絶対的自由は，一般意志と個別意志の対立を，己れ自身と和解させた[766]。自己に疎遠な精神は，純粋意欲と純粋に意欲するもの[767]とがなお区別されている対立の頂点[768]に押しあげられたとき，対立を透明な形式に引きおろし，そこに己れ自身をみつける。――現実的世界の国が，信仰の国と洞察の国[769]に移行するように，絶対的自由は，自己自身を破壊する｜(547)現実性から出て，それとは別の自己意識的精神の国に移る。この国で絶対的自由は，この非現実にいながら真と認められ，この真についての考えということで，精神は，考えであり，考えにとどまるかぎり元気を取り戻し，自己意識に閉じこめられた存在[770]を，完全で完成した本質であると知る。つまり，道徳的精神という新しい形態が生じたのである。

765)（訳注）個別的自己が「主体であるという形式」であるということについては，*GW* 9, S. 213, Z. 21 の「個体性の動きは，普遍の実在的だということなのである」を，また「行いであるという形式」ということについては，*GW* 9, S. 254, Z. 29 の「個体性は，行い一般の純粋に形式的契機にすぎず」を参照のこと。

766)（訳注）「和解」は，相互に対立している自己意識に関するときには，相互承認と同じものである。

767)（訳注）「純粋な意志すること」は一般意志，「純粋な意志するもの」は個別意志。

768)（訳注）この「頂点」は，第二の頂点は有用性であるのに，ここでは絶対自由となっている。有用性はすぐに絶対的自由へ移るのであるから，二つの見解は基本的には同一に帰しはするけれども，全体としては前の見解がとられるべきである。

769)（訳注）「洞察の国」とは，有用性の世界のこと。

770)（訳注）「自己意識に閉じ込められた存在」は，やがてC-aの道徳的世界観で存在は自己意識のうちに閉じこめられ包みこまれていると同時に閉じこめられてはいないことが示されて，閉じこめられているのは一面にすぎないことになる。

|（548） C 自己確信的精神，道徳性

人倫的世界は，そこで死んでしまったにすぎない霊，つまり個々の自己が，この世界の運命であり真理であることを明らかにした[771]。しかし，〔そこから生じた〕法的人には，その実体と充足が己れのそと[772]にある。形成陶冶と信仰との世界の動きは，このような人という抽象体を廃棄し，そして疎遠化を完成し，抽象をきわめることによって，精神の自己からは，実体がはじめは一般意志となり，終わりにはその占有に帰している[773]。こうして，ここでは，知は，結局，己れの真理とまったく等しくなったように思われる。なぜならば，その真理は，この知そのものだからであって，真と知という両側面の対立は，すべて消えたが，しかもわれわれにとってつまりそれ自体で消えたのではなく，自己意識自身にとって消えたのである。つまり，自己意識は，意識自身の対立を超えて，【324】その支配者となったのである。意識は，自己自身の確信と対象との対立に基づいている。ところが，対象は意識自身にとって自己の確信であり，知である。――同じように，自己自身を確信すること |（549）そのものには，もはや己れの目的[774]がない。こうして，もは

771）（訳注）*GW* 9, S. 257, Z. 32 以下 ; S. 260, Z. 32–S. 261, Z. 11 を参照されたい。「明らかにした」というのは，次のことである。人倫的世界では個人といっても，家族の一員，国家ないし或る身分の一員としてのものであって，純然たる個別者ではなかった。もっともこのような個別者が全然ないわけでなく，死別した霊すなわちダイモンとしてはありはしたが，これは現実のものではなかった。しかるに家族の一員でも国家の一員でもない個別者が現実に登場するようになるのは，「運命」がこの家族と国家とを滅ぼして「法状態」へと移行したときのことであった。言い換えると，個別者にその存在を承認せず，これを亡霊として地下におしこめていた人倫はこの亡霊が地上に立ち現われたとき，法状態へと移ったのである。

772）（訳注）「己れのそとに」というのは，「世界の主人」のうちにということであり，言い換えると，法的人が実体に欠けたものであることである。

773）（訳注）*GW* 9, S. 317, 19 以下 ; S. 322, Z.31 を参照されたい。「占有」は，「最高の形成陶冶」で個別意志が絶対の否定によって一般意志と「無媒介に一」となることである。

774）（訳注）目的というのは，V-B の快楽・心の法則・徳や形成陶冶の献身への代償としてあげられていた名誉あるいは権力と富などである。

や規定されているのではなく，純粋知である。

こうして，自己意識の知は，みずからにとり実体そのもの[775]である。実体は，自己意識にとり，直接的にもまた絶対的に媒介された形でも[776]自己意識と不可分の統一をなしている。直接的にというのは，――人倫的意識と同じように自己意識みずからが義務を知り行い，みずからの本性としての義務に従うからであるが，人倫的意識のように，性格であるからではない。この人倫的意識は，直接的であるために，特定の精神であり，人倫的本質性の一方にだけ帰属しており，知っていないという側面をもっていた[777]。――次に絶対的媒介であるといったが，この点では，自己を形成陶冶する意識や信仰する意識と同じである。なぜならば，自己意識は，本質的に，直接的〔無媒介〕な生存という抽象を廃棄し，みずから普遍になる自己の動きだからである。また，自己意識の自己および現実性をただ疎遠化し，分裂させることによってそうなるのでもなく，――また逃避によって〔信仰〕そうなるのでもないからである[778]。むしろ，自己意識は，直接その実体に現在していると確信している。なぜならば，実体は，自己意識の知であり，自己意識が己れ自身を直観[779]的に純粋に確信していることだからである。そして，自己意識自身の現実性であるこの直接性こそは，全[780]現実である。なぜならば，直接的なものは，存在自身だからであり，しかも絶対的否定性によって純化された純粋な直接性として純粋存在であり，存在一般でもあ

775）（訳注）「実体そのものである」というのは，法的人の「実体に欠けていること」に対立している。

776）（訳注）*GW* 9, S. 327, Z. 18–19 を参照されたい。

777）（訳注）*GW* 9, S. 251, 24 以下を参照されたい。人倫的意識は，男女両性として「人間の掟」と「神々の掟」のうちの何れかにのみ帰属する「性格」であって，一方にのみ帰属しているために，知と知らないこととの対立のうちにあった。

778）（訳注）*GW* 9, S. 282, Z. 15 以下 ; S. 287, Z. 22 以下を参照されたい。

779）（訳注）この「直観」は C-a 道徳的世界観のものであって，その観じているものは，Ⅴ-C-b の立法的理性の場合と同じく，媒介の結果として成立する「存在の単純な自己自同性」である。「絶対的存在」であり，この「存在」は世界観の「世界」であるとともに，またやがて「要求された存在」，「要請された存在」となってゆき，そのために道徳的世界（直）観は要請論となってゆく。

780）（訳注）この「全」というのは，理性が全現実であり真理であるとされる場合の「全」のことであるが，これはⅥ-C（道徳性）も（C）の（BB）に属することによっている。

れば，全存在でもあるからである[781]。

したがって，絶対的本質体[782]は，思考の単純な本質であるという規定で尽くされるものではなく，｜（550）全現実であり，しかも，この現実は知としてのみある。そうなれば，意識の知らないことであろうことには，何の意味もないだろうし，それは意識に対し何の威力でもありえないであろう[783]。つまり，自己意識の知る意志へ，全対象性と世界が引き戻されている[784]。自己意識は，みずからの自由を知っている点で，絶対に自由であり，みずからの自由を以上のように知っていることこそは，その実体であり，目的[785]であり，唯一の内容である。

a　道徳的世界観

自己意識は，義務が絶対的本質体であると知っている。自己意識は義務によってだけ制約されている。そして，この実体は，自己意識自身の純粋意識[786]である。つまり，義務には，自己意識にとっては，見知ら

781）（訳注）ここで道徳的自己意識の捉えているものが「純粋な存在」であり，「全存在」であるというのは，*GW* 9, S. 228, Z. 20 以下で V-C-b の立法的理性の捉えているものが「絶対的事象そのもの」であり，「絶対的存在」であるとされたのに応じている。このことは，「直観」の場合と同じく，本文がⅥ-C の a-b-c の全体よりもむしろ a のみを念頭に置いたものであることを示している。なぜならば，この「全存在」はやがて *GW* 9, S. 327, Z. 26 で「要請された存在」にすぎないものとして，個別と普遍や主観と客観などへと分裂していって，b の「置き換え」へと移るからである。

782）（訳注）信仰とは絶対的本質体の純粋意識のことであるから，ここで絶対的本質体に言及されるのは，このさいの道徳的自己意識が「存在の単純な自己自同性」であることとともに，Ⅵ-B-II-b の信仰に類似したものであることを示している。実際三つの要請は要するに「聖なる立法者の要請」に帰するのである。

783）（訳注）ここにはすべてを主観と客観の関係のうちにありとするハイデガーのいう「主観性の形而上学」の立場が示されているとも読める。

784）（訳注）「知る意志」というのは，カントでの実践理性にあたり，すべての対象性がそれに帰しているというのは，道徳的命令は定言命法として成立するのであって，この義務以外のものは「空の殻」にすぎないことを意味する。

785）（訳注）定言命法の倫理学の見地からすれば，目的は「目的自体」であり，究極目的である。

786）（訳注）ここに「純粋意識」とあるのは，信仰が絶対的本質体の純粋意識であることに応じており，言い換えると，道徳的自己意識と信仰との類似を示しており，やがて現実意識としてのその側面が取りあげられることになる。

ぬものという形式はない。しかし，そのように己れ自身に閉じこもっているとき，【325】道徳的自己意識はまだ意識として設定されているのでも，考察されているのでもない。対象は直接知[787]である。このように純粋に自己によって貫かれているとき，対象は対象ではない。しかし，自己は，本質的には媒介[788]であり，否定性であるから，その概念で他在と関係しており[789]，それで意識である。一方では，この他在は，義務が自己意識の唯一の本質的目的および対象となっているため，自己意識にとってまったく意味のない現実である。しかし，この意識は，それほど完全に己れに閉じこもっているから，この他在に対しては，まったく自由で｜（551）無関与な態度をとっている。したがって他方では，定在は，自己意識からまったく解放された定在であり，やはり己れにだけ関係する定在である。自己意識が自由になればなるほど，この意識〔にとって〕の否定的対象もそれだけ自由になる[790]。このため対象は，自己の中で完成されて，自前の個体性となった世界であり，自前な諸法則の自立的全体であり，またその法則の自立的行程と自由な実現である。――つまり自然一般[791]である。その法則ならびにその働きは，自然自身のものである。その法則ならびにその働きは，本質体であり，道徳的自己意識に煩わされず，また，自己意識もそれに煩わされないから。

以上のような規定から，道徳的世界観が形成され，この世界観は，それ自体でそれだけでの〔自体的かつ対自的〕道徳的存在と，それ自体で

787）（訳注）「直接知」は，歴史的にはヤコービに関することが多い。ヤコービとの関連が顕現してくるのは，c でのことであるけれども，道徳性一般のみならず，Ⅵ-B の「パンと葡萄酒との密儀の顕れ」，Ⅲ-C の啓示宗教の「啓示」にとってもヤコービの「直接知」は多大の意義をもっている。

788）（訳注）道徳的自己意識は人倫的自己意識とは違って，本質的に媒介である。

789）（訳注）一般に自己意識は「自我が自我である」に帰するにしても，この命題は他的存在への関係をもって媒介としてのみ成立する。

790）（訳注）対象と自己とが相互に自由となるというのは，ストア主義に関して「表裏一体の還帰」として説かれていたことにあたる。このことは，C-b「置き換え」が懐疑主義に，c「良心」が不幸な意識に酷似しているように，a の「道徳的世界観」がストア主義に対応するものであることを示している。

791）（訳注）この「自然」は，カントが『純粋理性批判』で第三のアンティノミーの反設定として「自由は存在せず，かえって世界のうちでの一切はただ自然の諸法則にのみ従って生起する」という命題をかかげたさいの「自然」である。

それだけでの〔自体的かつ対自的〕自然的存在との関係にある。この関係の根底にあるのは，自然と道徳的目的および活動とが，相互にまったく無関与であり，みずから自立しているということであり，それと同じで，別の側面では，義務だけが本質体であるという意識と，自然がまったく非自立的で非本質的である，という意識とである。道徳的世界観は，いくつかの契機の展開を含んでいるが，これらの契機は，いまいったように，まったく相対抗する前提が以上のように関係し合う[792]ということに含まれている。

〔1 道徳と自然あるいは幸福との調和の要請〕

したがって，まず道徳的意識一般が前提[793]されている。義務は，この意識にとっては本質体とみなされ，この意識は，現実的で能動的であり，その現実性と行いで義務を果たす。｜（552）だが，同時に，この道徳的意識にとっては，自然という前提された自由が相対している。言い換えると，その意識は，自然が，この意識に対して，己れの現実と自然の現実との統一の意識を与えようなどとは少しも考えず，したがって意識はことによると幸福になるかもしれないが，そうでないかもしれない，ということを経験する。これと対照的に，非道徳的意識は，こと

792）（訳注）この「まったく相対抗する前提が以上のように関係しあう」というのは，やがて「無思想な諸矛盾の全巣窟」と呼ばれるもののことである。これは，カントが神存在の宇宙論的証明をもって ein ganzes Nest von dialektischen Anmassungen と呼んだのによったことである。このことはまたヘーゲルがここで道徳性について論ずるにあたり，導きの糸となったものがカントのアンティノミー論であることを示しており，さらに道徳性が道徳的世界観となったのも，カントでアンティノミーが宇宙論的理念に関することに基づいている。そしてアンティノミーの肯定的解決はカントでは『実践理性批判』の要請であるが，これが道徳的世界観が「諸々の要請の輪の全体」と呼ばれる所以である。

793）（訳注）ここに「前提」とあるのは，次のことを意味する。a の「道徳的世界観」は要請論であるが，要請はアンティノミーの一種の解決である。そしてアンティノミーは肯定の命題と否定の命題からなっているから，道徳的世界観とは肯定と否定の命題からなるものである。道徳的世界観は，「道徳的自己意識がある」という命題と「ない」という命題とからなるものとされる。さらに両者を概念の立場でではなく表象の立場で「総合」するものであるとされ，こうしてそれが道徳的世界表象にほかならないとされることを通じて b の「置き換え」へと移っている。当面の箇所で「まず」というのは要請論でも肯定命題がさきにあげられるべきことを指している。

によると偶然だろうが，己れが実現されていることに気がつく。その場合，道徳的意識は，行為の動機[794]となるだけであって，実現の幸福，遂行を享受する幸福[795]にはあずからないことが分かる。したがって，道徳的意識は，むしろ，そういう形で，己れと定在が一致しない状態について，また，己れの対象を純粋義務[796]としてだけもつことに制限する。だが，対象も己れにとって実現されており，己れも実現されているのをみることは拒否するという不公平状態について，不平[797]をいってもいい理由があるわけである。

【326】道徳的意識は，幸福を断念することも，幸福という契機を，その絶対的目的[798]から捨て去ることもできない。純粋義務と表明される目的には，本質的には，この個々の自己意識を含むということが己れのもとにある。個人的信念とこれについての知は，道徳性の一つの絶対的契機をなしているというのである[799]。対象的となった目的，果たさ

794）（訳注）「動機」の原語は Veranlassung であり，これはやがてカントが『実践理性批判』分析論第三篇で「純粋実践理性の動機について」で論じた Triebfeder のことであり，道徳法則への，あるいは本来的自己への尊敬の感情のことである。

795）（訳注）「幸福」とあるのは，次の段落でも示されているように，ヘーゲルはカントと違い，幸福説を肯定し，そして幸福については一種の自我実現説をとるものであるからである。すなわちかれは己れの目的を遂げることを，したがってまた自己を実現して，自己がいかなるものであるかを対象的に直観することを，この意味で自己を享受することをもって幸福と考えるものである。ところでカントは道徳自身に関しては幸福をもって動機とすることを端的に退けたが，最高善の論では道徳―至上善―と幸福とが調和すべきであるとし，これをもって，「理性的存在者にとって生活の全体ですべてが願望と意志とに従って運ぶ状態」（哲学文庫版『実践理性批判』，143 頁）としたが，ヘーゲルは「信仰と知」で，カントが道徳と幸福とをあまりにも抽象的態度で分離しようとしたことがかえってかれをして幸福についてはこのような「あまりにも経験的有限性」の見解をとるに至らしめた所以であると非難するのも，ヘーゲルが幸福に関して上記のような一種の自我実現説をとっているからである。

796）（訳注）「純粋義務」という表現は今後しばしば用いられるが，カント倫理学での定言命法にあたるものである（ただしヘーゲルがカントと違い幸福に意義を認めるために，対応は厳密ではない）。

797）（訳注）「不平」は，カントが『宗教論』の「人間本性での根本悪について」で表明した見解のごときがその代表的なものである。なおハリスは，テュービンゲン大学でヘーゲルが「ヨブ記」についての講義を聴いたことを伝えている。

798）（訳注）「絶対的目的」というのは，Ⅴ-C-a「道徳的世界観」以前の目的とは違い，道徳的目的のことであり，そしてこれが幸福という契機を欠きえないというのには，道徳と幸福とを分離するに努めたカントが，たとえば『宗教論』第 2 版の序文で「各人は世界のうちで可能な最高善を究極目的となすべきである」ことをもって道徳的命令とせざるをえなかったような事態のことが考えられている。

799）（訳注）*GW* 9, S. 324, Z. 30–32 を参照されたい。目的は純粋義務であっても，個

れた義務に備わっているこの契機は，己れが実現されたと直観する個々の意識である，つまり享受である。したがって，享受は，心構えとみられた｜（553）道徳性の概念に，そのままは含まれているのではないとしても，道徳性を実現するという概念には含まれている。しかし，このおかげで享受は心構え[800]としての道徳性に含まれている。というのも，心構えは，行為に対立したままではなく，行為し，己れを実現することを目指しているからである。目的は，その諸契機の意識をともなった全体[801]であると表明するとすれば，義務を果たすことは，純粋に道徳的行為であるとともに，現実化された個体性でもあり，抽象的目的に対する個別性の側面としての自然と，この目的とは，一つであれということである。——自然は自由なものであるから，両側面が調和しないことも当然経験され，それと同じように，義務だけが本質的なもので，義務に比べると自然は自己なきものである。両者の調和がつくり出す例の目的全体は，現実性そのものを自己内に含んでいる。目的は同時に現実性の思想である。道徳性と自然との調和は，——言い換えれば，意識が自然と己れとの統一を経験するかぎりでのみ，自然が問題になることによって，道徳性と幸福との調和は，当然存在するものと考えられている，つまり要請されている[802]。というのは，要求するとは，まだ現実的でないものが存在すると考えられることを表現しているからである。概念としての概念の必然性ではなく，存在の必然性を表現しているからである。しかし，同時に，必然性は本質的には概念による関係である。したがって，要求された存在は，偶然な意識の表象[803]に帰せられるものではなく，道徳性そのものの概念のうちにあり，この概念の真の｜（554）内

別的意識と不離であるというのは，個体性の動きは普遍的なものの実在性であるという原理の適用である。なお信念が道徳性にとって不可欠であることはcに至ってはじめて主題として論ぜられることであることからすると，本文のausmachtenはベイリーおよびイポリットの解しているような過去形でなく，接続法であろう。

800）（訳注）心構えは，カントのいう道徳法則に対する尊敬の感情である。

801）（訳注）ここでは，目的は過程と併せて全体と捉えられている。

802）（訳注）ヘーゲルは，最高善に関するカントの考えに言及している。この点については，Kant, *Critik der renien Vernunft.* B838 以下 ; *Critik der practischen Vernunft.* S. 198 以下 ; *Critik der Urtheilskraft.* S. 418–19; Fichte, *Kritik aller Offenbarung.* S. 39, S. 45, S. 74; *Versuch einer Critik aller Offenbarung.* Königsberg, 1792, 2 以下を参照されたい。

803）（訳注）要請することと表象することが密接に関係することは *GW* 9, S. 330, Z. 16 以下で明らかである。

容は，純粋意識と個別意識の統一である。個人意識に帰せられるのは，この統一が，この意識にとって，一つの現実であるようにということであり，これは，目的の内容からいえば幸福であり，その形式からいえば定在一般である[804]。――したがって，要求された定在は，すなわち道徳性と自然との統一は一つの願望ではない。言い換えれば目的と考えられるのは，その達成が，まだ不確実だというようなものではなく，理性の要求である。つまり，理性の直接的確信であり，前提である。

〔2　理性と感性との調和の要請〕

例のはじめて述べた経験とこの要請が，問題になる唯一のことではない[805]。そのほかにも，あらゆる範囲にわたるさまざまな要請が現れてくる。つまり自然というものは，まったく自由な外的あり方であり，純粋な対象としての外的あり方の中で，意識が【327】己れの目的を実現すべきであることになる。意識にしても己れ自身のもとで本質的に，この意識に対してこの他の自由な現実的なものである。すなわち，意識は，それ自身偶然で自然的である。つまり，意識にとって自身である自然は感性であり，これは，諸々の衝動とか傾向とかいう意欲の形態で，それだけで〔対自的に〕己れの特定の本質性をもっており，個別的目的をもっているから，純粋意志とその純粋目的とに対立している。だが，このような対立とは反対に，むしろ純粋意識にとって本質的なことは，感性と意識の関係であり，両者の絶対的統一である。純粋思考と意識の感性という両者は，それ自体では一つの意識である。また，純粋思考とは，それにとって｜（555）またその中に，まさにこの純粋統一があるものである。しかし，意識としての純粋思考にとっては，思考自身と衝動は対立している。理性と感性が対抗するとき，理性にとって本質的なことは，この対抗が解消し，結果として，両者の統一が出てくることであり，この統一は，両者が〔同じ〕一つの個体のうちであるという根源

804）（訳注）幸福が与える定在をもって意識されていなかったものを意識されていなかったものを意識させる所以のものをみている。

805）（訳注）*GW* 9, S. 325, Z. 27 以下を参照されたい。

統一ではなく，両者の知られた対立から出てきた統一[806]である。そのような統一こそは，はじめて現実的道徳性である。というのも，自己を意識とし，つまり自己をはじめて現実的自己とし，実際に自己とすると同時に普遍とする対立が，その統一に含まれているからである。言い換えれば，そこには，われわれがながめわたしているように道徳性にとって本質的媒介[807]が表現されている。――対立の二つの契機のうちで，感性は端的に他在である，つまり否定的なものである。それに対し，義務についての純粋思考は，捨てられるべきものを何も含みえない本質体であるから，もたらされた統一は，感性を廃棄することによってのみ成就することができるようにみえる。しかし，感性は，それ自身統一が生ずるための契機であり，それが現実となるための契機[808]であるから，さしあたり[809]統一を表明するには，感性が道徳性に適うという表現で満足せざるをえない。――この統一は，いわば要請された存在であり，現にあるわけではない。なぜならば，現にあるものは意識であり，言い換えれば，感性と純粋意識の対立だからである。しかし，同時にこの統一は，｜（556）第一の要請のような一つの自体[810]ではない。それで，自由な自然が一つの側面をなすために，道徳的意識と自然との調和が，この意識のそとに出る自体ではない[811]。むしろ，ここで自然は意識自身のもとにあるものである。そこで，ここでは，道徳性そのものが問題であり，ことを行う自己自身の調和であるような調和が問題である。したがって，意識は自身で調和を実現すべきであり，道徳性ということで絶えず進歩してゆくべきである[812]。といっても，その完成は無限のさきに

806）（訳注）統一が原初的統一でなく，対立を通じて結果として再興された統一であるべきだということである。

807）（訳注）「道徳性」にとって媒介が本質的である。*GW* 9, S. 324, Z. 6 を参照されたい。

808）（訳注）道徳的に行為するためにも情熱はやはり必要であるから，カントのように感性をいたずらに抑圧すべきでないというのがヘーゲルの根本的意見の一つである。

809）（訳注）「さしあたり」というのは，ダッシュ以下にある「要請された存在」に対してのことであろう。

810）（訳注）この「自体」は客体というのと同じであって，道徳と自然あるいは幸福との調和が世界の究極目的と呼ばれるのは，このためである。

811）（訳注）*GW* 9, S. 326, Z. 15–23 を参照されたい。

812）（訳注）この「進歩」は，カントが『実践理性批判』で魂の不死を要請するために考えた「善への無限の進歩」のことである（『実践理性批判』「弁証論」IV）。

押しやられていなければならない[813]。というのも，かりに完成が現実に歩み入るとすれば，道徳的意識は廃棄されることになるからである。なぜならば，道徳性は，否定的なものであるような道徳的意識にすぎないし，この意識の純粋義務にとっては，感性は，ただ否定的意味のものであり，まさに適合しないものだからである。しかし，調和に達すれば，意識としての道徳性ないしその現実は，消えてしまう。【328】それは，道徳的意識ないし現実性ということでは，両者の調和が消えているのと同じである。したがって，完成というのは，現実に達成されなければならないのではなく，ただ絶対的課題としてだけ考えられなければならない。すなわち，まったくただ課題にとどまるようなものと考えられなければならない。とはいえ同時に，課題の内容そのものは，端的に存在しなければならないし，課題にとどまってはならないようなものと考えられなければならない。この目標では意識がまったく廃棄されていると表象するか，あるいはまたそうでないと表象するかは，いずれでもよいとしてである。本来このことがどう考えられるべきかは，無限の漠たる彼方では，もはやはっきりとは｜（557）区別できない。だからこそ，目標の達成が無限の彼方に押しやられてしまった〔カント，フィヒテ〕。もともといわれなければならないことは，この点で特定の表象に関心をもつべきではないし，それを探究すべきでもないということである。つまり，そういうことは矛盾に陥る。――すなわち，課題にとどまっているのに，なお実現されるべきだという課題の矛盾に，――意識でもないし，もはや現実であるべきでもないという，道徳性の矛盾に陥る。しかし，完遂された道徳というものが，矛盾を含んでいることになると考察される結果，道徳的本質の神聖な姿は傷つけられ，絶対的義務は，現実的でないものとなって，現れることになろう。

813）（訳注）ヘーゲルはおそらく神聖性の要請に言及しているのであろう。その要請は意志が道徳法則に十分適合していることを提示している。カントの神聖性はかぎりなく進んでゆく進行で達成されることを説き，ここでヘーゲルはそのことを示唆している。この点については，Kant, *Critik der practischen Vernunft.* S. 220; Fichte, *Kritik aller Offenbarung.* S. 39, S. 117 以下 , S. 166 を参照されたい。

〔3 神聖な立法者の要請〕

第一の要請は，道徳性と対象的自然との調和であり，〔これが〕世界の究極目的であった[814]。第二の要請は，道徳性と感性的意志との調和であり，〔これが〕自己意識そのものの究極目的であった。したがって，第一の要請は自体存在の形式での調和であり，第二の要請は対自存在の形式での調和である。だが，考えられたものであるこれら二つの両究極目的を中項として結びつけるものは，現実的行為[815]自身の動きである。二つの究極目的は，ともに調和であるけれども，その契機は，抽象的に区別されたままで[816]，まだ対象としてとりあげられてはいない。このことが現実に起こり，そのときには，両側面は本来の意識[817]ということで登場する。つまり各々は他方にとっての他方として登場する。要請は，これまでそれ自体で存在する調和と，対自的に存在する調和という二つの分離していた調和だけを含んでいた。それと同じように，こうして生じた要請[818]は，それ自体でそれだけで〔自体的かつ対自的に〕存在する調和をいまや含む。

道徳的意識は，純粋義務が単純に知りまた意欲することであり，行為では｜（558）その単純な姿に対立した対象と関係している，——つまり現実の多様な場合と関係しているため，多様な道徳的関係をもっている。ここに生じてくるのは，内容からは，多くの法則一般であり，形式からは[819]，知っている意識と意識なきものという，矛盾しあう二つの威

814）（訳注）*GW* 9, S. 326, Z. 20 を参照されたい。ヘーゲルが言及しているのは，カントが最高善は究極目的であり，究極目的は世界の究極目的としても考えることができると説いたことである。この点については，Kant, *Critik der Urtheilskraft.* S. 424, S. 427; Fichte, *Kritik aller Offenbarung.* S. 75, S. 127 を参照されたい。

815）（訳注）現実的に行為することがそれ自体でそれだけで存在する調和を要請するというのは，それが主観と客観の関係を含んでいるからであろう。

816）（訳注）「抽象的区別」とは，自体と対自との区別のことである。

817）（訳注）「本来の意識」はA意識であり，それには主客両面がある。

818）（訳注）第三の要請が諸要請と複数であるのは，内容と形式との対立があるからである。

819）（訳注）内容の対立と形式の対立とについては，カント倫理学に即していえば，それは定言命法のみをもって義務すなわち本文の純粋義務とするものであっても，同時に義務

力である。――まず第一に，多くの義務については，もともと道徳的意識に妥当するのは，それらの中での純粋義務だけである。多くの義務は，多くのであるからには，それぞれ特定のものであるから，そのままでは，道徳的意識にとり少しも神聖なもの[820]ではない。しかし同時に，行為は，多様な現実と，したがって多様な道徳的関係とを含んでいるから，その行為の概念のおかげで多くの義務は，それ自体でそれだけで〔自体的かつ対自的に〕存在するものと必然に【329】考えなければならない。さらに，多くの義務は，一つの道徳的意識にしか存在しえないのだから，同時に例の意識とは別の意識[821]にあることになる。例の意識とは，純粋義務としての純粋義務だけを，それ自体でそれだけで〔自体的かつ対自的に〕存在し，神聖であると思っている。

したがって，要請されていることは，多くの義務を神聖であるとし，あるいは，多くの義務を義務として知り，また意欲するのは，別の意識であるということである[822]。はじめの意識は，すべての特定の内容に対しては無関予に純粋義務を得るから，義務は，内容に対する無関与にほかならない。しかし，他方の意識は，行為することに対してもやはり本質的関係を含み，特定の内容を必然的であるとしている。意識には義務は特定の義務と認められるから，したがって，内容そのもの｜（559）も，内容を義務たらしめる形式も，ともに本質的である。そのためこの意識は，普遍的なものと特殊的なものをまったく一つのものとするような意識[823]であり，したがってその概念は，道徳性と幸福の調和の概念に等しいものである。というのは，この対立も，やはり，己れ自身に等

論，とくに『道徳の形而上学』でのとしては自己に対する義務と他己に対する義務という区分肢をもつ。さらにこれが細分化されるだけでなく，個々の義務，個々の徳目についても具体的場合に応ずべき Kasuistik を備えているという事態が意味されている。

820）（訳注）ここでは「神聖なもの」は，同時にそれ自体でそれだけのものと呼ばれている。

821）（訳注）「別の意識」というのは，カントが『実践理性批判』の範型論および『判断力批判』の第 77 節で原型的知性ないし直観的悟性と呼んだものにあたり，普通には神と呼ばれているもののことである。

822）（訳注）ヘーゲルが言及しているのは，神の現存在を純粋実践理性の要請とする説である。この点については，Kant, *Critik der practischen Vernunft.* S. 236 Anm.; Fichte, *Kritik aller Offenbarung.* S. 41, S. 60 を参照されたい。

823）（訳注）本章注 821 にいった直観的悟性は直観の個別ないし特殊と悟性の普遍とを一にしているものとして，本文のあげる資格を備えたものである。

しい道徳的意識と，多様な存在であるため，義務という単純な本質体に対抗している現実とが分裂していることを表現しているからである。しかし，第一の要請では，自然は自己意識を否定するものであり，存在の契機であるから，その要請は，道徳性と自然との存在する[824]調和だけを表現するとすれば，これに対しいまこの自体[825]は，本質的には意識として設定されている。というのは，存在するものには，いま，義務の内容という形式がある。言い換えれば，存在するのは，特定の義務のもとでの規定性であるからである。だから，この自体は，統一そのものであり，それは，単純本質性として，つまり思考の本質性としてあり，したがって或る意識にだけであるにすぎない。こうして，この意識は，今後，この世の主であり支配者[826]であり，道徳性と幸福との調和を生み出すと同時に，多くの義務としての義務を神聖なものとする。いまいったことは，純粋義務の意識にとっては，特定の義務が，そのままでは神聖ではありえないというのと同じである。しかし，特定の義務は，特定のものである現実の行為であるのだから，同様に必然的である。そのためその必然性は，純粋義務の意識のそとに出て，別の意識に帰することになる。したがって，この別の意識は，特定の義務と純粋の義務とを媒介し，特定の義務も妥当するということの根拠である。

｜（560）しかし[827]，現実の行為にあっては，意識はこの自己として，完全に個別的意識としてふるまう。つまり，意識は現実そのものに向かっており，現実を目的としている。なぜならば，その意識は，実現すること[828]を意志しているからである。こうして，義務一般は，この意

824）（訳注）この「存在する」はそれ自体であると同じである。

825）（訳注）「自体」というのは，第一要請の自体ないし自体という形式と第二要請の対自の形式という抽象的区別の取りあげられるのは，第三要請でであるといわれたことの現れであろう。

826）（訳注）主の方はで絶対的自由の「恐怖」を介して死という絶対的主人に対する恐れが蘇ったことに応じている。また「この世の主」というのは *GW* 9, S. 262, Z. 35 のものに応じており，そして「支配者」というのは，カントの『宗教論』の道徳的世界支配者としての神の概念に応じている。しかし次の段落には「聖なる立法者」という表現があり，〔3〕での「第三要請再論」でもこの方が採用されている。

827）（訳注）「しかし」というのは，前段落ではむしろ限定的義務が世界の支配者あるいは聖なる立法者に属していたのに，この段落では逆に純粋義務の方が聖なる立法者に属することになるからである。

828）（訳注）「実現する」は，*GW* 9, S. 325, Z. 35 の「己れが実現されていることに気が

識のそとに出て別の本質体に，つまり純粋義務の意識であり，その聖なる立法者[829]である，或る別の本質体に帰することになる。行為者は行為者であるからこそ，直接には純粋義務の他者であると認められる。したがって，純粋義務は，或る別の意識の内容であり，ただ間接的に，つまり別の意識でのみ行為する意識にとって神聖である。

このために，それ自体でそれだけで〔自体的かつ対自的に〕【330】神聖なものとしての義務が妥当するのは，現実的意識のそとのことと決められるので，こうして，この意識は，ともかく不完全な道徳的意識として一方の側に立つ。現実的意識は，己れの知から，それの知と信念が，不完全で偶然であると知るが，同じように，己れの意欲からは，己れの目的が感性に触発されていると知る[830]。したがって，現実的意識は，己れが幸福にふさわしくはありえないというので，幸福が必然的なものでなく偶然なものであるとみて，幸福を恩寵[831]に期待しうるだけである。

だが，意識の現実がすでに不完全だからといっても，意識の純粋意志と知にとっては，義務は本質と認められている。したがって，概念が実在性に対立しているかぎり，その概念ということで，つまり思考[832]ということで意識は完全である。しかし，絶対的本質体は，ほかでもなく，この考えられたものであり，現実の彼岸に｜(561)要請されたものである。それで，絶対的本質体は，道徳的に不完全な知と意欲を完全だとする思想的考えである。なぜならば，その不完全な知と意欲を十分大事なものと考え，幸福を，それにふさわしいという点から，つまり不

つく。」というときの「実現」にあたる。

829)（訳注）「聖なる立法者」はカントが『宗教論』で「人間のそとにあって権力をもっている道徳的立法者」とか，「一つの倫理的共同体の最高の立法者」とか「最高の立法者そのもの」とか呼んでいるものにあたる。なお当面の箇所では「聖なる立法者」は行論の関係上，純粋義務のみの立法者となっているけれども，〔第三要請再論〕ではこの制限は廃棄されている。

830)（訳注）「知っている」というのは，カントでの実践理性に，「意志すること」というのは，かれが宗教論で根本悪の思想に関して強調した恣意にあたる。なお「触発」もカントの用語である。

831)（訳注）「恩寵」は，カントではたとえば『宗教論』の附録4に論ぜられている。

832)（訳注）この「思考」は要請することであり，また表象することであり，信ずることである。

完全な知と意欲に帰せられる功績[833]によって分かち与える[834]からである。

〔4 道徳的世界観の表象性〕

世界観はこの点で完結している。というのは，道徳的自己意識の概念では，純粋義務と現実という二つの側面が設定されて一つに統一されており，そのため一方も他方も，それ自体でそれだけで〔自体的かつ対自的に〕存在するものとしてではなく，契機として，つまり揚棄されたものとして設定されているからである。このことが，道徳的世界観の最後の部分ということで意識される[835]からである。つまり，道徳的意識は純粋義務を設定するけれども，己れ自身とは別の存在者にである。言い換えれば，意識は，一方では義務を表象されたものとして立てる。また他方では，それ自体でそれだけで〔自体的かつ対自的に〕妥当するものではなく，むしろ非道徳的なものを，完全なものとして妥当させる。同じように道徳的意識は，己れ自身の，義務に適合しない現実を揚棄されたものであるとしている。そして揚棄されたものとして，言い換えれば，絶対的本質体の表象[836]にあってもはや道徳性に矛盾しないものと

833）（訳注）「功績」の原語は Verdienst であるが，これは中世神学者が恩寵に値することとして meritum と呼んでいたものである。しかしここではカントの『実践理性批判』の 177 頁，『宗教論』の 169 頁などのものが考えられているであろう。思想内容からいえば，この『宗教論』の附録 3 で，実行の点では過失のあることを免れないものも，道徳的心情の善さのゆえをもって「聖なる立法者」によって幸福に値するものとして是認されると考えられていることを指している。

834）（訳注）ヘーゲルが言及しているのは，カントの見解であり，それは，道徳とはわれわれがいかにして幸福にふさわしくあるべきかという説である。この点については，Kant, *Critik der renien Vernunft.* B836–B837.; *Critik der practischen Vernunft.* S. 234; Fichte, *Kritik aller Offenbarung.* S. 36, S. 115 を参照されたい。そのうえ，仕事の貢献と恩寵から算定される貢献とのカントによる区別を念頭に置いているのかもしれない。この点については，Immanuel Kant, *Die Religion innerhalb der Grenzen der bloßen Vernunft*. Königsberg, 1793, S. 94 を参照されたい。

835）（訳注）*GW* 9, S.9, Z. 4 以下を参照されたい。この「部分」とは，「聖なる立法者の要請」のことである。

836）（訳注）「絶対的本質体の表象」であることで，道徳的世界観は B-1-b の信仰に酷似しており，それから発展してきたものであることが示されている。

している。

しかし，道徳的意識自身にとっては，その道徳的世界観には，その世界観のうちで己れの概念を展開させ，その概念をみずからの対象とするという意味があるのではない。道徳的意識は，形式のうえからも内容のうえからも[837]，この対立を意識してはいないし，｜（562）その部分をたがいに関係させ，比較することもしない。むしろ，己れの展開のうちをころがってゆくだけで，諸々の契機を概念にまとめるようなことはしない。というのは，道徳的意識が知っているのは，純粋本質体が，言い換えれば，義務であるかぎりの，己れの純粋意識の抽象的対象であるかぎりの対象が，純粋知であること，つまり自己自身であることだけだからである。だから，道徳的意識は，思考する態度をとるだけで，概念把握する態度をとらない。したがって，この意識は，己れの現実的意識の対象をまだ見通して[838]はいない。それは，絶対的概念ではなく，他在そのもの，つまり己れの絶対的【331】反対を，己れ自身として把握するわけではない。この意識は己れ自身の現実を，すべての対象的現実と同じように，非本質的なものと認めてはいる[839]。が，その自由は，純粋思考の自由であるから，この自由には，同じように自由なものとしての自然が相対して生じている[840]。両者は，すなわち存在の自由と，その存在が意識に包みこまれていること[841]とは，同じようにこの意識のうちであるから，存在するものとしての対象は，同時に思考されたものにほかならない[842]。この意識の直観の最後の部分には，内容が本質的に設定されているが，それは，その存在が表象されたものであり，存在と思考の

837）（訳注）内容の対立と形式の対立のうちで，前者は純粋義務と限定的義務との対立，後者はこれらの義務のそれぞれが，また両者の統一が意識されているかいないかの対立，言い換えると，行為者自身の意識のうちにあるか，「聖なる立法者」のみの知であるかの対立，あるいはさらに言い換えると，現実意識と純粋意識との対立のことである。

838）（訳注）「見通して」は，対立が対立でないのが見通されていることであって，たとえば「透明な形式」で道徳性に関して，〔γ〕で「憧憬」に関して用いられている。

839）（訳注）この「非本質的なものとして」とは，契機としてということ。

840）（訳注）二つの自由が発生するというのは，「表裏一体の還帰」のことである。なお「発生してきている」のは，緒論での移行の原理によることである。したがって当面の意識にはただ「出来」するだけであるという意味が込められている。

841）（訳注）この「包みこまれて存在すること」は，*GW* 9, S. 324, Z. 32–S. 325, Z. 1 の「己れのうちに閉じこもって」にあたる。

842）（訳注）*GW* 9, S. 329, Z. 4–S. 330, Z. 15 を参照されたい。

結びつき[843]が，事実そうあるようなものとして，つまり表象作用として表明されている。

われわれは，道徳的世界観を考察することによって，その対象的あり方は，意識が己れの対象としたような，道徳的自己意識自身の概念にほかならないとしたのである。｜（563）そのためこの世界観の起源の形式が意識されることによって，その形式の叙述も別の形態[844]をとって生ずる。――つまり，出発点となる最初のものは，現実的道徳的自己意識である，言い換えれば，そういう意識が存在するということである[845]。なぜならば，概念がこの意識を立てるのは，一切[846]の現実一般が，義務にかなっているかぎりでのみ，意識にとって本質体をもっているという規定ということだからである。また，概念は，この本質体を知[847]として，すなわち，現実的自己と直接に統一しているということで立てる。だから，この統一はそれ自身現実的であり，現に一つの道徳的現実的意識[848]である。――ところでこの意識は，意識としてその内容を，対象として，つまり世界の究極目的[849]として，道徳性と一切の

843）（訳注）「結びつき」は，表象することの説明であるかぎり，総合的結びつきと同じである。前者では表象は自己意識的定在と外的定在とを，後者では普遍的なものと個別的なものとを結合することとされており，とくに後者では首尾一貫しない仕方での混合であるとされている。これによって明らかであるように，表象は自己意識的内的なものと外在的なものとの，あるいは普遍的なものと個別的なものとの統一ではあっても，概念のように両者を明別しつつ統一づけるのではなく，両者を「混合すること」であるとされていることになる。したがって Synthesis は「ごっちゃまぜにすること」である。

844）（訳注）叙述の「別の形態」というのは，道徳的世界観とは「道徳的自己意識がある」と「ない」という両方の命題を表象によって統一づけたものであるとすることである。これは a の「道徳的世界観」にとって導きの糸となっているものがカントの二律背反論である。したがって三要請のいずれについても正反の命題が成立すべきであることから当然である。

845）（訳注）*GW* 9, S. 325, Z. 25 を参照されたい。

846）（訳注）「一切の」というのは，Ⅵ-C-a も（C）の（BB）として「理性とは全実在であるという意識の確信である」という規定を受け入れるものだからである。

847）（訳注）この「知」については，このさい「知」が実在であるというのには，アリストテレス的見解がとられている，すなわちかれでは対象が感覚されるのではなく思考されるものである場合には，このノエータは思考することと，すなわちノエーシスと同一であるとされるのであり，純粋義務もまたこのようなノエータであるとヘーゲルはみているのである。この見解はとくにⅧで顕著となる。

848）（訳注）正確には「現実意識」ではなく，現実的自己意識である。

849）（訳注）「世界の究極目的」のことは，*GW* 9, S. 328, Z. 17 に出ていた。

現実の調和として表象する[850]。しかし，この意識は，この統一を対象として表象はするとはいえ，まだ，この対象そのものに対し威力をもつ概念としてではないから，この意識にとり，その統一は，自己意識を否定するものである。言い換えれば，この統一は，意識の現実の彼岸として，だが同時に，存在するものでもまた[851]あるが，思考されたにすぎないようなものとして意識のそとに生ずる[852]。

自己意識として，対象とは別のものである意識に残っているものは，義務意識と現実しかも意識自身の現実とが調和しないということである。したがって，いま命題がいうことは，道徳的で完成されている現実的自己意識は存在しないということである。――そして道徳的なものは，もともと完成されているかぎりでのみ存在する。なぜならば，義務とは純粋無雑な自体であり，道徳性はもっぱらこの純粋なるものとの｜(564) 一致にのみあるのだから――そこで，一般に第二の命題は，道徳的に現実的なものは何も存在しないということだからである。

けれども，第三に，意識は，一つの自己であることによって，それ自体では義務と現実の統一である。したがって，この統一は，意識にとっては，完成された道徳性として対象となる。――しかし，それは，意識の現実の彼岸ではあるとはいえ，――現実となるべきである。

はじめの二つの命題の，総合的統一[853]という目標には，自己意識的現実ならびに義務が，揚棄された契機としてのみ設定されている。【332】なぜならば，両者のいずれも個々別々ではないが，他方から自由であるという本質的規定にありながら，各々統一にいるとき，もはや

850）（訳注）*GW* 9, S. 326, Z. 18–23; S. 328, Z. 16–17 を参照されたい。

851）（訳注）「もまた」はⅡの基本概念の一つである。Ⅱの知覚は感覚と悟性との中間者であるが，このさい感覚は直観にあたるものであり，悟性はすでに無制約的普遍者を捉えているものであることからしては概念にあたる。したがって，知覚は直観と概念との中間者である。ところでテキストでは道徳的世界観は実は道徳的世界表象であることを証明しようとしているのであり，表象は直観と概念との総合的結合である。したがって，ここでは「もまた」を通じてｂへの対応の指摘されるのは当然である。

852）（訳注）*GW* 9, S. 327, Z. 26 以下を参照されたい。

853）（訳注）「総合的統一」はカントが一方ではただ定言命法のみかアプリオリな総合命題――格率と法則との――となしておきながら，他方では自由と不死と神の存在との三要請をもアプリオリな総合命題と解したことを暗に指している。しかしヘーゲルは総合という語には「こっちゃまぜ」の意味をもたせているから，その点での当てこすりの意も込められている。

他方から自由ではないからである。したがって，各々は廃棄されているからである。だから両者は，内容からは，各々が他方にとって妥当するような対象となり，形式からは，両者のこの交換は，同時に表象されているだけである[854]。――あるいは，現実に道徳的でないものは，それ〔自体〕は同様に純粋思考であり，その現実を超えているのだから，〔道徳的でないにもかかわらず,〕表象[855]では道徳的であり，完全に妥当するものと受けとられる。このため，道徳的自己意識は存在するという最初の命題[856]は，回復されるけれども，それは存在しないという，第二の命題と結びついてのことである。つまり，そういう意識は存在するけれども，表象でのことにすぎない。言い換えれば，道徳的意識は存在はしないけれども，それでも別の意識[857]にとっては存在すると認められるというわけである。

| (565) b 置き換え

道徳的世界観でわれわれ[858]がながめわたすことは，一方では，意識自身がその対象を意識的に生み出すことである。われわれがながめわたすのは，対象が見知らぬものだと気づくのでもなければ，対象は，意識の知らないうちに意識に対して生ずるというのでもない。むしろ，意識

854）（訳注）内容の対立というのは，純粋義務と限定的義務との対立のことであり，この対立については，当面の「総合」では「交替と変転との原理」が成立しているといえるにしても，成立するのは，概念でではなく，表象でのことである。そして形式の対立とは義務であることを知っているのと知っていないのとの対立，また知っているのが人間の意識であるか，神の意識であるかという対立のことであり，この対立についても，やはり「交替と変転との原理」が成立しているのは，表象の立場でのことであって，概念の立場でではないと本文はいっているのである。

855）（訳注）ここでは「表象すること」は信ずることと同じである。

856）（訳注）*GW* 9, S. 331, Z. 14–16 を参照されたい。

857）（訳注）「別の意識」とは，聖なる立法者のこと。

858）（訳注）「われわれ」というのは，もちろん「哲学的考察者」のことであり，この語がここで用いられるのは，この段落と次の段落とは「置き換え」という意識形態の「概念」を与えており，そしてこの「概念」を与えるということは「置き換え」という当の意識形態自身のよくするところでないからである。そしてこの「概念」というのは, a「道徳的世界観」の場合と同じく，目次の A としての意識と B としての自己意識との表象の立場での総合であり，またこの立場で二律背反の設定と反設定とを交替させることである。

は，どの場合にも対象的なものを設定する理由に従って態度をとっている。意識は，その対象的なものが己れ自身であると知っている。なぜならば，意識は，己れがそれを生み出すべく働いているものだと知っているからである。だから，この場合意識は，己れの安定と満足に達しているようにみえる。なぜならば，満足は，対象がもはや意識を超えて出ないので，意識もみずからの対象をもはや超えて出る必要がないところにだけあるものだからである[859]。だが，他方では，意識自身は対象をむしろ己れのそとに，己れの彼岸として立てる。とはいっても，彼岸というこのそれ自体でそれだけでの〔自体的かつ対自的〕存在も[860]やはり，自己意識から自由ではなく，自己意識のためにあり，またこれによってあるようなものとして設定されているのである。

したがって，実際には，道徳的世界観は，根底にあるこの矛盾をこの矛盾の〔含む〕それぞれ異なった側面から鍛錬してゆくことにほかならない。この世界観は，ここでもっとも適切なカントの言葉を使うと考えのない矛盾の全巣窟である[861]。意識はこの展開では，一つの契機を固定し，そこから｜（566）ただちに他の契機に移り，はじめの契機を廃棄するというようにする。しかし，意識は，いま第二の契機を掲げたかと思うと，それもまたしても置き換えて，むしろその反対を本質体だとする。けれども，同時に意識は，みずからの矛盾を，そして【333】置き換えを意識してもいる[862]。なぜならば，意識は，一つの契機自身と関係しながら，そのままその契機を出て対立する契機に移るからである。意識にとっては，一つの契機には何ら実在性がないのだから，まさにその

859）（訳注）啓蒙が満足を見出しうるかどうかを決める一つの要因も，それが己れの対象を越えて彼岸へと出てゆく必要があるかないかということであった。

860）（訳注）彼岸としての「それ自体でそれだけでの存在」というのは，第三要請の「聖なる立法者」のことであるがこれが実は超越的なものでない。

861）（訳注）ヘーゲルが言及しているのは，宇宙論的神証明でのカントの定式である。この点については，Kant, *Critik der reinen Vernunft*. B637 を参照されたい。

862）（訳注）「置き換え」は自覚的に行われるものであるが，この自覚性が顕著であるときには，「それは偽ること」，偽善を行うこととなり，また，イロニーであることとなる。フィヒテは自我をもって独立のものとするという主張と非我によって制限されるという主張とのあいだを転々動揺したが，フリードリッヒ・フォン・シュレーゲルはフィヒテのこの態度をイロニーとして継承し強化して，己れの思想での一つの基本概念とした。この点からすると，「置き換え」はカントの二律背反論であり要請論であるのほか，フィヒテ-シュレーゲルのものでもある。

同じ契機を実在的なものとして立てる。同じことだが，一つの契機を，それ自体で存在するものと主張するために，それと対立しているものが，それ自体で存在するものだと主張する。したがって，意識が告白していることは，実際には，それらのうちどれに対しても真剣でないことである。以上のことは，めまいがする動きのいくつかの契機でもっと詳しく考察されなければならない。

〔1 第一要請再論〕

われわれは，一つの現実的道徳的意識が存在するという前提を，まずそのままにしておこう[863)]。というのも，この前提は直接的なものであって，それに先立つものとの関係で立てられたものではないからである。そこで，われわれは，道徳性と自然との調和，つまり第一の要請[864)]に向かうことにしよう。この調和は，それ自体で[865)]存在すべきであって，現実的意識に対して存在すべきではなく，現在的であるべきでもない。むしろ，現在は，道徳と自然の矛盾にすぎない。現在に道徳性は現前すると想定されているとはいえ，その現実は，道徳性と調和しないというようになっている[866)]。しかし，現実的道徳的意識は行為するものであり，ここにこそ，その意識の道徳性の現実がある。しかし，行為自身では，いまいった位置づけは，そのまま置き換えられている。なぜならば，行為することは，｜（567）内的道徳目的の実現にほかならず，目的が規定する現実あるいは道徳目的と現実そのものとの調和の実現にほかならないからである。それと同時に，行為をなしとげるとは，意識に対してのことであり，この実現は，現実と目的の統一が現在することである。そして，この行為がなしとげられたときには，意識は，みずからをこの個別者として実現している。言い換えれば，定在が意識に帰って

863）（訳注）*GW* 9, S. 325, Z. 25 を参照されたい。

864）（訳注）*GW* 9, S. 326, Z. 18–23 を参照されたい。

865）（訳注）第一要請が要請するものは存在するものは存在の形式をとるものであり，世界の究極目的であるということである。

866）（訳注）「なっている」の原語は stellen であるが，これは verstellen に対するものである。

いることを直観する[867]，そして享受というのはこの点にある。それゆえに道徳的目的の現実には，同時に，享受とか幸福とか呼ばれる現実の形式も含まれている。――したがって，実際には行為する働きは，起こるべきではないものとして掲げられたもの，一つの要請にすぎず，ただ彼岸であるはずのものをそのまま実現する。それゆえに，所為を通じて意識が表明していることは，意識が要請することを，真面目に受けとっていなかったということである。というのは，行為の働きの意味は，むしろ，現在のうちでは存在すべきでなかったものを，現在とするということだからである。また，行為の働きのためには調和が要請される，――行為の働きによって現実となるべきものは，それ自体もそうあるのでなければならない。そうでないと，現実は可能ではないであろう。――そのことによって，行為と要請が関連しあって次のような性状となる。それは，行為の働きのために，すなわち，目的と現実を現に調和させるために，調和が現実的ではなく，彼岸のものとして設定されていることである。

｜(568) したがって，行為するときには，目的と現実が適合しないということは，そもそも真剣には受けとられていない。それに対して，行為の働きそのものは【334】真剣に受けとられているようにみえる。だが，実際には，現実の行為は，個々の意識[868]の行為にすぎず，したがって何か個別的なものにすぎず，その所業も偶然である。しかし，理性の目的[869]は，すべてを包む普遍的目的であるから，全世界より小さなものではなく，究極目的であり，これは，この個別的行為の内容を遥かに超え出ているから，そもそもすべての現実の行為を超え出たところに置かれるべきである。公共の福祉は実現されるべきであるから，善いことは何も行われない。けれども，実際には，現実の行為の働きが空しいことと，いま掲げられている全体的目的だけが，実在である[870]こと

867）（訳注）直観することが幸福であり享受である。

868）（訳注）「個々の意識」は前段落の「この」個別者にあたる。

869）（訳注）「理性の目的」というのは，Ⅵ-C-b（置き換え）も『精神現象学』の構成からいえば，(C)の(BB)だからであるが，カント倫理学に関係づけていえば，目的自体，究極目的，最高善などと呼ばれるもののことである。

870）（訳注）道徳的にいって「空しいもの」と「実在的であるもの」，言い換えると，非本質的であるものと本質的であるもの，必然的でないものと必然的であるものとの区別が

とは，あらゆる面からまたしても置き換えられている。道徳的行為は，純粋義務をその本質としているから偶然なものではないし，制限されたものでもない。純粋義務が唯一で全体的目的をなしている。それで，行為は，目的を実現するものとして，そのほかあらゆる内容的制限があるにもかかわらず，全体としての絶対的目的を実現する。あるいは，さらに，現実が，己れ自身の法則をもち，純粋義務に対立している自然と受けとられ，したがって，義務がその法則を自然のうちでは現実化しえないとすれば，義務そのものが本質であるのに，実際問題になっているのは，目的全体｜（569）である純粋義務の完遂ではない[871]。なぜならば，実現が目的[872]としているのは，むしろ義務ではなく，それに対立したもの，つまり，現実であろうからである。けれども，現実が問題ではないということもまたしても置き換えられる。なぜならば，道徳的行為の働きの概念からは，純粋義務は，本質的に能動的意識だからである。こうして，どうしても行為はなされるべきであり[873]，絶対的義務は自然全体の中に表現され，道徳法則は自然法則となる[874]からである。

こうして，われわれがこの最高善[875]を本質体として妥当させるとすれば，意識は道徳一般をまったく真剣に扱わない。なぜならば，この最高善では，自然は，道徳性がもっているのとは別の法則をもっているわけではないからである。そして，道徳的行為の働きそのものが崩れ去る。なぜならば，行為の働きは，行為によって廃棄されるべき否定的

あるのは「置き換え」にはIIの知覚への対応が基本的であることを示している。なお全体的目的とは究極目的のことである。

871）（訳注）この場合には道徳は「心構え」の立場にとどまることになる。

872）（訳注）現実を目的とするというのは，カントでいえば，定言命法にではなく，自然法則の適用である仮言命法ないし技能の命法に従うこと。

873）（訳注）この「どうしても行為はなされるべきであるときに」は，「ドイツ憲法論」にある「正義よ，行われよ，ゲルマニヤよ，滅びよ」というような結果を招くことになる。この語は皇帝フェルディナント2世のものと伝えられるものであって，カントが『永久平和論』に引用したものであり，ヘーゲルは『差異論文』でもこれを引用している。

874）（訳注）ヘーゲルはここで道徳法則の自然法則定式を受容している。この点については，Immanuel Kant, *Grundlegung zur Metaphysik der Sitten*. Riga, 1785, S. 52 を参照されたい。

875）（訳注）この「最高善」に関する論には，カントが道徳と幸福との一致としての最高善が成立するには，道徳界の立法者が同時に自然界の立法者でもあるのほかはないと考えたことが基礎となっている。

なものを前提してだけ存在するからである。だが，もし，自然が道徳法則[876]に適合しているとすれば，それどころか道徳法則は，行為により，つまり存在者を廃棄することにより損われるであろう。——だから，最高善を認めると，道徳的行為は余計でありまったく成り立たないというような状態が，本質的状態として保証される。道徳性と現実を調和させるという要請つまり，両者を一致させるという，道徳的行為の概念によって設定されている調和の要請は，——だから，いまいった側面からすれば，次のようにも表現される。すなわち，道徳的行為が絶対的目的なのだから，道徳的行為がまったく目撃されないということが，絶対的目的である。

｜（570）これらの契機を通じて，意識はその道徳的表象のうちを進んできたのであり，われわれがそれらの契機をまとめてみると[877]，各々が，またその反対の中で廃棄されることが判明する。意識は，意識にとって，道徳性と現実が調和しないということから出発するけれども，【335】そのことを真剣に受けとってはいない。つまり，意識にとっては，行為にこそ，この調和が現在している。ところが，行為は個別的ものであるから，意識はまたこの行為を真剣に受けとってはいない。なぜならば，意識はきわめて高い目的，最高善をもっているからである。だが，そこでは，すべての行為もすべての道徳性も崩落するから，事象はまた置き換えられるだけのことである。言い換えれば，本来意識は道徳

876）（訳注）「道徳法則」は，「人倫の生成」と「道徳性の生成」の区別がなされているところからして，また人倫→形成陶冶→道徳性の動きとは「人倫とは何であるかの意識」を与えるものであるところからして，ここで「道徳法則」という語の用いられるのは，当然ともいえる。しかし格別にⅥ-Aへの関係づけが考慮されているわけではないようであって，むしろカントが道徳法則をまたSittengesetzとも呼んだことに影響されているようである。すなわちカントは，たとえば『実践理性批判』で，「君の意志の格率がつねに同時に普遍的立法の原理として妥当であるように行為せよ」という定言命法の有名な法式をもってSittengesetzと呼んでいる（哲学文庫版37頁）。この語法に本文は影響されているようであって，ここではSittengesetzといっても，前段落の終わり近くにあるMoralgesetzと別のものではないようである。

877）（訳注）「まとめる」の原語はzusammenstellenである。諸契機というのはstellenされるものとverstellenされるもの，すなわち設定と反設定とのことであり，そして反設定もまたverstellenされるのであるから，「総合」とは要するにVerstellungのことであることになる。本文ではこれがまったくVorstellungと同一視されている。だから道徳的世界観は「道徳的世界表象」とも呼ばれている。

的行為に真剣になっているのではなく，もっとも望ましいこと，絶対的なことは，最高善が実現され，道徳的行為が余計なものになることである。

〔2　第二要請再論〕

この結果から，意識は，その矛盾した動きをしてさらに進んで行き，道徳的行為の廃棄を，また当然置き換えざるをえない。道徳性は自体である。つまり，道徳性が行われるためには，世界の究極目的が実現されえない。むしろ，道徳的意識は自立していざるをえないし，己れに対立した自然に出会わざるをえない。しかし，道徳的意識は己れ自身をつてに完成していなくてはならない。このことは，道徳的意識と，これに直接存在している自然すなわち感性との調和という，第二の要請に進んでゆく[878]。道徳的自己意識は，己れの目的を純粋なものとして，傾向や衝動から独立なものとして掲げる。そのため目的は，｜（571）感性の目的を自己内で亡ぼしてしまったことになる。――けれども，このように感性的存在者の廃棄を掲げても，意識はそれをまたしても置き換えてしまう。意識は行為し，みずからの目的を現実とする。そこで，廃棄されるべき自己意識的感性は，純粋意識と現実のあいだのちょうど中間にある。――この感性は，純粋意識がみずからを実現するための道具である。つまり器官であり，衝動，傾向などと呼ばれるものである[879]。したがって，意識は，傾向や衝動を廃棄することに真剣ではない。なぜならば，これらのものこそみずからを実現する自己意識だからである。しかし，それらのものも抑圧されるべきではなく，理性に適合するだけでよいはずである。実際，それらは理性に適ってもいる。なぜならば，道徳的行為は，自己を実現する意識，したがって，みずからに衝動という形態を与える意識だからである。すなわち，それは，そのままで，衝動と道徳性の現在する調和だからである。しかし，実際には，衝動は，己

878）（訳注）*GW* 9, S. 327, Z. 26 以下を参照されたい。

879）（訳注）感性や衝動が道徳性の実現のためにヘーゲルによれば不可欠のものである。

れ自身とは別の動機[880)]を己れにもっており，それによって動かされるかもしれないような空しい形態にとどまるわけではない。というのは，感性は一つの自然であり，この自然は，自己自身の法則[881)]と動機とを，己れ自身でもっているからである。だから，道徳性は，衝動の動機であることにも，傾向の傾斜角であることにも，真剣ではありえないのである。というのは，これらのものは，それ自身の固定した規定性と自前の内容をもっているので，それらが適合するであろう意識の方が，むしろそれらに適合するであろうからである。この適合は，道徳的意識の拒むところである。したがって，両者の調和｜（572）は【336】自体的であり，要請されているにすぎない。――道徳的行為では，道徳性と感性の現在する調和はたったいま掲げられたのに，いまでは置き換えられている。調和は，意識の彼岸に，霧の彼方[882)]にあり，何物ももはやさだかには見分けられないし，概念把握されない。なぜならば，われわれは，この統一をたったいま[883)]，つかもうと努めたけれど，そうできなかったからである。――だが，こういう自体では意識はそもそも己れを思い切る。この自体は意識の道徳的完成であり，ここでは道徳性と感性の争い[884)]はやんでおり，感性は，つかみがたい仕方で道徳性に一致しているのである。――それゆえ，この完成も，またしても事象を置き換えるにすぎない。なぜならば，道徳性は，絶対的目的を，純粋なものとして，したがってあらゆる他の目的に対立させて意識しているにすぎないため，完成したときには，むしろ道徳性そのものが捨てられているだろうからである。道徳性は，この純粋目的が働いていることでもあるし，また，感性を超えていること，感性とその対立項の混合であること，感性との争いであることを意識してもいる。――意識は，道徳的完成を真剣に受けとっていないが，このことを直接みずから表明して，完成を無

880）（訳注）「動機」は Triebfeder の Trieb でもあり，このかぎりでは，それはカントでの「道徳法則への尊敬の感情」にあたる。しかし本文は衝動（Trieb）がこのような「動機」のほかに道徳性には反するそれ自身としての「はじくばね（Triebfeder）」をも備えるといっているのである。

881）（訳注）自然の「自己自身の諸法則」については，本章注 791 を参照。

882）（訳注）「彼方」は *GW* 9, S. 328, Z. 7 の「無限の漠たる彼方」にあたる。

883）（訳注）「たったいま」とはこの段落でのことである。

884）（訳注）「争い」とは，カントがたとえば『実践理性批判』の 168 頁で語っている道徳的心情と諸傾向との争いにあたる。

限の彼方に置き換えることになる，すなわち，完成はけっして完成することはないと主張する。

こうして，むしろ意識に妥当することは，未完成のこの中間状態である。つまり，それでもなお少なくとも，｜（573）完成に向かって進むべきであるという状態である。しかし中間状態[885]はそういうものでもありえない。というのは，道徳性での進歩というのは，むしろ道徳性が没落に向かって進むことであろうからである。つまり目標は前にいったような無，すなわち，道徳性と意識自身を廃棄することであろうが，無にだんだんと近づいてゆくことは，だんだんと退いてゆくことである。そのうえ，もともと進むとか退くというのはともに，道徳性を大いさのうえで区別することを認めることになるが，これは全然問題になりえないことである。道徳性は，道徳上の目的を，純粋義務であるとしている意識であるから，そこではもともと相違などは，少なくとも量の表面上の相違などは，考えられるべくもない。存在するのは，ただ一つの徳，ただ一つの純粋義務，ただ一つの道徳性だけである[886]。

こうして，真剣に受けとっているのは，道徳的完成ではなく，むしろ中間状態，つまりたったいま究明したような，非道徳性である。だから，他面[887]からは，われわれは第一の要請の内容に帰って来るわけである。つまり，幸福にふさわしいという理由で，道徳的意識に対し幸福がどのように要求さるべきか，ということは，理解されるべくもないのである。その意識は，みずからが未完成であることを意識しているから，実際には，幸福を当然の功徳として，己れがそれにふさわしいものとして要求することはしない。むしろ幸福を自由な恩恵から来るものとして望み，幸福を，そのままでそれ自体にあるものとしてそれ自体でそれだけで望み，例の絶対的理由からではなく，偶然と恣意によるもの

885）（訳注）「中間状態」は，もとはキリスト教でキリストの出現によって救いの約束がなされたときから，その再臨にさいしての蘇りと最後の審判とによって救いが完成するときまでの状態のことであろう。

886）（訳注）*GW* 9, S. 331, Z. 32–33 で「純粋な」ものへの適合のみが道徳性であるとしるされていたことを参照。

887）（訳注）「他面」というのは，道徳性が実は非道徳性であるという側面のことであるが，わざわざ「他面」というのは，*GW* 9, S. 331,Z.11 以下にあげられていた「現実的道徳意識がある」という設定としての命題に対する「ない」という反設定の命題のことが意味されているからである。

と期待している[888]。――まさにここに，非道徳性の何であるかが表明されている，――つまり【337】道徳性を問題にしているのではなく，｜（574）道徳性に関係のない幸福を絶対的に〔自体的かつ対自的に〕問題にしている。

道徳的世界観のこの第二の側面のおかげで，道徳性と幸福の不調和を前提していた，第一の側面のもう一つの主張も廃棄される[889]。――すなわち，経験上，現世では道徳的な人が逆境に落ち，不道徳な人が幸福になることがときにある[890]。しかし，未完成な道徳性の中間状態が，本質的なこととして生じていて[891]，明らかに，そういうふうに知覚すること[892]と，あるべきはずの経験とは，事象を置き換えているにすぎない。つまり，道徳性が完成していないのだから，つまり事実上道徳性はないのだから，道徳的な人が逆境に落ちることを経験したところで，それが何でありうるのか。――これと同時に，そこから出てくることは，幸福がそれ自体でそれだけで〔自体的かつ対自的に〕問題にされていることである。そこで明らかになることだが，不道徳な人がうまくゆくと判定するにしても，ここで起こることは不当だったという意味にはならない。そもそも道徳性が完成していないのだから，ある個人を不道徳な人だと決めつけることは，元来成り立たない，したがってそこには恣意的根拠しかない。したがって，経験をこのように判断するときの意味と内容は，絶対的幸福が或る人のものになるはずはないということ，これである。すなわち，その意味および内容は，道徳性という仮装をした嫉妬である。しかし，別の人たちには，いわゆる幸運が恵まれるはずだという理由にしても，｜（575）その人たちと己れ自身にそういう恩恵が，つまりそういう偶然が，与えられるのを喜び願うという，好意的友情なのである。

888）（訳注）*GW* 9, S. 326, Z. 18–23; S. 330, Z. 5–15 を参照されたい。

889）（訳注）「第二の側面」については，とくにこの段落で道徳性が未完成であるのは，「それがない」ことであると明言されていることによって，他の側面，第二の側面が反設定であることは明らかである。

890）（訳注）*GW* 9, S. 325, Z. 27–37 を参照されたい。

891）（訳注）*GW* 9, S. 336, Z. 18 以下を参照されたい。

892）（訳注）「知覚」という語は経験と同意語であると同時に，「もまた」と同じくⅡへの対応を示したものである。

〔3 第三要請再論〕

それで，道徳性は，道徳的意識ということでは完成されていない。これがいま提起されたことであり，そもそも完全に実現された純粋なものであることが道徳性の本質である[893]。したがって，不完全な道徳性というのは，不純である。言い換えれば，それは非道徳性である。したがって，道徳性そのものは，現実の意識とは別の本質体にある。この本質体は，聖なる道徳的立法者である。――この本質体を要請する根拠となるのが，意識での不完全な道徳性である。この道徳性の意味は，まず，道徳性が意識に現に設定されるので，他者つまり定在と関係する。そこで道徳性が己れのもとで他在すなわち区別項をもち，そのために，多様な多くの道徳的命令が生ずることである[894]。けれども，道徳的自己意識は，同時にこれら多くの義務を本質的なものでないと考える。なぜならば，大切なのは一つの純粋義務だけであり，道徳的意識にとっては，多くの義務は，特定のものであるかぎり，真理ではないからである。だから，多くの義務は，ある他者でのみ，みずからの真理をもち，道徳的意識にとって当のものではないものであり，ひとりの神聖な立法者によって神聖である[895]。――だが，このことは，それ自身またしても事象の置き換えにすぎない。というのは，道徳的自己意識は絶対的なものと確信しており，義務とは，まさしくただ自己意識が義務だと心得ているものだけだからである。【338】だが，自己意識は，義務としての純粋義務だけを心得ている。自己意識にとって神聖でないものは，もともと神聖ではない。もともと神聖でないものは，神聖な本質体｜（576）によっても神聖にはされえない。道徳的意識も，そもそも己れ自身とは別の或る意識によって，何かが神聖にされることなどに真剣になりはしない。なぜならば，道徳的意識にとっては，己れ自身によって，また己れの中で神

893）（訳注）道徳性の純粋性については，*GW* 9, S. 331, Z. 31–32 を参照。

894）（訳注）義務の多様性ないし限定性については，*GW* 9, S. 328, Z. 29 の「場合」のことを参照。

895）（訳注）カント

聖であるものだけが端的に神聖であるからである[896]。――こうして，道徳的意識は，この別の本質体が神聖なものであることも同様に真剣に受けとることはない。というのは，このような本質性を認めると道徳的意識にとって，すなわちもともと本質性がないものに本質性があることになるからである。

神聖な本質体が要請され，そこでは，義務が純粋義務としてではなく，多くの特定の義務として妥当することにかりになったとしても[897]，やはりこのことは，また置き換えられざるをえない。また，別の本質体にしても，みずからの中で純粋義務だけが妥当するかぎりでのみ，神聖であることにならざるをえない。そうなると，純粋義務は実際にも別の本質体でのみ妥当し，道徳的意識では妥当しない。道徳的意識では純粋道徳性だけが妥当するように思われるけれども，このことも違った形にされざるをえない。なぜならば，道徳的意識は，同時に自然的意識でもあるからである。道徳性は，道徳的意識では感性に煩わされ制限されているから，それ自体でそれだけで〔自体的で対自的に〕あるわけではなく，自由な意志という偶然である。しかし，道徳性は，純粋意志としてのこの意志にいるときは，知という偶然である。したがって，それ自体でそれだけでは〔自体的でかつ対自的には〕道徳性は，ある別の存在者ということである。

したがって，ここでこの存在者は，｜（577）自然とも感性とも関係していないから，純粋に完全な道徳性である。しかし，純粋義務が実在的ということは，純粋義務が自然と感性で実現することである。道徳的意識は，みずからのうちで，道徳性が，自然および感性と肯定的に関係する点に，己れの不完全な姿があるとしている。これは，この道徳的意

896）（訳注）ここでは「自己意識の権利」の立場から「聖なる立法者」という観念が批判されており，フランクフルト期の「キリスト教の精神」でヘーゲルはカントをもって当代でヘブライズムを再興したものとみている。その点からすると，本文が含んでいる「聖なる立法者」の批判は同時にヘブライズムの批判であり，そして批判にさいしては『差異論文』の示したヒューマニズムがとられているといえるであろう。なお「ヒューマニズム」といったのは，『差異論文』が「ヨハネによる福音書」第１章のロゴスの誕生を「神の人間となること」と解しているのによることである。

897）（訳注）前段落では多数の義務あるいは限定的義務が聖なる立法者のうちにあるとされたが，この段落では唯一の義務あるいは純粋義務の方がそのうちにあるとされている。

識が自然および感性と否定的に関係すること[898]だけにこそ，道徳性の本質的契機があると考えるからである。これと違い，純粋な道徳的存在者は，自然や感性との争いを超えて，崇高であるから，それらを否定する関係には立たない。こうして，実際に残るのは，それらとの肯定的な関係だけになる。すなわち，これはたったいま不完全なもの，非道徳的なものと認められたものにほかならない。けれども，純粋道徳性は，現実からまったく離れているため，同様に現実と肯定的に関係することはないとするのならば，意識なき非現実的抽象に陥ることになり，ここでは，純粋義務の思考であり，意志であり，行為であるという道徳性の概念は，まったく廃棄されていることになろう[899]。だから，これほどに純粋な道徳的存在者は，やはり事象を置き換えることになり，捨てられるべきものとなる。

〔4　道徳的表象から良心への移行〕

だが，この純粋な道徳的本質体では，次の矛盾したいくつかの契機も，相対立した「もまた」[900]も，相互に近づきあうことになる。その矛盾の中を総合的表象は，さまよっているわけであり，相対立したいくつかの「もまた」を継起させるが，それらの己れの思想を総合しないでそのままとし，反対のものをいつも別のものに代わらせている。【339】その結果，｜（578）意識はここでみずからの道徳的世界観を捨てて，みずからに逃げ帰らなければならない[901]。

意識は，みずからの道徳性が完成していないことを認識するわけであり，これは，意識が道徳性に対立している感性や自然によって，触発さ

898）（訳注）この「否定的関係」については，*GW* 9, S. 336, Z. 7 の「争い」を参照。

899）（訳注）純粋道徳性の否定はまた「聖なる立法者」の否定でもある。「聖なる立法者」をヤーウェとみることにすると，ここにもヘブライズムの批判があることになる。しかしまた批判的にみるものにとっては，すでにここで「受肉」が前提されており，また道徳性をギリシア的に同時に人像である神像に象徴されているような姿で考えているといいうるであろう。

900）（訳注）「もまた」ということでIIへの対応が示されている。

901）（訳注）「みずからに」とは c の良心にということである。

れるからである。この自然は，一方では道徳性そのものをかき乱し，他方では多くの義務を生じさせることになり，この多くの義務のおかげで，現実的行為の具体的場合に意識は当惑させられる。なぜならば，どの場合も多くの道徳的関係の具体化だからであり，これは，知覚一般の対象が，多くの性質をもった一つの物であるのと同じだからである。そこで特定の義務が目的であるから，その義務にはある内容があり，その内容は目的[902]の一部であり，道徳性は純粋ではない。――したがって，道徳性には別の存在者のうちで実在性がある。だが，この実在性[903]というのは，道徳がそれ自体でそれだけで〔自体的かつ対自的に〕存在する，ということにほかならない。――それだけでというのは，ある意識の道徳性であるということであり，それ自体でというのは，定在と現実があることである。――例のはじめの未完成の意識では，道徳性は，実現されていないし，そこでは考えのうえでの物という意味での自体である。というのは，道徳性は，自然や感性と交わっており，道徳性の内容となっている，存在および意識の現実と交わっているからであり[904]，自然と感性は道徳的には空しいものだからである。――第二の意識では道徳性は完成したものとして存在しており，実現されていない考えのうえの物として現前しているのではない。しかし，この完成は道徳性が，ある意識の中で現実性を，また自由な現実性を，｜（579）定在一般をもっているが，空しいものではなく，充実したもの，内容あるものであるという点にある。――すなわち，道徳性の完成が置かれているのは，たったいま道徳的に空しいものと決められたものが，道徳性のうちで，またそのもとで現存しているという点である。道徳性は一方では，まったく

902）（訳注）このさいの「目的」は，*GW* 9, S. 334, Z. 4; Z. 8 の全体的目的であり究極目的である。

903）（訳注）このさいの「実在性」とは，純粋義務を自然および感性のうちへ現実化することである。これが第二次の道徳的意識の場合の「実在性」である。これに対して第一次の意識の場合の「実在性」とは感性や現実から離れて純粋であること，聖なる立法者のうちにあることである。

904）（訳注）「考えのうえでの物」の原語は Gedankending であるが，Ⅱの知覚での本質的なものと非本質的なものという基本的対立に関することである。知覚はこれらをそれぞれ独立の物とする。しかし，これらは「制約されない普遍」の契機であるから，このさいの「物」は「考えのうえでの物」であるにすぎないことを指すのである。本文は純粋義務や聖なる立法者はこのような「考えのうえでの物」にすぎないとしているのである。そして「交わっている」は，実質的には「触発」と同じである。

ただ，純粋抽象という非現実的考えのうえの物としてのみ妥当すべきであるが，他方ではそういう形ではまったく妥当すべきでない。その真理は，現実に対立しており，現実からまったく自由で，内容がない点にあるべきでありながら，また，現実である点にあるべきである。

道徳的世界観には，いくつかの矛盾がばらばらになっているが，この矛盾の混合体制[905]は崩れてしまう。というのは，そういう混合の基づいている区別は，必然的と考えられ設定されなければならないのに，同時に本質的でないとされる区別から，もはやけっして言葉にならないような区別[906]へと，移ってゆくからである。最後に[907]，空しいものでありまた実在的なものでもあるという形で，異なるものとして設定されるものは，まったく同一のものであり，定在であり現実である。そして，現実的存在と意識との彼岸としてのみ，絶対的に存在するはずでありながら，また意識のうちでのみあり，しかも彼岸としては，空しいものであるはずのものが，純粋義務であり，本質体としての義務についての知なのである。意識は，区別でないような区別をし，また現実を，空しいも

905）（訳注）「混合体制」は普遍的なものと個別的なものとの die synthetische Verbindung と呼ばれているもの，すなわちこのような両者を首尾一貫しないやり方で混合すること（Vermischung）とされているもの，このような意味での表象することと同じものであり，そしてこの表象することがまた置き換え（Verstellen）である。

906）（訳注）思想内容からいって酷似しているのはIIの知覚の場合である。この「知覚」への対応は「もまた」ということによってもしばしば示されていたことである。とくに物が一にして多であるという矛盾を解決するためにいわゆる第一次性質と第二次性質との区別をもってしようとする試みが批判されている。この試みでは，物は第一次性質からすれば一であり，第二次性質からすれば多であるけれども，前者は本質的であり，後者は非本質的であり，そして本質的と非本質的とは価値を同じくしないのであるから，物が一にして多であることは矛盾ではないとされるのである。ヘーゲルによれば，これに対して物が第一次性質のほかに必ず第二次性質をもつとすれば，第二次性質は非本質的であるにしても，必然的だということになり，非本質的であって必然的というような区別はただ言葉のうえだけでしか成立しない区別であり，そして本質的と非本質的とが価値を同じくしないといってもむだである。なぜならば，非本質的とされる第二次性質といえども物にとっては必然的である以上，これもやはり本質的だからである。当面の本文の論法も同じである。すなわち自体あるいは聖なる立法者と自己ないし現実という両方の契機の各々について，一方では道徳的に空しいとしながら，このことを置き換えて他方では実在的であるとする「置き換え」が繰り返して行われるのである以上，道徳的に空しいものと実在的なもの，あるいは非本質的なものと本質的なものという区別は「必然的なものが同時に非本質的であり」，本質的なものが同時に非本質的であるということなのだから，もはや言葉のうえでもけっして成立することはないというのである。

907）（訳注）「最後に」とは，聖なる立法者の要請のこと。

のであると【340】同時に実在的なものだといい，——純粋道徳性を真の｜（580）本質体だといったり，本質体のないものだといったりする。そういうわけで，意識は，前に分けたものを一つにまとめる[908]ような考えを表明しているわけである。そのとき，自己〔内面〕と自体〔超越〕のいくつかの契機を，かく規定することにも，それらをばらばらに離すことにも真剣でないことをみずから表明している。むしろ，意識が表明していることは，意識のそとに，絶対的に存在していると述べているものを，むしろ自己意識の自己の中に包んでおき，絶対的に思考されたもの，もしくは絶対的自体であると述べているものを，まさにそのために，真理をもたないものと受けとっている，ということなのである。——意識に対しては，これらの契機をばらばらにすることが，置き換えであることが生じ，しかもなお，もし，それらを手放さずもち続けるとしたら，それは偽善[909]となろう。しかし，意識は，道徳的純粋自己意識であるから，己れが本質体とするものと表象とのこの不一致[910]に，己れが真でないと認めるものを，真であると言表することのこの不真に，嫌気がさして己れに逃げ帰ってしまう。意識は，そういう道徳的世界表象[911]を軽んずる純粋良心となっている。つまり，意識は，自己自身のうちで自己を確信する単純な精神であり，この精神は，例の表象などに媒介されないで，直接に良心的に行為し[912]，この直接性ということでみずからの真理をもっている。——しかし，置き換えというこの世界は，道徳的自己意識がその契機のうちにあるときの展開にほかならず，したがって，自己意識の実在性であるとすれば，自己に帰ってみたところで，本質的には少しも変わっていない。むしろ，自己に帰るということは，｜（581）己れの真理が口実だけのものだという意識に行き着いたことにすぎない。自己意識は，やはり，この真理が依然として己れの真理だと言い張らなければならない。というのも，自己意識は，みずからを対象的表象として表明し，提示しなければならないが，これが置き

908）（訳注）「前に分けたものを一つにまとめる」には，祝言させるとか結婚させるという意味が込められている。

909）（訳注）「偽善」は「置き換え（verstellen）」でもある。

910）（訳注）不一致は，良心では悪となる。

911）（訳注）世界観がその表象性によって世界表象なのである。

912）（訳注）行為することが良心の特徴である。

換えにすぎないことを知っていることになるからである。したがって，そうなれば，自己意識は事実上偽善であって，例の置き換えを例の蔑むこと[913]が，すでに偽善の最初の表現であることになる。

c 良心，美しい魂，悪とその赦し

道徳的世界観の二律背反[914]が，一つの表象内で総合された。その二律背反とは，道徳的意識は，存在すると同時に，存在しないとか[915]，——義務は意識の彼岸[916]で妥当すると同時に，逆に意識ということでしか存在しないとかいうことである。この一つの表象では，非道徳的意識が【341】道徳的であると認められ，意識の偶然の知と意欲がきわめて重要なものと受けとられ，幸福が恩寵によって意識に分け与えられた。この己れ自身に矛盾した表象を，道徳的自己意識は己れで引き受けないで，己れとは別の存在者に置き換えた[917]。己れが必然的だと考えざるをえないものを，このように己れのそとに置くのは，形式上矛盾であって，これは，いま述べた表象が内容｜（582）上矛盾であるのと同じである。しかし，矛盾したものとして現れるもの，分離しまた解消するために道徳的世界観をまよわせるもの，これらこそはそれ自体では同じものである。つまり純粋義務は，純粋知であるから，意識の自己にほかならないし，意識の自己は存在であり現実性である。同じように，現実的意識の彼岸にあるといわれるものは，純粋思考にほかならない，したがって，実際には自己である。そういうわけだから，自己意識は，われわれにとっては，言い換えれば，それ自体では，みずからに帰って行

913）（訳注）良心が世界表象を蔑むのである。

914）（訳注）このaやbの二律背反はわれわれのながめわたすことである。

915）（訳注）この二律背反がやがて内容の対立とされるのは，「道徳的意識がない」という反設定は，具体的行為が「場合」でなされるものとして純粋義務にのみ従うことができず，それと多数の特定の義務との対立が生ずるからである。

916）（訳注）「彼岸」とは聖なる立法者のこと。

917）（訳注）*GW* 9, S. 331, Z. 14–S. 331, Z. 11; S. 329, Z. 37–S. 330, Z. 15 を参照されたい。

き，**現実的なもの**を，同時に**純粋知**であり**純粋義務**であるとするものが，自己自身であると知っているわけである。自己意識自身は，己れがその偶然でありながら完全に妥当するものであることを確信し，それは，己れの直接的個別性[918]が純粋知であり行為であることを，真の現実であり，調和であることを心得ている。

〔1　行為することとしての良心〕

良心のこの**自己**，己れをそのまま絶対的真理であり存在であると確信している精神，これが**第三の自己**[919]であり，これはわれわれにとっては精神の第三の世界[920]から出てきたものである。それで，これを，これまでの世界とかんたんに比較してみなければならない。人倫的世界の真理として提示される総体[921]ないし現実は，**人**の自己である。つまりその定在は**承認されていること**である。この人が実体なき自己であるように，その定在も抽象的現実である。つまり，人は妥当し，しかもそのままで妥当する[922]。自己は，その存在の場面にそのまま安らっている点である。この点はその普遍性から分離しないし，点も普遍性も｜（583）たがいに動き合わないし関係しあわない。普遍はみずからに区別をもたないし，自己の内容でもなければ，自己が自己自身によって充たされて

918）（訳注）「直接的個別性」というのは，良心が自律で義務とするものが実は感性の衝動であり傾向であることを予示している。

919）（訳注）*GW* 9, S. 266, Z. 3 以下では第一の自己は（法的）人，第二の自己は純粋洞察となっていたのに，以下では第二の自己の方は絶対的自由となっている。しかし，絶対的自由は純粋洞察の完成態であるから，前後の記述に矛盾があるわけではない。なお良心が第三の自己であるのに対して，Ⅶの宗教の前文では宗教の自己が「絶対的自己」とされているけれども，最高の宗教である啓示宗教での和解が良心での和解と比較されて，両者が同一視されることによって絶対知が成立をみているところからすると，良心は第三の自己でありつつ，また最終の自己という意義をもっていることになる。より詳しくいえば，良心にも，行為する良心と美しい魂としての良心と相互承認での良心という三つの形態があるということからすると，これらのうち，第三形態での自己がその発する「然り」で神の来臨を招くものとして，宗教的自己と重なりあうことにる。

920）（訳注）第一は人倫，第二は形成陶冶，第三は道徳性

921）（訳注）「総体」の原語は Totalität であり，これは運命が家族をも国家をも没落させるものだからである。

922）（訳注）*GW* 9, S. 261, Z. 12–15 を参照されたい。

いるのでもない。――第二の自己は，みずからの真理に達した形成陶冶の世界である，言い換えれば，自己を回復した分裂の精神であり，――絶対的自由である。この自己では個別性と普遍性にとっての例の第一の直接統一は分裂する。普遍は，同様に純粋に精神的本質体でもあり，承認されており，依然として一般意志および知であり，自己の対象および内容となり，自己の普遍的現実となっている[923]。だが，普遍は，自己から自由な定在という形式をもっているのではない[924]。したがって，普遍は，この自己で充実されるのではなく，積極的内容を得るのでも，世界を得るのでもない。〔第三の〕道徳的自己意識は，なるほど，その普遍性を解放するため，普遍性は自己本来の本性となる。とはいえ同様に意識は，その普遍性を己れのうちで廃棄した形で確保してはいる[925]。しかし，道徳的自己意識は，これら二つの規定の交替を【342】置き替えたわむれているにすぎない。良心となってはじめて，自己意識には，これまでの空しい義務[926]や，空しい権利や，空しい一般意志などの代わりに，内容がみずからの自己確信のうちにやっとある。この自己確信は直接的〔無媒介〕なものでもあるから，定在自身でもある。

〔α〕行為〕

したがって，このようにみずからの真理に達したので，道徳的自己意識は，置き換えの源になっていた分裂を己れ自身の中で捨てる，言い換えれば，むしろ廃棄する。この分裂とは，自体と自己との，純粋目的としての純粋義務と，|（584）純粋目的に対立する自然および感性としての現実との分裂である[927]。道徳的自己意識は，このように己れに帰還したとき，具体的道徳的精神である。この精神は，純粋義務の意識のもとで，現実的意識に対立しているような，空しい尺度[928]を示すことはしないで，純粋義務を，それと対立した自然と同じように，廃棄された契機としている。この精神は，無媒介の統一ということで，自己を実現

923）（訳注）*GW* 9, S. 317, Z. 17–26 を参照されたい。

924）（訳注）「自己から自由な定在という形式をもっているのではない」というのは絶対的自由が破壊だけだからである。

925）（訳注）*GW* 9, S. 325, Z. 16–24 を参照されたい。

926）（訳注）空しい義務は純粋義務のこと。

927）（訳注）*GW* 9, S. 331, Z. 14 以下を参照されたい。

928）（訳注）「空しい尺度」というのは，V-C-c の査法的理性の尺度のことである。

する道徳的本質体であり，その行為はそのまま具体的道徳的形態[929]である。

行為の一つの〔具体的〕「場合」が現にあるとする。それは知る意識にとっては対象的現実である。意識は，良心であるとき，その「場合」を直接的具体的形で知っており，その「場合」は，同時に，意識が知っているようなあり方でのみ存在している。知は，対象と違ったものであるかぎり，偶然である。けれども，自己自身を確信している精神は，もはやそういう偶然な知ではないし，現実とは違ったものであるような考え[930]を自己内でつくり出すのでもなく，自体と自己との分離を廃棄しているから，この「場合」は，それ自体である通りに，知の感性的確信の中に直接にあり，ただ，この知にある通りにのみそれ自体である[931]。——そのため実現としての行為は意志の純粋形式である。つまり，存在する「場合」としての現実を，行われた現実に反転させる[932]ことである。言い換えれば，対象的知というただのあり方を，｜(585) 意識によってつくり出されたものとしての，現実についての知という，あり方に反転させることである。感性的確信が，そのまま精神の自体[933]に受けいれられており，あるいは反転させられているが，この反転も，単純であり無媒介である。つまり純粋概念による[934]移行は，内容を変えない。内容が，それについて知っている意識の関心によって規定されているのに，そうである。——さらに良心は「場合」のもついくつかの状態を，いろいろな義務に分けるようなこともしない。良心は，肯定的な

929）（訳注）典型的には道徳上の天才である。

930）（訳注）「考え」とは，たとえば三つの要請のこと。

931）（訳注）ここでの感性的確信は，良心が義務とすることが感性的自然衝動や恣意でもある。

932）（訳注）「反転させること」の原語は Umkehrung であるが，*GW* 9, S. 345, Z. 5 などでは übersetzen（移して設定すること）となっている。本文ではV-C-a の行文への対応が意図されている。ただこの場合には基本的には目的—手段—行為—現実という図式がある。したがってこのかぎり，手段ないし行いの媒介が必要とされていたのに対して，良心の場合にはこのような媒介さえもはや必要でないとされているのである。これは *GW* 9, S. 344, Z. 13 以下の「精神的本質性」についての論の示すように，行いといっても，いうことにほかならないからである。

933）（訳注）「精神の自体」というのは，「内面化された自体」のことであろう。

934）（訳注）ここで「純粋概念」とは，うちとそとと統一づけるものであろうが，「純粋概念による」というのは，目的—手段—現実の「手段による」に対している。

普遍的媒体[935]としての態度をとりはしない。各々がそれだけで〔対自的に〕存在する多くの義務に，不動の実体性をもたせるようなことはしない。それで，各々の具体的「場合」が対立一般を含んでおり，道徳的「場合」としては，いくつかの義務の対立を含んでいるから，全然行為がなされないことになるか，したがって行為を規定する際には一方の側面が，すなわち一つの義務が，いつでも損われるか，それとも，行為がなされたとしても，対立した義務の一つを現に【343】損うことになるか，そのいずれかである。むしろ，良心は否定的一[936]，つまり，絶対的自己であり，これはいろいろな道徳的実体を亡ぼしてしまう。それは，単純で義務にかなった行為であり，これやあれやの義務を充たすのではなく，具体的正義を知り行う。したがって，結局は，良心にしてはじめて行為らしい道徳的行為であり，ここに，所為のないこれまでの道徳性の意識[937]が移っている。――所為の具体的形態は，異なった意識によっていろいろな性質[938]に分析されることに，つまり，ここでは，｜(586)いろいろな道徳的関係に分析されることになろうし，これらの各々は，義務であるべきだとすれば，当然のことではあるが，絶対的に妥当するものといわれるか，それともまた比較され吟味されるかする。けれども，良心の単純な道徳的行為では，諸義務は埋もれてしまうことになり，その結果，個々の本質体は，すべてただちに損われる。そこで，義務を検査〔「査法的理性」想起〕して動揺させるということは，良心が不動の確信をもっているときには，全然生じない。

また良心には，意識があちらこちらと動いて，確信をもてない例の状態は現前していない。この意識は，あるときには，いわゆる純粋道徳

935）（訳注）「肯定的普遍的媒体」はII 知覚の基本概念の一つであったものである。すなわち一粒の塩をとってみても，辛くあり，白く「もまた」あり，結晶が立方形で「もまた」あるというようなことが成立する。そして，この「もまた」が普遍的媒体であって，いずれの性質をも受容するところから「肯定的で普遍的」と呼ばれるのである。そしてこのさい，いずれの性質をも否定しないで受容するところからしては，「肯定的な普遍的媒体」と呼ばれている。

936）（訳注）「否定的一」もIIの基本概念の一つであった。すなわち物は「もまた」であるかぎり多であるが，また一でもある。しかし一であることは，多または「もまた」の否定であるところから，物は「否定的一」であることになる。

937）（訳注）VI-C-a-bのこと。

938）（訳注）場合が多数の義務をもつことである。

を，みずからの外の別の聖なる存在者に置き，己れ自身を聖ならぬものと認めたり，またあるときには，道徳的純粋性を己れに置き，感性的なものと道徳的なものの結びつきを，別の本質体に置いたりするのであった[939]。

〔β）信念〕

〔αα）無媒介の確信〕

良心は，このように道徳的世界観の位置を決めたり，それを置き換えたりすることをすべて断念する[940]。すなわち，義務と現実とを矛盾したものと考える意識を，放棄する[941]。こういう意識に従うとき，わたしが道徳的に行為しているのは，純粋義務だけを完遂し，他のことをしないと意識しているからであり，これは実際には，わたしが行為しないからといっているのと同じである。しかし，わたしは，現に行為するときは，別のことを，すなわち眼前の現実を，またわたしがつくり出そうとする現実を意識している。つまり特定の目的をもち，特定の義務を果たしている。｜（587）そこには，それだけを目的としていたはずの，純粋義務とは別のものが，あることになる。――これと違い，良心は，道徳的意識が純粋義務をみずからの行為の本質だといっている場合に，この純粋目的が事象の置き換えであることを，意識している。というのは，この場合の事象そのもの[942]は，純粋義務が純粋思考の空しい抽象のうちであり，その実在性と内容を特定の現実でのみもっている，ということだからであり，さらに，この現実というのが，意識自身の現実であり，しかも考えのうえでの物[943]ではなくて，個別的なものであるような意識の現実だからである。良心が，己れ自身で己れの真理をもっているのは，己れ自身の直接の確信のもとでのことである。自己自身をそのままで具体的に確信していることが，本質である。この確信を，意識

939）（訳注）*GW* 9, S. 329, Z. 4–S. 330, Z. 15; S 337, Z. 22–S. 338, Z. 19 を参照されたい。

940）（訳注）「断念する」というのが純粋義務に関するとすると，*GW* 9, S. 344, Z. 30–31 では「放棄してしまったのではない」と言い直されているから，正確には「揚棄する」ことになる。

941）（訳注）*GW* 9, S. 325, Z. 25 以下を参照されたい。

942）（訳注）「事象そのもの」とあるのは，Ⅴ-C-c の「事象そのもの」がⅥ-C-c でも，依然として問題として続いているからである。このことは，*GW* 9, S. 344, Z. 13 以下にある「精神的本質性」についての論によって明らかである。

943）（訳注）「考えのうえでの物」とは，聖なる立法者のことである。

という対立項の側で考えるならば，自己の直接の個別性[944]が，道徳的行いの内容となっているのであり，この行いの形式は，ほかでもなく，純粋な動きとしてのこの自己なのであり，この動きは知すなわち自前の信念[945]なのである。

【344】この知[946]を，その統一ある性状で契機[947]の意味で，もっと詳しく考えてみるならば，道徳的意識は，みずからを自体ないし本質体としてつかんでいたにすぎない。しかし，良心と己れの自立存在〔対自存在〕ないし己れの自己を道徳的意識はつかんでいる[948]。――つまり，道徳的世界観の矛盾は己れを解体する。すなわち，その矛盾の根底にある区別[949]は，明らかに何ら区別でないし，区別は純粋否定性[950]に合流する。だが，この否定性こそ自己なのである[951]。つまりそれは単純な自己

944）（訳注）この「個別性」は，やがて本書453頁〔γγ)〕で衝動―傾向―恣意となる。

945）（訳注）「自前の信念」の原語はdie eigne Überzeugungであり，überzeugenはto comvinceにあたるものとして元来は証拠ないし証言によって証明して他人を確信させ説得することを意味し，他動詞であって，Überzeugungが「信念をもつこと」として自動詞的に用いられるようになるのは，16世紀の神学者に始まることであり，そしてこの意味が一般化するのは18世紀になってからのことである。したがってdie eigne Überzeugungにも，己れ自身を説得して確信させるという他動詞的意味が込められているが，このことは，「意識という対立項の側で考えるならば」とあることによって示されている。なぜならば，この「意識」とは，A意識であり対象意識である。したがって「己れ自身を」という意味が込められているからである。このさい「純粋な動き」というのは，「自我は自我である」のことであろうが，ここからすると，die eigne Überzeugungでは知るものも知られるものもともに自我であることになり，したがってそれは己れが己れを確信させることとなる。しかし「自我は自我である」が「純粋な動き」であるといっても，この「純粋」は他我の媒介を必要とするものであるから，Überzeugungは他我の位置をとった自我を説得することである。こうしてÜberzeugungは〔γ〕の「断言の言葉」へと移ってゆくのである。

946）（訳注）「この知」は，前段落終わりの「知」を受けており，要するに良心である。なお内容での区別とは義務が純粋義務であるか，限定された義務であるかの区別であり，形式の区別とは知と知らないこととであるのは，従来と同様である。

947）（訳注）「契機」とは，三要請の，また二律背反のものである。もっとも基本的なのは*GW* 9, S. 340, Z. 4の「自己と自体のいくつかの契機」であり，本文でもまずこの対立が取りあげられている。

948）（訳注）本文は自己と自体との対立で自己の方が自体を越えて包むようになっていること，自己がこの対立を底辺とする三角形の頂点の位置をとっていること，言い換えると，自我と非我との対立を越える絶対自我（フィヒテ）の位置をとっていることを意味している。

949）（訳注）この「区別」とは，*GW* 9, S. 339, Z. 31–32で「言葉のうえでさえ成立しない」とされた「区別」のこと。

950）（訳注）「純粋否定性」ないし単純な否定性が主体であり，自我であり自己である。

951）（訳注）*GW* 9, S. 339, Z. 28– S. 340, Z. 8を参照されたい。

であり，｜(588)これは純粋知でもあれば，この個別的意識としての自己の知でもある。したがって，この自己は，これまでの空しい本質体の内容となるものである。なぜならば，それは，現実的なものであるが，これには自前の法則[952]で自立しており，本質体には縁のない自然であるという意味がもはやないからである[953]。否定的なものであるこの自己は，純粋本質体の区別であり，内容であり，しかも，それ自体でそれだけで〔自体的かつ対自的に〕妥当する内容である。

〔ββ〕対他存在，精神的本質体性〕

さらに[954]，この自己は，自己自身に等しい[955]純粋な知であるから，端的に普遍的なものである。そこでこの知こそは，自己自前の知として，信念として，義務なのである。義務はもはや自己に対立している普遍ではなく，対立のため分離した状態にあっては，妥当しないことがわかっている。いまや，自己は，自己であるがゆえに法則なのであって，法則であるがゆえに自己なのではない[956]。だが，だからといって法則および義務には，自立存在という意味だけがあるのではなく，自体存在という意味もある。つまり，この知は，自己相等性であるゆえ，まさしく自体である。この自体は，意識でも，自立存在との例の直接統一とは離れており，かく対立しているから，存在であり，対他存在[957]である。――このためにこそいま義務は，自己に捨てられた義務として，契機にすぎない[958]ことが分かっている。つまり義務は，絶対的本質体であるとい

952)（訳注）「自前の諸法則」については，Ⅵ-C-a の最初の段落を参照。

953)（訳注）*GW* 9, S. 325, Z. 11–15 を参照されたい。

954)（訳注）「さらに」というのは，この段落では対他存在の契機が現れてくるからである。

955)（訳注）この「自己自身に等しい」は，全体的に知が三角形の頂点に座を占めるものであることを意味している。

956)（訳注）明らかにヘーゲルはヤコービの定式を示唆している。この点については，Jacobi an Fichte. S. 32–33 を参照されたい。ヤコービはまたしても「マルコによる福音書」2:27 を示唆している。

957)（訳注）たがいに対立するものが帰一することによって生じたものは自己相等的なものである。自己相等性のゆえにかえって存在でもあり，そして存在であるがゆえに，A としての意識の立場ではかえって意識されるものと意識するものとの対立へまで離れ落ちることになるから，対他存在でもある。この「離れ落ちること」と同様の事態は啓蒙の感覚論にもあったのであり，またⅦ-C での「神の受肉」にも，Ⅷでの絶対知の感覚への還帰にもあることである。なお自己相等が存在でもあることは，Ⅴ-C-b の第一段落にも示されていた。

958)（訳注）「契機にすぎない」というときの「契機」が何かといえば，本書 454 頁に

う意味から，自己ではなく，それだけで〔自立的に〕あるのではない存在へと沈んでしまっており[959]，そのため対他存在となってはいる。しかし，この対他存在は本質的契機であるにとどまる。そうなるのは，意識としての自己が自立存在と｜(589) 対他存在の対立になっており，それでいま，義務が，己れのもとで直接に現実的なものであり，もはやたんに抽象的純粋意識ではないという，まさにこの理由によるのである。

したがって，この対他存在は，自己とは区別され，自体で存在する実体である。良心[960]は，純粋義務ないし抽象的自体を捨ててしまったのではない[961]。むしろ，純粋義務は，普遍として，他人に関係する本質的契機である。それは自己意識に共通の場面であり，この場面は，所為を存立させ現実とする実体であり，他人によって承認されるという契機[962]である。道徳的自己意識[963]には，承認されているという契機，そこにある純粋意識という契機があるのではなく，道徳的自己意識は，結局そのために行為するものではなく，【345】現実化を行うものでもない。この意識の自体は，この意識にとり，抽象的で非現実的なもの[964]であるか，それとも，精神的ではないような現実性[965]としての存在である

「それはただ契機にすぎないのであり，他の人にとってあるにすぎない」とあることによって対他存在の契機であることが分かり，さらに本書456–57頁に良心はどんな内容にでも良心性を「貼りつける」とあることによって「すぎない」というのがレッテルにすぎないことを意味しているのが分かる。言い換えると，良心的に行為する者は目的や動機はこれを本書455–56頁にあるように衝動―傾向―恣意の活動圏でもちながら，他の人々に対してはこのような内容に良心性のレッテルを貼りつけることが意味されている。ここに良心には，偽善すなわち仮面をかぶること，偽善を犯すことという悪のあることは明らかであり，この点ではcはフリードリッヒ・フォン・シュレーゲルの見解が取りあげられていることになる。

959）（訳注）啓示宗教での神的実在の受肉ないし「己れを卑(ひく)うすること」にもあたるものがある。

960）（訳注）この段落では他人とともに知，また共同体の全体として知という意義をもっていること，それが相互承認を必要とする。

961）（訳注）「捨ててしまったのではない」のことについては良心が純粋義務の普遍性を放棄したのではなく，揚棄したのであるというのは，この契機が「他の人々」となり，さらに，〔β〕の判断批評する良心となり，これからの承認を必要とすることを意味する。

962）（訳注）「承認されているという契機」をもつ点で，C-cは〔承認の概念〕を実現すべきものとなり，したがって主観と客観の関係に立つaおよびbとは違って自他関係に立つものとなる。aとbとが自他関係をもたないことは，それらが「無言」と呼ばれることで示されている。

963）（訳注）「道徳的自己意識」とは，aとbとのこと。

964）（訳注）「非現実的なもの」とは，聖なる立法者のこと。

965）（訳注）「精神的でないような現実」とはたんなる客体のことであり，非我のこと

あるか，そのいずれかである。だが，良心の存在する現実は，自己[966]である現実である。すなわち，自己を意識している定在，承認されるという精神的な場面である。だから，行いは，良心の個々の内容を対象的場面に移すだけであり，この場面でその内容が普遍的になり，承認されているのである。そして，内容が承認されているというこのことでこそ，行為が現実化される。行為が承認されており，そのために現実であるのは，定在する現実が，そのまま信念[967]または知と結びついているからである。言い換えれば，行為の目的についての知が，そのまま定在の場面であり，普遍的に承認することだからである。なぜならば，｜（590）行為の本質すなわち義務は，義務について良心がもつ信念にあるからである。この信念こそは自体そのものである。この自体は，それ自体で普遍的[968]自己意識，または承認されていることであり，したがって現実である。それで，義務についての確信をもって行われたことは，そのまま，存立と定在をもっているものなのである[969]。したがって，善き意図が成就しないとか，善人が逆境に陥るとかいうことは，もはやまったく話題にならない[970]。むしろ，義務にかなったことこそは，全自己意識に共通なこと，承認されたことであり，したがって存在するものであるから，義務であると知ったことは実現されるし，現実となるのである。だが，自己という内容[971]をもたせないで，それだけで他と切り離して受けとるならば，この義務は対他存在となる，つまり，内容なき

であり，さらに端的にいえば自然のことであり，反対に「精神的である現実」というのは，次の段落で「精神的本質性」と呼ばれるものであって，これで行うことはいうこととなるとされる。

966）（訳注）この「自己」は第三の自己。

967）（訳注）「信念」については，正確にいえば義務であることについての信念がさらに〔γ〕の「断言の言葉」によって表明される必要がある。しかし Überzeugung という原語はその他動詞的意味ですでにそれ自体では「断言」を含んでいる。

968）（訳注）「それ自体で普遍的」とは，無限性の立場でそれ自体で自己同一であること。

969）（訳注）信念が断言をともなうものとすれば，本文がいっていることはわれわれが経験している事実でもある。

970）（訳注）*GW* 9, S. 325, Z. 25–37; S. 337, Z. 5–7 を参照されたい。

971）（訳注）この「内容」が実は衝動—傾向—恣意のサイクルに属するものにすぎない。したがって「義務にかなったもの」とは，義務の形式にかなったもののこと，「良心性」のレッテルを貼ったもののこと，「良心性」を表看板にしたもののことである。

本質性一般という意味をもつにすぎないような，透明なものとなる[972]。

さて，精神的実在性が現れた領域を振り返ってみると，個体性を表明することが，そのままそれ自体でそれだけであるというのが，その場合の概念であった〔精神的動物の国〕[973]。だが，この概念をそのまま表現する形態は誠実な意識[974]であったが，これは抽象的事象そのものをたずさえて，さまよっていたのである[975]。この事象そのものは，あそこでは述語であった[976]。だが，事象そのものは，良心ではやっと主語[977]となり，意識の全契機をみずからのもとで設定したのであり，この主語にとってこれらすべての契機，すなわち実体性一般，外的定在，思考の本質などが己れ自身だという自己確信に含まれている。事象そのものは人倫性で実体性一般をもち，｜（591）形成陶冶では外的定在をもち，道徳性では，思考の己れを知る本質性[978]をもっている。そして，良心では事象そのものは主語（主体）であり，これらの契機が己れ自身にあることを知っている。誠実な意識が，いつもただ，空しい事象そのものをつかんだにすぎないのに対して，良心は事象そのものを，それが己れで存在するような充実した形で，手に入れている。良心はこのような威

972）（訳注）「義務」が他人に対するレッテルにすぎないことがここにも示されている。

973）（訳注）*GW* 9, S. 214, Z. 9 以下を参照されたい。なお当該本文で「個体性を表明することがそれ自体でそれだけである」というときの「それ自体でそれだけで」が「何らの抵抗をも見出さないこと」を意味する。また「実在性」は，V-C の「それ自体でそれだけで実在的であると思い込んでいる個体性」での「実在的」にあたるものである。ただ「表明する」というのが必ず言葉をもってすることにかぎるか，それとも行為による「表現」をも含むかというと，V-C については目的―行為―現実の図式が認められているから，いわゆる言語行為も含めて，広義の「表現」の場合をも含むと解すべきであろう。このことはそもそもVI-A, とくにその c の人相術および頭蓋論から V-B の「理性的自己意識の自己自身による実現」へと移って行ったのが「人間はその行うものである」というヘーゲルにとっての一つの根本信条に従ったことであるのによっても明らかである。だから「個体性を表明すること」というのには，曖昧な点があるかと考えられるが，ただ言葉のもつ意義がまったく決定的となるのが，〔γ〕の〔断言の言葉〕でのことであるのは事実である。

974）（訳注）「事象そのもの」を想起。*GW* 9, S. 224, Z.9 以下を参照されたい。

975）（訳注）*GW* 9, S. 224, Z. 17 以下 , Z. 10–12 を参照されたい。

976）（訳注）「事象そのもの」はV-C-a の基本概念であり，「誠実な意識」というのは事象そのものの意識のことであった。ただこの場合の事象そのものはまだ抽象的であり形式的であったのは，それが目的―手段―現実という内容上の区分肢に通ずる形式的普遍であり類であって，述語であるにすぎないことを意味していた。だから，この区分肢を対自存在と対他存在という形式上の区分肢と結びつけた場合には，たとえば対自存在の立場では目的であるものも，対他存在の立場では現実であるとするというような欺瞞（V-C-a の見出し参照）が生じたのである。

力であるが，それは，意識のこれらの契機が契機であることを心得ており，それらを否定するものとして，それらを支配しているからである。

〔γγ）絶対自主性の至上権〕

【346】良心を，行為で現れる対立項の個々の規定と関連させると，また，これらの規定の本性について，良心がもつ意識を考えると，良心は，まず，知るもの[979]として，行為の行われる「場合」の現実と関係していることが分かる。普遍性という契機[980]がこの知についているかぎり，良心的に行為する知に必要なことは，眼前の現実を無制限な仕方で包括し，したがって，この「場合」をめぐるいろいろの事情を正確に

977）（訳注）ここに「主語（主体）」という語が出てくるのは，真なるものを実体としてと同時に主体として捉えること，また表現することが『精神現象学』の課題とされたさいの課題がその解決に近づいていることを示している。実際他者の「己れ自身であることを確信している精神」，とくに「良心」は，ある意味ではすでにⅧの「絶対知」である。「ある意味で」というのは，あまりにも主体的であるので，宗教によって実体性の裏づけを行ない，そしてまたこれを揚棄する必要が残っているだけということである。このように良心で『精神現象学』が終わりに近づいているのは，〔γ〕で相互承認の問題が原理的には解決されて主人と奴隷の関係も原理的には克服されていることで得られた和解を〔γ〕でⅥ-cの啓示宗教での和解と比較して両者が対自と自体という形式を異にするだけで実質的には同一であることが説かれてⅧの絶対知が成立をみていることによって明らかである。したがってまた『論理学』でその方法のリズムが「事象そのものの歩み」であるとされる場合の「事象そのもの」も基本的には「良心」で「主語（主体）」となった事象そのものであろう。

978）（訳注）「思考の己れ自身を知る本質性」の「本質性」とは「義務」のことであり，「己れ自身を知る」というのは，他者があっても，これが己れ自身であることを知っている精神である道徳性で成立するからである。したがって自律的道徳での義務のことである。

979）（訳注）「まず」というのが何を指すかというと，義務での二様の対立に関している。すなわち形式のうえの対立というのは，義務であることを知っていることと知っていないこと，意識していることと意識していないこととの対立であり，内容上の対立とは義務が純粋義務として唯一であることと多数であるいは限定的であることとの対立であった。こういう二様の対立のうち，この段落ではまず形式上の対立を取りあげ，内容上の対立のことはこれを次の段落に譲るというのが「まず」の意味である。もっともこの段落では義務について知のみが取りあげられていて，知らないことの方は無視されているようにみえるけれども，義務の普遍性をもって，ただ他人に対してあるにすぎない契機として知るということは，それをもって非本質的なものにすぎないとすることである。ところで契機にすぎないとするのは非本質的なものにすぎないとすることであり，このさい本質的である個別性に比較すれば価値を同じくしないとすることである。しかし良心にとっては普遍性は個別と同じく本質的なものであるから，当面の本文でも，本質的であるのを知らないことが暗に含意されているわけである。そして個別と普遍のいずれもが本質的であることを良心に知が承認するようになるのは，〔γ）赦し〕でのことである。

980）（訳注）この「普遍性という契機」のことは，承認されることとの関係で *GW* 9, S. 344, Z. 23 以下の〔ββ）対他存在〕に述べられていた。

知り，それを考慮に入れるということである。しかし，この知は，普遍性を一つの契機[981]として知っているから，己れが意識している事情を知っているといっても，それを包括したり，そこで良心的態度をとったりはしないような形でのことにすぎない。知の，真に普遍的で純粋な関係があるとすれば，それは，対立してはいないもの，つまり自己自身との関係であろう。しかし，行為は，己れにとって本質的である対立を通じて，意識を否定するものに，それ自体で存在する現実に関係する。｜(592) 純粋意識の単純性に比べると，絶対的他者，言い換えれば，多様性自体である現実は，絶対的に多数の事情であり，この事情は，振り返れば，もろもろの条件に，傍らをみれば，並列しているものに，前をみれば，継起するものに，かぎりなく分かれてゆき拡がってゆく。――つまり，良心的意識は，事象のこの本性と，それに対する己れの関係とを意識しているが，そのとき分かることは，意識が行為している「場合」を，求められたこのような普遍性のうえから見知っているのではなく，すべての事情を良心的に思案したと称してみても，それが空しいことである。しかし，すべての事情について見知り，また思案することが，全然ないというのではないが，それはただ契機にすぎないのであり，他の人にとってあるにすぎない。そこで良心の不完全な知は，良心の知であるから，良心にとっては，十分で完全な知と認められる。

良心は，同等の仕方で，本質[982]の普遍性または内容[983]の規定に，純粋意識を通して関係する。――行為にとりかかるとき，良心は多くの側面をもった「場合」に関係する。「場合」は多くの側面に分かれる。そして純粋意識の「場合」に対する関係もそうであるが，この場合のおかげで多様な「場合」は多様な義務となる。――良心はそれらの中で選択し，決定しなければならないことを知っている。なぜならば，それらのどれもが，その規定性ということでもその内容ということでも，絶対的ではなく，純粋義務だけが絶対的であるからである。しかし，この抽象

981）（訳注）「一つの契機」とするのは，レッテルにすぎないとすること。

982）（訳注）この「本質」が義務であり，本文ではこれを決定するものが純粋意識であるという見地がさしあたってはとられている。

983）（訳注）「内容」とあるのは，前段落が形式上の対立に関していたのに，この段落は内容上の対立に関しており，良心が純粋義務を限定的義務と，いな衝動，傾向，恣意とすることを説くのを指している。

体は，その実在性ということでは，自己意識的自我という意義に達している。｜（593）自己自身を確信している精神は，良心としてみずから安定しており，その実在的普遍またはその義務は，義務についてのその純粋な信念にある。この純粋な信念は，そのままでは，純粋義務と同じように空であり，そこには何物もなく，特定の内容が義務であるのではないという意味で，純粋である。しかし，それでも行為はなされるべきであり，個人によって規定されなければならない[984)]。自己自身を確信する精神では，自体は自己意識的自我という意味を得ているのであるが，その精神が知っていることは，この規定と内容が，自己自身だという直接的確信[985)]にあるということである。この確信は，規定および内容であるとき，【347】自然的意識である，すなわち，衝動であり傾向である[986)]。――良心は，すべて特定のものを絶対的に否定する[987)]から，いかなる内容も己れにとっては絶対的でないと見抜いている。良心は，決定するときは己れ自身からする。だが，自己の活動圏はいわゆる感性であり，この活動圏へ規定性そのものが落ち込んでゆく。すなわち，自己自身の直接的確信から内容をもつとしても，手もとには感性以外に何もない。――以前の形態からいえば，可と不可，掟と法という形で提示され[988)]，そういうものはすべて，自己自身だという直接的確信とは別のものである。それは普遍的なものであり，この普遍はいま対他存在[989)]である。別の考え方をすれば，それは対象であり，この対象は，意識が己れ自身と媒介関係にあるのだから，意識と対象自身の真理[990)]とのあい

984）（訳注）この「規定」のなされるのが「場合」に臨んでのことであり，そして「場合」とは具体的状況のことであるとすると，規定のなされるのがそのもとでであるというのには，ヤスパースの限界状況論（『哲学』508 頁以下）に酷似したものである。

985）（訳注）「直接的確信」は，歴史的にはロマンティカーの，とくにヤコービの場合を指すから，衝動―傾向―恣意についても同様のことがいえる。なお「衝動」については，ゲーテの『ヴィルヘルム・マイスターの修業時代』の「ある美しい魂の告白」のうちにも，次のような文章がある。「わたしはほとんど掟というものを思い出すことがありません。…わたしを導きわたしをつねに正しく率いるものは衝動であります」（岩波文庫版中巻 339 頁）。

986）（訳注）シラー批判

987）（訳注）「絶対的に否定する」であることは，良心が第三の自己たる所以である。

988）（訳注）*GW* 9, S. 270 以下 ; S. 229 以下 ; S. 261 以下を参照されたい。「可と不可」は形成陶冶の場合の，「掟」は人倫の場合の，「法」は法状態の場合のものである。

989）（訳注）「対他存在」であるのは，レッテルであり表看板であること。

990）（訳注）「真理」とは，衝動―傾向―恣意のこと。

だにはいってくるのであり，対象が意識の直接性[991]であるというよりは，むしろ，意識を対象から分離している。——けれども，良心からは自己自身の確信は純粋な直接的真理｜（594）であるから，この真理は，良心が内容として表象した，自己自身だという直接的確信である。すなわち，結局それは，個別者の恣意であり，個別者が無意識的に自然的にあるときの，偶然の姿である。

〔恣意的なものであるにしても，〕この内容は，同時に，道徳的本質性または義務と認められる。というのは，査法の場合に判明したように，純粋義務は各内容に対してはまったく無関与であり，どんな内容でも消化するからである[992]。ここで純粋義務は，同時に，自立存在〔対自存在〕という本質的形式をもっており，個人的信念というこの形式は，純粋義務が空しいという意識にほかならないし，その義務が契機にすぎないということについての，またこの契機の実体性が述語であり，この述語の主語が個人に置かれているということについての，意識にほかならないのである。そこで個人の恣意は，純粋義務に内容を与え，どんな内容でもこの形式に結びつけ，個人が良心的であることをこの内容に縫いつけうるのである[993]。——つまり或る個人が或る仕方で己れの財産をふやす[994]という場合に，その義務となるのは，各人が，隣人のために役に立ち，助けの必要なものには親切にする能力に気を配るが，またそれに劣らず，己れ自身ならびに己れの家族を支えることに気を配る，ということである。個人が，それを義務であると意識しているのは，この内容がそのまま己れ自身だという確信に含まれているからである。さらに個人は，この場合己れがこの義務を果たすものと見通しをつけている。

991）（訳注）「直接性」というより，むしろ「真実性」というべきであるが，これが衝動—傾向—恣意であるために，わざわざ「無媒介性」といったのであろう。

992）（訳注）*GW* 9, S. 233, Z. 3– S. 234, Z. 16 を参照されたい。

993）（訳注）「縫いつけうる」という語は述語づけることを意味して用いられていた。すなわち「……拠点として諸々の述語がくっつけられる」というときの「くっつける」が heften である。

994）（訳注）以下では，カントが義務を自己に対する義務と他の人に対する義務とに区分したのに示唆を得つつ，市民的道徳と騎士的道徳とが対照されている。騎士的道徳をとる人々は「他の人たち」（本書 457 頁）と呼ばれているが，これはやがて判断批評する良心となり，そしてこれはまたロマンティカーの「美しい魂」の現実的形態であるとされている。したがって前後よく照応した巧みな構成というべきである。

しかし，他の人たちは，多分この特定のやり方を欺瞞だと考えて，この具体的場合の別のいくつかの側面を固執し，当の個人は，財産をふやすことが義務であると意識して，この側面を固執する。｜(595)——そういうわけで，他の人が暴力や不正だと呼ぶものが，他の人に対し己れの自立を主張するという義務を，果たすことになる。他の人が卑怯だと呼ぶものが，——己れの生命を維持し，隣人のために役に立つ能力を維持するという義務を果たすことになる。しかし，他の人が勇気と名づけるものは，むしろこの二つの義務[995)]を損うことになる。だが，卑怯にしても，生命を維持し，【348】他の人のために役立つ能力を維持することが，義務であると知らないほど，未熟であってはならないし，また己れの行為が義務に合わないことについて信念をもてないほど，義務にかなうということが知にあることを知らないほど未熟であってはならない。そうでなければ，道徳的でないという不手際を犯すことになろう。道徳性というのは，義務を果たしたという意識にあるのだから，卑怯と呼ばれる行為にも，勇気と呼ばれる行為にも同じように，この意識がないわけではなかろう。義務と呼ばれる抽象体はどんなことでもできるように，こういうこともできる。だから，意識は，己れの行うことが義務であると知っている。そしてこのことを知り，義務についての信念が，そのまま義務にかなうと，知ることによって，他の人から認められている。すなわち，そのために行為は認められ，現実的定在をうる。

この自由は，任意のどんな内容をも，別の内容と同じように，純粋義務と知という普遍的受動的媒体に入れてしまう。そこでこの自由な態度に逆らって，別の｜(596)内容を入れるべきだと主張してみても，何の助けにもならない。なぜならば，どんな内容にしても，それぞれ規定性という汚点を己れでもっているが，純粋知はこの規定性からは解放されており，それを受けいれることもできれば，侮蔑することもできるからである。すべての内容は，特定のものであるという点で，別の内容と同列である。かりに，その内容が特殊を廃棄しているという性格を，まさしくそういう性格をもっているようにみえてもそうである。それにしても，現実の「場合」に総じて義務が対立に分裂し，したがって個別と

995)（訳注）「二つの義務」とは，己れの生活を維持する義務と他の人に対して有用でありうることの義務とのこと。

普遍の対立[996]に分裂するために，普遍そのものを内容としている義務が，己れのもとでそのまま純粋義務の本性をもつことになり，したがって形式と内容がまったく合致することになる。その結果，たとえば，個人の福祉のための行為よりも，公共の福祉のための行為を選ぶことになると，思われるかもしれない。しかしながら，およそこの場合の一般的義務というのは，絶対的に存在する実体[997]として，法および掟として現行のものであり，個々人の直接的関心から独立であるように，知や信念からも独立している。だから，それは，道徳性一般がその形式に反対しているものである[998]。だが，その内容はどうかといえば，公共の福祉が個々人の福祉に対立しているかぎりでは，その内容も特定のものである。したがって，その掟は，良心が，それから絶対に解放されていると知っており，付随するにしても削除するにしても，また履行しないにしても履行するにしても[999]，その絶対的権能をもっているものである。——さらに，そのさい，｜（597）個人に対する義務と普遍に対する義務を例の通り区別するにしても，対立一般の本性からいって，固定したものは何もない。むしろ個々人が己れだけで行うことが，普遍(公共)にも役に立つのであり，個々人が己れのために気を配れば配るほど，他の人の役に立つ可能性が増すばかりではなく，個人の現実性自身が，他の人と関連しており，そこに生きるということにほかならない。個々人の享受にある意味は，【349】本質的には，他の人が己れのものを処理するに委せ，他の人が己れの享受をうる助けをしてやることである。したがって，義務を果たす場合に，個々人に逆らいまた己れに逆らうのは，普遍に逆らって果たすことにもなる[1000]。——ここにはいり込んでく

996）（訳注）義務に関して「個別性と普遍性との対立」が基本的である。人倫が「神々の掟」と「人間の掟」とに分化したのも，この対立によることであった。しかしまたこれら両方の掟は相互にほかに転換するものでもあった。

997）（訳注）この「実体」のもっともよい例は *GW* 9, S. 207, Z. 3 に，それを取り去られるときには個人は一切を失うといわれていた公共の秩序である。したがってまた家族や国家などのことである。

998）（訳注）*GW* 9, S. 195, Z. 35 以下を参照されたい。道徳性，とくに良心の「形式」としてここで考えられているのは，「己れのうちにゆくこと」と「己れのうちに存在すること」とによって自律的であること。

999）（訳注）「付随するにしても削除するにしても，また履行しないにしても履行するにしても」自由であるというときには，実定法（慣習法を含めた）のことが意味されている。

1000）（訳注）己れに対して配慮することが同時に他の人に対して配慮する所以である

るいくつかの義務を，あれこれと思案し比較することは，ある行為から普遍がうる利益を打算する結果になるであろう[1001]。だがそうなると，一方では，道徳性は当然洞察の偶然[1002]に委ねられることになり，他方では，そういう打算や思案を断ち切ってしまい，そういう理由などにはかまわずに，みずからことを決するということこそが良心の本質である，ことになる。

だから，こういうふうに，良心は，自体存在と対自存在〔自立存在〕の統一[1003]の中で，純粋思考と個体性の統一の中で行為し，自己を保持し，自己を確信する精神である。この精神は，己れの真実態を己れのもとでもっており，またそれをみずからの自己，みずからの知，義務についての知としてのみずからの知のうちにもっている。まさしくこのために，精神は，行為ということで肯定的であるもの，｜（598）義務の形式ならびに内容，義務についての知であるもの[1004]が，自己のものであり，自己の確信のものであるという点で，自己を保持している。だが，自前の自体として自己に対抗しよう[1005]とするものは，真なるものとは認められず，廃棄されたにすぎないもの，契機にすぎない[1006]ものと認められる。それで，妥当するのは，一般に普遍的知一般ではなく，いろいろな事情について己れで見知っていることである。普遍的自体存在としての義務に，良心が内容を入れるわけであるが，この内容を，良心が，己れの自然的個体性からとり出した。なぜならば，その内容は良心

というのと同様のことは，*GW* 9, S. 270, Z. 21 以下で「富」に関して，あるいはむしろ市民社会の「欲求の体系」に関して述べられていた。

1001）（訳注）ここには「最大多数の最大幸福」という功利主義がヘーゲルにもあることが示されているが，このことはⅧでの全篇の要約の一部に「諸々の物は端的に有用であり，ただそれらの有用性に従ってのみ考察されるべきである」という命題があり，しかもこの有用性が当面の本文の示すような「一般意志」に対するものである以上，不思議なことではない。

1002）（訳注）同様な「偶然性」は，*GW* 9, S. 380, Z. 24 以下〔2〕の神託に関連して悟性の選択にも認められている。

1003）（訳注）この「統一」は良心が自体を自己とするものである。

1004）（訳注）「形式」のことあるいは知については *GW* 9, S. 346, Z. 7 以下で，「内容」のことについては *GW* 9, S. 346, Z. 24 以下に説かれていた。

1005）（訳注）「対抗しよう」は，*GW* 9, S. 344, Z. 21 の「対立している」に応じている。

1006）（訳注）「契機」であるというのは，結局，義務が他の人々に対するレッテルであり看板であること。

自身に現前しているものだからである。この内容は，みずからの置かれている普遍的媒体によって，良心が実行する義務となる。そして，空しい，純粋義務は，まさにこのことによって，廃棄されたもの，あるいは，契機として設定されている。この内容は，義務の空しさを廃棄することである，つまり義務を履行することなのである。――しかしまた良心は，およそあらゆる内容から解放されており，法則として妥当するべきあらゆる特定の義務から解放されている。自己自身を確信するという力をもってして，良心には，強制したりゆるめたりする，絶対至上の独裁権[1007]がある。――したがって，このように自己を規定することがそのまま，絶対に義務にかなったことである。義務は知そのものである。しかし，この単純な自己性こそは自体である。なぜならば，自体とは純粋の自己相等性[1008]であり，これはこの意識のうちにあるからである。

〔γ）断言の言葉〕

この純粋知はそのまま対他存在である。というのは，それは純粋の自己相等性として，直接性つまり存在[1009]だからである。｜（599）しかし，この存在は同時に純粋な普遍であり，すべてのものの自己性である。言い換えれば，行為は承認されており[1010]，したがって現実的である。この存在は，良心を直接すべての意識と同等[1011]な関係に立たせる場面であ

1007）（訳注）「マタイによる福音書」16:19 および 18:18 を参照されたい。「信仰と知」にはヤコービの『フィヒテ書簡』からの引用があって，そこには次のようなことが記されている。わたしは無神論者である。だからわたしはデスデモナ（シェイクスピアの『オセロ』の登場人物）やピラデス（ギリシア悲劇の人物）のように嘘をいう，ティモレオン（コリントの将軍）のように人殺しをする，エパミノンダス（テーバイの将軍）のように誓いを破る，オト（ロマ皇帝）のように自殺する，ダビデのように神殿の宝物を掠奪する，いな安息日に麦の穂を抜きとることをする。それは律法が人のために設けられているのであって，人が律法のためにあるのではないからである。……またわたしはわたしのうちにある至聖の確信をもって次のことを知っている。すなわち杓子定規の理性法則には反したこのような犯罪に対しては恩赦の特権というものがあるが，これこそ人間に本来的至上権であり，人間での神性の刻印であると。したがってテキストでの二つのダッシュでかこまれた部分は「信仰と知」での引用文を，ヘーゲルが己れ流儀の文章に改めたものである。

1008）（訳注）「自己相等性」は三角形の頂点にあたる。

1009）（訳注）自己相等性が存在である。したがって他者に対する存在であるというのは，*GW* 9, S. 344, Z. 13 の「さらに」に始まる段落と同じである。

1010）（訳注）承認されて存在することについては，*GW* 9, S. 344, Z. 30 以下を参照。

1011）（訳注）「同等」と「不同等」とはⅥ-B-Ⅰ-a 以来，可と不可とであったが，C-c では道徳的に深化せられて同等は善，不同等は悪である。

る。そして，この関係の意味は自己なき法則[1012]ではなく，良心の自己である。

【350】しかし，良心の行うこの正義が，同時に対他存在であるという点で，良心には不同というものがやってくるようにみえる。良心が完遂する義務は特定の内容である。この内容はなるほど意識の自己であり，その点で自己についての良心の知，良心が自己自身と同等であることではある。が，存在という普遍的媒体に置かれ，完遂されたときには，この同等さはもはや知ではなく，みずからの区別を，同時にそのまま廃棄してしまうような，この区別作用[1013]でももはやない。むしろ，存在ということでは，区別は存立するものとして設定され，行為は限定されたものとなり，すべての人々の自己意識の場面と不等になり，したがって必然的とは認められなくなる。行為する良心[1014]と，義務としてのこの行為を認める普遍的意識との両側面は，この行いの規定性からは等しく自由である。このように自由であるために，関連の共通の媒体での関係は，むしろ完全な不等の関係となり，このために，行為が相対している意識は，行為し自己自身を確信する精神について，まったく確信していないことに気がつく。精神は行為し，一つの規定性を存在するものとして立てる。他の者[1015]は，精神の｜(600)真理たるこの存在を頼りとし，そこでこの精神を確信する。精神は，この点で，己れが何を義務と認めるかを表明している[1016]。しかし，精神はある特定の義務からは自由である。精神は，精神が現にあると他の人が思い込んでいるところから，そとに出てしまう[1017]。そして，存在そのものというこの媒体，そ

1012)（訳注）「律法」に関しては，たとえば安息日は人の子のために設けられているのであって，人の子が安息日のためにあるのではないという立場のことが意味されている。

1013)（訳注）「区別作用」はこのさいの限定が存在の場面のうちでの性質としてのものではなく，主体ないし自己としての純粋な否定性であることを示さんがためである。

1014)（訳注）「行為する良心」と判断批評する良心との対立が今後にとっての基本的問題である。

1015)（訳注）この「他の者」とは，騎士的道徳の立場をとった「他の者」のことであるが，やがて判断する良心となってゆく。

1016)（訳注）この「表明」は，このさいの存在が「精神的本質性」であることを示している。

1017)（訳注）この「そとへ出てしまう」は，Ⅴ-C-a「精神的動物の国」にあった他の人々が「そこにいるものと思い込んでいた位置からすでに抜けて出ている」に応じており，ここからすると，行為する良心の不同等ないし悪は「欺瞞」であることになる。

れ自体で存在するものとしての義務は，精神からは契機として認められるにとどまる。精神は，他の人に提出するものを，またしても置き換える。あるいはむしろ，そのときそのまま置き換えてしまっている。というのも，精神の現実は，精神からは，この掲げられた義務と規定ではなく，精神が自己自身を絶対的に確信することにもっているものだからである。

したがって，他の人は，この良心が道徳的に善であるか悪であるかを知らない。言い換えれば，それを知ることができないだけでなく，この良心を悪であるとも受けとらざるをえない。というのは，良心が義務という規定性から，そしてそれ自体で存在するものとしての義務から解放されているように，他の人も解放されているからである。良心が他の人に提出するものを，他の人は己れで置き換えるすべを心得ている。良心が他の人に提出したものは，ある他の人の自己だけを表現するもので，その他の人自身の自己ではない[1018]。他の人は，それから自由であると知っているだけではなく，それを己れたち自前の中で解体させ，判断[1019]と説明によって空しくしてしまい，その結果己れたちの自己を維持することにならざるをえない。

しかし，良心の行為は，純粋自己によって捨てられた，存在という規定であるだけではない。何が義務と認められ，承認されるべきであるかは，知と，義務としての知についての信念，｜(601) つまり所為での自己自身の知にのみによることである。所為は，己れでこの自己をもつことをやめるとすれば，所為の唯一の本質であるものも存在しなくなる。所為の定在は，この意識から捨てられるならば，一つの平凡な現実となるであろう。そして，行為はわれわれからは，生存が己れの快楽と欲望[1020]を完遂することであるように思われよう。定在すべきものは，ここで自己自身を表明する個体性[1021]と【351】知られることによっての

1018）（訳注）ここではV-B-bとの類比が説かれている。すなわち或る人が己れの心の法則を実現し設定したとしても，他の人々はこれをもって己れたちの心の法則とは認めないので，これを実現するために，破壊に乗り出すといわれていたのと同じである。

1019）（訳注）判断批評すること（urteilen）には「根源分割（ursprüngtiche Teilurg）」の意味が込められているので，それは破壊をもたらすのである。

1020）（訳注）「快楽」はV-B-aの段階のもの，「欲望」はⅥの段階のものである。

1021）（訳注）この「個体性」は「精神的本質性」の主体である。

み，本質性なのである。また，この知られていることが，承認されたものなのであり，そのような定在としてもつはずのものなのである。

自己[1022]は自己として定在に歩み入る。自己を確信する精神がそのまま，他の人に対し現存する。その直接的行為が，妥当し現実的であるものなのではない。承認されたものは特定のものでも，それ自体で存在するものでもなく，己れを知っている自己そのものである。存立する場面は普遍的自己意識である。この場面にはいり込むものは，行いの結果ではありえない[1023]。行為の結果はこの場面ではもちこたえられないし，存続することもできない[1024]。むしろ，ただ自己意識だけが承認されたものであり，現実を手に入れる。

したがって，われわれがながめわたすのは，ふたたび[1025]言葉が精神の定在であることである[1026]。言葉は他の人に対して存在する自己意識であり，これは直接そのままで眼前にあり[1027]，このものでありながら普遍的なものである。言葉は，己れを己れ自身から分離する自己である。これは，純粋な自我＝自我[1028]という形でみずからの対象となり，この対象性のうちでこの自己としてのみずからを支えるとともに，またそのま

1022）（訳注）この場合の「自己」は第三の自己である。しかしこの自己を自己として定在するようにするものの形式は言葉であるとされている。

1023）（訳注）「結果」は目的―手段―現実（所業）の現実のことであろう。

1024）（訳注）前注にいった現実はまた所業であるが，ある人の所業は必ず他の人々からの働きかけを受けて崩れるのであって，持続しないことを指している。

1025）（訳注）「ふたたび」というのは，Ⅵ-B-Ⅰ-a の賛美および分裂の言葉に対してのことである。なおここで言葉は「この」自己を「この」自己であるがままに定在させ対象的とするものであり，また同時に普遍的自己とするものでもあり，さらに自他何れによっても聞きとられるものと規定されている。この規定で上記の箇所とも，また賛歌の場合とも，さらには〔α〕の「純粋思考の場面」の場合ともほぼ同様になる。

1026）（訳注）*GW* 9, S. 276, Z. 5 以下を参照されたい。

1027）（訳注）廷臣の忠言想起。ここではルソーの『告白』，ゲーテの『若きヴェルテルの悩み』『ヴィルヘルム・マイスター』などに関係がある。

1028）（訳注）「自我は自我である」という命題はもちろんフィヒテから得られたものであるが，当のⅥ-C-c では *GW* 9, S. 362, Z. 18 にも出てくる。ところでこの命題をもって非我を媒介として成立するものと解するならば，それは「絶対の他在のうちで純粋に自己を認識すること」となる。したがってこの命題の出現してくるのは『精神現象学』が終わりに近づきつつあることを示しており，とくに啓示宗教の終わりでもこの命題が出ていることからして明らかである。ただ言葉でこの命題が成立するとみられるときには，媒介となるのは非我ではなく他我である。

ま他の人と合流[1029]しており，他の人の｜（602）自己意識でもある。自己は,他の人から聞きとられるように己れを聞きとる[1030]。この聞きとることこそ，自己となった定在なのである。

言葉がここで得た内容は，もはや，形成陶冶の世界の，逆転して，逆転してゆく，分裂した自己ではない[1031]。むしろ，それは，自己に帰り，自己を確信し，みずからの自己ということでみずからの真理ないしみずからの承認を確信している精神，この知として承認された精神である。人倫的精神の言葉は，掟であり，むしろ単純な命令であり，さだめについての涙であるような嘆きである〔悲劇〕[1032]。これに比べ，道徳的意識はまだ沈黙しており[1033]，みずからということで己れの内面に閉じこもっている。なぜならば，この意識にあっては，自己はまだ定在をもっていないで，定在と自己は，たがいにやっと外的に関係しているにすぎないからである。しかし，言葉は，自立的で承認された自己意識間の中項[1034]としてのみ現出する。そして，定在する自己はそのまま普遍的で多様で，多様でありながら，単純な承認された存在である。良心の言葉の内容は，自己を本質[1035]として知る自己である。この自己のみを言葉が表明する。そしてこの表明は行いの真の現実であり，行為が妥当することである。意識は，みずからの信念を表明する。この信念は，そこでのみ行為が義務であるようなものである。行為が義務と認められるの

1029）（訳注）「合流」ということがとくに顕著であるのは，賛歌の場合である。

1030）（訳注）「聞きとる（vernehmen）」ことは，賛美の言葉の場合と同じく，その vernehmen で理性（Vernunft）のことを指示している。

1031）（訳注）*GW* 9, S. 282, Z. 15 以下を参照されたい。この「自己」は，Ⅵ-B-Ⅰ-a での「分裂の言葉」の場合のものである。

1032）（訳注）人倫での「掟」とは,「神々の掟」と「人間の掟」のことであり，そして「命令」とは統治の例外を許さない命令のことであり,「歎き」というのは，もちろん運命に対するものであるが，その「涙であるような嘆き」の代表的なものについては，*GW* 9, S. 252, Z. 29–32; S. 256, Z. 1 を参照されたい。

1033）（訳注）道徳的自己意識が「沈黙」であるというのは，これが世界を己れのうちへ包み込んでいると同時に包み込んでいないことのために，また一般に二律背反に陥るために，決断して行為することを得ないのを意味している。しかしそれが主観と客観の関係に立つものであって，自他関係に立つものでないことをも理由としてあげることができるであろう。

1034）（訳注）言葉が自己意識間の中項であることは，*GW* 9, S. 277, Z. 5 でも認められていたことである。

1035）（訳注）この場合の「本質」とは義務のことである

は，もっぱら信念が表明されることによる。というのは，普遍的自己意識は，ただ存在するだけの特定の行為からは自由だからである。定在としての義務は，｜(603) 自己意識にとっては何物にも価しなくて，むしろ価値ありとされるのは，義務であるという信念である。そして，この信念は言葉ということで現実的であるからである。――行為を【352】実現するということは，ここでは，その内容を目的ないし自立存在〔対自存在〕の形式から，抽象的現実の形式に移すことではない。むしろ自己自身の直接的確信，その知ないし自立存在〔対自存在〕を，本質と心得ている確信の形式から，断言[1036]の形式に移すことである。この断言は，意識が義務について確信しており，義務が良心として，己れ自身から[1037]発すると知っていることである。したがって，この断言が断言することは，己れの信念が本質体であることについて，良心が信念をもっていることである。

義務についての信念から行為すると断言するのが真であるのか，行われることが現実に義務であるのか，――このような問いや疑いには良心にとって何の意味もない。――そうであるならば，断言が真であるかどうかと問うときには，内心の意図が表面に出された意図と違うということが，すなわち，個々の自己の意欲が，義務から，普遍的で純粋な意識の意志から離れうるということが前提されているのであろう。これは，表に出た意図は言説に表されるけれども，本来，行為の真の動機となるのは，内心の意図であろうということである。とはいえ，普遍的意識と個別的自己をこのように区別することは，まさしくすでに廃棄されたことなのである。そして，これを廃棄することが良心なのである。みずからを確信する自己という直接知が，掟であり義務である。その意図は，みずからの意図であることによって，正義である。そのとき，求められていることは，｜(604) 自己がこのことを知るということ，みずからの知と意欲が正しいことについて，信念を語っているということ，それだけである。この断言を表明することは，それ自体で，それが特殊で

1036)（訳注）「断言」は，「断言の独断論」となっている箇所もある。歴史的にはロマンティカーに関するが，そのうちでもとくに意味されているのはヤコービである。

1037)（訳注）この「己れ自身から」には，*GW* 9, S. 347, Z. 3 の「良心は，決定するときは己れ自身からする」が応じている。

あるという形式を廃棄している。そのとき言表は自己の必然的普遍性を承認している。つまり，みずからを良心と呼ぶことによって，みずからを，純粋に自己自身を知ることであると，純粋に抽象的に意欲することであると，呼ぶ。すなわち，みずからを，他の人が承認し，他の人と等しい[1038]普遍的知および意欲であると呼ぶことになる。なぜならば，他の人も純粋な自己−知および意欲にほかならないからであり，だからこそ他の人からも承認されるのである。みずからを確信する自己の意欲に，自己が本質体であるとするこの知に，正義の本質がある。——このようにして良心から行為するのだという人は，真実を語ることになる。なぜならば，その人の良心は知りまた欲する自己なのだからである。だが，その人はこのことを本質的にいわなければならない。というのも，この自己は，同時に普遍的自己でなければならないからである。このようにして自己が普遍的であることは，行為の内容上のことではない。なぜならば，内容は，特定のものであるゆえ，それ自身どうでもいいことだからである。むしろ普遍性は行為の形式上のことだからである。この形式は，現実的なものとして設定されるべきものであり，自己であるが，そのまま言葉ということで現実となり，みずからを真であると述べる。まさにこの点であらゆる自己を承認し，すべての自己から承認される。

〔2　美しい魂〕

〔α〕道徳上の天才〕

したがって，良心は，特定の掟や義務のあらゆる内容を超えた至上権[1039]を得て，みずからの知および意図に，任意の内容を置く。つまり，良心は道徳上の天才[1040]であり，｜（605）これは，みずからの直接知と

1038）（訳注）「他の人」とは批評するものであり，普遍的自己意識であり世論であり，そして「等しい」とは，善のことである。

1039）（訳注）「至上権」がとくにヤコービの場合を指す。

1040）（訳注）「天才」はロマンティカーのことを指す語であるが，「道徳上の天才」の場合にとくに意味しているのがヤコービである。ただしこの「天才」の典型はヤコービ自身というよりも，ヤコービの哲学的小説の主人公のことである。この「天才」では，「概念」が

いううちなる声が，神の声であると心得ており，やはりこの知のもとでそのまま定在を知るのだから，その概念に生命体をもつ神的創造力である〔天才時代，ロマン主義〕。【353】この天才はまた己れ自身のうちで祭祀である。なぜならば，それが行為することは，己れ自身が神性であることを直観することだからである[1041]。

〔β）教団の礼拝〕

この孤独な礼拝は，同時に本質的には，教団[1042]の礼拝であり，純粋に内面に自己自身を知りその声を聞くことは，意識の契機へと進んでゆく。自己を直観すること[1043]は，自己が対象的定在になることであり，対

同時に「直観」であるというのは，diskursiver Verstand に対する anschauender Verstand と呼ばれるものの立場からすることであろう。

1041）（訳注）「行為すること」が「祭祀」という行事と結びつけられているのは，Ⅵ-B-Ⅰ-b で祭祀は行い，行為することと呼ばれていたからであり，そして「己れ自身が神性であることを直観する」ということは，さらにⅥ-C の啓示宗教の場合も同様である。そしてこのことは当の〔2〕の「美しい魂」には啓示宗教に酷似したもののあることを示しているが，これがⅧで〔γ)〕の憧憬に中心を置きつつ美しい魂あるいはその現実的形態として判断批評する良心と啓示宗教との比較がなされる所以である。

1042）（訳注）ここで「教団」として念頭に置かれているのは，ヘルンフート派の礼拝に代表されるもの。「信仰と知」でヘーゲルはヤコービについて論じた後，「ヤコービ的原理を最高の勢位（ポテンツ）にまで高めたもの」としてのシュライアマッハーへ移っている。当面の本文の場合も同様であってヘーゲルは美しい魂のヤコービ的形態を「道徳上の天才」とみて，シュライアマッハー的形態の特徴を「教団の礼拝」とみて前者から後者に移ったと考えられる。礼拝がヘーゲルにとっても本質的に教団のものであることはⅥ-B-Ⅰ-b によって，またとくにⅦ-C によって明らかである。当面のこの〔β)〕をもって美しい魂のシュライアマッハー的形態とする見地からすると，「教団」というのは暗にヘルンフート派の礼拝である。シュライアマッハーの宗教情操を育成したのはヘルンフート派であるが，これはゲーテの『ヴィルヘルム・マイスターの修業時代』第 6 巻の「ある美しい魂の告白」での女主人公がこの派の人であるのと同じである。このヘルンフート派の教団は教会というよりもむしろ家庭集会として小規模のものであるが，ヘーゲルは「信仰と知」で当時かれがなおいだいていた民の宗教の理想の見地からこの小集団のことを批判している。このように「教団の礼拝」は第一次的にはシュライアマッハーのものであり，ヘルンフート派の礼拝であるが，同時に「イエスの運命」という自筆原稿からすると，最初は世を改革せんとしていたイエスがその生涯の第二期ではパリサイ人たちからの反抗を蒙って俗世との縁を断って「魂の美しさ」のうちに閉じこもることになる。この点からすれば，「教団の礼拝」はこの時期のイエス教団の礼拝ともみられることができる（〔γ〕の「憧憬」も同様に解されうる）。

1043）（訳注）ここに「直観」とあるのは，A としての感性的確信―知覚―悟性という系列をなすものであった。この系列がⅥ-C「道徳性」の立場で直観―表象―思考―概念と変容されて，教団の立場で「意識」という契機に進んで行ったときには，おのずとまず感覚ないし直観が与えられることを意味すると同時に，暗にシュライアマッハーの直観主義のことを指示したものと考えられる。しかし「教団の礼拝」の立場からすると，この直観に変容される対象は第一次的には「他我」である。

象的な場面は自己の知と意欲を普遍的なものとして表明すること[1044]である。このように表明することによって自己は妥当するものとなり，行為は実現してゆく所為となる。自己の行いを現実化し存続させるのは，普遍的自己意識[1045]であり，自己の良心を表明することは，自己自身の確信を〈純粋な，そのために普遍的自己〉として立てることである。他の人[1046]が行為を認めるのは，自己を本質として表現し承認するこの語らいのためである。それで，他人を結ぶ精神と実体は，己れたちが良心的であることを，己れたちの良き意図を断言しあうことであり，おたがいの純真な姿を喜び合い，それほど優れていることを知り表明し，慈しみ育てることのすばらしさをみて，たがいに元気になることである[1047]。——この良心は，その抽象的意識｜（606）をなおその自己意識と区別しているかぎり[1048]，みずからの生命を神のうちに隠したままにだけしている。神はそのまま良心の精神と心に，その自己に，現在してはいるものの，顕われたもの，その現実の意識とこれを媒介する動きは，良心にとっては，隠れたうちなるもの，現在する本質体の直接性とは別のものである。しかし，良心が完成すれば，抽象的自己意識と良心の自己意識を区別するものは，なくなってしまう。良心が知ることは，抽象的意識がこの自己に，みずからを確信する自立存在〔対自存在〕にほかならな

1044）（訳注）シュライアマッハーに関係づけると，この「普遍的なものとして表明すること」とは，かれの『宗教論』で表現されているようなものである。

1045）（訳注）良心に存立と現実とを与えるものが普遍的自己意識である。

1046）（訳注）「他の人」とは一般的にいえば判断批評する者であり，普遍的自己意識であり公衆であるが，シュライアマッハーとの関連からいえば，かれの説教の聴衆であり，前々注の『宗教論』が語りかけている教養人（die Gebildeten）である。

1047）（訳注）自己意識と自己意識との関係ないし相互承認は，悪の告白とその赦しとを必要とするものである。当面の「教団」にはVI-B-IIIの「絶対的自由」の場合と同じく，このようなことはなく，おたがいに教養人（die Gebildeten）としての卓越した心情を慶賀しあうという仲間ぼめに終始していることが説かれている。言い換えると，美しい魂といえども，やはり罪と悪とを免れないのに，その自覚に欠けた美しい魂の集団であると説かれているわけである。

1048）（訳注）この「かぎり」に関しては，VI-B-I「己れに疎遠な精神の世界」の前文およびVIの前文で宗教に広狭の二義が区別されていることに注意されるべきである。すなわち広義では宗教は絶対的本質体の（対象）意識であり，狭義では絶対的本質体の自己意識であるから，良心も前者の立場をとるかぎり，絶対的本質体はその他者であっても，後者の立場をとるかぎり，絶対的本質体は他者ではなくして自己であることが以下で説かれようとしているのである。

いということであり，自己のそとに置かれた抽象的なものである，良心には隠されたものである自体と，自己との直接的関係の中では，ほかでもなく，相違が廃棄されているということである。なぜならば，関係しているものがまったく同じものではなく，たがいに別のものであり，第三者の中でのみ両方が一つになるような関係は，媒介による関係だからである。だが，ここにいう直接的関係は，実際には，統一にほかならない[1049)]。意識は，区別ではない区別を，なお区別だと思っている無思想を超えているから，本質体が直接己れの中に現在していることを，本質体とみずからの自己が統一していると知っており，したがって，自己が生きている自体であることを，みずからのこの知が宗教[1050)]であることを知っている。この宗教は，直観された，つまり定在する知であり，みずからの精神について教団が行う語らいである。

｜(607)

〔γ〕憧憬〕

こうして，ここでわれわれがながめわたすのは，自己意識が，みずからの最内奥に帰り，あらゆる外面が消え去っていることを，——自我＝自我の直観に帰り，【354】この自己が，全本質性および定在となっていることを知ることである[1051)]。自己意識はこのような自己自身の概念

1049)（訳注）本文はシュライアマッハー的見解もヤコービ的見解と同じく直接知あるいは直接知であるのを免れないことを意味している。しかしいかに媒介を重んずるとはいえ，ヘーゲル自身も直接の統一を全然認めないかどうかは，少なくとも疑問とする余地のあるのは，かれが中項をもって両項が直接に接触しあう中間地帯ないし緩衝地帯と考えていたことによって，また密儀に関する解釈および啓示に関する解釈によって明らかであるが，本文はこの疑問にむしろ「然り」と答えさせるものである。

1050)（訳注）この「宗教」はシュライアマッハーの *Über die Religion* の「宗教」に代表されるものであるが，絶対的本質体をもって「この」自己と別のものではないとする点でVII-Cの啓示宗教に酷似している。実際「直観」，「神的なものを自己として直観すること」は当面の本文の場合を指すものと考えられるのであって，啓示宗教との相違は「悪とその赦し」を欠く点にあるだけである。

1051)（訳注）ヘーゲルが念頭に置いているのは，フィヒテの知識学の第1根本命題と並んで知的直観の考えである。この点については，Fichte, *System der Sittenlehre*. S. 50を参照されたい。この「自我＝自我の直観への還帰」ということでノヴァーリスが念頭に置かれているのは，とくに当面の〔γ〕〕の最後の文章によって疑うべくもない。「自我＝自我」という命題は『精神現象学』にとっても基本的なものであって，フィヒテとノヴァーリスに対して，ヘーゲルが己れを区別しているのは，非我の，また他我の媒介を重んずる点にあるだけである。したがって，この命題はVII-Cの啓示宗教の結論としても現れてきており，しかもそこでは「夜の深み」と同一視されている。この「夜の深み」はIch=Ichの＝を指すものであろう

に沈んでいる[1052]。なぜならば，自己意識は，みずからの両項の頂点[1053]に追いやられ，しかもそのため，自己意識を実在的とし，なお意識としている区別されているいくつかの契機[1054]が，われわれにとって純粋な両項でなくなっているだけでなく，意識自身にとってあるもの，意識にとってそれ自体であるもの，意識自身にとって定在であるものも，発散して抽象[1055]となり，支えを失い，意識自身に対しもはや実体性をもたなくなっているからである。そして，これまで意識にとって本質体であったすべてのものが，これらの抽象体に帰ってしまっているからである。――このような純粋状態に純化されて，意識はそのもっとも貧しい形態となっている。そして，意識の唯一の所有となっているこの貧しさ自身は，消えてゆくことなのである。実体を解体してしまった[1056]この絶対的確信は，自己に崩壊する絶対的非真理である。それは，意識を沈潜させている絶対的自己意識である。

が，この点では夜のうちへ「沈みおちる」というノヴァーリス的なものがかれのうちにも生きているというべきであろう。そしてこの命題を直観と呼ぶときの「直観」とは『差異論文』が序説で「現代の哲学的思索にさいして現われてくる多様な形式」のうちの一つに数えている超越論的直観（対立を越えた統一を捉える直観）のことであろう。またこの命題をもって自我があらゆる本質性，あらゆる定在であることを意味するとされるのは，「理性とは全実在であるという意識の確信である」という理性の基本的規定に応ずることであり，したがって右の命題がやがて「自我の概念」とされるのは，同時に理性の概念でもあるのを意味していることになる。

1052）（訳注）「沈んでいる」はノヴァーリスの『夜の賛歌』にしばしばみられる表現であるから，おそらくこの歌のことが念頭に置かれているであろう。これに対して頂点で「夜の深み」のうちへと沈みおちずに，ふたたび定在のうちへと歩み出るときには，美しい魂は判断批評する良心となり，さらに「赦し」を行なうことになる。

1053）（訳注）「両項」というのは，ノヴァーリスのフィヒテへの関係からすると，自我と非我とのことであろうが美しい魂への言及からすると，純粋な存在と空虚な無とでもある。そして「頂点」というときには，頭蓋論が第一の頂点，有用なものあるいは絶対自由が第二の頂点であるのに対して，良心，そしてとくに美しい魂――ただし厳密には赦し行なうようになった――が第三の頂点であるのを意味する。

1054）（訳注）A としての意識は感性的確信―知覚―悟性という系列を形づくるが，*GW* 9, S. 422, Z. 29 以下の〔α)〕によると，対象面でこの系列に対応する存在―規定または関連―本質とされているから，「区別されているいくつかの契機」というのは，このような両方の系列のことであろう。

1055）（訳注）「抽象」は，自我と非我，純粋な存在と空虚な無などのこと。

1056）（訳注）ここで「実体の解体」に言及されるのは，『精神現象学』は真なるものを主体としても把握せんとするものであるが，VI-C-c では実体性が消え失せるからであり，これがまたひとたびVIIの宗教へと移って実体性を回復せざるをえない所以である。

己れ自身の内部でのこの沈潜を考察してみる[1057)]と，意識にとっては，それ自体で存在する実体は，己れの知としての知である。意識としては，この知は，自己と自己にとっての本質となっている対象との対立ということで分かれている。しかし，ほかならぬこの対象こそまったく透明なものである。これは知の自己であり，その意識は己れについての知であるにすぎない。すべての生命とすべての精神的本質性[1058)]は，この｜(608) 自己に帰ってきており，自我自身との相違を失っている。したがって，意識の契機は両項に捨象されている[1059)]が，そのどれもが存立せず，他方のうちで消えてしまい，他方を生み出す。こうして意識は，己れと交替[1060)]する不幸な意識である。しかし，ここでの交替は，意識自身にとって己れの内部で進行することであり，理性の概念[1061)]であると意識されているが，この概念は，それ自体でだけ不幸な意識である[1062)]。したがって，理性にとっては，自己自身の絶対的確信は，意識としてそのまま響きをやめてしまい[1063)]，対象となって意識の自立存在に反転する。だが，この創造された世界は意識の語らい[1064)]であり，これもまたすぐそのまま聞きとられるが，その反響は意識に帰ってくるだけ

1057) (訳注)「己れ自身の内部でのこの沈潜を考察してみる」というのは，次の段落からは美しい魂をその現実性といういま一つ別の意義で，言い換えると自他関係で考察することに対している。

1058) (訳注)「精神的本質性」とは人倫の世界での「神々の掟」と「人間の掟」，法状態での法，形成陶冶の世界での国家権力と富などのことである。

1059) (訳注)「両項に抽象されている」とは，一方の感性的確信―知覚―悟性と他方の存在―関係―本質とが自我と非我とに帰すること。

1060) (訳注)「交替」とは「交替と変転の原理」のものである。

1061) (訳注)「理性の概念」とは，「理性とは全実在であるという意識の確信である」のことである。そしてここに「理性」が出てくるのは，Ⅵの精神も (AA) 理性を経た (BB) だからである。ただしここでの「理性」は上の規定そのままのものではなく，(C) (AA) から (C) (BB) への展開によって現実化された形式でのものである。当面の本文ではこの「理性の概念」が「美しい魂」に対して意義をもたないかのようにみえるけれども，それは「概念の単一な統一」と呼ばれて，ⅠからⅥ (ただし美しい魂まで) の総括としての意義を認められ，そしてこの総括とⅦ-C「啓示宗教」の結論とが比較されてⅧが成立をみることになっている。このことはヘーゲルにとっては，一見すると，消極的意義をしかもたないかのようにみえるノヴァーリス的美魂が実は重大な意義をもつことを示している。

1062) (訳注) *GW* 9, S. 131, Z. 1 以下を参照されたい。

1063) (訳注)「響きを止める」の語の用いられるのは，自我と非我，存在と非存在というようないずれも抽象である対立間の動きが「自軸回転の動き」であることによると解した。

1064) (訳注)「語らい」は，ノヴァーリスの『夜の賛歌』のこと，またこれが対話でなく独白であることが念頭に置かれている。

である。したがって，このように帰るといっても，それ自体でそれだけで〔自体的かつ対自的に〕そこにいるという意味をもっているわけではない。なぜならば，本質体は意識にとってそれ自体にすぎないものではなく，意識自身だからである。また，意識は定在してもいない。というのも，対象的なものは，現実的自己を否定するものにはならないからであり，この自己も現実にはならないからである。この意識に欠けているのは，外化放棄の力[1065)]である。つまり，己れを物とし，存在に耐える力である。意識は，内面の輝かしさを，行為と定在で汚しはしないかという不安で生きており，みずからの心の純粋な姿を保とうとして，現実との接触から逃れており，利己的無力状態に因われている[1066)]ため，尖鋭化されて究極的抽象となった自己を拒むこともできず，みずからに実体性を与えることもできない。言い換えれば，みずからの思考を存在に変えることも，絶対的区別に身を委せることもできない。それで，意識が生み出す対象は空ろであるから，｜（609）意識を充たしているのは【355】空しさの意識にほかならないのである。つまり，その行いは憧憬[1067)]であるが，これは，己れ自身が生成するあいだに，本質なき対象となって失われてしまうだけである。また，この喪失を越えても，己れに帰ってきて，己れが失われていることに気づくだけである。――意識は，その契機が透明になり純粋になって，不幸でいわゆる美しい魂[1068)]となるが，これはみずからの中で光を失い，空中に崩れてゆく蒸気となり，形を失って消えてしまう[1069)]。

1065）（訳注）力が欠けているというのは，「力なき美」について説かれていたことと同じである。

1066）（訳注）「心の純潔」あるいは「魂の美しさ」を保つために現実との接触を避けるという態度がフランクフルト期のヘーゲル自身にもあった。

1067）（訳注）「憧憬」は「不幸な意識」の基本概念の一つであったから，ノヴァーリス的美しい魂はⅥの不幸な意識に対応するものであり，これはそのaがストア主義に，bが懐疑主義に対応するようにである。

1068）（訳注）当時の文芸で広まった美しい魂という考えでは，ゲーテやとりわけヤコービの描写が念頭に置かれていた。この点については，*Wilhelm Meisters Lehrjahre. Ein Roman*. Hrsg. v. Goethe, Bd. 3, Berlin, 1795, Sechstes Buch, Bekenntnisse einer Schönen Seele; F. H. Jacobi, *Woldemar*. T. 1 u. 2, Neue verbesserte Ausgabe, Königsberg, 1796, S. 14 以下, S. 47–48, S. 86–87, S. 167–68, S. 221–22 を参照されたい。

1069）（訳注）ヤコービその他ロマン主義者など。「形を失って消えてしまう」というのは，ノヴァーリスが肺病で若死したことを暗に意味している。

〔3　悪とその赦し〕

しかし，生命が揮発して力を失った諸々の本質性[1070]は，音もなく合流してゆく。このことは，良心の現実がもつ別の意味で，また良心の動きの現れの中で受けとられなければならないし，行為する良心として考察されなければならない[1071]。この意識での対象的契機は，さきに[1072]普遍的意識と規定された。つまり，自己自身を知る知はこの自己として，他の自己とは区別されている。すべての自己を，良心的に行為するものとして，たがいに承認させあう言葉[1073]，この普遍的等しさは，個々の自立存在〔対自存在〕の不等[1074]に分裂する。意識は，どれもその普遍性を出て，ただちに己れへと帰っている。このため一方の個人が他方の個人に対立し，当然普遍者とも対立する。そこで，この関係とその動きが考察されなければならなくなる。――言い換えれば，この普遍性と義務には，普遍から｜（610）外れた特定の個別性という，端的に対立した意味がある。この個別性にとっては，純粋義務は，表面に現れ，そとに向けられた普遍性[1075]にすぎない。義務はただ言葉にあり，対他存在と認められるだけである。良心は，はじめ，この特定の現前する義務としての義務には，否定の態度で立ち向かい[1076]，己れがこれから自由である

1070）（訳注）「諸々の本質性」とは，自我と非我，純粋な存在と空虚な無のこと。

1071）（訳注）「考察されなければならない」というのは，これまでは美しい魂という意識形態自身に関すること，とくにその自壊が〔γ〕の意識形態自身のこととして取り扱われていたのに対して，これからは美しい魂を判断批評する良心というその現実性で捉えて，これを行為する良心との対立の関係で，したがってまた美しい魂をも判断批評するという一種の行為をなすものとして取りあげることである。このさい対立した二つの良心がたがいにほかに転換して両者の統一に至る動きで，「理性の概念」が存在―関係―本質という諸契機に従って展開されることになる。

1072）（訳注）*GW* 9, S. 353, Z. 5 以下を参照されたい。そこでは対象的契機は対象的な場面として，また普遍的自己意識すなわち公衆として出ていた。

1073）（訳注）「言葉」とは，断言の言葉のこと。

1074）（訳注）「同等」は善，「不等」は悪。

1075）（訳注）「そとに向けられた普遍性」とは，要するにレッテルないし表看板のこと。

1076）（訳注）良心が現行の「掟」に反抗する

と知っていただけである[1077]。が，良心は己れ自身から発して空しい義務を特定の内容で充たす[1078]に至って，己れがこの自己として，みずから内容となっているのだということに関して，肯定的意識をもつ[1079]。良心の純粋自己は，空しい知であるから，内容も規定もないものである。良心がこの自己に与える内容は，この自己としての己れの自己から規定されており，自然的個体性[1080]としての己れからとってきた[1081]。良心は，自己の行為が良心にかなっていると語るときには，みずからの純粋自己を意識してはいるのであり[1082]，現実の内容としての，自己の行為の目的では己れをこの特殊な個別者と意識しており，己れだけであるものと，ほかに対してあるものとの対立[1083]を意識している。つまり，普遍性ないし義務と，義務から己れに帰ってきていることとの対立を意識している。

〔α〕行為する良心の悪〕

行為するもの[1084]としての良心がはいり込んでゆく対立は，その内面では，いま述べた通りである。それは同時に，定在という場面では，そとに向かう不等である。つまり他の個別[1085]に対し，みずからの特殊な個別が等しくないことである。――この特殊性は，【356】良心の意識を構成する二つの契機，つまり自己と自体[1086]が価値を等しくしない[1087]

1077）（訳注）*GW* 9, S. 342, Z. 30 以下を参照されたい。

1078）（訳注）「充たす」に応じているのは，純粋義務という普遍的媒体のうちへ任意の内容ないし規定を「差し入れる」こと。

1079）（訳注）*GW* 9, S. 343, Z. 33 以下を参照されたい。

1080）（訳注）「自然的個体性」にあたるのは，「没意識的な自然的存在」である。

1081）（訳注）*GW* 9, S. 346, Z. 34 以下を参照されたい。

1082）（訳注）*GW* 9, S. 351, Z. 29 以下を参照されたい。

1083）（訳注）この「対立」は形式上での対立である対自存在と対他存在との対立にあたり，この点からすると，良心の犯す偽善はここでも欺瞞である。

1084）（訳注）この「行為するもの」で所論はふたたび *GW* 9, S. 342, Z. 4 の〔α〕行為〕の立場に帰っているが，このことは，行為する良心から美しい魂へと転換しうるとともに，後者から前者へ転換することも可能であるのを示している。

1085）（訳注）この「他の個別」とは，*GW* 9, S. 346, Z. 29 の「他の人」にあたるものであり，また *GW* 9, S. 357, Z. 17 以下の〔β〕〕から取りあげられる判断批評する良心のことである。

1086）（訳注）「自己と自体」とは，良心にとっての基本的契機であった。

1087）（訳注）この「価値を等しくしない」ということが『精神現象学』全体の論法に対してもつ意義については，本章注 906 を参照。

ことにある。しかも，両者は，良心では，契機であるにすぎないと認められる自体ないし普遍性に比して自己自身｜（611）だという確信が本質体であるという規定をもつと認められるところにある。したがって，この内面的規定には，定在の場面もしくは普遍的意識が対立しており，普遍的意識にとっては，むしろ普遍性，義務が本質体であり，逆に普遍に対立してそれだけである個別性は，廃棄された契機とだけ認められる。このように義務に固執することからみると，はじめの意識は悪と認められる。なぜならば，この意識は，自己内存在[1088)]であるため普遍と等しくないからである。しかも同時にその行いが，自己自身に等しいと言表し，義務であり良心にかなっていると表明するのだから，はじめの意識は偽善[1089)]と認められることになる。

〔個別的意識と普遍的意識の〕この対立の動きは，さしあたり，みずからのうちで悪であるものと，それを表明するものとのあいだが等しいことを，形式的に回復することである[1090)]。つまり，悪いものは悪いとい

1088）（訳注）「自己内存在」の原語は Insichsein であって，悪をもたらすものとして，たしかにⅥ-C の道徳性の，またとくに c の良心の特徴をなすものである。一般的にいえば，これに対立するものは「自己外存在」であり，およそいかなるものも現実に存在するためには，これらの両者を欠くことはできない。両者の対立はほぼ個別性と普遍性とのそれにあたる。したがって己れのうちに存在することが悪となりやすいのは事実であるけれども，「自己内存在」が悪とただちに同一であるのではなく，己れのうちに存在することはスピノザの conatus やシェリングが根原存在を Ursein とした意志することやショーペンハウアーの「生きんとする意志」にあたるものであって，すべて現実に存在するものにとって不可欠の契機である。したがって「二つの力のたわむれ」の対自的実践である相互承認にとっても同様である。いわゆる「神の子」といえども現実に存在する以上，自己内存在を欠きえないのである。悪となるのは，それが自己外存在ないし本文にあるような普遍性と不同になる場合，すなわち価値を同じくしない場合のことである。したがって自己内存在と悪とは行為する良心にのみあるのでなく，判断批評する良心の方にもある。

1089）（訳注）「偽善」がここにも出てくるのは，b から c に移ったときにすでにこの偽善が克服されていたわけではないことを示している。歴史的には「偽善」はフリードリッヒ・フォン・シュレーゲルのイロニーに対応するものであろう。

1090）（訳注）「形式的に回復すること」が行為する良心が内面で目的としていることは個別的であるのに，これに良心性のレッテルを貼りつけて義務であることをもって表看板としているから，すなわち内外の形式が一致していないから，この形式での不同が同へと帰されなくてはならないことを意味するのはもちろんである。だが，同時に「形式的」は「一方的」ということをも意味しているようである。ヘーゲルにとっては因果性が実は相互性であることはすでにⅢの悟性で論ぜられていたことである。したがって形式のうえでは因果性であるものも実質的には相互性であり，『論理学』では同時に相互性とされていないいわゆる因果性をもって「形式的因果性」と呼ぶのはこのためである。ここからすると「形式的回復」

うこと，悪の定在とその本質は等しいということが暴露されなければならない。偽善の仮面は剥がれなければならない。――偽善は義務や徳の外観を装い，己れ自前の意識に対しても他人の意識に対してと劣らず，偽善を仮面として使う。このため，普通よくいわれるように，偽善とても義務や徳を尊敬していることが証明されていて，反対を承認すること自体に，同等にして一致が含まれているのだという。けれども，これだけのことでは，すでに同等へ不等が現に帰っているということにはならない。しかし，それと同時に，それと同様に偽善は，このように言葉を承認することの｜（612）そとに出て，自己に反省還帰している。そして自体的存在者を対他存在として使うだけであり，このことには，むしろ自体存在を自前で軽蔑し，それが本質のないものであることを，すべての人々に対して提示することが含まれている。なぜならば，外的道具として使われるものが，己れ自身の重みを，己れにもっていないような物であることは，明らかだからである。

また，この等しいということは，悪しき意識が己れを一方的に主張することによっても，普遍的意識の判断批評[1091)]によってもいずれも行われるものではない。――悪しき意識は，義務の意識に対し知らぬふりをして，義務の意識が，悪であり，普遍と絶対に等しくないものであると言表するものを，己れでは，内面の掟[1092)]と良心からやった行為だと主張するとしても等しいことをそういうふうに一方的に断言するということで，己れが他方と等しくないということが残っている。なぜならば，もちろん，他方がそれを信じないし，認めないからである。――あるいは，一方の項を一方的に固執しても，それはみずから解体してしまうので，そのために悪は，己れが悪であることを告白はするけれども，そのときそのまま己れを廃棄してしまい[1093)]，偽善ではなくなり，偽善の仮

とは同時に一方的回復でもあり，そしてこのことは本文に「さしあたり」とあるのに応じていることである。すなわち偽善であり悪であるのは，行為する良心だけではなく，実は判断批評する良心の方も同様であるから，回復も実は一方的ではなく双方的たるべきである。したがって両者間の相互承認によってなさるべきであるが，「さしあたり」というのは，この双方的に対していわれていることであり，そして双方的回復がなされる。

1091）（訳注）「判断批評」のことは次の段落に譲られている。

1092）（訳注）「内面の掟」というのは，V-B-b の「心の法則」と同様のものである。

1093）（訳注）「そのまま己れを廃棄してしまい」は否定の二種に関係のあることである。すなわち否定には存在の秩序でのものと意識ないし精神の秩序でのものとがあり，前者

面を剥ぐこともしないだろう，ともいえる。悪は，承認された普遍に反抗することで，己れの内面の掟と良心に従って行為しているのだと主張することによって，実際には己れが悪であると告白する。なぜならば，この掟と良心は，【357】己れの個別性と恣意との掟ではないとすれば，内なるもの，自前のものではなく，普遍的に承認されたものだろうからである。したがって，己れの掟と良心｜（613）に従って，他の人に反対する行為をしているのだという人は，実際には，他の人を不当に扱っている。しかし，現実の良心は，普遍に対立する知や意志にそういうふうに固執するのではなく，普遍が己れの定在する場面であり，良心の言葉は，その行いが承認された義務であると表明している。

さればといって，普遍的意識が己れの判断批評に固執することも，やはり，偽善の仮面を剥ぎ，それを解体することになるわけではない。普遍的意識は，偽善に向かって，不可とか下賤[1094]だとか宣言するわけだが，そう判断批評するとき己れの掟を引き合いに出しているのだが，それと同じように，悪しき意識も己れの掟を引き合いに出す。なぜならば，普遍的意識も，悪しき意識に反対する結果，ある特殊な掟として現れるからである。だから，普遍的意識は少しも他方にまさっているのではなくて，むしろ他方を正当化しているのである。そして，むきになる

は直接であって要するに死であるが，後者は媒介によるものであって否定を「越えて生きること」の可能なものである。したがってテクニカルな意味での「揚棄」である。当面の本文で意味されているのは，もし悪に頑強に固執すれば当事者は自壊を招くが（ノヴァーリス的美しい魂も実はその一例である），自壊すれば悪は克服されたともいえるにしても，これでは偽善も偽善ではなくなってしまうし，まして偽善の仮面を剥ぐということもなくなってしまうから，悪の克服には第一の否定から第二の否定へと移ることが必要であるということである。したがって事態は封臣の滅私奉公は戦死で完成するともいえる。しかし戦死したのでは「越えて生きる」ことがなくなるから，いま一つ他の否定へと移らなくてはならないといわれて「賛美の言葉」へと移って行ったのと同じである。そして「自己を意識しつつ，定在しつつなされる同一化」が要求されているのも同様の理由によることである。すなわち美しい魂はノヴァーリスのように死んでしまうが，死ねば偽善は克服されたともいえるけれども，しかし要求されている克服は死なずに「自己を意識しつつ，定在しつつ行なわれる同一化」なのである。そしてこういう「越えて生きること」の可能な否定とは媒介的であるが，そのさいの「媒介」は封臣の場合と同じく言葉によるものであり，そしてこの言葉は良心の場合には告白と赦しとである。このような言葉によって成立するものが封臣と君主との場合と同じように，行為する良心と判断批評する良心とのあいだの相互承認なのである。

1094）（訳注）「不可」は可とともに，「下賤」は高貴とともにⅥ-B-a の形成陶冶の国の基本概念であったもの。

余り，己れが行うと思い込んでいることの，ちょうど反対のことを行う。――つまり，己れが真の義務と呼ぶもの，一般に承認されているはずのものが，承認されていないものだと明らかになり，その結果，他方にも同じように自立存在〔対自存在〕の権利を認める。

〔β）判断批評する良心の悪，告白に対する頑なな心〕

しかし，これと同時にこの判断批評には，現存する対立の解消に導く出発点という別の側面[1095]がある。――普遍の意識は，はじめの悪しき意識に対し現実的なものおよび行為するものとして関係するのではない。というのも悪しき意識の方がむしろ現実的なものだからである。むしろ行為に｜（614）現れる個別性と普遍性との対立[1096]にとらわれていないようなものとして[1097]，悪しき意識に対立している。普遍的意識は思想的考えの普遍性にとどまっており把握するものという態度をとっており，その最初の[1098]行為は判断批評であるにすぎない。――この判断批評によって普遍の意識は，たったいま[1099]いったように，いまはじめて悪しき意識と並ぶ。そこで悪しき意識は，この同等性によって，もう一方の意識に己れ自身を直観[1100]する。なぜならば，義務の意識は把握する態度をとり受動的であるが，そのために，義務という絶対的意志である己れと，つまり端的に己れ自身から決定するもの[1101]である己れとは矛盾するからである。この意識は純粋な状態で[1102]己れを保っているが，それは，行為しないからである。それは，判断批評を現実の所為とみてもらいたいという，また行為の代わりに，すぐれた意向を表明することによって，実直であること[1103]を証明しようという，偽善である。した

1095）（訳注）「別の側面」というのは，判断批評する良心の方にも個別性がかくされており，したがってこれも偽善であり悪であることを免れないという側面のことである。

1096）（訳注）行為が「対立」を免れないのは，良心の和解と啓示宗教のそれとが比較される場合も同様である。

1097）（訳注）ここでは行為と無関係とされているけれども，次の段落では，判断批評する良心も「思想的考えのうえでの積極的行為」をなすものとされている。

1098）（訳注）判断批評する良心の第二の行為は「赦し」である。

1099）（訳注）「たったいま」とは前段落でのことである。

1100）（訳注）この「直観」が相互承認のはじめである。

1101）（訳注）*GW* 9, S. 347, Z. 3 の「良心は，決定するときは己れ自身からする」を参照。

1102）（訳注）「純粋な状態」とはノヴァーリス的美しい魂の場合。

1103）（訳注）「実直であること」は，この場合にはパリサイ人も含まれるであろう。

がって，この意識も，義務をただ言説上のことだけとしていると非難された当のものと，まったく同じ性質のものである。どちらの場合も，現実の側面を言説の側から同じように区別している。一方は行為の目的が利己的である点で，他方はおよそ行為を欠いている点でそうだといえる。もともと義務は，所為がともなわなければまったく意味がないのだから，行為の必然性は義務を云々すること自体にある。

【358】しかし，判断批評することは，思想的考えが積極的に行為すること[1104]だとも考えられるべきであり，それには事実積極的内容がある。この側面からいえば，把握する意識にある矛盾が生じ，それがはじめの意識と等しいことは，さらに｜(615) もっと完全な形になる。——行為する意識は，この特定の己れの行いを義務だと表明するとはいえ，これを，判断批評する方の意識は拒否することができない。というのは，義務自身は内容のない形式[1105]であり，どんな内容をも容れうるからである。——言い換えれば，具体的行為は，多面的であるため己れ自身のもとでいろいろであるから，その行為には義務だと受けとられるような普遍的側面があるのと同じように，個人が関与し関心をもつような特殊な側面も己れのもとにある。ところで，判断批評する意識の方は，義務のそういう側面にとどまっているものではないしこれこれが己れの義務であり己れの現実の状態や身分なのだということについての，行為者の知にとどまっているものでもない。むしろこの意識は別の側面をたよりとして，行為の内面にはいり込み行為を，行為そのものとは異なっている，行為の意図から説明し，利己的動機から出ていると説明する。どんな行為でも行為であるからには個体性の現実[1106]であるから，義務にかなっていると考察できるしまた別の形で特殊性を考察することもできる。——だからこのように評価されるときには，行為はその定在のそとに出され，その内面つまり己れの特殊性の形式に反省還帰させられる。——行為に名声がともなうときには，判断批評はこの内面を名誉

1104)（訳注）前段落では判断批評する良心は行為するものではないとされていた。この段落では判断批評する良心に対して判断するという積極的行為をなすものとして捉えられている。

1105)（訳注）「内容のない形式」とは，「普遍的受動的媒体」ないし純粋義務のこと。

1106)（訳注）「行為が個体性の現実」であることについては，*GW* 9, S. 213, Z. 21–22 の「個体性の動きは普遍の実在性である」という命題を参照。

心だと知る。――行為が個人一般の身分にかないそれを超えることがない場合に，そして個人が身分を外的規定として扱いそれに執着することなく，この普遍性を｜（616）己れ自身で充たし，そうすることによってこそ，より高い身分ともなりうることを明らかにする場合には，判断批評はその内容を名誉欲などだと知る。一般に行為では，行為者は対象という形で己れ自身を直観することになり，また己れの定在での己れの自己感情になり，したがって享受することになるときには，判断批評は内面を自己の幸福追求の衝動であると知る。そのさい，その幸福が内面的で道徳的な自負すらにあるのか，自己が優れているという意識を楽しんでいるのか，来世の幸福の希望をあらかじめ味わっているのか，ということはどうでもいいことである。――いかなる行為もこういう判断批評を免れることはできない。なぜならば，義務のための義務というこの純粋な目的は，現実的なものではなく，それが現実となるのは個体性の行いでであり，そのため行為には特殊性の面が己れのもとにあるからである。――「下僕にとって英雄などはいない」[1107]というが，これは，その人が英雄でないからではなく，下僕が下僕であるからである。英雄が下僕に関わるのは，英雄としてではなく，食事をし着物を着るものとして，要する個別的欲望や表象をもったものとしてであるからである。そういうわけで，判断批評にとっては，個体性の個別性の側面を行為の普遍的【359】側面に対置しえないような，また行為者に対して道徳上の下僕の役割をさせえないような行為は存在しない。

こうして，この判断批評する意識は，行為を分割し，｜（617）行為自身と行為の不等[1108]を浮きあがらせこれを固定するのだからそれ自身下賤[1109]である。その上，この意識は，その判断批評が，悪であるもう

1107）（訳注）Aïssé 嬢の手紙では当該形式で証示されるフランスのよく知られた諺を示唆している。この定式は，コルニエル夫人の表明にも関係している。この点については，*Lettres de Mademoiselle Aïssé à Madame Cornuel. Qui contiennent plusieurs anecdotes de l'histoirre de te ms, depuis l'année 1796 jusqu'en 1733 précédées d'un narré très court de l'histoire de Mademoiselle Aïssé, pour server à l'intelligence de ses Lettres.* Avec des notes, don't quelques-unes sont de Mr. de Voltaire. Paris, 1787, p. 114 を参照されたい。

1108）（訳注）「分割」というのは，判断（Urteil）が「根源分割」であること（『エンツュクロペディー』第 166 節）によっており，そして「等しいこと」は善，「不等」は悪である。

1109）（訳注）ここに「下賤」というのは，判断批評する良心が行為する良心を「下賤」

一つの作法なのではなく，行為の正しい意識なのだと称するのだから，偽善である。この意識は，己れの知ったかぶりの知が非現実的で空しいのに，己れ自身が，こきおろした所為よりも高いところにいるとし所為をともなわない言説を，すぐれた現実であるかのように，受けとらせようとしているからである。――したがって，このために，判断批評する意識は，判断批評される行為者と己れを同列に置こうとするから，行為者からも己れと同じだと認識される。行為者は，この意識によって疎遠なもの，その意識と等しくないものと把握されているだけでなく，むしろ意識がそれ自身の性状からは，行為者と等しいことに気がついている。このように等しいことを直観し，表明しながら，行為者が批評者に向かってやはり告白し期待することは，判断批評者が事実上行為者と等しいところに立ったように，批評者もみずからの言説で同じ答えを返してくれることであり，かく言説しながらみずからが行為者と等しいと表明することであり，さらにそこにたがいに承認し合う定在がはいり込んでくることである。その告白は相手と関係するとき，身を低くしたり卑しめたり投げ出したりするのではない。なぜならば，この表明は，相手と己れを不等にするような一方的ものではなく，相手が己れと等しいと直観しているからこそ，己れでそう語るのだからである。つまり，それは，己れの告白で己れの側から，両方が等しいことを表明するわけである。そこで，そのためにこの等しさが表明するのは，言葉が直接的自己としての，精神の定在であるからである。したがって，行為者が期待すること[1110]は，相手が己れのものをこの定在[1111]のために寄与してくれることである。

｜（618）しかし，「わたしがそうなんだ」という，悪い人の告白ののちに続いて，同じ告白が返ってくるわけではない。さきに判断批評といったのはそういう意味ではなかったのである。その反対なのである。

と罵倒したことに応じている。

1110）（訳注）「期待する」のは，相互承認が成立するには，一方の自己意識が行ったことに対応することを，他方も行わなくてはならないからである。

1111）（訳注）「定在」というのは，「言葉」が精神の「定在」といわれていたからである。なお「精神」は「われわれであるわれ，われであるわれわれ」であることで相互承認と不離である。

その判断批評は共通性[1112)]を突き離し，きびしい心[1113)]をもっていて，それだけで存在し，他方との連続を却けてしまう。――このため，様子は一変する。告白する方は，己れが突き離され，相手が正しくないことに気がつく。つまり，相手は，その内面から，言説の定在に出てくることを拒否し，悪に対しては，己れの魂の美しさ[1114)]を対立させるが，告白に対しては，不動の自己同一という性格という項を硬ばらせ，沈黙して相対する。そのため己れにとどまったままで，相手に対し己れを投げ出そうとはしない。ここで自己自身を確信する精神は極度に憤慨している[1115)]。つまり，その精神は，己れが自己の単純な知であることを，相手にも直観し，しかも，相手の外見もまた富の場合のように，本質のないものではなく，いっぱしの物[1116)]であるのでもない。むしろ，己れに対抗してくるのが思想的考えであり知自身であり[1117)]，【360】己れの考えを伝えることを拒否する純粋知という，絶対的に流動するこの連続である。――つまりこの精神は，みずから告白したときに，自立存在〔対自存在〕が他から孤立していることを拒んだのであり，己れの特殊性を棄てたのであり，その結果相手と連続し，普遍となっているのである。それなのに，相手は，精神自身のもとで自己を伝達しない己れの自立存在〔対自存在〕を，己れのために保留しておく。相手は，｜(619) ほかでもなく，告白する側がすでに投げ棄ててしまった当のものを，告白する側に保持する。その結果，相手方は，精神を捨て，精神を否認する意識

1112）（訳注）「共通性」はⅥ-A-c（法状態），B-I-a（現実の国），B-Ⅲ（絶対自由）でも基礎概念の一つであり，そして *GW* 9, S. 362, Z. 16f. では「非断絶の連続」として現れてくる。

1113）（訳注）「きびしい心」は，『新約聖書』でパリサイ人に関してまた弟子たちに関して「きびしい心」といわれているものから得られた表現であろう。たとえば「マルコによる福音書」3:5。

1114）（訳注）「魂の美しさ」というのは，美しい魂がシャフツベリなどイギリスのモラリストでは the beauty of heart であったからである。本文に対するモデルとしては，ノヴァーリスの場合だけでなく，ヘルダーリン，フランクフルト期のヘーゲル自身，また「イエスの運命」に表現されているかぎりのイエスの場合も含まれているであろう。

1115）（訳注）当面の本文に「極度に」とあるのは，富めるものに対する場合にもまさってという意味であろう。

1116）（訳注）「物」というのは，*GW* 9, S. 281, Z. 26f, で「富」が「一つの偶然的物」と呼ばれていたのに応じている。

1117）（訳注）*GW* 9, S. 280, Z. 20–Z. 37 を参照されたい。思想であり知自身であるというのは，要するに精神（Ⅵ-C-c）であり，人間であるというのと同じであろう。

だと明らかにする。というのは，この意識が認識しないことは，精神が，自己自身を絶対に確信して，あらゆる所為と現実を支配し，それらを投げ棄て,それらが起こらなかったことにしうることである[1118]。同時にこの意識は己れの陥っている矛盾を認識しない。つまり己れ自身は，その精神の確信を，或る現実の行為に置いているのではなく[1119]，内面に置いており，この内面の定在を，その判断批評という言説の形にしておく一方で，この言説で起こっている拒否を，本当の拒否とは認識させまいとしている。そういう矛盾を認識しないのである。そういうわけで，相手〔行為者〕が所為から，言説という精神的定在に，精神の等しさに帰ることを妨げ，冷酷な態度で，まだ残っている不等をつくり出そうとするのは，この相手自身〔意識〕である。

そこで，美しい魂としての，自己確信的精神は，己れにとどまっている己れ自身の知を外化放棄する力をもっていない[1120]。そのかぎり美しい魂は，突き離された意識[1121]と己れとが等しいという点には達しえないし，したがって，己れ自身が相手のうちで一つになっていることを，直観するようにもならなければ,定在に行き着くこともない[1122]。したがって，等しいといっても，ただ否定的に行われるだけで，精神のない形で存在する[1123]に至るにすぎない[1124]。現実を失った美しい魂は，己れを外化放棄して存在とし，現実に反転せざるをえないことと，己れの純粋自己とが矛盾した状態にいるのであり，この固定した対立の直接性[1125]に

1118）（訳注）要するに赦しのことであり恩寵のことである。倫理的に厳格なカントは何れかといえば，「一度起こったことを起こらなかったことにするのは絶対に不可能と考えるものであって，罪人に罪がなくなるということはありえない」という語（『宗教論』81 頁）はこれを示している。しかしヘーゲルにいわせるならば，これはいわば「自然の秩序」を絶対視することから生ずる謬見であって，「恩寵の秩序」ないし精神の秩序では起こったことを起こらなかったことにするのが可能であり，むしろこの点に精神の威力あるいは至上権は存するのである。これはⅥ-A の人倫の場合，とくにⅦ-B に属する悲劇の場合に示されている忘却（レーテー）の思想に基づくことである。

1119）（訳注）「現実の行為に置いているのではなく」はとくにノヴァーリス的美しい魂で顕著なことである。

1120）（訳注）「外化する力」に欠けていることは，ノヴァーリス的美しい魂について述べられていたこと。

1121）（訳注）「突き離された意識」とは，*GW* 9, S. 359, Z. 26 に「共通性を突き離す」とあるさいの意識，言い換えると，罪を告白した意識のこと。

1122）（訳注）この「直観」とは相互承認のことであるが，「定在に行き着くこともない」というのは，美しい魂がただ純粋意識にすぎないことを意味している。

いる。――この直接性だけが，自己の純粋抽象に達している対立を，媒介し和解｜（620）するものなのに，純粋の存在であり，空しい無[1126]である。――したがって，美しい魂は，この矛盾の意識であるため，和解されない直接性の中で乱れて，狂気となり[1127]，あこがれの中で肺結核となる。その結果，実際には，己れの自立存在〔対自存在〕を冷酷な態度で固定させることはやめるけれども，存在が精神を失った統一〔死〕となって，現れてくるだけのことになる[1128]。

〔γ）赦し〕

両者を自己意識的に定在的に真に等しくすること[1129]は，その必然性からいって，これまでのところにすでに含まれている。〔評価する方の〕きびしい心を破り，これを普遍に高める動き[1130]は，己れ自身を告白した意識で表現された動きと同じである[1131]。精神の傷は癒えて跡を残さな

1123）（訳注）「精神のない形で存在する」とは，死のこと，言い換えると，このさいの否定は意識の否定に対する存在の否定であって，「越えて生きること」のできる意識の秩序での否定でないこと。

1124）（訳注）死，ノヴァーリス

1125）（訳注）「直接性」については，*GW* 9, S. 353, Z. 29–30 での，それ自身統一である「直接性の関係」を参照。

1126）（訳注）直接性は純粋な存在であり，空しい無であるというのは，純粋洞察の純粋意識にあるとされた「自軸回転の動き」と同様のものが美しい魂にもあることを示している。

1127）（訳注）「狂気」におちいる点では，美しい魂もV-B-bの「自負の錯乱」に似ている。

1128）（訳注）この「統一」は，純粋意識にすぎないものの立場でのもの。

1129）（訳注）「自己意識的に定在的に真に等しくすること」というのは，承認にとって必要な否定が自然ないし存在の秩序でのものとしての死であるのではなく，死を「越えて生きること」の可能な精神ないし自己意識の秩序でのものであるからである。「等しくすること」というのは，承認によって「非断絶の連続」あるいは「二極にまで延長された自我」の意味での「自我＝自我」であることである。

1130）（訳注）「きびしい心を破り」は，『新約聖書』のたとえば「ルカによる福音書」28:3 でエルサレムの神殿に参詣したパリサイ人と徴税人とを対照しつつ，徴税人について「ところが，取税人は遠くに立って，目を天にあけようともせず，胸を打ちながらいった。「神様，罪人のわれを憐れんでください。」」とあるのに影響された表現であろう。「きびしい心」は「判断批評する良心」のものとして用いられていたのに，ここではむしろ「行為する良心」のものとなっている。もっとも本文では「判断批評する良心」のものでもありうる。この場合は「普遍にまで高める動き」というときの「普遍」は個別と普遍の対立にある普遍のことではなく，個別性によって「制約されない普遍性」と呼ばれたものであり，そしてそれが次の段落では「本質」，さらにその次の段落では「内面」と呼ばれている。

1131）（訳注）*GW* 9, S. 359, Z. 9–23 を参照されたい。

い[1132]。所為は消えないものではなく，精神によって己れに取り返される。所為にある個別性の側面は，意図として現前するにしろ，意図を定在上否定するものや【361】制限[1133]として現前するにしろそのまま消えてゆくものである。現実化する自己[1134]，その行為の形式は全体の一契機であるにすぎず，判断批評によって規定する知，行為の個別的側面と普遍的側面の区別を固定する知も同様である。例の悪は，自己自身を他者のうちで直観することによって，定在におびき出されて，告白するのだが，そういう形でみずから外化放棄する，つまり，自己自身を契機として設定する。しかし，特殊な自立｜（621）存在〔対自存在〕という，悪の一面的で承認されていない定在が砕かれねばならなかったように，相手〔評者〕の一面的で承認されていない判断批評も砕かれなければならない。そして，悪がみずからの現実を支配する精神の威力を提示したように相手もみずからの特定の概念[1135]を支配しなければならない。

しかし，この相手は，分別する思想と己れに固執する自立存在〔対自存在〕のきびしい態度とを拒む。それは，実際にはそういう己れ自身が相手にあることを直観するからこそである。後者〔相手，悪〕は己れの現実を投げ捨て，己れを揚棄されたこのものとするが，そのおかげで実際には普遍として提示され，みずからの外的現実から，本質体[1136]としての自己に帰る。したがって，普遍的意識〔評者〕もそこに己れ自身を認識する。――意識が悪に与える赦し[1137]は，自己をまた己れの非現実

1132）（訳注）赦しのこと。

1133）（訳注）「制限」というのは，過誤ないし「へま」のことであろう。

1134）（訳注）「現実化する自己」は，Ⅴ-B の die Verwirklichung des vernünftigen Selbstbewußtseins durch sich selbst にあたるであろう。このように行為するものがⅤ-B にあたるとすると，判断するものの方はⅤ-C-c（査法的理性）にあたることになるが，ⅥはⅤ-B とⅤ-C-c との総合であり，そしてとくにⅥ-C-c（良心）はそうである。そこで本文はこの関係に類比を求めつつ論を進めて，行為する良心も，判断する良心もいずれも，道徳性である「己れ自身を確信している精神」，とくに良心としての道徳的精神の契機であることを説こうとしていると考えられる。

1135）（訳注）この「概念」は善悪の区別に固執する概念である。

1136）（訳注）この「概念」は，「制約されない普遍性」としてのものである。

1137）（訳注）「赦し」は Versagung とも Verzichtleistung とも同義語である。したがって原文では三者が微妙にからみあっている。そして「赦し」に関しては，『新約聖書』「エフェソの信徒への手紙」4:32 に「たがいに親切にし，憐みの心で接し，神がキリストによってあなたがたを赦してくださったように，赦し合いなさい」とあるような表象が活用せられているであろう。

的本質を断念することである。この本質は，現実的行為であった他方を己れと等しくし[1138]，行為が思想的考えで得る規定のために，悪と呼ばれたものを，善と承認する。言い換えれば，むしろ善悪というきまった思想上の区別と，己れで定める判断批評とを棄ててしまう。それは，悪の方が行為という自立存在〔対自存在〕的規定を捨てるのと同じである。——和解[1139]という言葉は定在する精神であるが，これは，普遍的本質としての自己自身の純粋知を，その反対に，絶対に己れの中にいる個別性である自己についての純粋知に直観する[1140]。——それは相互の承認であり，絶対的精神[1141]である。

1138）（訳注）「等しくし」は「不等の価値を以て」に対することである。すなわち行為する良心では普遍的なものは非本質的，個別的なものは本質的，判断批評する良心では逆に普遍的なものは本質的，個別的なものは非本質的であって，両方の意識とも個別と普遍のいずれをも含むにしても，両者の価値は同じではなかったのであり，本文の「等しくし」によってこのような価値の不等は廃棄され，個別と普遍のいずれも「消失する契機」となって，両方の意識は「同一化」されるのである。

1139）（訳注）「和解」は「償いをすること」を意味するが，「和解の然り」が対立していた両方の自己意識を非断続の連続という類に帰入させて同類のものとすることであるところとすると，共同の父の息子（ゾーン）とするという意味がこめられているであろう。

1140）（訳注）この「直観」で，行為する良心と判断する良心とが「同一化」されている。

1141）（訳注）いったい「相互承認」とは自己意識相互のあいだに行為が双務的に果たされることによって二つの自己意識が「同一化」され，主人と奴隷の関係が克服されることである。ここでこの相互承認によって絶対的精神が成立をみているのは，〔1 承認の概念〕が原理的にはその最後の実現をみたことを示している。Ⅵ-A-a-b でも承認はありはしたが，この人倫的承認は要するに家族の一員，国家の一員としてのものであって個人に関するものではない。言い換えると，個別意志は普遍意志の奴隷でしかなかった。これに対して「この」個人が承認されるのは，c の「法状態」でである。しかしこの法的承認は個人そのものを所有権の主体として承認することであって，所有権の内容のいかんはこれを不問に付したものであるから，形式的である。したがって法的人は現実には「世界の主人」の奴隷である。これに対して媒介を通じて個人の承認を実現するものがⅥ-B-Ⅰ-a の形成陶冶であり，これによって君主と封臣，高貴な意識すなわち貴族と下賤な意識すなわち町人との相互承認ないし分裂した意識の立場での承認が一応成立をみる。けれども，この段階は「己れから疎遠な精神」であるから，承認は結局のところ疎遠になることでのものとして天上に求められざるをえないことになる。したがって形成陶冶の世界は裏返せば信仰の世界であるから，なお絶対的本質体という主人があり，人々はその奴隷である。こうして信仰と純粋洞察との争いが始まることになり，信仰の「神的権利」と純粋洞察ないし啓蒙の「自己意識の権利」とが同一のものとなるのは，信仰人と啓蒙人との相互承認が成立することである。こうして信仰は追放されて「絶対的自由」が到来しはするが，絶対的自由は主観と客観，個別と普遍の「分割されていない実体」であるから，そこに成立していると信ぜられた承認も絶対否定の媒介を欠いたものであり，この欠落がテロで顕現してくる。こうして人々は道徳性の世界の一員として承認を求めることになる。しかしⅥ-C の道徳性も a と b とでは二律背反のゆえに行為を

絶対的精神が定在するに至るのは，己れの｜(622)純粋知が，対立項であり，自己自身との交替[1142]である頂点[1143]でだけのことである。みずからの純粋知が抽象的本質であることを知っているとき絶対的精神は，義務をそういうものと知っており，自己という絶対的個別性としてのみずからが，本質であると心得ている知とは，絶対に対立している[1144]。純粋知は普遍の純粋連続性[1145]であり，これは，己れを本質だと知っている個別性を，元は空しいものであり，悪であると知っている。けれども，悪は絶対的非連続であり，これは，非連続の純粋な一にありながら己れ自身を絶対的であると心得，例の普遍を非現実的なもの，他者のためにだけあるものと心得ている。両側面は，純化されてこの純粋状態になっている[1146]。そこでは，もはや両者とも自己なき定在でも，意識を否定するものでもなくなっている。むしろ例の義務は自己自身を知り，引き続き同一であるような性格のことであり，悪はやはり，みずからの目的をその自己内存在のうちで，みずからの現実をその言説のうちでもっている。この言説の内容はみずからの存続の実体である。言説は，精神が己れ自身のうちで確信していることを断言する。――両方の自己自身を確信する精神には，【362】みずからの純粋自己以外の目的がないし，まさにこの純粋自己以外に実在しない

成立させえないのである。したがってここでは自己意識はまだ無言であり，また世界の主人であり支配者であるものすなわち「聖なる立法者」がいるので，承認は完成しえない。ところで当面の本文で聖なる立法者の代理人として一種の主人である判断批評する良心と一種の奴隷である行為する良心とのあいだに告白と赦しという双務が果たされることによって，相互承認が完成をみて，両者とも絶対的精神にまで高まるのは相互承認の概念の最後の実現である。

1142）（訳注）本文では「対立」と「交替」とのうち，ダッシュを境として対立から交替へ移るという構成がとられているが，同時に前注にいった存在―規定または関係―内面あるいは普遍性という系列も採用されている。そして良心の和解と啓示宗教の和解とが比較されるときにも，この系列の立場がとられている。

1143）（訳注）「頂点」は，ここでは「絶対的精神」となっている。両者は同じものであろう。

1144）（訳注）これら二つの「知」とは，それぞれ判断批評する良心と行為する良心とのことである。

1145）（訳注）「連続性」と対をなすものは断絶であるが，これらの両者は絶対的自由の場合には結びつきえなかったのに対して，ここでは相互承認によって「非断絶の連続」として結びつきうるものとなっている。

1146）（訳注）「純化されてこの純粋状態になっている」というのは，事態が「頂点」でのものである所以。

し定在していない。だが，両者はなお異なっている。この相違は，純粋概念のこの場面に置かれている[1147]から，絶対的である。さらに，この相違がそうであるのは，われわれにとってだけのことではなく，この対立している概念自身にとってのことである。なぜならば，これらの概念はなるほどたがいに特定のものではあり，同時にそれ自体で普遍的なものだからである。そのため，概念は自己の全範囲[1148]を充たしており，この自己には，みずからの規定性｜(623) 以外の内容が何もないし，この規定性はその自己を超えてもいなければ，自己より制限されてもいないからである。なぜならば，絶対的に普遍なものである一方は，個別性という絶対非連続である他方と同じように，純粋に自己自身を知っているからであり，そこで両者はこの純粋自己知にすぎないからである。したがって，両方の規定性は知りつつある純粋概念であり，この概念の規定性はそれ自身そのまま知である。言い換えれば，両者の関係と対立が自我である。そのため両者はたがいにこの端的に対立したものである。このように己れ自身に対立し，定在に歩みはいっているのは，完全に内面である。両者は純粋知となっているが，これは，この対立によって，意識として立てられている。しかし，まだそれは自己意識ではない。それが自己意識となって実現するのは，この対立の動きでのことである。というのは，この対立はそれ自身むしろ自我＝自我[1149]の非連続の連続そして同等性だからである。また，各々それだけは，純粋普遍でありながら，同時に相手と己れの同

1147）（訳注）「両方の自己自身を確信する精神」とはⅥ-Ⅰ-Cのことであり，とくにそのcのことである。ここで複数であるのは，相互承認がGeisterreichで行なわれることを意味しており，純粋自己以外のいかなる「実在性」もないというのは，相互承認が良心の精神的本質性で行われることを指しており，そして概念は精神にとっての本来の形態であり，また自己である。

1148）（訳注）この「範囲」の内容をなすものは個別と普遍とであり，また自己内存在と自己外存在とである。そしてこれらが自己の「全範囲を充たす」というのは，判断批評する良心と行為する良心とが「二通りの結合体」にあたるものであることを意味している，すなわち一方は普遍をもって本質的，個別をもって非本質的，他方は個別をもって本質的，普遍をもって非本質的とするものであるにしても，いずれも個別と普遍との結合体であることを意味している。

1149）（訳注）当面の箇所ではこの命題で媒介となるものが非自我でなく，他自我であることが顕著である。

等になお逆らい[1150]，そこから己れを分離するという矛盾のためにこそ，己れ自身のもとで己れを廃棄する。この外化放棄[1151]によって，その定在で分裂したこの知は，自己の統一に帰る。それは現実的自我であり，みずからの絶対的反対ということで，自己内に存在する知にありながら自己自身を普遍的に知ることである。この知は，分離されたみずからの自己内存在の純粋性のゆえに，みずから完全に普遍的であるものである[1152]。両方の自我がその対立する定在｜(624) を捨てたとき，その和解する承諾は，二つ〔個別と普遍〕となって拡がった自我の定在であるが，これはそのとき自己に等しいままであり，その完全な外化放棄と反対にいながら，自己自身を確信している。――これが，みずからを純粋知と知っている両者の真っ只中に[1153]現れる神である。

1150）（訳注）「逆らい」というのは，両方の良心が何れもに個別と普遍をもっていても，それぞれで両者が価値を異にするからである。

1151）（訳注）この「外化放棄」は具体的にいえば告白と赦しとである。

1152）（訳注）ここでは「自己内存在（個別）」が「自己外存在（普遍）」と相即して同一となっている。

1153）（訳注）「両者の真っ只中に」では「マタイによる福音書」18:20 に「二人または三人がわたしの名によって集まるところには，わたしもその中にいるのである」というようなことが活用されているであろう。前記の「中に」というのは，たとえば『旧約聖書』「ホセア書」11:9 にあるように，旧約以来の伝統のようである。そして「真っ只中に」はまた神が超越的なものでないことをも意味しているであろう。

(C)

(CC) 宗教

【363】｜（625）

Ⅶ　宗　教

〔1　絶対的本質体一般の意識としての宗教についての回顧〕

これまでの形態は，一般に意識，自己意識，理性そして精神として区別されている[1)]。そして，これまでの形態には，ともかく宗教も，絶対的本質体一般の意識として現れてはいた。——しかし，それは，絶対的本質体を意識している意識の立場からのことであって，それ自体でそれだけで〔自体的かつ対自的に〕絶対的本質体が現れたのではない。つまり精神の自己意識が，さきの諸形式で現れたわけではない[2)]。

1）（訳注）「これまでの諸形態化」の区別はむしろⅠからⅥであったというべきであるようにみえるけれども，しかしⅠからⅢはすでに「意識一般」として一括されていたのであって，本文の意識—自己意識—理性—精神という区分はこの一括区分を受けている。そして区分のなされたのが「一般に」というのは，この区分ではたとえば意識ないし意識一般がさらに感性的確信—知覚—悟性へまで細分はされていないことを意味している。

2）（訳注）本文が説こうとしているのは，宗教がもつ広狭の二義のことである。この二義のことは，Ⅵ-B-Ⅰ-b の信仰，言い換えると，形成陶冶の世界の信仰に関して，これは絶対的本質体を対象として意識すること，すなわち「絶対的本質体の意識」としてはたしかに宗教ではあっても，絶対的本質体を自己として意識すること，すなわち「絶対的本質体の自己意識」としての本来の宗教ではないとされていたが，本文はこの広狭の二義の立場から，これまでに出現した宗教は広義の宗教のみであることを説こうとしている。ただし本来の宗教は「絶対的本質体の自己意識」と呼ばれていたのに対して，また「絶対的精神の現実的な自己意識」と呼ばれていたのを受けて，当面の本文でも「精神の自己意識」と呼ばれている。これは次の段落に出てくる「己れが精神であることを知っている精神」，すなわち普通に「知る」といえば他者を知ることであるのに己れを知るのであり，しかも己れが精神であることを知っている精神，言い換えると，絶対的精神であることを意味しており，したがって「絶対的本質体の自己意識」というのとの違いも外面的なものにすぎない。ただし自己意識と意識とは必ずしも区別されず，自己意識といえども広義の意識と呼ばれることがあるから，絶対的本質体ないし精神の自己意識と呼ばれるべきはずのものが絶対的本質体ないし精神の意識と呼ばれることもある。なお本文には本来の宗教は自体かつ対自性での意識のものとされているが，このことも，「不幸な意識」が不変なものの対自性にすぎないとされていたことで，また「形成陶冶の世界の信仰」が絶対的本質体の自体性のもの，「不幸な意識」が対自性のものとされていたことで現れてきていたことである。

すでに意識は，悟性であるかぎり，超感性的なものの意識あるいは対象的定在の内面の意識になっている[3]。しかし，超感性的なもの，永遠のもの[4]，あるいはその他何と呼ぼうとも，それは自己を欠いている。超感性的なものはやっと普遍的なものであり，己れを精神として知っている精神[5]であるにはまだほど遠い。——次に，自己意識は，不幸な意識という形で完成されたが，これは対象性をふたたび得ようと努力しながらも，それに達していない精神の苦悶[6]にすぎなかった。それゆえ，個別的自己意識と，｜（626）その自己意識の不変な本質体との統一は，前者が到達しようと努めているが，依然として自己意識の彼岸のままである[7]。われわれにとっては，その苦悶から登場してきた理性の直接的定在とそれに自前の形態[8]には，宗教がない。なぜならば，その自己意識は，直接的現在にみずからがあると知っており，そこにみずからを求

3）（訳注）*GW* 9, S. 89, Z. 4 以下を参照されたい。

4）（訳注）「超感性的なもの，永遠のもの」というのは，ただ本文が「永遠なもの」と呼んでいるものがそこでは「空虚なもの」ないし「聖なるもの」と呼ばれていただけである。なお「内面」が「絶対的本質体」とされるとき，この「内面」とは物の一と多，対自と対他，能動と受動などの対立の帰一点であったから，「形成陶冶の世界の信仰」が国家権力と富，高貴と下賤，可と不可などの対立の帰一点としての「絶対的本質体」に関するものであったのに応じており，またこれによって「絶対的本質体一般」が何であるかも明らかである。

5）（訳注）「己れを精神でとして知っている精神」は「己れ自身を知っている精神」，「己れを精神であると意識している精神」「絶対的精神として己れにとって対象である精神」などとなっているものであって，要するに絶対的精神と同じものである。Ⅶも（C）（CC）であるが，（CC）はさらに己れが理性であることを知っているものであることになる。ただし，この場合の「知る」はなお表象の立場のものであって概念の立場のものでないが，Ⅶとしての絶対的精神も同様である。なお本文ではⅢの「内面」はⅦの宗教に対して何の意義をももたないかのようにみえるけれども，実際ではそうではなく，Ⅶ-A-cの「工作職人の宗教」に対して意義をもっていることは，それが悟性の宗教として「内面のおおい」をもっていることによって明らかである。

6）（訳注）苦悶は，憧憬とともに「不幸な意識」の特徴とされたものであり，またⅦ-Cの啓示宗教も実は免れえないものである。

7）（訳注）*GW* 9, S. 130, Z. 25–S. 131, Z. 31 を参照されたい。「不幸な意識」想起。「彼岸のままである」というと，「不幸な意識」はⅦの宗教に対してなんら意義をもたないかのようにみえるけれども，実際ではそうでないことは，それが法状態の時代精神として，すなわち「現実的精神」としてⅦ-Cの啓示宗教の発生にとって歴史的地盤をなすものであることで明らかであり，いな啓示宗教が完成したときにも，その「和解」が彼岸のものであるにとどまる。

8）（訳注）「理性に固有な諸形態」とは，Ⅴ-AからCのこと，とくにAの「観察する理性」のことである。

めていた[9]からである。

これに対して，われわれがながめわたしたのは，一つの宗教であり，しかもそれは下界の宗教[10]であった。その宗教は運命という恐ろしく知られていない夜に対する，死者の霊というエウメニデス[11]に対する信仰である。――前者は普遍性という形式をとった純粋否定性であり，後者は個別性という形式をとった純粋否定性である。なるほど絶対的本質体は後者では，自己であり，現在する自己である[12]。自己というのはそれ以外の形では存在しないのだから。けれども，個別的な自己はこの個別的な影であり，これは，運命である普遍を己れから分離している。なるほど影は影であり，廃棄されたこの人であり，したがって普遍的自己ではあるが，まだその否定的意味は肯定的意味に反転していない。そのため同時に，廃棄された自己はまだそのままこの特殊なもの，本質体のないものを意味している。――しかし，運命は，自己がなければ，依然として意識なき夜であり，これはみずからのうちで区別をもたない[13]し，まだ自己自身を知る明るさに達していない[14]。

【364】 必然性の無に対するこの信仰と下界に対するこの信仰は天上への信仰[15]となる。なぜならば，死んだ自己はその普遍性と一つになり，みずからの含むものを，この普遍性｜（627）の中で分解させ，己れを明らかに意識するようにならなければならないからである[16]。けれども，

9）（訳注）「求める」は「探究」に，また「実験」にあたる。

10）（訳注）「下界の宗教」にあたるものは，「地下の世界に対する信仰」であるが，その内容についてはⅥ-A-a から b を参照のこと。

11）（訳注）*GW* 9, S. 255, Z. 1–S. 256, Z. 34; S. 257, Z. 32–S. 258, Z. 18 を参照されたい。なおエリニュエスたちが「現在的」であるというのは，家族の霊（ダイモン）としてそのうちに生きているからであり，「この」自己であるというのは，それぞれの祖霊が故人の面影をとどめているからである。

12）（訳注）家族，*GW* 9, S. 265, Z. 21

13）（訳注）*GW* 9, S. 287 以下を参照されたい。

14）（訳注）この段落でも人倫的世界が本来の宗教に何らの寄与をなさないかにみえるけれども，実際はそうでないことは *GW* 9, S. 376,Z.14 以下で，それがⅦ-B の芸術宗教の現実精神とされていることによって明らかである。

15）（訳注）「天上への信仰」は，このさいの天上に応じているのは，「世界から抜けて出て天上界へと向かい」の天上界である。しかしこの信仰はむしろ「形成陶冶の世界の信仰」と呼ばれていたものであろう。

16）（訳注）本文はダイモン自身はまったく個別的であって，その個別性は普遍性から離れたものにすぎないが，両者が統一を得たときには，普遍性の方でも区別をもって明晰な

われわれのながめわたしたところでは，この信仰の国は思考という場面でその内容を展開するだけで，概念をもっていない。それゆえこの国はその運命の中で，つまり，啓蒙の宗教[17]の中で没落する。この宗教では，悟性の超感性的彼岸はまた回復されるけれども，しかしそれは，自己意識がこちら側に満足しており，超感性的彼岸，空しくて，認識されも恐れられもしない彼岸[18]を，自己としても威力としても知っているわけではない，という形でのことである[19]。

最後に道徳性の宗教[20]では，絶対的本質体が一つの積極的内容であるということが，回復されてはいるが，この内容は啓蒙の否定性と一つになっている〔置き換え〕。この積極的内容は，その合一と同様に自己に取り返され，そこに依然として含まれた存在であり，区別された内容であるが，その〔区別された各〕部分[21]は掲げられもするが，すぐ否定されもする[22]。しかし，矛盾する動きが沈み込んでゆく運命は，本質性および現実性の運命としての自己を意識している自己〔良心的自己〕である[23]。

ものとなることを意味しているであろう。このさいの「区別」というのは，「諸部分」のことであり，言い換えると，三位一体の三位格のことであり，そしてこれらが離れ離れに分解されるというのは，三位格の場合と同じように概念の統一を欠いているからである。

17）（訳注）「啓蒙の宗教」と呼ばれているものは，「宗教は一切の有用なもののうち｜(627) もっとも有用なものである」といわれたさいの宗教のことであって，いわば有用性の宗教のことである。

18）（訳注）この「彼岸」とは，「空虚」，「至高存在」のことである。

19）（訳注）*GW* 9, S. 89, Z. 4 以下 ; S. 310, Z. 22–36 を参照されたい。

20）（訳注）カント

21）（訳注）「部分」というのは，三つの要請の各項，すなわち道徳と自然，理性と感性，聖なる立法者と自己のことである。

22）（訳注）「設定して，すぐ否定する」というのは，「置き換え」のことである。

23）（訳注）*GW* 9, S. 337, Z. 2–S. 340, Z. 25 を参照されたい。この「自己」は良心としての第三の自己であるが，この自己が本質性をも現実性をも支配する運命であることで，フランクフルト期とは違って『精神現象学』では悲劇よりも喜劇が上位を占めること，また良心が絶対知の意味をもつことが示されている。

〔2 精神の自己意識としての宗教の表象性，宗教での精神と世界での精神との区別〕

己れ自身を知っている精神は，宗教では，そのまま，己れ自身の純粋自己意識である[24]。これまでに考察された精神の三形態，――つまり，真の精神，自己に疎遠な精神，自己自身を確信している精神は，その意識内で一つに合して精神をつくっているが，この意識は，その世界に相対していながらも，世界にみずからを認識することはない。しかし，良心では，精神は，みずからの対象的世界一般｜（628）をも，またみずからの表象[25]やみずからの特定の概念[26]などをも屈服させ，いまやそこでみずからのもとに存在する[27]自己意識である。この自己意識では，精神は，表象された対象として，すべての本質体と一切の現実[28]をみずからに含む普遍的精神[29]であるという意味をそれだけで〔対自的に〕もっている。けれども，自由な現実の形式，または，自立的に現象する自然の形式であるわけではない。精神は，みずからの意識の対象であるから，いかにも存在という形態ないし形式をもってはいるが〔自然宗教〕，この意識は宗教では，自己意識であるという本質的規定に置かれているから，形態は，みずから完全に透明である。そこで，精神の含む現実は精神に閉じこめられており，廃棄されている。それは，われわれが，一

24）（訳注）「己れ自身を知っている精神」というのは，絶対的精神のことである。しかし絶対的精神も宗教でのものである場合には，A の（対象）意識よりも B の自己意識に傾いたものである。したがって「純粋な自己意識」というのは，Ⅷの絶対知の場合とは違って，なお表象性を免れえないことを意味している。

25）（訳注）この「表象」は「世界表象」としてのものである。したがってまた「置き換え」でもあり，そして「置き換え」としては諸要請を含んでいる。

26）（訳注）この「概念」とは固定的に区別された善悪のことである。

27）（訳注）「みずからのもとに存在する」は in sich seiend とほぼ同義である。

28）（訳注）「一切の現実」というのは，「理性とは全実在であるという意識の確信である」という（C）（AA）の基本規定に応ずるものである。したがってⅦも（CC）として（C）に属することを示している。

29）（訳注）この「普遍的精神」の「普遍」は自体的普遍であるから，それは主観と客観を包むものとして絶対的精神である。

切の現実を語る場合とちょうど同じ仕方でのことである[30]。この現実は考えられた普遍的現実である。

こうして，宗教では精神の本来の意識[31]の規定は，自由な他在という形式をもってはいない。だから，その定在はその自己意識とは区別されていて，その本来の現実は宗教のそとに出る。もちろんその意識は，現実と自己意識の両方を一つにする精神ではあるが，その両方を同時に包んでいるわけではない。そこで宗教は，生活〔定在〕と営為の部分として現れるが，そのとき別の部分は意識の現実的世界での〔日常〕生活である。そこで，われわれは，みずからの世界での精神[32]と，みずから精神だと【365】意識している精神[33]ないしは宗教での精神[34]とは，同じものであることを知る。｜(629) が，それと同じように，精神の現実が宗教によってつかまれているというだけではない。むしろ反対に，精神が，自己自身を意識した精神としてみずから現実となり，みずからの意識の対象となる[35]という二つのことが，たがいに等しくなる[36]ところで，宗教が完成される。——さて，精神は，宗教にあっては，己れを己れ自身の前に置いて〔表象して〕いるかぎり，たしかに意識である。そして宗教内に包まれた現実は，精神の表象という形態をとり，その衣[37]をまとっている。しかし，この表象では，現実には完全な権利は与えら

30）（訳注）「われわれ」が「一切の現実」ということを口にするときというのは，わたしが一切の動物というときに応じている。したがって「一切の動物」ということを口にしたとき，すでにこの言葉が細部にまでわたる知識を要求される動物学としての意義をもつとは考えられないように，宗教での絶対的精神が一切の現実を内含するといっても，内含するのは，表象すること，思考することの立場でのことであって，概念的に把握する立場でのことではないのが意味されている。

31）（訳注）「本来の意識」は，次の段落のはじめでも自己意識に対置されているから，Aとしての意識，言い換えると，「意識一般」と同じものである。

32）（訳注）「世界での精神」は，この場合の「世界」はⅥでは意識の諸形態が同時に「世界の諸形態」であるという場合の「世界」と同じであり，また社会の状態であり，世界精神と同じである。

33）（訳注）絶対的精神のこと。

34）（訳注）「宗教での精神」は信仰する意識，宗教的意識とも呼ばれているものであって，教団ないし教会での精神のことである。

35）（訳注）「意識の対象となる」こととは，「神が人間となること」である。

36）（訳注）「等しくなる」のは，Cの啓示宗教がⅥ-Cの，そしてとくにcの「己れ自身を確信している精神」という「現実的精神」と一致するに至ったときのことである。

37）（訳注）「衣」とは，グノーシス派の仮現説で受肉を否定している。

れていない，つまりただ衣をまとうというだけでなく，自立的で自由な定在であるという権利が与えられていない。また，反対に，己れ自身の中では己れにとって完成を欠いているから，特定の形態[38]である。しかし，これは，現実が提示すべきものには，つまり自己自身を意識した精神には達していない。精神の形態が精神自身を表現するとすれば，現実自身は精神以外のものであってはならない。また，精神は，その本質のうちである通りに現れなければならない，言い換えれば，その通りに現実的でなければならないであろう。そういうふうにしてのみ，反対の要求であると思われるかもしれないものも，つまり，精神の意識の対象が同時に自由な現実という意味をもつことも達せられるであろう。絶対的精神としてみずからの対象となるような精神だけが，そこで己れ自身を意識したままでいるとき，みずから自由な現実であると確信している。

〔3　本来の宗教の生成と諸規定〕

まず，自己意識と本来の意識，宗教とみずからの世界での精神ないしは精神の定在は区別される。その場合，後者は，｜（630）精神の契機が別々に現れ，各々が己れ自身で提示されるかぎり，精神の全体ということで存続する。しかし，諸々の契機というのは，意識と自己意識と理性と精神である。――すなわち，精神といってもまだ精神の意識[39]ではない直接的精神としてのことである。それらを総括した総体が世俗的定在一般での精神である。精神そのものはこれまでのいくつかの形態を，普遍的な規定ということで，たったいまあげた契機ということで含んでいる。宗教は，これらの契機の全経過を前提しており[40]，それらのものの単純な総体である，すなわち絶対的自己[41]である。――それにしても，宗教との関係でのその経過は，時間上のことと表象されてはならない。

38）（訳注）たとえば光や植物や動物のことである。

39）（訳注）「精神の意識」とは，絶対的精神であり，直接的精神がVIとしての「世界での精神」である。

40）（訳注）「前提しており」という点でVIIの成立もVIの場合と同様である。

41）（訳注）良心は第三の自己であり，絶対的自己である。

〔第一に,〕精神全体だけが時間の中にあり，そして精神全体そのものの形態であるような形態は，継起することで提示される。というのは，全体のみに本来の現実性があるから，他のものに対する純粋自由の形式があって，この形式が時間として表現されるからである。だが,〔第二に,〕意識，自己意識，理性および精神という全体の諸々の契機は，契機であるから，それらは，たがいに別々に定在しているのではない[42]。——精神がその契機から区別されたように，なお第三に，それらの契機自身から区別さるべきものは，個々別々になった規定である。すなわち，われわれがながめわたしたように，それらの契機の各々が，それ自身のもとでそのもの自身の【366】経過で，相互に区別され，異なった形態を取る。たとえば，それは，意識のもとで感性的確信と｜(631)知覚が区別されたようにである。この後の側面は時間の中で継起し[43]，一つの特殊的全体に帰属する[44]。——なぜならば，精神は規定を経由して，その普遍性から個別性に降ってゆくからである[45]。規定ないし中項は意識，自己意識などである。だが，これらの契機のとる形態が個別性となる。したがって，これらの形態は，個別性ないし現実性ということでの精神を提示しており，時間で区別される。とはいえそれは，次に来るものが前のものをみずからに保持しているというようにしてである[46]。

それゆえ，宗教が精神の完成[47]であり，意識，自己意識，理性および

42）（訳注）諸契機が定在することがないというのは，諸契機＝消失する契機＝消失する量＝消失するものに依る。

43）（訳注）継起に，ⅦのA-B-Cという区分も依拠している。

44）（訳注）「特殊的全体」というのは，光の宗教と動植物の宗教と工作職人の宗教のこと。

45）（訳注）精神が普遍性から規定性（特殊性）を介して個別性に降るものであるというのとほぼ同じことが，*GW* 9, S. 422, Z. 29 以下の〔αⓞ〕にも説かれている。またⅤが書かれたのは，まだ『精神現象学』前半部であった当時のものと考えられるから，「精神」にあたるものが「意識」と呼ばれていたが，それでも意識は普遍的精神と精神の個別性，言い換えると感性的確信とのあいだに中項として意識の諸形態の体系をもっており，そしてこのさいの「体系」というのは本書で叙述されると同時に世界史で定在するものであるといわれていた場合にもかなり類似した構想があったと考えられる。

46）（訳注）後続の時代が先立つ時代を「保持」しているというのは，後続の時代はまったく新規まき直しで始めるかのようにみえながら，先行の時代をもって己れの実体とすることを指している。

47）（訳注）宗教が精神の「完成」であるのは，それが絶対的精神であるからである。しかしこれはまだ表象性を免れないので，さらに絶対知へ至る必要がある。

精神という精神の個々の契機はその根底としてのこの完成に帰り，また帰ってしまっている[48)]。その場合，それらの契機は一緒になって，精神全体の定在する現実をなし，この全体は，これらの精神の側面が区別されながらも，自己に帰ってゆく動きとしてだけ存在する。宗教一般の生成は普遍的契機の動きに含まれている。けれども，これらの属性[49)]の各々は，普遍的に規定されているだけでなく，それ自体でそれだけで存在し，すなわち，己れ自身のうちで全体として経過するものである。その仕方が提示されたときには，それと一緒に宗教一般の生成が起こっただけでなく，個々の側面の例の完全な経過も，同時に宗教自身の諸規定性を含んでいる。精神全体，宗教の精神は，｜（632）また，その直接性から，精神がそれ自体でつまり直接的にあるものの知[50)]に達する動きであり，精神のその意識に対して現れる形態が，その本質と完全に等しくなるに至り，精神がみずからある通りの己れを直観するに至るまでの動きである。――こうして，精神自身は，この生成では，この動きの区別をつくっている特定の形態をとることになり，同時にそのために，特定の宗教は特定の現実的精神[51)]をもつ。だから，一般に，みずからを知る精神に，意識，自己意識，理性および精神が帰属するとすれば，みずからを知る精神の特定の形態には，特定の形式が帰属する。これらの形式は，意識，自己意識，理性および精神の内部で，その各々で特別な形で展開したものである。宗教の特定の形態はその現実的精神[52)]のために，その各契機の形態から，己れに適したものをとり出してくる[53)]。宗教の

48）（訳注）前進することが同時に根底に帰ることであるのは，*GW* 9, S. 239, Z. 15 以下の〔2〕の場合と同じである。

49）（訳注）普遍的契機（規定性）をもって属性と呼ぶのは，個別性をもってスピノザ風に諸様態と考えたからである

50）（訳注）この「知」というのは，人倫から法状態へ進むことが人倫が何であるかを知ることとされたさいと同じ意味のものである。

51）（訳注）現実的精神は「宗教での精神」の根底である「世界での精神」（時代精神）のことであり，世界精神のことである。たとえば自然宗教は東方精神をもって，芸術宗教はギリシアの人倫的精神をもって啓示宗教はその成立の当初ではヘレニズム・ローマの法状態をもって，それぞれ現実的精神とする。

52）（訳注）東方的，ギリシア的，キリスト教–ゲルマン的精神。

53）（訳注）「とり出してくる」必要があるというのは，芸術宗教の現実的精神は人倫的精神である。これはⅥでは少なくも顕在してはいないものであるから，Ⅵ-A-a へ向かわざるをえず，また啓示宗教はその誕生にさいして法状態をもって現実的精神とするにしても，こ

〔同じ〕一つの規定性は，その現実的定在のあらゆる側面を貫いて，これらに共通の刻印を押す[54]。

さて，こうしてこれまでに現れた形態は，前の系列が現れた[55]のとは違った順序をとるので，それについてあらかじめかんたんにさらに注意をしておく必要がある。【367】――これまでに考察した系列では，みずからの中で深まりながら，各契機は，その自前の原理で一つの全体に形成されて行った。そして，認識作用[56]は，それだけでは存立しない契機に，その実体があった深みないし精神｜(633)であった。しかし，今後この実体が表に出てきた。この実体は自己自身を確信する精神の深み[57]であり，これは，個々の原理が孤立し，己れ自身の中で全体になることを許さないで，これらの契機すべてを己れに集めてひとまとめにしながら，諸契機の現実的精神の富全体の中で進んでゆくのである。そこで，全体の特殊な契機はみな共通に，精神の同じような規定性を自己内にとりいれ，受けとるのである[58]。――この自己自身を確信する精神とその動きは，諸々の契機の真なる現実であり，各々の個別者に帰する**それ自体でそれだけである**〔自体的かつ対自的〕**存在**である。――こうして，これまでの〔同じ〕一つの系列が，いくつかの結び目を通って進んでゆくとき，そこには後退が現れはするが，そこからまたさきにのびてもゆくとすれば，今後またその系列はいわばこれらの結び目，普遍的契機[59]ということで，破られ，多くの線に分裂する。これらの線は一

れはまたⅣにある「不幸な意識」の変容であるにすぎないから，その現実的精神に適合したものを別に求めざるをえないことを指しているであろう。

54)（訳注）諸宗教に「一つの規定」が一貫しているというのは，たとえば「受肉」はC啓示宗教で顕著ではあっても，Aの自然宗教にもあることを指している。

55)（訳注）意識，自己意識，理性，精神という普遍的精神の諸契機が並列されていること。

56)（訳注）「認識作用」のもとの意味はwieder kennenである。

57)（訳注）「己れ自身を確信している精神」(Ⅵ-I-C)の「深み」とは「良心」(c)であり，これをもってmihi religione est…という用法でのreligioと解して宗教に移ったのであるから，良心が，また宗教がこの精神の深みと呼ばれるのは当然である。

58)（訳注）本文のいっている「富」のことがもっともよく実現されているのは，人倫的精神をもって現実的精神とするⅦ-Bの芸術宗教の場合である。すなわちこの宗教は神殿建築，神像彫刻，賛歌，祭祀，密儀，競技，叙事詩，悲劇，喜劇という「富」を備えているのである。

59)（訳注）「契機」とは，意識―自己意識―理性―精神のこと。

つに束ねられ同時に均衡を得て一つになり，その結果，各々の特殊の区別をみずからの中で形成していた等しい区別が集まる。――そのほか全体の叙述からおのずからにして明らかになることは，普遍的ないくつかの方向[60]をここに思い浮かべたように並列することをどう理解するべきかということであり，これらの区別が本質的には生成の契機にすぎないのであって，部分と考えてはならないという注記をするのは，余計なことになることである。｜（634）それらの区別は，現実の精神では，精神の実体の属性であるが，宗教では，むしろ主語の述語であるにすぎない[61]。――またそれ自体ですなわちわれわれにとっては，なるほど一般にすべての形式は精神に，各々の精神に含まれてはいるけれども[62]，精神の現実で一般に問題になるのは，その意識には，精神にとりいかなる規定性があるかということ，精神はどの規定性にその自己が表現されており，いかなる形態でその本質を知っているかということだけである[63]。

〔4　自然宗教と芸術宗教と啓示宗教〕

現実的精神とみずからを精神だと知っている精神とのあいだの区別，または意識としてのみずから自身と，自己意識としてのみずから自身とのあいだに設けられた区別[64]は，みずからをみずからの真実性によっ

60）（訳注）「普遍的ないくつかの方向」とは，意識―自己意識―理性―精神のこと。

61）（訳注）普遍的契機が現実的精神の「属性」であるというのは，スピノザ風に考えてのことであり，そして宗教的精神にとっては「述語であるにすぎない」というときの「述語づけ」は，判断の内属説をくっつけることと解する語法によっている。言い換えると，この場合の述語はスピノザの「様態」にあたる。

62）（訳注）本文が意味しているのは，たとえば受肉はCの啓示宗教の基本的特徴ではあっても，たとえばA-a-bにもあることを指している。

63）（訳注）本文が意味しているのは，たとえば「受肉」はAの自然宗教でもありはしても，ここでは帝王にのみかぎられているということである。

64）（訳注）ここで宗教が実際に区分されるにあたって意識と自己意識との対立がもち出されている。この対立によって区別することはAの自然宗教の前文でますます決定的となっている。したがって区分は必ずしも〔3〕で提案されたようなものではなく，むしろ（A）の意識に応ずるものが自然宗教であり，（B）の自己意識に応ずるものが芸術宗教であり，そして（C）に応ずるものが啓示宗教であるということになる。

て知っている精神[65]では揚棄されている[66]。その意識と自己意識は調停されている。しかし，ここでは宗教はまだ直接的であるにすぎないから，その区別はまだ精神に帰ってきてはいない。まだ宗教の概念が立てられただけで，ここで本質体となっているのは，自己意識であり，それは，みずから一切の真理と確信し，この真理には全現実[67]が含まれているとする。この自己意識は意識として己れを対象としている。したがって，まず己れを直接に知っているだけの精神は，己れにとっては，直接性という形式での精神であり，精神が現れる形態の規定性は存在という規定性である。たしかに，この存在は，感覚ないしは多様な【368】素材[68]によっても，またその他の一面的契機，目的，使命[69]によっても充たされるものではなく，精神によって充たされ，己れが｜(635) 全真理であり全現実であることを知っている。そういうわけでこの充たすということは，その形態と等しくないし，本質体としての精神はその意識と等しくない。精神は，自己自身を確信している通りに，またみずから己れの真理にもいるときに，あるいは，精神が意識となって分かれてゆく両項が，精神の形態をとって，たがいに関係し合っているときになって[70]はじめて，絶対的精神として現実的である。精神がその意識の対象として受けいれてつくる形態化は，実体としての精神の確信によって充たされたままである。この内容によって，対象がまったくの対象性に，自己意識を否定する形式に沈んでゆくことはなくなる。精神が自己自身とそのまま一つになることが，基盤なのであり，つまり純粋意識なのである。この純粋意識の内部で意識は別れて出てくることになる。こうし

---

65)（訳注）この「精神」への到達がなされるのは，受肉をもって基本の特徴とするCの啓示宗教でのことである。

66)（訳注）*GW* 9, S. 112, Z. 17, Z. 29 以下を参照されたい。

67)（訳注）全真理，全現実というのは，「理性とは全実在であるという意識の確信である」というその規定によっている。

68)（訳注）素材というのは，「自由な物素」にあたり，色素，光素，熱素，香素などの「素」のことである。

69)（訳注）「一面的契機，目的，使命」とは，Ｖ-B-aの快楽，bの心の法則，cの徳などのことである。

70)（訳注）「意識」の対象と自己とが何れも精神の形態を備えて相対するということが実現されるのは，受肉をもって基本の特徴とする啓示宗教でのことである。このことの始まるのは，*GW* 9, S. 375, Z. 12 以下のスフィンクス像で「自己意識が自己意識を出迎える」ようになることでである。

て，みずからの純粋自己意識に包みこまれることによって，精神が宗教のうちに現存するにしても，それは自然一般の創造者[71]としてのことではない。むしろ精神がこの動きで出すものは，諸々の精神としてのみずからの形態であり，これが集まって精神の現象を完成するのである。そこでこの動き自身は，その個々の側面を通じて，精神の完全な現実が生成することである。言い換えれば，その動きは精神の不完全な現実である。

精神の最初の現実は，宗教そのものの概念である，言い換えれば，直接的したがって自然的宗教[72]としての宗教である。この宗教では，精神は，自然的ないし直接的｜（636）形態をとったみずからの対象を，己れだと心得ている。しかし，第二の現実は，当然ながら，揚棄された

71）（訳注）ヘーゲルは創造の教義をそのままでは承認しない。すなわちかれは精神ないし自己意識は対象とそれ自体では一体である。このような精神に反省によって，すなわち「己れのうちへゆくこと」によって主観と客観が分離し，対象が立ちあがってくることという概念的事態を表象の立場で表現する言葉が「創造」であると解するのである。このような見解はすでに1797年頃のフランクフルト期のものであるいわゆる「ドイツ観念論の最古の体系プログラム　一つの倫理学」に示されている。この「プログラム」の執筆者がだれであるかは問題となっていたことであり，ヘーゲルであることを論じたのはペゲラーである。ただこのプログラムはヘーゲル自身のものというよりも，ヘルダーリン，シェリング，シンクレアなどとの同志的団体のためにかれが執筆したものであって，そのすべての点がヘーゲルの見解であるとはいいえないにしても，創造の教義に関するうえのような解釈がかれ自身のものであったことの理由としては，次の諸点をあげることができる。①1801年の『差異論文』はフィヒテ哲学とシェリング哲学とを比較するにあたって，哲学の課題である絶対者は客体であると同時に主体であり，自然であると同時にインテリゲンツであり，実在的なものであると同時に観念的なものである。こういう無差別である絶対者にまたこのような対立への分裂が生ずるのは，自然の光が内面化して理性，ロゴス，言葉，インテリゲンツが生まれること，すなわちシェリング『わたしの哲学体系の叙述』（シュレーター版『全集』第三巻101頁）のいっているように無差別のうちへの電光のような切り込みが生ずることによるのである。ここに神の永遠な人間となることの，言葉を生み出すことの直観が与えられているとしている。ここからすると，ヘーゲルはシェリングとともに『旧約聖書』「創世記」第1章に示されている創造観をたんなる物語として退け，「ヨハネによる福音書」第1章のロゴスという内面の光が誕生するとともに内外が分離しそとが現象してくるところに「創造」があるとし，またこの創造をもって受肉と解していることになる。

72）（訳注）「自然宗教」を承認することは，精神が光や植物や動物という自然の形態で己れを対象としているのを承認することであるから，自然もそれ自体では精神であることを，言い換えると，「自然は隠れた精神である」ことを，ヘーゲルが承認していることになる。この見解を『差異論文』に即していえば，絶対者は主体–客体なのであるから，インテリゲンツによって主体と客体とへの分裂があっても，両者はまた相互滲透の状態にあるということになる。

自然性つまり自己という形で己れを知ることである。したがって，それは芸術宗教[73]である。というのは，形態は意識を生み出すことによって，自己という形式に高まっているからであり，これによって意識はみずからの対象に，みずからの行いないし自己を直観する[74]からである。最後に第三の現実は，はじめの二つが一面的であるのを揚棄する，つまり，自己は直接的自己であると同時に，直接性が自己である[75]。精神は，第一の場合には要するに意識の形式で，第二の場合には――自己意識の〔形式で〕あるとすれば，第三の場合には両者を統一する形式である。つまりそれ自体でそれだけでの（自体的かつ対自）存在の形態をとる。したがって，精神は，精神がそれ自体でそれだけで（自体的かつ対自的に）ある通りに表象されているとき，啓示宗教である。しかし，この宗教に達したとき，精神はみずからの真の形態に達してはいるものの，ほかならぬ形態そのものや表象であるという点で，なお超えられていない面が残っている[76]。その面から精神は概念に移って行って，対象性の形式を，概念のうちでまったく解体しなければならない。この概念とは，みずからのこの反対をみずからのうちで包んでいるものである。

73）（訳注）「芸術宗教」は，歴史的には古代ギリシアの宗教のことである。これをもって同時に芸術の典型とするのは，一面で書簡第11番（1795年4月6日シェリング宛）が示すような，ヘーゲルが若き日にシラーの『人類の美的教育についての書簡』から多大の感銘を受けたことによるとともに，シュライアマッハーの『宗教論』を高く評価し，この書がそのⅢの「宗教への形成陶冶について」で古代ギリシアに言及しつつ，その芸術が宗教ないしキリスト教に多大の貢献をなしたと説いたことにも影響されている。

74）（訳注）自己意識の成立にとって「生み出すこと」が不可欠であることは，自然宗教の総論に強調されていることであって，そのｂとｃとでこのことはますます決定的となってゆく。この点からすれば，すでにⅥの自己意識およびⅤ-Ｂの「理性的自己意識の己れ自身による実現」で労苦や生産の意義がもっと高調されて然るべきであったことになる。

75）（訳注）「自己は直接的自己である」というのは，啓示宗教の自体の面，すなわち自然的な宗教的面であり，また啓示宗教自身での受肉――イエス・キリストでの――ないし定在の面であり，さらにⅧでの『精神現象学』全体の回顧からいえば，「自我の存在は一つの物である」（頭蓋論）にあたる。これに対して「直接性が自己である」の方は，啓示宗教の対自の面，すなわち芸術宗教的面，とくに喜劇の面であり，啓示宗教自身では定在に対する実在の面であり，また〔γ)〕の「自己意識の場面」ではただにキリストのみならず，一般の信者にも神性が備わるとされる面であり，『精神現象学』全体の回顧からすれば前の命題を換位するときに成立する「物は自我である」という有用性の命題にあたる面のことである。

76）（訳注）形態がまだ克服されていない側面であるのは，*GW* 9, S. 369, Z. 25に「意識の含む諸形態」とあることが示すように，形態は本来的にはＡとしての意識のもののようである。

そうなったときには，精神は自己自身の概念を把握したことになる。これは，われわれだけが，やっと理解していたことである。そこで精神の形態ないしその定在の場面は，概念であるから，精神それ自身である。

【369】｜（637） A 自然宗教

精神を知る精神は自己自身の意識であり，対象的なものの形式内で確信している。つまり，精神はある，と同時に，自立存在〔対自存在〕である。それは己れに対して〔対自的に〕おり，自己意識という側面であって，しかもみずからの意識の側面に対している，つまり，対象としてのみずからに関係する側面に対している。その意識には対立があり，このためにそこでは，対象がみずから現れみずからを知る形態が，規定されている。この規定性こそは，宗教のこの考察で大切なものである。というのも，形態をもっていない精神の本質，言い換えればその純粋な概念は，すでに[77]判明しているからである。けれども，意識と自己意識との区別は，同時に自己意識内部に生ずる。したがって，宗教の形態は，考えから自由な自然や定在から自由な考えのような場合の，精神の定在を含んでいるのではなく，思考に保たれた定在であり，みずから現にありながら思考されたものである。――精神のみずからを知るこの形態が，規定される〔仕方〕に応じて，一つの宗教｜（638）が他の宗教から区別される。だが，同時に注記すべきことは，精神の自己についてのこの知を，この個々の規定性にしたがって提示しても，実際には，現実的宗教の全体が尽されるものではないことである。判明してゆく異なったいくつかの宗教にしても，やはり，唯一のしかも各々の個別的宗教の，さまざまな側面をまたしても提示するにすぎないし，現実の或る宗教を，他の宗教よりも際立ったようにみせるいくつかの表象[78]にしても，いずれの宗教の中にも現れてくる。しかし，同時に，そういう違いは，また宗教というものがもつ一つの違いとしても考察されなけれ

77）（訳注）*GW* 9, S. 367, Z. 32 以下を参照されたい。
78）（訳注）「表象」とは，たとえばCの特徴である「神の受肉」。

ばならない。というのは，精神は，みずからの意識とみずからの自己意識との区別にあるのだから，その動きが目標としているのは，これらの主たる区別[79]を揚棄し，意識の対象となる形態に自己意識の形式を与えることだからである。けれども，この区別は，意識の含む諸形態が己れで自己という契機をもっていて，神が自己意識として表象されるということによってすでに廃棄されているのだとはいえない。表象された自己は現実の自己ではない。この自己は，形態のもっと詳しいその他の各規定と同じように，真に形態の一つであるためには，一方では，自己意識の行い[80]によって形態に置かれなければならないし，他方では，より低い規定がより高い規定によって揚棄され，概念把握されていることが明らかにされなければならない。すなわち，表象されたものが表象されたものでなくなり，みずからの知に疎遠なものでなくなるのは，自己がそれを生み出したこと，したがって，｜(639) 対象の規定が己れのものだと直観し，対象がみずからだと直観することだけによる。――この働きによって，同時に，より低い規定は消えている。つまり，行いは，【370】他者を犠牲にして遂行された否定的なものである。より低いものは，なお現前してもくるのだというかぎりで，非本質的になって後退している[81]わけだが，より低いものがなお支配しているのに，より高いもの[82]も現前してくるという場合には，一方は自己にならないで，他方とならんで，座をしめている。したがって，いろいろな表象が，ある個別的宗教の内部で，その宗教の形式の動き全体をなるほど提示してはいるにしても，各々の宗教の性格は意識と自己意識の特別な統一によって決められている。すなわち，自己意識が意識の対象の規定を己れの中でつかみ，それをみずからの行いによって完全にわがものとし，他の規定に比べて本質的なものと知ることによって決められる。――宗教的精神

79)（訳注）意識と自己意識との区別が「主たる区別」であることは，この区別が（A）-（B）-（C）の区分をもたらすことを意味している。

80)（訳注）「行い」の重要性は，A-b（植物と動物）の終わりの段落に労苦するものが優位を占めることで高調されている。

81)（訳注）「非本質的になって後退する」というのは，たとえば女神アテナにとってのフクロウがかつて聖獣であったときの名残りにすぎないことを意味している。

82)（訳注）低次の宗教のうちにも高次の宗教の規定が現れてくるというのは，たとえばA-a（光）で王が主神アフラ・マズダの「受肉」である。

の一規定を信ずることが真理であると明らかにされるのは，現実の精神が，みずからを宗教だと直観する形態と同じ性質のものであることでである，——それはたとえば，東方の宗教に現前してくるように，神の受肉は，その宗教の現実の精神がいまいった和解をもっていない[83]ため，真理ではない。——規定の総体から個々の規定に帰ってゆくことや，その宗教の内部に，また特殊な宗教の内部に[84]，他の宗教の完全な姿がどういう形で含まれているかを示すことやは，いまの場合の仕事ではない。より低い形式に押し戻された場合の，より高い形式は，自己意識的精神に対するその意味を欠いており，｜（640）この精神にただ表面的に，その精神の表象に帰せられるだけである。より高い形式は，その自前の意味で考察され，特殊宗教の原理であるところで，その現実の精神によって真であると保証されているところで考察されるべきである。

a 光

〔1 純粋自我〕

精神[85]は，自己意識である本質体である。——言い換えれば，全真理であり，全現実[86]を己れ自身であると知っている自己意識的本質体である。——この精神は，みずからがその意識の動きということで示す実在性に対している場合は，やっと己れの概念[87]である。——この概念は展開する昼に対するときは，己れの本質体の夜であり，自立的形態としてのその契機の定在に対するときは，その誕生の創造的秘密[88]である。この秘密には己れ自身に己れの啓示がある。なぜならば，概念はみずから

83）（訳注）「和解をもっていない」というのは，東方では帝王のみ自由であって他のものは奴隷にすぎないからである。

84）（訳注）「内部」というのは，たとえば A-a の内部でである。

85）（訳注）この精神は絶対的精神である。

86）（訳注）全現実というのは，宗教も理性であることであるが，全には普遍という意味も込められている。

87）（訳注）この概念は，自我＝自我の＝にあたる。

88）（訳注）「創造」は「自我＝自我」が自己意識と対象意識へ分裂することから導出されている。

を知る精神であって，その本質に，意識であり，己れを対象的に表象するという契機あるので，定在にはこの概念に，みずからの必然性があるからである。――それは，純粋【371】自我[89]であり，これはみずからを外化放棄し，普遍的対象としながらも，自己自身であると確信している。言い換えれば，この対象は自我にとっては，あらゆる思考とあらゆる現実が浸透しあうことである。

（641）

〔2　存在〕

自己を知る絶対的精神が，直接にはじめて分裂する[90]ときには，その形態には，直接的意識または感性的確信に帰せられるような規定[91]がある。精神は存在[92]という形式で己れを直観するが，感覚という偶然な規定に充たされた精神なき存在，感性的確信に帰せられるような存在の形式でではない。むしろその存在は，精神によって充たされた存在である。この存在は，直接的自己意識のもとで現前してきた形式を，すなわちその対象から退く精神の自己意識[93]に対し主人[94]であるという形式を自己に含んでいる。――したがって，精神の概念によって充たされたこの存在は，精神の自己自身に対する単純な関係という形態である，言い換えれば，無形態という形態[95]である。この形態は，こういう規定の

89）（訳注）宗教の基本は純粋自我である。

90）（訳注）この分裂は，意識が主観と客観の両項に分裂すること。

91）（訳注）光の宗教はⅠの感性的確信の宗教である

92）（訳注）光の宗教は「存在」の宗教である。ただし，この存在が精神をもって中身とする。

93）（訳注）「その対象から退く精神の自己意識」というのは，奴隷のことである。

94）（訳注）「光の宗教」のもとには，ペルシア宗教が意味されていることが多いが，この点からすると，「主人」は表裏一体の意味をもっている，すなわちそれは一方では主神であるが，アフラ・マズダは７つの光霊を従えて世界を統治しており，そしてこの「７つの光霊」とはまた王とこれを取りまく６人の大臣とである。したがって「主人」とは他方ではこの王のことでもある。

95）（訳注）「無形態という形態」というのは，Ⅰの感性的確信が捉えるものは存在であり，純粋な存在であることである。しかし同時に「このもの」でもあり，あるいはハイデガー的にいえば，存在するものでもあって，後者は前者の傍らにたわむれているものである。したがって「光」には「存在するもの」としては形態でありながら，「存在」としては形態がないことになる。

ために，すべてを含み充たす純粋な日の出[96]の光の神，形式なき実体性で維持される日の出の光の神である。その他在は同様に単純な否定的もの，すなわち，闇[97]である。光が己れを外化放棄する動き，己れの他在が抵抗しない場面での創造は光の注出[98]である。それらは，単純状態で同時に，みずから己れ自身となり，己れの定在から帰って，形態を焼きつくす火の潮[99]となる。光がみずからに与える区別は，なるほど定在の実体の中で繁茂[100]し，形を得て自然の諸々の形となるが，その思考の本質的単純性は，支えをなくし理解できない形で，それらの形式の中をさまよい[101]，｜（642）その限界を量り知れぬところまで拡げ，高まって壮麗となった美を，その崇高な状態で解体してしまう[102]。

〔3　多くの名前をもった一者〕

したがって，この純粋存在が展開する内容もしくはその知覚は，実体の傍らを本質もなくたわむれており，この実体は昇るだけで〔東方〕，己れに下降して行って，主体〔西方〕となり，自己を通してその区別を固定させることをしない[103]。その諸々の規定は，自立性となることな

96）（訳注）「日の出」は対象意識に対して対象が「立ちあがること」をとともにまたその象徴である日の出をも意味し，同時にさらに「東方」をも意味する。したがってAの自然宗教は東方の宗教である。この点で代表的であるものがaである。そしてこのaとしてはペルシア宗教が考えられているふしが多いにしても，同時にユダヤ教のことも考えられており，創造についての見解にも『旧約聖書』「創世紀」第1章の解釈とみられる点が多い。

97）（訳注）ペルシア宗教からいえば，「闇」は大悪霊でもある。

98）（訳注）「光の注出」は，おそらくFerverにあてたのであろう。

99）（訳注）「火の潮」については，エドワルト・マイヤーの『キリスト教の起原と端初』によると，アフラ・マズダは最後の審判にさいしてアーリマンおよびそれに率いられる悪人どもを捉えるために焼けて流れる硫黄その他の鉱物よってかれらを浄化することになっているが，「火の潮」とはおよそこのようなことを意味しているであろう。

100）（訳注）「繁茂」は，他の箇所では，植物の繁茂に関して用いられている。

101）（訳注）「さまよう」は，*GW*2, S. 278では，ヨルダン河でのキリスト受洗の情景を描くにさいしても，捉えどころのない東方的思考を特徴づけるために用いられている。

102）（訳注）カントは『判断力批判』で美を優美と崇高とに大別した。これを受けてヘーゲルはフランクフルト期の「ユダヤ教の精神」についてのテキストで「ギリシア人の精神は優美であり，東方人の精神は崇高であり偉大である」といっているが，本文でも，この立場のとられていることは明らかである。

103）（訳注）「昇る」と「下降して行く」については，東方で太陽が昇り，西方に沈む

く，いつまでも多くの名前をもった一者[104)]の名前〔東方の神〕であるにとどまる属性であるにすぎない。この一者は，定在の多様な力や，自己なき飾りであるような，現実の諸々の形態につきまとわれている。しかし，それらはこの一者という威力の使者〔天使〕にすぎず，みずからの意志をもっていない。それらは一者の栄光を直観し，それをたたえる声を発するだけである[105)]。

だが，このよろめく生命[106)]は規定されて自立存在〔対自存在〕となり，その消えゆく形態には存立が与えられなければならない。直接的存在は，この生命をみずからの意識と相対させるが，そのときこの存在はみずから，その区別を解体する否定的威力[107)]である。それゆえ，この存在は，真実には自己であり，そこで精神は，みずからを自己という形式で知ることへと，移ってゆく。純粋な光は【372】みずからの単純性を，無限な形式としてばらばらにし，それを自立存在の犠牲に供してしまい，そのために，個別者はその実体ということで存立するようになる。

| (643)

b　植物と動物

自己意識的精神は，形態のない本質体[108)]から自己に帰っており，その直接性を自己一般[109)]に高めている。いまみずからの単純性を規定し

という考えに従っている。

104)（訳注）「多くの名前をもった一者」は，偽アリストテレスの『世界について』のうちに神について「一にして多名なり」とあるのによっている。

105)（訳注）「光の宗教」がペルシア宗教であるところからすると，「使者」のうちで最大のものは7つの光霊であり，その賛歌はFerverと呼ばれたとされている。

106)（訳注）「よろめく生命」と同様な表現はディオニュソスの祭に関して用いられている。

107)（訳注）「否定的威力」というのは，「存在」が「存在するもの」に対しては無であることによっている。

108)（訳注）「形態のない本質体」というのは，*GW* 9, S. 371, Z. 13で光が「無形態の形態」と呼ばれていたものに応じている。

109)（訳注）「自己一般」というのは，このbという段階では植物としての，そしてとくに動物としての自己があるだけであって，人間としての自己が生ずるのは，cを通じてBでのことだからである。なお植物はすでに自己保存の能力によって個体性をもっているが，

て，多様な自立存在〔対自存在〕となって，精神的知覚の宗教[110]である。ここでは精神は数かぎりなく多くの，より弱い精神と，より強い精神に，より豊かな精神とより貧しい精神[111]とに分裂する。さしあたり，これら精神上のアトムを静かに存立させるこの汎神論〔インドの宗教〕は，自己自身の中で敵対する動きとなってゆく。無垢の花の宗教[112]〔インド〕は，自己の自己なき表象にすぎないが，それが真剣に争う生命に，罪責を負う動物の宗教[113]〔インド〕に移ってゆき，直観する個体性の安静と無力は破壊的な自立存在[114]に移ってゆく。――知覚をもった事物から抽象という死[115]を奪い，これを精神的知覚という存在者に高めたけれども，いまいった移行を止めるには少しも役に立たない。精霊〔精神的存在〕の国に生気を与えてはみたものの，規定性と否定性[116]の

この個体性一般が対自存在として顕著となるのは，爪や歯で防衛することのできる動物に至ってのことである。

110）（訳注）「精神的知覚の宗教」というのは，歴史的には古代インドのバラモン教のことである。なぜこれを「知覚の宗教」と呼ぶかといえば，そこでは植物も動物も神としてあがめられるからであり，またIIの知覚の物は「もまた」の普遍性ないし多様性と否定的一者としての個別性ないし規定性とからなっており，多様性で植物が平和的に相互に共存しているのに，規定性で動物がたがいに相争うのにあたるからである。

111）（訳注）「数かぎりなく多くの，より弱い精神と，より強い精神に，より豊かな精神とより貧しい精神」というのは，動植物も神としてあがめられることを指すが，「現実的精神」からいえば，カストの制度のことを指しているであろう。カストという語は『精神現象学』ではインドに関してではなく，エジプトに関して用いられている。しかし『精神現象学』執筆当時でもヘーゲルがむしろインドにこそカストの制度が特徴的であったことを認めていたといってもほぼ誤りではないであろう。そうであるとすると，「数かぎりなく多くの，より弱い精神と，より強い精神に，より豊かな精神とより貧しい精神」もその「現実精神」からいえばカストないしその変容に帰するであろう。

112）（訳注）「花の宗教」はインド人の生活をもって周囲にバラの息吹きを与える花の生活であるとすることに従っている。

113）（訳注）「動物の宗教」については，ヘーゲルはインド神話のブラーフマン―クリシュナ―シバという系列に一種の三位一体の意義を認め，第三位格で第一位格がシバとして個別化されたとき，このシバは荒れ狂い破壊を事とする自然力によって，とくに牝牛によって象徴されると考えていると思われる。ここからすると，花の宗教は，ブラーフマン的段階，動物の宗教はシバ的段階であり，歴史的には前者はバラモンの指導によってカスト制度の安定していた時期のものであるのに対して，後者はこれに少なくとも変容の来たった時期のものになる考えていたことになる。

114）（訳注）動物は，爪や歯などの標識によって他の動物から己れを区別して自立的に存在する。

115）（訳注）「抽象体という死」は，否定によって光の宗教のよろめきともいうべき生命に植物と動物としての「自己一般」の生じたことを指しているであろう。

116）（訳注）この「規定性」と「否定性」とは，物が「もまた」としてもつ多様性と同

ために，諸物の無邪気な無関与をおおう否定性のために，そこには死がある。この否定性のために，多様で平静な植物形態に分散させることが敵対的動きになって行き，ここでは各々の自立存在のもつ憎しみが，それらの形態をすりへらしてしまう。――このように散り乱された精神の現実的自己意識は，｜（644）孤立化して仲間を失った多数の民衆的精霊〔精神的存在〕であり，これは憎しみの余り死を賭けて争い，特定の動物形態を己れたちの本質[117]と意識するようになる。なぜならば，これらの精霊は動物精霊〔精神的存在〕にほかならないし，己れが普遍性をもたないと意識しており，他から孤立している動物生命にほかならないからである。

しかし，このような憎しみにあっては，純粋に否定的自立存在の規定性はすりへってゆき，概念のこの動き[118]を通じて，精神は別の形態に移ってゆく。自立存在が揚棄された姿は対象という形式である。これは自己によってつくり出されたものであり，言い換えれば，むしろつくり出され，すりへってゆく自己，すなわち物となる[119]自己である。したがって，ただ引きちぎれてゆくだけの動物精霊〔精神的存在〕に打ち克つのは，工作職人であるが，その行いはただ否定的であるにとどまるものではなく，安定のあるものであり，肯定的でもある[120]。したがって，精神の意識[121]は【373】今後，直接的自体存在ならびに抽象的自立存在を超え出た動きである。自体は，対立を通じて規定性におとしめられているから，もはや絶対的精神自身の形式[122]ではなく，一つの現実であ

時散在性とに対して，物が否定的一者として備えるものである。

117）（訳注）トーテムの制度のこととも解されるが，むしろエジプトのメンフィスの守護神プタが牛を，ヘルモポリスの守護神トトが朱鷺をもって聖獣とするのになぞらえて考えられているのであろう。

118）（訳注）概念の動きというのは，一と多，対自と対他のような対立を超えた普遍性へと移ってゆくことである。

119）（訳注）「物となる」というのは，奴隷の労苦が対象に形式を与えることが己れの自己を客観化する所以とされたことに，また「不変な実在」に対する一種の奴隷である不幸な意識が行う禁欲という一種の労苦がこの意識に自体的存在を与えたことに応じている。

120）（訳注）*GW* 9, S. 115, Z. 12 以下を参照されたい。

121）（訳注）「精神の意識」というのは，精神の自己意識，したがって絶対的精神の自体の面である。したがってまた自然宗教のことである。

122）（訳注）「自体」は A 対象意識の宗教である自然宗教にとっての基本的規定であった。そして本文はこの宗教が対自をもって基本的規定とする B 芸術宗教へと移りつつあるこ

る。この現実を絶対的精神の意識は，普通の定在として，みずからに対立しているものと気づき，それを揚棄して，この意識は自体存在を廃棄する自立存在であるだけでなく，やはりまた意識の表象[123]をも，すなわち，対象の形式へと取り出された自立存在をもつくり出す。しかし，このようにつくり出すことはまだ完全な働きではなく，制限された働きであり，現存するものに形を与えることである[124]。

| (645)

c　工作職人

したがって，このようにここに精神は工作職人〔エジプト〕として現れる。そして，精神は，行いによって己れ自身を対象としてつくり出しはするが，まだ己れの思想的考えをつかむまでに至ってはいないので，その働きは本能的労苦であり，蜂が巣をつくるのと同じである。

〔1　ピラミッドとオベリスク〕

そのはじめの形式[125]は，直接的なものであるから，悟性の抽象的形式[126]であり，その作品も，まだそれ自身で精神に充たされてはいない。ピラミッドやオベリスクの結晶体，直線と平面の単純な結びつき，通約

とを示そうとしている。

123）（訳注）「意識の表象」とは，たとえばピラミッドやオベリスクのこと。

124）（訳注）「形を与えること」は，芸術制作でなく，工作職人の労苦であることを意味している。

125）（訳注）「はじめの形式」とはピラミッドとオベリスクとのことである。ここではヘーゲルはピラミッドをもこの形式のものとしているのであろう。このことが次の〔2〕で神殿と神像とについて論ずるに先立って，これらを以て「はじめの形式」とする理由である。実際，これらは「はじめの形式」と呼ばれるにふさわしいものであって，以下の論は一方のピラミッド―神殿―内面の覆いの系列と他方のオベリスク―神像―メムノン像の系列からなっている。またピラミッドとオベリスクは歴史的にもメンフィスに都した第4王朝（前3700頃–3500年頃）のいわゆる「ピラミッド諸王」時代のものであるから，もっとも古いものである。

126）（訳注）工作職人の宗教は悟性の宗教であり，その「抽象的形式」とはいわゆる幾何学的様式のことである。

不可能[127]な球形を消し去っている部分の均衡関係，これらは厳密な形式を守る工作職人の労作である。ただ悟性的にわかりやすいというだけの理由のために，形式は已れ自身では意味を得ていないし，精神的自己になってもいない。したがって，作品が精神を受けとるときには，見知らぬ死者の霊として，つまり，現実との生きた交渉を捨て去り，生命をもたない結晶体に死んで帰ってくる霊としてであるか，それとも，みずから外的であって，精神としてはそこにいないようなものとしての精神に，――つまり，作品に意義を投げかける日の出の光に，そとから関係する形でであるか，そのいずれかである。

〔2　神殿と神像，メムノンの像と黒い石〕

労苦する精神は，みずからが加工する材料となる自体存在と，｜
(646) 労苦する自己意識の側面である自立存在〔対自存在〕とに分離するところから，出発するわけであり，この分離はいま作品の中でその精神の対象となっている。この精神の努力はさらに進んで，魂と肉体の分離を揚棄し，それ自身での魂には衣を着せて形を与え，肉体には魂を与えるところへと進まなければならない。二つの側面はたがいに近づけられるが，その際，表象された精神という規定と，それをとりまく【374】覆いという規定とを相互にもったままである。その精神の自己自身との全一性は，個別性と普遍性の対立〔影像と神殿〕[128]を含んでいる。作品の両側面がたがいに近づきあうとき，同時にそのためにまた別のこと[129]も起こってくる。すなわち，作品が労苦する自己意識にいっそう

127）（訳注）「通約不可能」の把握には「真無限」の立場，言い換えると，「概念」の立場を必要とするために，ヘーゲルのとても重んずるものであって，それが芸術品で実現をみるのは，エジプトを通じてギリシアでであるとかれは考えている。

128）（訳注）「個別性と普遍性との対立」のうち，個別性は神像彫刻，普遍性は神殿建築をそれぞれ意味するが，神殿のことは次の段落で，神像のことはさらにその次の段落で取りあげられている。

129）（訳注）「別のこと」というのは，メムノンの像のことであろう。この作品は人間の坐像であるから，労苦する自己をして已れをそれ自体でそれだけで認識することを可能にはするが，朝陽を受けてはじめて音を立てるだけであって，まだ声を，言葉を欠いているものとして，まだ真実には魂（精神）に欠けたものである。したがって対自の側面はこれをた

近づいて行き，自己意識は作品で己れがそれ自体でそれだけで〔自体的かつ対自的に〕ある通りの己れの知に行きつくことが起こる。だが，その場合に，作品はやっと活動の抽象面をなすにすぎない。すなわち，その活動の抽象面はなお己れの内容を知ってはいるが，まだ己れ自身のうちでではなく，一つの物である作品でである。精神全体たる工作職人自身は，まだ現れないで，内に隠れたもの[130]にとどまっている。これは全体としては，能動的自己意識と，この意識によってつくり出された対象とに分かれて，存在しているにすぎない。

したがって，周囲の住居，外的現実はやっと[131]悟性の抽象的形式に高まっている[132]にすぎない。工作職人はそれをやや魂のこもった形式〔円柱形式〕につくりあげてはいる[133]。そうするために工作職人は植物の生命を利用する。この生命は，もはや，前に述べた無力な｜(647)汎神論[134]が，神聖であるとしたものではなく，自立存在〔対自存在〕するものとしての工作職人が使いうるものと考えたものであり，軽んじて外面や装飾にしたものである。だが，この生命は変更を加えない形で利用されているのではない。自己意識的形式をもった労苦する者は，同時に，この生命の直接現存する姿に備わっている無常な形態をなくしてしまい，その有機的形式を，思想的考えというもっと厳しくもっと普遍的形式[135]に近づける。有機的形式は，自由に放っておかれると特殊な形をとって繁るが，それをそれなりに，思想的考えの形式で押さえつける。他方では直接的で平面的形態に丸みをつけて魂をふき込んでいる

だ抽象的にしか表現していないものである。

130）（訳注）「内に隠れたもの」というのは「黒い石」として述べられているものにあたるであろう。これは内面を表現したものではあっても，この「内面」は外面からまったく分離した内面であるから，そこで内外を統一づけるものとして，スフィンクス像が取りあげられることになる。ただしメムノンの像および黒い石への対応には若干のズレがある。

131）（訳注）「やっと」というのは，歴史的には「ピラミッド諸王」の時代のことである。

132）（訳注）「高まっている」にはいつも二段階ある。

133）（訳注）「つくりあげている」ことの行われたのは，歴史的にはテーベに都した第12王朝の時代（前2500頃–2300年頃）のことであって，この時代には次の段落の神像彫刻も現れてくる。

134）（訳注）*GW* 9, S. 372, Z. 10 以下を参照されたい。

135）（訳注）「普遍的形式」とは，幾何学的様式のこと。

〔円柱形式〕。――これは混合[136]であるが，これが自由な建築家[137]の元となるわけである。

この住居は，精神の普遍的場面ないしは非有機的自然[138]という側面であり，いま個別性の形態[139]をもうちに含むことになる。この形態は，以前には[140]定在によって分けられていた精神を，つまりこの定在にとって内的〔ピラミッド〕もしくは外的〔オベリスク〕な精神を，現実にいっそう近づけ，そのため作品は，能動的自己意識ともっと等しいものにされるのである。労苦する者ははじめ自立存在〔対自存在〕一般という形式を，動物形態を選ぶ。労苦する者は，己れ自身がそのまま動物生命の中にいるのではもはやないと意識している[141]。労苦する者は，このことを，己れがつくり出す力として動物生命に対抗するものとされ，動物生命を己れの作品とみて，そこに己れがいると知る形で，証明する。その結果同時に動物形態は揚棄されて[142]，別の意味をもち，別の意味や｜(648) 思想的考えをもった象形文字[143]になる。そのため動物形態も，労苦する者によって使われるという，ただまったくそれだけのものではもはやなくなって，思想的考えという形態，人間的形態を混じえたもの〔半獣半人の像〕になる。だが，この作品には，自己を自己として現存させる形態と定在がなお欠けている。――すなわち，そこになお欠けているのは，その作品が一つの内的意味を己れに含んでいることを，みずから自身のもとで表明するという面である。【375】充実する意味そ

136) (訳注)「混合」というのは，工作職人の作品の基本的特徴である。

137) (訳注)「自由な建築家」というのは，ギリシアでのコリント式，イオニア式の円柱神殿建築家のこと。

138) (訳注)「非有機的自然」というのは「環境」のことである。

139) (訳注)「個別性の形態」というのは，前段落の神殿のうちに安置されている神像彫刻のことである。

140) (訳注) *GW* 9, S. 373, Z. 21–26 を参照されたい。

141) (訳注) *GW* 9, S. 372, Z. 23–25 を参照されたい。

142) (訳注)「動物形態は揚棄されて」とするというのは，神像に添えた聖獣とすること，たとえばメンフィスの守護神プタの像が牛を聖獣として，テーベおよびヘルモポリスの守護神トトが朱鷺を聖獣としてしたがえるがようにである。

143) (訳注)「象形文字」は Hieroglyphe eines Gedankens の場合である。エジプトで象形文字が盛んに用いられるようになるのは，アマルナに都したアメン・ヘテプ4世（在位前1377–58年）の時代のことである。

のものを現前させる場面，すなわち言葉[144)]が欠けているのである。したがって，作品は，動物的なものではまったくなくなって自己意識の形態だけを己れで担っているとしても[145)]，なおも音のない形態であるにすぎない。この形態が音をもつためには，日の出の光を必要とするわけだが，この音は，光によって生み出され，響きはするものの，まだ言葉ではなく，外的自己を示すだけで，内的自己を示さない[146)]。

この形態の外的自己に対立しているのは[147)]，内面[148)]を己れでもっている暗示する別の形態である。みずからの本質に帰ってゆく自然[149)]は，生きてはいるがみずからの動きの中で混乱し，個別化してゆく多様な姿を非本質的住居におとしめる，つまり，内面の覆い[150)]である。それで，この内面は，はじめはまだ単純な闇，不動のもの，黒くて不恰好な石[151)]である。

144）（訳注）この「言葉」が本来のもののみにかぎるか，それともギリシアの神像がそれぞれの神の「内面的心構え」を表現しているというさいの「表現」をも含むかは明らかではない。

145）（訳注）「自己意識の形態だけを己れで担っている」作品とは，メムノンの像のことであり，この像はテーベ郊外にあるアメン・ヘテプ3世（在位1413–1377年）夫妻の巨大な坐像であるが，夜明けの光を受けて音を立てると信じられたところから，トロヤ戦争にさいしてアキレウスに殺されたメムノンが母「あかつき」（エオース）をしたって歎くという伝説にちなんで「メムノンの像」と名づけられたものである。なおメムノンのことはオデュッセイアのほか，ヘシオドスの『神統記』や The Epic Cycle のうちの「アイティオピスの書」のうちにも記されている。

146）（訳注）メムノン・ギリシア神話

147）（訳注）メッカの黒い石，ものがみ的信仰対象

148）（訳注）この「内面」はⅢでの「物の内面」にあたるものであって，ここにも工作職人の宗教が悟性の宗教であることが示されている。

149）（訳注）ここに「自然」への言及があるのは，「c　工作職人」もやはり自然宗教に属しているからである。。

150）（訳注）「内面の覆い」は物の内面の前に垂れさがって，その内面が自己意識の自己という内面と同一であるのを見通すのをさまたげるとされた帳にあたるものであろう。

151）（訳注）「黒い石」をベイリーもイポリットもミラーも「メッカの黒い石」と解している。謬見と断じえないにしても，メッカが今日のサウジ・アラビヤに属しているのに，「工作職人の宗教」はエジプトの宗教であるから，この解釈は奇異の感を与える。

〔3　スフィンクスの謎〕

以上二つの表現〔像と容器〕[152]は内面性と定在を含んでいる。――これは精神の二つの契機であり，二つの表現は同時に両方を対立した関係で，内面としての自己｜（649）と外面としての自己という形で含んでいる。二つは統合されなければならない。――人間の形をした影像の魂は，まだ内面からそとに出ていないし，言葉にも，それ自身で内面的である定在にもなっていない。――いくつかの形をもった定在の内面は，まだ音のないもの，己れ自身の中で諸々の区別を立てないものであり，あらゆる区別をもった外面からまだ分けられたままである。――したがって，工作職人は自然的形態と自己意識的形態を混ぜ合せる形で，両方を統合する。この，己れ自身にとっても謎のような，二つの意味をもったものは，意識と無意識とを，単純な内面と多形の外面とを争わせながら，漠とした思想的考えと明快な表現とを結びながら，深くてわかりにくい知恵の言葉となって，吐き出される[153]。

自己意識に対抗して，意識なき作品を生み出していた本能的仕事は，この作品で終わってしまった[154]。なぜならば，そこでは，自己意識となる工作職人の働きに対抗して，やはり自己を表現する自己意識的内面[155]が表に出ているからである。工作職人はこの作品で，己れの意識

152）（訳注）「二つの表現」の原語は beide Darstellungen であるが，*GW* 9, S. 388, Z. 3 でも美しい身体性とバッカス的（ディオニュソス的）感激に関してまったく同じこの語が用いられている。

153）（訳注）スフィンクスの「言葉」というのは，朝に 4 本足で，昼に 2 本足で夕べには 3 本足であって，2 本足のときもっとも強いものは何かという問いをテーベ郊外の岩上から投げかけたことを指すであろう。なおスフィンクスはもとはピラミッドのうえに立っていたものである。したがって「ピラミッド諸王」の時代からあったものであり，それがギリシアにまで波及したのは，ミケーネ時代のことである。ここからすると，本文の叙述も〔3〕でこの時代へ移ってきていると見られるべきである。

154）（訳注）*GW* 9, S. 373, Z. 12–14 を参照されたい。

155）（訳注）自己意識を出迎えにくるものがまた自己意識であり，内面であって，内面に対するものがまた内面であるのは，Ⅲの悟性がⅥの自己意識へと移行する所以であったが，この自己意識にあたるものが芸術宗教である。

が分裂するところに，精神が精神に出会う[156]ところに到達したのである。したがって，精神がみずからの意識の形態であり対象であると自覚しているかぎり，自己意識的精神が己れ自身と一つになるところでは，無意識的形の直接的自然形態と精神との混合は，純化される。形態，｜(650) 言説，所為に現れたこの怪物は，精神的形を得て解体してゆく[157]。――みずからにはいっていった外面に，みずからのそとに出ながら己れ自身にいてみずからを表現する内面に，明快な定在である思想的考えに解体してゆく。そして，この定在は，みずからの形態と一致してみずからを生みながら支えてゆく。この精神が芸術家である。

【376】｜(651) B 芸術宗教

精神はみずからの意識に相対しているが，いま，精神はこの形態を高めて意識そのものの形式[158]とし，そのような形式をみずからつくり出す。工作職人は，思想的考えと自然的なものという〔相互に〕異質な二つの形式を混合させるこの総合的仕事を放棄してしまった。つまり，形態が自己意識的活動という形式を得ることによって，工作職人は精神的に労苦する者になった。

〔1 芸術宗教の現実的精神〕

さて，芸術宗教では，みずからの絶対的本質体を意識している現実的精神[159]とはどれであるか，と問うならば，それは人倫的ないし真の

156) (訳注) この「出会うところ」への到達によって *GW* 9, S. 371, Z. 4 の「最初の直接の分裂」は克服されたことになる。

157) (訳注)「解体する」というのは，オイディプスに謎を解かれたスフィンクスが河に身を投じて消えることによって，自然からの人間の解放が成就されて，ギリシア芸術の栄えることを意味している。

158) (訳注)「意識そのものの形式」は，具体的にいえば人間のことである。

159) (訳注) 現実的精神と宗教的精神との区別については，「絶対的本質体の意識」と

精神[160]であるということが，判明する。精神は個々人すべての普遍的実体にとどまるものではない。むしろ，実体が現実の意識[161]に対して意識という形態をもっている[162]。そのとき，このことはそのまま，個体化[163]を行う実体が，すべての個々人から，みずからの本質体であり作品であると知られていることを意味する。したがって，ここでは実体は，人々にとって光の神ではない。この神の統一では，自己意識の自立存在〔対自存在〕は，ただ否定的形で，ただ亡びゆくものの形で｜(652) 含まれていただけであり，みずからの現実の主人を直観していた[164]。――さらに，また実体は，憎しみあう民[165]が休みなく食いあうことでもなく，民を抑圧してカスト[166]とすることでもない。カストは全体を完全に組織しているようにみえるが，個人の普遍的自由を欠いている。むしろ，この場合の精神は，習俗が，すべての人々の実体となっているような自由の民[167]であり，すべての個々人はみな，この実体の現実と定在が，己れ自身の意志であり，所為であると知っている。

しかし，人倫的精神の宗教は，みずからの現実を超えることであり，その真実態から己れ自身の純粋知[168]に帰ってゆくことである。人倫的

あるのは，これをもつものがここでは宗教的精神ではなく現実的精神であるからでもあろう。しかし芸術宗教はⅥ-Bとして狭義の宗教であるから，厳密にはその現実的精神との関連でも「絶対的本質体の自己意識」というべきでものであろう。

160）（訳注）人倫的精神がまた「真の」精神でもあることについては，*GW* 9, S. 240 でのAの見出しを参照のこと。

161）（訳注）「現実の意識」とは「純粋意識」に対立するものであるから，純粋意識からいえば，自然宗教の実体も意識的存在であることになる。

162）（訳注）実体が「意識的存在」の形態をもつというのは，アポロンやアテナの神像が人像であることを意味している。

163）（訳注）神々のこの「個体化」があるというのは，人倫では普遍が特殊にまでは降りはしても，個別にまでは至らないとあったのと矛盾するようではある。が，個別にまで降らないのは，現実的精神としての人倫に関することであって，芸術宗教に関することではないと解すべきである。

164）（訳注）「主人」というのは「光」の宗教の神アフラ・マズダが現実には帝王であり，帝王がすべての個々人を奴隷とする「主人」であることを意味する。

165）（訳注）*GW* 9, S. 372, Z. 21–23 を参照されたい。

166）（訳注）ヘーゲルは「カスト」の制度をインドのみならず，エジプトにも認めていた。

167）（訳注）「自由の民」とはギリシアでのポリスの市民のことである。

168）（訳注）「知に帰ってゆく」というのは，*GW* 9, S. 240, Z. 1 以下でのⅥ（精神）の概観が示しているように，人倫から法状態を経て，c. の道徳性である己れ自身を確信している精神へと移ってゆくのは，要するに人倫とは何であるかを知の深化であったが，人倫的精

民はみずからの実体とそのまま一つになって生活しており[169]，自己意識という純粋個別性の原理を己れでもってはいない。だから，その宗教は，この民がみずからの存続と別れる[170]ときになってはじめて，完全な姿をとって現れる。なぜならば，人倫的実体の現実は，一方では，自己意識の絶対的動きに比して安定した不変の状態[171]に基づいており，したがって，自己意識が，まだ，その安定した習俗から，その固定した信頼[172]から出て，自己に帰ってはいないことに基づいているからであり，他方では，その組織が，多数の権利と義務に分かれて行き，また全体のために協働する身分[173]と，その特殊な行いの群に分かれてゆくことに，基づいているからである。――それで，個々人は，自分の定在が制限されていることに満足しており，みずからの自由な自己に制限がないという｜（653）思想的考えをまだつかんでいないことに基づいているからである。しかし，実体に対するそういう安定した直接的信頼は，【377】自己への信頼と自己自身の確信に帰って行き，権利や義務が数多くあり行いが制限されていることは，事物やその規定が多数である[174]のと同じように人倫を弁証法的に動かすこと[175]になる。この動きは，自己を確信している精神が，単純な姿をもっているときだけ安定し固定しているような動きである。――したがって，人倫が完成して自由な自己意識となること，および人倫的世界の運命は，個体性が自己内行

神からその宗教である芸術宗教への移行もまた同様であることを本文は意味している。したがってまた芸術宗教はその完成体である喜劇では道徳性をもって，そしてとくに良心をもってその現実的精神とすることになる。

169）（訳注）*GW* 9, S. 255, Z. 33 以下を参照されたい。

170）（訳注）芸術宗教の完成が喜劇であるところからすると，「別れる」というのは，VI-A-b で個別性の原理の出現したとき，言い換えると，ペロポネソス戦争の時期であることになる。

171）（訳注）「不変の状態」のさい，念頭に置かれているのは，*GW* 9, S. 236, Z. 10f. の詩句であろう。

172）（訳注）*GW* 9, S. 196, Z. 9 を参照されたい。

173）（訳注）*GW* 9, S. 246, Z. 6 を参照されたい。

174）（訳注）*GW* 9, S. 71 以下および S. 77, Z. 33 以下；S. 241, Z. 25–30 を参照されたい。

175）（訳注）「弁証法的に動かすこと」については，II（知覚）での物の一と多，対自と対他という矛盾が「制約されない普遍性」を介してIII（悟性）の力となり，力が与える「物の内面」が主体的内面と同一であることによって，（A）の対象意識が（B）の自己意識へと移ったのと同様な弁証法的動きが人倫的精神から芸術宗教の完成体への移行にもあることを本文は意味している。

であり，人倫的精神が絶対に軽率〔喜劇〕[176]であることである。この精神は，みずからを存続させるすべての固定した区別と，その有機的分節の群とを，自分の中で解体してしまい，自己を完全に信ずる余り，制限のない喜びと，極度に自由な自己享受[177]とに行き着いてしまっている〔喜劇〕。精神が自己内で単純な確信をもっていることには，両義がある。つまり，それは，人倫が安らかに存続し，固定した真理であると同時に，――絶対に不安定であり，亡びるものであることである。だが，この確信は反転して亡びてしまう。なぜならば，人倫的精神の真理はやっと実体的本質体であり，信頼であるにすぎないからである。そこでは自己は，自分が自由な個別性であることを知らないから，自己の内面に達するとき，言い換えれば，自己が自由になるときには亡びてしまうのである。かくて，信頼が破れ，民の実体が自己内で動揺することによって，存続しない両項の中項[178]であった精神は[179]，今後，自己を本質であると把握する自己意識の項に｜（654）出てきてしまう。この自己意識は，自己を確信する精神であるが，これは自己の世界の喪失を嘆き，こうして，現実を超えて自己の本質を，自己の純粋な姿からつくり出す[180]。

176）（訳注）「軽率」は，喜劇の精神の特徴として出ているものであって，軽はずみでもあるが，無限の自由を与えるものでもある。

177）（訳注）「自己享受」については，ほとんど同様のことが *GW* 9, S. 399, Z. 14 以下にも述べられている。

178）（訳注）この「中項」は国家と家族との「均衡」と呼ばれていたものにあたるが，本文ではこのさいの家族が「個別」と考えられているのであろう。

179）（訳注）*GW* 9, S. 258, Z. 19–S. 260, Z. 6 を参照されたい。

180）（訳注）「喪失を歎き，こうして，現実を超えて自己の本質を，自己の純粋な姿からつくり出す」というのは，『法哲学要綱』の序説にミネルヴァのフクロウは夕暮れて羽ばたくとあるのに似ているが，同時に「自己の純粋な姿」というのは，*GW* 9, S. 428, Z. 16 以下の「自己」にあたる。

〔2　芸術宗教期〕

この時期に出現するのが，絶対芸術[181]である。以前は[182]〔エジプト〕芸術は本能的労苦であり，これは定在に沈み込みながら，そこを出てそこに働きかけるが，自由な人倫にその実体をもっているものではなく，したがってまた，自由な精神活動を労苦する自己としているのでもない。そののちになると[183]精神は，芸術を超えて，より高い表現を得ることになる〔キリスト教〕。——つまり，自己から生まれた実体[184]であるだけでなく，対象としてのみずからの表現でこの自己[185]であり，みずからの概念から生まれるだけではなく，みずからの概念[186]そのものを形態とするのである〔イエス〕。そこでは，概念と生み出された芸術とが，たがいにまったく同一であることを知るのである。

〔3　純粋活動としての純粋形式〕

こうして，人倫的実体はその定在から出て，みずからの純粋自己意識に取り戻されることによって，この自己意識が概念の側面であり，精神にみずからを対象としてつくり出させる活動の側面である。個々人は，人倫的服従と奉仕[187]ということで骨を折った末に，すべての無意

181）（訳注）ギリシア芸術をもって「絶対芸術」とするのは，啓示宗教すなわちキリスト教をもって「絶対的宗教」とするのに応じている。

182）（訳注）*GW* 9, S. 373, Z. 14 を参照されたい。

183）（訳注）*GW*, S. 400, Z. 18–S. 401, Z. 4; S. 403, Z. 36-S. 404, Z. 32 を参照されたい。

184）（訳注）芸術宗教ではたとえば神像にしてもすでに人像であるのに，その作品を実体と呼ぶのは，芸術作品として主観に対するものとしてまだ客観的だからである。

185）（訳注）「この」自己というのは，神の受肉したものであるイエス・キリストは「この」人であって，また一般に「この」人にも受肉の意味が認められることを指している。

186）（訳注）この概念とは三位一体のことでもある。

187）（訳注）「人倫的服従と奉仕」に関するこの晦渋箇所を理解するには，次の２点に注意することが必要である。①奴隷の形成陶冶について論ぜられたのは畏怖—奉仕—形成ないし労苦であるが，このさい主人に対する畏怖は絶対的で徹底的なものであることを要するのである。そうであることによって，奴隷には個々のものにとらわれる我執がなくなり，そ

識的定在と固定的規定をとりのけるが，そのとき同時に，実体自身も流動的なものとなっている。だからこの活動は純粋形式である。この形式こそ，夜[188]であり，実体の秘密をあばいて，実体を主体にしたのである[189]。｜（655）自然とみずからの直接的定在とから解放された形態となって，人倫的精神が蘇る[190]のは，自己自身を純粋に確信するこの夜からのことである。

【378】精神がその身体を抜け出して，純粋概念にはいってゆくときに，その現実存在は，みずからを苦しみの器[191]として選ぶ個人である。精神は個人のもとでその普遍となり，個人に暴力をふるう威力となり，そのパトス[192]となるが，これに身を捧げるとき個人の自己意識は自由

の心境は何事にも柔軟に適応する流動的なものとなる。しかしこの心境を現実的に示すためには，奴隷が主人の一々の命令に服従して奉仕をすること，また物を形成し労苦することが必要である。しかしこれらのうち，畏怖が絶対的なものであることが基本的であって，そうでなくては他の二つも徹底したものとはならないから，奴隷が形成陶冶によって獲得するのは，ただ若干のものを支配する技能であるにすぎない。しかし徹底した形成陶冶が行なわれたときには，純粋形相ないし絶対的概念を得て一切を支配することができるようになる。②人倫的服従と奉仕とに奴隷の受ける形成陶冶という意義が認められていた。言い換えると，Ⅵ-A からBへの移行とⅥ-A-a から c の法状態への移行とのあいだに類比が認められていた。すなわち人倫的生活には，遍くすべての成員を普遍的に支配する意味があって，これにかれらの奉仕と服従とを実践したというのである。したがってこの人倫的形成陶冶の結果とする成員には一ということでいった絶対的概念，ないし純粋形式が獲得されたことになる。

188）（訳注）*GW* 9, S. 370, Z. 28 にも夜への言及があった。これらは自我＝自我であるという，あるいはむしろ自我＝非我であるというさいのこの＝をもって「夜の深み」としていることを意味する。ところでこの＝には二つの方向がある。一つは自我から非我へであり，他は非我から自我へである。*GW* 9, S. 370, Z. 28 の場合の「夜」は前者の場合のものであって，そこに世界の創造についての解釈が示された。しかるに当面の箇所での「夜」は後者のものであり，言い換えると，「実体の夜」であり，実体が実体ではなく，実は主体であるという「実体の秘密」を打ちあける夜であり，言い換えると，自己意識の太陽が昇る前夜の夜であり，またそこでの感覚→知覚→悟性の，さらには人倫的形成陶冶の動きという苦悩である。

189）（訳注）ユダの裏切りを指している。この点については，「マタイによる福音書」26:20 以下を参照されたい。

190）（訳注）「蘇る」は，自己意識の太陽の昇ることである。

191）（訳注）「イザヤ書」53:3 を参照。ここで「苦しみの器」と呼ばれているものは，たとえば a での影像のフェイディアス（前 490 年頃–430 年頃），賛歌でのピンダロス（前 522 年頃–442 年頃）のような芸術家のことであろう。しかしこのような芸術家をもって「苦しみの器」と呼ぶ習わしがギリシア人にあったかどうかは，不明であろう。むしろ『旧約聖書』の「イザヤ書」53:3 のうちには，ヤーウェが「主の僕」として選んだ人物について，「かれは軽蔑され，人々に見捨てられ多くの痛みを負い，病を知っている」とあるが，「苦しみの器」という表現はこの「主の僕」の表象に影響されたものであろう。

192）（訳注）パトスは，たとえばアンティゴネーの場合の「神々の掟」，クレオンの場

を失う[193]。しかし，普遍性のそういう肯定的威力にしても，否定的威力[194]である個人の純粋自己に圧倒される。この純粋な活動は，みずからの打ち消し難い力を意識して，姿なき本質体と争い，それを支配しながら，パトスをその素材とし，みずからに内容を与えたのである。かくてこの統一が作品[195]となって現れるとき，普遍的精神は個体化され，表象されている。

a　抽象的芸術品

最初の芸術品は，直接的なものであるから，抽象的で個別的[196]である。一方，芸術品の側からいうと，直接的で対象的態度で，自己意識に向かって動いてゆくべきである。他方からいうと，自己意識は，はじめは，その精神に対して存在している区別化｜（656）を，廃棄することに向かい，こうすることによって，それ自身で生命を得た芸術品[197]をつくり出すべきである。

〔1　建築と彫刻〕

第一のやりかたは，芸術家的精神がその形態と働く意識とを，できるだけ遠く離しておくことで，直接的やりかたである。それは，形態が物

合の「人間の掟」という実体的普遍を個人が背負い，これを実現せんとする熱情のことである。したがってパトスといっても，その実質は普遍的なものであって個人的なものではない。

193）（訳注）アンティゴネー

194）（訳注）自己が「否定的威力」であるのは，自己ないし主体が「単純な否定性」だからである。

195）（訳注）この「作品」を代表するものは，フェイディアスのアテナ・プロマコスであろう。なおVI-Bの全体が芸術家の作品ではあるが，第一次的に芸術家であるものが彫刻家である。

196）（訳注）「最初の芸術品」というのは，建築と彫刻とである。ところで両者の区別は，普遍性と個別性とのそれであるから，ここに「個別的」とあるのは，両者のうちでは彫刻の方が主であることを示している。

197）（訳注）「それ自身で生命を得た芸術品」とは，生ける美しい身体性のことである。

一般[198]としてそこにあるとすることである。――このやり方は，個別性と普遍性とに別れて区別になる。前者は，自己という形態を已れでもっているし，後者は，非有機体をその周囲および住居としての形態との関係で提示する〔彫刻と建築〕[199]。この形態は，全体を純粋概念に高めることによって，精神のものである純粋形式[200]を得る。それは，死者を住まわせたり，そとの魂に照らされたりするような，悟性的結晶〔ピラミッド，オベリスク〕でもなければ，自然や思想的考えの形式を，植物との関係からはじめて出てきた形で混合させることでもない[201]。この思想的考えの働きは，この場合にはなお模倣である[202]。むしろ，概念は根や枝や葉から，その形式になおついていたものをはぎとり，それを形象に純化する。その場合に結晶の直線的なものや平面は，通約できない比関係に高められている。その結果，有機体に魂を与えることは，悟性の抽象的形式にとり入れられると同時に，その本質，つまり通約不可能性は悟性に対し維持される。〔円柱形式の場合〕

しかし，内に住まう神[203]は，黒い石[204]であるが，これは，動物を彫刻した神の容器[205]からとり出されたもので，｜（657）意識の光に貫かれるようになった。【379】人間的形態は，動物的なものどもを混じえていた[206]のだが，いまそれを脱ぎすてる[207]。神からは，動物からただ偶然その装いを借りただけのことである。つまり動物は神の真の姿と並んでいるけれども，もはやそれだけでは価値のないものとなり，他者と

198）（訳注）「物一般」というのは，最初の様式が大理石に刻んだ彫像のほか，建築物でもあるからである。

199）（訳注）「個別性」が彫像を，「普遍性」が建築を指していることは，*GW* 9, S. 374, Z.1–2 の場合と同じである。したがってまた「非有機体」というのも，「有機化されていない已れの自然」と同じく環境のことである。

200）（訳注）「純粋形式」というのは，柱頭に草木を刻んである円柱式神殿建築であるドーリア式，コリント式，イオニア式のことである。

201）（訳注）「混合すること」がヘーゲルによればエジプト芸術の特徴である

202）（訳注）*GW* 9, S. 373, Z. 21–26; S. 374, Z. 11 以下を参照されたい。

203）（訳注）ここで「神」というのは，内陣のうちに安置されている神像のことである。

204）（訳注）「黒い石」というのは，「天上から落ちてきた」石すなわち隕石のこと。

205）（訳注）「動物を彫刻した神の容器」は，A-b から c の動物宗教の立場からする宇宙のこと。

206）（訳注）「混じえていた」は A-c での作品の特徴であった。

207）（訳注）*GW* 9, S. 374, Z. 33–35 を参照されたい。

いう意味，ただのしるしになり下っている[208]。まさにこのために，神の姿も已れで，動物的定在が自然的条件のためにもっている貧しさを脱ぎ捨てて，有機的生命の内面に備えられたもの[209]を，その表面に溶けこませはするが，ただ表面についている形で[210]暗示しているだけである。――けれども，神の本質は，自然の普遍的定在と，現実的にはそれに対抗しているようにみえる自己意識的精神との統一である。同時に，一つの個別的形態が，さしあたっては，神の定在が自然のいくつかの場面の一つであり，その自己意識的現実も個別的民の精神[211]である。だが，その定在は，この統一では，精神に反省還帰してきた場面であり，思想的考えによって変容し，自己意識的生命と一つになった自然である。したがって，神々の形態は，その自然の場面を，廃棄された形で，漠とした思い出[212]の形で残している。無頼の人間や，場面の自由な生存のため入り乱れてする争いや，巨人族の非人倫的国などは，征服されて[213]はっきりしてきた現実の辺境に，精神の中にいて安らっている世界の暗い果て[214]に放逐されている。古き｜（658）神々は，はじめ，闇をはらむ光が特殊化して生まれたものである。その神々や天や地や大洋や太陽や，盲目で台風のような地上の火などは，いくつかの形態にとって代わられている。これら神々の形態は，巨人族の響きをかろうじて残してはいるものの，漠とした名残りの程度にすぎないから，もはや自然物のよ

208）（訳注）ゼウスと鷲など。「並んでいる」のは，たとえばアテナ像でのフクロウ。なおフクロウにあたるものは，ゼウスの場合はワシ，ヘラの場合はクジャクである。

209）（訳注）「内面に備えられたもの」は，ゼウスの場合の尊厳，アポロンの場合の明智，アフロディティの場合の優腕などのことである。

210）（訳注）「表面に溶け込ませはするが，ただ表面についている」というのは，アリストテレスが『デ・アニマ』412b で霊魂は身体の形相（エイドス）であるといっているように，ギリシア人にとっては，魂といっても，身体から分離したものではなく，まさにその形相として身体に現れ尽しているものであるのに応じている。

211）（訳注）「民」とは各ポリスの市民のこと。ギリシアの神々がもとは各ポリスのものであったとは叙事詩論のはじめでも説かれている。

212）（訳注）「思い出」は，やがては Anklang（余韻）ともいわれている。

213）（訳注）「巨人族（ティタネス）」に関しては，ヘシオドスの『神統記』や *The Epic Cycle* のティタンの争いでゼウスが巨人族との争いに勝ったことになっているのが意味されている。

214）（訳注）「暗い果て」というのは，ゼウスが巨人族を追放した地下のタルタロスでもあるが，ゼウスをはじめとする「新しい神々」が城壁でかこまれた都市の神々でもあるところからすれば「暗い果て」とは城外である。

うなものではなくなっており，自己意識的民のはっきりとした人倫的精神である。

こうして，神々のこの単純な形態は，無限に個別化してゆく不安定さを，それ自体では抹殺し，安定した個体性に集約している。つまり，普遍的なものとしてだけは必然的であるけれども，その定在や動きということでは偶然なふるまいをする，自然という場面の無限な個別化をも，民が，行いの特殊な諸群や，自己意識の個人的点に分裂し，雑多な意味と行いの定在をもっている場合の，無限の個別化をも，それ自体では抹殺し，安定した個体性に集約している。したがって，この形態には，不安定という契機が，つまりこの本質体には，自己意識が対立する。これは，不安定の生誕地として，純粋活動[215]であるということよりほかには，己れでは何も残していない。実体に帰属するものとなれば，芸術家はその悉くを己れの作品にもたせてやるが，特定の個体性である己れ自身には，その作品では全然現実性をもたせない。つまり，芸術家は作品を完成するにしても，己れの特殊性を外化放棄してしまい，身体から離脱して[216]純粋な行いという抽象に昇ってゆくことによって，そうするだけのことである。——最初に直接作品を生むときに，作品と作者の｜(659) 自己意識的な働きとの分離は，まだ統合されてはいない。だから，作品はそれ自身では魂を与えられたものではなく，【380】全体となってはいるものの，それは作品の生成過程と一緒に考えられた場合[217]のことにすぎない。意識の中ではらまれ，人間の手でつくられたという，芸術作品に共通のことは，概念として現存してはいる[218]が，作品には対立している概念の契機である。それで芸術家もしくは鑑賞者としての概念が，芸術作品をそれ自身で魂を与えられたものと表明し，行う者もしくは鑑賞する者としての己れを忘れるほどまでに十分非利己的であ

215)（訳注）「純粋活動」とは，純粋形式，純粋概念のことである。

216)（訳注）「身体から離脱する」は，芸術制作にさいしては精神が人倫的分肢に属していた己れの「身体から逃れ去る」とあったのに応じている。

217)（訳注）「全体となってはいるものの，それは作品の生成過程と一緒に考えられた場合」というのは，結果が現実的全体であるのは，生成と一緒にされたときのみのことであるといわれていたのに応じている。ここでは客観的影像は主観的賛歌との結合でのみ真実に芸術品であることを指している。

218)（訳注）「概念として現存してはいる」というのは，*GW* 9, S. 378, Z. 1 の「純粋概念にはいってゆく」に応じている。

る。そうだとしても，自己自身を意識しているという契機を欠くことのできない精神の概念が，そのことに対抗して，主張されなければならない。ところが，この契機は作品に対立している。というのも，この契機は，そういうふうに己れが最初に分裂した[219]ときに，両側面それぞれに，行いと物たることという抽象的規定を，分け与えたからであり，両者の出発点となった統一に，両者が帰ることはまだ成就されていないからである。

したがって，芸術家が己れの作品から経験することは，己れと等しいものをつくり出さなかったということである[220]。なるほど，大衆が賛美して，己れたちの本質である精神だといって尊敬するという形で，作品からある意識が蘇ることはある。けれども，そういう形で魂を与えられたからといっても，芸術家の自己意識からすれば，賛美という形でだけ己れに応えただけのことによって，むしろ，この有情化は芸術家にとっては己れとは等しくないし，芸術家への入魂を取りやめると告白している。作品は，芸術家の喜びという形で｜(660) はね返ってくるのだから，そこには制作上の生みの苦しみも，仕事のうえの骨折りもみられない。なおまた大衆は作品を評価したり，供物を捧げたり，そのほかどういう方法にせよ，己れたちの意識を移入することはできよう。――が，もし大衆が己れたちの知見からして，作品よりも己れたちを優っているとする場合には，芸術家は，己れの所為がそういう人たちの理解や言説よりも，はるかに優れていることを知る。――またもし大衆が芸術家より劣っているといい，そこに己れたちを支配するものがあると認める場合には，芸術家は，己れがその点では巨匠であると知る。

219)（訳注）この最初の分裂は，A-a での「最初の直接の分裂」に B-a の場面で対応するものである。

220)（訳注）「己れと等しいものをつくり出さなかった」というのは，彫刻家が個的主体としての自己についての承認を得ることがないのを意味している。この段落では，ギリシア彫刻家の代表的存在であったフェイディアスが作品に関しては絶賛を博しながら，アテナイから追放されざるをえなかったことが念頭に置かれているであろう。

〔2　賛歌と神託〕

それゆえ芸術作品は定在するために，もっと別の場面を求める。つまり，神は，創造的夜[221]の深みからその反対に，外面性に，自己意識なき物という規定に落ち込むというのとは，違った形で出てくる必要があることになる。このもっと高い場面というのは言葉[222]である。――これは，そのままで，自己意識となった現実存在であるような定在である。個々の自己意識は，言葉となってそこ〔現〕にあると同時に，そのまま普遍的に伝播してゆく。つまり，自立存在〔対自存在〕が完全に特殊化することは，同時に，多くの自己に流動することであり，あまねく伝達されて多くの自己が一つになることである。言葉は魂として現存する魂である。だから，言葉をその形態の場面とする神は，それ自身で魂を与えられた芸術品であり，これは，物として現存した神に対立[223]していた純粋の働きを，そのままみずからの定在のうちでもっている。言い換えれば，自己意識は，みずからの本質が対象となることのうちでいながら，そのまま己れのもとに依然としている。このように｜(661) みずからの本質にいながら己れ自身のもとにいるので，自己意識は純粋思考である。すなわち信心[224]であるが，これはその内面が，賛歌[225]に

221) （訳注）「創造的夜」というのは，「自我＝自我」の「＝」のことであるが，ここでの「＝」は芸術宗教の場面に属するものとしての自我への方向での「＝」のこと。

222) （訳注）「言葉」に関する見解は，形成陶冶の場合および良心の場合と同じである。すなわち言葉とは「この」自我を「この」自我として定在させるものであり，そしてこの定在が自我のほか他の人々によって聞きとられることによって自我は普遍的なものとなるのである。

223) （訳注）この「対立」とは影像と彫刻家との対立のこと。

224) （訳注）*GW* 9, S. 125, Z. 26 を参照されたい。「信心」は不幸な意識では不変な本質体の受肉したものであるキリストに対する信者の信心であったものであり，ここではアポロンやデメテールに対する場合が考えられているであろう。また「純粋思考」である点で信心は純粋洞察に対立する信仰にあたり，本文の「内面性」は信仰の本質体が「内面」であったのに応じている。なお賛歌は叙事詩でも，悲劇でもその位置を保つとされている。

225) （訳注）「賛歌」は，ピンダロスのもののほか，とくにイリアスのアポロンに対するもの，また祭祀の段階で重んぜられているのがエレウシスの行事であるところからしては，デメテールに対するものが考えられているであろう。

同時に定在をもっているようなものである。賛歌は自己意識の個別性を己れにもっているが，この個別性は聞きとられると同時に，普遍的なものとなって，定在する。すべての人々に点火する信心は精神的流れであり，【381】これは自己意識の多面性をとりながら，すべての人々を等しくする行いであり，単純な存在であるとみずから意識している。精神は，すべての人に通ずるこの自己意識[226]として，その純粋の内面性と対他存在ならびに個別者の自立存在〔対自存在〕とを，一つに統一している。

この言葉は，普遍的自己意識の言葉ではない，神の言葉とは区別される。芸術家宗教ならびにこれまでの諸宗教の神託[227]は，神の必然的最初の言葉である。なぜならば，神の概念[228]には，神の概念であると同様に神が自然の本質でもあれば精神の本質でもあることが含まれているから，神は自然的定在をもっているだけでなく，精神的定在[229]ももっている，ということも含まれているからである。いまいったこの契機がやっと神の概念にあるだけで，まだ宗教に実現されてはいないというかぎり[230]では，この言葉は，宗教的自己意識にとってはある疎遠な自己意識の言葉である。己れの一般的なものにとってなお疎遠な自己意識[231]というのは，まだ，その概念が求めている通りに，そこにあ

226）（訳注）この「自己意識」は，ここではアポロンやデメテールをあがめる教団あるいはむしろ団体のことであるが，C の啓示宗教ではキリストをあがめる団体すなわち教会となっている。

227）（訳注）「神託」はラテン語の orakel であるが，これはラテン語の orare に由来する。これが賛歌との関連でここで神託に言及される所以である。

228）（訳注）「神の概念」というのは，「神の本質」と呼ばれたものと同じであって，これが自然と自己意識的精神との統一であるのは，絶対的精神であるというのと同じである。

229）（訳注）この「定在」が言葉であることは，前段落に示されていた言葉についての見解によって明らかである。

230）（訳注）精神的定在という契機が実現されていないかぎりというのは，託宣が本来的には自然宗教のものであることを示している。

231）（訳注）たとえばバビロニアの主神マルドゥクは新年の天上会議ごとに，その年での人々の運命について決定を下すが，この会議の書記が Nebo であり，そしてイスラエルの預言者はヤーウェに対するこのネボの地上での代言者としてナービーと呼ばれたのであり，本文で「疎遠な自己意識」と呼ばれているものは，マルドゥクのネボにあたるものであると同時に，それが団体から遊離した「個別的自己意識」と呼ばれるかぎりでは，デルフォイの巫女のほか，「使者の法式」をもって語ったアモスやホセアのような預言者でもある。なお VIII の構成からいうと，神託は本来的には自然宗教のものであるが，これは（A）意識の宗教であり，そしてこの「意識」は対象意識であるために，「疎遠な」と限定されるのである。

るのではない。自己というのは，単純であるために端的に普遍的自立存在であるが，自己は，共同体の自己意識から離れているときには，やっと個別的であるにすぎない。この独自な｜(662) 個別的言葉の内容は，絶対的精神が一般にその宗教に置かれている普遍的規定性[232]から出てくるものである。――したがって，みずからの定在をまだ特殊化[233]していない東方の普遍的精神[234]は，本質体についてやはり単純で一般的命題を表明する[235]。単純な真理の形をとっているその実体的内容は，崇高[236]ではあるが，普遍的形をとるために，さらに進んで自己形成を行う自己意識[237]からみれば，同時に陳腐[238]にみえる[239]。

いっそう形成陶冶を経て，自立存在〔対自存在〕[240]に高まっている自己は，実体の純粋パトス，日の出の光という対象性を支配しているから，そういう真理の単純性[241]が自体存在[242]であることを知っている。つまり，それは，神託のような聞きなれぬ外来の言葉による，偶然な定在という形式をもっているのではなく，永遠に生き，いつから現れたのかだれも知らないような，書かれてはいないが確実な神々の掟として存在している[243]。――光の神が啓示した普遍的真理は，ここでは内面にも

232) (訳注)「普遍的規定性」というのは精神が規定性（特殊性）を通じて個別性に至るとされたさいの規定性にあたる。

233) (訳注) この「特殊化」は，個別化である。

234) (訳注) この「普遍的精神」はa-b-cに分化する以前のAのことである。ユダヤ教にもこの位置が与えられているけれども，それは啓示宗教すなわちキリスト教の前身であるところからすると，果たして自然宗教の段階にとどまるものと断定しうるかには疑問がある。

235) (訳注) *GW* 9, S. 371, Z. 12以下を参照されたい。

236) (訳注)「崇高」は東方的精神の特徴である。

237) (訳注)「自己形成を行う自己意識」とは，ギリシアの民のことである。

238) (訳注)「陳腐」というのは，とくにモーセの十戒の殺すなかれ，盗むなかれなどを指しているであろう。

239) (訳注) ソクラテスの「汝自身を知れ」。

240) (訳注) ここで「対自存在」に言及されるのは，この段落では対自存在の宗教である芸術宗教での神託の取りあげられることを示している。

241) (訳注)「真理の単純性」というのは，前段落の「単純な真実の形」に関すること。

242) (訳注) この「自体存在」というのは，たんに客体的に存在するものというよりか，「内面化された自体」であろうが，やがてあげられるソフォクレス『アンティゴネー』からの引用文が埋葬の義務に関しており，また思考することがこの「自体存在」の返還を請求するというところからすると，それはまだ理性的に思考されてはいないにしても，習俗としてすでに身についているもののことであろう。

243) (訳注)「理性」の章の注461を参照されたい。『アンティゴネー』456–57行を参照。

しくは下界に退いている[244]ため，偶然の現象という形式を免れている。それに比して，芸術宗教では，神の形態が，意識を，したがって，個別性一般[245]を受けいれてしまっているから，人倫的民の精神である神自前の言葉は，民の特別の大事を知り，それについて有用なこと[246]を知らせる神託である。しかし，民の普遍的真理[247]は，それ自体で存在すると知られているから，知る思考[248]であることを自己の権利として要求する。それで，その言葉はもはや｜（663）思考にとっては疎遠のものではなく，自身のもの[249]である。古えの例の賢者〔ソクラテス〕は，【382】何が善くて美しいか[250]ということを，己れ自身の思考に求めたが，知の端的に偶然な内容，たとえば，この人と交わった方が善いか，あの人と交わった方が善いかとか，この旅行をすることが知人のために善いことか，そういうような意味のないことを知ることについては，ダイモンに委ねた[251]。それと同じように，普遍的意識[252]も，偶然なことについての知は，鳥や樹や，蒸気を出して自己意識から己れの思慮を奪うといわれる，醸酵する大地[253]やからとってくる。なぜならば，偶然なことは，計り知れないこと，疎遠なことであり，したがって，人倫的意識も，賽子でもふるように，無思慮なよそよそしいやり方で，そういう

244）（訳注）「下界に退く」については，キケロがソクラテスは哲学を天上から地上に，街頭にひきずりおろした人であるといったことが念頭に置かれていたであろう。またソクラテスのことはこの段落で「あの賢者」として取りあげられている。

245）（訳注）「個別性一般」は個別化にあたり，「一般」は啓示宗教での神の受肉の場合ほどにはこの人となることには徹底していないことを指している。

246）（訳注）「有用なこと」は，啓蒙の基本概念であり，芸術宗教の完成である喜劇の段階がギリシア的啓蒙を取りあげたものであることを示している。

247）（訳注）「普遍的真理」というのは，デルフォイの神殿の銘文にある「汝みずからを知れ」や「度をすごすな」などのことであろう。

248）（訳注）「思考」というのは *GW* 9, S. 398, Z. 31 の「理性的思考」のこと。

249）（訳注）この「言葉」は「対話法」にあたる。

250）（訳注）「善くて美しい」というのは，*GW* 9, S. 399, Z. 5 では「美にして善なるもの」と呼ばれているものである。

251）（訳注）ヘーゲルは十中八九プラトン中期対話篇『テアイテトス』（186a）のソクラテス像に従っている。また，デーモンについては，『テアイテトス』151a を参照されたい。クセノフォンの『ソクラテスの思い出』第 1 章第 4 節にも記されていることである。

252）（訳注）「普遍的意識」とはポリスのことである。

253）（訳注）「鳥や樹」というのは鳥の飛ぶ方面，葉の揺れかたなどで卜占を行なうことを指している。「蒸気を出して自己意識から己れの思慮を奪うといわれる，醸酵する大地」というのは，この病気で失神したデルフォイの巫女が神託を述べることを指す。

ことを決めるからである。個々人が己れの悟性で自己を決め，己れの利害をよく考えて選ぶ場合には，この自己規定の根底には特殊な性格という規定性[254]がある。つまり，この規定性はそれ自身偶然なものである。それで，個々人に有用なものであり，例の悟性知は，神託や籤の知と同じようなものである。ただ，神託や籤[255]に伺いを立てる人は，そのことによって，人倫的心構え[256]が偶然なことに対し無関心であることを表現しているのである。が，これと違い，例の知は，それ自体で偶然なことを，己れの思考と知にとっては本質的に大事なことを扱うだけのことだからである[257]。しかし，両者よりも高い態度は，なるほど偶然な行いについての神託を熟慮することである。熟慮されたこの行為そのものは，特殊なこと｜(664)に関係しており，有用性に関わるという面からいって，何か偶然なもの[258]であると知ることである。

真の自己意識的定在は，精神が言葉ということで得ているものである。この言葉は，疎遠であって偶然で普遍的でない自己意識の言葉なのではない。したがって，真の自己意識的定在は，われわれが前に[259]みたような芸術品〔賛歌〕である。これは彫像という物的作品に対立する。彫像が静止した定在であるのに対し，自己意識的定在は消えてゆく定在である。対象性は，前者〔彫像〕では自由に放たれ，己れの直接的な自己を欠いているが，後者〔賛歌〕では，自己に閉じこめられすぎており，形態となることが少なすぎる。そこで時間のように，そこにあるときには，そのままもはやそこにはないことになる。

---

254)（訳注）「規定性」というのは，「本源的に特定の本性」のことである。なお「悟性」というのは，「悟性の空しさ」での「悟性」である。したがって啓蒙の純粋洞察でもあり，また「自己規定」は「自己が決定すること」にあたる。

255)（訳注）古来「籤」を引くことは神意を問うこととされていたのであって，たとえば『旧約聖書』の「出エジプト記」28:30にある「ウリムとトンミム」も一種の籤であった（ウェーバーの『古代ユダヤ教』英訳66頁）。

256)（訳注）「人倫的心構え」のことは *GW* 9, S. 236, Z. 16–17 に「人倫的心構え」として出ていた。

257)（訳注）ここにはギリシア人の態度が賞賛されすぎている観がある。

258)（訳注）「偶然なもの」というのは，有用なものについての洞察は偶然的であることを免れえないといわれていたのに応じている。

259)（訳注）*GW* 9, S. 380, Z. 32–S. 381, Z. 4 を参照されたい。

〔3 祭祀〕

〔α) 祭祀の概念〕

〈自己意識の純粋で感覚的場面で動かされた神の形態と，物性という場面で静止している神の形態とが，たがいに異なった規定を廃棄しあい，両者の本質体の概念である定在の統一に達する動き〉，そういう二つの側面の行う動きを行っているのが祭祀[260]である。この祭祀では，自己は，神的本質体がその彼岸から祭祀に降りてくる[261]という意識を得る。そこで，いままでは非現実的なものであり，対象的なものであるにすぎなかった神的本質体は，そのために，自己意識という本来の現実を得る。

〔β) 清め〕

祭祀というこの概念は，それ自体ではすでに賛歌の流れ[262]に含まれているし，現前している。この信心は，【383】自己の自己自身による，また自己自身での，直接的で純粋な満足である。それは｜(665) 清められた魂[263]であり，この魂は，その純粋な姿で，そのまま本質体にほ

---

260) (訳注) ここで神殿—神像—賛歌に続いて祭祀について論ぜられているのは，それが神殿に，またそこの神像に捧げるものをして賛歌を唱えつつ行われるからである（ただし，このような本来の祭祀はγ）であって，β）はその準備的段階である)。祭祀はすでにVI-Bの不幸な意識でも，VI-B-I-bの信仰でも禁欲として，祭祀ないし勤行として取りあげられていたが，ここでそれについて詳論されるのは，祭祀を閑却しがちな他の哲学者たちと違い，ヘーゲルがそれをもって宗教にとって不可欠な本質的契機と考えるからである。Religionのreligioは，一方ではreligioni mihi est…のreligioであるとともに他方ではre-legere（ふたたび結集する）にも関している。前者との関連で，ヘーゲルは良心をもって宗教の基礎とするとともに，後者との関連では集会と不可分の祭祀をもって宗教の本質的契機の一つとするのである。この観点からすれば，Aの自然宗教に関しても，祭祀がとりあげられるべきはずであったが，これがなされていないのは資料の不足によることであろう。

261) (訳注)「降りてくる」はカタゴーゲーにあてたものであろう。カタゴーゲーについてはM. P. Nilssonの*Greek Folk Religion*を参照。

262) (訳注) ここで所論は賛歌に帰っており，そこで敬虔（思慕）は流れとされていた。なおここで「賛歌」と呼ばれているものがとくに意味しているのは，エレウシスでの行事と深い関連をもつデメテールへの賛歌であろう。

263) (訳注) 思慕は一つの純粋意識であり，純粋自己意識であり，これはそれが非我の媒介なしに成立する「自我＝自我」を意味する。本文で思慕が直接に本質体と一つであるといわれるのはこのためである。しかし思慕が非我を媒介としないのは，非我を捨象するから

かならず本質体と一つである。この魂は，己れの抽象であるから，己れと己れの対象を区別する意識ではなくて，定在の夜にすぎず，定在の形態にとって用意された場所[264]にほかならない。それゆえ，抽象的祭祀は自己を高めて〔カタルシス〕，この純粋で神的場面とするのである。この魂は，意識してこの浄化を実現する[265]にしても，まだ自己にはなっていないし，その深みに降りて行って，己れが悪であることを知る[266]自己でもない[267]。むしろ，それは存在するものであるから，自己の外面を洗い清め，白衣をまとい，その内面は，労苦や刑罰や報償などという表象された道[268]を通り，一般に特殊性をなくす形成陶冶という道を通り，こうしてその道を経巡ってその内面を浄福の住家にし，浄福の共同体とする[269]魂[270]である。

〔γ〉行事〕

この祭祀は，やっと内密のものである。すなわち，ただ表象されただけの非現実的遂行である。つまり，それは現実的行為[271]とならなければ

であり，本文はこの「捨象」をオルフェウス教徒やピュタゴラス学派が清めと呼んだものにあてて，思慕をもって「清められた魂」としているのである。

264）（訳注）「用意された場所」は，やがて出てくる「神的場面」の場合と同じく，『新約聖書』「コリントの信徒への手紙一」6:19 の「あなたがたの体は神からいただいた聖霊が宿ってくださる神殿」,「コリントの信徒への手紙二」6:16 の「わたしたちは生ける神の神殿なのです」から得られた表現であろう。

265）（訳注）賛歌の合唱でもそれ自体ではすでに得られているものを意識して実現するというのは，このときにはエレウシスでの儀式のことが考えられているようである。ただエレウシスの儀式のうち共餐のことは「パンと葡萄酒との密儀の顕」としてｂに譲られている。

266）（訳注）「悪」への言及は，悪の成立には「己れのうちへゆくこと」と「己れのうちに存在すること」が必要であるのに，これがギリシア人にはまだないことを，本文は意味している。

267）（訳注）*GW* 9, S. 412, Z. 32 以下を参照されたい。キリスト教ということではじめて悪が意識される。

268）（訳注）この「道」には明らかにオルフェウスの宗教のことが混入しているが，これはペイシストラトスの子ヒッパルコスをパトロンとして，オノマクリトスによってエレウシスの儀式に導入されたものである。

269）（訳注）「浄福の住家にし，浄福の共同体とする」というのは，エレウシオンの野あるいは福者の島のことであろう。

270）（訳注）ヘーゲルでは「魂」は精神よりも低い段階である。

271）（訳注）「現実的行為」というのは，ドローメノンであり，そしてこれはドラオーの受動形からきているから，本文ではこのような語義が生かされていると考えるべきであろう。この「現実的行為」というところからすると，前段落の祭祀が「内密の祭祀」であるのは，それが前夜祭のようなものと解されているからであろう。

ばならない。非現実的行為などというものは自己矛盾である。このことによって本来の意識[272]は高まって純粋な自己意識となる。この意識の中では，本質体には自由な対象という意味がある。つまり，現実の祭祀によってこの対象は自己に帰る。――そして，この対象が純粋意識では，現実の彼岸に住まう純粋本質体を意味するかぎり，この本質体は祭祀というこの中項｜(666) によって，その普遍性から個別性に降って行き，この現実と一つになる[273]。

自己と本質体という両側面がどのように行為することになるかといえば，現実的意識であるかぎりの自己意識の側面にとっては，本質体が現実の自然となって提示される。一方では自然は所有物，財産として意識のものであり，自体存在しない定在であると認められる[274]。――他方では自然は意識自身の直接的現実であり，個別性[275]であり，これは意識からは本質体でないとも考えられるし，廃棄されもする。しかし，それと同時に，そういう外的自然には，己れの純粋意識にとっては対立した意味がある。つまり自体存在する本質体であるという意味がある。この本質体に対しては，自己はみずからの非本質体性を犠牲にするが，逆に自然の非本質的側面[276]を己れ自身の犠牲にする。このため行為は，精神的[277]動きであり，それは，信心が対象を規定する場合に本質体という抽象を廃棄し，それを現実体とし，また，行為者が対象と己れを規定する場合に，現実体を普遍性へまた普遍性内に高めるという，表裏一体の働きをするものであるからである。

したがって，祭祀そのものの行為は，或る所有物をただの供御とすることで始まる。所有者は表向きは供御を己れにはまったく用のないものとして忘れてしまうか，【384】 皤祭の煙としてしまう[278]。そのさい所有

272) (訳注)「本来の意識」は，意識一般であり，対象意識である。

273) (訳注)「一つになる」というのは推理的に連結することであり，中項は祭祀行事である。

274) (訳注) 自体存在しない定在であると認められるというのは，生活のために土地を占有し所有し耕作せざるをえないことなどを指している。

275) (訳注)「個別性」は，土地を占有し所有して収穫物を享受するために物欲を免れえないことを指す。

276) (訳注)「自然の非本質的側面」とは次段落の個々の禽獣と個々の実である。

277) (訳注) 神々と人間のあいだで双方向的であることを意味している。

278) (訳注) 原文の oder は，エナギスモスとトゥシアとの区別を意味している。前者

者は，みずからの純粋意識の本質体に対して，占有を，所有と所有物を享受する権利とを，人格を，行いを｜（667）自己に帰すことを断念し，行為を己れに帰すよりは，普遍ないし本質体に帰す。――しかし，反対に，そのさい存在する本質体〔神〕も破滅してしまう[279]。犠牲に供される動物は神のしるし[280]である〔牛がゼウスの化身である如きこと〕。喰いつくされる果実は生けるケレスであり生けるバッコス自身である。前者では，血と現実の生命とをもっている上界の正義という威力が死ぬが，後者では，血の気を失って密かで狡猾な威力を占めている下界の正義という威力が死んでしまう[281]。――神的実体を犠牲にすることは，行いであるかぎり，自己意識的側面のものである。が，この現実の行いが可能になるためには，本質体自身はそれ自体ではすでに犠牲にされていなければならない。このことは，本質体が己れに定在を与え，個々の動物や果物となったときに，行われていたのである[282]。行為する自己は，本質体がすでにそれ自体では完遂している断念を，定在の形でまたみずからの意識に対して提示し，本質体の例の直接的現実を，より高い現実，つまり，自己自身の現実と置き換えるのである。というのは，二つの側面の個別性と分離を廃棄する結果生じた統一は，ただの否定的にすぎない運命[283]ではなく，それには，肯定的意味があるからである。た

の場合には，全部供されてしまう。それに対して後者の場合には家畜が屠殺され，すなわち犠牲にされ，これが祭壇に捧げられて焼かれるのであり，このさい天に向かって立ちのぼる香ばしい香りが神々にとっての生命の糧である。しかしこのトゥシアの場合にはすべてが供御されるわけではなく，焼かれるのは皮，脂肪，骨のような，むしろ食用に適しないものだけであって，その残りによって参加者は饗宴を催すのである。なおエナギスモスとトゥシアとの区別については明言されているわけではないが，次の頁で供御が二種類に区分されているときには，この区別がすでにヘーゲルによって自覚されていたことが明示されている。

279）（訳注）「破滅してしまう」の原語は zugrundegehen であるが，このさいのグルントとは次の頁にある「神と自己との統一」のことである。

280）（訳注）禽獣が神々の「しるし」であるとは，ここではたとえば山羊もアポロンの「しるし」であることを指している。

281）（訳注）ここではトゥシアとエナギスモスとの区別に応じて，天上界の神々と地下の神々とが区別されているが，この区別は b でさらに意義を得ている。

282）（訳注）「神的実体を捧げること」についていわれていることは，*GW* 9, S. 127, Z. 17 以下で「むしろ，意識は，なるほど現実性の非力と享受に達することによって，以上のことが意識に対して生じてくるのは，不変なものがみずからその形態を犠牲にし，意識の享受にまかすことによるのである」といわれていたのにまったく相応している。

283）（訳注）Ⅵ-A-b によって明らかなように，「運命」はすべてを無とするものである。

だし，抽象的下界の本質体に対しては，それに供されたものはまったく捧げられただけであり，したがって占有物と自立存在〔対自存在〕とが普遍に帰ることは，自己そのものとは違うことだと示されてはいる。だが，同時に，供物はほんの｜（668）一部分[284]であり，犠牲の残りは供物としては使えないため[285]破壊され，むしろ供物で会食の調理がされることになる。しかし，この饗宴にだまされて行為〔祭祀行事〕の否定的意味は忘れられてしまう。犠牲を捧げるものは，前者のはじめの供物の大部分を，そのうち役に立つものを己れの享受のためにとっておく。この享受こそは，本質体ならびに個別性を廃棄する否定的威力であると同時に，肯定的現実であり，その場合，本質体〔神〕の対象的定在を自己意識的定在に変えてしまって，自己には本質体と一つであるという意識がある。

〔δ）奉献〕

そのほか，祭祀はいかにも現実の行為ではあるけれども，その意味はむしろ信心にだけある。信心に属するものは，対象的形では表されないし，その結果も享受[286]しているうちに，己れ自身で定在をなくしてしまう。したがって，祭祀は，さらに進んでこの欠陥を補う[287]ために，まずは，共同でまた単独で，各人で行いうる労苦によって，神の住まいと飾りを，神の栄光のためにつくることにより，己れの信心を対象的に存続させる。――この結果，一方では，彫像のもつ対象性は廃棄される。なぜならば，みずからの思想的考えと労苦を捧げること[288]によって労苦する人は神の好意にあずかり，【385】みずからの自己が神のものであることを直観するからである。他方では，その行いが芸術家の個

284）（訳注）「ほんの一部分」というのは，供御の大部分はトゥシアだからである。

285）（訳注）「使えないため」というのは，ヘシオドスの『神統記』（535以下）によれば，食うことのできない皮，脂肪，骨などだけを神々に捧げることを，プロメテウスが人間に教えたのを指している。

286）（訳注）「享受」が過ぎゆくものであり消失であるにすぎないのは，すでに奴隷の労苦に対立する主人の享受に関して書かれていたことである。

287）（訳注）「補う」ものは，究極的にはbのうちにある「美しい身体性」であろう。

288）（訳注）「捧げる」については具材的実例が無論示されていない。神殿奉献式がギリシア人によって行なわれたことは十分に可能ではある。しかし工事の労苦にかれら自身があたったかどうかは，この種の労苦を賤業としていやしんで奴隷に押しつけていたことからして疑問である。

別的労苦でもなく，この特殊性は普遍性の中で解消されている[289]。だが，そこに起こってくるものは｜（669）神の栄光にとどまらないし，神の好意による祝福も表象の形で労苦するものに注がれるだけではない。むしろ，労苦は自己を放棄しほかに栄光を帰するというはじめの意味とは反対の意味をもつようになっている。神の住居と広間は人間が使うためにあり，神殿に保存されている宝飾品は，非常の場合には[290]人間のものとなる。神がその装飾から受ける栄誉は，技芸豊かで度量のある民の栄誉である。祝祭[291]の折にはこの民は己れ自身の住居や衣服やまたその行事そのものをも，それにふさわしい品々で飾る。民はこういうふうにその贈物を代償として，感謝を捧げる神の応答を受け，神の御心に適い，労苦によって神と己れが結ばれて，未来や後の現実ではなくて[292]，むしろ，供物による敬意表明や贈答で自己自身の富や装身具を直接に享受する。

b　生きた芸術作品

〔1　光の宗教での祭祀と芸術宗教での祭祀〕

芸術宗教の祭祀でその宗教の神に近づく[293]民は，人倫的民であり，

289）（訳注）*GW* 9, S. 379, Z. 23–S. 380, Z. 23 を参照されたい。

290）（訳注）「非常の場合には」というのは，アテナイ人がペルシア戦争にさいしてサラミスの島に撤退するにあたりパルテノンを売って軍資金としたということなどを指している。

291）（訳注）「祝祭」というのは，早春の花祭，初夏のタンゲリアと呼ばれる祭，パンアテナイアの祭などのことであろう。

292）（訳注）「後の現実ではなくて」というときには，ギリシア宗教がキリスト教に対照されているのであって，「一方の自己意識が他方の自己意識のふところのうちを観ずる」という宗教にとっての理想がギリシア人では実現されていたことが意味されている。

293）（訳注）「その宗教の神に近づく」というのは，ギリシア人が収穫祭などにさいしてゼウスやアテナの神殿に参詣することであるが，書簡 14 番（1795 年 8 月 30 日シェリング宛）にある言い回しと同じく，『新約聖書』「ヘブライ人への手紙」10:22 から得られたものであろう。本文はこの書簡がもたらした希望，すなわち神に近づき神と等しくなりたいという希望は受肉することの希望でもあるが，すでにギリシア人で達成されていたとヘーゲルがみていたことを示している。

みずからの国家と国家行事が己れ自身の意志であり，その実現であることを知っている。したがって，この精神は，自己意識的民に対立して，｜（670）自己を失って，個別者たちであることを自己内で確信するのではない。むしろ，それらの普遍的本質であり，そこでは個別者たちが消えている華麗な威力である[294]。この形なき単純な本質体[295]の宗教は，その帰属者に以下のことだけを一般的に戻す[296]。それは，その人たちが己れの神にとっての民[297]であることである。この神は，その人たちを存続させ，単純な実体一般とするだけであって，己れの現実的自己を得させることはなくてむしろ投げ捨てられている[298]。なぜならば，その人たちは，己れの神を空虚な深み[299]として拝むだけで精神として拝むことはないからである。しかし，芸術宗教の祭祀には，他方，光の神の抽象的単純性[300]，したがってその深淵が欠けている。しかし，自己と直接和合している本質体は，それ自体では精神であり，知る真理であり，まだ知られた真理でも，その深みに自己自身がいると知っている[301]真理でもない。それで，この場合本質体には，己れで自己があるから，その現れは意識にとっては親しいものであり[302]，祭祀ではこの意識はその存続を一般的に是認されているだけでなく，己れ自身の中で自己意識的に【386】定在している。そこで，反対に本質体は，実体が承認されるだけの投げ出された民に，自己を失って現在しているのではなく，自己がその実体の中で承認されている民の中にいる。

294）（訳注）*GW* 9, S. 371, Z. 9 以下を参照されたい。

295）（訳注）「形なき単純な本質体」というのは，光の形がないことという形とされていたからである。

296）（訳注）「戻す」が承認にとっての重要な契機である。

297）（訳注）「神にとっての民」というのは，『旧約聖書』「民数記」11:29；16:41，「士師記」5:11 などにある表現である。

298）（訳注）「投げ捨てられる」は「見さげられつくした」としてユダヤの民に関して用いられていた。

299）（訳注）「空虚な深み」は定在の存在の誕生という創造の秘密にあたるであろう。

300）（訳注）「光の神の抽象的単純性」は *GW* 9, S. 381, Z.20 の「単純な真実さ」にあたる。

301）（訳注）芸術宗教での「本質体が直接に自己と一体化されてある」での「直接」というのは，受肉するということであり，「自己であることを知られている真理」というのは主観的真理であることを，「自己であることを知っている真理」というのは芸術品として客観的真理であることを意味している。また「真理の深み」の「深み」は「夜の深み」にあたる。

302）（訳注）キリスト教を暗示。

〔2　パンと葡萄酒との密議の顕れ〕

こうして，祭祀[303]から出てくるのは，みずからの本質体で満足している[304]自己意識であり，神[305]はこの自己意識に帰ってその場所を得ている。この場所は，それだけでは，実体の夜[306]であり，実体の純粋な個体性[307]ではあり，｜(671) まだ対象的になるみずからの本質体と和解していない芸術家の，緊張した個体性ではもはやない。むしろ，その個体性は，直観から，廃棄された対象性から帰るゆえ，満足していないままでパトスを己れでもっている，満足した夜である[308]。――このパトスはそれだけからみれば，日の出の本質体であるけれども，これは，今

303)（訳注）本文にはただ「祭祀」とあるのみではあるが，実際には共餐であり，より限定していうと，「パンと葡萄酒との密儀」であると考えられる。なぜならば，〔3〕〔β)〕で行事の準備的段階として「清め」が論ぜられ，そして行事に移ってその主要形態であるトゥシアが共餐（ダイス）をもって終わることを，本文は受けているからである。また総論である〔1〕を受けた〔2〕は「パンと葡萄酒との密儀」がもっとも重要な共餐と考えているからである。ただしこの密儀が果たしてエレウシスの行事のものであったかどうかは疑問であるけれども，ヘーゲル自身がそう考えていたことは，「古のエレウシスでの密儀に送り返されて，まずもってパンを食らい葡萄酒を飲む奥儀を学ぶべきである」とあることによって明らかである。しかしこの密儀での一つの重要な段階が共餐であるには相違ないとしても，これが果たして葡萄酒を飲むことを含むかどうかには疑問がある。なぜならば，この密儀の縁起を語っている「デメテール賛歌」によるかぎり，女神の故事にちなんで信者をともにした食事はパンと水とからなっていたものだからである。しかしヘーゲル自身はケレスとバッカス，デメテールとディオニュソスとは不可分とみてこの行事を「パンと葡萄酒との密儀」と呼び，こうすることによって「血と肉との密儀」すなわちキリスト教の聖餐式に対応するものとみたのであろう。

304)（訳注）「満足している」というのは，「自立的物」すなわちキリスト教の聖餐式にさいして頒ち与えられるパンと葡萄酒とを享受することによって「己れのうちで満ち足りた心情」が生ずるとあるのに応じており，またここからしても本文の「祭祀」が共餐であることが分かる。

305)（訳注）「神」とは第一次的にはデメテール，第二次的にはディオニュソス。

306)（訳注）*GW* 9, S. 375, Z. 28 を参照されたい。

307)（訳注）「純粋な個体性」とは影像の「安定した個体性」に対立していた「純粋な行う働き」のこと，すなわち純粋活動のことであるが，「実体の夜」がこの純粋な個体性と言い換えられているのは，非我（実体）＝自我の＝から純粋活動，純粋形式は生まれてきたからである。

308)（訳注）*GW* 9, S. 380, Z. 12–23 を参照されたい。

後は自己に没落してしまい，その没落[309]すなわち自己意識と，したがって，定在と現実とを己れ自身にもっている。――ここでは，日の出の本質体[310]は，その実現の動きをめぐり終えている[311]。本質体はその純粋な本質性から対象的自然力とその表現へと落ちてきて，他者のための，本質体を喰いつくしてしまう自己のための，定在となっている。自己なき自然の沈黙の本質は，果実となるとき，調理され消化されて自己的生命に提供される段階に達し，食われ飲まれうる点で有用性[312]を得たとき，もっとも完全になる。なぜならば，自然はそのときより高い現存となる可能性を得て，精神的定在に触れているからである。――大地の霊[313]は，一方では，沈黙してはいるが力ある実体に成長し，他方では精神的に発酵する。そして形を得て前の場合には養い育てる女性的原理となり，後の場合は，自己意識的定在を進める力に成長した男性的原理〔ディオニュソス〕となるのである[314]。

したがって，このように享受[315]されるあいだに，例の東方の光の神の本質は秘密をあばかれることになる。つまり，この享受は｜光の神の密儀なのである。というのは，密儀的なものとは，秘密または無知が隠されていることではなくて，むしろ，自己が本質体と一つになり，したがって本質体が露わになっている点にあるからである。自己だけが露わになっていると思い込んでいる，言い換えれば，露わになっているのは，己れの直接的確信[316]でだけのことである。ところが，この (672)

309）（訳注）「没落」というのは，芸術宗教はオリエントの光が沈んで，自己意識の太陽の昇ったときのものであることを意味している。

310）（訳注）*GW* 9, S. 371, Z. 25–28 を参照されたい。

311）（訳注）「実現の動き」とは，感覚→知覚→悟性の動きのこと，また補っていえば人倫的形成陶冶のことである。この動きという「遍歴」が終わったことによって，「内面」を象徴する「黒い石」の抽象性はなくなっている。

312）（訳注）「食われ飲まれうる」というのは，「パンと葡萄酒との密儀」の見地からすることであって，実際には自然が使用され利用され消費される有用性をもつことを指す。この「有用性」については喜劇でも回顧されているが，その重要性はVII-BがVI-B-IIの啓蒙に対応するものであることを示している。

313）（訳注）「大地の霊」とはデメテール―ディオニュソス。

314）（訳注）*GW* 9, S. 384, Z. 4–30 を参照されたい。

315）（訳注）この「享受」は表現のうえでは前段落の「食い尽す」を受けたものであるが，ここでは「エレウシスでのパンと葡萄酒との密儀」のことを意味している。

316）（訳注）「露わになっているのは，己れの直接的確信でだけのことである」という命題はヤコービのヘーゲルに対する影響がいかに強烈なものであったかを示すものであるが

確信に単純な本質体が置かれたのは，祭祀によってである。この本質体は，使われうる物なのでみられ感じられ嗅がれ味わわれる定在をもつだけではない。むしろ，欲望の対象であり[317)]，現実の享受によって自己と一体となり，そのおかげで自己に完全に秘密をあばかれ，自己に対し露わになるのである。――理性にとって心に対しては露わであるといわれるものが，実際にはまだ秘密である。というのも，そこにはまだ直接的定在であるという現実的確信が欠けており，享受するものとしての対象的確信がないからである。また，この確信は宗教では，自己の思想的考えなき直接的確信であるだけではなく，同時に自己の純粋に知的確信だからである[318)]。

【387】こうして祭祀によって，自己意識的精神に対し，その精神自身で露わになったのは，単純な本質体[319)]である。これは，一方では暗い隠れた状態から意識に歩み入って，沈黙内で意識を養い育てる実体となる動きとしてであり，他方では，同様にまたしても地下の夜，すなわち，自己内で消え去る動きであり，地上にあるときは，母への秘められた憧憬をたずさえながら，逗留している動きなのである[320)]。――しかし，それよりも騒がしい衝動は，いくつかの名をもった東方の光の神であり，｜（673）その陶酔する生命であるが，この生命はまたその抽象的

（Ⅵ-C-c），それは〔β）神的本質体の啓示〕でもほとんどそのまま肯定せられている。

317）（訳注）「この本質体は，使われうる物である」というのは，ヘーゲル哲学の実用主義的功利主義的契機を示している。その物が「みられ感じられ嗅がれ味わわれる」定在であるというのは，「物」とは唯物論の実は抽象である「物質」ではなく，「手に取ったり，手で突いたりすることのできるものでなくてはならない」というのと同じであり，ここではさらにⅥでの「欲望」の立場に新しい意味づけを行うという見地から，物とはたとえば食われ飲まれるものでなくてはならないとされているわけであって，ヘーゲル哲学の唯物論的実用主義的契機をよく示していることは明らかである。

318）（訳注）ダッシュに続く「理性」というのは，Ⅴ-Aのことであり，「心」というのは，Ⅴ-B-bによってBを代表したものであろうが，芸術宗教への言及はそれがヤコービの「直接な確信」よりも徹底したものであるのを示そうとすることを意味している。

319）（訳注）「単純な本質体」は形態のないという形態としての「光」のことであり，ここでは「いくつかの名をもった光」としてのディオニュソスに対するものとしてデメテールのことである。

320）（訳注）デメテールの娘ペルセフォネー。本文は冬枯れの景色のことを指していて，「母の憧れ」というのは，ペルセフォネーが河辺で花を摘んでいると急にプルートンが来て地下にさらって行き，そこで母デメテールは娘を探し，冬枯れの野をさすらうという神話が活用されている。この神話がエレウシスの行事でドローメナとして演ぜられたことを，本文は意味しているであろう。

存在を捨て去って[321]，まずは果実という対象的定在となってつかまれ，次には自己意識に身を委ねて，この中で本来の現実に達し，――そこでいま，狂熱する女性の群[322]となってさまよい，自然の陶酔が拘束を失って，自己意識的形態をとる。

けれども，意識によって秘密をあばかれたのは，絶対的精神つまりこの単純な本質体であって，それ自身での精神である絶対的精神ではない。言い換えれば，直接的精神であり，自然の精神であるにすぎない。したがって，その自己意識的生命はパンと葡萄酒の，ケレスとバッコスの秘儀にすぎず，別の，本来上界の神々〔オリュムポスの神々〕の秘儀ではない。この神々の個体性は，本質的契機として自己意識そのものを自己内に包括している。したがって，まだ精神は，自己意識的精神となって己れを己れの犠牲[323]とはしていないし，パンと葡萄酒の秘儀もまだ肉と血の秘儀〔キリスト教〕になってはいない[324]。

〔3　競技としての祭祀，美しい身体性，精神的芸術作品への移行〕

神によるこの不安定な陶酔も対象を得て安定せざるをないし，意識されなかった感激は，所業を生み出さなければならない。そして，その所業は，これまで[325]の芸術家の感激に彫像が対立していたように，この感激には，完成した所業としていかにも対立している。しかし，それ自体で生命なき自己としてではなく，生き生きとした自己〔美しき身体〕としてである。――このような祭祀〔行事〕は，人間が己れ自身の栄誉のために行う祝典[326]ではあるが，｜（674）そこにはまだ絶対的本

321）（訳注）*GW* 9, S. 371, Z. 28 以下を参照されたい。

322）（訳注）「女性の群」というのは，エウリピデス『バッカイ』にある狂女であり，木枯らしの吹きすさぶ景色であろう。

323）（訳注）「犠牲」というのは，イエス・キリストで「受肉」を意味している。

324）（訳注）*GW* 9, S. 379, Z. 23–S. 380, Z. 23 を参照されたい。

325）（訳注）「これまで」とは，*GW* 9, S. 379, Z. 31 以下を指している。

326）（訳注）ここで「祝典」というのは，オリンピアの競技，イストモスの競技，ピュティアの競技などのことであって，これらには全ギリシア人が参加したが，「人間が己れ自身の栄誉のために」というのも，個々のポリスの栄光のためでないことを含んでいる。

質体[327]という意味は据えられていない。なぜならば，本質体は人間にやっと露わになったばかりで[328]，まだ精神[329]ではないからである。つまり本質的に人間的形態[330]を受けいれてはいないものだからである。しかしこの行事はこの啓示の根拠となっており，その契機を一つ一つ別々にする。こうしてここでは，本質体が生きた身体性という抽象的契機となっている[331]が，これは以前には[332]神人の統一として，無意識的熱狂にあったものである。こうして，人間は，影像の代わりに己れ自身を，完全に自由な動きをするように育てあげられ鍛錬された形態とするが，これは影像がまったく自由な静止であったのに対比される。個々人は，だれもが少なくとも松明持ちの役を果たすことを心得ており，そのうちのただ一人が際立ってくる。この一人は全員をすらすらと一つの像に仕上げ，全員を流動的に動かす力にして，その動きに形を与える。——すなわちその一人は美しさと強さを兼ね備え，魂を得た生ける芸術品である。この芸術品には，影像の栄光をたたえた装飾が，この力に対する賞[333]として，栄誉として分け与えられる[334]。【388】とはいえ，この栄誉はこの民[335]の下では，石造の神に代わって，栄誉の本質を最高の形で身体的に提示しているものである。

たったいま現れた二つの提示[336]には，自己意識と精神的本質体の統一が現前してはいるが，両者になお欠けているのは，両者の均衡であ

327）（訳注）ここで「絶対的本質体」への言及がなされるのは，宗教が絶対的本質体の意識であり，またその自己意識だからである。

328）（訳注）キリスト教に対比している。

329）（訳注）「精神」というのは，宗教が絶対的精神としては絶対的本質体の意識ではなく，その自己意識であることを意味する。

330）（訳注）「人間的形態」というのは，啓示宗教での「神が人間となること」すなわち受肉のこと。

331）（訳注）「生きた身体性」の受肉に対する寄与については，当面の箇所では，神が人間となることを用意するものを芸術品と書かずに祭祀といっているのは，叙事詩—悲劇—喜劇の精神的芸術品にも祭祀の意義が認められていることを示している。

332）（訳注）*GW* 9, S. 387, Z. 9–11 を参照されたい。

333）（訳注）「賞」はオリーブの冠。

334）（訳注）*GW* 9, S. 384, Z. 34–S. 385, Z. 15 を参照されたい。

335）（訳注）「民」とは各々のポリスの民のこと。

336）（訳注）「二つの提示」は，バッカス的感激と美しい身体性とのことであるが，黒い石とメムノンの像とが当面の本文と同じように総合を要求されていた。

る。つまりバッコス的感激[337]にあっては自己が，美しき身体性にあっては，精神的本質体が留守になっている。前者の漠とした意識と粗野な吃り[338]とは後者の｜(675) 明快な定在に，後者の精神なき明快さは前者の内面性に受けいれられなければならない。内面性が外面的になり，外面性が内面的になる完全な場面は，今度もまた[339]言葉であるが，これは神託のようにその内容からいってまったく偶然で個別的なものでも，個々の神だけをたたえる感性的賛歌[340]でも，バッコス的半狂乱の内容なき吃りでもない。むしろ，明快で普遍的内容を得ている。明快な内容というのは，芸術家が全然実体的はじめの感激[341]から出て，一つの形態に己れを仕上げているからであり，この形態[342]はあらゆる感動で自己意識的魂に貫かれており，それとともに生きる自己の定在であるからである。また普遍的内容というのは，人間の栄誉[343]であるこの祝典では，一つの国民精神[344]を，つまり神性の特定の性格を含むだけの彫像の一面性[345]が，消えているからである[346]。美しき闘士は，なるほどかれの属する特殊な民の栄誉ではあるが，かれは身体的個別性であって，そこでは，その民の特殊な生活や関心や要求や習俗などを担ってい

337)（訳注）*GW* 9, S. 380, Z. 35–S. 381, Z. 4; S. 381, Z. 6 以下；S. 387, Z. 9–11 を参照されたい。

338)（訳注）「吃り」は，バッカス的感激が予言のようなことを行なうのを指しているであろう。このこと自身は不可能ではないとしても，表現としては，『新約聖書』の「使徒言行録」10:46,「コリントの信徒への手紙一」12:10 などにある「異言」から得られたものであろう。なお自己がこの感激の「そと」にあるの「そと」はエクスタシスの「エク」にあたる。

339)（訳注）「また」というのは，VI-B-I-a での賛美の言葉および分裂の言葉と C-c の良心の断言の言葉と VII-B-a の賛歌とに対してのことである。

340)（訳注）「賛歌」が「情緒的」でもあること，すなわち叙情詩でもあり，「個々の神」をたたえる。

341)（訳注）*GW* 9, S. 379, Z. 31 以下を参照されたい。

342)（訳注）言葉の新しい「形態」について語られているのは，もとは各ポリスごとの方言であったギリシア語で，ホメロスの叙事詩以後，イオニックが，次いでアティックが支配的となったが，これらは内面的主体的感動を盛り込みうるものであるとともに他の人々にも理解されうる普遍性を備えたものでもあるということである。

343)（訳注）「人間の栄誉」というのは，オリンピアのものにしても，イストモスのものにしても，ピュティアのものにしても，競技には全ギリシア民族が参加したからである。

344)（訳注）「国民の精神」は，このさいの国は各々のポリスのこと。

345)（訳注）「彫像の一面性」というのは，彫像がもとは各ポリスごとに違った神を表現したものであったことを意味する。

346)（訳注）*GW* 9, S. 379, Z. 9 以下を参照されたい。

る精神の，詳しい姿や真剣な意味や内的性格やは没落してしまっている[347]。このようにみずからを外化放棄してまったく身体性になるとき，精神は，民の現実的精神として，みずから含んでいる本性の特殊印象と響き[348]を払いおとしている。したがって，その民は，｜（676）もはや自己内でのその特殊性ではなく，その特殊性を脱けていること，人間的定在の普遍性[349]となっていることを意識している。

c　精神的芸術作品

その本質体の形態が特殊な動物[350]にあると意識する[351]諸々の民の精神は，一つに合流し特殊な美しいいくつかの民の精神は，一つのパンテオンに統一されるが，その場面と住居は言葉[352]【389】である。自己自身が普遍的人間性であるという純粋直観には，民の精神の現実で形式がある。これは，民の精神が自然的に一緒になって一つの国民となるべき他の民の精神と，共同の企て〔トロヤ戦争ないし諸都市の連合〕をし，この所業のために民を全体として形成し，全体としての天上界[353]を仰ぐことになる。しかし，精神が定在となって到達する普遍性は，人倫的

347）（訳注）芸術宗教の現実的精神が各ポリスごとの人倫的精神としてその人倫的組織で成立するものである。

348）（訳注）「響き」は *GW* 9, S. 379, Z. 21 で彫像との関連で用いられていた。

349）（訳注）「普遍性」というのは，競技の優勝者からアキレウス，アイアスなどの汎ヘラス的像が生じてきたのが舞踏の指揮者からアテナ，アルテミスなどの汎ヘラス的女神の像が生じてきたのと同じであることを指している。

350）（訳注）「動物」とはいわゆる聖獣のことである。エジプトでと同じくギリシアでも各ポリスがそれぞれの聖獣をもって守護神としていた時代があったと少なくもヘーゲルの考えていたことは，*GW* 9, S. 378, Z. 33 以下に暗示されていた。

351）（訳注）*GW* 9, S. 371, Z. 21–25 を参照されたい。

352）（訳注）「パンテオン」には二種あり，一つは表象によるもの，他は抽象的普遍あるいは法的普遍によるものである。前者はホメロスの叙事詩がもと各ポリスのものであった神々を統一づけることによって生じたものであり，後者は各ポリスの独立を権力によって奪いとって生じたローマ帝国のものである。ところで表象は同時に言葉でもあるが，エポスとは言葉のことであるから，ここでは前者の場合が考えられている。

353）（訳注）「天上界」というのは，ホメロスの12神が住むオリュムポスの天上界のこと。

なものの個体性[354]からやっと出てきたばかりの，最初のものにすぎないから，まだその直接性を克服してはいないし，いくつかの民性から一つの国家をつくるに至ってもいない。現実の民の精神の人倫は，一方では人倫の民全体に対する個々人の直接の信頼[355]に基づいており，他方では，身分の違いがあるにもかかわらず，すべての人々が｜（677）統治の決定に参与して行為するという，直接的役割に基づいている。けれども，さしあたり持続的秩序のためではなく，共同に行為するためにだけ統一されるときには，すべての人々および各人が自由に参与することは，しばしのあいだお預けになる。それゆえ，抽象的思想が支配[356]し，個々人〔英雄〕がみずから意識して，全体の意志および所為に参与するのを支配するというよりは，諸々の個体性[357]が寄り集まっている。

〔1　叙事詩〕

諸々の民の精神の集まりが一つの形態圏[358]を形成するが，これはいま全自然ならびに全人倫世界を包括している。これらの形態も，唯一者〔ゼウス〕の至上支配に服しているというよりも，その至上命令に服している[359]。それだけで，これらの形態は，自己意識的存在者〔ゼウス〕がそれ自体でありかつ行うものの普遍的実体〔英雄〕[360]ではあり，この

354）（訳注）「人倫的なものの個体性」というのは，習俗と不可分のものである人倫的なものが各ポリスごとのものであることを意味していた。

355）（訳注）「信頼」は人倫にとって本質的なものである。

356）（訳注）「支配」とはローマ帝国のこと。

357）（訳注）「個々の個体性」や「諸々の個体性」とは各ポリスのこと，また叙事詩ではその代表者であるアガメムノン，アキレウス，オデュセウス，アイアスなどのこと。

358）（訳注）「一つの形態圏」というのは，オリュムポスの12神のことである。

359）（訳注）「至上支配」ではなく，「至上命令に服している」というのは，アガメムノンがギリシア方の総大将であっても，アキレウス，アイアス，オデュッセウスなど部将間の紛争に決裁をつけえないのと同じことが主神ゼウスとアポロン，アテナ，ポセイドンなどとのあいだにも起こることを指す。

360）（訳注）英雄が「それ自体で」何であるか，何を行うかを決めるものが神々であるというのは，たとえばアイアスが何であるか，また何を行うかは守護神アテナの導きによることである。

自己意識的存在者は原動力[361)]となり，少なくともさしあたっては中心点[362)]となっていて，普遍的存在者の方は，この中心点をめぐって努力する。といっても，この中心点ははじめのうちは，やっと普遍的存在者の仕事を偶然な形で結びつけているにすぎないようにみえる。しかし，神的本質体が自己意識に帰ることはすでに[363)]根拠を含んでおり，これにより自己意識の方が神的原動力のために中心点となり，本質的統一となっているわけである。ただ差しあたって[364)]は，この統一を天上界と地上界の親しくはあるが外的関係に隠したままである。

〔α）叙事詩の表象性〕

この内容に帰せられるのと同一の普遍性には，｜（678）内容を表す意識の形式も当然ある。意識は，もはや祭祀という現実の行い[365)]ではなく，いかにもまだ概念に高まって[366)]はいないにしても，表象には，つまり自己意識的定在と外的定在の総合的結合[367)]には，いまようやく高まっている行為なのである。この表象の定在である言葉は，叙事詩そのものという最初の言葉であるが，これは普遍的内容を，思想的考えという普遍性としてではないにしても，世界の完全性としては含んでいる。叙事詩の歌い手は個々人であり現実の人であるが，これはこの世界の主体となってこれを生み出すとともに担っている。そのパトスは人々

361）（訳注）人間の方が原動力になるというのは，神々は「人間の賜物で生命を養っている」とあるようなことを指す。

362）（訳注）人間の方がかえって神々の努力が集中する「中心点」というのは，たとえば放浪中のオデュッセウスを故郷に帰すことが天上での神々の会議の議題であるようなである。

363）（訳注）「すでに」とは，喜劇の段階にまで至らずとも，すでに叙事詩の段階でということを意味している。「友好的」については本文がいわんとしているのは，神々は実は人間であるが，このことが明瞭になるのは，喜劇の段階でのことであって，叙事詩ではこのことは神人の友好的関係という外面のうちに隠されているということである。

364）（訳注）「さしあたって」というのは，精神的芸術品の完成体である喜劇の段階にまで至らない叙事詩の段階ではということ。

365）（訳注）*GW* 9, S. 383, Z. 13 以下を参照されたい。ここで叙事詩と祭祀との比論に言及されているのは，やがてこの段落で叙事詩が推理の構造をもつとされるのと同じように，祭祀もまた推理の構造をもっていたことによる。

366）（訳注）ここでも「高まること」は定在から表象へと，これから概念へという二段構えになっている。なお概念にまで高まるのは，精神的芸術の内部では表象の世界の構成契機が家族としての個別と国家としての普遍とに帰する悲劇に始まることである。

367）（訳注）総合は，ごちゃ混ぜを意味する。

を麻痺させる自然力ではなく，ムネモシュネ〔記憶の女神〕であり，【390】かつては直接的本質体であったものを自覚し，内面化し，想い起こす。歌い手は内容のうちで消え去る道具である。認められるのは歌い手自身の自己ではなく，その詩神[368]であり，普遍的歌なのである。しかし，実際に現前しているのは推理[369]であって，神々の世界つまり普遍性という項を，特殊という中項によって，歌い手という個別性と結んでいる。この中項とは英雄の名にある民であるが，これは歌い手のように個別的人間ではあるけれども，ただ表象された人間である点で違っており，そのため同時に，神々すなわち普遍性という自由な項のように普遍的人間である。

〔β〕神々と人間〕

それで，そもそもこの叙事詩で意識にとって提示されるのは，それ自体では祭祀で成就していること[370]，つまり神的なものと人間的なものの関係である。その内容は自己自身を意識した者の一つの行為〔悲劇を暗示〕[371]である。この行為することは｜（679）実体の安定をこわし，本質体を呼びさます。このため本質体の単純な姿は分けられ，自然力ならびに人倫的力の多様な世界ということで開かれる[372]のである。行為は静かな大地を侵すものであり，血によって魂を与えて，死者の霊を呼び起こす落とし穴[373]である。死者の霊は，生命にこがれ，これを自己意識

368）（訳注）「詩神」というのは，ホメロス『イリアス』の冒頭に「おおムーサの神々たちよ，ペレウスの子アキレウスの怒りをわれに歌え」（ただし版によっては，この句のないこともある）とあり，またホメロス『オデュッセイア』の冒頭にも，「おお，ムーサよ，遠く遙かにさすらいし人の業をわれに歌え」とあるのによっている。

369）（訳注）叙事詩のこの「推理」では主役は神であるが，それが英雄たちへと移ったときが悲劇であり，さらに歌い手もその一人である人間へと移ったときが喜劇である。したがってこの推理はcの全体にとって基本的意義をもつものである。主役が神であるのは王制のとき，主役が英雄たちであるのは貴族制のとき，人間であるのは民主制のときともみることができる。

370）（訳注）*GW* 9, S. 382, Z. 28–35 を参照されたい。

371）（訳注）叙事詩の内容をもって「行為」とするのは，アリストテレスが『詩学』第6章で，叙事詩をもって悲劇と同じように人間の実践を表現したものへの言及を含んでいるであろう。

372）（訳注）行為についていわれていることは，「この所為は，人倫的世界の安定した組織と動きとをかきみだす」（本書263頁）に酷似している。

373）（訳注）「穴」に関しては，『オデュッセイア』第11巻のはじめで，オデュッセウスがオケアノス河畔で穴を掘り，この穴に羊の生血をそそぐと，多くの死者が蘇ってきて，

の行いによって手に入れる[374]。一般の人々が努力を向けている仕事は，二つの側面をもつことになる。つまり，現実の諸民全体と，その頂点に立つ諸々の個体性[375]とによって実現される自己的側面と，諸々の民の実体的威力によって実現される普遍的側面とである。しかし，両者の関係は，普遍者と個別者の総合的結合となり，表象の働きとなるように前もって[376]決められている。叙事詩の世界の評価は，この規定性をどうみるかにかかっている。——そういうわけで，両者の関係は一つの混合であるが，これは行いの統一を一貫しないやり方で配分し，行為を余計なもののように一方から他方へ移す。普遍的威力にも個体性という形態があるから，行為の原理を備えている。そのため結果は人間の行為でもあるが，またまったく神々の威力自身から発した自由な行いでもある。したがって，同じ一つのことを神々も人間も行った。神々の威力は，真剣であるにしても，実際には行為する個体性という力になっているから，滑稽で[377]余計なものになる。——さらに，個人が緊張し｜(680)苦労するにしても，むしろ神々がすべてを管理しているのだから，やはり無駄な努力である。次の日には死んでしまう人間は[378]，空しいものではあるが，同時に威力ある自己であり，普遍的本質体を従え，神々を侵し[379]，結局は神々に行いの現実を得させ，関心をもたせる。反対からいえば，この普遍性は，無力であるから，人間の天賦によって養われ，それによってはじめて何かを行うようになり，自然的となり，あらゆるできごとの素材となり，また行いの人倫的実質であり，パトスである。【391】普遍性の原初的自然は，個体性の自由な自己によってはじめて，現実につれこまれ，活動的関係[380]をもつようになる。が，またそれは

オデュッセウスと語る場面が活用されている。

374）（訳注）『オデュセイア』第11巻。

375）（訳注）「諸々の個体性」とはアガメムノン，アキレウス，アイアス，オデュッセウスなどのこと。

376）（訳注）*GW* 9, S. 389, Z. 31–32 を参照されたい。

377）（訳注）この「滑稽な」は喜劇で回顧されている。

378）（訳注）このところ，イポリット訳は「極度に熱心な死すべきもの（人間）」となっている。

379）（訳注）「侵す」とは，たとえばアイアスが出陣にさいして女神アテナの援助を退けるようなである。

380）（訳注）「活動的関係」の活動については，*GW* 9, S. 248, Z. 11 以下の〔γ)〕を参照のこと。

このような結合を拒んで，その規定の中におり，いつまでも制約を受けない普遍でもある。そしてその統一の打ち克ちがたい弾力によって，点のような行為者とその形象[381]を消してしまうが，己れ自身は純粋なままでおり，その流動にすべて個人的なものを解体してしまう。

〔γ〕神々の悲嘆〕

神々は，対抗する自己的本性とは矛盾した関係に落ち込むが，それと同じように，その普遍性も己れ自身の規定と対抗し，その規定が他の神々と関係するのにも対抗する。神々は永遠の美しき個体であるから，みずから自身の定在に安らい，消滅とそとからの暴力とを免れてはいる。——しかし，同時に，特定の場面[382]であり，｜（681）したがって他の神々と関係を結ぶ[383]特殊な神々である。他者と関係することは，その対立からいって他者と争うことであるが，これは，神々の永遠の本性からみて，滑稽な自己忘却[384]である。——この神々の規定性は，神々の存続に根を張っており，限界をつけながらも，個体性全体を自立させている。このために同時にその性格は鋭い特異性を失い，曖昧な姿になり他と混合してしまう。——活動の目的やその活動自身にしてからが，他者と対立しているため，打ち克ちがたい神通力に向かっているのだから，傲然たる態度をとってはいるものの偶然で空しく[385]，やがて消えてしまう。そのためこの態度は，みた目には真剣な行為を，自己自身を確信してはいるが危険のないたわむれに，変えてしまい，結果も成果もないものにしてしまう。しかし，神々の神性に否定的なものや規定性があるのは，神々の働きが一貫せず，その目的と結果が矛盾しているからであるように思われる。そして，例の自立的確信は，特定のものに優っているとしても，まさにこのために，それには否定的なものの純粋な力[386]が対抗することになり，しかも己れがそれに対し何もしえないよ

381）（訳注）「形象」は主要音に飾りとしてともなう一連の修飾的音のことである。

382）（訳注）ゼウスが大空を意味するなど。

383）（訳注）「特定」がかえって他への「関連」をもたらすのは，IIの知覚でのと同じである。

384）（訳注）このような矛盾が喜劇で神々の死を来たすのである。

385）（訳注）「空しく」の語は喜劇の段階でも神々について用いられている。

386）（訳注）「否定的なものの純粋な力」というのは，やがて「定め」といいなおされているように運命のことである。ヘーゲルもアポロンとエリニュエスたちとを左右に侍らし，両者を統一づける「単一のゼウス」について語るときには，ゼウスをもって運命を決める人

うな究極の威力として対抗してくる[387)]。神々は，その威力に耐ええない死すべきものの個別的自己に，対抗する普遍であり，肯定的なものである。けれども，普遍的自己は，必然性〔運命〕の概念なき空しさとなって，神々の上に，また全内容を帰属させている表象という神々の世界全体の上に，漂っている。――この運命こそできごとであり，これに対しては｜(682) 神々は自己を失い，悲しみの[388)]態度をとることになる。なぜならば，神々の特定の本性は，このできごとの純粋な姿には存在しないからである。

しかし，この必然性〔運命〕は，個々の契機の矛盾する実体が従属している概念の統一[389)]であり，ここでは個々の契機の行いの一貫せず偶然な状態も，秩序を与えられ，たわむれの行為も，自分自身で真剣になり価値をもつ[390)]。表象世界の内容は，【392】拘束を解かれて中項[391)]ということでそれだけで動いており，英雄の個体性[392)]をめぐって集まっているが，英雄は，力があり美しいのに自分の生命が断たれることを感じ，間近の死を予感して悲しむ〔アキレウス〕。なぜならば，自己内で固定した現実的個別性[393)]は，項性に押し出され，両項の契機に分裂しているが，これらの契機はたがいにみつけあっていないし，合一されてもいないからである。一方の個別者，抽象的で非現実的なものは必然性

格神と考えているようであって，当面の本文でもやがて「普遍的自己」と呼ばれているものは，一切をすべるこの「単一のゼウス」のことであろう。

387)（訳注）神々も運命には勝てない。

388)（訳注）ヘーゲルは，trauernd の代わりにシュヴァーベン方言の traurend を用いている。この点については，*Schwäbisches Wörterbuch. Auf Grund der von Adelbert v. Keller begonnen Sammlungen und mit Unterstützung des Würtembergischen Staates bearbeitet von Hermann Fischer*. Bd. 2, Tübingen, 1908, S. 335 を参照されたい。

389)（訳注）「概念の統一」にあたるものは，『エンツュクロペディー』第 166 節での「個別は普遍である」という原始分割にもたらされる概念のことである。この「概念」は『論理学』では客観的論理学を通じて設定されたものであるが，その最後のカテゴリーである必然性がここでは「運命」とも呼ばれているのである。

390)（訳注）獲得する「価値」というのは，悲劇の段階での「神々の掟」あるいは家族と「人間の掟」あるいは国家とのことである。

391)（訳注）「中項」とは神々―英雄たち―歌人という推理のものであるが，中項がまた中間地帯である。

392)（訳注）ここでは「英雄」とはアキレウスのことである。

393)（訳注）この「個別性」は，たんなる必然性（アナンケー）からは区別される「単一のゼウス」と歌い手とである。

〔運命〕ではあるものの，中項の生命には関わらないし，他方の現実的個別者つまり歌い手も中項の生命のそとにいて，その表象の中で没落してしまう[394]。そこで両項は内容に近づかなければならない。一方つまり必然性〔運命〕は内容で充たされなければならず[395]，他方つまり歌い手の言葉はこの内容に関わり[396]，これまで勝手に放任されていた内容は否定的なものの確実性を得て，否定的なものという堅い規定を自分で獲得しなければならない。

| (683)

〔2 悲劇〕

したがって，悲劇というこのいっそう高い言葉は，本質的世界と行為する世界[397]という散乱している契機を，いっそう密接に結びつける。そのため神的なものという実体は，概念の本性からいってその形態〔神々の掟と人間の掟〕[398]に分かれ，その動きも同様にその概念に一致する。形式に関していえば，言葉は内容にはいってゆくため，物語的[399]ではなくなるが，これは内容が，一つの表象されたものでなくなるのと同じである。英雄自身は語り手であり，表象は，同時に観客でもある聞き手に自己意識的人間を示すが，この人間はみずからの権利と目的を，みずからの規定性の威力と意志を知っており，それを言うすべを知っている。この人たちは芸術家[400]であるが，現実生活での普通の行いにともなっている言葉のように，無意識的に自然で素朴に自分たちの

394）（訳注）「没落してしまう」というのは，歌い手が内容に没入している「道具」であったのに応じている。

395）（訳注）「充たされた」ときには，必然性は「神々の掟」と「人間の掟」となる。

396）（訳注）「関わった」ときには，歌い手は仮面をつけた俳優として悲劇の舞台にのぼり，英雄として語りかつ行うことになるが，さらに仮面をはずすときには，悲劇は喜劇となる。

397）（訳注）「本質的世界」とは神々の世界，「行為する世界」とは英雄の世界のこと。

398）（訳注）「形態」とは，国家の神と家族の神のことである。したがってまたクレオンとアンティゴネーのような主人公でもある。ただしこれらは内容のうえでの形態であって，なお形式のうえでの区別がある。

399）（訳注）「物語」は，アリストテレスが『詩学』第6章で叙事詩の形式としたハパゲリアにあたる。

400）（訳注）「芸術家」とは俳優のこと。

決意とその企ての表面を表明するのではない。むしろ，その内的本質を表現し，行為の権利を証明し，自分のものであるパトスを，偶然な状態や個人の特殊な姿から解放し，普遍的個体性[401]をそのまま具現している劇中人でよく考えて主張し，それを断乎として表明するのである。この性格[402]の定在が，結局現実の人間であり，この人間は英雄の仮面をつけてはいても，それを物語的言葉でではなく，自己の現実的言葉で提示するのである。人間の手[403]でつくられることが影像にとって本質的であるように[404]，仮面にとっては俳優が本質的ではあるが，――これは芸術上の観察が度外視せざるをえないような外的条件なのではない。――言い換えれば，｜（684）そういう観察では，たしかにそれを度外視することがあるけれども，そうであるかぎり，その芸術が，まだ真の本来の自己をみずから含んではいないということ[405]，ほかならぬこのことが，同時にいわれている。〔キリスト教を暗示〕

〔α）合唱団，観客と英雄たちと神々〕

概念から生み出されたこれらの形態が動くとき，普遍的地盤[406]となるのは，はじめの表象的言葉〔叙事詩〕とその自己を失ってばらばらになった内容とを意識することである[407]。これはありふれた民一般【393】であるが，その知恵は長老の合唱となって語られる。この民には，無力ではあるが，己れたちの代表者があるのは，己れたち自身が，統治という己れたちに対抗する個体性[408]の，肯定的で否定的素材にすぎないの

401）（訳注）「普遍的個体性」とは，類型ないし典型。

402）（訳注）Ⅵ-A-bでも言及されていたが，アリストテレスの悲劇論でも主要テーマになっている。

403）（訳注）影像が人間の手によって作られているのに応じている。

404）（訳注）*GW* 9, S. 380, Z. 32–35を参照されたい。

405）（訳注）「本来の自己を含むこと」が実現をみるのは，喜劇でのことである。

406）（訳注）「普遍的地盤」は，第1には合唱団のいるのが舞台より一段と低い場所であること，第2には合唱団を構成している長老たちが観客ないし一般の民の代表者たちであること，第3にはこの民の意識が舞台で演ぜられ，悲劇よりも一段と低い叙事詩という精神的芸術品の立場のものであること，第4には叙事詩を通じての賛歌およびこれを含む祭祀とのつながりを示すものであることを意味している。

407）（訳注）*GW* 9, S. 389, Z. 24を参照されたい。

408）（訳注）「個体性」というのは，ソフォクレスの『オイディプス王』や『アンティゴネー』でいえば，テーバイのライオス，オイディプス，クレオン，エテオクレス，ポリュネイケスである。このような人物が悲劇の主役であるところからすると，叙事詩の世界がまだ神々の支配するものとして王制にあたるのに対して，悲劇は貴族制にあたり，そして民主

だからである。民は，否定的なものの威力をもっていないから，神々の豊かで色とりどりの生命を，結集したり[409]拘束したりすることはできない。むしろ，それを別々のままにしておき，自立的神である個々の契機を，あるときはこれ，またあるときはそれというふうに，賛歌[410]でたたえ，崇拝の念を表すだけである[411]。けれども，民は，厳粛な概念[412]があって，そういう神々の形態を破壊しながら，その形態のうえを闊歩していることを感じるし，己れたちのたたえる神々[413]が，この概念の支配する所に敢えて踏み込んで行っても，まずいことになるのを知るようにもなる。そのとき民自身は，行為によって干渉するような否定的威力ではなく，ただ自己を失った態度でこの威力を思念し，疎遠な運命を意識しているだけである。そして安定してくれることを空しく願い，慰めの言葉を弱々しく語るだけである[414]。民は，｜（685）実体の直接的片腕でもあるより高い威力に対し，その威力相互の争いに対し，この威力に結びついている生きた人間[415]を，威力と同じように砕いてしまう必然性の単純な自己[416]に対し，恐れをいだく。そのとき民は，己れたち自身と同じものだと知っているこの生きた人間に同情する[417]。がこの民に残されていることといえば，腕を操いてこの動きを恐れ，また助けも

制にあたるものは喜劇であることになる。

409）（訳注）「結集」は，表象の「こっちゃ混ぜ」に対立する。

410）（訳注）「賛歌」への言及のあるのは，叙事詩を通じて a の賛歌が悲劇でもその位置を保つことを示している。

411）（訳注）『オイディプス王』

412）（訳注）「概念」というのは，叙事詩の終わりに出てきたものであり，またそのさいの「普遍的自己」のことであるから，「単一のゼウス」のことでもある。

413）（訳注）「神々」とは，国家の神と家族の神，ひいてはまたアポロンとエリニュエスたち。

414）（訳注）「語る」というのは，オイディプゥス，イオカステ，アンティゴネーなどに対して合唱団がなすことを意味する。

415）（訳注）「生きた人間」とは，たとえばアンティゴネーとクレオンのこと。

416）（訳注）「単純な自己」とは，「普遍的自己」のこと

417）（訳注）ヘーゲルは，ここでアリストテレスの悲劇論を示唆している。その悲劇論では，エレオスとポボスが悲劇の本来の効果性質と呼ばれている。この点については，アリストテレス『詩学』第 9 書，第 2 巻，252Λ; 第 11 書，第 2 巻，253B; 第 13 書，第 2 巻，253Δ; 第 14 書，第 2 巻，254H を参照されたい。ヘーゲルは，エレオスとポボスを同情と逃避と訳すレッシングにここで従っている。レッシングは同情と恐れとは訳さなかった。この点については，『ハムブルク戯曲論』第 2 巻，G. E. レッシング著作集，第 25 巻，ベルリン，1794 年，169 頁以降，175 頁以降を参照されたい。

出しえないで気の毒に思い，結局は，運命を諦めて空しく平静に帰るだけである[418]。がこの運命のなすところが，性格の必然的行為であることも，絶対的本質体[419]が，それ自身の中でする行いであることも理解されてはいない。

このように傍観している意識は，表象するという無関心な態度をとる基盤であるが，そこでは精神は四分五裂の多様な姿をとって現れるのではなく，たんに二つの概念に分かれて現れる[420]。したがって，その実体は，両項をなす二つの威力[421]だけに分裂して現れる。この原素的普遍的本質体は，同時に自己意識的個体性である。――すなわち英雄である。英雄は，己れが二つの威力のどちらか一方にすぎないと意識しており，その点に決定的性格をもっていて，そこでみずから活動し現実となる。――この普遍的個体化は，前にいったように，なお降って行って，本来の定在という直接的現実[422]になり[423]，多数の観客の前に現れ，この観客は合唱団を己れたちの対としている。あるいはむしろ合唱団は，己れたちを表明してくれる己れたち自身の代表である，といった方がいい。

〔β〕内容の対立としての家族と国家，形式の対立としての知と無知〕

ここで問題である精神[424]の内容と動きについては，｜(686) 人倫的実体の本性とその実現という形ですでに[425]考察しておいた。宗教の形では，この精神は己れについて意識するようになり，いっそう純粋な形式[426]といっそう単純な形態となり，己れを意識して提示されると。し

418)（訳注）『オイディプス王』。

419)（訳注）「絶対的本質体」への言及のあるのは，それが宗教の基本概念であるからであって，悲劇が芸術宗教の一つであることを示している。

420)（訳注）「たんに二つの概念に分かれて現れる」は『エンツュクロペディー』第166節の原始分割としての判断にあたる。したがって両項をなすものは個別と普遍とである。

421)（訳注）「二つの威力」とは，神々の掟と人間の掟とのこと。

422)（訳注）「直接の現実」とは，俳優も仮面をなげればただの民であること。

423)（訳注）*GW* 9, S. 392, Z. 27–29 を参照されたい。

424)（訳注）この「精神」とは，「己れが精神であることを知っている精神」であり，すなわち絶対的精神のことであり，宗教的精神のことである。

425)（訳注）「すでに」とはⅥ-Aでのことであ。て，内容の対立のことはその a で，形式の対立のことは b. で述べられていた。

426)（訳注）この「いっそう純粋な形式」というのは，「現実を越えて高められた本質体を自己の純粋さからつくり出す」とある。この「いっそう純粋な形式」というのは，*GW* 9,

たがって，【394】人倫的実体は，その内容からいえば，神々の威力と人間の威力であり，地下の正義と地上の正義であり，――前者は家族であり，後者は国家権力であり，――両者のうち前者は女性という性格であり，後者は男性という性格であった[427]。そこで人倫的実体が，その概念によってこれら二つの威力に分裂するときには，これまでは[428]多くの形をもっており，その規定の中で動揺していた神の勢力圏も，この威力に制限されることになり，そう決められることによって，本来の個体性という規定にいっそう近づく。というのは，前にいったように全体が，実体となって[429]現れる多様で抽象的諸力に散乱しているときには，それらを契機としてだけその自己に包む主体が，解消してしまうからであり，そのため，個体性はその本質体の表面的形式にすぎないからである。反対に，いまあげた二つの性格より以上の区別を立てると，それは偶然でそれ自体では外的な人[430]に数えられる。

これと同時に本質体はその形式ないしは知のうえからも分かれる。行為する精神は意識であるから対象と対立する。意識はこの対象に働きかけるが，そのために対象は知るものにとって否定的なものと規定される。そのおかげで，行為する精神は知と無知の対立[431]の中にいる。この精神は，その性格から己れの目的をとり出し，これを｜（687）人倫的本質性だと思うけれども，性格が特定のものであるために，実体の一方の威力を知っているだけで，他方はその精神には隠されている。したがって，現在する現実は，それ自体で〔潜在的に〕他者であると同時に意識にとって他者である。この関係にあっては，上界の正義と下界の正義は，意識が知っており意識にとって露わな威力と，隠れていて背後で待ち伏せしている威力，という意味をもっている。一方は光の側面，神

S. 377, Z. 20 で「現実を超えて自己の本質を，自己の純粋な姿からつくり出す」とあったさいの「純粋な」にあたり，事は現実的精神である人倫的精神と絶対的精神である芸術宗教との区別に関している。

427）（訳注）*GW* 9, S. 242, Z. 18 以下 ; S. 248, Z. 22 を参照されたい。

428）（訳注）*GW* 9, S. 390, Z. 23–S. 391, Z. 32 を参照されたい。

429）（訳注）この「実体となって」は *GW* 9, S. 391, Z. 33–34 の「矛盾しながらもっている実体性」に応じている。

430）（訳注）この「人」は，「普遍的個体性」から区別される個人的人のことである。

431）（訳注）知と無知という形式の対立は，知られているものと知られていないものとの対立，知っている意識と意識されていないものとの対立に始まっていたものである。

託の神であり，これはその自然的契機からいえば，すべてを照らす太陽に源をもっており，すべてを知り顕わし，――フォイボス〔アポロン〕でありまたその父ゼウスである[432]。けれども，真実を語る神の命令も，存在する当のものを神が告知することも，むしろいつわりである。というのも，この知は，意識が己れ自身で行為することによって，この対立なのだから，みずからの概念にありながらそのまま無知であるからである。そのゆえに，スフィンクスの謎を解くことのできた人[433]〔オイディプス〕も，小児の如く信頼をよせる人〔オレステス〕も，神が明かしたものによって，破滅させられる。美しい神は巫女たちの口をかりて語り出るが，この巫女とても，約束ずくで罪を犯させておきながら，確かだと己れの告げたものが曖昧なのにつけ込んで，表面の意味に信頼している人〔マクベス〕をだますのだから，二枚舌を使う運命の姉妹にほかならない[434]。それゆえ，魔女を信ずる後者〔マクベス〕よりも純粋で，巫女と美しい神を信頼する前者〔オレステス〕よりも思慮深く，｜(688) もっと徹底して究めようとする意識〔ハムレット〕も，父自身の霊が，【395】己れを殺した犯罪を顕わしてくれたのに，復讐をためらい，別の証明をなお探そうと企てる。――それは，この告知する霊も悪魔であるかもしれないという理由からである[435]。

このように不信をもつのは，知っている意識が自己自身についての確

432）（訳注）オイディプスは光に由来し，したがって the Bright of One のことであって，フォイボス，アポロンとも呼ばれる。そしてアポロンとゼウスとが並称されているのは，天上界の神であり光の神であり「知」の神であるものがアポロンであるのに対して，冥界の神であり「知らないこと」に反抗するのがエリニュエスたちであるが，やがてゼウスはアポロンとエリニュエスたちとに対する第三者として両者を統一づけるものである。したがってゼウスはアポロンとしての意味をももっているからであろう。

433）（訳注）オイディプスがスフィンクスの謎を解いたことを示唆している。この点については，ソフォクレス『オイディプス王』393 行以下，1524–25 行を参照されたい。

434）（訳注）ヘーゲルは，シェイクスピア『マクベス』を示唆している。3 人の魔女は，予言でマクベスを殺人へ駆り立てた。彼女らは，自分たちを運命の姉妹とした。この点については，シェイクスピア『戯曲集』，ヴィーラント独訳，第 6 巻，チューリッヒ，1765 年，177 頁を参照されたい。3 人の魔女の両義的話がマクベスをそそのかした点については，同書，299 頁を参照されたい。

435）（訳注）ヘーゲルは，シェイクスピア『ハムレット』第 1 幕第 5 場で父親の霊が啓示したことに言及している。ハムレットは，啓示した霊が悪魔かもしれいないと第 2 幕第 2 場の最後で語っている。この点については，シェイクスピア『戯曲集』，A. W. シュレーゲル独訳，第 3 巻，ベルリン，1798 年，227 頁以降を参照されたい。

信と，対象的本質体との対立に置かれてしまうのだから，当然の理由に基づいていることになる。人倫的なものの正義は，現実が，絶対的掟と対立するときには，それ自体何ものでもないということである。この正義が経験することは，みずからの知が一面的であることを，みずからの掟がみずからの性格の掟にすぎないことであり，実体の一方の力をつかんだにすぎないことである。行為自身は，知られているものがその反対つまり存在に逆転することであり，性格と知の正義が，実体の本質では己れと結びついている反対の正義に逆転することであり，敵対するようにけしかけられた他方の威力であり性格であるエリニュエスに，逆転すること[436]である。下界の正義は，ゼウスと並んで玉座についており，顕われている正義にして知の神〔アポロン〕と同じように，尊敬されているのである[437]。

合唱団の神々の世界[438]は，行為する個体性によって，この三つの本質体に制限される。実体は一つのものであるが，かまど[439]の威力であり，家族の敬愛を表す精神であるとともに，国家と政府の普遍的威力[440]でもある。｜（689）この区別は，実体そのものに帰属するのだから，個体化して，二つの区別された形態として表象されるのではなく，現実に，その性格の違った二つの人〔アンティゴネーとクレオン〕をもっているのである。これに対し，知と無知の区別は，現実的自己意識

436）（訳注）「逆転すること」は，アリストテレスの悲劇論第 11 章での一つの基本概念であるペリペテイアにあてたものであろう。そして「逆転」が知から無知へ，あるいは知らなかったことへのものであって，これに気づくことであるところからしては，このペリペテイアはアナグノリシスである。

437）（訳注）ヘーゲルは，ここと次の箇所（*GW* 9, S. 395, Z. 28–30 および S. 396, Z. 22–24）でアイスキュロス『オレステイア』結びに言及している。この点については，『エウメニデン』第 198 行以降，第 752 行から第 807 行まで，第 892 行以降を参照されたい。エリニュエスたちとゼウスとアポロンに関する見解は，アイスキュロスの『神酒を捧げるものたち』の第 244–45 行などにある「第三のゼウス」をもって天上界の神アポロンと地下の神エリニュエスたちとを左右に侍らせて統一づける第三者と解することによって得られたのであろう。

438）（訳注）「合唱団の神々の世界」がまた叙事詩の世界である。

439）（訳注）この「かまど」に燃えている火は祖先から炎々と燃えつづける生命の象徴であって，家族ないし氏族の祭祀はすべてこの火を前にして行なわれる。

440）（訳注）この「普遍的威力」は，ゼウスとの関係ではゼウス・ポリエウス呼ばれる。

のそれぞれに帰せられ[441]，――抽象されたときだけ，つまり普遍という場面[442]でだけ，二つの個人的形態に分け与えられる。なぜならば，英雄の自己が定在するのは，ただ意識全体である場合だけであるため，その自己は本質的には形式のもつ区別の全体なのだからである。しかし，自己の実体はかぎられており，その自己に帰属するのは，内容の区別の一方だけである。したがって，現実には分離した側面ではないのに，意識の二つの側面の各々が己れの個体性をもっており，上演では各々が特殊の形態をもつ。一方は，顕われた神の形をとり，他方は隠れたままのエリニュエスの形をとる。両方とも一方では等しく尊敬されるが，他方では，実体の形態たるゼウスが両方をたがいに関係させる必然性である。実体がそういう関係であるのは，知がそれだけで存在しながらも，その真理を単純なもののもとでもっていること，現実的意識である区別が，その根拠としているのは，己れを亡ぼす内的本質体であること，確信の明瞭な断言が確証されるのは，忘却〔レーテ〕のもとである[443]こと，そういう三つのことによるのである。

〔γ〕悲劇の結末，和解としてのレーテー，喜劇への移行〕

意識が行為に移ると，この対立が現れてきた[444]。つまり，意識は，顕われた知に従って行為する｜（690）ときには，その知がいつわりであることを経験し，内容の上から実体の一方の属性[445]に身を委ねるときには，他方を損い，そのため他方が己れに反抗する正義を認める。意識は，知の神に従うときには，むしろ顕われていないものをつかむことになる。【396】そして曖昧が知の本性なので，知が曖昧であることは意識にも分かっていたし，それに対する警告も現前していたに違いなかっ

441）（訳注）「無知」も自己意識のうちにあることを本文は含んでいるが，これは次の段落で説かれているように，うすうすは知っていたことを意味している。運命によって思わない逆転（ペリペテイア）に出あうことを，アリストテレスが再認識（アナグノリシス）と呼ぶのも，このためであろう。

442）（訳注）この「場面」は表象の場面と同じであろう。

443）（訳注）「知」というのは，「人間の掟」（国家）の立場をとる。たとえばクレオンのものであるとともに「神々の掟」（家族）の立場をとる。たとえばアンティゴネーのものでもあり，そして「確信」および「断言」も同様である。ただ断言の方はⅥ-C-c（良心）の基本概念の一つであって，悲劇論のこのCへの接近を指している。

444）（訳注）*GW* 9, S. 394, Z. 13 以下を参照されたい。

445）（訳注）この「属性」は，*GW* 9, S. 393, Z. 15 の「実体の直接の腕」にあたる。

た。そのような知に信頼をよせた結果，その償いをする。巫女の狂乱，魔女の非人間的姿，樹や鳥や夢などの声[446]，これらは，真実の現れる知恵ではない。むしろ，知がいつわりで思慮なく個別的で偶然であることを警告するしるしである。あるいは同じことであるが，意識によって損われる反対の威力は，家族の掟であるにしろ，国家の掟であるにしろ，表明された掟，妥当する権利として現前している。それに対して，意識は己れ自身の知に従い，顕われたものを己れ自身に対し隠してしまった。しかし，内容と意識が相対して現れてくる威力の真実は，両方が等しく正しいため，行いの結果対立することになると等しく不正になるという結果〔クレオンとアンティゴネーの対立〕を生む。行いが，動いて，二つの威力と自己意識的性格とがたがいに没落するとき，両方の統一[447]が実証される。対立するものが自己とたがいに和解するのは，死んで下界のレーテン〔忘却〕[448]の河にいることであるか，――あるいは，赦されて上界のレーテン[449]にいることである。が，赦されるといっても，意識が｜（691）行為したのだから，罪責が意識を拒否したのではないゆえに罪責を解かれたのではなく，犯罪を解かれた[450]からである。そして，〔その赦しとは〕償いを得て心が安らうことなのである。両方はともに忘れられる。つまり，実体と二つの威力，二つの個体性の，また善悪という抽象的思想的考えの威力の，現実と行いは消えた[451]。なぜならば，両者のいずれもが本質ではなく，本質であるのは，全体が自己

446）（訳注）この点については，シェイクスピア『戯曲集』，ヴィーラント独訳，第6巻，チューリッヒ，1765年，203頁，231頁，244頁を参照されたい。

447）（訳注）この「結果」に関していわれていることは，*GW* 9, S. 256, Z. 18の「真実の終局」とほとんど同じである。

448）（訳注）『アンティゴネー』『コロノスのオイディプス』を参照。ここでは和解が忘却と考えられているのである。前者については〔γ)〕で「赦し」として論ぜられていたのであるから，「和解」というのは，「起こったことを起こらなかったこととすること」として忘却と同じものであることになる。後者については，ステュクスの川との関連で，忘却の川として言及されていたが，ここではレーテーの諸形態があげられている。

449）（訳注）『オレステイア』

450）（訳注）「解かれた」といっても犯罪からのものであって，罪責からのものではないというのは，およそ行いは必ず罪責を免れないのであって，これをまったく免れているのは石の存在のようなものであるといわれていたのと同じ見解を示している。

451）（訳注）「消えたこと」についての所論は*GW* 9, S. 361の場合に酷似しており，またその場合と同じく善悪の対立の放棄に言及されているのは，喜劇論を予示するものとなっている。

自身に安らうことであり，運命が動かずに統一されていることであるからである。そのとき定在は安らかである[452]から，家族も政府も働かず生きていないし，アポロンもエリニュエスも等しく栄誉を得るため，現実を失ってどうでもよくなる。こうして精神を得て活動していた両者は単純なゼウスに帰ったのである。

この運命は天上を荒廃させ[453]，——個体性と本質体との思想的考えなき混合を荒廃させたのである[454]。——混合といったのは，そのために本質体の行いが首尾一貫せず，偶然でみずからに価しないものとなって現れるからである。なぜならば，本質体に表面だけでついているとき，個体性は本質的なものではないからである。したがって，このような本質なき表象を追放することは，古代の哲学者たちの求めたことであり[455]，そのことはすでに悲劇でともかくも始まっている。というのも，実体の分類は概念の支配を受けているため，個体性は本質的規定であり，規定は絶対的性格[456]であるとされているからである。それゆえ，悲劇で上演された自己意識が知り認めるのは，｜(692)ゼウスが唯一最高の威力であり，国家またはかまどの威力であるということだけであるが，知となって対立するときには，ゼウスが，特殊なものに形を得させる知の父であり，——また，隠れたるに住まう内面，つまり普遍的なもの[457]，誓いとエリニュエスにとってのゼウスにすぎないということである。【397】これに反して，この概念からさらに表象に分散してゆく契機は，

---

452)（訳注）国家と家族とが相争うことがなくなっているという結論は，Ⅵ-A-b が運命を介して c の法状態へと移行した場合とほとんど同じである。したがって時代はすでにヘレニズム-ローマへと移っている。

453)（訳注）「荒廃」は，芸術宗教の立場からすることであろう。

454)（訳注）*GW* 9, S. 23 以下 ; S. 394, Z. 5–6 を参照されたい。

455)（訳注）ヘーゲルはここでホメロスからヘシオドスに至る神の歴史へのクセノフォンやプラトンの批判を念頭に置いている。クセノフォンをめぐっては，*Sexti Empirici opera graece et latine. Pyrrhoniarum institutiorum.* libri III, cum Henr. Stephani versione et notis. Contra mathematicos, sive disciplinarum professors. libri IV, contra philosophos. libri V, cum versione Gentiani Herveti, graeca ex mss. Condicibus castigavit, versions emendavit supplenitque, et toti operi notas adiddit Jo. Arbertus Fabricius, Leipzig, 1718, I. Adversus physicos. S. 593 を参照されたい。プラトンをめぐっては『国家』第 2 巻を参照されたい。

456)（訳注）「絶対的性格」とは，家族に献身する性格と国家に献身する性格。

457)（訳注）「普遍的なもの」というのは，国家に対してのほか，家族にとっても基底でありうる「普遍的なもの」のことであろう。

それらは合唱によって次々に認められはするけれども，英雄というパトスではなくなり，英雄のもつ情熱に，つまり偶然で本質のない契機になり下ってしまう。つまりこれらの契機は，なるほど合唱にたたえられはするが，英雄という性格となることも，英雄からその本質であると表明され，尊敬されることもできない。

しかし，神的なものそのものにとっての登場人物たちも，その実体の諸性格[458]もともに，無意識という単純性に合流してゆく。この必然性が自己意識に対抗してもっている規定は，そして，現れてくるすべての形態を否定する威力である，ということである。この威力の中では形態は己れ自身を認めず，むしろそこで没落するということである。自己が現れるのは，ただ諸々の性格にふりあてられてのことであって，動きの中項としてではない。しかし，自己を単純に確信している[459]自己意識は，実際には否定的威力であり，ゼウスという統一，つまり実体的本質体[460]と抽象的必然を統一している。つまり，それは，すべてのものが帰ってゆく精神的統一である。しかし，現実の自己意識は，いまだ実体および運命とは区別されているから，一方では合唱団である，｜(693) あるいはむしろ観客の群れである。神的生命のこの動きは見知らぬものであるときは，この登場人物たちを底の底まで恐れさせるか，もしくは，身近なものであるときは，その人物たちに，行為をともなわぬ同情[461]という感動をひきおこすかするだけである。また，他方では，意識が行為をともにし，性格の一つに帰せられているかぎりで，自己という合一，運命と実体の合一という真の合一がまだ現前しているわけではないから，この合一は外面的合一であり，役割を果たしている〔偽善で

458）（訳注）「登場人物たち」は，その Person は persona を通じてプロソーポンとして顔であり仮面である。これが扮する「神的本質体」とはゼウス，アポロン，エリニュエスたちのことであろう。そして「実体」とは神々の掟と人間の掟とをもって属性とするもののことである。したがってまたこれらをパトスとして負っている「性格」とはアンティゴネーとクレオンとのようなものである

459）（訳注）「自己を単純に確信している」ことは喜劇の段階でいっそう顕著となるが，このことは所論がVI-C-c の良心へ対応したものであることを示している。

460）（訳注）この「ゼウス」とは「第三者」としてアポロンとエリニュエスたちとを統一づける「単純なゼウス」のことであり，「実体的本質体」とは神々の掟と人間の掟とをもって属性とするものである。

461）（訳注）本章注 417 を参照されたい。

ある〕[462]だけである。観客の前に登場する英雄は己れの仮面と俳優に分裂し，登場人物と現実の自己に分裂する。

英雄の自己意識が，仮面をはずして立ち現れ，提示しなければならないことは，己れが合唱団の神々[463]の運命でもあれば，絶対的な諸々の威力〔神々の掟と人間の掟など〕の運命でもあると知っている[464]ということであり，合唱団，つまり普遍の意識から，もはや離れたものではないということである。

〔3　喜劇〕

こうして，喜劇には，まず第一に，現実の自己意識が神々の運命として提示されるという，側面がある。神々というこの元素的本質体は，普遍的契機であるから，自己ではないし現実的でもない。なるほど，それらの本質体は個体性という形式で飾られてはいるものの，この形式は，それらが己れでそうだと想像しているだけのものであって，それ自体でそれだけでそれらのものになっているのではない。つまり現実の自己は，そういう抽象的契機を己れの実体とし内容としているのではない。したがって，自己は，主体は，個別的性質[465]であるそういう契機を超えており，仮面をつけると，それだけで何か｜(694) であろうとしているそういう性質の反語を表明する。普遍的本質性であると威張ってみても，自己に暴露されてしまう。【398】自己は現実に捕われているままで明らかにされるから，何かまともなものであろうとするちょうどそ

462）（訳注）「役割を果たしている」はヒュポクリシスにあてたものである。ヒュポクリノマイは応答すること，ある役をつとめることを意味するから，ヒポクリシスとは仮面をつけて演技をすることである。

463）（訳注）「合唱団」の神々は同時に叙事詩の，また賛歌の神々である。

464）（訳注）「絶対的な諸々の威力の運命でもあると知っている」というのは，フランクフルト期のヘーゲルのように自己が運命に支配されると考えるのとは違い，また，運命に向けた畏敬をもって人倫の学の原理とした1801年の「惑星の軌道に関する哲学論文前提とするテーゼ」テーゼのXとも違い，『精神現象学』では自己がすなわち運命であり，運命を支配するものであると考えたために，悲劇よりも喜劇の方が上位を占めることになっているのを示しており，また芸術宗教は神が受肉することを用意するものとなっている。

465）（訳注）「としている」ないし「もつ」というのは，「性質」はⅡ（知覚）の物に対するものであって，物のそれに対する関係はもつことであるからである。

のときに，仮面をぬいでしまう。ここで自己は現実的なものとして，それなりの意味で登場するわけである。己れの役を果たすために，一旦は仮面をつけて自己は演技をするけれども，やがてまたこの仮の姿をぬけ出して，己れ自身の裸の普通の姿で立ち現れる。が，この姿は，本来の自己とも，俳優ならびに観客とも異なっていないことが分かる[466)]。

〔α〕自然の神々と人倫の神々〕

このように，形を得た本質性一般はその個体性の中でみな解体する。そのとき内容がいっそう重大で必然的意味をもっていればいるほど，その解体も内容の点でいっそう重大で，そのためいっそう気ままで辛辣になる。ところで，神という実体は，自然的本質性と人倫的本質性という二つの意味を，みずからの中で統一している[467)]。このうち自然的なものに関していえば，それを飾りや住居などに使い，犠牲として振る舞うときすでに，現実の自己意識は，秘密のあばかれた運命として，自然という自己本質性がいかなる事態のものであるかを示す。つまり自己意識は，パンと葡萄酒の秘儀[468)]では，それらを内的本質の意味と一緒に，己れのものとしてしまう[469)]。それで自己意識は，喜劇では，この意味が一般にもっている反語を意識している[470)]。——ところで，この意味は，人倫的本質性を含んでいるかぎりで，一方では，｜（695）国家ないし

466）（訳注）ここに神々—英雄—歌い手（合唱団）—自己意識という推移が語られている。俳優が仮面をぬいで観客と同一となることで，神々→英雄→歌い手という推理的連結が完結したことになる。

467）（訳注）「統一している」というのは，「神という実体」によること。

468）（訳注）*GW* 9, S. 387, Z. 15 を参照されたい。

469）（訳注）*GW* 9, S. 384, Z. 22 以下 , 34 以下 ; S. 386, Z. 12–S. 387, Z. 19 を参照されたい。

470）（訳注）ダッシュまでで人間が自然を支配する運命であることが総括されるのは，要するに自然が人間にとって有用であるとみるのが喜劇の特徴であるとすることによっており，この点では喜劇の立場は「すべては有用である」とする啓蒙の有用性の立場と同じである。啓蒙という点では，次の段落でアリストファネスの『雲』がとりあげられ，したがって喜劇がソクラテスに関係づけられていること，またこの作品との関連でソクラテスも自然研究者の一人に数えられていること，さらにはソフィストの一人に数えられていることが示すように，ソフィストによるギリシア啓蒙のことがここで顧慮されており，ソフィストたちのうちで神々について本文と同様の見解を示したのはプロディコス（前 5 世紀）である。「エジプト人たちがナイル河を神とあがめたように，昔の人々は日，月，川，泉など一般にわれわれの生活に有用であるものをその有用性のゆえに神とあがめた。だからかれらは穀物でデメテールの神を，酒でディオニュソスの神を，火でヘファイストスの神を，そして有用なすべてのもので神をみた」（ディールス・クランツ『断片集』第 2 巻の 317 頁）。

本来の民[471]と家族的個別性[472]という両側面をもった民であるが〔悲劇想起〕，他方では，自己意識的純粋知であり，もしくは普遍を理性的に思考すること[473]である。――例の民つまり一般大衆は，己れが主人であり統治者であるとともに，尊敬すべき知性であり，洞察をもっていると思っているけれども，己れの現実の特殊によって強制されており，惑わされてもいる[474]。そこで己れについての思い込みと己れの直接的定在が，己れの必然性と偶然性が，己れの普遍性と俗悪さとが，滑稽な対照となって提示される。普遍から離れた個別性という大衆の原理が，現実という本来の形をとって現れると，また恥をひそかに隠しているこの共同体の原理が公然と図に乗って，管理を行う。その場合[475]，理論上の普遍と実行上問題になる普遍との対照が，いっそうむきだしにあばかれることになり，そのままの個別性の目的が普遍的秩序からまったく解放され，前者が後者を嘲笑する。

〔β）理性的思考〕

理性的思考は，神的本質体の偶然な形態をとりのけ[476]，合唱団が，さまざまの格言をもち出し，数多くの掟や特定の義務ないし権利の概念やを妥当させるときの，概念なき知恵に対抗して，それを美にして善なるもの[477]という単純な理念に高める。――このように抽象化に向かって｜（696）動くのは，これらの格率や掟が己れでもっている弁証法[478]

471）（訳注）この「民」はアリストファネスの『騎士』での「家父」でもある。

472）（訳注）「家族」のことはやがて「個別性の原理」として，また〔β)〕のうちに内含して言及されているだけである。

473）（訳注）「理性的思考」については，次の段落に譲られている。

474）（訳注）アリストファネス『雲』

475）（訳注）この「その場合」は『騎士』でいえば，「家族」の一人であるクレオンが権力の座についたときのことである。

476）（訳注）「とりのけ」はプロディコスに代表されるギリシア啓蒙のことを指している。

477）（訳注）「美にして善なるもの」はソクラテス―プラトンの倫理学にとって中心的課題であったもの。

478）（訳注）この「弁証法」が「美にして善なるもの」との関係で少なくともヘーゲルにとって何を意味しているかというと，具体的行為は「場合」でのものであるが，この「場合」は家族の掟と国家の掟というような矛盾した規定を含んでいるから，弁証法的統一へと帰入するのであり，このような統一が「美にして善なるもの」である。そしてこの統一はちょうど良心での「普遍的な受動的媒体」のようなものであるから，この「美にして善なるもの」はかえっていかなる内容をも受容して義務なりとすることを可能にするのであり，そこで実

を意識してのことであり，そのため，それらのもののこれまで[479]もっているようにみえた絶対的妥当性[480]が，消えてゆくものだと意識してのことである。【399】上演が神的本質性に貸し与えた偶然な規定や表面上の個体性などには，消えてゆくものである[481]ことによって，その自然的側面からいえば，かろうじて直接的定在という裸の姿があるにすぎない。つまりそれらは雲〔アリストファネス〕であり，例の上演のように消えてゆく蒸気〔「啓蒙」想起〕である。それらは，思考された本質であるという点からいえば，美にして善なるものという単純な思想的考え〔ソクラテス〕になったのだから，任意のどんな内容をあてられてもかまわない[482]。弁証法的知の力は，行為の特定の掟や格率を，これ〔弁証法〕によって誤って導かれた若者[483]の，快楽と軽率の犠牲にすることになり，人生の些事にかかずらって気を配り不安になっている老人[484]が，人をだます助けをしてやることになる。したがって，美にして善なるものという純粋な思想的考えは，喜劇〔『雲』〕である。なぜならば，内容上の規定性や固定した意識という絶対的規定性を含んでいる思い込みから解放される結果，思想的考えが空になり，まさにそのために思い込みのたわむれとなり，偶然な個体性の恣意となってしまうからである[485]。

際では恣意的行為をも肯定するものになるというのであろう。したがって「弁証法」といっても，家族の掟や国家の掟というようなものを否定することがおもになっている弁証法であって，ソフィストでの「弱き議論を転じて強き議論とする」こと，あるいは何事についても肯否の両論（ディールス・クランツ『断片集』第2巻の405頁）が成立しうるとする側面からみられた弁証法であることになる。

479）（訳注）*GW* 9, S. 392, Z. 18 以下を参照されたい。

480）（訳注）「絶対的妥当性」というのは，人倫的心情が家族の掟や国家の掟に確固不動の献身を持していたこと。

481）（訳注）*GW* 9, S. 390, Z. 23–S. 391, Z. 32; S. 396, Z. 25 以下を参照されたい。

482）（訳注）いかなる内容をも受容するというのは，「査法的理性」の形式的普遍性および良心の普遍的受動的媒体についていわれていたことと同じである。

483）（訳注）「若者」というのは，『雲』の登場人物，ストレプシアデスの道楽息子のことであるが，同時にソクラテスに対するアルキビアデスでもあろう。

484）（訳注）「老人」とは直接には『雲』に登場するストレプシアデスのことであって，かれがソクラテス先生から教えられた「弁証法」で借金取りを撃退することを意味している。しかし同時にストレプシアデスにかぎらず，喜劇時代の風潮を示すものでもある。

485）（訳注）ヘーゲルはアリストファネス『雲』に言及している。当該作品は，ソクラテスを代表とする詭弁家の形成陶治に反対している。ソクラテスは，ソクラテス学派に加わったストレプシアデスに民の神々ではなくて雲が本当の神々だと教えた。そして，雲は霧，靄，

〔γ) 芸術宗教の完成〕

したがって，ここに心の空しい安静や忘却で存続し，｜(697) 自己意識と分離しているこれまでの[486]無意識的運命が，自己意識と一体になったのである。個別的自己は，否定的力であり，これによってまたこの中では，神々も，定在する自然とかその規定の思想的考え[487]は，神々の契機もともに消えてしまっている。それと同時に，この自己は，ただ空しく消えてゆくのではなく，この空しさそのものの中で自己を支え，己れのもとにおり，唯一の現実となる。芸術宗教はこの自己ということで完結し，完全に自己に帰った。個々の意識が自己自身を確信して[488]，以上の絶対的威力となって提示されるものとなることによって，この威力は，影像や，生きる美しい身体性や叙事詩の内容や，悲劇の二つの威力や登場人物のような，上演されたものという形式，意識一般から分離されたもの，見知らぬものという形式は，すべて消し去られてしまった[489]。――統一もまた祭祀や秘儀の場合の意識なき統一ではない[490]。むしろ，俳優の本来の自己はその役柄と一つになっており，また，観客も，己れに上演されたものの中で完全に所を得ており，己れ自身が演技をしているように思うが，この統一はそういう観客でもあるわけである[491]。この自己意識が直観することは，みずからに対抗して本質性という形式を受けいれるものを，みずからの中で，その思考と定在と行いの中で，むしろ解体してしまい，思いのままにするということである。つ

影ともされる。ストレプシアデスは，ソクラテスから埋蔵金を信ずるようにする技巧を学ぼうとする。かれの息子フェイディピデスは悪事をそそのかす仕方を学ぶ。このために善事の代表と悪事の代表とのあいだで修辞的争いが生じ，後者が勝つ。

486) (訳注) *GW* 9, S. 396, Z. 17–24 を参照されたい。

487) (訳注)「思想的考え」とは，悲劇での内容上の対立と形式上の対立であって，一方では，神々の掟と人間の掟とのことであり，アポロンとエリュニュスたちとのこと，また，単純なゼウスによる両者の統一のことであろう。

488) (訳注)「自己自身を確信して」は，喜劇で芸術宗教がこの場面に到達すべきことはすでに約束されていたことである。ところでこの約束が果たされたということは，喜劇の精神には，Ⅵ-C に，そしてとくにその c である良心に通ずるもののあることを意味している。

489) (訳注) *GW* 9, S. 379, Z. 23–S. 380, Z. 23; S. 387, Z. 20–S. 388, Z. 2; S. 390, Z. 9–S. 391, Z. 32; S. 392, Z. 13 以下を参照されたい。

490) (訳注) *GW* 9, S. 382, Z. 28 以下 ; S. 386, Z. 24–S. 387, Z. 19 を参照されたい。

491) (訳注) このように「観じていること」で，神々→英雄→歌い手ないし自己意識という推理的連結は完成している。なお「祭祀」の「没意識的統一」というときの祭祀は，信女によるバッカスの祭祀に代表されるものであろう。

まりすべての普遍は自己に帰ってみずからを確信するに至ったのであり，このため確信は，｜（698）すべて見知らぬものがもつ恐れと本質とをなくしてしまい，意識は幸福を得て，幸福を思いのままにしている。こういうことは，もはや喜劇を措いてはどこにもないことなのである。

【400】｜（699）

C　啓示宗教

芸術宗教によって精神は，実体の形式から主体の形式に歩み入った[492]。なぜならば，精神がみずからの形態をつくり出し，したがってこの形態に行いないしは自己意識[493]を置くからである。自己意識は恐ろしい実体〔「光の宗教」想起〕では消えてしまうだけで，実体を信頼しながらも，そこに自己を自身でつかむことはしない[494]〔人倫〕。神的本質体のこの受肉は，影像[495]から始まるが，これは自己の外形を己れのもとでもっているだけで，内面や，外形の働きやはそのそとに出ている。だが，祭祀[496]では，両面は一つになっており[497]，芸術宗教の結論に至るとき，この統一は完成していながらも，同時に自己という一方の項にも移っている。この精神は，意識するという個別性にいながら，完全に己れに確信をもっているが，この精神ではすべての本質性は消えてしまっている。そこで，この喜劇の軽率さを表明する命題は，自己は絶対的本質体であるということである。実体であって[498]，｜（700）自己がそ

492）（訳注）自然宗教から芸術宗教への歩みをもって「実体」から「主体」への歩みとするのは，真なるものを主体として把握し表現することが『精神現象学』の課題とされていたのに応じている。

493）（訳注）「つくり出すこと」「行い」「自己意識」はいずれも自然宗教に対する芸術宗教の特徴とされていたものである。

494）（訳注）*GW* 9, S. 395, Z. 35–S. 396, Z. 24 を参照されたい。

495）（訳注）「受肉」については，VI-C-〔2〕-〔α〕〕を参照。芸術宗教の歩みをもって「受肉」の進展とみるその回顧は *GW* 9, S. 402, Z. 34 以下でもなされている。

496）（訳注）この「祭祀」はB-a（抽象的芸術品）でのもののほか，bでのものをも含むと解さるべきである。

497）（訳注）*GW* 9, S. 380, Z. 12–13; S. 382, Z. 28–35 を参照されたい。

498）（訳注）「あって」というのは，自然宗教でのことである。

の偶有性[499]であった，本質体は，述語に落とされてしまっている。それで精神は，本質体という形では何物も対抗するものがないこの自己意識のうちで，みずからの意識[500]を見失ってしまったのである。

〔1　啓示宗教出現の条件（法状態）〕

自己は絶対的本質体である，というこの命題は，自明なように[501]，宗教的ならぬ現実的精神のものである。そこで，この命題を表現している精神の形態はいかなるものであるか，ということが想い起こされなければならない[502]。それと同時に，この形態は自己を述語にひきおろし[503]，実体を主語に高めるという，命題の動きと換位[504]とを含むことになろう。その結果，実体を主語に高めるといっても，この換位命題は，それ自体でつまりわれわれにとってそうなるのではない。同じことであるが，精神の意識がそのはじまりに，つまり自然宗教に帰らされるという形で[505]，実体が回復してくるのではない。むしろ，この換位は，自己意識自身にとって，またそれによって起こってきたのである。自己意識は，意識してみずからを捨てることによって，外化放棄されながらも維持されており，実体の主語にとどまっているが，外化された自己であると同時に実体を意識している。言い換えれば，自己意識は，みずからを

499）（訳注）「偶有性」というのは，判断論に関して内属論がとられているからである。

500）（訳注）この「意識」はAとしての意識，すなわち対象意識である。

501）（訳注）「自明」というのは，宗教は広義では絶対的本質体の意識，狭義では絶対的本質体の自己意識であって，いずれにしても絶対的本質体の尊崇なくしては宗教はありえないからである。

502）（訳注）芸術宗教の現実的精神がⅥ-A-aの人倫的精神であるのに対して，啓示宗教のそれはcの法状態であり，肯定的には喜劇の意識であり，否定的には不幸な意識であるが，このことは次の段落からに譲られている。

503）（訳注）「ひきおろし」は，ヘーゲルの音楽的思考によることである

504）（訳注）「換位」を行なって主語と述語との位置を交換させるというのは，「交替と変転との原理」に基づくことであり，そしてこの原理は神人の同一性を説いた「カルケドン信条」（451年）との関連で中世のキリスト教神学の用語となったペリコーレーシスと同じものである。

505）（訳注）「精神の意識」というのは絶対的精神と同じであり，とくに自然宗教へ帰ってはならないというのは，啓示宗教が自然宗教と芸術宗教との総合として絶対的宗教たるべきものだからである。

犠牲にして主語としての実体を生み出すことによって，この主語は自己意識自身の自己のままなのである。つまり二つの命題があり，――その一つでは実体性にとり，主語はただ消え去るものであるが，――第二の命題では，実体は述語であるにすぎない。したがって，二つの側面は，価値が対立して等しくないという形で，その各々のうちで現前している[506)]。――｜（701）そうだとすれば，〔前にいったことから得られることは,〕二つの本性が合一し【401】浸透しあうということである。この場合には両方は等しい価値をもっていて本質的であるとともに，また契機でさえもある[507)]。したがってそのために，精神は，自己ならびにみずからの対象となる実体の意識であるとともに，単純な自己自身にとどまる自己意識でもある[508)]。

芸術宗教は人倫的精神のものであるが，われわれが前に[509)]ながめわたしたところでは，この精神は法状態で没落したのである。つまり，自己そのもの，抽象的人は絶対的本質体であるという命題で没落したのである。人倫的生活では自己はその民の精神に沈み込んでおり，充実した普遍性である。けれども，単純な個別性はそういう内容のそとに出て高まっており，その軽率が個別性を人に純化し，法という抽象的普遍性としたのである[510)]。この普遍性の中で，人倫的精神の実在性は失われ，個々の民の内容なき精神は一つのパンテオン〔ローマ〕に結集された。といっても，無力な形式であるために[511)]，各々の民の精神をそのままにしておくような，表象上のパンテオン[512)]でではなく〔叙事詩〕，抽象的普遍性のパンテオン，すなわち各々の民の精神を解体して，精神なき自己が，個々の人が，それ自体でそれだけで〔自体的かつ対自的に〕存在

506）（訳注）実体ないし主体が一方の命題では主語であり，他方の命題では述語であるというように，両者が価値を異にするのを克服するのが課題となる。

507）（訳注）前注での「価値を異にすること」がまた本質的と非本質的との対立である。

508）（訳注）ここでＡ対象意識とＢ自己意識とが統一づけられているのは，啓示宗教が絶対的宗教であるからであり，またⅦ-Aという対象意識の宗教とBという自己意識の宗教との総合であるCの宗教だからである。

509）（訳注）*GW* 9, S. 261, Z. 12–Z. 15を参照されたい。

510）（訳注）*GW* 9, S. 258, Z. 19–S. 260, Z. 23を参照されたい。

511）（訳注）*GW* 9, S. 388, Z. 30以下を参照されたい。

512）（訳注）「表象上のパンテオン」とは叙事詩のことである。

するようにしてやる純粋な思想的考えのパンテオン[513]である。

しかしこの自己は空っぽであるため，内容を解放してしまった[514]。つまり，意識はみずからでだけ本質体である。意識自身がそこにあること〔定在すること〕，つまり人が法的に承認されていることは，抽象であって充たされてはいない。したがって，むしろ意識は，自己自身を思想的に考えているだけで，そこにあり，みずからを対象として知っているとしても，非現実的なものである。それで，その意識はストア的思考の自立性にすぎない。｜（702）この自立性は，懐疑的意識の動きを通りぬけて，不幸な自己意識と呼ばれた形態となって，みずからの真実態を得たのである[515]。

この不幸な自己意識は，抽象的人が現実に妥当するし，また同様に純粋な思想的考えにおいて妥当するというとき，それがいかなる状態でのことかを知っている。すなわち，その妥当がむしろ完全な喪失[516]であることを知っている。不幸な自己意識自身はこの喪失を自分で意識しており，みずからの自己知を外化放棄している。――つまり，われわれがながめわたすのは，この不幸な自己意識が，自己内でまったく幸福であってしかも喜劇的意識[517]とは反対であるとともに，この意識を完結させていることである[518]。この喜劇的意識にはすべての神的本質体

513）（訳注）「純粋な思想的考えのパンテオン」とは歴史的にはローマ帝国のことである。

514）（訳注）「内容を解放してしまった」というのは，Ⅵ-A-c によって示されたように，法的人は画一的形式的所有権ないし人格権をもっているだけであって，この形式の内容のいかんは「世界の主人」すなわち皇帝の掌握するところだからである．

515）（訳注）*GW* 9, S. 261, Z. 16 以下 ; S. 263, Z. 30–S. 264, Z. 6 を参照されたい。ストア主義と懐疑主義と不幸な意識とはⅥ-B で論ぜられたものであるが，Ⅵ-A-c では，法状態という「世界の諸形態」あるいは世界状態の一つでのものとしてより具体的姿で再論されていた。ここではこの意味のものとして取りあげられている。

516）（訳注）この「完全な喪失」は「実体に欠けたものであること」，「自己が本質体であるのを喪失していること」に応じているものであるが，やがて実体と自己との両面での喪失と規定されている。

517）（訳注）「喜劇的意識」とは「軽率」のことであるが，このさいの「喜劇」は B-c（精神的芸術品）でのアリストファネスの作品によって代表されるものであると同時に，ヘレニズム―ローマでの喜劇でもあるが，前 2 世紀のプラウトゥスの作品のことには，ヘーゲルは「ギリシアでの構想力の宗教と実定的キリスト教との区別」という原稿で言及している。

518）（訳注）「完結させている」というのは，円の直径を AB，半円 AB をもって上半円とすると，これは芸術宗教にあたり，A は彫像，B は喜劇であって，両者のあいだに賛歌，祭祀，密儀，美しい身体性，叙事詩，悲劇がこの順序で位置を占める。下半円 BA は法状態

が帰ってきている[519)]。すなわちこの意識は実体を完全に外化放棄している。だが，これとは反対に不幸な意識は，それ自体でそれだけで〔自体的かつ対自的に〕存在すると称している自己自身だという確信[520)]の，悲劇的運命である。この意識は，自己だと確信しても全本質性が失われていることを，自己についてのこの知こそが，つまり実体ならびに自己が失われていること[521)]を意識している。それは，神は死んだ[522)]，という苛酷な言葉としてみずからを語る苦痛である[523)]。

にあたり，Bの喜劇の意識ないし法的人に始まってストア主義，懐疑主義が位置を占め，そしてAが不幸な意識である。また上半円が「自己は絶対的本質体である」という命題の実現にあたるのに対して，下半円はこれを換位した「絶対的本質体は自己である」という命題の実現にあたり，そして円全体は月にあたる。

519）（訳注）*GW* 9, S. 397, Z. 28 以下を参照されたい。

520）（訳注）「自己自身であるという確信」をもつことが喜劇の意識の特徴である。

521）（訳注）「実体の喪失」と「自己の喪失」とのいずれもが生ずるのは，交互換位によることである。

522）（訳注）ルター派の賛歌からとったという。「神は死んだ」の典拠としては，ヘレニズム-ローマのものでは，1世紀から2世紀にかけてのプルタルコスの『おきざりにされた託宣について』にあるとされると考えられる。ただしこの文はルター自身のものではなく，ルター派のリストの第2節にあるものである。なおこの言葉はすでに「信仰と知」でも引用されていた。

523）（訳注）ヘーゲルはここでキリスト教神学でルターを代表とする常套句に注意している。この点については，次の文献・引用文を参照されたい。*Der Siebend Teil aller Bücher und Schriften des thewren seligen Mans Gottes D. Martini Lutheri* / vom XXXVIII. jar an / bis auff das XLII. geschrieben und im Druck ausgangen / Ausgenommen etliche wenige Stücke / So zu ende des VI. Teils gesetzt sind / Zum vierdten mal gedruckt / aller ding dem vorigen Druck gleich / On was nach ordnung der zeit etwas geendert ist. Jena, 1581. S. 250: DEnn wir Christen müssen die I d i o m a t a der zwo naturn in Christo / der Personen gleich und alle zu eigen / Als Christus ist Gott und Mensch in einer Person / Darumb was von jm gered wird / als Menschen / Das mus man von Gott auch reden / Nemlich / Christus ist gestorben / und Christus ist Gott / Drumb ist Gott gestorben / Nicht der abgesonderte Gott / Sondern der vereinigte Gott mit der Menschheit / denn vom abgesonderten Gott ists beides falsch / ... Vgl. *D. Martin Luthers Werke. Kritische Gesamtausgabe*. Bd. 50, Weimar, 1914, S. 589. 明らかに意味されているのは，17世紀の賛美歌であり，それには，厳しい言い回しだとういうことで異議が唱えられた。この点については，次の文献を参照されたい。Johann Risten Himlische Lieder /Mit sehr lieblichen und anmuhtigen / von dem fürtrefflichen und weitberühmten H. John Schop / wolgesetzeten Melodeien / Nunmehr auffs neue wiederum übersehen / in Eine gantz andere und richtigere Ordnung gebracht bessert / und mit Einemerg nützlichen Blattweiser beschlossen. Lüneberg, 1658, S. 44. 第2連は以下のようである。

O grosse Noht!
Gott selbst ligt todt /
Am Kreutz' ist Er gestorben /

こうして，法状態では人倫的世界とその宗教は喜劇的意識に沈んでおり，不幸な意識は【402】この喪失全体[524]を知っている。この意識からみれば，直接的人格の自己価値も，それを媒介として思考された自己価値も失われている。｜（703）神々の永遠の掟に対する信頼[525]も，特殊なことを知っているとした神託も沈黙してしまった[526]。こうしていま彫像は，生命を与える魂が逃げ去ってしまった屍であり，同じく賛歌は，そこに込められた信仰が逃げ去ってしまった〔ただの〕言葉である。神々の食卓には霊的食べ物や飲み物がぬけており[527]，神々をたたえる競技や祭から意識に帰ってくるのは，もはや本質体と自分が一つになって悦びにひたっている姿ではない。美の神ミューゼの作品には精神の力がなくなっている。〔じつは〕この精神の自己確信は，神々と人間とを打って一丸とすることから生じていたのである[528]。こうしていま作品は，われわれにとってある通りのものである。――つまり，それらは，

Hat dadurch das Himmelreich
Uns aus Lieb' erworben.

524）（訳注）「この喪失全体」の「全体」とは前段落にいわれていた実体の喪失と自己の喪失とからなる全体のことであり，言い換えると，サイクルが完成することである。したがって以下では一方で人倫的生活とそのうえに築かれた芸術宗教の諸作品の精神が喪失されたこと，他方で法状態での法的人やストア主義の自立性が不幸な意識で喪失されることが説かれている。前者に関して本文は1796年にヘーゲルがものした「エレウシス」という詩の名残りをとどめており，いな同工異曲の感が深く，また芸術および宗教の精神がいたずらに喪失されたにとどまるのではなく，キリスト教を通じて史的伝統としてわれわれにも伝わってきているとする点では，シラーの「異郷の乙女」という詩を活用している。

525）（訳注）「永遠の掟」とは，*GW* 9, S. 236, Z. 10–11に引用されていた詩句が指示している掟のこと。

526）（訳注）*GW* 9, S. 381, Z. 22以下を参照されたい。

527）（訳注）「エレウシス」という詩で，作者のヴィジョンに現じたケレス（デメテール）の女神が姿を消したあとは次のようである。

なのにお前の聖堂は静まりかえっているのだ，ああ女神よ！
逃げだしてきたのは神々の群れ
戻った先はオロンポス山
その汚された祭壇
逃げだしてきたのは神聖を冒瀆する人類の墓場

528）（訳注）*GW* 9, S. 379, Z. 23–S. 380, Z. 23; S. 380, Z. 32–381, Z. 4; S. 382, Z. 36–S. 383, Z. 22以下; S. 387, Z. 20–S. 388, Z. 2; S. 389以下を参照されたい。「……一丸とする」というのは，歌い手が歌うのではなく詩神が歌うのであって，歌い手は内容のうちに沈み込み，内容のうちに没頭している器官であるとあったのと同じように，神々と人間とを一体化することであると解した。

樹からつみとられた果実であり，娘がその果実を供えてくれるように，親愛なる運命[529]をわれわれに捧げてくれる。そこにあるのは，果実がそこにあるという現実の生命ではなく，果実をつけている樹でもなく，大地でもなく，それらの実体である四元素でもなく，それらの規定性をなす風土でもなく，また果実の成長過程を支配する年月のうつり変わりでもない。こうして運命が例の芸術品と一緒にわれわれに与えてくれるのは，これらの作品の世界ではなく，作品が花開き実る人倫的生活の春や夏でもなく，むしろ，この現実を覆っている思い出[530]である。——したがって，この作品を味わうときのわれわれの行いは，われわれの意識が己れを満足させるまったき真実性となるための，祭祀の真実ではない。むしろ，そういう果実から｜（704）雨の雫や塵とかをぬぐい去り，それらをとりまき生み出し，活気を与える，人倫的なものの現実という内面的場面を立てる代わりに，その外面的現実存在という死せる場面を，広い範囲にわたって構築するだけであるが，それは作品にはいり込んで生きるためではなく，それらを己れの中で上演するためである[531]。しかし，摘んだ果実を差し出す乙女は，樹や空気や光などを，直接提供する条件や場面に拡まっている自然より以上のものである。つまり，この乙女はより高い態度で，自己意識的眼や手渡すときの振る舞いなどの光に，すべてをとりまとめている。それと同じように，芸術品をわれわれに提供してくれる運命の精神は，そういう民の人倫的生命や現実より以上のものである。なぜならば，この精神は，芸術品になお**譲り渡されている**〔外化放棄されている〕精神の**思い出**〔内化〕だからである。それは，すべてのそういう個体的神々や実体の属性を，一つのパンテオンに，自己自身を精神だと意識している[532]精神〔キリスト教〕にとりま

529）（訳注）「親愛なる運命」は，やがて Geist des tragischen Schicksals とも言い直され，VII-B-c（精神的芸術品）のものであるよりも，精神はその本来の規定を十分に実現しないあいだは時の経過をなして歴史的に発展して行かざるをえない運命を背負ったものであるというときの「運命」である。

530）（訳注）「思い出」は，たんなる記憶をではなく，内面化されて思い出のうちに収められていることを意味している。

531）（訳注）「エレウシス」という詩にも，当代のギリシア研究家がいたずらに書塵に埋もれて文字の末に拘泥するのを歎いている場面がある。

532）（訳注）この「精神」は絶対的精神（宗教的精神）であるが，ここでは同時に歴史的精神でもあり，また歴史的キリスト教の精神でもある。

とめている，悲劇的運命の精神だからである。

この精神が現れてくる条件は，すべて現前しており，それらの条件の総体が形成されると，生成となり概念[533]となる，言い換えれば，概念の出現はそれ自体では存在しているのである。――芸術を生み出す円環は，絶対的実体が外化放棄する形式を包括している。この実体は，【403】個体性の形式では，物として，｜（705）感性的意識の存在する対象〔彫像〕として，純粋な言葉として，言い換えれば，生成する形態として存在しており，対象は，その形態の定在を自己から生み出すのではなく，ただ消えてゆく。つまり，精神を与えられて普遍的自己意識とそのまま一つになった形〔教団〕で，祭祀の行事ということで媒介されたものとして。美しい自己的身体という形〔オリュムピア〕で，そして最後には表象に高まった定在の形〔叙事詩〕で，同じように自己自身を純粋に確信している普遍性へ究極的に集約されている一つの世界に，定在が拡まった形〔喜劇〕で，存在している。これまで，一方ではこれらの形式と，また他方[534]では人と法の世界，内容の解放された場面が荒れ果てて狂暴になった状態[535]，またストア主義の思考された人，懐疑主義的意識が支えをなくして不安定になる状態とがあったわけである[536]。そして，これらは，周辺となって，自己意識として生成してくる精神の生まれ出る場所のまわりで，期待しながらひしめいている[537]諸々の形態をなしているわけである。これらすべてに浸透している不幸な意識の苦痛とあこがれは，それらの中心点であり精神が現れるための共通の生み

533）（訳注）「生成となり概念」というように，ここで生成と概念とが同一視されているのは，Ⅴの理性に関して，これが直接に登場してくることはその現に存在するという側面だけを抽象したものであって，けっしてそれの絶対的概念ではなく，このような概念を与えるものは理性が世界精神の歴史でどのようにして生成してきたかという経過であるとされたのと同じである。

534）（訳注）「他方」というのは，啓示宗教の出現には「自己が絶対的本質体である」という命題とその換位命題という両方の命題とのサイクルが必要であることを意味している。

535）（訳注）「荒れ果てて狂暴になった状態」というのは，*GW* 9, S. 263, Z. 5–6 の「精神的諸力の混沌」のことである。

536）（訳注）*GW* 9, S. 261, Z. 16 以下 ; S. 263, Z. 5 以下を参照されたい。

537）（訳注）「ひしめいている」というのは，『新約聖書』「マタイによる福音書」第 2 章には，「ユダヤの王」の生まれる日が近いことを聞いた東方の博士たちがエルサレムに来て，その生まれるのはベツレヘムでであることを知り，そこへ行って産屋で幼児キリストを拝したという物語があるが，この物語を活用してのことである。

の苦しみである。が，これは，これらの形態を契機として含んでいる純粋概念の単純性である。

〔2　絶対的宗教の概念（原始キリスト教）〕

精神には，さきに[538]二つの反対命題として示された[539]二つの側面が備わっている。その一方は，実体が己れ自身を外化放棄して[540]，自己意識となる側面であり，反対に他方は，自己意識が己れを外化放棄して，|（706）物性となり[541]普遍的自己[542]となる側面である。こうして両側面はたがいに迎えあい[543]，そのためここに両者の真の合一が生じている。実体が外化放棄し自己意識となることは，対立に移行することを，必然性が無意識のあいだに移行すること[544]を表しており，実体がそれ自体では自己意識であることを，表している。反対に自己意識が外化放棄するということは，それがそれ自体では普遍的本質体であるということである。このことを言い換えれば，自己は，その反対にありながらそのまま自己のもとにとどまる純粋自立存在〔対自存在〕であるから，実体が自己意識であり，まさにこのために精神であるということが，自己意識に自覚されていることである。それゆえ，実体という形式を捨て，

538）（訳注）*GW* 9, S. 400, Z. 18–S. 401, Z. 4 を参照されたい。

539）（訳注）「二つの反対命題として示された」は，概念的に把握されるとは言わずに，なお「示された」とされているというのは，啓示宗教といえども宗教としての表象性を免れえないのである。

540）（訳注）「実体が己れ自身を外化放棄する」の外化放棄は『新約聖書』「フィリピの信徒への手紙」2:7–8「自分を無にして」ないし「へりくだって」にあたるが，この箇所は今後でもしばしば活用されている。

541）（訳注）「自己意識が己れを外化放棄する」というのは，VI-B の形成陶冶が啓示宗教の成立に寄与することを含んでおり，また「物性となり」というのは，不幸な意識が禁欲の実践によって己れを物としたのに応じている。

542）（訳注）「普遍的自己」とするというのも，不幸な意識が個別的自己を否定することが普遍的意志を設定し肯定する所以であったのに応じている。そしてこの「普遍的自己」はやがて普遍的自己意識ないし教団として啓示宗教の第 3 の場面とされている。

543）（訳注）「迎えあい」は *GW* 9, S. 375, Z. 26 以下の場合の「出迎えにやってくる」のときと同様である。

544）（訳注）「無意識のあいだに移行すること」というのは，「受肉」が一つの「できごと」として受け取られることを指している。

自己意識という形をとって定在に歩みいる精神について，言われうることは，自然上の生殖という関係を利用していえば，精神がもっている母親は現実的であるが，父親はそれ自体で存在しているということである〔処女懐胎〕[545]。なぜならば，現実または自己意識と，実体としての自体とは，精神の二つの契機であり，その各々が他方となってたがいに外化放棄することにより，精神は，両者の統一として定在するからである[546]。

〔α〕神の受肉〕

だから，自己意識は，すでにみずからの対象が自己でもあれば，存在でもあることを，すべての定在が精神的本質体であることを知っている。その場合，自己意識が，一面的に己れ自身の外化放棄だけしか把握していないとすれば，そのかぎりでは，そこまでは到達したのに，まだ，真の精神は自覚されていないということになる。つまり，存在一般ないし｜(707) 実体は，【404】それ自体では己れで己れを外化放棄していないし，自己意識にならなかったかぎりでは。なぜならば，その場合には，すべての定在は意識の立場からだけみた精神的本質体であり，それ自体でそれだけで〔自体的かつ対自的に〕そうなのではないからである。そういうわけでこの精神は，定在がそうだと空想しているものにすぎない。この空想は熱狂である[547]。この熱狂は，自然にも歴史にも，

545）（訳注）「精神がもっている母親は現実的である」というのは，キリスト教出現の「時」に関してヘーゲルが引用するのをつねとする『新約聖書』「ガラテヤの信徒への手紙」4:4 に「しかし，時が満ちると，神は，その御子を女から，しかも律法の下に生まれた者としてお遣わしになりました」とあるさいの「女」にあたる。そしてこういったときのパウロはまだ処女懐胎の神話を認めていないであろうが，これを否認する点ではヘーゲルも同様である。なぜならば，父をもって「それ自体で存在する父」とすることは，要するに法状態の時代精神であるとすることだからである。

546）（訳注）本文では啓示宗教の精神は自体の側面と対自の側面をもっており，そして対自は正反対のものでも己れのもとにとどまる純粋な対自としては自体かつ対自であるというのだから，自体的—対自的—自体的かつ対自的という構成をもつことになるが，ここにすでに三位一体が啓示宗教の基本的な教義とならざるをえない所以がある。

547）（訳注）「熱狂」が新プラトン主義を指し，イポリットがそう解釈するのにも理由なしとはしない。しかしここで問題となっているのは，キリスト教であり，とくにキリスト論であるから，むしろグノーシス派の仮現説を指すと考えられる。もっともシェリングの卒業論文はグノーシス派のマルキオンに関するものであったから（書簡 13 番の注 1），この派のことをヘーゲルが早くから知っていたのは明らかであるだけでなく，イェーナ期のヘーゲルもグノーシス派について関心をいだいていたことは，当時の講義についてのローゼンクラ

世界にも，これまでの宗教の神話的表象にも，それらが現象ということで意識に直接現れるものとは違った内的意味を与える。また諸々の宗教という点でいえば，それらをみずからの宗教とみている自己意識が認めるのとは，違った内的意味を与える。しかしこの意味は借りものであり，衣裳[548]であって，裸の現象を覆うていないし，信仰も尊敬もかちえているのではなくて，むしろ暗澹たる夜であり，意識が依然として己れで有頂天になっているだけである。

それで，対象的なものの意味は，ただの空想にとどまらないためには，自体的でなくてはならない，すなわち，まず，意識にとっては概念[549]から必然的形で出てこなければならない。こうしてわれわれにとっては，直接的意識の認識を通して，つまり存在する対象の意識を通して[550]，その必然的動き[551]を通して，自己自身を知っている精神が出てきたのである。この概念は，直接的概念として，その意識に対し直接という形をもっていた。そこで第二に，この概念は，それ自体では自己意識という形態をとって，すなわち，｜（708）概念の必然性によって生じたのである。それは，存在もしくは，感性的意識の内容なき対象である直接性が，自己を外化放棄し，意識に対する自我になるのと同じ必然性によって，生じたのである[552]〔神—イエス〕。——しかし，思考する自

ンツの説明によって推察されることである。なおヘーゲルはグノーシス派の仮現説には反対して，イエス・キリストの人間であることを全面的に肯定して，「受肉」を文字通りの意味に解するものであり，また本文が「受肉」についてはイエスの場合に即して論じているのは事実である。

548）（訳注）「衣裳」がグノーシス派を特徴づけるものである。

549）（訳注）この「概念」は，以下この段落では，この概念がⅦ-A-aでの，さらに基本的にはⅠの感性的確信での「存在」に起原をもつものであるとされる。そしてこの存在が「このもの」と「この人」とに「離れ落ちること」に応じて，「この人」が生ずるところから，受肉の世界史的必然性とこれが意識のうちにはいり込んでくることによるイエス・キリストの出現があるとされている。

550）（訳注）「直接的意識」とはⅠのことであり，「存在する対象」とはⅠの純粋な存在のことであり，この「対象の意識を認識すること」というさいの「認識すること」のことであるから，『精神現象学』の立場からなされる再認識のことである。

551）（訳注）「必然的動き」というのは，ⅠからⅦ-Cにまで至る動きのことである。なぜわざわざこの動きへまで言及されるかというと，イェーナ期の体系構想では宗教はそれ以前のすべての段階の再総括をなすべきものであったのによる。

552）（訳注）*GW* 9, S. 364, Z. 17 以下 u. S. 367, Z. 30 以下 ; S. 369 以下を参照されたい。「自己が絶対的本質体である」という命題とこれを換位した命題との統一，言い換えると，芸術宗教と法状態とからなるサイクルの完成によって生じた啓示宗教の精神も，一方では直接

体ないしは必然性の認識と，直接的自体[553]ないしは存在する必然性それ自身とは，区別されてはいる。——しかし，この区別は同時に，概念のそとにあるようなものではない。なぜならば，概念の単純な統一は，それ自身でそのまま存在することだからである。つまり，概念は，自己自身を外化放棄するものであり，直観された必然性が生成することであるとともに，この必然性にあってみずからのもとにおり，これを知りまた概念把握している。——精神の直接的自体が，みずからに自己意識の形態を与えることは，現実の世界精神がみずからこの自己知に達したということにほかならない。このときに至ってはじめてこの知もみずからの意識に，しかも真理としてはいり込むのである[554]。このことが，どのようにして起こったかについては，すでに[555]述べておいた。

絶対的精神は，それ自体でまた同時にみずからの意識に対して，自己意識の形をとって生じた。そこでいま，このことは，精神が一つの自己意識としてすなわち一人の現実的人間として立ち会っていることが，この世の人々に信じられている[556]という形で，精神が直接的確信にとって存在するという形で，信仰する意識[557]がこの神性を現にみ，感じ，聞いているという形で現れている。こうして，このことは，【405】空想の想像ではなく，信仰する意識に即して現実的である。そのとき意識は，みずからの考えの内側からそとに出て，神という考えと｜(709)定在を己れの中で結びつけるのではなく，直接的現在的定在から発し

の自体ないし存在であり，他方では自己意識の形態をとるというのは，Ⅰの存在が「離れ落ちること」によってこのものとこの人とに分かれるのに対応するという比論が本文の論拠をなしているからである。

553）（訳注）「直接的自体」というのは，やがて「直観される必然性」とも呼ばれているものであるが，「それ自体で存在する出現」と同じく，〔2〕での「宗教での精神」に対立する「世界での精神」，言い換えると，世界精神，現実的精神の立場での出現の必然性のこと。

554）（訳注）「ヨハネの手紙一」1:1 および「ガラテヤの信徒への手紙」4:4 を参照されたい。「はいり込む」というのは，ここでは「世界での精神」が「宗教での精神」となることを意味しているであろう。

555）（訳注）「すでに」とは *GW* 9, S. 402, Z. 34 の「出現の条件が出揃った」といわれたときのことであるが，このようなキリスト教出現の時に関する見解は，「ガラテヤの信徒への手紙」4:4 に「しかし，時が満ちると，神は，その御子を女から，しかも律法の下に生まれた者としてお遣わしになりました」とあるさいの「時が満ちる」についてのヘーゲル独特な解釈であることが分かる。

556）（訳注）この「信じられている」は，「世界での精神」に属する。

557）（訳注）「宗教での精神」のことである。

て，定在が神だと認識する。――直接的存在という契機が概念の内容に現前している姿は，宗教的精神が，あらゆる本質性を意識に返すにあたり，単純で肯定的自己になっていることである。これは，現実の精神そのものが不幸な意識にいるときは，まさにこのような単純な自己意識的否定性であったのと同じである[558]。以上のようにして，定在する精神の自己には完全な直接性の形式がある〔受肉〕。だが，それは，一方では自然宗教の場合の，他方では芸術宗教の場合の，直接的自己がそうであったような形で，思考されたものないしは表象されたものとして設定されたものでもないし，生み出されたものとして設定されたものでもない[559]。むしろ，この神は自己として，一人の現実の個別的人間として，そのまま感性的に直観される。こうしてのみ神は自己意識である。

〔β〕神的本質体の啓示〕

神的本質体の受肉，言い換えれば，神的本質体が直接そのまま自己意識の形態をとること，これが絶対的宗教[560]の単純な内容である。この宗教では本質体は精神であると知られる。言い換えれば，その宗教は，精神である己れについての意識なのである。なぜならば，精神とは，自己を外化放棄しながら自己自身を知ることであり，みずからの他在にいながら，自己自身との等しさを保ったままで，動いているような本質体だからである。しかしこの本質体は，みずからの偶有性のうちにありながらも，自己に帰っているかぎりで実体であるが，非本質的なものに対していて見知らぬもののうちに存在するものに対し，｜（710）無関心なのではない。むしろ，そこにいながら己れの中にいる。つまり，そのかぎりで実体は主体すなわち自己なのである。――したがって，この宗教では，神的本質体は啓示されている。その本質体が啓示されていることは，明らかに，それが何であるかが知られているという点にある。だが，この本質体は，精神として知られるというまさにこのことによって，本質的に自己意識であるような本質体として知られるのである。

558）（訳注）*GW* 9, S. 401, Z. 24–35 を参照されたい。自我ないし主体としての否定性のことである。

559）（訳注）*GW* 9, S. 370, Z. 24–S. 371, Z. 3; S. 372, Z. 26–S. 373, Z. 9; S. 379, Z. 23–S. 380, Z. 36; S. 389, Z. 28–S. 390, Z. 8 を参照されたい。

560）（訳注）「絶対的宗教」は，芸術宗教が絶対的芸術であるのと対をなす。

――意識にとりその対象に何か隠されたものがあるのは，対象が意識にとって他者ないしは見知らぬものであるとき，意識が対象を自己自身だと知っていないときのことである。絶対的本質体が精神として意識の対象となるとき，この隠れたものはなくなる。なぜならば，そのとき，対象は意識との関係で自己としてあるからである。すなわち，意識は対象のうちで直接己れを知る，つまり，意識は対象の中で自己に顕わになるからである[561)]。意識自身は自己をみずから確信することということでのみみずからに顕われている。意識の対象は自己であるが，自己は，見知らぬものではなく，自己と分かたれずに統一されており，そのまま普遍である。それは純粋概念[562)]，純粋思考ないし純粋自立存在であり，直接に存在であるとともに，対他存在である。そして，このような対他存在としてそのまま〔直接〕自己に帰って，自己自身のもとにいる。つまりこれこそ真に，そしてもっぱらそれのみが，啓示的なるものである。慈悲深きもの，義なるもの，天地の創造者など[563)]ということは，ある主語の述語である。――それらは，述語というこの点に支えられ，意識が思考に帰るときにやっと存在する普遍的契機である。――それらのことが知られたからといって，その根拠や【406】本質体，主体そのものがまだ顕われているわけではなく，｜(711) また普遍の諸々の規定がこの普遍自身であるわけでもない。むしろ主体そのもの，したがってこの純粋普遍も明らかに自己として存在する。なぜならば，これは，自己に帰って内面でありながら，そのまま居あわせ，居合わせていることを自覚している当の自己が，自身を確信していることだからである。したがって，このことこそ――啓示されたものであるというこの概念からいって精神の真の形態であり，概念であるその形態のみがまた精神の本質であり，実体である。精神は自己意識として知られ，自己意識に直接顕われている。なぜならば，精神はこの自己意識自身だからである。つ

561）（訳注）この段落で啓示についていわれていることは〔2 パンと葡萄酒との密儀の顕れ〕の場合とほとんど同様である。

562）（訳注）自己即概念については，*GW* 9, S. 30, Z. 5 の「存在は絶対的に媒介されており，実体的内容であると同時に，とりもなおさず自我の所有であり自己的であり，要するに概念である」を参照のこと。

563）（訳注）「使徒信条」第 1 条が念頭に置かれている。

まり，神の本性は人間の本性と同じであり[564]，直観されるのは，この統一なのである。

こうして，ここに事実上，意識，ないしは，本質体が意識自身にとってある姿，すなわちその形態は，その自己意識と等しい[565]。この形態はそれ自身一つの自己意識である。したがってこの形態は同時に存在する対象であり，この存在にもやはりそのままで，純粋の思考であるという意味が，絶対的本質体であるという意味がある。――一つの現実の自己意識として居あわせているこの絶対的本質体は，その永遠の単純性から降りてきている[566]ようにみえるが，実際には，降りてくることによってはじめて，みずからの最高本質体に達しているのである。というのは，本質体の概念は，その単純な純粋性に行き着いた[567]ときになってはじめて，絶対的抽象体となるのであるが，これは，純粋思考であると同時に，自己という純粋個別性であり，また，単純性であればこそ直接的なものであり，存在でもあるからである。――感性的意識[568]と呼ばれるものは，ほかならぬこの純粋抽象体であり，｜（712）存在すなわち直接的なものを対象としているこの思考である。したがって，もっとも低いものはもっとも高いものである。まったく表面に出てきて顕われたものは，まさにその点でもっとも深いものである。だから，最高本質体が，存在する一つの自己意識として，みられたり聞かれたりなどすることは，最高本質体の概念が事実上完結することである。そこでこの完結により，本質体は，本質であるのと同じように直接的にそこにあることになる。

このようにそのままそこにあることは，ただひとり直接的意識にとどまるのではなく，同時に宗教的意識[569]でもある。この直接性には，一

564）（訳注）ヘーゲルがルネサンス人文主義の完成者であることを示している。

565）（訳注）絶対的本質体の自己意識とは狭義の宗教である。

566）（訳注）「降りてきている」は「フィリピの信徒への手紙」2:7にキリストはもと神とともにあったが，「自分を無に」とあるのを指している。

567）（訳注）本質体は最初には存在ないし定在に対立したものであるが，まさに本質体を貫徹したときには，この対立を克服したものとなる。

568）（訳注）「感性的意識」とはIのことである。したがってⅦ-CでIへの還帰がなされることになるが，このような還帰はここのみにかぎられたことではなく，Ⅵ-B-Ⅱの啓蒙の場合の場合にも，Ⅷの絶対知の場合にもある。

569）（訳注）「宗教的意識」というのは，ここでは具体的にはペテロやヨハネのもので

つの存在する自己意識であるという意味があるだけでなく，それと不可分な形で，純粋に思考された，つまり絶対的本質体[570]であるという意味がある。存在が本質体である[571]ことを，われわれは己れの概念の形で意識しているが，このことを，宗教的意識も意識しているのである。存在と本質体が一つであり，思考がそのまま定在と一つであること，これは宗教的意識の思想的考えであり，その媒介された知であり，またその意識の直接的知でもある。なぜならば，存在と思考のこの統一は自己意識であり，みずからそこにあるからである。言い換えれば，思考された統一は，同時に，それがある通りのこの形態をもっているからである。こうして，神は，【407】ある通りに顕われており，神は，それ自体である通りにそこにある〔定在している〕。つまり神は精神としてそこにある。神は，純粋な思弁的知[572]ということでのみ達せられ，そこにのみ存在し，思弁的知自身にほかならない。なぜならば，神は精神であり，この思弁的知は啓示宗教の知だからである。思弁的知は，神が思考すなわち純粋本質体であり，この思考が存在であり｜（713）定在であり，この定在が自己自身を否定するもの，したがって自己であることを，知っている。この自己は，この自己であるとともに普遍的自己である[573]。以上のことこそは，啓示宗教が知っていることである[574]。――こ

ある。

570）（訳注）ここに「絶対的本質体」とあるのは，狭義の宗教が「絶対的本質体の自己意識」だからである。

571）（訳注）「存在は本質体である」というのは，哲学的認識と幾何学的認識との比較がなされたさい，幾何学には存在ないし定在の立場からする認識があるのみで，本質体の立場からする認識が欠けている。それに対して，哲学的認識はこれら両方の認識を兼ね備えており，しかも概念で両方の認識を同一であるとするものであるとあったのに応じている。したがってやがて定在の存在―本質体―自己（概念）という系列が立てられ，この系列からする認識が「思弁的」と規定されることになる。

572）（訳注）「思弁的知」については「思弁的命題」を参照。また Spekulation という語には specto, speculor の「みる」という意味が生かされており，鏡のうちに己れの姿をみるように，対立しているもののうちにそれとの統一を観ずることであり，このさい観ぜられるものがイデーである。そして Wissen 自身もその語根 uid- でみることを意味しているが，テキストで das speculative Wissen が Anschauung と対にされるのはこのためである。

573）（訳注）以上三位一体を語る。

574）（訳注）ここでは存在あるいは定在と本質体とがさらに自己と一連のものとされており，このさいの「自己」は同時に概念でもある。したがって存在―本質体―概念という系列が成立していることになり，これはすでに『論理学』の存在論―本質論―概念論という系列の成立を告げていることである。なお「普遍的自己」というのは，やがて啓示宗教の第三

れまでの世界[575)]の希望と期待はただこの啓示に向かってのみ押しよせて来て，絶対的本質体が何であるかを直観し，それが自己自身だと見出そうとした[576)]。つまり，絶対的本質体に己れを観るというこの歓びが，自己に意識され，全世界を捉えた。なぜならば，絶対的本質体は精神であり，例のいくつかの純粋契機の単純な動き[577)]であるが，この動きは，本質体が直接的自己意識であると直観されることによってはじめて，本質体が精神であると知られることそのことを表現しているからである。

以上の概念は，自己自身を精神であると知っている精神のことである。が，これはそれ自身直接的なものであって，まだ展開されてはいない。本質体は精神である。言い換えればそれは現れたものであり，啓かれたものである。この最初の啓かれた存在は，それ自身無媒介であるが，直接性は，また純粋媒介つまり思考であるから，自分自身でそのままこのことを提示しなければならない。——このことをもっとはっきり観察すれば，精神は，自己意識の直接性にいながら，この個別的自己意識であり，普遍的自己意識に対立している。この精神は他を排除する一であり[578)]，これは，そこにありこれを対象としている意識にとっては，一つの感性的他者という形式をまだ解体してはいない。この他者[579)]は，まだ精神が自分のものであることを知っていない。言い換えれば，精神はまだ，個別的自己であるのでもなく，また普遍的自己，すべての自己としてそこにあるのでもない。つまり形態には概念のすなわち｜(714)普遍的自己の形式がまだない。その直接的現実にありながら，やはり揚棄されたもの，思考，普遍性である。が，後者の中で前者が消え去っ

の場面である普遍的自己意識即教団となってゆくものである。この点からすると，右の系列の変容である本質体—定在—自己という系列は「使徒信条」の三箇条にあたるものである。

575)（訳注）ここに「世界」というのは，キリスト教の終末観からすればアイオーンである。

576)（訳注）*GW* 9, S. 402, Z. 34–S. 403, Z. 16 を参照されたい。イエスの出現に関することは，「ローマの信徒への手紙」8:22 の「わたしが去って行かなければ，弁護者はあなたがたのところに来ないからである」の自由な解釈であろう。

577)（訳注）ここに「単純な動き」というのは，存在と本質体と自己とのあいだのものである。したがってまた三位一体のことである。

578)（訳注）「排除する一」はイエスに関して「存在する一」といわれていたのに応じている。しかし自己とは本質的に普遍的対自存在であるから，このような立場にはとどまることはできないのである。

579)（訳注）「他者」というのは，たとえばペテロのことである。

てはいないという意味での，自己の形式をまだとってはいない。――だが，この普遍の次の形式，それ自身直接的形式は，すでに思考自身の形式，概念としての概念の形式ではなく，現実という普遍であり，自己の総体であり，定在が表象に高まった形である。これは，一般的にもそうなるが，特定の例をあげるとすれば，感性的なこのものが揚棄されてもまず知覚上の物であって，まだ悟性上の普遍[580]にはなっていないのと同じである。

〔γ）死と蘇り〕

このように絶対的本質体は個別的人間として顕われるが，この人間は，個別者であるみずからで感性的存在の動きを完遂する[581]。この人間は直接現在する神である。そのためその存在は在ったに移行する[582]。この人が感性的に現在していると知っていた意識は，その人をみたり聞いたりしなくなる。つまりその人をみたのであり聞いたのである。そこで，その人をみ，聞いたにすぎなくなったときにはじめて，意識は精神的意識となる[583]。以前はその人は感性的定在として意識に対して立ち現れたのであるが，いまは，精神（霊）ということで【408】復活した[584]。――というのは，その人を感性的にみ，聞いている者としては，意識自身は，直接的意識にすぎないから，対象という〔自己との〕不等を廃棄していないし，純粋思考にとり戻してもいないからである。むしろ，この対象的個別者が精神であることを知ってはいるが，自己自身が精神であることを知ってはいないからである。絶対的｜（715）本質体であると知られていたものが，直接的定在でなくなっても，直接的なものはその否定的契機を保っており，精神は依然として現実の直接的自己[585]であるけれども，それは教団という普遍的自己意識[586]としてであ

580）（訳注）この普遍は，「悟性の制約されない普遍」である。

581）（訳注）*GW* 9, S. 64 以下を参照されたい。

582）（訳注）「感性的存在」という点で，行論はⅠへの対応でなされている。

583）（訳注）「精神的意識」の「精神」は，ベイリーがいっているように，「ヨハネによる福音書」16:7 に「私が去って行かなければ，弁護者はあなたがたのところに来ないからである」とあるさいのいわゆる弁護者のことであろう。

584）（訳注）「復活した」は，蘇りのことである。

585）（訳注）「現実の直接的自己」はヘーゲルがいわゆる身体の蘇りを承認するのを意味している。

586）（訳注）「普遍的自己意識」とは教団のことであり，ここでは「使徒言行録」第2

る。この自己意識はそれ自身の実体に安らっており，また，この実体は自己意識の中で普遍的主体[587]である。その人がひとり己れ〔イエス〕だけでいるのではなく，教団の意識と一緒にいることが，そしてその人が教団にとって当のあるものが，その人の完き全体〔キリスト〕なのである。

しかし，過ぎ去ってしまい，離れてしまったこと[588]は，直接的姿が媒介され普遍的にされたように，不完全な形式であるにすぎない。直接的あり方は，思考の場面にひたされてはいる[589]けれども，ただ表面的であって，感性的あり方としてそこに保たれているのではないから，思考自身の本性と一つになっているのではない。これは表象に高まったことを示しているだけである。なぜならば，表象とは，感性的直接性とその普遍性すなわち思考とを，総合的に結びつけること[590]だからである。

表象作用というこの形式は，精神がこのようにみずからの教団にいるとみずから意識する場合の定まった形をなしている[591]。この形式は，精神の自己意識が，概念としての自己の概念に，まだ成長していない姿である。つまり，まだ媒介が完成されていないのである。だから，存在と思考のこの結合には欠けたところがあるため，精神的本質体は此岸と彼岸の分裂になおつきまとわれており，両者の和解に達していない。その内容[592]は真実であるけれども，表象する場面に置かれたすべてのその契機は，概念的に把握されているのではなく，たがいに外的に関係しあうまったく｜（716）自立的側面[593]としてである。真の内容が意識に対

章にある五旬節にさいして原始教会が成立をみたことを指している。

587）（訳注）ここで「実体」というのは，イエスのことであり，かれに体現されているアガペーの精神のことであろうが，やがて純粋思考の場面での絶対的本質体となるものであり，そして実体が主体となることの顕著となるのは，〔4　自己意識の場面〕でのことである。

588）（訳注）「過ぎ去ってしまい，離れてしまったこと」というのは，*GW* 9, S. 124, Z. 18 に「不変なものが時間の中で消えてしまい，空間的にも彼方に行ってしまったこと」とあったのに応じている。

589）（訳注）「ひたされている」というのは，信仰が思考へ高まるにしてもまだ表象の形式にとどまっていることである。

590）（訳注）表象が総合であるのは，VI-C-a-b およびVII-B-c の叙事詩の場合と同じである。

591）（訳注）*GW* 9, S. 427, Z. 28 以下を参照されたい。

592）（訳注）ここでの内容は，絶対的精神である。

593）（訳注）三位一体の三つの位格を指す。

しその真の形式をもつためには，意識のいっそう高い形成陶冶が必要である。つまり意識による絶対的実体についての直観を概念に高め，己れ自身に対して己れの意識と己れの自己意識と一致させることが必要である。[594]が，このことは，われわれにとってはすなわちそれ自体ではすでに起こっていたことである。

〔3　絶対的宗教の概念の展開（キリスト教全般）〕

この内容は，その意識にある通りの姿で考察されなければならない。――絶対的精神は内容であるから，みずからの真実性の形をとっている。――しかし，この絶対的精神の真実性は，教団の実体ないしはその自体であるだけでなく，またこのような内面性からさえもなお表象する対象性に歩みよるだけでもない。むしろ，現実の自己となり，自己を自己に反省還帰させ主体であるということである[595]。だから，これは，絶対的精神がその教団で完遂する動きである。すなわちこれこそ絶対的精神の生命[596]である。だから，みずからを啓示する精神がそれ自体でそれだけで何であるかは，教団内の豊かな生命がいわば撚りを戻されて，そのはじめの糸に還され[597]，はじめの不完全な教団[598]の表象とかに，【409】あるいは，そのうえ，現実の人〔イエス〕が語ったところ[599]に還されたからといって，それで明らかになったわけではない。このように還す[600]ことの底にあるのは，概念に進んで行こうとする本能であ

594）（訳注）この一致は，Ⅷの絶対知で達成される。

595）（訳注）以上三つの段階が，純粋思考の場面，表象の場面，自己意識の場面になってゆく。

596）（訳注）三位一体の三位格間の動きのことである。

597）（訳注）「還す」とは，糸状のものを一周回してもとの糸状にすること。

598）（訳注）「不完全な教団」とは，使徒たちの初代教会のことであある。

599）（訳注）イエスの語録のことである。

600）（訳注）「還す」は信仰の「個別的な史実的証拠」を求める態度とされたものと同一である。したがって還元に反対するのは，ヘーゲルが宗教改革にさいしての原始キリスト教へ還帰せんとする動きにも，またそのための文献学的研究にも賛成していないことを意味している。これがまた以下で，一面では十字軍の聖墓回復のことに言及していた不幸な意識（Ⅵ-B）での彼岸と此岸とへの分裂が啓示宗教にとっても基本的であることを認めつつも，他面では形成陶冶の世界の信仰と啓蒙の宗教とを含めて論が進められ，最後にⅥ-Cの「自己確

るけれども，それは最初に現れたときの直接的定在である本源と，｜(717) 概念の単純性とを混同している。だから，精神の生命を貧弱にすることによって，教団の表象とこの表象に向かっての教団行事を取りのけること[601]によって生じてくるのは，概念ではない。むしろ，ただの外面的姿と個別的姿であり，直接的現象の歴史的あり方であり，一つの個別的で思い込まれた形態と，その過ぎ去った姿を精神のない形で想い起こすこと[602]であるにとどまる。

精神はその意識の内容であり，まず，純粋実体[603]の形式をとる。すなわち精神はみずからの純粋意識[604]の内容である。次に思考のこの場面は，定在つまり個別性に降りてゆく動き[605]である。両者の中項は，その総合的結合，他となるという意識，表象することそのもの[606]である。そこで第三の場面は，表象および他在から帰ることである，すなわち自己意識自身という場面である。これら三つの契機が精神を形成する。しかし，それが表象となって別々に現れるのは，特定の仕方をとる点にあり，この特定の姿というのは，それらの契機の一つであるということにほかならない。それで，その詳しい動き[607]は，一つの場面とし

信的精神」の，そしてとくにcの良心にまで及ぶ進展について論じている所以である。

601）（訳注）「表象に向かっての教団行事」については，「表象」というのは，ここでは信条のことであり，クレドーのことである。このクレドーに応ずる行事について論ずることが〔γ)〕の課題である。行事論は十分な実現をみていないけれども，それでも不十分ながら洗礼と聖餐が論ぜられている。

602）（訳注）「想い起こすこと」はイエスの誕生，父ヨセフ，母マリアのこと，両方の祖先のことなどに関する。

603）（訳注）「純粋実体」は前段落の「教団の実体」にあたる。

604）（訳注）「純粋意識」は不幸な意識の第一の契機とされたものであるが，その第二の契機は個別的存在者ではその現実的意識，第三の契機は己れの対自存在の意識であった。そして形成陶冶の世界の信仰の場合には，その信仰する意識の三契機は絶対的本質体についての純粋な思考とそれを知る根拠とそれに対する信仰という行いであった。したがって三契機の規定には二種があることになる。しかし実質的には基本的相違があるわけでなく，基本は三位一体の教義での三位格ということである。

605）（訳注）「個別性へ降りてゆく動き」は「降臨」の場合と同一である。

606）（訳注）「表象することそのもの」というのは，表象することには広狭の二義があって，それは広義では三契機の全体にわたるが，狭義では一つの契機にすぎないのだからである。なお「表象」の実例としてあげられているのは，父と子，創造，罪に堕ちることなどである。

607）（訳注）「詳しい動き」とは〔2〕に対して〔3〕では三つの場面に分けて論ぜられること。

ての各契機ということでその本性を展開することである。この圏内の各々は自己内で完結しているから，それが自己に反省還帰することは，同時にほかに移行することである。表象は，純粋思考と自己意識そのもののあいだの中項をなし，それらの規定性のうちの一つであるにすぎない。｜（718）だが同時に，総合的結合であるという表象の性格が，それら三つの場面すべてにひろがっており，共通の規定性[608]となっていることは，すでに[609]明らかにした通りである[610]。

ここで考察されるべき内容そのものは，部分的には不幸な意識と信仰する意識の表象としてすでに現前していた[611]。――だが，前者の場合には意識から生み出された憧憬的内容という規定をもっており，その場合精神は，まだそれ自体でつまりみずからの実体として，己れの内容でないので，己れに満足していないし，安らいえてもいない。[612]――ところが，後者の場合には，精神は〔形成陶冶の〕世界の自己なき本質体と，または，表象することの本質的に対象的内容であると考えられていた。――この表象することというのは，現実一般をのがれており，そのため，自己意識であると確信することなく存在している。その確信は一方では，空しい知であり，他方では，純粋洞察として内容から分離していた[613]。――これに対し教団の意識は，内容をみずからの実体としており，その内容もまた教団自身の精神が教団にとって確信している[614]。

〔α〕純粋思考の場面〕

608）（訳注）「共通の規定」であるというのは，すでに *GW* 9, S. 364, Z. 37ff.〔2〕で宗教全般の表象性として説かれていたことである。

609）（訳注）「すでに」というのは，*GW* 9, S. 408, Z. 24 以下で啓示宗教では概念へまでの高まりはなく，表象へまでの高まりがあるだけとされたことを指す。

610）（訳注）*GW* 9, S. 408, Z. 14–29 を参照されたい。

611）（訳注）この段落では，不幸な意識は対自性，信仰する意識（形成陶冶の世界の信仰）は自体性であって，啓示宗教は自体かつ対自性であることが示されている。

612）（訳注）「己れに満足していないし，安らいえてもいない」というのは，*GW* 9, S.126, Z. 24 以下での満ちたりはしても，このこと自身が分裂していることにあたる。

613）（訳注）*GW* 9, S. 125, Z. 22–S. 126, Z. 23; S. 287, Z. 27 以下を参照されたい。ここでの信仰する意識はまた形成陶冶の世界の信仰でもあるから，「現実一般」というのは国家権力と富とからなる現実のことであり，そして信仰がこの現実からの逃避である。

614）（訳注）「教団の意識」ということによって，啓示宗教が不幸な意識および信仰する意識（形成陶冶の世界の信仰）から区別されるのは，教団の立場を重んずることにのみよるのが示されている。

こうして，精神は，純粋思考の場面での実体であると【410】表象されているから，そのままで，単純で自己自身に等しい[615]永遠の本質体ではある。だが，本質体には，本質体という抽象的意味[616]があるのではなく，絶対的精神という意味がある。しかしながら，精神は，意味であり，内面であるのではなく，現実的なものであるようなものである。したがって，｜（719）単純で永遠な本質体は，もしかりに単純で永遠な本質体という表象や言葉にとどまるままならば，空しい言葉のうえでの精神であるにすぎないであろう。しかし，単純な本質体は，抽象であるから，事実上それ自身では否定的なものであり，しかも，思考の否定性もしくは，本質体にそれ自体であるような否定性である。すなわち，この本質体は自己との絶対的区別[617]である，言い換えれば，純粋に他となることである。それは，本質体であるから，自体的であり，またわれわれにとってのものであるにすぎないが，この純粋性は抽象ないし否定性にほかならないから，本質体は己れ自身に対している。すなわち自己であり，概念である。――だから，本質体は対象的である。そこで，表象が，概念のたったいま表明された必然性を，一つのできごとであるとつかみ，表明するときには，永遠の本質体は他者として生まれるといわれることになろう[618]。しかし，本質体は，他在の形をとりながらも，そのまま自己に帰っている。なぜならば，区別は区別自体なのだからである。すなわち，そのままで己れ自身と区別されているだけであるため，自己に帰った統一だからである。

615）（訳注）「自己自身に等しい」というのは，Ⅲの「無限性」の立場のものであり，無限性三角形として，底辺の両端のBとCとへ，換言すれば，自己と対象との二つへの分裂するものである。

616）（訳注）「意味」がわざわざ強調されているのは，やがて明らかになるように，そしてとくに次の段落で明らかになるように，「ヨハネによる福音書」第1章の言葉（ロゴス）のことが考えられているからである。

617）（訳注）「本質体にそれ自体であるような否定性」というのは，「カルケドン信条」のことが考えられているからであり，「絶対的区別」というのは，「自体的区別」と同じく一般にAに対するBの区別はA自身でのものであることを意味する。

618）（訳注）「生まれる」というのは，「ヨハネによる福音書」1:1–3の「初めに言(ことば)があった。言は神とともにあった。言は神であった。この言は，初めに神とともにあった万物は言によって，成った。成ったもので，言によらずに成ったものは何一つなかった。」の「成る」を指している。したがって「このさいの表象」というのは，「ヨハネによる福音書」第1章のロゴス賛歌のことである。

こうして本質体は三つの契機に区別される。それは，本質体と，本質体の他在であり，本質体を対象としている自立存在〔対自存在〕と，他者でありながら自己自身を知る[619]という意味での自立存在との三つである。本質体はみずからの自立存在ということで自己自身だけを直観するのであり，このように外化放棄しながらも自己のもとにだけいるのであり，本質体からそとに出されてそれだけで存在すること〔対自存在〕は，本質体が自己自身を知ることなのである。つまり，本質体は言葉[620]である。これは，表明されることによって，表明しているものを外化放棄し空にしたままで[621]放っておくが，またそのままで，聞きとられてもいるような言葉である。｜（720）自己自身を聞きとるというこのことだけが，言葉の定在である。そのため，つくられた区別は，つくられると同時にそのまま解体し，解体すると同時にそのままつくられる。こうして真実と現実はまさしく自己内で回転するこの動き[622]である。

自己自身の中でのこの動きは，絶対的本質体が精神であることを表明している。精神として把握されない絶対的本質体は，抽象的な空しいものにすぎず，これは，いまいった動きとしてつかまれない精神が，空しい言葉にすぎないのと同じである。絶対的本質体の三契機は，その純粋な姿でつかまれているかぎりでは，自己自身にありながらその反対であり，全体で安らうにすぎないような，安定なき概念である。しかし，教団の表象することは概念把握する思考ではなく，必然性のない内容を

619）（訳注）ここでは三位一体論の三位格が「三つの契機」として区分されている。

620）（訳注）「ヨハネによる福音書」1:1 以降を示唆。

621）（訳注）「言葉」に関していわれていることは，形成陶冶の世界での賛美の言葉や良心の断言の言葉，賛歌の言葉の場合とほとんど同じであるが，Wort とあって Sprache ではないのは，暗に「ヨハネによる福音書」第 1 章の言葉（ロゴス）が考えられているからである。そして言葉はこれを言い表すものを「空にする」は「フィリピの信徒への手紙」2:7 の「自分を無にして」にあてたものである。この語は宗教改革期にキリストないしロゴスを惹起したものであるが，ヴュルテンベルクの神学者たちはこれに関する論争に活発に参加したから，この論はヘーゲルの熟知するところであったと考えられる。

622）（訳注）「真実のと現実」についていわれていることは，序説で「真なるものとは，おのれ自身となる生成であり，己れの終わりを己れの目的としてあらかじめ設定し前提し，またはじめとしてもち，そしてただ目的を実現して終わりに到達することによってのみ現実的である円環である」とあるのと同工異曲である。同時に「カルケドン信条」と深い関連のあるサイクルの論に影響されたと考えられる。

もっており，概念という形式の代わりに，父と子[623]という自然的関係を，純粋意識の領域[624]にもち込む。このように意識は，思考自身ということでも，表象する態度をとるから，【411】本質体は意識に啓かれはするが，その契機は，総合的表象であるため，一方ではそれ自身分かれ分かれに現れてきて，その結果，己れ自身の概念によってたがいに関係しあうということがない。他方では，表象はその純粋対象からひきかえして，外面的にだけ己れに関係する。対象は表象にとっては，ある見知らぬものから啓示されたことになり，精神のこの思想的考えでは，表象は自己自身をも，純粋自己意識の本性をも認識しない。｜（721）表象と，自然的なものからとってきた例の関係との形式は，超えられなければならない。したがって，精神である動きの契機を，孤立して動かない実体ないし主体[625]として受けとり，移行する契機とは受けとらないという態度は，超えられなければならない。――そのかぎりでは[626]，この超出は，前に[627]別の側面から注意しておいたように，概念がそうするように迫ってくることと，考えられなければならない。しかし，このことは本能にすぎないから，己れを見誤ってしまい，形式と一緒に内容をも投げてしまう。そして同じことであるが，内容を歴史的表象に，伝統[628]という遺産の一つに落としてしまう。そこで，信仰のただの外面

623）（訳注）「父と子」というのは，三位一体論での第一位格が父，第二位格が子であることを指している。

624）（訳注）「純粋意識の領域」は当然また「純粋思考の場面」であるが，「形成陶冶の世界の信仰」も「純粋思考の領域」を形づくるとされていた。このことは純粋思考の場面が形成陶冶の世界の信仰と重なりあうものをもつことを示している。ただ純粋思考の場面の方は表象の場面に対しては，論理学ないし思弁哲学として，自然哲学および精神哲学からなる実在哲学に対立するものであろう。

625）（訳注）「カルケドン信条」では位格はヒュポスタシスともプロソーポンとも呼ばれるが，本文に「実体」とあるのは前者，「主体」とあるのは後者のことであろう。

626）（訳注）「カルケドン信条」はルターが聖餐式に関して consubstantial theory を展開するにさいして重んじたものであり，カルヴァンもこの「信条」には同様な態度をとったが，この「信条」で第一位格と第二位格とのあいだに認められた両者の「諸特性の共同」は神性と人性とをもって一とするヘーゲルには諸信条のうち訴えるところのもっとも多いものであり，また本文が表象を「超えて出てゆくこと」がある程度まで企てられたといっているのは，「カルケドン信条」に関して右の諸概念の形づくられたことを指すであろう。

627）（訳注）*GW* 9, S. 409, Z. 1 以下を参照されたい。

628）（訳注）「伝統」というのは，「使徒信条」「ニケーア信条」，そしてとくに「カルケドン信条」のことであろう。

だけが，したがって認識されていない死せるものとして，保存されているだけで，その内面[629]は消えてしまっている[630]。なぜならば，内面とは，みずからが概念であると知っている概念だろうからである。

絶対的精神は，純粋本質体ということで表象されるとき，なるほど，抽象的純粋本質体ではなく，むしろこの本質体は，精神の契機にすぎないというまさにこのことのために，場面に落ち込んではいる。だが，精神をこの場面で提示することには，形式上それ自体で，本質体が本質体としてもっているのと同じ欠陥がある。本質体は抽象的なものであるため，自己の単純性を否定して他者となる。それと同じように，精神は，本質体という場面では，単純な統一という形式であるため，この形式も本質的には他者であることである。――あるいは同じことであるが，永遠の本質体とその自立存在〔対自存在〕の関係は，｜（722）純粋思考の直接に単純な関係であるから，他者ということで自己自身をかく単純に直観するといっても，他在がそのままで設定されているわけではない。それは，純粋思考では直接的には何の区別もない，という形での区別[631]である。両者が本質的には対立していない[632]ような，愛による相互の承認である。――すなわち，純粋思考の場面で表明された精神は，それ自身本質的には，ただこの場面にあるだけではなく，現実的精神でもあるはずのものである。というのも，その概念自身には，他在があるからである。すなわち，ただ思考されただけの純粋概念は廃棄されているからである。

〔β）表象の場面〕

純粋思考という場面は，抽象的なものであるから，それ自身むしろ自

629）（訳注）この「内面」に応じているのは，形成陶冶の世界の信仰に関していわれた「内面」である。このことは当該箇所で「形成陶冶の世界の信仰」もまた取りあげられていることを示している。

630）（訳注）*GW* 9, S. 300 以下を参照されたい。

631）（訳注）「何の区別もない，という形での区別」とは，「自体的区別」あるいは「絶対的区別」のことである。

632）（訳注）「対立していない」というのは，〔承認の概念〕によって明らかであるように，本来の相互承認の場合には二つの自己意識は絶対に対立するものでありながら相互に他のうちに己れを直観するのであるのに，愛という自然的な直接のものによる相互承認にはこのような対立が欠けているので，これは本来の相互承認ではないことを指している。また神的生命に関して「愛のたわむれ」をヘーゲルが退けたのも，この理由によることである。

己の単純性の他者であって，表象するという本来の場面に移ってゆく。——この場面では，純粋概念のいくつかの契機[633]が実体的定在[634]を，対立した形で得ており，また，それらの契機は主体でもあるが，これらは第三者に対し存在という無関与な態度をたがいにとるのではなく，自己に帰って[635]，己れ自身をたがいに分離しあっており，対立させている。【412】

〔$\alpha\alpha$）世界の創造〕

こうして，ただ永遠であり抽象的であるだけの精神は，みずからにとって他者となる。すなわち，定在に歩み入って，そのまま直接的定在となる。こうして，精神は世界を創造する[636]。この創造ということは，表象の言葉[637]であり，それは，概念の絶対的動きという点からみた概念そのものを，言い換えれば，絶対的だといわれた単純なものつまり純粋思考が，抽象的であるために，むしろ否定的なものであって，みずからに対立したもの，つまり他者であるということである。——同じことを別の｜（723）形でいうならば，本質体として設定されたものが，単純な直接性つまり存在であるため，むしろ直接性ないしは存在として自己を欠いていて，内面性を欠くため受動的であり，対他存在である[638]。

633）（訳注）「いくつかの契機」とは要するに自体と対自と自体かつ対自とに帰するもの。

634）（訳注）各契機が各自に実体としての定在を得るというのは，次の段落で明らかとなるように世界でのことである。この場合には純粋洞察の純粋意識がその現実意識へと転換して，有用性の世界が生じたのと同じ事態がある。

635）（訳注）「自己に帰って」というのは，次の次の段落で「己れのうちへとゆくこと」とも呼ばれているものであり，その仕方のいかんによって善悪の対立が生ずる。したがってこの場合に生ずるのは世界ではなく精神であり，主体であり，そしてその契機は三つというよりも，むしろ二通りの結合体である。

636）（訳注）「創世記」1:1 を参照されたい。

637）（訳注）「創造」は，ヘーゲルが創造の教義をそのままには承認せず，主観と客観未分の状態に反省によって，言い換えると，「己れのうちへゆくこと」によって主観と客観の分裂の来たるときに，客体への方向に「世界の創造」があると解するものであること，そして 1796 年 12 月ないし 1797 年初頃の「ドイツ観念論最古の体系プログラム」以来そうである。本文が「直接に直接の定在のうちへと歩み入る」とか，「絶対的動き」とかいうのは，これを暗示している。

638）（訳注）「受動的」というのは，また「対他存在」というのは，啓蒙の有用性の世界に関して，この世界の自体的存在が実は自己をもたないもの，没自己的なものとして真実には受動的なものであって，他者に対するの存在であるといわれていたのに応じている。ここからすると，「創造」された世界とは有用性の世界のことであり，自体と対他と対自という

――この対他存在こそ同時に一つの世界なのである。対他存在という規定をもった精神は，これまで[639]純粋思考の中に閉じこめられていた契機が，安定した形で存続していることであり，したがって，契機の単純な普遍性を解体し，それらをそれ自身の特殊な姿に分離させることになる[640]。

〔ββ）善と悪との対立〕

しかし，世界は，完全な姿[641]とその外的秩序の中に，ばらばらに投げ出された精神であるだけではなくて，精神が本質的には単純な自己であるから，そこにはやはりこの自己も現前している。つまりそれは定在する精神であり，これは個別的自己であるが，この自己は意識をもっており，己れを他者としてつまり世界として，己れから区別している[642]。――こうしてこの個別的自己が設定されたけれども，やっと直接的であって，まだそれだけでの〔対自的〕精神とはなっていない。それは存在するけれども，精神としてではない。つまりそれは無垢ではあっても，おそらく善であるとはいわれえないようなものである。自己は，実際に自己であり精神であるためには，まず自己自身の他者とならなければならない[643]。が，これは，永遠の本質体が，みずから動いて，みずか

諸契機の己れのうちへの還帰の行なわれない交替あるいは休みなき交替の世界であることになる。

639）（訳注）*GW* 9, S. 410, Z. 18–28 を参照されたい。

640）（訳注）『エンツュクロペディー』第 249 節を参照。「単純な普遍性を解体し」というのは，自体―対他―対自の「己れのうちへ還帰しない交替」が純粋に肯定的なものと純粋に否定的なものとのあいだの自軸回転の動きを「空の葵のように置きざりにすること」にあたる。また「分離させる」という観点からすると，展開するものはおそらく自然哲学であろう。が，有限的精神もまた次の段落で生ずるところからすると，「純粋思考の場面」というのは，ヘーゲルが『論理学』について，「自然および有限的精神を創造する以前の神を叙述したものであること」というのとよくあてはまる場面であるからである。

641）（訳注）原文での Vollständigkeit を，ベイリーやイポリットのように遺漏なくすべての部分を含んだ完全性と解すると，前段落にあったばらばらに分散しているということとは調和しなくなるので，各部分が完全に独立的であることの意味にも解される。

642）（訳注）ここで「個別的自己」と呼ばれているものがⅠの感性的確信をもつと同時に，この個別的自己は『旧約聖書』の「創世記」第 2 章で堕罪に先立って楽園で諸物の命名を行なうことになっているアダムであって，「命名」のことがここに取りあげられるべきなのであろう。そしてこの自己が己れを世界から区別するのも，世界を己れから区別するのも，いずれも「己れからすること」であるというのは，啓示宗教の立場が基本的には絶対的精神であることによっている。

643）（訳注）*GW* 9, S. 410, Z. 6–17 を参照されたい。

らの他在のうちで自己自身と等しくなった形で[644]提示されたのと同じである。この精神は，まだやっと直接的に定在するものとして，みずからの意識の多様な姿に分散しているものとして，規定されているときには，他者となるといっても，知一般が自己に帰ること[645]である。直接的定在は思想的考えに，言い換えれば，｜(724) ただの感性的意識は思想的考えを意識することに逆転する。しかも，この思想的考えは，直接性から出てきた思想的考えつまり制約された思想的考えであるから，純粋知ではなく，他在を己れでもっている思想的考えであり，したがって，善と悪をたがいに対立させている思想的考えである。人間は，何か必然ではないものとして生起したように表象されている。――人間は善と悪を認識する木の実をつみとったために，自己自身に等しいという形式を失ってしまったのであり，無垢な意識状態から，労せずして差し述べられた自然と楽園から，動物の園から，追放されてしまった，と表象されている[646]。

定在する意識が自己内に進行することは，自己自身と不等になることと規定されるから，悪は自己内に進行した意識の最初の定在として現れる。善と悪との思想的考えはまったく対立し合っており，この対立はまだ【413】解決されていないのだから，この意識は本質的には悪の意識にほかならない。しかし，同時にこの対立のために，悪の意識に対立して善の意識も，そして両者相互の関係も存在している。――直接的定在が思想的考えに逆転し，一方では自己内存在がそれ自身思考であり，そのため他方では本質体が他となるという契機が，さらに詳しく規定されているかぎり，悪になることがひるがえって定在する世界を出て，す

644）（訳注）「みずからの他在のうちで自己自身と等しくなった形で」というのは，純粋思考の場面が表象の場面を経て自己意識の場面へ至る動きのことを指しているが，なお「自己自身と等しくなった形」はIIIの無限性の立場のものである。

645）（訳注）「自己に帰ること」は，Reflexion in sich と同義であり，「自己に帰ること」によって生ずるものが Insichsein である。ただしイポリットが解しているように，両者が直ちに悪をもたらすのではない。すなわち己れのうちへゆくというのにも，自体としてと対自としてとの二通りの仕方があるが，前者が己れの普遍性のうちに存在することとしてのいわゆる善を，後者が己れの個別性のうちに存在することとしてのいわゆる悪をもたらすのである。本文で「自己に帰ること」とあるのは，これら二つの場合を含めるためである。なお具体的には「善」としてはいわゆる神の子（イエス・キリスト），「悪」としては人の子（罪人）が考えられている。

646）（訳注）「創世記」第1章を参照されたい。

でに最初の思考の国に置かれうるわけである。そこで｜(725) いわれうることは，最初に生まれた光の息子〔ルチファー〕が，すでに自己中心的になるために堕落したものであるにしても，その代わりにすぐに別の息子〔イエス〕が生まれているということである[647]。堕落だとか息子だとかいうような，ただ表象上のものであって概念上のものでない形式は，そのうえ，概念の契機を反対に表象におとしたり，また表象することを思想的考えの国に移したりすることになる。——また同じように，永遠の本質体にありながら他在という単純な思想的考えに，なお別の多様な形態〔天使〕を並列し，これに自己内進行を移すというようなこと[648]も，どうでもいいことである。したがって同時に，かく並列にするために，当然あるはずの他在というこの契機が，差異性を表現することになるから，並列にすることも承認されざるをえない。しかもそれが多数一般としてではなく，同時に特定の差異性としてであるため，一方の部分つまり息子が，自己自身を知る単純なものであるのに，他方の部分，自立存在〔対自存在〕の外化放棄は，本質存在をたたえることだけに生きる。そこで，またこの後の部分には，外化放棄された定在を取りかえして，悪が自己内に進行するということも入れられる。他在が二つに分裂するかぎりでは，精神はその契機ということでより特定のものであることになり，また，契機が四位一体と数えられたり，あるいはまた多数自身がさらに二つに，つまり善にとどまった部分と悪になった部分に分裂するため，五位一体とすらいわれたりする[649]。——だが，こういうふうに契機を数え上げることは，要するに余計なこととみてよい。な

647) (訳注) ヘーゲルは十中八九ベーメによるルチファーの神からの堕落の描写に言及している。この点については，たとえば *Aurora, Oder: Morgenröhte im Aufgang.* Kap. 12, Abschn. 100. In: *Theosophia Revelata. Das ist: Alle Göttliche Schriften Des Gottseligen und Hocherleuchteten Deutschen Theosophi Jacob Böhmens*. Bd 1. [Hamburg] 1715. Sp. 149 を参照されたい。天使の 3 番目の王の下でのもっとも美しいものについては，Sp. 178 (Kap. 14, Abschn. 36) を参照されたい。当該の王はイエス・キリストであり，神の子であり人の子である。この点については，K. Rosenkranz: *Hegel's Leben.* S. 188 を参照されたい。ローゼンクランツの注記で強調されているようにヘーゲルの批判は，ベーメだけではなくてシェリングにも向けられている。この点については，J. W. Schelling: *Philosophie und Religion.* S. 35 を参照されたい。

648) (訳注) 以上ヤコブ・ベーメの思想。

649) (訳注) 三位一体，四位一体，五位一体というような数的規定をもって無意義とすることは，フランクフルト期の「イエスの宗教」以来のことである。

ぜならば，一方では，区別されたもの｜(726) 自身が一つであるにすぎないからである。つまり一つの思想的考えであるにすぎないような，区別という思想的考えにほかならないからであり，それと同じで，この思想的考えは，第一のものに対して第二のものがあるという形で，このように区別されたものにほかならないからである。――しかし，他方では，多を一に包括する思想的考えはその普遍性から解かれて，三つないし四つの区別項より以上の区別項に分けられざるをえなくなるからである。――この種の普遍性は，数の原理である抽象的一という絶対的規定性に比べると，数自身に関係する場合，無規定なものとなって現れるため，問題になりうるのは，数一般だけであって，区別項のある集合ではないであろう。したがって，この場合，一般に，数とか数えるとかいうことを考えるのは，全然余計なことであり，またそのほか，大きさ〔量〕や多数などをただ区別することも，概念なきやり方であり，つまらぬことである[650]。

善と悪は，ここで判明した思想的考えのうえの特定の区別項である。【414】両者の対立はまだ解決されていないし[651]，両者は思想的考えの本質体[652]として表象されており，その各々はそれだけで〔対自的に〕自立しているから，人間は本質体なき自己であり，両者の定在と争いとを総合する地盤である[653]。しかし，この二つの普遍的威力はやはり自己のものである。言い換えれば，自己が両者の現実なのである。そこで，この契機からいえば，悪は，精神の自然的定在が自己内に進行することにほかならず，これとは反対に善は現実に歩みはいり，定在する自己意識[654]となって現れるということが，突然生起する。――純粋に思考さ

650）（訳注）大きさや量の規定をもって非本質的とすることは，V-C-a（精神的動物の国）以来のことである。

651）（訳注）*GW* 9, S. 412, Z. 26 以下を参照されたい。

652）（訳注）「思想的考えの本質体」は，「思想的考えの物」と同じものである。すなわちIIの知覚は本質的なものと非本質的なものとをいずれも独立の物として受けとるのであり，両者はいずれも思想的考えであって「制約されない普遍性」の契機であるにすぎないという知覚の場合と同じ論理が本文では駆使されているのである。

653）（訳注）人間は本質体ではなく，善霊と悪霊とが支配権を争う修羅場であることでは，マニ教の見解が考えられていることになる。

654）（訳注）この「自己意識」とは，「神の子」としてのイエス・キリストのこと。

れた精神[655]では，｜（727）神的本質体が他となること一般という形で，暗示されていたにすぎないものが，ここ[656]では表象にとって一歩実現に近づいた[657]。この実現は，表象からみれば，神的本質体がみずからを卑しくする[658]ことにあるわけだが，これは神が抽象と非現実をみずから断念したことになる。――しかし，悪という他方の側面を，表象することは神的本質体から疎遠な生起と受けとる。悪を，神的本質体自身にある神自身の怒りとして把握すること[659]〔ヤコブ・ベーメ〕は，自己自身と戦っている表象することが，もっとも高くもっともきびしく緊張している[660]ことなのだが，それは，概念を欠いているため，実りのないままに終わるにとどまる。

したがって，神的本質体の疎遠化は表裏一体の仕方で設定されている。その場合精神の自己とその単一な思想的考えとが二つの契機[661]なのであるが，両者を絶対的に統一しているのは精神自身である。この精神の疎遠化は，両契機がばらばらになっており，一方が他方と価値を等しくしないという点にある。そのためにある不等は，表裏一体の不等となり，二つの結びつき[662]が生じることになる。が，その共通の契機

655）（訳注）この「精神」とは，「純粋思考の場面」のこと。

656）（訳注）「ここ」とは，表象の場面のこと。

657）（訳注）*GW* 9, S. 410, Z. 6 以下を参照されたい。

658）（訳注）「みずからを卑しくすること」は「フィリピの信徒への手紙」2:8 の「己れを卑しくして（へりくだって）」にあてたものである。なお「断念」は「神の子」が判断批評型の良心へ対応していることをも，またそれにとって赦しの必要であることをも暗示している。

659）（訳注）ヘーゲルはここでおそらくベーメの中心概念を示唆している。この点については，たとえば，*Aurora, Oder: Morgenröhte im Aufgang*. Kap. 9, Abschn. 15. In: *Theosophia Revelata. Das ist: Alle Göttliche Schriften Des Gottseligen und Hocherleuchteten Deutschen Theosophi Jacob Böhmens*. Bd 1, Hamburg, 1715. Sp. 98 u. Sp. 258 (Kap. 19, Abschn. 117) を参照されたい。また「ローマの信徒への手紙」1:18 も参照されたい。

660）（訳注）「神自身の怒り」ということはむろん聖書にあり，本文は天使に関することの場合と同じく「哲学史講義」筆記録でのベーメについての叙述と酷似している。なお「もっとも高くもっともきびしく緊張している」というのは，善のみならず，悪もやはり神的本質体に基づくと考えられているからである。

661）（訳注）「二つの契機」は，簡単にいえば，自体と対自とである。

662）（訳注）「二つの結びつき」というのは，神の子と人の子とのことであるが，前者はⅥ-C-c での美しい魂あるいは判断批評する良心に，後者は行為する良心にあたる。神の子は普遍的なものをもって本質的，個別的なものをもって非本質的とする結合体であり，人の子の方はその反対の結合体であるが，ここに知覚の場合の本質的なものと非本質的なものとが同一に帰するという論理が働いてくることになる。

はすでに示しておいた通りのものである。一方の結びつきでは，神的本質体は本質的なものと認められるが，自然的定在と自己は非本質的なもの，廃棄さるべきものと認められる。それに対して，他方の結びつきでは，自立存在は本質的なものと認められるが，単一で神的なものは本質的なものとは認められない。両者の中項は，まだ空っぽであるから，定在一般であり，両方の二つの契機を共有しているにすぎない。

〔γγ）和解〕

この対立の解体が，分離し｜（728）自立したものと表象される両契機の争いによって生じるわけではない。両方が自立的であることには，各々がそれ自体でみずからの概念によって自分自身で解体せざるをえないということが，含まれている。この争い[663]は，両方が思想的考えと自立的定在との混合[664]であることをやめて，ただ思想的考え[665]としてたがいに対立することになってからはじめて起こることである。なぜならば，その場合両方は特定の概念としては，本質的にはただ対立しながら関係しているだけだからである。これに対して，自立的なものとしては，対立のそとに自分の本質性をもっているからである。そこで両者の動きは，自由なものであり，両者自身にとって自分のものである[666]。したがって，この動きは，両者自身にありながら別々に考察さるべきであるから，それ自体で動きである。それと同じで，動きをはじめるのも，両者のうち自体存在として他方に対し規定されている方なのである[667]。この自体存在がそうするのは，自由意志による行いだと表象される。しかし，この行いによる外化放棄の必然性は，【415】対立にありながらのみ，そのように規定されている自体存在するものが，まさにそれゆえ

663）（訳注）本文での der Kampf fällt erst dahin の dahinfallen はオリジナル版からの dahinfahren の誤植であろう。ベイリーもイポリットも後者の意味に解している。

664）（訳注）表象が混合するものであるのは，Ⅶ-B-c「精神的芸術品」あるいはⅥ-C-a「道徳的世界観」以来のことであるが，ここで二通りの「混合」というのは，「神の子」と「人の子」とのこと。

665）（訳注）前段落の両契機は次の頁で単一なものと対自存在と規定されているいるから，「思想的考え」（複数）というのは自体と対自とのこと。

666）（訳注）「神の子」が行うのは十字架での贖いの死，「人の子」の行うのは「罪に死すること」であるが，この段落では自体的なものを優先させる見地から，ただ前者のみが論ぜられていて，後者のことは良心の場合に譲られている。

667）（訳注）この場合には，動きをはじめるものは逆に「人の子」にあたる行為する良心である。

に，真に存続しているわけではないという概念に含まれている。――だから，自立存在であるのではなく，単一なものである点で，本質体と認められているその自体存在は，自己自身を外化放棄するものであり，死におもむくものである〔イエスの死〕。その結果，絶対的本質体は，自己自身と和解する。なぜならば，このように動くことで絶対的本質体は精神〔霊〕となって提示され[668]，抽象的本質体は疎遠化されており，自然的に定在し自己的に現実となっている。だが，このみずからの他在ないしはその感性的現在は，二度目に他となること〔死〕によって，とりかえされ，廃棄された現在として，普遍的現在として設定されている。このことによって本質体は現在にありながら自分|(729) 自身になっており，現実の直接的定在は，廃棄されて普遍的なものとなっているため，本質体にとり見知らぬもの，外的なものであることをやめている。だからこの死は，精神として本質体が復活することである。

自己意識的本質体の直接的現在が廃棄されるとき，その本質体は普遍的自己意識となっている。したがって，絶対的本質体である個別的自己が廃棄されているというこの概念は，そのまま教団の確立[669]を表している。教団は，これまで表象としてたゆたっていたのであり，いま自己としてのみずからに帰ったのである。したがって，精神は，自己の規定の第二の場面すなわち表象することから，第三の場面すなわち自己意識そのものに移る[670]。――われわれは，その表象が進んでゆくあいだにとったあり方をなお考察するとき，まず，神的本質体が人間的性質を帯

668)（訳注）*GW* 9, S. 419, Z. 21 では，仲介者すなわち神の子が死ぬのは，自然的死であるよりも，むしろ神的本質体にすぎないというすなわち自体的存在にすぎないという抽象を放棄することであるとされている。

669)（訳注）「教団の確立」というのは，歴史的には五旬節にさいして創立された教会が次第に確立してゆくこと。

670)（訳注）ここで所論はすでに第三の場面へと移っているのであって，ダッシュからこの段落の終わりまでは〔3 絶対的宗教の概念〕から後の論を回顧して，第二の場面から第三の場面へ移行する必然性がすでに成立していたことについての注解である。この注解は神が受肉することが「自己のうちへゆくこと」とし一種の悪を含んでいること，しかしキリストの犠牲的死によって「悪」との和解の得られることという三点に関している。さらに第三点との関連で善と悪，神と自然というような対立の「総合」に関して，宗教論としては本来と思われない点にまでわたりつつ，イェーナ期の体系構想に従って一般的注解が添えられている。ただ和解には，キリストの犠牲的死のほかに人の子あるいは罪人の方でも罪に死することが必要である。なお，*GW* 9, S. 409, Z. 10–16; S. 411, Z. 34 以下を参照されたい。

びるといわれていることをながめわたす。このようにいわれるとき，すでに表明されていることは，それ自体では両者が分かれていないということである[671]。つまり，神的本質体がはじめから[672]自己自身を外化放棄しており，その定在が自己におもむき，悪になるということには，それ自体では悪しき定在が神的定在にとり縁なきもの[673]ではないということが，言表されてはいなくとも，含まれてはいる[674]。絶対的本質体は，本当はその他者が存在するとすれば，それからの堕罪ということが存在するとすれば，空しい名にすぎないであろう。――もっとも，自己内存在[675]という契機は，むしろ，精神の自己の本質的契機をなしてはいる。――自己内存在が，ということは，現実もやっと本質体そのものに帰属しているということだが，われわれにとっては概念であるこのことは，そしてこのことが概念であるかぎり，｜（730）表象する意識からみれ

671）（訳注）神的本質体と人間的性質の不可分については，「神性と人性とは同一である」という命題を参照のこと。

672）（訳注）「はじめから」は，論理的には「それ自体では」というのと同じであり，またいわゆるキリスト先在説のことを指しているにしても，表現としては，たとえば「エペソ書」1:4 の「天地創造の前に」というような語法への対応を示したものであろう。

673）（訳注）悪をもって神的本質体に走って「縁なきもの」と考えることは，表象する意識が実際になしたことであったが，このことをここで否定するのは，絶対的絶対の立場からすることであろう。

674）（訳注）*GW* 9, S. 413, Z. 3 を参照されたい。

675）（訳注）自己内存在は自己外存在と対をなすのであって，いかなるものも現実的に存在するためには，これら両者を欠くことができない。たとえば広がりが無であるのは，「自己内存在」を欠いているからであるが，すでに物質がそうではないのは，重さでこれを備えているからであるようにである。『精神現象学』から逆の例をとるならば，自己意識はむろん自己のうちに存在することを欠きえない。しかし他の自己意識との関連に立ち，それからの承認を得なくてはならない以上，同時に自己のそとに存在することをもたざるをえない。このように両方とも不可欠であるから，自己のうちに行き，自己のうちに存在することは，スピノザのコナトスやショーペンハウアーの「生きんとする意志」やシェリングの根源存在としての意欲することのようなものであって，およそ現実的なものは必ずこれを備えるのであるから，正確にいえば，ただちに「自己中心的であること」としての悪と同じではない。「神の子」は善であるとしても，イエス・キリストとして現実的に存在するためには，やはり「人の子」と同じく自己のうちに行き自己のうちに存在せざるをえないのであって，たとえば渇してはサマリヤの女に水を求め，また枕するところなきを嘆かざるをえないようなである。善悪の相違は自体の立場で自己のうちにゆくか，それとも対自の立場でそうするかによって，言い換えると，自己の個別性のうちに存在するか，それとも自己の普遍性のうちに存在するかによって生ずることであり，しかも，このさいの「自己内存在」が「自己外存在」と相即し，価値を同じくするようになったときには両者は「総合」され和解は成立をみることになる。

ば，理解できないできごとのようにみえる。そのとき自体は，表象する意識にとっては，無関係な存在という形式をとっている。絶対的本質体と自立存在〔対自存在〕する自己という，逃れてゆくように思われる例の両契機が，分離したものではないという思想的考えは，この表象することにもやはり現れては来る。なぜならば，この表象も真実の内容[676]をもっているからである。しかし現れて来るのは，後で，――神的本質体が外化放棄して肉となってのことである[677]。この表象は，こういうふうになお直接的であるため，精神的ではない。言い換えれば，本質体の人間的形態をやっと特殊なものと知っているだけで，普遍的なものとは知っていない。したがって，この表象がそうと意識して精神となるのは，形ある本質体が，その直接的定在をもう一度犠牲に供し，本質体に帰すという形で，動くときのことである。すなわち本質体は自己に反省還帰したときはじめて精神なのである。――したがって，このことには，神的本質体と他者一般との和解，はっきりいえば，神的本質体が他者という思想的考えつまり悪と和解していることが【416】表象されている[678]。――この和解が成り立つのは，その概念からいって，悪が，善なるものとそれ自体では同じものであるからである，あるいはまた，自然が神的本質体から分離するときには，無にすぎないように[679]，神的本質体もその全範囲からいえば，自然と同じものであるからである，というふうに表明されるとすれば[680]，――これは，非精神的考え方を表して

676）（訳注）「真実の内容」については，*GW* 9, S. 408, Z. 22 の「その内容は真実であるけれども」を参照のこと。

677）（訳注）「ヨハネによる福音書」1:14。

678）（訳注）「和解」には「神の子」からするもののほかに，「人の子」からするものもあるが，ここではまだ前者のみが取りあげられて，後者は *GW* 9, S. 417, Z. 17 以下に譲られており，したがって「和解」はまだ一方的である。和解が真に双方的となるのは，〔γ)〕で良心の場合との比較がなされることでである。

679）（訳注）この段落で自然に言及されるのは，「絶対的宗教」が自然宗教と芸術宗教との総合だからであり，またとくに自然が人間的自然であるかぎりでは，ヘーゲルが欲望や傾向をもってただちに悪とするものではないことによっている。絶対的本質体から分離されて，そのかぎりにあるものとしてではなく，これと相即し，これの現象として把握されたかぎりでの自然については，Ⅵ-B の不幸な意識の段階で，不変なものの受肉は普遍的でもあるという理由により，「神聖にされた世界」という語のあったのに応じている。

680）（訳注）ヘーゲルは多分シェリングとブルーノの詳論に言及している。1）神と自然は，シェリングでは相互に不可分である。この点については，たとえば，Schelling, *Bruno*. S. 179 を参照されたい。2）絶対者から離れ落ちた諸物は無である。この点について

おり，当然誤解を招かざるをえないとみられるべきである。――悪が善と同じものであるときには，悪はまさに悪ではなく，善も善ではない。むしろ両者は廃棄されているのであり，悪は一般に｜（731）自己内に存在する自立存在〔対自存在〕であり，善は自己なき単純なものである。このように両者がその概念のうえで表明されるときは，同時にその統一も明らかになる。なぜならば，自己内存在する自立存在は単純な知であり自己なき単純なものもやはり自己内存在する純粋な自立存在[681]だからである。――だから，このような両者の概念からいって，善と悪は，すなわち，両者が善と悪に分かれ得ないかぎり，同一であるといわれなければならないと同じように，両者は同じものではなく，まったく異なったものであることもいわれなければならない。なぜならば，単純な自立存在も純粋知も，同じように純粋否定性[682]だからである。言い換えれば，ともにそれ自身でありながら絶対的区別だからである。――これら二つの命題があってこそはじめて，全体は完結する。はじめの命題の主張と断言[683]には他方の命題がそれに固執することは，頑強に対立して超えがたいのでなければならない。両者は同じように正しいのだから，同じように正しくない[684]。正しくないというのは，同じだとか同じでないとか，同一性とか非同一性とかいう抽象的形式を何か真なるもの，固定したもの，現実的なものと受け取って，そこに安らって

は，Schelling, *Philosoph und Religion*. S. 40 を参照されたい。3）それに反して，善悪の同一化はシェリングでは暗示するような仕方でしか見出されない。この点については，Schelling, *Philosophie und Religion*. S. 37; S. 41 を参照されたい。むしろ，ヘーゲルはここでブルーノに言及しているのかもしれない。シェリングも『ブルーノ』で引き合いに出し，ヘーゲルもブーレやヤコービの描写を通してブルーノのことを知っていた。この点については，Johann Gottlieb Buhle, *Geschichte der neuen Philosophie seit der Epoche der Wiederherstellung der Wissenschaften*. Bd 2, Göttingen, 1800, S. 727; S. 793 を参照されたい。また，Jacobi: *Ueber die Lehre des Spinoza*. S. 304 も参照されたい。Vgl. Jacobi: *Werke*. Bd 4, Abtheilung 2. S. 44.

681）（訳注）この「単純なもの」とは「絶対の他在のうちで純粋に自己を認識すること」であり，「自己内存在する純粋な自立存在」の「純粋」とは「他者があっても純粋な」の意である。

682）（訳注）「純粋否定性」は「単純な否定性」と同じく他者があっても，これを否定的に統一づけるもののことである。

683）（訳注）「主張」と「断言」とは，主張する独断論と断言する独断論とに応じている。

684）（訳注）「同じように正しくない」というのは，悲劇でのアンティゴネーおよびクレオンの場合と同じである。

いるからである[685]。真理をもっているのは，一方または他方なのではなく，むしろまさに両者の動きである[686]。すなわち，単純な同一者は，抽象であるために絶対的区別となるが，区別自体は己れ自身から区別されるから，自己自身に等しい。このことこそ，神的本質体と自然一般，｜（732）特に人間的自然が同じであるということである。前者は，本質体でないかぎりは自然であり，後者は，その本質からいって神的なのである。――しかし，抽象的側面を，真実ある通りに，つまり揚棄されたものとして設定しているのが精神である。――この設定は，判断とその繋辞たる精神なき「である」[687]とによっては表現されえないものである。――同じように，自然はその本質体のそとでは無であるが，この無自身はやはりある。つまりそれは，絶対的抽象であるから，純粋思考ないし自己内存在であり，精神的統一に対立する契機をもっているときは，悪である。これらの概念で困難が生ずるのは，ひたすら，であるに固執するためであり，両契機を在らせるとともに在らせない思考を忘れるからである。【417】――〔この思考では，この二つの契機は〕もっぱら動きなのであり，この動きが精神なのである。――思考のこの精神的統一，言い換えれば，区別を契機ないしは揚棄されたものにすぎないとしている統一こそ，例の和解の中で表象する意識が認めるものとなっている[688]。そこでこの統一は，自己意識の普遍性であるから，自己意識は表象的であることをやめている。つまり動きは自己意識に帰っているので

685）（訳注）「同じである」と「同じでない」などに関しては，同様のことが主観と客観，有限と無限，存在と思考という対立について述べられている。すなわちこれらの対立が統一づけられたときには，この統一のうちにあるものとしては，言い換えると，その契機としては，この統一の外にあったときとはもはや同じものではないとされている。

686）（訳注）「真理をもっているのは，一方または他方なのではなく，むしろまさに両者の動きである」というのは，「純粋思考の場面」ですでに自己内の回転の動きとして述べられていたことである。したがってまた「カルケドン信条」に関連した円環（ペリコーレーシス），たがいにほかに与えることないし交換（アンティドシス），たがいに他へと変ずることないし交替（アンティメタスタシス），特性を共同にすること（コイノーニア・イディオマトーン）が真理であるのを指している。

687）（訳注）繋辞「である」については，*GW* 9, S. 313, Z. 10 以下で繋辞「である」は否定判断の場合といえども，主語と述語とを分離すると同時に結合するものであるとされていたこと，言い換えると，判断はその真実性では肯定否定いずれでも「無限判断」とされていたことを参照。

688）（訳注）*GW* 9, S. 415, Z. 2–16; S. 415, Z. 38–S. 416, Z. 1 を参照されたい。

ある。

〔4　自己意識の場面〕

かくて精神は，第三の場面に，普遍的自己意識に設定されている。つまり精神はその教団[689]である。教団は，自己の表象から己れを区別する自己意識であり，その教団の動きは，それ自体では生成していたものを，つくり出すことである[690]。死んでしまった神人すなわち人神[691]は，それ自体では普遍的自己意識｜（733）である。神人ないし人神はこの自己意識にとってもはっきりそうと知られなければならない。言い換えれば，この自己意識は表象対立の一方の側面[692]を，つまり自然的定在と個々の自立存在〔対自存在〕とを，本質体であると認める諸悪をなしている。それによって，自立的ではあるが，まだ契機であるとは表象されていないこの諸悪は，その自立性のゆえに，それ自体的でもそれだけでも精神に高まらなければならない。言い換えれば精神の動きを己れのもとで提示しなければならない。

〔α）罪に死すること（洗礼）〕

この動きは自然的精神である。自己はこの自然性から自己に帰り，自己内に行くべきである，すなわち悪となるべきでもある。しかし，それはそれ自体ですでに悪である。それゆえ自己内に行くことは，自然的定在が悪であるとみずから確信する点に成り立つ。表象する意識に帰着

689）（訳注）「その教団」というのは教団の精神によって成立しており，またこれが躍動している教団のことである。

690）（訳注）「つくり出す」は，*GW* 9, S. 298, Z. 22 にも「勤行」に関して，すなわち祭祀に関して出ていたが，このことは「自己意識の場面」での本来の課題が「教団の精神」を躍動させることをもって使命とする祭祀ないし行事について叙述すること，言い換えると，ペトルス・ロンバルドゥスの『命題集』第 4 巻でのサクラメントの論にあたるものを叙述することにあったのを示している。

691）（訳注）「神人あるいは人神」はヘレニズム時代にテイオス・アネール，ヒュイオイ・テウーなどと呼ばれていたもの（ブルトマン『新約聖書の神学』，1954 年，389 頁，128 頁）を指すであろう。

692）（訳注）「一方の側面」というのは，精神の自体と対自とのうちで対自をもって本質的とする，すなわち対自の立場で己れのうちへ行き己れのうちに存在する側面のことであって，いわゆる人の子の，また悪の側面である。

するのは，定在して悪になることと，この世が悪であることであり，また，絶対的本質体が定在して和解することである。が，自己意識そのものに帰するのは，形式上[693]，廃棄された契機であるにすぎないこの表象されたものである。なぜならば，自己は否定的なものだからである[694]。だから，それは知である。——自己自身での意識の純粋な行いであるような知である。——また内容でも，否定的なものというこの契機は，いわば表現されなければならない。すなわち，本質体自体はすでに自己と和解しており，精神的統一であり，ここでは表象の部分[695]は廃棄されており，契機であるから，そこに提示されてくることは，表象の各部分には，前に[696]もっていたのとは対立する意味が維持されている[697]，ということである。このことによって，各々の意味は，別の意味で完結し，その内容は｜(734) そのことによってはじめて精神的内容となる。一方の規定性はまたそれと対立する規定性でもあるから[698]，他在でありながら統一，精神的なるものが完成しているのである。このことは，われわれにとって，すなわちそれ自体では，前もって[699]対立的意味が合一されており，同じものと同じでないもの，同一と非同一という抽象的形式さえもが，廃棄されていたのと同じことである。

こうして，表象する意識では，自然的自己意識が内面的になることは，悪が定在することであったとすれば[700]，【418】自己意識の場面では，内面的になることは，悪そのものが，それ自体では定在のうちですでにあると知ることである。したがって，この知はたしかに悪となることではあるが，悪という思想的考えになるだけであるから，和解の第一

693) (訳注) 形式と内容とを区別するのは，Ⅵ-A-b「人倫的行為」，C-c「良心」，Ⅶ-B「芸術宗教」の悲劇以来のことである。形式上の対立は知ると知らないこととの対立であったが，ここでは一種の絶対知が成立をみるために，知らないことの方は省略されている。そして内容とは，自体と対自とのこと。

694) (訳注) この「否定的なもの」とは，「純粋な否定性」のことである。

695) (訳注)「諸部分」とはとくに精神の単純な思想的考えと精神の自己，あるいは自体と対自とのこと。これらのうち，自体の方は「神の子」の行う和解に関する。

696) (訳注) *GW* 9, S. 413, Z. 37 以下を参照されたい。

697) (訳注)「カルケドン信条」に関連したアンティドシスのこと。

698) (訳注) 同じく，アンティメタスタシスのこと。

699) (訳注) *GW* 9, S. 416, Z. 19 以下を参照されたい。

700) (訳注) *GW* 9, S. 412, Z. 26–38 を参照されたい。

の契機[701]として認められている。というのは，悪と規定されている自然の直接性から自己に帰ることとして，その知はこの直接性を捨てており[702]，贖罪を死なせたからである[703]。意識が捨て去るのは，自然的定在そのものではなく，同時に悪でもあると知られるような定在である。自己のうちへゆくという無媒介な動きは，また媒介された動きでもある。――つまりこの動きは己れ自身を前提している，すなわち，己れ自身の根拠である。つまり，自己内にゆく根拠となっているのは，自然がそれ自体ですでに自己内に帰っているからである。悪のゆえに人間は自己に行かなければならないが，悪自身が自己内へ行くことである。――この最初の動きは，まさにそれゆえに，それ自身直接的動きであり，言い換えれば，その｜（735）根拠と同じものであるから，動きの単純な概念である。したがって，動きつまり他となることは，もっと本来的形[704]をとったときになってはじめてなお現れて来なければならない。

〔β）表象をつかむこと（聖餐式）〕

それゆえ，この直接性以外に表象の媒介が必要[705]なのである。自体的であるのは，精神の真ならぬ定在としての自然についての知である。そこで自己がこのように自己ということで普遍性となるのは，精神が自己自身と和解することである。だから，この自体は，概念把握をしていない自己意識にとっては，存在者という，自己意識に表象されたものと

701）（訳注）キリスト教で「救い」と呼ばれているものを「和解」とヘーゲルが呼ぶのは，罪が神からあるいはむしろ神自身が己れから疎遠となることと考えたからであるが，普遍的自己意識すなわち教団の立場でこの和解を得るための「最初の契機」というのは，行事としては，洗礼のことであろう。なぜならば，洗礼は入団式だからである。

702）（訳注）「捨てる」といっても，欲望を根絶することではなく，欲望では過大視されている個別性を普遍性と調和するように制御することである。

703）（訳注）「ローマの信徒への手紙」6:11。「贖罪を死なせる」は，表現としては，洗礼のことが説かれている『新約聖書』「ローマの信徒への手紙」6:11に「このように，あなたがたも自分は罪に対して死んでいるが，キリスト・イエスに結ばれて，神に対して生きているのだと考えなさい」とあるさいの「罪につきて」は死することから得られたものであろう。

704）（訳注）「もっと本来的な形」というのは，前注にいった「キリスト・イエスに結ばれて，神に対して生きていること」すなわちキリストに倣って生きることを可能にする聖餐式のことであって，キリストの贖いの死という恩寵を象徴しているこの行事が「罪に死すること」の理由を与えるものと本文はみている。

705）（訳注）「表象の媒介が必要である」というのは，「自己意識の場面」といえども純粋な概念の立場には至ってはいないからである。このさい「表象」というのは，キリストあるいは仲介者が罪人の罪の贖いのために死することである。

いう形式[706]を保っている。それゆえ，自己意識にとっては，概念把握することは，自然性が廃棄されて普遍的となっており，したがって，自己自身と和解したと知っている概念をつかむことではない。むしろ，神的本質体がみずから外化放棄するというできごとを通じて，神が突然生起して受肉し，神的本質体が死んでその定在と和解することを通して，例の表象をつかむこと[707]が，概念把握なのである。そこで，この表象の把握は，もっとはっきり表現するならば，かつて[708]表象の形で霊的復活と呼ばれたものであり，個々の自己意識が普遍者にすなわち教団になることである。――神人が死ぬことは，死としてみれば，抽象的否定性であり，動きの直接的結果であり，自然的普遍性[709]で終わってしまう結果であるにすぎない。この死がそういう自然な意味を失うのは，自己意識でである。言い換えれば，そのとき死は，たったいま示された概念となり，死はその直接的意味から，この個別人の非存在から，精神の普遍性となって光をあてられる。｜(736) そのとき精神はみずからの教団に生き，そこで日々死んで日々蘇る[710]。

706) (訳注) この「表象されたものという形式」というのは，洗礼（バプテマス）との関係からすると，「ローマの信徒への手紙」6:3–4 に「それともあなたがたは知らないのですか。キリスト・イエスに結ばれるために洗礼を受けたわたしたちが皆，まだその死ににあずかるために洗礼を受けたことを。わたしたちは洗礼によってキリストとともに葬られ，その死にあずかるものとなりました。それは，キリストが御父の栄光によって死者の中から復活させられたように，わたしたちも新しい生命に生きるため」とある。

707) (訳注)「表象をつかむこと」で，「かれの表象」というのは，「マタイによる福音書」26:26–28 に「一同が食事をしているとき，イエスはパンを取り，賛美の祈りを唱えて，それを裂き，弟子たちに与えながら言われた。「取って食べなさい。これはわたしの体である。」また，杯を取り，感謝の祈りを唱え，彼らに渡して言われた。「皆，この杯から飲みなさい。これは，罪が赦されるように，多くの人のために流されるわたしの血，契約の血である。…」」に代表される「表象」であり，すなわち贖いの表象であり，そしてとくに「つかむ」というのは，「取って食べなさい」の「取る」のことであるが，この「取る」は恩寵を受け取ることとしての信仰の受動性を示したものとして，ルターが『教会のバビロニア捕囚』でいたく重んじたものであったから，ルター派の人として成人したヘーゲル，とくにテユービンゲン神学校で 1792 年の冬学期から 93 年の夏学期にわたってルター派の祭祀式入門という講義を聴いたヘーゲルの熟知するところであったであろう。

708) (訳注) *GW* 9, S. 415, Z. 10ff. を参照されたい。「かつて」とは「表象の場面」でのこと，すなわち蘇りのこと。

709) (訳注)「自然的普遍性」とは死のこと。

710) (訳注)「精神はみずからの教団に生き，そこで日々死んで日々蘇る」は，「自己意識の場面」に移ってからの主題が祭祀であり行事であり，またその「最初の形式」である洗礼の解釈を行ったあとには，「本来の形式」として聖餐式をとり上げることとが課題であ

表象の場面に帰属すること，絶対的精神は個別的なものとして，あるいはむしろ特殊なものとして，その定在ということで精神の本性を示すということ，このことは，この場合自己意識自身に移される。みずからの他在にありながらみずからを維持する知[711]に移る。だから，この知は，特殊なもの〔イエス〕が現実に死んだと表象されるような形で，現実に死ぬのではない。【419】むしろ，その特殊性がその普遍性で，すなわち，己れと和解する本質体であるようなその知の中で消え去る。それで，ここで，表象することという最先行場面は，廃棄されたものとして設定されている。つまり，それは自己に，その概念に帰ったものとして設定されている。表象することでは存在するにすぎなかったものが，主体となっている[712]。まさにこのために，最初の場面，純粋思考とその中で永遠な精神とは，もはや表象する意識ないし自己の彼岸ではなく，全体が自己に帰ることこそが[713]，すべての契機を己れに含むことであ

るのを明示している。そして，とくに「例の表象をつかむこと」と「日々」という二つの語が手記にも本文にも出て来るのは「本来の形式」が聖餐式であることを証している。ところで聖餐式のことはすでにVI-Bの不幸な意識の段階でとり上げていた。すなわち欲望と労苦とが「自己確信の証しを得るのは，よそよそしい本質体，すなわち自立的物であるという形式をとっているこの本質体をなきものにし享受するのを通じてのことである」というさいの「自立的物」とは聖餐式で頒たれるパンと葡萄酒のことであり，そして，聖餐式が意味していることは，われわれが飲み食いすることができるのは，絶対的本質体が己れを個別化し犠牲にして差し出して，われわれの享受に委ねているからであった。またVII-B-a「抽象的芸術品」での行事の論にも同一趣旨の文章があり，とくにそのさいの共餐（ダイス）についての論はVII-C「啓示家教」の聖餐式論を用意するものであった。またVII-B-b「生きた芸術品」での「パンと葡萄酒との密儀の顕れ」についての論はこれがまだ「血と肉との密儀」でないとされていた点で，聖餐式論への準備をなすものであった。したがって当面の箇所では，聖餐式については，右の諸関連でそれをもって「血と肉との密儀」として，信者たちが生きているのは，また救いを約束されているのは，キリストの贖いの死によることであり，そして頒たれて食うパンはその肉であり，飲む葡萄酒はその血であるから，キリストにあやかってかれらも罪に死し，愛のわざに生くべきであるというような意味で，なお論が進められるべきであったと考えられる。ところで1807年5月1日付シェリング宛書簡で，ヘーゲルは『精神現象学』の「最後の諸部分のいっそうひどい不恰好」について，イェーナ戦争当時の執筆になるものであったことを理由にして寛恕を乞うているが，「最後の諸部分」がどこからかは決定しがたいにしても，当面の箇所もこれに属することは明らかである。

711）（訳注）この「知」は，「絶対の他的存在のうちで純粋に自己を認識すること」であり，「純粋な知」であり，「絶対知」である。ただし宗教としての表象性を免れていない。

712）（訳注）「主体」という語が出現してくることは，この段落の終わりの場合と同じく，「真なるものを，主体として表現し把握すること」という課題が終わりに近づきつつあることを示している。

713）（訳注）*GW* 9, S. 409, Z. 10–12; S. 409, Z. 37–S. 411, Z. 33 を参照されたい。

る。——仲介者[714]がみずからつかんだ[715]死は，その対象性を言い換えればその特殊な自立存在〔対自存在〕を廃棄したのである。この特殊な自立存在は普遍的自己意識となったのである。他面からいえば，まさにそのために普遍者は自己意識であり，たんなる思考の純粋なすなわち非現実的精神は，現実的になったのである[716]。——仲介者の死は，その自然的面の，ないしはその特殊な｜(737) 自立存在の死であるだけではないし，本質体からはぎとられ，すでに死んでしまった覆いだけが死なのではない。むしろ神的本質体の抽象体も死ぬのである[717]。つまり，仲介者は，その死がまだ和解を完成していないかぎり，一面的なもの[718]であり，それは，本質体としての単純な思考が現実と対立していることを知っている。自己というこの項は，まだ本質体と同じ価値[719]をもってはいない。自己がそうなるのは，やっと精神に至ったときのことである。だから，この表象の死は，同時に，自己としては設定されていないような，神的本質体の抽象体が死ぬことを含んでいる。その死，神自身が死んだ[720]という不幸な意識の悲しい感情である。このきびしい表現は，単純に己れをもっとも深く知っていることを表現し己れのそとにはもはや何物をも区別せず知りもしない自我＝自我という夜の深み[721]に意識が帰ることである。したがって，実際にはこの感情は，実体と，意識に対する実体の対立とを失うことではある。だが同時に，それは実体

714）（訳注）「仲介者」はたとえば『新約聖書』「テモテへの手紙一」2:5 に「神は唯一であり，神と人との間の仲介者も，人であるキリスト・イエスただおひとりなのです」とあるのによっている。

715）（訳注）「つかんだ」は，前段落の「表象をつかむこと」の場合と同じである。

716）（訳注）「現実的になった」というのは，次の頁の〔iii〕に説かれているような，「宗教での精神」が「世界での精神」すなわち現実的精神（Ⅵ-C-c）と同じになることを，すでに暗示している。

717）（訳注）「仲介者」といえども，人間であるから，死なないのは当然であるというヘーゲルの，またフォイエルバッハの見解がよく示されている。

718）（訳注）「単純な思考」をもって「本質」とする一面的思考については，*GW* 9, S. 414, Z. 16 での二通りの結合体についての見解を参照のこと。

719）（訳注）「価値」ということも，やはり前注にいった箇所にも出ていたことである。

720）（訳注）本章注 522 を参照されたい。

721）（訳注）「夜」を「深み」とするときの「深み」というのは「自我は自我である」の「である」にあたる。この点からすると，最初の宗教である光の宗教が純粋自我をもって，すなわち「自我は自我である」をもってはじまっていたのによく照応している。そして次の段落で赦しに帰っているところからすると，「自我は自我である」の場合も同様であろう。

の純粋主体性言い換えれば己れ自身の純粋確信[722]であり，対象とか直接的なものとか純粋本質体とかでの，実体を欠いている。こうしてこの知は精神化であり，それによって実体が主体となり，その抽象体と生命なき姿は死んでしまい，したがって実体は現実的になり[723]，単純な普遍的自己意識になっている。

〔γ）自己自身を知る精神〕

こうして，精神は，自己自身を知る精神[724]である。精神は自己を知る。だから精神の対象となるものは，言い換えればその｜（738）表象は，真の絶対的内容である。それは，すでにみたように[725]，精神自身を表現している[726]。同時にこの内容は，自己意識の内容，自己意識にとっての対象であるにとどまらず，現実的精神[727]でもある。精神がそうで

722）（訳注）「己れ自身の純粋確信」ということで，次の段落で絶対的宗教がⅥ-C-c「良心」という現実的精神となることが予示せられている。

723）（訳注）実体が没生命的でなく現実的となるというのは，「現実的である存在」に応じている。

724）（訳注）「自己自身を知る精神」とは，絶対的精神——ただし表象性を免れないので，絶対知ではない——のことであるが，宗教とは絶対的精神たるべきものであったから，ここで宗教が完成したことになる。

725）（訳注）「すでにみた」というのは，*GW* 9, S. 408, Z. 22 の内容の方はたしかに「真実な内容である」でのこと。

726）（訳注）*GW* 9, S. 405, Z. 14–S. 407, Z. 13 を参照されたい。

727）（訳注）ここに「現実的精神」とあるのは，奇異に感ぜられる。なぜならば，芸術宗教の現実的精神がⅥ-A-a の人倫的精神であるように，啓示宗教のそれはⅥ-C-c の法状態のものであるとされ，そして，この現実的精神，言い換えると，世界での精神に対する宗教での精神としての啓示宗教の概念が与えられ，そして，この概念が純粋思考―表象―自己意識という系列に従って展開されたのだからである。しかるにこの展開が終了したここでは，啓示宗教はもはや宗教での精神であるにとどまるのではなく，同時に世界での精神すなわち現実的精神，しかもこれがⅥ-C の「自己確信的精神」，さらには c の良心であるとされている。こうなったのは，「自己意識の場面」での啓示宗教とは教団の精神のものであるが，この精神は一面では教団であり，教会であるとともに，他面ではコンミューンであり，共同体そのものであり，これに応じて「人神」にもイエスのような個別的なもののほかに普遍的人神もあると考えられていること，また一種の精神史であるⅥ（精神）がロマンティカーに代表される現代をもって終わっているのに，Ⅶでは宗教という事象の要求にしたがってオリエント―ギリシア―ヘレニズム―ローマへと帰りはしたけれども，Ⅷの絶対知は現代のものであるから，Ⅵの結論およびⅧとの斉合を求めざるをえなかったことなどによると考えられる。しかしこの場合には純粋思考―表象―自己意識という系列は事項区分であるのほか史的意義をもつものとならざるをえないが，この点については，たとえば次のように考えられうるであろう。すなわち純粋思考の場面は「カルケドン信条」をもって頂点とする古代を，表象の場面は「神の怒り」ということで中世を，したがってまた不幸な意識を意味しており，自己意識の場面は洗礼と聖餐とで聖書への関連をもつにしても，その完成は自我＝自我という夜の深

あるのは，その本性の三つの場面[728]を通り抜けたからである[729]。己れ自身を通りぬけるこの動きが，精神の現実を形成するのである。――自己運動するものこそ精神であり，精神は，動きの主体であり，またそれと同様に動きの働き自身つまり実体である。言い換えれば，主体が通りぬけてゆく実体である。われわれが宗教に歩み入ったとき，精神の概念は生じていた。つまり，【420】自己確信的精神の動きとして生じていた。この精神は，悪を赦し，それと同時に，自己の単純な姿とかたくなな不動性を捨てる，言い換えれば，この精神は，絶対に対立したものがみずからと同じものであると認識し，この認識がこれら二つの項のあいだの承諾[730]として現れ出る動きである。――絶対的本質体を啓示されている宗教的意識[731]は，この概念を直観し，己れの自己と直観されたも

みに達するものであることに，したがって「自我＝自我」の完成である良心とならざるをえないというようにである。そしてこのあいだで不幸な意識と並んで啓示宗教の自体の面をなすとされた信仰は自己意識の確信を欠くものとして「カルケドン信条」に代表される古代キリスト教であるとともに，またⅥ-B-Ⅰ-bの「形成陶冶の世界の信仰」であるともいえるであろう。このように啓示宗教ないし絶対的宗教がⅥ-ICないしそのcという現実的精神になるとされるのは，『精神現象学』がその構成で1806年の体系構想によって強く支配されていたのによると考えられる。すなわちそこでは「自然の自己確信的精神」――Ⅵ-Cの道徳性にあたる――としての統治のうえに芸術も宗教も学（哲学）も置かれているのである。この構成からすれば，絶対的宗教である啓示宗教がⅥ-C-cに対応するものであり，またこれと同時にすでに絶対芸術の喜劇がソクラテスとの関係でこのcの出現を用意するものであったのも当然ではある。しかし歴史的区分としては，多くの不明な点を残しているのは事実であって，聖餐式論の場合と同じように，書簡95番にいわゆる「最後の諸部分のいっそうひどい不恰好」のうちに数えられるべきであろう。

728）（訳注）この「三つの場面」というのは，純粋思考の場面と表象の場面と自己意識の場面のこと。

729）（訳注）*GW* 9, S. 409, Z. 10–16; S. 411, Z. 34 以下 ; S. 415, Z. 11 以下を参照されたい。

730）（訳注）*GW* 9, S. 361, Z. 11–S. 362, Z. 29 を参照されたい。

731）（訳注）「宗教的意識」というのは「信仰する意識」と同じく，「世界での精神」ないし「現実的精神」から区別される「宗教での精神」のことであり，教団のことである。ここではⅥ-C-cの良心の概念をまのあたりに「直観する」ものとして，このcという精神と同じものとなっている。そこでイポリット訳は注でこの場合の教会はもはや争う教会なく凱旋する教会であろうといっている。教会についてのこういう区別は中世から継承されたものであって，「凱旋する教会」の方は，ヘーゲル自身も「信仰と知」という論文で，叙事詩や悲劇によって民を教育したギリシア人の宗教を指して用いている。しかし，この場合には教会といっても，実はポリス共同体であることは，『精神現象学』で賛歌が普遍的自己意識のものとされた場合と同様である。それで本文では宗教的意識がいつしか良心という現実的精神となっているのは，次の段落の「普遍的人神」が示しているように，教団がヘーゲルでは一面では教会を，他面では，共同体を意味するという二義性によるものと考えられる。

のとの区別を廃棄する[732]。その意識は主体であるようにまた実体でもある。こうして宗教的意識は，まさにこのような動きであるゆえ，またそのかぎりで，それ自身精神である[733]。

〔δ）啓示宗教の表象性，最後の転換点，仲介者による和解〕

しかし，この教団はまだその自己意識となって完成してはいない。教団の内容は一般に，教団に対する表象することという形をとっている。また，この分裂は教団の現実的精神状態でもある，つまり教団は，その表象することから自己に帰っても，まだ表象につきまとわれている。これは，純粋思考自身の場面が表象につきまとわれていたのと同じである[734]。｜（739）教団は，みずからが何であるかを意識してもいないし，精神的自己意識ではあっても，この自己意識という対象だと確信しているのではなく，自己自身であるという意識へと開示されているわけでもない。むしろ，意識であるかぎりの教団は，すでに考察したような表象をもっている[735]。――さて，われわれのながめわたすところでは，自己意識がその最後の転回点[736]で内面的になり，自己内存在の知〔自我＝

732）（訳注）「この概念を直観し，己れの自己と直観されたものとの区別」というのは，シュライアマッハー-ノヴァーリス的美しい魂が神的なものを自己として直観することをもつといわれていることに応じているであろう。

733）（訳注）この「ある」（ist）が強調されているのは，啓示宗教といえども，なお宗教にとって基本的「表象の形式」を免れえないことを示しており，これを受けて次の段落ではⅥ-C-c という現実的精神からの，また絶対知からの区別が説かれていることを指す。

734）（訳注）*GW* 9, S. 408, Z. 14–29; S. 409, Z. 21–25; S. 409, Z. 21–25; S. 409, Z. 37–S. 411, Z. 33; S. 415, Z. 11 以下を参照されたい。「現実的精神状態でもあること」は，宗教的精神が良心という現実的精神と一致するようになってからも，なおこれとの，ひいては絶対知との不一致の面を残している。また純粋思考の場面といえども，父と子というような表象を免れないことを意味している。

735）（訳注）*GW* 9, S. 421, Z. 1–S. 415, Z. 10 を参照されたい。「表象」というのは，受肉，罪に堕ちること，神の怒り，贖い，仲介者，蘇り，父の位，子の位などのこと。

736）（訳注）「最後の転回点」で転回点という表現は A の対象意識から B の自己意識への移行に関して用いられていたが，「最後の」というのは，この場合に対してのことであろう。金子によれば，なお転回の行なわれるのは，絶頂でであり頂点でであるところからすると，転回点はまた頂点でもある。この見地からすると，第一の頂点というのは，三つの契機ただし B 区分のうちで「存在」という契機を極限にまでもって行った頭蓋論であり，第二の頂点というのは，「関係」という契機を極限にまでもって行った有用性であり第三の頂点というのは，関連での同一（普遍的なもの）という契機を極限にまでもって行った良心である。ここからすると，「最後の転回点」とはこれらの頂点によって媒介されたものであることになる。

自我〕[737]に達する。すなわちその自然的定在を外化放棄し[738]，純粋否定性を手に入れる。けれども，この否定性すなわち知の純粋内面性が自己自身に等しい[739]本質体であるという，言い換えれば，実体がこの点で，絶対的自己意識であるところに達したという，肯定的意味は，信心する意識[740]にとっては他者である。この意識は一つの側面をつかむが，それは，知の純粋内面化が，それ自体絶対的単純さ[741]，つまり，実体であるという側面であるから，それをつかむといっても，概念上でのことではなく，見知らぬところからくる償いの行為[742]であるかのように，表象する形でのことである。言い換えれば，この意識は，純粋自己のこの深み[743]が，抽象的本質体をその抽象から引きずり出す強制力であることを，この純粋信心の威力によって自己に高める強制力であることを自覚していない。――このために，自己の行い[744]には自己に対し否定的意味がある。なぜならば，実体が自己の側から外化放棄を行うのは，それを理解しても概念把握してもいないし，みずからの行いそのもののうちでみつけもしない自己にとっては自体であるからである。――それ自体では｜（740）本質体と自己とのこの統一が成就し，意識もみずからの和解の表象をもってはいるが，それは表象であるにすぎない。意識

737）（訳注）この「知」というのは，「意識が己れ自身のうちで行う純粋な行い」としてのものである。

738）（訳注）この「放棄」とは，「罪に死すること」である。

739）（訳注）この「自己自身に等しい」というのは，Ⅲでの無限性の立場で成立するものである。したがって存在や本質体を結果するものである。

740）（訳注）「信心する意識」はすでに不幸な意識にもあったものであって，それ自体ではその対象（本質体）と同一であっても，対自的にはこれを他者として受けとる純粋意識のこと。

741）（訳注）「絶対的単純さ」は贖い，償いが本質体との和解にあたるものである。

742）（訳注）「見知らぬところからくる償いの行為」というのは，キリストが仲介者として十字架を負って死するのが罪人の救われる条件を充たすこととして satisfactio であることを，そして「見知らぬ」というのは，この Genugtuung が vicarious atomenent であることを意味する。これをカントも『宗教論』の第 3 篇附録で jene stellvertretennde Genugtuung（哲学文庫版 166 頁）として論じている。

743）（訳注）「深み」というのは，「自我＝自我という夜の深み」のことである。「自我＝自我である」というのは，非我があっても，これは自我であることを意味するから，この「深み」は抽象的本質体を自我となしうる威力をもつわけであり，このさい抽象的本質体をその抽象さから引きずり出して自己へまで高めることで敬虔は行為することに似ている

744）（訳注）「行い」というのは，洗礼と聖餐とに代表される祭祀であり勤行であり行事のことである。

は，みずからの純粋否定性に自己と本質体の統一という肯定的意味を，そとからつけ加えること[745]で満足している。したがって，その満足は，それ自身彼岸という対立につきまとわられたままである。意識自身の和解は，遥かなもの，【421】遥かな未来のもの[746]として意識にはいり込んで来るが，これは，他の自己の実現した和解が過ぎ去った日の遥かなものと思われるのと同じである。個別者としての人神は父母をもっており，それは，父については自体的存在の形で，母についてだけは現実的形でである。それと同じように，普遍的人神つまり教団[747]が父としているのは，己れ自身の行いと知[748]であり，母としているのは永遠の愛[749]である。教団はこの愛を感ずるだけで，現実的な直接的対象として，己れの意識の中で直観しているわけではない。したがって，教団の和解はその心にあり，その意識とはまだ分裂しており[750]，その現実はまだ不完全である。自体ないしは純粋媒介の側面として教団の意識にはいってくるのは，彼岸にある和解である。しかし，現在的なものとして，直接性および定在の側面としてはいってくるのは，なおまだ変容を期待されるべきこの世である。なるほど，この世はそれ自体では本質体と和解してはいる。またこの世は，本質体が，対象をもはや疎遠になったものとは認めないで，その愛の中で己れと等しいと認めている[751]，というふうに本質体によって知られてはいる。しかし，｜（741）自己意識にとっては，この直接的現在はまだ精神の形態[752]をとっていない。

745）（訳注）「そとからつけ加えること」はいわゆる vicarious atomenent のことである。

746）（訳注）未来の方向で「遙かなもの」というのは，キリストの再臨にさいして蘇りを得て，「最後の審判」にさいしてキリストより無罪を宣告され，「神の国」の一員となって永遠に生きること。

747）（訳注）「普遍的人神つまり教団」は，教団ないし教会であるよりも，むしろ共同体であり，さらには人類であるが，フォイエルバッハの思想はこの点を継承したものである。

748）（訳注）「行い」は行事であり，「知」はクレドーないし神学である。

749）（訳注）個人としての人神がただ一人の現実の母をもっていたのに対して，普遍的人神は「永遠の愛」をもって母とするというときの「母」には，教会がすべての信者の母であるという伝統的見解へのつながりを含んでいるようである。この見解については，カルヴァンの『キリスト教綱要』第4巻第1章を参照のこと。

750）（訳注）「分裂しており」は，「自己確信はなおむしろ引き裂かれ分裂している」に応じている。なお以下に説かれていることは，「不幸な意識」の結論に酷似している。

751）（訳注）神が「その愛の中で己れと等しいと認めている」というのは，一方の自己意識が他方の自己意識のふところのうちを観ずるという状態のことである。

752）（訳注）「精神の形態」については，*GW* 9, S. 368, Z. 6–7 の「両項が精神の形態で

そこで教団の精神[753]は，その直接的意識では，その宗教的意識と分離している。この意識は，それ自体では分離していないと表明はするものの，それはただ自体であるにとどまる。この自体は実現されていない。つまり，まだ絶対的自立存在〔対自存在〕になってはいない[754]。

たがいにほかに対してある」を参照のこと。

753）（訳注）「教団の精神」については，当面の箇所では共同体である。

754）（訳注）この結論は彼岸と此岸とへの分裂で不幸な意識の場合のそれに酷似している。それにもかかわらず，ヘーゲルがⅦの宗教について詳論せざるをえなかったのは，完全な保証を与えるものは，宗教ないし教会以外にないからであろう。すなわち現実では各人の地位は異なり，したがってまた義務も異なっている。たとえ，これを十分に果たしても，十分な報いが得られるとはかぎらず，言い換えると，他よりの承認が得られるとはかぎらない。むろんⅥの終わりで相互承認が完成しても，これは理論上のことであって，現実は必ずしもそうではない。この事態にあたって各人に，そしてとくに民に救いを保証し，いわゆる安心立命を与えるものは宗教であり，とくに啓示宗教であり，また教会であることがヘーゲルをして宗教について詳論させた理由と考えられる。

（C）

（DD）　絶対知

【422】

Ⅷ　絶対知

〔1　絶対知の成立〕

啓示宗教の精神はその意識そのものをまだ克服してはいない。あるいは同じことであるが，その精神の現実的意識は，みずからの意識の対象となってはいない[1)]。要するに精神自身と，精神の中で区別されている契機[2)]とは，表象することに，そして対象性という形式に帰せられている。この表象することの内容は絶対的精神である[3)]。そこでなお問題になるのは，表象することというこの形式を廃棄すること[4)]だけであり，むしろこの形式は意識そのものに帰属しているから，その真理は，すでに意識の諸々の形態化[5)]で判明しているのでなければならない。――このように意識の対象を克服することは，自己に帰る場合に示されたような，一面的なものと受けとられてはならない。むしろ，もっとはっきりいえば，対象そのものが意識にとって消えるもの[6)]として提示されるとともに，なお｜（743）自己意識の外化放棄が物を設定する[7)]ものでもあ

1）（訳注）この命題は *GW* 9, S. 420, Z. 14–15 の「このさいの自己意識は己れにとってこのような自己意識として己れの対象であるのではなく」に応じている。

2）（訳注）ここで「契機」とは，純粋思考と表象と自己意識という三つの場面のこと。

3）（訳注）「内容」に関していわれていることは，*GW* 9, S. 408, Z. 22 の「その内容は真実である」，あるいは，*GW* 9, S. 408, Z. 31 の「絶対的精神が内容である」にあたる。

4）（訳注）この「廃棄すること」が *GW* 9, S. 420, Z. 17 の「最後の転換点」での課題である。

5）（訳注）ここで「形態化」というのは，次の段落で明らかになるように，感性的確信と知覚と悟性とのこと。

6）（訳注）「消失」とあるのは，Momente=verschwindende Momente=verschwindend の関係によること。

7）（訳注）自己意識の外化放棄がかえって物を設定することの顕著な場合は，不幸な意識からⅤ-A の観察する理性への転換でのことであり，またⅤ-B-c の徳のなす自己否定が世間を設定することおよびⅥ-B の形成陶冶が国家権力と富とを設定することである。

るというふうに，さらにその外化放棄がただ否定的意味をもつだけではなく，肯定的意味をももっている。それもわれわれに対し，すなわち，それ自体でもっているだけでなく，意識自身に対してもっているというふうに，受けとられなければならない。意識にとって，対象という否定的なものあるいは，対象が己れ自身を廃棄することは，肯定的意味をもっている。言い換えれば自己意識は，対象がこのように空しいことを知っている。以上のことは，一方では，自己意識が己れ自身を外化放棄することによって起こる。——というのは，この外化放棄では，自己意識はみずからを対象として，言い換えれば，自立存在を〔対自存在〕の不可分の統一のゆえに対象を自己自身として設定するからである。他方では，ここには同時に別の契機も含まれている。すなわち，自己意識はこの外化と対象性をもやはり廃棄し，己れに取りかえして，自己の他在そのものでも自己のもとにいる[8)]。——このことは意識の動きであり，意識はここではみずからの契機の総体[9)]である。——同じように意識は，その規定の総体[10)]からいって対象に関係し，また対象を各々の規定に応じてつかんでいなければならない[11)]。対象の規定のこの総体は，対象をそれ自体で精神的本質体[12)]とするが，意識にとって対象が真にそうなるのは，対象の規定の各々を自己として把握することによってであり，あるいはそれらの規定に，いまいったように，精神的に関係すること[13)]によってである。

---

8)（訳注）行論の基礎をなしているのは，A の対象意識と B の自己意識との交互外化であり，またこれによって自体的かつ対自的の成立をみることである。この交互外化の顕著な場合は，Ⅵの前文に示されていたように，V-A「観察する理性」と B「行為的理性」とのあいだのものであり，そうして交互外化がまた交互換位であるときには啓示宗教の成立に関してⅦの A と B とのあいだに示されていたことである。

9)（訳注）この「契機の総体」については，本章注 2 を参照のこと。

10)（訳注）この「規定の総体」は次の段落によって明らかであるように，存在と関連と普遍的なものとから成っている。

11)（訳注）*GW* 9, S. 191, Z. 9–12; S. 192, Z. 7–29 を参照されたい。

12)（訳注）「精神的本質体」が『精神現象学』本文で登場するのは，V-C-a「精神的動物の国」でのことである。

13)（訳注）「精神的に関係すること」とは，「意識」としては感性的確信と知覚と悟性との総体に，対象としては存在と関連と普遍的なものとの総体に従う関係のこと。

〔α〕意識とその対象との契機〕

それで，対象は，一方で，直接的存在もしくは或る物一般[14]であるが，——これは直接的意識[15]に対応する。他方で，対象は，みずから他となること，みずから関係することである。言い換えれば，対他存在であり，｜（744）自立存在であり，規定性であり，——これは知覚に対応する。——さらに第三に，本質体言い換えれば普遍としてあり，【423】——これは悟性に対応する[16]。対象は，全体としてみるとき，普遍が規定を通じて個別性に至る推理ないしは動きである。反対にいえば，廃棄されたものとしての個別性ないしは規定を通じて，個別性から普遍に至る動きである[17]。——だから，いまいった三つの規定によって，意識は，対象を己れ自身であると知らなければならない。とはいえ，ここで[18]問題になっているのは，対象を純粋に概念把握するような知ではない[19]。むしろこの知は，概念把握の生成ないしは契機で，意識そのものに帰属する面から示されるにすぎない。そして，本来の概念ないし純粋知の諸契機[20]は，意識の形態化の形式で示されるにすぎない。したがって，対象は意識そのものでは，われわれによってたったいま[21]表明されたような，精神的本質性として現れるのではない。また意識の対象に対する関係は，対象を考察するとき，その総体そのものということでするのでも，またその純粋な概念形式ということでするのでもなく，一方では意

14）（訳注）「物」というのは，正確にはＩ「感性的確信」のものではなく，Ⅱ「知覚」のものであったが，ここでは「一般」という語の示しているように，Ⅱで特定の特別の意味のものではなく，普通の意味のものであろう。

15）（訳注）「直接的意識」とはＩの感性的確信のことである。

16）（訳注）悟性に対応する対象的契機が「普遍的なもの」であるというのは，「制約されない普遍性」だからであり，またこの第三の契機は「内面」と呼ばれている。これはⅢでの「物の内面」であり，ひいてはこの「内面」を観ずる主体的内面のである。

17）（訳注）「イェーナ論理学・形而上学」では個別—特殊—普遍の推理がいわゆる帰納法にあたるとされているところからすると，普遍—特殊—個別の推理の方は演繹法にあたることになる。

18）（訳注）「ここ」の原語は dies であるが，これを副詞としての４格，つまり diesfalls と解して，『論理学』ないし『思弁哲学』に対する『精神現象学』の場合のことを指すと解した。

19）（訳注）『論理学』との違い暗示。

20）（訳注）「諸契機」とは，普遍と特殊と個別のことである。

21）（訳注）「たったいま」とは前段落の終わりのことである。

識一般[22]の形態という形で，他方ではそういう形態の集合という形でするのである。が，これらの形態をまとめるのはわれわれであり，これらの形態では，対象と意識の態度という契機の総体は，ただその契機に解体された形で示されうるにすぎない。

〔β〕三つの頂点〕

したがって，意識の形態という形で行われる，対象把握のこの側面にとって必要なことは，｜（745）すでに現れているこれまでの意識形態を想い起こすことだけである。――だから，対象が直接的に無関与な存在であるかぎり，われわれがながめわたしたのは，観察する理性がこの無関係な物に，己れ自身を求めみつけたということである[23]。すなわち，その理性がみずからの行いを外的なものと意識しているとともに，対象をも直接的なものにすぎないと意識しているということである。――われわれのながめわたしたところでは，理性は自分の頂点[24]で，理性の規定を，自我の存在は物である，という無限判断[25]として表明する。しかも，それは感性的で直接的物である。自我は，魂[26]と呼ばれる場合は，なるほど物と表象されてもいるが，目にみえず，手に触れられないなどといわれる物[27]としてである。したがって，実際には直接的存在としてではなく，物だと考えられているものとしてでもない。――例の無限判断[28]は，文字通り受けとれば，精神を欠いており，あるいはむしろ精神なきもの自身である。しかし，その判断はその概念からはもっとも精神

22）（訳注）「意識一般」は感性的確信と知覚と悟性とを含むものである。

23）（訳注）「己れ自身を求めみつけた」というのは，V-A の「観察する理性」の探究するものは法則であり，法則とはそれ自体では概念であり自己であるからである。

24）（訳注）「頂点」というのは，V-A の観察する理性の最後の段階である頭蓋論をもって絶頂ないし頂点と呼ぶ。

25）（訳注）「無限判断」とはⅢ「悟性」の無限性の立場で成立する判断のことであって，肯定でも否定でも「無限」な判断のことである。いずれかといえば重点は否定にあり，肯定に重点のあるときは同一性判断である。そして無限判断は主語と述語とを換位することの可能な判断であるから，それは次の段落では「物は自我である」となっている。

26）（訳注）「魂」はヘーゲルでは精神よりも低次のものである。したがってまた脳繊維のようなものによってその働きを解明されうる心理的生理的なものでもある。

27）（訳注）本文のいわんとしているのは，「物」とは目でみたり，手にとったり，手で突いたりすることのできるものであるというのと同一趣旨のことである。否定に重点のある「無限判断」の立場でにせよ，自我がこのような物であることを承認するところには，ヘーゲル哲学にも文字通りの唯物論的契機のあることが示されている。

28）（訳注）*GW* 9, S. 191, Z. 11 を参照されたい。

豊かなるものである。そこでこの判断には，まだ現前していないものの内面があるわけで，そのものは，なお考察されるべき二つの異なった契機[29)]があることを表明している。

物は自我である[30)]。つまり，実際にはこの無限判断では物は揚棄されている。物はそれ自体では何物でもない。物には関係でだけ[31)]，つまり自我によって，自我の物との関係によってだけ意味がある。——この関係という契機は意識にとっては，純粋洞察および啓蒙で判明した。つまり物はただに【424】有用であり，有用性の点からのみ｜（746）考察されるべきである[32)]。——自己に疎遠な自己意識の世界[33)]を遍歴する形成陶冶する自己意識は，みずからを外化放棄することによって，物を自己自身として生み出し，そのため，物になお己れ自身を維持しており，物が非自立的であることを知っており，言い換えれば，物が本質的には対他存在にすぎないことを知っている。さらに言い換えれば，この場合対象の本性をもっぱらなしているものを，すなわち関係を完全に表現する[34)]ならば，自己意識が認めるのは，自立存在としての物である。自己

29）（訳注）「二つの異なった契機」というのは，対象のものとしては関連と普遍的なものであり，意識のものとしては知覚と悟性とである。

30）（訳注）「物は自我である」というのは，前段落での「自我（の存在）は一つの物である」を，あるいは「自己は一つの物である」を換位したものであろう。というのは，無限判断とは肯定でも否定でも無限なものであって（ただし同一性判断に比較すると，否定に重点がある），換位されるべきものだからである。もっともキリスト教出現の条件である実体の主体化と主体の実体化に関して換位のなされたときには，判断に関しては内属論の立場がとられていたのに対して，ここでは包摂論の立場がとられている。

31）（訳注）関係は対象の側での第二の契機であって，限定としては単項であっても，「対自存在と対他存在」としては複項である。

32）（訳注）*GW* 9, S. 304, Z. 23 以下 ; S. 314, Z. 8–S. 316, Z. 8 を参照されたい。「物はただに有用である」という命題は「すべては有用である」に対応している。当面の段落では有用性は「頂点」とは呼ばれてはいないけれども，*GW* 9, S. 315, Z. 10 では，そう呼ばれていたから，有用性は第二の頂点であることになる。こう呼ばれるにふさわしく，右の二つの命題は功利主義ないし実用主義がヘーゲル哲学の第二の契機であることを示している。実際 *GW* 9, S. 313, Z. 32 以下の〔2　有用性の世界〕以外にも，ヘーゲルにとっての「世界」が有用性の世界であることを示していた箇所としては，すでに「エレウシスの密儀」に言及しつつ感覚物は消費されるべきものであるとしていたこと，同様のことを説いていた本書 543 頁の〔2　パンと葡萄酒との密儀の顕れ〕や本書 567 頁の〔3　喜劇〕で自然の神々の死をもたらしたものが自然の有用性であったこと，絶対自由をもたらしたものも，その世界が「有用性の世界」であったこと，「創造」された世界も有用性の世界であったことがある。

33）（訳注）この「世界」は要するに国家権力と富との世界。

34）「完全に表現する」というのは，「関係」を規定性として単項とみなすのでなく対自

意識は，感性的確信が絶対的真理であると表明しながらも[35]，この自立存在自身が，契機であると表明している。つまり，これは，消えてゆくにすぎないものであり，その反対に，他者に身を委せた存在に移行する[36]。

しかし，ここでは物の知はまだ完結してはいない。物は存在の直接性によって，規定性によって知られなければならないだけでなく，本質ないしは内面として，自己としても知られなければならない[37]。この自己は道徳的自己意識[38]に現前している。この自己意識は，みずからの知が絶対的本質性[39]であることを，言い換えれば，存在[40]がただちに純粋意志[41]すなわち知であることを知っている。この自己意識は，この意志および知以外のものとしてあるのではない。それ以外のものには非本質的存在だけが，すなわち，自体では存在しないもの，その空しい殻だけが帰属することになる。道徳的意識は，世界を表象するとき[42]，定在を自己から解き放つけれども，そのかぎりでまた定在を自己にとりかえし

存在と対他存在として複項とみること。ただし「対他存在」の「他者」は，当面の本文では「分割されていない実体」である「絶対的自由」として，主体として考えられている。なおこの主体の完成するのは，次の段落でである。

35）（訳注）「感性的確信が絶対的真理である」というのは，啓蒙の肯定的真理の第二の契機であったことである。

36）（訳注）*GW* 9, S. 278, Z. 1–S. 279, Z. 7 を参照されたい。

37）（訳注）「存在の直接性」と「規定性」というのは，対象の側での第一の契機と第二の契機とのことであり，これに対して「本質ないしは内面」というのは第三の契機である。ここでは「普遍的なもの」が「内面」と言い直されているのは，意識の側での第三の契機である悟性の捉えるものが「物の内面」だからである。そしてこの「内面」が同時に主体としての「内面」でもあることによって，A の対象意識は B の自己意識に移ったのであるから，「内面」は同時に自己でもある。しかしここでは「自己」の完成体が求められているのであるから，これがⅥ-C の道徳性であるとされ，さらにこのうちでも a および b ではなく，c すなわち良心であるという方向に論は進められている。

38）（訳注）ここで「道徳的自己意識」というのは，Ⅵ-C-a の道徳的世界観のものである。

39）（訳注）「絶対的本質性」というのは，道徳的本質性のことであり，すなわち純粋義務のことであって，カントでの定言命法にあたるものである。

40）（訳注）この「存在」のことは，*GW* 9, S. 324, Z. 20 に「存在一般」「一切の存在」として出ていた。

41）（訳注）「純粋知」と「純粋意志」というのは，カントでの「純粋実践理性」，またこの理性としての道徳的意志にあたるものである。これがルソー的「普遍意志」から導き出されたことは，〔3　最高の形成陶冶〕によって明らかである。

42）（訳注）「世界を表象する」という表現はⅥ-C-b の「置き換え」のことである。

もする[43]。道徳的意識は，良心[44]なので，結局，もはや定在と自己を交互に立てたり置き換えたりするのではもはやなく，みずからの｜(747) 定在そのものが自己自身の純粋確信[45]であることを知る。道徳的意識が，行為するとき[46]自己を出て，自己を置く対象的場面は，自己についての自己の純粋知にほかならない[47]。

以上のことは，精神とその本来の意識との和解が結ばれる契機である[48]。契機はそれだけでは個別的なものである。それらの精神的統一のみが，この和解の力をつくるものである。だが，これらの契機の最後のものは，当然この統一そのものであり，すでに明らかなように，事実上すべてをみずからのうちで結びつけている。みずからの定在で自己自身を確信している精神が，定在の場面としているのは，みずからについての知以外のものではない。精神がみずからの行っていることは，義務についての確信に従って行っているのだと表明することは，つまりこの精神の言葉は，精神の行為が妥当することなのである[49]。——行為は，概念の単純性が自体的形ででではあるがはじめて分裂を起こすことであり，またこの分裂から帰ることである。この最初の動きは，承認の場面が義務についての単純な知として，区別と分裂とに対抗して設定されるとき，この分裂が行為そのものにあり，そういう仕方で鉄のようにきびし

43）（訳注）*GW* 9, S. 324, Z. 30–S. 325, Z. 24; S. 338, Z. 36–S. 339, Z. 27 を参照されたい。

44）（訳注）「良心」は第三の自己であり，また事実上は絶対的で最高の自己であり，かつ第三の頂点でもある。

45）（訳注）この「確信」は *GW* 9, S. 343 の〔β◎ 信念〕にあたる。

46）（訳注）良心が「行為的」であることは，*GW* 9, S. 342, Z. 4 以下の〔α 行為〕で顕著なことである。

47）（訳注）*GW* 9, S. 342, Z. 1–S. 343, Z. 13 を参照されたい。「対象的場面」といえども，純粋な知であるのは，*GW* 9, S. 344, Z. 13 以下の「β）精神的本質性」の立場からすることである。

48）（訳注）「本来の意識」というのは，意識一般のことであり，「和解」というのは，*GW* 9, S. 362, Z. 25 の「和解」を受けたものであり，「三つの契機」というのは，VI-C の a と b と c とのことである。したがってやがて「最後のもの」といわれるのは，c の良心である。

49）（訳注）ダッシュまでのことは，やがて「最初の動き」と呼ばれているが，要するに〔1　行為することとしての良心〕についての回顧である。したがって「信念」というのは，〔β)〕のものであり，「言葉」というのは，〔γ）断言の言葉〕のことである。しかし重点は〔α)〕の行為にある。

い現実[50]が行為に対抗するようになるとき，第二の動きに反転する[51]。しかし，赦しでわれわれがながめわたしたのは，このきびしさが己れ自身から離れて行き，外化放棄されることである。【425】だから，この場合に，直接的定在としての現実には，自己意識にとっては，純粋知であるという以外の意味にはない。同じく特定の定在もしくは｜（748）関係[52]としては，自己に対立するものも，一方では，純粋に個別的自己についての知であるが，また一方では，普遍としての知についての知[53]である。同時にここに設定されているのは，第三の契機，つまり普遍性もしくは本質体が，対立している両者の各々に知として認められるということ，これである。こうして，最後にまた両者は，まだ残っている空しい対立を廃棄し，自我＝自我という知である。そのままで純粋な知すなわち普遍である，この個別的自己となる[54]。

〔γ）良心での和解と啓示宗教での和解との統一〕

したがって，意識と自己意識のこの和解は，一方では宗教的精神で，他方ではそのままの意識自身で[55]という，表裏一体の側面から成就され

50）（訳注）「単純な知」というのは，実行をともなっていない「道徳上の侍僕」あるいはむしろ道徳の番人がカントの定言命法のようなものに形式的に固執することを指している。「区別と分裂」というのは，具体的行為というものは「場合」で為されるものであるから，普遍と個別との対立に陥らざるをえないことを指している。そして「鉄のようにきびしい現実」というのは，判断批評する良心が行為する良心に対して頑なの心，強きうなじというパリサイ的態度をとることを指している。

51）（訳注）「第二の動き」というのは，「美しい魂」が現れてきて，これが判断批評する良心あるいは「道徳上の侍僕」として行為する良心と葛藤を演ずることを指している。

52）（訳注）「直接の定在」に次いで「特定の定在」があげられ，これが「関係」と言い換えられているのは，やがて「普遍性あるいは本質という第三の契機」という語のあることによって明らかなように，直接の存在―規定性ないし関係―普遍性ないし本質という対象の三つの契機が良心という場面でも繰り返されていることを示している。

53）（訳注）この Wissen von dem Wissen という表現はアリストテレスが『形而上学』1074b34 で感覚的なものをではなく，イデアという叡知的なものを知るときには，知の知，思考の思考が成立するといったさいの見解に強いてなぞらえようとして生じたものである。このことは，『形而上学』のこの箇所と同様なことが説かれている 1072b18–30 を原文のまま引用することで，『エンツュクロペディー』が終わっていることからも判明する。

54）（訳注）*GW* 9, S. 351, Z. 29–37; S. 355, Z. 34–S. 356, Z. 10; S. 361, Z.11–S. 362, Z. 29 を参照されたい。

55）（訳注）宗教的精神での和解は，*GW* 9, S. 414, Z. 27 以下に出ていたことであり，金子によれば，また，「意識としての意識自身」の意識は，宗教を含まないかぎりでの「意識経験の学」の「意識」のことである。

ていることが分かる。宗教的精神の場合は，自体存在の形式[56]での和解であり，意識の場合は自立存在〔対自存在〕の形式での和解であるというふうに，両者はたがいに区別される。これまで考察したところでは，両者ははじめ[57]別々に生ずる。すなわち，宗教もその対象に現実的自己意識の形態を与えたわけである。それよりも前に意識は，その諸々の形態が現れる秩序[58]で，一方ではそれらの形態の個々の契機[59]に，また他方ではそれらの合一〔良心〕にすでに達していたのである[60]。これら両側面の合一はまだ示されていない。それは精神の諸形態[61]の系列を含んでいる。なぜならば，そこでは精神は自己を知るようになるからである。そうなるのは，精神が，それ自体でまたその絶対的内容のうえからだけではなく，なおまたそれだけで〔対自的に〕，その内容なき形式[62]もしくは自己意識の側面からだけでもなく，それ自体でそれだけである通りにだからである。

｜（749）しかし，この合一はそれ自体ではすでに起こっている[63]。なるほど宗教でも，その合一は，表象が自己意識に帰る形でのことではあるが，本来の形式からいってのことではない。というのも，宗教的側面は，自己意識の動きに対立している自体の[64]側面であるからである[65]。それゆえ合一はこのもう一つ別の側面のものである。この側面とは，宗

56）（訳注）自体存在の形式での和解は，キリストの贖いの死であるが，表現のうえでは「動きを開始するものはそれ自体でそれだけで存在する本質体」の方であるとあったのにあたる。

57）（訳注）「はじめ」というのは，当面の〔γ)〕で両方の和解が統合されるまでのこと。

58）（訳注）「秩序」とはⅠからⅥのこと，Ⅷの前文の言い方によれば，意識―自己意識―理性―精神のこと。

59）（訳注）「個々の契機」というのは，たとえば，感性的確信―知覚―悟性のこと。

60）（訳注）*GW* 9, S.364, Z. 17–S. 365, Z. 28 を参照されたい。

61）（訳注）「意識」の形態化といわず「精神」の形態化というのは，Ⅶの宗教が「意識経験の学」には属しがたいことを示している。

62）（訳注）「内容なき形式」というのは，「自我＝自我」のことを指しているであろう。

63）（訳注）「起こっている」というのは *GW* 9, S. 417, Z. 17 以下の「α）罪に死するこ」と *GW* 9, S. 418, Z. 16–17 の「β）表象をつかむこと」とを通じて *GW* 9, S. 419, Z. 31 以下の〔γ)〕で啓示宗教の精神がⅥ-C，そして，とくに c（良心）と同じになったときのことである。

64）（訳注）この「自体」は表象あるいは対象と同じものであって，受肉，罪に堕ちること，贖い，蘇り，父子の位格などのことを指している。

65）（訳注）*GW* 9, S. 417, Z. 6–S. 421, Z. 18 を参照されたい。

教の場合とは反対に，自己に反省還帰する側面である。つまり自己自身とその対立を含んでいるような側面，それ自体でもしくは一般的仕方だけでではなくそれだけでつまり展開され区別された形で，含んでいる[66]ような側面である。内容も，他の側面であるかぎりでの，自己意識的精神という他の側面も，完全な姿で現前し示されている[67]。がその合一になおまだ欠けているのは，概念の単純な統一[68]である。この概念は自己意識自身の側面には，すでに現前してもいるわけであり，これまでのところに現れていたかぎりでは，ほかのすべての契機と同じように，意識の特殊な一形態[69]であるという形をもっている。――したがって，この概念は，自己自身を確信する精神の形態の部分，つまりみずからの概念でとどまったままで，美しい魂[70]と呼ばれた部分である。すなわち，この美しい魂は，【426】その純粋で透明な[71]統一ということで，自己自身をみずから知ることである。――つまりそれは，純粋自己内存在[72]についてのこの純粋知が，精神であると知っている自己意識である。――神的なものの直観だけではなく，神的なものの自己直観[73]でもあるような

66）（訳注）「展開され区別された」というのは意識―自己意識―理性―精神の区別があることを，また感性的確信―知覚―悟性というような「個別化した規定」の区別があることを，さらには直接―存在―関係―普遍的なものの区別があることを指しているでもあろう。自己意識の側面が含んでいるのが宗教という自分とは正反対の側面をもである。

67）（訳注）*GW* 9, S. 423, Z. 17–S. 425, Z. 9 を参照されたい。

68）（訳注）「概念の単純な統一」というのは，*GW* 9, S. 424, Z. 31 の「概念の単純性」のことであるが，さらに翻えると，憧憬としての美しい魂が不幸な意識と同じく己れ自身との交替であり，しかもこの意識とは違って自覚的にこのような交替にほかならないから，おのずからまた自覚的に「理性の概念」でもあるとされたさいの「理性の概念」のことであり，したがって目次によっていえば（C）（AA）のことである。

69）（訳注）「意識の特殊な一形態」というのは，緒論の基本概念の一つであるから，そこで表明されていた移行の原理が示すような，ある形態が先行のものから生成してきても，この「生成」は当の意識の自覚していることでない。「われわれ」のみが認識していることであり，このことが「美しい魂」をして「特殊的形態」であるにすぎなくする所以であることを本文はいわんとしている。

70）（訳注）ここで「美しい魂」と呼ばれているのは，「憧憬」としてのものであり，そしてこれがその概念を実現するというのは，相互承認を通じて *GW* 9, S. 363, Z. 26–27 の「二極にまで延長された自我」へ到達することを指している。

71）（訳注）「透明な」というのは，*GW* 9, S. 354, Z. 16 の「完全に透明な」に応じている。

72）（訳注）「自己内存在」というのは，*GW* 9, S. 353, Z. 36 の「最内面」にあたる。

73）（訳注）「神的なものの自己直観」にあたるものとしては，*GW* 9, S. 353, Z. 3 の〔β）教団の祭祀〕としての美しい魂の場合での，すなわち美しい魂のシュライアマッハー的形態

自己意識である。――この概念は，その実現に対立して固定されるときには，一面的形態である。われわれがながめわたしたところでは，|（750）この形態は空しい蒸気[74]となって消えてしまうが，積極的に外化放棄し進んでゆくものでもある[75]。この実現によって，対象なき自己意識が己れに執着すること[76]も，その充実に対抗して概念が規定されている姿[77]もなくなってしまう。そのとき自己意識は普遍性の形式を得る。そして自己意識に残っているものは，その真の概念，つまりみずからを実現した概念である。それは真の姿での概念，つまり自己の外化放棄と統一している概念である。――それは，純粋知についての知である。が，この純粋知は，義務である抽象的本質体であるのではなく，同時に真の対象でもあるようなこの知，この純粋自己意識である本質体なのである。なぜならば，概念とは自立存在〔対自存在〕する自己だからである[78]。

この概念が充実されるのは，一方では，自己自身を確信した行為する精神でであり，他方では宗教でであった[79]。宗教では概念は絶対的内容

での「己れの自己が生ける実体であることを知ること」が考えられる（この箇所は祭祀としての美しい魂から憧憬としての美しい魂への過渡性であって，両者間には明確な区別はないであろう）。

74）（訳注）「蒸気」のことは *GW* 9, S. 355, Z. 5 に出ていた。

75）（訳注）「進んで行く」というのは，美しい魂が判断批評する良心として，行為する良心との相互承認の動きにはいること。

76）（訳注）「己れに執着すること」は「わがままな無力の状態にしがみつく」に応じている。

77）（訳注）「規定されている姿」というのは，やがて出てくる「普遍性」と同じく，無媒介の存在―規定性ないし関係―普遍的なものという図式がここでも行論を導いていることを示している。

78）（訳注）*GW* 9, S. 354, Z. 13–S. 355, Z. 6; S. 360, Z. 17–S. 362, Z. 29 を参照されたい。判断批評する良心と行為する良心とがいずれも「知ること」であるとされていた。ただ前者は純粋義務の普遍をもって本質と考えるものであり，後者は欲望―衝動―傾向の個別性をもって本質と考えるものであった。しかし両者間に相互承認が成立をみたときには，前者はその赦しで個別性も自分にとってやはり本質的であることを，そして後者もその告白で普遍性もやはり自分にとって本質的であることを悟り，両者間に「自我＝自我」の「非断絶の連続」が成立をみた状態のことが本文では回顧されている。

79）（訳注）ここで「概念」というのは，*GW* 9, S. 425, Z. 32 の「概念の単純な統一」のことであり，したがってまた「理性の概念」のことである。この概念が一方の啓示宗教で実現をみたというときには，それは単一な自己，あるいは罪責がないので無垢ではあっても，しかしまだ善ともいうことのできない「直接の精神」と呼ばれたものとなっている。これが反省により「自己内存在」のうちへゆくことにより，善悪の対立，すなわち「神の子」と「人

を内容として，つまり，表象という，意識にとっての他在という形式で得た。それに対して行為する精神の形態では，形式が自己そのものである。なぜならば，その形態は，自己自身を確信した行為する精神を，含んでいるからである。つまり自己は絶対的精神の生命を貫いているのである[80)]。われわれのながめわたすところでは，この形態は例の単純な概念であるが，この概念はみずからの永遠の本質体を廃棄して，そこにある。つまり行為する。分裂するとか現れ出るとかいうことを，精神は概念の純粋性に即してもっている。なぜならば，純粋性は絶対的抽象すなわち否定性だからである。同じように，精神は，その現実性の場面およびⅠ（751）みずからでの存在の場面を，純粋知自身ということでもっている。なぜならば，純粋知は，存在でもあり，本質体としての定在でもあるような，単純な直接性であるからであり，その場合，存在は否定的思考であるが，定在は肯定的思考自身だからである[81)]。それと同じように，この定在は結局，定在ないしは義務である場合[82)]の純粋知のそとに出て，自己に反省還帰した存在，つまり悪という存在である[83)]。この

の子」との対立が生ずるのである。これらは「二通りの結合体」とも呼ばれていたものである。そして両者のうち，自体をもって「本質」とする神の子のほうがイニシアティブをとることによって和解が得られることになっていた。以下ではこれらのことが回顧せられているのである。これに対して他方では右の概念が行為する「自分自身を確信している精神」で実現されるというときの「精神」というのは〔α)〕の行為でその特徴をもつとされるかぎりのVI-C，とくにそのｃである「良心」である。これが美しい魂を経て，判断批評型の良心として，この行為型の良心と対決し，そして両者間の葛藤が告白と赦しとで解決をみたこともまた回顧されている。

80）（訳注）「自己は絶対的精神の生命を貫いているのである」は，このさい「精神の生命」の「次第」というのは，三位格のことであり，これらが宗教ではただ表象的に与えられていたにすぎないのに対して，良心によっては自体—対自—自体かつ対自あるいは存在—本質—概念のステップを踏んで行ぜられるというのであって，これがまた要するにこの段落の論旨であゐ。

81）（訳注）ここではいわゆる三角形の立場がとられている。肯定的に思考するものがいわゆる善，否定的に思考をするものがいわゆる悪であることは，「善と悪とは端的に対立した思想」とあったことによって明らかである。

82）（訳注）「直接の精神」から反省によって「自分のうちへ行くこと」によって「人の子」が生ずる。直接の精神から出て自分のうちへ行っている点では「神の子」も同様であり，相違はただ自体をもって本質とするか，対自をもって本質とするかにあるだけであり，そして行為型の良心と判断批評型の良心との対立の場合も同様であるということを本文は意味している。ただし本文は「人の子」の方を優先的に取りあげている。

83）（訳注）*GW* 9, S. 412, Z. 26 以下；S. 356, Z. 4 以下を参照されたい。

ように自己中心的になると，概念の対立[84]がつくられることになり，そのため，本質体の純粋知が行為的でなく現実的でない形で現れ出る。しかし，純粋知がこのように対立して現れるのは，対立に関わることである[85]。本質体の純粋知はそれ自体では〔元来は〕みずからの単純性を外化放棄している。なぜならば，それは分裂，言い換えれば概念である否定性だからである。この分裂が対自的になることであれば，悪であるが，自体であるかぎり善にとどまるものである[86]。――そこではじめてはそれ自体で[87]起こっているもの〔宗教〕が，同時に意識にとってのものであり，また表裏一体の形でそうなってもいる。つまり，意識にとってであると同時に，みずからの自立存在〔対自存在〕ないしは自己自身の行い[88]でもある。したがって，すでにそれ自体で設定されているものが，いまそれについての意識の知として，意識的行いとして繰り返される。対立の各々は，他方に対抗して登場する規定性の自立性を，他方に対し棄ててしまう。かく棄てることは，概念の一面性を断念するのと同じであり，【427】この断念はそれ自体ではじまりをなすものであった。が，それは今後みずから進んで断念する〔イエス〕のであり，また，断念の向けられる概念も己れ自身の概念である。――はじまりの例の自体は，ほんとうは，否定性でありまた媒介されたものである。それでいまそれは，真にある通りに設定されるのである。そして，否定的なものは，｜（752）対立の各々が他方に対し規定されていることとしてあり，それ自体では自己自身を廃棄するものである。対立する二つの部分の一方は，自己内で自己の個別性内存在が普遍性に対し等しくないことであり，――他方は，抽象的普遍性が自己に対し等しくないことである[89]。

84）（訳注）「対立」というのは，直接の存在―関係―普遍的なものという系列での「関係」にあたる。

85）（訳注）*GW* 9, S. 357, Z. 17 以下を参照されたい。

86）（訳注）以上では *GW* 9, S. 414, Z. 16 以下の二通りの結合体にあたるものが説かれているのである。

87）（訳注）「それ自体で」というのは，*GW* 9, S. 414, Z. 27 以下で二通りの結合体の和解をもたらすもの，あるいは和解を開始し，イニシアティブをとるものは対自存在をもって本質とするものではなく，それ自体で存在する本質体と規定せられたものの方であるといわれていたのに応じている。

88）（訳注）「自己自身の行い」は，仲介者が贖いのために「十分なことを行う」が無用となることを指している。

89）（訳注）等しいことが可，等しくないことが不可であるのは，VI-B-I-a 以来のこ

前者はみずからの自立存在〔対自存在〕と縁を絶つことであり，自己を外化放棄し告白することである。後者はみずからの抽象的普遍性のかたくなさを思い切って，生命なき自己と不動の普遍性と縁を断つ[90]。そのため，前者は，本質体である普遍性の契機によって，後者は，自己である普遍性によって補われたのである[91]。この行為の動きによって精神は，定在するときはじめて精神であり，その定在を思想的考えに，それによって絶対的対立に高め，まさにこの対立によって対立から出て，自己自身に復帰するのだが自己意識である知の純粋普遍性[92]として，知の単純な統一である自己意識として，現れ出ているのである。

こうして，宗教で内容[93]であったもの，つまり，他者[94]を表象することという形式であったもの，これと同じものが，ここでは自己自身の行いである。概念が両方を結びつける[95]と，内容は自己自身の行いとなる。――なぜならば，われわれのながめわたすところでは，この概念は，自己での自己の行いが全本質体であることを知り[96]，全定在[97]であると知ることであり，この主体が実体であると知ることであり，実体が自己の行いの知であると知ることだからである[98]。――われわれがここでつ

と。

90）（訳注）*GW* 9, S. 359, Z. 9–Z. 23; S. 361, Z. 11–Z. 25 を参照されたい。

91）（訳注）「自己である普遍性によって」は，判断批評する良心は普遍性をもって本質とし個別性をもって非本質とするものであるという点からすれば，当然である。本文はその誤記ないし誤植とも考えられるが，すでに和解の成就された以上，自己といえども個別的にとどまるのでなく同時に普遍的でもあることを高調せんがためにこのような書きかたをしたものと考えられる。

92）（訳注）この「普遍性」で行論は，直接の存在—関係—普遍的なものの「普遍なもの」に到達している。

93）（訳注）「内容」というのは，要するに三位一体のことであり，またとくに贖いによる和解のことである。

94）（訳注）「他者」というのは，「仲介者」のことである。

95）（訳注）概念というのは，理性の概念のことであり，より限定していえば，形成陶冶で外的定在を，道徳性で思考する自己自身を知っている本質性（自体的義務）を取得し，そして良心で主体となった「事象そのもの」のことである。

96）（訳注）この「知ること」は，*GW* 9, S. 417, Z. 24 以下の「意識が己れ自身のうちで行う純粋な行いである知」に応じている。

97）（訳注）「全本質体であることを知り，全定在であると知ること」とあるのは，「理性とは全実在であるという意識の確信である」とあったことから明らかであるように，この段落での概念が（C）（BB）であることを示している。

98）（訳注）ここでも「真なるものを主体として表現し把握せんとする」という表明されていた趣旨が貫かれている。

け加えた[99]ものは，一方では，各々が，その原理で，精神全体の生命を提示しているような，個々の契機[100]をとり集めること[101]，｜（753）他方では，この概念を概念の形式で確保すること，この二つだけである。が，この概念の内容はそれらの契機で，また概念は意識の或る形態[102]という形式で，すでに判明していたであろう。

〔2　絶対知の本性と史的前提〕

精神のこの最終形態は絶対知である。すなわち，その精神は，みずからの完全で真なる内容[103]に，同時に自己という形式[104]を与え，このことによって，その概念を実現するとともに，かく実現することで，自己の概念にとどまる。絶対知は，精神の形態ということでみずからを知る精神[105]である，言い換えれば，概念把握する知である。真理は，それ

99）（訳注）「つけ加えた」をできるだけ差し控えるというのは，手出しをすることを差し控えてできるだけながめわたすことに努めるという『精神現象学』の全体を通ずる態度によっている。

100）（訳注）「契機」とは感性的確信―知覚―悟性のこと，また意識―自己意識―理性―精神のこと。

101）（訳注）とり集めることというのは，対象を精神的に受けとるには，感性的確信―知覚―悟性という諸形態を総合しなくてはならないが，この総合は「われわれ」哲学的考察者の行うことであるというのに応じている。

102）（訳注）「或る形態」というのは，美しい魂のこと。

103）（訳注）「内容」とは前段落でのと同じく「精神の生命」であり三位一体である。なお自体―対自―自体かつ対自については，同じく三位一体に関している。

104）（訳注）「自己という形式」が概念であることは，「内容は同時に自我にとって己れのものであり，自己的であり，すなわち概念である」とあったことによって，また定在―本質―概念の「概念」が同時に自己でもあったことによって明らかである。ただ「自己」といっても，人格という第一の自己と純粋洞察ないし絶対的自由という第2の自己と良心としての第3の自己とVII宗教の前文での絶対的自己とがあるが，このさい問題となりうるのは，第3と第4とである。しかし第4はまだ表象することを免れないのであり，またVIIIで宗教のいわば「非神話化」（ブルトマン）が行われて第3の自己に還帰したのであるから，この還帰で成立する「第3の自己」がここで「自己という形式」の「自己」であることになる。

105）（訳注）「精神の形態ということでみずからを知る精神」というとき，「みずからを知る精神」とは絶対的精神のことであり，そして精神の形態という表現は，両項が相ともに精神の形態でたがいにほかに対してもある，あるいは精神が精神を出迎えにやってくるという言い方からすると，人神のことを意味するようである。しかしVIIとVIIIとはいずれも絶対的精神ではあっても，VIIの方は表象性を免れないので，やがて「概念把握する知」と言い直さ

自体で確信と完全に等しいだけではなく，自己自身の確信であるという形態をもっている。言い換えれば，真理はその定在となっている。すなわち，知る精神にとって，自己自身の知であるという形式をとっている。真理は，内容であるが，これは，宗教ではまだ自己の確信と等しくなかったのである。しかし，内容と確信が等しくなるのは，内容が自己という形態を得るに至ったときのことである。そのおかげで，意識にとって定在の場面に，【428】対象性の形式になったのは，本質そのものである当のもの，すなわち概念である[106]。この定在の場面で意識に現れる精神，あるいはこの場合同じことであるが，意識によってこの場面に生み出された精神，これが学である[107]。

〔α〕個別的自我と普遍的自我〕

したがって，この知の本性，契機，動きは，この知が｜〔754〕自己意識の純粋自立存在〔対自存在〕であるという形ですでに判明している。すなわち，この知は自我であるが，これは，この自我であって他の自我ではなく，しかもそのままで媒介されており，言い換えれば，揚棄されてしまっている普遍的自我でもある[108]。――この知は，自己と区別された内容をもっている。なぜならば，知は純粋否定性[109]つまり自己を分裂させることだからである。すなわち知は意識である。この内容はこのように区別されることそのことで自我である。なぜならば，内容

れることになる。

106）（訳注）こういう定在―本質―概念の同一でこそ思弁的知は成立するのであるといわれており，またこれに応じて幾何学的証明がただ認識することに対する定在の立場からのものにすぎず，本質の立場を欠いているのに対して，哲学的認識は両者をともに備えており，かつ両者を概念で同一とするものであるといわれていた。

107）（訳注）「学」と訳した Wissenschaft の -schaft はドイツ語としては名詞であることを示すためのものであって，「体系」を意味するのではなく，そうなるのは 17 世紀からのことであり，しかもその後も必ずしも体系知の意味には用いられていなかった。しかし『精神現象学』の場合には，「体系知」を意味している。

108）（訳注）絶対知が個別的自我と普遍的自我とをもって両契機とするということは，精神が「われなるわれわれ，われわれなるわれ」と規定されたことに基づいており，またⅥ-A で提出されてⅥの終わりで原理的解決に達した相互承認が『精神現象学』にとって一つの基本的原理であることを示したものである。しかし相互承認の原理のもつ意義のことはここで終わり，ダッシュからは絶対知が主観と客観の対立を越えたものであることが高調されている。

109）（訳注）この「否定性」が「単純な否定性」であることは，やがてそれが自我と同一視されていることによって明らかである。

は，自己自身を廃棄する動きである，言い換えれば，自我がそうであるのと同じ純粋の否定性だからである。自我は，区別されたものとしてのみずからで自己に反省還帰している。内容は，自我がその他在でありながら自己自身のもとにあることによってのみ[110]，概念把握されている。この内容は，もっとはっきり示すならば，たったいま表明された動き自身にほかならない。なぜならば，この内容は，自己自身を貫く精神，しかも，対象という姿をとりながら，概念の形態を失わずにもっていることによって，なるほど精神としてそれだけで〔自覚して〕己れ自身を遍歴する精神である。

〔β）時間〕

しかし，概念が定在するということに関しては，精神が自己についての意識に達しないうちは，学は時間と現実に現れることはない[111]。精神は，みずからが何であるかを知る精神として現存するわけである。だが，このことは，精神がその不完全な形態化を克服し，みずからの意識に対しみずからの本質形態をつくりだし，こうして，みずからの自己意識とみずからの意識とを一致させる労苦[112]を，完成するまでは起こらないし，またそれ以外のどこにも起こらない。——それ自体でそれだけで存在する精神は，その契機に区別されるときには，自立して存在する知であり，概念把握一般ではあるが，そのままでは｜（755）まだ実体[113]に達していないし，自体自身で絶対知であるのでもない。

110）（訳注）「内容」をもっているかぎり，絶対知の基本的契機は（A）の（対象）意識と（B）の自己意識とである。すでにVIの序論でIからIIIは意識一般として一括され，これに応じてVIの前文で諸段階は意識—自己意識—理性—精神となっていたが，さらにVIが（A）の意識の宗教である自然宗教と（B）の自己意識の宗教である芸術宗教と両者を総合した（C）の宗教である啓示宗教とからなるという構成をもつに至って，目次での（A）と（B）と（C）という区画が決定的となったと考えられる。

111）（訳注）ここでは，現代にこそ「哲学を学にまで高めるべきときがきている」といわれていた序説と同じ見解が示されている

112）（訳注）この「労苦」というのは，序説で「世界精神」の「労苦」と呼ばれていたものと同じである。したがって絶対知への到達は世界史の課題でもある。

113）（訳注）この「実体」というのは，序説で「有機化されていない自然」と同一視されていたものである。この「自然」というのは，それぞれの時代の，また現代の文化的環境ともいうべきものであって，言い換えると，世界状態の構成契機のうちには考え方と宗教とも含まれており，これらは次の段落と次の次の段落で意義を得ることになる。なお自己意識を対象意識と同じものとするという点では，前段落での二種の対立のうち，自己と対象との対立の方が優位を占めるに至っていることが示されている。

ところで現実には，知る実体[114]は，形式ないしは概念形態よりも早く定在している。というのは，実体は，まだ展開していない自体[115]ないし根拠であり，まだ動いていない単純性での概念つまり内面性である。言い換えれば，まだ定在していない精神の自己だからである。したがって，定在しているものにしても，まだ展開していない単一なものとしてあり，直接的なものとしてある。すなわち，表象する意識一般の対象である。認識すること[116]は，精神的に意識することであるから，自己に対して存在することであり，自己が存在することであり，つまり概念である。そのかぎりでのみ，認識はそれ自体であるものに対しており，そのためにまずは貧しい対象をもっているにすぎない。この対象に比べれば，実体とその意識はいっそう豊かである[117]。実体が対象に啓示されているといっても，実際には隠れている。というのは，実体はなお自己なき存在であり，実体にとって啓かれているのは，自己自身の確信だけだからである[118]。それで，自己意識のものとなっているのは，まだやっと実体の抽象的契機[119]であるにすぎない。しかし，これらの契機が純粋の動き[120]として自己自身を追ってゆくとき，自己意識は次第に豊かになり，遂には実体全体を意識から【429】もぎとり，実体の本質性の構造全体を自己内で吸い込んでしまう。そして，対象性に対する

114）（訳注）「知る実体」は，山川，草木，禽獣などをもって実体と考える哲学の伝統からすれば，はなはだ奇怪であるけれども，前注にいったような，実体が「有機化されていない自然」あるいは世界状態として，環境，境遇，慣習，風俗，宗教，考え方などを含むものであり，そしてここではとくに考え方が意味されているとすれば，格別奇怪なことではない。

115）（訳注）この「自体」とは「精神的実体」のことである。

116）（訳注）「認識する」は，この語のもとの意味「一度知っていたものを改めてそれと知ること」である。したがって最初に知は「知る実体」の「知る」に応じているのである。

117）（訳注）「貧しい対象」とはⅠ—Ⅱ—Ⅲの存在—物—力のことであり，「実体とその意識」とは，「絶対的本質体の意識」としての広義の宗教のことであろうが，そうであるとすれば，『精神現象学』の進行で感性的確信—知覚—悟性によって存在—物—力が認識されているときに，宗教の方ではすでにⅦ-A-a から c，すなわち光の宗教，植物と動物との宗教，工作職人の宗教のようなものに達していることになる。

118）（訳注）啓かれているのがただ自己自身の確信のみであるという見解は，*GW* 9, S. 386, Z. 4 以下の〔2〕および *GW* 9, S. 305, Z. 14 以下の〔β)〕で表明されていたものである。

119）（訳注）「契機」とは，存在—物—力のこと。

120）（訳注）「純粋の動き」は『論理学』の初版序説が『精神現象学』のことを回顧したときに，そこで展開されたものは「論理学の内容をなす純粋本質性である」といっているさいの「諸々の純粋な本質性」に，あるいはこれらの一から他への動きにあたる。

この否定的態度は，また肯定的でもあり，設定[121]でもあるから，——自己意識は，遂には，契機をみずから生み出し，そのため同時に，それを意識に対して回復した[122]。したがって，みずからを概念だ｜（756）と知っている概念では，契機は充実した全体よりも早く現れ出るのであり，全体が生成することは諸々の契機が動くことである。これに対し意識では，全体は契機よりも早いのであるが，この全体はまだ概念把握された全体ではない。——ところで，時間とは，定在する概念，空しい直観として意識に表象される概念そのものである。それゆえ，精神は，必然的に時間のうちで現れる。そこで，精神は，みずからの純粋概念を把握しないかぎり，その時間を亡ぼさないかぎり，時間内に現れる。時間は外的で直観されていながら自己によって把握されていない純粋自己であり，直観されただけの概念である。そこで，この概念は概念把握されまた概念把握する直観[123]である。——それゆえ時間は，みずからでは

121）（訳注）この設定は，自己意識の外化こそは物性を「設定する」と，あるいは自己意識は己れを外化するそのことで対象を自己自身として「設定する」といわれていたのに的確に照応している。

122）（訳注）「回復した」の語では回復されて設定されるものが何かというと，「純粋本質性」であるが，さらにこれらが具体的に何かといえば，〔(α)〕の存在—関係—本質という系列，その各項の頂点，またこの系列の変形である存在—本質—概念のことであろう。ただ「回復」を行なうものが論理学か，それとも思弁哲学あるいは形而上学か，これら二つの学が同一か，不同が，不同とすれば両者の関係いかんが問題である。

123）（訳注）「時間」に関して「個体性の法則」で画廊について語られていることをとりあげる必要がある。「個体性の法則」の場合には画廊は諸々の画像からなる表裏一体の画廊であって，その一方は世界状態に関するものであり，環境，境遇，慣習，風俗，宗教，考え方などについての諸画像からなっており，他方はこの画廊と相互反映の関係にある個体としてのものであり，前者は球面，後者はその中心点である。この個体は一つの世界状態，言い換えると，一つの時代のものである。球の中心として球面を反映しているから，そのいかんは球面から理解されうるのであり，そこに「個体性の法則」が成立するのである。言い換えると，球面の画廊と画像とは個体にとって自画像の意義をもつものである。そして「歴史」の項での「諸々の画像の画廊」では画像の一つ一つが歴史の各時代となっている。いま時代をギリシア時代とし，かつ画像をもって「芸術宗教」にかぎるとすると，これはさらに神殿建築，神像彫刻，賛歌，祭祀，密儀，競技の美しい身体性，叙事詩，悲劇，喜劇という諸画像からなっている。円柱式神殿建築にしても，ギリシア人が通約不可能性としての「概念」をすでに把握しうるに至ったことを示しているものとして，かれらにとっては一つの自画像であり，また同時に人像である神像も同様である。しかしギリシア人自身はこの自画像を自己の像として把握しているのではなく，あくまでも神殿建築として，神像としてみているのである。またたとえばかれらがソフォクレスの『アンティゴネー』を観劇しているとき，かれらの観ているのは，家族の一員であるか国家の一員であるかにかれらがとどまっていたことからくる悲劇であるから，観ているのはかれらの自画像ではあっても，かれらは自画像と

完結していない精神の運命であり，必然性[124]である。――この必然性は，自己意識が意識でもっている関与をいっそう豊かにし，自体の直接性を，――つまり，実体が意識ということである形式を動かし，また反対に，内面的なるものと受けとられた自体を，やっと内面的である自体を実現し，啓き，――それを自己自身の確信が所有すべきものとして要求するのである。

〔γ）経験〕

以上のような理由からいわれなければならないことであるが，経験内に存在しないものは何も知られない[125]。もしくは，これと同じことが次のようにも表現される。感じられた真理として，内面的に啓かれた永遠なものとして，信じられた聖なるもの[126]として，そのほかどんな言葉が使われようと，そういうものとして――現前していないものは，何も知られはしない[127]。というのは，｜（757）経験とは，内容が――そし

しては受けとっているのではない。これが時間が本文に把握された自己ではなく直観された自己であるということの意味であろう。一般にヘーゲルでの「時間の種々相」のことはハイデガーの『存在と時間』の第82節に的確にまとめられてはいる。しかしヘーゲルの「時間」は少なくも『精神現象学』では根本的にはエポックをもって切れ目とする歴史的時間であって，現象学的時間（フッサール）でも，「死への存在」による実存論的時間（ハイデガー）でもない。

124）（訳注）この「必然性」は *GW* 9, S. 401, Z. 31 の「悲劇的運命」の運命にあたる。

125）（訳注）ここに「経験」について論ぜられるのは，「意識経験の学」の立場が依然として守られようとしていることを示しているが，「経験内に存在しないものは何も知られない」という当面の命題は，「意識は已れの経験のうちにあるものより以外のいかなるものをも知ることはなく，また把握することもない」と同じく，ロックのことを想起させるような経験論がヘーゲルにもあることを示すかにみえるけれども，やがて明らかとなるように，ヘーゲルの「経験」には宗教的色彩が濃厚である。ロックに対する態度は『精神現象学』では「知覚の論理学」に示されているが，そこにみられている反感はすでに「信仰と知」に始まっている。

126）（訳注）永遠なもの，聖なるものには，ロマンティカーへの反感がこめられており，また「感情神学」（シュライアマッハー）への反論も表明されていた。けれども，当面の箇所はこのような反論も絶対的なものでないことを示している。これはⅥ-C-c がヤコービ，シュライアマッハー，ノヴァーリス，フリードリッヒ・フォン・シュレーゲルを高く評価していたことからして当然である。

127）（訳注）類似の関連でフィヒテやシェリングも引き合いに出しているカントの定式をヘーゲルは引き合いに出している。この点については，Johann Gottlieb Fichte: *Sonnenklarer Bericht an das größere Publikum über das eigentliche Wesen der neuesten Philosophie. Ein Versuch, die Leser zum Verstehen zu zwingen.* Berlin, 1801. S. 12–13 および Schelling: Kritische Fragmente. In: *Jahrbücher der Medicin als Wissenschaft*. Verfaßt von einer Gesellschaft von Gelehrten und Hrsg. durch A. F. Marcus und F. W. J. Schelling. Bd 2, H. 2. Tübingen 1807. 283 も

てこの内容が精神である――自体的であり，実体であり，それゆえ意識の対象であるということにほかならないからである[128]。しかし，精神であるこの実体は，みずからがそれ自体で〔本来〕[129]あるものに，みずからがなることである。そして，このように自己に反省還帰する生成である[130]ときはじめて，精神自体は真に精神である。精神は元々，認識である動きである。――つまり，その自体を対自に，実体を主体に，意識の対象を自己意識の対象に，すなわち，同じ意味で廃棄された対象に，つまり概念に変える動きである。この動きは，みずからに帰る円環で，その円環は，はじまりを前提し，終わりに至ってはじめて達せられる。したがって，精神は，必然的にみずからのうちでそのような区別を立てる[131]かぎり，その全体は直観されて，その単純な自己意識に対立することになる。それで，全体は，区別されている[132]のだから，みずからの直観された純粋概念つまり時間[133]と内容，すなわち自体[134]とに区別されている。実体は主体として，みずからということでまだやっと

参照されたい。フィヒテは，F. H. ヤコービも指示している。Kant: *Critik der reinen Vernunft*. B 283, bes. B 185 も参照されたい。次にヘーゲルは，ヤコービとエッシェンマイヤーの感情哲学や信仰哲学を念頭に置いている。この点については，Jacobi: *Ueber die Lehre des Spinoza*. S. 215–58. さらに，Eschenmayer: *Die Philosonhie in ihrem Uebergang zur Nichtphilosophie*. S. 60ff., S. 104 以下 ; および ders.: *Der Eremit und der Fremdling*. S. 24 以下を参照されたい。

128）（訳注）意識の対象であるもののみが経験されうることというのは，「経験のうちにあるものはといえば，ただ精神的実体のみであり，しかもその自己の対象としてのもののみである」に応じている。

129）（訳注）この「それ自体で」は，*GW* 9, S. 402, Z. 36f. の「それ自体で存在する出現」とある場合の「それ自体で」にあたり，したがって「世界精神の立場で」の意である。

130）（訳注）この「生成すること」は，「実体が己れに自己意識を与え，己れの生成と自己内反省とを生み出すこと」に応じている。

131）（訳注）この「区別を立てること」については，対象ないし実体についての経験という本文と同一のテーマに関して，「実体とはそれ自身本質的に否定的なものである。否定的なものであるのは，一方では内容を区別し規定することとしてであり，他方では一つの単純な区別することとしてである。このことは自己とそして〔対象を〕知一般としてであるのを意味している」とあったのに注意する必要がある。すなわち経験することは一方では内容ないし対象をしかじかと規定し相互に区別することであり，他方では対象の個々の規定とは無関係に自己と対象を知一般あるいは対象を知ること一般あるいは対象をという，すなわち主観と客観という単一な区別を立てることであるというのであり，当面の箇所での「区別を立てること」は後者の場合である。

132）（訳注）この「区別されている」の方は，前注の箇所で「内容を区別し規定すること」と呼ばれていたものにあたる。ただここでは区別は既知の部分と未知の部分とへの区別となっていると解せられる。

内的である必然性として，みずからがそれ自体で元来あるものであることを，つまり精神であることを，己れ自身で提示しなければならない。完成されて対象的に提示すること[135]は，完結と同時に，実体の反省還帰であり，実体が自己になっていることである。――したがって，精神は，【430】本来ある姿で完結しないうちは，つまり，世界精神として完結しないうちは，自己意識的精神として，自己に完全に達することはできない。だから宗教の内容[136]は，学よりもさきに，精神とは何であるかを，時間の内で言い表す。が，もっぱらこの学こそは，精神が自己自身について真に知ることである。

｜(758)

〔δ）現実の歴史〕

精神が自己についての知の形式[137]を駆り出そうとする動きは，精神が現実の歴史[138]として完遂する労苦である。宗教教団は，まず絶対的精神の実体であるかぎり，粗野な意識である。この意識は，その内的精神が深ければ深いほど，いっそう野蛮できびしい形をとって定在するものであって，そのにぶい自己は，みずからの意識の見知らぬ内容つまりみずからの本質に関わるとき，いっそうきびしい労苦を負う[139]。この意

133）（訳注）前段落で時間に与えられた規定がここに適用されている。したがって「時間」というのは，自己ではあっても，自己によって概念的に把握されていない外面的に直観された自己であるということになる。この「時間」が具体的にはいかなるものであるかといえば，エポックであるであろう。そしてこの「時間」に対しては直観が重要であるところからしては，このようなエポックの一つからほかに移るには，「自然法論文」が純粋に architektonisch な構想をもって純粋な経験とも，「一つの偉大で純粋な直観」とも呼ぶさいの純粋な経験，純粋な直観が必要であるということになるであろう。この純粋な経験，純粋な直観とは，世界史で新たなる時代を創始する「世界史的個体」の構想のことであろう。

134）（訳注）この「自体」は，まだ「経験されていないもの」にあたる。

135）（訳注）「対象的に提示すること」とは，たとえば芸術宗教での神殿建築，神像，悲劇などのこと。

136）（訳注）「内容」に関することは，啓示宗教について，その「内容の方はたしかに真実な内容である」といわれていたのに応じている。

137）（訳注）この「形式」というのは，*GW* 9, 428, Z. 15 の「概念の形態」と同じものである。

138）（訳注）ここで「現実の歴史」と呼ばれているものでは，東方のことはスピノザに関連して言及されているだけであり，ギリシアのことは全然省略されていて，いきなり中世教会から始められており，そのためにルネサンスに言及されるまでの部分は「2 精神の現在の立場」に著しく近いものとなっている。

139）（訳注）ここで教団と呼ばれているものは，啓示宗教のものであり，また啓示宗教

識は，外的で疎遠なやり方で[140]，疎遠な存在を廃棄する希望を捨てた。というのも，ひとごとのようなやり方を廃棄すれば，自己意識に帰るから。そのときはじめて，自己自身に，自己自身の世界および現在に向きをかえ，これを自己の所有とし[141]，こうして叡智界から降り，あるいはむしろ叡智界の抽象的場面に現実の自己によって精気を与えるという第一歩を踏み出した。観察[142]を通じて意識は，一方では，定在が思想的考えであることに気づいて，それを概念把握し，逆に他方では思考に定在をみつける[143]。そこで次に意識は，思考と存在との，抽象的本質体と自己の直接の統一[144]をみずから抽象的に表明し，最初の光の本質体をいっそう純粋に，つまり，延長と存在との統一[145]として，――なぜならば，延長は光よりももっと純粋思考に等しい単純性だからである[146]。というのは，光は，存在するからである。――したがって東方の日の出の実体を思想的考えということで呼び起こした[147]。しかし，そのとき同時に精神は，この抽象的統一から，自己なき実体性から，身震いして退

として考察されるべきことは内容的にはすでに不幸な意識および信仰する意識（形成陶冶の世界の信仰）の表象として現れてきていたものであるといわれたさいの，すなわち啓示宗教の諸契機である不幸な意識と形成陶冶の世界の信仰とのものであるという表現は「神の怒り」をめぐる思索に関して出ている。「いっそう野蛮できびしい形をとって定在するもの」というのは不幸な意識での禁欲のことを指しているであろう。「にぶい」というのも啓蒙によって追放された信仰に関して用いられていた。

140）（訳注）この「やり方」というのは，仲介者が贖いに十分なことを為したのによって，救いを得ることを指す。

141）（訳注）観察する理性

142）（訳注）「世界」などに関することは，『精神現象学』の内部では世界と現在とのことは不幸な意識に続く理性の段階に出ており，「観察」というのも，V-A-a と b「とくに論理学的法則」とに関している。

143）（訳注）デカルト

144）（訳注）「直接の統一」と同様のことが，*GW* 9, S. 313, Z. 25–26 でデカルト的形而上学について言われていた。

145）（訳注）「延長と存在との統一」というのは，やがてフィヒテの場合でのその回顧では「思考と延長との統一」となっているから，その誤記であろう。しかしスピノザ哲学をもってオリエントの宗教の復興とみる立場から，その最初の形態である「光の宗教」が存在ただし感覚的ではなく，精神をもって中身としている存在であるという理由によって，強いてこの書き方がなされたのかもしれない。

146）（訳注）*GW* 9, S. 371, Z. 6–15 を参照されたい。

147）（訳注）ヘーゲルはここでスピノザ哲学を念頭に置いている。スピノザは，神を思考と延長という二つの無限属性の統一と理解している。この点については，『エチカ』第 2 部公理 1, 2,7 を参照されたい。

き[148)]，｜(759) それに対抗して個体性[149)]を主張する。さらに精神は形成陶冶でこの個体性を，外化放棄することによって定在とし，あらゆる定在のうちで貫徹させ，――有用性という思想的考えに行き着き，絶対的自由ということで定在をみずからの意志として把握した[150)]。そのときになってはじめて精神は，その最内奥の深みにある思想的考えをそとに向け，本質体を自我＝自我であると表明する[151)]。だが，この自我＝自我は自己自身に反省還帰してゆく動き[152)]である。なぜならば，絶対的否定性としてこの同等性は絶対的区別であるため，自我の自己相等性はその純粋区別に対立している。この区別は純粋な区別であると同時に，みずからを知る自己にとり対象的区別であると，つまり時間であると表明されるべきだからである[153)]。そのため，本質体は，前に思考と延長の統一であるからといわれたように，思考と時間の統一であると把握さるべきであろう。だが，自己自身に委ねられたこの区別，休むこともとどまることもない時間は，むしろ自己自身の中で崩壊する。時間は延長という対象的安定になるが，これは自己自身との純粋な同等性つまり自我である。――言い換えれば，自我は自己であるだけでなく，自己が自己自身と同等であることである。けれども，このように等しいことは，自己自身と完全に直接的に統一していることである。【431】すなわちこの主体はまた実体なのである。が，実体はそれ自身だけでは内容なき直観[154)]であろう。言い換えれば，それは，内容の直観ではあろうが，こ

---

148)（訳注）「身震いして退き」というのは，「神をもって唯一の実体なりと把握することがこの規定の言明された当代の人心を激昂させた」とあったのに応じていて，スピノザのことを指している。

149)（訳注）この「個体性」はV-Cの表題にあるものにあたり，哲学史的にはライプニッツのモナドのことを指している。

150)（訳注）ルソーなどのこと。定在を己れの意志として把握することは，絶対的自由で，また *GW* 9, S. 320, Z. 34 以下の〔3 最高の形成陶冶〕でなされたこと。

151)（訳注）*GW* 9, S. 314, Z. 8–S. 316, Z. 8; S. 317, Z. 14–26; S. 353, Z. 36–S. 354, Z. 1 を参照されたい。

152)（訳注）「反省還帰してゆく動き」というのは，「自我＝自我」といっても，これは直接に成立することではなく，非我があって，これから自我へ反省還帰してゆく動きを媒介として，またこの動きとしてのみ成立するからである。

153)（訳注）「時間であると言明さるべきである」というのは，時空をもって当然哲学の概念ではなく，哲学そのものの基本概念に数えられるのが『精神現象学』当時のヘーゲルの見解であるのによることである。

154)（訳注）「内容なき直観」というのは，『差異論文』がその序説で現代哲学の「種々

の内容は，特定のものであるときは，ただの偶有性をもつにすぎず，必然性のないものであろう。実体は，｜（760）絶対的統一と考えられまたは直観されるかぎりでのみ，絶対者として妥当しよう。そして全内容は，差異をもっていることからみて，実体のそとに出て，実体に帰属しない反省還帰に帰せられざるをえないであろう。というのは，実体は主体ではなく，自己を超えて自己に反省還帰するものではなく，また精神として概念把握されてもいないであろうからである[155]。それでもなお内容について語られるというならば，それは，一方ではただ内容を絶対者の空しい深淵[156]に投げ込むためであり，他方では，内容が外的に感覚的知覚からかき集められること[157]であろう。知は己れ自身から物に，知そのものの区別に，多様な物の区別に達したようにみえるけれども，どういうふうに，またどこからそうなったのかは，概念把握されていない[158]。

しかし，精神がわれわれに示したところによれば，そのことは，ただ自己意識をその純粋の内面にとり戻すことでもないし，またそれを実体およびその区別の非存在へただ沈めることでもなく，自己の次のような動きである。つまり，自己は自己自身を外化放棄し，その実体に沈め，主体として実体から自己に行き，実体を対象とし内容とするとともに，対象性と内容のこの区別を廃棄するのである。最初に直接性から反省還帰するのは，主体が実体から己れを区別するからであり，自己を二分する概念となるからである。つまり，純粋自我が自己内に行き，生成するのである。この区別は自我＝自我という純粋の働きであるから，概念は，｜（761）実体をみずからの本質とし己れで存立する定在の必然性であり，その定在が立ち現れることである。だが，定在の己れでの存立は，規定性[159]とされた概念であり，このことによって，単純な実体に

の形式」の一つとしてあげている超越論的直観のことであろう。

155）（訳注）実体が認識主観によってそとから偶有性を述語づけられるにすぎないのに対して，主体ないし精神は己れで己れを反省して己れの本質的規定を設定するものである。

156）（訳注）「空しい深淵」はシェリング哲学批判の意を込めた語である。

157）（訳注）「かき集められる」は，シェリングが三重性ないし両極性の立場から物事に与えた規定はけっして叡智的直観というようなものから与えられたのではなく，感性的知覚としての直観から得られたものにすぎないというのと同じことを，本文は意味している。

158）（訳注）以上シェリング。

159）（訳注）「規定性」は感性的確信―知覚―悟性に対象の側で対応するとされた直接

降りてゆく概念それ自身の動きであるが，実体はこのように否定性[160]となり動くときにはじめて，主体である。――要するに，自我は，みずからの外化放棄に不安[161]になるかのように，実体性や対象性の形式に対抗して，自己意識の形式を固執してはならないのである。――むしろ精神の力は，みずからを外化放棄しながら自己自身と等しい[162]ままであり，またそれ自体でそれだけで存在するものとして，対自存在〔自立存在〕ならびに自体存在をもっぱら契機として設定することだからである。――なおまた自我は，〔この二つの〕区別項を絶対者の深淵[163]に投げかえし，ここではこの区別項は等しいのだと表明するような，第三者でもない。むしろ，知は，無為の性状に，あるかのようにみえる。無為の性状[164]は，区別されたものがそれ自身に即して動き，みずからの統一に帰ってゆくのを，ただ観察しているにすぎない。

〔3 体系の概観〕

〔α〕論理学あるいは思弁哲学〕

したがって，精神は，知[165]が意識の区別をまだ克服していないながらも，区別につきまとわれているかぎりで，知にみずからを形態化する動きを含めてしまう。【432】精神はみずから定在する純粋の場面[166]，つまり概念を得た。内容は，みずから存在するという自由[167]によって，

の存在―規定―普遍的なものという系列での規定のことである。したがってまた自と他との関連でもある。

160）（訳注）この「否定性」とは規定が含んでいる否定をも否定する単純な否定性のことである。したがって主体でもある。

161）（訳注）外化放棄に対する「不安」のことは *GW* 9, S. 354, Z. 32 に出ていた。

162）（訳注）「精神の力」に関する同様の見解は内包と外延との正比例としても言い表されることもある。

163）（訳注）この「深淵」については，本章注 156 を参照。

164）（訳注）「無為の性状」は知の策略のことである。すなわち規定性が他者への関連を通じて自他の統一のうちへと還帰するのを何の手出しをもせずに，ただながめわたすにとどまらんとする態度のことである。

165）（訳注）要するに絶対知のことである。

166）（訳注）「純粋の場面」というのは，やがてエーテルと呼ばれるものである。

167）（訳注）この「存在する」は，*GW* 9, S. 40, Z. 32 の「それが存在しながら己れの概

みずからを外化放棄する自己である，言い換えれば，自己自身を知るという無媒介の統一である。この外化放棄の純粋の動きは，内容に即して考えれば，内容の必然性をなしている。異なった内容は，特定のものであるから，関係[168]のうちであり，それ自体であるものではない。したがって，この異なった内容は，この内容の不安定は，自己自身を廃棄しなければならず，｜（762）つまり否定性である。したがって，自由な存在と同じように，必然性とか相違性とかはまた自己でもある。定在をそのまま思想的考え[169]とするこの自己的形式では，内容は概念[170]である。こうして精神は，概念を得たのであるから，みずからの生命のこのエーテルの中で，みずからの定在と動きを展開し，学〔『論理学』〕[171]である。精神が動くときの諸契機は，学ではもはや意識の特定の形態となっては提示されない。むしろ意識の区別が自己に帰ってきていることによって，契機は特定の概念〔『論理学』の思考規定〕として，自己自身に基づいた有機的[172]概念の動きとして提示される。この〔『〕精神現象学〔』〕では，各々の契機は知と真の区別であり，この区別を廃棄する動きであるとき，これと違い，学〔『論理学』〕はこの区別とその廃棄を含むのではなく，概念という形式をもっていることによって，契機は，真理の対象的形式と知る自己の対象的形式とを，直接的統一で結びつける。契機は，意識ないし表象から自己意識へ，また反対にこちらからあちらへと移る動きとして，現れ出るのではない。むしろ意識ということで現象することから解放された，その契機の純粋な形態すなわち純粋概念とその進行は，もっぱらその純粋な規定性に依存しているだけである。反対に学の抽象的契機の各々には，現象する精神一般の一形態が対応[173]している。定在する精神は，学よりも豊かではないように，そ

念であるということ」での「存在」に応じている。

168）（訳注）関係と規定とは対象の基本的規定の第２段階である。

169）（訳注）この思想的考えは本質体と同じであって，定在―本質―概念の系列が適用されていると考えられる。

170）（訳注）概念が同時に自己であるのは，*GW* 9, S. 30, Z. 5 でのと同様である。

171）（訳注）ここで「学」と呼ばれているものが *GW* 9, S. 30, Z. 12 の『論理学』あるいは『思弁哲学』であることは，この段落全体が著しく *GW* 9, S. 29, Z.29 以下に対応していることからして明らかである。

172）（訳注）学の有機的組織のことについては，*GW* 9, S. 38, Z. 22 以下を参照。

173）（訳注）この「対応」を支えているものは，*GW* 9, S. 429, Z. 3 の「再興すること」，

の内容｜（763）ではそれよりも貧しいわけでもない。学の純粋概念を意識の諸形態の形式に認識することは，概念の実在性の側面をなすわけである。この側面からいえば，学の本質は概念であるが，この概念は，学にあっては，その単純な媒介ということで思考[174]として設定されており，その媒介の諸々の契機をたがいに分離させてしまうとともに，その内的対立[175]ということで提示される。

〔β）絶対知の外化放棄〕

〔αα）自然〕

学は，以上の純粋概念を外化放棄する必然性を，そしてその結果概念が意識に[176]移行することを己れ自身のうちで含んでいる。というのは，自己自身を知る精神は，みずからの概念を把握するというまさにその理由で，そのままで自己自身と等しいからである。この等しさを区別[177]の点からみれば，直接的なものの確信である，つまり感性的意識[178]である。――が，これは，われわれが出発したはじまりである。己れの自己の形式からみずからを解くのは，自己についてのみずからの知が最高の自由であり，確実さである。

【433】とはいえ，この外化放棄はまだ不完全である。その外化放棄は，自己自身の確信と対象との関係を表現しており，この対象は，関係内であるというまさにこの点で，完全な自由を得てはいない。知はみず

すなわち直接の存在―関係―普遍的なものあるいは内面という系列を設定すること，各項を頂点にまでもって行ったときの規定を与えること，またこの系列の変形とも言うべき定在―本質―概念の系列を設定することなどであろう。したがって「対応」といっても『論理学』と『精神現象学』とが必ずしもそれぞれの順序で対応しているのではないであろうし，また「論理学あるいは思弁哲学」といっても，論理学‐思弁哲学ではなく，後者は形而上学のようなものとして上位を占めるのであったかもしれない。

174）（訳注）このさいの「思考」に『精神現象学』の内部でもっともよく対応しているのは，啓示宗教の第一の場面である「純粋思考の場面」の「思考」であり，そして「思考としての単一な媒介」というのは，右の場面での「真なるものの自己内の回転の動き」である。したがってまた「単純な自軸回転の動き」であると考えられる。

175）（訳注）この「対立」とは，知と対象との対立のこと。

176）（訳注）この「意識」は（A）としての対象意識である。

177）（訳注）ここに「区別」というのは，自己相等は三角形の頂点にあたるが，これが動きすなわち単一な自軸回転の動きとしてのものでなく存在としてのものとして直接であるときには，底辺の両端へと二つに分裂することを意味している。

178）（訳注）感性的意識へと還帰することは必ずしも絶対知の場合のみにはかぎらず，啓蒙の純粋洞察にも，光の宗教にも，啓示宗教にもあったことである。

からを知っているだけではなく，自己自身を否定するものを，言い換えれば，限界を知ってもいる。みずからの限界[179]を知ることは，みずからを犠牲にすることを知ることである。この犠牲が外化放棄であり，そのとき精神は，みずからの純粋な自己をみずからの外なる時間として，またみずからの存在を空間として直観しながら[180]，みずから精神になることを自由で偶然なできごとの形で提示する。この空間の生成，すなわち自然は精神の｜（764）生きた直接の生成である。自然すなわち外化放棄された精神は，みずから定在するとき，みずからの存続を永遠に外化放棄している[181]のにほかならず，主体を回復する動きをしているのにほかならない。

〔ββ）歴史〕

しかし，精神の生成のもう一つの側面は歴史であるが，これは知的な，自己を媒介する生成である。――つまり時間へ外化放棄された精神である。だが，この外化放棄はまた時間自身の外化放棄でもある。つまり否定的なものとは，自己自身を否定するものである。この歴史の生成は，諸精神のゆるやかな動きと継起を提示している。つまりそれは画廊であり，この画廊[182]の画の一つ一つは，精神の完き富[183]で装われており，自己はこの実体の富全体に浸透し，これを消化しなければならない[184]から，ひじょうにゆっくりと自己を動かす。精神の完成は，精神が何であるかを，つまり精神の実体を完全に知ることであるから，この

179）（訳注）「限界」には『論理学』で種々の意味が与えられているけれども，ここでは或るものがそこでもはやそのものでなくなる限界としてのものである。

180）（訳注）「純粋な自己」が「時間」であることについては，時空が『精神現象学』当時のヘーゲルにとっては自然哲学に先立って哲学一般にとって基本的意義をもっていたことが示されている。このことは，さらに『精神現象学』の内部でも，いまとここことが「このもの」の両方向であったこと，時空がIII「悟性」の動きの法則にとっても，IV「自己意識」の生命にとっても基本的契機であったことでも明らかである。

181）（訳注）「永遠に外化放棄している」という表現のうちには，自然はたしか精神となってゆくものであるとしても，なりきることはないという意味が現れている。言い換えると，やがて論ぜられるように，歴史には目標があっても自然にはこれがないのである。

182）（訳注）ここでは，画の一つ一つが各時代となっている。

183）（訳注）この「富」という点でもっとも顕著であるのは，ギリシア時代であって，これはその芸術宗教だけを取りあげても，神殿建築，神像彫刻，賛歌，祭祀，密儀，競技の美しい身体性，叙事詩，悲劇，喜劇という「富」を含んでいる。

184）（訳注）「浸透しなくてはならない」というのは，世界精神は世界史の各段階をとどめるべきであったといわれていたのに応じている。

知は精神が己れの中に行くことであり，そのとき精神はみずからの定在を捨て，みずからの形態を思い出に委ねる[185]。精神は，自己の中に行っているとき，みずからの自己意識の夜に沈んでいる[186]が，その消えた定在はその中に保存されている。この廃棄された定在――かつての定在ではあるが，知から新しく生まれた定在は，新しい定在であり，新しい世界であり，新しい精神形態である。この新しい形態の中で，この直接的姿で精神はまた無邪気にはじめからやり直すべきであり，そこからまた成長して行かなければならない。それは，すべてこれまでのものが精神にとって消え去り，精神が以前の諸々の精神の経験からは，何も学ばなかったかのようである。しかし，内-化すること〔想起〕は，それらを保存し，内面であり，事実上｜（765）実体のより高い形式[187]である。だから，この精神が，己れから出発するにすぎないようにみえる形成陶冶を，はじめからやり直すとき，同時に，はじめるというより，もっと高い段階にある。こうして定在ということで形成される精神の国が，そこでは一方は他方にとって代わり，各々はこれまでの世界の国を引き受けた。この継起の目標は深み[188]の啓示であり，この深みが絶対的概念[189]である。したがってこの啓示はこの深みを廃棄すること，つまりそれにひろがりを与えること[190]であり，この自己のうちにある自我の否定性であるが，この否定性はその概念の外化放棄つまり実体[191]であ

185）（訳注）「内面化」は，記憶することであると同時に内面化し思い出すことである。したがってまた一段と高次化することでもある。

186）（訳注）「自己意識の夜に沈むこと」は，またおのずと「自己意識の太陽」の昇ることでもある。

187）（訳注）「高い形式」というのは，後の時代はまったく新規まき直しではじめるようにみえながら，実は前の時代を己れの実体として受けとっているので，より高い段階から始めるといわれていたのと同じである。

188）（訳注）この「深み」は直後で明言されているように，絶対的概念である。

189）（訳注）「絶対的概念」というのが，やがて出て来る「絶対知」との関係が問題となる。

190）（訳注）「ひろがりを与えること」は，このひろがりをもって空間と同じものと考えるのは，前段落ではこれが自然の形式とされていたのに，この段落は歴史に関していることから妥当ではない。それでひろがりというのは，精神が精神の国として有機的分肢をもって広がることであろう。ただこの分肢が具体的にどのようなものであるかは明らかではない。

191）（訳注）この「実体」というのは，「定在」のうちへ外化放棄し形成された精神のことであろう。

る。そこで，啓示は，概念の時間[192]である。それは，外化放棄がそれ自身でみずからを外化放棄し，このひろがりにいながら，またその深みにあり，自己である。目標，絶対知，言い換えれば精神として自己を知る精神は，その途上では，【434】諸々の精神がそれ自身で姿，その国の組織を完成する仕方を内化〔想起〕するのである。それらを保存することは，偶然の形式をとって現れる自由な定在の側面からいえば，歴史であり，その概念的組織の面からいえば，現象する知の学[193]である。これら両面を一緒にすると概念把握された歴史[194]となり，これは絶対的精神の内化〔想起〕であり，刑場[195]であり，絶対〔的〕精神の王座の現実，真理，確信であり，この王座がなければ絶対的精神は生命なき孤独であろう。ただ——

この精神（霊）の国の盃より
泡立つは精神（霊）のかぎりなき姿である[196]。

192）（訳注）この「時間」は哲学を学にまで高めるべき時がきているといわれたさいの「時間」のことであり，また絶対知が現れるのは世界精神の方で完成したときのことであるという場合の「時間」のことである。なお精神がZielという終わりをもつと考えることには，『精神現象学』序説の場合と同じように，キリスト教の終末観の影響があるというべきであろう。

193）（訳注）この「学」は現象知を叙述することにあたり，『精神現象学』のことである。

194）（訳注）この「歴史」は歴史哲学のことであろう。

195）（訳注）「マタイによる福音書」27:33。「刑場」は，キリストが処刑された丘がGolgathaと呼ばれて頭蓋骨に似た形をした場所であったことを指す語であり，ここでは「世界史の労苦」を示すために，この語が用いられたと考えられる。

196）（訳注）ヘーゲルは，シラーの詩「友情」を軽くアレンジしている。この点については，*Anthologie auf das Jahr 1782*. [Hrsg. von Friederich Schiller] Gedrukt in der Buchdrukerei zu Tobolsko. 151:

Freundlos war der grose Weltenmeister,
Fühlte Mangel - darum schuf er Geister,
Sel'ge Spiegel seiner Seligkeit! -
Fand das höchste Wesen schon kein Gleiches,
Aus dem Kelch des ganzen Seelenreiches
Schäumt ihm - die Unendlichkeit.

Vgl. *Schillers Werke*. Nationalausgabe. Bd 1: Gedichte in der Reihenfolge ihres Erscheinens 1776–1799. Hrsg. von Julius Petersen und Friedrich Beißner. Weimar 1943. S. 111.

付　　録

【437】

I　準備断簡

A 「絶対知が…」

絶対知がそのように最初に登場するのは立法的理性としてである。人倫的実体そのものという概念には，意識と自体存在との区別はない。というのは，純粋思考の純粋思考は自体的であり，つまり自己自身に等しい実体だからであり，またなるほど同様に意識もこういうものだからである。しかし，こうした実体に規定性が出てくると，しかも判明するように，法律が立法されるということが第一の規定性になることによって，意識と自体存在との区別も登場してくる。しかし，この自体は，人倫的実体そのもの，もしくは絶対的意識である。｜

解　説

伝承資料

青緑色の全紙四つ折り判両面紙片としてクラクフの Jagienllońska 図書館所蔵。

執筆時期

上記紙片裏頁の 1805 年 8 月 24 日付フォス宛書簡部分下書きを主要基準にして 1805 年夏学期講義のはじめすなわち 1805 年 3 月初旬には『精神現象学』の準備作業としてすでに成立していた可能性がある。

B 「a）神的正義…」

a）　意識の神的正義，人倫的本質体として義務へ直接的に関係すること。現実性は実在性それ自体ではない。人倫的現実性のほかにはいかなるほかの現実性もない。現実性の曖昧さ，悪魔の欺瞞。内部的本質体。

b）　分裂が現存する。死霊と，〔中断〕

解　説

伝承資料

左記ＩＡの紙片の裏頁に記載されている。

執筆時期

執筆時期も上記ＩＡと同じであり，十中八句『精神現象学』準備作業であろうが，実在哲学の準備学修であることもありうる。

【438】

C [1]学

知〔絶対知〕を形づくる精神の最後の自己内反省の本性はすでに判明している。〈絶対的宗教ということで表象された精神〉が意識の自己に移行している。意識は自分の側で，自己を本質としても認識していた。〈この対自存在の内に閉じこめられた本質〉が〈その本質から閉めだされた本質・自体存在する本質〉と対立することによって，認識していた。しかし，自己による，例の自我＝自我は，この対自存在の単純性であり，自己自身との同等性である。そして，それゆえ自体存在である。この自体存在が反省還帰して精神へ移行する。その第一の動きが絶対的宗教そのものの内容であった。第二の動きは自己意識に属するがゆえに，われわれはそれを〈自己意識の以前に現れた仕方〉の一つとして想起〔内面化〕した。それゆえこの第二の動きは一つの契機として考察される。この契機は精神の現実性に属し，そしてその最後の自己内反省が生ずるための条件の一つを形づくる。

｜指摘した諸契機が知〔絶対知〕の概念を形づくる。これらのうちの一つはまだわれわれのうちに属し，まだ自己意識的精神そのものにとっては生じていないようにみえる。しかし，これが自分にとって完全に透明で，あらゆる疎遠なものに汚されていないその精神の自己への還帰でなければならない以上，それは必然的なのである。すなわち，この精神は，意識としての自己にとって対象的で，その全内容で表象された存在者としての精神となっている。精神が対自〔自覚〕化されるこの契機のそとでは，対自存在という契機はその他在のうちにある。精神の純粋な自己意識がこの他在そのものに即して生起する。しかし，精神が対自化されるこの他者〔イエス〕には，己れのうちに閉じこめられた存在者という意味があるだけで，【439】同時にそれには現実的なものであり，自己意識を否定するという本質的意味がない。精神は対象そのもので

1）（欄外注）［欄外に］厳しい言葉は命題，判断の言葉である。全体，普遍，

は，対自存在に対立している存在では自己内に還帰し，そして対自的なものとなっている。こうした契機はただ〈われわれにとって〉あるにすぎないかにみえる。つまり，われわれは｜〈自我＝自我〉もしくは〈純粋な対自存在〉が自己相等性もしくは存在であることを知っているという形で，〈われわれにとって〉であるにすぎないかにみえる。――さきに[2]想起されたことであるが，この契機では精神の単純な自己内反省は意識に対して開示されてくるので，自己にとっての否定的なものが精神にとって己れの対自存在でもある。――しかし，もしもここで考察される精神の形態が精神自身についての完全な知で〔あるべきだ〕とすれば，このような契機は〔たんに〕われわれの反省であってはならない。

しかし，実際には，この契機はすでに前もって生起している。それは自己意識の側に属するのである。われわれは道徳的反省でのみふれておいた。すなわち，自己意識にとってその本質が直接的にその対自存在のうちにあるという規定でである。他の規定はその対自存在が自己意識にとって存在の形式をとるという規定である。つまり，自己意識が自己を物として見出すという規定である。この側面が観察する意識に属することが明らかになる。この意識の最後の頂点は，自己意識｜が己れの自己を或る物の形態であると認識するという側面だということが明らかになる。――意識の〔観察という〕こうした仕方は物の形態を直接あるがままに観察する。それは概念抜きで捉えなければならない。こうした意識の仕方はもっとも没精神的なものであり，没精神性そのものである。しかし，その概念からすれば，この仕方は，自己が一つの存在である，もしくは対自存在が自体存在である，という概念そのものを表現している。というわけでこれはもっとも精神に富む概念である。なぜならば，それは絶対的概念そのものであり，自己を無限者として捉えているからである。

【440】しかし，この〔精神は物であるという〕思想的考えのもつ没精神なもの〔側面〕は，それ以後の自己意識の歩みの中で〔絶対知に至る〕，ずっと以前に消失してしまっている。この思想的考えの没精神性は，かれが語るものの思想的考えであるわけではないという点，かれ

2）（訳注）*GW* 9, S. 438, Z. 8-Z. 9 を参照されたい。

が語るものを知ってはいないという点にある。言い換えれば，存在がなお事物がただ最初の感性的確信にとってのみもっていたような意味で，〔外的な個的〕物として妥当しているということである。そして同様に自我の方もまったく個別的であるものとして〔妥当し〕，〈ひとがそれをいかに思うか〉がそれ以前の記述に従ったのではまったく語りえない。|物と自我との思い込まれた意味は，ながいあいだ，それ自体でそれだけであまりにも〔見〕失われてしまっていたので，それゆえあとになってむしろこの意味を再興することだけが問題になったほどである。そして精神を自己として，もしくは感性的確信とすることが問題になったのである。存在が〔いったんあらゆる実在性を否定しつくした〕純粋洞察に対して，自己意識的概念に対して，ふたたび再興され〔感性論の立場〕，精神もまた自己の現実にいたるまで形成陶冶され，そして反対にこの自己が自己を単純な本質〔純粋な形式性〕として知った〔道徳性〕あとに，こうして存在が設定されるとともに，感性的確信の存在としては絶対的に揚棄されている。観察する理性に属するこの〔感性的存在という〕契機は，感性的確信の本来的物性を，自己意識がみずから見出した物性として表現する。しかし，〔啓蒙から道徳性に至る〕他の諸側面はこの存在を〔内面化し〕概念に高める。すなわち，この存在が自己意識の端的な他者であるという意味のうちで〔すなわち，その意味を保ったままで〕直接的に同様にその対自存在でもあるという概念に高めるのである。

|したがって，この契機が，精神の単純な自己そのものへの反省を完成する。この契機がすでに現れているということがただ提示されるべきであったかぎりで，この完成がなされる。なぜならば，さもなければ，すでに示されたように，この契機はその〔反省の〕概念のうちに保持されている〔ので，現出しない〕からである。それゆえ，われわれは同時にこの反省が精神の最後の絶対的反省であることをみる。なぜならば，この反省では自己自身の確信とこの確信の真理とが完全に等しくなっているからである。確信は【441】〔もはや〕真なる直接的現実としてのその本質の対象性を欠くような，自己のうちに閉ざされたものではない。というのは，対自存在がむしろそれ自体直接的〈一体存在〉〔一つであること〕であり，つまり，存在そのものだからである。また，真理

が自己意識にとって疎遠なものであるような対象なのでもない。むしろ，〔彼岸的〕本質という殻はこわされている。そして，自己意識にはこの対象に直接的に自己自身の確信がある。つまり，対象が己れの対自存在なのである。

自己自身の確信とその真理とのこうした〔直接的〕不可分の統一は〔統一であると〕ともにたがいに対立するようにもなり，みずから二分裂する。｜というのは，この統一が自分の他在でありながら自己内還帰しているような統一だからである。つまり，排斥されたものを〔排斥するのと〕同じく同名のものとして直接的にひきつけ，ひきつけられたものを同様に直接的に排斥している統一だからである。この統一は自体としての己れを己れから分離することによって対自的に存在する。こうしてこの統一体は自己を自己の対象と内容としたのである。この内容とはまさにいましがたわれわれが存在する――自己意識に対して存在する――ものと表明した動きを叙述する。しかも，このさい自己意識は，それが己れ自身と己れの内容とのあいだに作った区別を，〔つくると〕同様に直接的に揚棄してもいる。そして，対象的なものは自己意識にとって直接的に己れの自己意識となっている。真理と自己自身の確信とのこのような統一，すなわち知とは，それ自身この動きがくり広げられる場面である。知をこのようにして場面としてみたとき，われわれはそれを絶対的概念と呼ぶことができる。対自的である知としてこの知は自己自身であり同時に普遍的なものであるような自己意識である。その内容がとくに自己意識を否定するものとしての存在の契機によって特徴づけられるかぎりでの知，そして，この知は認識と称される。｜しかし，全体として，それは絶対知もしくは〈自己を精神として知る精神〉である。

この知のうちには存在と自我という二つの側面がある。〔これらの側面が〕概念のうちで捉えられるのでなければ，これらの両側面が知を〔主観的なものとして〕誤解のうちに投げすててしまう。存在には，自己意識にとって自己意識と直接的なものを否定するものであるという意味が【442】あることである。そして問題になるのは，ただこの存在をまさに同一の，しかも〔同一であると〕同時に対立した〔規定〕ということでもち，概念を――それは概念それ自体であるとともに，その反対物へと越え出るものであるが――もつことだけである。存在が精神で達成する意味，すなわち，自己の反対として知られるという意味，しかも自己が同様に直接的にそのうちにあるようなものとして知られるという意味は，次のような形式のうちにも表現されうる。あれ，もしくはこれがあるといわれるとき，存在が語られるとき，それによって感性的なもの，自己意識にとってただ対象としてのみ存在するものが考えられているとすれば，しかし，この〈である〉が実際には同様に直接的に，あらゆる区別された自立的なものを純粋に否定することなのである。この〈である〉は〈自立的なものの多様性から，多様性の否定を通じて，｜単純体のうちへ還帰した存在〉である。しかし，〔多様を否定する統一という〕この純粋抽象体は，実際には純粋思考そのものにほかならない。したがって，もしも意識の単純な対自存在であるというこの存在が同時に知られないとするならば，そのようなことが起こるのは，それがただ揚棄し自己内に還帰する動きを通じて生ずるということ，つまり，まさにこの動きがその生成であり本質であることが想起されないからである。この本質は抽象体である。だが，思考とは，こうした〔抽象体のもつ〕否定なのである。また，それは，否定的なものであり，同時に肯定的なものである。それは自己意識にとってある。思考がその生成の動きであるように，この本質は思考の単純な統一である。だが，思考の動きは，区別のない区別，静止している動きである。すなわち，この本質はまさに単純な統一なのである。そして，この存在は，みずから動く没区別性でもある。それは動きそのもののうちにあって，つまり，区別しながらも，あらゆる区別の揚棄された存在としてふるまう。

もしも存在が直接性として規定されるとすれば，この規定は〔設定されると〕同様に撤回されなければならない。｜直接的なものは同様に絶対的媒介でもある。すなわち，あらゆる存続するものが【443】解消される媒介の動きなのである。なぜならば，直接的なものとは，まさにさきに[3]考察された純粋否定定性だからである。すなわち，直接性とは絶対的単純性である。つまり，あらゆる区別された対自存在者の否定である。——もしも存在がこうした抽象であるということ，かつそれ自体として存在者に帰属することはなくて，むしろ，思考することではじめて

3）（訳注）*GW*9, S. 442, Z. 9 を参照されたい。

抽象に達するようなものとして考察されるとすれば，それによって表現されるのは，存在が同時に〈自己〉を否定するものであるということにほかならない。しかし，物は〔自己意識の核としての〕自己とは違う他者である，〔自己ではないと〕同様に存在から解き放たれることもありえない。存在とはこうした抽象なのである。こうした抽象として，思考としての自己を物性に対置している存在について語られなければならないのは，存在が自己を，物性を否定するものであるということである。〈真であるもの〉，〈ここに現存しているもの〉はまさにこのような存在を自己を否定するものとして設定し，それとともに，抽象体すなわち自己として設定する動きにほかならない。そして，存在の直接性とは，それゆえまさにこの動きにすぎないのである。

｜こうして，己れにとって精神として存在する精神の諸形態が判明した。その意識と，〈この精神がもともとそれである当のもの〉とはまだ一致してはいない。それは，精神が自己についての意識を通じていかに自己を叙述するかという諸形態なのであり，あるいは精神が自己自身についてつくる諸表象なのである。

解　説

伝承資料

8 頁からなる 1 枚の全紙と全紙四つ折り判両面紙片としてベルリン国立プロイセン文化財図書館ヘーゲル遺稿に収蔵されている。

執筆時期

執筆時期については現在 3 つの説が推定さている。第 1 は 1805 年 8 月かそれ以前である。そこから,『精神現象学』最終章の下位区分として A「人倫的精神」, B「宗教」, C「学」を推定するペゲラー説が出されている。第 2 は，1806 年はじめか春である。そこから，絶対的精神の下位区分として A「芸術」, B「絶対的宗教」, C「学」を推定する説や，自己を精神として知る精神の下位区分として A「宗教」, B「自己を精神として知る自己意識」, C「学」を推定するトレーデ説が出されている。第 3 は，1806 年四半期のうち，2 番目か 3 番目の時期である。

【444】

Ⅱ　旧中間表題[1)]

旧中間表題は以下の通り。

ERSTER THEIL.
WISSENSCHAFT
DER
ERFAHRUNG
DES
BEWUSSTSEYNS.

解　説

伝承資料

『精神現象学』のオリジナル版本には，「第一部　意識の経験の学（ERSTER THEIL. WISSENSCHAFT DER ERFAHRUNG DES BEWUSSTSEYNS.）」という中間表題が，「I　精神現象論の学（I. WISSENSCHAFT DER PHÄNOMENOLOGIE DES GEISTES.）」という中間表題のあとにきているものがある。また，他方では，これら二つの中間表題のうちのどちらか一つしかみられないものもある[2)]。

前述の「第一部　意識の経験の学」という中間表題の頁の下部には，〔印刷された全紙のうちの〕最初の全紙であることを示す「A」という印が付いている[3)]。

1）（訳注）当該中間表題の位置は，本巻分冊 8-1，79 頁に該当する。なお，アカデミー版『ヘーゲル全集』の編集者報告翻案にさいしては www.ntaki.net/di/3p/Hegel/ph-z.htm を参照した。

2）（原注）こうした事態を，最初に提示して適切に指針を与えたのは，Fr. ニコリンの「『精神現象学』の表題問題をめぐって（Zum Titelproblem der *Phänomenologie des Geistes*）」（『ヘーゲル研究（*Hegel-Studien*）』，1967 年，第 4 巻所収，113–23 頁）である。

3）印刷された全紙を，特定の順序で並べないことには，いくら印刷頁の各々には頁数

したがって，この「第一部　意識の経験の学」という表題は，全紙のうち最初に印刷されるものであるという確定した構成要素として，旧中間表題を提示している。

成立史

新と旧二つの中間表題を〔製本時に〕交換しようという〔印刷会社の〕意図については，「製本者へ」という，1枚の印刷された全紙上での指示から，詳しいことが分かる。〔中間表題と緒論（Einleitung）を含む〕本文本体（Textcorpus）と，序説（Vorrede）のI～LXXXVIII頁とが印刷されてからあとに，序説の最後の諸頁や誤植訂正表の印刷されたこの全紙で，印刷が完結することになっていた。

この全紙は，次のように区分されている。

①序説のLXXXIX頁
②序説のXC頁
③序説のXCI頁
④誤植一覧表の最初の頁
⑤／⑥訂正された〔序説の〕VIIとVIII頁
⑦／⑧訂正された〔序説の〕XVIIとXVIII頁
⑨／⑩訂正された215頁と216頁
⑪〔製本者への〕指示
⑫空白頁
⑬誤植一覧表の第2頁
⑭誤植一覧表の第3頁
⑮新中間表題「I. 精神現象論の学」
⑯空白頁

が印刷されているとはいえ，裁断したあとの製本が面倒になる。そこで最初に来るべき印刷全紙（16頁分）には，下の方に「A」と印字したのであろう。この印字に，アラビア数字やローマ数字を使うと，序説や本文の頁数と紛らわしくなってしまうので，アルファベットをAから使用したものと思われる。このAの印は，オンライン上の『精神現象学』でみることができる。（なお，1807年につけ加わってきた「序説（Vorrede）」が印刷された全紙には，アルファベットではなく「*」印が，序説I頁より順番に付されている）。そして，この「補遺II　旧中間表題」でのボンズィーペン氏の説明や，1807年版の『精神現象学』から判断すると，おそらく「A」の印は，全紙の1頁目，全紙の最上段1頁左端のしたに付いていたと思われる。

〔⑪の製本者への〕「指示」は，以下のように書かれている。

製本者へ

この全紙上の付加された諸頁を——つまり，215頁と216頁，さらに序説のVII頁とVIII頁，そしてXVII頁とXVIII頁——，そしてSchmutztitel[4]もともに，切り離して，それらの〔元〕頁に替えて挿入すること。

そこで製本者は，この全紙中ごろの⑤から⑫の8頁分を切り離して——これは，全紙を2回折りたたむことによって，ひと切で可能であった[5]——，旧頁を訂正

4）原文のSchmutztitelは，辞書では「（書物などの巻頭の白紙の）遊び紙」（小学館『独和大辞典』第2版）とか，「遊び紙。前扉（扉の前にあって，多くは書名のみを印刷する）」（相良守峯『大独和辞典』）とある。しかし，「製本者への指示」の中では，中間表題（Zwischentitel）の意味で使われており，「旧中間表題」を指す。このあとで，*GW*9編集者ボンズィーペン氏が，このSchmutztitelについて，「ふつうは，表題紙の前に置かれた用紙で，ただ略記されてはいるものの，表題がまた印刷されている」と述べているときには，前記『大独和辞典』での「前扉（扉の前にあって，多くは書名のみを印刷する）」という意味である。

5）いま問題になっている全紙は，以下のように区分されているようである。①～⑯の数字は，前記のボンズィーペン氏の表記に従っている。

①	②	③	④
⑤	⑥	⑦	⑧
⑨	⑩	⑪	⑫
⑬	⑭	⑮	⑯

「2回折りたたむ」というのは，まず，全紙の横中央の線を，つまり⑤～⑧と⑨～⑫とのあいだの線を，折る（山折りでも谷折りでも可）。次に，縦中央の線を折ると（山折りでも谷折りでも可），結果として②，⑥，⑩，⑭と③，⑦，⑪，⑮とのあいだの線で折ったことになる。

「ひと切で可能」な切り方は，上記のように2回折ったことによって，元の全紙は4つに重ねられて，1/4の大きさであるが，それを上からみると，たとえば下図のようになっている。この場合は，横中央の線を，つまり①～②と⑤～⑥とのあいだの線を，4枚重ねのままで切る。

①	②
⑤	⑥

済みの諸頁〔すなわち⑤～⑩〕と交換するべきだった。そしてこれらの8頁を切り離せば，誤植一覧表の頁どうしはつながったのである[6]。

そして，この全紙最後の両面紙片〔裏表の2頁〕の新中間表題〔⑮〕には，製本のときに，〔空白頁⑯をはさんで，〕印刷済みの〔中間表題と緒論を含む〕本文本体の最初の両面紙片である旧中間表題が，続いたのである[7]。この旧中間表題を「削除」することは，製本の指示があいまいだったせいもあって，ともすればなされないままであったかもしれない。またなされないままになったのは，通常とはおそらく違った呼び方――当時，中間表題（Zwischentitel）を Schmutztitel（通常は，本来の表題両面紙片の前に置かれた両面紙片で，ただ略記されてはいるものの表題がまた印刷されている）と呼ぶことが，たとえ行われていなくはなかったにしても――のせいもあろう。

結局，製本の異なった仕方〔の初版〕があるということは，次のことから説明がつくのである。すなわち初版は全部が一挙にではなく，必要に応じて綴じられ（gebunden），あるいは仮綴じにされ（broschiert），さらにはまた『精神現象学』も，製本されないままに出回ったのであった。そして，出版社[8]に〔正規に〕雇われた製本者以外にも，幾人かが製本に携わったことであろう。

すると，①～④と⑤～⑧とのあいだが切れ，また同時に⑨～⑫と⑬～⑯とのあいだが切れることになる。

6）「④誤植一覧表の最初の頁」と「⑬誤植一覧表の第2頁」がつながる。

7） この「旧中間表題」は，すでにボンズィーペン氏の説明にあったように，「A」の印のある頁である。なお，ここで説明されている諸頁については，オンライン上の1807年オリジナル版異本によって，実際にみることができる。

8） 原語は Verlag なので，「出版社」と訳出したが，おそらく製本もゲープハルト書店が外注した印刷会社のラインドル社であったと思われる。そこで，「印刷会社（Druckerei）」が正しいのであろう。

【445】　# Ⅲ　「思弁哲学」についての講義

解　説

カール・ローゼンクランツ（『ヘーゲル伝』，ベルリン，1844 年，SS. 212-214, 214f.）が報告しているように，ヘーゲルは，1806 年夏学期の思弁哲学すなわち論理学についての講義で『精神現象学』の説明をかつて実際にしていた。ローゼンクランツはその抜粋をなお入手可能であった。この講義からローゼンクランツが伝承したテキストの断簡は，アカデミー版『ヘーゲル全集』第 5 巻に印刷されている[1]。

1）（訳注）この付録Ⅲは，*GW*9 の哲学文庫版である G. W. F. Hegel, *Phänomenologie des Geistes*. Hrsg. v. H. -F.Wessels und H.Clairmont, Felixs MeinerVerlag, Hamburg, 1988 では削除されている。

【446】 # Ⅳ 『精神現象学』自己広告

バンベルクおよびヴュルツブルクのヨーゼフ・アントン・ゲープハルト書店から次の書物が出版され，信用あるすべての書店に発送されている。

G. W. F. ヘーゲルの学の体系。

精神現象学所収第一巻。大八折り判。1807年。価格6フローリン。

本書は生成する知を叙述する。知の基礎づけに関する，心理学的説明とか，あるいは抽象的解明にも代わって，精神現象学が登場しなければならない。精神現象学は学に至る準備を或る一つの観点から考察する。その観点に立つことによって，精神現象学は新しい注目すべき学となり，そして哲学の第一の学となる。精神現象学は，精神のさまざまの形態を旅路の宿駅として含むのだが，それらの宿駅を経ることによって精神は，純粋な知すなわち絶対的精神となる。この学の主要区分で考察されるのは，意識，自己意識，観察し行為する理性，精神そのものであり，精神は，人倫的精神，形成陶冶された精神，道徳的精神として，そして最後に宗教的精神として，そのさまざまの形式をとって考察されるのだけれども，この主要区分はさらにいくつかに細分されている。一見すると，精神のさまざまの現象の王国が混沌として繰り広げられているようである。だが，その王国は，それらの現象をその必然性に従って叙述する一つの学的秩序へともたらされていくのである。そして，その必然性で不完全なものは解消され，次の真理であるより高次のものへと移行がなされるのだ。それらの現象が究極の真理を見出すのはまず宗教でであり，そのあと，全体の帰結である学でである。

序説で著者は，現段階での哲学の欲求であると著者に思われることについて，さらに，現在哲学の品位を落としている，哲学的諸公式の不遜や横暴について，【447】そして，哲学と哲学の研究にさいして何が重要であるのかについて，表明している。

第二巻は，思弁哲学としての論理学の体系と，哲学の残りの二部門，つまり自然の学と精神の学を収録することになる。

解　説

伝承資料

『一般学芸新聞』，ハレ・ライプツィヒ，1807 年，第 2 巻，知性誌，753 段 (1807 年 11 月 25 日付，第 94 号)。また，『バンベルク新聞』，1807 年第 179 号（6 月 28 日付）と第 190 号（7 月 9 日付）および『イェーナ一般学芸新聞』，イェーナ・ライプツィヒ，1807 年，第 4 巻，693–94 段（1807 年 10 月 28 日付，第 82 号）にも掲載。

執筆時期

ヘーゲルが編集長をしていた上記『バンベルク新聞』に掲載されていることからして執筆者もヘーゲルであると推察される。

【448】V 『精神現象学』第2版仕上げをめぐるメモ

修〔正された〕序説
現象学
　本来第一部
a)　学に先立って
　意識を学の立場にもたらすこと
b)　対象をそれだけで前進させ規定する
　意識の背後で論理学
c)　固有の以前の労作
　改作しない，著述当時に関連している――序説では：当時抽象的絶対者が支配していた。

解　説

伝承資料

自筆覚書は，黒茶色の全紙二つ折り判でクラクフのJagienllońska図書館に所蔵されている。

執筆時期

1831年秋と推定されているがあいまいである。『精神現象学』第2版刊行の契約は，『神の現存在証明』刊行の契約とともにドゥンカー＆フンブロット社とのあいだで進行していた。

『精神現象学』

総解説 2

第二部　『精神現象学』の各論 2

第5章　『精神現象学』の根源的問いへの転回（I）
――「自己意識」の欲望――

（I）「自己意識」の章の筋書

「自己意識」の章の筋書きは次のように整理することができる。

まず，前章「力と悟性」に従えば，自己意識は，欲望一般としては，宗教の章に至るまでで本質へ生成し，その生成は，より具体的には，意識の経験に従って実体を問うことにほかならない。

だが，さしあたって，「自己意識」の章では，自己意識の本質は，自立性としての無限性に求められ，「直接的欲望」そして自己意識の複数化という姿をとる。

しかし，これだけによっては，承認関係が成り立たないことが，主人と奴隷のあいだの関係を通して明らかにされる。

そこで，自立性は，もっぱら一人の自己意識の内面に求められ，奴隷の恐怖そしてストア主義の思考の自由を通して，より普遍的なものとなる。しかし，その実情は，本質へ向かうどころではなく，世界の偶然性に関わっているにすぎないことが，懐疑主義を通して明らかにされる。

こうして，自己意識自身の自立性を安定的に確保するために，より根本的本質を追求すべきことが示されるのである。そこで，次に「不幸な意識」は，不変なるものを，己れの彼岸に本質体として求めるのである。

しかし，これも「精神」へ至る道としては，否定され，不幸な境涯を脱却すべく，不変なるものを，現在の世界に求めざるをえなくなり，この現在での不変なるものこそ実体にほかならないことが，「理性」の章で判明する。したがって，意識の自己意識への転回は，「不幸な意識」から理性への転回で完了する。

（II）直接的欲望としての自己意識

アリストテレスの欲望概念

アリストテレスは，理性的欲望はその現実性では動きであると述べたが，それを身体との関係でだけしか問わなかった。

それに対して，近世では，理性は自由なものとされ，自由の本質が自己意識の自立性に置かれた。したがって，理性と欲望との関係は，自己意識と欲望との関係になった。しかも，その場合，欲望はアリストテレスのように欲望されるものとしての善いものの方から規定されるのではなくて，欲望が自己意識の動きとしてどういうものかということが問題になる。

ヘーゲルの欲望概念

だが，欲望が自己意識の動きとして捉えられることで，とりもなおさず自己の自立を確証するかぎりでの反省的欲望に焦点が絞られてゆく。

ヘーゲルは，欲望を自己意識の最初の姿として捉えている。そのさい欲望としての自己意識は，最初は自分自身だという主観的確信をもっているにすぎない。それに対して，自立的に存在する否定的対象がある。

したがって，次に欲望は，この対象を自己意識と同化することによって，この対象の自立性を否定し，自分の自立性を客観的に確証しようとする。たとえば，牛を殺してその肉を食べることは，牛という対象の自立した生命を否定し，人間と同化させてしまうことだというのである。

つまり，対象の中に自分を失いながら，さらにそこから自分を取り戻す自己意識の最初の動きが欲望一般であり，「自立した対象を廃棄すること」(*GW* 9, S. 108; *Phän*. S. 126) と表現されている。

（Ⅲ）生命対象の自立性

人間的欲望の対象の自立性

ヘーゲルによれば，生命体は，自己に還帰した存在として自立性をもっている点で自己意識と同じである。また，人間的欲望の対象となる否定的他者を，牛のような生命体としている。ただし，自己意識は，その自立性を自覚しようとしているのに対して，生命体には自立しているという自覚もない。さらに生命をもたない物には，自己のそとにある存在として他者という性格があるが，自立性がない。

したがって，人間的欲望は，この生命体の自立性を廃棄したときに，自分の自立性を客観的に確証し満足する。

しかし，実は，このような人間的欲望は，自立的対象が存在しなければ，存在しえないという点で対象に依存していることが明らかにされてゆく。つまり，人間的欲望には際限がなく，どこまで対象を否定していっても自己を満足させることができず，自己意識の自立性は人間的欲望次元では実現されないのである。こうして，ヘーゲルは，自己意識のはじまりを理性に求めるという点でアリストテレスと同じであるが，理性が自己意識的なので，たんなる生命体への人間的欲望は理性の非本質的姿とみなされる。

カントでの傾向性と純粋実践理性

それに対して，カントは，欲望を傾向性と呼んで理性をそれから切り離すことによって理性の自由を確保しようとした。

『実践理性批判』第 1 篇第 3 章「純粋実践理性の動機について」という箇所でこう述べられている。つまり，それ自体としては感情ではなくて理性に属する「道徳法則はどのようにして人間の意志の動機となるのか」あるいは「道徳法則が動機であるかぎり，この動機はわたしたちの心の内で何を生ぜしめるか」という問題が提出されている。

それに対して，知性の根拠から生じる道徳法則に対する尊敬の感情を解答とした。この一点でだけ理性と感情はつながる。しかし，この感情は，完全には理性的ではない人間の内面にある一切の傾向性を，純粋理性が挫折させることによって生ずる。

逆に傾向性が満足させられると幸福が生まれる。さらに一切の傾向性が集まると，自己中心的我執が生ずる。この我執は，A 自己愛と B 独りよがりないし自惚れとに分けられるさらに，前者の A 自己愛は，a 身びいきの我執と b 理性的自己愛とに分けられる。だが，理性は，A − a と B を挫折させるのである。

（Ⅳ）相手の自己意識への欲望

承認論の出発点と終点

ヘーゲルの自己意識の特質は，自己を相手との関係で捉えていることにある。そのことは，精神を「われわれであるわれとわれであるわれわれ」（*GW* 9, S. 108; *Phän*. S. 127）と考えていることからも分かる。

まず，われがわれわれであるとはいかなることなのか。それは，われが，自分を実体として共同体（われわれ）の一員である相手の自己意識のうちで直観するということにほかならない。その点について，ヘーゲルは，「理性」の章でこういっている。「わたし〔われ〕は，わたしもそうであるように，すべての人々が，己れ自身だけでは自立的存在であるにすぎないことを，すべての人々のうちで直観する。つまり，わたしは，すべての人々がわたしによって，また他人自身によって存在するという形で，すべての人々のうちで，他人との自由な統一を直観する。わたしは他者をわたしとして，わたしを他者として直観する」（*GW* 9, S. 195; *Phän*. S. 236）。つまり，われわれとは，ここでのすべての人々であり，これは，共同体の自由な一員という限定を受けている。

ところが，それに対して，「自己意識」の章の自己意識相互の関係は，そのような限定を一切受けていないのであって，われと相手とのあいだには生命による対人関係があるにすぎない。したがって，共同体の自由な一員であるという限定を受けた自己意識と，そうでない自己意識とのあいだには，明白な落差がある。

そのことをヘーゲルは十分心得ていたことを洞察することが，ヘーゲルの真意を捉えるために決定的である。端的にいえば，「自己意識」の章の承認論は，己れの本質を，たんに己れの内的自立性に求めるだけでは，相手の自己意識との承認すらも成立しないことを確認し，本来の承認関係が成り立つための自己意識の本質を，共同体も含む実体に求める道を切り拓こうとしているのである。

（V）「精神とは何か」という問いの転回点

まず,「精神とは何か」という問いの根本性については，さしあたって，次のようにいえる。何よりも，その問いは,「意識にとってさらに生じてくるのは，精神とは何かという経験である〔…〕」（*GW* 9, S. 108; *Phän*. S. 127）とあるように，経験されるべきこととして叙述されている。

しかも，ここでの「精神とは何かという経験」とは，何か根本的経験ともいうべき事柄であって，もっぱら一つの意識形態にだけ関わる，通常の経験ではまったくないのである。たとえば,「精神とは何か」という問いは,「このものとは何であるか」（*GW* 9, S. 64; *Phän*. S. 71）という問いとけっして混同すべきではない。なぜならば，後者の問いは，たしかに重要ではあるが，直接には感性的確信の形態にだけ関わっているにすぎないからである。

これに対して，ヘーゲルは,「精神とは何か」という問いを，精神のもろもろの形態を貫く〈自己意識的精神の働き〉つまり自己知に根差すものとして提出しているのである。そして,「精神がその不完全な形態化を克服し，みずからの意識に対しみずからの本質形態」（*GW* 9, S. 428; *Phän*. S. 523）が完結してはじめて,「精神とは何か」という問いに，当の自己意識的精神が，応答することができるのである。しかも，それはたんに「精神とは何であるかを，時間のうちで言い表す」（*GW* 9, S. 430; *Phän*. S. 526）ことにとどまらず，さらに「精神が自己自身について真に知ること（Wissen)」つまり「学（Wissenschaft)」（*ebd.*）でなければならない。

この問いは，次の 2 点で，まさしく「精神現象学の根本的問い」にほかならない。第一に，この問いを立てるのに先立って，ヘーゲルは，問いの定礎を自覚的に遂行しているのである。言い換えれば，問いの対象が「われわれであるわれとわれであるわれわれであるという，この絶対的実体」（*GW* 9, S. 108; *Phän*. S. 127）であることを解明している。第二に，問いを遂行することによって，実体そのものが主体として捉えなおされ主客関係を越えるという自己否定的事態が生じる。すなわち，問いが主客関係での経験で立てられながら，経験を越えることになる。

こうして,『精神現象学』での自己意識に関して，最初に認めなければならない基本的事柄は，次のことである。それは,『精神現象学』では自己意識それ自身もまた，終始,「精神の概念」という精神の萌芽まさに「精神の現象」だということである。

第6章　『精神現象学』の根源的問いへの転回（Ⅱ）
――「自己意識」の本質――

『精神現象学』の「自己意識」の章での意識の経験は，自立性を自己意識の本質として求める道（第一節・*Phän*. S. 127~136）とそれを真に貫徹するために，実体としての精神を自己意識の本質体として求める道（第二節・*Phän*. S. 136~156）とに分けられる。

第一節で経験された自己意識自身の自立性を安定的に確保するために，第二節から根本的本質を追究すべきことが示される。そこでは，「不幸な意識」が，不変なるものを，已れの彼岸に求めるのである。

しかし，これも「精神」へ至る道としては，否定され，不幸を脱却すべく，不変なるものを，現在の世界に求めざるをえなくなり，この現在での不変なるものこそ，実体にほかならないことが，「理性」の章で判明する。したがって，意識の自己意識への転回は，「不幸な意識」から理性への転回で完了する。

（A）自立性を自己意識の本質として経験する道

端的にいえば，「自己意識」の章の承認論は，自分の本質を，たんに自分の内的自立性に求めるだけでは，相手の自己意識との承認すらも成立しないことを確認し，本来の承認関係が成り立つための自己意識の本質を，内面の普遍を通して共同体に求める道を切り拓こうとしているのである。

自己意識の自立性の経験（i）
――自分と相手（他者）――

①他の生命的なものへ向かう自己意識の欲望

ヘーゲルが，承認関係について説明しているとき，自己意識に与えている規定は，自立性を本質としている欲望存在であるということにとどまる。そして，最初に，自己意識は，その自立性の確証を，他の生命的なものの自立性を否定して欲望を充たすことによって成就しようとする。

しかし，自己意識にとって，自分の自立性を確証しようとすることは，その対象が物では成就しないことが判明する。それは欲望そのものの構造に由来する。すなわち，欲望の対象となる生命的な物の量にはかぎりがなく，一つの欲望の成就は，また別の欲望を生み出すのである。したがって，欲望はいつまでも物に依存し，物の自立性を完全に否定することはできない。いずれにしても，自己意識は，自分の自立性を確証することができなくなる。

②自分と相手

そこで，自己意識が自分の自立性を確証するためには，自分の対象が，対象として自立的でありながら，しかも自己意識の自立性を受け入れるものでなくてはならない。そうすると，そのような対象は，自分と同じ自己意識でなければならなくなる。相手の自己意識（A）は，自分の自己意識（B）の自立性を認め，しかも自分（B）が，相手（A）の自立性を認めることを明示するとき，両者の自己意識は，相互に自立的に存在する。

ということは，相手の自己意識（A）が自分（A）の自立性を進んで否定することによって，こちらの自己意識（B）の自立性を受け入れることでもある。一方の自己意識にとって，相手の自己意識は，たんに自分のそとにある事物ではなくて，自分自身の存在にはいり込んでいる。つまり，相手の自己意識とは，自分を認めてくれる存在であり，自分は，自分を認める相手の存在を認めるのである。

このようにして，自己意識の自立的存在を，承認関係を通して捉えるということは，いわば自分の存在の限界と相手の存在の限界とが交差していて，両者の境界を区別して固定できないことをともなっている。自分の存在の限界が，かぎりなく自分とは正反対の相手の存在であり，相手の存在の限界が，かぎりなく相手とは正反対の自分の存在なのである。

このようにして，自己意識同士の関係では，自分と相手とが区別されながら，固定した自己同一性を双方に対して確保してくれる境界を設定することはできない。そのような意味で，自己同一性の限界が無いのである。ヘーゲルによれば，このようなことは，自己意識の本質が「無限性」であることによって生じる。その点については，「区別されたものが表裏一体であるという意味が，自己意識の本質のうちにある。つまり，その意味は，無限的である。すなわち，それが置かれている規定性と直接的には正反対であるという本質のうちにある」（*GW* 9, S. 109; *Phän.* S. 128）といわれている。したがって，自己意識と自己意識との相互関係は，両者のあいだの境界線が双方から設定されながら，それらが無効にされて否定されてゆく動きでもある。

自分のそとに出て，相手の自己意識のうちである自分を，ヘーゲルは「他者的存在（他在）」と呼んでいる。

「これには表裏一体の意味がある。第一に自己意識は自分自身を失ってしまう。なぜならば，自己を他の〔自立的〕存在者として見出すからである。第二に，こうして自己意識は他者を撤廃している。なぜならば，自己意識もまた他者を〔自立的〕存在者としてみず，他者のうちに自己自身をみるからである」(*ebd.*)。

このことは，行為の次元では，次のようになる。自分の行為が，それ自身表裏一体の意味をもっていて，自分の行為でもあれば，相手の行為でもある。言い換えるならば，自分は，自分が対象に対して行うことを，対象が自分自身に対して行うのでないかぎり，対象に対して，自分だけでは何もすることができない。このようにして，ヘーゲルにあっては，自己意識と自己意識との関係は明白に相互依存性に貫かれている。

自己意識の自立性の経験（ii）
――生か死かを賭ける争い――

だが，以上の論理は，承認関係が現実のものになる前の設計図ともいうべき「承認の純粋概念」であって，現実の経験では，そのままただちに成立するわけではない。というのは，いま述べられたように双方の自己意識が相手の自己意識の自立性を相互にはじめから認め合っている対等の状態を世間の典型として想定することはできないからである。むしろ，会社には上司がいるし，家庭には親がいる。

むしろ現実の経験では，一方の自己意識は相手の自己意識に対して，自分の自立性だけを一方的に主張する場合が多いといってよい。そして，それぞれの自己意識が，自分の自立性を一方的に主張した場合には，一方の自己意識にとって相手の自己意識とは「非本質的対象として，否定的なものという性格をしるされた対象」(*GW* 9, S. 111) であることになる。したがって，この場合，一方の自己意識は自分の自立性を維持するために，自分の生命を賭けて，相手の自己意識の死を目指す。また，相手の自己意識の方も相手の死を目指す。こうして，ここに「生か死かを賭ける争い」が展開されてゆくことになる。

この争いを通して，たしかに勝利者としての主人と敗北者としての奴隷とが生まれて，両者のあいだに支配と隷属の関係が成立する。しかし，この論理によって，すなわち，主人が，奴隷の加工したものに依存しているということによって，両者の関係が逆転し，主人が奴隷に隷属するという関係が成立しうる。

と同時に，主人が依然として奴隷の生命を奪う権利をもっているのも事実である。ここに，奴隷は，主人から生命をいつ奪われるかわからないという恐れを抱くという姿，そしてそうであるがゆえに主人に服従し奉仕するという姿，さらに主人との関係を逆転させる物の形成・加工に携わるという姿をとることになる。ヘーゲルによれば，奴隷の意識は，この三つの姿をとりながら，現実につながれている個別的で小さな自分を捨てて，普遍的本質と一致するような状態になる。すなわち，意識の内面的自立性が確保されるのである。

このようにして，内面は普遍的に自立しているという意識は，ストア主義と懐疑主義そして不幸な意識の三つの形態をとりながら，理性へと至ることになる。以上から明らかなように，主人と奴隷の関係をモデルとする人間関係をめぐる経験は，相互承認の成立をみることなく終わる。個人の生命的自立性を本質とする二人の自己意識の外面的関係だけによっては，相互承認そのものを達成できないことが明らかになるのである。ヘーゲルは，そこから，自立性のありかを，自己意識の内面の普遍に求めるようになるわけである。

(B) 実体としての精神を自己意識の本質として経験する道

ストア主義と懐疑主義は，外面に対する態度がたしかに違ってはいるが，内面の「純粋思考」を立脚点とする点で同じである。その点については「〔…〕この純粋思考が，個別性を抽象的に度外視するストア主義の思考であり，懐疑主義のただたんに不安定であるにすぎない思考――実際，これは無意識な矛盾とその休みなき動きとしての個別性であるにすぎない――〔…〕」(*GW* 9, S. 125; *Phän*. S. 148) といわれている。

ストア主義は，内面の自己同一的普遍性を「正しい理性」として，自分の本分として確立する。そのために外面の個々のものに本気で関係することを放棄するのである。生活の中に，自分の自立性をみつけることをはじめから断念する。

懐疑主義は，外面の生活の次元で関係している己れを，懐疑的思考の力で内面に取り戻そうとする。ところが，懐疑主義は，個々の外面のものに，いちいち判断中止を行うことによって，いつまでも外面の個々のものに関係しなければならないという矛盾に知らずのうちに陥る。

そこで，この矛盾を自覚して，そこから，個別的なものに積極的に関係することによって，矛盾を抜け出ようとする意識が不幸な意識である。不幸な意識は，「己れを解放した不変の自己同一的意識として自己を自覚するとともに，絶対的に混乱した逆転する意識としても自己を自覚する。このような自己矛盾の意識なのである」（*GW* 9, S. 121; *Phän*. S. 143）。不幸な意識は，純粋な思考を越え出ている（*GW* 9, S. 125; *Phän*. S. 148）。しかし，「意識の個別性と純粋思考とが，この思考にとって十分和解しているような思考」（ebd.）の水準に至っていない中間的意識である。不幸な意識は，外面の個別的なものに関係しながら，自分の内面の普遍的自立性のよりどころとしての「不変なもの」を，外面の彼岸に求めてゆく。

第7章 『精神現象学』の根源的問いへの転回（Ⅲ）

――「自己意識」の不幸――

（A）不幸な意識と実体への問い

不幸な意識は，「自己意識」の章に属するがゆえに，当然にも，不幸な自己意識でもある。しかし，ヘーゲルは，一方で，たしかに「不幸な自己意識」といっているが，やはり，主に「不幸な意識」といっている。それは，これまでの個別的自己意識が，己れの本質が内面的自立性にあることを自覚していたのに対して，不幸な意識は，己れの本質を，自己のそとの神的本質体に求めているからである。したがって，不幸な意識は，己れの本質を喪失している非本来的自己意識なのである。

不幸な意識が不幸である所以は，神的本質体との一体化を求めながらも，それが達成されないところにある。いってみれば，それは，意識が，自分の方から本質体を彼岸に遠ざけているからである。というのも「われわれにとって，いままでのところ，不変性は意識の不変性としての不変性であるにすぎないからであって，この不変性は真の不変性ではなく，まだ対立にまといつかれており，完全には不変なものは生じていないからである」（*GW* 9, S. 123; *Phän*. S. 146）。言い換えるならば，もともと，真なる不変性それ自体を手にすることができないように，ここでの不幸な意識は運命づけられているのである。

このことが，「宗教」の章での不幸な意識との違いなのである。ヘーゲルは，「宗教」の章以前では，宗教は，「絶対本質体についての意識」として現れていて，「絶対的本質体それ自体」は現れていないと明言している。したがって，「精神の自己意識」も現れていないという。してみれば，ここでの不幸な意識も「絶対的本質体についての意識」ではあるが，その「絶対的本質体」は，あくまで意識されたかぎりのものなのである。

不幸な意識は，個別的意識ではあるが，その本質は，そのような個別的自己のうちにはない。むしろ彼岸にある単純で不変なものが，その本質であり，己れの個別性状も含めてうつろいゆくものは非本質的なのである。したがって，この不変なるものの意識として己れを非本質的なものから解放しようとする。これは，己れを己れから解放することにほかならない。

では，このような不幸な意識から，どのようにして現在の世界に己れを見出そうとする理性が出現してくるのであろうか。それは，不幸な意識が個別者として，この現在の世界のうちで存在し，しかも不変な神的本質体も，そのような個別者の対象である以上，同じ個別者として現れてこなければならないということである。これは，信仰が，キリストという人の子を不可欠のものとしていることをいっている。「〔…〕意識は不変なもののもとで個別性が出現するのを経験したり，個別性のもとで不変なものが現出するのを経験したりする」（*GW* 9, S. 123; *Phän.* S. 145）。たしかに，ヘーゲルは，ここで，「宗教」の章でもふたたび出てくる父・子・聖霊という三位一体について述べているかのようである。しかし，それは，彼岸に不変の本質体を求める意識の信仰の立場から述べたものなのである。

ヘーゲルによれば，個別性が不変なものと結合されている三重の仕方が，分裂した不幸な意識に対してある。「第一の不変なものは，意識からすると個別性を裁く疎遠な本質体にすぎない。第二の不変なものが意識自身と同様に個別性の姿であることによって，第二の不変なものは，第三に霊（精神）となり，自己自身を霊（精神）のうちにみつける喜びをもち，己れの個別性が普遍と和解していることを意識するようになる」（*GW* 9, S. 123; *Phän.* S. 145f.）。この霊ということで意識は，己れの個別性が，普遍性と和解していることを知るのである。

以上が，不幸な意識の箇所の概要であるが，現代哲学との関連では，本質のない個別の意識存在を発見しており，それは，実存の前形態となる。

(B) 実存の前形態としての不幸な意識

キルケゴールの実存

キルケゴールは，ヘーゲルのような理性主義哲学は具体的で生きた人間をつかんでいないと考えるが，キルケゴールの考える具体的人間とはけっして感性的なものを本質とするような人間ではなく，みずから自由をもち情熱をもって生きてゆく人間，みずから自己の行為を選び決断してゆく人間であった。

キルケゴールによれば，現実に存在する人間はこのような個々の人間である。すべての人間に共通な本質——それを理性と考えようと感性と考えようと——を捉えてみても，そのような本質によっては，具体的人間の姿を捉えることはできない。

われわれ人間は，みずからの行為をみずからの自由によって決断しなければならないものであり，したがって人間の本質ではなく，個々の人間のそれぞれの生き方が問題となる。この本質によって捉えつくすことのできない現実の人間をキルケゴールは実存（Existenz 現実存在）と名づけた。人間にとっては本質よりも実存が重要なのであり，したがって，人間は実存として把握されるのである[1)]。

実存哲学は，矛盾律を廃棄するヘーゲル哲学とは違って，あれかこれかという二者択一の主体的決断を重視する。

サルトルの実存

サルトルの思想も，いままさに生きている自分自身の存在である実存を中心とするものである。とくにサルトルの実存主義は無神論的実存主義と呼ばれ，自身の講演「実存主義はヒューマニズムであるか」（のちに出版される『実存主義とは何か』の元となった講演）で，「実存は本質に先立つ」と主張し，「人間は自由という刑に処せられている」といい切っている。

もし，すべてが無であり，その無から一切の万物を創造した神が存在する（有神論の立場）ならば，神は神自身が創造するものが何であるかを，あらかじめわきまえているはずである。ならば，あらゆるものは現実に存在する前に，神によって先立って本質を決定されているということになる。この場合は，創造主である神が存在することが前提になっているので，「本質が存在に先立つ」ことになる。

しかし，サルトルはそのような一切を創造する神がいないのだ（無神論の立場）としたらどうなるのか，と問う。創造する神が存在しないというならば，あらゆるものはその本質を（神に）決定されることがないまま，現実に存在してしまうことになる。この場合は，「実存が本質に先立つ」ことになり，これが人間の置かれている根本的状況なのだとサルトルは主張するのである。

そこでまず，サルトルは自体と対自というヘーゲル的対概念を導入する。これは物事のあり方と人間のあり方とに分けて対比させたもので，自体である事物とは，「それがあるものであり，あらぬものであらぬもの（l'être est ce qu'il est et n'est pas ce qu'il n'est pas）」であるとした。これは事物が，つねにそれ自身に対

1）岩崎武雄・斎藤忍随編『原典による哲学の歩み』講談社，1976年，374頁を参照されたい。

して自己同等的なあり方をしていることを意味し，このようなあり方を自体存在（être-en-soi）という。

それに対して，対自（pour-soi）である人間とは，「それがあるものであらず，それがあらぬものであるもの」とした。人間は，何をやっているときでもつねに自分を意識することができるので，事物のように自己同等的なあり方をしていない。A は A であるといわれるのは自体存在ということでのみであって，対自では A は A であったとしかいわれえない。対自は仮に存在といわれたとしてもそれ自身は無 <néant> である。これは人間があらかじめ本質をもっていないということを意味する。このことについてサルトルは「人間とは，かれがみずからつくりあげるものにほかならない」と主張し，人間は自分の本質をみずからつくりあげることが義務づけられているとした。

人間は自分の本質をみずからつくりあげることができるということは，たとえば，自分がどのようにありたいのか，またどのようにあるべきかを思い描き，目標や未来像を描いて実現に向けて行為する「自由」をもっていることになる。ここでのサルトルのいう自由とは，みずからが思い至って行った行為のすべてで，人類全体をも巻き込むものであり，自分自身に全責任が跳ね返ってくることを覚悟しなければならないものである。このようなあり方での実存が自由であり，対自として「人間は自由という刑に処せられている」というのである（人間は自由であるように呪われている。‹ condamné à être libre ›）。

とはいえ，人間は自分で選択したわけでもないのに，気づいたときにはすでに，つねに状況に拘束されている。他人から何ものかとしてみられることは，わたしを一つの存在として凝固させ，他者のまなざしは，わたしを対自から自体存在に変じさせる。地獄とは他人である（l'enfer, c'est les autres）。そのうえ，死では，すでに賭けはなされたのであって，もはや切り札は残されていない。わたしを対自から永久に自体存在へと変じさせる死は，わたしの実存の永遠の他有化であり，回復不能の疎外であるといわれる。

しかしながら，これをつねに状況によって自分がそとから拘束されているとみなすべきではない。自由な対自であるかぎりでの人間は，現にある確実なものを抵当（gage）に入れて，いまだあらぬ不確実なものに自己を賭ける（gager）ことができる。つまり，自己が主体的に状況内の存在に関わり，内側から引き受けなおすことができる。このようにして現にある状況から自己を開放し，あらたな状況のうちで自己を拘束することはアンガージュマン（engagement）といわれる。

サルトルはみずからのアンガージュマン（engagement 社会参加）の実践を通してしだいに社会的歴史的状況に対する認識を深め，マルクス主義を評価するようになっていく。『存在と無』に続く哲学的主著『弁証法的理性批判』は，実存主義（あるいは現象学的存在論）をマルクス主義の内部に包摂することによって，史的唯物論の再構成を目指したものだった。

なぜ，そのような作業が必要だとサルトルは考えたのか。『弁証法的理性批判』序説の『方法の問題』によれば，ソ連をはじめとした共産党の指導者たちが，マルクス主義理論を教条化することによって，それにあわない現実を切り捨てていったからである。「かれらは教条を経験の力の及ばぬところに置いた。理論と実践の分離はその結果として，実践を無原則な経験主義に変え，理論を純粋で凝結した“知”に変えてしまうことになった」（『方法の問題』，人文書院，30 頁）

『弁証法的理性批判』でサルトルが行おうとしたことは，実践弁証法によって史的唯物論を再構成し，「発見学（euristique）」としての本来のマルクス主義を基礎づけなおすことだったのである[2]。

（C）不幸な意識の三つの性格とキリスト教

さて，以上の検討から，不幸な意識には，三つの性格があることがいまとなっては判明する。

「欲望一般」の完成形態としての不幸な意識

第一に，不幸な意識は，すでに述べた「欲望一般」の完成形態である。不幸な意識は，「欲望一般」であるからこそ，彼岸の不変なものに至ることを欲する。しかし，不幸な意識は，己れの本質を不変なものとして，原理的に到達することのできない彼岸に至ることを欲するがゆえに，それに到達することはついにできない。それは，また，「欲求一般」が求めるものが充たされないことに由来する「精神の苦悶」（*GW* 9, S. 363; *Phän.* S. 443）となる。この点については「自己意識は不幸な意識ということで完成されたが，この意識は対象性をふたたび得ようとしながらもそこに達していない精神の苦悶にすぎなかった」（*ebd.*）といわれている。

2）　松浪信三郎『実存主義』岩波新書，1962 年，125–64 頁を参照されたい。

不変なものを本質として欲する不幸な意識

第二に，不幸な意識は，「欲望一般」と異なり，己れの本質を不変なものと考えている。なぜならば，「欲望一般」は，己れの本質を必ずしも不変なものに限定しないからである。

ところで，この不変なるものは，のちに実体と呼ばれるものにほかならない。その点については，「宗教はわれわれにはすでに別の規定性で現れてきていた。すなわち不幸な意識として，言い換えると意識そのものの実体なき動きという形態として現れてきていた」（*GW* 9, S. 287; *Phän*. S. 349）といわれている。つまり，不幸な意識とは，さしあたって実体を失った意識一般の性格を表示しているのであり，それゆえに，不幸な意識とは，「己れの実体」を欲してゆく意識ともなる。このようにして，不幸な意識は，相互承認を可能とする自己意識の本質を不変な実体として欲する意識でもある。

キリスト教の意識としての不幸な意識

第三に，不幸な意識とは，ヘーゲルの理解したキリスト教の意識である。それは，「形態を得た不変なもの」を欲するところに現れている。その「形態」とは，不変なものの個別性であるがゆえに，キリスト教の意識とは，不変な神と個別的人間とが接することを自覚することにほかならない。そのことについては，『ハイデルベルク・エンツュクロペディー』第三部精神哲学自筆メモでこう明言されている。「D. 自己意識はみずからのうちで無限なものとして把握されている――神的自然と人間的なものとの一致――神が人間のうちに生まれた――〔それが〕キリスト教〔である〕。〔それに対して〕ユダヤの民〔には〕――古の苦悶が与えられた――〔ユダヤの民は〕他者を待ち望んでおり――この苦悶の世界の不幸のうちで世界史的〔である〕――〔それに対して〕精神〔は〕――具体的なものとしての叡知的世界〔であり〕――神の国〔であり〕――自然と現実の国に対して――あらゆる人間がそこで生活している――〔キリスト教とは〕かぎりなく引き裂かれる分裂〔である〕」。

このように考えれば，不幸な意識が歴史の次元では，キリスト教と深く関わっていることは明らかである。まず，ヘーゲル自身が，不幸な意識を宗教の生成のうちに含めている。次に，さきほど述べたように，個別性と不変性との結びつきが三重のものとして認められていることは，いかにも三位一体論との関係を濃厚に示している。しかし，このことは，不幸な意識の本質をキリスト教の意識にだけ還元することを正当化するものではない。なぜならば，不幸な意識は，その根底では，「欲望一般」であり，それは，意識の経験の動きでは，さしあたって「意識そのものの実体なき動き」なのである。ということは，不幸な意識が，少なくとも，「宗教」の章の「啓示宗教」に至るまでのすべての意識そして自己意識の根本にあることを意味する。したがって，自己意識を現象で捉える場合，不幸な意識ということは不可欠の事柄なのである。反対に不幸な意識を欠落させた自己意識を，現象で考えることには，何の意味もないのである。

(D) 不幸な意識から理性の確信へ

不幸な意識は，第三の性格では，キリスト教の意識であり，人の子にして神の子であるキリストを仲立ちにして霊となって彼岸の不変なものと一つになることを望む。

以上の神・子・霊という三位一体関係に，普遍・特殊・個という理性推理[3)]が胚胎している。仏教でも，仏と信徒のあいだに仏像を置いているのは，ヘレニズム意識の歴史経験である。三位一体関係から理性推理への移行を西欧の精神史にあえて対応させれば，神中心の中世キリスト教世界から，現世中心のルネサンス世界への展開にあたる。それは，トマス・アクィナスの神の無限性が，ガリレイの世界の無限性へ移行し科学理性が成立したのと軌を一にする。

こうして，ヘーゲルの理性とは，カントと同じく，特殊を中項にして普遍と個を結合する推理である。ヘーゲルは，この中項を，信仰から修行へ至る道で生み出す。

ところで，理性推理の中項の源泉は，アリストテレス由来の「接触」という表現である。思考対象としての思考は，ヘーゲルによれば，さしあたって思考対象と「接触し思考するもの」である。このことの意味を考える必要がある。

たしかに，「接触」という表現は，通説では，ヘーゲルの用語とはまず考えられない。しかし，『精神現象学』の用例を検討すると，ヘーゲルのいう推理の特定の事態を表現していることが判明するのである[4)]。

---

3) 形式論理学では推理はたとえば次のように表現される。
　大前提　人間〔特殊〕は死ぬもの〔普遍〕である。
　小前提　ところで，ソクラテス〔個別〕は人間〔特殊〕である。
　結　論　ゆえに，ソクラテス〔個別〕は死ぬもの〔普遍〕である。

4) ヘーゲル・テキストデータベースで検索すると，『精神現象学』全体で，名詞形，動

そもそも『精神現象学』全体が推理構造をもっていることについては，ヘーゲルはこう述べている。「意識は，普遍的精神と意識の個別・感性的意識とのあいだで意識の形態化という体系を中項とする。この体系は，精神の生が秩序づけられて全体となったものであり，ここで考察されている体系であり，世界史となって己れが対象的に定在する」（*GW* 9, S. 165; *Phän.* S. 199）と。

意識経験の一つ一つでも，推理が形成されている。「力と悟性」の章では，諸物の内側と諸物の外側である現象と悟性とのあいだに推理が成立している。そして，この推理こそが悟性の経験を可能にするわけである。「自己意識」の章では，主人と物と奴隷とのあいだに，さらには，不変なものと仲介者と個別者とのあいだに推理が認められている。「理性」の章では，有機体の類と種と個別との推理が認められている。「精神」の章では，神々の掟と，男性と女性の合一，そして人間の掟とのあいだに，また，「宗教」の章では，神々の世界と民衆と歌い手とのあいだに三項推理が認められている。

こうして，意識経験は推理に導かれている。そして，このことを洞察しながら意識経験の推理全体を対象としているのは，ながめわたすわれわれなのである。

以上の意識経験の推理のうちでとりわけ着目すべきは，不幸な意識の推理である。それについては，こういわれている。

「しかし，不幸な意識は，その人の現在を手に入れていないとはいえ，同時に純粋思考からそとに出ている。それは，この純粋思考が，個別性を抽象的に度外視するストア主義の思考であり，懐疑主義のただたんに不安定であるにすぎない思考――実際，これは無意識の矛盾とその休みなき動きとしての個別性であるにすぎない――であるかぎりである。つまり，不幸な意識は，ストア主義と懐疑主義を超えている。けれども，この意識は，純粋思考と個別性を結びつけ，まとめはするが，意識の個別性と純粋思考とが，この思考にとって十分和解しているような思考に，まだ高まっているわけでもない。むしろこの意識は，抽象的意識が個別性としての意識の個別性と接触しあう中項にいるのである。この意識自身がこの接触である。それは純粋思考と個別性の統一である。この意識にとってもそれは思考する個別性，純粋思考であり，本質的にそれ自身個別性として，この意識にとり不変なものである。けれども，この意識の対象が，すなわち，この意識にとって本質的に個別性の形態をもっている不変なものが，意識自身であるということ，意識の個別性であるような意識自身であるということは，その意識にとってあるわけではない」（*GW* 9, S. 125; *Phän.* S. 148）。

詞 形を合わせて，少なくとも 17 箇所で使用されている。しかも，「感性的確信」と「絶対知」の章以外のすべての章にみられる。「イェーナ自然哲学」でも推理の中項が「接触」という表現で説明されている。Vgl. *GW* 7, S. 225 以下 ; S. 242; S. 244.

ここに，不幸な意識が『精神現象学』全体で占める位置が示されている。つまり，不幸な意識は，「純粋思考と個別性との統一」なのであるが，この統一が自己自身であることを自覚していないのである。これを自覚するのは，絶対知なのである。そして，この絶対知は，推理での中項という形態をとるはずなのである。たしかに，不幸な意識の箇所でも「中項（Mitte）」という言葉が用いられているが，これは，まだ真の中項ではない。むしろ，純粋思考と個別性が触れあっている中項であり，そこでの無自覚的統一が「接触」として表現されている。つまり，「接触」は自覚的統一への出発点なのである。

接触と中項との関係については，「力と悟性」の章では，こういわれている。「二つの力は，〔推理の〕両項—ある固定したものをそれだけでとっておき，相互に外的性質だけを中項また両者の接触の中に送り込むにすぎない—として存在するのではない。むしろ，両項である当のものは，その中項しかも接触の中でのみ両項なのである」（*GW* 9, S. 87; *Phän*. S. 99）。たしかに，この点では，不幸な意識の推理も同様であるが，「不幸な意識自身がこの接触である」（*GW* 9, S. 125; *Phän*. S. 148）。すなわち，不幸な意識それ自身が，接触としての中項なのである。不幸な意識の推理については，こういわれている。

「この〔意識と不変的なものとの〕あいだの関接的関係は，一つの推理である。この推理では，**自体**に対するものとしてはじめ固定している個別性が，その他方の項と，第三項によってのみ連結されるのである。この中項によって，不変な意識という項は非本質的意識に対している。が同時にこの意識では，みずからが，この中項によってだけ，不変な意識に対しているということもある。したがって，中項は，両項をたがいに表象し，各一方の他方に対する相互的奉仕者であるようなものである。この中項はそれ自身意識されたものである。というのもこの中項は，意識そのものを媒介する行いだからであり，この行いの内容は，意識が己れの個別性とともに企てる絶滅化である」（*GW* 9, S. 129–130; *Phän*. S. 154）。

こうして，不幸な意識の接触は，「意識そのものを仲介する行い」としての中項となる。しかも，このような行いが「意識のある存在者」なのである。これは，「宗教」の章で「仲介者」としてのイエスとなり，「絶対知」の章では絶対知となる。総じて，それは，「自己自身を知る精神」である。ここに，中項の完成が絶対的精神の無限性の現れとなる。

ここで，カントの理性は，中項の完成としての無限性の現れとして捉えられ，同時にそれが精神の自己知の成立として捉えられる。このことによってカント以来の超越論哲学とアリストテレスの総合が成立する。その端緒が，接触・中項の仲介を重ねることにあった。

さて，以上のように考えると，『エンツュクロペディー』の最後の推理の中項としての「自己を知る理性」が，アリストテレスの『形而上学』の接触の解釈であることが判明する。

(E) 幸福の真相は不幸である

最後に注意すべきことは，第一に，不幸な意識は，「精神」に至って，幸福になるのではないということである。ヘーゲルは，『精神現象学』の歩みを，不幸な状態から幸福な状態へという尺度でけっして測ってはいないのである。たしかに，ヘーゲルは，「自己意識は，人倫的実体であり，民の精神であるというこの幸福にまだ達してはいない」（*GW* 9, S. 196; *Phän.* S. 237）と「理性」の章の第2節の冒頭で明言している。そして，この意味では，「理性」の章の終わりで，人倫的実体を「己れの実体」として獲得することによって幸福への道を見出したかにみえる。しかし，それでは，「法状態」で，意識が実体を失うのは，どういうわけなのか。なぜならば，意識は，実体を失うことによってふたたび不幸になるからである。つまり，ヘーゲルにとって意識の不幸とは，幸福への道なのではなくて，幸福の真相だったのである。そのことを，不幸な意識と喜劇の意識との関係のうちから読み取ることができる。ヘーゲルは，こういっているのである。「われわれがながめわたすのは，この不幸な自己意識が，自己内でまったく幸福であってしかも喜劇的意識とは反対であるとともに，この意識を完結させていることである」（*GW* 9, S. 401; *Phän.* S. 490）。喜劇的意識は，「自己が絶対的本質体である」というかたちで，もろもろの神的本質体が自分のうちへはいってくることをもって幸福と考えている。しかし，不幸な意識は，喜劇的意識の軽妙さのうちで隠れた実体の喪失という悲劇的真相を知ることなのである。その点については，「不幸な意識はこの喪失全体を知っている」（*GW* 9, S. 401–402; *Phän.* S. 490）といわれている。このようにして，不幸が幸福の真相なのである。したがって，不幸な意識は，「絶対知」に至って幸福になることはない。なぜならば，不幸な意識は，「神自身が死んでいる」という痛ましい感情とともに消え去るからである。そして，そこから，「自己を精神として知る精神」が誕生してくるのである。

第 8 章　『精神現象学』の根源的問いの定礎（Ⅰ）
――「理性」――

(A)『精神現象学』での「理性」の章の位置

まず，「(A) 意識」という区分で一括されている三つの章は，「意識の形態」であると同時にまた「確信の数々のあり方」(*GW* 9, S. 103; *Phän*. S. 120) と規定されている。そして，確信としての意識の対象が「意識からみて意識自身とは別のもの」としての「真なるもの」と一般的に規定される (*ebd.*)。

ところが，次に「(B)　自己意識」では，当の意識の確信そのものが意識の対象となり，それで意識が己れ自身に対して，真なるものとなるときに「真理に等しい確信」としての自我が生じてくる。だが，この対象は，意識の経験の動きを介して，「空虚な対象」(*GW* 9, S. 133; *Phän*. S. 158) そして「他者から退いている対象」(*ebd.*) となって否定される。

それゆえに，第 3 に「(C)〔表題欠落〕」に属する「理性」の章では，当の自己意識が，空虚な対象ではなくて実体であることを証明したときに成立する真理が追究されてくる。そして，このような真理を可能にする実体の形式が結局カテゴリーと呼ばれ，実体の内容が事象と呼ばれるのである。この点からいえば，「理性」の章とは，ヘーゲルの本来考えている理性を確定してゆくための論述なのである。それによって，実体は，本質的には主体となることができるのである。

理性としての実体の形式はカテゴリーであり，カテゴリーの内容は事象である。

理性とは，自己と存在の同一本質としての実体である。

(i) 実体の形式は，カテゴリーである。

①判断にあっては実践的概念としての述語形態である。

②推理にあっては普遍概念・特殊概念・個別にして類・種・個である。

ヘーゲルによれば，理性とは「自己意識と存在が同一の本質体であるということ」(*GW* 9, S. 134; *Phän*. S. 160) なのである。ヘーゲルは，「理性」の章前文で「理性は全実在性であるという確信である」(*GW* 9, S. 134;

Phän. S. 160）と述べ，さらにまた「全実在性であるという確信は，やっとまだ純粋カテゴリーである」（*GW* 9, S. 136; *Phän*. S. 162）と述べている。したがって，「理性」は，さしあたって「純粋カテゴリー」である。

このような表現によって，第 1 にヘーゲルは，カテゴリーという語のアリストテレス的意味に依拠しつつ，存在把握のカント的場面からの転換を語ろうとしている。第 2 にヘーゲルが「理性」の章で目指したことは，カントがカテゴリーの中心を理論的概念に置いたことを変換して，実践的概念としてのカテゴリーに中心を置くことであった。そして，それは，ギリシア語のカテーゴレインが，もともとは，訴訟という実践的場面での告発を意味したことに立ち返ることであった。告発とは，たとえば「山田は殺人者である」という命題で述べられて，「殺人者」という述語形態がカテゴリーとなる。ただし，カントでは，理性は推理の能力だから，カテゴリーも推理の単位で問われることになる。つまり，カテゴリーは普遍概念・特殊概念・個別となる。しかも，アリストテレスでは，思考の構造がまた存在世界の構造でもある。つまり，存在世界では，普遍概念・特殊概念・個別は，類・種・個という構造となる。

(ii) 実体の内容は，類としては事象そのものであり種としては事象である。

①事象は行いの結果つまり所業（Werk）である。

②事象は，内面的本質の外面的現象である。

実体の内容が事象（Sache）と呼ばれる。たとえば，事象「殺人者」は，殺人という行いの結果としての所業（Werk）である。こうして，理性としての実体内容は，事象つまり行いの結果として現象するのである。たとえば，ヘーゲルによれば，自我によって捉えられた本質としての「思想的考え」である「法」は本来的に存在として現実化されている。

さらに，その事象は，内的本質の外面現象であるために，「外面は内面の表現である」という理性法則が成立する。

以上が，理性としての実体が照らし出そうとしている根本的事態であるといってよいであろう。しかし，ここで当然問題にされるべきことは，いま述べた根本的事態を，まずはカテゴリーというアリストテレス以来の伝統的用語で，ヘーゲルは表現しようとしたことである。この点について検討するにさいして，ぜひ注目しておくべきことは，ヘーゲルは，意識の経験という場面で，存在の成り立ちを解明するにあたって，類―種―個という，カテゴリーの存在論的側面を示す語が依然として有効であると考えていたことである。もちろん，それは，これらの語の再検討と，従来，これらの語が主として物について使われていたのを，行為や自己そのものについても使ってゆこうという企図をともなっている。それゆえにこそ，ヘーゲルは「理性」の章の「A　観察する理性」や「B　理性的自己意識の自己自身による実現」についての叙述そして「C　それ自体でそれだけで実在的であると思い込んでいる個体性」で，類の側からのカテゴリーの探究を，個の側からの個体性の探究と相即的に論述しているのである。つまり，それによって，類と個を媒介する種を事象に求めたわけである。

こうして，「物」と厳格に異なる「事象」そして「事象そのもの」という概念は，カテゴリーを探究してゆく過程で辿り着いた「理性」の章の終着点であった。つまり，ヘーゲルが「理性」の章で，カテゴリーを探究したのは，存在としての自己を問うためであった。ところが，存在が「物」と等置されるかぎりでは，「A 観察する理性」の最後で結局は，「自己は物であるという無限判断」（*GW* 9, S. 191; *Phän.* S. 231）に陥り，主語の自己と述語の物とのあいだには媒介関係が成立しないことになった。

そこで，まず，事象を物から区別しなければならない。ヘーゲルによれば，「一つの事象」とは，「自己自身についての意識の確信」が行為を介して「対象的ありかた」をとったものである。事象と「物」との相違も次のように規定される。「感性的確信と知覚にとっての物には，自己意識に対し自己意識によってのみ，その意義がある。この点に物と事象の区別が基づいている」（*GW* 9, S. 223; *Phän.* S. 271）。すなわち，「一つの事象」が「個別的現実性」であるかぎりで感性的確信ないし知覚の対象としての物にすぎない。それで，それが「一つの事象」であるためには，普遍的自己意識の行為によって産出された対象的自己でなければならない。

したがって，当然にもヘーゲルが，次になすべきことは，いま述べた動きを有する対象としての自己を確定することである。ヘーゲルはこういう意味での対象を「実体」と呼んだうえで「実体」を事象性から捉えた。

まず，「実体」という語は，「精神」の章以降で，意識の対象となるが，「理性」の章まででは，使用頻度も小さく，意味もそれほど限定されていない。それらの箇所で使用されている実体という言葉は，たしかに，(a) 主体を原動力とする動き (b) 普遍的存続性 (c) 自立性という意味を含意している点では同一である。

しかし，個体の本質であり，普遍的自己意識が産出する「実体」つまり「精神」の章以降での実体と直接接続する用例は，「自己意識」の章の前文にあり，それが「理性」の章の「B　理性的自己意識の自己自身による実現」の前文でより詳しく語られている。すなわち，そこでは，「わたしたち」の「目標」である「人倫の国」がはじめて示され，（a）「人倫的実体」がいかなるものであり，（b）そういう実体と個人とがどのような関係にあり，（c）とりわけ個人の個別的行為がどのようであるかについて説明されて，「一つの自由な民では，ほんとうに理性が実現されている」（*GW* 9, S. 195; *Phän.* S. 236）といわれる。しかし，これは，さしあたって，「わたしたち」の「目標」であって，自己意識は，いま述べたような幸福のそとへ出ているのが実情である。それで，ヘーゲルによれば，個人は己れの幸福を求め，世界の中へ送り出されることになる（*GW* 9, S. 196; *Phän.* S. 237）。

このような理解からいうと，「理性」の章のBの箇所は，個人が己れの実体を喪失している段階と解することができる。そして，Cの箇所は，個人の意識がみずからの本質を実体として対象化する現象が探究されている段階と解することができる。

こうして，ヘーゲルは，類—種—個のカテゴリーを解明するさいに，まず，個を個人ないし個体性として捉え，類—種を個体性の本質として解明してゆく。もっとくわしくいうならば，個体性の本質のさまざまな段階を解明しながら，さらにその本質のカテゴリーとしてのさまざまな段階を同時に解明してゆくのである。なお，ヘーゲルが個体と表現しないで個体性と表現するのは，生動的実体が個体という性状をとっていることを意味するためである。

（B）個体性概念からみた「理性」の章

「理性」の章では，「外面は内面の表現である」という理性の法則に従いながら，理性が個体性の展開として解明されてゆく。

観察する理性

(i) 自然の観察の段階——個体的形態の段階

この段階での個体性理解の萌芽は，「自己意識」の章にすでにある。ヘーゲルによれば，生命の個体化は，「自立的形態」として現れるので，個体性とは「個体的形態」である。自己意識は，原初には欲望であり，その欲望の対象は，他の生命である。その生命は，とりわけ「単純な流動的実体」であり，無限的なので形態化とそれを廃棄する動きとして現れる。その実体は，「無限的実体」としての個体的形態に対して「普遍的実体」となる。個体的形態の方では，その普遍的実体という生命を欲望の犠牲にすることによって自己が自立体であると感じるのである。

したがって，個体的形態からすれば，普遍的実体は，①形態から分離していて，②生命維持のために食らいつくされる対象でありながらも，③普遍的生命であるという点で「個体的形態の本質」となる。そして，この本質は，非有機的自然ともいわれる。

「理性」の章の「有機体の観察」の箇所では，個体的形態は，「有機的自然」あるいは「個体的自然」ともいわれ，獣，鳥，魚というように形態区分が考えられている。それに対して，非有機的自然あるいは「原初的自然」としては，空気，水，土地，地域，気候などが例示されている。それらは，個体的形態の未規定で単純な本質であると同時に普遍的場面であって，そこで個体的形態が他の個体的形態と関係しながらも自己へ還帰する。たとえば，空気という場面に属する動物の場合には，鳥の形態をもつという関係が有機的自然と非有機的自然とのあいだにみられる。しかし，その関係には，法則的必然性がなくて，場面が，個体的自然に大きく影響することでしかない。その理由は，物としてしか観察されない普遍的生命が，推理の理性的構造をそなえていないことである。

そこでヘーゲルは，そのような推理構造を，自己意識に求めようとする。なぜならば，自己意識は，「その普遍が，普遍と同様に展開される個別性を絶対的に自己自身にそなえている自由な概念」だからである。こうして，意識心理の段階での個体性が解明されることとなる。

(ii) 心理学の段階——意識をそなえた個体性

この段階では，個体性は，「意識をそなえた個体性」とされ，その意識内容は，さしあたって「さまざまな能力，傾向，情熱」になる。このような意識内容を袋に入れるように精神の中に並存させている個体性を「相違をそなえた現実的な個体性」とも呼んでいる。しかし，この個体性を把握しても精神の普遍を把握できないので，「個体の法則」が案出される。この個体の法則の一方の側面は，「個体性そのもの」であり，他方の側面は「個体性の普遍的非有機的自然」ないし「限定的環境」である。後者の事例としては，眼前の環境，状況，習慣，習俗，ものの考え方，宗教，世界情勢一般などが挙げられている。心理学の考え方によれば，この限定的環境が個体性に及ぼす影響から，「限定的個体性」を理解すべきことになる。

とはいっても，当該段階の個体性に，自己を限定する外部が影響するとしても個体性の内部は外部からは把握できない。なぜならば，意識をそなえた個体性は，①現存する普遍としての習俗や習慣などと，静かに直接に流れをともにしてこれらに適合しようとする態度をとったり，②反対に習俗や習慣などに反抗する態度をとったり，③それらにまったく無関心な態度をとったりすることもできるからである。

また，先述の「個体性の普遍的非有機的自然」は，普遍を含んでいると同時に「限定されたもの」をも含んでいる。つまり，諸環境，ものの考え方，習俗，世界情勢一般などは，もしそれがなかったら個体性はいまあるものになっていないという点で個体性一般の実体ではある。しかし，世界情勢などは，絶対化されて特殊なものとなって個体性に影響し個体性を限定する。

その場合に大切なことは，個体性を意識とだけ理解し，世界を「絶対化されて存在するであろう存在」と二元論的に理解するのではなくて，個体が特定の性状を身体とすることである。そこで観察対象は，いっそう個体性に近い「実在的個体性自身の規定性」つまり身体となる。

(iii) 人相術・頭蓋論の段階――実在的個体性

この段階では，身体のうちで，人相と頭蓋が対象となる。

人相術で典型的になされるように個体的人間の本質を，意識，意図や性格などの内面に置いて，これを個体性自前の外面つまり人相から把握しようというのである。たとえば，ある人が善人にふさわしく振る舞っていたとしても，人相学者は，その人の人相という外面から，その人の内面は悪であるからその人は悪人であると判定する。

このようにして身体から個体性の本質を把握しようとするさいには，次のことが前提となる。つまり，身体は，生得のものであるだけではない。むしろ，身体は，「自己の所為」あるいは「個体によって生み出された自己自身の表現」であり，また，記号となる。そのうえで，身体は，内面のありかたに応じて次のように解釈される。

①まず，内面を意識の動きないし「意識の動きとして設定された個体」と解釈すれば，そのような個体性は，「内面的個体」となり，それを表現する外面は，器官でしかない外面，さらに「静止した全体」となる。たとえば，口を動かして発語させたり手を動かして作業をさせたりするのは意識の動きであるならば，口や手が器官だということになる。

②また，内面が「反省されている存在」と解釈されれば，それを表現する外面はとりわけ相貌だということになる。このような個体性は「自己意識的個体」と呼ばれる。

このようにして，ヘーゲルは，個体性の本質を内面に置いたうえで外部との関係を描いてみせる。(ii) 心理学の段階では，「個体性の普遍的非有機的自然」という外部は，「一般的現実」としての「一般的習俗や文化」であり，「さらに特殊な環境や文化」であった。そして，それと個体性の「形式的で内容欠如のつまり未規定自己活動」とが関係づけられたわけである。しかし，現実がいくら特殊化されても，それは，個体性の内面とは異質の現実にとどまるのである。したがって，外部は内面の外部ではないのである。

これに対して，(iii) の段階での身体は，一方では気候，大陸，民の違いによって区別される「一般的形態」であるがゆえに外部の環境と直接に結びついている。しかし，また，他方では「内面作用に属する身体形成体」と関係してもいる。このような意味では，身体は，たんなる物ではなくて内面の表現として容姿や相貌に注意が注がれることになる。ヘーゲルは，それを「自然人相術」と呼び日常的営みと考えている。しかし，これが個体性の本質を解明する学問であろうとするという点では，学問的法則が要求する必然性を備えることができないので人相術を批判する。

そもそも人相術にあっては，個体性の内面にみえない本質があってそれが身体によってみえるようになっていることを前提している。しかし，内面が自己で外面が物ということであれば，内面は原理的に不可視になる。こうして「個別的自己意識と同様に個別的形態は，思い込まれた存在なので語りえない」といわれる。そこで，ヘーゲルは，外面を身体ではなくて，身体的行為に置くのである。「人間の**本当の存在**は，**その人の所為**〔行いの結果〕である。行いの結果ということで個体性は**現実**である」(*GW* 9, S. 178; *Phän.* S. 215)。

この視点からみた場合，人相術の対象は，次の両側面によって撤廃される。

①一方で個体性が否定的存在者として現れることによって「身体的で静止した存在者」としての個体性が撤廃される。

②他方で，「思い込みによって無闇に規定されまた規定されうる自己意識の個性」に関しては，「思い込みの非言表性」が撤廃される。

このようにして，語られうる外面は，所為となる。

次に，頭蓋論によれば，人間の内的本質は，脳の諸機能にあり，それは特定の位置に局在している。そして，その脳を掩う頭蓋の外面的形状によって人間の内的本質たとえば性格，気質，素質，能力を認識することができるというのである。この頭蓋論によって，「自我は物である」という無限判断が示され，「A 観察する理性」が終わる。しかし，次の節は，頭蓋論とともに，人相術での表現行為を受けつつ，物ではなくて事象を解明すべく展開されるのである。つまり，行為する個体性による目的の実現の検討がなされてゆく。

目的行為の段階

この段階で考察対象となるのは，「行為の中で己れを実現する個体性」である。ここでの行為は目的としての己れを実現する手段であり，「個別的なものとしての己れを実現しながら，個別的なものとして己れを享受する」。

(i)「a　快楽と必然性」では，「この個としての己れを他者〔恋人〕に直観しながら，他の自己意識を自己として直観すること」つまり統一が目的とされる。ところが，快楽を実現した結果は，自己意識が必然性と関係し一体であり普遍的であることが明らかになり，必然性から区別された個の快楽は否定される。ここでは，意識は，統一—区別—関係というカテゴリーによって破滅するのである。なお，快楽の事例としては，ファウストのグレートヒェンへの恋を挙げることができる。

(ii) こうして，「b　心の法則と自負の狂乱」では，自己意識が目的自己のうちで心の法則を直接にもってそれを実現しようとする。ところが，心の法則は，外部で実現されると心の法則ではなくなるという矛盾をもつことが明らかになる。そして，個別的自己意識が己れを維持するのではなくて，善が個別者を犠牲にしながら実現されることとなる。なお，事例としては，シラーの『群盗』の主人公カール・ムーアやシラーの『ヴァレンシュタイン』の主人公ヴァレンシュタインを挙げることができる。

(iii) 最後に「c　徳の意識と世の中」では「世の中」というありかたが生成する。『ドン・キホーテ』やカルデロンの戯曲を範例とする徳の意識にとっては，法則が本質的であり，個体性は撤廃されるべきなのである。また，世の中にとっては，個体性とは，自己を本質として元来の善や真理をこれに従属させるものである。また，「絶対的秩序ないし一般的法も両者に共通の契機であるが，徳の意識にとっては，否定されるべき現実」であり，世の中にとっては，「意識に対する存在現実ではなくて世の中の内的本質として現存しているのである」。

ところが，世の中にとっての個体性は，自己の快楽と享受を求めたり，絶対に法であろうとしてこういう自惚れによって現存秩序を妨害しようとする個体性である。それで普遍的善は，世の中では，まったく矛盾している現実意識としては，狂乱であり，対象的現実としては，「逆さま一般」となる。

それに対しては，「徳の目的は，逆さまにされた世の中をふたたび逆さまにして，世の中の真の本質を作り出すこと」である。この真の本質が，世の中のもとでは，「世の中の自体」であると徳の意識は信じている。徳と世の中との争いは，両者にとって共通の「天賦，才能，力能」を武器として行われる。天賦や才能や力能が自体存在に直結していることが前提されており，そのゆえに「自体それ自身が直接に個体性の過程の臨在であり現実性である」といわれる。そこで次にヘーゲルは，自体を「本源的で特定の本性」としてより詳しく考察してゆく。

本来実在的な個体性

(i) 自己目的としての行為

ヘーゲルが，行為を個体性〔個人の本性〕の自己表現として捉えている箇所は，『精神現象学』「理性」の章の最後の段階にあたる「それ自体でそれだけで実在的であると思い込んでいる個体性」である。ここで，ヘーゲルは，「行いは，それ自身で己れの真理であり現実である。個体性を提示し発言することが，行いにとり絶対的に目的そのものである」（*GW* 9, S. 214–215; *Phän.* S. 260）と明言している。つまり，行為が，自己目的だというのである。行為には，それ自体が目的である場合があり，遊び，芸術創作・鑑賞，学問，道徳的行為などそれにあたる。

ところで，まず，この文は，行為をすることが，個体性を自己表現するための手段であることを否定している点で（B）目的行為の段階の行為概念と違っている。むしろ，「行為をすることは，それ自身で，その真理であり，その現実である」といっているのである。すなわち，行為をするということは，それ自身のうちで同時に行為の最初にある目的が実現していることでもあるというのである。こうして，行為ははじめの目的が終わりとしての現実化と一致する「円周の動きの光景」をもつ。「個体性が自分自身で現実であるから実現することの素材とか，行為の目的とかいっても，いずれも行為自身である」。このようにいえるのは，行為が，その形式と内容という二つの規定の統一だからである。行為の形式とは，①自体的目的②移行③現実的にあるということである。そして内容とは，①から③への移行の動きの中にあって，単純体としてある本性というあり方なのである。

(ii) 個体性とは何か？

さて，このようにして，個体性を自己表現することが行為であることが判明した。しかし，表現されるべき個体性について「個体性は本源的に特定の本性として登場する」といわれている。したがって，この「本源的に特定の本性」が行為のうちで表現されることになる。この本性とは個人の本質として，さしあたっては，素質と能力という偶然的相違をもつものであり，さらに性別や熱情に基づく性格となる。

ところで，たとえば，素質とか性格の限定されたあり方は，行為する個人にとっては魚にとっての水のような一つの環境として，行為がその中で息づく場面である。その点については「本性の本源的で特定の状態」というのは，「単純な原理」であり，「透明な普遍的場面」であるといわれている。すなわち，「個体性は，個体性であると同様に自由であり，自己自身と等しいままであるとともに，妨げられもしないで己れの区別を展開させ，自己を実現しながら，自己と純粋に交互に作用している」(*GW* 9, S. 216; *Phän*. S. 262)。つまり，生命存在としての人間にとって己れの本性は，さしあたってそれと自覚されないで己れの行為を限定しているのである。しかも，その本性の違いにもかかわらず，人間としての普遍的本性も維持している。「不定の動物が，いわば水，空気もしくは〔大〕地というような場面とかに，またこれらの内部で，さらにいっそう特定のいくつかの原理に，己れの息吹を吹き込み，己れの契機のすべてを，それらの場面のそういう制限があるにもかかわらず，己れで支配し，みずから一つのままでおり，この特殊な有機組織として，同一の普遍的動物生命そのままを続けている。それと個体性はちょうど同じである」(*GW* 9, S. 216; *Phän*. S. 262)。たとえば魚は，環境の違いに応じて，さまざまな特殊な形態をもっているが，魚の類的同一性をもっている。

個人の本性を，もっと具体的に性格として限定してみると，次のようにいえる。性格とは，意図的行為も含めた個人の行為の仕方なのである。日常，「あの人は親切である」「あの人は人が悪い」などというが，このような言葉は，その個人特有の行為の仕方を表現している。たしかに，人間の行為は，各瞬間ごとに変化している。人に話しかけられてその話に注意を転じて，機嫌をよくしているかと思うと，不快なことを聞いて怒りだすことがある。しかし，さまざまな状況にあって，その人のさまざまな行為を通じて「あの人は親切である」とか「あの人は人が悪い」とかいうように，ある程度，変化しないものを考えることができる。このことは，性格が，ある個人の行為の仕方であり，同時に特定していて持続的傾向であることを意味している。

ところで，この性格は，個人の本性によって規定されたものであるが，さらに倫理的なものがそこに映し出されている場合には，立法的理性と査法的理性となる[1]。

---

1) 立法的理性と査法的理性の人称代名詞「わたし」については，拙論「『精神の現象学』の「私」について」(東京都立大学哲学会『哲学誌』第24号，121-142頁）を参照されたい。

第９章　『精神現象学』の根源的問いの定礎（Ⅱ）

――事象そのものについて――

本章の課題は，『精神現象学』[1]の「理性」[2]の章の終わりに記されている「事象そのもの（Sache selbst）」という概念を考察することにある。それによって，ヘーゲルが，問われるべき実体の内容を事象そのものとして確定し，「現象学の根源的問い」を定礎していることを証示する。

この概念についての考察は，今日に至るまでの種々の仕方でなされている。とはいえ，そのいずれの試みも当該の語が指し示す奥行を解明するという点で不十分であると考えられる。たとえば，クローナーやハルトマンなどによる古典的解釈では，そもそも「事象そのもの」が，『精神現象学』の根幹に関わるものと捉えられていない[3]。また，一方，イポリットのように，この語から『精神現象学』での存在把握を読み取ろうとする試み[4]があるが，基本的点で不徹底である。

というのは，「事象そのもの」そして「事象」という語の内容の奥行は，『精神現象学』全体を貫いている方法さらには問いの次元にまで達していると考えられるからである。たしかに，「緒論」に記されている方法の射程が，そもそも『精神現象学』全体に及ぶものではなくて，せいぜいその前半部つまり「理性」の章までしか及ばないと説明されることがある[5]。だが，著者は，『精神現象学』の方法の基本的点はすべて「緒論」に記されており，そのことは，「事象そのもの」の解明によって論証できるとみている。なぜならば，実体の内容を事象そのものと規定することによって，はじめて実体を意識経験の方法に従って問うことができるからである。そこで，本章では，このことに関して，とりわけ「理性」の章

1）　以後，1807 年の著作と略記する場合もある。

2）　精確には，「V 理性の確信と真理」「C それ自体でそれだけで実在的であると思い込んでいる個体性」「a 精神的動物の国と欺瞞そして事象そのもの」であるが，以下では，「理性」の章 C-a と略して記す。

3）　Vgl. R. Kroner, *Von Kant bis Hegel*. Bd. II, J. C. B. Mohr（Paul Siebeck）, Tübingen, 1924, S. 386.; N. Hartmann, *Die Philosophie des deutschen Idealismus*. Teil 2, Walter de Gruyter, Berlin/New York, 1929, S. 119ff.

4）　J. Hyppolite, *Genèse et structure de la Phénoménologie de l'esprit de Hegel*. Aubier/Édition Montaigne, Paris, 1946, t. I, p. 73, 299, 301.

5）　Vgl. Hyppolite, *a. a. O.*,p. 9.

と後半部に属する「精神」の章との関係に焦点を絞りながら，検討する。この二つの章の関係に関する考察は，いまさら，いうまでもなく，『精神現象学』の性格を規定するうえで，いわば躓きの石ともいうべきであって，両者の連続性については，それを否定するか疑問視する主張が絶えない[6)]。たしかに，ヘーゲルみずから，当該の書の首尾一貫性を明確に否定したことないにしても，事実上，そのように解釈されても仕方のない言明を行っている場合があることは否めない。だがまた，そのようなヘーゲルの言明に依拠して進められてきた不連続説の一見緻密な討究も当該の書に伏在するヘーゲルの問題探究の道を摘出するという肝心な点で後述するように重大な欠陥をもっている。一方，従来の主要な連続説[7)]も，この点では，貴重な指摘を行っているにもかかわらず，その主張を整合的に立証するに足るだけの堅牢な地盤をいまだ確保していない。というのは，不連続説の一見不動ともみえる論拠を否定する視点を，連続説はもちあわせていないため，重要な論点について不連続説とのあいだに境界線を引くことができず，逆に不連続説に通ずる視点を採用している場合がある[8)]からである。したがって，本章では，以上の経緯を踏まえて，「事象そのもの」について考察し，「理性」の章から「精神」の章へ通ずる道を解明する。その考察の行程は，次のようである。

まず，（A）では，この「事象そのもの」そして「事象」[9)]という語が，「理性」の章の終わりの箇所のみならず，その他の箇所でも，用語として用いられていることを論証し，考察の視角に関する見通しを立てる。次に，それに基づいて，「理性」の章の位置について，『精神現象学』の成立史と変遷史に依拠する見解を検討して，二つの章のあいだに断絶を認めるのに十分な論拠がないことを明らかにする。

（B）では，（A）でなされた問いの視角の定礎をさらに仕上げつつ，「精神」の章の論述について特定の眺望を得たうえで，「理性」の章 C-a の「事象そのもの」について検討する。

（C）では，（B）の検討の結果明らかにされた『精神現象学』での存在把握を

---

6)　たとえば，シンクレア，I. H. フィヒテ，ハイム，フィッシャー，ハートリッヒ，ヘリングなどの主張である。

7)　たとえば，クローナー，ハルトマン，ホフマイスター，ルカッチ，イポリットなどの主張である。

8)　たとえば，ホフマイスターは，後半部を，エンツュクロペディー体系との類比で，「精神哲学」と解した上で，「考えの巨大な結集力」によって分裂が克服されている（*Phän.* Hrsg. v. J. Hoffmeister, S.XXXV）というが，後半部をこのように解することは，そもそもそれが「意識の経験の学」でも「現象学」でもないことを認めることになる。

9)　原語 Sache が，多義的であるため，「事柄」「事」「事態」などと訳した方がよい場合もあるが，本書では，問いの視点から検討するので，「事象」と訳しておく。

さらに詳しく検討し，それが「緒論」に記されている意識の経験の根本性格を顕示していることを論証する。

(A)『精神現象学』の成立とその変遷

(i) まず，(B) 以降での論究に先立って，ここで「事象そのもの」そして「事象」という語の普遍的意味内容を輪郭づけておく。

これらの語は，その使用頻度がそれほど大きい語ではないが，重要な箇所にしばしば登場する。とりわけ「理性」の章までの用例を検討すると，それらの語の各々が記されている箇所の局面に応じて，少なくとも次のいずれかの普遍的意味が含意されている。

①「事象」は，存在を含む。

②「事象そのもの」は，本質体である。

最初に，①についていうと，たとえば，「感性的確信」の章では，「それが存在する」ということを陳述する確信の真理は，もっぱら「事象の存在」(*GW* 9, S. 63; *Phän*. S. 69) を含んでいる，といわれている。次に，②についていうと，「事象そのもの」は，外面としての「事象」の存在で表現される本質体である。たとえば，「理性」の章では，「自由で単純で抽象的事象そのもの」が「本質体」とも言い換えられている (*GW* 9, S. 224; *Phän*. S. 271)。したがって，事象は，存在とそこで表現される本質体たる「事象そのもの」とから成り立っている。そして，その「事象そのもの」は「事象」に対しては，区別されない区別項であるという関係になっている。しかも，「事象そのもの」からこのようにして区別される「事象」は動き状態で理解されるべきであるがゆえに，ヘーゲルは「同名のもの」とも呼び，「己れを己れから突き離すもの」(*GW* 9, S. 96; *Phän*. S. 111) とも規定しているのである[10]。

このように「事象そのもの」という語は，論述の局面に応じて，種々の意味で使われる[11]が，そのことは，いかなることを示唆しているのだろうか。そのさい，

---

10) 以上のように，V -C の「事象」は，「存在」と「本質体」の連関が，明確になっている次元で成立するが，このような連関と対比されているのが，落下の動きでの「重力」についての「法則」と「力」そのものとの関係である。この法則では，「両者［距離 (s) と速さ (v)］の本質」としての「力」ではなく，「表面的関係」でしかない v/2s としての「重力」しか表現されていないとされる。Vgl. *Phän*. S. 94.

11) Sache ないし Sache selbst は『精神現象学』全体で，「序説」と「精神的動物の国」を中心に 154 箇所で用いられ，そのうちで Sache selbst は，67 箇所で用いられている。ただ

当該の語が,「緒論」という論述の発端にまず現れ，以下，重要な結節点に点在していることに注意を払うべきである。というのは,「事象そのもの」とは，ヘーゲルにとって探究の書としての『精神現象学』の論述につれて，その内実が次第に析出されてゆくべき「現象そのもの」であったと考えられるからである。したがって，当該の語は，その意味が脈絡もなく変転する曖昧な語とみなされてはならず，むしろ論述の各々の局面の問題関連を，この書全体を貫く論究へと取り集めることによって，その意味内容が充実されてゆくような語とみなされるべきである。

してみれば,「理性」の章 C-a の「事象そのもの」を究明するさいの視角についてもおのずと答えが示されよう。すなわち, 最初に当該の語が存在する「理性」の章 C-a の論述の揺れの振幅の意味について見通しをつけておくことが不可欠である。次に「事象そのもの」という語に託して，ヘーゲルが,「理性」の章から「精神」の章にかけて思索した事柄を解明することが順当な手順である。

（ii）そこで，この節では，前者の問題について『精神現象学』の生成[12]とその変遷という視点から考察する。そして，それによって，いま述べた視点から,「理性」ならびに「精神」という二つの章が連続していないことを主張する従来の説が実は成り立たないことが示されて，さらに，この二つの章は，むしろ不可分の関係にあり，それゆえに,「理性」の章の C は，二つの章を架橋する位置にあることが示されるはずである。

①まず,『精神現象学』のいわゆる「表裏一体構造」そして「理性」の章の位置について,（1）3 種類の表題（2）2 種類の前書き（3）3 種類の目次の面から考えてみる。

（1）『精神現象学』の表題について問題になることは，3 種類の表題があり，しかも，それの製本のされ方が，本によってさまざまであるということである。それらの表題は，周知のように,（a）「第一部・意識の経験の学」（b）「I　精神現象論の学」（c）「ゲオルグ・ヴィルヘルム・フリードリヒ・ヘーゲルの学の体系・第一部・精神現象学」を指している。これらの中で，当初から，Haupttitel として考えられていたのは,（c）の表題であり，Zwischentitel としては,（a）を

し，この言葉の基本的意味は,「力と悟性」の章から，内的区別をもった本質体というかたちで判明する。

12）『精神現象学』の構想の生成については，ローゼンクランツの報告や「体系への二つの注」という文書があるが，ここでは「A 絶対知が…」（*Phän.* S. 534）という 1805 年 8 月ないしそれ以前に書かれたとされる資料をもっとも初期のものと考える。Vgl. K. Rosenkranz, *Hegels Leben*. 1844, S. 202; *GW* 7, S. 343–49, 365; *GW* 9. S. 437,464 以下;H. Kimmerle, Zur Chronologie von Hegels Jenaerschriften. In: *Hegel-Studien*. Bd. 4, 1967, S. 113.

考え，これは，1806年2月から印刷され始めた[13]原稿に含まれていて，テキストの第一頁として印刷されたものである。さらに，ヘーゲルは，製本段階で，(c)を，Haupttitelとして見返しの次に置き，すでに印刷された（a）を切り取って，(b)をその代わりにZwischentitelとして接合するはずであった。しかし，製本過程での手違いによって，その変更が完全に実施されなかったためにさまざまな異本が作られてしまった[14]。以上の経緯で注意すべきは,「理性」の章の位置である。すなわち，ヘーゲルは，最初の原稿を少なくとも「理性」の章まで書き進め[15]，その部分の印刷が始められた。しかし，印刷開始後，ヘーゲルはZwischentitelを修正し，(a)を(b)に変更することを決めたのである。このような点からも，「理性」の章のCの箇所は，旧Zwischentitelの（a）に示されている構想と，（c）の表題に示されている構想とのあいだで，微妙な位置を占めざるをえないのであって，それは，論述の内容を検討することによってさらに確証されるはずである。

(2) 次に，二つの前書きつまり「緒論（Einleitung)」と「序説（Vorrede)」との関係について検討してみよう。

まず,「緒論」は，(1)(a)に記されている意識の経験がいかなる意味で，学的方法となるのかということについて説明している。次に「序説」[16]では,「緒論」に表立った説明のなかった精神と主体との関係について論じられており，それは，「現象学の根源的問い」への応答を体系の面から説明している。このように二つの前書きは，方法論的には，一見，かなり異なったものであるかのようにみえるため，この両者のあいだの断絶を指摘し，著作の全体としてのまとまりを否定する論者も少なくない。しかし，すでに述べたように，両者の相違は相対的なものであり，むしろ，先の(1)(c)の「精神現象学」の構想は，すでに(1)(a)の「意識の経験の学」の構想の根底に胚胎していたと考えるべきである。だが，このことは，両者の相違に関する問題が取るに足らぬものであるということを，少しも意味していない。むしろ，なぜに，また，いかにして，問われるべき「実体」が，意識の経験に基づきながら生じてくるに至ったのか，という問いを含意しているというべきである。

(3) そこで，この点について目次での3種類の内容区分を検討することを通し

---

13) Vgl. *Briefe*. Bd. 1, S.113.

14) この点については，いくつかの見解があるが，少なくともホフマイスターが主張しているような，植字段階での混乱に由来するものではない。Vgl. F. Nicolin, Zum Titelproblem der *Phänomenologie des Geistes*. In: *Hegel-Studien*. Bd. 4, S.113, 121.

15) Vgl. F. Nicolin, *a. a. O.*, S. 119; *Werke* 3, S. 595; *Phän*. S. 462.

16) この序説は，「絶対知」の章までの本文を書き上げたあとに書かれている。Vgl. *Briefe*. Bd. I, S.119,130,145;*Phän*. Hrsg. v. J. Hoffmeister, S. XXXVff.;*W* 3, S.590.

て，論点をより明確にしたい。3種類の内容区分は，資料Ⅰ（i）（ii）（iii）（本書733頁）に示されている通りである。これらの成立順序からいうと，ローマ数字による区分（i）が最初からのものであり，本文中で使用されている区分（ii）[17]は，当然にも論述の進展につれて生じてきたものであり，さらに，アルファベットによる区分（iii）は，本文には見あたらないので，印刷後，生じたと考えてよいであろう。ここで，問題なのは，区分（iii）での（C）という表題のない区分[18]と区分（i）との関係をどのように捉えるかということである。つまり，（C）という区分は，「精神」で一括されるⅥからⅧまでに加えて，Ⅴの「理性」を包括した区分であり，しかも，本文にこのような処置についての明確な説明がないために解釈の余地が残るのである。この点については，次のように考えられる。まず，区分（i）が，以下のような相対的に異なる三つの区分原理によって構成されている点に注意すべきである。すなわち，最初の区分は，（α）「意識の諸形態」による区分であり，それは，Ⅰ，Ⅱ，Ⅲに示されている。（β）次に，真理と確信の関係による区分であり，それは，Ⅳ，Ⅴなどに示されている。（γ）さらに，Ⅵ，Ⅷに示されている実体の展開による区分である。したがって，ここでは，たしかに，（β）のⅤと（γ）のⅥとでは，区分原理が異なっていて，（C）という形で一括できないようにみえる。だが，真理と確信の関係の問題は，Ⅵ以降で消え失せた[19]のではなく，より深化されたため，実体論的視点から問われ続けられるようになったのである。たとえば，「絶対知」の章では，「絶対知」は，真理が，「自己自身の確信であるという形態」（*GW* 9, S. 427; *Phän*. S. 527）をもつようになったときに登場する，といわれているのである。したがって，「理性の確信と真理」と題されたⅣは，確信と真理の関係の問題を解決することを企図したものではない。けれども，「理性」と「精神」という二つの章の関係という観点からいえば，この「理性」の章Cの段階に至って，精神の場面を切り拓く概念である実体が，事象ということで把握されたことによって，少なくとも意識と自体存在という抽象的区別がなくなっている[20]ことを看過すべきではない。言い換えれば，実体の内容を事象そのものとして捉えるということが，「精神」の章で意識の経験に従って問いが遂行されるためには，不可欠のことなのである。

②さて，次に1807年の著作の「表裏一体構造」が含んでいる問題を，1807年

17） この区分は，ここでは，さしあたって，区分（iii）と同じものと考えておく。

18） Vgl. *W* 3, S.590ff; H. F. Fulda, *Das Problem einer Einleitung in Hegels Wissenschaft der Logik*. 1965, S.138; *GW* 9. S.468,476; O. Pöggeler, *Zur Deutung der Phän*.. S.280; E. Fink, *Hegel*. S.206.

19） ペッゲラーは，そのように考えているようである。Vgl. O. Pöggeler, *a. a. O*.,S. 289.

20） このことが，「A 絶対知が，…」という断片では，「絶対的意識」としての「絶対知」の規定になっている。

5月以降の諸文書に基づいて，検討してみよう。この時期の変遷は二つに大別される。すなわち，（1）1807年5月から1811年までの時期[21]と（2）1812年から1831年秋までの時期である。前者は，『精神現象学』が授業・講義でも「学の体系第一部」であることが，まだ否定されていない時期である。それに対して，後者は，そのことが授業・講義では否定され始めた時期である。

（1）まず，前者の時期について，（a）表題（b）章・節の区分（c）方法論の各々の面から検討する。

（a）『精神現象学』公刊後の1807年10月28日の「イェーナ学芸新聞」に掲載されたヘーゲルの自己広告（本書付録Ⅲ参照）には，1807年4月の出版時と同一の見解を示す「G. W. F. ヘーゲルの学の体系・第一巻・精神現象学を含む第一巻」という表題がまだみえる。ところが，1808年から1809年にかけてなされたギムナジウムの中級クラスの授業の内容によれば，実際には，『精神現象学』の「理性」の章までの部分の要約が「意識論」と題されて「精神論」の前半部となっている。だが，1808年から18011年の時期には，「意識論」は，1807年の『精神現象学』とは同一視されていなかったようにみえる。そうであるがゆえに，1812年の『論理学』の「序説」で，『精神現象学』が「学の体系第一部」であることが，改めて確認され，その論拠が，さらに「序説」「学は何を始まりとしなければならないか」などの箇所に明記されているのである。

（b）ところで，いま，著者は，ギムナジウムの授業内容では，事実上，1807年の著作の「理性」までが，「意識論」とされているという主旨のことを述べたが，「意識論」の章・節の区分を検討すると事情は，より複雑であることが分かる。というのは，ヘーゲルは当初，そのようには考えていなかったことを，以下の原稿の記述が語っているからである。そこには，次のように記されている（*GW* 10.1, S. 9）

α）抽象的ないし不完全な諸対象についての意識

β）有限的精神の世界についての意識

γ）絶対的精神についての意識

さらに，この中のα）については，下位区分として「Ⅰ　意識一般」が表記され，その左側欄外に次のように注記されている（*GW* 10.1, S. 10, Anm. 1）

Ⅱ　自己意識

Ⅲ　理性 普遍的自己，外的ならびに内的自己としての。

21） Vgl. K. Kozu, *Das Bedürfnis der Philosophie. Ein Überblick über die Entwicklung des Begriffskomplexes „Bedürfnis", „Trieb", „Streben" und „Begierde" bei Hegel*（Hegel-Studien. Beiheft 30）. 1988, S. 225f.

ここで第一に注意すべきは，上記②（1）（a）のβ）とγ）という区分が，各々，『精神現象学』の「精神」と「宗教」・「絶対知」という二つの部分に相当することから，ヘーゲルは，少なくともニュルンベルク期の最初は『精神現象学』の全体を「意識」を中心に論述しようとしていたことである。また，第二に，注意すべきは，『精神現象学』では，①（3）で述べたように，「理性」の章は，「精神」の章等とともに（C）という区分の中に包括されていたのに対して，ここでは，α）という区分の下に，Ⅰ意識一般，Ⅱ自己意識，Ⅲ理性が含まれていることである。したがって，ヘーゲルが『精神現象学』の全体を講述することを断念したときに，「精神」の章以降を省いて，「理性」の章を「意識」「自己意識」との関わりで残したのは，いま述べた区分構想に基づいていたことになる。

しかし，それはまた「精神」の章以降の部分と関連している事柄は，「理性」から一切消去されたことを意味する。実際『精神現象学』の「理性」の章は，「意識」の章や「自己意識」の章をはるかに凌ぐ膨大な量の論述であったのに対して，「意識論」では，わずかに1パラグラフないし3パラグラフの説明に短縮されている。また，内容上，いくつかの基本的点での共通点もみられるが，重要なことは，『精神現象学』の「理性」の章のCの箇所で主題とされた「事象そのもの」についての言及は「意識論」には一切みられないことである。この点で両者の理性に関する論述は異質なものであるといってよく，「理性」から「霊魂論」へ続く場合には，「事象そのもの」についての論述は，不要になる。だが，この異質性の問題は，「精神」の章との関わりでのみならず，さしあたっては『精神現象学』と1808/09年の「精神論」そしてその後，しだいに「精神哲学」に包摂されてゆく「意識論」とのあいだに存する方法概念の相違に起因するといえよう。そこで，次にこの点について考察することにする。

（c）意識経験の方法について，注意すべきことは，『精神現象学』と「精神論」とでは，「意識」概念が，実は異質なものになっていることである。

そもそも『精神現象学』での意識経験の方法とは，もっとも本源的には，「真実の知まで迫ってゆく自然的意識」（*GW* 9, S. 55; *Phän*. S. 60）を可能にする「自己を完遂する懐疑主義」（*GW* 9, S. 56; *Phän*. S. 61）にほかならない。前者の「自然的意識」とは，己れを「本質的知」とみなし，本来不完全な一つ一つの意識の形態に固執する態度である。だが，こういう「自然的意識の道」の途次では，いままで「実在的な知」であると思い込んでいた当の己れが否定される。この事態は「自然的意識」にとっては「己れ自身の喪失」であるようにみえるが，本質的には「概念の実現である当のこと」（*ebd.*）にほかならないのである。したがって，『精神現象学』での[22]意識とは，「自然的意識」ないし「現象的意識」であると同時に，「現象的意識の全領野に向けられている懐疑主義」（*ebd.*）なのである。

ところが，「意識論」では，この懐疑主義が欠落して，意識は，たんに対象に関わるものと規定されるにとどまっている。つまり，『論理学』の場面を切り拓く意識そのものの論理的性格が希薄になっており，しかも，そのことは，いわゆるエンツュクロペディー体系で明確に打ち出されるのである。

（2）1812/13 年の上級クラスのエンツュクロペディーでは，意識は外的対象に関係する精神と規定されて，「精神論」の第一部門で考察されることになる。そして，次に『ハイデルベルク・エンツュクロペディー』（1817 年）では，ニュルンベルク期の原稿で，「意識論」と題されていたものに該当する部分が，「精神哲学」の「主観的精神」の「A 魂」の次に「B 意識」と題されて位置づけられ，その次に「C 精神」が続いている[23]。だが，このような構成それ自体は，すでに『論理学』第二巻（1816 年）で考えられていたのである[24]。しかもまた，『ハイデルベルク・エンツュクロペディー』では，このような処置の理由が示されている。それによれば，ヘーゲルは，己れが以前に『精神現象学』を，学の体系・第一部として論述した意味に触れつつも，「意識とその歴史」が，「絶対的始まり」であることを否定し，事実上，『精神現象学』の「理性」までの部分を，エンツュクロペディー体系に組み込むことを正当化しようとしている[25]。したがって，『精神現象学』そして「理性」の章の変遷は，以上のような方法概念の動揺に直接には起因する[26]。そして，その動揺は，本質的には「精神とは何か」という根源的問いを，『エンツュクロペディー』では放棄していることに由来する[27]。

さて，ここで，以上の（1）（2）の検討から次の 2 点を確認しておく。まず，第一に，「理性」の章 C が，「意識の経験の学」の「精神現象学」への展開を架橋する位置にあるということは，当初からのテーマである確信と真理の関係[28]に関

22）ヘーゲルは，本巻 I 84 頁注 7 でも述べたように Skepsis という語を，look to, view, examine, consider の意味で使っている。「現象的知が真実でないことへの自覚的洞察」（*GW* 9, S. 56; *Phän*. S. 61）という表現や意識の自己吟味という言い方は，そのことと係わっている。必ずしも，疑うという意味が第一義的であるわけではない。Vgl. M. Heidegger, Holzwege. In: *Gesamtausgabe*. Bd. 5, S. 152.

23）Vgl. *GW* 13, S. 11.

24）Vgl. *GW* 12, S. 197. なお，ボンズィーペンも同様の見解のようであるが，依拠した箇所も同じであると推定される。Vgl. *Hegel*. Hrsg. v. O. Pöggeler, 1927, S. 73.

25）Vgl. *GW* 11, S. 34–35.

26）Vgl. *GW* 11, S. 34–35.

27）周知のように，懐疑主義は，ヘーゲルが「論理的なもの」を形式からみて，3 つの側面に分けている場合の「（β）弁証法的・否定的・理性的側面」に対応する。Vgl. *SW* 6, S.34.

28）このことは，「意識の形態」による区分は，方法のうえからは，「確信と真理の弁証

する問題を，実体論的視点から問うための論理が，C の箇所で探究されていることを意味する。だが，第二に，それに対して，ニュルンベルク期の「意識論」や『エンツュクロペディー』の中の「精神現象学」が，「理性」の章で終わっていることを論拠にして，「理性」の章までが，「精神」の章までと不可分の関係にはなく，むしろ断絶している，と主張することもできよう。しかし，(1)（c）で述べたように，上記の二つの論述での意識には，方法的態度としての懐疑主義の面が欠落している[29]がゆえに，そもそも 1807 年の著作の「理性」の章までと同等のレベルで比較することは，意味をなさないのである。

（B）架橋としての「事象そのもの」

（A）では，『精神現象学』の成立とその変遷という視点から，「理性」の章と「精神」の章とが不可分の関係にあることが示された。だが，そのことよりも，より本質的なことは，いま述べた関係をいかなる根拠に基づいて認知するのかということである。たとえば，「意識の経験の学」が「精神現象学」へ展開するということを，前者の方法が，後者の方法に包摂され，それ自身としては，消滅するという解釈に基づいて，認めることもできるわけである。しかし，この解釈を認めた上で，かりに当該の二つの章の連続性を主張したとしてもそれは，当該の著作の根源的問いに淵源をもつ方法的探究の道筋を解明することにはならないと思われる。この解釈上の困難を打開するためには，「理性」の章 C-a の「事象そのもの」という概念を方法論的視点から検討する必要がある。また，この視点からの検討によってこそ，この概念の核心が，剔抉されるはずである。

（i）そこで，この（B）では，いま述べた検討の対象となる「事象そのもの」のもつ射程についてあらかじめ明らかにしておく。そのために，この概念の①「精神」の章での内容と，②その点からみたかぎりでの「理性」の章 C-a の位置に関して一般的説明を与えておくことにする。

①「精神」の章での「事象そのもの」の具体的内容については，次のようにいわれている。「事象そのものには人倫性で実体性一般があり，形成陶冶では外的定在があり，道徳性では，思考の己れを自身で知る本質性がある」（*GW* 9, S. 345; *Phän*. S. 421）。「精神」の章の内容から考えて，この文で「人倫性」での「実

法」に立脚することを意味する。

29）　別の論拠からではあるが，シュミットも同じ結論に達している。Vgl. G. Schmidt, *Hegel in Nurnberg*. 1960, S. 167.

体性一般」といわれているものは，「神々の掟」と「人間の掟」そして「人」を指し，また，「形成陶冶」での「外的定在」とは，「国家権力」「富」「天上界」「有用性」「普遍意志」などを指し，また「道徳性」での「思考の己れを自身知る本質性」とは，「純粋義務」を指していると考えられる。そして，これらの契機は，いずれも経験そのものに従事する意識に対して，当の意識の存在の普遍的本質を表現する対象として現れる。したがって，「事象そのもの」の形式的・構造的側面とは，行為に関わるこれらの契機の対象性一般を指しているのである。言い換えれば，それは，個体としての自己の実体の内容にほかならない。だが，個体としての自己が関与する個々の「できごと（Begebenheit）」[30]の普遍的実体を意識の対象として現出せしめることは，容易な業ではない。たとえば，或る「できごと」が，いつ，どこで，だれによって，なぜに，どのようにして起こり，どのような結果になったかについて語ることは，「できごと」を，たんなる「事物」の領域に還元することであって，そこに「できごと」の何性は立ち現れない。他方，個々の「できごと」との通路を明確にしないで，たとえば，普遍的義務の法則を命題として語ったとしても，それが個々の状況の中で，「義務」の衝突[31]となって現れるときには，そこに消滅することのない実体を観取することは，もはや不可能となるほかはない。しかし，ヘーゲルは，この事態を見通していたがゆえに，「精神」の章で「実体」という語を使用するのに先立って，「理性」の章のC-aで「実体」の内容をまず「事象そのもの」として捉える作業を行ったと考えられる。しかも，そのさいに重要なことは，個々の行為に関わる「できごと」を「事象」として把握し，次にそれと「事象そのもの」とを一度，明確に区別し，後者を「実体」の内容の根拠とする手続きを踏んだことである。

②そこで，次に，後者の「事象そのもの」について，その輪郭を素描しておくことにする。まず，(1) 個々の「できごと」としての「事象」は，先述のように，特定の時と場所，人物，個々の目的，手段，現実の連関からなる事態である。そして，これに基づいて，(2) 普遍的なこととして把握された「事象」は，目的，手段，行為そのもの，現実性からなる事態である。(3)「事象そのもの」とは，(1) の「できごと」が，(2) の普遍的なことであるための根拠ないし本質である[32]。

---

30) Vgl. *Phän.* S. 109, 273.

31) ここの脈絡とは異なるが，次の箇所の説明が参考になるだろう。Vgl. *Phän.* S. 25 1 以下

32) ここで，(1) (2) (3) の関係について「人倫性」の「神々の掟」を例にして説明してみよう。この掟は，家族成員の中で，「敬愛（Pietät）」を通じて成り立つ種々の義務として現れる。たとえば，埋葬も義務とみなされ（*GW* 9, S. 244; *Phän.* S. 295），アンティゴネー（妹）は，これに従ってポリュネイケス（兄）を埋葬しようとする。そのことを分析すると次

この三つの位相を明確にしておくことは，「精神」の章と「理性」の章の二つの章のあいだに伏在する，ヘーゲルの思索の中心点をみきわめるさいに欠かすことのできない手続きである。たとえば，「精神」の章の「人倫性」の箇所では，ソフォクレスの『アンティゴネー』やローマ法が素材として特定されるし，「形成陶冶」の箇所でも，ディドロの『ラモーの甥』が素材になっていることは疑いを容れない。しかし，奇妙なことは，通常の歴史叙述ならば，当然，ソフォクレスやディドロという固有名詞が明記されて然るべき箇所に記されず，またいま述べた作品からの引用文[33)]が記されていたとしても，それは特定の作者の言葉としての魂を抜き去られ，ヘーゲルの思索の論理の中に溶解されたうえで鋳直された文字にほかならないということである。というのも，ヘーゲルは「精神」の章では，先述の②（3）の「事象そのもの」という場で，一つ一つの「できごと」を普遍的なこととして把握し，論述しながら，そのことによって「できごと」の何性を現前化させるという方法を採用していたからである。だが，また，このことは，つねに厳密なる方法に従って論述を導いてゆくヘーゲルにとっては奇妙なことではなくて当然のことといえる[34)]。なぜならば，意識の経験の方法によると意識の諸形態の系列とは，意識の経験の「生起」としての「意識自身を学にまで形成する形成陶冶の詳細な来歴」（*GW* 9, S. 56; *Phän*. S. 61）と考えられていたからである。したがって，「精神」の章で突如として「歴史哲学」が全面に現れてきたことを論拠にして，「理性」の章との断絶が主張される場合には，以上の事柄が看過されている。

さて，それでは，いま述べた三つの位相を明確にする手続きは，「理性」の章

のようになる。

（a）個別的なできごととしての事象
　時と場所
　個々の状況…　ポリュネイケスの遺骸が埋葬されずに放置される。
　個々の目的…　ポリュネイケスの遺骸に土をかける。
　個々の手段…　アンティゴネーがみずから細かい砂などを密かにかける。
　個々の現実…　ポリュネイケスの遺骸に土がかけられている。
（b）普遍的なこととして把握された事象
　状　況　…　敬愛すべき兄が人間の掟に従って罰せられて放置される。
　目　的　…　義務の実行
　手　段　…　妹がみずから埋葬という「意識の動き」を付加して，兄の遺骸を自然の破壊から離す。
　現　実　…　義務の成就

この（a）が（b）であることがいえるためには，（b）の義務の対象的本質が「人倫的本質体」としての「事象そのもの」であることが基底になければならない。

33）　Vgl. *Phän*. S. 286. Z. 30; S. 310. Z. 3; S. 310. Z. 15; S. 345. Z. 7; S. 405. Z.23.

34）　Vgl. *Phän*. S. 117.

では，より具体的にはどのようにしてなされたのであろうか。それは，直接には個体の本質そしてその対象的性格あるいは行為の存在性格を探究してゆく道と意識の対象のカテゴリー性の内実を確定してゆく道[35]との接点をまず究明するという形でなされている。

まず，前者の道は，結果的には，先述の（B）②の（1）の個体が直接に関わる「できごと」の側から，(3) の「事象そのもの」を見通してゆく道である。すなわち，「理性」C-a の論述の冒頭では，「それ自体で本質的個体性」が発端に置かれ，さらにその本質がさしあたって「本源的で特定の本性」に定位されている。しかも，この「本性」は，当該箇所に至るまでの「理性」の章の論述に伏在する個体概念の探究の道で解明された以下の視点に立脚している。つまり，(a)「状況」と個体を本性として捉えること，(b) 個体の「性格」などを「本性」= 本源性として理解し，かつ目的や手段や行為を規定するものとして考えること，さらに，(c)「性格」とともに「天賦」「能力」などが「自体」としての「普遍的なもの」に関わっている[36]，という視点である。さらに，当該箇所では，ヘーゲルは，(c) の「性格」などを個体の「本源的本質」（*GW* 9, S. 217; *Phän*. S. 263）と規定し，それが行為によって[37]対象化されたものを「特定の所業」（*Phän*. 265）[38]と捉えている。だが，ヘーゲルの論述に従えば，次に，いま述べた概念についての経験がなされ，新たな視野が切り拓かれることになる。すなわち，ヘーゲルは，「所業」を明確に行いの結果としての存在と捉え，そのことを通して，「本源的に

35）本書 734 頁資料Ⅱの「個体性による区分」の項を参照されたい。

36）Vgl. *Phän*. S. 254. Z. 17.

37）行いがより具体的場面で問題にされるとき，行為といわれる（*GW* 9, S. 218; *Phän*. S. 264）が，このさいに「本源的で特定の本性」は，(α) 眼前の状況 (β) 関心 (γ) 内的手段 (δ) 現実的手段 (ε) 所業，という契機に分かれる。この中の (α) については，次のように説明される。つまり，意識の単純さに比すると，現実は，「状況の絶対的多数性」であり，これは，(α) 後方には，状況の条件となって分かれ広がり，(β) 横の方には，状況の並存となって分かれ広がり，(γ) 前方には，状況のもつ諸々の帰結となってかぎりなく分かれ広がっている（*GW* 9, S. 346; *Phän*. S. 422），という。このような「事態の本性」（*ebd.*）のゆえに「一切の状況を知り，熟考し」たうえで，行為することは不可能であって，自然的には「関心」というあり方によって1つの側面だけを見出すにすぎない。道徳的行為の場合にも (a) 行為へ足を踏み出す意識が「場合の多数の側面」に係わり，また同時に (b)「義務の意識」が場合に係わって「場合の多様」が「義務の多様」となる。したがって，意識は，その中から1つだけを選択し，決意しなければならない。つまり，道徳的意識にとっても「各々の場合」は，「多数の道徳的諸関係の凝集」（*GW* 9, S. 339; *Phän*. S. 413）なのである。

38）Werk は，通常，おもに「仕事」「業」「作品」などと訳されるが，本書では，C-a の Werk は，「精神」の章での個体の行為によって，より具体的に規定されるべき抽象的事柄を，普遍的論理として説くためのものと解している。それで，「所業」に①するわざ②したわざの二様の意味を含ませて，訳語として使っている。

特定の本性」が元来有していた「特定性」が明示され，また同時に，意識は，そういう有限な所業としての己れを超え出る「普遍意識」（*GW* 9, S. 220; *Phän*. S. 267）＝「存在の没特定性的空間」となるのである。たんなる存在としての所業は，むろん「行為と存在の統一性」としての本質性ではなくて「移ろいゆくもの」（*GW* 9, S. 221; *Phän*. S. 268）でしかないことになる。そして，次に消滅するということは，没落することであると同時に，根拠へ還ることであるという，ヘーゲル独自の論理によって，この「根拠」をさらに「真の所業」（*GW* 9, S. 222; *Phän*. S. 270）と呼び，ここに真に「行為と存在の統一」が成り立つ。要するに，「事象そのもの」という概念は，行為の偶然性と所業の消滅性に対置される形で「真なる所業」あるいは真理として提示されることである。このような道をとったのは，いままで，事象について個体性の側から探究していたのであるが，その視点を一度転換させて「事象そのもの」のカテゴリーとしての性格を問う視点を一挙に提示したからにほかならない。そして，両者の視点の接点を，より具体的に確定していこうとしたのが「精神」の章の論述にほかならない。

だが，これに対して，次のような反論があるかも知れない。ヘーゲルが，「事象そのもの」について，C-a の第 14 節で説明した後，第 15 節以降で，個体の実際の個々の行為に関わる「現実的自己意識」と「行為」の「特定根拠」としての「事象そのもの」に関わる「普遍的自己意識」とが一致する地点を示し，さらに第 21 節で「事象そのもの」についての最終的説明を行っているのであって，この説明を「精神」の章にまで適用するのは，誤りなのではないか，と。だが，第 15 節と第 21 節までの論述を貫く太い線を見定めるとき，それはむしろ「精神」の章で，本来究明されるべき事柄を予示した箇所と理解される。そこで，次に当該の第 14 節の検討を行うことにする。

（ii）これから，当該の節の位置を方法的視点から「理性」の章までの論述での問題探究の道筋の中に定位させつつ，「事象そのもの」の対象性について解明する（①）。次に，その点について，「事象そのもの」がカテゴリーであるという視点から，より詳密に検討する（②）。

①まず，第 14 節の第一文前半で注意すべき点は，(1)「事象そのもの」で自己意識に対して，「自己についての己れの真なる概念」が生じていることと，(2)「事象そのもの」が，「個体性と対象性との浸透が対象的になったもの」と呼ばれていることの 2 点である。

（1）は，当該の節の「事象そのもの」という概念が，「理性」の章までの論述のうえで，方法のうえから，いかなる位置にあるかということを語っている。つまり，「自己についての己れの真なる概念」の「己れ」という語は，「理性」の章 C の冒頭の「自己についての概念」（*GW* 9, S. 214; *Phän*. S. 259）がここで当の自己自身によって真に把握されるに至っていることを示している。一方，この「自己についての概念」がまだ自覚されていない段階は，「理性」の章のはじまりである。さらに，(1) の句の「真なる」という語は，とりわけ，C-a の論述での当該の節の位置を示している。すなわち，「個別的で特定の個体性」(*GW* 9, S. 216; *Phän*. S. 261) の行為の「所業」に個体の本質が表現されているということが，意識の経験の結果，第9節で「自己自身についての己れの空なる概念」として示されたことと (1) の句「自己についての己れの真なる概念」とが比較されている。

だが，より本質的なことは，いま述べた「自己についての概念」の探究の道は，その概念の対象的ありかたの探究の道でもあり，これはこの著作全体に関わっていることである。「A　意識」という区分で一括されている三つの章は，「意識の形態」であると同時にまた「確信の数々のあり方」(*GW* 9, S. 103; *Phän*. S. 120) と規定されている。そして，確信としての意識の対象が「意識とは別のもの」としての「真なるもの」と普遍的に規定される (*ebd.*) のである。ところが，当の意識の確信が己れ自身にとって意識の対象となり，それで意識が己れ自身に対して，真なるものとなるときに「真理に等しい確信」としての自我が生じてくる。だが，この対象は，意識の経験の動きを介して，「空虚な対象」(*GW* 9, S. 133; *Phän*. S. 158) そして「他者から退いている対象」(*ebd.*) となって否定される。それゆえに，「理性」の章では，当の自己意識がそれ自体で一切のものの本質性であることを証明したときに成立する真理が追究されてゆく。そして，このような真理を可能にする対象の性格が結局カテゴリーと呼ばれるのである。この点からいえば，「理性」の章とは，ヘーゲルの本来考えているカテゴリー概念を確定してゆくための論述なのである。そして，「事象そのもの」という概念は，カテゴリー概念を探究してゆく過程で辿り着いた[39]終着点であった。つまり，ヘーゲルが「理性」の章で，カテゴリー概念を探究したのは，存在としての自己を問うためであった。ところが，存在が「物」と等置されるかぎりでは，結局は，「自己は物であるという無限判断」(*GW* 9, S. 191; *Phän*. S. 231)[40]に陥るほかはなかった。そこで，まず，存在がたんなる物ではないことを明らかにしなければならない。ヘーゲルが，当該の第一文前半の論点 (2) で，「対象」に言及しているのは，そのゆえにほかならない。ヘーゲルによれば，「一つの事象」とは，「自己自

39）本書 734 頁資料IIの「意識対象」の項を参照されたい。

40）「自己は物である」(*Phän*. S. 231) という無限判断は，「観察する理性」でのカテゴリー概念の確定の過程で前提されていたこと，つまり，意識に対する対象は，たんなる「存在」である (*GW* 9, S. 191; *Phän*. S. 231) ということに由来する奇妙な事態を顕わにする命題である。

身についての意識の確信」が行為を介して「対象的ありかた」をとったものである。それと「物」との相違も次のように規定される。「感性的確信と知覚にとっての物には，自己意識に対し自己意識によってのみ，その意義がある。この点に物と事象の区別が基づいている」（*GW* 9, S. 223; *Phän*. S. 271）。すなわち，「一つの事象」が「個別的現実性」であるかぎりで感性的確信ないし知覚の対象としての物たるを免れることはできない。それで，それが「一つの事象」であるためには，「普遍的自己意識の対象」としての存続性に立脚していなければならない。

したがって，当然にもヘーゲルが，次になすべきことは，いま述べた存続性を有する対象としての自己を確定することである。ヘーゲルはこういう意味での対象を「実体」と呼び，「実体」を事象性で捉えた。そして，第一文後半の「自己意識は己れの実体の意識に到達している」という文もそのことを含意している。そこで，この文が『精神現象学』の中で有する射程を，(1)「理性」までの論述の中に点在する「実体」の用例の検討および (2) その点からみた「理性」の章の位置の検討という二つの側面から明らかにしておく。

(1) まず，「実体」という語は，「精神」の章以降で，意識の対象となるが，「理性」の章まででは，使用頻度も小さく，意味もそれほど限定されていない。それらの箇所[41]で使用されている語は，たしかに，(a) 普遍的存続性 (b) 自立性という意味を含意している点では同一である。しかし，個体の本質であり，意識をその契機とする「実体」つまり「精神」の章以降での「実体」と直接接続する用例は，「自己意識」の章の前文にあり，それが「理性」の章の「B　理性的自己意識の自己自身による実現」の前文[42]でより詳しく語られている。すなわち，そこでは，「われわれ」の「目標」である「人倫の国」がはじめて示され，(a)「人倫的実体」がいかなるものであり，(b) そういう実体と「個別的で自立的存在者」とがどのような関係にあり，(c) とりわけ個体の個別的行為がどのようであるかについて説明されて，「一つの自由な民では，ほんとうに理性が実現されている」（*GW* 9, S. 195; *Phän*. S. 236）といわれる。しかし，これは，さしあたって，「われわれ」の「目標」であって，自己意識は，いま述べたような幸福のそ

41）　参照することができた箇所は，「力と悟性」の章 10 箇所，「自己意識」の章 11 箇所，「理性」の章 49 箇所である。なお，「精神」の章に「知覚」の章の内容を実体という語で説明している箇所（*GW* 9, S. 241; *Phän*. S. 292）があるが，除外した。

42）　たしかに，「自己意識」の章に生命を実体と規定している箇所（*Phän*. S. 123）があり，これは，「精神」の章での「実体」概念の基礎となるが，それと直結するものではない。また，同じ章で，「自己意識」が，「精神の概念」（*Phän*. S. 127）といわれ，その「精神」が，「絶対的実体」（*Phän*. S. 127）と呼ばれている。しかし，それは，その前後の叙述と調和しているとはいえず，むしろ「理性」の章の B の前文や「精神」の章以降の内容を予示したものと考えられる。

とへ出ているのが実情である。それで，ヘーゲルによれば，個体は己れの幸福を求め，世界の中へ送り出されることになる（*GW* 9, S. 196; *Phän.* S. 237）。

（2）このような理解からいうと，「理性」の章Bの箇所は，個体が己れの実体を喪失している段階[43]と解することができる。そして，当該のCの箇所は，個体の意識が己れの本質を実体として対象化する論理が探究されている段階と解することができる。したがって，方法の上からは，実体は何よりも経験する意識の対象として生成しなければならず，それゆえにまず「事象そのもの」として生成したのである。言い換えれば，意識の対象として見出されたかぎりでの実体の内容のみが「事象そのもの」という語で示されている。B･Cの箇所は，通常近代的個人との関わりで説明されるが，ヘーゲルは，それを「実体」という語を背景にしながら論じようとしている。

そこで，次に，この点について第14節の第二文を手掛かりにして，さらに立ち入って検討してみよう。第二文では，次のようにいわれる。「同時に，ここにあるような自己意識は，たったいま実体となった意識であり，したがって，実体を無媒介に意識している。これが，この場合の限定された姿であり，ここでは，精神的本質体は，ここに現存しているけれども，まだ真に実在的実体に達してはいない」（*GW* 9, S. 223f.; *Phän.* S. 271）。この文で注意すべき点は，次の2点である。(a)「実体となった意識」[44]ではあるが，たったいま生じたばかりであり，したがって，直接的である意識では，「精神的本質体」はまだ「真に実在的実体」に到達していないことと，(b) その「精神的本質体」は，「実体となった意識」では「現存する」という存在性格をもつことである。実は，この2点が，当該箇所の「事象そのもの」が，「精神」の章との関わりでいかなる位置にあるかについて特定の解明を与え，「理性」の章と「精神」の章の論理的関係を究明するうえで，重要な手掛かりになるのである。まず，問題になるのは，①の「真に本質的実体」という語が何を指しているかということである。というのは，この語は，他の箇所にはみられないため，それが何を指しているかは自明ではないからである。しかし，結論からさきにいうならば，「真に本質的実体」は，少なくとも「精神」の章の発端にある「現実的実体」つまり「絶対的精神が多くの定在する意識に実現されている」（*GW* 9, S. 242; Phän. S. 292）を指していると考えられる[45]。

43）この段階は，当の意識にとっては，さしあたって「人倫的実体」から「みずからの自立存在」へ高まっていく段階と考えられている（*Phän.* S. 238）。だが，「精神」の章以降の場面からみた場合，「不幸な意識」も含めて，「理性」の章全体が，「実体のない」段階である。Vgl. *Phän.* S. 257. Z. 38, S. 302. Z. 7, S. 350. Z. 9.

44）ヘーゲルは明らかに「実体」を意識との相関で考えている。Vgl. *Phän.* S. 310, 316, 321

45）論拠となっている箇所は，*Phän.* S. 234, 235, 285, 288, 292. である。これらの箇所

このことから当該箇所の「事象そのもの」という語の位置について検討してみる。そのさい，注意すべきは，「立法的理性」と「査法的理性」について論じられている箇所に「以前には空しかった精神的本質体」（*GW* 9, S. 234; *Phän*. S. 284）という語があることである。すなわち，これが，「事象そのもの」のより厳密な規定であって，「事象そのもの」とは，さしあたって，いまだ内容を獲得していない「形式性」「抽象性」で理解される。ヘーゲルが，第 14 節で「自由で単純で抽象的事象そのもの」（*GW* 9, S. 224; *Phän*. S. 271）という表現をとったのもそのことを含意している。だがまた，ここで絶対に見落としてならないことは，この表現の中の「自由で単純で，抽象的」という部分が，いま述べた論理的規定がたんなる図式にとどまらないことを語っていることである。すなわち，それは，「事象そのもの」をカテゴリーとして捉える[46]ということがどのような意味で，ヘーゲルの存在把握の核心を語ることになるか，という問いに直接関わることなのである。そこで，次にその点について論ずることにする。

②最初に，カテゴリーに関して注意されるべきは，ヘーゲルが，カテゴリーという語に「理性」の章の前文で一見きわめて異様な規定を与えていることである。すなわち，ヘーゲルによれば，カテゴリーとは「本質性あるいは存在するものの思考する現実性であるにすぎない本質性つまり単純な統一」（*GW* 9, S. 134; *Phän*. S. 160）であり，また「自己意識と存在が同じものであるということ」（*ebd.*）なのである。このような表現によって，ヘーゲルは，カテゴリーという語の伝統的意味に依拠しつつ，存在把握の新たな場面の論理的核心を語ろうとしている。しかし，その実質的内容については，「理性」と「精神」の章の論述全体から以外に解明する方途はない。というのは，この二つの章でヘーゲルは，カテゴリーの相貌を具体的素材の中から漸次刻み出してゆくという道をとっており，論述のどこかで，その全容を一気に語ってはいないからである。その点を踏まえて，カテゴリーという語の意味をひとまず記しておく。第一に，それは，端的に「理性」と呼ばれる。第二に，それはさしあたっては，たんに自己意識の確信にすぎない。語で表現される思想的考えであるような「普遍の抽象性」であるが，次第に客観化されて，「理性」の章の C では，「事象そのもの」として捉えられるのである。さらに，第三に，「精神」の章では，「世界」としての「事象そのもの」の論理構

から，「事象そのもの」より「現実的実体」へ至る過程を，次のように整理できる。まず，「事象そのもの」の論理的表現を「精神的本質体」と考えた上で，「精神的本質体」→「人倫的実体」→「考えられた法」→「習俗」→「現実的実体」と定式化される。

46）　この点については，*Phän*. S. 276, 288 に明記されている。また，「イエーナ体系構想Ⅲ」では，「理性」「事象」「カテゴリー」などが等置されている。Vgl. *GW* 8, S. 190.

造[47]がカテゴリーと呼ばれるのである。

ヘーゲルは，「理性」の章前文[48]で「理性は一切のものの本質性であるという確信である」（*GW* 9, S. 134; *Phän*. S. 160）と述べ，さらにまた「すべての実在性であるという確信は，やっとまだ純粋カテゴリーである」（*GW* 9, S. 136; *Phän*. S. 162）と述べている。したがって，「理性」は，さしあたって「純粋カテゴリー」である。しかも，「一切のものの本質性である」という句は「一切が己れのものである」（*ebd.*）とも言い換えられ，それは「〔本質的存在としての意識の〕最初の表明すること」（*GW* 9, S. 136; *Phän*. S. 162）であり，「抽象的で空虚な言葉」（*ebd.*）といわれている。したがって，カテゴリーとは，言表されるかぎりでの存在の普遍性であって，その現実的内容が顕在化していないのである。

しかし，ヘーゲルにとって「存在するもの」と確信の中で，概念語の意味内容として言表される普遍性とのあいだに溝は存しない。自己意識の語る言葉[49]は，存在するものどもを取り集め，それらの本質を開示する。ヘーゲルは，このように考えたからこそ「抽象的で空虚な言葉」としての「純粋カテゴリー」が「理性」の章のCで言葉の意味を存在するものということで表現するという手立てをとったのである。ということは，存在が本質を表現する，そのあり様が探究されているということである。たとえば，ヘーゲルが「法」の存在性格を「実体」（*GW* 9, S. 255; Phän. S. 310）あるいは「現実性」（*GW* 9, S. 235; *Phän*. S. 285）と規定し，かつ「カテゴリーの普遍的自我」（*ebd.*）と規定しているのは主観によって捉えられた本質としての「思想的考え」[50]である「法」は本来的に存在として現実化されていることを含意している。そして，ヘーゲルのいう「世界」というものも，そのような場面で成り立っている。

以上が，カテゴリーという語が照らし出そうとしている根本的事態であるといってよい。しかし，ここで当然問題にされるべきことは，ではいま述べた根本的事態をなぜにカテゴリーというアリストテレス以来の伝統的用語で，ヘーゲル

47）カテゴリーの論理構造の原型は，(1) 純粋カテゴリー (2) 多数のカテゴリー (3) 否定的カテゴリー (4) 純粋意識，とされている（*Phän*. S. 162）。これが，「生命一般」や「意識」で類，種，個別としてとるあり方については，*Phän*. S. 197 以下を参照されたい。

48）ハルトマンやイポリットなどによる注釈書では，この前文のカテゴリー概念についての説明が省かれているか，不十分かのいずれかになっている。このことは，イポリットの場合，「事象そのもの」を「所業」の側から説明していないという事態と表裏一体の関係にあると考えられる。

49）『エンツュクロペディー』では，「事象」は「名称」で認識される（*GW 20*.§462）とか，「真なる客観性」とも呼ばれる（ *GW* 20, § 464）。

50）ヘーゲルのカテゴリーという概念が，Gedanke という契機を含むことは，*Phän*. S.261. Z. 21, S. 283. Z. 3, S. 286. Z. 5 から判明する。また，『論理学』では，「事象自体」の主観の側でのありかたが「純粋思想的考え」と呼ばれている（*GW* 11. S. 21）。

は表現しようとしたのかということである。この点について検討するにさいして，ぜひ注目しておくべきことは，ヘーゲルは，意識の経験という場面で，存在のなりたちを解明するにあたって，類―種―個という，カテゴリーに関わる語が依然として有効であると考えていたことである。もちろん，それは，これらの語の再検討と，従来，これらの語が主として物的事象について考えられていたのを，行為や自己そのものについても使ってゆこうという企図をともなっている。それゆえにこそ，ヘーゲルは「理性」の章の「A 観察する理性」や B の「行為的理性」についての叙述そして C で，カテゴリー概念の探究を，個体概念の探究と相即的に論述しているのである。

してみれば，「理性」の章と「精神」の章との関係を考えるさいにも，論理的には類―種―個の論理がきわめて重要な役割を果たすことになる。そして，「事象そのもの」をカテゴリー概念から規定しようとする当該の第 14 節でも類―種―個の論理を念頭に置いていることは，疑いを容れない。事実，ヘーゲルは，第 14 節第二文以下で第 13 節以前の議論を個別と普遍の関係に即して，捉えなおした後，当該の節を次のように結んでいる。「事象そのもの自身は，まだ主語ではなく，むしろ，主語として妥当するのは，例の諸契機である。そのわけは，これらの契機が，個別性一般という側面に立っているのに，事象そのものは，やっと単純な普遍であるにすぎないからである」（*GW* 9, S. 224; *Phän.* S. 271）。事象そのものは類であって，それは類の種としてのこの二つの文から次の 4 つのシェーマが剔出される。

(a) かの諸契機　・・・・・「事象そのもの」
(b) 主　　語　・・・・・　述　　語
(c) 個別性一般[51]・・・・・・単純に普遍的なもの
(d) 種　　　・・・・・　類

これらのシェーマを，(a) から (d) まで辿ってゆけばすぐ分かるように，(a) で示された事態を次第に論理的に詰めて説明しなおしている。これは，むろん存在論からの説明をたんなる形式論理の用語で単純化したということではない。むしろ，その逆であって，第 3 節以前の錯綜した議論の位置を，「精神」の章との関わりから論理的に整理しながら，(d) で「類」として捉えられた普遍は，(c) では，「個別性一般」すなわち特殊なものへ関わる可能性を有している未展開の全体的なものとして理解されているがゆえに「単純に普遍的なもの」と呼ばれる。これは，(b) で説明されていること，つまり最終的には「絶対知」の章と「序説」で説かれているいわゆる「実体―主体」説の脈絡での事象そのものの位置，そし

51) ヘーゲルは，この語を，dieser Einzelne と区別して「特殊」の意味で使っている。Vgl. *Phän.* S. 313. Z. 22, S. 465. Z. 36.

て，直接には「精神」の章の最後に位置する「良心」との関係での，当該箇所での事象そのものの位置についての説明を論理的により抽象化したものである。事実，この点について，ヘーゲルは「精神」の章の「良心」で「この事象そのものは，あそこでは述語であったが，良心ではやっと主語となり…」（*GW* 9, S. 345; *Phän.* S. 421）と述べている。こうして，まず「精神」の章以降の論述は，実体を主体化してゆく道であり，その直接の発端が当該箇所にある。しかも，「実体―主体」説は，ここでは明らかに主語‐述語構造と不可分の関係にあり，その点からいえば，主語の個別性一般と述語の普遍的なものとしての実体の論理的関係を可能性でではなくて，現実性ということで規定してゆく手続きが「精神」の章でなされるべきである。ヘーゲルが，第 14 節で「事象そのものがそれら契機の抽象的普遍者として，いろいろな〔目的や手段などの〕契機のいずれでも見出され，それらの述語でありうる」（*GW* 9, S. 224; *Phän.* S. 271）と可能性で語ったのもいま述べた事態に起因する。かくして，第 3 文の「自由で単純で，抽象的」という表現の奥行の一端がここに示された。

ということは，当該箇所で「事象そのもの」という語それ自体が使用されていることの根拠が明らかにされてはじめて，いま述べた表現の奥行の全貌が顕示されるということでもある。(d) のシェーマは，まさにこの点に関わっているのである。すなわち，「事象そのもの」と個別的諸契機との関係を (d) のシェーマで捉えなおすということは，意識の経験の方法に本来的に含まれていた存在把握の構造を顕示し，その枠内で意識の具体的諸形態を問うてゆこうとすることである[52)]。では，その方向で考えてゆく時，「意識の経験の学」が『精神現象学』へ展開するということは，より具体的にはいかなることとして理解されであろうか。

そのさい，かりに，この展開の問題を，(d) のシェーマで考えてゆくとどうなるであろうか。この点については，さきに，方法的視点からみた場合，実体は何よりも経験する意識の対象として生成しなければならず，それゆえに「事象そのもの」として生じた，と述べておいた。この点に関して，著者は，いささかも疑念を抱いているわけではない。だが，このように述べただけでは，実は次のような疑問を打ち消すことはできない。すなわち，「実体」とは，ヘーゲルによれば，本来的に主体であるがゆえに自立的であり，意識を逆に支え，己れの動きによって意識の対象となるのではないか，したがって，「精神」の章以降，実体の動きが叙述されることになるのは，実体の本性が顕在化されたからにほかならないのではないかという疑問である。これは，「絶対知」の章や「序説」の言明に基づ

52）「精神」の章での類―種―個の論理については，*Phän.* S. 308, 325 以下を参照されたい。また，この論理が『精神現象学』の構成に係わっていることは，*Phän.* S. 199 の説明から看取される。

くかぎり否定できないようにみえる。しかし，このことをそのまま認めれば，本来，対象の実体性を極力伏せたところになりたっていたはずの意識の経験は，相対化ないし無効化される[53]ことを認めることになる。実は，このことこそが，「理性」の章と「精神」の章との不連続性を主張する議論の依拠する強い論拠にほかならない。また，二つの章の連続性を主張する従来の議論もこの論拠を有効に否定する論拠をもち合わせていない。

その理由は，「実体」が，意識の経験の方法に基づく存在把握の場面で占めるべき位置を限定しうる視点が，連続説には本質的にない点にある。まず，そもそも意識の経験の方法の基づくかぎり，「実体」とははじめから，存在把握を可能ならしめる概念として使用されるのではなく，少なくとも『精神現象学』では，類―種―個の論理によって，その内実が限定されてゆくべきものなのである。さらに，このような意味での存在把握で肝心なことは，意識が関わる「或るもの」とは，本質的には「事象」であり，「種」として捉えられるということである。「種」としての「事象」とは現象的意識に対しては，たしかに具体的内容で事実的に現れているものであるが，同時にその「種」がつねに類の種であるがゆえに，「種」ではない根拠によって規定されたものとして存在している。ヘーゲルがしばしば「現象的知」を「真実ではない知」とも呼ぶのはこのゆえにほかならない。

以上のことは，ヘーゲルによって明言されていないのは，たしかである。しかし，論述を追ってゆくときには，ヘーゲルが己れの思索の成立基盤について問われたさいには，必ずや言明されて然るべきことである。そこで，このことを論証するために，ヘーゲルの言明の中から関連箇所を提示し，次に『精神現象学』での存在把握について検討する。

（C）意識の経験と事象そのもの

まず，「意識の経験の学」の方法と『精神現象学』の方法について，ヘーゲルはどのように考えていたのであろうか。結論からいうならば，両者の相違は認めつつも意識の経験という視点は「精神」の章以降でも存在しておりむしろ重要な方法的視点と考えていたということができよう。

両者の相違については，『エンツュクロペディー』第 25 節でのヘーゲルの言明

53）「精神の経験の体系」（*GW* 9, S. 30; *Phän*. S. 29）という表現が，このことの証拠とされる場合がある。Vgl. O. Pöggeler, Komposition und Systematik der *Phän*. In: *Materialien zur Hegels* “Phänomenologie des Geistes” Hrsg. v. H. F. Fulda u. D. Henrich, 1973,　S. 358.

から以下の諸点が剔出される[54]。

第1に，『意識の経験の学』と『精神現象学』という表題に関して注意すべきことは，ヘーゲルが「直接的意識」を「精神の最初のもっとも単純な現象」と呼んでいることからも分かるように，「意識の現象」と考え，その上で，「哲学的学」ないし「哲学的知」に至る進行を「意識の弁証法」の展開と考えていたのであって，ここには「意識の経験」が無効になるということはまったく含意されていないことである[55]。第2に，意識の形態については「道徳，人倫，芸術，宗教」といった「精神」の章以降の内容が，「意識の具体的形態」[56]と呼ばれているのに対して，「理性」の章までの意識は，「たんなる意識の形式的なもの」ないし「最初はたんに形式的なものだけにかぎられているようにみえた意識」と呼ばれ，区別されている[57]ことが看過されてはならないだろう。すなわち，そこには意識の「実質」と「形式」というシェーマが看取され，しかも「〔…〕たんなる意識の形式的なものの所に踏みとどまっていることはできなかった」という文からも分かるように，当初は意識の「実質」を問う意図がなかったことを証示している。というのは，この「実質」は，「哲学の諸部門の諸対象」であって，これは「意識の弁証法」の展開としての『精神現象学』から一応独立した部門である，といわれているからである。だが，第3に，このことは，意識の「形式」よりも「実質」が重要になることを意味しない。それで，たとえば，「意識」の「形式的なもの」の展開の中に副次的に「意識」の「実質」の展開が，「含み込まれてくる」というのである。というのも意識の展開を可能ならしめる「意識の弁証法」つまり，懐疑主義に基づく意識の自己吟味の方法は，「意識」の「形式」に属することだからである。

だがまた，このことは，「意識の具体的形態」を問う視点が懐疑主義に基づく方法と難なく調和することを意味するわけでもない。というのは，実質の展開は当初は「意識の背後」に存するかのようにみえる「必然性」として問われることのないものとされていたからである。この点に関して，ヘーゲルは「内容が意識に対して，自体として関わっている以上，かの〔実質の〕展開が意識の背後でいわば進行しているのに違いないのである」といっている。実は，この文が，1807

54）Vgl. *GW 20,*§25. Anm.

55）『精神現象学』では，実際に「精神」の章の「人倫」の論述は，「意識の経験」と考えられている。Vgl. *Phän.* S. 291. Z. 37, S. 309. Z. 4, S. 318. Z. 18, S. 319. Z. 27, S. 396. Z. 36.

56）「精神」の章の「世界の諸形態」は，また同時に次のような「意識の諸形態」である。「人倫的意識」（*Phän.* S. 305），「法の意識」（*Phän.* S. 318），「自己を形成陶冶する意識」（*Phän.* S. 395），「信仰的意識」（*Phän.* S. 395），「道徳的意識」（*Phän.* S. 396））。

57）Vgl. L. B. Puntel, *Darstellung, Methode und Struktur*. In: *Hegel-Studien*. Beiheft 10,1981, S. 303.

年の著作の「緒論」で述べられている「意識の経験」の方法論的射程について，簡潔かつ精確に語っている。すなわち，「精神」の章以降の意識の対象が実体であることの論理的可能性は，「緒論」では「自体」という語に含意されているが，この実体の本性については意識的に不問に付して「意識の背後」の事柄として叙述の上で射定外に置こうとする意図が看取される。

そこで，この点について立ち入って論究するために，いままでの議論を次のように整理しなおして参照されたい。著者は，さきに「意識の経験の学」の方法と『精神現象学』の方法との相違は論究されるべきものであるにもかかわらず，相対的なものであって，両者のあいだに断絶はないと述べた。そして，次に，ヘーゲルの言明もそれに一致し，さらに「意識の経験の学」の方法が「精神」の章以降も有効であるとヘーゲルが考えていたことについてもすでに言及した。しかし，そのさいに，当然問われて然るべきことは，ではそれが有効であることの根拠はどこに求められるであろうか，ということである。それは，端的にいって「意識の経験の学」も「精神現象学」も一つ一つの知のあり方をその現象的形姿ということで問う「学」であり，「現象的知」の吟味が問題であるという点では差異がないという点に求められよう。そして，この点からこそ「実体」を問う視点がどのような形で「意識の経験の学」の問いの次元から生まれてくるのかを究明することができる。

それでは，当該の「現象的知」とは何であるのか。そのさい，是非とも押さえておくべきことは，「知」，より精確には「ものを知る」[58]ということは，「現象的意識」が，対象に関わる際の根本的姿態であることである。しかも，それは「感性的意識」「観察的意識」「道徳的意識」というように，つねにより具体的で限定されたあり方を取る。むろん，「ものを知る」ということは，真なるものとしての或るものを知ることである。したがって，「ものを知る」さいには，一般的に，この或るものが真なるものだということとそのようなあり様でものを知る己れの存在の真実性が同時に確信されていることになる。一方，この或るものも「ものを知る」という意識のあり方の地平では，「知る」作用と不可分である。たとえば，「知覚するもの」と「知覚されるもの」という表現（*GW* 9, S. 71; *Phän*. S. 79）がなされるのもそのゆえにほかならない。だから，もし，或るものが真であることの確信が崩壊することになれば，そのような或るものを知るという限定された場面でなりたっている意識の個別的形姿についての確信も「意識が己れ自身のうちで反省すること」（*GW* 9, S. 60; *Phän*. S. 66）を介して崩壊する。言い換

58） たとえば，「直接的知」とは対象を捨象したところで成り立つものではないがゆえに，「直接的なものあるいは存在するものを知ること」と言い換えられる（*GW* 9, S. 63; *Phän*. S. 69）。

えれば，ヘーゲルのいう確信とは，そのつど，限定されたあり方をとる「現象的知」としての己れについての確信だということである[59]。ヘーゲルがいう「経験」ということがなりたつのも確信の以上のようなあり方に立脚している。つまり，「現象的知」が吟味される場合には，必ず意識が確信という仕方でその場に居合わせているということがヘーゲルの「経験」概念の要諦[60]である。してみれば，最初の対象が無効であることを含んでいるような新しい対象が「最初の対象についてなされた経験」（*ebd.*）であるという周知の表現も次のように解される。つまり，このような意味での経験では，意識は己れの対象についての知が真ではなくて，「自体」との不一致を経験する。通常の経験でのように，たんに真なるものを経験するのではけっしてない。これは，意識の確信の内容がそのまま真理そのものではないという点にヘーゲルが着目したからにほかならない。実際，「緒論」では，真理は「自体」ないし「自体存在」と呼ばれ，「経験そのものに従事している意識」（*GW* 9, S. 61; *Phän.* S. 68）に対しては，現れてこないのである。

では，現れてこない「自体存在」がなぜ「緒論」で問題にされるのであろうか。それは，「自体存在」がいわば「現象的知」の背景をなす領野として意識の個別的知の限界を告知する「尺度」の役割を果たすがゆえにである。かといって，もちろん，それは原理的に意識には真なるものとしてあるのでもない。この点に関しては，「緒論」の第10節から次のことを読み取ることができる。ヘーゲルによれば，「現象的意識」のもっとも抽象的構造は，「意識は或るものを己れから区別すると同時にこれに関係する」（*GW* 9, S. 58; *Phän.* S. 64）と定式化される。これを「或るもの」の側からいえば，「或るものは意識に対して存在する」と定式化される。ヘーゲルによれば「この関係すること」あるいは「或るものの意識に対する存在」の「限定された面」が「知」と呼ばれる。一方，「自体存在」は，「或るもの」のいまだ限定されざる面であって，「知に関係づけられるもの」としては個別的知の関係のそとに普遍的なものとして設定される。したがって，「限定された面」としての知が「自体存在」といかなる関係にあるのかを明らかにすることが重要である。

この点についていえば，ヘーゲルのいう「現象的意識」ないし「意識の形態」には，一つ一つの確信を吟味し否定してゆく方法的態度が伏在していることを忘れてはならない。それは，すでに述べた「現象的意識の全領野に向けられている

59）「自己自身だという確信の対象への関係」（*GW* 9, S. 433; *Phän.* S. 529）という表現は，そのことを意味している。

60）このことは，*GW* 20, §7, Anm. でより明確に語られているが，ちなみに意識の経験に基づく論述を「超越論的‐心理学的証明」と解するハイムの有名な見解は，ヘーゲルの「経験」概念の，この核心を看過している。Vgl. R. Haym, *Hegel und seine Zeit*. 1857, S. 235 以下

懐疑主義」（*GW* 9, S. 56; *Phän*. S. 61）にほかならず，それは経験との関わりでは「意識自身の反転」（*GW* 9, S. 61; *Phän*. S. 67）とも表現される。したがって，当の意識自身によって個々の知の限定が顕在化され，以前には未知なるものに属していたものが「新しい対象」として現れる[61]。そして，このような現れ方をする対象を自体存在ないし実体の限定された面であるという了解の下で捉えたものが「事象」と表現されるわけである。

では，この「事象」は，意識の経験の歩みではどのような論理的規定を与えられるのであろうか。実は，ここにはじめて，類—種—個の論理が働く場が切り開かれる。たしかに，この論理の枠組みは，われわれの前に現出する対象を何かとして捉えるさいに，強く働いているものであることが忘れられてはならない。しかも，『精神現象学』では，「事象そのもの」そして「事象」についての根本的理解に基づいて，この枠組みが方法的視点から用いられる[62]のであるから，たんなる分類の枠組みにとどまらない意味を付与される。すなわち，ヘーゲルは現象で事柄の真を問おうとする場合に，この枠組みが不可欠であるとみていたのである。個々の「現象的意識」の対象は，事実的に生起してくるかぎりでは，個別的なものであっても当の意識には，さしあたって，そういう個別性は知られていない。しかし，その対象が「自体存在」それ自身ではなくて，また，そう確信していたことも無効になる場合には，論理的には対象が「類の種」と規定されていることになる。というのも，ヘーゲルのいう意識には，個々の対象を「種」[63]として限定することを通じて，そのような対象についての知を一つ一つ超え出て「類」としての実体の内実を刻み出してゆく理性の働きが存しているからである。

ヘーゲルは，このことを「緒論」では，次のように表現している。それによれば，「理性」とは，当の意識がみずから自身から蒙る「強制力」であり，「或るものがそれなりである（in einer Art）かぎりでは，まさにこの理由で善しとはしないのを十分なものとはしない理性」（*GW* 9, S. 57; *Phän*. S. 63）といわれている。「緒論」では，このことは，はなはだ簡潔に語られ，また解釈のうえで注意されることもないが，『精神現象学』の根本性格を語るさいには，絶対に等閑に付されてはならない事柄である。実は，この「理性」こそは，ヘーゲルがカテゴリー

61）このことについての自覚的考察は，「われわれの付加」である。

62）『論理学』でも，「判断論」で「事象」としての主語に「類」としての根拠が含まれているという主旨のことが述べられている。Vgl. *W*6, S. 348f.

63）「種」という語は，ヘーゲルによればエイドスないしイデアとしての定在の本性であり，「特定の普遍性」（*Phän*. S. 42）といわれているように，ヘーゲル独特の意味に解されている。また，『論理学』では，「事象」が「特定の概念」によって説明され（*W*5, S. 30），さらに「特定の概念」は「種」あるいは「理性の現象の始まりそのもの」といわれている（*W*6, S. 280, 288）。

そして「事象そのもの」として表現するに至るものの萌芽にほかならない。なぜならば，ヘーゲルがカテゴリーという語を使用した根本意図は，個別的対象を「現象的知」の地平で主語―述語の形式によって捉え，それによって類―種―個の論理による実体把握の道を顕示することにあったからである。そして，まさしく本解説でこれまで検討してきた「事象そのもの」という語の奥行は，以上の意味での方法の問題にまで達している。したがって，もし，このことが看過されるならば，「ものを知る」「経験」「実体」という『精神現象学』の問いに関わる一連の語が指し示している探究の道は見失われるほかはない。

資料I　目次について

区分（i）	区分（ii）	区分（iii）
I　感性的確信，あるいはこのものと思い込み	意識（一般）	（A）意識
II　知覚，あるいは物と錯覚		
III　力と悟性，現象と超感性的世界		
IV　自己自身だという確信の真理	自己意識	（B）自己意識
V　理性の確信と真理	理性	（C）（AA）理性
VI　精神	精神	（BB）精神
VII　宗教	宗教	（CC）宗教
VIII　絶対知		（DD）絶対知

資料Ⅱ 「理性」の章 論述の構図

目　次	区分Ⅰ	区分Ⅱ	区分Ⅲ	区分Ⅳ	意識対象	個体性による区分
A 観察する理性	観察する理性 or 観察 or 理性本能	観察する精神	観察する意識	直接的なものを確信している段階	存在 or 物 or 現存する対象	a. 個体的形態 b. 相異なる現実的個体性 c. 実在的な個体性 1. 内的個体性 2. 自己意識的個体性 3. 精神的個体性
B 理性的自己意識の自己による実現	行為的理性	自己を実現する精神 or 個別的精神	実践的意識 or 精神的自己意識	自己にとって直接的なものが揚棄されたという確信をもつ段階	物性という形式である自己意識 or 否定的対象	d. 行為の中で自己を実現する個体性
C それ自体でそれだけで実在的であると思い込んでいる個体性	普遍的理性		事象そのものの意識	確信と真理がもはや対立していない段階	カテゴリーそのもの or 事象そのもの	e. それ自体で実在的な個体性 現実的になった個体性 or 単純な個体性

第 10 章　『精神現象学』の根源的問いの遂行（Ⅰ）

(A)　人　　倫

(i)　人倫的世界
——人間の掟と神々の掟，男と女——

①ヘーゲルによれば，自己目的としての行為の構造については，次のようになる。すなわち，行為をなすということは，それ自身のうちで，同時に行為の最初にある目的が現実化していることでもある。こうして，行為は，はじめの目的が終わりとしての現実化と一致する。

このようにいえるのは，行為が，その形式と内容という二つの規定の統一だからである。行為の形式とは，(1) 自体的目的 (2) 移行 (3) 現実的にあることである。そして，行為の内容とは，(1) から (3) への移行の動きの中にあって，単純体としての本性なのである。より精確には，この内容は，個人の本性ないし個体性である。そして，行為の内容は，行為の形式によって表現される。

(1) そこで，次に，行為の形式によって表現される個体性の内容を，もっと精確に解明する。それについて「個体性は本源的でありながらも限定された本性として立ち現れる」(*GW* 9, S. 216; *Phän*. S. 261) といわれている。したがって，この「本源的でありながらも限定された本性」が，行為によって表現されることになる。それは個人の本質として，さしあたっては，素質と能力という偶然的相違をもつものであり，さらに性別や熱情に基づく性格となる。

(2) 次に，行為の形式は，(1) 自体的 (2) 移行 (3) 現実的にあるという三つの契機から構成されていた。しかし，これは，さらに，次のように分析することもできる。つまり，(a) 眼前の状況 (b) 関心 (c) 才能 (d) 行為そのもの（動作）(e) 所業にほかならない。

②さて，人倫的世界では，人間の掟と神々の掟とは次のような意味で最初は真実のところ対立してはいなかった。つまり，「人倫的本質体」が己れを二つの掟

に分裂させるといっても，それは人倫的自己意識の所為であって，その二様の人倫的自己意識のいずれにあっても，その「自前の本質体」として，人倫的本質体が内在していることに変わりはない。すなわち，「人倫的本質体」は二つの掟にまったく分裂しているのではなくて，二つの掟がいわば表裏一体となって各々の性格の自前の本質体を内容面から形成しているのである。

（1）したがって，一方で，男女各々の性格は自分に対して人倫的本質体があるがままに現れていることを主張するがゆえに，一方の掟に従う行為は，他方の掟を拒否し侵害することになる。しかし，他方で，自分が従った掟の裏に潜んでいた掟が，侵害されることによって，所為のうちで否定的形で現れる。すなわち，所為のうちで，自己意識は自分が配属させられていた掟とは別の掟が「侵害され，敵対的態度をとって起こってきた威力」（*GW* 9, S. 255; *Phän*. S. 309）として呼び起こされているのをみるのである。

（2）以上のような事態は，人倫的本質体の形式のうえからも，次のようにして説明されている。つまり，まず「行為する精神は知と無知の対立の中にいる」（*GW* 9, S. 394; *Phän*. S. 481）。そして，それは，その精神が「人倫的意識」つまり性格として，対象に直面することに依っている。このようにして「この精神は，その性格から己れの目的をとり出し，これを人倫的本質性だと思うけれども，性格が特定のものであるために，実体の一方の威力を知っているだけで，他方はその精神には隠されている」（*ebd.*）。だが，「各々自身は，〔行為によって〕みずからこの〔知と無知，自覚されているものと自覚されていないものとの〕対立を呼び起こすから，そして所為のおかげで知らなかったものでも己れの所業になるのだから，各人を食らい尽くす罪責に落ち込む」（*GW* 9, S. 256; *Phän*. S. 311）。なぜならば，行いの結果としての所為は「意識的なことが無意識的なことに，自前のことが見知らぬことに結びつけられているもの」（*GW* 9, S. 255; *Phän*. S. 309）として現れるからである。そして，それはまさしく行為の分裂・表裏一体化に由来するのであり，ここに罪責が生ずることになる。

(ii) 人倫的行為[1)]

――人間の知と神の知，罪責と運命――

そこで，次に，このような「知られているもの」と「知られていないもの」と

1）　本節は，拙著『ヘーゲル哲学の根源―精神現象学の問いの解明』（法政大学出版局，2016 年［オンデマンド］），230 頁以降を改稿したものである。

の対立を呼び起こす行為の否定性（補論1）の真相つまり罪責を解明する。

①まず，罪責は「人倫性」の次元のことであるので，当然「人倫的本質体」と「人倫的意識」という構造を前提している。言い換えれば「人倫的本質体」の表裏一体のあり方と「人倫的意識」の一重のあり方との対立が，「人倫的行為」が演じられる舞台の背景なのである。

前者の「人倫的本質体」の表裏一体のあり方とは「人倫的本質体」が己れを分裂させて二つの掟，つまり「神々の掟」と「人の掟」となることである（*GW* 9, S. 254; *Phän.* S. 307）。また，後者の「人倫的意識」の一重のあり方とは，「人倫的意識」が「神々の掟」と「人間の掟」の中でいずれか一方だけに配属され[2)]，各々の性格を形成していることである。

しかも，「人倫的意識」が自分に対して「人倫的本質体」があるがままに現れているという絶対的正義を主張し，「人倫的本質体」もまた表裏一体的であるという己れのレアリテートの正義を主張するかぎりで，両者が対立するのである。

その対立を究明するに際しては「人倫的行為」のもつ二つの側面に着目することが肝心である。

その一つの側面というのは，「人倫的行為」がなされるのは，性別という個体の自然的直接性の内部で，両性へ二つの掟が配分されていることに終始拘束を受けているという点である。つまり，そのことによって男性はもっぱら「人間の掟」を志向し，女性はもっぱら「神々の掟」を志向する。

もう一つの側面とは，いま述べたように「人倫的行為」が「行い（Tun）」つまり「自己意識の表裏一体化」として両性の性格のうちに伏在している一面性を罪責という形で自覚せしめるという側面である。まさに，ここで「人倫的行為」の根源に潜むものとしての「行い」が露開してくる。この事態を次の文から読み取ることができる。「人倫的行為は自然的直接性〔性別〕内部で掟を分裂させないで目指すことにとどまって，行うときには，本質体の両側面の一方だけをつかみ，他方に対しては否定的態度をとる，つまりそれを侵害するという一面的なことをやって，罪責を負うからである」（*GW* 9, S. 254; *Phän.* S. 308）。こうして，性格に基づく振る舞いが，一面的にして有限であることが「行い」によって尖鋭化されて罪責が生ずる。

してみれば，いまや「行い」としての行為が，罪責の正体を解き明かす上で揺がせにできないものであることは明白である。それどころか，ヘーゲル自身が比類のないほどの純乎たる言葉で「こうして，自己意識は，所為のおかげで罪責を負うことになる。というのは，罪責は自己意識の行いであり，この行いは，自己

2）これは「神的正義」と「人の正義」という二つの威力へ「人倫的実体」が内容のうえで分かれたのに応じて「男性」と「女性」という性格が対立することをいっている。

意識のもっとも自前の本質だからである」(*ebd.*) と述べているからである。

ヘーゲルは，この文言で，まず，自己意識の行為の否定的結果たる所為の罪責つまり原因となるのは自己意識である，といっている。これは，一見，行いの結果というできごとを生み出した原因として，自己意識というできごとを指定しているかにみえる。しかし，罪責の場合には，原因にあたる行為が，因果的責任でのたんなるできごと（Begebenheit）にとどまらない意味をもっている。ヘーゲルのいう罪責の場合には「各人の性格（Charakter）を食い尽くす罪責」と明確に述べられているように，性格という直接的自己存在の否定に至るのである。なぜならば，罪責の場合には，行為と自己とは一体のものだからである。現に，ヘーゲルは，自己意識が罪責になる理由として「罪責は自己意識の行いであり，その行為は自己意識のもっとも自前の本質である」といっているのである。すなわち，自己意識が罪責となるのは「自己意識のもっとも自前の本質」である行いが「罪責（原因)」だからなのである。したがって，罪責として指定される行為は，自己意識の意図や，身体的動作としての行為といった行為の構造の一つの契機ではない。それは，まさしく「自己意識のもっとも自前の本質」と呼ばれるのにふさわしい行為つまり根源での行為である。そのような，いわば自己存在の全重量がかかった行為こそが「人倫的行為」の「一面性」を罪責とする「行い」であり，「表裏一体化の働き」である。そのことは，これまでの論究から，こうもいえよう。すなわち，行為とはその根源では，行為する者の知に領導されてゆくものではなくて，むしろ，そのことを解体し表裏一体化しながら，自己の未知の姿を提示してゆくのである。

以上のことはたしかに，もっぱら「人倫的行為」に関する記述から読み取った事柄ではある。しかし，行為そのものの根源を，この箇所以上に純粋に語った箇所はない，といわなければならない。

②そのような解釈に基づいて，最後に次のことを再度確認しておくことする。すなわち，そもそも，表裏一体化とは，「序説」に「生ける実体は主体としては純粋で単純な否定性であり，まさにそれによって単純なものを表裏一体化することである」とあるように否定性の最初の姿なのである。そして，いかにも，行為とは「相互承認」としての絶対的精神の一つの契機であるが，実体の本質的姿としての絶対的否定性は，行為の根源のうちでこそはじめて示されてゆくのである。すなわち，行為が行為者の働きでありながら，行為者の直接的自己存在たる性格を否定するという所に，まさに否定性が行為の生ける働きとして現れている，といわなければならない。換言するならば，「実体は本質的に主体である」という場合の「主体」つまり否定性の最初の具体相を以上のような行為の根源のうちに目撃することが『精神現象学』の真理観に忠実に従うことになるのである。『精

神現象学』でヘーゲルが否定性ということを，ひたすら問い続けたのは究極のところなぜであったのか。たしかに，この問いに決定的形で答えるためには，以上の論究が明らかにしえたことは，あまりにも乏しい。しかし，行為という働きを問うことなくして，否定性の真髄へ至ることはできないということだけは確認できたのではないかと思うのである（補論 1）。

『精神現象学』では，たとえば「精神」の章では，人倫的世界での絶対的なものが，人倫的行為というよりは，行為そのものであり，その行いの結果は，悲劇的運命であり，それは，『精神現象学』全体に及ぶ。ヘーゲルのいう行為そのものとは，アリストテレスのいうポイエシスの生産性とプラクシスの自己目的性を自己表現へと統合しつつ，悲劇的運命として現象する。それこそが，ヘーゲルのいう主体のルーツなのである。なぜならば，青年期の「愛による運命との和解」というモチーフにつながっているからである。ただし，愛は，いまや「絶対的概念」であり，やがて『論理学』では，その概念の普遍は，「自由な愛」（*GW* 12, S. 35; *W*6, S. 277）と呼ばれるにいたる。

（B）　自己に疎遠な精神，形成陶冶

（i）意識の経験のうちで語られる言葉と，意識の経験を叙述してゆく言葉

『精神現象学』の言葉の問題を解明するためには，まず，次のことを心得ておかなければならない。すなわち，意識の経験のうちで語られる言葉と，その意識の経験を叙述してゆく言葉とを区別することである。

①意識の経験を叙述してゆく言葉

後者の言葉は，思弁的命題の形式を取っており，それが，思弁的思考によって学的体系を構成するために決定的に重要であることは，容易に見通すことができる。というのは，思弁的命題と表象に基づく通常の命題との区別が，思弁的思考と理屈づけをする思考の区別とちょうど重なっているからである。

したがって，思弁的思考を考察することによって，基体‒属性の枠組みに基づく主語‒述語構造の理解とは異なる命題理解が明らかになり，それによって命題形式の根底に思弁的真理を内容として据える思弁的思考の特質を見出すことができる。

端的にいうならば，思弁的思考は，その真理内容では部分を全体に位置づけているのみならず，その内容を表現する命題形式に部分という位置を与え，学的叙述に全体という位置を与えるのである。そして，その全体は，思弁的命題による弁証法的動きの成果である。

②意識の経験のうちで語られる言葉

ところで，それに対して，意識の経験のうちで語られる言葉には，従来より考えられてきたように，それを手掛かりにして精神の中枢へ迫ることができるほどの重要性があるわけではない。

たしかに，「感性的確信」の章での「このもの」といった普通名詞，「精神」の章での人倫の命令や嘆き，「形成陶冶」の節でのへつらいの言葉，賛美の言葉，分裂の言葉，そして，「良心」の章での断言と赦しの言葉，「宗教」の章での叙事詩，悲劇，喜劇の言葉など，多くの箇所で，意識が経験をなすにあたって，言葉が重要な役割を果たしている。たしかに，われわれの日常経験にとって身近にある言葉を通して，「精神」の概念へ迫るという方途は，それ自体としては誤りとはいえない。

しかし，端的にこのことが，行為的自己というわれわれにとってもっとも手前にある事象を見落としているならば，それはただちに誤謬に転化するのである。ヘーゲルは，言葉について語っているというよりは，言葉を語る行為を通して自己を語っているからである。

したがって，言葉について言及している箇所の記述を読んでも，それを『精神現象学』の中枢へ据えるほどの重みを感じることができるはずがない。その理由は，いま述べたように，ヘーゲルが，言葉を行為の延長線上で，いわば言語行為として捉えていることを見落としていることにある。

したがって，たとえば，「精神」の章とりわけ形成陶冶（Bildung）の箇所で，意識の経験が，行為の世界から言葉の意味の世界へ移行するというような単純な解釈をしてはならない。なぜならば，「精神」の章以降の言葉の特徴を，一言でいうならば，「精神の定在」としての言葉，つまり，語る行為ということになるからである。その点については，「人倫」の命令や嘆き，「形成陶冶」の章でのへつらいの言葉，賛美の言葉，分裂の言葉，そして，「良心」の章での断言と赦しの言葉，「宗教」の章での祭祀，叙事詩，悲劇，喜劇の言葉のいずれも同じなのである。たしかに，それぞれ異なってはいるが，いずれも「精神の定在」であるという点で同一なのである。というのは，「精神の定在」としての言葉とは，形式の側面と，内容の側面とをもっており，内容の違いによっていま述べたようなさまざまな言葉の違いが出てくるからである。

したがって，言葉の形式には，変化はなく，しかもこの形式のゆえに語ることが一つの行為となるのである。そこで，この言葉の形式の面を純粋に語った「形成陶冶」の箇所を検討する。その際，行為と言葉との関係を精確に捉えるために，多少詳しく論述を追跡する。

（ii）言葉への形成陶冶

①形成陶冶

「形成陶冶」とは，「精神の外化放棄」であり，それは，個人の行為の目的であるとともに目的の実現でもある。さらに，外化放棄は，個人の行為の手段であり，また思考されている実体が現実に移行することでもある。つまり，形成陶冶の概念は，実体と個人との対立的関係から規定されているのである。

その場合，言葉との関連からいうと，次の3点に注意しなければならない。

第1に，ヘーゲルは「個体性というものが，自然や性格の特殊性にある」（*GW* 9, S. 268; *Phän.* S. 325）という通常の見解を退けている。たとえ，「このものとしての自己」という一見まったく個別的に思い込まれた存在でも「意志の目的と内容は，普遍的実体そのものにのみ帰属する」（*GW* 9, S. 268; *Phän.* S. 324）。形成陶冶とは，潜在的な己れを，普遍的実体へと形成する働きにほかならないのである。したがって，一見利己的なものにみえる「富」を産み出す経済行為も実は共同体的なものであるかぎり，そこに形成陶冶を認めることが可能なのである。

第2に，ヘーゲルは「精神の外化放棄」に「個人の威力」を見出したことが挙げられる。「個人の威力は，個人が実体に己れを合わせること，すなわち，個人が己れの自己を外化放棄し，したがって己れを対象的な存在的実体として設定する」（*ebd.*）。そして，この外化放棄によって作り出された現実が「疎遠になったもの」となるので，さらには，形成陶冶の動きは，この疎遠な現実をわが物にするという形をとるのである。

したがって，第3に，ヘーゲルは，形成陶冶を，「外化放棄」にとどまらず，さらに「疎遠化（Entfremdung）」として把握している点が挙げられる。「自己意識は，自己自身に疎遠になるかぎりでのみ，何物かであり，そのかぎりでのみ本質体となる」（*GW* 9, S. 267; *Phän.* S. 324）とヘーゲルは述べている。つまり，自己が自己を外化放棄することは，まず何よりも他者に存立を与え，自己は他者の中に自己を消失することなのである。

してみれば，ヘーゲルが，この「消失」の中から自己への還帰を獲得することに思索の力を傾注するのは当然の成り行きであった。このようにして，形成陶冶は，①可と不可の判断②高貴な意識の奉公という二つの段階を経て，③言葉を語る段階へ至り自己へ還帰する。

(1)　可（善）不可（悪）の判断

形成陶冶の発端では，自体存在と自立存在とが，純粋意識と対象的現実の両側で対立し合っている。

自体存在と自立存在は，前者の純粋意識では可と不可という対立になり，後者の対象的現実では，国家権力と富という二つの本質体になっている。そして，自己意識はそれぞれの側で，一方にみずからの自体存在を見出し，他方に自立存在を見出す。そこで，自己意識は，まず国家権力と富という対象的現実に自己を合わせ，善悪を区別する純粋意識となる。こうして，自己意識は判断となる。

判断は，「自己意識は，その純粋意識からその現実意識へ，考えられたものから対象的本質体へ関係してゆく」（*GW* 9, S. 271; *Phän*. S. 329）。そして，そのことによって，国家権力と富という二つの本質体が意識に対する対象として何であるかが規定される。自己意識が，両者に自立存在として関係する場合に，己れの自立性を否定しようとする国家権力は，不可となり，己れの欲望を充たそうとする富は，可となる。逆にそれ自体で関係する場合には，国家権力は可となり，富が不可となる。

ここで，ヘーゲルは，この二つの意識を別々のものとして区別する。つまり，「意識が善であるとか悪であるとかいう相違を決めるようになるのは，意識が異なった態度で関係するおかげであって対自存在か，純粋自体存在かのいずれかを，原理とするからではない」（*GW* 9, S. 273; *Phän*. S. 331）のである。この二つの意識が「高貴な意識」と「下賤な意識」であり，前者は，対象的本質体を可とみなし，後者は，それを不可とみなす。

(2)　高貴な意識の奉公

しかし，この判断は，たんに対象的本質体を「自分の本質として，目的および絶対的内容として意識している」にすぎない。したがって，判断は，自然的自己を外化放棄することではあっても，まだ精神として承認されたものではなく，抽象的本質体にすぎない。そこで，判断は，具体的中項によって精神として自己に還帰しなければならない。

このようにして，まず，「高貴な意識」は，「奉公のヒロイズム」となる。このヒロイズムは，己れの個別的存在を犠牲にして，普遍性に生活味を与えるのである。つまり，「この意識は，国家権力には肯定的に関係しながら，己れ自前の目的，その特殊な内容や定在に対しては，否定的態度をとり，それを消えるに委せる」(*GW* 9, S. 274; *Phän*. S. 332f.)。しかし，奉公する自己意識は，実は，その純粋自己意識を外化放棄したのではなくて，生存を犠牲にしただけである。ヘーゲルは，このような犠牲という行為は完全な外化放棄を実現するための中項となりえないと考えて，言葉を語ることについての決定的に重要な論究にはいってゆくのである。

(3)　言葉を語ること

ヘーゲルによれば，高貴な意識の奉公は，実は，「自前の思い込み」や「特殊な意志」を普遍的国家権力に対して保留している。そして，そのことによって，高貴な意識は，かえって下賤な意識となっているという矛盾を犯している。「自分だけの存在が当然廃棄すべきこの矛盾は，国家権力の普遍に対し自立存在が不等であるという形式ということで同時に次のような形式を含んでいる。つまり，定在の例の疎遠化は，死で完結はするものの，それ自身存在する疎遠化であって，意識に帰ってゆく疎遠化ではない。むしろ定在は，疎遠化に耐えて生きたのではないし，それ自体でそれだけであるのでなく，ただ和解なき反対に移行しただけのことである，という形式をも含んでいる。だから，自立存在の真の犠牲とは，死の場合のように完全に献身することではあるけれども，こういう外化放棄を行うと同様に己れを維持するようなものだけである。これによって自立存在は，それ自体である通りのものを実現し，自己自身と対立者としての自己との同一的統一となる」(*GW* 9, S. 275; *Phän*. S. 334)。

ここには，自然の否定性つまり生存の有限性から精神の否定性への移行によって自己同一性が生成することが示されている。そして，ヘーゲルは，この精神の否定性の場面を，次に言葉を語ることに求めるのである。

(iii) 言葉とカテゴリー

①言葉そのものについて

言葉そのものについては，へつらいの言葉と分裂の言葉について論ずるに先立って，こういわれている。

「だが，この疎遠化は，もっぱら言葉となって生じるのであるが，この言葉は独特な意味をおびてここで登場する」(*GW* 9, S. 276; *Phän*. S. 335)。

このようにして，本来の精神的自己を実現する媒体が現れた。ヘーゲルによれば，言葉は，人倫世界の「法」や「命令」，形成陶冶の世界の「忠告」と違って，ここでは「ある通りの形式自身を内容としている」（*ebd.*）のである。つまり，自己そのものの表現，疎遠化とは「語ること」そのものなのである。その理由については，次のように述べられている。「言葉は，自己としての純粋自己の定在であり，言葉では，自己意識そのものの自立して存在する個別性が，現実存在となり，そのため言葉が他者にとってある」（*ebd.*）。

②言葉と自我との関係について

以下の文で，ヘーゲルは，自我と言葉との関係に言及している。しかし，ここでは，いままでの考察を踏まえて，(a) 言葉が自己の定在であるという点，(b) 言葉と時間の関係について (c) 言葉と否定性との関係について (d) 言葉と自我の知との関係についての 4 点に整理して，検討する。

(a) まず，ヘーゲルは，言葉が自己の定在であるという点について「言葉以外の仕方では，この純粋自我としての自我が，定在するということはない」（*ebd.*）とか「言葉は，自我をその純粋な姿で含んでおり，言葉だけが，自我を，自我そのものを表現している」（*ebd.*）と断言しているのである。この見解は，言葉を，語るという次元で捉えたうえで，表現としての言葉が，自我の内面化であり，しかも自我の内面を保持しているという言語観に依拠している。

また，この内面化は，同時に個別的自我が普遍化することでもある。というのは，自己を外化して，語ったとき，その言葉は，自己自身の中に聞き取られて，消え去るからである。こうして，言葉は，自己に還帰する。しかし，この語られた言葉は，この自己を定在として承認する他の自己にも聞き取られて，他の自己の内面にも保持されるのである。したがって，言葉となった自我は個別的ではなくて，他者に対してある普遍的なものとなってしまうのである。同時に，このことは，個別的自我が自分から疎遠となることでもある。というのは，語っている個別的自我が，言葉となり，聞き取られる過程で普遍的自我の中に自己を消失させてしまうからである。

(b) 次に，言葉と時間との関係についてであるが，以上で述べられた普遍的自己意識が，語り聞き取るという過程で現れることを可能にするものは，時間の中に定在する言葉つまり音声言語である。ヘーゲルは，書写言語つまり，みえる言葉は「音声言語」に対して，記号として関係するだけで第二次的であると考えている。そして，音声言語をまず時間の地平で捉えている。つまり，ヘーゲルのいう言葉は「いまは存在するそのときにはもはや存在することをやめる」（*GW* 9, S. 67; *Phän*. S. 75）という〈いま–時間〉の存在性格に拘束されていることが分かる。たしかに，時間は，生起と消滅の抽象的継起であり，外的否定性でしかない。しかし，言葉を通じて聞き取る自我が時間の中に定在するとき，時間は言葉として自我の内面で持続性を獲得する。これは，記憶の働きによる。つまり，個別的自我が普遍化するということは持続性を得ることにほかならない。「自我はこの自我である。――しかし同様に普遍的自我でもある。だから，それが現れることは，同様にそのまま，この自我の外化放棄であり消失である。そのため，己れの普遍性にとどまることになる」（*GW* 9, S. 276; *Phän.* S. 335）。

（c）第3に，消失を通じて持続するということは，時間としての感性的否定性が意識の否定性になることを意味する。いわゆる揚棄は，主観的には，言葉の直観に対する記憶によって可能となる。直観は表象する精神の中で揚棄されているのであって，消失してしまっているのではない。すなわち，たんに過ぎ去ったものにすぎないのではない。したがって，意識の否定性は，過去を，消失したものとして現在ということで保持している。そのような意味で，自己同一なのであり，持続なのである。このように考えると，ヘーゲルが多くの箇所で，動詞の完了形や状態受動を用いていることは注目に価する。「自己を表明する自我は，聴きとられてしまっている」（*ebd.*）という文の状態受動も，そのような内面的持続の意味を含んでいるのである。

（d）最後に，言葉と自我の知との関係については，次のように述べられている。「現にあるのではなく，消失によって現にあるという，このことこそ，自我の定在なのである。だから，このように消え去ること自身がそのまま自我が持続することである。これが，自我自身の知である，つまり，他の自己に移っており，聴きとられており，普遍的なものとなっているものとしての自己についての自我の知である」（*ebd.*）。ここから，ヘーゲルのいう知に関して，次のことを読み取ることができる。

第1に，（c）で述べたように，ヘーゲルの知は，外的否定性としての時間を揚棄することによって可能となる。「現にあらず，かつその消失によって現にある」ような「自己意識的いま」とは，そのようなものである。このいまは，「現にあるとき，すでにもはやない」といわれるような「いま」ではなくて，その消失がそのまま持続であるような「自我の定在」なのである。ここでは，同じ「いま」でも，無ではなくて存在なのである。「移行してしまっている」という完了形や「聞き取られてしまっている」という状態受動形には，過去を現在ということで保持する本質の無時間的存在の意味が込められている。

第2に，知とは，言葉を媒介にして，自己が，承認された普遍的自己になることである。いままでの引用から分かるように聞き取られてしまうことは，個別的自己が普遍的になることなのである。そして，それが，「自己についての自我の知」であるということになる。

以上の（a）（b）（c）（d）を踏まえて，言葉とカテゴリーとの関係についていうならば，言葉ということで自己がカテゴリーとなり，精神が本来の精神となって定在するのである。そもそも，カテゴリーとはカテゴレインが「物語る」とか「証明する」といった意味で古代ギリシアで使われていたが，周知のように，アリストテレス以来，用語になったのである。

カテゴリーの普遍性というものは，元来，自己意識同士の承認関係を基礎にしていた。そこでは，命題は，「判決」とみなされる。ヘーゲルも言葉と個別的自己の関係の問題になる場合，以上のようなカテゴリーの原初的意味に遡りつつ，自己意識を精神にしようとしている。つまり，「このもの」としての個別的自己は，「自体的なもの」であるが，これが言葉として定在すると，「他者に対して」ある持続体としての普遍になる。つまり，自己が自己を語るわけである。「精神的実体が，そのままで現実存在になるのは，二つの自己意識を，その両側に得させることによってはじめて起こる。これらの自己意識は，この純粋な自己が，直接妥当する現実性であると知り，そうなるのは，疎遠化的媒介にのみによるのだと同様に直接知っている。純粋自己によって両契機は，自己自身を知るカテゴリーに純化され，その結果，精神の両契機であるというところまで純化されるが，このことによって，精神は，精神性を得て定在となる」（*GW* 9, S. 276; *Phän.* S. 336）。

こうして，ヘーゲルでは，カテゴリーは，抽象的普遍でも，自己意識とは別に判断の述語から引き出されるものではなく，自己意識そのものであり，そうであることによって精神なのである。なぜならば，精神の原型は自己意識だからである。「理性」の章で，ヘーゲルがカテゴリーの本質とは「自己意識と存在との単純な統一」（*GW* 9, S. 134; *Phän.* S. 160）と述べていることも同じことに関わっている。

（iv）形式としての言葉と行為

さて，次には，ここで確認しておくべきことは，言語記号とその意味が問題となっているのではないということである。ヘーゲルは，むしろ，言葉を語るという場面で，その形式そのものの方から，論じているのである。「言葉は，人倫の世界では掟であり命令[3]であり，――現実〔形成陶冶〕の世界では最初忠言で

3）（訳注）*GW* 9, S. 252, Z. 29–32; S. 275, Z. 9 以下を参照されたい。人倫の場合については，*GW* 9, S. 195, Z. 12 に実体の普遍的言葉として習俗と掟（法）とがあげられており，そ

あったが，ともに本質体を内容としており，内容の形式であった。だが，ここでは言葉は，ある通りの形式自身を内容としており，言葉[4]として認められ，実現すべきものを実現するのは，表明そのものの力である」(*GW* 9, S. 276; *Phän*. S. 335)。ここで内容でもある形式とは，言葉を語る自己が，語ることを通して聞き取られ普遍的になってゆくという動的事態にほかならない。これを，ヘーゲルは，「精神の定在」とも呼んでいる。

その上で，奉公という行為から，忠言そして，分裂の言葉へ移行することの意味が問題となる。いかにも，これは，行為の次元から，思考の次元ないし純粋意識の次元への決定的展開であるとも読める。現に「言葉以外の仕方では，この純粋自我としての自我が，定在するということはない。それ以外のどの表現でも，自我は現実の中に沈められており，自我が己れを取り戻しうるような形の中に，沈められている。自我は，己れの行為からも人相術的な表情からも自己に帰っており，いつでも表現しすぎるか，表現したらないかする。そういう不完全な定在を魂のぬけたものとして放置する。だが，言葉は，自我をその純粋な姿で含んでおり，言葉だけが，自我を，自我そのものを表現している」(*ebd.*)。この文は，あたかも，思想を表現する言葉が，純粋な自我を表現する形式として，行為や人相術的表現が棄てられて，採用されたことを告げているように読める。

だが，それならば，どうしてそれ以降の叙述に行為が繰り返し出てくるのであろうか。たとえば，良心では，行為的良心が考察され，宗教では，祭祀や洗礼といった行為が重要な役割を演じているのである。このことを説明するために，まず注目すべきことは，いま述べた「精神の定在」としての言葉もまた再度登場するということである。しかも「良心」の箇所では，「言葉がここで得た内容は，もはや，形成陶冶の世界の，逆転して，逆転してゆく，分裂した自己ではない。むしろ，それは，自己に帰り，自己を確信し，みずからの自己ということでみずからの真理ないしみずからの承認を確信している精神，この知として承認された精神である」(*GW* 9, S. 351; *Phän*. S. 428) といわれている。つまり，すでに述べたように内容は，異なるが，形式を同じくするのである。この形式は，宗教の章でも「そのままで，自己意識となった現実存在であるような定在」(*GW* 9, S. 380; *Phän*. S. 464) という形で維持されている。たしかに，神託での神の言

して *GW* 9, S. 242, Z. 18 以下では「掟」と「統治」とが対をなしていたが，*GW* 9, S. 272, Z. 22 以下では形成陶冶の国に関して一方の静止せる法則と他方の統治と政令とがあげられていたから，本文の「命令」は *GW* 9, S. 195, Z. 12 の「統治」にあたると解されるべきである。

4) （訳注）ここでいわれている言葉論が，Ⅵ-C-c，Ⅶ-B-a，Ⅶ-C にもある。なお，『精神現象学』以前で，この見解にもっとも近いものは，「人倫の体系」では，理性的英叡知的存在者相互のあいだの中項であるのは Rede であるとなっている。ここからすると，本文の Sprache はまた Rede でもあることになる。

葉，賛歌の言葉，そして祭祀の言葉，悲劇の言葉といった区別がなされているが，それらの言葉の形式そのものには何の変化もない。このようにして，分裂の言葉で見出された形式としての言葉が，「宗教」の章でも繰り返し登場するのである。これは，何を意味しているのか。その意味は，けっして単純ではないが，結局，語るということが，行為の最終的現実形態と考えられているといわなければならない。したがって，分裂の言葉は，奉公という行為での自己の外化と普遍化とを完成せしめるという意味をもっているのである。そのことは，良心で，行為から言葉を語る行為（補論 2）へ移る過程で示されている。「良心の言葉の内容は，自己を本質体として知る自己である。この自己のみを言葉が表明する，そしてこの表明は行いの真の現実であり，行為が妥当することである」（*GW* 9, S. 351; *Phän.* S. 429）。

（C） 自己確信的精神（道徳性）

形式としての言葉の現実化

以上の考察を踏まえて，道徳性では行為と言葉との普遍的関係を精確に究明する。端的にいうならば，言葉の形式は，行為の形式を現実化するのである。そのことを己れの良心を断言するという事態に即して示してみよう。

（ⅰ）「良心」での語る自己

ヘーゲルは，「精神」「C 自己確信的精神」「c 良心」で次のように述べている。「良心から行為するのだという人は，真実を語ることになる。なぜならば，その人の良心は知りまた欲する自己なのだからである。だが，その人はこのことを本質的にいわなければならない。というのも，この自己は，同時に普遍的自己でなければならないからである。このようにして自己が普遍的であることは，行為の内容上のことではない。なぜならば，内容は，特定のものであるゆえ，それ自身どうでもいいことだからである。むしろ普遍性は行為の形式上のことだからである。この形式は，現実的なものとして設定されるべきものであり，自己であるが，そのまま言葉ということで現実となり，みずからを真であると述べる。まさにこの点であらゆる自己を承認し，すべての自己から承認される」（*GW* 9, S. 352; *Phän.* S. 430）。

ここで，行為と言葉とは，不連続の関係にあるのではなくして，連続的関係にあることが，よく分かる。断言を語るということは，自己の特殊性を廃棄することである。つまり，普遍的自己を生み出すことなのである。この普遍的自己は，行為の形式の中に可能的に存在しているが，言葉が，それを現実的に設定するのである。そのようにして設定された自己とは，他の自己を承認し，他の自己によって承認される自己である。言い換えるならば，現実化とは，承認関係の中になかった自己を承認関係の中に置くことにほかならない。

（ii）言葉の形式実現は承認関係実現

では，行為で承認関係が，結局なりたたず，言葉の形式によってなりたつのは，いかなる理由によるのか。承認が成立するためには，一つの自己が他の自己の自立性を認めることが，己れの自立性を認めることであるということでなければならない。つまり，一つの自己とは他の自己とが，どこかで接していなければならない。ところが，行為は，結局，あくまで個人の自己の行為であって，他の自己に接するということがない。それに対して，言葉は「精神の定在」なのである。定在であるということは，自己が他の自己意識に対してあるということであり，一つの自己が他の自己に通用するということである。

言葉は，その形式からみた場合，「他者に対して存在する自己意識」（*GW* 9, S. 351; *Phän.* S. 428）である。「言葉は，己れを己れ自身から分離する自己である，これは，純粋な自我＝自我[5]という形でみずからの対象となり，この対象性のうちでこの自己としてのみずからを支える」（*ebd.*）。だが，より注目すべきは，「自己は，他人から聞きとられるように己れを聞きとる」（*ebd.*）という文にある。つまり，聞き取るということが，「自己となった定在」（*ebd.*）なのである。したがって，語り，聞き取るというところに一つの自己と他の自己との接点がある。聞き取ることによって，自己が普遍的なものとして通用するようになるのである。

ここでいわれている「語る」ということは，特殊な働きである。たしかに「自己を真なるものとして陳述する」といっている。通常，陳述するという動詞の主語は，一人称代名詞のわたしである。しかし，ここでは，それを自己だといっている。その自己は，言葉ということでそのものとして現実的になる自己であり，すべての自己を承認し，すべての自己によって承認されている自己なのである。

---

5)（訳注）「自我＝自我」という命題はもちろんフィヒテから得られたものであるが，当のVI -C-c では *GW* 9, S. 362, Z. 18 にも出てくる。ところでこの命題をもって非我を媒介として成立するものと解するならば，それは「絶対の他的存在のうちで純粋に自己を認識すること」となる。したがってこの命題の出現してくるのは『精神現象学』が終わりに近づきつつあることを示しており，とくに啓示宗教の終わりでもこの命題が出ていることからして明らかである。ただ言葉でこの命題が成立するとみられるときには，媒介となるのは非我ではなく他我である。

承認関係による自己の普遍化

このような自己は，けっして一人称代名詞で表現されない。なぜならば，それは，普遍的自己だからであり，「精神の定在」として語ることそのものだからである。それをまたヘーゲルは，「みずからを，他人が承認し，他人と等しい普遍的知および意欲」（*GW* 9, S. 352; *Phän*. S. 430）ともいっている。むろん，それは，言葉といっても，言葉の形式であり，しかも行為に可能的に含まれている形式である。ただ，それがいまや内容そのものだといっているのである。この自己が己れの行為について語ることによって，行為が義務となる。そのことによって，自己そのものが，承認関係の中で現実化するのである。そこでは，言葉は，自立的で承認された自己意識の中項・統一性であり，このような自己の決定的表現は，「自己自身を知るカテゴリー」（*GW* 9, S. 277; *Phän*. S. 336）という言い回しである。むろん，カントによれば，カテゴリーは，現象に適用されることによって，経験的認識を可能にする思考の形式にほかならない。ところが，ヘーゲルがいっているカテゴリーというのは，承認を可能にする形式でありしかも，それは，言葉の中で現実になる自己そのものなのである。したがって，カテゴリーは，語る自己の普遍性と能動的形式性を指し示しているのである。と同時に，「自己自身を語る」といわれているように，自己が，カテゴリーであることを知るのである。つまり，己れが普遍的であり，承認されているがゆえに，精神の契機であることを知るのである。それが，「自己は，己れを他人によって聞き取られているものとして聞き取るのである」といわれている。己れをカテゴリーとして知るのは，己れの言葉が他人と己れとに聞き取られることによって可能となる。だが，言葉を通して，たしかに形式的承認が成立するが，実質的承認が成立しないのである。承認されるべき自己の内容がなければ，承認は空虚なままに終わる。そこに宗教が必要になってくる。そして，宗教ででも，芸術宗教で，「精神の定在」としての言葉が出てくるのである。

このようにして，語るということが，一つの行為であることが分かる。しかも，実は或る人が語るのではなくて，自己が自己を語るという行為なのである。

補　論1
行為の否定性

はじめに

本補論1の課題は，『精神現象学』の根本洞察に属する「否定性（Negativität）」を，行為[6]の根源として証示することにある。しかし，このことは，この書物の一字一句に至るまでが，その根本洞察の正当化に捧げられていることを思えば，ことさらに証示するまでもなく自明のこととみえよう。周知のように「序説（Vorrede）」で，「真なるもの」が最終的に「主体」つまり「純粋で単純な否定性」であることを正当化することが，この書物の叙述によってなされる，という主旨のことが揚言されている。そして，なるほど，その否定性がいかなるものであるかについても有名な説明がなされている。しかし，その「序説」の説明が，この書物の本体ではないことからも明らかなように，否定性はただ本文の叙述を通してのみ，「序説」の説明からは窺い知ることのできない広がりと深みと鋭さで示されてゆくのである。当該補論では，この否定性のもっとも鋭い姿を，行為の概念に即して解明することを目指す。すなわち，著者のみるところ，『精神現象学』での否定性は行為の否定性として，とりわけ「行いはそれ自身分裂である」（*GW* 9, S. 254; *Phän*. S. 308）といわれているように，「分裂（Entzweiung）」としてもっとも鋭い形で示されてゆく。逆に，行為がその根源では否定性であることは，行為のさまざまな位相の交錯を解きほぐしてゆくことによって判明するといわなければならない。

(I) いかにも，このような根源の位相での行為というものが，日常の行為にあってはただちに顕わではないことは明白である。むしろ，われわれの日常の行為では，根源ということは，原則として問題になりえず，もっぱら行為の理由（reason）ないし動機（motive）のみが問題となる。つまり，日常の行為の大半は，たとえば，早朝にいつも散歩をするというような規則を理由とする行為であるか，あるいは各人の内的理由[7]ないし動機に基づく行為であるかのいずれかで

6) ヘーゲルは，Handlung と Tun を用いているが，原則として両者とも「行為」と訳す。ただし，両者を区別しなければならない場合，Tun を「行い」と訳す。

7) フォン・ウリクトの行為の「内的理由（inner reasons）」と「外的理由（outer reasons）」という区別に従うならば，「規則」は客観性をもつがゆえに「外的理由」となるで

ある。しかも，この場合には，行為の動機の内容と結果とは大方一致している。けれども，行為には，それと対照的に，意志や予想を覆す結果を生ずる日常的ならざる行為も含まれている。たとえば，思慮を巡らしてよいと思って行いながら意外にもよからぬ重大な結果を生み出したりする。そして，そのような行為が，日常的に行為する者の存在自身を揺がすことも厳粛なる事実である。

『精神現象学』ではそのような日常的ならざる行為の極限にまで一切の行為のさまざまな位相を尖鋭化させるという特異な手続きがとられているのである。また，そのような日常的ならざる行為こそ，結論からいうならば，むしろ根源の位相での行為と呼ぶに価するであろう。だが，その手続きを虚心坦懐に追跡するならばそのような尖鋭化によって逆に『精神現象学』での行為の論究に空隙が生まれていることを認めないわけにはいかない。すなわち，根源の位相を尖鋭化することに徹する余りに否定性が日常的行為の構造の，一体どこに露開しているかを突き止める論究が脱落することになった。したがって，この脱落を修整する道を探ることが許されるであろう。その道標となるのが，まさしく「人倫的行為」によって生ずる「罪責（Schuld）」にほかならない。たしかに，「自己意識は，所為のおかげで罪責を負うことになる」（*ebd.*）と表現されているが，このことを（A）行為する者（B）身体的動作（C）行いの結果を基本的契機とする行為の構造のうえで把捉するためには，次のように表現し直さなければならない。つまり，行為の構造のうえで「罪責」とは，行為する者自身が行為の否定的結果たる「所為（Tat）」の原因として，自己を認定することによって負うものである。たしかに，この点では，「責任（Schuld）」より厳密には「道徳的責任」との相違はただちに明らかではない。だが，両者の関係を確定する者がもっぱら当事者だけに限定され，しかも行いの結果を意志することないし予測することを成立の要件としない点で，「道徳的責任」とは異なるのである。そして，このような相違は，結論からいえば「罪責」ということが，行為の根源である否定性に由来することに基づいている。このようにして行為の否定性は，行為の構造の上では，「罪責」として露開してくるのである。

（II）そこで，次に，以上のような解釈が，従来のヘーゲルの行為論についての研究の中で占める位置を瞥見しておくことにする。まず，従来の研究は，次の二つの形態に大別される。一つの形態は，いわゆるエンツュクロペディー体系[8)]のいずれかの部門から関連箇所を剔出する研究である。主として①「論理学」の

あろう。Cf. G. H. v. Wright, Explnation and Understanding of Action. in *Practical Reason*. 1983, p. 54.

8）エンツュクロペディー体系と現象学体系との関係については，本書 713 頁を参照されたい。

「理念」の部門からは「意欲の理念」が剔出され，また②「精神の哲学」の「主観的精神」の部門からは「実践的精神」[9]が剔出され，③「客観的精神」の部門からは「道徳的行為」が剔出されてきた[10]。そして，さらに，④「絶対的精神」からは，美学的行為が剔出されてきた[11]。しかし，以上の研究はたしかに各部門の行為論を精確に描写してはいるが，結局行為の断層写真であるにとどまり，行為の全貌を映し出すには至っていない。なぜならば，エンツュクロペディー体系の各部門の行為についての論述は，各部門での個別問題に対する解答というきわめて限定された位置しか占めていないからである。つまり，①②での行為は，理論と実践との統一という問題に対する解答の圏域にある。また③の「道徳的行為」は，「自由な意志の実現」という問題に対する解答の圏域のうちにある。さらに④の美学的行為は，「芸術という次元での絶対的精神の動き」の問題つまりいかにして絶対的精神が，自己を感性的に外化することによって自己を直観するか，という問題に対する解答の圏域にある。それに対して，行為論についての研究のもう一つの形態は，ヘーゲル哲学の根本問題あるいは原理の次元で行為を追究するものである。そして，著者の考察も，この分野での進展に寄与することを目指す。そこで，まずこの分野での従来の代表的見解を二つ示しておく。その一つは，ヘーゲルの思索の営みの全体を，問題を提出しそれに解答を与えていく手続きと解した上で，ヘーゲル哲学の体系を，後者の解答を与えていく手続きに限局する見解である[12]。そして，その問題を提出する自己意識の基礎に行為をみるわけである。この見解に従えば，さきのようにエンツュクロペディー体系の各部門から関連箇所を剔出するのにとどまることは，ヘーゲルの思索の全体を捉えることを不可能にすることになる。というのは，全体を捉えるためには本来，問題を提出する営みをも，それに対する解答としての体系的叙述と照応するように再構成しなければならないからである。その際注意すべきことは，問題を提出する自己意識の成立に行為の基礎的レベルが参与していることである。すなわち，「もっとも基礎的レベルでは行為は自己中心化された欲求から生ずる」[13]とされて

9） Cf. S. Rosen, Theory and Practice in Hegel:Union or Disunion? in *Hegel's Social and Political Thought*. ed. by D. P. Verene, 1979, pp. 35–52.

10） Vgl. J. Derbolav, Hegels Theorie der Handlung. In: *Hegel-Studien*. Bd. 3, S. 19–65; L. Wigger, *Handlungstheorie und Pädagogik*. 1983, S. 53 以下

11） Vgl. R. Wiehl, Über den Handlungsbegriff als Kategorie der Hegelschen Ästhetik. In: *Hegel-Studien*. Bd. 6, 1971, S. 135 以下；C. Peres, *Die Struktur der Kunst in Hegels Asthetik*. 1983.

12） Cf. M. Inwood, *Hegel*. 1983, pp. 1–5.

13） Cf. M. Inwood, Hegel on Action. in *Royal Institute of Philosophy Lectures Series*, Vol. 13, 1982, p.142. なお，当該論文に関しては，拙稿「M・インウッド『ヘーゲルの行為論』」（『理想』第614号所収）を参照されたい。

いる。また，もう一つの代表的見解は，ヘーゲル哲学の原理である「精神」が行為を基礎にして成立している，というものである。すなわち，「精神」を「活動性（activity）」と解した上で，「精神の哲学」は，行為（action）の「質的見解（qualitative view）」に基づいているという。「質的見解」によれば，行為は方向づけられているが，その方向づけの仕方に質的にさまざまなレベルがあり，反省を欠いた行為から思考による行為に至るまでの行為の段階が存在する，というわけである[14)]。

以上の二つの代表的見解は，いかにも先駆を成すものであるが，基本的に不徹底さを免れてはいない。第 1 の見解に関していえば，問題を提出する自己意識の基礎にある行為を剔出し，それを，エンツュクロペディー体系の各部門の行為に対置したのはたしかに慧眼であった。だが，この見解は「精神とは何か」という「現象学の根源的問い」に対する応答の途次での行為を追究することを閑却したのである[15)]。また，第 2 の見解は，この点で「精神」の「活動性」に着目したのはより思慮深かったといえよう。というのは，「精神」の「活動性」は「精神とは何か」という問いを遂行し，それに対して応答してゆく自己意識の働きでもあるからである。しかし，その「活動性」がもっぱら「具体化の原理」[16)]に従っているとした点で依然として不徹底である。行為が「精神」を肯定的に具体化する表現的行為の位相をもつことはいかにも正当である。しかし，その際行為の根源にある「精神」の「活動性」は何よりも否定性であることが等閑に付されては絶対ならないのである。かくして，結局，以上の二つの見解は『精神現象学』での行為の否定性の次元にいまだ到達していないといわなければならない。そこ

14）　Cf. C. Taylor, Hegel’s Philosophy of Mind. in *Human Agency and Language*. 1985, pp. 77–96.

15）　たとえば，L. ヴィガーは，『精神現象学』の体系的位置が不明確であることから，ヘーゲルの行為に関する言及箇所をもっぱらエンツュクロペディー体系の中に求めている。Vgl. L. Wigger, Handlungs theorie und Pädagogik. 1983, S. 54–55 u. S. 144（Anm.21）.

16）　Ch. テイラーによれば，「具体化の原理」とは「主体とそのすべての機能は，いかに精神的にみえようとも不可避的に具体化される」という原理である。そして，いわゆる「否定の否定」についても言及されてはいるが，それは「思考を否定するものを否定すること」あるいは「自覚的自己所有という理解」という形でもっぱら意識の次元で捉えられているだけであって，行為の次元で捉えられてはいない。Cf. Ch. Taylor, *op. cit.* ,pp. 8–5. この点で，いかにも A. コジェーヴは「自由—行為—否定性」という関連を詳細に究明し，「否定性が，自然的所与を現実的に否定するという形態で現に存在するかぎり否定性はまた現象し，そしてその現象は人間の自由な行為にほかならない」という洞察に到達している。ここでコジェーヴが行為を否定性の現象と解釈しているかぎりで，本章の見地と一致する。しかし，「人間は己れの行為によって己れの人間性，真に人間的存在としての自己を表現する」と述べているように否定性の位相と自己表現の位相とを重ねている点で本論稿の見地と異なる。Cf. A. Kojève, *Introduction à la lecture de Hegel*. 1947, p. 483, p. 493.

で，本補論ではこの根源へ迫るべく，次のような論究の行程をとる。まず，『精神現象学』の根本洞察に照らしながら，行為の根源に否定性が存在することを突きやめておく（I）。次に『精神現象学』の叙述から行為の三つの位相を析出する（II）。さらに，そのうちの行為の構造の位相の三つの特徴から，行為の否定性へ迫るという道を開拓する（III）。だが，ここで以上の論究の大前提たる「序説」の説明と本文の叙述そのものとの関係を問い直し，論究の足元を踏み固める（IV）。最後に行為の否定性の経験を「罪責」のうちで目撃することにする（V）。

（A）行為の否定性と『精神現象学』の根本洞察

（i）否定性とは，端的には「精神の生」にほかならない。すなわち，死によってたんなる無に帰するがゆえに「死を忌避し，荒廃から免れてあろうとする生」ではなくて「死に耐え，死にながら自己を維持する生」（*GW* 9, S. 27; *Phän*. S. 26）が，まさしく「精神の生」としての否定性である。しかも，ここでの否定とは，死という否定的なものへと己れを解体しながらもそれをさらに否定し抜く精神の働きなのである。そして，否定性が行為の根源であるということは，否定性が行為という事態を，そのはじまりから終始支配していることを意味している。そのことは「行いはそれ自身否定性にほかならない」（*GW* 9, S. 217; *Phän*. S. 262）という文にさりげなく示されている。

ところで，否定性ということ自体が，『精神現象学』にあって，いかに決定的役割を果たしているか，このことはすでに自明の事柄であろう。なぜならば，『精神現象学』の根本洞察とは「絶対的なるものは主体である」（*GW* 9, S. 5; *Phän*. S. 2a）ことであり，冒頭でも述べたように，この「主体」は「純粋で単純な否定性」（*GW* 9, S. 18; *Phän*. S. 14）とも呼ばれているからである。否定性は『精神現象学』の根本洞察に直結しているといわなければならない。しかし，であるからといって，行為の否定性を否定性ということの一つの事例として語ることが本補論の目指すところでは断じてない。むしろ，「絶対的なるものは主体である」という根本洞察を正当化することの一切を左右する手続きの起点として，行為の否定性を捉えることにしたいのである。しかも，この正当化の成否がただちにヘーゲル哲学の立つか倒れるかを決することを勘案するならば，行為の否定性の究明が，ヘーゲル哲学の内奥へ迫るものとなることはもはやいうまでもないことであろう。

とはいえ，いかなる意味で，行為の否定性の究明がヘーゲル哲学の内奥へ迫るものとなるかを，『精神現象学』の文字の表層から読み取ることは残念ながらできない。むしろ，それは精神の深層へ到らんとする解釈によってだけ読み取ることができる。これに対して，意識の否定性を自己超越の働きとして読み取ることは喫緊の要事ではあるが，それほど解釈を必須のものとしてはいない。たとえば，その要諦は「意識は自己自身を超えてゆくことになる」（*GW* 9, S. 57; *Phän.* S. 63）という言明に従えば明白である。だが，それとは対照的に行為の否定性の要諦を明言している文を見出すことはついにできない。むしろ，『精神現象学』の根本洞察に照らしながら，その要諦を叙述の深層から析出すること以外に道はない。

（ii）そこで，次にそのことを論証しておく。まず本質的に主体であるような実体とは「区別も動きもない実体性」（*GW* 9, S. 18; *Phän.* S. 14）ではなくて「生きた実体」と呼ばれ，次のように説明されている。「さらに生きた実体は，存在とはいっても真実には主体である存在，あるいは同じことであるが，生きた実体とは，己れ自身を設定する動きであり，みずから他者となることを自己自身との媒介というかぎりでのみ真に現実的である存在である」（*ebd.*）。さらにこうもいわれている。「生きた実体は主体としては，純粋で単純な否定性であり，まさにそれによって単純なものを分裂させ表裏一体化すること（Entzweiung）である」（*ebd.*）。ここでは否定性はとりわけ「生きた実体」の「生きた」ということを説明している。つまり死という否定的なものをみずから否定し蘇る「精神の生」の姿を否定性と呼んでいる[17]。しかも，従来「序説」での語り口に影響されてか，もっぱらいわゆる否定の否定の面のみに注意が払われてきた。しかし，本文の叙述では「己れの他者となること」あるいは「単純なものを表裏一体化すること」の面がそれに劣らず重要な役割を果たしている。そして，行為の否定性はまさにこの面を体現しているのである。

ところで，本文の叙述では「生きた実体」は「精神」の章で「人倫的実体」として語られ始める。そのことは「理性」の章で「事象そのもの（Sache selbst）」が意識の対象として確定され，それが，次に「個体性によって浸透された実体」（*GW* 9, S. 228; *Phän.* S. 276）さらには「人倫的実体」（*GW* 9, S. 229; *Phän.* S. 277）として規定されていく経緯[18]からも明白である。そして，「精神」の章の前

17）『論理学』初版（1812 年）でも，否定性について次のように説明されている。「これからさきに否定性または否定的本性について語られる場合に，その言語のもとに理解されるべきものは限界・制限・または欠如というようなあの最初の否定ではなくて，本質的に他在の否定であり，そしてこの否定は，他在の否定として〔あるがゆえに〕，自己自身への関係なのである」（*GW* 11, S. 77）。しかし，これは，『精神現象学』の否定性よりもその意味が狭い。なぜならば，後者の否定性は「己れの他者となること」あるいは「単純なものを表裏一体化する働き」（*GW* 9, S. 18; *Phän.* S. 14）をも含んでいるからである。

18）この経緯については，本書 219 頁以下を参照されたい。

書きで次のようにいわれている。「精神は，実体としては，動揺せぬ正しい自己相等性であるが，実体は自立存在としては，己れを犠牲にする親切で解体された本質体であり，ここでは，各人は，己れ自身の所業を遂行し，普遍的存在を引き裂き，そこから己れの分け前を奪う」（*GW* 9, S. 239; *Phän*. S. 289）といわれている。この文で注目すべきは「実体は自立存在としては，己れを犠牲にする親切で解体された本質体」という部分である。なぜならば，ここでの「自立存在」は，否定性であり，しかも，行為の否定性だからである。それは「実体は，自立存在であり，自己であり，行いである」（*ebd.*）という文で「自立存在」が「自己」とともに「行い」と等置されていることからも判明する[19]。

そこで，次にこの否定性としての行為の究明へ突き進むことにする。とはいえ，行為についての『精神現象学』の記述は複雑を極め，けっして一つの単純な姿へ押し込めることはついにできない。これまでに著者が読みえたかぎりでは行為の三つの位相を確認することができる。第 1 の位相は行為の構造であり，第 2 の位相は行為の自己表現であり，そして第 3 の位相が行為の根源なのである。

(B) 行為の三つの位相

(i) まず，論究の手続き上，行為の構造の位相と根源の位相との論脈上の関係を瞥見しておく。端的には，前者の構造は行為の表層を示し，後者の根源は行為の深層を示している。さらに総解説 1 第一部第 1 章の基本的推理に照らすならば，次のようにいうことができる。すなわち行為の構造の位相は「理性」の章の「C それ自体でそれだけで実在的であると思い込んでいる個体性」[20]で説かれていることからも，「真なるものは実体である」[21]という大前提を証示する最終地点で露開する。つまり，ここでの実体を行いの結果に基づく「真なる所業」として導出するために行為の構造の位相が不可欠なのである。それに対して根源の位相は「人倫的行為」をはじめとして，「精神」の章で説かれていることからも「実体は本質的に主体である」という推理の小前提[22]を示す最初の地点で露開する。つまり，実体が解体するためには行為の根源の位相が不可欠なのである。

19）「行為」が「自己」であることは行為の否定性を究明する上で決定的な論点である。この点については本書 770 頁を参照されたい。

20） 以後，たんに「C」と略記する。

21） 本巻 8–1，383 頁を参照されたい。

22） 小前提の証示が「精神」の章から「宗教」の章にまで渡っていることは，本巻 1，303 頁を参照されたい。

ところで，行為の構造は，より精確には個体の本性すなわち「本源的に特定の本性」（*GW* 9, S. 216; *Phän*. S. 261）[23]に基づく行為の5つの契機という形で示されている。それは，①状況②関心（目的の設定）③才能④行為そのもの⑤所業[24]である。状況とは行為を通して顕在化されるべき自体的な個体の本性であり，関心は，その状況に即して個体の本性を目的として設定する。才能とは「内的手段」ともいわれ，目的が現実化することの表象という姿をとる。そして行為そのものとは「現実的手段」（*GW* 9, S. 218; *Phän*. S. 264）ともいわれ「能力と才能を使うこと」（*GW* 9, S. 227; *Phän*. S. 276）である。これは，身体的動作を通じて表象が外的なものとなることである。最後の所業（成果）とは「個体性が自己を表明しようとする本質」（*GW* 9, S. 219; *Phän*. S. 265）である。しかも，最終的に「特定のものである己れの所業」（*GW* 9, S. 220; *Phän*. S. 267）としての「消え去るもろもろもろの所業」（*GW* 9, S. 223; *Phän*. S. 270）同士の誘導のうちから「真の所業」（*ebd.*）としての「事象そのもの」ないし「実体」が結実してくる。

だが，以上の二つの位相の関係を追究してゆくと，行為の表層と深層とのあいだに，実はどちらにも還元できない別の層が存在していることが判明する。それが，行為の構造といわれるときの行為にほかならず，行為の自己表現の位相[25]である。たとえば，「個体性を提示し表現することが行いにとり絶対的に目的そのものである」（*GW* 9, S. 214f.; *Phän*. S. 260）という文の「個体性を提示し表現すること」とは「個体性の営為」ないし行いである。そのことは「個体性の営為は目的自体そのものである」（*GW* 9, S. 214; *Phän*. S. 259）という文からも分かる。しかも，個体性を明示し表現する行為を担うのは，明示され表現されるべき当の個体性なのであるから，ここに自己表現としての行為を見守ることができる。そして，このような個体性は「直接に自己を表明する個体性」（*GW* 9, S. 198; *Phän*.

23）　この「本性」は，より具体的には，まずは「能力，才能，性格など」（*Phän*. S. 263）であり，次に「男性」と「女性」という性別である。前者は個体の偶然的相違を形成し本性が「実体と自己意識との直接的統一」（*Phän*. S. 301）として行為のはじめであることだけが問題なのである。

24）　行為の契機については3つの表現（1）（2）（3）が見出される。（1）①「目的」②「静止しているものとして表象された目的の動き」ないし「手段」③「目的からそとに出て行為するものに対して他者として存在する対象」（*Phän*. S. 263），（2）①「状況」②「関心」③「内的手段」としての「才能」④「現実的手段」としての「移行そのもの」⑤「現実的になった個体性」としての「所業」（264–265），そして（3）①「個体の目的」②「手段」③「行為そのもの」④「現実性」（*Phän*. S. 271）である。本書では表現の精確さを期すため（2）を基準にしてそれに（1）（3）の表現を加味した。

25）　この行為の位相と，アリストテレスの「倫理的行為」とがほぼ重なるといってよいであろう。第1に「…良い行為はそれ自身行為の目的である…」（『ニコマコス倫理学』第6巻第5章）ともいわれているように行為の自己目的性という点で重なる。第2にここでの「個体の本性」がアリストテレスの「器量」の類である「性向（hexis）」と重なる。

S. 239）とも呼ばれ，また，その自己表現が，行為の構造を通じて所業として完遂される以上，所業の本質は「個体性の自己表現」とならなければならない。いかにも，自己表現の位相は「理性」の章のみならず，すでに「自己意識」の章でもわずかに確認することができる。すなわち「この提示は，相手の行いと自己自身による行いという表裏一体とされた行いである」（*GW* 9, S. 111; *Phän*. S. 130）とある。しかも，ここでの「提示」が自己表現であることは「対象が自己自身だという純粋確信として提示される」（*ebd.*）という句から判明する。しかし，このような自己表現としての行為の由来は「自己意識」の章では語られてはいない。むしろ，それを知るためには「理性」ならびに「精神」の章で行為の内容と形式とが区別されている[26]ことに着目しながら，両側面を合一するものとして行為の根源を改めて追究しなければならない。

（ii）そこで，次に『精神現象学』の行文に即しながら行為の内容と形式から行為の根源の位相を突き止めることにする。このことは，一見迂回的方途でもあるが，行為の根源についての総括的言明がない以上避けることができない。たしかにヘーゲルの内面的思索のうちでは根源についての透徹した論理が働いていたであろう。しかし，『精神現象学』の文字に表現されていない以上，再構成する以外に道はない。そこで，まず関連箇所をあらかじめ挙げておく。

①「個体性を提示し表現することが行いにとり絶対的に目的そのものである」（*GW* 9, S. 214f.; *Phän*. S. 260）。

②「個体性こそまさにそれ自体で存在するものを現実化するものである」（*Phän*. S. 259）。

③「行いは，みられていない状態からみられている状態へ移す純粋な形式である。日の明るみへ出され，提示される内容は，この行いがそれ自体ですでにあったもの以外のものではない」（*GW* 9, S. 215; *Phän*. S. 261）。

④「〔この〕個体性は，行い一般の純粋に形式的契機にすぎず，また内容は掟であり習俗であり，個別者にとってははっきりとその身分の掟である」（*GW* 9, S. 254; *Phän*. S. 308）。

⑤「この〔実体との〕統一のゆえに，個体性は内容である〔人倫的〕実体の純粋な形式である」（*Phän*. S..307）。

⑥「表象的には以上のような形をとるが，そこでは，人間の掟と神々の掟が動く必然の姿は，諸々の個人のもとで表現されている。これらの個人のもとでは，普遍はパトスとして，動いてゆく働きは個人的行いとして現れるが，この個人的行いのために，動きの必然は，偶然であるかのように思われる

26）この2つの側面は行為の根源から，自己表現としての行為を分析した時の区別である。

のである」(*GW* 9, S. 258; *Phän*. S. 313)。

⑦「否定性が規定性である」(*GW* 9, S. 217; *Phän*. S. 262)。

⑧「行いはそれ自身否定性にほかならない。だから，行為する個体性にあっては，規定性は否定性一般のうちで解体している。言い換えれば，全規定性の総体になっている」(*ebd.*)。

⑨「――そのわけは，意識は，対立にありながらも，絶対的否定性[27]となり，行いとなるからである」(*GW* 9, S. 220; *Phän*. S. 267)。

⑩「否定的統一性であり，一切の契機を捕らえておく行い」(*GW* 9, S. 222; *Phän*. S. 268)。

⑪「一切の存続するものがまったく普遍的に動き，完璧に流動化することが自己意識の単純な本質なのであり，完璧な否定性であって，奴隷の意識に即して存在する純粋な自立存在である」(*GW* 9, S. 114; *Phän*. S. 134)。

⑫「行いは，それ自身分裂であり，己れを己れで立て，これに対立して疎遠な外的現実を立てる。つまり，このような現実があるということは，行い自身に備わっており，行いによってある」(*GW* 9, S. 254; *Phän*. S. 308)。

⑬「行いは，自己意識のもっとも自前の本質である」(*ebd.*)。

まず③より自己表現としての行為の形式とは「みられていない状態〔考え〕をみられている状態〔現実〕へ移すこと」[28]である。それは，⑥では「個人の行為」として，「動きの必然性に偶然性の外観を与える」とされている。なぜならば，「個人の行為」は，行為の構造のうえからは「行為そのものつまり，力能や才能を使用すること」にほかならず，その「素質とか能力とかいう偶然の違い」(*GW* 9, S. 248; *Phän*. S. 301) から，偶然性の外観が生まれるからである。

他方，行為の内容とは③に従えば「この行為がすでにそれ自体で存在する当のもの」である。より具体的には④の「もろもろの法と習俗」あるいは (E)「〔人倫的〕実体」である。これは②によって分かるように，②での「個体性(Individualität)」によって，そのような内容を明示することが，「行為にとって絶対的目的」であることを確認することができる。なぜならば，①での「個体性」は②の「個体性」と異なり，行為の内容だからである。より具体的には「人倫」にあっては，個人のもとでパトスとして現れる普遍的なものであることが，⑥より判明する。ところで，もっとも問題となるのはこの行為の内容と形式とを統一するものである。たしかに「個体性」が行為の内容にして形式であること[29]は，

---

27)　絶対的否定性とは限定ないし質としての否定性ではなく，働きとしての，また「主体」としての否定性である。したがってまた個体性自身でもある。

28)　ほぼ同じ表現が *Phän*. S. 263 u. S. 307. に見出される。

29)　この点については「両者〔形式と内容の側面〕は，存在と行為との浸透としての個

以上の立論から明白である。しかし,「個体性」はたんに行為にとどまらず,「存在」「規定性」でもある。すでに述べたように，ヘーゲルは，そのような「存在」を「本源的に特定の本性」と呼んでいる。してみれば，問われるべきは,「規定性」としての「本性」を行為とするものは何かということである。それが，まさしく広義の否定性にほかならないのである。この否定性は広義には（I）「規定性（Bestimmtheit)」,（II）「否定性一般（Negativität überhaupt)」,（III）「絶対的否定性（absolute Negativität)」ないし「純粋で単純な否定性」のすべての姿態をとるが，本来的には,（III）の「絶対的否定性」である。①については，⑦でいわれ，②③を含んだ意味で⑧で「行為はそれ自身否定性にほかならない」といわれている。前者の（II）の「否定性一般」とは行為を一つの規定性としての「本源的に特定の本性」に基づく個体の行為たらしめるものである。或る個体の行為が依拠する規定性を他の規定性の中に位置づけ，他の個体の規定性と比較しながら区別する働きが「否定性一般」なのである。したがって，それは⑧で「全規定性の総括」とも言われ，⑩で「否定的統一性」ともいわれている。しかし,（III）の行為の根源は「絶対的否定性」であって，これはまさしく「精神の生」なのである。

もちろん，自己意識が「絶対的否定性」を本質とすることを見て取ることはそれほど困難なことでない。たとえばすでに「自己意識」の章でも⑪より「一切の存続するものがまったく普遍的に動き，完璧と流動化すること」が「絶対的否定性」であり,「自己意識の単純な本質」であるとされている。それは，自己意識の自立性に体現された否定性である。それは一度死に至ると蘇生することのない「自然的生」(69)[30]を否定するにすぎない「自然的否定性」(*GW* 9, S. 244; *Phän.* S. 296)[31]ではなくて，己れの死をふたたび否定して存立するがゆえに「絶対的否定性」なのである。しかし，行為の否定性，しかも実体の本質的姿を証示する否定性を突き止めることは容易ではない。たしかに「理性」の章Cで⑪にもあるように「行為」が「絶対的否定性」であることがいわれている。しかも，そのことによって特定の所業としての己れを超越するという形で自己意識が成立する。しかし，この箇所の否定性は実体の本質的姿としての否定性ではなくて，それに先立つ「真なる所業」としての実体を対象化する否定性である。そのような否定

体性そのものである」(*Phän.* S.264) と明言されている。

30) 否定性を欠いた「自然的生」に関しては「自然的生に制限されているものは，己れ自身によって己れの直接的生存を越え出ることができない」(*Phän.* S. 62) と説明されている。

31) 「自然的否定性」について「人倫的世界」の箇所では「…［個人の］死は自然的否定性であり，存在するものとしての個別者の動きであり，その場合には意識は己れへ還帰することもなく，自己意識ともならない」(*Phän.* S. 296) といわれている。

性としての行為については「すべての区別されたものをその中に浸透させ溶かし込んでいるような行い」（*GW* 9, S. 220; *Phän*. S. 267）といわれている。ところで，auflösen に「溶解する」という意味のほかにそれとは反対の「解体する」という意味がある。この意味に基づいた行為を「本質体がこのように解体し個別化することこそまさにすべて行いが自己となる契機である」（*GW* 9, S. 239; *Phän*. S. 289）という文から読み取ることができる。同様に，否定性にも「単純なものを表裏一体化する働き」という側面がある。この点については「生きた実体は，主体なのだから純粋で単純な否定性であり，まさにそのことによって単純なものを分裂させ表裏一体化する」（*GW* 9, S. 18; *Phän*. S. 14）と明言されている。こうして，本補論で主題としている行為の否定性は「解体」・「表裏一体化」という性格をもっていることになる。そのことが語られているのは，「精神」の章の「人倫的行為」の箇所である。そこでは，⑫にもあるように行為が，否定性の一側面である「表裏一体化・分裂（Entzweiung）」[32]であると明確にいわれている。そして，さらに⑬のように，そのような「行為は自己意識のもっとも自前の本質である」とされている点で，行為がその根源で捉えられていることを得心することができる。すなわち，この章句はたしかに「人倫的行為」の箇所に書かれてはいる。だが，行為そのものを解き明かす深みに達してしているがゆえに，「人倫的行為」と書かれずに端的に「行い（Tun）」と書かれていることに想到しなくてはいけない。

さて，以上で行為の三つの位相を析出することができたが，次に問うべきことは行為の根源としての否定性と行為の構造との関係である。

（C）行為の構造と否定性

(i) 行為の根源としての否定性を行為の構造の位相で確認するにさいしては，この位相を自己表現としての行為の構造[33]だけを剔抉したものと捉えることが肝心である。しかし，ここで注意すべきは，この構造には別の行為の型が不可避的に付着していることである。その型とは典型的には意志された目的を実現するた

32）たしかに「〔自然的否定性としての〕死は表裏一体化の側面である」（*Phän*. S. 296）とあるように「表裏一体化」自体は必ずしも「絶対的否定性」と結びつかない。だが，後者の場合には存在するものの「表裏一体化」によって「獲得された自立存在」はもとの存在するものと別のものでないという点で前者の「表裏一体化」と異なる。

33）行為の構造とは個体が自己の本性を表現するための構造であるが，この構造の位相で否定性によって自己表現の位相が解体されることが問題なのである。

めの手段としての行為である。そして，それと混同されてはならないのが，行為それ自体が目的であるような行為であり，自己表現としての行為が目的である場合である。しかも，われわれの日常の行為の大半が規則・規範に基づく行為であり，そのような行為が，まずは規則・規範の遵守を実現するための手段である以上，前者の，手段としての行為が日常の行為の大半を占めているといってさしつかえない。さらに規則・規範といった外的理由に対して，内的理由という個人の動機に基づく行為も勘案するならば，そのことはいっそう明白である。そして，以上の行為は「なぜ，あなたはその行為を企てたのか」という問いに対して，いうまでもなく理由[34)]ないし動機を内容とする応答によって説明されうる行為でもある。むろん，ここでは「行為の説明」が行為を解釈することであるか，あるいは行為する者を行為へと駆り立てるものを示すことであるかは問題ではない。何よりも理由ないし動機に基づく行為が，説明に価する行為であり，その中核に意志行為が位置を占めていることを確認しておかなければならない。それでは，その意志とは一体何なのか。この問いに全面的に答えることはいまは措かざるをえないが，それは或る目的を実現すべく行為を制御することであるといっておけばさしあたって十分であろう[35)]。してみれば，行為は目的が前提された上でそれを実現するために制御される手段となっている。それはいわゆる「実践的推理」[36)]

34）ここでは，行為の理由を行為に先立つできごととして原因と解する因果説（D. デイヴィドソン）と，ヒューム的原因ではないと解する非因果説（G. E. M. アンスコム）の両方を念頭に置いている。

35）ここでの目的論的理解は「行為の概念は通常，或る目標へ方向づけられている振る舞いの概念を含意する」というC・テイラーの見地とも重なる。ただし，テイラーは，意志行為も含めたすべての行為に，この規定をあてはめようとするために「目標」という概念を必要以上に広く理解していると思う。だが，著者はテイラーの目的論的理解をさしあたって意志行為に適用するにとどめる。Cf. C. Taylor, *The Explanation of Behavior*. 1964, p. 32. なお，意志を，行為を制御する能力に還元するという見地を採用しているのは，J・M・フィッシャーである。Cf. J. M. Fischer, Responsibility and Control. in *The Journal of Philosophy*. 1982, Vol. LXXLX, No. 1, pp. 24–40.

36）いまさら，いうまでもなく「実践的推理」とは大前提と小前提とから出た結論が行為であることを特徴とする推理であり，アリストテレスがたとえば『動物運動論』第７章で典型的形で説明しているものである。しかし，そこでは，その性格を異にする三つの事例が示されている。つまり，（A）「『すべての人は歩かなければならない』と考えるならばかれ自身も人であるから，ただちに歩く」，（B）「わたしが善を作り出さなければならないとすれば，家は善であるから，ただちに家を作る」そして（C）「被いが要るとすれば，着物が被いであるから着物が要るのである。わたしが要るものを作らなければならないとすれば，着物が要るのであるから，着物を作らなければならない」のである。本解説では，もっぱら（C）の型だけを念頭に置いている。（C）では「被いが要る」という目的のための手段として「着物を作らなければならない」という行為が結論となっている。なお，この型の「実践的推理」に関しては，フォン・ウリクトが執拗に検討を加えている。Cf. G. H. v. Wright, Practical

の或る型での論理的位置から判明する。A を行為する者，Z を目的，a を行為と定義すると「実践的推理」は次のようになる。

大前提：A は，Z を生ぜしめようという意志を抱く。
小前提：A は，a をなさなければ Z を生ぜしめることができないと考える。
結　論：ゆえに，A は a にとりかかる。

もし，ここで A に対して，a にとりかかるのはなぜか，と問うならば「Z を生ぜしめるためである」という答えが返ってくるであろう。そして，それが a という行為の理由ないし動機の内容をなす。なぜならば，「A は，Z を生ぜしめようという意志を抱く」という大前提の意志の内容は，目的であり，小前提では a という行為が目的を実現するための手段であることがいわれているのである。しばしば，行為を選択する意志の自由がいわれる場合にも以上のような行為が実は問われている。つまり，Z を生ぜしめるために a という行為を選ぶか，b という行為を選ぶかは，A という人の意志によって決定されるというわけである。だが，そもそも Z という目的はいかにして設定されたのであろうか。むしろ，それは或る仕方で当の行為する者の意志に先立って決定されていたのではなかろうか。端的にいって目的を設定するものは，或る状況に面している「関心（Interesse）」[37]と考えるのが至当である。そして，関心が目指す方向を決定するものは個体の本性より精確には行為様式とでも呼ぶべきものである。なぜならば，関心とはそのうちで行為様式が潜在的に表現されるものだからである。とするならば，さらに行為様式の次元で行為を問うことができることになり，そのことは，一つ一つの行為からそれらを終始貫く恒常的様式を読み取ることにほかならない。また逆に，一つ一つの行為は，その様式の具体的表現となり，かてて加えて，この様式を性格[38]さらには個体の本性と限定するならば行為は個体の本性の表現となるわけである。しかも，このような表現が行為にとって絶対的目的とみなされている。してみれば，ここに関心が設定する，意志行為の目的と，表現としての目的が截然と区別されることとなる。

そこで，次にこの区別を行為の構造[39]に即してさらに追究する。すでに述べた

Inference. in *Practical Reason*. 1983, p. 13.

37）　たとえば，「個人の本源的本性をまさにかれのなすべきこと，目的として設定する関心」（*Phän*. S. 264）といわれている。

38）　たとえば，「A 氏は親切である」という記述は，A 氏の性格を記述しているわけであるが，同時に A 氏が親切な行為の様式をとるという記述でもある。

39）　本書 757 頁を参照されたい。

行為の構造のうちで②の関心によって設定される目的とは，④の「行為そのもの」の目的であり，行為そのものは，この目的を実現するための手段である。したがって，先の意志行為は行為の構造のうちでは，④に組み込まれているといえよう。それに対し，個体の本性の表現としての行為は，この構造の⑤の所業を終端とする①から⑤までの全体である。ここでは，行為ははじめとしての目的が終わりとしての現実化と一致する「円環の動き」（*GW* 9, S. 215; *Phän*. S. 260）の様相を呈するのである。その点については「個体性が，それ自身のもとで現実であるから，働きかけの素材[40]と行いの目的は，行いそれ自身に即している」（*ebd.*）と明言されている。かくして，手段としての行為は行為の構造のうちに組み込まれており，また，その構造は目的それ自体としての行為つまり自己目的としての行為の構造なのである。そこで，根本的に問われるべきことは，この構造のうちで現れている行為の否定性の姿である。

（ii）まず行為の構造の位相を細心の注意を払って検討し，先の意志行為と比較すると，とくに際立った特徴として次の三点を指摘することができる。第1の特徴は，行為する者と，身体的動作によって生み出される行いの結果（所業）との関係を確定することが終極的に問題となっていることである。逆にいわゆる「行為の説明」でのように行為の理由ないし動機と身体的動作との関係を確定することは主題とはなっていない。すなわち，行為にとっての目的は個体性を明示し表現することであり，それは行為の理由ないし動機でではなくて，行いの結果たる所業で成就する。

第2の特徴は，行為する者が或る状況に直面して見出した関心によって立てられた目的と生み出された行いの結果とのあいだに生ずる不等性（Ungleichheit）に論究の焦点が絞られていることである。つまり，身体的動作によって産出された結果のうちで，たとえば他人の指摘によってはじめてそれと気づかされるような事柄，当の行為するものが意図することもなければ予測することもできなかった事柄が含まれている場合を，行為の本質的様相とみなしているのである。

第3の特徴は，行為の真の意味は行為の目的のうちでではなくて，行いの結果のうちで表現されていることである。この見地は行為する者が己れの行いの結果に対して負う「責任」の概念の相対化と直結している。典型的には行為する者の自由意志を基準にして，行為した者が意志しなかった結果あるいは予測できなかった結果に対しては，意志が関与していなかったのであるから責任を負う必要がないといういわゆる「道徳的責任（moral responsibility）」の見地[41]を決定的に

40）（訳注）「素材」については *GW* 9, S. 217, Z. 33 を参照されたい。

41）いうまでもなく「道徳的責任」の条件については種々の解釈がある。ここでは，自由意志論の立場からの，たとえば「A という人が道徳的責任を負うことの条件は，その人が

相対化する。

以上の行為の構造での三つの特徴についてはヘーゲル自身が行いの結果（所業）と表現した上で，次のような形で集約的に表現している。「〔A〕個々人の所業とその内的可能性，つまり能力もしくは意図が対置されているために，所業だけが個々人の真の現実であるとみられるのは当然である。〔B〕たとい，個々人自身は，その現実を思い違え，己れの行為から自己に帰り，己れの内面では，行いの結果でとは違ったものであると思い込むことがあるにしても，そうである」（*GW* 9, S. 178; *Phän*. S. 215）[42]。この文の〔A〕が，第 3 の特徴と対応し，〔B〕が，第 2 の特徴と対応することは容易に首肯されることであろう。そして，以上の二つの特徴が成立するための必要条件が第 1 の特徴であるからには，この文の内容は当然，潜在的に第 1 の特徴を含意しているといわなければならない。

（iii）ところで，以上の三つの特徴から行為の否定性を剔抉するにさいして，あらかじめこれらの特徴とりわけ第 2，第 3 の特徴がさきの『精神現象学』の根本洞察へと至る基本的推理にとっていかに決定的意味をもっているかを確認しなければならない。

まず第 3 の特徴が，基本的推理の「真なるもの〔絶対的なるもの〕は実体である」という大前提の述語である「実体」と関わっていることを論証しておく。この大前提は「精神とは何か」という「『精神現象学』の根源的問い」への応答の出発点となっている以上，「真なるもの」とは「精神の真理」（*GW* 9, S. 61; *Phän*. S. 68）である。してみれば，「精神の真理」が実体であることが出発点であり，このことは「精神的なもの」についての次の言明からも判明する。「精神的な

異なる選択をすることができたということである」という C. A. キャンベルの見地を念頭に置いている。論調はそれぞれ異なるが同様に「道徳的責任」を基軸に据えている論者としては，R. M. チザム，H. G. フランクファット，M·J· ツィマーマンを挙げることができる。Cf. C. A. Campbell, Is Free Will' a Pseudproblem?" in *Mind*. LX, 1951, pp.441–465; R. M. Chisholm, Responsibility and Avoidability. in *Determinism and Freedom in the Age of Modern Science*. ed. by S. Hook, 1960, pp. 145–147;H. G. Frankfurt, Alternate Possibilities and Moral Responsibility. in *The Journal of Philosophy*. Vol. LXVI, 1969, pp.829–839;M. J. Zimmerman, Intervening Agents and Moral Responsibility. in *The Philosophical Quarterly*. Vol. 35, 1985, pp.347–358. これに対して，J· ファインバーグは，因果関係の観点から「責任」の帰属について論じている。 Cf. J. Feinberg, Action and Responsibility. in *Philosophy in America*. ed. by M. Black, 964, pp.134–160. さらに，W. フォーセンクールは，第一次的に行為の理由に関係する「道徳的責任」から，「法的責任」を第一次的に行いの結果に関係するものとして区別している。Vgl. W. Vossenkuhl, Moralische und nicht-moralische Bedingungen verantwortlichen Handelns: Eine ethische und handlungstheoretische Analyse. In: H. M. Baumgartner u. A. Eser (Hrsg.), *Schuld und Verantwortung*. 1983, S. 137.

42） この文は，「A　観察する理性」の箇所にあるが，個体の本性の表現の場を，身体（人相，頭蓋）から所為へと転換する結節点に位置を占めている。

ものは，〔まず〕本質体でありそれ自身であるもの，すなわち自体存在である。――特定の関係の中に身を置き，規定されているもの，他者としてあり自己に対してあるものである。――そして，このように規定され自己のそとにありながら，己れ自身のうちにとどまっている。すなわち，〔精神的なものは〕自体的かつ対自的に存在する」（*GW* 9, S. 22; *Phän.* S. 19）。この「それ自体でそれだけでの存在」つまり実体としての「精神的なもの」は「自己を形成する精神」が形成陶冶の第1段階で形成した世界である。形成陶冶の第2段階で，精神は産出された世界としての己れの内容を知ろうとする。つまり，精神が対自的になろうとする。しかし，世界の内容はさしあたってわれわれにとってだけそれだけである。それがまさしく「精神的実体」（*ebd.*）と呼ばれている。してみれば，基本的推理の大前提での「実体」とは「自己を形成する精神」の形成物であり，所産である。そして，このことを語ったのが「理性」の章Cの「行為と存在の統一性」としての「真の所業」（*GW* 9, S. 222; *Phän.* S. 270）という見地である。ここでの「行為と存在の統一性」とはたとえば〈Aが放火をする〉という行為が同時に〈火事が起きる〉というできごととしての存在でもあることをいう。

（4）ところで，問題は，これまで「表裏一体化の働き」として語られてきた行為の否定性は行為の構造の上では第2の特徴の「不同状態」として現れ，また基本的推理の小前提「実体は本質的に主体である」ということが意識の経験で示されてゆくさいの第一歩にほかならない点である。すなわち，小前提の「主体」とは「不同状態」であり，このことについては「序説」でこう語られている。「この否定的なものは，さしあたり対象に対する自我の不同状態として現れるのであるから，それは同時に，実体が己れ自身に対してもつ不同状態である。実体の外部で行われるかのようにみえ，実体に対しての活動であるかのようにみえるものが，実は実体自身の働きなのであって，そこに実体は本質的に主体であることが明らかにされている。実体がこのことを完全に明らかにしてしまうことによって，精神は，自己の定在を，自己の本質と同じものたらしめる」（*GW* 9, S. 29f.; *Phän.* S. 28）。ここでは「否定的なもの」が，同時に成り立つ二つの「不同状態」として示されている。その一つは「対象に対する自我の不同状態」であり，これは「精神の定在」としての意識の骨格を形づくる。なぜならば，それは自我とその対象になっている実体とのあいだに生じている不同状態として，意識の経験の前提をなすからである。それは「実体の外部で行われ，実体に対しての活動であるかのようにみえるもの」であり，自我と対象の両者を動かす「否定的なもの」なのである。

それに対して，もう一つの「否定的なもの」は「実体が己れ自身に対してもつ不同状態」である。これは第一の「不同状態」が「自己」として，つまり「実体自身の働き」として見抜かれたものである。かくして，実体としての「対象に対する自我の不同状態」が実は「実体が己れ自身に対してもつ不同状態」であり，「実体自身の働き」なのである。このことがまさしく「実体は本質的に主体である」ことの要諦である。「実体が本質的に主体である」とは「対象に対する自我の不同状態」という「否定的なもの」が，実体の自己否定に由来することをまずいっている。かくして，「実体はそれ自身が本質的に否定的なものなのである」（*GW* 9, S. 30; *Phän*. S. 30）といわれているのであり，ここでの「否定的なもの」が第 2 の特徴に対応しているのである。

さて，これまで，行為の否定性が行為の構造のうちに現れる姿を第 2 の特徴での「不同状態」として基本的推理の小前提との関わりで追究してきた。しかも，その際，この小前提の真意を「序説」の説明を手掛かりに解明しようとしてきた。実体が己れ自身に対して不同になるという否定性がさしあたって自我の実体に対する不同状態として現れるということが確認された。そして，この不同状態は行為の構造では関心さらにはそれを規定する性格から生ずる目的と，行いの結果との不同状態という姿をとる。だが，そもそも以上のように「序説」の説明と本文の叙述における行為の見地とを重ねるに際しては実は労を厭わずぜひとも問わなければならないことがある。というのは，ヘーゲル自身が「序説」を「真理として主張され断言されるあれこれのものを寄せ集めること」（*GW* 9, S. 9; *Phän*. S. 3）であると評価した上で，これは「哲学上の真理」を述べるための正しい仕方ではありえない，といっているからである。むしろ「真理が現実に存在する真の形態は真理の学的体系にほかならない」（*GW* 9, S. 11; *Phän*. S. 6）と明言している[43)]。してみれば，いわんやいままでのように「序説」の説明と本文の体系的叙述とを重ねることは言語道断の試みというほかはないようにみえる。したがって，両者の関係を突き止めないかぎり行為の否定性を追究するための歩みは根底から覆されることになる。たしかに本文は紛れもなく学的叙述であるが，「序説」はそうではない。しかし，著者のみるところ学という基準をもって両者を切断することは絶対にできない。むしろ「精神の世界の冠」（*GW* 9, S. 15; *Phän*. S. 10）としての学をも包む形成陶冶（Bildung）の営みに止目すべきである。そこで次に以上の点について詳密に検討しておかなければならない。

43）ただし，『精神現象学』の叙述は「真ならざる意識をその非真理性ということで叙述すること」（*Phän*. S. 62）にほかならない。

(D) 否定性の「説明」と「叙述」

(3) しかし，以上の論法は，実はあくまで学的叙述と「序論」とを厳しく対質するという限定された視点から導かれたものである。そこで，今度はこの二つの論述が，形成陶冶（Bildung）という精神の根源的営みのうちで，たがいに関連しあう論述として見守られてゆく。そして，そのことによって，実は学的叙述に先行する「序説」の然るべき位置が確定されてゆくのである。ヘーゲルは自己意識的精神の段階での「形成陶冶」について次のように述べている。「個人の側からみれば，形成陶冶とは，個人が己れの前にあるものを獲得し，己れの非有機的自然を消費して己れに取り込み，己れのために占有することである。しかし，実体である普遍的精神[44]の側からすれば，このことは，実体がみずから自己意識をもつようになり，己れの生成と己れの自己還帰を実現してゆくことにほかならない」(*GW* 9, S. 25; *Phän*. S. 23)。この場合「己れの非有機的自然」とは，個人にとっては外部のものとして現れた実体である。自己意識的精神としての学はこの実体としての己れを一つ一つの形態として叙述してゆく。しかも，形成陶冶の目標は，知とは何であるかを精神自身が洞察することなのである。

さきにも述べたように[45]，「実体は本質的に主体である」ことは叙述で示されてゆく事柄であり，基本的推理の小前提であった。そして，この小前提についての叙述は「精神」の章で主題的に開始されてゆく。この章でこそ行為の否定性についての経験がもっとも鋭い形で示される。まず，本質的に主体である実体つまり「生きた実体」については「精神」の章の前書きで，こういわれている。「実体は，自己の中で解体した存在であるという，まさにこの点で，死んだ本質体ではなく，**現実的**であり，**生きている**」(*GW* 9, S. 239; *Phän*. S. 289)。実体と自己とはむろん同じではないが，実体が解体されていて自己となっていても，依然として実体が存続し続けていることに，実体の「生きているもの」である所以がある。とすると「実体が本質的に主体である」とは，まず何よりも実体が解体して自己として，行為として現れることを意味している。そして，そのことによってとりもなおさず「実体の己れ自身に対する不等状態」が示される。なぜならば，実体の解体とは「実体が己れ自身と不等になること」だからである。実体は自己相等状態によつて存立し，「自己と不等になること」によって解体することを知らなければならない。ところで，実体がそのうちで解体されている当の自己とは，少

44) 「普遍的精神（allgemeiner Geist）」については，ヘルダーが，ギリシアの諸民族をつなぐ「共通の精神」として「1 つの国民，1 つの祖国，1 つの言語という感情」を挙げている。さらに「普遍的精神の形成（Bildung）」という言い回しもみられる。

45) この点については本巻 8–1，383 頁を参照されたい。

なくとも「人倫的世界の真理」としての「人格の自己」，形成陶冶の世界の真理としての「絶対的自由」，そして「己れを直接に絶対的真理であり存在であると確信する精神」としての「良心の自己」[46]の根底にあることは明白である。しかも，行為が自己と等置されていることは，この点でいかに解されるべきであろうか。むろん，それは「実体の中で解体した自己」（*GW* 9, S. 261; *Phän*. S. 316）つまり「性格」「普遍的自己」（*GW* 9, S. 254; *Phän*. S. 308）でも，運命として「否定的で普遍的自己」（*GW* 9, S. 261; *Phän*. S. 316）でもない。むしろ，前者のたんなる「普遍的自己」を，後者の否定的なものにする自己，それが行為の否定性としての自己である。そのような意味で「行いは，自己意識のもっとも自前の本質である」（*GW* 9, S. 254; *Phän*. S. 308）といわれているのである。そして，行為ならびにその結果たる「罪責」によって，はじめて「実体の己れ自身に対する不等状態」が姿を現し経験されてゆく。そこで，次に「人倫的行為」そして「罪責」について検討する。

（E）否定性と罪責

(i) 前章の論究によって否定性は行為の否定性として経験されることが明らかになった。すなわち，行為する者の目的と行いの結果とが一致しないところに生ずる不等状態によって，「実体のうちで解体した自己」が解体されるときに，行為そのものが否定的自己として経験される[47]のである。この自己についての意識は「人倫的行為」の箇所で，「人倫的行為」によって生み出された所業に対して負うべき罪責という形で語られている。しかもヘーゲルは「罪責を負っていないのは，石が存在しているように何もなさないことだけである。子供の存在などではけっしてない」（*ebd.*）とまで極言している。すなわち，行為にはすべて罪責がともなっているというのである。むろん，素材としてはソフォクレスの『アンティゴネー』や『オイディプス王』が用いられている。アンティゴネーが「人の掟」を侵犯して，兄のポリュネイケスを埋葬したことに対する罪責や，オイディプス王が，実の父とは知らずに旅の途中で出会った男を殺害したことに対する罪責が念頭に置かれているのはいうまでもない。しかし，ヘーゲルがこのような極端ともみえる主張をなす所以は，素材の特殊性にあるのではなくて，あくまで否

46）　この箇所で決定的なことは「知ること」が行為に関わるものとして登場することであるが，いまは措かなければならない。Vgl. *Phän*. S. 522.

47）　この点については「このような〔場面自身の〕解体，場面の否定的本質こそ自己であり，自己が場面の主体であり，行為であり生成である」（*Phän*. S. 348）といわれている。

定性の経験を語ろうとしている点にある。

まず，以上の罪責では行為する者の意志は何ら問題になっていない。したがって，罪責は意志行為での「道徳的責任」と混同してはならぬものである。後者の観点に従えば，みずからが意志をもってなした行いの結果や，予測しえた行いの結果に対してだけ責任を負えば足りる。したがって，たとえ或る人が或る好ましくない事態を惹起した動作の主であったとしても，その動作が意志的でないかぎり，責任を負う必要がないことになる。したがって，さきのオイディプスは旅の途中で出会った男を実の父とは知らずに殺害したがゆえに，親族の殺害という行いの結果に対して罪責を負うが，責任を負うことはないことになる。さらに，いかにもその罪責をソフォクレスの時代の「汚れ」といった習俗上のできごととして説明することが可能である[48]。しかし，ここでは，やはり行為の否定性という点から『『精神現象学』』自前のものとして解釈するのが，至当である。

ところで，以上の点を踏まえながら，いま述べた「罪責」と「道徳的責任」との相違を生み出したものを問うときが到来した。端的にいってそれは前者が行為の根源の位相に由来するのに対して，後者が行為の構造の位相に由来するという相違である。したがって，罪責から道徳的責任を見通すことはできるが，後者から前者を見通すことはできない。そのことは『法哲学要綱』（1821年）の「道徳性」での「責任」論に如実に示されている。そこでは「道徳的責任」が明確に主題化されるとともに「責め（Schuld）」[49]にも言及されているが，「罪責」には言

48）　むろん『オイディプス王』の主調低音ともいうべきは，先王ライオスを殺害した者が　だれであるかを突き止めようとするオイディプス王の苦悩に満ちた探索であった。そして，探索は，オイディプス王の弟であるクレオンが伝えたアポロンの神託を直接の機縁にして開始された。その神託は「この［テーバイの］地に養われている，この土地の汚れを払い，不治となるまで養いおくな」というものであった。したがって，オイディプス王の「罪責」は，親族を殺害した「汚れ」に由来する。さらにアドキンスは，オイディプス王の「汚れ」が道徳的なものではないことを論証している。Cf. Sophocles, *Oedipus Rex*. ed. by R. D. Dawe, 1984, p.34; A. W. H. Adkins, *Merit and Responsibility. A Study in Greek Values*. 1960, pp.88–91.

49）　本補論での「責任」，「責め」および「罪責」の意味はSchuldの意味のうちにすべて含まれている。Schuldは（1）成果に対する責務，（2）支払いの責務，（3）罪，（4）或ることが存在すべきであり，存在しなければならない場合の原因という意味をもっている。そして，そのうちで（4）が「責め」と対応し，それに加えて（1）（2）が「責任」と対応し，（3）（4）が「罪責」と対応している。しかし，以上の3つの言語はあくまでヘーゲルが用いているSchuldの訳語であって，邦語としての日常用法と完全に重なることはない。そもそも「責任」は日常用語としてはまことに多様な意味を持つに到っているが，主として（1）引き受けてしなければならない務め，（2）事を担任してその結果の責めを負うこととを核にしている。その上で法律上の不利益または制裁を負わされること，といった法律用語としての無数の意味を担っている。そして，強いていうならば，（2）が，訳語としての「責め」と「責任」の両者の意味を含んでいる，といえよう。

及されていない。否，そこでは論究の水準が行為の構造の位相にとどまっているがゆえに，言及できなかったのである。なぜならば，そこでの行為とは典型的意志行為だからである。「主体的意志すなわち道徳的意志としての意志の，そとへの現れが行為である」（第 113 節）といわれていることも以上のことを裏づけるであろう。また，そこでの『オイディプス王』の解釈も責任のあるか否かの次元にとどまっているのである[50)]。そこで，罪責について検討するのに先立って『法哲学要綱』での責任中心の見地を確認しておく。

（ii）まず，ヘーゲルが責めと責任とを区別していることについて論証しておく。両者をヘーゲルが本格的に区別したのは，1817 年から 1818 年にかけての「自然法と国家学」の講義でである。聴講者ヴァンネマンの筆記録によれば，この講義の第 54 節の注で責めと責任との区別に関して次のように規定されている。「活動性としての意志は変化を惹起する。それで，意志は変化とその帰結に責めを負う。（〔その際〕意志は責任を負うのではない）これが〈責めを負うこと〉一般の概念である。〔それに対して〕〈責任を負うこと〉，帰責は〔それとは〕別のものである」[51)]と書かれている。しかも，そのさい，言葉のうえでも〈責めを負うこと〉と〈責任を負うこと〉とを〉schuld sein〈と〉schuld haben〈という形で明確に区別している。しかし，両者の相違には立ち入って論じてはいない。

その点については，1819/20 年の講義で使用された自筆講義録がもっとも信頼に価するとともにもっとも精確である。それによれば責めを形式的なものと本来のものとに分け，後者が責任に該当するようになっている。「一つの所為はそもそも具体的なものであり，多くの条件〔外的諸事情〕を己れのうちに含んでいる。

50） 1819/20 年の『法哲学』講義草稿では次のようにいわれている。「オイディプス。〔A〕オイディプスの父親殺害は，われわれの見方からいえば，かれに責任が帰されない。〔B〕それにもかかわらず，われわれは古代の人々による悲劇の描写の中に，オイディプスがみずからを父親殺害者とみなして行為の責任のすべてを引き受けたのを見出す。ここには次のようなヒロイズムがある。それは，人間は眼前のできごとの範囲全体を包み込むことをみずからに命ずるというヒロイズムなのである」。Vgl. G. W. F. Hegel, *Philosophie des Rechts. Die Vorlesung von 1819/20 in einer Nachschrift*. Hrsg. v. D. Henrich, 1983, S. 93f.（以後，*PR*（1819/20）と略記する。）むろん，元来『オイディプス王』はさまざまな解釈を許容する奥行をもっており，ヘーゲルの解釈もその 1 つといえよう。しかし，文中の〔B〕でヒロイズムに従って，負う必要もない責任をオイディプスが引き受けた，と解している点は，失当といわざるをえない。というのは，『法哲学要綱』の「道徳性」の次元では行為の構造の位相で意志行為を基軸に据えているがゆえに，オイディプスの「罪責」を本来説明することができないはずだからである。

51） Vgl. G. W. F. Hegel, Vorlesungen über Naturrecht und Staatswissenschaft. Heidelberg 1817/18 mit Nachtragen aus der Vorlesung 1818/19 Nachgeschrieben v. P. Wannemann. In: G. W. F. Hegel *Vorlesungen. Ausgewählte Nachschriften und Manuskripte*. Bd. 1, 1983, S. 63.（以後，*VNS* と略記する。）

責めはさしあたってまったく形式的なものである。重大な世の中の事件についてさまざまな事情が原因として挙げられることがよくある。或るできごとにさいしてわたしに関わることが多く加わっていたり，わずかしか加わっていなかったりするのに応じて，わたしはそのできごとの責めをひじょうに負ったり，わずかかしか負わなかったりする。〔しかし〕本来の責め〔責任〕は，わたしができごとを意志したかぎりで，そのことに責任を負うという点にある。こうして，最初はたんにわたしの所為にすぎなかったものがわたしの〔意志のそとへの現れとしての〕行為となる」[52]。すなわち，或ることを意志するとは，ここではわたしが或る変化を，目的として目指すことなのである。なぜならば，意志された所為とは元来眼前の定在のうちに惹起された変化を，その実現に先立ってあらかじめもっていることだからである。こうして，意志された所為とは「行為の前提について目的のうちで意志が知っている当のこと」（*GW* 14.1, S.105）なのである。さらに目的とは意志の内面にあるものであるが，何よりも行為によって実現されるべき外面的事柄についての普遍的思想内容なのである。しかも，目的のうちでは①「外的事情一般についての表象」と②「特定の事情を目的のうちに包摂すること」ないし「意志の原則の，条件づけられた事情への適用」とが同時に含まれている。してみれば，「眼前の定在」のうちに惹起される変化について目的のうちで知りうることは「意志の格率を条件づけられた事情へ適用すること」によって限定された思想内容である。したがって，思想内容を限定することは，適用の対象である「外的事情」の表象の範囲に依存する。そして，意志の原則をいま表象している外的事情のうちの，特定の事情に適用した場合には，こういう変化が惹起されると予測する知がわたしの所為をわたしの意志的行為とする[53]。以上の論究から責めと責任とについて次のように規定できる。まず，責めとは，或る行いの結果を惹起した原因である。それに対して責任とは，狭義には責めの意味に加えて責任が問われる行いの結果が，特定の意志ないし予測をともなう行為によって生じた結果に対して負うものである。

（iii）さて，最後に，以上の責めや責任とも異なる罪責[54]について検討する。

52）　Vgl. *PR* (1819/20), S. 93.

53）　Vgl. *VNS*,　S. 53.

54）　ヘーゲルの「罪責」と，ハイデガーの「責めあり（schuldig）」とは，自己存在の否定的性格に由来しているという点で共鳴し合うものがある。周知のようにハイデガーは「責めあり」を「だれかに借りがある（Schulden haben bei）」や「何かに責任を負う（schuld haben an）」そして両者を一緒にした「罪を犯す（sich schuldig machen）」などから区別した。その上で「責めあり」の「形式的に実存論的な見地」を「何らかの非（Nicht）によって規定された存在にとって根拠であること，言い換えれば何らかの非力さ（Nichtigkeit）の根拠であること」と規定しているのである。Vgl. M. Heidegger, *Sein und Zeit*. 1984, S. 283.

ヘーゲルによれば，自己目的としての行為の構造については，次のようになる。すなわち，行為をなすということは，それ自身のうちで，同時に行為の最初にある目的が実現していることでもある。こうして，行為は，はじめの目的が終わりとしての実現と一致する。このようにいえるのは，行為が，その形式と内容という二つの規定の統一だからである。行為の形式とは，①自体的目的②移行③現実的にあることである。そして，行為の内容とは，①から③への移行の動きの中にあって，単純体としての本性なのである。より精確には，この内容は，個人の本性ないし個体性である。そして，行為の内容は，行為の形式によって表現される。

1）そこで，次に，行為の形式によって表現される個体性の内容を，もっと精確に解明する。それについて「個体性は本源的でありながらも特定の本性として立ち現れる」（*GW* 9, S. 216; *Phän.* S. 261）といわれている。したがって，この「本源的で特定の本性」が，行為によって表現されることになる。それは個人の本質として，さしあたっては，素質と能力という偶然的相違をもつものであり，さらに性別や熱情に基づく性格となる。

2）次に，行為の形式は，①可能的目的②移行③現実的にあるという三つの契機から構成されていた。しかし，これは，さらに，次のように分析することもできる。つまり，①眼前の状況②関心③才能④行為そのもの（動作）⑤所業にほかならない。

さて，人倫的世界では，人間の掟と神々の掟とは次のような意味で最初は真実のところ対立してはいなかった。つまり，「人倫的本質体」が己れを二つの掟に分裂させるといっても，それは人倫的自己意識の所為であって，その二様の人倫的自己意識のいずれにあっても，その「自前の本質」として，人倫的本質体が内在していることに変わりはない。すなわち，「人倫的本質体」は二つの掟にまったく分裂しているのではなくて，二つの掟がいわば表裏一体となって各々の性格の自前の本質を内容面から形成しているのである。

補　論 2
言語行為論とその源泉・展開

（I）言語行為論の源泉

学問の世界では，言語は真理そして事実を表現する手段である。そこでは，言語の意味が大切となる。しかし，日常生活では，言語はコミュニケーションの手段でもあり，言語によって何かを相手に伝えるとともに何かをなす。つまり，言語による行為が成立する。ここでは，言語の意味よりも効力が大切となる。このような事柄を考察するのが言語行為論なのである。

オースティンによれば，これまで哲学者たちは，もっぱら陳述文の役割を何らかの事実の陳述と考えてきた。たしかに，文法学者たちは陳述文以外の疑問文，命令文に気づいていた。とはいえ，両者とも陳述文とそれ以外の文を区別することが，容易ではないことにも気づいていた。その上で，文の機能を，事実確認的なものに限定する誤謬から脱却し，行為遂行的なものへと転回させたのは，自分がはじめてだという。そのような転回を，哲学での革命と呼んだ。

だが，言語行為という事態が，オースティンによって発見されという認識は，きわめて不精確である。しかも，それを哲学革命と自称する根拠もきわめて希薄である。なぜならば，すでに『精神現学』に言語行為の見地は存在するし，フレーゲによっても，言語効力の問題は認識されていたからである。

オースティンの見解の主眼は，次のことにある。要するに，それは，文を実際に発するさいに果たす役割は，必ずしも，ものごとの状態や事実の記述にあるだけではない。むしろ，さらに，その発語自身が，ある種の行為の遂行を果たしているということである。

たとえば，「わたしは明日そこへゆくことを約束しよう」という発言はさらに「わたしが明日そこへ行こうと思っており，そして，そのことを君と約束しようと思っている」というわたしの心の状態を記述していのではない。むしろ，この発言によって，「約束する」という一つ行為を，現に遂行している。さらに，オースティンは，このような約束だけではなくて，任命，警告，宣言などを示す文の機能もその第一義的本性では，記述ではなくて行為の遂行であることをさまざまな例によって示した。そして，その後，発言機能を一般に事実確認的場合と，行為遂行的場合とに分類するのである。言語行為が，一人称・単数・直接法・能動態・現在形である点に示されているように，発語主体の主張の表現になっている。したがって，言語行為は，自己表現でもある。しかし，その自己表現は，自己目的ではない。なぜならば，その自己表現によって，相手に効力を行使することが，目的であり，それは，言語行為とは別だからである。それに対して，たとえば，助言という行為は，助言を目的とするかぎりでは，自己目的としての行為である。だが，助言によって相手を説得することを目的とするならば，その目的は，自己目的ではない。

ところで，言語行為は，オースティンでは，発語行為，発語内行為，そし発語媒介行為の三つの行為の遂行と考えられていた。

行為遂行的発言	発語行為	かれはわたしに「彼女を射て」といった。
	発語内行為	かれはわたしに彼女を射つように助言した。
	発語媒介行為	a　かれはわたしに対して,彼女を射つように説得した。
		b　かれはわたしに彼女を射たせた。

たしかに発語内行為での助言ということと発語媒介行為での説得ということとの区別は一見明らかではない。だが，前者は慣習的で，遂行的表現形式を用いることによって，顕在化が可能であるが，後者はそうではない。たとえば，「わたしは，……と忠告する」ということは，可能であるが，「わたしはあなたに……と説得する」ということは，不可能である。

言語行為を，このような三つの行為に分析することは，適切であるが，分析の根拠が表面的で，その後の論争を引き起こすことなった。なぜならば，三つの行為が，それぞれ成立する次元を説明する哲学的概念が，解明されていないからである。発語行為と発内行為とのあいだには，コミュニケーションの問題が横たわり，発語行為と発語媒介行為とのあいだには，相互承認の問題が横たわっている。そして，前者の問題を解明しようとしたのが，ハーバーマスのコミニケーション行為である。そして，後者の問題を解明しようとしのが，ヘーゲルの相互承認論とりわけ良心論なのである。

（Ⅱ）コミュニケーション的行為

ハーバーマスは，近世の西洋文明を規定してきた合理性を再検討しながら，それを知識の次元でだけではなくて，社会的行為の次元でも明らかにしようとする。なぜならば，合理性というものは，認識や知識を獲得することと関わりをもつというよりは，むしろ，言語能力と行為能力のある主体が，いかにして知識を用いるかということと，関係があるからである。その上で，人間の発言の合理性を問うのである。ある発言が合理的であるのは，それが誤謬可能な知識を具体化しているとともに，客観的世界の事実に関わり，客観的評価ができる場合である。あるいは，ある発言が合理的であるとはそれが批判可能であることに還元できる。

ハーバーマスによれば，このような合理性が二つの違った方向に展開しうる。一つの方向は，経験論によって主張されてきた認知的・道具的合理性である。それは，偶然的環境の諸条件を情報に基づいて自由に処理し，これらの条件に巧みに適応することによって有効な自己主張ができるとする考えである。これに対して，もう一つの方向は，コミュニケーション的合理性である。それは，言語行為の中で命題的知識を，コミュニケーション的に使用することから発する考えである。コミュニケーション的合理性は，究極的に強制をともなわず議論によって一致でき，合意を作り出せる重要な経験に依拠するのである。そして，こうした議論へのさまざまな参加者は最初はただ主観的にすぎなかった考え方を克服できる。また，理性が動機づけた確信を共有することによって，客観的世界の統一性とともに，参加者たちの生活連関の相互主観性とが，同時に保証されるのである。

ハーバーマスによれば，社会科学的理論の中で使用されている行為概念は，次の4つに還元できる。(i) 目的論的行為 (ii) 規範に規制される行為 (iii) 演劇的行為 (iv) コミュニケーション的行為である。この場合，(i) から (iii) になるに従って，行為モデルが複合的になり，合理性の意味も強まる。

(iv) の行為は，発話でき行為できる少なくとも2人の主体に関わるものである。行為者たちは，自分たちの行為によりも，合意できる状況の規定の取り扱い方に関係している。この行為モデルの中では言語が重要な位置を占めるのである。この考え方は，行為概念を通して，合理性という文明論的問題を問うためにも，重要な手掛りを与えてくれる。しかも，合理性に，批判可能性さらには訂正可能性という否定的契機を認めている点でも，注目すべきである。

だが，議論へ参加する人たちが，発言という行為を通して，生活連関の相互主観性を実現するという見地は，何よりもヘーゲルの相互承認の見地を前提している[55)]。

（Ⅲ）承認を求める言語行為

そもそも，オースティンは，（I）で述べたように，行為遂的発言の発見を哲学での革命と称した。だが，実は，すでに19世紀初頭に，ヘーゲルが，語ることは行為することであることを考えていた。たとえば，『精神現象学』の「良心」の箇所で，「良心の信念を断言する」そして，「悪を告白する」「悪を赦す」という言語行為が考察されている。

(A)「道徳的世界観」と「置き換え」

ヘーゲルの良心論は，カントの道徳法則の立場が，具体的行為について何も語りえないことを批判することによって示されている。

55）当該補論は，拙著『クリエートする哲学——新行論入門』，弘文堂，2014年，61頁以下の書き換えである。

カント的道徳的世界観が生ずるのは，人間が個別者でありながら普遍的であり，道徳的義務を遂行できるからである。しかし，ヘーゲルによれば，この世界観は，人間の個別面と普遍面とのあいだの矛盾ないし「置き換え」を免れることができない。

その矛盾の第 1 は，道徳が内面的で精神的なものにすぎないため，それに対して，外面の自然界が対立することである。その対立を解決するためには，道徳と自然の一致を，とりわけ道徳と幸福との一致を保証する神の存在を要請しなければならないことになる。

第 2 の矛盾は，内面的主体的なもので，理性と感性とが，内面そのもので対立して，一致しないで分裂することである。

そして，第 3 の矛盾は，義務の相対性と絶対性とのあいだに生ずる。「汝の意志の格率が，いつも同時に普遍立法の原理としても妥当しうるように行為せよ」という絶対的義務そのものは，よく分かっていても，具体的状況に臨んで何が自分の具体的義務かは，よく分からない。分かっているのは，汝の隣人を愛せよとか，嘘をついてはいけないとかの相対的義務が，多数あることだけである。言い換えるならば，義務には，道徳法則が示すただ一つの義務があるだけではない。さらに，それぞれの状況に応じて多数の義務があるので，義務の絶対性と相対性とのあいだの矛盾が生まれる。

(B) 良心

これに対して，ヘーゲルは，個々の場合に，道徳的に行為する良心，つまり「具体的な道徳的精神」を提出したのである。つまり，良心によって具体的道徳を示した。そして，具体的ということは，さしあたって，行為と言語によって自己を実現することである。良心は，行為者にとっての個々の場合を，直接に知り信ずるという態度である。行為者は意図したことを現実に移行させる。良心は，義務にかなう行為をするが，具体的正しさを知ってそれを行うだけである。自分の個人的現実，個人の信念にすなおに従いながら，普遍的義務を遂行しようとする。してみれば，個々の信念が，いかにして普遍的なものとして，他人にも承認されるかということが問題となる。

ヘーゲルは，この問題を解決するために言語行為を採用する。

第 1 に，良心的な人が，自分の善い信念を断言し，そして，それを他者が承認する。良心的な人にとっても，自分の行為は自分の良心の完全な表現である。しかし，その人の行いの結果がなかなか他人には伝わらない。こうして，言葉は，「他者に対して存在する自己意識である。そして，言葉を語るということは，「行為の現実性であり行為が妥当することである」とも述べている。つまり，言葉による良心の断言とは，良心をはっきりと相手に伝える行為であり，相手から承認を引き出す。

第 2 に，たしかに，言葉によって，己れの信念を語るといっても建前だけ相手に伝えて，本音を隠すこともできる。つまり，自分の個人的信念に基づいている行為を，何か普遍的規範に従っているかのように，偽ることもできる。しかし，そのような自分の偽りを告白するのも言葉によってであり，その告白に応えて今までの人の偽善を非難していた者が赦すのも，言葉によってである。そして，この告白と許しという言語行為によって，相互承認が結果として成立する。

このようにして，言語行為は，相互承認の場面で，個体としての自己を否定しつつ普遍的自己を表現する場合もある。

第 11 章『精神現象学』の根源的問いの遂行（Ⅱ）
——精神（霊）の表現としての宗教儀式——

(A) ヘーゲルの宗教理解の特徴

ヘーゲルは，『精神現象学』「宗教」の章で，「精神の自己意識」ないし「自己を精神として知る精神」を，問題にしている。しかし，その場合の「自己意識」あるいは「知る」ということは，いかなることなのか。それは，むろん彼岸にある神を信仰するということではない。なぜならば，そのような意識を，ヘーゲルは「不幸な意識」と呼び，その克服を，まさに「宗教」の章に課しているからである。

それでは，ヘーゲルのいう「知る」ということは，認識するということなのか。つまり，認識主体が，客体としての神を捉えるということなのか。そうでもない。なぜならば，精神を自己として知るのは，有限な人間ではなくて，人間の知ることが，すなわち，その本質で絶対者の知ることになっているからである。言い換えれば，人間が知ることを通して，人間の知が否定され，絶対者の知が姿を現すのである。しかも，その知が否定されるのは，その人間が行為を通して捉えられているからである。

その意味で，ここでの「知る」とは，精神の根源的自己経験ともいうべきものである。そのことは，「宗教」の章で，自己意識が宗教的行事ないし儀式を通して追究されている点に，如実に現れている。

ヘーゲルは，その追究を，自然宗教，芸術宗教，そして，啓示宗教について行っている。そして，ヘーゲルは，そのようなさまざまな宗教行事の中に，超越的神の人間化という事態を，執拗に確認しようとしている。まず，ヘーゲルは，その事態が，はじめて明確になった宗教を，古代エジプトの宗教の中にみている。

(B) 古代エジプトの宗教儀式

ヘーゲルは，エジプトの宗教を，工作職人の労苦・行為を中心に据えて考察している。ヘーゲルによれば，工作職人とは，巨大な建築物や彫刻を制作した人々を指している。しかも，ヘーゲルは，そのような「工作職人の活動性」を「自己意識」を形成するものと述べてもいる。そのような工作職人の行為を，さしあたって，三つの面から特徴づけることができる。

第 1 に，それは，制約された活動性であり，現存する自然物である石を加工することである。第 2 に，工作職人の行為は，それによって自分を対象としてつくり出すが，自分についての思想的考えを捉えてはいないのである。したがって，第 3 に，それは，蜂が巣を作るような本能的労苦だというのである（*GW* 9, S. 373）。

ここからして工作職人がつくり出す作品とは，物であって言葉の契機を欠いているのである。また，このような作品をつくり出す工作職人の行為は，象形文字という形で，思想的考えと物との混合物をつくり出すだけで精神的自己ではない。

①ピラミッドとオベリスク

ヘーゲルは，ピラミッドとオベリスクを，直線と，平面，部分の比例的関係との単純な結合としての結晶体と規定している。そして，その形式が悟性的であるがゆえに，精神的自己ではないというのである。

最初に挙げられているピラミッドは，周知のように，統一を実現したエジプトの古王国時代に盛んにつくられた。この統一王朝の支配者は，「神である王」ファラオだった。ファラオは，太陽神の子であり，生きているホルス神であり，全国民の唯一の所有者として絶対的権力を握った。ファラオは，即位とともにピラミッドの建設を始め，十数年の年月をかけてこれを完成する習わしであった。ファラオは，神そのものと考えられていたから，エジプト人たちは進んでその建設に参加したといわれる。

ピラミッドは，むろん，最初から，あの四角錐の形をしたものではなかった。その始まりは，梯形の腰掛けの形をした，国王の石造墳墓であり，アラビア語で，マスタバと呼ばれた。だが，マスタバは，次第に大きくなり，第三王朝のジュセルは，巨大なマスタバを幾層にも積み重ねたいわゆる階段式ピラミッドをサッカラに建てた。ついで，第四王朝のスネフルは，階段の斜面を埋めたピラミッドをつくったが，これは，上部と下部の傾斜が異なっているので，屈折ピラミッドと呼ばれる。

その子クフは，ギゼーに最大のピラミッドを建設した。このピラミッドは，本来の高さは，152 メートル，約 6 ヘクタールの底面積を持ち，平均 2 トン半の石を 230 万個必要としたといわれている。ヘロドトスは，10 万人の人夫が，1 年に 3 箇月づつ働いて 20 年かかったと伝えている。

周知のように，このピラミッドには，王のミイラと副葬品が収められた。王は，永遠の生を受け，オシリス神として復活するのであり，そのときに魂は，ふたたび身体に還って来ると考えられていた。そして，ピラミッドは，その永遠の住みかと考えられていた。ヘーゲルは，このようなピラミッドとミイラとの関係を，ピラミッドは，精神を死人としての自己のうちに受け入れる，と説明している。

それに対して，オベリスクは，外面的精神としての日の出の光に外面的に関わるのである。オベリスクは，上方に向かって細くなり，角錐の先端をもつ角柱である。四面には，王の栄光を記し，多くの神殿に建立された。オベリスクは，光の結晶体とみなされていた。

②神殿と彫像

この二つの形式は，ヘーゲルによれば，魂と身体の分離を克服するために登場してきた。そこで，神殿に生きた魂を与えるために，植物の柄を彫ったりした。また，神殿の内部には，神像を安置してある厨子が置いてあった。さらに，神殿のそとには，はじめは，聖獣での彫像が並べられていた。たとえば，カルナク神殿とその西南 2 キロの地点にあるルクソル神殿との参拝道には，台座の上にうずくまった雄羊の像が並べられていた。しかし，ヘーゲルによれば，これは，思想的考えの象徴ではあるが，自己が自己として現実に存在するための定在つまり言葉を欠いている。たしかに，日の出の光を浴びると，叫び声をあげたというメムノンの像には，言葉があるようにもみえる。しかし，これも，ヘーゲルによれば，音を発するためには，日の出の光を必要とするのであって，その叫びは，響きであって言葉ではない。これは，「外面的自己」（*GW* 9, S. 375）と呼ばれている。そして，これには，内面的自己が，闇として，形なき黒石が対立する。

③スフィンクスの言葉

このように，エジプトの宗教を特徴づけているのは，動物的本能と人間的自己意識の矛盾をはらんだ混合なのである。この性格をもっともよく象徴しているのが，人面獣身のスフィンクスである。スフィンクスの謎のような両義的存在は，「深くてわかりにくい知恵の言葉」となって現れる（*ebd.*）。

(C) 古代ギリシアの芸術宗教

ヘーゲルは，次に，神がさらに人間化した宗教を，古代ギリシアの芸術のうちでみている。ヘーゲルは，そのような視点から，「抽象的芸術作品」としての神像の彫刻，神をたたえる賛歌，そして，祭祀について論じている。次に「生きた芸術作品」として身体で表現される密儀宗教の秘儀やスポーツ競技を挙げている。最後に，「精神的芸術作品」として，言葉で表現される叙事詩，悲劇，喜劇を挙げている。しかも，ここで，注意すべきは，「生きた芸術作品」そして「精神的芸術作品」が，広い意味での祭祀として考察されていることである。つまり，ヘーゲルは，宗教を，主として祭祀で捉えたのである。そこで，次に，祭祀について考察する。ヘーゲルは，祭祀を手がかりにして，神の人間化を，古代のギリシアの芸術のうちにみている。

(i) 祭祀の定義

祭祀とは，簡単にいえば，神と一体となるべく，人間が行う宗教的行事である。その主要な形態は，ヘーゲルの論脈から離れてきわめて一般的にいえば，供御と共餐である[1)]。前者は，神に，小麦や葡萄の実などを供えることであり，人間が，己れの所有物を，神の前に差し出すことにより，個別性を否定して，神の普遍性に近づこうとするものである。それに対して，共餐とは，パンや葡萄酒を人間が消費することであり，神が，人間の中へはいっていくことであり，それによって，神と人間が一体となることを象徴している。ヘーゲルは，このような祭祀について，次のように述べている。「この祭祀では，自己は，神的本質体がその彼岸から祭祀に降りてくるという意識を得る。そこで，いままでは非現実的なものであり，対象的なものであるにすぎなかった神的本質体は，そのために，自己意識という本来の現実を得る」(*GW* 9, S. 382; *Phän*. S. 467)。

このように，祭祀は，自己と神的本質体の両者の対等で交互的関係を目指している。つまり，自己と神的本質体は，特定の距離をもっていなければならない。芸術宗教の祭祀では，本質体の単純性は欠けており，本質体は，自己に吸収されているのである。それに対して，形なき本質体についての宗教つまり光の宗教の祭祀では，民の実体は与えられるが，現実的自己が与えられないのである。し

1) 後述するように，ヘーゲルは，祭祀を，広く理解している。

てみれば，さきほどの祭祀の規定を，芸術宗教と光の宗教の祭祀のいずれも，実は充たしてはいないことになる。たしかに，何箇所かで，自己が本質体と一体となることがいわれている[2]が，それは，自己の側からの一体化であるにすぎない。なぜならば，芸術宗教の最後を飾る喜劇では，運命が，自己として現れることをもって終結するからである。それでは，啓示宗教ではどうかというと，自己の行為がついに本質体と統一することなく終わるのである。たしかに，聖餐式が，「血と肉の密儀」として，「パンと葡萄酒の密儀」[3]と比較されている以上，それも，依然として祭祀ではあるが，そこでも本質体と自己との統一は，自体的なものに終わるのである。つまり，精神が自己意識的精神としての己れを自己意識に向かって差し出し捧げたのだが，自己がそれを自覚していないのである。むしろ，祭祀の目指すことは，絶対知で充たされるのである。

（ii）祭祀の原形

ところで，第 1 に，ヘーゲルのいう祭祀の本質を解明するために見落としてはならないことは，祭祀論に先立ってエジプトの宗教を範型としながら，工作職人の労苦という形で行為という観点を打ち出していることである。行為は，エジプトの宗教で労苦として登場する。しかし，それは，行為ではあっても，祭祀ではない。なぜならば，エジプトの宗教は，ヘーゲルによれば，工作職人の宗教であり，工作職人とは，あのピラミッドに代表される巨大な建築物や彫刻を制作した人々を指しており，その行為には自己の契機がないからである。

次に，ヘーゲル自身は，祭祀の土台を，三つに分けている。一つは，表象の上での非現実的行為としての祭祀つまり清めであり，二つ目には，現実的行為としての祭祀つまり供御であり，三つ目には，定在をつくり出す現実の行為としての祭祀つまり奉献である。最初の清めについては，こう述べられている。「この魂は，意識してこの浄化を実現するにしても，まだ自己にはなっていないし，その深みに降りて行って，己れが悪であることを知る自己でもない。むしろそれは**存在するもの**であるから，自己の外面を洗い清め，白衣をまとい，その内面は，労苦や刑罰や報償などという表象された道を通り，一般に特殊性をなくす陶冶形成という道を通り，こうしてその道を経巡ってその内面を浄福の住家にし，浄福の共同体とする魂である」(*GW* 9, S. 383; *Phän*. S. 467)。これは，いわば，祭祀の

2）　Vgl. *Phän*. S. 488.

3）　エレウシス宗教の入聖式で，会員となるために飲むものは，葡萄酒ではなくて，キュケイオンと呼ばれる聖なる飲み物である。

準備段階であり，前夜祭である。そのときには，人々は，水で身体を洗い，信者の歩むべき道が説かれたようである。しかし，これは，ヘーゲルにいわせれば，神への思いを高めるだけであり，現実の祭祀ではない。

第2に，ヘーゲルが「現実の行い」（*GW* 9, S. 384）と呼んでいるのは，己れの占有物を供えることである。ここでは，神は，自然物として，しかも個人の占有物として現れるのである。供御とは，ヘーゲルによれば，自然という神に向かって，己れの非本質性を犠牲として捧げるのであるが，これと同様に正反対の神の方でも，自然の非本質的面を，己れ自身に向かって犠牲として捧げるのである。しかし，この供御には，定在が欠けている。そこで，第3に，その欠陥を補うために，神の栄光のため，その住居と装飾を作り出すための労苦を行うことをもって祭祀とするようになる。ここでは，たとえば，工作職人の宗教でのように，労苦は，外化して，その栄光をほかに帰することはない。むしろ，「神の住居と広間は人間が使うためにあり，神殿に保存されている宝飾品は，非常の場合には人間のものとなる。神がその装飾から受ける栄誉は，技芸豊かで度量のある民の栄誉である」（*GW* 9, S. 385; *Phän*. S. 469f.）。

(iii) エレウシスの密儀と競技

ところで，神的本質体が，民のうちで現実的になっている場合の祭祀を，ヘーゲルは，古代ギリシアのエレウシスの密儀とポリス同士のスポーツ競技にみている。

絶対的精神が，意識に対して，自然の単一な本質体として最初に打ち明けられる祭祀は，エレウシスの密儀である。ここで，自然宗教の本質体は，対象的自然力とこの力のもろもろの発現となり，意識の前にあって自己によって喰い尽くされることとなる。単一な本質体としての「自然は，食われ飲まれることができるという有用性ということで」人間に近づいてくるのである。「現実の享受によって自己と一体となり，そのおかげで自己に完全に秘密をあばかれ，自己に対し露わになるのである」（*GW* 9, S. 386）。

この密儀は，ヘーゲルによれば，対象性をもたない。そこで，その対象性が，身体的競技で，「一つの生き生きとした自己」「完全に自由な動きをなしうるまでに育て挙げられ鍛練せられた形態」に求められる。競技とは，人間が自分自身の栄光のために催す祝祭である。

しかし，ヘーゲルによれば，以上の密儀と競技は，自己意識と神的本質体との統一ではあるが，両者の均衡を欠いている。そこで，両者の均衡を，ふたたび言葉しかも明晰にして普遍的内容を獲得した言葉に求めてゆくことになる。さしあたって，それは叙事詩である。

〈補足〉　エレウシスの密儀について

ヘーゲルが，題材にしているエレウシスの密儀とは，いかなる宗教行事なのか。それは，古代ギリシアの密儀宗教の一種である。密儀宗教の本質は，特定の秘蹟に参加させることによって，身分や階級のいかんを問わず，あらゆる人に永遠の生命と，霊魂の彼岸での幸福を与えるところにある。すなわち，各々の密儀宗団は，世俗社会から隔離された一つの特殊社会なのであって，人は，この霊的社会の一員となることによって，ただちに超自然的で聖なる恵みを与えられるのである。入会を許可され，その秘蹟に参加することを許可されること自体が，その人を世俗から区別するのである。

エレウシスの密儀の入会式については，次のようなことが判明している。入会を希望し，それを決意した個人は，エレウシス司祭王家の一人，すなわち，この宗教祭式の奥義を極めた人のもとに赴いて，この人に必要な儀式を指導してくれるように頼むのである。指導する人は，請願者に対して，俗世の汚れを清める払浄式を行い，清浄の身になったその人を係りの高級会員のところへつれて行き，入会を推薦する。これが受理されてはじめて入聖式が行われる。この式で，初心者は，厳粛荘厳な儀式の緊張のうちで，神の秘名を示され，秘蹟的意味をもつ聖句を伝授され，かつ密儀の象徴的行いの意味を理解させる聖なる伝承が朗読されるのである。かれは，それから数日間の大斎を守った後，聖なる飲み物キュケオンを飲み，パンを食べて，呪いの言葉をくちずさみながら，聖物に手を触れ，ここに滞りなく入聖式を終わって初心会員となる。会員には，二つの階級があって，初心会員は，次第に熟達研さんの功を積んだのちに奥義会員の位に進むのである。そして，奥義会員には，示されない秘儀が明かされることになっていた。

エレウシスの密儀の祭礼は，毎年アテナイの効外アグラの丘で行われる春の小祭と，エレウシスで盛大に行われる秋の大祭とがあって，まだ小祭に参加したことのない初心者は，大祭に参加することを許されなかった。大祭は，8日から9日にわたって行われる大掛かりなものだった。その中心の行事は，5日目にアテナイからエレウシスまで，イヤッコスつまり「稚児ディオニュソス」の神像を運んでゆく聖体行列であり，祭りの終わりは，三千の信徒を集める大会堂で演じられる象徴的密儀式であった。この儀式に参加した信徒たちは，秘蹟の力によってみずからも神々の復活に与ることを許されたと信じ，未来永劫にわたる浄福を確信して，この世のものならぬ融和と平穏の歓喜に包まれるのであった。ここで，注意すべきは，密儀宗教は，一般的にきわめて複雑な経過を辿って，紀元前6世紀頃に隆盛を誇るようになったことである。大略，密儀宗教は，異国の神ディオニュソスを祭るディオニュソス祭礼が，それとは直接関係のない地母神を祭る五穀豊穣祈念の農業祭祀にはいり込んで，成立したと考えられる。農業祭祀は，地に蒔かれた種子を咒言と咒作によってふたたび新しい生に蘇らせようとする農民の宗教儀式が，その原始形態であったに違いない。したがって，この農民祭祀の主宰神は，大地の生産力と地から生まれる穀物を象徴する地母神であり，のちに草木花実の四季循環を体現する処女神が第2の主神としてこれに加えられた。しかし，紀元前7世紀頃，各地の密儀宗教の中に，ディオニュソス神が堂々と侵入し，地母神と結合してゆくのである。

ディオニュソス崇拝とは，もともとは，極度の感情的興奮と群的幻覚に基づく野蛮な宗教的儀式である。信徒は，野山を駆け巡りながら，鮮血の流れる獣の生肉をかみながら，陶酔の境地に酔ったといわれる。このようなディオニュソスが，エレウシスの密儀でも，地母神，処女神と並んで信徒の圧倒的信仰を受けたといわれる。このようなディオニュソスの混入によって，従来の密儀宗教は，農業祭礼的性格を棄てて，次第に純粋な彼岸宗教に転換していった。他方，ディオニュソス宗教の側からみれば，密儀宗教の中に取り入れられて，来世信仰の中心的要素となることによって，その本来的特徴であった野蛮性を脱却して，人格的な個人的宗教情緒に満ちた浄福にまで至ることになった[4)]。

（iv）叙事詩

精神は，これまで辿って来た神と人との一致の過程を，言葉という精神にもっともふさわしい形式で改めて捉え直し，その内容を十全な表現と明晰な自覚にもたらした。

言葉の芸術の最初の表現形態は，神々と英雄たちの物語，叙事詩である。叙事詩ということで，ヘーゲルは，おそらく，ホメロスの「オデュッセイア」や「イリアス」を念頭に置いているものと思われる。叙事詩の中では，人間は，たんに特殊な個人としてではなくて，神々に一歩近づいた英雄的姿として描かれる。また，神々の方も，背後に控える抽象的存在としてではなくて，より人間化された個性的姿として登場する。ここでは，神もまた，憎しみ合ったり争い合ったりし，勝手気ままに人間の世界に介入して来る。叙事詩の内容をなしているのは，自己意識をもった人間の行為ではあるが，この行為には，神々も関与しているため，行いの結果は人間のものとも神のものとも判然としない曖昧な混合となっている。英雄ではあっても，死すべきものとしての人間は，神々の介入の前には，無

4）『井筒俊彦著作集1・神秘哲学』，中央公論社，1991年，145頁以下を参照。

力であり，どのような行為も，結局は無駄な努力となってしまう。しかし，神々もまた，特定の規定性を帯びた特殊な神々としてたがいに反目し合っているのだから，その力も相対的なものでしかない。ここには，人間をも神々をも越えて支配するもう一つ別の「究極的威力」がある。それは，あらゆるできごとを生み出しながら，それらすべてを押し流し，一切を呑み込んで，無の中に沈め尽くしてしまう「否定的なものの純粋な力」（*GW* 9, S. 391）としての運命の必然性である。これこそは，この物語全体の中で生起している真の意味でのできごとなのである。

（v）悲　劇

悲劇では，神的実体は，人間の自己意識と不可分の相で表現され，悲劇作品の内容そのものを構成している。ここに登場するのは，特定の神的本質を一身に体現している確固たる性格としての人間である。かれらはもはや神々に思うまま操られる人形のような存在ではなくて，自分が担っている神的本質を自覚し，その意味を証明するために行為するすぐれて主体的存在である。かれらはまた，その本質に根ざした自分の権利や目的や使命をみずから言明し表現する。ここでは英雄自身が語り手である。語り手の自己と語られる言葉の内容とはぴったり一致しているのである。

（vi）喜　劇

たとえば,『アンティゴネー』という悲劇では,「神々の掟」という実体を，アンティゴネーの仮面をつけた役者が演じ,「国家の掟」という実体を，クレオンの仮面をつけた役者が演ずる。自己意識としての役者と仮面とは分裂しながら一体化している。

ところが，アリストファネスの『騎士』という喜劇などでは，役者が，作者自身のことや作品制作の裏話をする。たとえば, 実在のクレオンを揶揄した『騎士』では，仮面つくりの職人がクレオンの怒りを恐れて，クレオンそっくりの仮面をつくるのを拒んだという文字通りの舞台裏まで暴露されている。

（D）啓示宗教

啓示宗教は，ヘーゲルによれば教団の成立を中心としている。そして，この教団は「普遍的自己意識」である。しかし，さしあたって，教団としての自己意識は，自己を，自己の表象たる神人イエスから区別する。それは，神人を自己と同じ普遍的自己意識とみていないからである。したがって，教団の動きは，さらに，神人イエスが普遍的自己意識であることを創出しなければならない。そのことを，ヘーゲルは，「死んでしまった神人すなわち人神は，それ自体では普遍的自己意識である」（*GW* 9, S. 417）といっている。

このことは，教団の自己意識たる「この自己意識」の行為を通して行われる。それは，悪の側面としての自己意識が，自分に即して，かつ自分に対して，自分を霊に高めることであり，自分のもとで，精神の動きを表現することである。この動きは，洗礼と聖餐式という宗教行事によって行われ，結局は，疎遠な実体として神の死の表明で終わる。

たとえば，洗礼とは，それ自体で悪である自然的精神が，自然的生存が悪であることを確信することにある。そして，この確信を，ヘーゲルは自己内行為あるいは，「自然の直接性からの還帰」と呼んでいる。

この場合，自体的悪は，表象する意識に属し，確信された悪は，自己意識そのものに属する。前者の悪は，定在する悪となることと，世界が悪であることにあり，それは，表象されたものである。ところが，その表象されたものは，形式のうえから，揚棄された契機としてのみ属する。その理由として，自己が否定的なものであり，悪についての知だからであるという。同様に，この否定的なものは，内容でも現れなければならない。知は，悪の思想の生成であり，和解の最初の契機として承認されている。知は，悪として規定されていて，自然の直接性から自己への還帰として自然を捨てることであり，罪が死ぬことである。

このようにして，啓示宗教の行事や表明にも，行為の根源へ届く否定性の影を目撃することができる。

第 12 章　『精神現象学』の根源的問いの遂行（Ⅲ）
――「不幸な意識の悲しい感情」――

本章では，「宗教」の章の「神自身が死んでいるという不幸な意識の悲しい感情」（*GW* 9, S. 419; *Phän*. S. 512）という句を解釈することによって，「『精神現象学』の根源的問い」の遂行の最終場面を解明する。この方途は，けっして恣意的なものではない。なぜならば，「一切の〔意識の諸形態〕を貫く不幸な意識の苦悶と憧憬が，一切の中心点であり，自己意識として生成する精神の誕生の苦悶である」（*GW* 9, S. 403; *Phän*. S. 492）といわれているからである。すなわち，「不幸な意識の悲しい感情」とは，絶対知がはっきりと姿をまだ現してはいないが，もう間違いなく姿を現す予兆なのである。

さて，「神自身が死んでいる」という句は，第 1 に，直接には「〔仲介者イエスの〕表象の死」を指しているが，第 2 に，この死自身が，同時に「神的本質体という抽象性の死」を含んでいる。その点については，「この表象の死は，同時に，自己として設定されていないような，神的本質性という抽象性が死ぬことを含んでいる」（*GW* 9, S. 419; *Phän*. S. 512）といわれている。だが，第 3 に，さらに「神的本質性という抽象性が死ぬこと」は，「神自身が死んでいるという不幸な意識」の感情をも指してもいるのである。そして，その感情の表現たる「神自身が死んでいる」という句は，「自我＝自我の夜の深み[1)]に意識が帰ること」なのである。どこから，帰るかというと，意識が抽象的な神的実体に相対していた状態から，その実体が消え失せてしまう状態へ帰るのである。そうであるがゆえに「この感情は，実は実体の喪失であり，実体は意識に対して対立させられているということの喪失である」ことになる。したがって，これは，実体を求めていた不幸な意識そのものの死をも意味する。しかし，それは，同時に，不幸な意識の或る復活を含んでいるのである。不幸な意識は，主体ないし「単純な普遍的自己意識」「自己を精神として意識する精神」として復活する。その点については，「この感情は，実体の純粋な主体性である」といわれている。別のところでは，「これら

1）「深み」は，ここでは，「純粋自己」（*Phän*. S. 514）ないし「絶対的概念」（*Phän*. S. 530）の比喩と理解しておいてよい。『精神現象学』全体で，形容詞形も含めて 4 0 回用いられており，意味はさまざまである。

の形態を己れの契機として含んでいる純粋概念の単純性である」（*GW* 9, S. 403; *Phän*. S. 492）ともいわれているのである。

そこで，本章では，最初に，いま述べた第 1 点と第 2 二点が，「神的本質体の受肉」の帰結であることを証示する（A）。次に，その帰結の真相こそが，第 3 の「不幸な意識の感情」であり，それ自身が根源での「自己の行為」への還帰であることを明らかにする（B・C）。そして，最後に，その行為を通して打ち明けられる主体の真相について述べる（D）。

（A）「神的本質体の受肉」

(i)「神自身が死んでいる」という句は，すでに以前より神の死は既定の事実であったことを示している。ただ，不幸な意識は，そのことに気がつかなかったのである。それは，すでに喜劇の意識の箇所で，神的本質体の仮面が剥がれて，人間の自己存在が現れてくるところで起きていた。ただ，それは，喜劇の軽妙さの中に隠れて，その深刻な悲劇性が明らかにならなかったのである。このような次第については，啓示宗教の冒頭で次のようにいわれている。「神的本質体のこの受肉は，彫像から始まるが，これは自己の外形を己れのもとでもっているだけで，内面や，外形の働きやはそのそとに出ている。だが，祭祀では，両面は一つになっているが，芸術宗教の結論に至るとき，この統一は完成していながらも，同時に自己という一方の項にも移っている」（*GW* 9, S. 400; *Phän*. S. 488）。すなわち，喜劇的意識では，その統一が，自己の極点へ接近する形でなされている。このようにして，「神的本質体の受肉」は，祭祀とともに本格的に始まり，「精神的芸術作品」で，それが完成に向かい，喜劇の意識で成就することになった。してみれば，「神的本質体のこの受肉」の原型は，祭祀にあることになる。そこで，この祭祀について検討する。

(ii) ヘーゲルは，前章の（C）のような祭祀に基づいて共餐を祭祀の上部にすえる。すなわち，絶対的精神が，意識に対して，自然の単純な本質体として最初に打ち明けられる祭祀は，「ケレスとバッカスの密儀」での共餐である。ここで，自然宗教の本質体は，対象的自然力とこの力のもろもろの発現となり，意識の前にあって自己によって喰い尽くされることとなる。単純な本質体としての「自然は，食われ飲まれることができるという有用性で」人間に近づいてくるのである。「この現実の享受によって自己と一体となり，そのおかげで自己に完全に秘密をあばかれ，自己に対し露わになるのである」（*GW* 9, S. 386; *Phän*. S. 471）。しかし，この密儀は，ヘーゲルによれば，依然として対象性をもたない。そこで，その対象性が，競技で，「一つの生き生きとした自己」「完全に自由な動きをなしうるまでに育て挙げられ鍛練せられた形態」に求められる。競技とは，人間が己れ自身の栄光のために催す祝祭である。しかし，さらにヘーゲルは，以上の密儀と競技について，それらは，自己意識と精神的本質体との統一ではあるが，両者の均衡を欠いている，と述べている。そこで，両者の均衡を，ふたたび言葉しかも明晰にして普遍的内容を獲得した言葉に求めてゆくことになる。

言葉は，この段階では，すでに述べたように，精神の定在であり，自己の形式でもある。そして，その内容を充たすのは実体である。本能的労苦としての行為は，芸術宗教では，言葉の場面で，「本質体の行い」となってゆく。「本質体の行い」（*GW* 9, S. 396; *Phän.* S. 484）とは，絶対的本質体としての実体が，自己の仮面となって，自己を動かしてゆく行為である。ヘーゲルによれば，芸術宗教では，行いは結局，「個人の純粋自己」「否定的威力」（*GW* 9, S.378; *Phän.* S. 461）として姿を現す。しかも，個体は，この威力を入れる「悲の器」となる。この威力は，第 1 に，「実体の純粋な自己意識」であり，第 2 に，「それでもって精神が己れを対象としてつくり出す概念，活動性の側面」である。そして，第 3 に，それは「純粋な形式」であり，第 4 に，「この形式こそ，夜であり，実体の秘密をあばいて，実体を主体にしたのである」（*GW* 9, S. 377; *Phän.* S. 460f.）。精神は，実体としては，個人ということで，その普遍，威力，パトスとして存在する。しかし，これは，否定的威力たる「純粋活動性」によって克服されるのである。

だが，ヘーゲルは，叙事詩から悲劇[2)]そして喜劇へと進んで，行為そしてその完成体としての言葉と，実体との関係を，人間的自己の側でまずはっきりさせようとする。こうして，喜劇では，風刺という形で，神にも似た悲劇に登場する英雄たちの素顔が人間であることが暴露されるのである。つまり，神が人間になるのであり，ここに，啓示宗教での，神人イエスを仲介にした自己の啓示ということが登場する前提が成立する。ただし，祭祀を原型とするこれまでの歩みは，啓示宗教の成立に重大な限定をつけている。それは，神と人間との関係を，信仰の完成体としての宗教的行為で確定するという限定である。つまり，祭祀を通して，啓示宗教の行為論的解釈が構築されたのである。たしかに，このことは，明言されていないが，啓示宗教を解明するさいには決定的である。そこで，次に，そのことを，ヘーゲルの初期の宗教原稿にまで遡って確認する。

2）たとえば，『オデュッセイア』の冒頭では，アテーネー女神は，人の子と神々の父なるゼウスに応酬したり，オデュッセウスの子テーレマコスに忠告を与えたりするのである。

(B) 信仰の完成としての啓示

『精神現象学』には，啓示宗教が，たんなる信仰の次元にとどまらず，祭祀を通して行為の次元に移らなければならないかについての明確な説明はない。たしかに「精神」の章に，「絶対的本質体についての純粋意識」としての信仰は，「現実の世界からの逃避」であり「疎遠な純粋意識」である（*GW* 9, S. 288; *Phän*. S. 350）ことがいわれている。しかし，これは信仰の核心を説明するものではない。さきの問いは，むしろ，初期の宗教原稿で，一貫して問われ続けたものである。したがって，ここで，ぜひとも，初期の宗教原稿を瞥見しておかなければならない。

信仰にとどまらない立場は，すでに，初期の宗教原稿で語られている。『精神現象学』の啓示宗教は，いわば，初期の宗教原稿の続編なのである[3]。すなわち，ベルン期から，フランクルト期までは，実定的宗教とあるべき主体的宗教との相違を，信仰の次元での相違に求めようとした。すなわち，実定的宗教は，実定的信仰に基づいて成立し，主体的宗教は，実践的信仰に基づいて成立していると考えたのであった。そして，前者での神は，客体的神であるのに対して，後者での神は，主体の行為の理想としての神であるという仕方で区別しようとした。しかし，フランクフルト期後期になって，ヘーゲルは，そのような区別をしなくなったのである。ヘーゲルは，宗教とりわけキリスト教の啓示を，「信仰の完成」[4]と捉え，たんなる信仰から区別するようになったのである。そのことは，より精確には，「キリスト教の精神」での初稿から最終稿にかけての，ヘーゲルの思索の転回を通して，明らかにされた。

まず，この原稿の初稿から最終稿にかけての，ヘーゲルの思索の転回でもっとも確実にして，もっとも注目すべきことは，「ヨハネによる福音書」の文言が，決定的重みをもつに至ったことである[5]。というのは，明らかに，ヘーゲルは，初稿脱稿後，「ヨハネによる福音書」を，ギリシア語原典で丹念に読み直しており[6]，それを手掛かりにして，ヘーゲルが，己れの哲学の原理の原型を，まさに

3）ヘーゲルが，初期の宗教草稿を大事に保存していたことからしても，それを参照しながら，「宗教」の章を書いた可能性が十分ある。

4）Vgl. *GW* 2, S. 272.

5）「ヨハネによる福音書」からの引用が，最終稿で格段に増加している。

6）そのことは，引用文を自分で訳していることからも明白である。

表現することができたからである。換言するならば，ヘーゲル哲学の原理である「絶対的精神」の原型は，まさしく初期宗教原稿の最終稿で生まれたのである[7)]。しかし，この原型は，宗教段階での絶対的精神が完成したという意味ではない。むしろ，絶対知へ至るような宗教理解の土台となるような絶対的精神をいっているのである。

そこで，以上の点を踏まえながら，「ヨハネによる福音書」を読み直すことによって，ヘーゲルが，原稿の最終稿で得たもっとも重要な洞察は，信仰を完成させた者が，それによって充たされる「聖霊」という見地であることを証示する。そして，この見地を得ることができたのは，直接には，「ヨハネによる福音書」の章句から，「信仰」と「信仰の完成」との区別を読み取ることができたためである。すなわち，この区別によって，ベルン期以来，立脚していた見地つまり，もっぱら「信仰」から宗教を理解するという見地を放棄し，新たな境地に達することができたといわなければならない。いまや，たんなる信仰は，「信仰の完成」の前段階にすぎないものとなり，「実定的信仰」から「実践的信仰」を区別したり，ヘルダーリンのいう「和合」ないし「存在」によって，「信仰」を説明する，それまでの試みと最終的に決別したのである。このようにして，「信仰」と「信仰の完成」との区別は，初期ヘーゲルの思索の転回点をなすこととなる。

それでは，ヘーゲルは，どのようにして，「ヨハネによる福音書」の章句から，この区別を読み取ったのであろうか。まず，ヘーゲルが着目した箇所は，「ヨハネによる福音書」第 12 章第 36 節であり，その節を次のように訳している。「かれら自身〔イエスの友人たち〕に光があるようになるまでは，光の子らとなるべく，かれらは光を信ずるがよい」[8)]。しかし，この文の前半部つまり「かれら自身に光があるようになるまでは」は，通常，「きみたちに光のあるあいだに」と訳されているのである[9)]。ヘーゲルは，「きみたち」を「かれら自身」と読み変え，「あいだに」[10)]を「までは」と読み変えているわけである。重要なのは，後者の読み変えであって，これは，おそらくヘーゲルが，ギリシア語原文の「あいだに」の代わりに「までは」を取る校訂にあえて従った結果であろう。そして，この読み方によってだけ，イエスの友人たちが，たんに「光を信ずる」にすぎない段階から「光の子」となるに至るまでの，弁証法的ともいうべき展開が，浮彫りにさ

7）「絶対的精神」の原型を証示する「信仰の完成」について書かれている箇所は，たしかに初稿と同じように，全紙の左側に書かれている。しかし，初稿の用紙と違って修正がなく，初稿の用紙とは体裁が異なっている。

8） Vgl. *GW* 2, S. 271.

9） たとえば，新共同訳では，「光のあるうちに」となっている。

10） これは，「あいだに」の代わりに「までは」をとる写本の校訂に従ったためと推察される。

れてくることも明らかである。

いかにも，初期宗教原稿の最終稿の別の箇所でもヘーゲルは，「ヨハネによる福音書」の同じ章句を引用している[11)]。しかし，そこでは，信仰の展開という見地が示唆されてはいるものの，まだ，信仰から信仰の完成を区別するに至っていない。したがって，先の問題箇所で，ヘーゲルは，はじめて，この区別に気づいたといわなければならない。そこでは，「ヨハネによる福音書」の引用に先立って，次のようにいわれている。「…〔友人たちのイエスに対する〕この信仰は，イエスとの関係の最初の段階にすぎない。その関係の完成〔した段階〕にあっては，イエスとその友人たちとは一体であるというほど親密なものとして描かれている」[12)]。ここでの信仰とは，霊が霊を認めるということであるが，直接には，まだ，〔人の子〕イエスのうちで「神の子」を認めるにすぎない，ペテロの告白した信仰を指している。つまり，この信仰は，みずから独立した命をもつことなく，イエスの霊に従属している状態なのである。これに対して，「信仰の完成」とは，直接には，イエスが去った後，友人たちと神とのあいだにあった個体としてのイエスが消えて，友人たちも独立した自身の命をもつに至っている段階なのである[13)]。そして，イエスと友人たちの一体化を生み出す，このような命を，ヘーゲルは，さらに聖霊と重ねている。ヘーゲルによれば，「信仰の完成」は，「人間の展開の円環」[14)]という見地から，人間のありかた一般へと拡大され，三位一体論と重なる。すなわち，世界での「人間の展開の円環を閉じるもの」は，まさに「信仰の完成」であり，人々が聖霊によって充たされている状態だというのである。こうして，ヘーゲルは，こう述べる。「信仰の完成，人間がそこから生まれてきた神性への還帰は，人間の展開の円環を閉じる」[15)]と。この神性は，さらに「根源的な，とはいえ，いまや展開してみずから産出し，感知されるようになった全一性」[16)]と重なってゆくのである。このような初期宗教原稿で注目すべきは，ヘーゲルが，宗教の極点を，信仰にではなくて，「信仰の完成」に求めていることである。「信仰の完成」とは，信仰と接しつつ，信仰ではもはやない場面を指している。それは，すでに，ここでの「自己への還帰」といわれている。それは，「表象の境地」を抜く「自己意識の場面」[17)]なのである。

このようにして，ヘーゲルにとって信仰での神は，客体的なものとして，理性

11） Vgl. *GW* 2, S. 217.
12） Vgl. *GW* 2, S. 271.
13） Vgl. *GW* 2, S. 271.
14） Vgl. *GW* 2, S. 277.
15） Vgl. *GW* 2, S. 277.
16） Vgl. *GW* 2, S. 277.
17） Vgl. *Phän.* S. 549.

の同一性になるのである。周知のように，ヘーゲルは『精神現象学』「啓蒙」の箇所で，「信仰する意識」を「純粋洞察」と対立させて批判している。つまり，後者は，前者がもっている内容が実はすべて有限なものにすぎないことを明らかにする。こうして，信仰は，その内容を失い，有限なものを否定することによって，空虚な絶対的本質体へ向かう「純粋憧憬」（*GW* 9, S. 310; *Phän*. S. 378）となる。「啓蒙は満足している啓蒙であるのに，信仰の方は満足していない啓蒙である」（*ebd.*）という点で，両者の区別がなされているにすぎない。たしかに，ここでの信仰は，啓蒙＝純粋洞察と対立しているかぎりでの啓蒙と解釈できるようにもみえる。そうであるならば，ヘーゲルの肯定する信仰がありうることとなる。しかし，ヘーゲルは，人倫的意識に対立させて，「信仰はいかにも本質体を直観するが，疎遠な本質体を直観するにすぎない」（*Phän*. S. 286）と述べている。この論脈は，イェーナ期の『差異論文』や「信と知」にも見出される。

（C）行為の次元

（i）本節では，ふたたび『精神現象学』「宗教」の章の原点に立ち返りながら，「自己意識の場面」で行為の次元が切り開かれてゆく軌跡を剔抉する。「宗教」の章は，その冒頭で断っているように，それまでの章のように，意識の立場から本質体へ向かうばかりではなくて，本質体の現象をも射程に収めている。そして，このような構えのために，しばしば，この章は，現象論と本体論との混合ともみなされてきたのである[18]。しかし，その混合を問う前に問題となることがある。それは，そこで混合の対象とされている当の二つの事柄つまり意識の立場と，本質体の現象ということの，それぞれが意味するものは何かということである。

まず，意識の立場から本質体へ向かうということは，己れの本質を，本質体のうちで見定めようとする動きを指している。それに対して，本質体の現象とは，神的本質体が人間の霊となることを意味している。つまり，そのことは，とりもなおさず，人間にとって疎遠な本質体が死ぬということなのである。

ところで，この二つの事柄が結合して成立する自己意識を，ヘーゲルは「精神の自己意識」と呼んでいる。すなわち，周知のように，意識が，神的本質体のうちで己れの本質を認めると同時に，そのような本質での自己意識のうちで，己れの現象を，神的本質体が認めるということにほかならない。そして，この「精神

18） Cf. J. Hyppolite, *ibid*., p. 522.

の自己意識」の成立は，実体と主体との関係として説明される。ヘーゲルは，まず，「不幸な意識の一切を貫く苦悶と憧憬」とが，これまでの意識の諸形態の中心点であり，自己意識として生成する精神の日の出の共同の陣痛であり，まさしく，これまでの諸形態をその契機として含む純粋概念の単純性であるとしている。そして，そのうえで，この「純粋概念」は，意識の次元では次の換位命題として示される二つの側面を，己れ自身のもとにもつといっているのである。その一つは，「実体が己れ自身を外化放棄する」というものであり，もう一つは，「自己意識が己れを外化放棄して，物性となり普遍的自己となる」（*GW* 9, S. 403; *Phän*. S. 492）というものである。そして，両側面が，そのようにしてたがいに迎え合い，真の合一が生成し，純粋概念の単純性が現れてくるというのである。すなわち，ここに実体が本質的に主体であることが，完成された形で示されるのである。たしかに，自己意識の側からの動きによって，主体が自己意識の本質として示される。しかし，ヘーゲルは，それは，たんなる想像となり裏づけを欠くことにもなりかねないといっている。そこで，「実体が己れ自身を放棄する」という側面が不可欠となってくるのである。しかも，この側面は，一見すると意識の経験の歩みとしての『精神現象学』に対置される形で語られている。ここから，この章は『精神現象学』なのか本体論なのか曖昧であるとか，両者の混合であるといった否定的解釈が出てくるのである。さらに，そこから主体ということは，『精神現象学』の次元だけでは捉えられないかのような解釈も成立する。しかし，両側面の合一が『精神現象学』的に行われているかどうかそれ自体が問題なのである。あるいは，何が両側面の接点なのか，そのことが問題であるといわなければならない。

端的にいって，その接点は行いなのである。しかも，その行いは本来的には自己意識の本質への欲求として能動的でもあり，また，実体の自己放棄として受動的でもあるような行いなのである。すなわち，それは，人間が行いながら，その人の意図を否定してしまうような行いであるといわなければならない。かくして，ヘーゲルは，そのような行いを剔出するために，祭祀という行為の次元で，宗教をみてきたのである。むろん，祭祀が語りを含む以上，ここでの行為には，語るという言語行為が含まれている。

そのような行為の頂点をなすのが，啓示宗教での「みずからの行い」（*GW* 9, S. 420; *Phän*. S. 514）である。そもそも，「宗教」の章の最終形態である啓示宗教が，その本来の目標を達するのは，絶対知でである。啓示宗教自体がまず目指すものは，「そのかぎりで実体は主体すなわち自己なのである。――したがって，この宗教では，神的本質体は啓示されている」（*GW* 9, S. 405; *Phän*. S. 495）とあるように，神的本質体の啓示である。しかも，それに加えて「自己こそ真実に顕わなものである」といわれているから，啓示宗教は，次に神的本質体を自己として啓示することを目指す。しかし，のちにみるように，それは，「宗教」の章では達成されない。むしろ，それは，「絶対知」の章で達成される。現に，「絶対知」の章の最後で「〔意識の諸形態の〕継起の目標は，深みの啓示であり，この深みは絶対的概念である」といわれ，また，すぐあとで，「深み」は，「自己」とも言い換えられている。したがって，絶対知で，自己の啓示がなされる。それに対して，啓示宗教は，結局のところ，「自我＝自我という夜の深みへの還帰」で終わる。こうして，深みから，その自己の啓示への道は，絶対知で完成する。それは，神的本質体が，実体であることが，否定されたにすぎない段階から，それが主体であることが示される段階なのである。

それでは，『精神現象学』で，宗教的精神は，いかにして「絶対知」になるのか。その点について，しばしば，知が，表象の形式を克服して概念の形式を獲得することによってである，といわれている[19)]。しかし，実は，それは，何の説明でもない。なぜならば，知が，表象の形式を克服して概念の形式を獲得することとは，どのようなことなのかが，さらに問題となるからである。ヘーゲルによれば，概念の形式は，良心で，意識が，神を自己として直観するという仕方で成立していた。ただし，その神が内容をもっていなかったので，宗教の章で，表象としての「絶対的内容」という仕方で，良心は，形式に神の内容を充たすとき，絶対知が成立する。

とはいっても，「宗教的精神」と「良心」の和解は，「宗教」の章と「良心」の箇所を「絶対知」の章で，いきなり結合することによって成就するのではない。むしろ，それは，「宗教」の章の結尾の「自己意識の場面」の箇所で，それ自体でなされているのである。その点については，「この合一はそれ自体ではすでに起こっている。なるほど宗教でも，その合一は，表象が自己意識に帰る形でのことではあるが，本来の形式からいってのことではない」（*GW* 9, S. 425; *Phän*. S. 520）といわれている。したがって，本来的「宗教」の章は，表象の場面までなのである。以下の文も，そのような区分に従って読まれるべきである。「宗教で内容であったもの，つまり，他者を表象することという形式であったもの，これと同じものが，ここでは自己自身の行いである。概念が両方を結びつけると，内容は自己自身の行いとなる」（*GW* 9, S. 427; *Phän*. S. 522）。つまり，文中の「ここ」とは，「精神」の章の良心を指すのではなくて，「宗教」の章の「自己意識の場面」を指すのである。

そのうえで，最後に，これから追究すべきは，ここでの「自己自身の行い」の

19）　この点については，本書 601 頁を参照されたい。

内実にほかならない。というのは，「自己自身の行い」（*GW* 9, S. 427; *Phän.* S. 522）とは，いま引用したように，表象内容としての絶対的本質体ないし実体と向かい合い，概念によって，それと結合されるという性格をもっているからである。つまり，絶対知は，この行いを通して表現されている内容を実体として知ることにほかならないのである。このようにみてくると，このような場合に，行いという表現を用いることが妥当なのか否かすら疑わざるをえない。しかし，このような行いの用法は，『精神現象学』での行いの論脈に根を深く張っており，除去すべきものではない[20]。

ところで，この行いは，先の宗教的精神と良心との関係に関する解釈からいうならば，「宗教」の章の自己意識の場面として現れたものにほかならない。現に，そこで語られている洗礼や聖餐式が「自己の行い」（*GW* 9, S. 420; *Phän.* S. 514）といわれているのである。より具体的には，仲介者イエスの死を，表象によって掴み取ることにほかならない。むろん，聖餐式や洗礼は，啓示宗教の祭祀であるから，行いである。そして，その行いは，祭祀であるがゆえに，必然的に神と向き合い，一つになるとも考えられよう。ただし，この掴み取ることは，結局，不幸な意識が，「神自身が死んでいる」という感情として自己を表明する行いとなる。したがって，そこでは，神そのものが，主体へと姿を変えることになる。まさしく，ここに宗教から絶対知へ至る通路がある。

（D）不幸な意識と「『精神現象学』の根源的問い」

（i）啓示宗教から絶対知への移行は，他の意識形態間の移行と並べることのできるものではない。むしろ，啓示宗教が，他の一切の意識形態の中心となり，その中心点で，きわめてドラスチックな形で，悲劇的運命の仕業によって絶対知が生まれたのである。しかも，絶対知は，もはや宗教とは関係のない思弁哲学であると考えられてもならない。むしろ，絶対知は，最後まで宗教的である。それどころか，『精神現象学』そのものが，宗教的色彩に色濃く染め抜かれている。

そこで，『精神現象学』そのものが，最後まで宗教性を帯びていることを証示しておく。「絶対知」とは，ヘーゲルによれば，「精神の国」が形づくる「継起」の目標であり，精確には「自己を精神として知る精神」である。そのような精神が，己れの道程として「諸々の精神がそれ自身である姿，その国の組織を完成す

20）この点については，本書637頁を参照されたい。

る仕方を内化〔想起〕するのである」（*GW* 9, S. 434; *Phän.* S. 531）というのである。そして，この「内化」は，「もろもろの精神を保存すること」と言い換えられたうえで，それが，一方の面からいえば，「歴史」であり，他方の面からいえば，「現象する知の学」である[21]という。これは，「精神の『精神現象学』」つまり「現象する知の学」は，実は「歴史」という面をもっていることを証示している。したがって，『精神現象学』の歴史性が最後まであるということは，それが歴史の面をもつということになる。その面から，ヘーゲルは，この両面を合わせたものが，「概念把握された歴史」であり，それは①「絶対的精神の追憶」②「絶対的精神の刑場」③「絶対的精神の王冠の現実性，真理性，確信」とを形成するのだという。①が，啓示宗教に至るまでの「精神の国」の継起を指し，③が絶対知を指すことは明白である。

してみれば，②の「絶対的精神の刑場」とは，どこを指しているのか。それは，啓示宗教の最終場面をいっている。それは，「仲介者イエスの死」「神的本質体という表象の死」そして「不幸な意識そのものの死」が目撃される場面である。「歴史」は，ここで「聖金曜日」の「受難」[22]である。これが，意識経験の道の果てに「絶対的精神の刑場」として現れている。そして，その「中心点」を指示しているのが，「神自身が死んでいる」という不幸な意識の「悲しい感情」なのである。これは，同時に「自己を精神として知る精神」の誕生にあたっての「共同の陣痛」でもある。このような悲劇的運命に遭遇する精神は，まさに「不幸な意識」であり，イエスの死を，聖餐式ということで表象でつかむ精神は，まさに「不幸な意識」であり，イエスの死を，聖餐式ということで表象で掴み取っている。むろん，不幸な意識は，直接には，「法状態」での意識であった。そして，「法状態」とは，「人倫的世界」の没落の姿であった。したがって，不幸な意識は，「法状態」で「抽象的人が妥当していること」が，「完全な喪失」であることを心得ている。なぜならば，「人」とは，「法の抽象的普遍性」「充たされざる抽象性」であるがゆえに，そこでは，「人倫的精神の実在性」つまり「人倫的生の民の精神」のうちで，充たされた普遍性が失われてしまっているからである。それに対して，「抽象的人」が妥当していることをそのまま肯定する意識は，「幸福な喜劇的意識」である。それは，「自己が絶対的本質体である」という軽妙さを表現する命題で示される。しかし，この軽妙さの裏には，一つの測り知れない悲劇がある。「喜劇的意識」へは，一切の神的本質体が戻ってゆく。これに対して，不幸

21） Vgl. *GW* 4, S. 413.

22） この箇所は，はっきりと『精神現象学』の中で，問題となる芸術作品が，実際の歴史とは異なる「事象そのもの」という存在性格を，精神の追憶のうちでもつことを示している。

な意識は，「それ自体でそれだけであるべき己れ自身だという確信の悲劇的運命である」。何が悲劇的かというと，自己そのものの喪失が悲劇的なのである。「実体」ないし「神的本質体」を求めている自己は，「神的本質体の死」とともに死ぬ。このようにして「不幸な意識は，神は死んでいるという厳しい言葉として自己を表明する苦悶」なのである。

ところで，この不幸な意識の苦悶は，たしかに人倫の段階では，法状態での人倫的実体の喪失という悲劇的運命に関わるのである。ところが，「宗教」の章での不幸な意識は，経験する意識そのもののありかたにほかならない。しかも，それは，「かの民の人倫的生や現実」を凌駕しているというのである。「芸術作品をわれわれに提供してくれる運命の精神は，そういう民の人倫的生命や現実より以上のものである」(*GW* 9, S. 402; *Phän.* S. 491)[23]といわれている。そして，その理由は，「この精神は，芸術作品になお譲り渡されている〔外化放棄されている〕精神の思い出〔内化〕だからである」。あるいは，「その精神は，一切のかの個体的神や実体の属性を，一なるパンテオンそして自己を精神自身として自覚する精神へと集める」からである。ここに「自己を精神自身として自覚する精神の誕生の一切の条件が現存することになる」。その条件が，これまでの諸形態からなる円を形成し，その中心点に「不幸な意識」がすえられる。「一方ではこれらの形式と，また他方では人と法の世界，内容の解放された場面が荒れ果て狂暴になった状態，またストア主義の思考された人，懐疑論主義的意識が支えをなくして不安定になる状態とがあったわけであるが，これらは，周辺となって，自己意識として生成してくる精神の生まれ出る場所のまわりで，期待しながらひしめいている諸々の形態をなしているわけである」(*GW* 9, S. 403; *Phän.* S. 492)。こうして，「絶対的精神の刑場」とは，また主体の誕生の産屋でもある。

(ii)『精神現象学』では，いうまでもなく「真なるものが主体である」ことを示し表現することが，目指されている。ここでの真なるものとは，自己に対して，対象として意識されるものではなくて，自己と対象とが相対する関係が絶えたところに生成する絶対的なものである。したがって，真なるものとは，自己存在そのものの絶対的真理性にほかならない。しかし，そのような絶対的真理性が主体であるとはいかなることなのか。たしかに，『精神現象学』では，主体についてさまざまなことがいわれている[24]。だが，主体という言葉のもっとも原初の意味は，根源的に能動的なものということにある。しかも，ヘーゲルは，この能動的なものが，己れの受動性を絶えず否定するがゆえに，それを否定性とも呼んだの

23）本書578頁を参照されたい。

24）「序説」でも，主体が，アリストテレスの自然との関連で，目的論的動きの観点から解釈されている。Vgl. *Phän.* S.22.

である。そして，その否定性が真理であることは，自己が根源的に能動的であることを自覚するという意味での能動性までも含んでいるのである。したがって，主体とは，自己意識としての人間存在の根源的能動性を証示しているのである。

それでは，そのような主体は，どうして，「宗教」の章を通じてでなければ，示されないのか。あるいは，ヘーゲルは，宗教に何を参照されたいとしたのか。たしかに，宗教が，たとえば，神の救済意志を確信する信仰として捉えられるかぎり，神と人間とのあいだには，いわば君主と臣化とのあいだになり立つ命令する者とそれに従うという関係が成立していることになる。したがって，人間は，受動的存在だということにもなる。ところが，ヘーゲルは，宗教のうちでに，人間の能動性をみようとしたのである。ヘーゲルに従えば，啓示宗教で啓示されるのは，「絶対的本質体」ではなくて，自己そのものなのである。

そのような自己が，いま述べた「神自身が死んでいる」という形で表現される実体としての神の消滅したところに知られてくる精神，つまり，「自己自身を知る精神」（*GW* 9, S. 419; *Phän.* S. 513）にほかならない。そして，この精神は能動性をその核心とするがゆえに，「現実的精神」あるいは，さらに明確に「動きの働き自身」（*ebd.*）といわれるのである。精神は，『精神現象学』で，さまざまな仕方で説明されているが，「宗教」の章の最後で，動きの観点から規定されていることを軽々しく扱ってはならない[25]。主体としての精神とは，己れ自身を動かす根源的能動性である。むろん，実体も能動的ではあるが，それは，意識に対して現れる主体の作用であり，意識を「動かすことそのもの」にとどまる。したがって，その起動的力たる主体を必要とする。さらに，この主体も実体も，結局，意識を能動性と受動性との関わりで規定する言葉であることは，「宗教的意識は主体であるようにまた実体でもある。こうして宗教的意識は，まさにこのような動きであるゆえ，またそのかぎりで，それ自身精神である」とあることからも分かる。このように考えるならば，自己の受動性を要請するかぎりでの信仰で宗教を捉えることはできない。ヘーゲルが，祭祀を重視したのは，まさにそのゆえなのである。なぜならば，祭祀とは，宗教的行いとして，受動性の中から，根源的能動性を剔出することを可能にしてくれるからである。

ヘーゲルの初期からの宗教に関する思索の大筋は，信仰から祭祀へと徹底することにより，行いから根源的能動性を絶対知ないし絶対的概念として剔出するところにあった。そこで，この「中心点」を「原–現象学」の歩みから整理すると，次のようになるであろう。すでに述べたように「原–現象学」とは，問いの次元での現象学であり，その問いとは，「精神とは何か」という根源的問いであり，

25） この言葉は，主体の根源に迫るものではあるが，いまは措かなければならない。

しかも，それを自己意識的精神そのものが問うのである。しかし，自己意識的精神は，最初から己れが精神であることを自覚しているわけではない。していないからこそ，「精神とは何か」を問うのである。このことが分かっているときには，問いに解答が与えられたといってよい。したがって，主体として精神が明らかにされるのは，「自己を精神として知る精神」の誕生と一つのことなのである。しかも，それは，さきほども述べたように一つの陣痛を通してはじめてなされることである。つまり，自己意識的精神が，問いへの本来的応答を見出すのは，「悲劇的運命」（*GW* 9, S. 402）の仕業なのであり，けっして，単純な仕方で自己を見出すのではない。

第 13 章　根源的問いに対する本来的応答への道

――絶対的概念の啓示――

本章では，絶対的概念の啓示ということを『精神現象学』の目標として解釈し，その内容を『精神現象学』の実際の叙述と，それ以前のかれの思索史に照らして解明する。ヘーゲルは，「絶対知」の章の終わりで，「精神の国々の継起の目標は深みの啓示であり，この深みが**絶対的概念**である」（*GW* 9, S. 433; *Phän.* S. 530）と述べている。この箇所について，これから，まず問うべきことは，深みの啓示というかたちで，啓示宗教と重なるにもかかわらず，啓示される深みは神の愛それ自体でもなければ，「宗教」の章で生まれてきた「純粋概念の単純性」（*GW* 9, S. 403; *Phän.* S. 492）でもなく，まさに絶対的概念であることにほかならない(A)。次に『精神現象学』は，学への道を歩むことによって，学の形式たる純粋概念を用意するのであるが，そもそも，その純粋概念は絶対的概念とまったく同一のことを意味しているのではないことを明らかにする（B)。さらに，両者の区別を生み出した直接の機縁が，ヘーゲルの独自のアリストテレス解釈にあることを証示する（C)。最後に，意識の経験の学への歩みが，その純粋概念の形式のうちで動いていないにもかかわらず，すでに学であるということの意味を解明する（D)。

(A)『精神現象学』の目標

ヘーゲルはよく知られているように『精神現象学』序説で，「哲学が**学**の形式に近づくこと，言い換えれば，**知**に向かう**愛**という名称から脱却しえて，**現実的な知**になるようにという目標に哲学が近づくこと，この仕事に協力することが，著者の目指すところである」（*GW* 9, S. 11; *Phän.* S. 6）と述べている。本来，この表明は，当時の哲学の動向やヘーゲルの著述に照らして，そのまま実現されているかどうかという点でぜひとも検証を受けるべきであった。

まず，ここで表明されているヘーゲルの協力の企てが実行される条件は，いわゆるドイツ古典哲学の動向という枠でみるかぎり存在しなかった。なぜならば，おそらくヘーゲルが協力しようとした主要な相手である当のフィヒテやシェリングは，『精神現象学』』が執筆され公刊された頃には，哲学が学の形式に近づくようにすることに，すでに従事してはいなかったからである。おそらくヘーゲルは，フィヒテの『全知識学の基礎』（1794年）や，シェリングの『わたしの哲学体系の叙述』（1801年）を念頭に置いていたのであろう。けれども，フィヒテは，ちょうど『精神現象学』の序説が執筆され公刊された1807年には，いわゆる後期フィヒテ哲学の思索圏で書いた『浄福なる生への指教』を公刊している。そして，そこで，かれは，神の愛に学が至ることによって学の地盤である反省が滅却されることを主張している[1)]。また，シェリングも，『精神現象学』が公刊されて2年後には，『自由論』を公刊し，哲学は，没根拠（Ungrund）としての愛に支えられていることを強調するようになっている[2)]。このようにして，フィヒテとシェリングの両人は，『精神現象学』が公刊されて，ヘーゲルの哲学が本格的に著述され始めた頃には，もはやヘーゲルが協力する相手とはいいがたい状況にあった。してみれば，哲学を学に高めるというヘーゲルの企てには，協力者はいなかったのであって，その企てはヘーゲル独自のものとなっていた。

そこで，次に，その企てが，ヘーゲル自身の著述とりわけ『精神現象学』の中で実行されている実情を解明する。まず，「哲学が知へ向かう愛という名称を脱ぎ捨てることができて」という目標の前半部についていえば，それは，実際には，真なる知に向かって歩み実際にそれを所有するということ以外の方途で実行されることはない。つまり，『精神現象学』の歩みは，「知へ向かう愛」を徹底的に踏破することなのである。たしかに，その愛は，文字どおりに語られているわけではないが，「欲望一般」（*GW* 9, S. 104; *Phän.* S. 121）としての自己意識に体現されている。自己意識は，「感性的世界のひろがり全体」と「自己意識の自分自身との統一」とが対立し合う状態を克服しながら，己れの本質へ到ろうとする。「知に向かう愛」は，自己意識の本質たる絶対知へ向かう欲求として語られている。ところで，この欲求が充たされたときには，愛は目標を実現し役割を終えるのであるから，絶対的概念が啓示されたときには，いま述べた意味での愛は姿を消すことになる。むろん，このことは，絶対的概念が，いかなる意味でも愛と関わりをもたないことにはならない。たしかにヘーゲルは，『精神現象学』では，

1）　J. G. Fichte, *Die Anweisung zum seligen Leben, oder auch die Religionslehre*,In: *Fichtes Werke*. Hrsg. v. I. H. Fichte, Walter de Gruyter & Co., 1971, S. 542.

2）　F. W. J. Schelling, *Philosophische Untersuchung über das Wesen der menschliche Freiheit und die damit zusammehängende Gegenstände*. In: *F. W. J. Schellings Werke*. Hrsg. v. M. Schröter, O. D. Beck'sche Verlagsbuchhandlung, 4. Hauptband.,1978^3, S. 300.

愛については驚くほど寡黙であり[3]，まれに，否定的語調で語るだけであるかにみえる。それどころか，「美とか聖とか永遠とか，宗教だとか，愛とか，いずれも〔信心に〕食いつきたくなるようにさせるために必要とされている餌なのである」（*GW* 9, S. 13; *Phän.* S. 8）とすら述べられ，愛はヘーゲルのいう概念に対置されている。しかし，ヘーゲルは，このような感情としての愛を否定する一方で，神の愛を肯定することを示唆している。すなわち，ヘーゲルは，神の生と神の認識が「愛の己れ自身とのたわむれ」として語られる場合にも，本来，そのたわむれに，「否定的なものの真剣さと苦悶と忍耐と労苦」（*GW* 9, S. 18; *Phän.* S. 15）が備わっていなければならないと述べている。そして，このような意味での否定的なものが，実際の『精神現象学』の叙述では，まさに「絶対的精神の刑場」（*GW* 9, S. 434; *Phän.* S. 531）として表現されている。なぜならば，ここでこそ，あの不幸な意識の「神自身が死んでいる」という苦悶の感情（*GW* 9, S. 418; *Phän.* S. 511）が表明されるからである。

だが，さらに，ここで絶対に見落としてはならないことがある。それは，さきのヘーゲルの表明の中で，哲学が「現実的知になるようにという目標に哲学が近づくこと，この仕事に協力する」といわれているが，哲学が「学の形式に哲学が到達することに協力する」とはいわれていないことである。少なくとも，絶対的概念が啓示されたことは，哲学が学の形式に到達したことを意味するものではないのである。端的にいって，「学の形式」とは，あくまで論理学の弁証法的動きの場面である純粋概念であって，絶対的概念ではないのである。そこで，次にヘーゲルの絶対的概念を純粋概念から区別しておく。

（B）絶対的概念と純粋概念

（i）ヘーゲルの絶対的概念と純粋概念について検討するためには，それに先立って概念それ自身について検討しておくのが順当である。というのは，周知のようにヘーゲルのいう概念の用法が，そもそも，近世の形式論理学や他の哲学者の用法と違っているからである[4]。

3）『精神現象学』での愛についての言及は，大略，次のように分類できる。（i）知への愛（*Phän.* S. 6, Z. 13）（ii）家族愛（*Phän.* S. 294, Z. 20）（iii）律法として表現される隣人愛（*Phän.* S. 280, Z. 3; S. 280, Z. 7）（iv）ロマン主義的愛の感情（*Phän.* S. 8, Z. 3;S. 17,Z. 16）（v）神の愛（*Phän.* S. 7, Z. 5;S. 14, Z. 34; S. 502, Z. 35; S. 514, Z. 30; S.515, Z. 2; S. 531, Z. 19）

4）通常の哲学事典では，ヘーゲルのいう概念は，思弁的ないし実体的であることが説

まず，概念は，形式論理学の立場から考えると，われわれが，何かについて判断するさいに，主語ないし述語として用いる普遍的観念であって，普通名詞で表現される。そして，その概念の内容は，類概念と種概念を結合する定義によって規定されている。たとえば，「人間は理性的動物である」という定義は，人間という概念の普遍的内容を，動物という類概念と理性的という種概念を結合することによって規定している。こうして，人間という概念は，われわれが，現実に存在する個々の人間を，総括して理解するために用いる普遍的考えであるということが少なくとも成り立つ。したがって，概念と，その内容を規定したり，その概念を用いて判断を能動的に行うわれわれと，個々の現実のものとの三者は，それぞれ別個になっている。

ところが，ヘーゲルのいう概念では，周知のように，この三者が一体になっている。むろん，ヘーゲルのいう概念も，特定の概念（bestimmter Begriff）というかたちで，類種の秩序に従って規定され，判断をするさいに用いられる。しかし，その規定を能動的に行うのは，判断主観ではなくて，純粋概念自身であり，しかも，判断で主語と述語が区別されるのは，概念の根源分割であるとされる。さらには，そのような規定や分割は，現実の個々のものを概念自身が思考し，それに浸透することによってなされ，場合によっては，たとえば国家や生命という概念そのものが，理念の言い換えでもある具体的個別者であるとされる[5]。それどころか，「概念の厳しさ」（*GW* 9, S. 11; *Phän*. S. 6）といわれているように，概念自身が，厳しさといった人間的態度をもつとされる場合もある。こうしてヘーゲルのいう概念の特質は，概念自身に，現実の個々のものに浸透し，それらを包み込むことによって自己を規定し分割する能動的自由が付与されていることにある。このような概念の用法は，たしかにわれわれの通常の概念の用法との共通点を根本のところでもっていないようにもみえる。しかし，これは，ヘーゲルがわれわれの通常の用法にあえて逆らって，概念の用法の中心を理論的普遍概念ではなくて，道徳法則や法といった実践概念に移したことに由来する。ヘーゲルは，〈現実の個々のものを総括する普遍体〉という概念のもともとの意味を一方で踏襲しながら，〈総括する〉ということで，理論的思考を念頭に置いているのではなくて，個々の人間に法が浸透し，国家などの普遍的組織体が具体的に実現されることを念頭に置いている[6]。そして，そこから概念的思考による学の体系の形成といった

明されているが，他の論者の概念との関係が不明確になったままである。Vgl. *Historisches Wörterbuch der Philosophie*. Hrsg. v. J. Ritter, Bd. I, S. 784.

5）通常の類概念とヘーゲルのいう概念との区別については，L. エライが的確に説明している。Vgl. Lother Eley, *Hegels Wissenschaft der Logik*. 1976, S. 159.

6）この点からいうと，自由な意志の概念から概念そのものの特質を解明しようとする

ことも構想されていったのである。これは，begreifen が，〈何かを知性で理解する〉という意味以前に，〈何かを自己のうちで包み込むないし総括する〉という意味をもっていたことを考えれば，実は，けっして異例な用法ではない。ヘーゲルは，むしろ Begriff の原義に立ち返っているわけである[7]。ただ，その概念の極限を突き詰めて絶対性を付与することによって，無限性ないし否定性を見抜いた点にヘーゲルの概念の真の固有性がある。

ヘーゲル自前の概念は，たしかにいわゆる「自然法論文」から，本格的には，いわゆる「イェーナ体系構想」で姿を現す。そして，それ以前の原稿や論文などでは，概念は，いかにも〈現実の多様で具体的なものに対立する内容のない形式的普遍的観念〉という否定的意味だけで用いられているかにみえる。しかし，実は，初期の宗教原稿をよく読むと，たしかにまだ否定的意味で用いられているが，概念を実践的領域で用いるという核心的ことがらが熟慮のすえにすでにはっきりと示されている。ヘーゲルは，H. ノールによって「道徳・愛・宗教」と題された断簡で，道徳概念を理論的概念から区別しながらこう規定している。「道徳的概念の客体はいつも自我であるが，理論的概念の客体は非我である」（*GW* 2, S. 5）と。つまり，理論的概念は，自我が現象に適用するものであるが，道徳的概念は，主体的意志を規定する「道徳法則」なのである。こうして「〔道徳的〕概念は反省された活動性である」（*GW* 2, S. 230–31）ともいわれる。この観点は「キリスト教の精神」でも次のようにして維持されている。「法とは，対立するものどもを一つの概念に—したがって，それは対立するものどもをそういうものとして残す—で合一するがゆえに，しかし概念そのものは現実に対して対立しつづけるがゆえに，一つの当為を表現する」（*GW* 2, S. 149; *W* 1, S. 321）と。

たしかに，この原稿には，「イェーナ期体系構想」以降の概念との大きな相違も同時に示されている。すなわち，ヘーゲルは法などにみられる概念の統一（Einheit des Begriffs）を，愛にみられる精神の全一性（Einigkeit des Geistes）から区別しているのである。前者は，多様性を廃棄することもなく，合一することもない観念にすぎないのに対して，後者は，多様なものや限定された徳そのものを，愛によって内在的に和合させている。たとえば，「愛は一つの特殊なものに対立するいかなる普遍でもない。愛は概念の統一ではなくて精神の全一性であり神的なものなのである」（*GW* 2, S. 230f.;*W* 1, S.363）といわれている。したがっ

ヴェストファルの試みは有意義である。Cf. Merold Westphal, *Hegel's Theory of the Concept. in Art and Logic in Hegel's Philosophy*. ed. by W. E. Steinkraus & K. L. Schmitz, 1980, pp.103–119.

7） H. パウルは，Begriff の第 1 の意味として，Umfang Zusammenfassung そして kurzer Anzug などを挙げ，近代哲学の用語としての Begriff の意味を allgemeine Vorstellung としている。Vgl. H. Paul, *Deutsches Wörterbuch*. 1981.

て，ここでの概念の統一は，「イェーナ期体系構想」以降の概念の統一とは異なり，否定的である。しかし，ここには，逆にヘーゲルがこれから考えぬいてゆくべき課題がはっきりと示されている。つまり，概念そのものが，精神の全一性がもっている具体的全体性，すなわち，ものの多様性の中の調和という契機を取り込むという課題である。その課題は，『差異論文』では，概念と存在の分裂の克服という形で表現されている（*GW* 4, S. 16）。

いかにも，イェーナ期にはいっても，最初の頃には，ヘーゲルは依然として，一方で，概念を現実の多様なものと対立した抽象的形式的普遍体とみなしている。たとえば，「信仰と知」では，純粋概念の事例としてカントの理性やフィヒテの自我が挙げられる場合，純粋概念は「有限性に絶対的に対立する無限性」（*W*2, S. 298）と規定されている。だが，他方で，絶対的概念が，すでに「絶対的肯定」ないし「対立し合うものの同一性」（*W*2, S. 350）として捉えられ，「自然法論文」では「己れ自身の反対」（*W*2, S.358）といわれている。そして，「イェーナ体系構想」では，無限性として，『精神現象学』の絶対的概念と，基本的に重なる内容を獲得するに至っている。

(ii)『精神現象学』でも，概念は，まだ生成途上にあるが，この時期には，絶対的概念が純粋概念と区別されるようになっているところに特徴がある[8]。ここでの絶対的概念の絶対性とは，その概念の普遍性自身が己れ以外の他の多様なものとの対立関係に基づいて把握されるのではなくて，対立項を自分のうちで包み込んでいることを意味する。まず，絶対的概念の意味は，その用例からすると，次の5つに分けることができる。①深み。『精神現象学』では，絶対的概念は，あくまで深みであってそれ自体が積極的に規定されることはない。これは，たとえば『イェーナ期体系構想Ⅱ』で「絶対的概念はそれ自身没概念的なもの，把握されないものである。〔絶対的概念の〕同等性は無にほかならない」（*GW* 7, S. 112）という見地に由来する。②内的区別ないし区別されないものを区別する働き。たとえば「内的区別としての区別というこの絶対的概念とは，つまり，同名のものとしての同名のものを己れ自身から突き離すこと」（*GW* 9, S. 98; *Phän*. S. 114）

8）両者の区別といっても，それは，いわゆる区別でない区別という関係にあるので，違いだけがあるわけではない。なお，『精神現象学』の概念の用例は，624箇所に見られるが次のように分類した。（ⅰ）絶対的概念（*Phän*. S. 13）（ⅱ）純粋概念（*Phän*. 39）（ⅲ）属格の概念つまり〈概念の～〉という形で用いられる（*Phän*. S. 83）。（ⅳ）所有格ないし関係副詞節が付加される場合（*Phän*. S. 217）。（ⅴ）形容詞が付加される場合（*Phän*. S. 66）。（ⅵ）ただ概念といわれる場合（*Phän*. S. 181）。（ⅶ）（ⅲ）と（ⅳ）の結合（1）。（ⅷ）（ⅲ）と（ⅴ）の結合（1）。（ⅸ）（ⅳ）と（ⅴ）の結合（17）。なお，（　）内の数字は使用回数を表示している。

であるといわれている。③精神の形成陶冶での単純な概念の動き[9]。たとえば「現存するものの絶対的概念つまり現存するもののすでに生成したものの動き」（*GW* 9, S. 134; *Phän.* S. 159）といわれている。④知と知との対象の同一性。たとえば「絶対的概念はカテゴリーである。つまり，絶対的概念は知と知の対象とが同じであるということである」（*GW* 9, S. 296; *Phän.* S. 361）といわれている。（v）概念把握の主体。たとえば「道徳的意識は，思考する態度をとるだけで，概念把握する態度をとらない。したがって，この意識は，己れの現実的意識の対象をまだ見通してはいない。それは，他在そのもの，つまり己れの絶対的反対を，己れ自身として把握する絶対的概念ではない」（*GW* 9, S. 330f.; *Phän.* S. 403）といわれている。

これに対して，純粋概念の意味は，次の 5 つに分けることができる。①思考そのものの単純性。これについては「思考の単純性とは己れ自身を動かし区別してゆく思想的考えであり，自前の内面性のことであり，純粋概念にほかならないからである」（*GW* 9, S. 40; *Phän.* S. 42）といわれている。②弁証法的動きの場面。たとえば「弁証法的動きそのものについていえば，その場面は純粋概念なのである」（*GW* 9, S. 45; *Phän.* S. 48）といわれている。③思考と存在の同一性。たとえば「単純な自己と自体，前者の純粋自我と，後者の純粋本質つまり思考とが同一であるような純粋概念」（*GW* 9, S. 282; *Phän.* S. 342）といわれている。④もろもろのカテゴリー。たとえば「統一，区別，関係はカテゴリーであるが，それらの各々は，それ自体でそれだけでは何物でもなく，ただ己れの反対と関係していて，したがって，別々になりえないようなものである。これらのカテゴリーは，純粋概念であるから，己れの概念によってたがいに関係させられている」（*GW* 9, S. 200; *Phän.* S. 242）といわれている。⑤本質。たとえば「万有引力つまり法則という純粋概念」（*GW* 9, S. 92; *Phän.* S. 106）といわれている。

まず，この純粋概念の本来的意味は，二つの側面に分けることができる。第 1 の側面は，思考の単純性ないし弁証法的動きの場面という側面である。第 2 の側面は，この動きの結果として生ずる諸カテゴリーであり，これは意識の諸形態に対応する論理学の思考規定ないし特定の概念を指すといってよい。この側面に対しては，第一の側面が「純粋カテゴリー」としての思考と存在の同一性になる。してみれば，思考の単純性状としての純粋概念とはいかなるものであろうか。それは「己れ自身を動かし区別してゆく思想的考え」（*GW* 9, S. 40; *Phän.* S. 42）といわれている。ここで「己れ自身を動かし区別する」とは思考の単純性状がさまざまなカテゴリーへと弁証法的動きを通して区別されてゆくことである。それに

9）単純な概念とは，世界精神の形成陶冶を経て，単純な全体になったもので，ヘーゲルは，どんぐりの実にたとえている（*Phän.* S. 10）。

対して，思考の単純性状とはそのような区別がなされる前の単純な思想的考えの内容をいう。つまり，思考が自己を思考するものとして考えたものそのものをいうのであり，絶対的概念が自己をとりわけ思考するという態度をとったものなのである。

なるほど，思考と存在の同一性やカテゴリーということは，絶対的概念についてもいわれている[10)]。しかし，これは，純粋概念と絶対的概念とがまったく同義であることを意味するものではない。この点については「〔…〕否定的な純粋洞察は，絶対的概念としてはもはや区別ではない区別項を区別する働き[11)]である。その場合の区別項とは抽象性ないし純粋概念であり，もはや己れ自身をになうことなく，ただ動きの全体によってのみ維持され区別されるのである」（*GW* 9, S. 311; *Phän.* S. 379）といわれている。したがって，絶対的概念は，能動的区別の働きであり，それに対して，純粋概念は「もはや区別項でない区別項」であるという関係になる。そのことは，いまの引用文の次で「区別されないものを区別することの本領は，絶対的概念が己れ自身を己れの対象としていて，かの〔区別の〕動きに比して己れを本質として設定する」と説明されている。すなわち，純粋概念とは絶対的概念としての主体・区別作用が己れ〔本質〕を己れの対象〔動きの全体〕として区別したものなのである。

このようにして『論理学』へと向かう絶対的概念が己れを対象化したものがなおも純粋概念と呼ばれるのは，端的にいうならば，『精神現象学』の知の場面では，絶対的概念の能動主体が思考として捉えられ，思考の思考というアリストテレスの見地が基礎にあるからである。逆にいうならば，アリストテレスの思考の思考という見地を前提してはじめて，ヘーゲルの絶対的概念と純粋概念の区別が成立したということができる。ヘーゲルは，「イェーナ期体系構想」では，絶対的概念をとりわけて純粋概念から区別しているとは思われない。つまり，思考以外の場面で，絶対的概念は重要な位置を占めている。たとえば，「イェーナ期体系構想Ｉ」の「化学的見方（Chemismus）」では「このような化学元素の現に存在する絶対的概念ないし無限性は火である」（*GW* 6, S. 63）とされている。すなわち，火は，酸素，窒素，水素，炭素に対立し，しかもそれらの中にはいり込んで，それらを消し去りながら存在し続けるのである。このような場面では絶対的概念は純粋概念から区別される必要はない。区別される必要が出てくるのは，概念自身が自己を思考する場面でである。

10）　この場合の絶対的概念は純粋概念の内容として語られていると考えるべきである。

11）　相互に区別のないものを区別することは，絶対的区別，ないし自体的区別としてⅢ「力と悟性」以後の基本概念の一つである。

(C) アリストテレスの純粋思考

この点を究明するにあたって，ぜひとも注目すべきことは，ヘーゲルがおそらく『精神現象学』の執筆のおそらく以前から以後に読んだアリストテレスの『デ・アニマ』第3巻第4・5章である。むろん，当該断簡[12]は，あくまで翻訳であるから，そこにヘーゲル自身の見解が明示されているわけでもない。けれども，原文の訳し方にヘーゲルの独自の解釈が示されており，また，欄外注記にはヘーゲル自身の解釈がより明確に示されている。そして，そこからヘーゲルのいう純粋思考が，この『デ・アニマ』第3巻第4・5章を媒介にして『論理学』へと完成されていった経緯をつかむことができる。

『デ・アニマ』の問題箇所は，アリストテレス研究のうえでは，従来，能動的理性について論じた箇所として解釈されてきている。しかし，ヘーゲルは，受動的理性とそれと対になるかぎりでの能動的理性を，それぞれこの箇所から読み取るつもりはなかった。なぜならば，通常「一方ノ理性ハスベテノモノニナルコトニヨッテ，マタ他方ノ理性ハスベテノモノニ能動的ニ作用ヲ及ボスコトニヨッテ，二ツノ理性ハコノヨウナ〔質料ト能動的原因トイウ〕関係ニアル」[13]と訳されている文を次のように訳しているからである。すなわち，ヘーゲルは「理性ハ一方デハスベテノモノニナルコトニヨッテ性格ヅケラレ，他方デハ能動的ナモノトシテスベテノコトヲツクルコトニヨッテ性格ヅケラレル」[14]と訳している。したがって，ヘーゲルには一つの理性に「スベテノモノニナル」という受動的側面と「スベテノコトヲツクル」という能動的側面を認めようとしているのである。これは，ヘーゲルの強引な解釈というよりは，アリストテレスの原文が，このような読解を許容する幅をもっているのであり，ヘーゲルは，とりわけ第四章後半を独自のしかたで読んでいる。まず，問題となる箇所を引用しておく。「ダガ，アナクサゴラスニ従ッテ，理性（ヌース）ガ単純デアリ，ソトカラ規定サレルコトガナク，何カ或ルモノト〔共通ナモノニヨッテ〕結ビツイテイルコトガナイ場合，次ノヨウナ問イガ出サレルカモシレナイ。スナワチ，〔ソノ場合〕ドノヨウニシテ，〔理性ニヨル〕思考ハ可能デアルカ，ナゼナラバ，思考ハ触発（規定）サレルコトデアルカラ，ト問ワレルカモシレナイ。トイウノハ，或ルモノガ両者〔二ツノモノ〕

12）　執筆時期については，*GW* 10. 2, S. 1001–02 を参照されたい。
13）　アリストテレス『デ・アニマ』。
14）　*GW* 10. 2, S. 520.

ノ共通ナモノデアルカギリデ,〔ソノ〕或ルモノハ一面カライエバ受動的デアリ,他面カライエバ能動的デアルカラデアル。ダガソレニクワエテ,理性ソノモノガ思考サレウル客観デアルカラニハ,ドノヨウニシテ思考ハ可能デアルノカ。〔コノヨウナ問イガ出サレルカモシレナイ。〕」[15]。

通説では,この箇所には二つの問いが存在するといわれている。そのうちの一つの問いは「アナクサゴラスニ従ッテ理性ガ単純デアリ,ソトカラ規定サレルコトガナク,何カ或ルモノト結ビツイテイルコトガナイ場合,ドノヨウニシテ思考ハ可能デアルカ」というものである。もう一つの問いは「理性ソノモノガ思考サレル客観デアルカドウカ」[16]という問いである。そして,それ以後の記述はこの第2の問いへの解答案にほかならないというわけである。つまり,第2の問いは,事実上,第1の問いの言い換えにすぎないとみなされている。しかし,思考の可能性といった普遍的なことがどのようにして思考の客観化への問いと重なるのだろうか。何か不正確にして無限定なことをいったので,後から,それを限定したというのはあまりにも安易な解釈である。思考の可能性への問いはアリストテレスにとってただちに理性の純粋思考への問いであった。そうでなければ「一体,ドノヨウニシテ思考ハ生ジルノカ」というように,第5章冒頭でわざわざ述べなかっただろう。したがって,ヘーゲルがこの箇所を,一つの問いのもとに解釈したことには,十分な理由があったのであって,けっして強引なのではない。つまり,ヘーゲルは,第2の問いといわれている文を「理性ソノモノガ思考サレル客観デアルカラニハ」と訳して,第1の問いといわれている文に理由文としてかかると考えている。このようにして,アナクサゴラスを引証しながら出された最初の条件文「理性ガ単純デアリ,ソトカラ規定サレルコトガナク,何カ或ルモノト結ビツイテイルコトガナイ場合」という文に,次にアリストテレス的な理由文「理性ソノモノガ思考サレル客観デアルカラニハ」を重ねることによって「ドノヨウニシテ思考ハ可能デアルカ」という文が,アリストテレスの根本的な問いとして浮彫りにされてくる。ヘーゲルは現に欄外自注に次のような解釈をくわえた訳文を記している。「次のような場合に,思考はどのようにして自己を限定するのか。それは,思考が単純で触発されることがなく,共通性がないとはいえ,受動態を自己のうちで含んでいる（それに受動態は共通なものに所属する）場合,

15)　*GW* 10. 2, S. 517–18.

16)　ヒックス,ブッセ,タイラーならびにスミスは,ヘーゲルとは異なり,「知性的ナモノガ思考サレル客観デアルカラニハ」の「カラニハ」を「カドウカ」と解釈している。それに対して,ゴールケはヘーゲルと同じように解釈している。Vgl. R. D. Hicks, *Aristotle De Anima*. 1907; A. Busse, *Aristoteles Über die Seele*. 1922; W. Theiler, *Aristoteles Über die Seele*. 1959; J. A. Smith (Tr.), On the Soul. in *The Complete Works of Aristotle*. Vol. I, ed. J. Barnes, Oxford, 1930; P. Gohlke, *Aristoteles Über die Seele*. 1959.

さらに思考自身が思考される客観である場合である」[17]。その上で，この問い全体について「アリストテレスが問うたのは理性の他在つまり受動態をどのようにして把握しなければならないか，ということである」[18]と述べている。このようにして，ヘーゲルにとっては，理性の思考そのものが，それ自身で己れを他在ないし客観にするということを説明することが重要であった。つまり，思考の能動的働きと客観化された考えとの関係を説明することが重要であった。ヘーゲルのいう絶対的概念と純粋概念とはこの関係に関する説明概念でもあると十分考えることができる。つまり，絶対思考の理性として絶対的概念を考え，さらに客観としての理性を純粋概念と捉えるわけである。思考とは，この意味で区別されない区別項を区別することなのである。この点では，ヘーゲルのアリストテレス解釈に何か強引なものがあるわけではない。

そこで，この点についての旧版『哲学史講義』に基づくガダマーの指摘を検討してみよう。ガダマーは，『形而上学』第12巻第7章の原文に関して，三点にわたって，ヘーゲルがアリストテレスの原文を誤解して解釈していると述べている[19]。第1に，ヘーゲルは，アリストテレスとは逆に対象が思考の活動態・現実態になると誤解している。だが，アリストテレスは実際にはこう述べている。理性は「己レノ対象トシテノ考エラレタモノヲ受ケイレルコトニヨッテ」[20]己れ自身を思考する。「コノヨウニシテ，理性ハ受容的デアルガ，ソレハ何カニ触レテ思考スルコトニヨッテ思考サレル。シタガッテ考エト考エラレタモノトハ同ジデアル」[21]。アリストテレスは，ガダマーによれば，ここで思考が対象・考えられるものになることを意味しているという。第2に，ヘーゲルは「トイウノハ思考サレルモノ，本質体ヲ受ケ入レルコトガ考エダカラデアル」[22]というアリストテレスの原文を誤解している。というのは，ヘーゲルは，その文を「理性ノ受容ハ能動性デアリ，受容サレルモノトシテ現レルモノヲツクリ出ス。理性ハ所有スルカギリデ作用スル」[23]と誤解し，受容をすでに能動性と強引に解釈しているからである。これに対して，アリストテレスは，本当は，何かを受容することができるものは，なるほどすでに思考するという性格をもっているが，思考がはじめて現実的になるのは，何かを受容した場合だと考えているというのである。第3に，

17） *GW* 10. 2, S. 517.
18） *GW* 10. 2, S. 517.
19） H.-G. Gadamer, *Hegels Dialektik*. 1980, S. 25 以下
20） アリストテレス『形而上学』1072b20。
21） アリストテレス『形而上学』1072b21。
22） アリストテレス『形而上学』1072b22。
23） グロックナー版『ヘーゲル著作集』第18巻，390頁。

ヘーゲルは「理性はもっともすぐれたものだからこそ已れ自身を思考する」[24]とアリストテレスの原文を要約した上で，それを〈最高のものは思考の自己であり，思考されたものでないことは明白である〉と誤解している。というのは，アリストテレスによれば，本当は，最高のものを規定するためには思考されるものからはじめてまさに出発しなければならないからであるという。以上の三点にわたる誤解は，ガダマーによれば，ヘーゲルが「自己への還帰」のギリシア的形式を，誤った終端たる近世の視点から描写していることに由来する。すなわち，ギリシア人たちは自己自身を動かすもの，動きの始まりを已れのうちでもつものを，第一のものと考えて，それに基づきながら自己関係性の構造を，世界で出会われる存在者の方から理性へ移す。それに対して，ヘーゲルはいつもすでに精神つまり他在での自己認識の視点から，生を，自己への還帰として規定するのである。

だが，ヘーゲルが近世的視点から，この箇所で，アリストテレスの対象→思考を思考→対象と強引に読みかえたのではない。ヘーゲルは，思考されたものを否定し思考を肯定しているのではなくて，思考の自己を肯定している。ヘーゲルのいう思考の自己とは，主観的認識主体ではなくて，絶対的概念なのである。つまり，ヘーゲルには「思考の自己」を，アリストテレスの『デ・アニマ』の問いから要請されたものと考えている[25]のであって，何か近世的視点を古代的視点にそとからもち込んで原文の真意を歪めたのではけっしてない。現に，この旧版「哲学史講義」でも，ヘーゲルはその『デ・アニマ』第3巻第4章後半から，一つの問いを読み取っているのである。

(D) 概念の現象

学の体系は，命題そのものの弁証法的動きによって成立する。そして，ヘーゲルは，その弁証法的動きの場を，すでに述べたように，純粋概念と規定している。してみれば，この場は，純粋概念が単純な姿で登場し，それが真理の形式として定着する論理学の場面にほかならない。この場面で，特定の概念としての思考規定が自己を次々に産出してゆくのである。こうして論理学が学の体系となるため

24）グロックナー版『ヘーゲル著作集』第18巻，391頁。

25）しかし，そのような論者の一人であるバイアーヴァルテスも，ガダマーの指摘を援用しながら，思考の自己という観点を，ヘーゲルは新プラトン主義の中にふたたび見出したと解釈している。Vgl. W. Beierwaltes, Hegel und Proklos. In: *Hermeneutik und Dialektik. Aufsätze II*, 1970, S. 254.

の基盤はかなり明らかである。けれども，『精神現象学』もまた学の体系・第一部であり，意識の経験とは「意識が己れ自身で，すなわち，己れの知でも己れの対象でも行う弁証法的動き」である。むろん，この弁証法的動きの場は純粋概念ではなくて，純粋概念の場面は，学への道である意識経験の弁証法的動きを通して産出される。そして，その際，その学への道がすでに学であるのは意識の経験の動きを，われわれが概念的に把握する場合なのである。こうして，いかにも意識の諸形態の契機の必然性は経験する意識自身に現れない。だが，その必然性は意識の動きのうちで自体存在として内面化しているのである。

それでは，その自体存在とは何か。なるほど，ヘーゲルは，意識の諸形態の一つ一つに，特定の概念の一つ一つが意識の背後で対応していることを明言している。しかし，どのように対応しているのかということの詳細には一切ふれていない。従来，『精神現象学』の学的必然性は，一方では，「イェーナ論理学・形而上学」や『論理学』との関係から考えられてきた[26]。つまり，両者の思考規定の一つ一つと意識の諸形態の一つ一つとの対応をつけようとしてきた。だが，『精神現象学』に対応する論理学の構成は，先の二つの論理学の構成とは違っていたがゆえに，正確な 1 対 1 対応はもともと期待できるものではなかった。

そこで，最後に残された方策は，『精神現象学』とほぼ同じ時期の原稿に，論理学の構想についての記録を求めて，それを基にして論理学の思考規定と意識の諸形態との対応を解明する道である。たとえば，O. ペゲラーは意識経験で問題なのは「思考がそのうちで展開される論理学的—形而上学的根本諸規定である」と述べている。そして，『精神現象学』に対応する論理学の構想を，1805/06 年の原稿のうちに求めている。そこには思弁哲学の諸規定として次のようなものが挙げられている。まず，論理学的規定として，存在，比関係，生と認識が挙げられ，次に形而上学の規定として知的知，精神，精神の自己知が挙げられている[27]。だが，これらの規定を『精神現象学』の意識の諸形態に対応づけると，かえって矛盾を露呈するように思われる[28]。

むろん，これらの方策は，『精神現象学』の論理学を正確に知ることができていないという点で，次善の策であることは自明のことであった。しかし，さらに考えてみると，『精神現象学』の各章の意識形態に論理的諸規定をただちに対応

26） たとえば，J. Hinrichs, *Die Logik der Phänomenologie des Geistes*. 1974 などが代表的である。

27） O. Pöggeler, Ansatz und Aufbau der *Phänomenologie des Geistes*.1989 年 3 月 29 日来日講演原稿。

28） たとえば，「知的知」は，理性に対応することになるが，理性のカテゴリーという性格と一致しない。

づけること自体が，『精神現象学』の歩みの必然性の解明に何一つ資するものではないことが判明する。そもそもながめわたすわれわれは，意識の動きのうちで特定の概念を見抜くことによって，その必然性を明らかにするのではない。意識そのもののうちで特定の概念の現象としての概念，つまり，いわば『精神現象学』的概念ともいうべきものを見抜くことによって，その弁証法的動きの必然性を洞察するのである。「意識は自己自身に対して己れの概念である」（*GW* 9, S. 57; *Phän.* S. 63）という文の「己れの概念」こそが，その『精神現象学』的概念である。

純粋概念の場面での概念と，『精神現象学』の場面での概念の違いは，後者の概念は，前者の純粋概念の二つの契機が分裂し知と対象という二つの項になっていることにある。「われわれが知の動きを概念と呼び，これに対し，静かな統一としての，すなわち自我としての知を対象と呼ぶとすれば，対象が概念に一致するのは，われわれにとってだけのことではなく，知にとってのことでもあることがわれわれに分かる。言い換えれば，それとは違った方法で，対象がそれ自体であるものを概念と呼び，これに対し，対象として，つまり，他者に対するものとしてあるものを対象と呼ぶ場合には，自-体-存在と対-他-存在とは同じものであることが明らかになる」（*GW* 9, S. 103; *Phän.* S. 120）。周知のように，ここでは，一方で，概念は知の動きと呼ばれ，他方では，自体的対象と呼ばれている。すなわち，ヘーゲルは，概念がこの二つの意味のどちらかでしか，意識経験の動きで理解されないと考えている。しかし，純粋概念の場面では，概念は自体的対象でもあれば知の動きでもあるのである。

ヘーゲルは一方では，『精神現象学』の根本洞察が「絶対者は主体である」といっている。また，他方では，意識の経験の目標は，深みとしての絶対的概念の啓示でもある通り，絶対知であるともいっている（*GW* 9, S. 433; *Phän.* S. 530f.）。しかし，これらの表現のうちで，もっとも包括的表現は絶対的概念である。というのは，主体と絶対知とは『精神現象学』の意識の分裂に基づいているからである。知の動きとしての概念を基準にした場合には，絶対的概念は絶対知といわれる。それに対して，自体的対象としての概念を基準にしたときには，主体ともいわれるのである。いずれにしても，ヘーゲルのいう精神は，最終的に絶対的概念であるといわなければならない。むろん，絶対的概念それ自身は，ただちに学の形式ではない。しかし，その形式を形成する絶対的概念が主体として啓示されることは，まさしく，哲学が学の形式に近づくようにする目標に沿っている。

責任編集者あとがき

これまでの『精神現象学』翻訳諸版は，底本を決めて，邦訳していた。しかし，残念ながら，底本にふさわしい原典はいまだないといってよい。その理由は，オリジナル版の大量の誤記・誤植にあり意味不明の校正必要箇所も少なからずあるので，諸版編集者が代理校正もやらざるをえなくなっていたことにある。そこでベルリン版『ヘーゲル著作集』中のJ．シュルツェ編『精神現象学』以来，ズアカンプ版『精神現象学』まで，意味不明の校正必要箇所に大胆な校正を行ってきた。そうするとオリジナル版が軽視されることになる。そこでゲーラー編『精神現象学』やアカデミー版『ヘーゲル全集』第9巻のW. ボンズィーペン・R. ヘーデ編『精神現象学』はオリジナル版に立ち返り，意味不明箇所にも代理校正をなるべく加えることなく，資料として『精神現象学』を提示している。

本訳では，次善の策として，W. ボンズィーペン・R. ヘーデ編『精神現象学』を中心としながらも，意味不明箇所については諸版『精神現象学』の代理校正も参照することにした。こうしてベルリン版『ヘーゲル著作集』の呪縛からまずは脱するほかはない。底本にふさわしい版が将来できることを願うばかりである。

また，本訳は，訳者の個人的見識を披瀝するのみならず，それに劣らず，これまでの国内外の『精神現象学』の古典的研究の集大成を目指した。とりわけ注に関しては，金子武蔵訳『精神の現象学』巻末注やアカデミー版『ヘーゲル全集』第9巻のW. ボンズィーペン・R. ヘーデ編『精神現象学』巻末注を参照した。

そういうわけで本訳の巻末注では，金子武蔵訳の注もかなり参照しているが，その意味はまったく異なっている。金子訳では，注で本文の行文を精神史的できごとに還元して説明している。だが，そのさい，ヘーゲルが固有名を出さないで行文を進めている点に無頓着すぎた。ヘーゲルは，歴史的できごとからその普遍的側面を重視して抜き出し，事象（Sache）としたのである。しかし，金子訳は，事象を精神史的できごととしか捉えておらず，注もその次元でつくられている。本訳では，事象の元になっている歴史的できごとを示すために金子訳の注を利用したにすぎない。いわば金子武蔵訳と本訳とではベクトルが逆なのである。

また，訳語では厳密さとわかりやすさを統合すべく心がけた。つまり，日本語の対応語がない場合は，造語もあえてしたが，なるべく現代日本語で訳そうとしたのである。たとえば，Doppelheit は従来「二重性」と訳されてきた。しかし，日本語の「二重性」では，Doppelheit にヘーゲルが込めた緊張感は表現できない。そこで「表裏一体性」と訳した。表は裏ではないことによって表裏一体化が可能となっているからである。また，Wesen は「実在」と訳さずに文脈に応じて「もの」「本質」と訳し，場合によっては造語「本質体」とも訳した。それは，ヘーゲルでは本質が存在に体現されるからである。

また，『精神現象学』は哲学を学として示そうとしている。しかし，学としての哲学とは，日本語では畳語であるが，ドイツ語 Philosophie には学（Wissenschaft）という意味はない。Philosophie を学とすることの現実的効用は，大学で他の学問と肩を並べることができるようになることである。大学哲学の本格的登場である。愛知者が大学教員であることはけっして自明ではない。しかし，日本では，philosophy を哲学と訳した西周以来，philosophy が学であることは自明のことであり，大学哲学が中心となることは自然のことであった。西周は，1870 年にヘーゲルの『諸学問の哲学的エンツュクロペディー』と重なる「百学連環」を私塾で講義したが，それは，「エンツュクロペディー」が当時ヨーロッパの大学で諸学問概説として広く講義されていたことと重なるだけで，とくにヘーゲル哲学を意識したものではなかった。こうして，哲学者が大学教員であることは，日本では自明のことであった。しかし，大学では教育や会議等の業務が比重を増しながらも大学世界ランキングを落とし続けていている今日では，大学は愛知者の居場所ではなくなったように思う。そういう意味でわたしは，皮肉ながら私設ヘーゲル文庫を実験的に開設準備中である。

ヘーゲルの『精神現象学』の原書にはじめて接したのは，高校時代に母が丸善で買ってきてくれた哲学文庫中のホフマイスター編第6版でであった。その母も一昨年亡くなったし，ホフマイスター編『精神現象学』も底本にはついになりえなかった。時の流れのむなしさを痛感する次第である。

最後に，演習で『精神現象学』を読んでいただいた故渡邊二郎先生や故吉澤傳三郎先生の墓前に当該翻訳を供え，ヘーゲル哲学研究に導いていただいた加藤尚武先生と哲学そのものに導いていただいた加藤信朗先生に感謝する。最後に，翻訳の機会を与えていただいた知泉書館の小山光夫社長と齋藤裕之氏にも深甚の謝意を表する次第である。

2024年9月

山口　誠一

第 8 巻『精神現象学』総索引

（①，②は第 8 巻の分冊番号を意味する）

人名索引

ア　行

アイスキュロス（Aischylos 前 525–456）……② 274, 512, 562
アナクサゴラス（Anaxagoras 前 500 頃 –428 頃）……① 62
アリストテレス（Aristoteles 前 384–322）……① 33, 76；② 129, 424, 528, 552, 556, 563, 631, 696, 725, 812
アリストファネス（Aristophanes 前 445 頃 –385 頃）……② 570

井上円了（Enryō Inoue 1858–1919）……① 258
イポリット（Jean Hyppolite 1907–1968）……① 221

ヴィーラント（Wolfgang Wieland 1933–2015）……① 415
ヴァーグナー（Johann Jacob Wagner 1775–1841）……① 245
ヴィンタール（Jakob Joseph Winterl 1793–1809）……② 81
ヴェント（A. Wendt）……① 363
ヴォルフ（Christian Wolff 1679–1754）……① 217

エックハルト（Meister Eckhart 1260 頃 –1328）……① 347
エッシェンマイアー（Adam Karl August Eschenmayer 1768–1852）……① 156；② 140, 643
エマソン（Ralf Wald Emerson 1803–1882）……① 355
エリウゲナ（Johannes Scotus Eriugena 810?–877）……① 362

オリゲネス（Origenes Adamantius 158 年頃 –254）……② 378

カ　行

ガリレオ（Galileo Galilei 1564–1641/1642）……① 143
ガル（Franz Joseph Gall）……② 141–142, 147–51, 155
カスティーヨン（Frédéric de Castillon 1747–1814）……② 371
ガブラー（Georg Andreas Gabler 1786–1853）……① 168
ガンス（Eduard Gans 1797–1839）……① 167
カント（Immanuel Kant 1724–1804）……① 56；② 412, 413, 425, 427, 430–431, 433, 436–437, 483, 678
キケロ（Mrcus Tullus Cicero 前 106–43）……① 426；② 534

清澤満之（Manshi Kiyozawa 1863–1903）……①257
キリアン（Conrad Joseph Kilian 1771–1811）……②98, 102 以降
キルケゴール（Søren Kierkegaard 1813–1855）……②688, 689
キールマイヤー（Karl Friedrich Kielmeyer 1765–1844）……②91, 94
クーザン（Victor Cousin 1792–1867）……①355
グリースハイム（Karl Gustav Grisheim 1798–1854）……①362
クルーク（Wilhelm Traugott Krug 1770–1842）……①104
グレン（Friedrich Albrecht Albert Gren 1760–1798）……②82
クローナー（Richard Kroner 1884–1974）……①367

ゲーテ（Johann Wolfgang Goethe 1749–1832）……①168
ゲープハルト（Joseph Anton Göbhardt ?–1813）……①4
ケプラー（Johannes Kepler 1571–1630）……①430
ゲールト（Peter Gabriel van Ghert 1782–1852）……①168
ゲレス（Joseph von Görres 1776–1848）……①234
コルニエル（Anne-Marie Cornuel 1605–1694）……②480

サ　行

サルトル（Jean-Paul Sartre 1905–1980）……②689
沢田允茂（Nobushige Sawada 1916–2006）……①443

シィエス（Emanuel Joseph Sieyès 1748–1836）……②3
シェイクスピア（William Shakespeare 1564–1616）……②146, 561
シェリング（Friedrich Wilhelm Joseph Schelling 1775–1854）……①244；②96, 103, 107–109, 504, 601, 643, 805
シーザー（Gaius Iulius Caesar 前 100–44）……①49
シュテフェンス（Henrik Steffens 1773–1845）……②108 以降
ジャン・パウル（Jean Paul Friedrich Richter 1763–1825）……①224
シュルツ（Christoph Ludwig Friedrich Schultz 1808–1874）……①312
シュルツェ（Gottlob Ernst Schulze 1761–1833）……①108
シュルツェ（Johannes Schulze 1786–1869）……①167, 168
シュレーゲル，フリードリヒ・フォン（Friedrich von Schlegel 1772–1829）……①143；②427

スピノザ（Baruchs de Spinoza 1632–1677）……①249；②502

セクストゥス・エンペイリコス（Sextus Empiricus 2–3 世紀）……①391

ソフォクレス（Sophokles 前 496 頃 –406）……②233, 270, 271, 276, 533, 561, 642, 788
ゾルガー（Karl Wilhelm Ferdinand Solger 1780–1819）……①168

タ 行

田辺元（Hajime Tanabe 1885–1962）……①443
ダウプ（Carl Daub 1763–1836）……①168
ツェルター（Karl Friedrich Zelter 1758–1832）……①167
ディドロ（Denis Didrot 1713–1784）……②296, 327, 351
ティーデマン（Dietrich Tiedemann 1748–1803）……①228
デモクリトス（Demokrit 前 460–371）……①310
デカルト（René Descartes 1596–1650）……①320；②387
テンネマン（Wilhelm Gottlieb Tennemann 1761–1819）……①363

トイニッセン（Michael Theunissen 1932–2015）……①312
トマス・アクィナス（Thomas von Aquin 1225–1274）……①347
ドルトン（John Dalton 1766–1844）……①131
ドルバック（Paul Heinrich Dietrich Baron von Holbach 1723–1789）……②348, 370, 385
トレヴィラヌス（Gottfried Reinhold Treviranus 1776–1837）……②84, 117
トロックスラー（Ignaz Paul Vital Troxler 1780–1866）……①167

ナ 行

ナポレオン（Naporeon Bonaparte 1769–1821）……①238

ニーチェ（Friedrich Wilhelm Nietzsche 1844–1900）……①104
ニートハンマー（Friedrich Immnuel Nithammer 1766–1828）……①166
ニュートン（Isaac Newton 1642–1727）……①280
ノヴァーリス（Novalis 1772–1801）……①221

ハ 行

ハイデガー（Martin Heidegger 1889–1976）……①81, 394
バウアー（Bruno Bauer 1809–1882）……①355
ハラー（Albrecht von Haller 1708–1777）……①140
パラケルスス（Paracelsus，本名：Theophrastus Bombast von Hohenheim 1493/1494–1541）……①230
ハルトマン（Eduard von Hartmann 1842–1906）……①179
ハンゼン（Frank-Peter Hansen 1956–）……①226

ピピン（Robert Buford. Pippin 1948–）……①173
ヒューム（David Hume 1711–1776）……①108

ファルンハーゲン（Karl August Varnhagen von Ense 1785–1858）……①168
フィヒテ（Johann Gottlieb Fichte 1762–1814）……①70, 84, 214；②643, 805
フェノロサ（Ernest Francisco Fenollosa 1853–1908）……①257
フィーベーク（Klaus Vieweg 1953–）……①224
フェルスター（Friedrich Förster 1791–1868）……①168

フォイエルバッハ（Ludwig Andreas Feuerbach 1804–1872）…………………①419
フーフェランド（Christoph Wilhelm Hufeland 1762–1836）………… ②147, 149, 156
ブラウン（John Brown 1800–1859）…………………………………………②103
プラトン（Platon 前 427–347）……………………①76, 106, 271, 368, 534, 565
フランクリン（Benjamin Franklin 1706–1790）………………………………①146
フルダ（Hans Friedrich Fulda 1930–2023）…………………………………①415
ブーレ（Johann Gottlieb Buhle 1763–1821）…………………………………①360
プロクロス（Proclus 412–485）…………………………………………………①365
プロティノス（Plotin 205 頃 –270 頃）…………………………………………①363
フンボルト（Karl Wilhelm von Humboldt 1767–1835）………………………①313

ヘーゲル（Christiane Hegel 1773–1832）………………………………………①167
ヘーゲル（旧姓フロム）（Maria Magdalena Louisa Hegel (geb. Fromm) 1741–1783）
……………………………………………………………………………………①168
ベーコン（Francis Bacon 1561–1626）…………………………………………①231
ペテロ（使徒）（Petrus（Ap.）1 世紀）…………………………………………①276
ヘニング（Leopord von Henning 1791–1866）…………………………………①168
ヘルダーリン（Friedrich Hölderlin 1770–1843）………………………………①276
ヘンリッヒ（Dieter Henrich 1927–2022）………………………………………①421

ボウエン（Francis Bowen 1811–1890）…………………………………………①257
ホトー（Heinrich Gustav Hotho 1802–1873）…………………………………①168
ボネ（Johann Carl Bonnet 1737–1786）…………………………………………②158
ホフマン（Philip Hoffman 1806–1889）…………………………………………②103

マ　行

マッハ（Ernst Mach 1838–1916）………………………………………………①179
マールハイネケ（Konrad Philipp Marheineke 1780–1846）……………………①168
マルクス（Karl Heinrich Marx 1818–1883）……………………………………①443
ミシュレ（Karl Ludwig Michelet 1801–1893）…………………………………①168
三宅雪嶺（Setsurei Miyake 1860–1945）………………………………………①258

メツケ（Erwin Metzke 1906–1956）………………………………………………①245
メルロ＝ポンティ（Maurice Merleau-Ponty 1908–1961）……………………①81

モンテスキュー（Charles–Louis de Secondat, Baron de la Brède et de Montesquieu
1689–1755）…………………………………………………………………②399

ヤ　行

ヤコービ（Friedrich Heinrich Jacobi 1743–1819）……………………………①108

ユークリッド（Euklides 前 3 世紀頃）……………………………………………①49

ラ　行

ラインホルト（Karl Leonhard Reinhold 1757–1823）……①108
ラーヴァーター〔ラヴァター〕（Johann Caspar Lavater 1741–1801）……②134, 135
ラ・メトリ（Julien Offray de La Mettrie 1709–1751）……②385
ラモー（Jean Philippe Rameau 1683–1764）……②327
ランベルト（Johann Heinrich Lambert 1728–1777）……①179
リンネ（Carl von Linné 1707–1778）……②76, 132, 136
リヒテンベルク（Georg Christoph Lichtenberg 1742–1799）……①147；②132, 136

ルソー（Jean–Jacques Rousseau 1712–1778）……②229, 350, 399, 647
ルター（Martin Luther 1483–1546）……①277

レウキッポス（Leukipp 前5世紀頃）……①310
レーゼル（Samuel Rösel 1768/1769–1843）……①167
レッシング（Gotthold Ephraim Lessing 1729–1781）……②558, 566

ロック（John Locke 1632–1704）……①80；②643
ロッツェ（Hermann Lotze 1817–1881）……①179
ロベスピエール（Maximilien de Robespierre 1758–1794）……②402

著作名索引

（ヘーゲルの著作を除く）

ア　行

アイスキュロス（Aeschylus）
『アガメムノン』（*Agamemnon*）……②261
『オレステイア』（*Orestie*）……②254, 255, 562
『テーバイへ向かう七人』（*Heptà epì Thèbas*）……②250, 274, 275
アリストテレス（Aristoteles）
『アテナイの国制』（*Athēnaion politeia*）……②254
『詩学』（*Poetica*）……②263, 265, 552, 556, 558
『形而上学』（*Metaphysik*）……①294, 383, 631, 696, 814
『自然学』（*Physica*）……①108
『ニコマコス倫理学』（*Ēthika Nikomacheia*）……②129
『霊魂論（デ・アニマ）』（*De anima*）……①181, 383, 528, 812, 813
ヴィーラント（W. Wieland）
Hegels Dialektik der sinnlichen Gewißheit. In: *Materialien zu Hegels Phänomenologie des Geistes*……①415
ヴェント（A. Wendt）
Tennemann's Grundriss der Geschichte der Philosophie……①363
ヴォルテール（Voltaire）
『哲学辞典』（*Dictionaire philosophique*）……②345
『エディプ』（*Oedipe*）……②347
『マホメット』（*Mahomet, ou Fanaitisme*）……②347
エウセビオス（Eusebios）
『教会史』（*Kirchengeschichte*）……②378
エッシェンマイアー（Carl August Eschenmayer）
『非哲学へ移行するさいの哲学』（*DiePhilosophie in ihrem Uebergang zur Unphilosophie*）……②140, 141, 644
『隠者とよそ者』（*Der Eremit und der Fremdling*）……①141
Rede vom Heiligen……①141,156
エルヴェシウス（Claude-Adrien Helvétius）
De l'esprit……②370, 371

カ　行

ガル（Franz Joseph Gall）
Vorlesung über Verrichtungen des Gehirns und Möglichkeit die Anlagen mehrerer Geistes– und Gemüthseigenschaften aus dem Baue des Schädels den Mensch und Thiere zu erkennen……②151

カント（Immanuel Kant）
『実践理性批判』（*Kritik der praktischen Vernunft*）･･･ ② 235, 412, 413, 416, 417, 419, 422, 433, 678
『実用的観点における人間学』（*Anthropologie in pragmatischer Hinsicht*）････② 388
『純粋理性批判』（*Kritik der reinen Vernunft*）･･････････① 80；② 411, 414, 422, 427
『人倫の形而上学』（*Metaphysik der Sitten*）･････････････････････････② 245, 265
『人倫の形而上学の基礎づけ』（*Grundlegung zur Metaphysik der Sitten*）･･････② 186
『判断力批判』（*Kritik der Urteilskraft*）･･････････････① 265；② 414, 418, 483, 510
キケロ（Cicero）
『予言について』（*De divination*）･･････････････････････････････････････① 426
キールマイヤー（Carl Friedrich Kielmaiyer）
Ueber die Verhältniße der organischen Kräfte unter einander in der Reihe der verschiedenen Organisationen, die Gesetze und Folgen dieser Verhältniße. Eine Rede den 11ten Februar ･･② 91, 94
キリアン（Conrad Joseph Kilian）
『全医学体系草案』（*Entwurf eines Systems der Gesammten Medizin*）･ ② 98, 102, 103
クルーク（Wilhelm Traugott Krug）
『最近の観念論に関する書簡』（*Briefe über den neuesten Idealism*）･･･････････① 10
グレン（Friedrich Albrecht Carl Gren）
『自然理論概説』（*Grundriß der Naturlehre*）･･････････････････････････････ ② 82
クローナー（Richard Kroner）
『カントからヘーゲルへ』（*Von Kant bis Hegel*）････････････････････････① 367
ゲーテ（Johann Wolfgang Goethe）
『ヴィルヘルムマイスターの修業時代』（*Wilhelm Meisters Lehrjahren*）･ ② 455, 463, 467
ゲレス（Joseph Görres）
『信仰と知』（*Glauben und Wissen*）･････････････････････････ ① 234；② 140

サ　行

沢田允茂（Nobushige Sawada）
『現代における哲学と論理』･･･① 443
シェイクスピア（William Shakespeare）
『戯曲集』（*Shakspeare's dramatische Werke*）･･････････････････････② 146, 561
『ハムレット』（*Hamlet*）･･② 561
『マクベス』（*Macbeth*）･･･② 561
シェリング（Friedrich Wilhelm Joseph Schelling）
『宇宙霊について』（*Von der Weltseele*）････････････････････････････････② 91
『学問論』（*Vorlesungen über die Methode des akademischen Studiums*）･･･････① 249
『自然哲学体系の構想への第一草案―あるいは思弁的自然哲学および学の体系の内的組織の概念について―講義用』（*Erster Entwurf eines Systems der Naturphilosophie. Zum Behuf seiner Vorlesungen*）･･･････････････････② 91, 103
『地球の内的自然史考』（*Betrachtung der innere Naturgeschichte einer Erde*）･･② 108
『哲学と宗教』（*Philosophie und Religion*）････････････････････････② 604, 608

『人間的自由の本質に関する哲学的探究』（*Philosophische Untersuchungen über das Wesen der menschlichen Freiheit*）……①214
『ブルーノ，あるいは事物の神的原理と自然的原理について』（*Bruno oder über das göttliche und natürliche Princip der Dinge*）……①246
『わたしの哲学体系の叙述』（*Darstellung meines Systems der Philosophie*）‥①107, 109, 214；②504, 805
シュテフェンス（Henrik Steffens）
Grund der philosophischen Naturwissenschaft zum Behuf seiner Vorlesungen…②109
『地球の内的自然史に関する論文集』（*Beyträge zur innern Naturgeschichte der Erde*）……②109, 111–112
シュライアマッハー（Friedrich Daniel Ernst Schleiermacher）
『宗教論』（*Über die Religion. Reden an die Gebildeten unter ihren Verächtern*）・②409
シラー（Friedrich Schiller）
『群盗』（Räuber）……②181, 347
『人類の美的教育についての書簡』（*Über die ästhetische Erziehung des Menschen*）……②505
『友情』（*An die Freude*）……①331
スピノザ（Baruch Benedict de Spinoza）
『エチカ』（*Ethica more geometrico demonstrata*）……①332
スペンサー（Edmund Spencer）
『仙女王』（*The Faerie Queene*）……②172
スミス（Adam Smith）
『国富論』（*An Inquiry into the Nature and Causes of the Wealth of Nations*）……②301
セクストス・エンペイリコス（Sextos Empiricos）
『ピュロニズム要綱』（*Phrrhōneioi hypotypōseis*）……①391
セルバンテス（Miguel de Cervantes Saavedra）
『カルデロン』（Calderón）……②191
『ドン・キホーテ』（*El ingenioso hidaigo Don Quijote de La Mancha., Segunda parte del ingenioso caballero Don Quijote de La Mancha*）……②191
ソフォクレス（Sophokles）
『アンティゴネー』（*Antigonē*）…②231, 233, 246, 250, 256, 258, 265, 271–272, 533, 556–557, 642
『オイディプス王』（*Oedipus* Tyrannus）……②270, 561
『コロノスのオイディプス』（*Oidipus epi Kolō nō*）……②253

タ　行

田辺元（Hajme Tanabe）
『哲学通論』……①443
ディドロ（Denis Diderot）
『ラモーの甥』（*Le Neveu de Rameau*）……②296, 320, 323, 327–29, 351
ティーデマン（Dietrich Tiedemann）
『思弁哲学の精神』（*Geist der spekulativen Philosophie*）……①229

テンネマン（Wilhelm Gottlieb Tennemann）
『哲学史』（*Geschichte der Philosophie*）……………………………① 363
トレヴィラヌス（Gottfried Reinhold Treviranus）
『生物学，あるいは自然研究者と医者のための，生ける自然の哲学』（*Biologie, oder Philosophie der lebenden Natur für Naturforscher und Aerzte*）…………② 84, 117
ドルトン（John Dalton）
Theorie über das Verhältnis verschiedener Gasarten zueinander ……………① 131
Weitere Erörterung einer neuen Theorie über die Beschaffenheit gemischter Gasarten. In: *Annalen der Physik* ……………………………………① 131, 348
ドルバック（Paul Heinrich Dietrich Baron von Holbach）………………………
Le christnisme dévoité ou examen des principes et des effets de la religion chréstenne ……………………………………………② 348, 370, 385

ナ　行

ニュートン（Isaac Newton）
『自然哲学の数学的諸原理（プリンキピア）』（*Philosophiae naturalis principia mathematica*）……………………………………………① 144
ノヴァーリス（Novalis）
『青い花』（*Heinrich von Ofterdingen*）……………………………① 230
『雑録集』（*Framgment*）……………………………………① 230
『夜の賛歌』（*Hymnen an die Nacht*）……………………………② 471

ハ　行

ハラー（Albrecht von Haller）
Versuch Schweizerischer Gedichten ……………………………① 140
ハルトマン（Eduard von Hartmann）
『無意識の哲学』（*Philosophie des Unbewußten*）……………………① 181
『道徳意識の現象学』（*Phänomenologie der sittlichen Bewußtseins*）…………① 181
ハンゼン（Frank Peter Hansen）
『ヘーゲルの『精神現象学』』（*Hegels "Phänomenogie des Geistes"*）…………① 175
ピピン（Robert Buford. Pippin）
「行為者性に関するヘーゲルの社会理論」（*Hegel's Social Theory of Agency: The 'Inner-Outer' Problem In: A Laitinen and C. Sandisceds*）…………………① 173
フィヒテ（Johann Gottlieb Fichte）
『あらゆる啓示の批判の試み』（*Versuch einer Kritik aller Offenbarung*）…… ② 414, 417–19
『公衆に訴える』（*Appellation an das Publikum Versuch aller Offenbarung*）……② 414
『浄福なる生への指教』（*Anweisung zum seligen Leben*）…………………① 214
『全知識学の基礎』（*Grundlage der gesammten Wissenschaftslehre*）…………① 214
『道徳論の体系』（*System der Sittenlehre*）……………………………② 469
フィーベーク（Klaus Vieweg）
『ヘーゲルとニーチェ』（*Hegel und Nietzsche*）……………………………① 224

ハイデガー（Martin Hedegger）
『杣道』（*Holzwege*）……………………………………………①394
フォエルバッハ（Ludwig Andreas Feuerbach）
『ヘーゲル哲学の批判』（*Kritik der Hegelschen Philosophie*）………………①418
ブラウン（John Brown）
Grundsätze der Arzeneilehre aus Lateinischen. Übersetzt von M. A. Weikaaro・②103
プラトン（Platon）
『ソピステス』（*Sophistes*）…………………………………①368；②367
『テアイテトス』（*Theaitetos*）………………………………①106；②554
『ティマイオス』（*Timaeus*）…………………………………①368；②140
『パルメニデス』（*Parmenides*）……………………………………①271
フルダ（H. F. Fulda）
Materialien zu Hegels Phänomenologie des Geistes ………………………①415
ブルーメンバッハ（J. F. Blumenbach）
『自然誌便覧』（*Handbuch der Naturgeschichte*）…………………………②76
プルプス（W. Purpus）
Die Dialektik der sinnlichen Gewissheit bei Hegel…………………………①108
Die Dialektik des Bewusstsein nach Hegel ……………………………①108
プロクロス（Proclus）
『神学綱要』（*Institutio theologica*）……………………………①306
プロティノス（Plotin）……………………………………………
『エネアデス』（*Enneaden*）………………………………………①364
フンボルト（Karl Wilhelm von Humboldt）
『双数について』（*Ueber den Dualis*）……………………………①313
ヘシオドス（Hesiod）
『神統記』（*Theogonie*）…………………………………②126, 261, 528
ヘンリッヒ（Dieter Henrich）
『フィヒテの根本洞察』（*Fichtes ursprüngliche Einsicht*）…………………①421
「近世哲学の基本構造」（Grundlegende Struktur der neuzeitliche Philosophie）・①421
『消尽線』（*Fluchtlinien*）…………………………………………①422
ホフマン（E. T. A. Hoffman）
『病気との対照をめぐる構想』（*Ideen zur Konstazion der Krankheit*）………②103

マ 行

マクダウエル（John Macdowelle）
Towards a Reading of Hegel on Action in the ‚Reason‘ Chapter of the *Phenomenology*.
In; A. Laitinen and C. Sandis（eds.）*Hegl on Action* ……………………①173
マルクス（Karl Heinrich Marx）
『ドイツ・イデオロギー』（*Deutsche Ideologie*）……………………………①443
メルロ＝ポンティ（Maurice Merlo–Ponty）
「ヘーゲル以降の哲学と非哲学」（Philosophie et Non-Philosophie depuis Hegel (1).
in: *Telos*. No. 29, Telos Press, St. Louis, 1976, pp. 207–224 ………………①394
モンテスキュー（Charles–Lous de Secondat, Baron de la Brède et Montesque

Montesquieu）
『法の精神』（*De l'esprit des lois*）……②345, 399

ヤ　行

ヤコービ（Friedrich Heinrich Jacobi）
『ヴォルデマール』（*Woldemar*）……②472
ヤスパース（Karl Jaspers）
『哲学』（*Philosophie*）……②455

ラ　行

ラーヴァーター（Johann Caspar Lavater）
『人相術断簡』（*Physiognomische Fragmente, zur Beförderung der Menschenkenntniß und Menschenliebe* ）……②134, 135
『人相術について』（*Von der Physiognomik. Zweistück, welches einem in allen Absichten sehrvollkommenen Entwurf zu einem Werke von dieser Art enthält*）・②135
ライティネン（A. Leitinen）
Hegel on Action ……①175
ラ・メトリ（Julien Offray de La Mettrie）
『人間機械論』（*L'homme–macine*）……②370, 385
『反セネカ論』（*Anti–Sénèque discours sur le bonheur*）……②370
「魂論」（Traite de l'ame）……②385
リンネ（Carl von Linné）
Systema vegetabilium secundum classes ordines genera species cum caracteribus diferentiis ……②76, 132, 136
ルソー（Jean-Jacques Rousseau）
『告白』（*La Confession*）……②36, 150, 330
レッシング（Gotthold Ephraim Lessing）
『ハムブルク戯曲論』（*Hamburgische Dramaturgie*）……②558
『賢人ナータン』（*Nathan der Weise*）……①321；②347
ローゼンクランツ（Karl Rosenkranz）
『ヘーゲル伝』（Georg Wilhelm Friedrich *Hegels Leben*）……②140, 234
ロック（John Locke）
『人間悟性論』（*An essay concerning human understanding*）……①80
ロビネ（J. B. Robinet）
『自然について』（*De la nature*）……②385

偽　書

『アリストテレスの神学』（*Utūlūjiā Arisṭālīs*）……①370, 372
『原因論』（*Liber de causis*）……①370, 372

地名索引

ア　行

アテネ（Athene）〔Athen / Athenai〕　② 254
アムステルダム（Amsterdam）　① 144
アレクサンドリア（Alexandria）　① 363
イェーナ（Jena）　① 370；② 17, 140, 301
ヴァイマル（Weimar）　② 576, 654
ヴュルツブルク（Würzburg）　① 4
ヴュルテンベルク（Würtemberg）　② 183, 595
エジプト（Ägypten）　① 160；② 517, 569
エルサレム（Jerusalem）　② 484, 579
エレウシス（Eleusis）　① 109；② 537, 629

カ　行

ギリシア（Griechenland）　② 163, 253
クプファーグラーベン（Kupfergraben）　① 167
ゲッティンゲン（Göttingen）　① 140；② 76

サ　行

ザイス（Sais）　① 160

タ　行

テュービンゲン（Tübingen）　① 167；② 184, 413
ドイツ（Deuschland）　② 102, 430

ナ　行

ニューヨーク（New York）　① 175

ハ　行

ハイデルベルク（Heidelberg）　① 390
ハレ（Halle）　① 131
ハンブルク（Hamburg）　② 91, 103
バンベルク（Bamberg）　① 4
フランクフルト（Frankfurt an Main）　② 245, 360
フランス（Frankreich）　① 164；② 183, 383
プロイセン（Preußen）　① 166
ベルリン（Berlin）　① 108；② 358, 371
ペロポネソス（Peloponnes）　② 279, 522

ラ　行

ライプツィヒ（Leipzig）　① 104；② 135, 171
リュディア（Lydien）　② 129
ローマ（Rom）　② 248, 285

事項索引

ア　行

愛（Liebe）　① 31；② 224, 252
悪（Böses）　① 48；② 485
誤りの国（Reich des Irrutums）　② 347

意志（Willen）　① 81；② 39, 133
意識（Bewußtseyn）　① 45；② 50, 487, 492
　――一般（- überhaupt）　① 159
　本来の――（eigentliches -）　② 418, 630
　――の経験の学（Wissenschaft der Erfahrung des -s）　① 94
意図（Absicht）　① 153；② 479
畏怖（Ehrfurcht）　② 524, 567
イロニー（Ironie）　② 428, 475
因果関係（Abhängigkeit von Ursache und Wirkung）　① 152；② 139, 144

動き（Bewegung）　① 28；② 16, 26
美しい魂（schöne Seele）　② 442, 484
運命（Schicksal）　① 59；② 174, 274, 566

エイドス（Eidos）　① 62；② 732
エウメニデス（Eumenides）　② 335, 494
エリニュエス（Erinyes）　② 564, 565
円環（Kreis）　① 42；② 19, 198

置き換え（Verstellung）　② 427–428
大きさ（Größe）　① 24；② 94, 96
行い（Tun）　① 376；② 194, 272
思い込み（Meinung）　① 118；② 69, 117, 118
音楽（Musik）　① 233；② 51,56
恩寵（Gnade）　② 421, 442

カ　行

外延（Extension）　② 96, 110
外化放棄（Entäußerung）　② 153
快楽（Lust）　② 173, 178
懐疑（Zweifel）　① 84
懐疑主義（Skeptizismus）　① 85；② 42, 44
外的（äußerlich）　① 21；② 96, 114
外面（Äußeres）　① 431–33；② 90, 112
概念（Begriff）　① 137；② 16, 654
　――の自己運動（Selbstbewegung des –s）　① 76
解放（Befreiung）　① 115；② 64, 379
学（Wissenschaft）　① 76；② 650, 654
　――の体系（System der -）　① 4；② 671, 713
　――の形式（-sform）　① 214；② 805, 817
確信（Gewißheit）　① 98；② 16, 23
革命（Revolution）　② 243, 292
　フランス――（französische -）　② 183, 325
影（Schatten）　① 56；② 171, 789
仮象（Schein）　① 138；② 25, 397
家族（Familie）　① 226；② 256, 258
価値（Wert）　① 123；② 102, 555
カテゴリー（Kategorie）　① 180, 286；② 66, 67
活動（活動性）（Tätigkeit）　① 46；② 127, 385
可と不可（gut und schlecht）　② 297, 300
神（Gott）　① 46；② 468, 531
　――の形態（Gestalt -es）　② 534, 536
　――の国（Reich -es）　② 620, 692
　――の受肉（Menschenwerdung -es）　① 401；② 506, 508
　――の正義（Gerechtigkeit -es）　② 372
道徳論的証明（moralischer Beweis）　① 167
画廊（Gelerie）　② 124, 138, 652
感覚（Empfindung）　① 56；② 69, 147
関係（Beziehung, Verhältnis, Relation）　① 53；② 19, 174
観察する理性（beobachtende Vernunft）　② 71, 627
感謝（Dank, Danken）　① 396；② 55
感受性（Sensibilität）　① 197；② 91,93
感傷（Empfindsamkeit）　① 88；② 388
感情（Gefühl, Empfindung）　① 75；② 21, 56
関心（Interesse）　① 41；② 63, 203
感性的確信（sinnliche Gewißheit）　① 105；② 16, 241
感性的なもの（Sinnliches）　① 140；② 74, 102

観念論（Idealismus） ① 61；② 63–64

記憶（Gedächtnis） ① 261；② 74
議会（Parlament） ② 255, 394
喜劇（Komödie） ② 517, 572
記述（Beschreibung） ① 165, 221；② 73, 75
犠牲（Aufopferung, Opfer） ① 430；② 54, 187
偽善（Heucherei） ② 476, 477
詭弁（Sophisterei） ① 74
欺瞞（Betrug） ① 294；② 199, 364
義務（Pflicht） ① 77；② 204, 419
逆転（Verkehrung） ① 153；② 175, 195
客観，客体（Objekt） ① 41
——的なもの（Objektives） ① 83
——性（Objektivität） ① 56
究極目的（Endzweck） ① 80；② 418, 429
救済（Erlösung） ① 396
教会（Kirche） ① 277；② 603, 605
行事（Handlung） ② 547, 579
享受（Genieß） ① 24；② 53, 55
強制（Zwang） ① 285；② 74, 399
強制力（Gewalt） ① 324；② 268
教団（Gemeinde） ② 341, 469
——の精神（Geist der -） ② 356
共同体（Gemeinwesen） ① 236；② 246, 253
虚栄（Eitelkeit） ① 66
キリスト教（Christentum） ① 229, 239；② 335, 351, 362, 533
近代（Neuzeit） ① 43
——的（neuzeitlich, modern） ① 235

空間（Raum） ① 52；② 19, 144
偶然（Zufall） ① 21；② 129, 135
——性（Zufälligkeit） ① 21；② 209, 211
——的なもの（Zufälliges） ① 44；② 44, 88
空想（Fantasie） ② 581, 583
供御（Hingabe） ② 538

契機（Moment） ① 32；② 18, 37
経験（Erfahrung） ① 24；② 23, 71, 168, 643
——的（empirisch） ① 43
敬虔（Frömmigkeit） ① 368；② 536, 619
傾向（Neigung） ① 62；② 121, 168
啓示（Offenbarung） ① 73；② 547, 588
——宗教（offenbare Religion） ① 330；② 587, 624

形而上学（Metaphysik） ① 57；② 390, 394
形式（Form） ① 21；② 35–36
——主義（Formalismus） ① 25；② 284, 286
——的（formell） ① 65
芸術品（Kunstwerk） ② 526, 547
芸術宗教（Kunstreligion） ② 541, 542
形成陶冶（Bildung） ① 21；② 36, 294
啓蒙，啓蒙主義 (Aufklärung) ① 212；② 355, 357
決意（Entschluß） ① 392；② 57, 58
ケレスとバッカス（Ceres und Bacchus） ① 109
現実意識（wirkliches Bewußtsein） ① 226；② 543, 791
現実性（現実）（Wirklichkeit） ① 26；② 36, 53, 62
現実精神（der wirkliche Geist） ② 494, 512
現実存在，現存（Existenz） ① 218；② 114, 154, 241, 272
現象（Erscheinung） ① 157；② 80, 88
献身（Ergebung） ① 167；② 570
権利（Recht） ① 37；② 122, 283
原理（Prinzip） ① 151；② 77

行為（Handlung） ① 77；② 44, 128
——的理性（die tätige Vernunft） ② 161, 187
高貴な意識（edelmütige Bewußtsein） ② 323, 325
工作職人（Werkmeister） ② 130, 229, 514, 516
幸福（Glückseligkeit） ① 234；② 165, 183
合目的性（Zweckmäßigkeit） ① 51；② 363, 378
合目的的（zweckmäßig） ① 285；② 86, 224
国制（Verfassung） ② 254
心（Herz） ① 83；② 40, 197
——の法則（Gesetz der -） ② 179, 181
個人（Individuum） ① 43；② 28, 163
悟性（Verstand） ① 128；② 16, 88
個体（Individuum） ① 88, 173；② 39, 115
——性（Individualität） ① 154；② 197, 181
国家（Staat, Nation） ① 184, 224, 568
——権力（Staatmacht） ② 316, 318
言葉（Sprache） ① 102；② 323, 324
このもの（Dieses） ① 101；② 207, 295
個別意志（Einzelwille） ② 407

サ　行

祭祀（Kultus） ② 467, 579
再生（Reproduktion） ① 197；② 92
罪責（Schuld） ② 268, 271

作図（Konstruktion）　① 50
作品（Werk）　① 170；② 515, 517
錯覚（Täuschung）　① 112；② 106, 733
差別（Differenz）　② 108
賛歌（Hymne）　② 532, 536
三位一体（Dreieinigkeit）　① 368；② 692, 795

死（Tod）　① 42；② 31, 34
時間（Zeit）　① 52；② 49, 341
自我（Ich）　① 44；② 157, 344, 395
自己（Selbst）　① 42；② 44, 260
――意識（Selbstbewußtsein）　① 23；② 44, 45
――運動（Selbstbewegung）　① 31
思考（思惟）（Denken）　① 67；② 39, 40
――規定（思惟規定）（Denkbestimmung）　① 94；② 99
至高存在（étre suprème）　② 398
自然（本性）（Natur）　① 33；② 48, 652
――的意識（natürliches Bewußtsein）　① 85；② 172
――宗教（-religion）　② 506
――哲学（-philosophie）　① 57；② 95, 103, 142
思想的考え（Gedanke）　① 137；② 100, 114
自体存在（即自存在）（Ansichsein）　① 36；② 16, 37
自体的（an sich）　① 31；② 119, 124
――的区別（Unterschid -selbst）　② 336, 382
時代（Zeit）　① 20；② 39, 282
質（Qualität）　① 61
実験（Versuch）　① 409；② 79, 82
実現（Verwirklichung）　① 35；② 41,92
実在性（Realität）　① 89；② 56, 63
精神的――（geistige -）　② 452
事象（Sache）　② 212
――そのもの（Sache selbst）　② 211–14
実践的（praktisch）　① 181；② 133, 230
実体（Substanz）　① 35；② 20, 36, 183
人倫的――（sittliche -）　① 225, 311；② 166–167
精神的――（geistige -）　① 38
普遍的――（allgemeine -）　② 123, 163
実体性（Substantialität）　① 30；② 281, 292
支配（Herrschaft）　① 134；② 42
――と隷従（- und Knechtschaft）　② 64
思弁（Spekulation）　① 199；② 389
――哲学（spekulative Philosophie）　① 46, 209；② 120, 816
――的命題（spekulativer Satz）　① 70；② 587
思慕（Andacht）　② 51, 383；② 536, 537
社会（Gesellschaft）　① 219；② 497, 585
尺度（Maßsta）　① 89
私有財産（Privateigentum）　② 228, 229
自由（Freiheit）　① 42；② 36, 161
――な民（freies Volk）　② 165
宗教（Religion）　① 22；② 637, 639
インドの――（indische -）　② 351, 512
啓示――（offenbare –）　① 230；② 572
花の――（Blumensreligion）　② 512
習俗（Sitte）　② 123, 167
主体（Subjekt）　① 30；② 145, 652
――性 (Subjektivität) ① 277；② 616
主権（Souveränität）　② 396, 402
手段（Mittel）　① 80；② 112, 203
循環（Kreislauf）　① 57；② 404
純粋洞察（reine Einsicht）　② 291, 333
状況（Situation）　① 215；② 124, 211
証明（Beweis）　① 50
衝動（Trieb）　① 219；② 100, 168
承認（Anerkennung）　① 135；② 28, 67
相互――（gegenseitige -）　① 439；② 685, 692
所為（Tat）　① 86；② 127, 176
所業（Werk）　① 192；② 128, 133
叙事詩（Epos）　② 551, 571
所有（Eigentum）　① 39；② 47, 71
緒論（Einleitung）　① 80；② 168, 424
しるし（Zeichen）　② 129, 132, 133, 148, 151
進化（Evolution）　① 184
人格（Persönlichkeit）　① 231；② 286, 294
神学（Theologie）　① 395；② 573, 643
進行／後退（Progreß / Regreß）　① 52,88；② 601, 641
信仰（信念）（Glaube）　① 226；② 291, 293
心情（Gemüt）　① 59；② 51, 56
身体（Leib）　① 319；② 141, 147
――性（-lichkeit）　① 318；② 547, 571
神的なもの（Göttliiches）　① 23；② 552, 633
新プラトン主義（Neuplatonismus）　① 232；② 581, 815
信念（Überzeugung）　① 22；② 190, 421
信頼（Zutrauen）　① 219；② 51, 56, 166, 181
真理（Wahrheit）　① 18；② 17, 33
理性真理（Vernunftenwahrheit）　① 187

歴史記述的——（historische -） ① 49
心理学（Psychologie） ① 182；② 121, 125, 148
人倫（Sittlichkeit） ① 238；② 169, 243

推理（Schluß） ① 44；② 62, 115
数（Zahl） ② 115–17
数学（Mathematik） ① 51
崇高（Erhabenheit） ① 35；② 405, 533
図式（Schema） ① 59；② 68, 452
ストア主義（Stoizismus） ① 225；② 36

性格（Charakter） ① 41；② 103, 150
生活（Leben） ① 22；② 163, 282
正義（Gerechtigkeit） ① 77；② 186, 266, 268, 272, 321
制限（Schranke） ① 140；② 23, 201
政治（Politik） ① 435
誠実な（ehrlich） ② 213, 326
政治的（politisch） ② 351
生か死かを賭ける争い（Kampf auf Leben und Tod） ② 29, 255
精神（Geist） ① 35；② 25,134, 684
民の——（Volksgeist） ② 167, 279, 550
世界——（Weltgeist） ① 40；② 65, 339
絶対的——（absoluter -） ② 591, 654；② 245, 546
普遍的——（allgemeiner -） ① 39；② 116, 165, 166
——性（-igkeit） ② 746
——的なもの（-iges） ① 36；② 659, 767
——の概念（Begriff des -es） ② 45, 530
——の国（Reich des -es） ① 330；② 653, 800
——的実在性（geistige Realität） ② 744
——的動物の国（geistiges Tierreich） ① 284；② 199, 343
——現象学（Phänomenogie des -es） ① 46；② 140, 166
——現象論（Phänomenogie des -es） ① 79
——論（-eslehre） ① 68；② 713–15
生成（成）（Werden） ① 32；② 43, 171
聖なるもの (Heiliges) ① 141；② 140, 493
生命（Leben） ① 156；② 19, 21
——体（Lebendigkeit） ① 239
世界（Welt） ① 25；② 53, 600
経験的——（empirische -） ① 231
逆さまの——（verkerte-） ① 155
超感性的——（übersinnliche -） ① 140
——経験（-erfahrung） ② 167
——史（-geschichte） ① 40；② 116
世間（Weltlauf） ① 73；② 177, 190
接触（Berührung） ① 101；② 50
絶対者（絶対的なもの）（Absolutes） ① 22；② 366, 385
絶対的自由（absolute Freiheit） ① 277；② 403, 407
絶対的宗教（absolute Religion） ② 584
絶対的人倫（absolute Sittlichkeit） ② 225
絶対的対立（absolute Entgegensetzung） ① 129；② 324, 374
絶望（Verzweiflung） ① 85
説明（Erklärung） ① 149；② 196, 479
責め（Schuld） ② 402
善（Gutes） ① 370；② 40, 204
戦争（Krieg） ① 237；② 254, 274
全体（Ganzes） ① 32；② 22, 127
——性（Totalität） ① 202
前提（Voraussetzung） ① 53；② 136, 427
占有（Besitz） ① 291；② 59, 332

想起（Erinnerung） ① 165；② 348, 654
総合（Zusammenbringen） ① 300；② 303, 327
創造（Schöpfung） ① 74；② 348, 654
疎遠（Entfremdung） ① 31；② 35, 184
疎遠なもの（Fremdes） ① 61；② 35, 43
存在（Sein） ① 43；② 17, 171
——論（Ontologie） ① 165

タ　行

体系（System） ① 4；② 76, 116
対自存在（Fürsichsein） ① 36；② 221, 452
対象（Gegenstnd） ① 87, 116, 117；② 16, 121
対立（Entgegensetzung） ① 151；② 18, 153
高まること（高揚）（Erhebung） ② 205
託宣（Orakel） ② 576
他在（Anderssein） ① 157；② 63, 172
魂（Seele） ① 85；② 90, 241
断言（Versicherung） ① 22；② 65, 67

地（Erde） ② 116, 117, 200
知（Wissen） ① 20；② 120, 352
純粋——（reines -） ① 281；② 361, 489

絶対——（absolutes -） ① 38, 95；② 233, 640, 654
誓い（Eid） ② 276, 565
知覚（Wahrnehmung） ① 112；② 67, 244
力（Kraft） ① 131；② 16, 369
地上界（Oberwelt） ① 230；② 551
知性（Intelligenz） ① 268；② 567, 678
秩序（Ordnung） ① 23；② 77, 263
忠言（Rat） ② 310, 377, 747
中項（Mitte） ① 136；② 27, 30
抽象（Abstraktion） ① 61；② 22, 175
——的（abstrakt） ① 28；② 30, 418
頂点（Spitz） ① 136；② 153, 316
調和（Harmonie） ① 69；② 233, 425
直接性（Unmittelbarkeit） ① 105；② 24, 280
直接知（unmittelbares Wissen） ① 98；② 465, 469
直接的なもの（Unmittelbares） ① 98；② 160, 264
直観（Anschauung） ① 22；② 478, 486

通約不可能性（Inkommensurabilität） ① 52；② 527, 642
罪に死すること（Absterben der Sünde） ② 610

定在（Dasein） ① 21；② 46, 162
できごと（Begebenheit） ① 191；② 48, 360
哲学（Philosophie） ① 18；② 336, 534
展開（Entwicklung） ① 24；② 120, 816
転回点（Wendungspunkt） ② 251
天才（Genie） ② 343, 467
天上界（Himmelwelt） ② 549, 551

当為（Sollen） ① 181；② 79, 151
統一（Einheit） ① 21；② 18, 173
同一性（Identität） ① 59；② 311, 608
思弁的——（spekulative -） ① 209；② 120, 816
——命題（identischer Satz） ① 68；② 302, 324
統覚（Apperzeption） ① 358；② 70, 336
憧憬（Sehnsucht） ② 51
統治（Regierung） ② 246, 253
道徳（Moral） ① 182；② 167, 238
——性（Moralität） ② 169, 243
——的世界観（moralische Weltanschauung） ② 410, 422
——的世界表象（moralische Weltvorstellung） ② 441
徳（Tugend） ② 40, 260
独断主義（独断論）（Dogmatismus） ① 49
トゥロポス（Tropus） ② 42

ナ 行

内包（Intension） ② 96, 110
名前（Name） ① 72；② 316, 329
内面（Inneres） ① 62；② 17, 53
——性（Innerlichkeit） ① 61；② 114, 134
内容と形式（Inhalt und Form） ① 136；② 325, 418

二元論（Dualismus） ① 432；② 702
人間（Mensch） ① 23；② 122, 274
——の掟（Gesetze des Menschen） ① 225；② 224, 246
認識（Erkenntnis） ① 20；② 44, 255
——作用（Erkennen） ① 230；② 75, 153
人相術（Physiognomik） ② 129, 133

熱狂（Schwärmerei） ① 76；② 581

脳髄（Gehirn） ② 143–144
能力（Fähigkeit） ① 19；② 54, 148

ハ 行

媒介（Vermittlung） ① 32；② 27, 200
媒体（Medium） ① 115；② 19, 21
はじまり（Anfang） ① 238；② 573, 678
バッカス（Bacchus） ① 109；② 543, 571
発展（Entwicklung） ① 19；② 422, 578
パトス（Pathos） ② 273, 277
場面（Element） ① 18；② 22, 137
反抗（Empörung） ② 321, 323
犯罪（Verbrechen） ① 153；② 268, 564
汎神論（Pantheismus） ① 368
反省還帰（Reflexion） ① 31；② 24, 118
判断批評（Urteil） ② 480, 486
パンテオン（Pantheon） ① 330；② 575, 578
反応性（Reaktion） ① 197；② 102, 109

悲哀（Schmerz） ② 102, 109
美（Schönheit） ① 42；② 280, 510
光（Lichtwesen） ① 23；② 163, 270
彼岸（Jenseits） ① 23；② 25, 433
悲劇（Tragödie） ① 213；② 556, 565

比重（spezifische Schwelle）　② 97, 107
必然性（Notwendigkeit）　① 21；② 80, 643
否定（Negation）　① 41；② 20, 177
否定性（Negativität）　① 31；② 36, 210
　純粋——（reine -）　① 172, 266；② 448, 494
　絶対的——（absolute -）　① 256；② 206
否定の否定（Negtion der Negation）　① 363
標識（Merkmal）　② 77–78
表象（Vorstellung）　① 42；② 16, 57

不安（Angst）　① 53；② 36, 250
不幸な意識（unglückliches Bewußtsein）　① 215；② 45–46
復活（Restauration）　① 281；② 613, 786
普遍性（Allgemeinheit）　① 28；② 117
　普遍的個体（allgemeines Individium）　② 115, 117
物理学（Physik）　① 332；② 82, 111
不死（Unsterblichkeit）　② 371, 425
プロテスタンティズム（Protestantismus）　① 365；② 379
プロテスタントの（protestantisch）　① 368
分析（Analysis）　① 42；② 241, 776
分割（Diremtion）　① 98；② 326, 807
分裂（Entzweiung）　① 31；② 48, 64
　——した意識（zerrissenes Bewußtsein）　① 301；② 49, 64

平和（Friede）　② 430, 512
弁証法（Dialektik）　① 71；② 216, 387
　——的（dialektisch）　① 71；② 42, 64

ポテンツ（Potenz）　② 467
法（Recht）　① 154；② 164, 231, 279
　——状態（Rechtszustand）　② 254, 282, 320
忘却（Vergessenheit）　① 219；② 263, 276, 563
奉仕（Dienst）　② 34, 59
法則（Gesetz）　① 143；② 123, 129
方法（Methode）　① 89；② 16, 140
法律（Gesetz）　① 154；② 121, 656
本源的本性（ursprüngliche Natur）　② 201
本質（Wesen）　① 35；② 18, 180
　——体（Wesen）　① 100

マ　行

密儀（Mysterium）　① 109；② 544
身分（Stand）　② 261, 550
民族（Volk）　① 218；② 548, 769

無（Nichts）　① 87；② 26, 56, 388
無意識（Unbewußtsein）　① 181；② 273, 291
無限性（Unendlichkeit）　① 155；② 19,159
無限な（unendlich）　① 218；② 19, 107
無限判断（unendlices Urteil）　① 427；② 157–59
矛盾（Widerspruch）　① 19；② 44, 244
無制約的（unbedingt）　① 37；② 425
無知（Nichtwissen）　① 73；② 159, 277
空しい（eitel）　① 126；② 17, 300
無媒介（Unmittelbarkeit）　① 226；② 19, 266

命題（Satz）　① 69；② 95, 223
迷信（Aberglauben）　① 230；② 346, 365
命令（Gebet）　① 326；② 42, 232

目的（Zweck）　① 18；② 39, 221, 743
もつ（haben）　① 21；② 37, 170
物（Ding）　① 115；② 32, 81
もまた（Auch）　① 116；② 438, 446

ヤ　行

有機体（Organismus）　① 197；② 83, 154
有限なもの（Endliches）　① 245；② 368, 384
有限性（Endlichkeit）　① 24；② 365, 380
有神論（Theismus）　② 385, 689
有用性（nützlich）　① 428；② 388, 393
ユダヤの民（jüdisches Volk）　② 153, 542, 692
赦し（Vergebung）　② 442, 486

要求（Bedürfnis）　① 23；② 195, 330
要請（Postulat）　① 104；② 432, 436

ラ　行

理性（Vernunft）　① 32；② 60, 61
　査法的——（gesetzprüfende -）　① 284；② 226
　実践——（praktische -）　② 133, 198
　思弁的——（spekulative -）　① 222
　純粋——（reine -）　① 402

——的なもの（Vernünftiges）　① 63
立法的理性（gesetzgebende -）　① 283；② 220, 226
理想（Ideal）　① 47；② 348, 793
理念（Idee）　① 62；② 159, 412
量（Quantität）　① 51；② 95, 434
良心（Gewissen）　① 74；② 451, 453
二つの力のたわむれ（Spiel der Kräfte）　① 151
理論的（theoretisch）　① 140；② 133, 346

類（Gattung）　① 88；② 22, 74
ルネサンス（Renaissance）　① 230；② 63, 693

礼拝（Kultus）　② 467
歴史（Geschichte）　① 39；② 351, 800
連続（Kontinuität）　① 117；② 83, 286

老人（Alter）　② 278, 570
労苦（Arbeit）　① 26；② 53, 58
ロマン主義（Romantik）　① 141
——的（romantisch）　① 212；② 380, 806
——者（Romantiker）　① 228；② 140, 472
論理学（Logik, Wissenschaft der Logik）　① 54；② 671, 816

ワ　行

和解（Versöhnung）　① 224；② 251, 876
若者（Jüngling）　② 274, 279
惑星（Planet）　② 74
われわれにとって（für uns）　① 36；② 27, 73

責任編集・訳

山口 誠一（やまぐち・せいいち）
1953年東京都生まれ。*Jahrbuch für Hegelforschung* 国際顧問。東京都立大学助手，慶應義塾大学講師，法政大学教授等を歴任。
〔著書〕『ヘーゲル哲学の根源――〈精神現象学〉の問いの解明』（法政大学出版局，1989年［オンデマンド出版2017年］），『ヘーゲルのギリシア哲学論』（創文社，1998年），『クリエートする哲学――新行為論入門』（弘文堂，2000年），『ニーチェとヘーゲル――ディオニュソス哲学の地下通路』（法政大学出版局，2010年）。
〔共著〕『ヘーゲル事典』（共編著，弘文堂，1992年），『近世ドイツ哲学論考』（共著，法政大学出版局，1993年），『行為論の展開』（共著，南窓社，1993年），『哲学』（共著，法政大学通信教育部，1994年），『ヘーゲル』（共著，情況出版，1994年），『ネオプラトニカ――新プラトン主義の影響史』（共編著，昭和堂，1998年），『ヘーゲル――現代思想の起点』（共著，社会評論社，2008年），『ヘーゲル体系の見直し』（共著，理想社，2010年），*Die Stellung der Philosophiegeschichte bei Hegel*（共著，Wilhelm Fink Verlag，2012年），*Die japanischsprachige Hegel-Rezeption von 1878 bis 2001.* Eine Bibliographie（共編著，Peter Lang Edition，2013年），*Hegel in Japan. Studien zur Philososphie Hegels*（共編著，Lit Verlag, 2015年），『存在論の再検討』（共著，月曜社，2020年）。
〔訳書〕ハンス＝ゲオルク・ガダマー著『ヘーゲルの弁証法――6篇の解釈学的研究』（共訳，未来社，1990年），『ヘーゲル「新プラトン主義哲学」註解――新版『哲学史講義』より』（知泉書館，2005年），『ニーチェ『古代レトリック講義』訳解』（知泉書館，2011年），ヴァルター・イェシュケ著『ヘーゲルハンドブック――生涯・作品・学派』（共訳，知泉書館，2017年），『ヘーゲル全集』第2巻（編著，2022年）・第8巻1（編著訳，2021年）・第11巻（編著訳，2019年）・第13巻（共著編，2023年）・第15巻（共編，2020年）以上全集は知泉書館刊。

〔ヘーゲル全集　第8巻2〕　ISBN978-4-86285-430-8

2025年4月25日　第1刷印刷
2025年4月30日　第1刷発行

責任編集　山 口 誠 一
発行者　小 山 光 夫
印刷者　藤 原 愛 子

発行所　〒113-0033 東京都文京区本郷1-13-2
電話03（3814）6161 振替00120-6-117170
http://www.chisen.co.jp
株式会社 知泉書館

Printed in Japan　印刷・製本／藤原印刷

ヘーゲル全集
(全19巻　24冊)

◇ 全巻の構成 ◇

第1巻　**初期論稿　Ⅰ**
責任編集　山口誠一

第2巻　**初期論稿　Ⅱ**
責任編集　山口誠一　菊/720p/10,000円

第3巻　**イェーナ期批判論稿**
責任編集　田端信廣　菊/844p/12,000円

第4巻　**論稿・草案（1799-1808）**
責任編集　伊坂青司

第5巻　**イェーナ期体系構想 Ⅰ：思弁哲学の体系（1803/04）**
責任編集　座小田豊

第6巻　**イェーナ期体系構想 Ⅱ：論理学・形而上学・自然哲学（1804/05）**
責任編集　座小田豊　菊/824p/10,000円

第7巻　**イェーナ期体系構想 Ⅲ：自然哲学・精神哲学（1805/06）**
責任編集　座小田豊

第8巻1　**精神現象学　Ⅰ**
責任編集　山口誠一　菊/460p/6,300円

第8巻2　**精神現象学　Ⅱ**
責任編集　山口誠一　菊/864p/10,000円

第9巻1　**ニュルンベルク時代のギムナジウム諸課程とギムナジウム諸式辞（1808-16年）　Ⅰ**
責任編集　幸津國生

第9巻2　**ニュルンベルク時代のギムナジウム諸課程とギムナジウム諸式辞（1808-16年）　Ⅱ**
責任編集　幸津國生

第10巻1　**論理学　客観的論理学：存在論（第1版，1812）**
責任編集　久保陽一　菊/436p/6,000円

第10巻2　**論理学　客観的論理学：本質論（1813）**
責任編集　久保陽一　菊/360p/5,400円

第10巻3　**論理学　主観的論理学：概念論（1816）**
責任編集　久保陽一　菊/524p/8,000円

第11巻　**ハイデルベルク・エンツュクロペディー（1817）　付：補遺**
責任編集　山口誠一　菊/688p/9,000円

第12巻1　**法哲学綱要　Ⅰ**
責任編集　赤石憲昭／佐山圭司

第12巻2　**法哲学綱要　Ⅱ**
責任編集　赤石憲昭／神山伸弘／佐山圭司

第13巻　**評論・草稿Ⅰ（1817-25）**
責任編集　石川伊織／海老澤善一／山口誠一　菊/436p/6,000円

第14巻　**評論・草稿Ⅱ（1826-31）**
責任編集　海老澤善一　菊/704p/10,000円

第15巻　**自筆講義録（1816-31）　Ⅰ**
責任編集　小林亜津子／山口誠一　菊/648p/9,500円

第16巻　**自筆講義録（1816-31）　Ⅱ**
責任編集　山脇雅夫／佐野之人　菊/562p/9,000円

第17巻　**エンツュクロペディー（1827/30）**
責任編集　髙山　守

第18巻　**論理学（1832）　第1巻　存在論（第2版）**
責任編集　佐野之人

第19巻　**抜粋・メモ（1785-1800/1809-31）**
責任編集　大野達司／山本卓／日中鎮朗／山口誠一　（近刊）

編集総括　山口誠一

＊　講義録，書簡は追って刊行予定です。　（すべて本体価格，税別）

ヘーゲルハンドブック　生涯・作品・学派
W. イェシュケ／神山伸弘・久保陽一・座小田豊・島崎隆・高山守・山口誠一監訳
B5/750p/16,000 円

意識と〈我々〉　歴史の中で生成するヘーゲル『精神現象学』
飯泉佑介　菊/444p/6,000 円

ヘーゲル　精神の深さ　『精神現象学』における「外化」と「内化」
小島優子　A5/300p/5,000 円

生と認識　超越論的観念論の展開
久保陽一　A5/352p/5,800 円

ヘーゲル歴史哲学の実像に迫る　新資料に基づくヘーゲル像の刷新
松田　純　四六/188p/2,300 円

ヘーゲル「新プラトン主義哲学」註解　新版『哲学史講義』より
山口誠一・伊藤功　菊/176p/4,200 円

ヘーゲル『精神哲学』の基底と前哨
栗原　隆　A5/378p/5,400 円

思弁の律動　〈新たな啓蒙〉としてのヘーゲル思弁哲学
阿部ふく子　A5/252p/4,200 円

超越論哲学の次元　1780-1810
S. ディーチュ／長島隆・渋谷繁明訳　A5/328p/5,600 円

フィヒテ哲学の行路　絶対者の見照をめざして
山口祐弘　菊/444p/6,700 円

スピノザの学説に関する書簡
F. H. ヤコービ／田中光訳　A5/496p/7,000 円

非有の思惟　シェリング哲学の本質と生成
浅沼光樹　A5/304p/5,000 円

シェリング自然哲学とは何か　グラント『シェリング以後の自然哲学』によせて
松山壽一　四六/232p/3,200 円

実在論的転回と人新世　ポスト・シェリング哲学の行方
菅原　潤　四六/252p/2,600 円

理性の深淵　カント超越論的弁証論の研究
城戸　淳　A5/356p/6,000 円

（すべて本体価格，税別）